DIREITO DE EMPRESA

O GEN | Grupo Editorial Nacional – maior plataforma editorial brasileira no segmento científico, técnico e profissional – publica conteúdos nas áreas de concursos, ciências jurídicas, humanas, exatas, da saúde e sociais aplicadas, além de prover serviços direcionados à educação continuada.

As editoras que integram o GEN, das mais respeitadas no mercado editorial, construíram catálogos inigualáveis, com obras decisivas para a formação acadêmica e o aperfeiçoamento de várias gerações de profissionais e estudantes, tendo se tornado sinônimo de qualidade e seriedade.

A missão do GEN e dos núcleos de conteúdo que o compõem é prover a melhor informação científica e distribuí-la de maneira flexível e conveniente, a preços justos, gerando benefícios e servindo a autores, docentes, livreiros, funcionários, colaboradores e acionistas.

Nosso comportamento ético incondicional e nossa responsabilidade social e ambiental são reforçados pela natureza educacional de nossa atividade e dão sustentabilidade ao crescimento contínuo e à rentabilidade do grupo.

ARNALDO RIZZARDO

DIREITO DE EMPRESA

7ª edição
Revista, atualizada e reformulada

- A EDITORA FORENSE se responsabiliza pelos vícios do produto no que concerne à sua edição (impressão e apresentação a fim de possibilitar ao consumidor bem manuseá-lo e lê-lo). Nem a editora nem o autor assumem qualquer responsabilidade por eventuais danos ou perdas a pessoa ou bens, decorrentes do uso da presente obra.

- Nas obras em que há material suplementar *on-line*, o acesso a esse material será disponibilizado somente durante a vigência da respectiva edição. Não obstante, a editora poderá franquear o acesso a ele por mais uma edição.

- Todos os direitos reservados. Nos termos da Lei que resguarda os direitos autorais, é proibida a reprodução total ou parcial de qualquer forma ou por qualquer meio, eletrônico ou mecânico, inclusive através de processos xerográficos, fotocópia e gravação, sem permissão por escrito do autor e do editor.

Impresso no Brasil – *Printed in Brazil*

- Direitos exclusivos para o Brasil na língua portuguesa
Copyright © 2019 by
EDITORA FORENSE LTDA.
Uma editora integrante do GEN | Grupo Editorial Nacional
Travessa do Ouvidor, 11 – Térreo e 6º andar – 20040-040 – Rio de Janeiro – RJ
Tel.: (21) 3543-0770 – Fax: (21) 3543-0896
faleconosco@grupogen.com.br | www.grupogen.com.br

- O titular cuja obra seja fraudulentamente reproduzida, divulgada ou de qualquer forma utilizada poderá requerer a apreensão dos exemplares reproduzidos ou a suspensão da divulgação, sem prejuízo da indenização cabível (art. 102 da Lei n. 9.610, de 19.02.1998). Quem vender, expuser à venda, ocultar, adquirir, distribuir, tiver em depósito ou utilizar obra ou fonograma reproduzidos com fraude, com a finalidade de vender, obter ganho, vantagem, proveito, lucro direto ou indireto, para si ou para outrem, será solidariamente responsável com o contrafator, nos termos dos artigos precedentes, respondendo como contrafatores o importador e o distribuidor em caso de reprodução no exterior (art. 104 da Lei n. 9.610/98).

- Capa: Danilo Oliveira

- Data de fechamento: 19.02.2019

- 1ª edição – Editora Forense – 2007
- 7ª edição – Editora Forense – 2019

- **CIP – BRASIL. CATALOGAÇÃO NA FONTE.**
SINDICATO NACIONAL DOS EDITORES DE LIVROS, RJ.

R533d
Rizzardo, Arnaldo

Direito de empresa / Arnaldo Rizzardo. – 7. ed. – Rio de Janeiro: Forense, 2019.

Inclui bibliografia
ISBN 978-85-309-8557-8

1. Direto empresarial – Brasil. I. Título.

19-55202	CDU: 347.7(81)

Leandra Felix da Cruz – Bibliotecária – CRB-7/6135

Dedico o presente livro

à Maria Helena, *esposa, companheira e amiga de sempre;*
aos filhos, Verusca, Carine, Arnaldo *e* Maria Luíza,
que cresceram e me acompanham;
aos colegas Arnaldo Rizzardo Filho *e* Carine Ardissone Rizzardo,
que, irmanados, impusemos uma trajetória vitoriosa ao escritório.

Obras do autor

Condomínio Edilício e Incorporação Imobiliária. 7. ed., Rio de Janeiro, Forense, 2019.

Prescrição e Decadência. 3. ed., Rio de Janeiro, Forense, 2018.

Direito do Agronegócio. 4. ed., Rio de Janeiro, Forense, 2018.

Contratos. 18. ed., Rio de Janeiro, Forense, 2019.

Direito das Sucessões. 11. ed., Rio de Janeiro, Forense, 2019.

Direito de Empresa. 7. ed., Rio de Janeiro, Forense, 2019.

Direito de Família. 10. ed., Rio de Janeiro, Forense, 2019.

Direito das Obrigações. 9. ed., Rio de Janeiro, Forense, 2018.

Introdução ao Direito e Parte Geral do Código Civil. 8. ed., Rio de Janeiro, Forense, 2016.

Direito das Coisas. 8. ed., Rio de Janeiro, Forense, 2016.

Comentários ao Código de Trânsito Brasileiro. 10. ed., São Paulo, Revista dos Tribunais, 2015.

Títulos de Crédito. 5. ed., Rio de Janeiro, Forense, 2015.

Responsabilidade Civil. 8. ed., Rio de Janeiro, Forense, 2019.

A Reparação nos Acidentes de Trânsito. 13. ed., São Paulo, Revista dos Tribunais, 2014.

Ação Civil Pública e Ação de Improbidade Administrativa. 3. ed., Rio de Janeiro, Forense, 2014.

Servidões. 2. ed., Rio de Janeiro, Forense, 2014.

Promessa de Compra e Venda e Parcelamento do Solo Urbano – Lei nº 6.766/79. 10. ed., São Paulo, Revista dos Tribunais, 2014.

Contratos de Crédito Bancário. 10. ed., São Paulo, Revista dos Tribunais, 2013.

O "Leasing" – Arrendamento Mercantil no Direito Brasileiro. 6. ed., São Paulo, Revista dos Tribunais, 2011.

Limitações do Trânsito em Julgado e Desconstituição da Sentença. Rio de Janeiro, Forense, 2009.

Factoring. 3. ed., São Paulo, Revista dos Tribunais, 2004.

Planos de Assistência e Seguros de Saúde (em coautoria com Eduardo Heitor Porto, Sérgio B. Turra e Tiago B. Turra). Porto Alegre, Livraria do Advogado Editora, 1999.

Casamento e Concubinato – Efeitos Patrimoniais. 2. ed., Rio de Janeiro, Aide Editora, 1987.

O Uso da Terra no Direito Agrário (Loteamentos, Desmembramentos, Acesso às Terras Rurais, Usucapião Especial – Lei nº 6.969). 3. ed., Rio de Janeiro, Aide Editora, 1986.

Reajuste das Prestações do Banco Nacional da Habitação. Porto Alegre, Sérgio Antônio Fabris Editor, 1984.

Da Ineficácia dos Atos Jurídicos e da Lesão no Direito. Rio de Janeiro, Forense, 1983.

Índice sistemático

CAPÍTULO I – FORMAÇÃO DO DIREITO DE EMPRESA 1

1. Origens da sociedade.. 1
2. A formação da sociedade com finalidades econômicas 2
3. O início das relações comerciais 3
4. As primeiras sociedades e movimentos históricos......................... 4
5. A teoria dos atos de comércio e atos de empresa 6
6. A unificação do direito privado e o Código Civil de 2002............... 8
7. O direito empresarial no Código Civil brasileiro e no Código de Processo Civil.. 9
8. Atividades econômicas e empresa 10
9. Fontes do direito de empresa.. 12

CAPÍTULO II – A SOCIEDADE EMPRESÁRIA E SEU ENQUADRAMENTO NAS PESSOAS JURÍDICAS 15

1. A sociedade empresária... 15
2. Elementos da sociedade empresária... 17
3. Sociedade, empresa e pessoa jurídica 18
4. Pessoa jurídica, sua definição e caracterização 21
5. A personalidade da pessoa jurídica 21
6. Divisão das pessoas jurídicas.. 22
   6.1. As pessoas jurídicas de direito público 22
   6.2. As pessoas jurídicas de direito privado............................... 25
      6.2.1. As associações 26
      6.2.2. As sociedades.. 27
         6.2.2.1. Sociedades não personificadas 27
         6.2.2.2. Sociedades personificadas 28
            6.2.2.2.1. Divisão das sociedades personificadas...................................... 28

	6.2.2.2.2.	A finalidade econômica como elemento de distinção entre as sociedades personificadas empresárias e as simples	32
	6.2.2.2.3.	Sociedades de pessoas e de capital...	35
	6.2.2.2.4.	Direitos e deveres dos sócios de qualquer sociedade	36

6.2.3. As fundações 37

7. Aplicação das normas sobre as pessoas jurídicas às empresas 38
8. O registro da empresa e sua função 39
9. Fundo de empresa e aviamento 39

CAPÍTULO III – O EMPRESÁRIO 43

1. Conceito de empresário e empresário individual 43
2. A inscrição do empresário individual no Registro de Empresas 45
3. Os requisitos para a inscrição do empresário individual 46

3.1. O nome e outros dados pessoais 46

3.2. A firma e a assinatura 47

3.3. O capital 47

3.3.1. A constituição do capital através da transferência de imóveis e outros bens 48

3.4. O objeto 50

3.5. A sede da empresa individual e das sucursais, filiais ou agências 51

4. Orientações e elementos que constarão do requerimento de inscrição 52

4.1. Modelo de requerimento para a inscrição 54

5. Pessoas impedidas de serem empresárias 54
6. As micro ou pequenas empresas, o empresário rural e o tratamento favorecido da lei 56
7. Capacidade para estabelecer a empresa 60
8. Continuação do exercício da empresa por incapaz 62

8.1. Nomeação de gerentes se impedidos os representantes de exercer a atividade empresária 65

9. Alienação dos imóveis pelo empresário 65
10. Atos do empresário registráveis no Registro de Empresas 66
11. A responsabilidade do empresário individual 66
12. Transformação da empresa individual em sociedade empresária e vice-versa ... 68
13. Empresa individual de responsabilidade limitada 70

Índice sistemático • **XI**

CAPÍTULO IV – FORMAÇÃO, TIPOS DE SOCIEDADES E PERSONALI-DADE DA SOCIEDADE.. 75

1. Pressupostos e princípios do contrato de sociedade.................................. 75
2. Requisitos do contrato de sociedade 76
3. Tipos de sociedades.. 79
4. Sociedade rural... 79
5. Sociedade entre cônjuges 80
6. Sociedade de propósito específico – SPE e modelo de ata de constituição e de estatuto social 82
7. Personalidade jurídica da sociedade empresária....................................... 84
8. Decorrências da falta de registro das sociedades 85

CAPÍTULO V – SOCIEDADE EM COMUM.. 87

1. Definição 87
2. Caracterização.. 88
3. A divisão em simples ou empresária.. 89
4. Responsabilidade dos sócios 89

CAPÍTULO VI – SOCIEDADE EM CONTA DE PARTICIPAÇÃO............. 93

1. A manifestação da presença de um único sócio.. 93
2. Relações entre os sócios e características 95
3. O capital do sócio participante na sociedade em conta de participação 96
4. Falência da sociedade em conta de participação....................................... 97
5. Responsabilidade perante terceiros.. 98
6. Liquidação da sociedade em conta de participação 99
7. Modelo de estatuto da sociedade... 99

CAPÍTULO VII – A SOCIEDADE SIMPLES.. 101

1. A disciplina.. 101
2. O contrato social 103
3. Distinções entre as sociedades simples e as associações 111
4. Modelos de contrato da sociedade simples e de estatuto da associação 112
5. Registro da sociedade simples 112
6. Modificações contratuais.. 113
7. Registro de sucursal, filial ou agência de sociedade simples 114
8. Os sócios e as obrigações em geral.. 115

9. Dever de integralização da quota e exclusão do sócio 115

10. Substituição de função de sócios 116

11. Garantias nos aportes de bens transferidos para a formação do capital 117

12. Cessão da quota e responsabilidade 118

13. A contribuição consistente em serviços 119

14. Lucro do sócio prestador de serviços 120

15. Exclusão dos lucros e perdas 120

16. Lucros ilícitos ou fictícios 120

17. A administração pelos sócios separadamente 121

18. Limites na administração pelos sócios separadamente e atos *ultra vires* 122

19. Limitações à irrevogabilidade dos poderes conferidos aos administradores 124

20. Dever de prestar contas 125

21. Direito ao exame de livros e documentos da sociedade 125

22. As deliberações sobre os negócios da sociedade 126

23. Qualidades e deveres exigidos do administrador 127

24. Desvios de bens ou valores sociais pelo administrador 130

25. O administrador nomeado por instrumento em separado 130

26. Constituição de mandatário pelo administrador 130

27. Administração colegiada 131

28. Responsabilidade solidária dos administradores 131

29. Representação da sociedade 132

30. Benefício de ordem 133

31. Dívidas particulares dos sócios e execução em sua quota 134

32. Responsabilidade pelas obrigações da sociedade 135

33. Responsabilidade do novo sócio pelas dívidas da sociedade 136

34. Responsabilidade do sócio que se retira, ou que é excluído, ou que morre 137

35. Dissolução ou Resolução parcial da sociedade 138

36. A resolução parcial por morte do sócio e direito sucessório 141

37. Retirada espontânea do sócio 144

38. Exclusão judicial do sócio 145

39. Falência do sócio ou liquidação da quota 148

40. Liquidação da quota na resolução da sociedade em relação a um sócio ou apuração de haveres 148

41. Dissolução extrajudicial ou administrativa (distrato) da sociedade e sua transformação em empresa individual 152

42. Modelo de dissolução pelo consenso unânime dos sócios ou distrato 156

43. A dissolução judicial da sociedade 156

44. A liquidação da sociedade 157

45. Iniciativa do Ministério Público para buscar a liquidação 159

CAPÍTULO VIII – SOCIEDADES EM NOME COLETIVO 161

1. A responsabilidade ilimitada dos sócios 161
2. O contrato social, a firma e a administração da sociedade 162
3. Modelo de estatuto da sociedade 164
4. Dissolução da sociedade em nome coletivo 164

CAPÍTULO IX – SOCIEDADE EM COMANDITA SIMPLES 167

1. Origem e significado 167
2. Categoria de sócios e responsabilidade 168
3. O contrato e modelo de estatuto da sociedade 169
4. A administração da sociedade em comandita simples 169
5. Participação nos lucros na sociedade em comandita 169
6. A dissolução da sociedade em comandita 170
7. A morte de sócio comanditário 171

CAPÍTULO X – A SOCIEDADE LIMITADA 173

1. Visão histórica 173
2. A responsabilidade limitada 175
3. Sociedade de pessoas 176
4. Restrições para ser sócio 177
5. Incidência das normas da sociedade simples na omissão de regras específicas 178
6. Elementos obrigatórios do contrato 179
7. Elementos facultativos 182
8. Modelo de contrato da sociedade 183
9. As quotas 183
10. Natureza jurídica da quota 186
11. A indivisibilidade e transferência das quotas 186
12. A cessão de quotas 188
    12.1. Modelo de instrumento de cessão de quotas 190
13. A sucessão *causa mortis* da quota 190
14. Expropriação da quota não integralizada de sócio remisso 195
15. Distribuição de lucros e prejuízo do capital 196

16. Administração da sociedade limitada.. 197

17. Deveres dos administradores.. 198

18. A administração por terceiros.. 199

19. Modelo de pedido de averbação de nomeação de administrador.......... 200

20. Nomeação e destituição do sócio nomeado 200

21. Conselho fiscal 202

22. As deliberações dos sócios.. 206

23. Convocação da reunião ou assembleia... 207

24. Competência para a convocação da reunião ou assembleia................. 208

25. Modelo de notificação dos sócios para a reunião ou assembleia 209

26. A votação nas deliberações 209

27. Deliberações tomadas em reunião ou assembleia............................... 211

28. Casos de obrigatoriedade e de dispensa da reunião ou assembleia para a aprovação das deliberações.. 212

29. *Quorum* para a instalação e *quorum* para a aprovação das deliberações........ 212

30. Deliberação sobre pedido de recuperação judicial ou extrajudicial.............. 214

31. Dissidência do sócio e direito de recesso 215

32. Impedimentos para votar.. 216

33. Regras de funcionamento das assembleias e das reuniões.................. 217

34. Momento da realização e sequência da assembleia ou da reunião.............. 218

35. Elementos da ata da assembleia ou da reunião e providências administrativas 219

36. Modelo de ata de reunião ou assembleia com convocação.................. 220

37. Modelo de ata de reunião ou assembleia sem convocação 221

38. Aprovação do balanço e afastamento da responsabilidade................. 221

39. Responsabilidade dos sócios e dos administradores nas deliberações e no exercício das funções com infringência à lei, ao contrato e com excesso de poder 222

40. Alteração do contrato social.. 225

41. Modelo de alteração do contrato ou estatuto da sociedade................. 226

42. Aumento do capital 226

43. Preferência na subscrição de novas quotas 227

44. Elementos do contrato para o aumento do capital 228

45. Redução do capital 229

46. Explicitação das hipóteses que permitem a redução legal 229

Índice sistemático • XV

47. Obrigatoriedade da redução na existência de perdas 230

48. Regramento para a redução se excessivo o capital 231

49. Resolução parcial da sociedade por exclusão de sócio 233

    49.1. A exclusão do sócio 233

    49.2. Exclusão por não satisfação das contribuições, por falta grave e por incapacidade superveniente 233

    49.3. Exclusão por atos de inegável gravidade 234

    49.4. Início dos efeitos da exclusão 237

    49.5. Exclusão em sociedade com dois sócios e direito de defesa 237

    49.6. Alteração do contrato e apuração do montante devido 238

    49.7. Possibilidade da exclusão judicial 239

    49.8. Distinção de exclusão por falta grave, incapacidade superveniente ou justa causa 240

50. Dissolução da sociedade 240

CAPÍTULO XI – A SOCIEDADE ANÔNIMA 243

1. Conceito 243

2. Elementos históricos 244

3. Caracterização do capital 247

4. Natureza jurídica da sociedade 248

5. Legislação incidente 249

6. Objeto social 250

7. Capital social 251

    7.1. Formação do capital através do aporte de bens 253

    7.2. Formação de capital através da cessão de créditos 255

8. Modelo de edital para a convocação de assembleia para a nomeação de peritos 256

9. A fiscalização pela Comissão de Valores Mobiliários 256

    9.1. Atribuições da Comissão de Valores Mobiliários 257

10. Características da sociedade por ações 259

11. Denominação 260

CAPÍTULO XII – O CAPITAL SOCIAL DAS SOCIEDADES ANÔNIMAS 263

1. A formação do capital pelas ações 263

2. O preço de emissão e o ágio das ações 264

XVI • Direito de Empresa | *Arnaldo Rizzardo*

3. Classificação das ações 267

    3.1. Quanto ao conteúdo: ações de valor nominal e ações sem valor nominal 267

    3.2. Quanto aos direitos que encerram: ações ordinárias, ações preferenciais e ações de fruição 269

    3.3. Quanto à forma: ações nominativas e ações escriturais 276

        3.3.1. Transferência das ações nominativas e escriturais 278

4. Modelo de contrato particular de compra e venda de ações 280

5. Natureza do negócio que mantém as ações na instituição financeira 280

CAPÍTULO XIII – CERTIFICADOS DAS AÇÕES 283

1. O significado de títulos representativos das ações 283

2. Elementos dos certificados 284

3. Formalização dos certificados 285

4. Perda ou extravio de certificado de ações 286

CAPÍTULO XIV – ESTRUTURA E GARANTIA DAS AÇÕES 287

1. Natureza das ações 287

2. Características das ações 288

3. Constituição de direitos reais 290

4. Outras garantias sobre as ações 291

CAPÍTULO XV – NEGOCIAÇÃO DAS PRÓPRIAS AÇÕES PELA SOCIEDADE ANÔNIMA 295

1. Negócios permitidos envolvendo as próprias ações 295

2. Resgate 296

    2.1. O preço da ação para resgate 297

3. Reembolso 298

    3.1. O valor do reembolso das ações 300

    3.2. Situações que admitem o reembolso 301

4. Amortização 301

5. Aquisição, alienação e compra 302

6. Condições na negociação com as próprias ações 303

CAPÍTULO XVI – A CUSTÓDIA DE AÇÕES FUNGÍVEIS 305

1. A custódia de ações e aquisição da propriedade fiduciária 305

2. Representação e responsabilidade 306

3. Certificados de depósito das ações 307

CAPÍTULO XVII – PARTES BENEFICIÁRIAS E BÔNUS DE SUBSCRIÇÃO... 309

1. As partes beneficiárias como títulos que garantem a participação nos lucros anuais...... 309
2. Direito conferido pelas partes beneficiárias a um crédito contra a sociedade 309
3. Distinção entre partes beneficiárias e ações...... 310
4. Emissão das partes beneficiárias pela sociedade...... 310
5. Conversão das partes beneficiárias em ações...... 311
6. Direito de preferência dos titulares das partes beneficiárias...... 311
7. Elementos dos certificados das partes beneficiárias...... 312
8. Partes beneficiárias nominativas...... 312
9. Modificação do estatuto quanto às partes beneficiárias...... 313
10. Bônus de subscrição e sua função de títulos que dá direito à subscrição de ações...... 313
11. Obrigação dos bônus para a empresa emissora...... 314
12. Emissão dos certificados dos bônus de subscrição...... 314

CAPÍTULO XVIII – AS DEBÊNTURES...... 317

1. Origem e etimologia...... 317
2. A natureza de crédito...... 317
3. A emissão das debêntures...... 318
4. O valor do crédito a ser recebido...... 319
5. Debêntures padronizadas...... 320
6. Vencimento, amortização e resgate das debêntures...... 320
7. Debêntures permanentes ou perpétuas...... 321
8. Remuneração das debêntures...... 322
9. Conversibilidade das debêntures em ações...... 322
10. Garantia das debêntures...... 324
    10.1. Debêntures com garantia real...... 325
    10.2. Debêntures com garantia flutuante...... 327
    10.3. Debêntures com garantia fidejussória...... 328
    10.4. Fundo de reserva para a constituição de garantia...... 328
11. Debêntures sem garantia...... 328
12. Emissão e negociação das debêntures...... 329
13. Limites nas emissões de debêntures...... 331
14. Elementos formais no ato de emissão...... 332
15. Registro da emissão na Junta Comercial...... 333

16. A forma e a representação por certificados e cautelas.................................... 335

17. Agentes fiduciários.. 337

18. O exercício dos direitos pelos titulares das debêntures.............................. 339

19. Assembleia de debenturistas 340

20. Modelo de edital ou aviso de convocação de debenturistas para a assembleia.. 341

21. Modelo de assembleia especial de debenturistas 341

22. Garantias lastreadas em debêntures pela emissão de cédulas 341

23. Emissão de debêntures no exterior... 342

24. Extinção das debêntures... 343

CAPÍTULO XIX – ESPÉCIES DE SOCIEDADES ANÔNIMAS.................... 345

1. Espécies conforme a negociação ou não das ações no mercado..................... 345

2. Sociedades de capital aberto 345

3. A negociação no mercado de balcão ou na Bolsa de Valores........................ 346

4. O registro da sociedade na Comissão de Valores Mobiliários. Normas da Comissão de Valores Mobiliários.. 348

    4.1.   Regramentos administrativos.. 353

5. Modelo de edital de venda de ações.. 364

6. Convocação da assembleia para nova avaliação das ações............................ 365

7. As sociedades de capital fechado.. 366

CAPÍTULO XX – CONSTITUIÇÃO DA SOCIEDADE ANÔNIMA.............. 369

1. A formação da sociedade 369

2. As providências iniciais 370

3. A constituição por subscrição particular 371

4. A constituição por subscrição pública.. 371

5. O projeto do estatuto e o prospecto da sociedade 373

6. A avaliação de bens que integram o capital subscrito................................... 375

7. Comprovação do pagamento da entrada e a transmissão dos bens que entram no capital 376

8. Modelos de edital de convocação e de boletim de subscrição....................... 376

9. A aprovação da sociedade 377

10. Incorporação de bens, representação, denominação, responsabilidade e entrega de documentos.. 378

11. O registro na Junta Comercial e publicação da constituição da sociedade..... 378

12. Elementos dos estatutos 381

13. A participação na sociedade de acionista residente ou domiciliado no exterior 382

14. Modelo de ata de fundação de sociedade 383

15. Modelo de estatuto social 383

CAPÍTULO XXI – LIVROS SOCIAIS E ESCRITURAÇÃO NA SOCIEDADE ANÔNIMA 385

1. Especificação dos livros 385

2. Direito ao acesso e ao exame dos livros 387

3. Modelo de livro de registro de ações 388

4. Escrituração pelo agente emissor 388

5. Escrituração das ações escriturais 390

6. Fiscalização e dúvidas na escrituração 390

7. Responsabilidade pelo registro 390

8. Exibição dos livros 391

CAPÍTULO XXII – DIREITOS DOS ACIONISTAS 393

1. Classes de direitos e panorama geral 393

2. Participação nos lucros ou distribuição de dividendos 393

3. Participação no acervo 395

4. Fiscalização dos negócios 396

5. Preferência na subscrição de ações 396

6. Retirada da sociedade 397

    6.1. Situações que autorizam a retirada 397

    6.2. Prazo para exercer o direito de retirada 399

    6.3. Ratificação ou reconsideração da deliberação que enseja a retirada 399

    6.4. Prova da titularidade das ações para o reembolso do valor das ações 400

    6.5. O direito de retirada aos acionistas que não votaram na assembleia ... 401

CAPÍTULO XXIII – DEVERES DOS ACIONISTAS E FALTA DE INTEGRALIZAÇÃO DAS AÇÕES 403

1. Os deveres em geral 403

2. A integralização das ações pelo sócio 403

3. Mora na integralização das ações 404

4. Acionista remisso e consequências 404

5. Permanência da responsabilidade do devedor 406

XX • Direito de Empresa | *Arnaldo Rizzardo*

CAPÍTULO XXIV – AS ASSEMBLEIAS GERAIS DOS SÓCIOS NA SOCIE-DADE ANÔNIMA 407

1. Conceito e funções 407

2. Espécies de assembleias gerais e competência 408

3. Os atos das assembleias 410

4. A ata da assembleia 412

5. Modelos de ata sumária e de extrato de ata.. 413

6. Assembleia geral ordinária.. 413

    6.1. A disponibilização dos documentos aos sócios.............................. 414

    6.2. Modelo de aviso da disponibilização dos documentos 415

    6.3. O procedimento na realização da assembleia ordinária 415

7. Assembleia geral extraordinária.. 417

8. Assembleia para a reforma de estatutos 418

9. Deliberações com *quorum* especial nas assembleias 418

10. Competência para a convocação das assembleias.................................... 420

11. As formalidades para a convocação... 422

12. O *quorum* necessário para a votação e a instalação da assembleia.......... 424

13. Modelo de livro de registro de presença de acionistas............................ 425

14. Condições para participar da assembleia 425

15. Representação dos sócios nas assembleias 426

CAPÍTULO XXV – O EXERCÍCIO DO VOTO 429

1. Voto como poder político de decisão 429

2. As ações ordinárias e o pleno exercício do voto 430

3. As ações preferenciais e a limitação no exercício do voto...................... 430

4. O direito do voto no penhor ou outro gravame das ações, na falta de integra-lização das ações e na morte do titular das ações..................................... 431

5. O voto contrário aos interesses da sociedade... 432

CAPÍTULO XXVI – MAIORIA ACIONÁRIA OU O CONTROLADOR DA SOCIEDADE ANÔNIMA.. 437

1. O sentido de maioria acionária.. 437

2. Acionista controlador.. 438

3. A extensão do controle 439

4. Responsabilidade do acionista controlador 440

5. Comunicação das modificações no controle acionário 442

CAPÍTULO XXVII – ACORDO DE ACIONISTAS 443

1. Situações que permitem acordo de acionistas 443
2. Obrigatoriedade e relatividade dos acordos 445
3. Validade dos acordos 446
4. Regras específicas sobre os acordos 447
5. Prazo de duração dos acordos 448
6. Viabilidade de acordos em outras sociedades 449
7. Modelo de acordo de acionistas 450

CAPÍTULO XXVIII – O DIREITO DE RECESSO OU RETIRADA DO SÓCIO NAS SOCIEDADES ANÔNIMAS 451

1. A livre participação na sociedade 451
2. Situações legais que permitem a retirada 451
3. Limitações à retirada 452
4. Diretrizes para a retirada e o reembolso do valor das ações 454

CAPÍTULO XXIX – CONSELHO DE ADMINISTRAÇÃO NAS SOCIEDADES ANÔNIMAS E RESPONSABILIDADE DOS MEMBROS 461

1. Conceito e funções 461
2. Composição e escolha dos membros 461
3. Voto múltiplo na escolha dos conselheiros 462
4. Destituição e vaga de conselheiros 463
5. Eleição e destituição por sócios minoritários e titulares de ações preferenciais 463
6. Eleição conjunta por sócios minoritários e titulares de ações preferenciais ... 465
7. Competência do Conselho de Administração 465
8. Modelo de ata de reunião da administração 466

CAPÍTULO XXX – A DIRETORIA E A REPRESENTAÇÃO DAS SOCIEDADES ANÔNIMAS 467

1. A diretoria como órgão executivo da sociedade 467
2. Atribuições e escolha dos membros 467
3. Representação da sociedade 468
4. Modelo de ata de reunião de diretoria 469

CAPÍTULO XXXI – OS ADMINISTRADORES EM GERAL DA SOCIEDADE ANÔNIMA 471

1. Extensão da categoria dos administradores 471
2. Distinção entre membros do Conselho de Administração e administradores 471

XXII • Direito de Empresa | *Arnaldo Rizzardo*

3. Escolha dos conselheiros e dos diretores 472

4. Pessoas impedidas de nomeação 472

5. A investidura, a substituição e o término da gestão dos conselheiros e diretores 474

6. A remuneração aos conselheiros e diretores e outros titulares de cargos administrativos 475

7. Deveres dos administradores em geral 475

8. A responsabilidade dos administradores 480

9. A ação de responsabilidade 482

CAPÍTULO XXXII – CONSELHO FISCAL DAS SOCIEDADES ANÔNIMAS... 485

1. Atribuições e funcionamento 485

2. A constituição 486

3. Competência 488

4. Poderes e incumbências que possibilitam a atuação 488

5. Deveres e responsabilidades 490

6. Modelo de ata de reunião do conselho fiscal 491

CAPÍTULO XXXIII – MODIFICAÇÃO DO CAPITAL SOCIAL DAS SOCIEDADES ANÔNIMAS 493

1. Tendências de se elevar ou diminuir o capital social 493

2. Aumento do capital e providências 493

3. Situações que comportam o aumento 494

4. Preferências na subscrição no aumento de capital 500

5. Modelo de edital de convocação dos acionistas para aumento de capital 502

6. Modelo de aviso para a subscrição de ações 503

7. Modelo de edital de convocação para aumento de ações preferenciais 503

8. Redução do capital social 503

9. Preservação dos direitos dos credores na redução do capital 504

CAPÍTULO XXXIV – EXERCÍCIO SOCIAL E DEMONSTRAÇÕES FINANCEIRAS NAS SOCIEDADES ANÔNIMAS 507

1. Exercício social 507

2. Demonstrações financeiras e sua escrituração 508

    2.1. Balanço patrimonial 512

        2.1.1. Regras especiais para a escrituração do balanço patrimonial 513

        2.1.2. Critérios de avaliação do ativo e do passivo no balanço 515

2.2.	Demonstrações de lucros ou prejuízos acumulados ou mutações do patrimônio líquido	517
2.3.	Demonstração do resultado do exercício	518
2.4.	Demonstrações dos fluxos de caixa e do valor adicionado	519
3.	Modelo de demonstrações financeiras	520

CAPÍTULO XXXV – LUCROS DA SOCIEDADE ANÔNIMA ... 523

1.	Alcances do lucro	523
2.	Reservas ou retenção de lucros e de capital	524
3.	Dividendos	532
3.1.	Dividendo obrigatório	534
3.2.	Dividendo prioritário em ações preferenciais e dividendo intermediário	536
3.3.	Pagamento dos dividendos	539

CAPÍTULO XXXVI – TRANSFORMAÇÃO DA SOCIEDADE ANÔNIMA... 541

1.	Mudança de um tipo de sociedade para outro	541
2.	Procedimento da mudança	541
3.	Deliberação dos sócios e efeitos da mudança	543
4.	Modelo de ata de transformação de sociedade por ações em sociedade limitada	544
5.	Modelo de ata de transformação de sociedade limitada em sociedade por ações	544

CAPÍTULO XXXVII – INCORPORAÇÃO, FUSÃO E CISÃO DAS SOCIEDADES ANÔNIMAS... 545

1.	Princípios gerais comuns	545
2.	Projeto ou protocolo, justificação e avaliação	547
3.	Incorporação	549
3.1.	Incorporação de sociedade controlada por ações	553
4.	Fusão	555
5.	Cisão	557
5.1.	Procedimento para qualquer tipo de cisão	559
6.	Sociedades envolvidas na incorporação, fusão e cisão com sedes em unidades diferentes da federação	561
7.	Desnecessidade de Negativas fiscais, previdenciárias e trabalhistas para a incorporação, fusão e cisão, e providências na existência de filiais	562
8.	Direitos dos debenturistas na incorporação, fusão ou cisão	563

9. Direitos dos credores na incorporação, fusão e cisão 564

10. A formalização da transferência de bens na incorporação, fusão e cisão e extinção da sociedade anterior se total a versão do patrimônio 566

11. Modelo de protocolo de cisão, fusão e incorporação 567

12. Modelo de justificação de cisão parcial, fusão e incorporação 568

13. Modelo de laudo de avaliação na cisão, fusão e incorporação 568

14. Modelo de edital de convocação para a incorporação, fusão ou cisão 568

15. Modelo de ata de alteração por aumento de capital pela incorporação 569

16. Modelo de formação de sociedade por fusão 569

17. Modelo de alteração de sociedade para aumento de capital vertido da cisão de outra sociedade 569

18. Modelo simplificado de ata de incorporação, fusão ou cisão 570

CAPÍTULO XXXVIII – SOCIEDADES ANÔNIMAS COLIGADAS, CONTROLADORAS E CONTROLADAS 571

1. Formas de união, de poder e de submissão das sociedades 571

2. Participação recíproca nas sociedades coligadas ou controladas por ações.... 572

3. Responsabilidade dos administradores da sociedade controladora em sociedades por ações 574

4. Notas explicativas nas sociedades por ações coligadas e controladas 576

5. Avaliação dos investimentos nas sociedades coligadas e controladas por ações 577

6. Demonstrações consolidadas das sociedades por ações coligadas ou controladas 578

CAPÍTULO XXXIX – SOCIEDADE BRASILEIRA ACIONISTA INTEGRAL DE SOCIEDADE ANÔNIMA 579

1. Sociedade formada por um único acionista 579

2. Formação do capital pela subscrição dos bens da sociedade subsidiária 580

3. Formação da sociedade pela incorporação das ações de outra sociedade 580

4. Subscrição das ações e aumento do capital de sociedade subsidiária 582

5. Modelo de escritura pública de constituição de sociedade subsidiária integral 583

CAPÍTULO XL – ALIENAÇÃO DO CONTROLE DE SOCIEDADE ANÔNIMA 585

1. O controle da sociedade 585

2. Oferta pública de aquisição das ações dos demais sócios 585

3. Forma da alienação das ações na transferência de controle 586

4. Aquisição do controle de uma sociedade por outra sociedade 587

5. Possibilidade de os acionistas minoritários permanecerem na sociedade 588

6. Regras da Comissão de Valores Mobiliários para a aquisição das ações 588

7. Requerimento para o registro da oferta pública de aquisição de ações 590

8. Requisitos do instrumento de oferta pública para aquisição de ações 591

9. Alienação do controle nas sociedades autorizadas pelo Poder Público 593

10. Aquisição do controle e aprovação pela assembleia geral da empresa compradora 593

11. Aquisição de controle mediante oferta pública 595

12. Modelo de oferta pública de aquisição de ações 598

CAPÍTULO XLI – GRUPO E CONSÓRCIO DE SOCIEDADES ANÔNIMAS 599

1. Grupos de sociedades e diferença de consórcio 599

2. Distinção da *holding* e da *joint venture* 600

3. Aglomerado de empresas 601

4. Exigências na formação dos grupos 601

5. Autorização do CADE 602

6. Convenção para a constituição do grupo de sociedades 604

7. Administração e representação do grupo e das sociedades 606

8. Consórcio de sociedades 606

9. Modelo de instrumento particular de consórcio de sociedades 608

10. Responsabilidade das sociedades 609

CAPÍTULO XLII – DISSOLUÇÃO, LIQUIDAÇÃO E EXTINÇÃO DA SOCIEDADE ANÔNIMA 611

1. O sentido de dissolução, liquidação e extinção 611

2. A dissolução da sociedade 611

    2.1. Dissolução de pleno direito 612

        2.1.1. Modelo de dissolução de pleno direito por decisão da assembleia 614

    2.2. Dissolução por decisão judicial 614

    2.3. Dissolução por decisão administrativa 617

    2.4. Dissolução parcial da sociedade 618

3. A liquidação da sociedade 621

    3.1. Liquidação convencional 622

XXVI • Direito de Empresa | *Arnaldo Rizzardo*

3.2.	Liquidação judicial	622
3.3.	O liquidante	624
3.4.	A sociedade durante a liquidação	625
3.5.	O pagamento do passivo	626
3.6.	Partilha do ativo	629
3.7.	Prestação de contas	630
3.8.	Responsabilidade na liquidação e direitos do credor não satisfeito	630
3.9.	A liquidação extrajudicial	631

	3.9.1.	A decretação da liquidação	632
	3.9.2.	Efeitos da liquidação	632
	3.9.3.	O processo de liquidação	633
	3.9.4.	Encerramento ou cessação da liquidação	635

4. A extinção da sociedade 636

CAPÍTULO XLIII – SOCIEDADES DE ECONOMIA MISTA 639

1. Caracterização e regime jurídico 639

2. Distinções entre sociedades de economia mista, empresas públicas, autarquias e fundações 641

3. Regência da sociedade de economia mista pela Lei das Sociedades Anônimas 643

4. Constituição das sociedades de economia mista 645

5. O controle e o objeto da sociedade de economia mista 646

6. A administração e conselho fiscal da sociedade de economia mista 647

7. Responsabilidade do acionista controlador da sociedade de economia mista 647

8. Atos de gestão e atos administrativos ou de autoridade na sociedade de economia mista 648

CAPÍTULO XLIV – SOCIEDADE EM COMANDITA POR AÇÕES 651

1. Caracterização 651

2. A administração 652

3. A responsabilidade dos diretores ou administradores e distribuição dos lucros 652

4. As deliberações sociais e responsabilidade 654

5. Modelo de estatuto social 654

CAPÍTULO XLV – A PRESCRIÇÃO NAS SOCIEDADES POR AÇÕES 655

1. Conceito e distinções 655

2. Prazos de prescrição estabelecidos no Código Civil e na Lei nº 6.404.......... 657

    2.1. A pretensão contra os peritos, pela avaliação de bens que entram para a formação do capital de sociedade anônima..................................... 657

    2.2. Pretensão dos credores não pagos contra os sócios ou acionistas e os liquidantes 657

    2.3. Pretensão em haver juros, dividendos ou quaisquer prestações acessórias 658

    2.4. Pretensão à restituição de lucros ou dividendos recebidos de má-fé ... 659

    2.5. Pretensão ao ressarcimento contra fundadores, administradores, fiscais e liquidantes de sociedades anônimas..................................... 659

    2.6. Prescrição na ação para buscar a complementação de ações 661

3. Prazos de prescrição estabelecidos na Lei nº 6.404 662

    3.1. Pretensão à anulação da constituição da sociedade 662

    3.2. Pretensão à anulação das deliberações da assembleia geral............... 663

    3.3. Pretensão à restituição de valores pagos indevidamente 664

    3.4. Pretensão à indenização por danos causados pelo agente fiduciário ... 664

    3.5. Pretensão à indenização contra o vendedor que viola o dever de sigilo.. 664

    3.6. Pretensão contra a companhia... 664

CAPÍTULO XLVI – SOCIEDADES COOPERATIVAS................................... 665

1. Enquadramento legal... 665

2. Origem.. 667

3. Princípios orientadores na formação das cooperativas 668

4. Tipos de cooperativas... 670

    4.1. Quanto aos sujeitos envolvidos... 670

    4.2. Quanto aos vários setores da atividade humana ou prestação de serviços, da produção e da cultura 671

5. Cooperativas como sociedades de pessoas 676

6. Características 676

    6.1. Capital social... 677

    6.2. Número de sócios.. 678

    6.3. Soma das quotas de que participa o sócio................................. 679

    6.4. Intransferibilidade das quotas a terceiros................................. 679

    6.5. Número de participantes para a assembleia funcionar e deliberar....... 680

    6.6. Direito do sócio a um único voto 680

    6.7. Distribuição dos resultados 681

    6.8. Indivisibilidade do fundo de reserva...................................... 681

7. Restrições impostas aos cooperados 682

CAPÍTULO XLVII – A CONSTITUIÇÃO E ADMINISTRAÇÃO DAS COOPERATIVAS 685

1. Deliberação da assembleia, autorização governamental e elementos 685
2. Conferência dos órgãos superiores quanto à organização 687
3. Procedimento para a organização, fundação, constituição e registro de cooperativas 688
4. Registro dos atos constitutivos 691
5. Constituição de fundos 692
6. Os órgãos de administração 693
7. Os livros obrigatórios 693
8. A assembleia geral 694
9. Modelo de edital de convocação da assembleia ordinária ou extraordinária 696

CAPÍTULO XLVIII – RELAÇÕES DA COOPERATIVA COM OS ASSOCIADOS 697

1. Prestação dos serviços e atividades em função dos objetivos sociais e tipos de operações 697
2. O Código de Defesa do Consumidor e as cooperativas 698
3. Ingresso, demissão, eliminação e exclusão de sócios da cooperativa 699
4. Direitos dos cooperados que são afastados ou se retiram da cooperativa 701
5. O rateio das despesas 703
6. Concorrência do sócio com a cooperativa 703

CAPÍTULO XLIX – MUDANÇAS OU TRANSFORMAÇÕES DAS COOPERATIVAS 705

1. Fusão, incorporação e desmembramento das cooperativas 705
   1.1. Pela fusão 705
   1.2. Pela incorporação 706
   1.3. Pela cisão 706
2. Procedimento na fusão, incorporação e desmembramento 707

CAPÍTULO L – DISSOLUÇÃO E LIQUIDAÇÃO DAS COOPERATIVAS 709

1. Dissolução 709
2. Liquidação das cooperativas 711
3. Nomeação e funções do liquidante 712
4. Atos dependentes de autorização expressa da assembleia ou do juiz 712

CAPÍTULO LI – RESPONSABILIDADE DAS COOPERATIVAS, DOS ADMINISTRADORES E DOS SÓCIOS 715

1. Regulamentação e extensão da responsabilidade das cooperativas e dos administradores 715

2. Responsabilidade contratual dos sócios na cooperativa............................ 716

3. Responsabilidade tributária dos sócios da cooperativa............................. 718

CAPÍTULO LII – OS TRIBUTOS E CONTRIBUIÇÕES INCIDENTES NAS OPERAÇÕES DAS COOPERATIVAS... 721

1. Distinções e tratamento próprio dispensado às cooperativas...................... 721

2. O imposto de renda nas operações realizadas pela cooperativa e nas retiradas de valores pelos dirigentes 723

3. O imposto de renda nas aplicações financeiras....................................... 726

4. Incidência do ICMS nas operações das cooperativas 728

5. ICMS nas operações das cooperativas de produtores............................... 730

6. Imposto sobre Produtos Industrializados nas atividades das cooperativas 731

7. Imposto sobre Serviços de Qualquer Natureza....................................... 733

8. Contribuição ao Programa de Integração Social – PIS.............................. 735

9. Contribuição para Financiamento da Seguridade Social – COFINS 738

10. Exclusões de operações na incidência do PIS e da COFINS por expressa previsão legal e posição do STJ favorável à simples não incidência.............. 745

11. A Contribuição Social sobre o Lucro Líquido – CSLL.............................. 750

12. Contribuições previdenciárias pelas cooperativas e pelos cooperados.......... 752

13. Contribuição cooperativista 756

CAPÍTULO LIII – MODELOS DE CONSTITUIÇÃO DE COOPERATIVAS, DE COOPERATIVAS CENTRAIS OU FEDERAÇÕES E CONFEDERAÇÕES, ORGANIZAÇÃO, CONDIÇÕES PARA O CARGO DE ADMINISTRADOR E ORIENTAÇÕES... 757

1. Modelo de ata de constituição de cooperativa 757

2. Modelo comum de estatuto de cooperativa.. 757

3. Orientações para a constituição de cooperativa de crédito e operações autorizadas e condições para o cargo de adminiStrador 757

    3.1. Orientações.. 757

    3.2. Condições para o cargo de administrador 766

    3.3. Modelo de estatuto de cooperativa.. 767

    3.4. Operações autorizadas.. 767

4. Organização de cooperativa central ou federação e de confederação e modelos 770

   4.1. Organização 770

   4.2. Modelo de edital de convocação de assembleia geral extraordinária 772

   4.3. Modelo de ata da assembleia geral extraordinária que deliberou pela participação na cooperativa central ou federação, ou na confederação 772

   4.4. Modelo de ata de assembleia geral de constituição de cooperativa central ou federação, ou de confederação 773

   4.5. Modelo de estatuto de cooperativa central ou federação, ou de confederação 773

CAPÍTULO LIV – SOCIEDADES COLIGADAS 775

1. A mútua participação das sociedades umas nas outras 775

2. A sociedade controlada 776

3. Sociedade coligada ou filiada sem controle 777

4. Participação em sociedade 778

5. Limites na participação de uma sociedade em outra que é sua sócia 778

6. Modelo de estatuto de sociedade *holding* ou de sociedade que controlará as demais sociedades 779

CAPÍTULO LV – LIQUIDAÇÃO, EXTINÇÃO DAS SOCIEDADES EM GERAL E MEDIDAS CAUTELARES 781

1. Dissolução e liquidação 781

2. O desenvolvimento da liquidação administrativa 782

3. Aplicação do procedimento informal à liquidação 784

4. Modelo de ata de reunião ou assembleia de dissolução e/ou liquidação de sociedade 784

5. Deveres do liquidante 785

6. Representação e poderes do liquidante 786

7. O inventário e o balanço geral 788

8. Pagamento das obrigações e rateios dos haveres sociais 788

9. Prestação de contas e encerramento da liquidação 789

10. Liquidação judicial 791

11. Procedimento judicial simplificado 794

12. Extinção da sociedade e baixa na Junta Comercial 795

   12.1. Dissolução, liquidação, extinção e regramentos especiais 795

13. Medidas cautelares 800

CAPÍTULO LVI – EXPANSÃO, TRANSFORMAÇÃO, INCORPORAÇÃO, FUSÃO E CISÃO DAS SOCIEDADES ... 803

1. Expansão da sociedade pela criação de filiais ... 803
2. Transformação das sociedades ... 804
   - 2.1. O conceito e as razões que levam à transformação ... 804
   - 2.2. Os efeitos na transformação ... 805
   - 2.3. Sociedades transformáveis ... 806
   - 2.4. Distinções relativamente à incorporação, fusão e cisão ... 807
   - 2.5. O procedimento para a transformação ... 807
   - 2.6. O direito de recesso ou retirada dos sócios dissidentes ... 808
3. A disciplina pelo Código Civil da incorporação, fusão e cisão. Necessidade da justificação e do protocolo. Responsabilidade e direitos da sociedade sucessora ... 809
4. Incorporação de sociedades ... 811
   - 4.1. O negócio de incorporação ... 811
   - 4.2. Os atos da incorporação, a justificação e o protocolo ... 813
   - 4.3. A aprovação da incorporação ... 814
   - 4.4. A avaliação do patrimônio da sociedade a ser incorporada ... 815
   - 4.5. Formalização da incorporação ... 816
   - 4.6. Modelo de justificação e protocolo ... 816
   - 4.7. Modelos de deliberação da assembleia para a incorporação de sociedade ... 816
   - 4.8. Modelo de alteração contratual por incorporação de sociedade ... 817
5. Fusão de sociedades ... 817
   - 5.1. A formação de nova sociedade no lugar de duas ou mais sociedades ... 817
   - 5.2. Formalidades da fusão ... 818
   - 5.3. A assembleia de aprovação da fusão ... 819
   - 5.4. Os atos para formalizar a fusão ... 820
   - 5.5. Modelo de instrumento de justificação e protocolo ... 820
   - 5.6. Modelo de deliberação que autoriza a fusão das sociedades ... 820
   - 5.7. Modelo do novo contrato das sociedades decorrente da fusão ... 821
6. A cisão de sociedades ... 821
   - 6.1. A transferência do capital de uma sociedade para outras sociedades ... 821
   - 6.2. As diretrizes para operar a cisão e as diversas fases ... 822
   - 6.3. Aprovação pelas assembleias ou reuniões das sociedades ... 822
   - 6.4. Arquivamento e publicidade dos atos de cisão ... 823
   - 6.5. Modelo de instrumento de justificação e protocolo ... 824

6.6. Modelos de deliberação da assembleia para a cisão de sociedade 824

6.7. Modelo de alteração contratual por aumento de capital vertido por cisão 824

7. Arquivamento na Junta Comercial dos atos de transformação, incorporação, cisão e fusão 824

8. Anulação dos atos de incorporação, fusão ou cisão 829

9. Direito de retirada na incorporação, fusão ou cisão 830

10. O regime do patrimônio e incidência de tributos na incorporação, fusão ou cisão 831

CAPÍTULO LVII – SOCIEDADE DEPENDENTE DE AUTORIZAÇÃO DO PODER PÚBLICO 835

1. Abrangência da necessidade de autorização e lei de regência 835

2. A existência de lei para impor a necessidade de autorização 836

3. Extensão da necessidade de autorização às sociedades estrangeiras 836

4. Atividades reservadas a empresas brasileiras 837

5. Autorização para a sociedade nacional 837

6. Mudança de nacionalidade de empresa brasileira 840

7. O requerimento e providências para a autorização 841

8. A ordem de autorização 842

CAPÍTULO LVIII – SOCIEDADE ESTRANGEIRA 845

1. Restrições na participação de pessoas ou sociedades estrangeiras 845

2. Formação da sociedade e autorização governamental para se instalar no Brasil 847

3. Requisitos necessários para a autorização para se instalar no Brasil 848

4. O ato de autorização, sua publicação e inscrição 850

5. Regência segundo a lei brasileira 852

6. Regras sobre o funcionamento 853

7. O cancelamento da sociedade estrangeira 854

8. A nacionalização da sociedade estrangeira 855

9. Participação de sociedade ou pessoa física estrangeira em sociedade brasileira 857

10. Regulamentação da participação de pessoa física ou jurídica estrangeira em sociedade brasileira 858

11. Constituição de subsidiárias de sociedades estrangeiras 861

12. Sociedade ou empresa multinacional 862

CAPÍTULO LIX – O ESTABELECIMENTO DE EMPRESA 863

1. O estabelecimento como complexo de bens para o funcionamento da empresa 863
2. Estabelecimento como suporte da atividade empresária............................. 864
3. Elementos integrantes da universalidade do estabelecimento, incluindo a clientela, o fundo de empresa e o aviamento 865
4. Estabelecimento como resultado da fusão entre bens corpóreos e incorpóreos 866
5. Natureza do estabelecimento.. 866
6. Direitos e obrigações tendo por objeto o estabelecimento e sua venda 867
7. Transferência de quotas e consentimento dos credores na transferência do estabelecimento 869
8. Responsabilidade do adquirente pelas obrigações do alienante.................... 870
9. Efeitos da transferência no direito do trabalho e no direito tributário 870
10. Venda do estabelecimento e concorrência ao adquirente............................. 871
11. Transferência do estabelecimento e sub-rogação nos negócios..................... 872
12. Modelo de contrato de venda e compra de estabelecimento......................... 874

CAPÍTULO LX – O REGISTRO DA SOCIEDADE.................................... 875

1. O ato do registro... 875
2. Função do registro.. 876
3. O encaminhamento do registro 877
4. As consequências da falta de registro 877
5. A publicidade dos atos societários e sua verificação pelas Juntas Comerciais...... 878
6. Discriminação sistematizada de atos societários precedidos da prévia publicidade 880
7. A verificação da regularidade dos atos sociais pelas Juntas Comerciais 881

CAPÍTULO LXI – O NOME EMPRESARIAL E A FIRMA DA SOCIEDADE.. 887

1. Distinções entre nome empresarial, firma, denominação e marca.................. 887
2. A firma e o nome ou denominação do empresário e da empresa................... 889
3. Composição da firma ou razão social na sociedade de responsabilidade ilimitada.. 890
4. O nome empresarial da sociedade limitada.. 891
5. O nome ou denominação com a referência da sociedade e do objetivo social... 892
6. Elementos gerais na composição do nome ou firma, inclusive das pequenas e médias empresas.. 893

7. Casos de impossibilidade de registro do nome empresarial............................ 894

8. Exclusividade e proteção do nome ou denominação empresarial.................. 895

9. Proibição da alienação do nome ou denominação empresarial.................... 897

10. Proibição de continuar o nome do sócio falecido, excluído ou que se retira...... 898

11. Cancelamento do nome ou denominação empresarial............................... 898

CAPÍTULO LXII – PREPOSTOS, GERENTES, CONTABILISTAS E DEMAIS AUXILIARES 901

1. Prepostos 901

2. Gerentes.. 903

3. Contabilistas e demais auxiliares 906

CAPÍTULO LXIII – ESCRITURAÇÃO E CONTABILIDADE 909

1. O registro das operações da sociedade e distinções................................ 909

2. Os livros contábeis 910

    2.1. Livros para o r egistro de operações fiscais 912

3. Elementos externos dos livros.. 913

4. Modelos de termos de abertura e encerramento dos livros.......................... 914

5. A forma de escrituração no livro diário.. 914

6. O livro "balancetes diários e balanços" 916

7. O inventário dos bens no balanço patrimonial.. 916

8. Escrituração do balanço patrimonial.. 920

9. Balanço do resultado econômico 921

10. A preservação do exame da contabilidade 921

11. Exibição integral e parcial dos livros... 924

12. Presunção de confissão na recusa em apresentar os livros..................... 925

13. Exame dos livros e vistorias para finalidades tributárias 926

14. O procedimento para a apresentação dos livros ou exame 926

15. Conservação e guarda dos livros.. 927

CAPÍTULO LXIV – RESPONSABILIDADE EM GERAL DAS SOCIEDADES, DOS ADMINISTRADORES E DOS SÓCIOS.............................. 931

1. Extensão na aplicação da responsabilidade às sociedades em geral.................. 931

2. O princípio da responsabilidade das pessoas jurídicas 933

3. Responsabilidade na sucessão das sociedades.. 933

4. Responsabilidade dos administradores e sócios pelas obrigações em geral das sociedades 934

    4.1. Quanto aos administradores 934

    4.2. Quanto aos sócios em geral 937

5. Responsabilidade e prestação do aval e de garante nos contratos pelos administradores e sócios 940

6. Responsabilidade subsidiária 941

7. Responsabilidade dos administradores e sócios para com terceiros pela falta de capital verificada na falência ou insolvência civil 941

8. Base da responsabilidade na desconsideração da personalidade jurídica 942

9. Responsabilidade e desconsideração da personalidade nas relações trabalhistas 949

10. Responsabilidade dos sócios-gerentes especificamente pelas obrigações fiscais e previdenciárias das pessoas jurídicas privadas 951

    10.1. Responsabilidade dos sócios-gerentes na dissolução irregular da sociedade 955

    10.2. Extensão da responsabilidade na falta de recolhimento das contribuições previdenciárias 956

11. Responsabilidade dos sócios na falta de recolhimento de tributos e contribuições 957

12. Obrigações pessoais dos sócios 959

BIBLIOGRAFIA 961

Formação do Direito de Empresa

1. ORIGENS DA SOCIEDADE

A origem remota das sociedades está no ajuntamento de pessoas para a defesa de interesses comuns no desempenho ou a realização de uma atividade, ou na produção de bens. Numa primeira fase, houve o gregarismo, que é a aproximação de pessoas em determinada região, em um centro, embora nem sempre para a prática de finalidades específicas. Corresponde à tendência natural das pessoas de se aproximarem, de viverem em grupos, de se juntarem ou se unirem, opondo-se ao isolamento, ao individualismo. Vários os motivos que conduziram, em um estágio primitivo da humanidade, a uma aproximação dos indivíduos, e a agirem em comum, com idêntico e assemelhado comportamento: a defesa, a necessidade de comunicação, a mútua ajuda, a facilitação em obter alimento, a construção de abrigos. É própria dessas uniões a temporariedade, pois que perduram enquanto existe o fim comum.

Já na sociedade, a união entre as pessoas se aprofunda, tendo caráter mais permanente, visando à finalidade prática de defender os trabalhos comuns, de modo a enaltecer e fortalecer uma determinada classe de pessoas que presta um mesmo serviço. Sempre se destaca um objetivo geral, que é o móvel que leva as pessoas a se unirem.

Há a conjugação de esforços, propiciando conseguir resultados mais facilmente. É da tendência natural a união, que se faz com membros da mesma família, ou dos parentes próximos, dos vizinhos, dos que têm facilidade de adaptação. Todos somam forças para um resultado comum, e, assim, usufruírem do mesmo benefício.

Forma-se um acordo de vontade envolvendo duas ou mais pessoas para a finalidade da realização de uma determinada atividade, com a divisão dos resultados entre os componentes. Celso Marcelo de Oliveira sintetiza os elementos:

"a) Contribuição dos sócios, em bens ou serviços, para a formação do capital social;

b) divisão dos lucros e perdas entre os sócios;

c) pluralidade de sócios;

d) *affectio societatis*".[1]

---

[1] *Tratado de Direito Empresarial Brasileiro*, Campinas – São Paulo, LZN – Distribuidora Literária Comércio de Livros Ltda., 2004, p. 9.

2. A FORMAÇÃO DA SOCIEDADE COM FINALIDADES ECONÔMICAS

Quando os participantes de um grupo trabalham em conjunto, para tirarem o proveito que a todos satisfaz ou é útil, passa a ser econômica a sociedade. Uma vez organizada e estruturada documentalmente, por meio de estatutos ou organismos internos, o nome mais apropriado é empresa, ou companhia. Quanto à palavra "companhia", mais aplicada para a sociedade de capital, a origem semântica da palavra é significativa, ao se formar pela junção de outros termos, que advêm da língua latina, e que são a conjunção *cum* e o substantivo *pagnis*. Ou seja, aqueles que compartilham o mesmo pão formam a companhia, que é a sociedade com uma estrutura apta a produzir resultados econômicos. Há uma finalidade econômica, mesmo que não decorra lucratividade, termo este que expressa o resultado "remuneratório do trabalho ou do capital investido".

Em face da ordem instituída pelo Código Civil introduzido pela Lei nº 10.406, de 10 de janeiro de 2002, tendo a sociedade finalidade econômica, incluída dentro do sentido de empresa, a ela se dá o nome de sociedade empresária. Não mais basta, como forma de representar a disciplina das manifestações econômicas de pessoas, a sociedade comercial, que se constitui para a circulação de bens. Antigamente, era suficiente o tratamento legal das transações envolvendo mercadorias, já que não era significativa de conflitos a produção, que se mantinha mais artesanal. Com o progresso verificado, sobretudo no campo técnico e científico, numa propensão cada vez maior para a globalização, ampliaram-se os limites do ramo do direito que procura direcionar e controlar as criações econômicas, adaptando-se mais apropriadamente a expressão "direito de empresa". E não somente nesses campos. O novo direito empresarial estende-se para outras dimensões, conforme alardeia Arnoldo Wald: "A disciplina da empresa está relacionada com os consumidores (direito do consumidor), com o bom funcionamento do mercado (direito concorrencial) e com os trabalhadores (direito do trabalho). Nesses ramos do direito, o conceito é formado com a interpretação das regras, pela doutrina e pela jurisprudência, tendo em vista o fim que se pretende atingir e os interesses a serem tutelados".[2]

Segue, nesse rumo, Américo Luís Martins da Silva, em vista do Código Civil de 2002: "Ampliou-se tanto a esfera de aplicação da lei mercantil que a atividade comercial tornou-se apenas uma das atividades submissas à norma específica. De maneira que, hoje, tem-se como certo estarem sujeitos às normas não civis previstas no Código de 2002 todos os atos de empresa e atos empresários (gênero), aí incluindo as espécies: atos comerciais circulação de mercadorias e serviços), atos industriais e demais atos considerados empresariais".[3]

Diante da nomenclatura instituída, em todos os diplomas substituem-se as denominações "comerciante", "sociedades comerciais" e "mercantis", atividades "comercias" e "mercantis", pelas palavras "empresário" ou "empresários", no gênero que exigir o substantivo a que se referem. Na omissão do Código na disciplina das matérias, por força do art. 2.037, incidem as disposições das leis especiais que antes vigoravam, se não expressamente revogadas: "Salvo disposição em contrário, aplicam-se aos empresários e sociedades empresárias as disposições de lei não revogadas por este Código, referentes

---

[2]   *Comentários ao Novo Código Civil, Livro II – do Direito de Empresa*, coordenador Sálvio de Figueiredo Teixeira, Rio de Janeiro, Editora Forense, 2005, vol. XIV.

[3]   *Introdução ao Direito Empresarial*, 2ª ed., Rio de Janeiro, Editora Forense, 2005, p. 132.

a comerciantes, ou a sociedades comerciais, bem como a atividades mercantis". Pode-se asseverar que persistem as disposições sobre temas não tratados pela nova ordem, a qual esgota a disciplina.

3. O INÍCIO DAS RELAÇÕES COMERCIAIS

O estudo da origem do direito empresário inicia na visão das relações primitivas de natureza econômica ou comercial.

As civilizações primitivas somente depois de certo momento de sua evolução desenvolveram o comércio. No início, recorda Américo Luís Martins da Silva, "os grupos sociais evoluíam lentamente através do costume de buscarem se bastar a si mesmos, ou seja, pelo costume de procurarem produzir materiais e bens que tinham necessidade imediata ou utilizar o que podiam obter fácil e diretamente da natureza para poderem sobreviver (alimentos silvestres, objetos rudimentares, utensílios etc.)".[4]

As trocas de produtos constituíam a vida econômica das pessoas nos estágios iniciais dos agrupamentos. A produção que excedia as necessidades era trocada por outra mercadoria que fazia falta. O trigo que sobrava era levado ao mercado, e trocado por outro gênero de alimento, ou mesmo por coisas de finalidade bem diferente, como lã, couro, ferramentas.

Outro fator que desencadeou a troca ou comércio consistiu na especialização de algumas pessoas em produzir certos bens, como ferramentas, utensílios domésticos, vestimentas, calçados, joias, de modo a ultrapassarem as necessidades de consumo, surgindo, daí, a procura de sua troca por outros bens, de que careciam.

A equivalência do valor de um produto que se precisava com o de outro que se tinha em excesso sempre trazia problemas. Obviamente, algumas coisas eram mais raras, ou demoravam mais para serem produzidas, ou exigia a confecção mais esforço. Não cabia, daí, a simples troca tendo como base a quantidade, ou as unidades. Essa dificuldade de aquilatar o preço levou o espírito inventivo a destacar alguns bens, de necessidade geral e de valor apreciado, que serviam de mercadoria padrão e comum a todos os interessados, devendo ter, pois, uma boa aceitação. Esses bens deram origem à denominação de mercadorias que serviam de padrão comum, como o sal, derivando "salário"; a ovelha ou, em latim, *pecus*, que deu a palavra "pecúnia"; o peso da coisa, ou *munus rei* em latim, formando a palavra "remuneração". Assim foi seguindo, até coincidirem as ideias em uma mercadoria genérica e adotada por todos, como o metal precioso, ao qual se atribuía uma estimativa igual para a generalidade das pessoas.

Justamente quando as pessoas adotam um fator comum de troca, ou um denominador aceito por todos, é que surgiram as relações comerciais, e, assim, as normas que impunham condutas iguais para todos os que se envolvessem. Unindo-se as pessoas para a prática da atividade, ou para a produção de bens, ou para a prestação de serviços, ocorre o fenômeno da sociedade empresarial, ou da empresa. Já no tempo do Código de Hamurabi havia formas primitivas de ajustes de pessoas, que se aproximavam da sociedade, em setores de produção econômica, lembradas por Gladston Mamede: "As Leis de Hamurabi, nesse sentido, são ricas no tema: os artigos 35 e seguintes cuidam dos ajustes para cultivo de campos e pomares, o que hoje seria definido não como um contrato de sociedade, mas como contrato de parceria. As disposições ali alinhadas demonstram elevada técnica jurídica,

---

[4] *Introdução ao Direito Empresarial*, ob. cit., p. 1.

sendo exemplo o art. 42, que pune o parceiro que não cultiva o campo com a obrigação de indenizar... Também os artigos 101 a 107 cuidam de sociedades constituídas para fins específicos, como a venda de mercadorias em outras localidades".[5]

O mesmo Código de Hamurabi continha em seu art. 99 regra que disciplinava os efeitos das sociedades, pelo que se induz da versão hoje vigente: "Se um homem deu a (outro) homem dinheiro em sociedade, os lucros e as pardas que existem, eles partilharão diante de Deus, em partes iguais".

Celso Marcelo de Oliveira recorda elementos encontrados no Código de Manu (Índia, 1400 a.C.), transcrevendo pequeno excerto: "Quando vários homens se reúnem para cooperar, cada um com o seu trabalho, em uma mesma empresa, tal é a maneira por que deve ser feita a distribuição das partes".[6]

As atividades de cunho econômico, desde o tempo dos gregos, na Idade Antiga, não gozavam de grande prestígio, já que o exercício da política e da arte bélica tinham maior realce. Na época da Roma antiga, tanto não merecia apreço o ofício do comércio que havia um direito próprio e inferior para regular os atritos que surgiam. Era o *jus gentium*, que servia para decidir as questões mercantis, a cargo do *pretor peregrinus*.

Assim, não se creditava ao comércio, e, por conseguinte, à atividade empresarial, uma posição de honra, o que seguiu na Idade Média, impregnada de forte influência canônica, que considerava imoral o lucro desmesurado e fácil.

Da atividade comercial decorreu o aparecimento de uniões de pessoas, que foram o germe das sociedades.

Retrata José Waldecy Lucena a formação das sociedades ao longo na antiga Roma e no começo da Idade Média: "Embora as sociedades tenham alcançado razoável desenvolvimento no direito romano, remontando as primeiras a duzentos anos antes de Cristo, como as sociedades de publicanos (*societas publicanorum*) e como as dos banqueiros (*argentarii*), verdade é que as diversas formas de sociedades de comércio atualmente utilizadas em todos os países civilizados possuem sua origem histórica nos estatutos das cidades comerciantes da Idade Média, e especialmente das cidades italianas. Foi, pois, o comerciante medievo que deu início ao desenvolvimento das sociedades comerciais, tais como hoje as conhecemos".[7]

4. AS PRIMEIRAS SOCIEDADES E MOVIMENTOS HISTÓRICOS

Em 1409, na cidade de Gênova, surgiu a primeira sociedade por ações, quando a então Banca di San Giorgio fracionou o seu capital em títulos de crédito, todos de igual valor.

O mútuo bancário teve origem nas bancas que eram instaladas nas entradas das feiras livres, que constituíam grandes acontecimentos de circulação de dinheiro e de outros valores, guardados em locais protegidos, que se chamaram casas bancárias. Como os valores não eram retirados de imediato, acumulando-se nas contas, passou a surgir a prática do empréstimo dos excedentes, ou da quantidade de depósitos não levantados que formava uma determinada média. É o surgimento do mútuo ou do crédito bancário.

---

[5] *Direito Societário: Sociedades Simples e Empresárias*, São Paulo, Editora Atlas S.A., 2004, vol. 2, p. 32.

[6] *Tratado de Direito Empresarial Brasileiro*, ob. cit., p. 6.

[7] *Das Sociedades Limitadas*, 6ª ed., Rio de Janeiro, Editora Renovar, 2005, p. 2.

Ainda no final da Idade Média, iniciaram e foram adquirindo incremento os agrupamentos nas atividades comerciais. Em razão das pilhagens e ataques frequentes que ocorriam, a solução encontrada foi a união dos comerciantes. Lembra José Waldecy Lucena: "Ao fim da Idade Média, com exceção da sociedade de responsabilidade limitada, já existiam as atuais sociedades, algumas ainda em germe, outras mais aperfeiçoadas, tendo inclusive surgido, embora sem o rigor hodierno, a distinção entre sociedades de pessoas e sociedades de capitais, porquanto já se permitia a cessibilidade do direito de sócio e ensaiava-se a limitação da responsabilidade social".[8]

Apareceram, na Idade Média, as corporações de artes e ofícios. Havia locais das cidades onde se concentravam os prestadores de serviços, tidos cada vez mais como indispensáveis, e que se aperfeiçoavam na arte e nos inventos. Visando a auto defesa, fez-se necessária a organização, de modo a impedir que outros copiassem os segredos. Os prestadores de atividades e os donos de riquezas monopolizaram o conhecimento, e partiram para o domínio em vários campos na produção de bens, como o de armas e remédios. Constituíram o embrião das grandes empresas que passaram a dominar na Idade Contemporânea, e inspiraram princípios e institutos de grande envergadura, como o *franchising*, as marcas e patentes, o *know-how* de muitas profissões.

Houve movimentos históricos que influíram na ideologia dos agrupamentos, e na direção dos destinos da humanidade.

Assim, Revolução Francesa de 1789 significou o domínio da burguesia, que tinha o seu germe nas ligas de ofícios. O comércio criou uma nova classe de pessoas, concentrada nos comerciantes e donos de incipientes indústrias, que despertaram maior interesse e valorização do que as classes da nobreza, concentrados no domínio das terras.

Certos ideais políticos propagaram-se, como os da democracia, da liberdade de opinião e pensamento, da divisão dos poderes do Estado em Legislativo, Executivo e Judiciário, da igualdade, da organização sindical. Suprimiram-se os privilégios das corporações medievais e monopólios, abrindo-se o caminho para todos os cidadãos exercerem as profissões que escolhessem, e permitindo-se o livre estabelecimento de fábricas e centros comerciais.

Igualmente o socialismo influiu na formação das mentalidades e na participação do Estado no poder econômico da iniciativa privada. Teve o movimento origem no fato da exploração do homem pelo homem e nas condições degradantes das fábricas, tornando-se insuportável o ambiente de trabalho (como a constante intoxicação por jatos do vapor das caldeiras), e levando a impor a intervenção do Estado. O lucro desenfreado dos donos das fábricas e a baixa remuneração dos trabalhadores levaram às ideias de socialização dos bens e das atividades.

De outra parte, as grandes companhias de navegação, que expandiram as relações comerciais a outros continentes, somadas às organizações de fábricas que apareceram durante a Revolução Industrial, deram origem às sociedades organizadas através de estatutos e diplomas próprios, que foram incorporados em um direito autônomo, evoluindo para o direito comercial do Século XIX e começo do Século XX, cuja origem foram os usos e costumes dos comerciantes.

---

[8] *Das Sociedades por Quotas de Responsabilidade Limitada*, Rio de Janeiro, Livraria e Editora Renovar Ltda., 1996, p. 3.

No Brasil, embora sempre tenha existido o comércio, deu-se o incremento da expansão das atividades comerciais e, assim, da organização de pessoas que associavam nas atividades econômicas com a vinda da família imperial, no que ilustra Américo Luís Martins da Silva: "Pela chamada 'Lei de Abertura dos Portos' ou 'Carta Régia' de 28.01.1808, os estuários brasileiros abriram-se ao comércio livre das nações e povos amigos, até então cerrados pela mesquinha e estreita política monopolista da metrópole. Em seguida, o Alvará de 1º.04.1808 permitiu o livre estabelecimento de fábricas e manufaturas, para estimular as atividades produtivas da nação que surgia", criando-se, em 23.08.1808, "a Real Junta de Comércio, Agricultura, Fábricas e Navegação".[9]

5. A TEORIA DOS ATOS DE COMÉRCIO E ATOS DE EMPRESA

O primeiro diploma de consolidação do direito comercial se materializou no *Code de Commerce* de 1807, elaborado por uma comissão constituída por Napoleão, e que, na visão de Waldemar Ferreira, "consolidou todas as normas em vigor e abriu novos rumos ao Direito Comercial, sem servir de embaraço ao seu desenvolvimento".[10]

Foi adotada a teoria dos atos de comércio, ou seja, na explicação dada por Marcelo M. Bertoldi, "deixando de lado a ideia de que a legislação comercial destinava-se a reger as relações de uma classe de pessoas – os comerciantes – e passando, isto sim, a regular a atividade de qualquer indivíduo que viesse a praticar determinados atos, havidos como de comércio, independentemente de quem os praticasse. Ou seja, não mais importava a averiguação a respeito da qualidade da pessoa, se comerciante ou não, bastando que os atos por ela praticados fossem considerados como *atos de comércio*. Surge, então, o que se chamou de *teoria dos atos de comércio*, forma encontrada para tentar delimitar a matéria concernente ao direito comercial, diferenciando-o dos outros ramos do direito, em especial do direito civil".[11]

Para essa teoria, pois, a identificação do sujeito das normas do Direito Comercial se dá em *função da atividade por ele exercida*.

O art. 1º do *Code de Commerce* era claro ao adotar os atos de comércio para caracterizar a atividade então comercial: "Sont commerçants ceux qui exercent des actes de commerce et en font leur profession habituelle".

Sobre o panorama que envolveu esse direito, ilustra o Prof. Frederico Viana Rodrigues: "Surge, dessa feita, um Direito Comercial novo, legislado, cujas inovações são sintetizadas com maestria por Francisco Galgano: 'A classe mercantil deixa de ser artífice do seu próprio direito. O Direito Comercial experimenta uma dupla transformação: o que foi direito de classe transforma-se em direito do Estado; o que foi direito universal converte-se em direito nacional. As suas fontes são as leis do Estado vigentes nos limites nacionais, diferentes, portanto, de Estado para Estado'. A jurisdição comercial passou das antigas magistraturas mercantis, no seio das corporações, para os tribunais do Estado, concebidos, não obstante, como tribunais especiais, formados por juízes eleitos por uma assembleia de mercadores, mas nomeados pelo Rei e investidos de poder soberano".[12]

---

[9]   *Introdução ao Direito Empresarial*, ob. cit., p. 80.
[10]   *Tratado de Direito Mercantil Brasileiro*, São Paulo, 1934, p. 150.
[11]   *Curso Avançado de Direito Comercial*, 2ª ed., São Paulo, Editora Revista dos Tribunais, 2003, vol. I, p. 27.
[12]   "A Autonomia do Direito de Empresa no Novo Código Civil", *in Direito de Empresa no Novo Código Civil*, Rio de Janeiro, Editora Forense, 2004, p. 19.

Explica o magistrado pernambucano José Raimundo dos Santos Costa a chamada teoria dos atos de comércio: "A teoria dos atos de comércio resume-se, rigorosamente falando, a uma relação de atividades econômicas, sem que entre elas se possa encontrar qualquer elemento interno de ligação, o que acarreta indefinições no tocante à natureza mercantil de algumas delas".[13]

O Regulamento nº 737, de 1850, no art. 19, enumerava os atos de comércio. "Considera-se mercancia:

§ 1º A compra e venda ou troca de efeitos móveis ou semoventes, para vendê-los por grosso ou retalho, na mesma espécie ou manufaturados, ou para alugar o seu uso;

§ 2º As operações de câmbio, banco e corretagem;

§ 3º As empresas de fábrica, de comissões, de depósito, de expedição, consignação e transporte de mercadorias, de espetáculos públicos;

§ 4º Os seguros, fretamentos, riscos e quaisquer contratos relativos ao comércio marítimo;

§ 5º A armação e expedição de navios".

Essas atividades econômicas, ou atos de comércio, foram classificados por José Xavier Carvalho de Mendonça na seguinte ordem:

a) Os atos de comércio por natureza ou ato de comércio profissional, assim tidos como os atos que constituem o exercício da indústria mercantil, a prática habitual do comércio, ou a comercialidade da atividade de compra e venda de bens.

b) Os atos de comércio por dependência ou ato de comércio acessório, destinados a facilitar, a promover e a realizar o exercício da indústria, ou para implantar a atividade industrial e comercial, exemplificando-se na compra de instrumentos e mecanismos, de materiais e máquinas que possibilitam a instalação da indústria ou do núcleo comercial.

c) Os atos de comércio por força ou autoridade da lei, como os específicos de algumas categorias profissionais, e, no caso, os atos dos corretores, dos agenciadores, dos prestadores de serviços.[14]

Já há algum tempo, entrementes, que não mais vigora a conceituação dos atos de comércio, por insuficiente e não abarcar o real alcance da atividade econômica. Era insuficiente a teoria, diante da evidente limitação relativamente às novas atividades que, no início do século XX, passaram a ter maior importância para a economia mundial. Cesare Vivante desenvolveu uma nova teoria para a identificação do sujeito das normas do Direito Comercial, que é a Teoria da Empresa. Tem-se em conta a prática de uma atividade destinada à exploração econômica, com um fim lucrativo e de forma mercantil na organização das pessoas, seja através de uma sociedade ou da própria firma individual. Sintetiza desta maneira Américo Luis Martins da Silva: "A rigor, frente a essa nova colocação do legislador, não são mais apenas os atos de qualquer empresa que podem ser considerados atos de empresa. A nosso ver, para ser considerado ato de empresa pouco

---

[13] "O Empresário Individual", *in Revista da ESMAPE – Escola Superior da Magistratura de Pernambuco*, Recife, vol. 9, nº 19, p. 266, jan.-jun. 2004.

[14] *Tratado de Direito Comercial Brasileiro*, 4ª ed., Rio de Janeiro, Editora Freitas Bastos, 1945, vol. I, pp. 454-455.

importa a mercantilidade do objeto da empresa. É necessário apenas o cumprimento dos requisitos antes enumerados (exploração econômica, fins lucrativos e forma mercantil) ou que a lei declare expressamente esta qualidade".[15] Mais detalhadamente, para a *Teoria da Empresa*, a identificação do sujeito das normas do Direito Comercial não se dá mais em razão da atividade por ele explorada, tal como era na vigência da teoria dos atos de comércio, mas sim em razão da *forma como o sujeito explora a sua atividade*. Considera--se empresário, ou seja, sujeito das normas do Direito Comercial, aquele que exercer profissionalmente uma atividade econômica organizada para a produção ou circulação de bens ou serviços (art. 966 do CC). Para a teoria da empresa, pouco importa a atividade explorada pelo sujeito, podendo ser tanto a produção ou a circulação de bens como a de serviços. O que caracterizará o empresário é a forma pela qual ele explora essa atividade. Assim, se o sujeito atuar com profissionalismo, visando ao lucro (atividade econômica) e organizando os fatores de produção (atividade organizada), será considerado um empre-sário, submetendo-se a certas normas que somente a ele serão aplicadas, como a Lei de Falência e Recuperação de Empresas.

Tanto essa nova realidade que não mais comportam as tradicionais denominações "Registro de Comércio" ou "Junta Comercial", coadunando-se, desde o advento da Lei nº 8.934, de 18.11.1994, as expressões "Registro de Empresas" e "Junta Empresarial".

6. A UNIFICAÇÃO DO DIREITO PRIVADO E O CÓDIGO CIVIL DE 2002

Desde os primórdios da formação do direito comercial no Brasil, houve um movimento de unificação do direito privado, que não alcançou maior projeção, porquanto todas as codificações que surgiram no Século XIX mantiveram a independência do direito comer-cial. E assim aconteceu com o Código Comercial do Brasil, introduzido pela Lei nº 556, de 25.06.1850, aceito e promulgado pelo imperador Dom Pedro Segundo. A tentativa de um direito privado único seguiu, e teve propagadores, como Teixeira de Freitas que em 1867 chegou a falar em um Código geral destinado a regular conjuntamente a matéria civil e comercial. Em movimentos posteriores, concentrou-se a tendência na unificação do direito das obrigações, com a apresentação de projetos que não lograram a aceitação. Lembra Vera Helena de Mello Franco: "A distinção entre o direito comercial e o civil nada mais seria do que um fenômeno histórico, uma etapa na evolução do direito priva-do já superada; e a unificação, justamente o resultado desta evolução, demonstrando a inexistência de qualquer diferença formal entre ambos. Deste ponto de vista, inexistiria qualquer peculiaridade técnica na matéria regulada pelo direito comercial, distinguindo--se o âmbito do direito comercial tão somente pelo fato de lhe ter sido assinalado, em determinada época, um campo de atividade diferente".[16]

Mais de um século e meio depois do Código Comercial de 1850, em 2002, veio a se implantar, no Brasil, um sistema jurídico que unificou, em grande parte, o direito civil e o direito comercial, com a promulgação do atual Código Civil brasileiro. Foi adotado o regime do Código Civil italiano de 1942, abandonando-se a teoria dos atos de comércio, e implantando o conceito de empresa para caracterizar os negócios jurídicos de natureza econômica. Sintetiza claramente Rodrigo Ferraz P. Cunha, a respeito do direito empresarial, introduzido no Livro II da Parte Especial do atual Código Civil: "Esse Livro, de maneira inovadora, abandona definitivamente os princípios franceses, inspiradores de nosso Código

---

[15] *Introdução ao Direito Empresarial*, ob. cit., p. 133.
[16] *Manual de Direito Comercial*, 2ª ed., São Paulo, Editora Revista dos Tribunais, 2004, vol. I, p. 31.

Comercial, e passou a disciplinar genericamente, em conformidade com a disciplina do Código Civil italiano, a atividade empresarial e o direito de empresa".[17]

Celso Marcelo de Oliveira resume o fenômeno da unificação: "Com a Lei nº 10.406/02, foi unificado formalmente o Direito Privado, mediante a fusão das normas do Direito Civil e do Direito Comercial".[18] A unificação não importa em desconsiderar os princípios e institutos próprios de cada ramo do direito. Permanecem os desdobramentos peculiares, como o caráter econômico da atividade disciplinada, o maior grau de liberdade admitido na celebração das relações contratuais, observância da literalidade na exegese e aplicação da lei, e a permanência de certos institutos peculiares e específicos, como a falência, a recuperação de empresas, a constituição e o registro das sociedades empresárias.

7. O DIREITO EMPRESARIAL NO CÓDIGO CIVIL BRASILEIRO E NO CÓDIGO DE PROCESSO CIVIL

Pelo Código Civil de 1916 e pelo Código Comercial de 1850, as atividades econômicas estavam agrupadas em dois grandes setores, cada uma com um regime jurídico próprio, e que consistiam em atividades civis e atividades comerciais – aquelas consideradas como as comuns de qualquer cidadão, não objetivando uma profissionalidade lucrativa constante, e as últimas envolvendo justamente o exercício de atos próprios destinados ao lucro.

Com o Código Civil da Lei nº 10.406, de 10.01.2002, que entrou em vigor na data de 11 de janeiro de 2003, houve a unificação do ramo do direito que disciplina as atividades privadas, tanto as dirigidas para os negócios em geral como as que tratam especificamente da finalidade lucrativa. Ou seja, foi posto um fim à dicotomia histórica do direito privado, e ficou abolida a dualidade de regramento das obrigações e de diversos tipos contratuais. Adotou-se o sistema italiano de 1942, reunindo num mesmo regime legal o regramento da atividade econômica, inclusive a puramente pessoal e que não envolve os interesses materiais, excluídos somente alguns poucos negócios, por reclamarem tratamentos especiais.

Não se pense, porém, que houve a substituição ou sucessão da figura do "comerciante" pela figura do "empresário", já que o conteúdo deste termo é amplo, abrangendo o comerciante propriamente dito, e mais outras formas de ações ou atividades, como o fabricante e o prestador de serviços. O art. 2.045 do Código Civil, integrante do Livro Complementar que trata das Disposições Finais e Transitórias, revogou a Parte Primeira do Código Comercial, a qual abrange o art. 1º ao art. 456, e que tinha como objeto a disciplina a atividade do comércio em geral. Considerava-se comerciante toda a pessoa titular da atividade comercial, sem abranger outras formas de regulação da atividade econômica, como a do produtor e a de prestação de serviços.

Não se pode olvidar o art. 2.037 do vigente Código Civil, mantendo as disposições dirigidas às sociedades, desde que não revogadas expressamente pelos ditames do Código Civil. Eis o teor do dispositivo: "Salvo disposição em contrário, aplicam-se aos empresários e sociedades empresárias as disposições de lei não revogadas por este Código, referentes a comerciantes, ou a sociedades comerciais, bem como a atividades mercantis".

---

[17] "Reorganizações Societárias no Novo Código Civil", *in Direito de Empresa no Novo Código Civil*, Rio de Janeiro, Editora Forense, 2004, p. 413.

[18] *Manual de Direito Empresarial*, São Paulo, Editora IOB Thomson, 2005, vol. I, p. 113.

Com o Código Civil de 2002, a atividade profissional que objetiva alcançar resultados econômicos está disciplinada no Livro II da Parte Especial, denominado "Do Direito de Empresa", sendo composto por quatro títulos, desenvolvidos na seguinte ordem: Título I – Do empresário; Título II – Da sociedade; Título III – Do estabelecimento; Título IV – Dos institutos complementares. Inicia o tratamento no art. 966 e termina no art. 1.195.

A sociedade, enquanto dirigida a desempenhar atividade econômica lucrativa, enquadra-se no direito empresário. Todavia, dentro do livro destinado a regular o direito de empresa encontra-se a disciplina da sociedade simples, que não tem por finalidade o exercício de atividade econômica organizada para a produção ou a circulação de bens ou de serviços. Encontra-se, pois, no texto codificado destinado a reger uma atividade econômica a inclusão do tratamento de uma matéria que não é empresária, pois seu objeto é revela caráter econômico.

Não existe significativa ligação entre o direito empresarial e o direito processual civil. Todavia, as regras do Código de Processo Civil regem os litígios civis e empresariais, havendo, no entanto, algumas que são aplicáveis às ações e aos procedimentos tipicamente empresariais, como no caso da ação de dissolução parcial de sociedade, disciplinada nos arts. 599 a 609 do CPC/2015.

Têm, igualmente, pertinência ao direito empresarial mais regras do mesmo estatuto, como os arts. 133 a 137, versando sobre a desconsideração da personalidade jurídica; o art. 861, tratando da penhora de quotas sociais; o art. 862, que versa sobre a penhora do estabelecimento empresarial; e o art. 866, dispondo sobre a penhora de faturamento da empresa.

8. ATIVIDADES ECONÔMICAS E EMPRESA

Inquestionavelmente, grandes as mudanças que ocorreram desde o momento do surgimento da atividade comercial. Em épocas remotas, após a fase da história em que dominavam as trocas, unicamente o comércio e o trabalho movimentavam a economia. Outros fatores de circulação de riquezas apareceram, envolvendo o trabalho e o capital, que necessitaram ser disciplinados. Não mais se circunscreveu a fonte de riquezas ou a economia aos resultados trazidos pelo comércio.

Já antes da Revolução Industrial, haviam adquirido um alto estágio os ofícios e as diversas profissões liberais, constituindo fonte de consideráveis riquezas, e representando a maioria dos habitantes das cidades. Na verdade, em todas as épocas sempre existiram mais causas de fomento da economia. As grandes construções, as artes, a atividade bélica, o transporte, a fabricação manual de artefatos, e infindável quantidade de atividades, constituíam fontes de renda e faziam circular as riquezas.

O direito comercial, no entanto, limitava-se a reger e disciplinar unicamente a transferência ou compra e venda comum de riquezas e algumas poucas outras atividades ou profissões, como a corretagem ou intermediação, a agência ou representação, o depósito, o transporte marítimo, a concessão do crédito, o mandato mercantil, a compra e venda mercantil, a troca, a locação, o mútuo, as sociedades, os fretamentos e outras espécies que pouca ou nenhuma utilização revelavam nos últimos tempos.

As sociedades não mais se constituem para representar formas de uniões ou agrupamentos de pessoas no desempenho do comércio.

Uma nova dimensão do direito passou a surgir, que se codificou na Itália desde 1942, e se incrementou no pensamento jurídico universal. O direito que trata da movimentação da economia não mais é um direito do comerciante e dos atos de comércio, mas se alastrou para limites bem mais amplos, passando a constituir um direito dos negócios, das atividades econômicas. Sempre que a sociedade tem por escopo a atividade ou a criação de riquezas e a sua movimentação entre as pessoas, torna-se empresa. Ou se promove a destinação de um conjunto de bens para a produção de riquezas, adotando a visão de Giuseppe Ferri, que vê a empresa como "attività e come complesso di beni destinati a uno scopo produttivo".[19] Tem-se uma atividade econômica, organizada para a circulação de bens, ou a sua produção, ou a prestação de serviços. Para Cesare Vivante, numa dimensão um pouco diferente, concebe-se a empresa como "um organismo econômico que, por seu próprio risco, recolhe e põe em atuação sistematicamente os elementos necessários para obter um produto destinado à troca".[20]

Aliás, do próprio Código Comercial francês se colhe a ideia de empresa, quando, no art. 632, quando enumera os atos de comércio, faz menção às *enterprises*, aos empreendimentos.

Dentro desta órbita, impera, já há um longo tempo, o direito empresário, com a regulamentação e organização das atividades atinentes ao comércio, à produção de riquezas, à prestação de serviços, ao transporte, e a grande quantidade de outros fatores de lucros e rendas, numa dimensão bem mais cosmopolita que as codificações estanques tendo por objeto o comércio.

Ademais, houve a implantação de um sistema que regulamenta genericamente um ramo de atividades de nítido caráter econômico, sem restringi-lo a um campo específico. Nota-se a coadunação do legislador aos novos tempos, em que não mais preponderam os macrossistemas legislativos. Deixaram de ter relevância as grandes codificações, eis que a especificação dos fatos e a diversidade de atividades impuseram um tratamento jurídico mais particularizado e setorizado, devendo os códigos propriamente ditos limitarem-se, a estabelecer regramentos genéricos e comuns.

Bem maior a dimensão do direito empresarial, relativamente ao direito comercial, cujo campo, na visão de Vera Helena de Mello Franco, restringe-se no "ramo do direito privado que tem por objeto a regulação da atividade destinada à circulação e criação da riqueza mobilizada, seus instrumentos e a qualificação dos sujeitos dessas relações".[21] Já o direito empresarial vai além, abrangendo a organização patrimonial econômica enquanto atua na circulação de bens, na sua produção, na prestação de serviços, ou em formas diferentes de trazer resultados econômicos. Adita a citada Vera Helena de Mello Franco: "... A atividade empresarial não se limita àquela comercial em sentido estrito (intermediação). A atividade empresarial tem uma conotação mais ampla de mera intermediação entre o momento da produção e o do consumo. Ela pode ser civil, industrial, de intercâmbio de bens, de distribuição ou securitária".[22]

As inovações do direito de empresa regrado pelo Código Civil de 2002 também são ressaltadas em obra dirigida e coordenada por Elidie Palma Bifano e Sérgio Roberto de Oliveira Bento: "O direito de empresa é, como se pode depreender, das mais relevantes

---

[19]   *Manuale di Diritto Commerciale*, Turim, Editora UTET, 1994, p. 33.
[20]   *Tratado de Derecho Mercantil*, Madrid, Academia Editorial Reus, 1932, vol. I, p. 131.
[21]   *Manual de Direito Comercial*, ob. cit., vol. I, p. 15.
[22]   *Manual de Direito Comercial*, ob. cit., vol. I, p. 47.

mudanças inseridas no atual Código, de tal forma que com ele foi introduzida no ordenamento jurídico brasileiro a teoria da empresa, em substituição à teoria dos atos de comércio, revogando, assim, toda a primeira parte do Código Comercial e, por conseguinte, passando as atividades que envolvem serviços a ser tratadas como aquelas que envolvem mercadorias, sem qualquer distinção".[23]

9. FONTES DO DIREITO DE EMPRESA

Trata-se de ver de onde nasce o direito aplicado às empresas. É claro Américo Luís Martins da Silva em definir as fontes de um sistema jurídico: "Fonte da norma jurídica é, evidentemente, tudo aquilo de onde esta procede, de onde ela se funda e tira a sua razão de ser. 'Fonte' refere-se à origem e procedência da regra jurídica".[24]

Costuma-se dividir as fontes em três categorias: as históricas, as materiais e as formais.

As *históricas* são procuradas em velhos textos, no direito antigo, nos primeiros códigos que surgiram, como no Código de Hamurabi, no Código de Manu (Índia, 1400 a.C.), na Lei das Doze Tábuas, no Digesto, nos papiros egípcios. Mais propriamente quanto ao direito empresarial, os textos que primeiro trataram das relações comerciais ou de produção servem de inspiração ao direito atual. Nessa ótica, lembram-se as Ordenações Francesas de 1673, o *Code de Commerce* de 1807, o próprio Código Comercial Brasileiro de 1850.

As fontes *materiais* revelam-se nos elementos que contribuem para a formação das normas, como os chefes de estado que impunham regramentos autoritários, os órgãos encarregados constitucionalmente para elaborar as leis (Câmara de Deputados, Senado, Assembleia Legislativa).

As fontes *formais* abrangem as formas externas de manifestação do direito vigente ou positivo, ou de se exteriorizarem as regras jurídicas. Nesta classe, existem subdivisões: as fontes primárias, consistentes nas leis, como o Código Civil; e as fontes secundárias, externadas nos usos e costumes empresariais, na analogia, nos princípios gerais do direito de empresa, na jurisprudência, na doutrina e na equidade.

Quanto aos usos e costumes, mostra-se apropriada a sua caracterização feita por Sérgio Campinho: "Revelam-se pela prática reiterada de determinados procedimentos que acabam por se cristalizar como regra obrigatória para, na ausência de lei, reger determinados negócios empresários. Sua caracterização exige, pois, a prática constante e uniforme, durante certo período de tempo, de um específico procedimento. Devem ser exercidos de boa-fé, não podendo malferir a imperatividade da norma legal. Não se admite que sejam *contra legem*".[25]

As demais categorias de fontes secundárias, apesar das controvérsias, consideram-se fontes porque auxiliam na solução dos litígios, em especial na omissão da lei e na sua interpretação. Embora não traduzam normas novas, conduzem à solução de situações geradas por conflitos.

---

[23] *Aspectos Relevantes do Direito de Empresa de acordo com o Novo Código Civil*, São Paulo, Editora Quartier Latin do Brasil, 2005, p. 40.

[24] *Introdução ao Direito Empresarial*, ob. cit., p. 89.

[25] *O Direito de Empresa*, 6ª ed., Rio de Janeiro, Editora Renovar, 2005, p. 7.

Outras classificações existem, como as *fontes primárias*, compreendendo as leis propriamente ditas, isto é, o Código Civil, o Código Comercial e as diversas leis que tratam da matéria; e as fontes subsidiárias, assim definidas por Celso Marcelo de Oliveira: "O segundo grupo, que constitui as fontes subsidiárias, secundárias ou indiretas, compreende: as leis civis, os usos comerciais e a jurisprudência. Fazem parte ainda os tratados internacionais de caráter econômico, a analogia, os princípios gerais do direito e a equidade".[26]

---

[26] *Manual de Direito Empresarial*, ob. cit., vol. I, p. 102.

II

A sociedade empresária e seu enquadramento nas pessoas jurídicas

1. A SOCIEDADE EMPRESÁRIA

O Código Civil de 2002 introduziu nova nomenclatura na divisão das sociedades, como aconteceu com as sociedades que passaram a ser chamadas de empresárias, o que se deu por influência da doutrina italiana, a qual criou a teoria da empresa. Foi abandonada a tradicional classificação das sociedades em comerciais e civis, iniciando a preponderar a organização da atividade de produção de bens, de sua circulação e da prestação de serviços.

No regime anterior, o contrato de sociedade vinha tratado tanto pelo Código Comercial (sociedades mercantis – arts. 287 a 310), quanto pelo então Código Civil (sociedades civis – arts. 1.363 a 1.409).

Pelo novo regime, a organização da produção em um determinado setor, que o empreendedor constitui e mantém, envolvendo o capital, a produção, a movimentação e a mão de obra e técnica, passou a constituir empresa. Por outros termos, há uma atividade econômica, que se opera na criação de riquezas ou bens, na sua circulação e na prestação de serviços. Miguel Reale foi o grande inovador desse conceito em nosso direito, dando o alcance do conteúdo, concebendo a empresa "no sentido de atividade desenvolvida pelos indivíduos ou pelas sociedades, a fim de promover a produção e a circulação das riquezas. É esse objetivo fundamental que rege os diversos tipos de sociedades empresárias, não sendo demais realçar que, consoante terminologia adotada pelo projeto, as sociedades são sempre de natureza empresarial, enquanto que as associações são de natureza civil. Parece uma distinção de somenos relevância, mas de grandes consequências práticas, porquanto cada uma delas é governada por princípios distintos. Uma exigência básica de trabalho norteia, portanto, toda a matéria de Direito de Empresa, adequando-o aos imperativos da técnica contemporânea no campo econômico-financeiro, sendo estabelecidos preceitos que atendem tanto à livre iniciativa como aos interesses do consumidor".[1]

Daí se conceituar a empresa como a organização implantada para a produção de bens, ou a circulação de riquezas, ou a prestação de serviços, ou a atuação negocial – sempre dentro da finalidade econômica –, visando a obtenção de lucros ou vantagens. Miguel Reale acrescenta o elemento habitualidade, que parece inerente na organização e

---

[1] *O Projeto do Código Civil – situação atual e seus problemas fundamentais*, São Paulo, Editora Saraiva, 1986, citação de Celso Marcelo de Oliveira na obra *Manual de Direito Empresarial*, São Paulo, Editora IOB Thomson, 2005, p. 90.

na produção de bens ou na prestação de serviços, pois se não existe habitualidade não se viabiliza a organização.[2]

A conceituação retira-se da conjugação dos arts. 982 e 966 do Código Civil.

Eis o art. 982: "Salvo as exceções expressas, considera-se empresária a sociedade que tem por objeto o exercício de atividade própria de empresário sujeito a registro (art. 967); e simples, as demais".

A sociedade empresária e, assim, a empresa, por essência, se caracterizam pelo exercício de atividade própria do empresário, cujo conceito está no art. 966: "Considera-se empresário quem exerce profissionalmente atividade econômica organizada para a produção ou a circulação de bens ou de serviços".

O parágrafo único afasta do conceito de empresário "quem exerce profissão intelectual, de natureza científica, literária ou artística, ainda com o concurso de auxiliares ou colaboradores, salvo se o exercício da profissão constituir elemento de empresa".

O sentido da expressão "elemento de empresa" equivale à prática econômica da atividade, organizando-se para tanto. Vale dizer, aprofunda Vera Helena de Mello Franco, "quando o prestador de serviços profissionais se 'impessoaliza' e os serviços, até então pessoalmente prestados, passam a ser oferecidos pela organização empresarial, perante a qual se torna um mero organizador".[3]

Daí se tem que a organização da atividade trata-se do principal elemento que marca a empresa. Estrutura-se determinado setor da produção, dirigido para uma finalidade econômica específica, elemento este colhido do conceito de empresário. Esta conceituação consta do art. 982 do Código Civil, com os acréscimos do art. 966. Não havendo a organização da atividade, nem o seu tipo econômico, não se tem a empresa porque falta justamente a entidade como ser específico e fato jurídico de caráter próprio.

Deve dar-se realce aos aspectos subjetivo, objetivo e funcional.

No sentido subjetivo, a empresa é um organismo vivo, uma comunidade ou instituição, que a distingue ou separa da pessoa do empresário. O empreendimento tem autonomia por si próprio, persistindo com a morte do titular, pois abrange toda a esfera de interesses que a envolve, e, assim, os trabalhadores, o nome, os bens.

Sob o enfoque objetivo, considera-se a empresa como um objeto, ou um patrimônio, um complexo de bens, um conjunto de pessoas e coisas, sob o comando do empresário. Na visão de Marcelo Andrade Féres, "a empresa é vista como o estabelecimento empresarial (*azienda*), isto é, o complexo de bens (materiais e imateriais, móveis e imóveis, e segundo alguns, também os serviços) posto à disposição do empresário, para realização de seu empreendimento".[4]

No aspecto funcional, segue o Prof. Marcelo Andrade Féres, "a empresa é vislumbrada como atividade empresarial. Ela, em si, reflete a atividade desenvolvida pelo sujeito de direito".[5] Esse o ângulo que a considera Marcelo M. Bertoldi, ou seja, a empresa "como atividade exercida pelo empresário".[6]

---

[2]   *Projeto do Código Civil*, São Paulo, Editora Saraiva, 1986, p. 98.
[3]   *Manual de Direito Comercial*, ob. cit., vol. I, p. 59.
[4]   "Empresa e Empresário: do Código Civil Italiano ao Novo Código Civil Brasileiro", *in Direito de Empresa no Novo* Código Civil, Rio de Janeiro, Editora Forense, 2004, p. 49.
[5]   "Empresa e Empresário: do Código Civil Italiano ao Novo Código Civil Brasileiro", trabalho citado, p. 49.
[6]   *Curso Avançado de Direito Comercial*, ob. cit., vol. I, p. 56.

Encara-se a empresa como a organização da atividade econômica, objetivando a produção e a circulação de riquezas, e passando a se enquadrar como fato jurídico. Envolve a utilização de um complexo de bens e pessoas para finalidades produtivas.

Também é relevante a sua consideração como atividade econômica profissional. Mais apropriadamente, se na prática da atividade, ou da produção, ou da prestação de serviços se visa a alcançar o lucro e se descortinarem os perfis da profissionalidade, da economicidade e da habitualidade, não importando se exercida mesmo por profissionais liberais, a marca é prática empresarial.

José Raimundo dos Santos Costa bem coloca a nova visão de empresa e de empresário: "A partir da vigência do novo Código Civil, o conceito de empresa abrange outras atividades econômicas produtivas que até então se encontravam reguladas pelo Código Civil de 1916, e, assim, submetidas dominantemente às regras do Direito Civil.

Empresário, portanto, é a pessoa (natural ou jurídica) que desempenha, em caráter profissional, qualquer atividade econômica produtiva no campo do direito privado, substituindo e tomando o lugar da antiga figura do comerciante.

O parágrafo único do art. 966 da atual Lei Civil, contudo, excluiu do conceito de empresários aqueles que exerçam profissão intelectual, de natureza científica, literária ou artística. Não seriam considerados assim como empresários, por exemplo, os profissionais liberais, que desempenham atividades nos campos da educação, saúde, engenharia, direito, música e artes. Todavia, se o exercício dessa atividade intelectual constituir elemento de empresa, isto é, se estiver voltado para a produção ou a circulação de bens ou serviços, essas atividades serão necessariamente consideradas de natureza econômica e, por conseguinte, se caracterizam como atividade empresária".[7]

Para Cássio Machado Cavalli, inspirado em Ascarelli, a atividade empresária "é o conjunto de atos voltados à consecução de um fim. Assim, a apreciação da atividade implica a de sua finalidade, a qual, por sua vez, reflete-se na coordenação dos atos singulares praticados no exercício de uma atividade", e dirigidos os atos "à produção ou à circulação de bens ou de serviços".[8]

2. ELEMENTOS DA SOCIEDADE EMPRESÁRIA

Alguns requisitos importantes se encontram na empresa, destacando-se os seguintes:

a) A habitualidade dos atos, ou constante exercício da atividade da empresa, que não se institui para uma tarefa, ou a realização de uma ou poucas tarefas.

b) O lucro ou proveito. Trata-se da condição essencial para o exercício da empresa. Não tem razão de existir sem o lucro. A eficiência é medida pelo lucro. A grande maioria das empresas visa ao lucro, havendo, no entanto, algumas cujo interesse imediato está no lucro, e o mediato concentra-se no interesse coletivo, ou na prestação de bons serviços, como as empresas públicas, e assim a Petrobrás, a Caixa Econômica Federal, o Banco do Brasil, a Embratel. Existem empresas cuja finalidade imediata e mediata reside no atendimento do interesse coletivo, não sendo de realce o lucro,

---

[7] "O Empresário Individual", *in Revista da ESMAPE – Escola Superior da Magistratura de Pernambuco*, trabalho citado, vol. 9, nº 19, pp. 269-270, jan.-jun. 2004.

[8] "O Direito da Empresa no Novo Código Civil", *in Revista AJURIS – Associação dos Juízes do Rio Grande do Sul*. Porto Alegre, nº 93, pp. 106-107, mar. 2004.

como acontece com algumas empresas públicas que prestam serviços de caráter geral, e, assim, as autarquias que prestam serviços de limpeza, ou de fornecimento de água.

c) A realização de serviços por terceiros. Mediante retribuição, as pessoas realizam serviços para a empresa. Não que se preste colaboração, mas realizam-se serviços de toda ordem, como intelectuais, manuais, técnicos na produção de riquezas, sempre sob as ordens do empresário.

d) Destinação da produção para o mercado. É próprio da existência da empresa a prestação de serviços ou a fabricação de produtos que se destinam ao mercado, à comercialização, à venda. Existe a produção porque há o comércio ou a circulação dos produtos e serviços no mercado.

e) A presença do risco é inerente a toda atividade empresarial, quer na produção de bens, quer na comercialização. As vantagens advindas com a produção sujeitam-se a riscos, verificados quando os bens contêm vícios ou defeitos, ou não funcionam. A verificação do risco que traz prejuízo acarreta a responsabilidade.

3. SOCIEDADE, EMPRESA E PESSOA JURÍDICA

As sociedades correspondem à reunião de pessoas com um objetivo comum, de natureza econômica ou não. As pessoas associam-se umas às outras, formando a sociedade. Na verdade, não são sócias da sociedade, mas o são umas das outras. O art. 981 da Lei Civil dá a caracterização da sociedade: "Celebram contrato de sociedade as pessoas que reciprocamente se obrigam a contribuir, com bens ou serviços, para o exercício da atividade econômica e a partilha, entre si, dos resultados". Ou seja, o contrato pelo qual duas ou mais pessoas se obrigam a contribuir, com bens ou prestação de serviços, a uma mesma finalidade.

Decorrem os seguintes dados identificadores deste tipo de contrato ou convenção: a participação de mais de um sócio, a reciprocidade de contribuição com bens ou serviços, a atividade econômica e a partilha entre os sócios dos resultados.

Conforme exsurge do texto, trata-se de um contrato celebrado entre pessoas, exigindo-se, pois, mais de uma pessoa para a formação da sociedade, salvo exceção em lei, como a sociedade subsidiária integral do art. 251 da Lei nº 6.404, de 15.12.1976, e a possibilidade temporária de um único sócio ressalvada no art. 1.033, inc. IV, do Código Civil. Mauro Rodrigues Penteado desenvolve a natureza ou a tipicidade desse contrato: "A sociedade, tanto a civil como a comercial, resulta de um contrato, mas não daquele contrato que é tradicional e mais comumente conhecido, o pacto bilateral, em que as duas partes (*rectius*: centros de interesse) situam-se frente a frente, assumindo obrigações e contraprestações correspectivas, a que correspondem direitos teoricamente equivalentes ou comutativos.

O contrato de sociedade, ao reverso, é da espécie dos contratos plurilaterais, em que há várias partes ou centros de interesse (os sócios), numa dupla relação. Na primeira delas, o objetivo de todos os sócios é idêntico, e está dirigido ou polarizado à consecução de fins comuns, que residem na obtenção e recebimento dos lucros gerados pela organização por eles criada através do contrato (a empresa); nesse sentido, afirma-se também que o contrato de sociedade é um contrato plurilateral associativo, ou contrato de organização. Há, sob este ângulo, um feixe de vínculos ou relações jurídicas, paralelas (o sócio 'A', ao lado de 'B', ao lado de 'C', ao lado de 'D' etc.), que converge para o escopo comum, a empresa, delineada e delimitada pelo objeto social, obrigatoriamente definido em todo e qualquer contrato de sociedade civil ou mercantil (Código Civil de 2002, art. 997, inc. II), exatamente porque constitui o empreendimento que amalgama os esforços, as contribuições e os interesses dos sócios".[9]

Tem-se, nessa manifestação plurilateral de vontades, no dizer de Modesto Carvalhosa, "a forma jurídica pela qual se constitui a empresa (ao lado da figura do empresário individual), bem como o reconhecimento de algumas características que distinguem o contrato de sociedade dos demais contratos", reveladas no *intuitu personae*, no envolvimento de terceiros em suas relações contratuais, nos efeitos que se estendem a terceiros que vierem a integrar as sociedades, na transferência do patrimônio dos sócios ao ente pessoa jurídica com o registro.[10]

Não se afeiçoa ao direito brasileiro a sociedade unipessoal (não se trata, aqui, de empresa individual, que será estudada adiante), isto é, de uma única pessoa, embora se reconheça, conforme já observado, a sociedade subsidiária integral do art. 251 da Lei nº 6.404 e, por um determinado período, quando do afastamento de sócios, seja permitido que continuem as demais sociedades, na esteira do art. 1.033, inc. IV, do Código Civil. Diferente é o tratamento do direito português, no qual é permitida tal sociedade, lembrando Celso Marcelo de Oliveira que a mesma "é constituída por um sócio único, pessoa singular ou coletiva, que é o titular da totalidade do capital social". Outrossim, segue, essa sociedade "pode resultar da concentração na titularidade de um único sócio das quotas de uma sociedade por quotas, independentemente da causa de concentração", conforme previsto no Código das Sociedades Comerciais, com as alterações introduzidas pelo Decreto-Lei nº 257, de 31.12.1996, e Decreto nº 36, de 14.02.2000, daquele País.[11]

Outro dado aparece, que é a contribuição dos sócios com capital ou serviços. A contribuição pressupõe a aquisição de uma parcela de seu capital, que se divide em quotas ou ações. O sócio adquire parcelas da sociedade através da subscrição de quotas ou aquisição de ações. O negócio é perpetrado mediante a transferência de uma parte do patrimônio particular ou de uma riqueza da pessoa para a sociedade. Na medida da efetivação do pagamento ou da entrega de bens, se integralizam as quotas ou a participação social. Ao mesmo tempo em que se efetua a transferência opera-se a realização das quotas ou ações.

A participação se dá mediante a entrega de dinheiro em espécie ou bens diferentes, mas estimados economicamente, ou serviços.

Vários os tipos de bens que podem ingressar no capital, como equipamentos, máquinas, mobiliários, utensílios, ferramentas, material de escritório e matérias-primas.

Os serviços correspondem ao trabalho que é prestado pelo sócio em favor da sociedade, não passando a integrar o capital social. Na sociedade de capital e indústria se operava sempre a participação com capital ou serviços. Aquele que entrava com patrimônio, denominava-se sócio capitalista, enquanto o sócio prestador de serviços era o sócio de indústria.

A empresa, como entidade organizada, ou como, na denominação de Américo Luís Martins da Silva, "fenômeno econômico da produção organizada",[12] é instituto genérico e impessoal que abrange os vários tipos de sociedade, voltados à produção e circulação de bens ou serviços, com finalidade econômica, e objetivando o lucro. Nem toda empresa é sociedade, ao mesmo tempo em que nem todas as sociedades são empresas, eis que

---

[9] "Dissolução parcial da sociedade limitada", *in Direito de Empresa no Novo Código Civil*, Rio de Janeiro, Editora Forense, 2004, pp. 272-273.

[10] *Comentários ao Código Civil*, São Paulo, Editora Saraiva, 2003, vol. 13, pp. 53-54.

[11] *Tratado de Direito Empresarial Brasileiro*, ob. cit., p. 349.

[12] *Introdução ao Direito Empresarial*, ob. cit., p. 135.

existem empresas que não são sociedades, como a do empresário individual, e existem sociedades que não se incluem nas empresas, como as associações e as sociedades simples, cuja finalidade não está no lucro. Expõe sobre a matéria Marcelo M. Bertoldi: "A empresa – atividade exercida pelo empresário – não pressupõe a existência de uma sociedade, na medida em que esta atividade pode ser exercida por uma única pessoa física e não por um conjunto de pessoas reunidas em sociedade".[13]

Daí, finaliza Sérgio Campinho, apresentar-se a empresa como "um elemento abstrato, sendo fruto da ação intencional do seu titular, o empresário, em promover o exercício da atividade econômica de forma organizada".[14] Realmente, o conteúdo da palavra 'empresa' corresponde ao elemento de produção econômica organizada. Quando essa produção se dá por uma sociedade, tem-se a sociedade empresária. Se o indivíduo desempenha a atividade econômica organizada, a empresa individual.

Em vista da existência de sociedades que não se incluem entre as empresas, consoante acima visto, surge uma controvérsia frente ao art. 981 do Código Civil, na parte que exige o exercício de atividade econômica para tipificar a sociedade, não importando que seja empresária ou simples.

Ora, pela conjugação dos arts. 982 e 966, elemento da sociedade empresária é o exercício de atividade econômica organizada para a produção ou a circulação de bens ou serviços. De outro lado, simples são as demais sociedades, em face da parte final do art. 982, isto é, enquadram-se como simples as sociedades que não visam a atividade econômica organizada para a produção ou a circulação de bens ou serviços. Daí a crítica ao art. 981, por inapropriada a condição da contribuição pelas pessoas integrantes de bens ou serviços para o exercício de atividade econômica, e a partilha, entre elas, dos resultados.

Essa conceituação de sociedade adapta-se à sociedade empresária, e não à sociedade simples.

Pode incluir-se a empresa entre as pessoas jurídicas porque passa a ter direitos e deveres. O registro em órgão próprio confere à empresa a personalidade jurídica, isto é, a capacidade de exercer direitos e de cumprir obrigações, tornando-a um ente distinto dos sócios, tanto em relação a eles como a terceiros. No momento em que se dá o arquivamento dos atos constitutivos no registro de empresa (Junta Comercial) é que surge a personificação. Todavia, unicamente quando formalizada em sociedade ou em firma individual a empresa se inscreverá no registro próprio, e conquista, então, a personalidade.

As pessoas jurídicas são, por conseguinte, entes organizados com personalidade própria, e devidamente registradas em órgão específico, ou mesmo no Cartório de Registro Civil das Pessoas Jurídicas. Desde que visando um escopo econômico, e organizadas para a produção de bens ou a prestação de serviços, as pessoas jurídicas confundem-se com as empresas, ou, mais propriamente, com a sociedade empresária. Como expõe Fábio Ulhoa Coelho, pessoas jurídicas empresárias, que se exteriorizam através dos tipos de sociedades criados por lei, como a sociedade de responsabilidade limitada, a anônima, a em comandita e a em nome coletivo.[15] Se há a reunião de duas ou mais pessoas, constituem as sociedades.

Não importa concluir, no entanto, que na pessoa jurídica sempre deve haver a sociedade. Existem entes organizados e com personalidade própria que não se confundem com as sociedades ou as empresas, afigurando-se como exemplos a União, os Estados e os Municípios.

---

[13] *Curso Avançado de Direito Comercial*, ob. cit., vol. I, p. 56.
[14] *O Direito de Empresa*, ob. cit., p. 11.
[15] *Curso de Direito Comercial*, vol. 1, p. 62.

4. PESSOA JURÍDICA, SUA DEFINIÇÃO E CARACTERIZAÇÃO

Define-se a pessoa jurídica, no sentido mais comum, como o ente personalizado composto de duas ou mais pessoas físicas, unidas por um nexo, visando a uma finalidade específica, e com capacidade para realizar vários atos da vida civil; ou o ente público instituído por lei, mas que pressupõe normalmente a presença de vários indivíduos; ou o acervo de bens com destinação especial, no qual também se congregam indivíduos.

É o conteúdo que aparece na definição do saudoso Sílvio Rodrigues: "Pessoas jurídicas, portanto, são entidades a que a lei empresta personalidade, isto é, são seres que atuam na vida jurídica, com personalidade diversa da dos indivíduos que os compõem, capazes de serem sujeitos de direitos e obrigações na ordem civil".[16] Mais resumidamente, conceitua-as Francisco Amaral como "o conjunto de pessoas ou de bens, dotado de personalidade jurídica".[17] Em síntese, tem-se a personificação de grupos de pessoas, ou de um patrimônio, ou de um ente criado por lei. Existe a personificação quando nasce o poder de realizar atos jurídicos, isto é, de contratar, de adquirir, de comprometer-se, de decidir, de postular, de presta fatos, de impor-se, de alienar, de fazer, tudo distintamente dos membros que integram o ente. E enquanto personificada, no entender de Pontes de Miranda, a sociedade "tem capacidade de direito. Pois que não precisa de representação legal, tem capacidade de obrar, capacidade negocial, de atos jurídicos *stricto sensu*, de atos-fatos jurídicos e de atos ilícitos. Quem pratica os seus atos é o órgão, ou são os órgãos, se em caso de distribuição de funções, porque os órgãos são parte dela como o braço, a boca e o ouvido são órgãos da pessoa física".[18]

Para tanto, e para efeito de reconhecimento pela ordem pública, quando não decorrente de lei a pessoa jurídica, pelos indivíduos e demais entes personalizados, mister que se efetue um ato de registro, ou de inscrição, de modo a se levar ao conhecimento público a sua existência. Não que negue a existência sem esse elemento, porquanto se verá que outros os requisitos de constituição. Todavia, para a oficialização dos atos, para acreditar-se na existência ou ensejar credibilidade, é indispensável dar forma instrumental e imprimir publicidade aos atos constitutivos.

5. A PERSONALIDADE DA PESSOA JURÍDICA

A personalização da pessoa jurídica realiza-se em duas fases, sendo a primeira através da exteriorização da vontade humana em instrumento escrito, também conhecido por contrato social; e a segunda por meio do registro no órgão competente (Cartório de Título e Documentos e Junta Comercial ou Registro de Comércio).

O início se dá com o registro, pois o Código Civil, em seu artigo 45, preceitua que a existência da pessoa jurídica começa a partir da inscrição do ato constitutivo no órgão próprio: "Começa a existência legal das pessoas jurídicas de direito privado com a inscrição do ato constitutivo no respectivo registro, precedida, quando necessário, de autorização ou aprovação do Poder Executivo, averbando-se no registro todas as alterações por que passar o ato constitutivo".

---

[16] *Direito Civil – Parte Geral*. 27ª ed., São Paulo, Editora Saraiva, 1997, vol. 1, p. 64.
[17] *Direito Civil Brasileiro – Introdução*, Rio de Janeiro, Editora Forense, 1991, p. 275.
[18] *Tratado de Direito Privado*, 3ª ed., Editor Borsoi, 1970, vol. I, p. 282.

O artigo 985 do mesmo Código dispõe acerca do início da personalidade jurídica para as sociedades empresárias: "A sociedade adquire personalidade jurídica com a inscrição, no registro próprio e na forma da lei, dos seus atos constitutivos (arts. 45 e 1.150)".

Assim, a personificação da pessoa jurídica se dá após o arquivamento dos atos constitutivos no órgão próprio, sendo que a partir de então possuem autonomia patrimonial e se desligam das pessoas dos sócios.

A pessoa jurídica, nela incluída a sociedade, tem existência jurídica própria, distinta da existência de seus membros. O art. 20 do Código Civil da Lei nº 3.071 trazia expressamente essa individualidade de existência própria: "As pessoas jurídicas têm existência distinta da de seus membros". O atual Código não repetiu a disposição, fazendo-o com coerência. Com efeito, se regula a pessoa jurídica, trata de sua existência, da classificação, do registro e de outros institutos próprios, reconhece-lhe a personalidade jurídica, firmando a sua existência e proclamando a capacidade de exercer direitos e deveres.

Tanto é própria e distinta a personalidade jurídica, que o sistema jurídico reconhece a sua existência distinta da de seus sócios, e, assim, a titularidade própria de direitos (de ordem patrimonial e moral), como a sujeição a obrigações e deveres (como sujeito passivo na demanda de créditos existentes por terceiros).

Não se confundem os direitos e deveres da pessoa jurídica com os de seus sócios, nem os direitos e deveres destes se transferem para a pessoa jurídica.

Contra a sociedade é demandada a exigibilidade de um crédito; a ela imputa-se a ação indenizatória de danos decorrentes de suas atividades; as restrições por atos lesivos ou prejudiciais a ela são ordenadas e exigidas.

Em situações especiais é possível deslocar a responsabilidade na pessoa dos sócios, desconsiderando a personalidade jurídica, como no abuso de poderes e no desrespeito à lei, matéria que merecerá o estudo em capítulo próprio.

Não se confundindo as relações da pessoa jurídica com as dos sócios, ela é que contrata os diversos tipos de negócios necessários ao seu desenvolvimento, ou à realização de seu objeto social, obrigando-se e habilitando-se para o exercício dos direitos que decorrem.

Normalmente, mantém-se as pessoas jurídicas com o afastamento dos sócios, seja por falecimento, por exclusão ou retirada.

6. DIVISÃO DAS PESSOAS JURÍDICAS

Costuma-se estabelecer dois grandes setores de pessoas jurídicas, em vista da finalidade ou objeto: pessoas jurídicas de direito público e de direito privado, como consta do art. 40 do Código Civil: "As pessoas jurídicas são de direito público, interno ou externo, e de direito privado".

6.1. As pessoas jurídicas de direito público

São aquelas destinadas a atender finalidades do Estado, criadas pela Constituição Federal ou por lei, gozando do *jus imperii*, e tratando de interesses públicos ou preponderantemente de todos.

Temos as pessoas jurídicas de *direito público interno*, formadas de entes instituídos para a organização política do Estado, e das entidades arquitetadas para a realização de seus fins públicos. São as seguintes, consideradas de administração direta e indireta, na previsão do art. 41:

I – a União;

II – os Estados, o Distrito Federal e os Territórios;

III – os Municípios;

IV – as autarquias, inclusive as associações públicas;

V – as demais entidades de caráter público criadas por lei.

Cada uma dessas entidades constitui pessoa jurídica distinta, numa organização hierárquica de princípios e atribuições que se encontram contemplados na Constituição Federal, nas Constituições estaduais, nas Leis Orgânicas dos Municípios e em outros diplomas de natureza administrativa, especialmente no que se refere à organização interna.

As assinaladas nos incisos IV e V integram as de administração indireta. Fazem parte daquelas do item V as sociedades de economia mista, as empresas públicas e as fundações públicas.

É importante observar o parágrafo único do art. 41, dirigido justamente a este último tipo: "Salvo disposição em contrário, as pessoas jurídicas de direito público, a que se tenha dado estrutura de direito privado, regem-se, no que couber, quanto ao seu funcionamento, pelas normas deste Código".

Procura-se delinear melhor as espécies dos incisos IV e V.

As autarquias se apresentam como órgãos descentralizados, criadas por lei, com personalidade jurídica própria, podendo se administrar, e tendo orçamento distinto. Dirigem--se a atender setores de interesse público, ou a suprir necessidades básicas do povo. No art. 5º, inc. I, do Decreto-Lei nº 200, de 25.02.1967, consta a definição como o serviço autônomo, criado por lei, com personalidade jurídica, patrimônio e receita próprios, para executar atividades típicas da administração pública, que requeiram, para seu melhor funcionamento, gestão administrativa e financeira descentralizada.

No inc. IV, em adendo vindo através da Lei nº 11.107, de 2005, ao lado das autarquias, incluíram-se as associações públicas, que são entidades com os objetivos das associações civis privadas, adiante abordadas. Dirigem-se a atender finalidades altruísticas ou filantrópicas, mesmo que envolvam atividades econômicas. Desde que criadas pelo Estado, enquadram-se como públicas, sendo exemplos os hospitais, estabelecimentos educandários e abrigos públicos. Devem ser criadas por lei, inclusive mantidas por verbas públicas.

Quanto às demais entidades de caráter público criadas por lei, abrangem qualquer outro tipo de pessoa jurídica, sendo exemplos as empresas públicas, as sociedades de economia mista e as fundações públicas. Realça-se que as primeiras têm a finalidade de atender uma atividade que seria específica do setor privado; as sociedades de economia mista são previstas para a exploração de atividade econômica; e as fundações públicas formam-se com a destinação de um patrimônio individualizado para um fim específico, assim destacadas por Maria Helena Diniz: "Surgem quando a lei individualiza um patrimônio a partir de bens pertencentes a uma pessoa jurídica de direito público, afetando-o à realização de um fim administrativo, e dotando-o de organização adequada".[19]

---

[19] *Curso de Direito Civil Brasileiro – Teoria Geral do Direito Civil*, 3ª ed., São Paulo, Editora Saraiva, 1993, 1º vol., p. 119.

Nesta classe, podem-se incluir as Agências Reguladoras, que são autarquias federais especiais, incumbidas da função de normatizar, disciplinar e fiscalizar a prestação de alguns serviços de interesse público, a cargo de órgãos públicos ou particulares. São exemplos a ANVISA, a ANS, a ANCINE, a ANATEL, a ANEEL e a ANP. A Lei nº 9.986/2000, em seu art. 4º, trata da organização: "As Agências serão dirigidas em regime de colegiado, por um Conselho Diretor ou Diretoria composta por Conselheiros ou Diretores, sendo um deles o seu Presidente ou o Diretor-Geral ou o Diretor-Presidente".

No art. 5º, disciplina-se a constituição da administração por brasileiros: "O Presidente ou o Diretor-Geral ou o Diretor-Presidente (CD I) e os demais membros do Conselho Diretor ou da Diretoria (CD II) serão brasileiros, de reputação ilibada, formação universitária e elevado conceito no campo de especialidade dos cargos para os quais serão nomeados, devendo ser escolhidos pelo Presidente da República e por ele nomeados, após aprovação pelo Senado Federal, nos termos da alínea 'f' do inciso III do art. 52 da Constituição Federal".

Esclarece-se que a sigla CD, consoante o art. 2º da mesma Lei, corresponde a "cargos Comissionados de Direção", sendo que CD I expressa o Conselho Diretor ou da Diretoria, e CD II abrange os demais membros do Conselho Diretor ou da Diretoria.

Merecem lembrança também as Agências Executivas, que são autarquias ou fundações públicas dotadas de regime especial, com a finalidade de gestão de interesses públicos da competência do Poder Executivo, constando prevista no *caput* do art. 51 da Lei nº 9.649/1998, nos termos que seguem: "O Poder Executivo poderá qualificar como Agência Executiva a autarquia ou fundação que tenha cumprido os seguintes requisitos:

I – ter um plano estratégico de reestruturação e de desenvolvimento institucional em andamento;

II – ter celebrado Contrato de Gestão com o respectivo Ministério supervisor".

Sobretudo as empresas públicas e as sociedades de economia mista seguem o regime jurídico específico das empresas privadas. No entanto, possuem um caráter público, dado o interesse do campo em que atuam, não se afigurando incoerente a sua aproximação às pessoas jurídicas de direito público. A sua previsão se encontra no art. 173 da Carta Federal: "Ressalvados os casos previstos nesta Constituição, a exploração direta de atividade econômica pelo Estado só será permitida quando necessária aos imperativos da segurança nacional ou a relevante interesse coletivo, conforme definidos em lei". Extrai-se que, diante dos princípios que regem a ordem econômica, a presença do Estado na economia não é a regra. Justifica-se nos setores em que a iniciativa privada não supre as necessidades, por não haver interesse ou porque não atua satisfatoriamente. Assim, a ordem constitucional institui o mecanismo de criação de entidades que supram referidos setores.

Em complementação, o § 1º do mesmo art. 173, quanto à organização das entidades que atuam em setores de importância pública: "A lei estabelecerá o estatuto jurídico da empresa pública, da sociedade de economia mista e de suas subsidiárias que explorem atividade econômica de produção ou comercialização de bens ou de prestação de serviços, dispondo sobre: ... II – a sujeição ao regime jurídico próprio das empresas privadas, inclusive quanto aos direitos e obrigações civis, comerciais, trabalhistas e tributários".

Quanto às fundações, também criadas por lei, têm um capital destinado a uma finalidade do interesse público, em geral envolvendo matéria social, técnica, cultural, científica, ligada à saúde, à educação, à pesquisa, dentre outros campos.

De observar que os partidos políticos, pelo art. 16, inc. III, do Código de 1916, eram incluídos entre as pessoas jurídicas de direito privado. Foram considerados na categoria de pessoas jurídicas de direito público interno pela revogada Lei nº 5.682, de 21.06.1971, em seu art. 2º. A matéria, presentemente, está regrada pela Lei nº 9.096/1995, cujo art. 1º tornou a considerá-los pessoas jurídicas de direito privado, o que foi mantido pelo art. 44, V, do Código Civil em vigor. De observar que se formam através de estatutos, segundo a constituição das pessoas jurídicas de direito privado, efetuando-se o respectivo registro no Ofício do Registro Civil das Pessoas Jurídicas (arts. 114, inc. III, e 120, da Lei nº 6.015, de 31.12.1973, na redação da Lei nº 9.096/1995) e no Tribunal Superior Eleitoral (art. 17, § 2º, da CF).

Existem, também, as pessoas jurídicas de *direito público externo*, que são as nações estrangeiras e organismos internacionais, como a ONU, a OEA, a UNESCO, a FAO, a Santa Sé, sendo que as relações entre elas se regem pelo Direito Internacional Público, conforme prevê o art. 42 do Código Civil: "São pessoas jurídicas de direito público externo os Estados estrangeiros e todas as pessoas que forem regidas pelo direito internacional público". Dentro desse âmbito, o Estado como pessoa jurídica de direito internacional vem a ser o organismo que reúne três elementos essenciais, destacados por Celso D. de Albuquerque Mello, e que são a população, formada por nacionais e estrangeiros; o território, cujos limites não precisam necessariamente ser definidos; e o governo, que deve ser efetivo e estável.[20]

6.2. As pessoas jurídicas de direito privado

Constituídas de entidades particulares, cuja formação decorre de ato das pessoas, se reúnem em torno de determinado objetivo, e se organizam através de estatutos ou regimentos internos, sendo necessário o devido registro público. É bem claro Caio Mário da Silva Pereira: "As pessoas jurídicas de direito privado são entidades que se originam do poder criador da vontade individual, em conformidade com o direito positivo, e se propõem a realizar objetivos de natureza particular, para benefício dos próprios instituidores, ou projetadas no interesse de uma parcela determinada ou indeterminada da coletividade".[21]

Dirigem-se a atender vários setores dos interesses, ou das necessidades, ou das atividades, sem ou com fundo econômico.

A classificação consta no art. 44 do Código Civil, que alterou sensivelmente a que vinha no art. 16 do Código de 1916:

"São pessoas jurídicas de direito privado:

I – as associações;

II – as sociedades;

III – as fundações;

IV – as organizações religiosas;

V – os partidos políticos;

VI – as empresas individuais de responsabilidade limitada".

---

[20] *Curso de Direito Internacional Público*, Biblioteca Jurídica Freitas Bastos, 1º vol., p. 241.
[21] *Instituições de Direito Civil*, 9ª ed., Rio de Janeiro, Editora Forense, 1986, vol. I, p. 215.

Fornece Amador Paes de Almeida a distinção entre as espécies, considerando as sociedades como as empresárias: "A sociedade empresária (mercantil ou civil) caracteriza-se, sobretudo, pela finalidade lucrativa, inteiramente ausente na associação e na fundação. As associações têm fins ideais, como as associações científicas, literárias, artísticas, religiosas, beneficentes e recreativas. As fundações, da mesma forma, têm finalidade religiosas, morais, culturais ou de assistência. Distinguem-se das associações porque, ao contrário destas últimas, estão (as fundações) subordinadas aos fins preestabelecidos por seus instituidores ou fundadores".[22]

Por meio da Lei nº 12.441, de 11.07.2011 introduziu-se a empresa individual de responsabilidade limitada na relação de pessoas jurídicas de direito privado. Trata-se de uma pessoa jurídica constituída por uma única pessoa, o que importa em concluir que nem todas as pessoas jurídicas são constituídas por mais de uma pessoa natural.

6.2.1. As associações

As associações vêm a ser uma espécie de pessoa jurídica, incluídas dentre as que não contêm finalidade econômica para os associados, o que não afasta a possibilidade do interesse econômico em si. Consideram-se os ajustes de pessoas que se unem para propósitos altruísticos ou filantrópicos, religiosos, sociais, embora possam centrar-se ou gravitar em torno de atividades econômicas. São as sociedades que Jorge Lobo denomina "sociedades civis de fins ideais", "tecnicamente denominadas associações (religiosas, pias, morais, culturais, científicas, literárias, recreativas, desportivas)".[23]

É necessária a correta exegese de sua caracterização pelo art. 53 do Código Civil:

"Constituem-se as associações pela união de pessoas que se organizem para fins não econômicos". De esclarecer que não se organizam para fins econômicos em torno dos integrantes, que não visam vantagens pessoais, mas em prol de uma causa social, religiosa, ou de qualquer outro tipo.

Nesta ótica, perfeitamente viável a constituição de uma associação ou a combinação da mútua cooperação que tenha por interesse uma atividade econômica, e, assim, *v.g.*, a confecção de roupas, de brinquedos, a prestação de serviços, mas unicamente para fins assistenciais, para doações, para o atendimento de camadas pobres da população.

Gladston Mamede apanha com exatidão a compreensão: "Esteja-se atento que haverá associação, e não sociedade, mesmo quando o ajuste se refira à atividade empresarial, mas não tenha por objeto a distribuição dos resultados; não há contrato de sociedade quando o objetivo da atuação econômica é filantrópico; veja-se como exemplo a associação de senhoras para produção de bens (p. ex.: roupas de crochê), a serem vendidos, aproveitando-se o valor auferido para um orfanato ou para as obras de uma igreja".[24]

A sua especificação é conveniente em razão do campo que abrangem, de natureza não lucrativa para os que a formam, e visando, normalmente, interesses sociais, comunitários, literários, culturais, recreativos, especialmente de bairros, vilas, de entidades religiosas, sociais, comunitárias, e de classes de profissionais, como associações de militares, de professores, de juízes etc. Não importa que tenham patrimônio, o qual se destina para

---

[22] *Manual das Sociedades Comerciais* (Direito de Empresa), 15ª ed., São Paulo, Editora Saraiva, 2005, p. 5.

[23] *Sociedades Limitadas*, Rio de Janeiro, Editora Forense, 2004, vol. I, p. 32.

[24] *Direito Societário: Sociedades Simples e Empresárias*, ob. cit., vol. 2, p. 35.

atingir as finalidades estatutárias próprias. Irrelevante, outrossim, que realizem algumas atividades lucrativas, desde que dirigidas para os mesmos propósitos, e não se distribuam os ganhos ou lucros aos associados. Possuem estatutos, e se aproximam das sociedades civis sem interesse econômico, cingindo-se a diferença mais na denominação.

Para o ingresso em juízo de demanda em defesa dos associados, é necessária a expressa autorização, como vem ordenado pelo inc. XXI do art. 5º da Carta Federal: "As entidades associativas, quando expressamente autorizadas, têm legitimidade para representar seus filiados judicial ou extrajudicialmente".

Mais especificamente, para a defesa dos associados é necessária a autorização dos mesmos, como ficou confirmado em decisão do STF, no RE 573.232/SC, em regime de repercussão geral: "Representação. Associados. Artigo 5º, inciso XXI, da Constituição Federal. Alcance. O disposto no artigo 5º, inciso XXI, da Carta da República encerra representação específica, não alcançando previsão genérica do estatuto da associação a revelar a defesa dos interesses dos associados.

Título executivo judicial. Associação. Beneficiários. As balizas subjetivas do título judicial, formalizado em ação proposta por associação, é definida pela representação no processo de conhecimento, presente a autorização expressa dos associados e a lista destes juntada à inicial".[25]

6.2.2. As sociedades

No pertinente às sociedades, presentemente há duas grandes classes: as *não personificadas*, isto é, aquelas que, embora com estatutos ou contrato social, não têm o registro; e as *personificadas*, ou seja, as com o ato constitutivo e o registro. As personificadas, que se subdividem em simples e empresárias, de modo geral substituem as antigas sociedades civis e comerciais – as primeiras ficando subsumidas nas simples e as segundas nas empresárias. Existe, ainda, uma divisão em sociedades *de pessoas* e *de capital*, que merecerá uma referência.

6.2.2.1. Sociedades não personificadas

As não personificadas são as de fato, ou as não constituídas, ou com os atos constitutivos não inscritos. Aduz Paulo Nader: "Pode, assim, ocorrer a circunstância de um grupo de pessoas se associar, com determinação duradoura e para fins lícitos, sem, todavia, o formal reconhecimento do Estado. Muitas vezes tal grupo organizado pratica atos de comércio, negócios jurídicos de natureza variada, constituindo-se na realidade verdadeira unidade orgânica".[26] Assim extrai-se do art. 986 do Código Civil: "Enquanto não inscritos os atos constitutivos, reger-se-á a sociedade, exceto por ações em organização, pelo disposto neste Capítulo, observadas, subsidiariamente e no que com ele forem compatíveis, as normas da sociedade simples".

Dividem-se em sociedade em comum e as em conta de participação, como se ilustrará adiante.

---

[25] Tribunal Pleno, rel. p/ o Acórdão Min. Marco Aurélio, j. em 14.05.2014, *DJe* de 19.09.2014, Ementário nº 2.743 – 1.

[26] *Curso de Direito Civil – Parte Geral*, Editora Forense, 2003, p. 248.

6.2.2.2. Sociedades personificadas

As personificadas são caracterizadas como formal e legalmente constituídas, nos termos do art. 997: "A sociedade constitui-se mediante contrato escrito, particular ou público, que, além de cláusulas estipuladas pelas partes, mencionará:

I – nome, nacionalidade, estado civil, profissão e residência dos sócios, se pessoas naturais, e a firma ou denominação, nacionalidade e sede dos sócios, se jurídicas;

II – denominação, objeto, sede e prazo da sociedade;

III – capital da sociedade, expresso em moeda corrente, podendo compreender qualquer espécie de bens, suscetíveis de avaliação pecuária;

IV – a quota de cada sócio no capital social, e o modo de realizá-la;

V – as prestações a que se obriga o sócio, cuja contribuição consista em serviços;

VI – as pessoas naturais incumbidas da administração da sociedade, e seus poderes e atribuições;

VII – a participação de cada sócio nos lucros e nas perdas;

VIII – se os sócios respondem, ou não, subsidiariamente, pelas obrigações sociais".

6.2.2.2.1. Divisão das sociedades personificadas

As sociedades personificadas dividem-se em duas classes básicas, conforme a existência ou não do fator econômico, vindo sua regulamentação estabelecida no Livro II da Parte Especial (arts. 981 a 1.141) do Código Civil: as sociedades personificadas simples e as sociedades personificadas empresárias. Em termos gerais, as simples equivalem às antigas sociedades civis, enquanto as comerciais correspondem às empresárias, mas cujo âmbito é mais amplo.

a) Sociedades personificadas simples

Quando não há preponderante interesse econômico imediato que reverte aos sócios, as sociedades denominam-se "simples", podendo se estabelecer para tratar de bens de conteúdo patrimonial ou não.

Buscam cumprir finalidades e interesses mais ligados à classe das próprias pessoas que as formam, sem uma exploração econômica dos bens, ou sem procurar extrair resultados lucrativos das atividades. São as sociedades civis propriamente ditas, como as formadas em torno de um condomínio, a engendrada para a administração de bens, para a construção de prédios de um grupo de pessoas, para o exercício de atividades que não redunda em exploração econômica.

Segundo entendimento de alguns, no tipo de sociedade simples ingressam as sociedades formadas para a prática de atividades profissionais liberais, técnicas e científicas, que trazem rendimentos, como de advogados, de médicos, de engenheiros etc., que não possuem uma ampla dimensão ou uma organização de bens materiais ou imateriais, ou de recursos humanos, tudo dirigido para a produção ou o resultado econômico. Há uma sociedade, mas não um entrosamento ou combinação mútua de esforços. Os profissionais liberais, embora formem sociedades, atuam isoladamente, cada um por si, de modo independente. Todavia, remanesce a indefinição, já que se introduzem elementos que não constam na lei, como a organização de bens ou de recursos humanos para a produção. Nada mais vago e atécnico que tal visão, que não passa de uma criação subjetiva.

Lembra-se que a denominação introduzida no Código Civil de 2002 tem precedentes em outras legislações, como no Código Civil suíço de 1907 e no Código Civil italiano de 1942.

Dentre as sociedades simples, mesmo com finalidade econômica de modo amplo e não particular, encontram-se aquelas destinadas a atender os interesses de classes profissionais ou categorias, como sociedades de engenharia, de medicina, de advogados, de corretores, de seguradoras.

Na classe de sociedades simples incluem-se os sindicatos, que têm em vista controlar a profissão, atender interesses, e servir à classe a que pertencem. Constituem-se, também, para formalizar a união de profissionais em um escritório ou clínica, ou agência, sempre através de contrato social, que é registrado no órgão de controle da profissão.

Eis a definição de sindicato, apresentada por José Martins Catharino: "Sindicato, em sentido amplo, é a associação trabalhista de pessoas, naturais ou jurídicas, dirigida e representada pelas primeiras, que tem por objetivo principal a defesa dos interesses total ou parcialmente comuns, da mesma profissão ou atividade, ou de profissões ou atividades similares ou conexas".[27]

Também proveitosa a definição de João Régis F. Teixeira: "É a associação de trabalhadores, empregadores ou de profissionais liberais e autônomos, aglutinados em busca de melhores condições de vida e sobrevivência".[28]

Distinguem-se as sociedades simples das associações.

As entidades que se organizam em torno de um ente ou finalidade imaterial, e assim as recreativas, as educacionais, as científicas, as religiosas, as caritativas ou filantrópicas, são associações, mesmo que tenham um interesse econômico que é dirigido para uma finalidade filantrópica ou social. Anteriormente ao vigente Código, as associações consideravam-se sociedades civis. É como sintetizava Afrânio de Carvalho, quanto às sociedades civis de outrora: "Na segunda categoria, entram todas as entidades que visam a outro fim que não o econômico, como o literário, o científico, o artístico, o esportivo, o beneficente, o religioso, o político".[29] São as antigas sociedades pias, as beneficentes, as comunitárias, os hospitais, as ordens e congregações de religiosos.

b) Sociedades personificadas empresárias

As sociedades mais numerosas objetivam um fim econômico direto em favor de seus integrantes, tendo o nome de "empresárias", e visam ao lucro, à exploração de bens, à execução de tarefas. E aqui também há duas classes.

De um lado, existem as de natureza civil, e que no anterior regime do Código Civil se consideravam sociedades civis, mas que exploram a prestação de atividades lucrativas, como os estabelecimentos de ensino, as creches, os hospitais, as construtoras, as imobiliárias, as loteadoras, os laboratórios de análises clínicas, os centros de recuperação de doentes mentais, as agências de publicidade e propaganda, as clínicas médicas, as empreiteiras de mão de obra, e centenas de outras empresas prestadoras de serviços. Segue explicando-as Maria Helena Diniz: "É (a sociedade civil) que visa a fim econômico ou lucrativo, que

---

[27] *Tratado Elementar de Direito Sindical*, 1ª ed., São Paulo, LTr Editora, 1977, p. 164.
[28] *Introdução ao Direito Sindical*, Editora Revista dos Tribunais, 1979, p. 87.
[29] *Instituições de Direito Privado*, 3ª ed., Rio de Janeiro, Editora Forense, 1980, p. 36.

deve ser repartido entre os sócios, sendo alcançado pelo exercício de certas profissões ou pela prestação de serviços técnicos. P. ex.: uma sociedade imobiliária (Lei nº 4.728/1965, art. 62); uma sociedade que presta serviços de pintura (*RT*, 39/216); que explora o ramo hospitalar ou escolar; que presta serviços de terraplanagem (*RT*, 395/205). Mesmo que uma sociedade civil venha a praticar, eventualmente, atos de comércio, tal fato não a desnatura, pois o que importa para identificação da natureza da sociedade é a atividade principal por ela exercida (*RT*, 462/81)".[30]

Não se confundem com as comerciais ou mercantis de outrora, consoante bem evidencia Décio Moreira: "Importante é assinalar que não devemos confundir as sociedades civis com finalidade lucrativa com as mercantis. O fato de exercer uma atividade lucrativa não caracteriza a prática do exercício comercial. É o que ocorre com as sociedades ou empresas imobiliárias, escolas, hospitais e escritórios especializados que prestam serviços".[31]

Todas essas sociedades que visam ou produzem lucros ou finalidades econômicas são registráveis no Registro Público de Empresas Mercantis (Juntas Comerciais), no que bem esclarece José Maria Rocha Filho: "Se empresário é quem exerce profissionalmente atividade econômica organizada para a produção ou a circulação de bens ou de serviços, e se não se considera empresário quem exerce profissão intelectual, de natureza científica, literária ou artística, (art. 966), somente estas últimas não deverão ser registradas no Registro Público de Empresas Mercantis (Juntas Comerciais). Mesmo assim, se seu exercício não constituir elemento de empresa (art. 966, parágrafo único)".

Adiante, trazendo exemplos, continua: "O que se pode dizer, por ora, é que, uma vez implantado o sistema do novo Código Civil brasileiro, as sociedades agrícolas (em que pese a disposição do art. 984, que revela ser isso uma faculdade) e as imobiliárias – que estavam fora daquele campo de abrangência –, assim como qualquer outra em que fique patente o exercício profissional de atividade econômica organizada para a produção ou a circulação de bens ou de serviços deverão ser registradas na Junta Comercial".[32]

No entanto, existe uma linha de entendimento de que essas sociedades, isto é, que prestam serviços de natureza civil, se classificavam entre as civis e, atualmente, fazem parte das simples. Nesta ótica, o registro cinge-se ao Cartório de Registro de Pessoas Jurídicas.

De outro lado, aparecem as que têm por objeto a prática de atos de comércio, ou de indústria, por essência empresárias, tornando-as de natureza comercial ou industrial, que são as mais numerosas, e formadas para o exercício de atividades mercantis ou industriais, e mesmo de prestação de serviços. Trata-se das sociedades empresárias de responsabilidade limitada (reguladas pelos arts. 1.052 a 1.087 do Código Civil, das sociedades anônimas (reguladas pela Lei nº 6.404, de 15.12.1976), das em nome coletivo (arts. 1.039 a 1.044 do Código Civil), dentre outras formas. O objeto é a prática de atos de comércio, ou de indústria, ou a produção de bens e a sua mercancia ou circulação, bem como a prestação de serviços.

As duas espécies formam as sociedades empresárias, como se justificará mais adiante.

Nas pessoas jurídicas com interesse econômico, destacam-se duas formas que adquirem um caráter público, embora com organização eminentemente de sociedade privada, delineadas na empresa pública e na sociedade de economia mista, submetendo-se ao

---

[30] *Curso de Direito Civil Brasileiro – Teoria Geral do Direito Civil*, ob. cit., 1º vol., pp. 120-121.

[31] *Elementos de Direito Civil – Parte Geral*, São Paulo, Editora Revista dos Tribunais, 1983, p. 47.

[32] "Nome Empresarial e Registro de Empresas", *in Direito de Empresa no Novo Código Civil*, Rio de Janeiro, Editora Forense, 2004, pp. 142-143.

regime jurídico das sociedades de direito privado, segundo o art. 173, § 1º, inc. II, da Constituição Federal, pelo qual a empresa pública, a sociedade de economia mista e outras entidades que explorem atividade econômica sujeitam-se ao regime jurídico próprio das empresas privadas, inclusive quanto aos direitos e obrigações civis, comerciais, trabalhistas e tributários. Dependem, no entanto, de lei especial para a sua criação, de acordo com o art. 37, inc. XIX, da mesma Carta, que reza: "Somente por lei específica poderá ser criada autarquia e autorizada a instituição de empresa pública, de sociedade de economia mista e de fundação, cabendo à lei complementar, neste último caso, definir as áreas de sua atuação".

Constitui a empresa pública uma entidade dotada de personalidade jurídica de direito privado, com patrimônio próprio e pertencendo o capital exclusivamente ao Poder Público. Consoante Maria Helena Diniz, é criada "por lei para a exploração de atividade econômica que o governo seja levado a exercer por força de contingência ou de conveniência administrativa, podendo revestir-se de qualquer das formas admitidas em direito (Dec.-Lei nº 200/1967, art. 5º, II, com redação dada pelo Dec.-Lei nº 900/1969; Súmula 501 do STF)".[33]

Também a sociedade de economia mista é entidade dotada de personalidade jurídica de direito privado, sendo criada para a exploração de atividade econômica comum às demais empresas, normalmente em um campo de interesse público, adotando a forma de sociedade anônima. As ações, com direito a voto, pertencem, na sua maioria, ao Poder Público.

c) Espécies de sociedades personificadas empresárias

Sobressaem as seguintes espécies de sociedades empresárias, ou simplesmente de empresas, comuns em todos os sistemas:

a) Empresas comerciais: as que realizam atividades de intermediação na circulação de bens.

b) Empresas industriais: aquelas que se organizam para a produção de bens destinados à circulação.

c) Empresas civis: as criadas para a produção de bens que não exigem a organização em grande escala, ou processos industriais, como as de produção agrícola, ou pecuária, ou silvícola.

d) Empresas de prestação de serviços: as que têm como objeto a realização de serviços, como as de construção, de transporte, de atividades bancárias, de recuperação de bens avariados.

e) Empresas rurais: no esclarecimento de Américo Luís Martins da Silva, "são aquelas destinadas à realização de atividades de produção agrícola, pecuária e outras conexas, como a que tenha por finalidade transformar ou alienar os respectivos produtos, quando pertinentes aos serviços rurais".[34]

Para efeitos da legislação tributária, dividem-se em quatro categorias as empresas (Lei nº 8.981, de 20.01.1995; Lei nº 9.430, de 27.12.1996; Lei Complementar nº 123, de 14.12.2006, alterada pela Lei Complementar nº 139, de 10.11.2011; pela Lei Complementar

---

[33] *Curso de Direito Civil Brasileiro – Teoria Geral do Direito Civil*, ob. cit., 1º vol., p. 121.
[34] *Introdução ao Direito Empresarial*, ob. cit., p. 155.

nº 147, de 07.08.2014); e pela Lei Complementar nº 155, de 27.10.2016, que entra em vigor em 1º.01.2018:

a) As microempresas, que são as que auferirem renda anual igual ou inferior a trezentos e sessenta mil reais.

b) As empresas de pequeno porte, assim consideradas as de receita bruta anual acima de trezentos e sessenta mil reais, até quatro milhões e oitocentos mil reais.

c) As empresas de médio porte, como as que tiverem receita superior àquele patamar anterior e demais empresas autorizadas a optar pelo regime de tributação do Imposto de Renda da Pessoa Jurídica (IRPJ) com base no lucro presumido.

d) As empresas de grande porte, que se colocam nesse patamar se a receita bruta ultrapassar a doze milhões de reais, e as que forem obrigadas ao regime tributário do imposto de renda com base no lucro real (Lei nº 6.938/1981, art. 17-D, § 1º, inc. III, com a redação da Lei nº 10.165/2000).

6.2.2.2.2. A finalidade econômica como elemento de distinção entre as sociedades personificadas empresárias e as simples

Não é demais acentuar o elemento de distinção entre um e outro tipo de sociedade.

Para definir a empresa, o art. 982 do Código Civil se vale do conceito de empresário, que está no art. 966, o qual encerra: "Considera-se empresário quem exerce profissionalmente atividade econômica organizada para a produção ou a circulação de bens ou de serviços". É empresário, pois, quem desempenha atividade econômica, de modo profissional e para fins de colocação ou fabricação dos produtos ou serviços no mercado. Já a empresa corresponde ao exercício, ao resultado de tal atividade, à organização de várias pessoas em forma de união que objetiva a atividade. Trata-se da organização, da estruturação, da montagem da atividade, que se desenvolve e se projeta em mercadorias e serviços, com a destinação ao mercado e a finalidade de auferir lucros ou proveitos.

A sociedade simples, por seu turno, não tem a finalidade econômica.

Assim está redigido o art. 982: "Salvo as exceções expressas, considera-se empresária a sociedade que tem por objeto o exercício de atividade própria de empresário sujeito a registro (art. 967); e, simples, as demais".

O parágrafo único especifica um típico caso de sociedade empresária e de sociedade simples: "Independentemente de seu objeto, considera-se empresária a sociedade por ações; e, simples, a cooperativa". Pela regra, conclui Vera Helena de Mello Franco, a sociedade anônima "será sempre empresarial, qualquer que seja a atividade exercida (art. 982, parágrafo único, CC/2002). Assim também a sociedade cooperativa, independentemente da atividade exercida, será sempre simples. Qualificam-se, destarte, ambas as sociedades pela forma. Uma empresarial, a outra simples".[35]

Está voltada a sociedade empresária ao exercício de atividade econômica de modo complexo e organizado. É simples a sociedade que tem por objeto uma atividade mais comum, não estritamente objetivando o lucro, figurando como exemplos os hospitais, as que exploram culturas rurais, as que giram em torno de artesanatos, da advocacia, da contabilidade, da medicina, da atividade laboratorial etc., desde que a finalidade em si seja a

---

[35] *Manual de Direito Comercial*, ob. cit., vol. I, p. 194.

atividade e não a obtenção de lucros. Todavia, se essas mesmas modalidades se organizam essencialmente para auferir vantagens econômicas, devem ser havidas como empresárias.

Já ao tempo do Código Civil de 1916, pendia-se para uma classificação semelhante, tendo as sociedades de profissionais liberais como comerciais, segundo o próprio STJ deixava entrever:

> "De pronto, impende ressaltar que as sociedades de profissionais Liberais, malgrado formadas exclusivamente por médicos, constituíram-se formalmente como sociedades comerciais, de modo que a simples presença desses não representa elemento hábil a desfigurar a natureza comercial da atividade exercida.
>
> Conquanto seu corpo de sócios seja formado exclusivamente por médicos, as sociedades constituídas sob a modalidade de limitadas desempenham atividade empresarial, uma vez que seus contratos sociais dispõem até mesmo como devem ser distribuídos os dividendos.
>
> Sobeja asseverar, por oportuno, que uma sociedade comercial formada exclusivamente por médicos também se encontra apta a praticar atos de comércio, de sorte que o principal fator a ser verificado para se identificar a finalidade da sociedade é seu objeto social.
>
> Em espécie, resta inequívoco que o objeto social das sociedades comerciais recorridas é a prestação de um serviço especializado, todavia, inequivocamente associado ao exercício da empresa".[36]

Por outras palavras, a união de várias pessoas que se juntam ou unem para finalidades econômicas ou lucrativas constitui a sociedade empresária. Não que necessariamente haja lucros ou vantagem econômica, bastando a possibilidade do percebimento de lucros durante a sua existência. Se não objetivada como essência de sua existência a finalidade econômica ou lucrativa, a sociedade é simples. Modesto Carvalhosa fornece um exemplo significativo: "Um médico que, exercendo em sua clínica o diagnóstico de pacientes, está realizando a atividade não empresária. Mas, se o mesmo médico reunir outros médicos, enfermeiros, ajudantes e equipamentos para a instalação de um hospital, passará a ser considerado empresário, pois aí estará presente a organização dos fatores de produção de forma preponderante, sendo o trabalho científico e intelectual do médico apenas um dos elementos dessa organização".[37]

A correspondência entre uma e outra, em parte, é a mesma que existia ao tempo do Código anterior entre sociedade civil e comercial. Em essência, mudou mais a denominação dos novos tipos ou formas societárias. A sociedade civil passou a denominar-se sociedade simples, enquanto a comercial se transformou em empresária, embora outros tipos que exploram ramos econômicos configurem as sociedades como empresárias. As sociedades outrora classificadas como civis, e que passaram a desenvolver atividades que auferem lucros ou resultados econômicos, devem ser enquadradas como empresárias.

As sociedades simples abrangeram as pessoas jurídicas que outrora eram civis e que, mesmo tendo um suporte econômico, não envolviam a produção e circulação de bens, ou a exploração de serviços. Em contrapartida, todas as sociedades de prestação de serviços, como os milhares escritórios de advocacia, de contabilidade, de engenharia, os consultórios, os cursos profissionalizantes, as oficinas de consertos ou reparos, os salões de estética, os centros de recuperação física e ginástica, as casas de repouso e de tratamento médico, os hospitais, as academias, as clínicas, e assim centenas de outros centros de atendimento

---

[36] REsp. nº 555.624-PB, da 2ª Turma, j. em 19.02.2004, *DJU* de 27.09.2004, em *RJSTJ* 184/196.

[37] *Comentários ao Código Civil*, ob. cit., vol. 13, p. 50.

e de prestação de serviços, têm como escopo a produção ou circulação de serviços, com finalidade econômica, se inserindo na classe das pessoas jurídicas empresárias, pois dirigidas estas especificamente para a produção e circulação de bens ou de serviços, e com uma estrutura mais complexa, encontrando-se nelas presentes os elementos organização, habitualidade, intuito de lucro, destino dos bens e serviços ao mercado. Deve haver um complexo de bens e serviços organizados para o exercício profissional na produção de mercadorias ou prestação de serviços, e sua colocação para o consumo.

É necessário ressaltar o caráter distintivo.

As sociedades empresárias têm finalidade econômica, compreendendo as que produzem e fazem circular os bens, e abrangendo as dedicadas à prestação de serviços. Antes do Código de 2002, envolviam mais as comerciais e industriais, não abarcando as civis, ou as sociedades de prestação de serviços.

As simples são aquelas não destinadas à de bens nem à prestação de serviços com fins lucrativos. Tinham, no regime anterior, o nome de civis, mas ficando imprópria essa designação, dado o amplo sentido do termo.

Tem-se uma empresa ou sociedade empresária se presentes os elementos organização, habitualidade, intuito de lucro, destino dos bens e serviços ao mercado. Deve haver um complexo de bens e serviços organizados para o exercício profissional na produção de mercadorias ou prestação de serviços, e sua colocação para o consumo.

As seguintes características devem ficar comprovadas para formar a sociedade empresária, extraídas do art. 966:

a) Exercício de atividade, envolvendo um conjunto de atos voltados à obtenção de um resultado proveitoso comum.

b) A natureza econômica da atividade, ou seja, com o fim precípuo de conseguir lucros, e distribuí-los entre os sócios.

c) A organização da sociedade, com uma diretoria, uma ordem interna, um regulamento.

d) A produção e circulação de bens e serviços, compreendendo a atividade da indústria, do comércio e da prestação de serviços.

Tais as verificações que se deve observar, não prevalecendo a ideia que leva a ter em conta a dimensão da prestação de serviços. Uma pequena clínica, com poucos empregados, incluir-se-ia entre as sociedades simples. Já a organização de uma ampla prestação de serviços, de um empreendimento com vasto atendimento, estruturado em um sistema complexo, configuraria empresa.

Jorge Lobo vê a distinção no modo de se exercer a atividade econômica: "Por conseguinte, a distinção entre sociedade empresária e sociedade simples fundamenta-se no modo pelo qual a atividade econômica é exercida: se a sociedade se organiza profissionalmente como uma unidade econômica de produção ou circulação de bens ou de serviços, é empresária; se não, é sociedade simples".[38]

Percebe-se o subjetivismo da diferenciação, que não dá a percepção precisa da sociedade empresária ou simples. Aliás, há uma incoerência. Inadmissível que o caráter de organização sirva como critério de classificação. Com efeito, qual sociedade que não é organizada? A sociedade simples, seja de prestação de serviços ou de produção, por

---

[38] *Sociedades Limitadas*, ob. cit., p. 20.

menor que seja, tem uma organização própria e específica, pois implanta um sistema de alinhamento interno no seu desempenho. Há setores específicos para os campos em que atua, inclusive com o encadeamento que inicia na contratação e se finaliza na entrega do produto ou do serviço.

Já a sociedade de advogados, por disposição expressa de lei, não se considera empresária, vindo a matéria explicada no seguinte aresto:

"1.O art. 9º, §§ 1º e 3º, do Decreto-Lei nº 406/1968 estabelece alguns requisitos, sem os quais a sociedade estará obrigada a recolher o ISS com base na sistemática geral, vale dizer, sobre o valor do seu faturamento. São eles: a) que a sociedade seja uniprofissional; b) que os profissionais nela associados ou habilitados prestem serviços em nome da sociedade, embora sob responsabilidade pessoal.

2. O art. 16 da Lei nº 8.906/1994 (Estatuto da Advocacia) permite concluir que as sociedades de advogados, qualquer que seja o respectivo contrato social, caracterizam-se como sociedades uniprofissionais. O dispositivo proíbe que essas entidades realizem 'atividades estranhas à advocacia' ou incluam em seus quadros 'sócio não inscrito como advogado ou totalmente proibido de advogar'.

3. Os profissionais que compõem os quadros de uma sociedade de advogados prestam serviços em nome da sociedade, embora sob responsabilidade pessoal. Essa conclusão é possível diante da leitura do art. 15, § 3º, da Lei nº 8.906/94, segundo o qual 'as procurações devem ser outorgadas individualmente aos advogados e indicar a sociedade de que façam parte'; do art. 17, que fixa a responsabilidade pessoal e ilimitada do sócio pelos danos causados aos clientes por ação ou omissão no exercício da advocacia; bem como do art. 18, do mesmo diploma legal, que estabelece que 'a relação de emprego, na qualidade de advogado, não retira a isenção técnica nem reduz a independência profissional inerentes à advocacia'.

4. O art. 16 da Lei nº 8.906/1994 espanca qualquer dúvida acerca da natureza não empresarial das sociedades de advogados. Segundo a previsão normativa, não serão admitidas a registro, nem poderão funcionar, 'as sociedades de advogados que apresentem forma ou características mercantis'.

5. Tranquila a conclusão de que a sociedade civil de advocacia, qualquer que seja o conteúdo de seu contrato social, goza do tratamento tributário diferenciado previsto no art. 9º, §§ 1º e 3º, do Decreto-lei nº 406/68, já que são necessariamente uniprofissionais, não possuem natureza mercantil, sendo pessoal a responsabilidade dos profissionais nela associados ou habilitados".[39]

6.2.2.2.3. Sociedades de pessoas e de capital

As primeiras correspondem às sociedades em que predomina, como elo de união, as qualidades pessoais dos sócios. Conhecem-se os componentes do grupo, unindo-se justamente em vista de alguma relação que as aproxima e inspirou a congregação de esforços.

É relevante a função do sócio, as suas qualidades ou capacidades, que constituem fatores para o próprio sucesso da empresa, como acontece nas sociedades de responsabilidade limitada. Isto a tal ponto que não é conveniente o ingresso de estranhos, e mesmo de sucessores dos sócios.

---

[39] REsp. nº 649.094-RJ, da 2ª Turma do STJ, j. em 23.11.2004, *DJU* de 07.03.2005.

Já nas sociedades de capital, não predomina a relação interpessoal, tendo realce o elemento capital, que se torna fator decisivo do sucesso do empreendimento objetivado. Domina a impessoalidade no relacionamento, tanto que a administração nem sempre recai em pessoas que integram a sociedade. O capital, representado por ações, é circulável, admitida a sua transferência para terceiros, que ingressam na sociedade. Destaca Amador Paes de Almeida: "Sociedades de capital, ao revés, são aquelas que, dispensando o relacionamento pessoal entre os sócios, pairam acima destes, que representam para elas meros contribuintes para o capital social".[40]

6.2.2.2.4. Direitos e deveres dos sócios de qualquer sociedade

O Código Civil não trouxe, para as diferentes espécies de sociedade, uma sistematização dos direitos e deveres dos sócios. Verdade que, ao longo das normas sobre a matéria, há disposições que discriminam as prerrogativas, garantem direitos e impõem obrigações. No entanto, não reservou uma parte destinada ao sócio, e, assim, não existe um estatuto do sócio, com todas as suas garantias e a relação dos deveres a que está obrigado.

Procura-se, neste momento, trazer um delineamento sobre direitos e deveres, indistintamente para todas as sociedades.

De modo geral, como direitos para cada tipo de sociedade, a título de exemplos, ressaltam-se os seguintes, sem olvidar que outros existem:

a) Participar o sócio na administração social, desde que eleito ou escolhido.

b) Participar das deliberações nas assembleias, tanto nos debates como no voto, de acordo com o regime específico de cada sociedade.

c) Participar dos lucros da empresa, nas sociedades empresárias.

d) Receber informações sobre a situação econômica da sociedade.

e) Fiscalizar a sociedade, acompanhando os atos de gestão, e tendo acesso aos livros e a escrituração contábil.

f) O direito de preferência na participação social, sempre que houver aumento de seu capital, na proporção das quotas de que for o sócio titular.

g) O direito de recesso, que é o de se retirar da sociedade, ou deixá-la, por ato unilateral de vontade, com o recebimento dos haveres próprios, em certas modificações ou alterações, como na incorporação, fusão, cisão.

h) A participação no acervo da sociedade, em caso de liquidação, mas que será exercido caso haja lucros líquidos e partilháveis conforme os termos do contrato social. Apropriado notar que os sócios não concorrem com os credores da sociedade. Seu direito de crédito fica subordinado à liquidação social, exercendo-se sempre que os resultados positivos superem os negativos.

i) Direito de incluir assuntos de interesse do sócio nas reuniões ou assembleias da sociedade.

j) Direito de convocar a sociedade, na omissão dos administradores, e participar com o seu capital, para a convocação em quaisquer situações, desde que represente a convocação cinco por cento ou mais do capital.

k) Direito de ceder as quotas aos demais sócios, ou a estranhos, se não manifestada a preferência dos sócios ou oposição justificada de mais de um quarto do capital.

---

[40] *Execução de Bens dos Sócios*, 5ª ed., São Paulo, Editora Saraiva, 2001, p. 32.

No pertinente aos deveres, também exemplificativamente, mencionam-se os abaixo:

a) O dever de pagar a participação social na composição do capital da sociedade, sob pena de exclusão, explicando Waldo Fazzio Júnior: "Com efeito, consta do art. 1.004 do CC de 2002 que os sócios são obrigados, na forma e prazo previstos, às contribuições estabelecidas no contrato social, e aquele que deixar de fazê-lo, nos trinta dias seguintes ao da notificação pela mora, poderá a maioria dos demais sócios preferir, à indenização, a exclusão do sócio remisso, ou reduzir-lhe a quota ao montante já realizado, aplicando-se, em ambos os casos, a redução do capital".[41]

b) O dever de lealdade, não podendo agir contra os interesses da sociedade, cabendo a ele, conforme Jorge Lobo, "agir com honradez e probidade, alicerces da construção de uma sociedade harmoniosa e próspera".[42]

c) Proceder corretamente, de modo a não praticar falta grave ou conduta que coloque em risco a sociedade.

d) Não ofender a ética social, e, assim, não vazar informações particulares da sociedade, e muito menos comunicar a terceiros assuntos sobre o processo de industrialização ou produção. Igualmente, não participar de outra sociedade com o mesmo objeto ou ramo de atividade.

e) A obrigação de participar das perdas, sempre na proporção do capital que possuir, afigurando-se nula a cláusula que retira a responsabilidade do sócio.

f) O dever de votar em benefício e sempre no interesse da sociedade, de sorte que não lhe assiste simplesmente omitir-se, ou manter-se ausente nos assuntos de interesse social.

g) O dever de abster-se de votar em assuntos nos quais é interessado, como nas deliberações sobre a avaliação de patrimônio pessoal que aporta para a formação de sua participação social.

h) O dever de cooperação, que se exterioriza na conjugação de esforços, da vontade de colaboração ativa dos sócios, e que se consubstancia na *affectio societatis*, pela qual a intenção das partes orientam as ações para uma finalidade única, que é a combinação de esforços com um desiderato comum a todos.

6.2.3. As fundações

Finalmente, há as fundações, tratando o Código Civil das particulares, constituídas através de um patrimônio destinado por uma pessoa física ou jurídica para um fim especial. Define-as Antônio José de Souza Levenhagen como "uma organização com personalidade jurídica que, embora constituída por pessoa física ou jurídica, tem por objeto um fim de utilidade pública ou beneficente".[43]

São as fundações universalidades de bens, livres de ônus ou encargos e legalmente constituídas, sendo-lhes conferida personalidade jurídica. Devem sempre obedecer às finalidades impostas pelo seu fundador, sendo as mais comuns de natureza religiosa, moral, cultural, social e assistencial. Um indivíduo ou um grupo de pessoas, através de ata ou outro documento, cria a fundação, a partir de um patrimônio ou acervo inicial, tendo em

---

[41]   *Sociedades Limitadas*, São Paulo, Editora Atlas S.A., 2003, p. 159.
[42]   *Sociedades Limitadas*, ob. cit., p. 200.
[43]   *Código Civil (Parte Geral) – Comentários Didáticos*, São Paulo, Editora Atlas, 1978, p. 61.

vista uma finalidade determinada, como uma instituição educacional, ou de amparo a carentes. Envolve a destinação de um acervo de bens, que se reveste, por força da lei, de capacidade jurídica para realizar finalidades pretendidas pelo instituidor. É indispensável que os fins visados sejam sempre altruísticos, visando estimular ou promover a cultura, a ciência, o amparo, a filantropia, a saúde pública, a educação.

Quatro as características que dão um destaque próprio às fundações relativamente às sociedades, segundo aponta Rubens Limongi França, resumidas na finalidade, na origem, na estrutura e no modo de administração: "Com relação à finalidade, a fundação difere da sociedade em virtude da circunstância de que, enquanto nesta os fins podem ser alterados pelos sócios, naquela, uma vez instituída, esses fins são permanentes, não podendo ser modificados pelos administradores (Cód. Civil, art. 28, II)...

Quanto à origem, ao passo que a sociedade é constituída pelos próprios sócios, que a administram e a levam a bom termo, a fundação é criada por um instituidor, cuja pessoa não se confunde com a dos administradores da entidade (art. 24).

No que concerne à estrutura, é de se ressaltar, na fundação, o papel primacial do patrimônio. É sobre este que o instituidor, ao separar uma porção de seus bens, determinando-lhe finalidades especiais, erige todo o arcabouço, diferentemente do que se passa na sociedade, onde a união moral das pessoas constitui o alicerce fundamental.

Com referência ao modo de administrar, cumpre advertir que nas fundações, a despeito do caráter privado, desempenha papel ativo e importantíssimo a constante intervenção do Ministério Público...".[44] Os citados arts. 28, II, e 24 equivalem aos arts. 67, II, e 62 do Código de 2002, merecendo ser transcrito o *caput* do último dispositivo: "Para criar uma fundação, o seu instituidor fará, por escritura pública ou testamento, dotação especial de bens livres, especificando o fim a que se destina, e declarando, se quiser, a maneira de administrá-la".

Essas pessoas jurídicas tinham o prazo até 11 de janeiro de 2007 para se adaptarem ao atual Código Civil, de acordo com o art. 2.031, modificado por constantes leis, e ultimamente pela Lei nº 11.127, de 28.06.2005: "As associações, sociedades e fundações, constituídas na forma das leis anteriores, bem como os empresários, deverão se adaptar às disposições deste Código até 11 e janeiro de 2007".

É de puro teor abstrato a regra, e de difícil determinação, eis que deveria o Código especificar os setores de imposição de adaptações. Esclareça-se que as adaptações envolvem, *v.g.*, os elementos que conterão os estatutos das associações, consoante a previsão do art. 54 do Código Civil, e, genericamente, todas as pessoas jurídicas, os requisitos para o registro, constantes do art. 46, sendo que alguns deles não vinham no Código anterior, art. 19, como o nome e a individualização dos fundadores ou instituidores, e dos diretores.

7. APLICAÇÃO DAS NORMAS SOBRE AS PESSOAS JURÍDICAS ÀS EMPRESAS

As várias disposições que se encontram no Título II ("Das Pessoas Jurídicas") do Livro I da Parte Geral do Código Civil aplicam-se às empresas, cuja disciplina está desenvolvida no Livro II da Parte Especial ("Do Direito de Empresa"). Não têm incidência as regras que tratam especificamente de pessoas jurídicas sem fins econômicos, como as relativas às associações e às fundações. No entanto, algumas regras das sociedades simples incidem nas sociedades empresárias, por expressa menção dos dispositivos que as disciplinam.

---

[44] *Manual de Direito Civil*, 4ª ed., São Paulo, Editora Revista dos Tribunais, 1980, 1º vol., pp. 179-180.

Vários regramentos que estão na Parte Geral aparecem repetidos na Parte Especial, como o art. 46, que trata do registro das pessoas jurídicas, e vindo a disciplina equivalente no art. 958.

8. O REGISTRO DA EMPRESA E SUA FUNÇÃO

Consoante explica Modesto Carvalhosa, "se empresária, a sociedade será inscrita no Registro Público de Empresas Mercantis, a que se refere o art. 967. Se não for empresária, terá inscrição no Registro Civil das Pessoas Jurídicas e não estará sujeita à falência, que há de atingir apenas as sociedades empresárias".[45]

A função do registro visa a dar conhecimento ao público da existência da empresa e de seus momentos mais importantes. Mesmo a publicação de uma ata da reunião da sociedade, ou da assembleia, possibilita a divulgação e publicidade dos atos da empresa. Tem como finalidade informar os acionistas ou sócios sobre os resultados econômicos ou investimentos da empresa e possibilitar que terceiros tenham acesso de fatos da empresa que podem importar em decisões sobre a contratação de negócios.

A transferência de controle importa em transferência de patrimônio. Por isso, há a incidência de tributos. O registro das mudanças internas serve de meio para averiguar a exação fiscal.

9. FUNDO DE EMPRESA E AVIAMENTO

Não se está propriamente tratando da avaliação patrimonial da empresa, mas buscando encontrar ou apurar um sobrevalor porventura existente, que pode ser resultado de vários fatores ou elementos, que serão observados.

Antes, cumpre destacar a avaliação da empresa, que se alcança de duas modalidades: ou pela avaliação de cada elemento isolado do patrimônio, somando-se todos eles após, que se conhece como "cálculo isolado"; ou pela avaliação conjunta da totalidade dos elementos, como se estes fossem apenas um bem, conhecida como "cálculo conjunto".

Também necessário ressaltar que existe uma distinção entre o critério econômico e o critério patrimonial – o primeiro empregado quando o sócio negocia com outra pessoa, livremente, o preço da participação societária e torna-se credor desta outra pessoa que passa a ser o novo sócio; e o segundo adotado quando da retirada do sócio através de apuração de sua participação, impondo-se, então, o critério legal de apuração dos respectivos haveres, levando em conta aquilo que, na data da retirada do sócio, já foi conquistado e consolidado pela sociedade, em razão da atividade empresarial explorada por meio dela.

Há, de outra parte, um elemento que é estranho aos bens patrimoniais em si, e que a doutrina convencionou chamar de "fundo de comércio", atualmente com mais propriedade denominado "fundo de empresa". É a expressão em nosso vernáculo que corresponde ao que os ingleses denominam *goodwill*. No Brasil, a Associação Brasileira de Normas Técnicas (ABNT), através da Norma Brasileira Registrada (NBR) 14.653, sobre Avaliação de Bens, parte 4 – Empreendimentos, trouxe de forma detalhada o cálculo do *goodwill* com a seguinte definição: "Fundo de Comércio e Goodwill: a identificação deverá considerar

---

[45] *Comentários ao Código Civil*, ob. cit., vol. 13, p. 51.

a previsibilidade das rendas líquidas a serem auferidas pelo empreendimento, durante sua vida econômica e corresponderá à diferença entre o valor econômico e o patrimonial. Em caso de apuração de valor negativo, configura-se perda econômica".

Forma-se um conjunto de valores que são agregados à sociedade e acrescem ao patrimônio, tanto de consistência corpórea como de aferição incorpórea, incluindo-se nessa ordem a organização interna, o nome no meio empresarial, o conhecimento que desfruta perante o público, a localidade onde se encontra estabelecida a empresa, os prêmios alcançados, a demanda no consumo de seus produtos ou serviços, o histórico da empresa, e, assim, vários outros valores, de grande alcance na apreciação de mercado. Luiz Autuori vai além na caracterização, abrangendo equivocadamente no conceito os bens materiais: "O fundo comercial, industrial, agrícola ou ainda individual é a soma dos elementos corpóreos e incorpóreos que o constituem, ou que se lhe agregaram, durante sua existência jurídica ou social, em certo local ou em determinado tempo. São elementos desse gênero: mercadorias, instalações, móveis e utensílios, direito de arrendamento total ou parcial, do respectivo local (imóveis ou simplesmente terras), freguesia, nome comercial, insígnia, marcas de fábrica ou de comércio, patentes de invenção, modelos de utilidades e o acervo de dívidas ativas e passivas, as plantações e benfeitorias no solo, passíveis de aproveitamento comercial, e tudo, enfim, o que se incluir na universalidade de valores da propriedade comercial, industrial, agrícola e individual".[46]

No entanto, mantêm os bens corpóreos e incorpóreos o valor individual e próprio que cada um possui. Do conjunto, de seu engrenamento, de sua performance, do resultado positivo que advém agrega-se mais uma estimativa, uma perfeição, uma valorização, que é o fundo de comércio ou de empresa. Bem conclui Rubens Requião: "Os bens corpóreos e incorpóreos conjugados no fundo de comércio não perdem cada um deles sua individualidade singular, embora todos unidos integrem um novo bem. Cada um mantém sua categoria jurídica própria".[47]

Não cabe, daí, confundir fundo de empresa com o patrimônio da empresa. Trata-se o fundo de empresa de uma mais valia diante do desempenho da empresa, de sua posição, da organização, da projeção alcançada, do conhecimento, da liderança no setor e outras virtudes que são aportadas na medida em que se aperfeiçoa e cresce.

Percebe-se que o valor isolado de cada bem assim considerado, somado no conjunto dos elementos estimados em avaliação com base única na apreciação física, resulta um cálculo matemático sem a consideração da mais valia trazida pelas qualidades acima destacadas. Não representa, em consequência, a real avaliação da empresa, ou o preço verdadeiro da empresa. Mais que a estimativa física dos componentes, assumem relevância certos aspectos ou itens que importam na desenvoltura econômica de grande eficiência. Não entrariam na estimativa, como pretende Américo Luiz Martins da Silva, "a propriedade empresarial (direito ao local em que está situação o estabelecimento...); o nome empresarial (composto de firma individual, firma social ou denominação social); os acessórios do nome empresarial (título do estabelecimento e as expressões ou sinais de propaganda); a propriedade industrial (a patente de invenção...); a propriedade imaterial (o aviamento ou a capacidade de apresentar lucros...)".[48] Fosse assim, haveria confusão com o estabelecimento empresarial.

---

[46] *Fundo de Comércio*, 3ª ed., Rio de Janeiro, Editora Forense, p. 30.
[47] *Curso de Direito Comercial*, 25ª ed., São Paulo, Editora Saraiva, 2003, vol. I, p. 270.
[48] *Introdução ao Direito Empresarial*, ob. cit., p. 422.

Em resumo, o fundo de empresa é o adendo que acresce aos elementos patrimoniais corpóreos ou incorpóreos, e que sobressaem em qualidades e projeções no desempenho e apresentação, merecendo destaque as patentes de invenção, as de modelo de utilidade, a marca registrada, o nome empresarial, a tradição, o ponto onde está situada a empresa, a classe social da clientela, a boa propaganda, as relações com os empregados, a facilidade do crédito, o treinamento com o pessoal, a estratégia de publicidade. Os benefícios que decorrem desses fatores favorecem a estimativa do preço da empresa.

Merece realce o ponto empresarial, ou local de negócios, que consiste o endereço do estabelecimento, o local onde está o prédio, para onde se dirigem os clientes, seja pela locomoção física, ou virtual, essa através de endereço eletrônico, ou portal, ou *site*. Se bem localizado o ponto, de fácil acesso, dentre outras virtudes, influi no resultado do negócio, atrai clientes e facilita a execução da atividade.

Ao resultado que decorre do sobrevalor do estabelecimento se convencionou denominar também "aviamento", com o significado de corresponder "à aptidão da empresa de produzir lucros, decorrente da qualidade e da melhor perfeição de sua organização".[49] Por outros termos, do conjunto de tais elementos acima especificados aumenta a lucratividade, fator esse que se conhece como aviamento, havendo quem o distinga do fundo de comércio ou fundo de empresa. Daí a coerente apreciação do instituto por Américo Luís Martins da Silva, definindo-o como "a capacidade do estabelecimento de apresentar lucros para o seu empresário, ou seja, aptidão do estabelecimento empresarial de produzir excedentes (lucros), decorrentes da reputação, do crédito, da boa qualidade e variedade de seus produtos, enfim, da qualidade e da melhor perfeição de sua organização".[50]

Essa capacidade de maior produção, ou capacidade de produzir lucros, consequência da série de fatores vistos, importa no aferimento ou exigibilidade de um valor, que será sobreposto ao considerado de mercado de uma empresa ou estabelecimento.

Bastante tênue é, pois, a diferença entre fundo de empresa e aviamento, considerado este o resultado da lucratividade advinda do conjunto de qualidades destacado. Entrementes, na prática, existe uma unidade, confundindo-se uma e outra, eis que a lucratividade resulta do maior desempenho por força dos fatores antes destacados.

---

[49] Rubens Requião, *Curso de Direito Comercial*, ob. cit., vol. I, p. 335.
[50] *Introdução ao Direito Empresarial*, ob. cit., p. 438.

III

O empresário

1. CONCEITO DE EMPRESÁRIO E EMPRESÁRIO INDIVIDUAL

No art. 966 encontramos o conceito de empresário, mesmo quando participa de empresa, e não se constitui individualmente: "Considera-se empresário quem exerce profissionalmente atividade econômica organizada para a produção ou a circulação de bens ou de serviços". Ou seja, trata-se da pessoa física que desempenha uma atividade organizada visando à obtenção de riqueza, o que se consegue com a produção de bens ou a promoção de sua comercialização, bem como com a prestação de serviços, de modo a conseguir resultados econômicos. O elemento caracterizador é a atividade-fim, dirigida para a prática de atos empresariais, ou para atividades próprias de empresário, que são o conjunto de atos realizados para a consecução de um fim econômico.

Foi seguido basicamente o conceito que já se introduzira no Código Civil italiano de 1942, em seu art. 2.082: "È impreditore chi esercita professionalmente un'attività economica organizzata al fine della produzione o dello scambio di beni o di servizi" (É empresário quem exerce profissionalmente uma atividade econômica organizada com o fim de produção ou de troca de bens e de serviços).

Deve haver uma organização, uma estrutura, um conjunto planejado de pessoas e bens, tudo dirigido para uma das seguintes finalidades:

a) A produção de bens, que é a industrialização, a confecção, a criação de produtos para a venda ou a colocação no mercado.

b) A circulação de bens ou serviços, que corresponde à distribuição e comercialização dos bens nos centros e pontos de comércio de atacado ou do varejo, até a chegarem ao consumidor final, ou a prestação de serviços de modo generalizado, como as grandes empresas de transporte e de construção. O termo "circulação" deve ser encarado sob o ponto de destinação dos produtos para terceiros no sentido de negócio, de venda e compra, ou mesmo de troca, embora raramente aconteça esta forma.

Todos quantos desempenham profissionalmente a atividade econômica, organizando-se para tanto, ou participando de sociedades, enquadram-se como empresários. Esta a visão que se colhe junto a Marcelo Andrade Féres: "O empresário é entendido, juridicamente, como o sujeito de direito que exerce a empresa. São empresários as pessoas naturais ou jurídicas (sociedades) exercentes dessa atividade econômica qualificada".[1]

Aquele que exerce a empresa realiza uma atividade econômica, assim procedendo profissionalmente, e organizando-se para conseguir resultados com bens ou serviços. Não abrange participante ou sócio da empresa, procura demonstrar Fábio Ulhoa Coelho: "É necessário, assim, acentuar, de modo enfático, que o integrante de uma sociedade empresária (o sócio) não é empresário; não está, por conseguinte, sujeito às normas que definem os direitos e deveres do empresário. Claro que o direito também disciplina a situação do sócio, garantindo-lhe direitos e imputando-lhe responsabilidades em razão da exploração da atividade empresarial pela sociedade de que faz parte. Mas não são os direitos e as responsabilidades do empresário que cabem à pessoa jurídica; são outros, reservados pela lei para os que se encontram na condição de sócio".[2]

Mesmo aquele que se constitui individualmente para explorar uma atividade econômica e lucrativa enquadra-se como empresário. Trata-se da pessoa natural que exerce atividade econômica de produção e circulação de bens, ou de prestação de serviços, não se organizando quantitativamente para tanto. Corresponde à figura que, sob a égide do Código Civil anterior, se denominava "firma individual".

Mais propriamente, denomina-se empresário individual a pessoa estabelecida para exercer atividade econômica de criação ou oferta de bens ou serviços. Ou considera-se empresário individual aquele que, de forma isolada, exercer a atividade empresarial, entendendo a doutrina, de forma majoritária, que tal exercício ocorre pela própria pessoa natural, sob uma firma constituída nos termos do art. 1.156 do Código Civil, ou seja, adotando nome empresarial na modalidade de firma (daí por que também intitulado "firma individual"), constituída por seu nome, completo ou abreviado, e acrescentando, se for de seu interesse, uma designação mais precisa da sua pessoa ou do gênero de atividade, a teor do artigo 1.156 do CC. É diferente a situação em que o empresário pretenda realizar o empreendimento de forma coletiva, com a contribuição de outras pessoas, pois constituirá uma sociedade empresária.

O Código Civil de 2002 não foi omisso sobre esta espécie de figura, já que, no art. 966, dirige-se a caracterizar o empresário, enquanto o art. 967 ordena a inscrição no Registro Público de Empresas Mercantis da respectiva sede, antes do início de sua atividade. A Lei nº 12.441, de 11 de julho de 2011, introduziu a espécie de empresário individual de responsabilidade limitada, com o objetivo de medir a responsabilidade nos compromissos assumidos na medida do capital da empresa, sem impedir a figura de empresa individual comum. Simplesmente permitiu a limitação da responsabilidade, numa modalidade especial da empresa individual.

Traz mais esclarecimentos Sérgio Campinho: "O exercício da empresa pelo empresário individual se fará sob uma firma, constituída a partir de seu come, completo ou abreviado, podendo a ele ser aditado designação mais precisa de sua pessoa ou do gênero de atividade. Nesse exercício, ele responderá com todas as forças de seu patrimônio pessoal, capaz de execução, pelas dívidas contraídas, vez que o direito brasileiro não admite a figura

---

[1] "Empresa e Empresário: do Código Civil Italiano ao Novo Código Civil Brasileiro", trabalho citado, p. 53.

[2] *Curso de Direito Comercial*, São Paulo, Editora Saraiva, 1998, vol. 1, pp. 61-62.

do empresário individual, com responsabilidade limitada e, consequentemente, a distinção entre patrimônio empresarial (o patrimônio do empresário individual afetado ao exercício de sua empresa) e patrimônio individual do empresário, pessoa física".[3]

2. A INSCRIÇÃO DO EMPRESÁRIO INDIVIDUAL NO REGISTRO DE EMPRESAS

Faz-se a inscrição por termo no livro próprio do Registro de Empresas Mercantis, obedecendo ao número de ordem contínuo para todos os empresários inscritos (§ 1º do art. 968). À margem da inscrição, lavram-se as averbações das modificações que ocorrerem (§ 2º do art. 968).

O § 3º do art. 968 do Código Civil, introduzido pela Lei Complementar nº 128, de 19.12.2008, faculta a transformação da empresa individual em outro tipo de sociedade, com a devida transformação do registro na Junta Comercial: "Caso venha a admitir sócios, o empresário individual poderá solicitar ao Registro Público de Empresas Mercantis a transformação de seu registro de empresário para registro de sociedade empresária, observado, no que couber, o disposto nos arts. 1.113 a 1.115 deste Código".

Os arts. 1.113 a 1.115, referidos no texto acima, tratam da transformação, incorporação, fusão e cisão das sociedades.

De sorte que a constituição da figura de empresário, ao lado da sociedade empresária, está assegurada pelo Código Civil, que veio a ser a nova denominação da outrora conhecida "firma individual", então correspondendo à organização da pessoa natural em uma atividade econômica autônoma. Pode-se afirmar, num paralelismo com o regime anterior, que se tem hoje a firma individual empresária.

No âmbito do conceito, incluem-se todos aqueles que se estabelecem individualmente para a prestação de atividades econômicas, como empreiteiros, construtores, arquitetos, engenheiros, economistas, médicos, advogados, e, assim, a generalidade dos profissionais liberais.

Para a caracterização do empresário, em razão do art. 966 do Código Civil, é imprescindível que a atividade por ele realizada dê-se profissionalmente, e não casualmente; além disso, exige-se que a atividade pelo mesmo exercida seja organizada, o que requer a presença de vários elementos, como a força de trabalho, a matéria-prima, o capital e a tecnologia. O referido art. 966 bem explicita quem é o empresário, considerando-o aquele que "exerce *profissionalmente* atividade econômica para a produção ou circulação de bens ou de serviços". Essa atividade, exercida profissionalmente, é aquela que se opera de *maneira habitual* e não esporádica, visto que alguém pode produzir ou propiciar a circulação de bens ou serviços sem, necessariamente, ser considerado empresário.

Pelas regras do art. 969 e seu parágrafo único, que serão mais extensamente observadas adiante, havendo a abertura de sucursal, filial ou agência em local diferente daquele onde fica a empresa ou o empresário, na respectiva Junta Comercial se abre a inscrição, e averba-se ao lado da inscrição do estabelecimento principal a constituição e a inscrição de estabelecimento secundário. Cumpre observar que a exigência se impõe mesmo que fique no mesmo Estado o empresário ou a empresa.

---

[3]   *O Direito de Empresa*, ob. cit., p. 12.

3. OS REQUISITOS PARA A INSCRIÇÃO DO EMPRESÁRIO INDIVIDUAL

Vários os requisitos impostos para o registro do empresário (e não da empresa, visto que, quanto a esta, o disciplinamento consta nos arts. 1.150 e seguintes), a fim de conseguir a sua regularização na atividade que exerce, elencados no art. 968 do Código Civil, com a alteração da Lei Complementar nº 147/2014: "A inscrição do empresário far-se-á mediante requerimento que contenha:

> I – o seu nome, nacionalidade, domicílio, estado civil e, se casado, o regime de bens;
>
> II – a firma, com a respectiva assinatura autógrafa que poderá ser substituída pela assinatura autenticada com certificação digital ou meio equivalente que comprove a sua autenticidade, ressalvado o disposto no inciso I do § 1º do art. 4º da Lei Complementar nº 123, de 14 de dezembro de 2006;
>
> III – o capital;
>
> IV – o objeto e a sede da empresa".

O inc. I do § 1º do art. 4º da Lei Complementar nº 123/2006 estabelece que poderão ser dispensados o uso da firma, com a respectiva assinatura autógrafa, o capital, requerimentos, demais assinaturas, informações relativas ao estado civil e regime de bens, bem como remessa de documentos, na forma estabelecida pelo CGSIM (Comitê para Gestão da Rede Nacional para Simplificação do Registro e da Legalização de Empresas e Negócios – órgão vinculado à Secretaria da Micro e Pequena Empresa da Presidência da República).

O § 1º do art. 968 do Código Civil aponta o local da inscrição: "Com as indicações estabelecidas neste artigo, a inscrição será tomada por termo no livro próprio do Registro Público de Empresas Mercantis, e obedecerá a número de ordem contínuo para todos os empresários inscritos".

O § 2º prevê a averbação das modificações do empresário: "À margem da inscrição, e com as mesmas formalidades, serão averbadas quaisquer modificações nela ocorrentes".

O instrumento do ato declaratório de atividade constitui o documento necessário para a inscrição, nele constando a instituição da pessoa jurídica individual e as modificações que ocorrerem. Na verdade, vem a ser uma declaração onde se incluem os elementos da empresa individual, com os dados acima. Considera-se, também, o regramento da atividade no que respeita à sua caracterização e à disciplina dos atos individuais que compõem a atividade.

Quanto às associações, e fundações e sociedades, esse documento é o contrato ou estatuto social, como se verá, em relação às sociedades, nos arts. 1.150 e seguintes. Já em relação às empresas públicas, o documento é a lei que regula a sua constituição e determina as modificações.

Permite-se que o empresário individual inclua outras declarações, como em relação à atividade mais especificada, ao campo de atuação, à área de abrangência, ao nome do estabelecimento.

3.1. O nome e outros dados pessoais

Indicará o empresário o seu nome, que se constitui do prenome ou prenomes e do sobrenome ou sobrenomes, seguindo a sua qualificação completa, como a nacionalidade, o estado civil, a idade ou capacidade, o estado civil, o endereço, os registros de sua identidade e inscrição no cadastro na receita federal.

Em relação à nacionalidade, se se constatar que é o requerente estrangeiro, se indeferirá a inscrição se as atividades econômicas são reservadas exclusivamente a brasileiros.

O domicílio significa o lugar onde o indivíduo estabelece a sua residência com o ânimo definitivo, que poderá corresponder ao lugar ou à sede onde é exercida a profissão, em consonância com os arts. 70 e 72 do Código Civil.

No pertinente ao estado civil, especificará se é casado, ou solteiro, ou separado de fato ou judicialmente, ou divorciado, ou viúvo. Se for casado, mencionará o regime de bens adotado. Caso aportar bens ao capital de sua empresa individual, é indispensável a participação do cônjuge para a transferência, a menos que o regime for o de separação absoluta de bens.

3.2. A firma e a assinatura

A firma vem a ser a assinatura do empresário, ou, em se tratado de sociedade, do nome da empresa, isto é, dos sócios que a representam, para operar profissionalmente na atividade econômica, equivalendo ao nome empresarial. Mais propriamente, constitui a assinatura adotada pela pessoa jurídica para o uso empresarial, formada pelo nome – prenome e sobrenome – completo ou abreviado, com a faculdade do acréscimo do tipo de atividade desempenhada pela empresa. Uma vez lançada nos documentos, a firma oficializa e confirma o negócio. Corresponde à exteriorização da manifestação de vontade do empresário ou da empresa.

No requerimento, juntamente com a firma, o empresário apresentará a assinatura autógrafa ou manual que usará em sua atividade ou nas operações, e que corresponderá à que utiliza nos documentos que assina quotidianamente. A assinatura autógrafa poderá ser substituída pela assinatura autenticada com certificação digital ou meio equivalente que comprove a sua autenticidade, com a ressalva do inc. I do § 1º do art. 4º da Lei Complementar nº 123/2006, com as alterações da Lei Complementar nº 147/2014.

Dada a imposição de que seja autógrafa, corresponderá a do próprio punho, ficando impedida a confecção por meio mecânico ou mesmo digital. Não importa que venha legível, ou que contenha todas as letras e elementos do nome.

3.3. O capital

Constitui o patrimônio do empresário, ou o fundo social, formado pelas entradas ou contribuições dos sócios do titular, que se realiza mediante o aporte em dinheiro, ou bens, estes de qualquer tipo, como imóveis, veículos, instrumentos, aparelhamentos, mobiliário, utensílios, computadores etc., ou serviços, formando a quota ou as ações de cada sócio. Ou representa o montante de valores pecuniários, bens ou dos serviços, sempre em estimativa econômica, que pertence à pessoa jurídica e ao empresário, e que permite realizar ou desempenhar a finalidade determinante da constituição de sua pessoa jurídica.

Para o empresário e as empresas, torna-se indispensável o capital. Quanto a outras pessoas jurídicas, é possível que não exista, como em certas associações de pessoas para fins unicamente filantrópicos, ou culturais, ou religiosos. O art. 46, inc. I, do Código Ci-

48 • Direito de Empresa | *Arnaldo Rizzardo*

vil enseja a pessoa jurídica sem capital, ao prever que o registro exige vários requisitos, dentre os quais o fundo social, quando houver.

Sendo o empresário único titular de sua empresa, responde ilimitadamente pelas obrigações que advierem. Seus bens particulares e aqueles que fazem parte do exercício da atividade econômica entram na garantia de seus negócios. Aprofunda Amador Paes de Almeida: "Em se tratando de empresário individual, inexiste um patrimônio distinto. Os bens particulares e os bens negociais formam um patrimônio único. Assim, na eventualidade de dívidas contraídas em decorrência da atividade negocial, tanto os bens particulares quanto os destinados ao exercício do comércio responderão pelo cumprimento das obrigações existentes".[4]

Mesmo havendo um único titular, parece imprescindível a avaliação do patrimônio, já que se transfere a propriedade para sua empresa individual, tornando-se elemento de aferição da idoneidade econômica na realização de negócios.

Não comporta a formação do capital através de subscrição, com a previsão de prazo para a integralização. Admitem-se posteriores alterações, com o aumento do capital. Em verdade, nem transferência de propriedade ocorre, eis que a titularidade permanece, já que o titular da empresa individual e o titular do domínio dos bens é o mesmo indivíduo.

Dando-se o aporte de capital por meio de imóveis, com o registro em nome de sua empresa individual, faz-se mister a participação, na transferência, do cônjuge, a menos que contraído o casamento pelo regime de separação obrigatória de bens, em obediência ao art. 1.647 do Código Civil.

3.3.1. *A constituição do capital através da transferência de imóveis e outros bens*

O estudo, aqui, estende-se também para as sociedades. Melhor dito, as disposições concernentes às sociedades aplicam-se ao empresário individual. Da seguinte maneira sintetiza o assunto Temístocles Pinho e Álvaro Peixoto: "Poderão ser utilizados quaisquer bens para integralização de capital, desde que suscetível de avaliação em dinheiro.

No caso de imóvel, o contrato social, o contrato social por instrumento público ou particular deverá conter sua descrição, identificação, área, dados relativos à sua titulação, bem como o número de sua matrícula no Registro Imobiliário.

No caso de sócio casado, deverá haver a anuência do cônjuge, salvo no regime de separação absoluto.

A integralização de capital com bens imóveis de menor depende de autorização judicial".[5]

Vários os dispositivos sobre as sociedades que permitem a integralização do capital ou mesmo a formação da quota mediante a transmissão do domínio de bens. Assim o art. 1.005, no tocante às sociedades simples, e o art. 1.055, § 1º, quanto às sociedades de responsabilidade limitada. Nas sociedades anônimas, a previsão se encontra em diversos dispositivos, como os arts. 7º, 9º, 89, e 98, § 2º, da Lei nº 6.404, de 15.12.1976. Nas demais sociedades, estende-se a possibilidade, por aplicação de dispositivos a regras da sociedade simples ou da sociedade por ações, como o art. 1.040 quanto às sociedades em nome coletivo, e o art. 1.090, no tocante à sociedade em comandita por ações.

---

[4]   *Execução de Bens dos Sócios*, ob. cit., p. 43.
[5]   *As Empresas e o Novo Código Civil*, Rio de Janeiro, Freitas Bastos Editora S.A., 2004, p. 213.

Quaisquer bens úteis ou aproveitáveis são transferíveis. Destaca-os Adalberto Simão Filho, embora se refira à sociedade limitada, mas aplicando-se as referências a empresas individuais e a qualquer sociedade: "Assim, poderão formar o capital social da sociedade limitada como integralização do sócio tanto os bens corpóreos como os bens incorpóreos, tais como marcas, patentes, bens decorrentes dos direitos de personalidade, ou qualquer outro suscetível de avaliação, inclusive o *know-how*, que pode consistir na detenção de certos conhecimentos ou técnicas que possam vir a melhor integrar o processo produtivo ou de indústria, bem como a organização ou as formas de se efetivar os serviços a serem ofertados pela sociedade".[6]

Não se impõe a escritura pública para a transmissão dos bens, com a finalidade de participação social ou integralização da quota e das ações. Procede-se à constituição da sociedade, nela constando a forma de formação do capital do sócio. Se ingressarem bens imóveis, formaliza-se a transmissão através da perfeita descrição dos bens, em consonância com os dados da matrícula, com a respectiva avaliação. Feita a inscrição na Junta Comercial, providencia-se no registro, através da certidão do ato, ou da cópia autêntica do contrato.

A necessidade de identificação perfeita do imóvel é exigência, além da Lei nº 6.015, de 1973, pelo § 3º do art. 98 da Lei nº 6.404: "A ata da assembleia geral que aprovar a incorporação deverá identificar o bem com precisão, mas poderá descrevê-lo sumariamente, desde que seja suplementada por declaração, assinada pelo subscritor, contendo todos os elementos necessários para a transcrição no registro público".

As próprias atas das assembleias gerais de constituição das sociedades por ações, nas quais se assinala a aceitação do imóvel, desde que autenticadas pelas Juntas Comerciais, tornam-se suficientes para o registro imobiliário.

Na Lei nº 6.404/1976, em relação às sociedades anônimas por ações, colhem-se várias previsões. O art. 7º é expresso: "O capital social poderá ser formado com contribuições em direito ou em qualquer espécie de bens suscetíveis de avaliação em dinheiro".

O art. 8º e seus parágrafos disciplinam a estimativa ou avaliação.

O art. 9º estabelece: "Na falta de declaração expressa em contrário, os bens transferem-se à companhia a título de propriedade".

O art. 89 dispensa a escritura pública: "A incorporação de imóveis para a formação do capital social não exige escritura pública".

A forma de se proceder a transmissão vem ditada no § 2º do art. 98: "A certidão dos atos constitutivos da companhia, passada pelo Registro do Comércio em que foram arquivados, será o documento hábil para a transferência, por transcrição no registro público competente, dos bens com que o subscritor tiver contribuído para a formação do capital social (art. 8º, § 2º)".

Para as sociedades de responsabilidade limitada, a dispensa da escritura pública é uma decorrência da aplicação da Lei nº 6.404/1976, em obediência ao parágrafo único do art. 1.053 do Código Civil. Afora isso, a permissão decorre do art. 64 da Lei nº 8.934, de 18.11.1994: "A certidão dos atos de constituição e de alteração de sociedades mercantis passadas pelas Juntas Comerciais em que foram arquivados, será o documento hábil para a transferência, por transcrição no registro público competente, dos bens com que o subscritor tiver contribuído para a formação do aumento do capital social". Se autorizada o

---

6   *A Nova Sociedade Limitada*, Barueri-São Paulo, Editora Manole Ltda., 2004, p. 96.

registro pela mera apresentação da certidão em caso de alteração, o mesmo decorre, por coerência, na subscrição quando da constituição da sociedade.

Outrossim, para as sociedades simples estende-se a aplicação acima, pois não se justifica que fiquem excluídas, sendo a mesma a *ratio legis*. As razões são bem explicadas por Attila de Souza Leão Andrade Jr.: "Observe-se que o que a lei intenta é que a transferência decorra de um ato que tenha 'fé pública'. No caso de sociedades comerciais, a escritura pública é substituída pela certidão expedida pela Junta Comercial que certamente também tem 'fé pública'. Ora, a certidão do ato constitutivo ou modificativo do contrato social de uma sociedade civil, efetuado por um cartório de registro civil, por ser um cartório de registro público, também tem 'fé pública' e, portanto, deve ser admitido como instrumento hábil para a transcrição do ato translativo (*v.g.*, o contrato social ou sua alteração prevendo a hipótese da transferência do imóvel) junto ao competente registro de imóveis. O que importa relevar, como essencial, é que a descrição e a confrontação do imóvel em questão seja devidamente individuado no respectivo instrumento societário, constitutivo ou modificativo, no qual o imóvel esteja sendo utilizado em conferência ao capital social".[7]

Inclusive nas alterações das sociedades, com aumento do capital, desde que se dê a formalização de acordo com a lei, em reunião ou assembleia dos sócios, e a descrição individuada do imóvel, tudo devidamente protocolado na inscrição da Junta Comercial.

Pensa-se que o mesmo sistema transplanta-se para a empresa individual. Desde que constituída, com a expressa declaração da formação do capital social por determinados bens, transferidos pelo seu titular, e obtido o arquivamento na Junta Comercial, basta para a finalidade registrária imobiliária.

3.4. O objeto

Igualmente aqui as análises que seguem têm aplicação à empresa individual e à empresa societária.

Entende-se por objeto da firma do empresário ou da empresa a causa determinante, ou a razão de ser de sua existência. Corresponde à atividade que o empresário ou os sócios se dispuseram a realizar. Não se confunde com a causa última, ou a razão de ser de sua instituição, que é o lucro, a vantagem econômica, a consecução da subsistência dos sócios.

Sempre se tem vista a atividade a que se propõe o empresário ou a empresa, como a comercialização de produtos, a fabricação de bens, a exploração de minerais, a industrialização de cerâmica, a propagação de programas de computador, a compra e venda de peças de certos produtos, a prestação de serviços da saúde, a assim milhares de outros propósitos.

Para viabilizar a própria constituição da empresa, demanda-se que o objeto se revele lícito, jurídico, regular, não vedado pela lei. Não terá validade a constituição de um empresário ou a formação de uma empresa com o objeto de fabricação de entorpecentes, ou de bens cujo comércio está proibido, como de aparelhos de jogos de azar.

---

[7] *Comentários ao Novo Código Civil – Direito das Sociedades*, Rio de Janeiro, Editora Forense, 2002, vol. IV, p. 28.

3.5. A sede da empresa individual e das sucursais, filiais ou agências

A análise é pertinente não somente ao empresário individual, mas abrange também a empresa societária.

A sede constitui o lugar onde é exercida a atividade, que poderá ser o domicílio do empresário ou da empresa. Ficará assinalado na declaração de constituição da empresa individual a designação do local onde a mesma atividade se desenvolve ou se localiza e onde está o centro de seus interesses econômicos, o qual se concretiza através de dois elementos: o objetivo, que é a residência, ou a fixação física da pessoa natural ou jurídica em determinado lugar; e o subjetivo, manifestado na intenção, no *animus*, de ficar definitivamente no lugar no onde se estabeleceu.

Na indicação da sede, colocam-se o nome do logradouro e da via, o número do prédio, a cidade, o Estado e os demais dados aptos a facilitar e a melhor indicar a localização mais exata possível do estabelecimento.

Não é suficiente eleger um endereço e colocá-lo na declaração de empresa individual ou no contrato social da sociedade; impende que se constate a existência física no lugar aposto.

O art. 75 da lei civil trata do domicílio das pessoas jurídicas em geral: "Quanto às pessoas jurídicas, o domicílio é:

I – da União, o Distrito Federal;

II – dos Estados e Territórios, as respectivas capitais;

III – do Município, o lugar onde funcione a administração municipal;

IV – das demais pessoas jurídicas, o lugar onde funcionarem as respectivas diretorias e administrações, ou onde elegerem domicílio especial no seu estatuto ou atos constitutivos".

O § 1º dispõe sobre o domicílio da pessoa jurídica com diversos estabelecimentos, considerando-os cada um como domicílio para os atos nele praticados: "Tendo a pessoa jurídica diversos estabelecimentos em lugares diferentes, cada um deles será considerado domicílio para os atos nele praticados".

É importante a regra do art. 969, em relação à sede de sucursais, filiais, ou agências, que também deve ser tida como domicílio para os atos nela praticados, e como elemento para fixar a competência do juízo (art. 53, inc. III, letra *b*, do Código de Processo Civil de 2015), tanto que impõe o registro empresário: "O empresário que instituir sucursal, filial ou agência, em lugar sujeito à jurisdição de outro Registro Público de Empresas Mercantis, neste deverá também inscrevê-la, com a prova da inscrição originária".

O parágrafo único cuida do estabelecimento secundário, que se exemplifica na sucursal, filial ou agência, obrigando o ato do registro não apenas na sua sede, mas também no da sede da empresa individual ou societária: "Em qualquer caso, a constituição do estabelecimento secundário deverá ser averbada no Registro Público de Empresas Mercantis da respectiva sede". Por conseguinte, o registro na localidade em que se estabelecer não dispensa o registro na sede da empresa.

Em síntese, abre-se o registro no local onde se instala o estabelecimento secundário, e averba-se junto ao registro da empresa principal ou matriz da sede em que se efetuou.

4. ORIENTAÇÕES E ELEMENTOS QUE CONSTARÃO DO REQUERIMENTO DE INS-CRIÇÃO

O requerimento de empresário para a inscrição no Registro Público de Empresas Mercantis somente pode ser feito em formulário próprio, aprovado pela Instrução Normativa DREI nº 38, de 2.03.2017, do Departamento do Registro Empresarial e Integração – DREI (orientação condensada do *site* http://drei.smpe.gov.br.), atendendo as exigências da Lei Complementar nº 147, de 7.08.2014, admitida a representação do empresário por procurador com poderes específicos para a prática do ato.

O requerimento, apresentado em quatro vias, deve preencher, de forma legível, os campos destinados aos dados do empresário individual, sendo os seguintes:

– Nome do empresário (sem qualquer abreviatura), nacionalidade, estado civil, regime de bens do casamento, filiação, data do nascimento, local de onde é natural, identidade, CPF, endereço.

Quanto à identidade, segundo consta do Anexo I da citada Instrução Normativa DREI nº 38, indicam-se o número, a sigla do órgão expedidor e a sigla da respectiva unidade da Federação mencionados no documento de identidade. São aceitos como documentos de identidade: cédula de identidade, certificado de reservista, carteira de identidade profissional, Carteira de Trabalho e Previdência Social ou Carteira Nacional de Habilitação (modelo com base na Lei nº 9.503, de 23.09.1997). Se o titular for estrangeiro, é exigida a carteira de identidade de estrangeiro, com visto permanente.

Caso o titular seja menor de 18 e maior de 16 anos, emancipado, deverá indicar a forma de emancipação, e arquivar em separado a prova da emancipação, a qual deverá ser anteriormente averbada no Registro Civil. O empresário encaminhará o pedido para a averbação junto ao registro da empresa.

São hipóteses de emancipação: casamento; ato judicial; concessão dos pais; colação de grau em curso de ensino superior; exercício de emprego público efetivo; estabelecimento civil ou comercial, ou pela existência de relação de emprego, desde que em função deles, o menor com 16 anos completos tenha economia própria.

– Indica-se o nome completo ou abreviado do empresário, aditando, se quiser, designação mais precisa de sua pessoa (apelido ou nome como é mais conhecido) ou gênero de negócio, que deve constar do objeto.

Não pode ser abreviado o último sobrenome, nem ser excluído qualquer dos componentes do nome. Não constituem sobrenome e não podem ser abreviados: "Filho", "Júnior", "Neto", "Sobrinho" etc., que indicam uma ordem ou relação de parentesco.

Sugere-se que seja requerida à Junta Comercial pesquisa sobre a existência de registro do nome empresarial escolhido, para evitar colidência e a consequente colocação do processo em exigência.

Havendo nome igual já registrado, o empresário deverá aditar ao nome escolhido designação mais precisa de sua pessoa ou gênero de negócio que o diferencie do outro já existente.

Envolvendo "microempresa" (ME) ou "empresa de pequeno porte" (EPP), aditar ao nome empresarial a expressão "ME" ou "microempresa", ou "EPP" ou "empresa de pequeno porte", expressões que não são aditadas ao requerimento. Somente depois de procedida a inscrição do empresário e arquivada a declaração de enquadramento como microempresa ou empresa de pequeno porte é que, nos atos posteriores, obrigatoriamente, deve ser feita a adição de tais termos ao nome empresarial.

– Fornece-se o endereço completo da empresa, compreendendo o nome do logradouro, número, complemento, nome do bairro/distrito, número do CEP, nome do município e sigla da unidade da federação. O campo "País" somente será de preenchimento obrigatório no caso de abertura de filial no estrangeiro.

– Cumpre se indique o endereço eletrônico (*e-mail*), se houver.

– Declara-se o valor por extenso do capital destacado do patrimônio do empresário, expresso em moeda corrente.

– Preenche-se com os códigos correspondentes às atividades descritas no objeto, conforme tabela de Classificação Nacional de Atividades Econômicas – CNAE Fiscal. Ordenam-se os códigos das atividades indicando a principal e as secundárias. A atividade principal corresponde àquela que proporcionar maior valor de receita esperada (quando da inscrição) ou realizada (quando de alteração).

Especificam-se as atividades que expressem o objeto da empresa.

Não podem ser inseridos termos estrangeiros na descrição das atividades, exceto quando não houver termo correspondente em português ou quando já estiver incorporado ao vernáculo nacional.

O objeto não poderá ser ilícito, contrário aos bons costumes, à ordem pública ou à moral, impossível, indeterminado ou indeterminável.

Sendo o objeto da empresa jornalismo ou radiodifusão sonora e de sons e imagens, somente pode ser empresário ou seu preposto, brasileiro nato ou naturalizado há mais de 10 anos.

– Declaração de desimpedimento para exercer atividade empresária e de que não possui outra inscrição de empresário.

– A informação da data de início de atividades é facultativa. Caso informada, esta deverá corresponder à data prevista para o início das atividades, a qual não poderá ser anterior à data da assinatura do Requerimento de Empresário. Se o Requerimento de Empresário for protocolado na Junta Comercial após 30 dias da data da sua assinatura pelo empresário, a data da Inscrição será considerada a data do deferimento do Requerimento pela Junta Comercial e, nesse caso, a data de início de atividades não poderá ser anterior a essa.

– Deverá ser aposta a assinatura da firma profissional, reproduzindo o nome da empresa indicado no campo nome empresarial.

O uso da firma é privativo do empresário, exceto no caso de incapaz autorizado judicialmente a continuar a empresa, quando a firma será usada pelo representante ou assistente ou gerente (parágrafo único do art. 976, CC/2002).

– Apõem-se o dia, mês e ano da assinatura do requerimento.

– A assinatura deve ser a que o empresário, ou no caso de incapaz autorizado judicialmente a continuar a empresa, e seu assistente ou representante ou gerente usa normalmente para o nome civil.

Havendo filiais, quando da efetivação da inscrição, deverá ser efetuada, simultaneamente, a inscrição de cada uma delas, mediante requerimentos específicos, observadas as instruções constantes de itens próprios.

Vários outros dados são preenchidos pela Junta Comercial, como o número do CNPJ, o código do Município do empresário e da empresa.

Poderá o empresário ser representado por procurador com poderes específicos para a prática do ato. Em se tratando de empresário analfabeto, a procuração deverá ser outorgada por instrumento público.

Na procuração por instrumento particular deve constar o reconhecimento da firma do outorgante.

4.1. Modelo de requerimento para a inscrição

Apresentam-se os dados do requerimento que deve ser dirigido à Junta Comercial, consoante anexo à Instrução Normativa DREI nº 38/2017.

Nos quadros do formulário impresso que fornece a Junta, colocam-se os dados pedidos nos itens anexos.

5. PESSOAS IMPEDIDAS DE SEREM EMPRESÁRIAS

Vem a relação de pessoas impedidas de serem empresárias descrita minuciosamente no Anexo I da Instrução Normativa DREI nº 38/2017 (*site* http://drei.mdic.gov.br):

a) as pessoas absolutamente incapazes (exceto quando autorizadas judicialmente para continuação da empresa):
  – os menores de 16 (dezesseis) anos;
  – os que, por enfermidade ou deficiência mental, não tiverem o necessário discernimento para a prática desses atos;
  – os que, mesmo por causa transitória, não puderem exprimir sua vontade;
b) as pessoas relativamente incapazes (exceto quando autorizadas judicialmente para continuação da empresa):
  – os maiores de 16 (dezesseis) e menores de 18 (dezoito) anos;
  – os ébrios habituais, os viciados em tóxicos, e os que, por deficiência mental, tenham o discernimento reduzido;
  – os excepcionais, sem desenvolvimento mental completo;
  – os pródigos;
c) os impedidos de ser empresário, tais como:
  – os Chefes do Poder Executivo, nacional, estadual ou municipal;
  – os membros do Poder Legislativo, como Senadores, Deputados Federais e Estaduais e Vereadores, se a empresa "goze de favor decorrente de contrato com pessoa jurídica de direito público, ou nela exercer função remunerada";

- os Magistrados;
- os membros do Ministério Público Federal;
- os empresários falidos, enquanto não forem reabilitados;
- as pessoas condenadas a pena que vede, ainda que temporariamente, o acesso a cargos públicos; ou por crime falimentar, de prevaricação, peita ou suborno, concussão, peculato; ou contra a economia popular, contra o sistema financeiro nacional, contra as normas de defesa da concorrência, contra as relações de consumo, a fé pública ou a propriedade, enquanto perdurarem os efeitos da condenação;
- os leiloeiros;
- os cônsules, nos seus distritos, salvo os não remunerados;
- os médicos, para o exercício simultâneo da farmácia; os farmacêuticos, para o exercício simultâneo da medicina;
- os servidores públicos civis da ativa, federais (inclusive Ministros de Estado e ocupantes de cargos públicos comissionados em geral). Em relação aos servidores estaduais e municipais observar a legislação respectiva;
- os servidores militares da ativa das Forças Armadas e das Polícias Militares;
- estrangeiros (sem visto permanente);
- estrangeiros naturais de países limítrofes, domiciliados em cidade contígua ao território nacional;
- estrangeiro (com visto permanente), para o exercício das seguintes atividades:
    a) pesquisa ou lavra de recursos minerais ou de aproveitamento dos potenciais de energia hidráulica;
    b) atividade jornalística e de radiodifusão sonora e de sons e imagens;
    c) serem proprietários ou armadores de embarcação nacional, inclusive nos serviços de navegação fluvial e lacustre, exceto embarcação de pesca;
    d) serem proprietários ou exploradores de aeronave brasileira, ressalvado o disposto na legislação específica.

Em relação aos portugueses, no gozo dos direitos e obrigações previstos no Estatuto da Igualdade, comprovado mediante Portaria do Ministério da Justiça, podem requerer inscrição como Empresários, exceto na hipótese de atividade jornalística e de radiodifusão sonora e de sons e imagens.

A capacidade dos índios será regulada por lei especial.

Mais observações devem ser acrescentadas, a respeito de algumas das categorias acima.

Em princípio, todas as pessoas capazes encontram-se livres para exercerem a profissão que almejarem e para as quais se encontrem habilitadas, consoante garante o art. 5º, inc. XIII, da Carta Magna.

Para se estabelecer na função de empresário, há casos da necessidade do preenchimento de condições técnicas, como a apresentação do diploma que dá a habilitação, o seu registro no órgão de classe competente e a órgãos do governo, sendo exemplos a formação de sociedades de médicos, de engenheiros, de contadores, ou de auditores.

Em relação aos magistrados, de observar o art. 95, parágrafo único, inc. I, da Constituição Federal, que veda o exercício de outro cargo ou função, mesmo encontrando-se em disponibilidade, salvo a do magistério. A restrição vem igualmente no art. 36 da Lei Complementar nº 35, de 14.03.1979 (Lei Orgânica da Magistratura Nacional).

Os membros do Ministério Público encontram-se proibidos de exercerem outra função pública exceto o magistério, e de participarem de sociedade empresária, a teor do art. 128, § 5º, inc. II, da mesma Constituição.

Os militares da ativa das Forças Armadas e das Polícias Militares, em razão do art. 29 da Lei nº 6.880, de 9.12.1980 (Estatuto dos Militares), encontram-se impedidos de exercer a empresa individual, ou de integrar a administração ou gerência de sociedade empresária. Ressalva-se a participação na qualidade de simples sócio.

Os falidos ficam inabilitados para exercer qualquer atividade empresarial a partir da decretação da falência e até a sentença que extingue as obrigações (art. 102 da Lei nº 11.101, de 9.02.2005. Se houver condenação em crime falimentar, também se opera a inabilitação, cumprindo ao juiz motivar a decisão a respeito, e mantendo-se esse efeito até cinco anos após a extinção da punibilidade, ou até a reabilitação penal, se assim conceder o juiz (art. 181 e seu § 1º da mesma Lei nº 11.101/2005). Equiparam-se ao falido, para a aplicação das consequências referidas os sócios, os diretores, os gerentes, os administradores, mesmo que judiciais, e conselheiros (art. 179 da Lei nº 11.101/2005).

O art. 54, inc. II, letras *a* e *b* da Constituição da República encerra a proibição dos deputados e senadores em serem proprietários, controladores ou diretores de empresa pública, e em aceitarem cargos, função ou emprego remunerado, de autarquia, sociedade de economia mista ou empresa concessionária de serviço público, salvo quando o contrato obedecer a cláusulas uniformes.

O estrangeiro com visto temporário, a teor dos arts. 13 e 99 da Lei nº 6.815, de 1980, não podia estabelecer-se com firma individual, e muito menos exercer cargo ou função de administrador, gerente ou diretor de sociedade empresária ou simples. No entanto, a lei foi revogada pela Lei nº 13.445/2017 (Lei de Migração), que não mais contém regras a respeito.

Por força do art. 36 do Decreto nº 21.981, de 1932, ficam impedidos os leiloeiros constituírem, direta ou indiretamente, empresa em seus nomes ou em nome alheio.

No pertinente aos cônsules, em acato aos arts. 48 e 49 do Decreto nº 24.113/1934 (Regulamento para Serviço Consular Brasileiro), a restrição atinge a prática nos distritos ou localidades em que atuarem, salvo se não remunerados.

6. AS MICRO OU PEQUENAS EMPRESAS, O EMPRESÁRIO RURAL E O TRATAMENTO FAVORECIDO DA LEI

Para constituição e inscrição das empresas rurais e dos micro ou pequenos empresários, viabiliza o art. 970 do Código Civil um tratamento favorecido: "A lei assegurará tratamento favorecido, diferenciado e simplificado ao empresário rural e ao pequeno empresário, quanto à inscrição e aos efeitos daí decorrentes".

O pequeno empresário tanto se afeiçoa para a empresa individual como para a pessoa jurídica, desde que atingido um patamar limitado, segundo a lei, no faturamento bruto anual.

Não trouxe o dispositivo acima qualquer novidade no referente ao micro ou pequeno empresário, porquanto o art. 179 da Constituição Federal já havia disposto a respeito: "A

União, os Estados, o Distrito Federal e os Municípios dispensarão às microempresas e às empresas de pequeno porte, assim definidas em lei, tratamento jurídico diferenciado, visando a incentivá-las pela simplificação de suas obrigações administrativas, tributárias, previdenciárias e creditícias, ou pela eliminação ou redução destas por meio de lei".

Na expressão "micro" ou "pequeno empresário" entende-se a pequena empresa, pois não se encontra justificativa favorecer o pequeno empresário e não a pequena empresa, ou à microempresa, ou empresa de pequeno porte. Não é aceitável diversidade de critérios entre o Código Civil e os estatutos que cuidam das microempresas e empresas de pequeno porte.

São consideradas microempresas (ME) unicamente para fins de pagamento de impostos e contribuições as que auferirem uma receita bruta anual de até duzentos e quarenta mil reais; incluem-se nas de pequeno porte, também para aquela finalidade, as empresas com receita anual bruta superior a duzentos e quarenta mil reais e igual ou inferior a dois milhões e quatrocentos mil reais.

O enquadramento como microempresa e empresa de pequeno porte, para os efeitos do tratamento jurídico diferenciado, simplificado e favorecido, por proteção dos arts. 170 e 179 da Constituição Federal, está presentemente regulamentado pela Lei Complementar nº 123, de 14.12.2006, com alterações das Leis Complementares nº 139, de 10.11.2011, nº 147, de 7.08.2014, 155, de 27.10.2016, e pela Lei nº 12.792/2013, cujo art. 3º dá os limites do faturamento anual bruto: na microempresa (sociedade ou empresa individual), deve ser igual ou inferior a trezentos e sessenta mil reais, e nas empresas de pequeno porte (sociedade ou empresa individual), deve-se manter o faturamento referido entre trezentos e sessenta mil reais e quatro milhões e oitocentos mil reais.

Nos termos da Instrução Normativa SRF nº 608, de 09.01.2006, arts. 5º e 6º, a inscrição no SIMPLES implica o pagamento mensal unificado dos seguintes impostos e contribuições:

I – Imposto de Renda das Pessoas Jurídicas (IRPJ);

II – contribuição para o PIS/Pasep;

III – contribuição social sobre o lucro líquido (CSLL);

IV – contribuição para o Financiamento da Seguridade Social (COFINS)

V – Imposto sobre Produtos Industrializados (IPI);

VI – contribuições para a Seguridade Social, a cargo da pessoa jurídica, de que tratam o art. 22 da Lei nº 8.212, de 24.07.1991, e o art. 25 da Lei nº 8.870, de 15.04.1994;

VII – Imposto sobre Operações Relativas à Circulação de Mercadorias e Sobre Prestações de Serviços de Transporte Interestadual e Intermunicipal e de Comunicação – ICMS;

VIII – Imposto sobre Serviços de Qualquer Natureza – ISS.

As pequenas empresas, optantes do SIMPLES nacional, podem recolher em uma única guia os impostos e contribuições.

É possibilitado o enquadramento de qualquer empresário individual (ou firma individual no sistema do Código de 1916) e sociedade que tenham renda bruta anual nos limites acima. Daí submetem-se ambos ao regime jurídico empresarial, sujeitando-se à falência, e podendo requerer a recuperação da empresa, seja judicial ou extrajudicial.

Outrossim, o art. 3º da Lei Complementar nº 123, de 2006, estabelece que o enquadramento como microempresa ou empresa de pequeno porte depende de solicitação junto ao Registro de Empresas Mercantis, ou ao Registro Civil de Pessoas Jurídicas, da sede de sua atividade, a fim de gozar, a partir de então, das vantagens legais.

A respeito do registro, foi editada a Lei nº 12.470, de 31.08.2011, acrescentando os §§ 4º e 5º ao art. 968 do Código Civil, relativamente ao registro do microempreendedor individual – MEI, permitindo que se faça por meio eletrônico.

Estabelece o § 4º: "O processo de abertura, registro, alteração e baixa do microempreendedor individual de que trata o art. 18-A da Lei Complementar nº 123, de 14 de dezembro de 2006, bem como qualquer exigência para o início de seu funcionamento deverão ter trâmite especial e simplificado, preferentemente eletrônico, opcional para o empreendedor, na forma a ser disciplinada pelo Comitê para Gestão da Rede Nacional para a Simplificação do Registro e da Legalização de Empresas e Negócios – CGSIM, de que trata o inciso III do art. 2º da mesma Lei".

O § 5º permite a dispensa do uso da firma: "Para fins do disposto no § 4º, poderão ser dispensados o uso da firma, com a respectiva assinatura autógrafa, o capital, requerimentos, demais assinaturas, informações relativas à nacionalidade, estado civil e regime de bens, bem como remessa de documentos, na forma estabelecida pelo CGSIM".

Ainda relativamente ao microempreendedor individual, a Lei Complementar nº 154, de 18.04.2016, acrescentou o § 25 ao art. 18-A da Lei Complementar nº 123/2006, autorizando estabelecer o negócio na própria residência do empreendedor, se não contrariada outra lei de âmbito municipal em razão da atividade, ou se inviabilizado o local, como em um condomínio puramente residencial: "O MEI poderá utilizar sua residência como sede do estabelecimento, quando não for indispensável a existência de local próprio para o exercício da atividade".

Uma vez efetuado o registro, e caracterizada a sociedade empresária, decorre à submissão das sociedades à falência.

Desde que presente a atividade econômica, é indispensável, nos tempos atuais, a inscrição no Registro ou Junta Comercial, onde se recebe o número do CNPJ, cuja exigência constitui condição para o exercício da própria empresa, e, assim, para contratar empregados, para negociar, para recolher de contribuições previdenciárias, para financiamentos.

O tratamento diferenciado é reconhecido pela jurisprudência se verificada a regularidade fiscal da micro ou pequena empresa:

"As microempresas e as empresas de pequeno porte à luz do artigo 146, inciso III, letra 'd', e do art. 179, da Lei Maior, ostentam tratamento jurídico diferenciado voltado à simplificação de suas obrigações administrativas, tributárias, previdenciárias e creditícias.

O Regime Especial Unificado de Arrecadação de Tributos e Contribuições devidos pelas Microempresas e Empresas de Pequeno Porte - Simples Nacional, instituído pela Lei Complementar nº 123, de 2006, estabelece tratamento tributário diferenciado e favorecido a empresas no âmbito da União, dos Estados, do Distrito Federal e dos Municípios, mediante regime único de arrecadação dos tributos.

O artigo 17, inciso V, do referido diploma legal, exige a regularidade fiscal da pessoa jurídica para os fins de aplicação do regime tributário sub judice, nos seguintes termos, in verbis:

Art. 17. Não poderão recolher os impostos e contribuições na forma do Simples Nacional a microempresa ou a empresa de pequeno porte:

(...)

V - que possua débito com o Instituto Nacional do Seguro Social - INSS, ou com as Fazendas Públicas Federal, Estadual ou Municipal, cuja exigibilidade não esteja suspensa.

A inscrição no Simples Nacional submete-se à aferição quanto à inexistência de débitos com o Instituto Nacional do Seguro Social - INSS, ou com as Fazendas Públicas Federal, Estadual ou Municipal, nos termos no inciso V, do art. 17, da LC 123/2006, sem que, para tanto, esteja configurada qualquer ofensa aos princípios da isonomia, da livre iniciativa e da livre concorrência. Precedentes do STJ: RMS 27376/SE, Rel. Ministro Teori Albino Zavascki, Primeira Turma, julgado em 04/06/2009, *DJe* 15/06/2009; REsp 1115142/RS, Rel. Ministro Benedito Gonçalves, Primeira Turma, julgado em 04/08/2009, *DJe* 19/08/2009".

É que o tratamento tributário diferenciado e privilegiado para as micro e pequenas empresas não as exonera do dever de cumprir as suas obrigações tributárias. A exigência de regularidade fiscal do interessado em optar pelo regime especial não encerra ato discriminatório, porquanto é imposto a todos os contribuintes, não somente às micro e pequenas empresas. Ademais, ao estabelecer tratamento diferenciado entre as empresas que possuem débitos fiscais e as que não possuem, vedando a inclusão das primeiras no sistema, o legislador não atenta contra o princípio da isonomia, porquanto concede tratamento diverso para situações desiguais.

O Simples Nacional é um benefício que está em consonância com as diretrizes traçadas pelos arts. 170, IX, e 179, da Constituição da República, e com o princípio da capacidade contributiva, porquanto favorece as microempresas e empresas de pequeno porte, de menor capacidade financeira e que não possuem os benefícios da produção em escala.[8]

Para usufruir do tratamento beneficiado, acrescenta Daniel de Avila Vio, os incisos I, III e IV do § 4º do art. 3º, § 4º,a Lei Complementar nº 123/2006,"excluem do enquadramento como micro ou pequena empresa aquelas que tenham como sócios pessoas jurídicas, empresários ou sócios de outras sociedades incentivadas (cuja receita global ultrapasse os limites da lei), bem como sócios detentores de mais de 10% do capital de sociedades não incentivadas (também neste caso, cuja receita global ultrapasse os limites da lei). Além disso, à micro ou pequena empresa é, em princípio, vedado participar do capital de outras sociedades (art. 3º, § 4º, inciso VII)".[9]

Em outro passo, o art. 971 do Código Civil autoriza ao produtor rural inscrever-se como empresário: "O empresário, cuja atividade rural constitua sua principal profissão, pode, observadas as formalidades de que tratam o art. 968 e seus parágrafos, requerer inscrição no Registro Público de Empresas Mercantis da respectiva sede, caso em que, depois de inscrito, ficará equiparado, para todos os efeitos, ao empresário sujeito a registro".

Pela disposição, torna-se o produtor rural empresário, devendo requerer a sua inscrição com pedido onde constem seus dados pessoais, e, assim, a firma ou assinatura autógrafa que usa, ou assinatura autenticada com certificação digital ou meio equivalente que comprove a sua autenticidade; o capital de seu empreendimento; o objeto e a sede de sua atividade. No Livro próprio do Registro Público de Empresas Mercantis faz-se a inscrição. Averbam-se na margem quaisquer modificações que ocorrerem.

---

[8] RMS 30.777/BA, da Primeira Turma do STJ, rel. Min. Luiz Fux, j. em 16.11.2010, *DJe* de 30.11.2010.
[9] *Grupos Societários,* São Paulo, Editora Quartier Latin do Brasil, 2016, p. 98.

Destina-se a regra não à produção rural familiar, mas à exploração ordenada e organizada da atividade das culturas rurais de produção ou criação, no sentido delineado pelo Estatuto da Terra (Lei nº 4.504, de 30.11.1964), em seu art. 4º, inc. VI: "Empresa rural é o empreendimento de pessoa física ou jurídica, pública ou privada, que explore econômica e tradicionalmente imóvel rural, dentro de condição de rendimento econômico..., da região em que se situe e que explore área mínima agricultável do imóvel segundo padrões fixados, pública e previamente, pelo Poder Executivo...".

Ilustra José Raimundo dos Santos Costa que "passou a ser facultado a qualquer produtor rural organizar sua atividade econômica sob a forma de empresário individual ou de sociedade empresária, desde que seu correspondente ato constitutivo seja levado para arquivamento na Junta Comercial. Assim, sendo a atividade rural (agrícola ou pecuária) explorada de forma dominante pelo produtor rural, por ser sua principal profissão e meio de sustento de sua família e, requerendo e obtendo o registro dessa atividade no respectivo Registro Público de Empresas Mercantis, na Junta Comercial competente, fica o exercício dessa atividade rural (empresário rural ou sociedade empresária rural) equiparado, para todos os efeitos legais, ao empresário individual ou à sociedade empresária".[10]

Uma vez obtido o registro, com o arquivamento, decorrem os efeitos da legislação que trata da pessoa empresária individual e das sociedades empresárias, inclusive no pertinente à recuperação extrajudicial ou judicial, e à falência, do empresário rural ou da empresa rural. É o que se entrevê do seguinte texto de Sérgio Campinho: "A opção pelo registro na Junta Comercial poderá se justificar para que, desfrutando da posição jurídica de empresário, o empresário rural possa se valer das figuras da recuperação judicial e da recuperação extrajudicial, que se apresentam como eficientes meios de viabilizar a reestruturação e preservação da atividade empresarial, instrumentos bem mais abrangentes e eficazes do que aquele posto à disposição do devedor civil".[11]

O art. 984 também cuida da inscrição da sociedade rural produtora como empresária: "A sociedade que tenha por objeto o exercício de atividade própria de empresário rural e seja constituída, ou transformada, de acordo com um dos tipos de sociedade empresária, pode, com as formalidades do art. 968, requerer inscrição no Registro Público de Empresas Mercantis da sua sede, caso em que, depois de inscrita, ficará equiparada, para todos os efeitos, à sociedade empresária". Percebe-se, assim, a permissão para a inscrição como sociedade, num dos tipos que contempla o Código Civil, e inclusive como micro ou pequeno empresário.

7. CAPACIDADE PARA ESTABELECER A EMPRESA

A capacidade negocial não se confunde com a capacidade civil.

Sobre a capacidade de ser empresário, reza o art. 972 do Código Civil: "Podem exercer a atividade de empresário os que estiverem em pleno gozo da capacidade civil e não forem legalmente impedidos".

Em primeiro lugar, requer-se a capacidade civil, a qual se infere nas disposições dos arts. 3º e 4º do Código Civil.

---

[10]   *O Empresário Individual*, trabalho citado, pp. 270-271.
[11]   *O Direito de Empresa*, ob. cit., p. 15.

Para tanto, em vista dos dispositivos acima, não revelam capacidade as seguintes classes de pessoas:

a) os menores de dezesseis anos; e

b) relativamente a certos atos ou à maneira de os exercer (texto da Lei nº 13.146/2015),

- os maiores de dezesseis e menores de dezoito anos;
- os ébrios habituais e os viciados em tóxico;
- aqueles que, por causa transitória ou permanente, não puderem exprimir sua vontade;
- os pródigos.

Todavia, quanto à menoridade, por previsão do art. 5º, cessa a mesma por concessão dos pais ou por sentença judicial, pelo casamento, pelo exercício de emprego público efetivo, pela colação de grau em curso de ensino superior, pelo estabelecimento civil ou comercial, ou pela existência de relação de emprego, desde que, em função deles, o menor com dezesseis anos completos tenha economia própria.

Ilustram Gustavo Oliva Galizzi e Natália Cristina Chaves como se provam as diversas espécies de emancipação: "A emancipação, no caso de outorga dos pais, prova-se pelo instrumento público, não havendo necessidade de homologação judicial. Na hipótese de decisão judicial, pela sentença. Se pelo casamento, prova-se pela certidão do registro civil. Se por ocasião de emprego público, pela nomeação ou título. Na colação 'de grau de ensino superior, pelo diploma. Já com relação ao estabelecimento comercial ou civil e à existência de relação empregatícia com economia própria, a prova torna-se mais complexa, pois se trata de questão de fato, e por isso, característica de cada caso".[12]

Em relação à colação de grau, basta a apresentação do diploma recebido para o registro civil, a fim da necessária averbação.

Quanto à maioridade advinda pelo fato de o menor implantar um estabelecimento civil ou comercial, não pode prevalecer. Para tanto, já deveria ser maior ou capaz, como impõe o art. 972. Há uma inviabilidade prática, pois só pode se estabelecer com empresa se maior ou capaz, o que torna impossível adquirir a capacidade pelo fato de se estabelecer.

No caso de pessoa emancipada estabelecer-se como empresário, não decorre o direito de pedir a falência, ou sua recuperação econômica, já que não se encontra exercendo a atividade por mais de dois anos (art. 48 da Lei nº 11.101, de 9.02.2005). Escreve, sobre o assunto, Sérgio Campinho: "No que pertine à recuperação, entretanto, a ela não faz jus o menor emancipado. Não em razão da circunstância ligada diretamente à sua condição. A vedação resulta de requisito genericamente estabelecido em lei: exigência de exercer regular atividade empresarial há mais de dois anos (art. 48 da Lei nº 11.101/2005). Por questões concretas, não terá o menor emancipado empresário condições de atender à exigência legal. Isto se verifica não só na recuperação judicial, como também na extrajudicial, a qual obedece às mesmas condições preliminares daquela (art. 161 da Lei nº 11.101/2005)".[13]

Nem participar de sociedade empresária ou mesmo simples está autorizado o menor ou incapaz, pois não tem o gozo da capacidade civil. A representação pelos pais ou res-

---

[12] "O Menor Empresário", *in Direito de Empresa no Novo Código Civil*, Rio de Janeiro, Editora Forense, 2004, p. 76.

[13] *O Direito de Empresa*, ob. cit., p. 20.

62 • Direito de Empresa | *Arnaldo Rizzardo*

ponsáveis não supre a vedação legal, porquanto de qualquer forma ficaria comprometido o seu patrimônio, diante do risco da atividade. Mantém-se a inexistência de livre iniciativa ou de vontade empresarial.

Não muda a situação o fato de o menor não administrar, pois aí se admitiria um subterfúgio. A hipótese de integrar uma sociedade traz a qualidade de empresário, o que somente se revela possível caso verificada a plena capacidade.

A participação como mero sócio, no entanto, em algumas sociedades e situações torna-se admissível, conforme distinguem os citados autores Gustavo Oliva Galizzi e Natália Cristina Chaves: "Em relação às chamadas sociedades de capitais (sociedade anônima e sociedade em comandita por ações) não há dúvida: o menor pode dela participar como acionista, desde que seja titular de ações totalmente integralizadas, sendo representado pelos pais ou tutores em seu *status* de acionista.

A vedação, a nosso ver, incide, em caráter absoluto, apenas sobre as sociedades de pessoas que se submetem ao regime da responsabilidade ilimitada dos sócios.

Nesse contexto, o menor não poderá ser sócio de sociedade em nome coletivo, em face da proteção patrimonial que lhe é assegurada pela lei".

Segue-se admitindo a participação do menor em sociedade em comandita simples desde que na qualidade de sócio comanditário, isto é, sem assumir obrigações. O mesmo pode aplicar-se quanto à sociedade de responsabilidade limitada, se já integralizada a quota, e não penderem obrigações ou não se der a ocupação de cargos que importem em responsabilidade.[14]

Nessa linha, deve-se traçar a diferença entre exercer a empresa e ser titular de quotas ou ações. A proibição adstringe-se ao exercício de atos empresariais, como de administrador, de diretor, de gerente, ou de conselheiro, ou de qualquer outro cargo que importe em atuação direta. Muda o enfoque se o incapaz recebe ações ou quotas, seja a que título for. Em verdade, repetindo Américo Luís Martins da Silva, "nada impede que eles (pais) subscrevam, em nome dos filhos, quotas de sociedade de responsabilidade limitada".[15]

Torna-se o menor titular de um patrimônio, que lhe traz renda, mas não se gabarita em efetuar negócios, ou em desempenhar a atividade de empresário. Nos atos que reclamam a presença do incapaz, deve haver a representação ou a assistência dos pais ou outros representantes, em consonância com a incapacidade total ou relativa. Essa a antiga posição do STF: "Sociedade de quotas de responsabilidade limitada. Participação de menores, com capital integralizado e sem poderes de gerência e administração como quotistas. Admissibilidade reconhecida, sem qualquer ofensa ao art. 1º do Código Comercial".[16]

As mesmas considerações estendem-se às pessoas interditadas.

8. CONTINUAÇÃO DO EXERCÍCIO DA EMPRESA POR INCAPAZ

Se existente a empresa e vier a se tornar incapaz o sócio ou o titular, ou se o mesmo falecer, autoriza a lei a dar seguimento à empresa, como se descortina do art. 974 do Código Civil: "Poderá o incapaz, por meio de representante ou devidamente assistido,

---

[14]   *O Menor Empresário*, trabalho citado, pp. 81-83.
[15]   *Introdução ao Direito Empresarial*, ob. cit., p. 212.
[16]   Recurso Extraordinário nº 82.433-SP, j. em 26.09.1976, *DJU* de 08.07.1976.

Cap. III | O empresário • 63

continuar a empresa antes exercida por ele enquanto capaz, por seus pais ou pelo autor de herança".

Está-se diante da continuação da empresa, e não de sua formação, justificando Sérgio Campinho a introdução da disciplina pelo atual Código: "A matéria, que no direito anterior ao novo Código Civil gerava polêmica na doutrina, passou a ser legalmente admitida, em total desprestígio à teoria da preservação da empresa, reconhecida como um organismo vivo, de múltiplas relações com terceiros, gerando empregos, recolhimentos de tributos e promovendo a produção e distribuição de bens e serviços no mercado".[17]

Eis as hipóteses que permitem a continuação da empresa por empresário incapaz: a) quando ele dirigia e exercia a empresa, enquanto capaz; b) quando a direção era exercida por seus pais; c) quando o exercício se dava pelo autor da herança.

Pela primeira hipótese, o empresário encontrava-se no exercício da empresa. No entanto, veio a perder a capacidade total ou parcialmente. Daí a necessidade de nomeação de um representante ou assistente, de acordo com o grau total ou parcial da incapacidade. Impede-se, destarte, a interrupção do funcionamento.

Quanto à segunda hipótese, a empresa encontrava-se no exercício dos pais do empresário menor, ou de um deles. Operara-se uma transmissão na direção e administração da empresa geralmente em razão da menoridade. Sendo incapaz, ou vindo a tornar-se incapaz o empresário, nomeia-se um assistente ou representante, que, por coerência, será um dos progenitores.

Na terceira hipótese, a sucessão se dá por morte, já que transmitida a empresa pelo autor da herança, ou seja, pelo *de cujus*. O sucessor é incapaz, seja em face da menoridade seja por outros fatores, como doença mental. Pode ele continuar com a empresa, nomeando-se assistente ou representante.

Perante o registro empresário, as seguintes situações ocorrem: tornando-se o empresário incapaz, é mantido o seu registro, porquanto continua a mesma titularidade; mudando a continuidade da titularidade da empresa, necessária a inscrição do incapaz como empresário, sem alteração dos demais dados do arquivamento.

Não se excluem outras formas de sucessão, como no caso de doação, de dação em pagamento, ou de adjudicação.

Anotam Gustavo Oliva Galizzi e Natália Cristina Chaves: "O exercício da empresa pelo menor autorizado judicialmente será feito mediante representação, se absoluta a incapacidade, ou por assistente, se a incapacidade for relativa".[18]

Acompanhará a autorização um juízo de conveniência, que o requerente procurará demonstrar, e aferirá o juiz.

Precederá a autorização judicial, assinalando o § 1º: "Nos casos deste artigo, precederá autorização judicial, após o exame das circunstâncias e dos riscos da empresa, bem como da conveniência em continuá-la, podendo a autorização ser revogada pelo juiz, ouvidos os pais, tutores ou representantes legais do menor ou do interdito, sem prejuízo dos direitos adquiridos por terceiros". Outrossim, encaminha-se a autorização judicial ao arquivamento na Junta Comercial, cadastrando-se o representante ou assistente. Encaminha-se requerimento à mesma Junta, assinado pelo representante, pedindo o lançamento do ato, e efetuando o registro da data do início e do término, se houver previsão.

---

[17] *O Direito de Empresa*, ob. cit., p. 21.
[18] *O Menor Empresário*, trabalho citado, p. 85.

Cumpre a demonstração da vantagem em continuar, como emerge do cânone. Sem essa comprovação, tem o juiz o arbítrio em negar a continuação, que se louvará, evidentemente, na apreciação equitativa dos fatores que recomendam ou não o prosseguimento.

Se o representante for impedido de exercer a atividade empresarial, o juiz nomeará um ou mais gerentes. Assim orientam Temístocles Pinho e Álvaro Peixoto: "Se o representante ou assistente do incapaz for pessoa que, por disposição de lei, não puder exercer atividade de empresário, nomeará, com a aprovação do juiz, um ou mais gerentes. Essa nomeação, devidamente autorizada, deverá ser arquivada na Junta Comercial, caso não conste da autorização judicial para continuação da empresa pelo incapaz. Do mesmo modo será nomeado gerente em todos os casos em que o juiz entender ser conveniente".[19]

Se negada a continuidade, não ficam desamparados os direitos de credores ou terceiros, respondendo o acervo da empresa até o limite de suas forças, de modo a não se suprirem as carências com o patrimônio particular do incapaz.

De notar, ainda, mesmo quando revogada a autorização após sua concessão, a decorrência da dissolução automática, conduzindo-se à liquidação, apurando-se o ativo e o passivo.

Manifestar-se-á sobre o pedido o Ministério Público, em atendimento ao disposto no art. 178, inc. II, do Código de Processo Civil.

Na autorização da continuação ou da sucessão, o patrimônio responde pelas obrigações pendentes. O patrimônio do incapaz ou sucessor, adquirido antes, não entra na liquidação, ou não responde pelas obrigações pendentes, a teor do § 2º do art. 974 do CC: "Não ficam sujeitos ao resultado da empresa os bens que o incapaz já possuía, ao tempo da sucessão ou da interdição, desde que estranhos ao acervo daquela, devendo tais fatos constar do alvará que conceder a autorização".

Se, porém, os bens do incapaz forem empregados na empresa, não importando se antes ou depois da autorização judicial, respondem pelas obrigações, pois são comunicados e passam a integrar o patrimônio da sociedade.

José Raimundo dos Santos Costa sintetiza sumariamente os requisitos:

"– O exercício da empresa pelo incapaz se fará por meio de representante ou assistente;

– deverá ser precedido de autorização judicial;

– a autorização será concedida por alvará;

– não ficam sujeitos ao resultado da empresa os bens que o incapaz possuía ao tempo da sucessão ou da interdição, desde que estranhos ao acervo daquela;

– o representante ou assistente será responsável pelos atos do gerente nomeado;

– a autorização judicial poderá ser revogada pelo juiz, ouvidos os representantes do incapaz;

– os direitos adquiridos por terceiros em virtude do exercício empresarial pelo incapaz não são prejudicados;

– o uso da firma empresarial caberá, conforme o caso, ao representante ou gerente nomeado, ou ainda, ao próprio incapaz quando puder ser autorizado; e

– a prova da autorização e de eventual revogação desta serão inscritas ou averbadas no Registro Público de Empresas Mercantis".[20]

---

[19] *As Empresas e o Novo Código Civil*, ob. cit., pp. 131-132.
[20] *O Empresário Individual*, trabalho citado, p. 278.

Para o registro de empresa integrada por sócio incapaz, não podendo este participar da administração, a empresa deverá ter o capital totalmente integralizado, e cumpre que ele esteja assistido ou representado, conforme seja relativa ou totalmente incapaz. As exigências vieram com a Lei nº 12.399, de 1º.04.2011, que acrescentou o § 3º ao art. 974 do Código Civil. Depreende-se que não se exige a autorização judicial para participar na empresa, ou para o seu registro. A Junta Comercial examinará o preenchimento dos requisitos inseridos no referido § 3º, que está com a seguinte redação:

> "O Registro Público de Empresas Mercantis a cargo das Juntas Comerciais deverá registrar contratos ou alterações contratuais de sociedade que envolva sócio incapaz, desde que atendidos, de forma conjunta, os seguintes pressupostos:
>
> I – o sócio incapaz não pode exercer a administração da sociedade;
>
> II – o capital social deve ser totalmente integralizado;
>
> III – o sócio relativamente incapaz deve ser assistido e o absolutamente incapaz deve ser representado por seus representantes legais".

8.1. Nomeação de gerentes se impedidos os representantes de exercer a atividade empresária

Encontrando-se os representantes impedidos de exercer a atividade de empresários, cabe a nomeação de gerente, com a aprovação do juiz, com a finalidade de auxiliar o incapaz no exercício da empresa. Assim está no art. 975 do CC: "Se o representante ou assistente do incapaz for pessoa que, por disposição de lei, não puder exercer atividade de empresário, nomeará, com a aprovação do juiz, um ou mais gerentes".

Não podem exercer a atividade de empresário os impedidos em virtude de lei, em geral por força de cargo ocupado. Nesta visão incluem-se os juízes, algumas categorias especificadas de funcionários públicos, os chefes dos poderes e cargos públicos, os policiais, os prefeitos, governadores e o Presidente da República, os falidos, dentre outros vários casos.

O § 1º estende a possibilidade de nomeação de gerente para outras situações, desde que verificada a conveniência: "Do mesmo modo será nomeado gerente em todos os casos em que o juiz entender ser conveniente".

Mesmo que se dê a autorização pelo juiz, mantém-se a responsabilidade pelos atos de gerência, sendo claro o § 2º: "A aprovação do juiz não exime o representante ou assistente do menor ou do interdito da responsabilidade pelos atos dos gerentes nomeados". Está expresso em se afirmar que a aprovação pelo juiz não afasta as perdas e danos causados por atos abusivos e ilegais dos encarregados nomeados.

9. ALIENAÇÃO DOS IMÓVEIS PELO EMPRESÁRIO

É assinalada regra, no art. 978, sobre a alienação de bens da sociedade, cujo ato não carece da vênia ou outorga conjugal: "O empresário casado pode, sem necessidade de outorga conjugal, qualquer que seja o regime de bens, alienar os imóveis que integrem o patrimônio da empresa ou gravá-los de ônus real".

Assenta-se a regra na perfeita distinção entre a pessoa jurídica e a pessoa natural, já que reconhecida a personalidade independente de cada uma delas. Pelo art. 1.647 em seus vários incisos, "nenhum dos cônjuges pode, sem autorização do outro, exceto no regime da separação absoluta", relativamente a bens imóveis e a direitos neles incidentes, efetuar alienações, gravações de ônus real, pleitear como autor ou réu acerca desses bens ou direitos, prestar fiança ou aval, fazer doações exceto se remuneratórias quanto a bens comuns ou dos que possam integrar futura meação.

Havendo perfeita distinção entre a personalidade da pessoa do sócio e da sociedade, os bens do sócio não se confundem com os da empresa, embora as quotas possam, em face do regime de comunhão parcial ou de comunhão universal, se comunicar. Prepondera a distinção de personalidade jurídica de um ente e de outro, que tem existência própria no ordenamento jurídico.

Se integra o imóvel a propriedade de uma empresa, a alienação do patrimônio se efetua por aquele que está autorizado pela empresa, que atua na qualidade de representante, e figurando como alienante a própria empresa.

10. ATOS DO EMPRESÁRIO REGISTRÁVEIS NO REGISTRO DE EMPRESAS

Procedem-se no Registro Público de Empresas Mercantis as empresas e os atos a elas pertinentes, em obediência ao art. 979: "Além de no Registro Civil, serão arquivados e averbados, no Registro Público de Empresas Mercantis, os pactos e declarações antenupciais do empresário, o título de doação, herança, ou legado, de bens clausulados de incomunicabilidade ou inalienabilidade".

Em sequência, o art. 980 acrescenta mais casos: "A sentença que decretar ou homologar a separação judicial do empresário e o ato de reconciliação não podem ser opostos a terceiros, antes de arquivados e averbados no Registro Público de Empresas Mercantis".

Na verdade, o intento dos preceitos dirige-se a precaver a empresa quanto a eventuais implicações da situação e do estado pessoal do empresário junto a terceiros. No entanto, dada a absoluta autonomia da personalidade entre a pessoa jurídica e a pessoa física, em nada aquela é atingida com as modificações que envolvem aspectos pessoais da última. A vida matrimonial ou familiar dos sócios, e até patrimonial, mesmo que dirigentes ou administradores, não traz implicações para a empresa. Seria de pensar em alguma relevância se houver mudança de regime de bens no casamento, ou a separação judicial com a partilha do patrimônio do casal, ou o enclausulamento de inalienabilidade e outras restrições dos bens particulares, por importarem em diminuição de garantias ou de suporte econômico em caso de responsabilidade por atos atentatórios contra a empresa.

11. A RESPONSABILIDADE DO EMPRESÁRIO INDIVIDUAL

Aborda-se aqui a empresa individual comum, e não a empresa individual de responsabilidade limitada (introduzida Lei nº 12.441, de 11.07.2011, que alterou o Código Civil), que será objeto de estudo adiante.

O empresário individual exerce a atividade empresarial sem qualquer limitação de responsabilidade. Entre empresário individual e empresa não há, como se verifica entre os sócios e a sociedade, uma distinção de personalidade. A empresa individual, embora com personalidade própria, se confunde, nos efeitos e no alcance, com a personalidade jurídica de seu titular. Dessa forma, se o empresário individual é casado pelo regime de comunhão universal de bens, todo o patrimônio do casal dará suporte a eventuais pretensões de cobrança ou execução judicial de suas obrigações. Por isso, sendo casado o empresário individual, constará do registro e do ato de constituição o regime de bens, com a finalidade dar a conhecer aos terceiros com os quais negocia as limitações e as garantias de que dispõe.

Mesmo podendo distinguir a personalidade da empresa individual e da pessoa que a constitui, o ordenamento jurídico nacional não limita a responsabilidade patrimonial do empresário individual. Não adianta, pois, adotar a constituição da empresa individual com a única intenção de proteger o patrimônio pessoal, em caso de insucesso da empresa. Existe, na realidade, uma empresa, individualmente explorada, mas não uma sociedade empresária.

Nem prospera o entendimento de que o empresário individual deve ter sua responsabilidade limitada ao montante do capital constante de sua empresa, não arcando, assim, com a totalidade de seu patrimônio particular (civil) por dívidas ou eventuais insucessos de seu empreendimento. E isto justamente porque não se viabiliza distinguir a pessoa natural da pessoa jurídica.

Importante mencionar que não possuem qualquer consistência entendimentos como o de Fábio Ulhoa Coelho, sobre a limitação da responsabilidade dos empresários (individual ou coletivo): "Claro está que muitos empreendedores poderiam ficar desmotivados em se lançar a novos e arriscados empreendimentos se pudessem perder todo o patrimônio pessoal caso o negócio não prosperasse. Não se pode esquecer que fatores relativamente imprevisíveis, sobre os quais os empresários não têm nenhum controle, podem simplesmente sacrificar a empresa. A motivação jurídica se traduz pela limitação das perdas, que não devem ultrapassar as relacionadas com os recursos já aportados na atividade. (...) A limitação das perdas, em outros termos, é fator essencial para a disciplina da atividade econômica capitalista".[21] Não encontrou aceitação a teoria de que o direito deve contemplar a limitação da responsabilidade do empresário individual, mesmo que razoáveis os fatores apresentados, como visar maior incentivo aos empreendedores que desejam individualmente exercer a atividade empresarial, objetivar o desenvolvimento econômico, gerar postos de trabalho e aumentar a arrecadação tributária.

Há os que buscam estabelecer a limitação da responsabilidade com base em uma divisão da empresa individual, conforme a unipessoalidade for originária ou superveniente. Na primeira, a unipessoalidade ocorre desde o ato constitutivo da empresa; na segunda, advém posteriormente à sua constituição, ou seja, era pluripessoal a empresa e se transformou em unipessoal. O ordenamento jurídico brasileiro contempla, excepcionalmente, algumas hipóteses de sociedades unipessoais, como a subsidiária integral, prevista no art. 251 da Lei nº 6.404/1976, assim redigido: "A companhia pode ser constituída mediante escritura pública, tendo como único acionista sociedade brasileira". No art. 1.033 do Código Civil, está previsto que se dissolve a sociedade em várias hipóteses, como na falta de pluralidade de sócios (inc. IV). No entanto, o parágrafo único excepciona a dissolução justamente nesta situação (falta de pluralidade de sócios), ao firmar que se manterá a sociedade caso haja sócio remanescente, e mesmo se concentradas todas as cotas da sociedade sob sua titularidade, desde que "requeira no Registro Público de Empresas Mercantis a transformação do registro da sociedade para empresa individual, observado, no que couber, o disposto nos arts. 1.113 a 1.115 deste Código", dispositivos estes que tratam da transformação de sociedades.

---

[21] *Curso de Direito Comercial*, São Paulo, Editora Saraiva, 2009, p. 40.

Tenta-se ver a limitação da responsabilidade desde que superveniente a unipessoalidade, tomando como base o direito em alguns países europeus. No entanto, há o princípio societário da sucessão da responsabilidade, pelo qual a nova empresa arca com as obrigações da sucedida, incluindo, obviamente, o passivo acumulado e transferido.

Existe também o sistema que criou o instituto da empresa individual de responsabilidade limitada com amparo na concepção atual do direito empresarial (teoria da empresa), que considera empresa como atividade, não se podendo, pois, conceber uma dimensão patrimonial fora de seus limites. As obrigações medem-se na exata correspondência com a porção do patrimônio apartado e trazido para a constituição do empreendimento. Unicamente essa quantidade garantirá eventuais dívidas contraídas pela empresa individual, que equivale a ser de responsabilidade limitada, formando o seu patrimônio como que um fundo para cobrir as obrigações. Entretanto, tudo não passa de esquemas para fugir da responsabilidade, e provocar desvios artificiosos, dando uma roupagem de aparente juridicidade. Ocorre que os resultados da empresa concentram-se sempre na pessoa individual ou física do titular. Se essa a destinação única, surge a obrigatoriedade do titular em responder pelas consequências positivas ou negativas.

Exercendo o empresário individual a atividade em nome próprio, com a inscrição no CNPJ (Cadastro Nacional de Pessoas Jurídicas) apenas para fins tributários, e constituindo a atividade da empresa a atividade individual da pessoa natural, há uma identificação na consecução da atividade. Por isso, tanto faz recair a responsabilidade na pessoa natural ou na pessoa do empresário individual. Ou sendo a atividade da empresa a atividade individual da pessoa natural, há uma identificação de atividade, o que importa em recair a responsabilidade da empresa individual na pessoa natural de seu titular.

12. TRANSFORMAÇÃO DA EMPRESA INDIVIDUAL EM SOCIEDADE EMPRESÁRIA E VICE-VERSA

Com a Lei Complementar nº 128, de 19.12.2008, tornou-se possível transformar a empresa individual em uma sociedade empresária, diante do acréscimo do § 3º ao art. 968 do Código Civil, com a seguinte redação: "Caso venha a admitir sócios, o empresário individual poderá solicitar ao Registro Público de Empresas Mercantis a transformação de seu registro de empresário para registro de sociedade empresária, observado, no que couber, o disposto nos arts. 1.113 a 1.115 deste Código". Com a nova regra, ficou permitido que o empresário individual, devidamente registrado junto ao Registro Público das Empresas Mercantis, caso venha a admitir mais sócios, ou se reunir a outrem para o exercício de uma atividade econômica em comum, proceda a modificação de sua situação jurídica, formalizando um contrato social, e providenciando na averbação perante o registro no órgão próprio, a fim de que faça constar e torne pública a transmudação de sua condição de empresário individual para uma sociedade empresária, seja de que tipo for (em nome coletivo – arts. 1.039 a 1.044; em comandita simples – arts. 1.045 a 1.051; sociedade limitada – arts. 1.052 a 1.087, etc.).

Por sua vez, passou a ser autorizada a transformação de uma sociedade empresarial em empresa individual (mesmo que de responsabilidade limitada), diante do advento do parágrafo único ao art. 1.033 do Código Civil, também trazido pela apontada Lei Complementar, e posteriormente com nova redação dada pela Lei nº 12.441, de 11.07.2011.

Eis a redação do dispositivo: "Não se aplica o disposto no inciso IV caso o sócio remanescente, inclusive na hipótese de concentração de todas as cotas da sociedade sob sua titularidade, requeira, no Registro Público de Empresas Mercantis, a transformação do registro da sociedade para empresário individual ou para empresa individual de responsabilidade limitada, observado, no que couber, o disposto nos arts. 1.113 a 1.115 deste Código". Necessário lembrar que o art. 1.033 cuida da dissolução da sociedade. Dentre outras hipóteses, há a do inc. IV, pelo qual se dissolve a sociedade em se verificando a falta de pluralidade de sócios, não reconstituída no prazo de cento e oitenta dias. Em vez da dissolução, oportuniza-se a possibilidade de o sócio remanescente providenciar a transformação da sociedade em empresa individual.

Embora o art. 1.033 faça parte dos dispositivos que disciplinam a sociedade simples, estende-se a todas as sociedades de pessoas, por força dos arts. 1.044, 1.046 e 1.087 da lei civil, que remetem àquele dispositivo.

Ocorre, nos dois casos, a mudança de um regime jurídico em outro, sem que se opere a dissolução ou a liquidação da atividade.

A alteração autorizada pela Lei Complementar nº 128/2008, com a mudança da inovação que trouxe ao parágrafo único do art. 1.033 pela Lei nº 12.441/2011, inovou o sistema jurídico das empresas, visto que, antes, a transformação somente era permitida para sociedades, não se estendendo ao empresário individual, caso ele resolvesse exercer a atividade empresária com outra pessoa. Igualmente, não se conhecia a mudança de uma sociedade para uma empresa individual. Com as viabilidades introduzidas, não acontece a sucessão, posto que a empresa continua a mesma. Ocorre somente uma mudança de responsabilidades, direitos e obrigações do sócio ou do empresário, modificando a organização empresarial anterior. Nem se alteram as relações da empresa individual ou da sociedade transformada em relação a terceiros, aos empregados e ao Poder Público, justamente porque acontece a mera alteração.

A atividade, que antes era desenvolvida por um empresário individual e passou a ser executada por uma sociedade, continua a mesma, havendo somente a mudança de sua estrutura e organização. De igual modo, se antes desempenhada por uma sociedade, transfere-se o seu cumprimento para um empresário individual (com responsabilidade total ou limitada).

A alteração far-se-á por termo em livro próprio do Registro Público competente, nos termos do § 1º do art. 968 e, assim como ocorre com as modificações no estado das pessoas naturais, toda e qualquer modificação ocorrida nesta atividade empresária deverá ser objeto de averbação à margem daquele registro outrora feito.

Indo-se mais longe, admite-se o pedido de transformação do registro de sociedade anônima, na hipótese do art. 206, I, "d" (existência de um único acionista na sociedade), da Lei nº 6.404/1976, para empresário individual ou empresa individual de responsabilidade limitada.

Acontece que o parágrafo único do art. 1.033 do Código Civil, acrescentado pela Lei nº 12.441/2011, autoriza a continuação da atividade pelo sócio remanescente, ainda que figure como titular de todas as cotas sociais, se dirigir ao registro público de empresas mercantis pedido de transformação do registro da sociedade para empresário individual, ou para empresa individual de responsabilidade limitada, observado, no que couber, o disposto nos arts. 1.113 a 1.115 do Código Civil. Sem dúvida, a hipótese é aplicável às sociedades anônimas com um único acionista. Não se faz necessária a dissolução de pleno direito. Com esta interpretação, confere-se tratamento uniforme às sociedades regidas pelo Código Civil, preservando-se os princípios de isonomia, preservação da empresa e sua função social.

A regulamentação do registro da transformação aparece, presentemente, na Instrução Normativa DREI nº 35, de 3.03.2017.

A Seção II disciplina a transformação de registro de sociedade empresária em empresário individual e vice-versa:

"Art. 7º O Registro de sociedade empresária poderá transformar-se em registro de empresário individual.

§ 1º A transformação de registro a que se refere o *caput* deste artigo pode ser realizada no mesmo ato em que ficar registrada a falta de pluralidade de sócios.

§ 2º Passado o prazo de cento e oitenta dias a que se refere o inciso IV do art. 1.033 do Código Civil, a sociedade poderá, alternativamente, requerer a transformação do seu registro, recompor a pluralidade de sócios ou promover a dissolução. Não tomada qualquer dessas providencias, a sociedade operara como sociedade em comum.

§ 3º Concomitantemente ao registro do ato de alteração contratual, deverá ser arquivado o requerimento de empresário em ato separado.

§ 4º Essa transformação de registro é vedada quando o sócio remanescente for pessoa jurídica.

Art. 8º Poderá o empresário individual transformar-se em sociedade empresária, mediante requerimento de transformação, admitindo um ou mais sócios.

Parágrafo único. Concomitantemente ao registro do requerimento de empresário, deverá ser arquivado o ato constitutivo da sociedade em separado".

13. EMPRESA INDIVIDUAL DE RESPONSABILIDADE LIMITADA

Há bastante tempo (desde a década que iniciou em 1980) insistia-se na introdução da empresa individual de responsabilidade limitada, de sorte a responder o empresário até o montante do capital declarado, evidentemente nos negócios ou atividades celebrados pela sua empresa. Procurava-se instituir uma garantia ou proteção quanto ao patrimônio particular do empresário individual, de sorte a não ficar comprometido na sua totalidade para saldar os compromissos assumidos. Se, de um lado, a ideia da limitação da responsabilidade traria mais tranquilidade e segurança ao titular da empresa, permitindo-lhe explorar atividade econômica sem colocar em risco seus bens pessoais, de outro enfraqueceria a garantia dos terceiros, dada a evidente redução de suporte patrimonial resultante.

Veio a prevalecer a primeira linha de pensamento, com o surgimento da Lei nº 12.441, de 11 de julho de 2011, publicada no dia 12 do mesmo mês, e a entrar em vigor decorridos cento e oitenta dias depois da publicação.

Na verdade, várias razões levaram à criação da empresa individual de responsabilidade limitada. Salienta-se que a implantação desta modalidade vingou e granjeou sucesso em vários países, como Dinamarca, Portugal, Alemanha, Espanha, Bélgica, França (com o nome de "sociedade unipessoal de responsabilidade limitada") e Portugal (onde a denominação é "estabelecimento comercial de responsabilidade limitada").

Teve influência na adoção o costume enraizado da criação de sociedades fictícias, em que uma pessoa aparecia como detentora da quase totalidade do capital, incluindo-se um sócio minoritário que não decidia ou nem chegava a participar do negócio. Sendo constituída por um único titular, a responsabilidade, limitada ao capital, recai unicamente na pessoa jurídica, não atingindo o patrimônio do titular.

O propósito visou flexibilizar a atividade negocial, antevendo-se que terá a mudança sucesso, a exemplo do que aconteceu com a Lei Geral da Micro e Pequena Empresa e com a introdução, no ordenamento jurídico brasileiro, do microempreendedor individual.

Na versão original do projeto, aprovada pelo Congresso Nacional, previa (no § 4º do art. 980-A do Código Civil) que unicamente o patrimônio social da empresa responderia pelas dívidas da empresa individual de responsabilidade limitada, não alcançando o patrimônio da pessoa natural que a constituiu. No entanto, houve veto presidencial a respeito, pois confrontaria com o instituto da desconsideração da personalidade jurídica, esculpido no art. 50 do Código Civil.

A mudança em relação à empresa individual comum é mais no concernente à responsabilidade, que vai até o capital declarado nos atos constitutivos. Permanecem, entretanto, as disposições dos arts. 966 a 969, no pertinente ao empresário individual que não tem a responsabilidade restrita a determinado capital.

A caracterização da modalidade de empresa individual de responsabilidade limitada está no art. 980-A, cujos elementos são a composição por uma única pessoa natural, a limitação do capital em até cem vezes o salário mínimo nacional vigente, a titularidade de todo o capital em nome da pessoa que constitui a empresa, e a integralização do capital: "A empresa individual de responsabilidade limitada será constituída por uma única pessoa titular da totalidade do capital social, devidamente integralizado, que não será inferior a 100 (cem) vezes o maior salário mínimo vigente no País".

O capital mínimo visa evitar a criação de empresas fantasmas.

Com sua inscrição na Junta Comercial do local onde possuir a sede, a empresa individual assim constituída adquire personalidade jurídica e passa a ter patrimônio próprio, distinto do patrimônio do seu titular, cuja responsabilidade pessoal fica limitada ao montante do capital que a ela for atribuído, até sua completa realização. Desde que integralizado esse capital, o titular da firma individual não responde pelas dívidas da empresa, a menos que verificado o abuso da personalidade, nos termos do art. 50 do Código Civil; ou se houver a prática de atos ilícitos verificados no exercício da administração, sendo exemplos a apropriação de recursos superiores aos lucros produzidos, o não recolhimento de valores retidos dos empregados, a sonegação de tributos.

O § 1º do art. 980-A do Código Civil dispõe sobre o nome da empresa, impondo que, após o nome, se inclua a expressão "EIRELI": "O nome empresarial deverá ser formado pela inclusão da expressão 'EIRELI' após a firma ou a denominação social da empresa individual de responsabilidade limitada". A colocação da sigla "EIRELI" é necessária não só para diferenciar a empresa individual de responsabilidade limitada das outras, como para se apresentar perante aqueles com quem contrata, dando-lhes ciência do regime jurídico a que está sujeita.

Já o § 2º do mesmo artigo não permite que a pessoa natural constitua mais de uma empresa individual, com o propósito de evitar que sejam criadas empresas fantasmas: "A pessoa natural que constituir empresa individual de responsabilidade limitada somente poderá figurar em uma única empresa dessa modalidade".

Por sua vez, o § 3º da norma citada oportuniza que uma sociedade empresarial resulte em uma empresa individual, se vier a concentrar-se o capital na pessoa de um único sócio: "A empresa individual de responsabilidade limitada também poderá resultar da concentração das quotas de outra modalidade societária num único sócio, independentemente das razões que motivaram tal concentração". Nota-se não interessar a razão da concentração, podendo decorrer da retirada voluntária de outros sócios, da compra ou cessão das quotas, do falecimento ou exclusão de sócios. Lembra-se que muitos cônjuges ou filhos menores eram incluídos em contratos sociais apenas para se atender à necessidade de pluralidade de sócios exigida na constituição de uma sociedade de responsabilidade limitada. Com a Lei Complementar nº 128/2008 e a Lei nº 12.441/2011, um sócio pode fazer a cessão de sua participação a outro sócio, que integrará sozinho a empresa.

Todavia, na eventualidade de tal ocorrer, impõe-se a alteração contratual na forma de transformação, segundo decorre do parágrafo único ao art. 1.033 do Código Civil, introduzido pela Lei Complementar nº 128, de 19.12.2008, e alterado pela Lei nº 12.441/2011 – matéria analisada no item anterior. Não se desconstitui a sociedade, mas se faz a transformação, que versará sobre a transferência de quotas e sobre o novo tipo de empresa.

O § 5º do art. 980-A do Código Civil faculta que se atribua à empresa individual de responsabilidade constituída para a prestação de serviços, a remuneração decorrente da cessão de certos direitos patrimoniais, vinculados à atividade profissional: "Poderá ser atribuída à empresa individual de responsabilidade limitada constituída para a prestação de serviços de qualquer natureza a remuneração decorrente da cessão de direitos patrimoniais de autor ou de imagem, nome, marca ou voz de que seja detentor o titular da pessoa jurídica, vinculados à atividade profissional".

Questão importante a acrescentar refere-se à possibilidade ou não de ser constituída a empresa individual de responsabilidade limitada unicamente por pessoa natural ou também por pessoa jurídica, como por outra sociedade. Para chegar a uma conclusão, é necessário observar que o art. 980-A somente restringe a constituição por um único titular, sem obrigar que ele seja pessoa natural. Já o § 2º não permite que a pessoa natural constitua outra empresa da mesma modalidade de empresa individual. *A contrario sensu*, não se impede que uma pessoa jurídica constitua empresa individual de responsabilidade limitada. A abertura para esse entendimento está na referência, pelo § 2º, da restrição à pessoa natural, levando-se a admitir a possibilidade de constituição da empresa individual de responsabilidade limitada por pessoa jurídica.

Também de lembrar a Lei nº 12.470, de 31.08.2011, acrescentando os §§ 4º e 5º ao art. 968 do Código Civil, que trata dos atos de abertura, registro, alteração e baixa do microempreendedor individual, autorizando a sua realização através de meios eletrônicos, e insistindo no trâmite especial e simplificado. Eis as novas regras:

"§ 4º O processo de abertura, registro, alteração e baixa do microempreendedor individual de que trata o art. 18-A da Lei Complementar nº 123, de 14 de dezembro de 2006, bem como qualquer exigência para o início de seu funcionamento deverão ter trâmite especial e simplificado, preferentemente eletrônico, opcional para o empreendedor, na forma a ser disciplinada pelo Comitê para Gestão da Rede Nacional para a Simplificação do Registro e da Legalização de Empresas e Negócios – CGSIM, de que trata o inciso III do art. 2º da mesma Lei.

§ 5º Para fins do disposto no § 4º, poderão ser dispensados o uso da firma, com a respectiva assinatura autógrafa, o capital, requerimentos, demais assinaturas, informações relativas à nacionalidade, estado civil e regime de bens, bem como remessa de documentos, na forma estabelecida pelo CGSIM".

No mais, incidem, no que forem aplicáveis, de acordo com o § 6º do art. 980-A do Código Civil, os ditames estabelecidos para as sociedades de responsabilidade limitada: "Aplicam-se à empresa individual de responsabilidade limitada, no que couber, as regras previstas para as sociedades limitadas".

A Instrução Normativa DREI nº 35/2017, já citada, traz a regulamentação da transformação.

A Seção III cuida da transformação de registro sociedade empresária em EIRELI e vice-versa:

"Art. 9º O registro de sociedade empresária poderá transformar-se em registro de EIRELI.

§ 1º A transformação de registro a que se refere o *caput* deste artigo pode ser realizada no mesmo ato em que ficar registrada a falta de pluralidade de sócios.

§ 2º Passado o prazo de cento e oitenta dias a que se refere o inciso IV do art. 1.033 do Código Civil, a sociedade poderá, alternativamente, requerer a transformação do seu registro, recompor a pluralidade de sócios ou promover a dissolução. Não tomada qualquer dessas providencias, a sociedade operara como sociedade em comum.

§ 3º A deliberação pela transformação poderá ser seguida do ato constitutivo da EIRELI, no mesmo instrumento, respeitado o capital mínimo previsto no *caput* do art. 980-A do Código Civil.

Art. 10. O registro de EIRELI poderá transformar-se em registro de sociedade empresária, mediante ato de transformação, admitindo um ou mais sócios.

Parágrafo único. O ato de transformação da EIRELI poderá ser seguida do ato constitutivo da nova sociedade no mesmo instrumento".

A Seção IV traz as linhas para a transformação do registro de empresário individual em EIRELI e vice-versa:

"Art. 11. O registro de empresário individual poderá transformar-se em registro de empresa individual de responsabilidade limitada – EIRELI, mediante requerimento de transformação próprio.

Parágrafo único. Concomitantemente ao registro do requerimento de empresário, deverá ser arquivado o ato constitutivo da EIRELI em separado, respeitado o capital mínimo previsto no *caput* do art. 980-A do Código Civil.

Art. 12. O registro de empresa individual de responsabilidade limitada – EIRELI poderá transformar-se em registro de empresário individual, mediante requerimento de transformação próprio.

Parágrafo único. Concomitantemente ao arquivamento do ato de transformação de registro da EIRELI, deverá ser arquivado o requerimento do empresário individual em separado".

IV
Formação, tipos de sociedades e personalidade da sociedade

1. PRESSUPOSTOS E PRINCÍPIOS DO CONTRATO DE SOCIEDADE

Do conteúdo do art. 981 retiram-se os pressupostos na formação da sociedade: "Celebram contrato de sociedade as pessoas que reciprocamente se obrigam a contribuir, com bens ou serviços, para o exercício de atividade econômica e a partilha, entre si, dos resultados".

Dissecando o dispositivo, eis os elementos que ressaltam:

a) a contribuição recíproca, por várias pessoas, com bens ou serviços, para uma finalidade comum;

b) o interesse coletivo;

c) a reunião de pessoas;

d) a finalidade deve consistir no exercício de uma atividade econômica;

e) a atividade dirige-se à realização de um ou mais negócios determinados;

f) a partilha dos resultados entre as pessoas que contribuem.

O pressuposto básico que caracteriza o contrato de sociedade está na reunião de pessoas para a finalidade de partilhar os resultados, isto é, os lucros, de determinada atividade.

O parágrafo único possibilita a atividade restrita a um ou mais negócios determinados: "A atividade pode restringir-se à realização de um ou mais negócios determinados". Para um negócio, verifica-se a sociedade que se forma, *v.g.*, para a formação de consórcio de veículos, o qual se extingue quando formado o grupo e feita a distribuição dos bens a todos os consorciados.

Destacam-se alguns princípios que infundem a sociedade: a contribuição contínua dos sócios, a mútua confiança e o dever de contribuição contínua. Daí se tem a sociedade como um contrato de contribuição contínua dos sócios, através de confiança recíproca, para a consecução de objetivos comuns.

2. REQUISITOS DO CONTRATO DE SOCIEDADE

Os contratos sociais de qualquer sociedade, exceto a anônima, conterão os requisitos do art. 997 do Código Civil, assim arrolados:

"I – nome, nacionalidade, estado civil, profissão e residência dos sócios, se pessoas naturais, e a firma ou a denominação, nacionalidade e sede dos sócios, se jurídicas;

II – a denominação, objeto, sede e prazo da sociedade;

III – capital da sociedade, expresso em moeda corrente, podendo compreender qualquer espécie de bens, suscetíveis de avaliação pecuniária;

IV – a quota de cada sócio no capital social, e o modo de realizá-la;

V – as prestações a que se obriga o sócio, cuja contribuição consista em serviços;

VI – as pessoas naturais incumbidas da administração da sociedade, e seus poderes e atribuições;

VII – a participação de cada sócio nos lucros e nas perdas;

VIII – se os sócios respondem, ou não, subsidiariamente, pelas obrigações sociais".

São tais requisitos explicados e desdobrados por Francisco Russo e Nelson de Oliveira:[1]

a) O preâmbulo, com o nome e a qualificação completa dos sócios, os números de inscrição da identidade e do cadastro da pessoa física na Receita Federal (CPF); a representação, se for o caso; o registro, o Cadastro Nacional da Pessoa Jurídica (CNPJ) e demais dados da pessoa jurídica, se figurar como sócia.

b) A denominação ou firma social, sendo de observar que na sociedade de responsabilidade limitada a denominação pode ser a própria firma social.

c) A colocação da expressão "limitada" nas sociedades de responsabilidade limitada. Caso a denominação corresponder à firma social, virá a inclusão do nome de um dos sócios seguida da expressão "& Cia. Ltda." ou "Ltda.".

d) A indicação da sede social, que é o endereço da empresa e das filiais e outros departamentos.

e) O objetivo, com a correta determinação da finalidade da sociedade.

f) O montante do capital social, expresso em moeda corrente, com a referência da integralização no ato ou a prazo; ou em bens, os quis serão avaliados.

g) A referência da limitação da responsabilidade ao valor das quotas nas sociedades de responsabilidade limitada.

h) A administração e o uso da firma, com a indicação dos nomes.

i) A participação nos lucros e prejuízos, e o pagamento do *pro labore*.

j) Os direitos de participação, ou de ingresso na empresa, em caso de morte de um dos sócios.

k) O prazo de duração da sociedade, podendo ser indeterminado.

---

[1] *Manual Prático de Constituição de Empresas*, 11ª ed., São Paulo, Editora Atlas S.A., 2004, pp. 25-26.

l) A forma de deliberações sociais.

m) O exercício social e os balanços, indicando o espaço que abrange o exercício e a época da apresentação do balanço.

n) O fecho ou encerramento, com a indicação do local, da data e a colocação das testemunhas dos sócios e do advogado.

Quanto ao Cadastro Nacional da Pessoa Jurídica (CNPJ), a regulamentação vem, atualmente, na Instrução RFB nº 1.634/2016, da Secretaria da Receita Federal, alterada pelas Instruções RFB nº 1.684/2016 e 1.729/2017, e por Atos Declaratórios do Coordenador-Geral de Gestão de Cadastros, sendo o último de nº 7, de 29.06.2017. Para o encaminhamento do pedido, devem-se apresentar os seguintes documentos, ordenando o art. 14, e seu § 1º, que o preenchimento se fará eletronicamente no sítio da RFB na Internet, no endereço http://www.receita.fazenda.gov.br:

"Os atos cadastrais no CNPJ são solicitados por meio do aplicativo Coleta Web, disponível no sítio da RFB na Internet, no endereço http://rfb.gov.br.

§ 1º O Coleta Web possibilita o preenchimento e o envio dos seguintes documentos eletrônicos:

I – Ficha Cadastral da Pessoa Jurídica (FCPJ);

II – QSA; e

III – Ficha Específica do convenente".

O art. 15 trata da disponibilização do Documento Básico de Entrada (DBE):

"Não havendo incompatibilidades nos documentos eletrônicos transmitidos na forma prevista no § 4º do art. 14, é disponibilizado para impressão o Documento Básico de Entrada (DBE) ou o Protocolo de Transmissão, no sítio da RFB na Internet, no endereço citado no *caput* do art. 14".

Nos parágrafos estão as regras sobre a disponibilização e a confecção do Documento Básico de Entrada (DBE) e do Protocolo de Transmissão:

§ 1º O DBE e o Protocolo de Transmissão:

I – serão disponibilizados de acordo com os modelos constantes dos Anexos I e II desta Instrução Normativa, respectivamente;

II – ficarão disponíveis no sítio da RFB na Internet, no endereço citado no *caput* do art. 14, pelo prazo de 90 (noventa) dias, para impressão e encaminhamento conforme prevê o art. 16.

§ 2º O DBE deve ser assinado pelo representante da entidade no CNPJ, por seu preposto ou procurador.

§ 3º O Protocolo de Transmissão substitui o DBE quando a entidade for identificada pelo uso de certificado digital ou de senha eletrônica fornecida por convenente.

§ 4º A solicitação de ato cadastral no CNPJ será cancelada automaticamente no caso de descumprimento do prazo a que se refere o inciso II do § 1º.

§ 5º Fica dispensada a apresentação do DBE ou do Protocolo de Transmissão no âmbito da Redesim, de acordo com ADE publicado pelo Coordenador-Geral de Gestão de Cadastros".

O art. 16 da mesma Instrução, com alterações da Instrução Normativa RFB n° 1.684/2016, estabelece normas sobre o cadastramento e o procedimento para a obtenção do CPNJ:

"As solicitações de atos cadastrais no CNPJ são formalizadas:

I – pela remessa postal ou entrega direta do DBE ou Protocolo de Transmissão à unidade cadastradora de jurisdição do estabelecimento, acompanhado de:

a) cópia autenticada do ato constitutivo, alterador ou extintivo da entidade, devidamente registrado no órgão competente, observada a tabela de documentos constante do Anexo VIII desta Instrução Normativa;

b) em relação ao DBE:

1. cópia autenticada do documento de identificação do signatário para conferência da assinatura, salvo quando reconhecida a firma em cartório, observado o disposto no art. 1° da Portaria RFB n° 1.880, de 24 de dezembro de 2013;

2. se assinado por procurador, cópia autenticada da procuração outorgada pela entidade;

3. se houver procuração por instrumento particular, cópia autenticada do documento de identificação do signatário da procuração para conferência da assinatura, salvo quando reconhecida a firma em cartório, observado o disposto no art. 1° da Portaria RFB n° 1.880, de 2013; ou

II – pela entrega direta da documentação solicitada para a prática do ato no órgão de registro que celebrou convênio com a RFB, acompanhada do DBE ou do Protocolo de Transmissão; ou

III – pela transmissão de dossiê digital de atendimento em qualquer unidade da RFB com os documentos necessários à prática do ato, nos termos da Instrução Normativa RFB n° 1.412, de 22 de novembro de 2013.

§ 1° A unidade cadastradora onde deve ser formalizada a solicitação do ato cadastral no CNPJ é indicada no sítio da RFB na Internet, no endereço citado no *caput* do art. 14, quando disponibilizado o DBE ou o Protocolo de Transmissão.

§ 2° O disposto neste artigo e nos arts. 14 e 15 não se aplica:

I – ao Microempreendedor Individual (MEI), de que trata o § 1° do art. 18-A da Lei Complementar n° 123, de 14 de dezembro de 2006, tendo em vista o trâmite especial e simplificado do seu processo de registro; e

II – aos atos cadastrais efetuados mediante o uso do Sistema de Registro e Licenciamento de Empresas (RLE), disciplinado pela Instrução Normativa DREI n° 29, de 7 de outubro de 2014.

§ 3° O DBE e os demais atos e documentos comprobatórios podem ser digitalizados pela administração tributária, passando a ter o mesmo valor probante de seus originais, nos termos do art. 64-B do Decreto n° 70.253, de 6 de março de 1972.

§ 4° Quando se tratar de sócio pessoa física ou jurídica domiciliado no exterior, e o deferimento for realizado na RFB, deve acompanhar o DBE ou Protocolo de Transmissão a cópia autenticada da procuração que nomeia o seu representante legal no Brasil.

§ 5° Aplica-se, no que couber, à procuração referida no § 4°, o disposto nos §§ 5° a 8° do art. 19".

Extensas as normas que tratam da matéria, envolvendo várias situações, tudo se desenvolvendo perante os órgãos da Receita Federal.

No tocante ao capital social de uma sociedade, constitui o valor que os sócios (ou acionistas) oferecem à mesma para garantir o desenvolvimento de suas atividades (estoques, fornecedores, empregados etc.).

De notar que existe a autonomia patrimonial da entidade (empresa) em relação aos sócios, o que vale afirmar que o patrimônio da entidade não se confunde com o de seus proprietários, isto é, o capital da empresa não pertence aos sócios, e sim à sociedade e vice-versa. Daí o termo social. Em vista da participação, os sócios fazem jus a dividendos – retiradas de lucros, que correspondem à remuneração do capital empregado.

O capital da sociedade, que vem expresso em moeda corrente nacional, é integraliza-do com qualquer espécie de bens, sempre suscetíveis de avaliação pecuniária, como por meio de dinheiro, veículos, imóveis, móveis, ações etc. (art. 997, III, do Código Civil).

3. TIPOS DE SOCIEDADES

O art. 983 indica as formas ou tipos como devem constituir-se as sociedades: "A sociedade empresária deve constituir-se segundo um dos tipos regulados nos arts. 1.039 a 1.092; a sociedade simples pode constituir-se de conformidade com um desses tipos, e, não o fazendo, subordina-se às normas que lhe são próprias".

Quanto às sociedades em conta de participação e às cooperativas, há a ressalva do parágrafo único: "Ressalvam-se as disposições concernentes à sociedade em conta de participação e à cooperativa, bem como as constantes de leis especiais que, para o exercício de certas atividades, imponham a constituição da sociedade segundo determinado tipo".

As sociedades empresárias seguem os tipos que constam arrolados no Código Civil: em nome coletivo (art. 1.039), comandita simples (art. 1.045), limitada (art. 1.052), anônima (art. 1.088) e comandita por ações (art. 1.090). Cada espécie tem a forma descrita na lei.

Já as sociedades simples, reguladas pelos arts. 997 a 1.038, que substituem as anteriormente denominadas civis, podem adotar alguma das formas previstas para as empresárias, ou a organização comum, além da sociedade cooperativa, regulada pelos arts. 1.093 a 1.096 e pela Lei nº 5.764, de 1971. Constituem-se em prol de atividades profissionais, visando a defesa de interesses das sociedades que prestam esses serviços, ou de titulares de classes de bens, que normalmente também se destinam a conseguir resultados econômicos.

Se se revestirem dos tipos das sociedades empresárias, incidem as regras da respectiva regulamentação. Se não aproveitadas as modalidades das empresárias, regem-se pelos arts. 997 a 1.038.

4. SOCIEDADE RURAL

A sociedade rural é essencialmente empresária, tendo por objeto a produção de bens pelo uso das forças ou recursos da natureza, como advém do art. 984: "A sociedade que tenha por objeto o exercício de atividade própria de empresário rural e seja constituída, ou transformada, de acordo com um dos tipos de sociedade empresária, pode, com as formalidades do art. 968, requerer a inscrição no Registro Público de Empresas Mercantis da sua sede, caso em que, depois de inscrita, ficará equiparada, para todos os efeitos, à sociedade empresária".

Adota a forma de um dos tipos de sociedades empresárias, mas considerando-se simples. Ao formar-se com a forma que eleger, implicitamente está se transformando em empresária. É o que se retira do parágrafo único: "Embora já constituída a sociedade segundo um daqueles tipos, o pedido de inscrição se subordinará, no que for aplicável, às normas que regem a transformação".

80 • Direito de Empresa | *Arnaldo Rizzardo*

A sociedade rural adquire cada vez mais a feição e natureza de empresária, tanto que se aperfeiçoam e evoluem os recursos técnicos de que se vale para a produção de bens, aplicando tecnologia e ciência não apenas no maquinário, mas na mesma proporção ou mais no estudo do solo, na sua correção, na irrigação, no tratamento e modificação genética das sementes.

Assim, desde que organizada e implantada uma estrutura empresarial para a consecução de finalidades econômicas, mais própria é a inclusão da sociedade rural como empresária.

5. SOCIEDADE ENTRE CÔNJUGES

A sociedade entre cônjuges, ou dos cônjuges com terceiros, é permitida desde que não casados entre si os sócios pelo regime de comunhão universal ou de separação obrigatória. Assim estabelece o art. 977: "Faculta-se aos cônjuges contratar sociedade, entre si ou com terceiros, desde que não tenham casado no regime de comunhão universal de bens, ou no de separação obrigatória". Ou seja, admite-se a sociedade se casados os cônjuges pelos regimes de comunhão parcial, de participação final dos aquestos e de separação consensual de bens. O Superior Tribunal de Justiça já se pronunciou sobre a possibilidade quanto ao casamento sob o regime de comunhão parcial: "A tendência da jurisprudência é de admitir a sociedade limitada entre os cônjuges, desde que não constitua um instrumento de fraude. O art. 977 do Código Civil faculta aos cônjuges contratar sociedade entre si, desde que não sejam casados sob o regime da comunhão universal de bens, ou no da separação obrigatória".[2]

Nem nas sociedades simples é permitida a constituição, conforme editou o STJ: "As restrições previstas no art. 977 do CC/02 impossibilitam que os cônjuges casados sob os regimes de bens ali previstos contratem entre si tanto sociedades empresárias quanto sociedades simples. Negado provimento ao recurso especial". [3]

Isto porque, anota a Relatora, "verifica-se que em todos os artigos insculpidos no mencionado Capítulo II (Da Capacidade) do Título I (Do Empresário), sempre que o legislador se referiu exclusivamente ao empresário ou à atividade de empresa, o fez de forma expressa, somente não fazendo menção a essa característica no já referido art. 977 do CC/02, utilizando a expressão 'sociedade' sem estabelecer qualquer especificação, o que impossibilita o acolhimento da tese de que essa 'sociedade' seria apenas a empresária".

A proibição estampada no dispositivo atinge somente as sociedades constituídas após a vigência do Código de 2002, ou a partir de 11 de janeiro de 2002, eis que a sua formação representa um ato jurídico perfeito, que está fora da nova disposição por força do art. 5º, XXXVI, da Carta Federal. Consumado o ato sob a égide de uma lei que vigorava, torna-se o mesmo perfeito, e fica protegido constitucionalmente. Ademais, de acordo com o art. 2.035 do Código Civil, a validade dos negócios jurídicos se rege pela lei da época da sua conclusão, importando em afirmar que a validade de uma sociedade deve ser analisada sob a ótica da lei em vigor na época de sua constituição. Em suma, aos cônjuges que tenham casado sob o regime de comunhão universal de

---

[2] AgRg no Ag. nº 601922-SP, 1ª Turma, j. em 22.02.2005, *DJU* de 14.03.2005.
[3] REsp 1058165/RS, da Terceira Turma, relatora Ministra Nancy Andrighi, j. em 12.04.2009, *DJe* de 21.08.2009.

bens ou de separação obrigatória antes do advento do Código de 2002, não se aplica a vedação do art. 977.

Várias as críticas levantadas contra o dispositivo, como a total distinção entre a vida dos cônjuges e a vida da sociedade, e a participação societária sem qualquer pertinência com o regime patrimonial. Manoel de Queiroz Pereira Calças destaca: "Entendemos que não há qualquer justificativa para alterar o entendimento firmado pela doutrina e jurisprudência, nacional e estrangeira, que permite a contratação de sociedade limitada entre os cônjuges; esta é a tendência dotada pelas legislações mais recentes que, expressamente, autorizam sociedades constituídas apenas por cônjuges. Pensamos que o art. 977 do CC deveria, simplesmente, facultar aos cônjuges contratar sociedade entre si ou com terceiros, sem fazer qualquer restrição relacionada com o regime matrimonial dos contratantes, matéria que deve ser regulada pelo direito de família".[4]

Parece, entrementes, que a regra do art. 977 se justifica.

Quanto ao regime de comunhão universal, não tem sentido a sociedade, pois já existe a comunhão pelo fato do regime escolhido; no pertinente ao regime de separação obrigatória, a sociedade poderia servir de meio ou subterfúgio para fraudar a lei.

Assim, o objetivo da proibição da sociedade entre cônjuges casados sob tais regimes é evitar a mudança prática do regime matrimonial.

Se ponderáveis os motivos que recomendam a constituição de sociedade, devem os cônjuges buscar a diretriz do § 2º do art. 1.639, ou seja, a alteração do regime: "É admissível alteração do regime de bens, mediante autorização judicial em pedido motivado de ambos os cônjuges, apurada a procedência das razões invocadas e ressalvados os direitos de terceiros".

Mesmo que se estabeleça a sociedade com terceiros, os cônjuges participantes sofrem a limitação acima. Havendo terceiros no conjunto, os cônjuges casados pelo regime de comunhão universal ou de separação obrigatória estão proibidos de participar concomitantemente, ou seja, fica vedado o ingresso do cônjuge em sociedade de que participa o outro. De igual forma, não é tolerável que um cônjuge casado num daqueles regimes ingresse na sociedade na qual se encontra o outro cônjuge, pois constituiria uma forma de burlar a lei.

As sociedades já constituídas por cônjuges casados em tais regimes não precisam se desconstituir, ou modificar a composição do quadro, com o afastamento de um dos cônjuges, apesar do disposto no art. 2.031, na redação da Lei nº 11.127, de 28.06.2005, o qual concede o prazo até 11 de janeiro de 2007 para as sociedades, e assim para as associações e as fundações, se adaptarem às novas disposições. A regra atribui tal lapso para a adaptação, e não para a desconstituição das sociedades, ou seja, para formalidades contábeis, publicações, e outras medidas secundárias. Pelo fato de estarem constituídas com uma formação autorizada no regime de lei anterior, está evidente a proteção pelo direito adquirido, não cabendo impor a modificação do quadro social. As adaptações ordenadas restringem-se aos aspectos meramente formais, porquanto a lei não pode afrontar uma garantia constitucional, que consiste na proteção ao direito adquirido, ao ato jurídico perfeito e à coisa julgada.

---

[4] *Sociedade Limitada no Novo Código Civil*, São Paulo, Editora Atlas S.A., 2003, p. 58.

6. SOCIEDADE DE PROPÓSITO ESPECÍFICO – SPE E MODELO DE ATA DE CONSTI-TUIÇÃO E DE ESTATUTO SOCIAL

Comum a criação da chamada sociedade de propósito específico (SPE), conhecida também como sociedade de objeto único, cuja atividade é dirigida a uma determinada finalidade, e durando enquanto está realizando o objetivo a que está destinada. Duas ou mais pessoas jurídicas resolvem unir suas habilidades e seus recursos financeiros, tecnológicos e industriais para executar empreendimentos ou objetivos específicos e expressamente combinados. Normalmente duas empresas consorciam-se, formando uma nova sociedade, para a construção de uma obra de relevância econômica; ou para a exploração de uma atividade que exige expressivo investimento, como a implantação de uma incorporação imobiliária, ou de uma usina para a produção de energia elétrica, ou de uma rede de transmissão telefônica; o erguimento de um conjunto de prédios para a locação; a abertura de vias; a exploração de atividade portuária, constituindo outra sociedade, da qual fazem parte. Cumprido o objeto a que se destina, o destino da sociedade é a sua extinção, operando-se a liquidação.

Embora possa existir alguma semelhança, essa modalidade é diferente da incorporação de empresas, da *joint venture*, de um grupo ou coligação de sociedades.

A maior proximidade é com a *joint venture*, que inspirou tal sociedade e se apresenta como uma associação de pessoas que combinam seus bens, dinheiro, esforços, habilidades e conhecimentos com o propósito de executar uma única operação negocial lucrativa. A diferença está no fato de a sociedade de propósito específico se constituir com uma personalidade jurídica própria, pois origina-se uma nova sociedade. Cumpre ater-se a esse ponto: surge uma nova sociedade, o que não acontece com as modalidades acima.

Não se apresenta óbice a que seja a sociedade constituída por empresários individuais. Todavia, foge de sua tipicidade a composição do quadro social por pessoas naturais, ou por integrantes que não façam parte de outra sociedade. Afasta-se, aí, a relação com as demais sociedades. Existirá uma sociedade comum, mas não de fim específico objetivado por duas ou mais outras sociedades.

Por diferentes termos, cria-se uma sociedade, e não uma união de sociedades, embora integrada por duas outras sociedades, ou por pessoas jurídicas empresariais. Surge um novo ente personalizado, distinto dos membros que constituem o quadro social. Pelo fato de se criar uma sociedade distinta, somente dela é a responsabilidade, não se estendendo às sociedades ou aos membros que a compõem, a menos que reconhecida a confusão patrimonial ou alguma situação que importe em despersonalização.

Apesar de alguma semelhança com o grupo de sociedades, ou de outros tipos de união ou aglomeração societária, a sociedade de propósito específico possui a sua personalidade jurídica e escrituração contábil, com capital aportado pelos participantes de seu quadro social.

Com o Código Civil de 2002, ficou razoavelmente prevista a existência desse tipo de sociedade no parágrafo único de seu art. 981, ao estabelecer que "a atividade pode restringir-se à realização de um ou mais negócios determinados".

Igualmente aparece a sua existência em outros diplomas, como na Lei nº 11.101/2005, no art. 50, ao prever que: "Constituem meios de recuperação judicial, observada a legislação pertinente a cada caso, dentre outros:

(...)

XVI – constituição de sociedade de propósito específico para adjudicar, em pagamento dos créditos, os ativos do devedor".

A Lei Complementar nº 123/2003, alterada pela Lei Complementar nº 147/2014, estende a criação de sociedade de propósito específico à microempresa e à empresa de pequeno porte, como se constata no art. 56, desde que obedecidas as condições constantes de seus vários parágrafos. Reza o *caput* do dispositivo: "As microempresas ou as empresas de pequeno porte poderão realizar negócios de compra e venda de bens e serviços para os mercados nacional e internacional, por meio de sociedade de propósito específico, nos termos e condições estabelecidos pelo Poder Executivo federal".

O transcrito parágrafo único do art. 981 da lei civil sugere a inteligência da constituição de uma sociedade de propósito específico para a realização de um ou mais negócios. Algumas pessoas se unem e criam a sociedade que terá um objeto específico, como a construção de um prédio ou a exploração de uma atividade até esgotar-se o produto. Realmente, é específico o propósito diante da limitação ao fim a que se propõe, evidenciando-se diferente da sociedade quando integrada por duas ou mais outras sociedades, e estabelecida para um objeto que elas se propõem a realizar.

Adotará a sociedade uma das formas mais comuns existentes, isto é, da sociedade limitada, ou da sociedade anônima de capital fechado ou aberto, devendo respeitar as características básicas, as disposições legais de constituição e o funcionamento do referido tipo societário. Possível afirmar que se enquadra como uma forma de sociedade de responsabilidade limitada ou de sociedade anônima. Uma vez constituída, através de ata ou contrato social, não podendo ser por fusão, cisão ou incorporação, adquire, conforme já referido, personalidade jurídica própria. Integraliza-se com dinheiro, bens móveis e imóveis, inclusive com direitos se atribuído valor econômico. As participações dos sócios compõem o patrimônio da sociedade. Terá ela organização e administração próprias, distinta das demais sociedades integrantes do capital ou quadro social. Em vista de sua natureza e finalidade, não será filial, sucursal, agência ou representante de outra pessoa jurídica nacional ou estrangeira, o que não impede, entrementes, que tenha ou crie filiais e outras modalidades de extensão ou expansão.

Nem é apropriada a forma de cooperativa, ou a participação no capital de outra pessoa jurídica. Não exercerá atividade de estabelecimento bancário ou de concessão de crédito, de financiamento imobiliário, de distribuição de títulos, de capitalização, de seguros, de arrendamento mercantil.

A responsabilidade na SPE é regida pelo tipo societário escolhido: se constituída sob a forma de limitada, a responsabilidade de cada sócio é restrita ao valor de suas quotas, todos respondendo solidariamente, todavia, pela integralização do capital social (art. 1.052 do Código Civil); vindo estruturada sob a espécie de uma sociedade anônima, a responsabilidade dos sócios ou acionistas será limitada ao preço de emissão das ações subscritas ou adquiridas (art. 1º da Lei nº 6.404/1976). Reveste-se, pois, de um dos modelos societários previstos em lei, que é o modelo que lhe conferirá a respectiva personalidade. Rege-se pelas normas próprias do tipo escolhido.

Para a formulação do contrato social ou do estatuto, adota-se o modelo comum de uma sociedade limitada, ou o modelo de estatuto de uma sociedade anônima.

Apresenta-se um exemplo de minuta de constituição e de minuta de estatuto social de sociedade anônima no anexo.

Para visualização do referido modelo, acesse o QR Code ao lado ou, se preferir, baixe o arquivo em formato editável disponível na plataforma GEN-io, conforme instruções apresentadas no início do livro.

https://goo.gl/4Ae6Pa

7. PERSONALIDADE JURÍDICA DA SOCIEDADE EMPRESÁRIA

O empresário deve providenciar no seu registro, por força do art. 967: "É obrigatória a inscrição do empresário no Registro Público de Empresas Mercantis da respectiva sede, antes do início de sua atividade". Com o ato, adquire o *status* de empresário, apresentando-se com essa qualidade na sua atividade. De igual forma, a empresa deve registrar-se, em atendimento ao art. 985: "A sociedade adquire personalidade jurídica com a inscrição, no registro próprio e na forma da lei, dos seus atos constitutivos (arts. 45 e 1.150)".

A inscrição, seja do empresário ou da empresa, traz a personalidade jurídica distinta daquela da pessoa jurídica, como se infere do art. 985. O empresário passa a se qualificar como uma nova realidade, tendo presença distinta de sua pessoa física. É considerado na atuação que exerce. Contrata, cria direitos e assume compromissos não como pessoa física, mas como um novo ser. De igual modo a pessoa jurídica, que se apresenta como sujeita de direitos e deveres em posição diferente das pessoas físicas que a constituem.

O registro do empresário e da empresa procede-se nas Juntas Comerciais, que lavra o ato no Registro Público de Empresas Mercantis, em atendimento ao art. 1.150 do Código Civil.

A pessoa jurídica em geral constitui um novo ser, passando a agir com uma individualidade própria, nos termos do art. 45 do Código Civil: "Começa a existência legal das pessoas jurídicas de direito privado com a inscrição do ato constitutivo no respectivo registro, precedida, quando necessário, de autorização ou aprovação do Poder Executivo, averbando-se no registro todas as alterações por que passar o ato constitutivo".

Sem o registro, a empresa e o empresário existem no contrato, a eles circunscrevendo-se os efeitos nas relações recíprocas e nos contratos com terceiros. Por outras palavras, o registro do empresário ou da sociedade empresária faz surgir a regularidade da sociedade, mas não se constitui em condição para levar à sua caracterização. Todavia, sem o registro não adquirem seus atos segurança frente a outras pessoas. Socialmente, o titular da empresa individual e a empresa passam a existir com o registro.

Enquanto não levado a efeito o registro, os sócios respondem com seu patrimônio pelas dívidas contraídas. Os negócios ficam na esfera de particulares, pois falta a publicidade que é dada pelo Registro do Comércio. Depois de efetuado o registro e arquivamento, não se imputa a responsabilidade aos sócios, como enfatiza o STJ: "Nas hipóteses de execuções fiscais ajuizadas contra a empresa, em que não há discussão acerca da desconsideração

Cap. IV | Formação, tipos de sociedades e personalidade da sociedade • **85**

de sua personalidade jurídica, não há possibilidade de se atingir o patrimônio dos sócios. Quem figura no polo passivo da demanda não são os sócios, mas a sociedade – pessoa jurídica de direito privado".[5]

8. DECORRÊNCIAS DA FALTA DE REGISTRO DAS SOCIEDADES

Para a formação de sociedade, em obediência ao art. 981, devem as pessoas se unir na forma legalmente estabelecida, e reciprocamente contribuir, com bens ou serviços, visando o exercício de atividade econômica, partilhando entre si os resultados.

O art. 985 introduz a exigência do registro para o reconhecimento da personalidade jurídica: "A sociedade adquire personalidade jurídica com a inscrição, no registro próprio e na forma da lei, dos seus atos constitutivos (arts. 45 e 1.150)".

De modo que, para a constituição de uma sociedade, se impõe o ato da inscrição no registro próprio, o que as torna personificadas. A falta de inscrição relega as sociedades à categoria de irregulares, ou mais apropriadamente, sem personalidade jurídicas, ou não personificadas. Existe a sociedade, mas de fato, podendo ser avocados os seus sócios para responder pelas obrigações. Não que fique alijada de exercer direitos, ou mesmo de atuar nos negócios, tanto que regulamentadas pelo Código Civil.

Daí que as sociedades personificadas são as sociedades que se revestem de personalidade jurídica, integrando-as as sociedades simples, as em nome coletivo, as em comandita simples, as de responsabilidade limitada, as por ações, e as em comandita por ações. As sociedades não personificadas são as sociedades em comum e as em conta de participação.

---

[5] AgRg no Ag. nº 601922-SP, 1ª Turma, j. em 22.02.2005, *DJU* de 14.03.2005.

V
Sociedade em comum

1. DEFINIÇÃO

Consoante já explicitado, na classificação das sociedades existem as não personalizadas, que são as em comum e as em conta de participação.

A sociedade em comum, equivalente às antigas formas de sociedade de fato e sociedade irregular, é aquela, de caráter econômico, cuja inscrição no Registro Público de Empresas Mercantis, ou no cartório do registro civil das pessoas jurídicas, ainda não está efetuada, mas a sociedade já existe e funciona. Trata-se da sociedade empresária de fato ou irregular que não está juridicamente constituída sendo, portanto uma sociedade não personificada e que não pode ser considerada uma pessoa jurídica. Para muitos doutrinadores, as sociedades de fato e as irregulares são a mesma coisa, contudo muitos as distinguem, pois as sociedades de fato não possuem ato constitutivo, enquanto as sociedades irregulares possuem os atos constitutivos, porém sem estarem devidamente inscritos no órgão competente. Essa a linha de definição seguida por Celso Marcelo de Oliveira: "Sociedade em comum é qualquer sociedade que explore uma atividade econômica e que ainda não está registrada. É também conhecida por 'sociedade de fato' e 'sociedade irregular'. Não se trata de um tipo de sociedade empresária, pois lhe falta o registro como pessoa jurídica. Determina o Código que, enquanto não inscritos os atos constitutivos, reger-se-á a sociedade, exceto por ações em organização, pelo disposto nos seus arts. 986 a 990, que trata da sociedade em comum".[1] Diverge-se do autor quanto à afirmação de que não se trata de uma sociedade empresária. Se econômica a finalidade, evidente o tipo de empresária, com os efeitos próprios das sociedades empresárias no pertinente aos direitos e obrigações.

A regulamentação não se encontrava prevista no sistema jurídico anterior ao vigente Código. Entretanto, encarregaram-se a jurisprudência e a doutrina em traçar linhas claras sobre o assunto, admitindo-a e impondo o cumprimento dos efeitos.

A sua previsão vem no art. 986: "Enquanto não inscritos os atos constitutivos, reger-se-á a sociedade, exceto por ações em organização, pelo disposto neste Capítulo, observadas, subsidiariamente e no que com ele forem compatíveis, as normas da sociedade simples".

Considera-se em comum a sociedade que não tem seu ato constitutivo arquivado no registro próprio, ou proceda ao registro irregularmente, em desacordo com os arts. 985 e 1.150, ordenando o primeiro, para fins de aquisição da personalidade jurídica, o arquiva-

---

[1] *Tratado de Direito Empresarial Brasileiro*, ob. cit., p. 129.

88 • Direito de Empresa | *Arnaldo Rizzardo*

mento no registro próprio, e impondo o segundo que cada tipo de sociedade se faça no registro que lhe é próprio.

A denominação, embora não apropriada, quer significar que a falta de registro não dá uma individualidade e uma tipificação própria à sociedade. Daí considerar-se comum, que corresponde à antiga sociedade irregular, cujo contrato social não foi registrado, ou mesmo à sociedade de fato, isto é, à sociedade sem o contrato social.

Apresenta Alexandre Bueno Cateb as linhas identificadoras: "Esta sociedade vive, funciona e prospera. Mas vive de fato. Como sociedade de fato se considera. Já a sociedade irregular se caracteriza por ter sido constituída por escrito não levado a arquivamento no Registro do Comércio. Nesta escritura particular são previstos os direitos, ônus e obrigações sociais, porém enquanto não levados seus atos constitutivos ou alterações a arquivamento no Registro do Comércio funcionam irregularmente. Enquanto não houver o arquivamento de seus atos constitutivos, a sociedade não adquire personalidade jurídica, sendo, portanto, um patrimônio em comum dos sócios".[2]

2. CARACTERIZAÇÃO

A principal característica está no efeito perante terceiros da sociedade ainda não inscrita: todos os sócios respondem com o patrimônio particular de cada um pelas obrigações perante terceiros.

Ademais, corroborando a assertiva dos autores acima, os bens ou proveitos da sociedade, desde que afetados ao exercício da atividade, consideram-se comuns de todos, nos termos do art. 988: "Os bens e dívidas sociais constituem patrimônio especial, do qual os sócios são titulares em comum". Importa em deduzir que o patrimônio, mesmo que especial, não se pode considerar autônomo do patrimônio da pessoa dos sócios. Assim acontece com o patrimônio das sociedades personificadas. Forma-se sobre o patrimônio uma comunhão de interesse dos sócios, ou um modo de patrimônio condominial estabelecido em coisa comum.

Todavia, em princípio, por não ter a sociedade em comum personalidade jurídica, não se opera a segregação do patrimônio para o nome dela. Não logrando efetuar o seu registro, não adquire uma individualidade específica. Por isso, em princípio os bens continuam externamente a pertencer aos sócios, em geral daqueles que constam os documentos de aquisição.

Mesmo assim, pode-se levar a considerar esses bens, não apenas para efeitos das obrigações contraídas, em estado de comunhão para as obrigações da sociedade em si, formando-se uma cotitularidade dos sócios sobre eles. Com a dissolução, promove-se a partilha do patrimônio.

As relações dos sócios entre si ou com terceiros devem ser provadas por escrito, o que é normal e próprio de cada contrato; já aos terceiros assegura-se qualquer modo de prova. O art. 987 dispõe: "Os sócios, nas relações entre si ou com terceiros, somente por escrito podem provar a existência da sociedade, mas os terceiros podem prová-la de qualquer modo". De modo que, pela literalidade da lei, se inexistente contrato escrito, carecem os sócios de ação uns contra os outros, e contra terceiros. Aos terceiros, porém,

---

[2] "A Sociedade em Comum", *in Direito de Empresa no Novo Código Civil*, Rio de Janeiro, Editora Forense, 2004, p. 150.

Cap. V | Sociedade em comum • 89

se garante provar a existência das sociedades em comum como se provam quaisquer matérias de direito em geral, e, assim, por indícios, presunções e até mesmo por testemunhas.

A regra revela inconstitucionalidade, por ofensa ao art. 5º, *caput*, e seu inciso LV, da Carta Federal. Não cabia fazer a distinção no pertinente à prova, porquanto para todas as pessoas a lei é igual. Desde que lícitos os meios de prova, não cabe a restrição preconizada no dispositivo. Aliás, a disposição do art. 987 vai contra as sociedades de fato, em especial no que pertine à sua dissolução, ou mesmo apuração de haveres.

3. A DIVISÃO EM SIMPLES OU EMPRESÁRIA

A sociedade em comum pode ser simples ou empresária. O Código Civil não faz distinção se a atividade desenvolvida pelos sócios em comum é ou não empresarial. As normas do Código são aplicáveis independentemente da atividade dos sócios.

Era comum, antes da regulamentação da união estável entre o homem e a mulher, uma forma especial de sociedade em comum, conhecida como a sociedade de fato entre o homem e a mulher. Mesmo hoje perdura essa versão de sociedade, se não revelados os requisitos para a constituição da união estável. Ou seja, desde que persistam impedimentos para casar, como parentesco próximo, vínculo matrimonial, afinidade em linha reta, não se inviabiliza a caracterização de uma sociedade em comum ou de fato, com a possibilidade da dissolução e liquidação na hipótese de formado patrimônio durante sua vigência. É o que reconhece a jurisprudência: "A existência de sociedade de fato pressupõe, necessariamente, a aquisição de bens durante o relacionamento, para que se possa ter por caracterizado o patrimônio comum. Assim, comprovado que os imóveis pertencentes ao falecido foram adquiridos antes de ser iniciada a convivência *more uxorio*, é de ser reconhecida a improcedência do pedido".[3] Se da relação não decorrera sociedade de fato, em face da inexistência de formação de capital, partiu-se para a concessão de indenização por serviços prestados, conforme o seguinte veredicto:

"As duas Turmas que integram a Segunda Seção desta Corte, à qual incumbe o exame da matéria concernente ao direito privado, já assentaram o entendimento de que, nos casos em que não haja a comprovação da sociedade de fato entre os concubinos, que garantiria a meação do patrimônio, é possível ser deferida à mulher a indenização por serviços domésticos efetivamente prestados durante a vida em comum".[4]

4. RESPONSABILIDADE DOS SÓCIOS

Estabelece-se a responsabilidade da sociedade pelos atos de gestão que os sócios praticarem. A regra está no art. 989: "Os bens sociais respondem pelos atos de gestão praticados por qualquer dos sócios, salvo pacto expresso limitativo de poderes, que somente terá eficácia contra o terceiro que o conheça ou deva conhecer". Ou seja, os bens sociais respondem pelos atos de gestão que os sócios praticarem, a menos que disponha diferentemente o contrato.

Impera o princípio de que os bens destinados às finalidades da sociedade despersonalizada pertencem aos sócios, em estado de comunhão. Considerando que a sociedade em

---

[3] REsp. nº 486.027-SP, da 3ª Turma do STJ, j. em 20.11.2003, *DJU* de 09.12.2003.
[4] REsp. nº 151.238-PB, da 4ª Turma do STJ, j. em 05.03.1999, *DJU* de 10.05.1999.

comum se rege subsidiariamente pelas regras da sociedade simples (art. 986), o exercício da administração caberá indistinta e disjuntivamente (separadamente) a cada sócio, por força do art. 1.013, desde que não ajustada disposição diferente.

De outro lado, respondem os sócios, solidária e ilimitadamente, pelas obrigações sociais, desde que não limitada a responsabilidade mediante contrato. Para limitar a responsabilidade, com a especialização patrimonial na sociedade, indispensável a existência de contrato feito entre os sócios, no qual se fixa até onde podem ir as decisões e os compromissos assumidos. O alcance da limitação restringe-se aos sócios, podendo ser invocado nas ações movidas pelo sócio contra os demais e a sociedade. Junto a terceiros, ou estranhos, não prepondera a cláusula, eis que a sociedade em si, e mesmo seus integrantes, são chamados a cumprir as obrigações. Ou seja, nas ações intentadas por terceiro em face daquele que contratou no interesse social, ou dos demais sócios, impera a responsabilidade ilimitada e solidária. Nesta dimensão o art. 990: "Todos os sócios respondem solidária e ilimitadamente pelas obrigações sociais, excluído do benefício de ordem, previsto no art. 1.024, aquele que contratou, pela sociedade".

Nessa ordem, por não se tratar da responsabilidade frente a terceiros, reconhece-se a legitimidade para os sócios agirem uns contra os outros. Embora se trate de associação, e mesmo que proferida ao tempo do regime do Código Civil anterior, revela pertinência ao assunto a seguinte ementa: "Os sócios de uma associação esportiva, embora não pertençam ao seu Conselho Deliberativo, têm legitimidade ativa para sustar os efeitos de reunião organizada por tal órgão, tendo em vista que por meio do ato impugnado lhes foi tolhido o direito de votar e ser votados, salientando que eventual procedência da pretensão deduzida na causa principal ensejaria o seu retorno à condição de participantes do processo eleitoral para os cargos de direção do clube.

Em se tratando de discussão envolvendo o órgão de pessoa jurídica, somente esta, dotada de personalidade, poderia, em princípio, figurar em um dos polos da demanda. Havendo, entretanto, conflitos *interna corporis*, entre seus órgãos ou entre seus associados e os mencionados órgãos, nos quais se atacam atos individualizados emanados desses órgãos, não se justifica reconhecê-los desprovidos de personalidade judiciária e, assim, partes ilegítimas nas causas. Merece prestígio, então, a teoria administrativista do órgão independente, salientando-se, ademais, não ser taxativo o rol constante do art. 12 do Código de Processo Civil, como ensina a boa doutrina".[5] O citado art. 12 equivale ao art. 75 do CPC/2015.

Se não participou o sócio do ato que contraiu a dívida, deve assegurar-se o direito de indicar bens afetados às atividades empresariais, para substituir os seus constritados.

Trata Alexandre Bueno Cateb do alcance da regra: "Com o art. 990, exclui-se qualquer dúvida acerca da solidariedade ou subsidiariedade da obrigação dos sócios... Para dirimir qualquer dúvida, o legislador dispõe que o sócio que, em nome da sociedade, contratou e assumiu obrigações, não poderá exigir sequer que primeiro se executem os bens comuns. Tendo participado do negócio jurídico, o benefício de ordem fica terminantemente excluído ao sócio".[6]

Assim, não respondem apenas aqueles que praticaram atos de gestão ou administração, à semelhança do que ocorre com as sociedades de responsabilidade limitada (art. 1.091).

---

[5] REsp. nº 161.658-SP, da 4ª Turma do STJ, j. em 24.08.1999, *DJU* de 29.11.1999, *in Revista do Superior Tribunal de Justiça*, 134/380.

[6] "A Sociedade em Comum", trabalho citado, p. 154.

Inclusive se realizados os atos em nome da sociedade, cada participante é chamado a atender a obrigação, não se impedindo que seja em comunhão com a sociedade. Identificada ou não a sociedade mesmo com individuação própria e sem o registro formalizado, fica o compromisso lançado em nome do sócio que fez o negócio. Contra ele voltar-se-á o credor. Mas lhe é facultado agir contra a própria sociedade, contra o sócio contraente da obrigação e contra os demais sócios. Já preconizava Trajano Miranda Valverde: "A consequência do funcionamento irregular da pessoa jurídica é, em princípio, a responsabilidade de seus membros, fundadores ou administradores pelas obrigações sociais".[7]

Em suma, aquele que fez o contrato não está protegido pelo benefício de ordem contemplado no art. 1.024, isto é, nem se lhe garante a execução, primeiramente, dos bens da sociedade, para somente depois de exauridos esses bens permitir que o patrimônio particular suporte a obrigação. Prevalece o princípio de que o sócio que atuar como representante legal responde diretamente. Excepciona-se a regra da responsabilidade subsidiária do sócio nas sociedades, pois na em comum inexiste constituição regular, seja por ausência de contrato social (sociedade de fato), seja por existência de contrato social, mas não arquivado no órgão competente (sociedade irregular). Portanto, quanto ao sócio que atuar como representante legal da sociedade de fato ou irregular, a responsabilidade é direta, *ex vi do* artigo 990 do Código Civil. Em contrapartida, em favor do sócio que tem os bens penhorados por dívida contraída em benefício da sociedade e não participou do ato que levou a contraí-la, socorre o direito de indicar os bens afetados às atividades empresariais, de modo a substituir a penhora em seus bens.

Não parece coerente a ressalva constante no final do art. 1.024, que retira o benefício de ordem restritamente em favor daquele que contratou. Estabelecida solidária e ilimitadamente a responsabilidade dos sócios, a todos caberia negar-se o benefício de ordem, e não somente ao que representou a sociedade na celebração do negócio.

Assinala Alexandre Bueno Cateb sobre a continuação da responsabilidade na pessoa dos sócios: "Promovendo a regularização, contudo, deixam os sócios de ser solidários entre si e com a sociedade pelas dívidas sociais, voltando à limitação da responsabilidade da forma contratada nos respectivos estatutos sociais. Entretanto, mesmo sanada a irregularidade, permanece a responsabilidade solidária dos sócios pelos atos praticados enquanto era irregular a sociedade, posto que aqueles que contrataram com a sociedade irregular foram conduzidos à celebração do contrato com base na situação que lhes era apresentada".[8]

---

[7] *Sociedade por Ações*, 2ª ed., Rio de Janeiro, Editora Revista Forense, 1953, vol. I, p. 203.
[8] "A Sociedade em Comum", trabalho citado, p. 155.

VI
Sociedade em conta de participação

1. A MANIFESTAÇÃO DA PRESENÇA DE UM ÚNICO SÓCIO

Trata-se de uma sociedade semelhante à sociedade em comum ou irregular, não personificada, e, pois, não constituída, já que aparece unicamente uma pessoa, que é a empresária e titular do estabelecimento. A atividade constitutiva do objeto social é exercida apenas pelo sócio ostensivo, em seu nome pessoal e sob sua exclusiva responsabilidade, o que levou alguns autores a nem considerarem esta figura como sociedade. Todavia, existe a sociedade em face da presença dos seguintes elementos, alinhados por José Gabriel Assis de Almeida:

"a) a existência de duas ou mais pessoas;

b) a obrigação recíproca de combinarem seus esforços ou recursos;

c) a combinação dos esforços tendo por objetivo uma finalidade comum".[1]

Os demais sócios (isto é, afora o ostensivo) participam dos resultados verificados, com o direito de fiscalizar a gestão dos negócios. Clara a identificação dessa sociedade feita por José Xavier Carvalho de Mendonça: "A sociedade em conta de participação é a que se forma entre pessoas, das quais uma pelo menos deve ser comerciante, para a prática de uma ou mais operações de comércio determinadas, trabalhando um, alguns ou todos os associados em seu nome individual para o lucro comum".[2]

A previsão está, presentemente, no art. 991 do Código Civil: "Na sociedade em conta de participação, a atividade constitutiva do objeto social é exercida unicamente pelo sócio ostensivo, em seu nome individual e sob sua própria e exclusiva responsabilidade, participando os demais dos resultados correspondentes". Deduz-se que a sociedade não tem firma social. Nem se exige contrato escrito, para que surta efeitos. Acrescenta Amador Paes de Almeida: "Sendo uma sociedade oculta e, portanto, exteriorizando-se tão somente em nome do sócio ostensivo, não tem, como as demais sociedades, personalidade jurídica. Não possuindo personalidade jurídica, não tem, igualmente, firma ou denominação social, sede ou domicílio".[3]

---

[1] *A Sociedade em Conta de Participação*, Rio de Janeiro, Editora Forense, 1989, p. 31.

[2] *Tratado de Direito Comercial Brasileiro*, ob. cit., vol. II, tomo III, p. 261.

[3] *Execução de Bens dos Sócios*, ob. cit., p. 45.

Vera Helena de Mello Franco dá ênfase ao elemento de sociedade interna: "O traço característico desta sociedade reside no fato de constituir uma sociedade interna, apresentando-se no exterior como se o sócio ostensivo (pessoa física ou jurídica) exercesse individualmente o comércio. Nela, perante terceiros, somente o sócio ostensivo se obriga pessoalmente por todas as obrigações decorrentes do exercício da atividade".[4]

Vinha a matéria regulada nos arts. 325 a 328 do Código Comercial.

Embora a presença de apenas um sócio ostensivo, para a legítima caracterização da sociedade torna-se mister a presença da *affectio societatis*, de estabilidade do pacto entre os sócios e da caracterização de sociedade de pessoas.

Duas ou mais pessoas contratam uma sociedade entre si, que vale para elas unicamente, ou com validade meramente *interna corporis*, sem relação com terceiros.

De modo que unicamente a pessoa que se apresenta é responsável pelos compromissos junto a terceiros, denominado sócio ostensivo, enquanto aos participantes, que outrora eram chamados sócios ocultos, restringe-se junto a ela a relação, no que se mostra peremptório o parágrafo único do art. 991: "Obriga-se perante terceiro tão somente o sócio ostensivo; e, exclusivamente perante este, o sócio participante, nos termos do contrato social".

Esse tipo de sociedade, pois, não tem personalidade jurídica, mesmo que se intente a sua inscrição em qualquer registro. Não tem CNPJ. Não apresenta uma denominação social. Acarreta ao sócio ostensivo responsabilidade ilimitada pelas dívidas sociais, contrariamente ao que ocorre na sociedade limitada, onde o sócio responde apenas pela integralização de sua quota social ou do capital social, caso este não esteja totalmente integralizado. Assim, os negócios que são praticados pela sociedade em conta de participação, externamente, são assumidos pela pessoa física ou jurídica dos sócios ostensivos. É este quem aparece para o mercado. É em seu nome que as transações são realizadas. Porém, internamente, sabe-se que existem outros sócios, que investem recursos e objetivam retorno. Sendo necessário, exemplificativamente, abrir-se uma conta-corrente em uma instituição financeira para a administração dos negócios da sociedade, esta conta não seria aberta em nome desta sociedade, mas sim em nome do sócio ostensivo.

É como a jurisprudência aplica a matéria:

> "Na sociedade em conta de participação o sócio ostensivo é quem se obriga para com terceiros pelos resultados das transações e das obrigações sociais, realizadas ou empreendidas em decorrência da sociedade, nunca o sócio participante ou oculto que nem é conhecido dos terceiros nem com estes nada trata. (REsp. nº 168.028/SP)".[5]

> "Na sociedade em conta de participação o sócio ostensivo é quem se obriga para com terceiros pelos resultados das transações e das obrigações sociais, realizadas ou empreendidas em decorrência da sociedade, nunca o sócio participante ou oculto que nem é conhecido dos terceiros nem com estes nada trata".[6]

A apresentação é em nome próprio, de modo individual, assumindo o sócio ostensivo pessoal e exclusivamente a responsabilidade pela atuação ou atividades exercidas. Desta sorte, apenas o sócio ostensivo é citado e demandado nas ações, não ingressando os demais sócios na lide judicial e muito menos a sociedade: "Não há falar em citação da

---

[4] *Manual de Direito Comercial*, ob. cit., vol. I, pp. 213-214.
[5] REsp. nº 192.603-SP, da 4ª Turma do STJ, j. em 15.04.2004, *DJU* de 1º.07.2004.
[6] REsp. nº 168.028-SP, da 4ª Turma do STJ, j. em 07.08.2001, *DJU* de 22.10.2001, *in Revista do Superior Tribunal de Justiça*, 150/352.

sociedade em conta de participação, que não tem personalidade jurídica, nem existência perante terceiros".[7]

Gladston Mamede exemplifica a espécie na sociedade de fundos de investimento: "É o que se passa, por exemplo, nos fundos de participação em valores, também chamados de consórcios de investimento ou *investiments trusts*, nos quais várias pessoas formam um fundo comum, aportando o dinheiro correspondente a unidades de capital (quotas) para investimento em bolsas ou algures, podendo liquidar suas quotas pelo valor líquido do momento da saída. O fato de saber que o sócio que ocupa posição ostensiva, via de regra uma instituição financeira, atua como administrador do fundo não descaracteriza a sociedade em conta de participação, não permitindo aos terceiros que contrataram com aquele pretender vincular os titulares de quotas, já que tal relação jurídica não lhes diz respeito".[8]

Não se exigem formalidades para constituir a sociedade, valendo todos os meios de prova para a sua demonstração, no que se revela expresso o art. 992: "A constituição da sociedade em conta de participação independe de qualquer formalidade e pode provar-se por todos os meios de direito".

Assim concebe-se porque está baseada a sociedade na confiança recíproca entre os sócios. Entrementes, parece conveniente a celebração de contrato por escrito, o qual vale somente para as partes, mesmo que efetuado o registro em qualquer órgão, de acordo com o art. 993: "O contrato social produz efeito somente entre os sócios, e a eventual inscrição de seu instrumento em qualquer registro não confere personalidade jurídica à sociedade".

Importa em concluir que a sociedade não adquire personalidade jurídica, restringindo--se a inscrição ao sócio, que a promoverá na qualidade de empresário. Produz ela efeitos internamente entre os participantes contratuais, já que os terceiros desconhecem a existência do contrato. Acrescenta José Gabriel Assis de Almeida: "Juridicamente, ela não existe para terceiros (o que é diferente de afirmar que ela é escondida ao público). A única pessoa que comercia é o sócio ostensivo, e é só ele quem assume direitos e obrigações, cabendo ao patrimônio do sócio-gerente responder pela inexecução dessas obrigações. Em consequência, na conta de participação está ausente o motivo que justifica a criação de uma pessoa jurídica".[9]

2. RELAÇÕES ENTRE OS SÓCIOS E CARACTERÍSTICAS

Conforme visto acima, unicamente o sócio ostensivo é que contrata, comprometendo--se com terceiros, sem envolver os sócios participantes, sob pena de, se eles aderirem expressamente, também participarem das obrigações e se comprometerem, no que encontra apoio no parágrafo único do mesmo artigo: "Sem prejuízo do direito de fiscalizar a gestão dos negócios sociais, o sócio participante não pode tomar parte nas relações do sócio ostensivo com terceiros, sob pena de responder solidariamente com este pelas obrigações em que intervier".

Entrementes, entre os sócios persistem as relações societárias, podendo fazer que prevaleçam os direitos e obrigações, no que reconhece o STJ: "Os participantes da sociedade em conta de participação podem, individualmente e em nome próprio, propor ações em

---

[7] REsp. nº 474.704, da 3ª Turma do STJ, j. em 17.12.2002, *DJU* de 10.03.2003.

[8] *Direito Societário: Sociedades Simples e Empresárias*, ob. cit., vol. 2, p. 49.

[9] *A Sociedade em Conta de Participação*, ob. cit., p. 81.

96 • Direito de Empresa | Arnaldo Rizzardo

Juízo para dirimir controvérsias sobre as respectivas relações internas. Recurso especial conhecido e provido".[10]

Nesta previsão, se os participantes atuarem conjuntamente com o sócio ostensivo, nem mais de participação é a sociedade.

Mesmo que unicamente um sócio apareça e assuma os compromissos, existe a sociedade, com a participação dos sócios nos lucros e o cumprimento de deveres e obrigações de parte de todos, na proporção da respectiva quota. Não é autorizada a inclusão de outros sócios, a menos que verificado o consentimento dos demais, em atendimento ao art. 995: "Salvo estipulação em contrário, o sócio ostensivo não pode admitir novo sócio sem o consentimento expresso dos demais". Não importa que o sócio ostensivo decida, e que somente ele tenha o empreendimento registrado. Se incluir novas pessoas, é possível a mera oposição dos demais para invalidar a alteração, não influindo o montante da participação social.

Não se impede a participação de sócios estrangeiros na sociedade, desde que, por contrato interno, se aponte ou indique o valor da quota ou das ações, fazendo o seu registro no Banco Central do Brasil, em atendimento ao art. 1º da Lei nº 4.131, de 1962. De modo que as pessoas físicas ou jurídicas, residentes ou domiciliadas no exterior, podem realizar contratos de participação societária com o sócio ostensivo no Brasil, fazendo-se o registro do número e do valor das quotas indicadas no contrato social perante aquela instituição, as quais representam divisa estrangeira que ingressa no País. A fim de possibilitar o ingresso e o registro referido, indispensável a existência de contrato interno, que especifique as participações.

A sociedade em conta de participação pode ser simples ou empresária. O Código Civil não faz distinção se a atividade desenvolvida pelos sócios em conta de participação é ou não empresarial. As normas do Código são aplicáveis independentemente da atividade dos sócios. O art. 983, em seu parágrafo único, dispõe expressamente que a sociedade em conta de participação não está sujeita ao critério distintivo do art. 982 entre sociedade simples e empresária.

Bernardo Lopes Portugal resume nas seguintes características a sociedade:

> "a) Não possui razão social ou firma; b) não adquire personalidade jurídica, seja perante seus sócios ou perante terceiros; c) não possui as titularidades negocial, patrimonial ou processual típicas das pessoas jurídicas; d) não pode requerer ou sofrer falência; e) tem liquidação realizada na forma regida pelo Código de Processo Civil para a prestação de contas; f) não é sociedade irregular ou de fato".[11]

3. O CAPITAL DO SÓCIO PARTICIPANTE NA SOCIEDADE EM CONTA DE PARTICIPAÇÃO

O capital do sócio participante é distinto e separado do capital do sócio ostensivo. Não faz parte do capital da sociedade aportado pelo sócio ostensivo, para efeitos das obrigações contraídas junto a terceiros. Todavia, gera efeitos entre os sócios, represen-

---

[10] REsp. nº 85.240-RJ, 3ª Turma, j. em 19.11.1999, *DJU* de 13.12.1999.
[11] "A sociedade em conta de participação no novo Código Civil e seus aspectos tributários", *in Direito de Empresa no Novo Código Civil*, Rio de Janeiro, Editora Forense, 2004, p. 159.

tando o montante da participação. Assim se depreende do art. 994 do Código Civil: "A contribuição do sócio participante constitui, com a do sócio ostensivo, patrimônio especial, objeto da conta de participação relativa aos negócios sociais".

Ingressa-se com um capital, que forma o capital social exclusivamente para efeitos dos sócios entre si, ou seja, para a distribuição de lucros e o pagamento de *pro labore*, por ordem do § 1º do artigo acima: "A especialização patrimonial somente produz efeitos em relação aos sócios".

O capital do sócio participante forma um patrimônio especial. Não havendo uma personalidade jurídica para este tipo de sociedade, ou não existindo ela como sociedade, os bens com os quais os sócios ingressam na sociedade não se transferem para a mesma. Daí se concluir que os sócios conservam o domínio sobre os bens, transferindo exclusivamente o proveito dos mesmos. É como reforça José Gabriel Assis de Almeida: "Segundo o regime jurídico da manutenção de propriedade, os sócios conservam a propriedade, a posse e a detenção daquilo que conferem ao fundo social. Simplesmente cada um dos sócios destaca do seu patrimônio geral uma parcela, a qual irá constituir um patrimônio de afetação, dentro do patrimônio de cada sócio".[12]

Considerando que unicamente o sócio ostensivo aparece, apenas ele exerce a atividade constitutiva do objeto social, somente ele é o obrigado tributário, ou na sua pessoa recai a responsabilidade. Daí incumbe-lhe reter os valores concernentes ao imposto. Observa Bernardo Lopes Portugal: "Todos os tributos são calculados e recolhidos pelo sócio ostensivo, sendo que também a responsabilidade tributária estende-se apenas a este. Entretanto, a apuração de tais tributos devidos pela pessoa jurídica equiparada – Sociedade em Conta de Participação – é feita independentemente da pessoa jurídica ostensiva".[13]

No caso do imposto de renda, sujeita-se à tributação sobre os lucros oriundos do empreendimento comum. Para organizar e controlar melhor sua escrita, é conveniente que faça duas contabilidades: uma relativa ao próprio negócio, e a outra dos lançamentos individuados aos demais sócios. Sendo o negócio da sociedade, os custos são repartidos seguindo a ordem proporcional da participação. Nas declarações de renda pessoais dos sócios, pode-se descontar ou deduzir o montante já descontado e recolhido pelo sócio ostensivo, mas que teve em conta os rendimentos da sociedade.

4. FALÊNCIA DA SOCIEDADE EM CONTA DE PARTICIPAÇÃO

No caso de falência, já que, para efeitos junto a terceiros, prevalece apenas o capital social do sócio ostensivo, liquida-se somente o respectivo capital. Unicamente esse capital é que entra em falência, pois somente seu capital existe, devendo ele constar no registro como empresário. Assim compreende-se o § 2º do art. 994: "A falência do sócio ostensivo acarreta a dissolução da sociedade e a liquidação da respectiva conta, cujo saldo constituirá crédito quirografário".

Tem-se, pois, que a falência é do sócio ostensivo, e não da sociedade. Esta, no entanto, será dissolvida. Com efeito, a quota do sócio será liquidada, com a apuração do valor de seu montante. A liquidação é do patrimônio do sócio, que abrange a sociedade. Se ele possui um empreendimento, o mesmo é liquidado, ou se procede a sua falência. Como,

---

[12] *A Sociedade em Conta de Participação*, ob. cit., p. 98.
[13] "A sociedade em conta de participação no novo Código Civil e seus aspectos tributários", trabalho citado, p. 163.

para efeitos perante terceiros, é o empreendimento que existe, dá-se a quebra deste. Não se impede, pois, que o sócio entre em falência, se empresário. Por extensão, ingressa na falência o ativo e passivo da sociedade, cujo patrimônio é somente do sócio ostensivo.

Os bens ou fundos do sócio participante não são afetados e não entram no processo de liquidação.

Já a falência do sócio participante acarreta os efeitos da falência nos contratos bilaterais do falido. Há a falência do sócio, e não da sociedade. Assim depreende-se do § 3º do citado art. 994: "Falindo o sócio participante, o contrato social fica sujeito às normas que regulam os efeitos da falência nos contratos bilaterais do falido". Na apuração do capital, ingressam os ativos líquidos que o sócio possui na sociedade, se possível apurá-los, pois não se comunicam com os bens pertencentes ao sócio ostensivo.

5. RESPONSABILIDADE PERANTE TERCEIROS

Já que unicamente o sócio ostensivo exerce a atividade econômica PERANTE terceiros, não importando que seja através de sua pessoa física ou da pessoa jurídica, exclusivamente ele assume todo tipo de responsabilidade pelos atos que pratica.

Bem expôs a matéria J. X. Carvalho de Mendonça: "Os sócios ostensivos respondem pessoalmente para com terceiros pelas obrigações contraídas. Os credores, portanto, que tratam com o gerente da participação têm ação direta somente contra este e não contra os participantes. Estes terceiros não conhecem a sociedade; por outra, não há sociedade *vis-à-vis* deles. O sócio gerente responsabiliza-se não como sócio ou órgão da sociedade, porém como comerciante, obrando por sua conta e risco.

Em face do fundo social da participação incorporar-se ao patrimônio do sócio-gerente, os credores deste têm nele também a sua garantia, e relativamente a esse sócio não há distinção entre os credores a título particular e os credores a título social. Para terceiros não existe a sociedade nem os sócios participantes.

Com os sócios meramente participantes os terceiros não têm, nem podem ter, a mínima relação jurídica ainda que qualquer daqueles se apresente como mandatário do *dominus* ou sócio-gerente. Estes não tratam coisa alguma por si ou por mandatário. Nessa sociedade, não há obrigação solidária dos sócios para com terceiros, porque a estes não é denunciada a sua existência, tal é a distinção mais exata entre as sociedades em nome coletivo e em participação".[14]

Nesta dimensão decide o STJ:

> "Comercial. Sociedade em conta de participação. Responsabilidade para com terceiros. Sócio ostensivo. Na sociedade em conta de participação o sócio ostensivo é quem se obriga para com terceiros pelos resultados das transações e das obrigações sociais, realizadas ou empreendidas em decorrência da sociedade, nunca o sócio participante ou oculto que nem é conhecido dos terceiros nem com estes nada trata".[15]

Ainda em relação a terceiros, segue José Gabriel Assis de Almeida: "Assim, atualmente, 'manter a sociedade oculta' significa 'manter a irresponsabilidade' perante terceiros do 'sócio oculto'. Isto porque, na verdade, o caráter oculto da conta de participação corres-

---

[14] *Tratado de Direito Comercial Brasileiro*, 5ª ed., Rio de Janeiro, Editora Freitas Bastos, vol. IV, p. 236.

[15] REsp. nº 168.028-SP, da 4ª Turma, j. em 07.08.2001, *DJU* de 22.10.2001, em *RSTJ*, 150/352. Ainda, REsp. nº 192.603-SP, 4ª Turma, j. em 15.04.2004, *DJU* de 1º.07.2004.

ponde à sua inexistência jurídica perante terceiros, posto que terceiros não têm relações jurídicas com a sociedade, nem com o sócio oculto. Os terceiros só estabelecem relações com o sócio ostensivo. E este, por sua vez, não atua em nome da sociedade, mas em seu próprio nome".[16]

6. LIQUIDAÇÃO DA SOCIEDADE EM CONTA DE PARTICIPAÇÃO

Não se processa a liquidação da sociedade seguindo o procedimento ditado para as demais sociedades. Como já se referiu, havendo quebra, é a mesma do sócio, e não da sociedade. Entretanto, falindo o sócio, por extensão inclui-se na falência o negócio ou empreendimento, do qual participam os sócios ocultos.

No caso de simples dissolução, porém, obedece-se ao rito da prestação de contas, em obediência ao art. 996 do Código Civil: "Aplica-se à sociedade em conta de participação, subsidiariamente e no que com ela for compatível, o disposto para a sociedade simples, e a sua liquidação rege-se pelas normas relativas à prestação de contas, na forma da lei processual".

Assim deve proceder-se porque o sócio que aparece é o gestor e administrador do patrimônio ou do negócio. Ele tem à mão o controle dos bens e dos investimentos dos demais sócios. Mais se afigura como um administrador, ao qual os demais sócios confiaram o trabalho e seus investimentos. É ele o único que se obriga perante terceiros, e assume a administração e o risco do empreendimento.

E justamente porque o sócio ostensivo aparece como dono do negócio, apresentando-se como seu titular, não se faz a arrecadação dos bens e livros da sociedade, mas simplesmente se processa a prestação de contas, que se rege pelas disposições do Código de Processo Civil. Se dois ou mais os sócios ostensivos, segue-se a mesma forma, todos devendo prestar contas, e procedendo-se em um único processo, por dicção do parágrafo único do art. 996: "Havendo mais de um sócio ostensivo, as respectivas contas serão prestadas e julgadas no mesmo processo".

No mais, e naquilo que se revelar compatível, e pela previsão do mesmo art. 996, a sociedade rege-se pelas disposições que disciplinam as sociedades simples. É difícil, no entanto, a incidência de tais regras nas relações com terceiros, já que uma única pessoa figura. Nas relações internas, ou discussões entre sócios, parece mais incidente a norma, especialmente no que toca à qualidade e ao nível da participação, aos resultados positivos, ao comprometimento do capital.

7. MODELO DE ESTATUTO DA SOCIEDADE

Para visualização do referido modelo, acesse o QR Code ao lado ou, se preferir, baixe o arquivo em formato editável disponível na plataforma GEN-io, conforme instruções apresentadas no início do livro.

https://goo.gl/rmStMS

---

[16] *A Sociedade em Conta de Participação*, ob. cit., p. 66.

VII
A sociedade simples

1. A DISCIPLINA

Segundo um entendimento bastante forte, a caracterização da sociedade simples corresponde à ideia de sociedade civil do anterior Código Civil. Mesmo as sociedades constituídas para o desempenho de atividades econômicas, em especial as de prestação de serviços decorrentes da atividade intelectual, desde que não tenham grandes capitais, ou uma ampla organização, enquadram-se como simples.

Nessa linha, as sociedades simples adviriam normalmente da espécie sociedade de pessoas, gravitando em torno das pessoas naturais dos sócios, sendo relevante o fator trabalho, as qualidades dos integrantes, a atividade exercida. O fator "trabalho", a experiência do sócio, a sua projeção social, a capacidade adquirida, a credibilidade constituem, na ótica dessa concepção, fatores relevantes. Já na sociedade empresária, especialmente de capital, defende-se que têm realce a técnica da organização, a simplificação na circulação de seus produtos, a facilitação na prestação dos serviços, como as empresas de transporte aéreo, as produtoras de cervejas, as que exploram a telefonia. Nas primeiras incluir-se-iam as de advocacia, de arquitetura, de engenharia, de medicina, de odontologia, as agrícolas, as extrativas, as de consertos e reparos, as de construção, e assim centenas de outras.

As sociedades simples constituiriam o tipo societário de organização mais elementar, correspondendo às anteriores sociedades civis, tendo sua origem no Código suíço das Obrigações de 1881, que unificou o direito privado. Nelas estariam incluídas todas as sociedades não reguladas por uma das formas especiais que a lei prevê. Compreenderiam mais as sociedades onde a característica fundamental estaria na profissão regulamentada, e assim exemplificam-se as de advocacia, arquitetura, economia, engenharia, medicina, odontologia, informática; as sociedades cujo objeto está na execução de ofícios, como de eletricista, marceneiro, encanador, pintor, construtor civil, mecânico, costureiro, cabeleireiro; as sociedades voltadas à ciência e pesquisa, exteriorizadas nos centros de estudos, de assessoria, de botânica; as sociedades que envolvem as artes e a expressão, que se manifestam nos grupos musicais, ou de teatro, de cinema, de artesãos; as sociedades de prestação de serviços de intermediação, compreendendo as de corretores, as imobiliárias, os negociadores de valores em bolsas, de fundos de investimento.

Quando essas sociedades evoluem, se engrandecem, se expandem e se tornam mais complexas, transformam-se em empresárias.

102 • Direito de Empresa | *Arnaldo Rizzardo*

Todavia, consoante já defendido em momento anterior, toda sociedade constituída para uma finalidade econômica, ou que vise fins lucrativos, enquadra-se como empresária.

A sociedade simples, mesmo que titular de patrimônio e de uma renda, não tem como finalidade o desempenho de atividades que tragam rendimentos, ou lucros. No rol de tais sociedades, encontram-se as sociedades de proteção de classes sociais, de profissões, as que giram em torno de condomínios, as que envolvem a pesquisa, o estudo, as artes.

Nesse particular, é preciso que se dê atenção ao parágrafo único do art. 966 do Código Civil, encerrando elementos caracterizadores: "Não se considera empresário quem exerce profissão intelectual, de natureza científica, literária ou artística, ainda com o concurso de auxiliares ou colaboradores, salvo se o exercício da profissão constitui elemento de empresa".

As atividades cuja execução demandam conhecimentos científicos, formação técnica, cultura literária e intelectual, dotes artísticos, são aquelas para as quais a pessoa estuda e se gabarita, como as profissões liberais (advocacia, medicina, análises laboratoriais, odontologia, contabilidade etc.). No entanto, se é formado um grupo de profissionais, estruturado em uma organização para o atendimento ao público, e de abrangência significativa, dirigido a explorar um setor da atividade humana, como os escritórios de advocacia, os centros médicos de atendimento, a caracterização apropriada é de empresa. É o pensamento colhido da obra organizada por Elidie Palma Bifano e Sérgio Roberto de Oliveira Bento: "As atividades resultantes de profissão intelectual de natureza científica, literária e artística, via de regra, não são organizadas, embora possam ser exercidas sob o conceito de empresa e, assim organizadas, podem transformar aquele que as exerce em empresário".[1]

A expressão "elemento de empresa", inserta na parte final do dispositivo, requer interpretação econômica, de sorte a dirigir a atividade intelectual, de natureza científica, literária ou artística para uma estrutura econômica, assim interpretando-a Rubia Carneiro Neves: "Pode-se arriscar a afirmar que pelo menos os dois pressupostos a seguir enumerados devem existir para a consubstanciação do elemento de empresa: a autonomia administrativa, que segundo Valeri, 'a empresa distinguir-se-á, sob esse aspecto, dos departamentos mercantis e dos órgãos dependentes' (*apud* Ruy Souza, *O Direito das Empresas. Atualização do direito comercial*, Belo Horizonte, Livraria Bernardo Álvares, 1959, p. 301. Giuseppe Vareri, *Manuale di Diritto Comercial*, Firenze, Carlo Cya Editor, 1950); a repetição dos atos empresariais, em série orgânica que, no dizer de Ruy de Souza, é 'a continuidade da ação orgânica, com a repetição dos atos em série, expulsando do quadro da empresa os atos isolados e dando o caráter de profissionalidade, que irá localizar-se no empresário, autor responsável pelos atos repetidos e seriados, e não na empresa, que é núcleo do direito'".[2]

A expressão "elemento de empresa" deve-se interpretar no sentido econômico, de modo a aproveitar inclusive a atividade intelectual, de natureza científica, literária ou artística como fator econômico de produção, circulação ou prestação de serviços.

Acresce notar que, qualquer que seja o tipo de sociedade adotado, não se sujeita a sociedade simples à falência ou à recuperação judicial ou extrajudicial, posto que não exerce atividades mercantis, ou produtivas, de caráter econômico, dirigidas a conceder lucro aos

---

[1] *Aspectos Relevantes do Direito de Empresa de acordo com o Novo Código Civil*, ob. cit., p. 50.

[2] "Regime Jurídico da Sociedade Simples", *in Direito de Empresa no Novo Código Civil*, Rio de Janeiro, Editora Forense, 2004, p. 174.

seus integrantes. Tanto que o art. 1.044 do Código Civil refere que a sociedade simples se dissolve de pleno direito por qualquer das causas enumeradas no art. 1.033, aduzindo, quanto à empresária, que a dissolução se dá, também, pela declaração de falência.

As sociedades simples são disciplinadas num total de quarenta e um artigos, iniciando no art. 997 e terminando no art. 1.038, dispositivos que regulam a constituição, o funcionamento e a extinção das sociedades simples. Aplicam-se vários de seus dispositivos supletivamente às sociedades em geral, desde que não incompatíveis com as regras específicas.

2. O CONTRATO SOCIAL

Primeiramente, oportuno esclarecer que a natureza do contrato social é diferente daquela dos demais contratos. Com efeito, na sociedade os interesses são convergentes, enquanto nos demais contratos, excetuado o conjugal, os interesses são divergentes. Aduz Amador Paes de Almeida: "... Excetuado o conjugal, os contratos em geral pressupõem vontades antagônicas, como ocorre, por exemplo, na compra e venda, em que o comprador pretende o objeto, e o vendedor o dinheiro. As partes têm, portanto, interesses divergentes. No contrato de sociedade, os interesses são convergentes, as vontades caminham paralelamente, sendo fixado, por isso, objetivo comum".[3]

A forma de qualquer tipo de sociedade pode ser adotada, exceto quanto às por ações, eis que estas se reservam às empresárias, consoante anota Celso Marcelo de Oliveira: "A sociedade simples pode ser constituída como sociedade em nome coletivo, sociedade em comandita simples e sociedade limitada. Nesses casos, se a sociedade simples optar por um dos tipos de sociedade acima (art. 983), deverá submeter-se às normas da respectiva sociedade, lembrando que a sociedade cooperativa será sempre considerada sociedade simples".[4]

O art. 997 descreve como se constitui a sociedade simples, contendo os elementos que são de caráter obrigatório, existindo mais exigências contidas nas disposições pertinentes ao registro: "A sociedade constitui-se mediante contrato escrito, particular ou público, que, além de cláusulas estipuladas pelas partes, mencionará:

> I – nome, nacionalidade, estado civil, profissão e residência dos sócios, se pessoas naturais, e a firma ou a denominação, nacionalidade e sede dos sócios, se jurídicas;
>
> II – a denominação, objeto, sede e prazo da sociedade;
>
> III – capital da sociedade, expresso em moeda corrente, podendo compreender qualquer espécie de bens, suscetíveis de avaliação pecuniária;
>
> IV – a quota de cada sócio no capital social, e o modo de realizá-la;
>
> V – as prestações a que se obriga o sócio, cuja contribuição consiste em serviços;
>
> VI – as pessoas naturais incumbidas da administração da sociedade, e seus poderes e atribuições;
>
> VII – a participação de cada sócio nos lucros e nas perdas;
>
> VIII – se os sócios respondem, ou não, subsidiariamente, pelas obrigações sociais".

---

[3] *Manual das Sociedades Comerciais*, ob. cit., p. 15.

[4] *Manual de Direito Empresarial*, ob. cit., vol. II, p. 97.

Deve o contrato social conter os elementos acima, na sequência elencada. Podem, porém, os sócios incluir outras cláusulas, ou cláusulas facultativas, de especificação das exigidas na lei, ou abranger mais situações, como cessão de quotas, a administração social, as deliberações sociais, a alteração do contrato social, a forma de dissolução, a distribuição de patrimônio, a retirada e exclusão do sócio, o reembolso de quotas, o direito de preferência na transferência de participação social, a inclusão de estranhos, a disciplina das reuniões e assembleias, a instituição do conselho fiscal, a autorização para pessoa não sócia administrar.

Mister apresentar uma redação ou digitação correta, de modo a não conter emendas, rasuras e entrelinhas; admitida, porém, nesses casos, ressalva expressa no próprio instrumento, com assinatura das partes.

Por força do art. 1º, § 2º, da Lei nº 8.906/1994 (Estatuto da Advocacia), é obrigatório o visto de advogado na confecção do contrato: "Os atos e contratos constitutivos de pessoas jurídicas, sob pena de nulidade, só podem ser admitidos a registro, nos órgãos competentes, quando visados por advogados". Unicamente para os atos e contratos de constituição de pessoas jurídicas revela-se necessária a formalidade, e não para o distrato, a alteração, a dissolução. Nem para as micro e pequenas empresas se impõe, diante do art. 9º, § 2º, da Lei Complementar nº 123, de 14.12.2006: "Não se aplica às microempresas e empresas de pequeno porte o disposto no § 2º do art. 1º da Lei nº 8.906, de 04 de julho de 1994".

Necessária a análise dos requisitos acima.

a) Individuação e qualificação dos sócios

De grande importância que os sócios sejam individuados, ou tragam a qualificação completa, com a menção dos nomes, das profissões, da nacionalidade, do estado civil, da residência, e os números constantes em cadastros de identidade e da declaração de renda. Arnoldo Wald discrimina pormenorizadamente os dados da qualificação, quanto às pessoas físicas e jurídicas: "Se for pessoa física, a nacionalidade, estado civil, profissão, local do domicílio, número do registro do órgão expedidor do documento de identidade e número de inscrição no Cadastro de Pessoas Físicas do Ministério da Fazenda.[5] Se solteiro, deverá constar ainda a data de nascimento do sócio, a fim de se determinar se é incapaz, hipótese na qual ficará impossibilitado de exercer a administração da sociedade. Na hipótese de o sócio ser pessoa jurídica, deverá informar a firma ou denominação social, nacionalidade, sede e inscrição no Cadastro Nacional de Pessoas Jurídicas do Ministério da Fazenda, bem como a pessoa física com poderes para representá-la".[6]

Como se percebe, desperta a atenção a possibilidade de pessoas jurídicas fazerem parte do quadro da sociedade simples, com os dados da denominação ou nome empresarial, da nacionalidade e sede. Nada impede a participação, não importando que sejam empresárias.

Igualmente a pessoa estrangeira, ou que reside no exterior, impondo-se a apresentação dos documentos do país de origem e os documentos exigidos para o estrangeiro, sendo de relevante o que nomeia representante legal, com poderes inclusive para receber citação. Na hipótese de pretender o estrangeiro ocupar o cargo de administrador, torna-se imprescindível o visto permanente ou temporário, que será levado ao registro da Junta Comercial.

---

[5]   O Ministério da Fazenda, com a Medida Provisória nº 870/2019, passou a denominar-se Ministério da Economia.

[6]   *Comentários ao Novo Código Civil, Livro II – do Direito de Empresa*, ob. cit., vol. XIV, p. 339.

b) Nome empresarial

Toda sociedade deve conter o nome ou a denominação social, para se identificar e mesmo existir com uma individualidade própria. De acordo com a conjunção sistemática dos arts. 997, inc. II, e 1.155, *caput*, e respectivo parágrafo único, do Código Civil, a sociedade simples usará o nome empresarial do tipo denominação, de acordo com a forma de constituição.

Além disso, não se impede que a sociedade tenha firma, ou que equivale à razão social, expressão que vinha na legislação anterior, e não veio repetida pelo Código Civil de 2002. De acordo com o art. 1.157, a sociedade que inclui sócio de responsabilidade ilimitada operará sob a firma ou razão social que adotou. E se a sociedade simples contiver sócio que responde subsidiária e ilimitadamente pelas obrigações da sociedade, logicamente se lhe garante a adoção de firma, ou razão social.

c) Objeto social

O objeto social também se coloca como indispensável, pois expressa o conteúdo da atividade, ou a atividade econômica que leva a se constituir a sociedade, ou a atividade em torno da qual se realiza e desenvolve a vida social, ou a razão da existência. Requer-se a sua perfeita menção, não podendo apresentar-se genericamente, como prestação de serviços gerais, ou a dedicação à matéria relacionada à saúde, sem particularizar se comercializa produtos ou presta atendimento médico. Outrossim, requer-se que a atividade se qualifique como lícita, ou não vedada por lei, e que os produtos, se for o caso, sejam comercializáveis.

Aduzem mais Temístocles Pinho e Álvaro Peixoto: "Não podem ser inseridos termos estrangeiros na descrição das atividades, exceto quando não houver termo correspondente em português ou quando já estiver incorporado ao vernáculo nacional.

O objeto não poderá ser ilícito, contrário aos bons costumes, à ordem pública ou à moral, impossível, indeterminado ou indeterminável".[7]

d) Sede

A sede equivale ao domicílio, que é o local onde se estabelece, ou tem o centro de seus interesses, de onde partem suas atividades, e se reúne a sua diretoria, como emerge do art. 75, inc. IV, da Lei civil, que define o domicílio como "o lugar onde funcionarem as respectivas diretorias e administrações, ou onde elegerem domicílio especial no seu estatuto ou atos constitutivos". Não se pode olvidar a hipótese das sociedades terem diversos estabelecimentos, quando o § 1º autoriza que "cada um deles será considerado domicílio para os atos nele praticados".

Qualquer alteração que houver será levada a registro na Junta Comercial.

e) Prazo

O contrato faz referência ao prazo da sociedade, fixando um limite ou assinalando que será indeterminado. Assinala-se um lapso de tempo, ou indica-se que se existirá indefinidamente. Delimita-se o período, o prazo corresponde ao período durante o qual se mantém e prossegue o ajuste. Na maioria das sociedades, no entanto, aparece como indeterminado.

---

[7] *As Empresas e o Novo Código Civil*, ob. cit., p. 177.

Se constituída a sociedade para determinada finalidade, ou uma tarefa especial, ou a efetivação de uma pesquisa, ou a realização de um empreendimento, como a construção de um prédio, naturalmente dá-se o término com a consecução do escopo proposto. No caso, considera-se determinável o prazo, sendo que a extinção da sociedade se dá quando da conclusão da atividade que propulsionou a formação da sociedade.

f) Capital social

O capital está no patrimônio, ou no valor que os sócios se comprometem e aportam para a sociedade, para a o fim de que a mesma cumpra a finalidade a que se propõe. Corresponde à expressão monetária, ou em moeda corrente, da avaliação patrimonial, e que forma o total das quotas. Acrescenta Vera Helena de Mello Franco: "O capital social, a par de constituir a garantia dos credores a sociedade, tem finalidade específica, a saber, a realização do objeto social. Pertence à sociedade e é vedado ao sócio sua utilização particular. Se assim faz, atua com abuso de poder, e a sua responsabilidade é de rigor, a par da possibilidade da sua exclusão da sociedade por violação da *affectio societatis*".[8]

Serve o capital social como elemento de segurança para os credores da sociedade. Nesta ótica, no que se aplica às sociedades empresárias, não se permite aos sócios a distribuição de quantias ou valores necessários à manutenção do capital social, o que o torna intangível, a menos nos casos de aumento ou diminuição em consonância com o contrato, alterando-se, então, o contrato social através de decisão da assembleia, e com as formalidades do devido registro no órgão próprio.

Os próprios sócios definirão o montante do capital, que observarão como fatores preponderantes as necessidades específicas e próprias da sociedade. Esse capital é dividido em quotas de valor igual, que as subscrevem os sócios, as quais formarão o somatório do valor do capital da sociedade. Sem o capital, não se forma a sociedade, pois não pode existir no vazio, sem móveis, local, computadores, mesas, máquinas, telefone, fax, instrumentos e outros materiais mínimos para o funcionamento. É o capital que permite a existência ou a realização de sua finalidade, e mesmo a constituição da sociedade, como a elaboração do contrato, seu registro, a comunicação à praça da existência e a locação de imóvel, se não possui sede própria.

Mesmo assim, defende-se a possibilidade da omissão da referência ao capital, por dedução da previsão do art. 46, que diz respeito ao registro das pessoas jurídicas em geral, sem incluir a menção do capital. Entrementes, mesmo que admitida sociedade com essa omissão, não dispensa um mínimo de suporte patrimonial. A sociedade de alguns artistas, de escritores, de pesquisadores, com a finalidade eminentemente intelectual, não dispensa suportes materiais que, no caso, são arcados pelos sócios.

g) A constituição do capital através da transferência de imóveis

A matéria já mereceu exame em item anterior, aplicável a qualquer tipo de sociedade e ao empresário individual.

Vários os dispositivos sobre as sociedades que permitem a integralização do capital ou mesmo a formação da quota mediante a transmissão do domínio de bens. Assim o art. 1.005, no tocante às sociedades simples, e o art. 1.055, quanto às sociedades de responsabilidade limitada. Nas sociedades anônimas, a previsão se encontra em vários dispositivos, como os arts. 7°, 9°, 89, e 98, § 2°, da Lei n° 6.404/1976. Nas demais sociedades,

---

[8] *Manual de Direito Comercial*, ob. cit., vol. I, p. 177.

estende-se a possibilidade, por aplicação de dispositivos a regras da sociedade simples ou da sociedade por ações, como o art. 1.040 quanto às sociedades em nome coletivo, e o art. 1.090, no tocante à sociedade em comandita por ações.

Não se impõe a escritura pública para a transmissão dos bens, com a finalidade de participação social ou integralização das quotas. Procede-se a constituição da sociedade, nela constando a forma de formação do capital do sócio. Se ingressarem bens imóveis, formaliza-se a transmissão através da perfeita descrição dos bens, em consonância com os dados da matrícula, com a respectiva avaliação. Feita a inscrição na Junta Comercial, providencia-se no registro, através da certidão do ato, ou da cópia autêntica do contrato.

A necessidade de identificação perfeita do imóvel é exigência, além da Lei nº 6.015, de 1973, pelo § 3º do art. 98 da Lei nº 6.404, de 1976, o qual encerra: "A ata da assembleia geral que aprovar a incorporação deverá identificar o bem com precisão, mas poderá descrevê-lo sumariamente, desde que seja suplementada por declaração, assinada pelo subscritor, contendo todos os elementos necessários para a transcrição no registro público".

As próprias atas das assembleias-gerais de constituição das sociedades por ações, nas quais se assinala a aceitação do imóvel, desde que autenticadas pelas Juntas Comerciais, tornam-se suficientes para o registro imobiliário.

Na Lei nº 6.404, de 1976, em relação às sociedades anônimas por ações, colhem-se várias previsões. O art. 7º é expresso: "O capital social poderá ser formado com contribuições em direito ou em qualquer espécie de bens suscetíveis de avaliação em dinheiro".

O art. 8º e seus parágrafos disciplinam a estimativa ou avaliação.

O art. 9º estabelece: "Na falta de declaração expressa em contrário, os bens transferem-se à companhia a título de propriedade".

O art. 89 dispensa a escritura pública: "A incorporação de imóveis para a formação do capital social não exige escritura pública".

A forma de se proceder a transmissão vem ditada no § 2º do art. 98: "A certidão dos atos constitutivos da companhia, passada pelo Registro do Comércio em que foram arquivados, será o documento hábil para a transferência, por transcrição no registro público competente, dos bens com que o subscritor tiver contribuído para a formação do capital social (art. 8º, § 2º)".

Para as sociedades de responsabilidade limitada, a dispensa da escritura pública é uma decorrência da aplicação da Lei nº 6.404, em obediência ao parágrafo único do art. 1.053 do Código Civil. Afora isso, a permissão decorre do art. 64 da Lei nº 8.934, de 18.11.1994, lei que dispõe sobre o registro público de empresas mercantis e atividades afins e dá outras providências: "A certidão dos atos de constituição e de alteração de sociedades mercantis passadas pelas Juntas Comerciais em que foram arquivados, será o documento hábil para a transferência, por transcrição no registro público competente, dos bens com que o subscritor tiver contribuído para a formação do aumento do capital social". Se autorizada o registro pela mera apresentação da certidão em caso de alteração, o mesmo decorre, por coerência, na subscrição quando da constituição da sociedade.

Outrossim, para as sociedades simples estende-se a aplicação acima, pois não se justifica que fiquem excluídas, sendo a mesma a *ratio legis*. As razões são bem explicadas por Attila de Souza Leão Andrade Jr.: "Observe-se que o que a lei intenta é que a transferência decorra de um ato que tenha 'fé pública'. No caso de sociedades comerciais, a escritura pública é substituída pela certidão expedida pela Junta Comercial que certamente também tem 'fé pública'. Ora, a certidão do ato constitutivo ou modificativo do contrato social de uma sociedade civil, efetuado por um cartório de registro civil, por ser um cartório de registro público, também tem 'fé pública' e, portanto, deve ser admitido como instrumento hábil para a transcrição do ato translativo (*v.g.*, o contrato social ou sua alteração prevendo a hipótese da transferência do imóvel) junto ao competente registro de imóveis. O que importa relevar, como essencial, é que a descrição e a confrontação do imóvel em questão seja devidamente individuado no respectivo instrumento societário, constitutivo ou modificativo, no qual o imóvel esteja sendo utilizado em conferência ao capital social".[9]

Inclusive nas alterações das sociedades, com aumento do capital, desde que se dê a formalização de acordo com a lei, em reunião ou assembleia dos sócios, e a descrição individuada do imóvel, tudo devidamente protocolado na inscrição da Junta Comercial.

h) Contribuição de cada sócio e a especificação dos serviços

Formula-se a contribuição de cada sócio no capital social, o modo e o tempo de realizá-lo. Não entra na formação do capital a estimação da qualidade dos sócios, de suas virtudes, capacidades, conhecimento, ou *know-how* do nome. Essa dimensão pode equivaler à participação societária, dando uma estimação fictícia ao capital, distribuindo a percentagem proporcionalmente ao aporte pessoal do sócio.

É possível, no entanto, sem entrar na participação social, a prestação de serviços. Nem se faz, nessa dimensão, a avaliação da estimativa que o serviço corresponde. Admite-se esse tipo de participação naturalmente quando o tipo de serviço é importante e especial, cuja técnica e o conhecimento são atributos do sócio. A prestação da atividade importará em importante fator na realização do objeto social. A execução de determinadas funções requer uma técnica conhecida do sócio, ou experiência no setor, como em uma empresa de publicidade que faz a divulgação de produtos, sendo elaborados os textos por um dos sócios.

Não se procede à estimativa econômica que representa a prestação, nem se opera a realização da quota dentro de um prazo estabelecido, pois o capital social se compõe de dinheiro e bens suscetíveis de avaliação pecuniária. Sendo importante a presença de uma pessoa especial na sociedade, como de um cientista, de um advogado especialista em um campo da atividade, de um *expert* em matéria de corretagem, de um executivo com acesso a certa classe social de pessoas, procede-se o mero ingresso na sociedade, mas não se convertendo a estimativa em quotas, integralizadas no ato ou em um período marcado no tempo.

i) Administração

Indicam-se os nomes dos gerentes ou administradores da sociedade, com os poderes discriminados, e a expressa vedação de atos que importem em onerar a sociedade. Normalmente, para comprometer o capital social, o que se dá na prestação de fiança e outras garantias, impõe-se a concordância de todos os sócios, ou da assinatura conjunta dos administradores. No contrato ou estatuto discriminam-se as funções, as quais exigem fiel atendimento, sem exceder os poderes recebidos, sob pena de violação do art. 1.016, que adverte: "Os administradores respondem solidariamente perante a sociedade e os terceiros prejudicados, por culpa do desempenho de suas funções".

---

[9] *Comentários ao Novo Código Civil – Direito das Sociedades*, ob. cit., vol. IV, p. 28.

Aduz Rubia Carneiro Neves que o Código, referindo-se ao art. 1.011, § 1º, "permite que pessoas estranhas ao quadro de sócios possam assumir o cargo de administradores, desde que sejam naturais e que não estejam impedidas por lei especial, e não sejam condenadas a pena que vede, ainda que temporariamente, o acesso a cargos públicos, ou por crime falimentar, de prevaricação, peita ou suborno, concussão, peculato; ou contra a economia popular, contra o sistema financeiro nacional, contra as normas de defesa da concorrência, contra as relações de consumo, a fé pública ou a propriedade, enquanto perdurarem os efeitos da condenação".[10]

j) Participação nos lucros e nas perdas

A participação nos lucros e perdas é apurada no final de cada exercício, fazendo--se a divisão proporcionalmente ao número de quotas ou outra maneira de participação. Não cabe a distribuição favorecida a alguns dos sócios, ou a isenção das perdas, mesmo que em vista do tipo de atividade prestada para a empresa. O art. 1.008 proíbe o favorecimento: "É nula a estipulação contratual que exclua qualquer sócio de participar dos lucros e das perdas".

Constituindo o aporte ao capital, pelo sócio operário, de serviços, a participação se dá somente nos lucros, não se lhe distribuindo as perdas, no que bem está colocada essa diferença de tratamento no art. 1.007: "Salvo estipulação em contrário, o sócio participa dos lucros e das perdas, na proporção das respectivas quotas, mas aquele, cuja contribuição consiste em serviços, somente participa dos lucros na proporção da média do valor das quotas". A finalidade da regra é proteger o trabalhador, mesmo que apareça sob a condição de assalariado, dando garantia à sua subsistência. Se participar dos prejuízos da sociedade, torna-se possível a fraude, criando situações engendradas para eximir o titular de maior quantidade de quotas da primária obrigação de dar a devida contraprestação do trabalho realizado.

Resume Rubia Carneiro Neves a solução, se nada prever o contrato: "Assim, na falta da regulamentação da participação dos sócios nos lucros e nas perdas, o sócio participará na proporção das respectivas quotas, e aquele, cuja contribuição consiste em serviços, somente participará dos lucros na proporção da média do valor das quotas".[11]

k) Responsabilidade subsidiária dos sócios

A responsabilidade subsidiária dos sócios é outro ponto que merece a atenção. O contrato social conterá a previsão sobre o grau de responsabilidade dos sócios, no que se limita às relações internas, sem atingir os direitos de terceiros, que são protegidos pelas regras legais, desde que não contratadas as obrigações na proporção do capital social.

A forma adotada ditará a extensão da responsabilidade. Se limitada a sociedade, arca o sócio até o limite de sua quota, e se não integralizado o capital. No entanto, como se analisará em item separado, a sua quota deve encontrar-se no capital da sociedade. Do contrário, manter-se-á a responsabilidade.

Não é possível olvidar as situações particulares, como nas sociedades em nome coletivo, nas quais vem expressamente contemplada a responsabilidade ilimitada dos sócios pelas obrigações contraídas. Em relação às sociedades em comandita simples, ficam os sócios

---

[10] "Regime Jurídico da Sociedade Simples", trabalho citado, p. 178.
[11] "Regime Jurídico da Sociedade Simples", trabalho citado, p. 180.

comanditários obrigados até o valor de suas quotas, enquanto os sócios comanditados são responsáveis ilimitada e solidariamente pelas obrigações sociais.

Na sociedade limitada, em adendo ao antes observado, vai a responsabilidade até o total das quotas não realizadas. O art. 1.023, entendido de acordo com o art. 1.053, cuida do assunto: "Se os bens da sociedade não lhe cobrirem as dívidas, respondem os sócios pelo saldo, na proporção em que participem das perdas sociais, salvo cláusula de responsabilidade solidária". Uma vez integralizada a totalidade do capital, nem a responsabilidade subsidiária é aceita. Sendo a sociedade em comandita por ações, os acionistas são resguardados de qualquer obrigação se integralizadas as ações subscritas. Mesmo que simples a sociedade, mas se adotada a forma de responsabilidade limitada, regem-se as obrigações pelas disposições das sociedades limitadas. A única exceção estaria na previsão contratual de responsabilidade solidária. Não se pode afastar o princípio da personalidade das pessoas jurídicas, sejam do tipo que forem.

Essas regras padrões valem se não desviada a função da sociedade, ou se não detectada culpa na condução de seu destino, matéria que será examinada em outros itens, como o que trata da desconsideração da personalidade jurídica.

Todavia, sempre é possível exigir, antes do chamamento à responsabilidade, a excussão dos bens da sociedade, no que veio expresso o art. 1.024, sem precedente no Código de 1916: "Os bens particulares dos sócios não podem ser executados por dívidas da sociedade, senão depois de executados os bens sociais". Não pode, pois, o art. 1.023 excluir a responsabilidade solidária dos sócios. Unicamente depois de apurado o crédito no capital da sociedade pode-se invocar a responsabilidade, que será, então, solidária. Implantou-se, pois, uma gradação legal na indicação dos responsáveis pelas obrigações sociais. Jamais perde a responsabilidade dos sócios o caráter de subsidiária, malgrado entendimento contrário, inclusive externado na Jornada sobre o Código Civil de 2002, promovida pelo Superior Tribunal de Justiça. Não encontra razoabilidade interpretar o disposto no art. 997, inc. VIII, no sentido de atribuir responsabilidade solidária, e não subsidiária. O art. 1.023 não pode tornar letra morta o conteúdo do art. 1.024. A responsabilidade subsidiária dos sócios é inerente ao regime jurídico da sociedade simples.

Pode-se concluir que o art. 1.024 considera-se um contrapeso na aplicação da teria da desconsideração da personalidade das pessoas jurídicas, ao definir as circunstâncias de sua aplicação.

De outra parte, se autorizada, pelo mesmo inciso VIII do art. 997, a disposição sobre a limitação da responsabilidade, parece óbvio que prevalecem as regras da forma de responsabilidade limitada. Ainda, se a sociedade simples adotar o tipo de sociedade em comandita, haverá sócios comanditários, de responsabilidade limitada, que não respondem pelas obrigações sociais.

Dentro deste contexto, por dedução lógica, se adotar-se no contrato social a responsabilidade limitada e verificada a integralização do capital social, não haverá a responsabilidade subsidiária. Não subscritas as quotas, no montante que falta incide a responsabilidade solidária, e não subsidiária, já que há uma obrigação de completar a realização da quota.

O pacto em separado da sociedade não tem força perante terceiros, nos termos do parágrafo único do art. 997. Somente aquilo que se encontra registrado é que se impõe. Nesse sentido, a cessão de quotas, o adendo que modifica a distribuição de responsabilidades, dentre outras situações, não surte efeitos, como se retira do art. 1.003: "A cessão total ou parcial de quota, sem a correspondente modificação, do contrato social com o consentimento dos demais sócios, não terá eficácia quanto a estes e à sociedade".

Mesmo que se proceda ao registro ou a averbação junto ao registro, perdura a responsabilidade do cedente por mais dois anos, em vista do parágrafo único do mesmo dispositivo: "Até 2 (dois) anos depois de averbada a modificação do contrato, responde o cedente solidariamente com o cessionário, perante a sociedade e terceiros, pelas obrigações que tinha como sócio".

Busca-se prevenir as manobras de sócios que se retiram da sociedade, embora os desvios e desmandos que tenham perpetrado. Remanesce a responsabilidade pelos atos cometidos à revelia do direito.

3. DISTINÇÕES ENTRE AS SOCIEDADES SIMPLES E AS ASSOCIAÇÕES

Embora as associações não façam parte do direito de empresa, nem se enquadrem como sociedades, é possível que surjam confusões entre elas, afigurando-se pertinente traçar as distinções.

Na associação, não há o fim lucrativo, o que não impede que exista patrimônio e que sejam realizados atos tendentes a angariar rendimentos, ou até atos de comércio, com a diferença, entrementes, de não serem divididos os lucros entre os associados. Veda-se, em outros termos, aos associados o recebimento de dividendos ou lucros. Toda a renda líquida deve reverter em proveito das finalidades estatutárias.

Américo Luís Martins da Silva, inspirado em Yêdo Batista Neves (*Vocabulário Prático de Tecnologia Jurídica e de Brocardos Latinos*, APM Editores, 1987), aprofunda a caracterização: "A associação constitui uma sociedade *lato sensu* formada com ou sem capital, e por pessoas que conjugam bens, conhecimentos ou atividades com o fim comum não especulativo, determinado em contrato ou estatuto. A associação pode ter caráter beneficente, recreativo, literário, cultural, científico etc., ora prestando serviços aos próprios associados, como os clubes sociais, ora prestando serviços à comunidade, como as associações de moradores, e ora prestando serviços a terceiros, como as instituições de caridade. Algumas associações se apresentam com o nome de sociedade, como é o caso da 'sociedade protetora dos animais', o que não lhes altera a natureza jurídica – continuam uma associação".[12]

No caso das sociedades, admite-se que o lucro alcançado seja repartido entre os sócios, como acontece nas sociedades empresárias, e assim na de advogados, na de médicos, na de pintores, e de outros profissionais prestadores de serviços.

Especificamente em relação às sociedades simples, estas se organizam em torno de pessoas para a defesa de seus interesses patrimoniais, ou econômicos, ou profissionais, ou de outra natureza, sem, no entanto, o caráter econômico ou lucrativo direto de seus integrantes. Têm-se, aí, as sociedades condominiais, as de classes profissionais (de médicos, advogados, engenheiros, jornalistas etc.), as de loteadores, as de direitos autorais, além de outras. Acrescentam-se as espécies trazidas por Américo Luís Martins da Silva, embora ele, partindo de princípio diferente, as classifique entre as associações: "A associação civil ou associação de classe (aquela constituída para a defesa e coordenação de interesses econômicos e profissionais), associação profissional (aquela para fins de estudo, defesa e coordenação dos interesses econômicos ou profissionais de todos que, como empregadores, empregados, agentes ou trabalhadores autônomos, ou profissionais liberais, exerçam, respectivamente, a mesma atividade ou profissão, ou atividades ou profissões similares);

---

[12] *Introdução ao Direito Empresarial*, ob. cit., p. 160.

a associação rural (aquela constituída como de representação e defesa da classe rural do município, quando reconhecida e filiada à federação das associações rurais); a associação sindical (aquela de grau superior, que se constitui como federação) etc.".[13]

Há, entrementes, certa proximidade entre as duas categorias, eis que em ambas não se almeja o lucro dos sócios. Todavia, quanto à sociedade simples, existe um número fixo de pessoas, ligando-as um liame contratual, em torno de uma finalidade determinada, nem sempre de caráter altruístico, o que não se apresenta nas associações, nas quais as pessoas mais se aproximam em torno de um objetivo comum, havendo uma constante mutação de membros.

4. MODELOS DE CONTRATO DA SOCIEDADE SIMPLES E DE ESTATUTO DA ASSOCIAÇÃO

5. REGISTRO DA SOCIEDADE SIMPLES

Deve-se promover a inscrição do contrato social no registro civil, para a finalidade de existir a sociedade perante terceiros. Assim ordena o art. 998: "Nos trinta dias subsequentes à sua constituição, a sociedade deverá requerer a inscrição do contrato social no Registro Civil das Pessoas Jurídicas do local de sua sede". Por conseguinte, o registro das sociedades simples se faz no mesmo órgão em que se fazia o registro das antigas sociedades civis, que passaram a designar-se simples, encaminhando-se o pedido acompanhado do instrumento autenticado do contrato. Fazendo-se o sócio representar, anexará a procuração. A sede referida no dispositivo pode ser a da administração ou a do estabelecimento no qual são realizadas as atividades sociais.

A inscrição no Registro Civil das Pessoas Jurídicas dá publicidade à sociedade, passando a valer seus efeitos junto a terceiros, impondo-se suas obrigações e compromissos. Do contrário, todos os membros respondem solidariamente.

Por estar a sociedade simples classificada como sociedade, é obrigatória a inscrição. Para a validade de seus atos perante terceiros, impõe-se a obediência do prazo de trinta dias para o protocolo ou encaminhamento do pedido de inscrição, conforme exige o preceito acima transcrito.

Com a inscrição, aos terceiros se permite conhecer a sociedade, as normas que a dirigem, as finalidades, os membros componentes, a diretoria ou a composição dos administradores, o capital, o grau de responsabilidade. Nesse sentido, se o capital é diminuto, evidente que não inspira confiança a realização de um negócio vultoso. No caso de figurarem os sócios como responsáveis solidários das obrigações, resulta em maior confiabilidade quanto à contratação de compromissos.

---

[13] *Introdução ao Direito Empresarial*, ob. cit., p. 160.

O § 1º fornece os documentos que acompanharão a inscrição: "O pedido de inscrição será acompanhado do contrato, e, se algum sócio nele houver sido representado por procurador, o da respectiva procuração, bem como, se for o caso, da prova de autorização da autoridade competente". É primário que irá acompanhar o instrumento contratual, com as possíveis procurações outorgadas por sócios para a respectiva representação. Outrossim, se o objeto social for daqueles que demandam autorização do Poder Público, deve estar junto o comprovante do ato, como na atividade de exploração de minérios, ou de funcionamento de escolas ou entidades de ensino e formação. Nesta situação, ao Poder Público incumbe o exame da sociedade, especialmente os estatutos, a fim de aquilatar seus interesses visados, e detectar possível ofensa à soberania nacional, mormente quando aparentam não visarem fins lucrativos, mas encerram ideias sobre seitas religiosas altamente duvidosas.

Não se pode olvidar a exigência do § 2º do art. 1º da Lei nº 8.906, de 4.07.1994, que dispõe sobre o Estatuto dos Advogados, ordenando que os atos e contratos constitutivos de pessoas jurídicas, sob pena de nulidade, só podem ser admitidos a registro, nos órgãos competentes, quando visados por advogados.

Procede-se à inscrição em livro próprio existente no cartório, nos termos do § 2º do art. 998: "Com todas as indicações enumeradas no artigo antecedente, será a inscrição tomada por termo no livro de registro próprio, e obedecerá a número de ordem contínua para todas as sociedades inscritas".

Não efetuado o registro, o contrato vale somente entre os sócios, com a responsabilidade solidária e ilimitada de todos os sócios, mesmo que praticado o ato lesivo ou assumido o compromisso pelo sócio encarregado da gestão. Regem os atos internos o disposto no art. 989: "Os bens sociais respondem pelos atos de gestão praticados por qualquer dos sócios, salvo pacto expresso limitativo de poderes, que somente terá eficácia contra o terceiro que o conheça ou deva conhecer".

6. MODIFICAÇÕES CONTRATUAIS

As modificações contratuais que envolvem aspectos fundamentais e constitutivos da sociedade, discriminados no art. 997, requerem o consentimento de todos os sócios, pois possuem a mesma natureza da constituição. Já outros aspectos, de caráter secundário, como no pertinente às funções dos sócios, reclamam a aprovação da maioria absoluta dos sócios. É como ordena o art. 999: "As modificações do contrato social, que tenham por objeto matéria indicada no art. 997, dependem do consentimento de todos os sócios; as demais podem ser decididas por maioria absoluta de votos, se o contrato não determinar a necessidade de deliberação unânime".

Enuncia o preceito que as matérias arroladas requerem a aprovação de todos os sócios. Não importa que o contrato permita a aprovação por maioria simples ou absoluta, pois esta faculdade restringe-se a outros aspectos.

Nesta ótica, as deliberações que decidem sobre a permanência dos sócios, sobre a modificação da composição acionária ou quotista, a denominação, o objeto, a sede, o prazo, o capital, as contribuições dos sócios, a participação nos lucros e nas perdas sociais, a administração, os poderes conferidos aos administradores, ficam na dependência do consenso de todos os sócios.

O parágrafo único impõe a averbação de qualquer modificação, não importando a natureza da cláusula: "Qualquer modificação do contrato social será averbada, cumprindo-se as formalidades previstas no artigo antecedente".

Nota-se que o fato de classificar-se como simples a sociedade não influi na facilitação das formalidades impostas na mudança ou alteração de cláusulas. Nessa dimensão, o afastamento de sócio da gerência, por se referir a dado fundamental da sociedade, e que se inclui no inc. VI do art. 997, não prescinde da aprovação da totalidade dos integrantes, enquanto em outros tipos de sociedades, como na de responsabilidade limitada, sendo o sócio nomeado administrador no contrato, sua destituição somente se opera pela aprovação de titulares de quotas correspondentes a mais da metade do capital social, a menos que disponha diferentemente o contrato social, de acordo com o art. 1.063, § 1º, em texto da Lei nº 13.792, de 3.01.2019.

A unanimidade da aprovação pelos sócios está expressa no art. 1.002, quando se procurar a substituição de sócios em funções da administração: "O sócio não pode ser substituído no exercício de suas funções, sem o consentimento dos demais sócios, expresso em modificação do contrato social".

Os outros assuntos dependem sempre da aprovação majoritária. No entanto, como se retira do *caput* do art. 997, são permitidas cláusulas estipuladas pelas partes, desde que não ofendam os elementos exigidos pelos seus vários incisos. Nesta visão, permitem-se cláusulas que disciplinem o afastamento de sócios, ou que estabeleçam o *quorum* para a sua exclusão.

7. REGISTRO DE SUCURSAL, FILIAL OU AGÊNCIA DE SOCIEDADE SIMPLES

A instituição de sucursal, filial ou agência de sociedade simples em circunscrição do Registro Civil da sociedade principal, ou matriz, também demanda a respectiva inscrição. A determinação emana do art. 1.000: "A sociedade simples que instituir sucursal, filial ou agência na circunscrição de outro Registro Civil das pessoas jurídicas, neste deverá também inscrevê-la, com a prova da inscrição originária".

Assim, está definido que unicamente se efetua a inscrição em registro se a instalação se for em localidade distinta daquela da sede da sociedade. E na inscrição da sede faz-se a averbação da criação de sucursal, filial ou agência, em obediência ao parágrafo único do art. 1.000: "Em qualquer caso, a constituição da sucursal, filial ou agência deverá ser averbada no Registro Civil da respectiva sede".

A sede mencionada poderá ser a da administração ou do estabelecimento onde se realizam as atividades sociais. As pessoas jurídicas possuem domicílio real e domicílio de eleição, consoante art. 75, inc. IV, §§ 1º e 2º do Código Civil. O domicílio real equivale à sede efetiva, ou à sede administrativa, onde se realizam os negócios e as decisões da sociedade. O domicílio de eleição corresponde ao escolhido nos estatutos, mesmo que lá não se realizam os principais negócios.

Com a providência, é dada publicidade a todos os atos constitutivos da sociedade. Haverá dois registros, isto é, um na circunscrição da sede, e o outro na circunscrição da sucursal, filial ou agência.

Juridicamente, para efeitos da inscrição, e mesmo de responsabilidade, não apresentam diferença as formas sucursal, filial e agência. Já no conceito técnico, a sucursal é o estabelecimento com certa autonomia e organização própria; filial é uma extensão da sociedade matriz, que opera sob o seu completo controle e orientação; agência é a designação de um prolongamento da sociedade, que opera através de uma representação da sociedade, ou de um escritório em uma localidade afastada, agindo o encarregado da direção ou administração por mandato.

A falta de inscrição não altera o regime da responsabilidade, porquanto a sociedade em si se compromete pelos atos e negócios de seus prolongamentos ou ramos em distintas localidades. Para o conhecimento público se impõe a inscrição, levando a possibilitar um maior controle tanto de parte dos usuários como especialmente das autoridades fiscais.

8. OS SÓCIOS E AS OBRIGAÇÕES EM GERAL

Os sócios são as pessoas que participam da sociedade, recebendo da mesma quotas ou outras participações, as quais representam frações do capital social. Essas quotas ou participações integram o capital social, sendo da titularidade dos sócios. A titularidade das frações importa em manter relações de direito e deveres com a sociedade.

Os deveres começam com a celebração do contrato, ou em um prazo fixado, se vier previsto, mas, neste caso, desde que não realizados atos próprios da sociedade, terminando com a liquidação, quando se extinguem as responsabilidades sociais. Com a inscrição, inicia a produzir efeitos perante terceiros. A disciplina está no art. 1.001: "As obrigações dos sócios começam imediatamente com o contrato, se este não fixar outra data, e terminam quando, liquidada a sociedade, se extinguirem as responsabilidades sociais". A existência legal da sociedade inicia com o registro, mas para efeitos junto a terceiros, quando a sociedade figurará como responsável. Antes dessa providência, não significa que não incida a responsabilidade. A diferença é que o registro concentra na sociedade a responsabilidade, não abrangendo os sócios, a menos que tenham praticado atos contrários ao estatuto ou à lei. Essa responsabilidade decorre do art. 221, que adverte: "O instrumento particular, feito e assinado, ou somente assinado por quem esteja na livre disposição e administração de seus bens, prova as obrigações convencionais de qualquer valor, mas os seus efeitos, bem como os da cessão, não se operam a respeito de terceiros, antes de registrado no registro público".

Ou seja, o contrato social vincula as partes que o assinaram a partir de sua formação.

As obrigações fundamentais decorrem da aplicação dos elementos enumerados nos incisos do art. 997.

9. DEVER DE INTEGRALIZAÇÃO DA QUOTA E EXCLUSÃO DO SÓCIO

A quota social representa, no conceito de José Edwaldo Tavares Borba, "uma fração do capital social e, em consequência, uma posição de direitos e deveres perante a sociedade".[14] Desde que subscrita a quota do capital, no curso do prazo concedido é obrigado o sócio a fazer a integralização. Está a ordem no art. 1.004: "Os sócios são obrigados, na forma e prazo previstos, às contribuições estabelecidas no contrato social, e aquele que deixar de fazê-lo, nos 30 (trinta) dias seguintes ao da notificação pela sociedade, responderá perante esta pelo dano emergente da mora".

A norma dirige-se à integralização da quota, que corresponde à principal obrigação.

A falta de integralização importa nas seguintes alternativas: ou a indenização do sócio remisso, ou a sua exclusão, ou a redução da quota ao montante já realizado. Cabe à sociedade, por sua maioria, optar, como indica o parágrafo único do preceito acima: "Verificada a mora, poderá a maioria dos demais sócios preferir à indenização, a exclusão

---

[14] *Direito Societário*, 5ª ed., Rio de Janeiro, Livraria e Editora Renovar Ltda., 1999, p. 22.

do sócio remisso, ou reduzir-lhe a quota ao montante já realizado, aplicando-se, em ambos os casos, o disposto no § 1º do art. 1.031".

Justifica-se a exclusão na própria razão de ser da sociedade, que se formou para conseguir um determinado objetivo comum, que não é alcançado por força da falta de contribuição do sócio. Consequentemente, não se justifica a permanência daquele que impede a consecução da finalidade.

A escolha oferecida entre a exclusão ou a redução do capital impede a indenização, tanto que o cânone coloca essas duas opções no lugar dela. A cumulação das viabilidades importaria em penalidade excessiva ao sócio remisso. Impende, se optar pela indenização, que faça a prova dos danos. Necessário demonstrar que a mora na integralização das quotas sociais trouxe consequências negativas, como na impossibilidade de atender os compromissos perante terceiros.

Na falta de integralização, por força da redação do dispositivo, que remete ao § 1º do art. 1.031, opera-se a redução do capital da sociedade se os demais sócios não suprirem o valor da quota. Se assim optarem, as respectivas quotas ficarão acrescidas do correspondente à quota do sócio inadimplente, solução esta expressamente contemplada nas sociedades de responsabilidade limitada, como sugere o art. 1.081 e seus parágrafos.

Desponta, em suma, o dever específico e principal de integralizar a correspondente quota-parte do capital, que decorre do inc. IV do art. 997.

As demais contribuições que constam no contrato também obrigam o cumprimento. Assim quanto ao pagamento das mensalidades, das despesas, dos benefícios que são concedidos, de chamadas suplementares para fazer a uma necessidade premente. Se preferirem os demais sócios, ao invés da cobrança, faculta-se que procurem o afastamento do sócio devedor, ou que debitem a dívida em montante de sua quota, reduzindo a cifra da mesma na proporção da obrigação nela descontada. A parte retirada da quota é passível de aquisição ou subscrição por outros sócios.

Necessário esclarecer que se dá com a simples falta de pagamento, não carecendo que se proponha alguma medida especial. É o entendimento de Arnoldo Wald: "A regra geral do novo Código Civil para a constituição da mora é que o mero inadimplemento da obrigação, desde que líquida e certa, no prazo estipulado, constitui em mora o devedor, nos termos do art. 397".[15]

10. SUBSTITUIÇÃO DE FUNÇÃO DE SÓCIOS

Regulamentadas as funções pelos estatutos, seguem-se as determinantes próprias. Na omissão, a mudança de funções, ou a destituição de um sócio em determinado cargo, prescinde do consentimento unânime dos demais membros, exceto, obviamente, do sócio que é destituído. O art. 1.002 dita o princípio: "O sócio não pode ser substituído no exercício das suas funções, sem o consentimento dos demais sócios, expresso em modificação do contrato social".

O exercício de funções envolve uma situação das mais importantes na sociedade, surgindo frequentes atritos que desencadeiam em processos judiciais, de complexa solução. Daí a indispensável previdência de constar no contrato as hipóteses e a forma de decisão, mormente no atinente à destituição de gerentes ou administradores.

---

[15] *Comentários ao Novo Código Civil, Livro II – do Direito de Empresa*, vol. XIV, p. 151.

Figurando no contrato a nomeação da gerência ou da administração, unicamente através da modificação se viabiliza a substituição, exigindo-se a unanimidade dos votos, a menos que permitida outra modalidade de mudança. Todavia, havendo unicamente dois sócios, não se viabiliza o afastamento do cargo pela via administrativa. Torna-se imprescindível o caminho judicial, em ação intentada pelo outro sócio.

Percebe-se que, a rigor, não prevalece a maioria do capital. O consentimento deve ser de todos os sócios, por determinação do art. 999. A seguinte interpretação é que deve prevalecer: "À primeira leitura parece que, sem o querer, o sócio não poderia ser excluído da função administrativa que ocupa. Todavia, essa primeira impressão não se confirma com o mais atento exame do texto. Não se trata de direito potestativo de o sócio saber se aceita ou não ser substituído. O que pretende o art. 1.002, quando dita a impossibilidade de 'ser substituído ... sem o consentimento dos demais', *a contrario sensu*, é que o sócio possa sim ser substituído quando houver deliberação unânime dos demais sócios. Do ponto de vista do sócio colocado em xeque, a situação melhorou um pouco em relação ao regime da lei anterior, posto que anteriormente bastava a deliberação majoritária, e agora necessário o consentimento unânime de todos os outros sócios. Se cinco forem os membros, sobre o assunto votam quatro (os demais); e se um deles não concordar, os outros três, embora francamente majoritários sob qualquer ângulo (3 contra 2, ou na votação 3 contra 1), mesmo assim não podem excluir o sócio da administração. Se unanimidade houver, a exclusão pode acontecer".[16]

O consentimento unânime é para quaisquer funções, e não apenas para as de administração, eis que o art. 1.002 tem uma abrangência genérica.

Revela-se indispensável, pois, a assinatura de todos os sócios no instrumento de alteração do contrato social.

11. GARANTIAS NOS APORTES DE BENS TRANSFERIDOS PARA A FORMAÇÃO DO CAPITAL

O ingresso de bens ou créditos na formação da quota ou participação social é válido desde que garantido pela evicção e pela solvência do devedor dos títulos de crédito. O art. 1.005 estabelece essa garantia: "O sócio que, a título de quota social, transmitir domínio, posse ou uso, responde pela evicção; e pela solvência do devedor, aquele que transferir crédito".

É normal a garantia instituída, como acontece em todas as transferências. A evicção representa a garantia dada pelo vendedor ao comprador contra o desapossamento do bem por decisão judicial, acompanhando sempre o contrato de compra e venda, segundo impõe o art. 447. Em relação ao crédito, se não decorre o ingresso do valor em razão da invalidade do título ou insolvência do devedor, não se dá a integralização da quota. A natureza do ingresso do título possui a natureza *pro solvendo*, pois o cedente não se libera dos encargos e garantias da solvência. Todavia, se a falta do ingresso do montante que representa decorre de sua não exigibilidade pela sociedade, mantém-se válido o aporte.

---

[16] Carlos Celso Orcesi da Costa, *Código Civil na Visão do Advogado – Direito de Empresa*, São Paulo, Editora Revista dos Tribunais, 2003, pp. 126-127.

12. CESSÃO DA QUOTA E RESPONSABILIDADE

Para a transferência de quota, ou a cessão, revela-se imprescindível o consentimento dos demais sócios. Acontece que o ato importa em modificação do ato constitutivo, envolvendo elemento assinalado no inc. IV do art. 997, e incluindo-se na previsão do art. 999, que obriga o consentimento de todos os sócios.

A norma consta do art. 1.003: "A cessão total ou parcial de quota, sem a correspondente modificação do contrato social com o consentimento dos demais sócios, não terá eficácia quanto a estes e à sociedade".

Apresenta-se essencial o consenso de todos os sócios para qualquer alteração do contrato. É, pois, indispensável a concordância dos demais sócios porque a cessão importa na modificação do quadro social originariamente formado. Na composição do quadro social, leva-se em alta consideração a figura do sócio de conformidade com seus atributos pessoais. A pessoalidade do vínculo formado acarreta, na saída e entrada de novos sócios, modificação do contrato, com repercussão nos direitos e obrigações dos demais sócios. Com efeito, se não revelar o novo sócio a capacidade econômica do anterior, esta circunstância constitui um fator de aumento da responsabilidade para os demais sócios. Daí não se encontrarem os demais sócios obrigados a aceitar estranhos na sociedade.

Fazendo-se a cessão entre sócios e terceiros, não terá efeito ou não opera para os demais sócios e à sociedade, mantendo-se a responsabilidade do cedente.

A responsabilidade do cedente perdura por dois anos após o ato, conforme o parágrafo único: "Até dois anos depois de averbada a modificação do contrato, responde o cedente solidariamente com o cessionário, perante a sociedade e terceiros, pelas obrigações que tinha como sócio".

A alteração do quadro social advém da livre negociação, desde que em obediência ao contrato, ou se atendida a concordância unânime dos sócios; por morte de um sócio, seguindo-se as viabilidades do art. 1.028; ou por exclusão de sócio, encontrando os casos apoio e disciplina no art. 1.030, hipóteses que virão analisadas adiante.

Ponderáveis razões levam a não permitir o ingresso de novos sócios sem o consentimento de todos os demais, repetindo regra que constava na parte final do art. 1.388 da lei civil de 1916 e era assinalada no art. 334 do Código Comercial. Com a exigência da ciência e do consenso dos demais sócios, procura a lei preservar e manter a união, a harmonia, o entendimento, formando a necessária *affectio societatis*, que é o baluarte principal que dá vida, dinamismo e eficiência à sociedade, pois corresponde à confiança mútua e vontade de todos cooperarem, de modo a alcançar um resultado comum. Há uma comunhão societária, tanto que o interesse particular deve dar lugar para o do sócio na qualidade de sócio e integrante de uma coletividade organizada.

O exercício do veto à entrada de novos sócios não carece de justificação. Todavia, a cessão para os demais sócios não requer a concordância. Naturalmente, o contrato regulará o exercício das preferências, ou a distribuição da participação social. Se omissa a regulamentação, a solução é acrescer a quota dos sócios, dando-lhe novo valor ou uma estimativa mais alta.

A responsabilidade do sócio retirante, pelo prazo de dois anos, restringe-se às obrigações regulares da sociedade, e quando exigíveis do sócio. Não abrange os danos e a correspondente indenização por atos do sócio, como os desmandos cometidos durante a sua gestão, o desvio de valores, o excesso de poderes, a violação à lei.

Mesmo que se insira cláusula em contrário no contrato de cessão, não terá validade.

Envolvendo obrigações tributárias, não se aplica o parágrafo único, eis que a matéria é regida por lei especial. A responsabilidade tributária vem regida pelo Código Tributário Nacional, especialmente em seus arts. 134 e 135, e desde que se as obrigações decorram de excesso de poder, culpa, infração à lei no exercício de funções. Lembra-se que o pagamento de tributos é imposição legal. Assim, se a pessoa dos sócios levou ao inadimplemento, a prescrição se dá em cinco anos, a partir da constituição da obrigação. Anota-se que a não constituição também em cinco anos, traz a decadência.

13. A CONTRIBUIÇÃO CONSISTENTE EM SERVIÇOS

A participação social realiza-se através do aporte de valores, ou de bens, ou de serviços.

Quanto aos serviços, configurando-se aí um novo tipo de sócios, podendo ser chamados "sócios de trabalho", a permissão está no art. 1.006: "O sócio, cuja contribuição consista em serviços, não pode, salvo convenção em contrário, empregar-se em atividade estranha à sociedade, sob pena de ser privado de seus lucros e dela excluído".

Parece salutar a inovação, já que faculta o ingresso de profissional que ingresse na sociedade com um tipo de patrimônio diferente, às vezes mais essencial que uma cifra monetária ou um bem material.

No regime do Código Civil anterior e do Código Comercial, o sócio prestador de serviços tinha a denominação de sócio de indústria, sendo característica a presença nas sociedades de indústria e capital.

No inc. V do art. 997 está ordenado que venha regulada a prestação. Realmente, especificam-se os serviços, a sua quantidade, a qualidade, o local da prestação, a duração e outros pormenores, sob pena de não se confundir com a função normal decorrente da condição de sócio, a que todos ficam vinculados.

Nas sociedades de pessoas, revela-se apropriada a participação pelo oferecimento de serviços, dada a importância das especialidades que favorece a escolha na sua constituição. Torna-se a lembrar que o serviço não é capital, fato que leva a não mensurar esse modo de participação quantitativamente.

Está proibido o sócio, salvo convenção em contrário, de realizar sua atividade em outras empresas, ou de, paralelamente, integrar mais de uma delas. Se tal acontece, não fará jus aos rendimentos ou lucros, e sujeita-se à sua exclusão.

A regra da exclusividade interpreta-se de modo absoluto. Mesmo que esporadicamente, prevalece a proibição. O fato de constar no art. 1.006 a proibição de *empregar-se* em atividade estranha à sociedade, não significa que está vedada a criação de uma nova relação de emprego ou prestação de serviços. O sentido de *empregar-se* deve entender-se na dimensão de dedicar-se, de envolver-se ou de exercer. Do contrário, não surtiria efeito a norma, pois o sócio, desempenhando atividades em outra sociedade, facilmente teria condições de aproveitar-se dos segredos ou da técnica de uma delas para a utilização em outra empresa.

Já em relação à quota, procura-se estimar o montante da integralização pelos serviços prestados, efetuando-se o correspondente ressarcimento. Não consta a previsão da perda do capital da quota.

14. LUCRO DO SÓCIO PRESTADOR DE SERVIÇOS

O sócio que entra com a prestação dos serviços participa unicamente dos lucros da sociedade, não se lhe debitando os prejuízos. É como está no art. 1.007, em redação bastante diferente do art. 1.381 do Código de 1916, que lhe corresponde: "Salvo estipulação em contrário, o sócio participa dos lucros e das perdas, na proporção das respectivas quotas, mas aquele, cuja contribuição consiste em serviços, somente participa dos lucros na proporção da média do valor das quotas".

O normal está na participação dos lucros e das perdas, sempre na proporção das quotas. No entanto, como está na letra do dispositivo, e vinha disciplinado pelo art. 317 do Código Comercial para as sociedades de capital e indústria, abre-se oportunidade para convencionar diferentemente, prevendo que fica afastada a participação nas eventuais perdas ou prejuízos. Isto quanto aos sócios em geral. Já no pertinente ao sócio prestador de serviços, ou sócio-operário, como é denominado, fica livre dos resultados negativos da sociedade. Assim já acontecia com a sociedade de capital e indústria, em relação ao sócio de indústria, que não mais persiste na previsão do atual Código Civil.

Não parece salutar essa previsão de não participar dos prejuízos, porquanto acarreta a criação de dois tipos de sócios, com vantagens ou privilégios para os prestadores de serviços.

A fixação do montante da participação nos lucros mede-se pelo índice que representa a quota sobre a totalidade do capital. Há uma dificuldade em encontrar a participação que se mede pela proporção média do valor das quotas. Naturalmente, há de se verificar a estimativa patrimonial, e calcular o rendimento que trouxeram no período de ano a ano. Fixa-se o lucro pela média de rendimentos trazidos pela quota.

15. EXCLUSÃO DOS LUCROS E PERDAS

Não encerra validade, tornando-se nula, a cláusula que exclui o sócio de participar dos lucros ou das perdas, como é da tradição do direito, e já vinha contemplado no art. 288 do Código Comercial. O art. 1.008 não permite dúvidas: "É nula a estipulação contratual que exclua qualquer sócio de participar dos lucros e das perdas". Na verdade, nem se justificaria a participação na sociedade se não visado algum resultado lucrativo ou favorável economicamente. Em todos os contratos há a prestação e a contraprestação. Assim na locação, no depósito, na parceria, no arrendamento, no mútuo, no depósito. Sempre está presente o intuito do lucro, ou da compensação econômica.

Ficaria, do contrário, inclusive, violado o art. 1.007, que manda efetuar o pagamento de lucros e perdas na proporção das respectivas quotas. No entanto, se contribuir com serviços, está afastada a participação do sócio nos prejuízos, o que constitui uma exceção.

16. LUCROS ILÍCITOS OU FICTÍCIOS

Não permite o Código Civil a distribuição de lucros se não os há, ou a sua indevida partilha, a teor de seu art. 1.009: "A distribuição de lucros ilícitos ou fictícios acarreta responsabilidade solidária dos administradores que a realizarem e dos sócios que os receberem, conhecendo ou devendo conhecer-lhes a ilegitimidade".

A distribuição disfarçada de lucros acarreta o esvaziamento do patrimônio social. A prática se opera através de artifícios contábeis falsos, tornando-se usual para a finalidade de atrair estranhos na aquisição de quotas ou para investir.

Há a responsabilidade solidária na distribuição e percepção de lucros ilícitos ou fictícios, alcançando tanto os administradores como os sócios favorecidos e que concordaram com a distribuição, eis que todos se envolvem em ato de gestão. Contra todos se move a ação de reposição ou restituição e de indenização pelos prejuízos, verificada esta nos juros e multa cobrados nos casos de atraso no pagamento de prestações, de resolução de contratos, de falta de novos investimentos que trariam progresso à sociedade.

Essa maneira de obter vantagem conduz a se reconhecer a liquidação disfarçada da sociedade, servindo como expediente para lesar terceiros.

17. A ADMINISTRAÇÃO PELOS SÓCIOS SEPARADAMENTE

O normal é constar nos estatutos ou no contrato social a regulamentação da administração. Nada aparecendo definido, todos os sócios estão habilitados a administrar separadamente, nos termos do art. 1.013: "A administração da sociedade, nada dispondo o contrato social, compete separadamente a cada sócio".

A solução apresentada não é viável na prática. Todos os sócios estão habilitados a ditar ordens, ou a emitir decisões, ou a gerir as finanças, gerando confusão, desencontros, falta de direção e coordenação. Impossível a viabilização de uma sociedade nesse estado. Veja-se a colocação de Celso Marcelo de Oliveira: "Nesta hipótese, qualquer dos sócios, obedecidos os limites dos seus poderes e o objeto da sociedade, tem a faculdade de contratar ou praticar atos de gestão de forma individual em nome da empresa, que, se não forem questionados, obrigam os demais sócios reciprocamente. Observe que, no caso da administração competir separadamente a vários administradores, cada um pode impugnar a impugnação ou o ato de gestão pretendida por outro, cabendo a decisão aos sócios, por maioria de votos. Esta maioria deve obedecer ao disposto no art. 1.010, ou seja, as deliberações serão tomadas por maioria de votos, contados segundo o valor das quotas de cada um".[17]

Nessa linha, a disposição do § 1º do art. 1.013 trata da administração separadamente de várias pessoas: "Se a administração competir separadamente a vários administradores, cada um pode impugnar operação pretendida por outro, cabendo a decisão aos sócios, por maioria de votos". A validade da decisão dos sócios quanto ao ato impugnado submete-se à decisão da maioria dos votos. A decisão administrativa vincula a sociedade perante terceiros, e produzindo os efeitos jurídicos.

Decorre da falta de coordenação a inviabilidade prática da sociedade. O desencontro de atos emanados dos administradores impossibilita a própria finalidade da sociedade. De qualquer forma, na eventualidade de atos concomitantes e que se contradizem, a solução apontada está na submissão dos atos aos sócios, que decidirão a respeito, e prevalecendo a decisão que obtiver maioria de votos.

Os prejuízos causados por atos que contrariem a maioria importam em responsabilidade por perdas e danos. É a previsão do § 2º: "Responde por perdas e danos perante a sociedade o administrador que realizar operações, sabendo ou devendo saber que estava

---

[17]   *Tratado de Direito Empresarial Brasileiro*, ob. cit., p. 137.

122 • Direito de Empresa | Arnaldo Rizzardo

agindo em desacordo com a maioria". A ação em desacordo com a maioria representa rebeldia e arbitrariedade que não pode ficar impune, comportando também outras medidas administrativas, como afastamento do comando da sociedade, ou até a sua exclusão.

18. LIMITES NA ADMINISTRAÇÃO PELOS SÓCIOS SEPARADAMENTE E ATOS *ULTRA VIRES*

O normal é que o contrato social especifique com precisão e clareza as pessoas que administram a sociedade, com poderes para a representação junto a terceiros.

Todavia, nada dispondo os estatutos a respeito da administração, consoante já anotado, a qualquer dos sócios cabe a administração.

Os atos permitidos são os de gestão. A venda ou oneração de bens, desde que não faça parte do objeto social, depende da aprovação da maioria dos sócios. O art. 1.015 trata do assunto de modo expresso, dando ênfase à gestão de bens imóveis: "No silêncio do contrato, os administradores podem praticar todos os atos pertinentes à gestão da sociedade; não constituindo objeto social, a oneração ou a venda de bens imóveis depende do que a maioria dos sócios decidir".

Decorre uma limitação dos atos de administração, de modo que não importem desvarios ou abusos na manipulação de recursos e na destinação do patrimônio social. Naturalmente, se a sociedade se dedica a negócios imobiliários, ou à compra e venda de bens, atuando como intermediária, corretora, e mesmo construtora, não se aplica a restrição, já que ficaria cerceada na sua própria finalidade.

A qualquer sócio cabe o direito de fiscalizar diretamente a gestão social, e, assim, a impugnação dos atos de administração. Se o art. 1.021 garante a todos os sócios o direito de fiscalizar, parece óbvio que reconhece a legitimidade para contrastar judicialmente os atos e operações sociais praticadas pelos administradores da sociedade.

O parágrafo único do art. 1.015, no entanto, coloca óbices à alegação, pelos demais sócios, de excesso de poderes nas relações travadas com terceiros. Praticado o ato, automaticamente decorre a imposição do cumprimento, exigível perante a sociedade, e não podendo, em tese, ser apresentadas exceções que dizem respeito aos poderes do administrador, menos em hipóteses restritas e nomeadas. Eis a redação: "O excesso por parte dos administradores somente pode ser oposto a terceiros se ocorrer pelo menos uma das seguintes hipóteses:

> I – se a limitação de poderes estiver inscrita ou averbada no registro próprio da sociedade;
>
> II – provando-se que era conhecida do terceiro;
>
> III – tratando-se de operação evidentemente estranha aos negócios da sociedade".

Se inscrita ou averbada a gama de poderes no registro, ou a cláusula restritiva dos poderes de gerência no próprio contrato ou em documento separado, a ninguém se tolera o desconhecimento. Exorbitando dos poderes, os quais vinham escritos em órgão que dá publicidade, aos demais sócios, e mesmo à sociedade abre-se o caminho para a impugnação ou oposição.

Estende-se esse direito mesmo que não averbada ou inscrita a relação de poderes, mas desde que feita a prova de seu conhecimento por terceiros, ou desde que os atos de

Cap. VII | A sociedade simples • **123**

gestão eram completamente estranhos aos negócios da sociedade. Sabendo o terceiro que o administrador não tinha poderes de representar a sociedade e assim mesmo contratou, assume ele a responsabilidade. Não lhe assiste reivindicar quer da sociedade, quer dos sócios, qualquer direito ou indenização.

Pode-se concluir que é imposto aos terceiros certo dever de exame e diligência nas negociações com os representantes da sociedade. Medida de cautela e prudência está na conferência dos poderes no contrato social, com a exigência de sua apresentação.

Por último, se um negócio é estranho ao objeto da sociedade, incabível que se aceite, em favor de quem contratou com a sociedade, a escusa, ou se conceda a isenção das obrigações. Qualquer pessoa está apta a perceber como estranho o negócio de venda de alimentos por uma sociedade dedicada à construção civil. Daí que os terceiros não estão autorizados a acionar a sociedade por eventual descumprimento.

A matéria diz respeito à chamada teoria *ultra vires*, nascida na Inglaterra, que é a teoria pela qual são nulos os negócios realizados pela sociedade não abrangidos em seu objeto social, porquanto lhe falta a capacidade legal para a sua prática.

Sobre o assunto, uma das conclusões da III Jornada de Direito Civil, patrocinada pelo Conselho da Justiça Federal, realizada em Brasília, no período de 1º a 3 de dezembro de 2004, na parte que tratou do Direito de Empresa, restou aprovado o enunciado nº 219, com as seguintes conclusões, sobre o assunto: "Está baseada a teoria *ultra vires* no direito brasileiro, com as seguintes ressalvas:

a) o ato *ultra vires* não produz efeito apenas em relação à sociedade;

b) sem embargo, a sociedade poderá, por meio de seu órgão deliberativo, ratificá-lo;

c) o Código Civil amenizou o rigor da teoria *ultra vires*, admitindo os poderes implícitos dos administradores para realizar negócios acessórios ou conexos ao objeto social, os quais não constituem operações evidentemente estranhas aos negócios da sociedade;

d) não se aplica o art. 1.015 às sociedades por ações, em virtude da existência de regra especial de responsabilidade dos administradores (art. 158, II, da Lei nº 6.404/76)".

A matéria comporta mais considerações. Os administradores estão autorizados a praticar atos acessórios ou conexos à atividade principal da sociedade, sem que a mesma possa invalidá-los. Ao permitir a alegação pela sociedade de excesso por parte dos administradores em operações evidentemente estranhas ao objeto social, a lei não está isentando a sociedade de responder por qualquer ato fora do objeto social, e sim apenas aqueles que não tiverem relação direta ou indireta com este objeto. Mas isso se escandalosa a falta de relação entre o objeto social e a operação realizada. É de se ater à redação do inc. III do citado parágrafo único do art. 1.015, que exige a operação *evidentemente* estranha. Tanto que na própria Inglaterra, onde nasceu e se albergou durante muito tempo a teoria *ultra vires*, nem mais é ela aceita, valendo transcrever o pensamento de Manoel de Queiroz Pereira Calças, sobre o assunto: "A responsabilização da sociedade pelos atos praticados em seu nome por seus administradores é um fator de estabilidade das relações negociais, encontrando respaldo na responsabilidade decorrente da má escolha, haja vista que, se os sócios elegem administrador para representar a sociedade, parece evidente que devem eles, na condição de sócios, responder pelas obrigações contraídas pelos respectivos administradores, mesmo quando estes últimos extrapolem os lindes do objeto social. Não é justo impor ao outro contratante que tenha obrado com boa-fé o ônus de só poder responsabilizar pessoalmente o administrador que excede e pratica negócios jurídicos excluídos do objeto social, exonerando-se a sociedade da obrigação de indenizar".[18]

Ao terceiro de boa-fé reconhece-se o direito de exigir o cumprimento da obrigação pelo administrador, incidindo a sua responsabilidade inclusive com fulcro no art. 1.016, que reza: "Os administradores respondem solidariamente perante a sociedade e os terceiros prejudicados, por culpa no desempenho de suas funções".

É forte a tendência de se reconhecer a boa-fé objetiva, de modo que o excesso de poderes dos administradores não pode ser oposto ao terceiro de boa-fé. Em nome da segurança das relações empresariais, a teoria do *ultra-vires* foi praticamente abandonada mesmo no direito anglo-saxão desde o final do Século XX, constituindo, daí, um retrocesso interpretar literalmente o parágrafo único do art. 1.015.

A regra do parágrafo único do art. 1.015 deve ser aplicada a todas as sociedades, inclusive às de responsabilidade limitada, não importando que o contrato social preveja a incidência supletiva das normas das sociedades anônimas.

19. LIMITAÇÕES À IRREVOGABILIDADE DOS PODERES CONFERIDOS AOS ADMINISTRADORES

Os poderes dos administradores são conferidos pelo contrato. Fazem parte, pois, do contrato, não se autorizando a sua redução ou ampliação, a menos que se altere o contrato.

Mesmo, entretanto, que não se instaure a alteração do contrato, há a possibilidade de se revogar os poderes ou parte dos mesmos se surgir justa causa, ou um motivo relevante. O art. 1.019 disciplina a matéria: "São irrevogáveis os poderes do sócio investido na administração por cláusula expressa do contrato social, salvo justa causa, reconhecida judicialmente, a pedido de qualquer dos sócios".

Como se depreende, surgindo justa causa oportuniza-se o ingresso de ação em juízo para a revogação dos poderes. Várias as situações que comportam a justa causa, verificadas em toda conduta desvirtuada dos interesses da sociedade. Nessa órbita, incluem-se a malversação dos fundos da sociedade, a má gestão, o desvio de valores, o excesso de poderes, o uso da firma para o favorecimento pessoal, a contratação de obrigações superiores à capacidade da sociedade suportar, a colocação de pessoas despreparadas em funções diretivas, a prática de atividades que não se incluem no objeto da sociedade.

No entanto, desde que executadas as citadas condutas, há infração contratual. A irrevogabilidade diz respeito aos poderes contidos no contrato. Em verdade, o administrador não se atém a tais limites. Obviamente, os poderes não abrangem condutas desviadas. E são desviadas as condutas justamente porque são transpostos os limites do contrato.

Assim, a solução não está em ingressar com um pedido judicial de restrição dos poderes, ou de derrogação de alguns deles, mas de uma ação de afastamento da administração por desobediência ao contrato.

Parece que exagerou a lei na exigência de procedimento judicial para a revogação ou o afastamento. Bastava que reconhecesse a faculdade à assembleia, por maioria absoluta de votos. Tanto isto que os administradores são equiparados aos mandatários, que se sujeitam à revogação do mandato a qualquer momento pelos mandantes. Quanto às sociedades limitadas, esta faculdade de revogação e mesmo destituição do administrador pela assem-

---

[18] *Sociedade Limitada no Novo Código Civil*, ob. cit., p. 153.

bleia está assegurada no § 1º do art. 1.063, modificado pela Lei nº 13.7921/2019, mas com menor quantidade de votos se nomeado no contrato e não houver previsão diferente: "Tratando-se de sócio nomeado administrador no contrato, sua destituição somente se opera pela aprovação de titulares de quotas correspondentes a mais da metade do capital social, salvo disposição contratual diversa".

Se conferidos os poderes por ato em separado, ou a quem não seja sócio, a revogação se dá a qualquer tempo, e por mera decisão da assembleia, conforme o parágrafo único do art. 1.019: "São revogáveis, a qualquer tempo, os poderes conferidos a sócio por ato separado, ou a quem não seja sócio". Coloca-se como viável a revogação de uma parcela dos poderes, sem que se dê a perda da função de administrador, com os poderes que remanescerem, e outros eventualmente outorgados. Destina-se o regramento aos empresários, contadores, advogados e a outras pessoas que lidam com tal matéria.

20. DEVER DE PRESTAR CONTAS

Há o direito de acompanhar a realidade da sociedade, de informar-se sobre as atividades que executa, e de conhecer a situação econômica e contábil, de exigir esclarecimentos sobre a gestão e a realidade patrimonial da sociedade, o qual decorre do dever de prestar contas, que se encontra estampado no art. 1.020 do Código Civil: "Os administradores são obrigados a prestar aos sócios contas justificadas de sua administração, e apresentar-lhes o inventário anualmente, bem como o balanço patrimonial e o de resultado econômico".

As contas justificadas equivalem a dar os esclarecimentos e as razões que explicam seu montante, embasadas em documentos e comprovantes, de modo a torná-las perfeitamente inteligíveis e compreendidas. Anualmente, apresentam-se o inventário, o balanço patrimonial e os resultados econômicos. Nada impede, porém, a faculdade, desde que fundamentada, de pedir em outras épocas as contas ou balanço. Em princípio, porém, o dever é anual, sempre ao final do exercício.

21. DIREITO AO EXAME DE LIVROS E DOCUMENTOS DA SOCIEDADE

Ao sócio deve reconhecer-se o direito de exame de livros e quaisquer documentos da sociedade, e, assim, de fiscalizar a sociedade, concedendo a todos os sócios condições para tal exame. O direito de exigir contas é anual, o que não restringe o direito de examinar os livros e documentos sempre que entender necessário. O fato da subscrição de quotas acarreta o direito de titularidade, que acarreta o direito em se admitir a informação do sócio nos fatos que interessam à sociedade.

Esse direito não é absoluto, de acordo com o art. 1.021, que já constava no art. 293 do Código Comercial, pois é concedido nos momentos ou épocas que assinala o contrato. Na omissão de previsão de momento próprio, concede-se a faculdade sempre que o sócio manifestar vontade nesse sentido: "Salvo estipulação que determine época própria, o sócio pode, a qualquer tempo, examinar os livros e documentos, e o estado da caixa e da carteira da sociedade".

Em princípio, assegura-se o direito de análise e exame de todos os documentos da sociedade, a fim de ver se há lucros ou perdas, ou se estão lançadas as entradas e saídas, e mesmo aferir o cumprimento das finalidades sociais.

Com o propósito de não tumultuar o desempenho das atividades normais, e não provocar constantes tumultos ou ingerência na vida social, faculta-se que no contrato se prevejam épocas próprias para a análise e o exame.

Os livros e documentos correspondem a todas as materializações de negócios, de compras, de vendas, de prestações de serviços, envolvendo de modo particular o inventário dos bens, os balanços patrimoniais e os resultados econômicos. A caixa e carteira equivalem às contas bancárias ou em outras instituições, aos financiamentos, aos cartões de crédito, aos movimentos dos registros contábeis, aos créditos e débitos lançados na conta-corrente, aos investimentos e aplicações financeiras.

O exame da contabilidade acarreta não apenas a verificação dos lançamentos de entradas e saídas, mas também dos documentos, recibos, notas fiscais que provocaram os débitos ou os créditos. Se constar um item relativo a gastos com a compra de materiais, é coerente que se permita o exame do documento (nota fiscal, contrato de compra, recibo) que comprove o valor inscrito.

Parece constituir uma decorrência normal o direito de pedir explicações ou esclarecimentos sobre certos documentos, como a origem, a justificação de uma compra ou alienação, a estimativa dos bens adquiridos.

22. AS DELIBERAÇÕES SOBRE OS NEGÓCIOS DA SOCIEDADE

As decisões da sociedade através da assembleia dos sócios são tomadas pela maioria de votos, os quais são contados de conformidade com o valor das quotas de cada sócio. Assim, não entra na apuração o número de sócios, mas o significado econômico das quotas, isto é, o valor de cada uma. O art. 1.010 não permite dúvidas: "Quando, por lei ou pelo contrato social, competir aos sócios decidir sobre os negócios da sociedade, as deliberações serão tomadas por maioria de votos, contados segundo o valor das quotas de cada um".

A solução, aqui, diz respeito aos negócios da sociedade, não abrangendo outras decisões, como as que alteram o contrato social, ou que excluem o sócio, ou dissolvem a sociedade, já que, normalmente, o *quorum*, é disciplinado para cada hipótese. As manifestações, na maior parte das vezes, conferem-se pela totalidade dos votos.

A maioria dos votos compreende a metade dos votos dos sócios e mais um, o que vem a ser a maioria absoluta, contando-se os votos de conformidade com a proporcionalidade da respectiva participação no capital social. Se um sócio for titular de cinquenta e um por cento das quotas sociais, representa a maioria do capital, prevalecendo sempre o seu voto nos destinos da sociedade.

Essa quantidade está exigida pelo § 1º do mesmo artigo: "Para formação da maioria absoluta são necessários votos correspondentes a mais de metade do capital". A referência é sempre o valor das quotas, cujo fator determina a quantidade de votos.

Havendo empate, conta-se o resultado pela maioria simples de votos. É dada prioridade ao número de sócios. Persistindo a indefinição, ou igualando-se os votos a favor e contra a proposição, deve-se remeter a matéria para a apreciação do Poder Judiciário. Ou seja, recorre-se ao juiz, que decidirá com base na prevalência das razões que justificam a matéria, em atendimento ao disposto no § 2º: "Prevalece a decisão sufragada por maior número de sócios no caso de empate, e, se este persistir, decidirá o juiz". Impõe-se que fique clara a hipótese. Um sócio pode ter cinquenta por cento do capital. Outros dois sócios são titulares, cada um de vinte e cinco por cento do capital. Havendo empate na votação, vale a decisão imposta pelos dois sócios, eis que em número superior os votantes.

O § 3º do art. 1.010 contempla uma hipótese especial, que redunda prejuízo na votação do sócio. Se ele manifestar seu voto em favor de uma decisão que traga prejuízo à sociedade, sendo o voto decisivo na votação, decorre a sua responsabilidade, devendo indenizar por perdas e danos. Assim, extrai-se que a votação, em qualquer rumo dos assuntos postos ao sufrágio, terá sempre a meta do benefício da sociedade. O dispositivo mostra-se incisivo: "Responde por perdas e danos o sócio que, tendo em alguma operação interesse contrário ao da sociedade, participar da deliberação que a aprove, graças a seu voto". No caso, domina o interesse pessoal em detrimento ao da sociedade. Vota-se, por exemplo, em um *pro labore* exageradamente alto, cujo valor não comportam os lucros da sociedade; ou enseja-se com o voto a aprovação de um empréstimo a uma pessoa insolvente. Ainda, destina-se parte do capital social para custear viagem desnecessária ao administrador. Participa o sócio da votação em assembleia que decide a realização de contrato com a pessoa dele.

O *quorum* previsto nos dispositivos acima prevalece desde que não envolvidas as matérias do art. 997, para as quais se reclama a unanimidade dos votos, em função do art. 999.

Necessário aduzir, ainda, que a exigência da providência do voto nas deliberações sociais em que o sócio tiver interesse contrário ao da sociedade, para responsabilizá-lo por perdas e danos, não afasta a possibilidade de imputar-lhe a mesma sanção de indenização por danos (e não por perdas) quando seu voto não for decisivo, máxime se verificado o abuso de direito, como dá ensejo o art. 187 do Código Civil. Na sociedade limitada, em que o contrato determinar a regência supletiva pela Lei nº 6.404, de 1976, admite-se mais tranquilamente a responsabilização do sócio por exercício abusivo do direito de voto, ainda que este não tenha prevalecido, por aplicação subsidiária do art. 115, § 3º, da mesma Lei.

23. QUALIDADES E DEVERES EXIGIDOS DO ADMINISTRADOR

As qualidades de probidade, idoneidade, capacidade, conhecimento, bom caráter, seriedade, diligência, iniciativa, visão ou tino empresarial, dentre outras, deve revelar o administrador ou gerente, como se estivesse realizando negócio próprio, tal como acontece nas sociedades anônimas (art. 153 da Lei nº 6.404, de 1976). O art. 1.011 do Código Civil trata dos predicados exigidos: "O administrador da sociedade deverá ter, no exercício de suas funções, o cuidado e a diligência que todo homem ativo e probo costuma empregar na administração de seus próprios negócios". Naturalmente, os interesses são pessoais do sócio detentor da maioria do capital social, que se irradiam na empresa. Ele imporá um ritmo à sociedade segundo as suas conveniências, o que é natural. Assim agindo, no entanto, também favorece os demais sócios, na proporção do capital que possuem.

Para comprovar os requisitos acima, basta a mera afirmação, não se fazendo necessária a juntada de documentos ou de certidões de nenhuma espécie.

O § 1º discrimina outros requisitos especiais, concernentes à inocorrência de impedimentos que incompatibilizam a função, a fim de viabilizar a assunção de certos cargos públicos. Assim, não pode haver a condenação em figuras penais que vedam a nomeação a cargos públicos. Estão alijados os condenados, e não apenas incursos em processos, nos crimes de falência, de prevaricação e outros delitos contra a administração pública ou da justiça, o sistema financeiro nacional, as relações de consumo, a fé pública ou a propriedade: "Não podem ser administradores, além das pessoas impedidas por lei especial, os condenados a pena que vede, ainda que temporariamente, o acesso a cargos públicos; ou por crime falimentar, de prevaricação, peita ou suborno, concussão, peculato, ou contra a economia popular, contra o sistema financeiro nacional, contra as normas de defesa da concorrência, contra as relações de consumo, a fé pública ou a propriedade, enquanto perdurarem os efeitos da condenação". Entendem-se as figuras de peita e suborno como corrupção ativa ou passiva.

Percebe-se que várias causas afastam a ocupação do cargo de administrador. Assim, há a Lei nº 8.112, de 11.12.1990, dispondo sobre o regime jurídico dos servidores públicos civis da União, das autarquias e das fundações públicas federais, que trata das condições para o ingresso na função pública, como a nacionalidade brasileira, o gozo dos direitos políticos, a quitação com as obrigações militares e eleitorais, o nível de escolaridade exigida para o exercício do cargo, a idade mínima de dezoito anos, e a aptidão física e mental.

Existe também a Lei de Recuperação de Empresas e Falência, de nº 11.101, de 09.02.2005, a qual substituiu o Decreto-lei nº 7.661, de 21.06.1945, com realce para o art. 186, que não permite a justificação para o caso, como gastos pessoais, ou da família, manifestamente excessivos; as despesas gerais do negócio ou da empresa injustificáveis; o emprego de meios ruinosos para as finanças; o abuso de responsabilidade de mero favor; prejuízos vultosos em operações arriscadas; inexistência dos livros obrigatórios; falta de apresentação do balanço.

A condenação em alguns delitos do Código Penal proíbe o acesso à função pública. Nesta classe, estão as figuras de:

- prevaricação (art. 319), que é retardar ou deixar de praticar, indevidamente, ato de ofício, ou praticá-lo contra disposição expressa de lei, para satisfazer interesse ou sentimento pessoal;

- peita ou suborno (art. 333), que se verifica quando se oferece ou promete vantagem indevida a funcionário público, para determiná-lo a praticar, omitir ou retardar ato de ofício;

- concussão (art. 316), que se apresenta quando se exige, para si ou para outrem, direta ou indiretamente, ainda que fora da função ou antes de assumi-la, mas em razão dela, vantagem indevida;

- peculato (art. 312), definido como a apropriação, pelo funcionário público, de dinheiro, valor ou qualquer outro bem móvel, público ou particular, de que tem a posse em razão do cargo, ou desviá-lo, em proveito próprio ou alheio.

A prática de crime contra a Lei de Economia Popular (Lei nº 1.521, de 26.12.1951) obsta a nomeação para o cargo. Os crimes aparecem discriminados nos arts. 2º, 3º e 4º, citando-se os exemplos de espécies mais comuns, como recusar a venda, sonegar mercadorias, vender produtos proibidos, recusar a entrega de nota fiscal, falsificar produtos, obter ganhos ilícitos na comercialização, fraudar o peso dos produtos, transgredir tabelas de preços, fazer anúncios falsos de qualidades dos produtos.

Os crimes contra o sistema financeiro nacional estão discriminados na Lei nº 7.492/1986, com alteração da Lei nº 13.506/2017, a partir do art. 2º até o art. 23. Apontam-se como exemplos a impressão, a reprodução, ou, de qualquer modo, a fabricação, ou a colocação em circulação, sem autorização escrita da sociedade emissora, de certificados, cautelas, e outros documentos representativos de título ou valor mobiliário; a divulgação de informação falsa ou prejudicialmente incompleta sobre instituições financeiras; a gerência fraudulenta de instituição financeira; a apropriação de valores ou bens de terceiros investidores; a emissão, o oferecimento ou a negociação de títulos ou valores mobiliários falsos ou falsificados, sem registro prévio na instituição, sem lastro efetivo ou suficiente, sem autorização prévia da autoridade competente.

Os crimes contra as normas de defesa da concorrência constam elencados na Lei nº 9.279, de 14.05.1996, em seu art. 195, ilustrando-se como exemplos a publicação, por qualquer meio, de falsa afirmação, em detrimento de concorrente; a prestação ou divulgação, acerca de concorrente, de falsa afirmação com o fim de obter vantagem; o emprego de meio fraudulento, para desviar, em proveito próprio ou alheio, clientela de outrem.

A prática de infração contra a ordem econômica encontra-se prevista na Lei nº 12.529, de 30.11.2011, que estrutura o Sistema Brasileiro de Defesa da Concorrência; dispõe sobre a prevenção e repressão às infrações contra a ordem econômica, entre outras providências.

Os crimes que envolvem as relações de consumo são os enumerados no Código de Defesa do Consumidor (Lei nº 8.078, de 11.09.1990), arts. 61 a 74, lembrando o seguinte exemplo, arrolado no art. 63, com a cominação de pena de detenção de três meses a um ano, e multa: "Omitir dizeres ou sinais ostensivos sobre a nocividade ou periculosidade de produtos, nas embalagens, nos invólucros, recipientes ou publicidade".

Os crimes contra a fé pública estão arrolados nos arts. 289 a 311-A do Código Penal, em redação e inclusão das Leis nos 9.426/1996, 9.983/2000, 11.035/2004, 12.550/2011 e 12.737/2012, revelando mais importância a emissão de moeda falsa, a emissão de título ao portador sem permissão legal, a falsificação de papéis públicos, a falsificação de selo ou sinal público, a falsificação de documento público, a falsificação de documento particular, a falsidade ideológica, o falso reconhecimento de firma ou letra, a certidão ou atestado ideologicamente falso, a falsidade de atestado médico.

Os crimes contra a propriedade abrangem os contra o patrimônio – arts. 155 a 180 do Código Penal, com alterações das Leis nos 5.474/1968, 8.072/1990, 8.137/1990, 9.269/1996, 9.426/1996, 10.466/2002, 9.983/2000, 10.741/2003, 11.923/2009, 13.228/2015, 13.330/2016, 13.531/2017, 13.603/2018, 13.654/2018, e, assim, o furto, o roubo, a extorsão, a usurpação etc.; os crimes contra a propriedade imaterial – arts. 184 e 186, com alterações da Lei nº 10.695/2003; os crimes contra o privilégio de invenção, e contra as marcas de indústria e comércio – Lei nº 9.279, de 14.05.1996.

O § 2º do art. do art. 1.011 do Código Civil estende ao administrador as disposições sobre o mandado: "Aplicam-se à atividade dos administradores, no que couber, as disposições concernentes ao mandato". Constatam-se várias semelhanças nas figuras de administrador e de mandatário. Há situações que revelam coincidência, como quando o administrador é o próprio procurador da sociedade. No caso, parece que as regras do mandato mais coadunáveis consistem naquelas que traçam as obrigações do mandatário, contidas no art. 667, e que consistem na obrigação do mandatário em aplicar toda sua diligência habitual na execução do mandato, e no dever de indenizar qualquer prejuízo causado por culpa sua ou daquele a quem substabelecer, sem autorização, poderes que devia exercer pessoalmente; e nas do art. 668, impondo que o mandatário é obrigado a dar contas de sua gerência ao mandante, transferindo-lhe as vantagens provenientes do mandato, por qualquer título que seja.

24. DESVIOS DE BENS OU VALORES SOCIAIS PELO ADMINISTRADOR

O art. 1.017 trata da aplicação de créditos ou bens sociais em proveito próprio ou de terceiros, isto é, do desvio de bens, como valores, coisas, títulos e serviços da sociedade: "O administrador que, sem consentimento escrito dos sócios, aplicar créditos ou bens sociais em proveito próprio ou de terceiros, terá de restituí-los à sociedade, ou pagar o equivalente, com todos os lucros resultantes, e, se houver prejuízo, por ele também responderá".

A regra encerra uma clara obviedade. Inadmissível o desvio de créditos ou de bens da sociedade, que leva a capitular-se delito contra o patrimônio. Assim, além do dever de restituir, materializa-se a figura penal correspondente à apropriação indevida de bens, tipificada no art. 168 do Código Penal.

A falta é grave, consistindo na quebra de confiança e em ato contrário aos interesses da sociedade.

O parágrafo único assinala para a aplicação de sanções se, em operações ou decisões, o administrador atuar contra os interesses da sociedade: "Fica sujeito às sanções o administrador que, tendo em qualquer operação interesse contrário ao da sociedade, tome parte na correspondente deliberação". A mesma responsabilidade indenizatória recai no administrador que, nas operações realizadas, tiver interesse pessoal contrário ao da sociedade, e mesmo assim participa da deliberação que decide pelo ato. Fere-se o dever de lealdade, pois há conflito de interesses, incidindo a presunção de que promove a busca de vantagem pessoal, agindo de modo lesivo à sociedade. Não apenas por cautela, mas por dever de honestidade cumpria que se abstivesse de deliberar.

25. O ADMINISTRADOR NOMEADO POR INSTRUMENTO EM SEPARADO

No caso, não consta a nomeação ou indicação do administrador no contrato social ou estatutos, mas vindo autorizada a nomeação em instrumento à parte, como em ata de assembleia ou por designação do sócio majoritário, para tanto autorizado. Faz-se a nomeação por instrumento em separado. Deve averbar-se a nomeação junto à inscrição da sociedade, sem o que não passa a surtir efeitos. Outrossim, o administrador fica responsável solidário pela sua gestão, se omitida a providência. Dispõe, sobre o assunto, o art. 1.012: "O administrador, nomeado por instrumento em separado, deve averbá-lo à margem da inscrição da sociedade, e, pelos atos que praticar, antes de requerer a averbação, responde pessoal e solidariamente com a sociedade".

Com a averbação, que se efetua junto ao Registro Civil das Pessoas Jurídicas, onde se encontra registrada a sociedade, é dado pleno acesso dos interessados ao registro e à realidade das mudanças ou adendos acrescidos, com o que se tem ciência de seu poder, da capacidade econômica, e dos reais representantes.

26. CONSTITUIÇÃO DE MANDATÁRIO PELO ADMINISTRADOR

Embora o caráter personalíssimo das funções, no entanto, desde que emanada autorização dos elementos constitutivos da sociedade, ao administrador reconhece-se a capacidade de nomear mandatário em certos assuntos ou na plena administração, com a perfeita discriminação dos poderes. Não é aceita outra maneira de um terceiro praticar atos em seu nome. O art. 1.018 mostra-se rígido sobre o assunto, vedando a possibilidade de fazer-se o administrador representar por representante: "Ao administrador é vedado

Cap. VII | A sociedade simples • **131**

fazer-se substituir no exercício de suas funções, sendo-lhe facultado, nos limites de seus poderes, constituir mandatários da sociedade, especificados no instrumento os atos e operações que poderão praticar".

É pressuposto indispensável que a representação do administrador decorra de cláusula expressa no contrato, com especificação dos poderes concedidos, não se encontrando óbices para que se constitua um sócio ou estranho.

A responsabilidade do administrador, perante a sociedade e terceiros, perdura, mas não solidariamente ao mandatário. Este arcará com a consequência de suas ações unicamente se extrapolou os poderes, ou se revelou desídia, culpa, falta de diligência no exercício do mandato.

A própria sociedade não se isenta de responsabilidade, já que de seus atos constitutivos advém poderes para a nomeação de mandatário.

Convém realçar que o procurador não atua em nome próprio e por conta do administrador, mas em nome da sociedade representada pelo administrador.

27. ADMINISTRAÇÃO COLEGIADA

Prevendo o contrato ou estatuto e efetivando-se na prática a administração conjunta, os atos conterão a assinatura ou o concurso de todos os sócios designados. Não terá validade a manifestação de vontade de um ou mais sócios, se outros figuravam como devendo participar, a menos que em situações especialíssimas, de extrema necessidade, não sendo postergável a decisão, como na aquisição de materiais indispensáveis para o funcionamento, encontrando-se um sócio doente ou impossibilitado de estar presente. O art. 1.014 é claro sobre a matéria: "Nos atos de competência conjunta de vários administradores, torna-se necessário o concurso de todos, salvo nos casos urgentes, em que a omissão ou retardo das providências possa ocasionar dado irreparável ou grave". Ou seja, em princípio, ficando a competência para administração a cargo de vários sócios, é necessário o concurso de todos para a validade dos atos.

Dispondo o contrato social que a sociedade se faz representar mediante a assinatura de todos os sócios, não se pode abolir o requisito, que deve ser percebido pelos terceiros, porquanto registrado o contrato, nem lhes assistindo a pretensão de afastar a obrigação assumida.

A importância de determinados atos societários, de suficiência e evidente gravidade, demanda a presença conjunta dos administradores.

Parece indispensável a definição ou especificação, pelo contrato social, dos atos dependentes da participação conjunta de todos ou alguns administradores. Não calha deixar à mercê da definição pelos administradores a indispensabilidade ou não da participação conjunta.

28. RESPONSABILIDADE SOLIDÁRIA DOS ADMINISTRADORES

Em todos os administradores recai a responsabilidade pelos danos causados por culpa no desempenho das funções outorgadas, ou, na prática de atos de gestão. É a regra do art. 1.016: "Os administradores respondem solidariamente perante a sociedade e os terceiros prejudicados, por culpa no desempenho de suas funções". Nada mais natural que a responsabilização fique assentada se procederam com culpa os administradores. Em quaisquer situações decorre a obrigação de ressarcir se o prejuízo é consequência de culpa de quem executou a obra ou prestou o serviço. Há o pressuposto da culpa para que os sócios gestores e os administradores que praticaram atos de má gestão, ou ilícitos, respondam solidária e ilimitadamente, e fiquem vinculados ao ressarcimento das perdas e danos. O sentido de culpa envolve o dolo e a culpa no sentido estrito, que se expressa pela imprudência, imperícia e negligência.

Mesmo que resultem danos, se atuarem os administradores de acordo com a lei ou o contrato social, não se lhes imputará a responsabilidade pessoal. Todavia, se não cumprirem as obrigações da lei, sujeitam-se à obrigação. A omissão em recolher os tributos devidos configura violação à lei, pois revela negligência. Todavia, diante da inexistência de recursos, há um fator de força maior, capaz de eximir da responsabilidade.

29. REPRESENTAÇÃO DA SOCIEDADE

Naturalmente, os sócios são representados judicial e extrajudicialmente pelos administradores que tenham poderes especiais, de conformidade com o estatuto ou contrato social. Na falta de designação de representante, a qualquer sócio está autorizado a exercer administração. A redação do art. 1.022 bem elucida a matéria: "A sociedade adquire direitos, assume obrigações e procede judicialmente, por meio de administradores com poderes especiais, ou, não os havendo, por intermédio de qualquer administrador".

A regra retrata a característica básica da pessoa jurídica que, separadamente de seus integrantes, adquire direitos e contrai obrigações, age com personalidade própria e tem capacidade de fazer-se presente em juízo.

Cuida-se do poder de representação, pelo qual a sociedade adquire direitos, contrata obrigações e se faz presente com personalidade própria sempre por meio das pessoas designadas nos estatutos, ou nomeadas em assembleia, ou constituídas por ato próprio autorizado pelo estatuto ou contrato social.

Decorrem do dispositivo a administração e a representação. Enquanto a primeira espécie compõe a direção ou gestão interna, a segunda expressa a presença junto a terceiros através de determinadas pessoas. Todavia, em geral o administrador é também o representante, ou a representação decorre da administração, o que não afasta a designação de administradores e de representantes separadamente.

Se não se der a representação na forma estabelecida nos estatutos, o ato realizado fica eivado de ineficácia, tornando-se inexistente, em coerência com o seguinte entendimento:

"I – A manifestação volitiva da pessoa jurídica somente se tem por expressa quando produzida pelos seus 'representantes' estatutariamente designados.

II – No caso de ser o ato praticado pela pessoa jurídica representada por apenas um dos seus sócios, quando seus estatutos determinam seja ela representada pelos dois sócios em conjunto, o que ocorre não é deficiência na representação, no sentido técnico-jurídico, que aceita convalidação, mas ausência de consentimento da empresa, por falta de manifestação de vontade, requisito fático para a formação do ato.

III – O ato jurídico para o qual não concorre o pressuposto da manifestação de vontade é de ser qualificado como inexistente, cujo reconhecimento independe de pronunciamento judicial, não havendo que invocar-se prescrição, muito menos a do art. 178 do Código Civil".[19]

---

[19] REsp. nº 115.966-SP, da 4ª Turma do STJ, j. em 17.02.2000, *DJU* de 24.04.2000, *in Revista do Superior Tribunal de Justiça*, 134/361.

Num dos votos, assume relevância a seguinte passagem bem elucidativa: "Nessa linha, ressalta evidente que a manifestação volitiva da pessoa jurídica somente se pode produzir pelos seus 'representantes' estatutariamente designados. No caso em que o estatuto designa como representante da pessoa jurídica dois sócios em conjunto e são praticados atos em nome da sociedade por apenas um deles, não ocorre deficiência de representação, porque não é de representação em sentido técnico o problema, não sendo tais atos passíveis de convalidação, mas se verifica hipótese onde o ato jurídico não chega a se formar, por ausência de consentimento de uma das partes".

Tem-se um negócio jurídico aparente, que não existe na prática posto ausente um pressuposto material de constituição. É diferente a situação de negócio nulo, porquanto, neste, aparecem os pressupostos de fato, mas, porque violam o sistema jurídico vigente, sujeitam-se à invalidade.

30. BENEFÍCIO DE ORDEM

Unicamente depois de executados os bens da sociedade entram na execução os bens particulares dos sócios, por imposição do art. 1.024 do Código Civil, que nada mais fez que reproduzir o direito já existente, em especial o art. 350 do Código Comercial do Império e o art. 1.396 do Código Civil de 1916: "Os bens particulares dos sócios não podem ser executados por dívidas da sociedade, senão depois de executados os bens sociais".

Também no art. 795, e em seu § 1º, do Código de Processo Civil, encontram-se disposições acerca do assunto: "Os bens particulares dos sócios não respondem pelas dívidas da sociedade, senão nos casos previstos em lei.

§ 1º O sócio réu, quando responsável pelo pagamento da dívida da sociedade, tem o direito de exigir que primeiro sejam excutidos os bens da sociedade".

Há uma responsabilidade indireta dos sócios pelos débitos da sociedade da qual fazem parte. Unicamente se o credor não encontrar respaldo em bens da sociedade arvora-se no direito de procurar a satisfação de seu crédito em bens do sócio.

Os credores devem exaurir o patrimônio social na satisfação de seus créditos. Somente depois podem investir contra o patrimônio particular dos sócios, e sempre relativamente ao saldo devedor das obrigações ainda pendentes, ou que não restaram pagas.

Todavia, diferente é a solução se o contrato inserir a responsabilidade solidária e ilimitada do sócio, se a sociedade é irregular ou de fato, se houve a prática de ilícito durante a administração, se violada a lei ou o contrato, e se verificado o inadimplemento de obrigações tributárias. Ao credor fica assegurada a faculdade de voltar-se contra o sócio. A própria sociedade autoriza ao credor a execução dos bens pelo saldo ou proporção das quotas de cada sócio. Em caso de não cumprimento de obrigação tributária, há tempos o STJ tem atribuído ao sócio a responsabilidade, porquanto simplesmente deixou de atender a lei.[20]

---

[20] REsp. nº 33.681-12/MG, da 1ª Turma, *DJU* de 02.05.1994.

31. DÍVIDAS PARTICULARES DOS SÓCIOS E EXECUÇÃO EM SUA QUOTA

O art. 1.026 da Lei civil aportou regra de excepcional relevância, relativa ao credor particular do sócio, que não tinha precedente na legislação anterior: cabe ao credor do sócio executar a dívida nos lucros que couber ao sócio devedor, em cada exercício; assiste-lhe, também, executar a quota, levando-a à liquidação. Essas faculdades ressaltam do art. 1.026: "O credor particular de sócio pode, na insuficiência de outros bens do devedor, fazer recair a execução sobre o que a este couber nos lucros da sociedade, ou na parte que lhe tocar em liquidação".

Parte-se do princípio lembrado por José Waldecy Lucena de que "o devedor responde – di-lo o art. 591 do Código de Processo Civil, para o cumprimento de suas obrigações, com todos os seus bens presentes e futuros, salvo as restrições estabelecidas em lei".[21] O citado art. 591 corresponde ao art. 789 do CPC/2015, mantendo idêntico conteúdo.

A faculdade de buscar a liquidação está no parágrafo único do art. 1.026: "Se a sociedade não estiver dissolvida, pode o credor requerer a liquidação da quota do devedor, cujo valor, apurado na forma do art. 1.031, será depositado em dinheiro, no juízo da execução, até noventa dias após aquela liquidação". A apuração na forma do art. 1.031 importa no levantamento de balanço especial.

As possibilidades permitidas revelam-se salutares, e procuram afastar a propositada inadimplência escondida na quota social, consoante decidido:

"Já que prevista a liquidação da quota, decorre automaticamente como viável a sua penhora, em processo de execução, se inexistentes outros bens disponíveis. Nesta ótica, na penhora observa-se a ordem do art. 655 do Código de Processo Civil, colocando-se a penhora na quota no seu inciso X. A respeito, a jurisprudência é favorável".[22]

"Penhora de quota de sociedade de responsabilidade limitada. Possibilidade. CPC, arts. 655, X e 649. Inexistindo restrição, na lei instrumental civil, à penhora de quotas de sociedade de responsabilidade limitada, possível é a incidência da constrição por dívida particular do sócio".[23]

Os arts. 655, X, e 649, acima referidos, equivalem aos arts. 835, III, e 833 do CPC/2015.

Se insuficientes os lucros distribuídos a cada sócio, penhora-se a quota, e procurase a sua liquidação pela estimativa que representa, já que não importa a penhora em tornar o credor sócio, conforme já decidiu o STJ: "As quotas sociais podem ser penhoradas, sem que isso implique a admissão do arrematante como sócio; a sociedade pode valer-se do disposto nos artigos 1.117 e seguintes do Código de Processo Civil. Agravo regimental não provido".[24]

A matéria disciplinada pelos arts. 1.117 e seguintes do CPC/1973 consta prevista no art. 730, c/c os arts. 881, § 2°, e seguintes, do CPC/2015.

A liquidação da quota, dentro da diretriz do art. 1.031 do Código Civil, obriga a apurar o montante que representa sobre o capital social, tendo em vista sempre o patrimônio social à data da resolução, verificado em balanço especialmente realizado. É permitido encontrar outra forma de liquidação, que deverá vir assinalada no contrato, como se colhe do art. 1.031.

---

[21] *Das Sociedades por Quotas de Responsabilidade Limitada*, ob. cit., p. 277.
[22] REsp. n° 237.433-SP, da 1ª Turma do STJ, j. em 05.09.2002, *DJU* de 07.10.2002.
[23] REsp. n° 236.939-RS, da 4ª Turma do STJ, j. em 16.06.2000, *DJU* de 28.08.2000.
[24] AgRg no Ag. n° 347829-SP, da 3ª Turma, j. em 27.08.2001, *DJU* de 1°.10.2001.

Sobre a penhora da quota, a admissibilidade decorre da lógica interpretativa do art. 1.026 e seu parágrafo único, demonstrada por Jorge Lobo: "O Código Civil não veda, nem tampouco permite, expressamente, a penhora de quotas de sociedade limitada, mas admite-a, no art. 1.026, *caput*, e seu parágrafo único, implicitamente, ao autorizar 'o credor a requerer a liquidação da quota do devedor', o que será possível com a penhora da quota, 'na insuficiência de outros bens do devedor' (art. 1.026, *caput*), no limiar do processo de execução de título judicial ou extrajudicial".[25]

A penhora dos lucros e da quota requer a notificação da sociedade, seja para reter os lucros do sócio devedor e executado, seja para a providência da avaliação da quota, através de balanço atualizado, com possibilidade, inclusive, dos demais sócios adjudicarem a quota.

Liquida-se a quota através da apuração do patrimônio da sociedade, com base no seu valor real. Não se alcança o real montante mediante a mera verificação física ou contábil, mas pelo balanço patrimonial, com a inclusão do fundo de comércio, se realmente for avaliado, e as reservas conservadas na sociedade.

Outrossim, não se reconhece legitimidade ativa da sociedade para impugnar a penhora de quotas de propriedade de um sócio, uma vez que não possui qualquer direito subjetivo ante a penhora realizada. Do contrário, estaria pleiteando, em nome próprio, direito alheio, o que é expressamente vedado pelo ordenamento jurídico.

32. RESPONSABILIDADE PELAS OBRIGAÇÕES DA SOCIEDADE

No contrato social, inclui-se a participação ou não dos sócios nas obrigações da sociedade, a teor do inc. VIII do art. 997, onde se insere "se os sócios respondem, ou não, subsidiariamente, pelas obrigações sociais".

Entrementes, mesmo que nada venha avençado, respondem os sócios se os bens não forem suficientes para cobrir a totalidade das dívidas. Assim está no art. 1.023: "Se os bens da sociedade não lhe cobrirem as dívidas, respondem os sócios pelo saldo, na proporção em que participem das perdas sociais, salvo cláusula de responsabilidade solidária".

Por conseguinte, dá-se a responsabilidade na proporção de cada quota pelos saldos dos débitos, com a menção da solidariedade da responsabilidade. Sempre deve o patrimônio corresponder ao capital social. Pela diferença, ou pelo saldo, há a responsabilidade. Irineu Mariani, desembargador do TJ/RS, bem coloca essa responsabilidade: "Quer isso dizer que o capital social corresponde a um seguro ou a uma fiança no limite do respectivo valor, que os sócios assinam perante os credores da sociedade. Tal garantia vigora durante toda a existência da sociedade, de modo que, havendo descapitalização, a obrigação ressurge automaticamente até o limite da perda".[26]

Suponha-se uma sociedade simples, cujo capital é de R$ 9.000,00 (nove mil reais), formada por três sócios que subscreveram cotas iguais de R$ 3.000,00 (três mil reais) cada um. Considerando que a sociedade não possua mais patrimônio, embora tenha uma dívida de R$ 60.000,00 (sessenta mil reais), a responsabilidade de cada sócio será de R$ 20.000,00 (vinte mil reais).

Em princípio, pois, a responsabilidade é subsidiária.

---

[25]   *Sociedades limitadas*, ob. cit., vol. I, p. 159.

[26]   "Responsabilidade civil dos sócios e dos administradores de sociedades empresárias (à luz do novo Código Civil)", *in Revista da AJURIS – Associação dos Juízes do Rio Grande do Sul*, nº 97, p. 104, mar. 2005.

136 • Direito de Empresa | *Arnaldo Rizzardo*

Dificilmente se inclui cláusula de responsabilidade solidária, porquanto se escolhe a sociedade justamente porque, em princípio, não compromete o patrimônio particular do sócio. Essa previsão desnaturaria o próprio sentido e as finalidades da sociedade, sendo uma das principais evitar o ingresso do patrimônio de seus integrantes nos casos de falta de cumprimento das obrigações contraídas.

A responsabilidade solidária, a menos que o contrário venha previsto no contrato, é exigível nas sociedades irregulares ou de fato; nas sociedades em nome coletivo; nas situações de atuação, pelos sócios, em violação da lei, do contrato social, ou com excesso de poderes no exercício do mandato ou de qualquer tipo de administração; e nos casos de inadimplemento de obrigações tributárias das quais façam os sócios parte da administração ou do poder de mando.

Do preceito, no caso do art. 1.023, extrai-se que sempre há a responsabilidade subsidiária, mesmo na omissão do contrato, e até se contrária a previsão. Não vale a eventual cláusula que afasta a responsabilidade. Não cobrindo a totalidade dos bens a dívida, incide a responsabilidade subsidiária e proporcional ao saldo. Nessa ordem, figurando o sócio titular de trinta por cento do capital, deve arcar com o mesmo percentual do passivo excedente ao capital da sociedade, a menos que uma cláusula imponha a responsabilidade solidária.

Perante terceiros, não arreda a responsabilidade a circunstância de não prever o contrato cláusula de responsabilidade. Diferentemente das sociedades de responsabilidade limitada, devem os sócios arcar com o passivo que ultrapassar o capital social, mas sempre de acordo com o excedente das dívidas, e na mesma ordem do capital que possuem.

33. RESPONSABILIDADE DO NOVO SÓCIO PELAS DÍVIDAS DA SOCIEDADE

O sócio que ingressa na sociedade na qualidade de cessionário de quota, de partilha ou de adjudicação, não fica livre das obrigações pendentes ou anteriores, estando a matéria consubstanciada no art. 1.025, que revela forte preocupação para com terceiros: "O sócio, admitido em sociedade já constituída, não se exime das dívidas sociais anteriores à admissão".

A responsabilidade é justificada porque a sociedade constitui uma unidade, e para evitar fraudes ou expedientes ardilosos arquitetados para prejudicar terceiros. Realmente, se não houvesse a assunção das obrigações já constituídas, os sócios endividariam a sociedade, e se retirariam com a transferência das quotas, cujo novo titular estaria livre do cumprimento. Ademais, o novo sócio, ao negociar a compra da quota, o fez levando em conta as obrigações pendentes e proporcionais. Não seria justo que ficasse livre ou descompromissado. De qualquer forma, a regra constitui um entrave ao ingresso de novas pessoas em sociedades já existentes, posto que advém a automática responsabilidade por todo o passivo, embora não tenha contribuído para a sua formação.

A disposição terá em vista o parágrafo único do art. 1.003, que estende a responsabilidade do sócio cedente de sua participação até dois anos da averbação da modificação do contrato. Não importa que, durante esse lapso de tempo, o sócio que ingressa está isento de responsabilidade. Pelo contrário, impera a solidariedade entre o cedente e o cessionário pelo passivo ou obrigações pendentes.

Em especial na responsabilidade de natureza tributária, previdenciária e trabalhista, merece ênfase admitir-se a sucessão nas obrigações pendentes pelos adquirentes de participações sociais.

Os sócios que ingressam em sociedades devem, pois, bem aquilatar a situação, precavendo-se com a exigência de certidões negativas do fisco federal, estadual e municipal, e de levantamento de ações no âmbito da justiça federal, estadual, trabalhista, falimentar e previdenciária.

34. RESPONSABILIDADE DO SÓCIO QUE SE RETIRA, OU QUE É EXCLUÍDO, OU QUE MORRE

Até o decurso do período de dois anos permanece a responsabilidade chamada residual do sócio que se retira, ou é excluído, ou morre, em relação às obrigações da sociedade. No caso de morte, na herança incide a responsabilidade, até o permitido pelas forças dos bens transmitidos, no que dá apoio o art. 1.997 do Código Civil, pelo qual a herança responde pelas dívidas que podiam ser exigidas do *de cujus*. Nas hipóteses dos arts. 1.029 (retirada espontânea) e 1.030 (exclusão), a responsabilidade subsidiária restringe-se às obrigações contraídas até a data do afastamento devidamente averbado no registro da sociedade. Não alcança as obrigações que surgirem.

Sintetiza Vera Helena de Mello Franco que "esta responsabilidade perdura por dois anos a contar da averbação da resolução societária no Registro competente, e isto vale quer no caso de retirada voluntária, tal como previsto na norma do art. 1.029 do CC/2002, quer naquela compulsória, como estatuído no art. 1.030 do CC/2002, e, ainda, no caso de falecimento quando os herdeiros não pretendam continuar na sociedade".[27]

A regra da responsabilidade vem do art. 1.032: "A retirada, exclusão ou morte do sócio, não o exime, ou a seus herdeiros, da responsabilidade pelas obrigações sociais anteriores, até dois anos após averbada a resolução da sociedade; nem nos dois primeiros casos, pelas posteriores e em igual prazo enquanto não se requerer a averbação".

Com a norma, visa-se evitar a fraude contra credores na substituição de sócios com patrimônio por outros que nada possuem, popularmente conhecidos como "laranjas".

Revela a disposição semelhança com o parágrafo único do art. 1.003, que também estende por dois anos a responsabilidade do cedente solidariamente com o cessionário, perante a sociedade e terceiros, pelas obrigações que tinha como sócio, contando-se o lapso do ato de averbação da modificação no registro.

Continua o sócio que se retira, ou que é excluído, ou que morre (no caso assumem em seu lugar os herdeiros) responsável pelas obrigações que existiam quando fazia parte da sociedade. Já no pertinente às que aparecerem, alonga-se a responsabilidade durante dois anos, contados da retirada ou exclusão somente, e não da morte.

Deve-se atentar para a parte final do art. 1.032, que atribui a responsabilidade ao sócio retirante ou que é excluído pelas obrigações posteriores à retirada ou exclusão, em até dois anos depois, se nesse lapso não se fizer a averbação. O caminho, pois, é providenciar de imediato a averbação, sob pena de continuar o vínculo obrigacional com as dívidas que forem contraídas depois do ato de retirada ou afastamento.

---

[27] *Manual de Direito Comercial*, ob. cit., vol. I, p. 282.

35. DISSOLUÇÃO OU RESOLUÇÃO PARCIAL DA SOCIEDADE

Antes do atual Código Civil, dizia-se a dissolução parcial da sociedade quando se dava a retirada de sócios, mas perdurando a existir com os demais, que absorviam o capital daqueles que se afastavam, ou ficava reduzido o capital, ou era adquirido por estranhos que ingressavam na sociedade. Era comum essa alteração da estrutura, que encontrava várias causas, como a discordância entre sócios, a insolvência de um deles e a penhora da quota.

Atualmente tem-se a denominação "resolução da sociedade em relação a um sócio", colhida do direito italiano. O sentido permanece, já que "dissolver" quer dizer o contrário de "solver", que se faz, dentre outras formas, através do afastamento, da retirada; e "resolver" também se compõe de "solver", isto é, com o mesmo significado anterior. O prefixo "dis" ou "re" significa o contrário, ou contra. Assim, os verbos "dissolver" e "resolver" equivalem ao sentido de solver, ou de retirar, de quebrar, partir.

O Código de Processo Civil, introduzido pela Lei nº 13.105, de 16.03.2015, utiliza a denominação "dissolução parcial de sociedade", empregando a palavra "resolução" para significar um dos objetos da dissolução. Veja-se o art. 599: "A ação de dissolução parcial de sociedade pode ter por objeto (...)".

O significado de resolução é, pois, a saída, ou o afastamento do sócio, e mesmo do capital correspondente à sua participação, com o alcance de apuração de haveres. No entanto, seja o termo "dissolução" ou o termo "resolução", há a desconstituição parcial da sociedade, ou a redução de sua magnitude original, com a saída de um dos seus participantes e a retirada correspondente do patrimônio social.

Surpreendeu a disciplina da matéria pelo Código de Processo Civil de 2015 restritamente quanto à dissolução parcial, e não à total. Está incluída no Capítulo V do Título III, Livro I da Parte Especial – arts. 599 a 609, envolvendo inadequadamente regras de direito material.

Com a dissolução ou resolução da sociedade, retira-se, afasta-se, quebra-se a sociedade em relação a um ou todos os sócios. Na primeira eventualidade, afasta-se, ou retira-se, ou quebra-se a sociedade em relação a um ou vários sócios.

De várias maneiras se dá a resolução ou dissolução parcial, discriminadas pelo Código: por morte de sócio, pela exclusão do sócio, e pela retirada do sócio. O Código de Processo Civil indica-as no art. 599, utilizando uma discriminação diferente:

"A ação de dissolução parcial de sociedade pode ter por objeto:

I – a resolução da sociedade empresária contratual ou simples em relação ao sócio falecido, excluído ou que exerceu o direito de retirada ou recesso; e

II – a apuração dos haveres do sócio falecido, excluído ou que exerceu o direito de retirada ou recesso; ou

III – somente a resolução ou a apuração de haveres".

Ao que se percebe, há confusão entre a saída do sócio e a liquidação da quota ou participação. Efetivamente, a saída constitui um momento anterior à apuração do ativo ou passivo do sócio. Pelos termos da norma, o sentido que ressalta exprime mais a normatização sobre a liquidação da participação.

Conforme o § 1º, o pedido virá acompanhado obrigatoriamente do contrato social.

O § 2º estende o direito de pedir a dissolução parcial às sociedades anônimas de capital fechado, desde que formulada a postulação por acionista ou acionistas que representem cinco por cento ou mais do capital social, e que não pode a sociedade preencher o seu fim – matéria que se examinará quando do estudo de tais sociedades.

Cada forma merecerá o estudo específico, esclarecendo-se, para a sociedade limitada, que a apuração de haveres obedece ao estatuído no contrato social: "A apuração dos haveres na dissolução parcial da sociedade por quotas de responsabilidade limitada segue as regras da retirada do sócio previstas no contrato social. Recurso especial conhecido, mas não provido".[28] Pelo art. 606 do CPC, estende-se à sociedade simples a obediência à forma de apuração estabelecida no contrato social: "Em caso de omissão do contrato social, o juiz definirá, como critério de apuração de haveres, o valor patrimonial apurado em balanço de determinação, tomando-se por referência a data da resolução e avaliando-se bens e direitos do ativo, tangíveis e intangíveis, a preço de saída, além do passivo também a ser apurado de igual forma". Depreende-se que, em primeiro lugar, se segue o critério previsto no contrato social.

Outrossim, a resolução parcial da sociedade é decorrência do princípio da preservação da empresa, pelo qual os princípios internos que acontecem devem encontrar a solução, sempre que possível sem o comprometimento de sua própria existência. Daí que se facilita a saída do sócio, mesmo que existam somente dois, ficando resguardado um prazo de cento e oitenta dias para a composição (art. 1.033, inc. IV, do Código Civil). Isto, no entanto, se não providenciada a opção constante do parágrafo único do art. 1.033, em texto da Lei nº 12.441/2011, oportunizando, no caso de concentração de todas as cotas ou do capital social na titularidade do sócio que permanece, as providências na transformação do registro da sociedade para empresário individual ou para empresa individual de responsabilidade limitada.

Todo o patrimônio é considerado para a apuração dos haveres do sócio que se retira, como impõe a jurisprudência do STJ: "Para a apuração dos haveres do sócio, deve ser considerado o valor da universalidade do patrimônio, incluindo-se todos os bens corpóreos e incorpóreos, ativos e passivos, a fim de que o quinhão do sócio retirante represente, efetivamente, a participação que tinha na sociedade".[29]

Analisa-se a fundo a matéria no voto do relator:

"É certo que, no que respeita à apuração dos haveres do sócio, faz-se necessário salientar que deve ser considerado o valor da universalidade do patrimônio, incluindo-se todos os bens corpóreos e incorpóreos, a fim de que o quinhão do sócio retirante represente, efetivamente, a participação que tinha na sociedade. Nesse sentido, registra-se:

'(...) Afastado o sócio minoritário por desavenças com os demais, admite-se que a apuração dos haveres se faça pelo levantamento concreto do patrimônio empresarial, incluído o fundo de comércio, e não, exclusivamente, com base no último balanço patrimonial aprovado antes da ruptura social'. (...) (REsp. nº 130.617-AM, STJ, 4ª Turma, rel. Min. Aldir Passarinho Júnior, *DJ* de 14.11.2005. E ainda: REsp. nº 43.395-SP, STJ, 3ª Turma, rel. Min. Ari Pargendler, *DJ* de 28.06.1999).

(...) A esse respeito, Fábio Ulhoa Coelho leciona: 'A apuração de haveres, em outras palavras, é a simulação da dissolução total da sociedade. Por meio do levantamento contábil, que reavalia, a valor de mercado, os bens corpóreos e incorpóreos do patrimônio social e da consideração do passivo da sociedade, projeta-se quanto seria o acervo remanescente caso a sociedade limitada fosse, naquele momento, dissolvida' (in *Curso de Direito Comercial*, 6ª ed., São Paulo, Editora Saraiva, 2003, vol. 2, pp. 469-470)".

---

[28] REsp. nº 83.031-RS, da 3ª Turma do STJ, j. em 19.11.1999, *DJU* de 13.12.1999.

[29] REsp. nº 1.113.625-MG, da 3ª Turma, j. em 19.08.2010, *DJe* de 03.09.2010, rel. Min. Massami Uyeda.

Regras procedimentais importantes constam nos dispositivos da lei processual civil. O art. 600 elenca os que têm titularidade para propor a ação:

I – o espólio do sócio falecido, quando a totalidade dos sucessores não ingressar na sociedade;

II – os sucessores, após concluída a partilha do sócio falecido;

III – a sociedade, se os sócios sobreviventes não admitirem o ingresso do espólio ou dos sucessores do falecido na sociedade, quando esse direito decorrer do contrato social;

IV – o sócio que exerceu o direito de retirada ou recesso, se não tiver sido providenciada, pelos demais sócios, a alteração contratual consensual formalizando o desligamento, depois de transcorridos 10 (dez) dias do exercício do direito;

V – a sociedade, nos casos em que a lei não autoriza a exclusão extrajudicial;

VI – o sócio excluído.

Em suma, há legitimidade de todos quantos tenham interesse na sociedade, seja em vista de possuírem alguma participação social (sócios), seja por direito sucessório do sócio falecido, ou pela própria sociedade em situações que a afetam.

Nos termos do parágrafo único do mesmo art. 600, o direito à apuração dos haveres, operando-se, então, a resolução ou dissolução parcial, estende-se ao cônjuge ou companheiro do sócio cujo casamento, ou união estável, ou convivência, tenha terminado, a quem se faculta requerer a apuração de seus haveres na sociedade, que serão pagos à conta ou na extensão da quota social do que participava na sociedade.

O art. 601 e seu parágrafo único indicam a quem se fará a citação: aos sócios e à sociedade, exceto, quanto a esta última, se todos os sócios o forem, mas ficando sujeita aos efeitos da decisão e à coisa julgada. É de 15 dias o prazo para a contestação.

Oportuniza o art. 602 à sociedade formular pedido de indenização, se algum prejuízo tiver suportado por conta do sócio que se retira, compensando-se o valor devido com o dos haveres a apurar. Esse o texto: "A sociedade poderá formular pedido de indenização compensável com o valor dos haveres a apurar". No entanto, está deslocado o dispositivo. Não se entende a razão da indenização, se facultada a retirada do sócio. Presume-se a ocorrência de alguma irregularidade por parte do sócio, como quando se dá a sua exclusão.

Em consonância com o art. 603 e seus parágrafos, se todos os sócios concordarem com a dissolução parcial, o juiz a decretará de imediato, partindo-se, então, para a liquidação. No caso, não se cominarão encargos de sucumbência, todos devendo suportar as custas, sempre na proporção participativa no capital social. Se apresentada contestação, prosseguirá o feito pelo procedimento comum, com as regras processuais específicas estabelecidas.

Na apuração dos haveres, em atendimento ao art. 604, o juiz fixará a data da resolução da sociedade, estabelecerá o critério da apuração (passíveis de revisão a pedido da parte, a qualquer tempo antes do início da perícia, conforme art. 607), sempre em vista do que vier previsto no contrato social, e nomeará perito para a elaboração do laudo. Ao nomear o perito, por ordem do parágrafo único do art. 606, incumbe que a preferência recaia em especialista em avaliação de sociedades.

Ainda, ordenará à sociedade ou aos sócios que permanecerem na sociedade que depositem a quantia incontroversa dos haveres devidos e definidos, que poderão ser levantados de imediato pelo ex-sócio ou por seus sucessores. Havendo previsão expressa no contrato sobre o pagamento, impõe-se a observância de suas regras, desde que, por óbvio, não encerrem ilegalidades ou condições abusivas. Nesse sentido cumpre interpretar o § 3º, ao prescrever: "Se o contrato social estabelecer o pagamento dos haveres, será observado o que nele se dispôs no depósito judicial da parte incontroversa".

O art. 605 fixa diversas datas para definir o momento da resolução, ou que cessa a participação societária:

"I – no caso de falecimento do sócio, a do óbito;

II – na retirada imotivada, o sexagésimo dia seguinte ao do recebimento, pela sociedade, da notificação do sócio retirante;

III – no recesso, o dia do recebimento, pela sociedade, da notificação do sócio dissidente;

IV – na retirada por justa causa de sociedade por prazo determinado e na exclusão judicial de sócio, a do trânsito em julgado da decisão que dissolver a sociedade; e

V – na exclusão extrajudicial, a data da assembleia ou da reunião de sócios que a tiver deliberado".

Pelo art. 606, não trazendo o contrato social o modo de se operar a apuração dos haveres, cabe ao juiz estabelecer o critério, tomando-se por referência a data da resolução, e avaliando-se bens e direitos do ativo, tangíveis e intangíveis, a preço de saída, além do passivo também a ser apurado de igual forma.

Até a data da resolução, segundo o art. 608 e seu parágrafo único, o que se afigura normal, integram o valor devido ao ex-sócio, ao espólio ou aos sucessores, a participação nos lucros ou os juros sobre o capital próprio declarados pela sociedade e, se for o caso, a remuneração como administrador. A partir da data da saída ou resolução, incidirão somente a correção monetária dos valores apurados e os juros contratuais ou legais.

Por último, o art. 609 manda que, uma vez apurados, os haveres do sócio retirante serão pagos conforme disciplinar o contrato social e, no silêncio deste, nos termos do § 2º do art. 1.031 do Código Civil, isto é, se fará o pagamento em dinheiro, no prazo de 90 dias, a partir da liquidação, salvo acordo em contrário.

36. A RESOLUÇÃO PARCIAL POR MORTE DO SÓCIO E DIREITO SUCESSÓRIO

A morte do sócio pode importar na liquidação da quota, ou no ingresso dos herdeiros na sociedade, ou na dissolução da sociedade, ou na substituição do titular falecido por outro sócio. É o que se depreende do art. 1.028: "No caso de morte do sócio, liquidar-se-á a sua quota, salvo:

I – se o contrato dispuser diferentemente;

II – se os sócios remanescentes optarem pela dissolução da sociedade;

III – se, por acordo com os herdeiros, regular-se a substituição do sócio falecido".

A lei processual civil, no art. 600, fixou em três incisos a dissolução da participação do sócio falecido: no inc. I, que assenta a legitimidade para promover a ação ao espólio do sócio falecido, se a totalidade dos sucessores não ingressar com a ação; no inc. II, ao reconhecer a titularidade aos sucessores em pedir a dissolução parcial, depois de concluída a partilha do sócio falecido, quando se munirão do direito segundo a quota definida na divisão do patrimônio; e no inc. III, ao reservar o direito à sociedade, se os sócios sobreviventes não admitirem o ingresso do espólio ou dos sucessores do falecido na sociedade, quando esse direito decorrer do contrato social. Nesta eventualidade, a própria sociedade buscará a dissolução apurando os haveres da quota ou participação do sócio falecido.

Lembra-se que mesmo no regime anterior ao atual Código Civil a morte não importava em dissolução, inclusive se composta a sociedade por dois sócios apenas: "Embora constituída por apenas dois sócios e havendo divergência entre o sócio remanescente e os herdeiros do premorto, não cabe a extinção da sociedade, mas apenas a sua dissolução parcial com apuração dos haveres devidos ao espólio através de balanço especial".[30] Era concedido um prazo para a substituição do sócio falecido ou retirante, que se estendia por um ano.

Se optada a liquidação, segue-se o procedimento do art. 1.031 e de seus parágrafos, que merecem ser observados:

"Nos casos em que a sociedade se resolver em relação a um sócio, o valor da sua quota, considerada pelo montante efetivamente realizado, liquidar-se-á, salvo disposição contratual em contrário, com base na situação patrimonial da sociedade, à data da resolução verificada em balanço especialmente levantado.

§ 1º O capital social sofrerá a correspondente redução, salvo se os demais sócios suprirem o valor da quota.

§ 2º A quota liquidada será paga em dinheiro, no prazo de 90 (noventa) dias, a partir da liquidação, salvo acordo, ou estipulação contratual em contrário".

No silêncio do contrato, parece coerente que o caminho será buscar a liquidação da quota, com a apuração de seu valor, e o posterior pagamento aos herdeiros.

Se o contrato contempla o ingresso dos herdeiros na sociedade, em princípio segue-se o que se encontra combinado. E diante da possibilidade de o contrato social permitir o ingresso do sucessor de sócio falecido na sociedade, ou se os sócios concordarem com os herdeiros a substituição de sócio falecido, sem a liquidação da quota em ambos os casos, permite-se a participação de menor na sociedade.

Todavia, não são os demais sócios obrigados a manter a sociedade. Faculta-se a dissolução, como está assegurado, opção que se oferece se não manifestada a aceitação do ingresso dos sucessores. A transferência da quota a estranho coloca-se como alternativa se houver consenso dos sócios restantes e dos herdeiros.

Sobre a dissolução e, em decorrência, a liquidação, orienta José Waldecy Lucena, que "são feitas extrajudicialmente, se todos estão concordes, ou judicialmente, se ocorrerem divergências, sendo competente para tanto o juízo cível e não o de sucessões".[31]

---

[30] REsp. nº 138.428-RJ, da 4ª Turma do STJ, j. em 18.12.1997, *DJU* de 30.03.1998.
[31] *Das Sociedades Limitadas*, ob. cit., 6ª ed., 2005, p. 365.

De qualquer forma, não cabe ao juiz decidir nos autos do inventário o ingresso ou questão pertinente à forma de proveito, em obediência à orientação pretoriana:

"Direito empresarial e processual civil. Inventário. Cessão de quotas *causa mortis*. Estado de sócio. Administração da sociedade empresária.

A transmissão da herança não implica a transmissão do estado de sócio.

A solução de controvérsias a respeito dos efeitos da cessão *mortis causa* de quotas na administração da sociedade empresária é matéria estranha ao Juízo do inventário".[32]

Se ficar definido o ingresso dos herdeiros, ou a transferência das quotas, há alteração da sociedade. E como a alteração envolve matéria de constituição da sociedade, é necessária a alteração do contrato. Para o ingresso dos herdeiros, ou de terceiro pela cessão da quota, se omisso o contrato, é indispensável a unanimidade de concordância dos sócios. No caso de sociedade de responsabilidade limitada, se diferentemente não constar no contrato, a aprovação requer o mínimo de três quartos dos sócios (art. 1.076, inc. I).

Há uma regra de real importância, impondo a sua observância, que se aplica na hipótese de morte do sócio. É a disposição do art. 1.027, que dá o caminho a se observar na distribuição dos lucros, e pela qual os herdeiros do cônjuge de sócio, ou o cônjuge daquele que se separou judicialmente, não podem exigir de imediato a porção que lhes cabe na quota social, ou a liquidação da quota, restando-lhes concorrer à divisão periódica dos lucros, até que seja liquidada a sociedade: "Os herdeiros do cônjuge de sócio, ou o cônjuge do que se separou judicialmente, não podem exigir desde logo a parte que lhes couber na quota social, mas concorrer à divisão periódica dos lucros, até que se liquide a sociedade". Vê-se que garante a lei, seja aos herdeiros do cônjuge de sócio, seja ao próprio cônjuge, o direito aos haveres sociais, limitados à participação nos lucros e nas quotas.

Sem dúvida, encerra a norma algumas dificuldades na interpretação.

A parte final do cânone diz respeito à sociedade conjugal, dissolvida pela morte do cônjuge de sócio ou pela separação judicial. Não se trata da liquidação da sociedade simples já que esta não se liquida pela dissolução da sociedade conjugal estabelecida por um dos cônjuges, em razão da autonomia subjetiva da pessoa jurídica. Deduz-se da norma que o herdeiro do cônjuge de sócio não pode, por ocasião da morte, exigir imediatamente da sociedade a parte que lhe couber pelo direito sucessório. Deverá haver a apuração da parte do herdeiro no inventário e, somente de ultimado este procedimento decorre ao herdeiro o direito à sua parte. Enquanto isso, dá-se a participação periódica nos lucros distribuídos pela sociedade. Idêntico entendimento é aplicado na separação judicial em relação ao cônjuge do sócio, que deverá aguardar a partilha do patrimônio comum.

Com essa restrição, evitam-se pagamentos indevidos do acervo da sociedade ao herdeiro ou cônjuge antes de efetuada a partilha da herança ou do patrimônio comum.

Em outras palavras, os herdeiros do sócio falecido têm o direito à herança na quota. Já os herdeiros do cônjuge falecido do sócio não podem exigir a dissolução. Participarão eles nos lucros da sociedade, na proporção da herança que lhes cabe por morte do progenitor ou progenitora. Não se lhes faculta buscar a resolução parcial da sociedade, já que se mantém vivo o sócio.

Outrossim, o cônjuge do sócio do qual se separou judicialmente também está impedido de procurar a dissolução.

---

[32] REsp. nº 537611-MA, da 3ª Turma do STJ, j. em 05.08.2004, *DJU* de 23.08.2004.

A todos resta a participação nos lucros, e assim continua até que venha a sociedade a se dissolver pelas formas normais.

Entrementes, se há a participação na herança, ou se verificada a divisão do patrimônio pela separação judicial, não pode a lei obrigar a manterem os herdeiros e o ex-cônjuge a sociedade, o que ofenderia norma constitucional – art. 5º, inc. XX.

E se não traz a quota lucro algum? Não se dá, então, a participação nos lucros. No caso, não é razoável que fiquem os titulares de direitos numa perene expectativa. Admite-se o encaminhamento da liquidação da quota, para a apuração de haveres. Do contrário, a lei postergaria indefinidamente o exercício de um direito, o que não se afigura coerente e justo.

37. RETIRADA ESPONTÂNEA DO SÓCIO

Faculta-se ao sócio retirar-se espontaneamente da sociedade, importando, pois, na dissolução ou resolução parcial da sociedade.

Se de prazo indeterminado, cumpre que se notifiquem os demais sócios, com a antecedência de sessenta dias. Se de prazo determinado, insta que se prove judicialmente a causa apta a autorizar o afastamento. Essas diretrizes promanam do art. 1.029: "Além dos casos previstos na lei ou no contrato, qualquer sócio pode retirar-se da sociedade; se de prazo indeterminado, mediante notificação aos demais sócios, com antecedência mínima de sessenta dias; se de prazo determinado, provando judicialmente justa causa".

No Código Comercial, a retirada constava nos arts. 335 e 336.

Autoriza-se, pois, a retirada facultativa do sócio, já que não se pode obrigar alguém a manter-se associado ou sócio de uma sociedade, por determinação do art. 5º, inc. XX, da Constituição Federal. Para tanto, não se retira do sócio a faculdade de negociar suas quotas com os demais sócios ou terceiros. Aliás, deve aquele que se retira comunicar os demais, oferecendo-lhe as quotas, consoante reconhece a jurisprudência há bastante tempo: "Dissolução de sociedade. Regra do contrato social que impõe prévia comunicação ao sócio remanescente. Possibilidade. Súmula nº 05 da Corte. A regra do contrato social que estabelece a necessidade de ser o sócio remanescente notificado previamente sobre o interesse do outro de retirar-se da sociedade protege o interesse dessa e não contraria a regra do art. 336, 1), do Código Comercial".[33]

A matéria tem gerado forte controvérsia, sustentando muitos que o art. 1.029 não se aplica às sociedades por ações fechadas e nem às sociedades limitadas. Sob tal prisma, condiciona-se o direito de retirada à inocorrência de ônus para a empresa. Do contrário, aos terceiros de boa-fé poderão advir graves prejuízos, pois a sociedade se extinguirá pela simples retirada dos sócios, deixando os credores ao desamparo de eventual direito dirigido contra os sócios, ou dificultando a ação de responsabilidade dos sócios.

Se previsto um termo de duração da sociedade, muda o tratamento: deve aguardarse o prazo que falta, a menos que uma razão justa se ofereça, e impeça a permanência do sócio, como uma doença grave, ou a completa incompatibilidade com os demais sócios. Não obtendo a concordância geral, ou da maioria se o contrato social permitir, impõese o caminho judicial, em processo de conhecimento. Sobre a matéria, segue Mauro Rodrigues Penteado: "Se a sociedade for de prazo determinado, e a ela ligou-se o sócio, *pacta sunt servanda*: cabe a ele, em princípio, aguardar o advento do termo final do prazo contra-

---

[33] REsp. nº 203.579-SP, 3ª Turma, j. em 14.12.1999, *DJU* de 08.03.2000.

tual, quando ocorrerá a dissolução *pleno jure* da sociedade, seguindo-se a liquidação do patrimônio da empresa, com a repartição dos haveres a todos os sócios. Mas se provar judicialmente justa causa, que impossibilite a continuidade de sua ligação com a sociedade, aí, sim, operar-se-á a dissolução parcial da sociedade, desde que seja reconhecido pelo Judiciário, repita-se, o seu direito de retirada".[34]

Uma das justas causas é a quebra da *affectio societatis*, no que justifica Sérgio Campinho: "Basta haver a quebra da *affectio societatis*, em função de o sócio discordar da forma de condução dos negócios sociais determinada pela maioria, para legitimar o exercício de seu direito de recesso. Nas sociedades de pessoa-contratual é o fato suficiente para assegurar a configuração da causa justificadora da manifestação do direito de retirada por parte do dissidente. A sentença, ao reconhecer a causa justa, irá decretar a dissolução parcial, garantindo a saída do sócio, sendo, a partir de então, devidos os seus haveres pela pessoa jurídica".[35]

Reserva-se aos demais sócios a faculdade de optar pela dissolução da sociedade, como acentua o parágrafo único do citado artigo acima: "Nos trinta dias subsequentes à notificação, podem os demais sócios optar pela dissolução da sociedade". A hipótese acontece se a função ou a presença do sócio revela-se fundamental para a existência da sociedade, desempenhando ele uma atividade especial, ou oferecendo um conhecimento que não possuem os demais sócios, e tornando difícil encontrar um substituto. Tal acontece com a retirada de um técnico com conhecimentos especiais, ou do único sócio capaz de desenvolver fórmulas de condimentos ou de remédios de uma farmácia de manipulação.

38. EXCLUSÃO JUDICIAL DO SÓCIO

A exclusão de sócio, sendo mais uma espécie de dissolução parcial, é imposta pelo princípio da preservação da atividade que desempenha a sociedade. Decorre, geralmente, da iniciativa da maioria dos demais sócios, constituindo uma novidade em relação aos diplomas legais anteriores. Justificam o afastamento hipóteses como a falta de cumprimento de obrigações, a prática de falta grave na sociedade e a superveniência de incapacidade do sócio. O ordenamento jurídico deve assegurar os meios capazes de expurgar os elementos perturbadores da vida da sociedade. Trata-se de um direito que tem a sociedade, que se externa na defesa contra aqueles que põem em risco a sua existência.

O art. 1.030 discrimina os casos: "Ressalvado o disposto no art. 1.004 e seu parágrafo único, pode o sócio ser excluído judicialmente, mediante iniciativa da maioria dos demais sócios, por falta grave no cumprimento de suas obrigações, ou, ainda, por incapacidade superveniente".

Há a previsão da exclusão também no inc. V do art. 600 do Código de Processo Civil, prevendo que seja feita pela sociedade, nos casos em que a lei não autoriza a exclusão extrajudicial.

Necessário destacar a ressalva ao art. 1.004 e seu parágrafo único, que, em verdade, arrolam mais uma causa de exclusão, na seguinte situação: o sócio está obrigado a satisfazer as contribuições estabelecidas no contrato social, sob pena de, decorridos trinta dias da notificação para tanto, responder pelo dano emergente da mora; entretanto, assegura-se à maioria dos sócios, ao invés da indenização, preferir a exclusão do sócio remisso, ou

---

[34] "Dissolução parcial da sociedade limitada", trabalho citado, p. 281.
[35] *O Direito de Empresa*, ob. cit., p. 205.

reduzir-lhe o valor da quota no correspondente ao já realizado. Decorre a exclusão com base no princípio do adimplemento da obrigação, ressaltando Mauro Rodrigues Penteado que "é obrigação essencial do sócio realizar, na forma e prazos previstos no contrato, as contribuições a que se comprometeu para formar o capital social". Assim, verificada a mora, "dissolve-se parcialmente a sociedade pelo fato de o sócio não ter honrado sua obrigação patrimonial para com ela".[36]

A não satisfação das contribuições corresponde à falta de integralização do capital. Nesta eventualidade, ou cabe a indenização pelo dano emergente, ou se autoriza a exclusão, ou se reduz à quota. A opção virá definida pela maioria absolta do capital social, correspondendo a uma aprovação por votos que representem mais da metade do capital social.

Nesta situação, parte a exclusão por iniciativa da maioria, e desenvolve-se através de procedimento administrativo, com as providências prévias da cobrança das quantias pendentes, e convocação de assembleia ou reunião específica para essa finalidade, devendo provar-se a comunicação do sócio remisso.

Abordar-se-ão, abaixo, as causas que justificam a exclusão por falta grave e o procedimento para tanto.

a) A falta grave

De modo que, em vista do art. 1.030, além da exclusão por não integralização do capital, a falta grave e a incapacidade superveniente autorizam a exclusão, que se promoverá judicialmente. Haverá, pois, uma causa que a justifique. Vários os exemplos de falta grave, como prejudicar a sociedade moralmente, desviar seus recursos ou malversação dos fundos, gestão fraudulenta, erros de gerência, desvios de finalidade, abuso de personalidade, uso da firma para interesses diversos daqueles da sociedade, recebimento de comissões em benefício pessoal, falta de colaboração, endividamento sem causa, além de inúmeras outras condutas.

Há um comportamento que revela grave desrespeito aos deveres exigidos para a integridade da sociedade, sobressaindo aqueles listados no estatuto ou contrato social, os proclamados na lei, e os decorrentes da conduta normal das pessoas no meio social em que vivem. Mesmo a conduta pessoal, se afrontar as regras comuns da moral, influindo no desempenho e na projeção da sociedade, enseja o afastamento coercitivo.

b) A incapacidade superveniente

A incapacidade encontra viabilidade, sobretudo, na enfermidade ou deficiência mental, que afasta o necessário discernimento para a prática dos atos da vida civil, e se, mesmo por causa transitória, não puder o sócio exprimir sua vontade.

A superveniência de incapacidade, para comportar a exclusão, deve basear-se em efetiva impossibilidade de participar na sociedade, a menos que se faça a representação ou assistência através de tutor (para menores) ou curador (para interditados) explicando Mauro Rodrigues Penteado: "Não é toda incapacidade que justifica sua exclusão do quadro social. Um relance para as modalidades de incapacidade, absoluta ou relativa, previstas nos arts. 3° e 4° do novo texto codificado, revela que, no primeiro, pelo menos duas delas comportariam a exclusão (inc. II – enfermidade ou deficiência mental, que subtraia o discernimento para a prática de atos da vida civil; inc. III – os que, mesmo por causa transitória, não puderem exprimir sua vontade). Já o último dispositivo citado alinha três

---

[36] "Dissolução parcial da sociedade limitada", trabalho citado, p. 275.

situações de incapacidade relativa que podem ensejar a iniciativa da maioria dos sócios de afastar o incapaz (inc. II – ébrios habituais, ou viciados em tóxicos, e os que, por deficiência mental, tenham o discernimento reduzido; inc. III – os excepcionais, sem desenvolvimento mental completo; inc. IV – os pródigos). Mas sempre após autorização judicial, pois a carga de comprometimento do sócio no cumprimento de suas obrigações só pode ser definido caso a caso".[37]

c) O procedimento judicial para a exclusão

O afastamento por falta grave ou incapacidade não prescinde, conforme já observado, da chancela da Justiça. Procede-se judicialmente, sendo requisito, na segunda situação, a prova da sentença constitutiva da interdição. Não se leva a termo mediante mera decisão da maioria dos sócios, exceto no caso de exclusão por falta de recolhimento das contribuições. Realmente, o sócio remisso ou inadimplente na obrigação de integralizar as suas quotas sujeita-se ao afastamento por decisão dos sócios, por decisão que representa a maioria do capital social, com o trânsito em julgado administrativo.

Na exclusão judicial, antes do ingresso da ação, se faz imprescindível a autorização da assembleia geral, devendo haver a aprovação pela maioria do capital presente, excluído o sócio que está sendo afastado. É como ressalta Jorge Lobo: "O sócio será excluído da sociedade por sentença judicial se ficar provado que cometeu falta grave no cumprimento de seus deveres ou inadimpliu obrigação contratual. A ação ordinária será proposta pela sociedade contra o sócio, após deliberação da maioria dos sócios".[38]

Num exemplo, se de cinquenta mil reais o capital social, e detendo o sócio que se pretende excluir sessenta por cento do capital, ou seja, as quotas em trinta mil reais, virá o pedido de exclusão assinado por aqueles que representam a maioria nas quotas de vinte mil reais.

A maioria calcula-se seguindo a orientação do art. 1.010 e seus parágrafos, ou seja, em primeira convocação, confere-se a maioria computando-se o capital da sociedade; já em segunda convocação, decide-se a escolha pela maioria dos votos presentes.

Nem se requer, em tais situações, exceto a que tem como causa a falta de integralização do capital, por imposição do parágrafo único do art. 1004, a aprovação da maioria do capital para a exclusão. Basta o endereçamento do pedido pela maioria simples dos sócios para ensejar o afastamento, não se computando o voto do sócio a ser excluído, e sendo indiferente a sua participação no capital social. Realmente, conta-se a maioria simples dos sócios. Do contrário, não se afiguraria possível a expulsão do sócio majoritário. Esse o entendimento professado por Jorge Lobo: "O sócio controlador pode ser excluído judicialmente da sociedade por iniciativa de minoritários através de ação ordinária, em que deverão provar a existência de justa causa, conforme orientação da melhor doutrina".[39]

d) A exclusão do sócio majoritário

O sócio majoritário sujeita-se à exclusão, se praticar falta grave quando do cumprimento de suas obrigações. Na hipótese, a maioria para a aprovação é dos demais sócios restantes – solução alvitrada no art. 1.030, acima transcrito. Não interessa o poderio que lhe dá as participações, porquanto a decisão resulta da votação dos sócios presentes, valendo, para a decisão, o número das pessoas que votam.

---

[37] "Dissolução parcial da sociedade limitada", trabalho citado, p. 277.
[38] *Sociedades limitadas*, ob. cit., vol. I, p. 248.
[39] *Sociedades limitadas*, ob. cit., vol. I, p. 249.

Se os sócios majoritários se escusam de excluir o sócio, apela-se para o disposto no art. 1.030. Nesta dimensão, a exclusão do sócio majoritário é decidida pela maioria dos sócios minoritários. Assim elucida Sérgio Campinho: "A pretensão de exclusão de sócio majoritário, por parte dos minoritários, em razão de descumprimento do seu dever de lealdade, deverá, igualmente, materializar-se sempre por via judicial. A iniciativa dependerá da vontade da maioria dos minoritários, computada segundo suas participações no capital (art. 1.030).

Não se pode deixar de anotar que, em qualquer das hipóteses de exclusão, seja realizada na esfera judicial ou na esfera extrajudicial, a sociedade somente se dissolverá parcialmente, operando, assim, a sua resolução em relação ao sócio afastado. Preserva-se, portanto, a permanência da sociedade, em apreço à empresa por ela explorada".[40]

39. FALÊNCIA DO SÓCIO OU LIQUIDAÇÃO DA QUOTA

Opera-se de pleno direito a exclusão nos casos de falência do sócio e de liquidação da quota, por força do parágrafo único do art. 1.030: "Será de pleno direito excluído da sociedade o sócio declarado falido, ou aquele cuja quota tenha sido liquidada nos termos do parágrafo único do art. 1.026". Nestes casos, prescinde-se da aprovação da assembleia. Automaticamente exclui-se o sócio, seja pessoa física ou jurídica, declarado falido ou insolvente, ou cujas quotas foram executadas por credor particular através de penhora judicial.

Para compreender as hipóteses, esclarece-se que o mencionado parágrafo único do art. 1.026 contempla a faculdade do credor requerer a liquidação da quota do devedor: "Se a sociedade não estiver dissolvida, pode o credor requerer a liquidação da quota do devedor, cujo valor, apurado na forma do art. 1.031, será depositado em dinheiro, no juízo da execução, até noventa dias após aquela liquidação".

O art. 1.031, citado acima, cuida da liquidação da quota, que se fará com base na situação patrimonial da sociedade, à data da resolução, verificada em balanço especialmente levantado.

Revela-se materialmente inviável manter-se a quota, porquanto da falência ou insolvência resultam os efeitos imediatos da arrecadação dos bens do devedor e da perda do direito de administração, enquanto a liquidação da quota importa em sua expropriação.

40. LIQUIDAÇÃO DA QUOTA NA RESOLUÇÃO DA SOCIEDADE EM RELAÇÃO A UM SÓCIO OU APURAÇÃO DE HAVERES

Resolvendo-se a sociedade em relação à quota de um ou alguns dos sócios, apura--se seu valor com base na estimativa do patrimônio da sociedade, verificada à data da resolução, a menos que outro caminho delineie o contrato. O art. 1.031 assim ordena: "Nos casos em que a sociedade se resolver em relação a um sócio, o valor da sua quota, considerada pelo montante efetivamente realizado, liquidar-se-á, salvo disposição contratual em contrário, com base na situação patrimonial da sociedade, à data da resolução,

---

[40] *O Direito de Empresa*, ob. cit., p. 209.

verificada em balanço especialmente levantado". Regras do Código de Processo Civil de 2015 tratam do assunto, como o art. 604: "Para apuração dos haveres, o juiz:

I – fixará a data da resolução da sociedade;

II – definirá o critério de apuração dos haveres à vista do disposto no contrato social; e

III – nomeará o perito".

Em princípio, o valor da quota do sócio retirante é calculado em consonância com a situação patrimonial existente no momento da resolução, tendo por base balanço especialmente elaborado para essa finalidade, como reconhece a jurisprudência: "A data-base para apuração dos haveres coincide com o momento em que o sócio manifestar vontade de se retirar da sociedade limitada estabelecida por tempo indeterminado. Quando o sócio exerce o direito de retirada de sociedade limitada por tempo indeterminado, a sentença apenas declara a dissolução parcial, gerando, portanto, efeitos *ex tunc*".[41]

Waldírio Bulgarelli opina no mesmo sentido: "O valor real deverá ser aquele que o bem possuía na data da exclusão, verificado através do balanço já existente, ou então especial, e porque sendo real será também o justo na medida em que representa efetivamente os haveres do sócio. Portanto, real porque revelador do valor no contexto da sociedade e justo porque assentado na avença expressa no contrato social, e ambos entrevistos perante a realidade da continuação da sociedade e não da sua liquidação física".[42]

Promove-se um balanço especial, não servindo que se utilize aquele que se realiza a cada ano: "Na sociedade constituída por sócios diversos, retirante um deles, o critério de liquidação dos haveres, segundo a doutrina e a jurisprudência, há de ser utilizando-se o balanço de determinação, como se se tratasse de dissolução total".[43]

Admite-se que o contrato traga uma forma diferente (unicamente a forma, sem afetar direitos pessoais), mas desde que não afaste a apuração com base na situação patrimonial. Não é aceitável que prevaleça a disposição que manda fazer a estimativa contábil, não levando em conta o patrimônio. Intolerável que se reduza o direito abaixo do patrimônio real, favorecendo-se os demais sócios. No entanto, pode o contrato prever uma forma determinada para o pagamento dos haveres, no que já admitiu o Superior Tribunal de Justiça: "Conforme jurisprudência desta Corte, a regra geral é a de que os haveres do sócio que se retira da sociedade devem ser pagos na forma prevista no contrato, salvo se existente alguma peculiaridade com força para afastar este entendimento, o que não ocorre no presente caso".[44]

No voto, citam-se precedentes:

"A apuração dos haveres na dissolução parcial da sociedade por quotas de responsabilidade limitada segue as regras da retirada do sócio previstas no contrato social".[45]

"Na linha de precedentes da Corte, não há razão para negar eficácia a cláusula contratual que estabeleceu deverem os haveres do sócio que se retira ser pagos em parcelas".[46]

---

41 REsp. nº 646.221-PR da 3ª Turma do STJ, j. em 19.04.2005, *DJU* de 30.05.2005.
42 *O Novo Direito Empresarial*, Rio de Janeiro, Editora Renovar, 2001, p. 415.
43 REsp. nº 35.702-0-SP, da 3ª Turma do STJ, j. em 27.09.1993.
44 REsp. nº 450.129-MG, da 3ª Câmara, j. em 08.10.2002.
45 REsp. nº 83.031-RS, da 3ª Turma, *DJU* de 13.12.1999.
46 REsp. nº 127.555-SP, da 3ª Turma, *DJU* de 15.06.1998.

Jamais são aceitáveis os efeitos da diminuição injustificada e ilícita da participação do sócio na sociedade.

Nunca se pode olvidar o valor do patrimônio: "'Se a morte ou retirada de qualquer dos sócios não causar a dissolução da sociedade, serão apurados exclusivamente os seus haveres, fazendo-se o pagamento pelo modo estabelecido no contrato social, ou pelo convencionado, ou ainda, pelo determinado pela sentença' (CPC/39, art. 668 c/c art. 1.218, VII do CPC/73). A apuração de haveres, no caso de dissolução parcial de sociedade de responsabilidade limitada, há de ser feita de modo a preservar o valor devido aos herdeiros do sócio, que deve ser calculado com justiça, evitando-se o locupletamento da sociedade ou dos sócios remanescentes".[47]

A respeito do suprarreferido art. 1.218, VII, do CPC/1973, que estabelecia o procedimento do art. 668 do CPC/1939, há a regra do art. 1.046, § 3º, do CPC/2015, prevendo que "os processos mencionados no art. 1.218 da Lei nº 5.869, de 11 de janeiro de 1973, cujo procedimento ainda não tenha sido incorporado por lei submetem-se ao procedimento comum previsto neste Código".

O sócio ou acionista que se retira da sociedade tem o direito de receber o valor de seus haveres aferido de acordo com o valor do patrimônio real da sociedade, que igualmente abarca os bens intangíveis e incorpóreos.

Normalmente os contratos procuram conservar a empresa economicamente, afastando situações que entravem sua continuidade e viabilidade. Nesse objetivo, aponta José Waldecy Lucena, "via de regra os contratos estabelecem que os haveres sejam pagos em várias prestações, a primeira inclusive tendo início algum tempo após o decesso ou o desligamento do sócio (sessenta, noventa dias), ou seja, a outorga de um prazo para que a sociedade possa, sem traumas, preparar-se ao enfrentamento desse ônus".[48]

Em se tratando de resolução de sociedade em relação a um sócio, a regra está no *caput* do art. 1.031 do Código Civil: "Nos casos em que a sociedade se resolver em relação a um sócio, o valor da sua quota, considerada pelo montante efetivamente realizado, liquidar-se-á, salvo disposição contratual em contrário, com base na situação patrimonial da sociedade, à data da resolução, verificada em balanço especialmente levantado".

Está explícito que se levará em conta a situação patrimonial da sociedade à data da resolução.

O valor da quota do sócio retirante é calculado em consonância com a situação patrimonial existente no momento da resolução, tendo por base balanço especialmente elaborado para essa finalidade:

"A data-base para apuração dos haveres coincide com o momento em que o sócio manifestar vontade de se retirar da sociedade limitada estabelecida por tempo indeterminado. Quando o sócio exerce o direito de retirada de sociedade formada por tempo indeterminado, a sentença apenas declara a dissolução parcial, gerando, portanto, efeitos *ex tunc*".[49]

"O valor real deverá ser aquele que o bem possuía na data da exclusão, verificado através do balanço já existente, ou então especial, e porque sendo real será também o justo na medida em que representa efetivamente os haveres do sócio. Portanto, real porque revelador do valor no contexto da sociedade e justo porque assentado na avença expressa no contrato social, e ambos entrevistos perante a realidade da continuação da sociedade e não da sua liquidação física".[50]

---

[47] REsp. nº 282.300-RJ, da 3ª Turma, j. em 04.09.2001, *DJU* de 08.10.2001, em *RSTJ*, 149/317.
[48] *Das Sociedades Limitadas*, ob. cit., 6ª ed., 2005, p. 977.
[49] REsp. nº 646.221/PR da 3ª T. do STJ, j. em 19.04.2005, *DJU* de 30.05.2005.
[50] Waldírio Bulgarelli. *O Novo Direito Empresarial*. Rio de Janeiro: Editora Renovar, 2001, p. 415.

Deve-se calcular todo o patrimônio da sociedade, como se se tratasse de dissolução total, segundo orientação pretoriana:

"Na ação de dissolução parcial de sociedade por cotas de responsabilidade limitada, tendo sido determinada em sentença transitada em julgado a apuração de haveres como se se tratasse de dissolução total, deve-se apurar o valor real das ações de sociedade anônima que integram o patrimônio da sociedade dissolvida".[51]

Para a finalidade acima, vários os elementos que ingressam na apuração, inclusive o fundo de empresa, o fundo de reserva, e outros bens com destinação específica, adotando a linha do seguinte entendimento:

"Dissolução de sociedade. Apuração de haveres... Inclusão dos fundos de comércio e de reserva e dos dividendos dentre os haveres.

O fundo de comércio e o fundo de reservas instituído pela vontade dos sócios integram o patrimônio da sociedade e, por isso, devem ser considerados na apuração dos haveres, por ocasião da dissolução, sem que a sua inclusão caracterize julgamento *extra petita*.

A inclusão, entre os haveres, dos dividendos porventura não pagos ao sócio retirante, ainda que não pedida expressamente, tem por objetivo evitar o enriquecimento indevido do sócio remanescente, não configurando pagamento *extra petita*.

O sócio que pretenda desvincular-se da sociedade tem interesse de agir, ainda que tenha havido concordância do outro sócio sobre a dissolução, uma vez que não se trata de mera relação contratual, mas de levantamento dos valores patrimoniais devidos a quem pretende retirar-se, mostrando-se útil o ajuizamento da ação para esse fim".[52]

Restritamente ao fundo de empresa, anteriormente conhecido como fundo de comércio, o STJ reconheceu o direito à inclusão: "O 'fundo de comércio' é parcela do patrimônio da sociedade e deve ser indenizado ao sócio que se retira, na medida da respectiva participação social. Recursos especiais não conhecidos".[53]

Sérgio Campesinho posiciona-se nessa mesma linha: "Com efeito, o reembolso deve fazer-se com base no patrimônio líquido da sociedade, verificado em valores exatos e reais, com a inclusão dos elementos incorpóreos ou imateriais do fundo de empresa, além das reservas sociais, sobre ele fazendo projetar o percentual de participação do sócio no capital. Qualquer previsão contratual, para ser legítima, deverá partir dessa base. A previsão é para conceder-se mais e não menos. Do contrário, revelar-se-ia abusiva a cláusula, na medida em que viria impor o enriquecimento sem causa da sociedade e dos sócios remanescentes, em prejuízo daquele que da sociedade se afastou, foi excluído, ou dos sucessores do falecido".[54]

Uma vez levada a termo a resolução, ou paga a quantia a que corresponde a quota, resulta obviamente a redução do capital da sociedade na mesma proporção. Decorre uma diminuição do capital, com a imposição de se alterar o contrato e da decorrente averbação no registro. Todavia, admite-se que os demais sócios supram o capital retirado, aumentando o valor de suas quotas na exata medida do montante da quota resolvida. Assim

---

[51] REsp. nº 197.303/SP, da 4ª T., j. em 07.02.2002. No voto do Min. Sálvio de Figueiredo Teixeira, apontam-se os precedentes do REsp. nº 60.513/SP (*DJU* de 04.09.1995) e do REsp. nº 51.655-2/RJ.

[52] REsp. nº 271.930-SP, da 4ª Turma do STJ, *DJU* de 25.03.2002.

[53] REsp. nº 43.395-SP, da 3ª Turma, j. em 25.05.1999, *DJU* de 28.06.1999, *in Revista do Superior Tribunal de Justiça*, 122/212.

[54] *O Direito de Empresa*, ob. cit., p. 217.

orienta o § 1º do art. 1.031: "O capital social sofrerá a correspondente redução, salvo se os demais sócios suprirem o valor da quota". Em princípio, pois, se levará a termo o levantamento de um balancete, o que permite a verificação do total de ativos e passivo. O valor líquido representará o patrimônio líquido da sociedade, servindo o montante para definir a significação econômica da participação social. O cálculo se faz por meio da divisão do montante líquido pelo número de quotas. O resultado é multiplicado pelo número de quotas de que é titular o sócio que se retira.

Por último, reserva o § 2º o prazo de noventa dias para o pagamento da quota, a menos que venha uma previsão diferente no contrato: "A quota liquidada será paga em dinheiro, no prazo de 90 (noventa) dias, a partir da liquidação, salvo acordo, ou estipulação contratual em contrário".

Para o cumprimento do prazo, terá que revelar condições a sociedade. Se elevado o montante da quota, e o levantamento contábil demonstrar a falta de recursos líquidos, decorre um cronograma diferente, desde que não se revele abusivo e prejudicial. A previsão de prevalecer estipulação contratual em contrário reveste-se de extrema liberalidade, e propiciadora de manobras para protelar o pagamento. Daí a coerente exegese que merece ser impressa, de não se admitir o cumprimento após o período do exercício seguinte ao da saída ou retirada. Assiste, porém, ao sócio promover a execução, que se realizará mediante a liquidação do patrimônio da sociedade.

Oportuno esclarecer que o pagamento de haveres leva-se a termos de acordo com as regras do procedimento comum.

Ou seja, podem os sócios consolidar no contrato, a seu talante, como serão pagos os haveres; ou autoriza-se que decidam em assembleia, vigorando sempre o resultado dado pela maioria presente; ou segue-se o rito ordenado pela sentença, que suprirá omissão do contrato, e somente facultando-se que assim decida na ausência das modalidades anteriores. No caso, o caminho processual será o procedimento comum.

41. DISSOLUÇÃO EXTRAJUDICIAL OU ADMINISTRATIVA (DISTRATO) DA SOCIEDADE E SUA TRANSFORMAÇÃO EM EMPRESA INDIVIDUAL

O art. 1.033 do Código Civil rege a dissolução da sociedade em si, e não a dissolução parcial ou a resolução da quota, resultando o término da pessoa jurídica, e levando à sua extinção ou ao seu desaparecimento. Embora o dispositivo se encontre no capítulo destinado às sociedades simples, estende-se aos demais tipos de sociedades, diante do comando dos arts. 1.044, 1.046 e 1.087 do Código Civil.

A regulamentação é da dissolução, em concomitância com a liquidação, extrajudicial ou administrativa. Tem-se um procedimento simplificado, que efetua a dissolução e a liquidação em um único ato, denominado distrato.

Várias as situações que permitem a dissolução. Eis o teor da regra: "Dissolve-se a sociedade quando ocorrer:

I – o vencimento do prazo de duração, salvo se, vencido este e sem oposição de sócio, não entrar a sociedade em liquidação, caso em que se prorrogará por tempo indeterminado;

II – o consenso unânime dos sócios;

III – a deliberação dos sócios, por maioria absoluta, na sociedade de prazo indeterminado;

IV – a falta de pluralidade de sócios, não reconstituída no prazo de cento e oitenta dias;

V – a extinção, na forma da lei, de autorização para funcionar".

Acima estão as causas legais de dissolução, não impedindo que haja outras. Na esteira da lição de Mauro Rodrigues Penteado, "as hipóteses previstas em lei compõem um elenco mínimo, revestido de caráter indisponível para a sociedade, na medida em que, uma vez verificadas *in concreto*, determinam a passagem da companhia para o estado de liquidação, afetando os poderes dos órgãos sociais e as próprias relações acionistas-sociedade; indisponibilidade relativa, no entanto, pois os acionistas em assembleia geral poderão deliberar a cessação do estado de liquidação.

Diante disso, o rol de causas de dissolução, embora não constitua *numerus clausus*, tem conteúdo mínimo irredutível que, somado aos eventos indicados pelos acionistas no estatuto social, assume para a sociedade um caráter indisponível, no sentido de que a ocorrência de uma delas determina *ipso facto* a instauração do estado de liquidação".[55]

Os casos enumerados na lei autorizam a dissolução extrajudicial. Procede-se mediante ato de vontade ou por comando da lei, bastando que se leve a termo a averbação da baixa, através de pedido assinado pelos legítimos representantes, e com o devido motivo determinante.

O *vencimento do prazo*, sem que tenha continuado a existência, comprova-se pelo próprio contrato, e efetiva-se pelo simples pedido de averbação da extinção. Não há a perda da personalidade jurídica diante da prorrogação, passando a ser por tempo indeterminado.

Waldo Fazzio Júnior observa, na falta de liquidação: "Com efeito, a sociedade constituída por prazo determinado, uma vez decorrido o prazo convencionado, deveria dissolver-se, entrando em regime de liquidação. Se inocorrer a liquidação, sem oposição de sócio, há unanimidade tácita no sentido de continuidade social. Não há mais prazo de duração; a sociedade ingressou em regime de indeterminação de seu fim".[56] O mero dissenso de um sócio importa, realmente, em dissolução, porquanto o prazo integra os requisitos para a formação da sociedade elencados no art. 997, impondo-se a unanimidade do consentimento por imposição do art. 999. Daí que aos sócios que optarem pelo seguimento resta a constituição de uma nova sociedade, não valendo a decisão da permanência de sua existência, com a retirada dos que se opuserem.

Raramente contêm as sociedades um prazo determinado, tal acontecendo quando girarem em torno de um objeto social temporário, ou de uma prestação de serviço limitada.

Havendo a prorrogação, e não aparecendo prevista essa possibilidade, surge a obrigação legal da realização de alteração contratual e arquivamento no registro próprio, respondendo pelos prejuízos os administradores que se omitirem na providência.

O *consenso unânime* dos sócios parte da liberdade reconhecida aos contratantes e pressupõe a deliberação em assembleia, com a lavratura em ata, acompanhando cópia no endereçamento do pedido. Trata-se de uma forma consensual de dissolução, com base no

---

[55] *Dissolução e Liquidação das Sociedades*, 2ª ed., São Paulo, Editora Saraiva, 2000, pp. 62-63.

[56] *Sociedades Limitadas*, ob. cit., p. 297.

princípio da autonomia da vontade e no mútuo consenso, envolvendo a sociedade com prazo indeterminado de duração.

Vigorando por prazo indeterminado, que também ocorre pelo mero fato de perdurar a sociedade após o vencimento do prazo de duração assinalado, não se requer a deliberação unânime dos sócios, mas pela sua *maioria absoluta*. Na situação, a minoria não quer a dissolução. Surge uma divergência formando duas facções de sócios. Pensa-se, e encontra razoabilidade o raciocínio, que se deve prestigiar a continuação da sociedade. Pretendendo alguns sócios seguir com a sociedade, parece coerente que se converta em dissolução parcial para a finalidade da apuração de haveres, preservando a empresa.

A *falta de pluralidade de sócios*, persistindo apenas um, verificada na retirada, exclusão ou morte dos demais, deve ficar demonstrada com as provas dos atos de saída dos demais, como a liquidação da quota e o pagamento de seu valor, a ata de exclusão, ou a certidão de óbito. Nas sociedades de duas pessoas, a morte de uma acarreta a extinção, porque impossível a sociedade unipessoal, exceto na sociedade de ações que tem um único sócio, que deve ser uma sociedade, passando ela a chamar-se subsidiária integral.

No entanto, mesmo antes do Código atual, era defendida a permanência da sociedade, desde que, em certo prazo, em geral de um ano, se desse a substituição, ou o ingresso de novo sócio, conforme revela o seguinte paradigma: "Dissolução parcial da sociedade, garantindo-se ao sócio remanescente, quando constituída por apenas dois sócios, dentro do prazo de um ano, recompor a empresa, com admissão de outro sócio quotista e/ou ainda que como firma individual, sob pena da dissolução de pleno direito, assegurando-se ao sócio dissidente o recebimento dos haveres que lhe são devidos. Inteligência do art. 206, inc. I, alínea *d* da Lei das Sociedades Anônimas, c/c. o art. 18 do Decreto nº 3.708/19".[57]

Nem sempre a morte do sócio importa no ingresso dos herdeiros. A fim de viabilizar essa substituição, faz-se mister a permissão pelo contrato. Ademais, os sócios devem manifestar a vontade de que aceitam participar.

O prazo de cento e oitenta dias para a reconstituição da pluralidade dos sócios, na sociedade unipessoal, conta-se da data em que, efetivamente, o quadro social ficou reduzido a um sócio, independentemente de arquivamento da alteração contratual no registro competente. Não cabe deixar a contagem do termo inicial ao alvedrio do sócio remanescente, que não providencia no encaminhamento ao registro da alteração contratual. Tratando-se de morte do sócio, e figurando o outro sócio como herdeiro universal, conta-se o prazo a partir da morte, em atendimento ao disposto no art. 1.784 do Código Civil, pelo qual a transmissão da herança se dá com a abertura da sucessão.

A *extinção de autorização* promana de ato da autoridade, ou do diploma que importou na revogação. Se a autoridade cassa o alvará que permitiu o funcionamento, por falta de higiene, ou em face dos distúrbios provocados a terceiros, ou não o renovou porque passou a não se admitir o exercício da atividade, implicitamente está impondo a extinção, pois a atividade que exercia não está mais sendo admitida. É o caso de proibição do uso de um medicamento específico, ou de armas, ou de jogos eletrônicos. Em consequência, deve dissolver-se a sociedade que não obtém autorização para o exercício de tais finalidades.

Qualquer das hipóteses acima oportuniza a dissolução através do distrato social, cuja formalização prática é explicada por Francisco Russo e Nelson de Oliveira: "O instrumento

---

[57] REsp. nº 381-MG, da 3ª Turma do STJ, j. em 12.12.1989, *DJU* de 19.02.1990.

Cap. VII | A sociedade simples • 155

de distrato social deve ser redigido com clareza e precisão, constando, além da qualificação completa dos sócios e do número do arquivamento do contrato social inicial, os motivos que determinaram a dissolução, a importância distribuída a cada sócio, a indicação da pessoa responsável pelo ativo e passivo da sociedade, a quem caberá a guarda dos livros e documentos da sociedade.

Em caso de dissolução, se a sociedade entrar na fase de liquidação do ativo e passivo, deverá ser indicado o liquidante, e ao nome comercial será aditada a expressão 'em liquidação'".

Em seguimento, são arrolados os documentos necessários para o distrato social, de acordo com as exigências da Junta Comercial de São Paulo:

"1. Requerimento padrão (informando os números do NIRC e do CNPJ e o endereço do estabelecimento, representante legal e o nome de seu responsável).

2. Três vias do distrato social, com todas as folhas rubricadas pelos sócios, devendo a última folha ser assinada por todos os sócios e por duas testemunhas, com as assinaturas reconhecidas por tabelião.

3. Duas vias da FCN – Ficha de Cadastro Nacional.

4. Apresentar Certificado de Regularidade do FGTS, INSS e IRPJ.

5. Taxa de Serviço: recolher uma guia (GARE-COD-370-0, em três vias, conforme tabela da JUCESP na época. Após seu recolhimento, colar a 2ª via do GARE em folha avulsa e juntá-la ao requerimento padrão".[58]

Foi visto que a sociedade se dissolve quando ocorrer a falta de pluralidade de sócios, não reconstituída no prazo de cento e oitenta dias (inc. IV do art. 1.033). Entretanto, a Lei Complementar nº 128/2008, já citada, introduziu o parágrafo único ao art. 1.033, o qual veio a ser substituído pelo parágrafo único trazido pela Lei nº 12.441/2011, também acima referida, permitindo, na hipótese da falta de pluralidade de sócios, a transformação da sociedade em empresa individual (de responsabilidade total ou limitada do titular): "Não se aplica o disposto no inciso IV caso o sócio remanescente, inclusive na hipótese de concentração de todas as cotas da sociedade sob sua titularidade, requeira, no Registro Público de Empresas Mercantis, a transformação do registro da sociedade para empresário individual ou para empresa individual de responsabilidade limitada, observado, no que couber, o disposto nos arts. 1.113 a 1.115 deste Código".

Mesmo que não se considere empresário quem exerce atividade intelectual ou de natureza não econômica – art. 966, parágrafo único, do Código Civil –, tal comporta exceção se o exercício da profissão, embora puramente intelectual, constitua elemento de empresa. Neste caso, não há nenhuma vedação a que uma sociedade simples, prestadora de serviços de caráter intelectual – científico, artístico, literário –, acabe, mais ou menos tarde, desenvolvendo atividade empresária, havendo o que se denomina de transmudação de tipo societário. Essa alteração não poderá ocorrer com a cooperativa, que, embora possa ter por objeto o desenvolvimento de alguma atividade empresária, será, em razão do art. 982, parágrafo único, do Código Civil, sempre uma sociedade simples, pelo que impossível a transmudação.

---

[58] *Manual Prático de Constituição de Empresas*, ob. cit., p. 29.

42. MODELO DE DISSOLUÇÃO PELO CONSENSO UNÂNIME DOS SÓCIOS OU DISTRATO

Apresenta-se um modelo de dissolução consensual, que equivale ao distrato da sociedade, que se aproveita para qualquer tipo de sociedade.

43. A DISSOLUÇÃO JUDICIAL DA SOCIEDADE

Se não lograda a unanimidade, ou a maioria absoluta dos sócios, e, faltando, assim, o elemento que materializa a extinção, o único caminho que se delineia é o judicial. As hipóteses que facultam a dissolução estão enumeradas no art. 1.034 do Código Civil:

> "A sociedade pode ser dissolvida judicialmente, a requerimento de qualquer dos sócios, quando:
> I – anulada a sua constituição;
> II – exaurido o fim social, ou verificada a sua inexequibilidade".

Está-se diante de permissões que serão averiguadas judicialmente, submetendo-se ao amplo contraditório.

Enquanto as causas de dissolução do art. 1.033 do Código Civil estão vinculadas aos casos de exercício de direito potestativo de resilir o contrato de sociedade ou a certas hipóteses legais, as situações contidas no art. 1.034 estão ligadas aos vícios de constituição e à impossibilidade superveniente de sua continuação, ocorrendo *ope judicis*.

A anulação da constituição pode decorrer de vício formal, objeto ilícito, falta de requisitos do contrato, incapacidade dos sócios, inobservância de forma legal essencial, evicção do bem utilizado na integralização do capital, conflito de interesses entre o representado e o procurador, prática de ato em função de erro ou ignorância, dolo, coação, fraude contra credores, estado de perigo ou de necessidade, lesão, excesso de poderes pelo representante etc.

A anulação abrange a nulidade relativa, como decorrente de vícios de consentimento, a incapacidade entre dezesseis e dezoito anos, a lesão, e a nulidade absoluta, verificada em várias causas, citando-se os exemplos da incapacidade absoluta, a ilicitude, a impossibilidade ou a indeterminação do objeto, a ilicitude do motivo determinante, a não obediência à forma prescrita em lei, a preterição de solenidade essencial, a simulação.

O assunto envolve o vasto campo dos defeitos dos atos jurídicos, da invalidade do negócio jurídico e dos atos ilícitos, em regramento que inicia no art. 138 e termina no art. 188 do Código Civil.

O exaurimento do fim social leva a não mais justificar a existência da sociedade, como se ela se constituiu para a realização de uma pesquisa, ou para a construção de uma obra, ou para o desempenho de uma empreitada, ou o lançamento de uma incorporação imobiliária, e tais objetos restaram concluídos. Diz respeito o fim social às atividades que determinaram a criação da sociedade. Se temporárias essas atividades, resta a decorrência da temporariedade da vigência da sociedade. Igualmente traz o fim da sociedade se a não consecução do fim objetivado, como a não prestação da atividade, ou o desaparecimento do objeto que visava. Se não mais se usa um objeto a cuja fabricação se dedicava a sociedade, como de instrumento que foi substituído por outro; ou se um medicamento ficou proibido pela autoridade sanitária; ou se um produto é substituído por outro com maior vantagem, verifica-se a perda do objeto social, ou da finalidade, levando à dissolução.

Na mesma causa de dissolução entram as sociedades que deixaram de trazer resultados econômicos ou vantagens, como aquelas que produzem mais despesas, ou que as mercadorias têm alto custo, ou redundam em lucros insuficientes. A resolução fica claramente admitida, já que não persistem as finalidades sociais.

Se não encaminhada a averbação da extinção por unanimidade dos sócios, ou discordando um deles no desiderato, não se dispensa o procedimento judicial.

A inexequibilidade, ou impossibilidade superveniente, se apresenta quando a lei impede o fim social a que se propôs, como no cancelamento da obra que vinha proposta em licitação; ou simplesmente falta a matéria-prima utilizada para a produção do bem; ou cancela um contratante as mercadorias encomendadas; ou desistem os interessados dos serviços que eram prestados. O objeto social torna-se inexequível, perdendo a razão de ser a sociedade.

Não apenas às hipóteses analisadas restringe-se a dissolução judicial. No contrato social ou estatutos se viabiliza a configuração de outras causas, que podem surgir mesmo que não previstas, como a total incompatibilidade dos sócios, a ausência completa da *affectio societatis*, o desaparecimento da matéria-prima utilizada na fabricação, a conduta desonrosa dos sócios, a descoberta de prejuízos à saúde pelo objeto produzido. Embora limitativamente à previsão no contrato, o art. 1.035 assinala para mais eventualidades de dissolução: "O contrato pode prever outras causas de dissolução, a serem verificadas judicialmente quando contestadas".

Embora omisso o contrato, a ilicitude do fim social, não importando se superveniente à criação da sociedade, inviabiliza a continuação da sociedade, impondo-se a sua extinção. A licitude, a possibilidade e a determinabilidade do objeto social alça-se como condição para a validade do negócio jurídico, por imposição do art. 104, inc. II, do Código Civil.

Advindo lei que não mais autoriza o exercício de uma atividade, ou a prática de uma profissão, cumpre que não mais seja realizada. Nessa ótica, não podem perdurar as sociedades cujo objeto é o comércio indiscriminado de armas, se proibido o uso ou porte. Se o consumo de um produto fica proibido, como de um medicamento que traz efeitos colaterais graves, ou de explosivos, de certas substâncias ingeríveis, decorre imperativamente a dissolução da sociedade.

44. A LIQUIDAÇÃO DA SOCIEDADE

O procedimento da liquidação é complexo, desenvolvendo-se em vários atos, e seguindo regramento processual.

Verificada a dissolução, que pode acontecer por ordem judicial, ou por deliberação dos sócios, ou por imposição legal, procura-se apurar o ativo e o passivo, o que se faz no processo de liquidação, o qual colimará a partilha do patrimônio, que se desenvolve por meio de atos contábeis e do inventário do ativo e do passivo. Está-se diante de um procedimento de encontro de contas, efetuando-se um inventário com o destaque dos direitos dos sócios e de seus deveres, dos débitos, dos créditos, do patrimônio mobilizado e imobilizado. Ultima-se o processo com a partilha do que sobrar após a satisfação das obrigações, sendo que alguns enquadram essa etapa em nova fase, "em que se destina a cada um (sócio), na devida proporção, a eventual sobra, promovendo-se, alfim, o arquivamento no Registro Empresarial".[59]

Liquidar é terminar com uma situação, é extinguir uma realidade, de modo a chegar ao resultado líquido do patrimônio. Envolve uma sequência de atos que busca concluir os negócios pendentes, receber os créditos e satisfazer as obrigações.

Idêntico regramento incide para todas as sociedades, não importando a espécie, mesmo que pequeno o capital. Embora algumas diferenças constem nos regramentos próprios, não se dispensa o levantamento patrimonial em qualquer caso, a menos que o consenso unânime dispense a providência, e em ata conste o ajuste.

Para tanto, desde logo se nomeia um liquidante, que será o administrador da sociedade enquanto durar a tramitação.

O liquidante comandará a tramitação dos atos de arrecadação, de conclusão dos negócios, de cobrança, de pagamentos, até o momento final, que consiste na distribuição do resultado entre os sócios, proporcionalmente à participação social. Cabelhe, também, conduzir aquelas atividades e os negócios sociais em andamento, ou já iniciados. Não se lhe permite o início de novas operações, sob pena de responder ilimitada e solidariamente pelas obrigações que advierem.

O art. 1.036 resume as incumbências do liquidante: "Ocorrida a dissolução, cumpre aos administradores providenciar imediatamente a investidura do liquidante, e restringir a gestão própria aos negócios inadiáveis, vedadas novas operações, pelas quais responderão solidária e ilimitadamente".

Os administradores nomearão o liquidante, em se tratando de dissolução extrajudicial, o qual seguirá na administração. Enquanto não assumir a pessoa nomeada, restringe-se a atividade aos negócios inadiáveis, aos compromissos já assumidos, à conclusão de obras em andamento, à continuação dos trabalhos ou à produção até completar os contratos pendentes e esgotar a matéria-prima armazenada.

Dando-se a dissolução por disposição de lei, ou imposta pela autoridade pública, requererá o sócio a imediata liquidação judicial, com permissão do parágrafo único do mesmo artigo: "Dissolvida de pleno direito a sociedade, pode o sócio requerer, desde logo, a liquidação judicial". Consoante se colhe da regra, a qualquer sócio concede-se a faculdade de promover a liquidação, que será, então judicial.

Não prevendo o contrato social a pessoa para atuar como liquidante, escolhe-se a mesma através de deliberação pela maioria dos sócios, não se impedindo que recaia em estranho aos quadros sociais a designação, conforme autoriza o art. 1.038: "Se não estiver designado no contrato social, o liquidante será eleito por deliberação dos sócios, podendo a escolha recair em pessoa estranha à sociedade".

É comum a falta de previsão na prévia indicação do liquidante. Dificilmente os sócios preveem o nome de alguém para uma função que, no momento, nem passa pela sua mente, pois acreditam no sucesso da sociedade. Na ausência de indicação, convocase a

---

[59] Irineu Mariani, "Responsabilidade civil dos sócios e dos administradores de sociedades empresárias (à luz do novo Código Civil)", trabalho citado, p. 106.

assembleia dos sócios para a eleição, não se impedindo que recaia a escolha em pessoa estranha aos quadros sociais, opção esta aconselhável se dominarem atritos e desavenças entre os integrantes do quadro social. Igualmente em pessoa estranha pode recair a nomeação quando dois os sócios, e na falta de consenso entre eles, como pondera José Waldecy Lucena: "Em sociedade de dois sócios, havendo divergência, o juiz nomeará liquidante pessoa estranha à sociedade (§ 2º). Claro que os dois sócios, se concordes, poderão indicar, em petição, o liquidante a ser nomeado".[60]

O § 1º do art. 1.038 estabelece as hipóteses de destituição do liquidante:

"O liquidante pode ser destituído, a todo tempo:

I – se eleito pela forma prevista neste artigo, mediante deliberação dos sócios;

II – em qualquer caso, por via judicial, a requerimento de um ou mais sócios, ocorrendo justa causa".

Diante dos termos das regras, se escolhido por deliberação dos sócios, sempre é permitida a destituição, sem precisar que haja motivo. A mera manifestação dos sócios é suficiente. Não se requer que se exponham as razões da decisão. Basta o simples juízo de conveniência, que não se submete à uma justificação. Se constar no contrato social a nomeação, ou mesmo decorrer de nomeação por ato do juiz, são condições a alegação e comprovação de justa causa, que importará em determinação judicial. Não se mostra suficiente a simples vontade dos sócios.

Quanto ao procedimento da liquidação, obedecem-se os trâmites do Capítulo IX do Subtítulo I, Título II, do Livro II, do Código Civil, em consonância com o § 2º do art. 1.038, encontrando-se as normas inseridas nos arts. 1.102 a 1.112, onde constam indicados os passos que devem ser observados até o completo encerramento da sociedade, matéria que será objeto de estudo em capítulo próprio, denominado "liquidação, extinção das sociedades em geral e medidas cautelares", destinado às sociedades em geral, incidindo, para a liquidação judicial, as normas do procedimento comum.

45. INICIATIVA DO MINISTÉRIO PÚBLICO PARA BUSCAR A LIQUIDAÇÃO

Consoante se retira do inc. V do art. 1.033, dissolve-se a sociedade se ocorre a extinção, na forma da lei, da autorização para funcionar. Passando a vigorar a proibição do uso de um produto, extingue-se a autorização que as sociedades tinham para atuar no ramo. Nesse caso, incumbe aos administradores providenciar na liquidação. Omitindo-se eles, a qualquer sócio se reconhece a legitimidade para promover a liquidação. E na falta de tal iniciativa, outorga-se ao Ministério Público o encargo, nos termos do art. 1.037: "Ocorrendo a hipótese prevista no inciso V do art. 1.033, o Ministério Público, tão logo lhe comunique a autoridade competente, promoverá a liquidação judicial da sociedade, se os administradores não o tiverem feito nos 30 (trinta) dias seguintes à perda da autorização, ou se o sócio não houver exercido a faculdade assegurada no parágrafo único do artigo antecedente".

Dada a remissão ao inc. V do art. 1.033, a iniciativa do Ministério Público restringe-se ao caso de extinção da autorização para o funcionamento. Já a referência ao parágrafo único do art. 1.036 equivale a permitir a mencionada iniciativa se os administradores ou

---

[60] *Das Sociedades Limitadas*, ob. cit., 6ª ed., 2005, p. 853.

o sócio não requererem desde logo a liquidação judicial, ou mais propriamente, no prazo de trinta dias a partir da data da perda de autorização para funcionar, ou na omissão do sócio em requerer a liquidação judicial. Sintetizando, admite-se o pedido formulado pelo Ministério Público se ocorre a extinção da autorização para funcionar, e se os administradores ou qualquer sócio se omitirem em promover a liquidação.

Não promovendo o Ministério Público a liquidação, a autoridade competente para conceder a autorização nomeará um interventor, que requererá a medida e exercerá a administração, até que um liquidante seja nomeado, segundo os termos do parágrafo único do mesmo art. 1.037: "Caso o Ministério Público não promova a liquidação judicial da sociedade nos 15 (quinze) dias subsequentes ao recebimento da comunicação, a autoridade competente para conceder a autorização nomeará interventor com poderes para requerer a medida e administrar a sociedade até que seja nomeado o liquidante".

Surge realmente o interesse de intervir o Ministério Público se, cassada a sociedade, permanece ela em atividade, em franco desrespeito à ordem e à lei, cabendo-lhe, em primeira mão, buscar a desativação e encaminhar o correspondente processo crime, com a busca e apreensão de bens e instrumentos utilizados nas atividades proibidas.

VIII
Sociedades em nome coletivo

1. A RESPONSABILIDADE ILIMITADA DOS SÓCIOS

A sociedade em nome coletivo, cuja regulamentação vinha nos arts. 315 e 316 do Código Comercial, é aquela na qual todos os sócios respondem solidária e ilimitadamente pelas obrigações sociais. Sua existência confunde-se com a existência das pessoas que a compõem.

Não mais se justifica, atualmente, a sociedade em nome coletivo, na qual a responsabilidade é ilimitada. Não parece razoável que, podendo as pessoas realizar empreendimentos sem o comprometimento de seus bens particulares e familiares, optem pela responsabilidade ilimitada, total e solidária. Não se mostra mesmo coerente firmar um tipo de sociedade na qual o credor pode investir contra o patrimônio particular do sócio. Raros são os registros de sociedades em nome coletivo. Generalizou-se a escolha da limitação da responsabilidade e do risco da atividade produtiva.

Em épocas antigas aparecia esse tipo de sociedade, e mais em alguns países da Europa, como na França, Itália, Portugal, no âmbito de ofícios e profissões, como de padeiros, ourives, alfaiates, comerciantes.

A vantagem desse tipo de sociedade é para os credores, pois todo o patrimônio dos sócios garante as dívidas. Realmente, revelar-se-ia importância nas localidades menores, onde a credibilidade se dá em face do nome das pessoas, que constitui elemento para gerar a confiança nas transações ou negócios.

O art. 1.039 do Código Civil explicita quem pode fazer parte das sociedades em nome coletivo, nas quais a responsabilidade é solidária e ilimitada: "Somente pessoas físicas podem tomar parte na sociedade em nome coletivo, respondendo todos os sócios, solidária e ilimitadamente, pelas obrigações sociais".

Entende-se que a solidariedade não está desligada da subsidiariedade, ou seja, impera unicamente depois de esgotados os bens da sociedade. Era expresso, a respeito, o art. 350 do Código Comercial, que se referia à sociedade em geral: "Os bens particulares dos sócios não podem ser executados por dívidas da sociedade, senão depois de executados os bens sociais".

Embora, pois, a responsabilidade ilimitada e solidária não equivalha à responsabilidade subsidiária, no caso é o credor obrigado a forçar a excussão primeiramente dos bens da sociedade, e somente depois dos bens do sócio.

Internamente, isto é, entre os sócios, sem repercussão quanto a terceiros, é aceito pacto no qual fique limitada a responsabilidade dos sócios, como veio a permitir o parágrafo único, e representa um ineditismo frente à anterior regulamentação: "Sem prejuízo da responsabilidade perante terceiros, podem os sócios, no ato constitutivo, ou por unânime convenção posterior, limitar entre si a responsabilidade de cada um". Torna-se, portanto, viável limitar ou mesmo excluir a responsabilidade ilimitada, sem que o pacto tenha validade perante terceiros. Parece, no entanto, sem coerência a faculdade contida, e consistente na faculdade de um ou mais sócios elegerem um tipo de sociedade de responsabilidade ilimitada e depois limitarem a responsabilidade internamente. Quanto a terceiros, a responsabilidade de cada sócio continua solidária e ilimitada pelas obrigações sociais, depois de exaurido o patrimônio social.

Unicamente as pessoas físicas comporão este tipo de sociedade, ficando vedada a presença de pessoa jurídica na composição do capital, requisito que não constava na regulamentação pelo Código Comercial. Daí se retira a importância do fator pessoal, ou da pessoa dos sócios, a ponto de comprometer o patrimônio particular.

Essa sociedade pode exteriorizar-se pela forma da sociedade simples ou da empresária, de conformidade com o objeto social, segundo revela o art. 1.044, ao estabelecer que a sua dissolução se dá pelas causas que ensejam a dissolução da sociedade simples, e que, se empresária, está sujeita à falência.

Outrossim, além das normas específicas, no que forem omissas ou não abrangerem a matéria, incide o regramento da sociedade simples, por expressa previsão do art. 1.040 do Código Civil: "A sociedade em nome coletivo se rege pelas normas deste Capítulo e, no que seja omisso, pelas do capítulo antecedente".

2. O CONTRATO SOCIAL, A FIRMA E A ADMINISTRAÇÃO DA SOCIEDADE

O contrato social terá os elementos estabelecidos para a sociedade simples, e mais a firma social. O art. 1.041 realmente assim ordena: "O contrato deve mencionar, além das indicações referidas no art. 997, a firma social".

As indicações do art. 997 são as seguintes:

    I – nome, nacionalidade, estado civil, profissão e residência dos sócios, se pessoas naturais, e a firma ou a denominação, nacionalidade e sede dos sócios, se jurídicas;

    II – a denominação, objeto, sede e prazo da sociedade;

    III – capital da sociedade, expresso em moeda corrente, podendo compreender qualquer espécie de bens, suscetíveis de avaliação pecuniária;

    IV – a quota de cada sócio no capital social, e o modo de realizá-la;

    V – as prestações a que se obriga o sócio, cuja contribuição consista em serviços;

    VI – as pessoas naturais incumbidas da administração da sociedade, e seus poderes e atribuições;

VII – a participação de cada sócio nos lucros e nas perdas;

VIII – se os sócios respondem, ou não, subsidiariamente, pelas obrigações sociais.

Quanto à denominação, nem sempre constitui a firma social, pois representa o nome que se dá à sociedade. A firma social significa o nome usado nas relações comerciais que realiza. Compõe-se do nome civil de um, alguns ou todos os sócios. Omitido o nome de sócio ou sócios, indica-se a existência dos sócios não mencionados através da expressão "companhia", por extenso ou abreviadamente ("e Cia" ou "& Cia").

Outrossim, o art. 1.042 trata da administração e do uso da firma: "A administração da sociedade compete exclusivamente a sócios, sendo o uso da firma, nos limites do contrato, privativo dos que tenham os necessários poderes".

A administração, portanto, limita-se aos sócios. Está proibida a nomeação de administradores estranhos, restringindo-se aos integrantes da sociedade, isto é, àqueles que participam do capital social, sem importar, no entanto, que recaia a indicação em sócio com maior participação no capital. Fica eliminado o exercício da administração por mandatário. Não havendo indicação dos administradores, vigora a regra de que qualquer sócio exercerá a administração, sempre nos limites do contrato.

No pertinente à firma, equivale à denominação social, sendo formada pelos nomes e sobrenomes dos sócios, ou de alguns deles, ou simplesmente de apenas um. Oportuna ainda a observação de José Waldeci Lucena, quanto à necessidade de cláusula relativa aos nomes: "Somente haverá utilidade na inclusão de cláusula indicativa dos nomes dos que usarão da firma social, se um ou mais sócios forem escolhidos para gerentes, então chamados 'gerentes estatutários', porquanto se os sócios, mormente devido a seu pequeno número, decidirem que todos serão gerentes e gerirão em nome da sociedade, a cláusula se mostra despicienda, embora sempre seja útil esclareça o contrato, para a fixação de responsabilidades, quais as atribuições de cada um dos gerentes. Ademais, pode o contrato estabelecer que os gerentes serão eleitos por período determinado, quando então seus nomes figurarão em ato à parte".[1]

Com a mudança do quadro social, se o nome é retirado do sócio que se afasta, troca-se a firma, com as providências da averbação na Junta Comercial, o que, naturalmente, reclama várias providências, como a troca de logotipos, e substituição de blocos de notas. Assim consta do art. 1.165: "O nome de sócio que vier a falecer, for excluído ou se retirar, não pode ser conservado na firma social". Decorre que existe uma estreita identidade entre as pessoas jurídicas e as pessoas físicas dos sócios.

O art. 1.157 encerra a obrigatoriedade do uso do nome dos sócios na denominação, sem permitir o de terceiros estranhos: "A sociedade em que houver sócios de responsabilidade ilimitada operará sob firma, na qual somente os nomes daqueles poderão figurar, bastando para formá-la aditar ao nome de um deles a expressão 'e companhia' ou sua abreviatura". Regra, aliás, que se estende a outras sociedades, como as limitadas, caso venha com a palavra "limitada", por extenso ou abreviadamente.

---

[1] *Das Sociedades por Quotas de Responsabilidade Limitada*, ob. cit., p. 93.

3. MODELO DE ESTATUTO DA SOCIEDADE

4. DISSOLUÇÃO DA SOCIEDADE EM NOME COLETIVO

A dissolução se opera na forma estabelecida para a dissolução de qualquer sociedade. Existem algumas normas especiais. A primeira diz com a impossibilidade de se requerer a liquidação antes de se proceder a dissolução, encontrando-se no art. 1.043: "O credor particular de sócio não pode, antes de dissolver-se a sociedade, pretender a liquidação da quota do devedor".

O dispositivo é profundamente restritivo, impossibilitando o exercício do direito do credor. Inconcebível que se vede a penhora da quota, e se leve a mesma à liquidação, sem a necessidade da antecedente dissolução. O parágrafo único abre exceções, autorizando a liquidação se prorrogada tacitamente, ou se a prorrogação se der mediante contrato, desde que se oponha o credor no prazo de noventa dias:

"Poderá fazê-lo quando:

I – a sociedade houver sido prorrogada tacitamente;

II – tendo ocorrido prorrogação contratual, for acolhida judicialmente oposição do credor, levantada no prazo de 90 (noventa) dias, contado da publicação do ato dilatório".

O objetivo da regra é impor ao credor a excussão de outros bens livres do devedor diferentes das quotas sociais. Além disso, busca evitar que, com a penhora das quotas sociais de um dos sócios, por dívidas pessoais, se acelere a redução do patrimônio social, propiciando a extinção da própria sociedade.

Durante o prazo de vigência, coloca-se óbice à dissolução, ensejando manobras dos sócios, que podem estabelecer um longo prazo de duração, e contrair pesadas dívidas, sem que se viabilize a dissolução com a posterior liquidação. No entanto, nada impede que o credor ingresse contra os sócios, cuja responsabilidade é solidária. O melhor é sequer aplicar o preceito, porquanto representa uma derrogação da legislação, inclusive de cunho processual, que autoriza a busca dos créditos e impede o enriquecimento sem causa ou indevido.

O art. 1.044 descreve as hipóteses de dissolução de pleno direito da sociedade: "A sociedade se dissolve de pleno direito por qualquer das causas enumeradas no art. 1.033 e, se empresária, também por declaração da falência".

Para melhor compreender a matéria, importante ter em mente o disposto no art. 1.033, que arrola as causas de dissolução:

I – o vencimento do prazo de duração, salvo se, vencido este e sem oposição de sócio, não entrar a sociedade em liquidação, caso em que se prorro   g a r á por tempo indeterminado;

II – o consenso unânime dos sócios;

III – a deliberação dos sócios, por maioria absoluta, na sociedade de prazo indeterminado;

IV – a falta de pluralidade de sócios, não reconstituída no prazo de cento e oitenta dias;

V – a extinção, na forma da lei, de autorização para funcionar.

Aduz-se que, se empresária a sociedade, a falência também importa na dissolução.

Numa visão ampla, os casos que autorizam a dissolução, e assim, a liquidação, são os acima transcritos, e mais a declaração de falência na sociedade empresária, a sua prorrogação tácita, e a prorrogação contratual desde que manifestada a oposição pelo prazo de noventa dias pelo credor, com razões oportunas e que convençam do direito no recebimento do crédito.

IX
Sociedade em comandita simples

1. ORIGEM E SIGNIFICADO

A sociedade em comandita é outra instituição anacrônica, não mais se adotando justamente em razão da responsabilidade ilimitada e solidária exigida dos sócios comanditados, com a possibilidade dos bens particulares sujeitarem-se a eventual execução para o cumprimento das obrigações contraídas pela sociedade. É considerada como a espécie mais antiga de sociedade, tendo origens no direito romano. O significado de sociedade em comandita provém do italiano, partindo-se do verbo "comanditar", com a ideia de "custódia", "tutela". Pode a palavra expressar a entrega de valores ou fundos, a fim de serem geridos em atividade negocial, ou representar o ato de gerir a atividade negocial.

Outrossim, lembra Gladston Mamede que *"comanditar* é ser 'comanditário de', isso é, fornecer os fundos para uma sociedade em comandita, entregá-los a outrem (o comanditado)... Comanditar é 'encarregar' (e não 'encarregar-se') da administração dos fundos de uma sociedade em comandita".[1]

Em época antiga, no começo da Idade Média, teve origem a sociedade em comandita, nascida da necessidade de se ajustarem as convenções, entre aqueles que se decidiam explorar em comum atividades, no sentido de afastar a responsabilidade individual e direta perante terceiros daqueles que tinham menor participação no empreendimento.

José Gabriel Assis de Almeida encontra as origens do instituto na ideia de entregar quantia em dinheiro ou mercadorias: "A comenda era o contrato pelo qual o capitalista (*commendator*) entregava ao negociante (*tratactor*) uma quantia em dinheiro ou mercadorias.

Estes valores eram usados em operações de compra e venda, e os lucros repartidos. O *commendator* só assumia o risco de perder o que entregava ao *tratactor*.

Como o comércio da época era essencialmente marítimo, a comenda constituía um contrato marítimo. Porém, isto não significa que a comenda não fosse utilizada em operações terrestres.

Com o decorrer do tempo, o *tratactor* começou a contribuir com o seu próprio dinheiro e/ou mercadorias. Esta sua contribuição veio a modificar a situação inicial.

---

[1] *Direito Societário: Sociedades Simples e Empresárias*, ob. cit., vol. 2, p. 300.

168 • Direito de Empresa | Arnaldo Rizzardo

Com efeito, no princípio, o *tratactor* era o gerente, e o *commendator* o proprietário. Pouco a pouco, o *tratactor* passou a ser simultaneamente o proprietário e o gerente, ficando o *commendator* numa posição de mero partícipe".[2]

A ideia da responsabilidade dos sócios na sociedade em comandita se colhe do art. 1.045 do Código Civil: "Na sociedade em comandita simples tomam parte sócios de duas categorias: os comanditados, pessoas físicas, responsáveis solidária e ilimitadamente pelas obrigações sociais; e os comanditários, obrigados somente pelo valor de sua quota".

Nos termos do parágrafo único, "o contrato deve discriminar os comanditados e os comanditários".

2. CATEGORIA DE SÓCIOS E RESPONSABILIDADE

Têm-se, conforme visto acima, duas categorias de sócios na sociedade em comandita. Os *comanditados* são os mais importantes, tanto que a responsabilidade pelas obrigações é solidária e ilimitada, assim devendo entender-se depois de esgotado o patrimônio da sociedade, e equivalendo, pois, à solidariedade subsidiária. Daí decorre que lhes compete a administração da sociedade. Já os *comanditários*, cuja denominação quer dizer sócios "encomendados", são aqueles que comanditam, ou os simples prestadores de capital, isto é, os sócios investidores de capitais, que outrora se chamavam de capitalistas, devendo responder somente pelo equivalente ao montante investido na aquisição de sua quota, ou aos fundos com que entram na sociedade. Uma vez integralizados os fundos, não mais persiste a responsabilidade. Já os sócios comanditados consideram-se os responsáveis pela administração, tendo que arcar com a totalidade da dívida, mesmo que menor a sua participação no capital. A eles são confiados os fundos sociais, ou os valores que se colocam à disposição para a realização dos fins sociais, incumbindo-se-lhes, também, a administração e representação da sociedade.

Em face da existência de sócios responsáveis unicamente pelo valor da subscrição e sócios que respondem solidária e ilimitadamente pelas obrigações sociais, convencionou-se considerar esta sociedade como de responsabilidade mista.

Unicamente as pessoas físicas estão autorizadas a participar como sócios comanditados, por expressa referência do art. 1.045. Quanto aos comanditários, não consta tal exigência, concluindo-se da possibilidade em as pessoas jurídicas participarem nesta categoria de sócios.

Opera a sociedade em comandita com firma, formada pelo nome de um ou de vários dos sócios que figuram com responsabilidade ilimitada.

De modo geral, incidem as normas da sociedade em nome coletivo, conforme ordena o art. 1.046: "Aplicam-se à sociedade em comandita simples as normas da sociedade em nome coletivo, no que forem compatíveis com as deste Capítulo". Nessa dimensão, incidem os mesmos direitos e deveres dos sócios da sociedade em nome coletivo, nos termos do parágrafo único: "Aos comanditados cabem os mesmos direitos e obrigações dos sócios da sociedade em nome coletivo".

Como se encontra no *caput*, a incidência é admitida se compatíveis as regras da sociedade em nome coletivo. De lembrar que a responsabilidade, neste último tipo, é sempre ilimitada e solidária para qualquer sócio, o que se mostra diferente na comandita.

---

[2] *A Sociedade em Conta de Participação*, ob. cit., p. 7.

3. O CONTRATO E MODELO DE ESTATUTO DA SOCIEDADE

No contrato social, constam os elementos próprios dos contratos de sociedade, e que são os da sociedade simples, por imposição do art. 1.046 do Código Civil. Diante desta previsão, não se faz necessário repetir os requisitos ou elementos do contrato, a não ser observar que cada categoria de sócios terá as respectivas quotas, por cujo valor deve responder o comanditário, mas respondendo ilimitada e solidariamente o comanditado; que os comanditários não podem participar da administração; e que não devem eles incluir o nome na firma social.

A alteração de capital surtirá efeitos unicamente depois de procedida a averbação no registro da inscrição, conforme o art. 1.048, mas respeitando os créditos já formados em favor dos credores: "Somente após averbada a modificação do contrato, produz efeito, quanto a terceiros, a diminuição da quota do comanditário, em consequência de ter sido reduzido o capital social, sempre sem prejuízo dos credores preexistentes".

4. A ADMINISTRAÇÃO DA SOCIEDADE EM COMANDITA SIMPLES

Os sócios comanditados é que exercem a administração e têm o nome incluído na firma social, como se retira do art. 1.047 da lei civil: "Sem prejuízo da faculdade de participar das deliberações da sociedade e de lhe fiscalizar as operações, não pode o comanditário praticar qualquer ato de gestão, nem ter o nome na firma social, sob pena de ficar sujeito às responsabilidades de sócio comanditado".

A proibição restringe-se à prática de atos de gestão, e não das deliberações da sociedade e da fiscalização das operações. Tem, pois, o sócio o direito de voz e de voto, valendo a sua posição para definir a decisão.

A disposição repetiu o conteúdo do art. 314 do Código Comercial.

A proibição na prática de atos de gestão não impede a nomeação de procurador da sociedade, inclusive em atos específicos de representação, por força do parágrafo único: "Pode o comanditário ser constituído procurador da sociedade, para negócio determinado e com poderes especiais". A atuação restringe-se à condição de mandatário.

5. PARTICIPAÇÃO NOS LUCROS NA SOCIEDADE EM COMANDITA

Os lucros são distribuídos aos sócios comanditados e comanditários, na proporção da respectiva participação. Se, entrementes, ocorrerem equívocos na distribuição aos comanditários, ou se recebeu valores a pretexto de lucros, que se constata, depois, não verificados, não ficam eles obrigados à reposição se presente a boa-fé no recebimento, que se procedeu na forma do balanço, em sintonia com a previsão do art. 1.049: "O sócio comanditário não é obrigado à reposição de lucros recebidos de boa-fé e de acordo com o balanço".

Todavia, se há a diminuição do capital em razão de perdas supervenientes, não cabe a distribuição de lucros, no que é explícito o parágrafo único: "Diminuído o capital social por perdas supervenientes, não pode o comanditário receber quaisquer lucros, antes de reintegrado aquele". De modo que, verificada a perda de capital, não se faz a distribuição de lucros. Tendo havido distribuição de lucros nessa situação, cabe a restituição. Em posteriores exercícios, porém, enquanto não se der a reintegração do capital, não se procedem a novas distribuições. Gerando a sociedade lucros, destinar-se-ão os mesmos para a sua capitalização, ou ao refazimento do capital social indevidamente reduzido.

Não importa que não tivesse o sócio conhecimento do balanço, ou que lhe tenham transmitido dados errados. A finalidade da lei é proteger terceiros, possivelmente prejudicados com a indevida prática.

6. A DISSOLUÇÃO DA SOCIEDADE EM COMANDITA

A dissolução da sociedade em comandita simples está regulada pelo art. 1.051, observando-se as mesmas regras da sociedade em nome coletivo: "Dissolve-se de pleno direito a sociedade:

> I – por qualquer das causas previstas no art. 1.044;
>
> II – quando por mais de 180 (cento e oitenta) dias perdurar a falta de uma das categorias de sócio".

Nota-se que a falta, no caso, é de pluralidade de categorias de sócios, e não de sócios. Não preenchida a categoria que deixou de existir, e, se não restaurada, desaparece, pois fica desnaturada.

Em primeiro lugar, diante da referência ao art. 1.044, dá-se a dissolução pelas mesmas causas indicadas para a sociedade em nome coletivo, que, por sua vez, se dissolve por qualquer das causas enumeradas no art. 1.033, e, se empresária, também pela declaração de falência. Em consequência, acarretam a dissolução os seguintes motivos, além da falência: o vencimento do prazo de duração, salvo se, vencido este e sem oposição de sócio, não entrar a sociedade em liquidação, caso em que se prorrogará por tempo indeterminado; o consenso unânime dos sócios; a deliberação dos sócios, por maioria absoluta, na sociedade de prazo indeterminado; a falta de pluralidade de sócios, não reconstituída no prazo de cento e oitenta dias; a extinção, na forma da lei, de autorização para funcionar.

O parágrafo único trata da situação em que vier a faltar sócio comanditado: no caso, nomeiam dentre os comanditários um administrador provisório, não olvidando que a ausência de uma das categorias de sócios por mais de cento e oitenta dias importa na dissolução da sociedade: "Na falta de sócio comanditado, os comanditários nomearão administrador provisório para praticar, durante o período referido no inciso II e sem assumir a condição de sócio, os atos de administração". A nomeação deve, pois, restringir-se ao período de cento e oitenta dias, tendo por finalidade a prática de todos os atos de administração e representação da sociedade, consoante os poderes e atribuições especificados nos atos de constituição. Não se olvida, entretanto, que os sócios não assumem a condição de sócios.

O administrador não assume a condição de sócio.

Uma vez não conseguindo o sucessor, por não aceitar a função, ou não ingressar em razão das dívidas e da responsabilidade ilimitada e solidária, o único caminho que se oferece é a dissolução da sociedade.

7. A MORTE DE SÓCIO COMANDITÁRIO

Os sucessores do sócio comanditário continuarão na sociedade, se for de seu interesse, e não dispuser o contrário o contrato. Não são obrigados a ingressar, facultando-se-lhes promover a resolução da quota, apurando os haveres correspondentes.

A regra revela-se ímpar, pois destoa dos ordenamentos de outras sociedades. A finalidade é evitar a autodissolução quando apenas dois os sócios. Se, porém, não indicados os sucessores no prazo de cento e oitenta dias, dissolve-se a sociedade. Incide, na hipótese, o ditame do art. 1.033, inc. IV.

A matéria está no art. 1.050: "No caso de morte de sócio comanditário, a sociedade, salvo disposição do contrato, continuará com os seus sucessores, que designarão quem os represente".

Percebe-se que, em princípio, passam à titularidade da participação que tinha o sócio falecido. Mas haverá um único representante, escolhido entre os sucessores, devendo haver instrumento competente, no qual se inserem os poderes.

X

A sociedade limitada

1. VISÃO HISTÓRICA

Em épocas mais remotas, não existia a sociedade limitada, ou de responsabilidade limitada dos sócios. Constitui a sua estruturação fruto do gênio jurídico alemão, que a sedimentou em direito positivo através de uma lei de 1892. Conforme Vera Helena de Mello Franco, muito contribuiu para o surgimento desse tipo de sociedade "o desenvolvimento industrial alemão, após a guerra franco-prussiana de 1870", pois ficou acentuada "a incompatibilidade das formas tradicionais perante a evolução da atividade negocial. A euforia que se seguiu à unificação alemã, sob a tutela de Bismarck, traduziu-se no incremento do volume dos negócios, a reclamar formas societárias mais práticas que as até então existentes".[1]

Lembra Jorge Lobo mais dados históricos: "O Projeto de Lei, relativo às sociedades de responsabilidade limitada, publicado pelo Departamento de Justiça do Reich em dezembro de 1891, revisto pelo Senado em fevereiro de 1892, concebia a sociedade limitada como uma sociedade anônima de pequeno porte, uma forma intermediária entre as sociedades personalistas e as de capitais. Na prática, entretanto, a limitada sempre foi considerada uma sociedade estruturada de forma personalista".[2]

Formas aproximadas, apontando para a limitação da responsabilidade dos sócios, haviam começado a surgir bem antes, apresentando Adalberto Simão Filho um importante dado histórico caracterizador da responsabilidade limitada dos sócios: "A limitação de responsabilidade dos sócios em face das obrigações sociais somente foi conquistado com a legislação de 1855, que concedia este caráter à sociedade e aos sócios como um dos efeitos do registro do ato constitutivo no órgão próprio".[3] Têm-se notícias que foi em 1862, na Inglaterra que adquiriram caráter de oficialização essas sociedades, denominadas *private companies*, ou *private partnerschip*, vindo sedimentadas no chamado *Companies Act*. Na França, a Lei das Sociedades Limitadas apareceu após a I Guerra Mundial, época em que a Alemanha foi obrigada a devolver a Alsácia-Lorena. Nos territórios devolvidos, a França recebeu também inúmeras sociedades limitadas regidas pela Lei Alemã, tornando--se, portanto, urgente a regulamentação desse tipo societário. A primeira lei surgiu em 1925, sendo a mesma modificada por inúmeras vezes até se chegar nas duas leis atuais

---

[1] *Manual de Direito Comercial*, ob. cit., vol. I, p. 220.
[2] *Sociedades Limitadas*, ob. cit., pp. 47-48.
[3] *A Nova Sociedade Limitada*, ob. cit., p. 5.

sobre as quais repousa o direito societário francês (Lei de 24 de julho de 1966 e outra de 04 de janeiro de 1978), vindo essas sociedades com a denominação *societés à responsabilité limitée*. Expandiram-se em outros países, e sendo introduzidas as noções no Brasil em 1865, sem que se conseguisse implantar a regulamentação da espécie. Todavia, as ideias se desenvolveram e evoluiu a sistematização, passando por vários projetos, até aquele apresentado pelo deputado Joaquim Luis Osório, inspirado no direito alemão, dele advindo o Decreto nº 3.708, de 10 de janeiro de 1919, quando passou a se impor a denominação "sociedade por quotas de responsabilidade limitada", apropriada do direito português, que já havia adotado o nome. Não existe no Brasil, lembra Egberto Lacerda Teixeira, "antecedentes históricos apreciáveis. Encontramo-los, pela primeira vez, com as características que lhes são peculiares, no projeto do Código Comercial de Inglez de Souza, apresentado em 1912".[4]

Na legislação de alguns países, se procurou dar a feição de pequenas sociedades, não podendo o quadro social ultrapassar a determinado número de pessoas, nem o capital manter-se acima de um montante previamente fixado. Já no Brasil, não se colocaram restrições, deixando ampla liberdade, o que melhor se coaduna ao desenvolvimento e à expansão das sociedades. A lei mereceu encômios pela sua perfeição e objetividade, como na verdade acontece, tanto que se manteve através do tempo sem reformas, difundindo-se mais que qualquer outro tipo de sociedade, e destinando-se às sociedades formadas em torno de pequenos e médios empreendimentos, como bares, restaurantes, lojas, armazéns, construtoras, mercados, agências de viagens, escritórios, padarias, hospitais, oficinas mecânicas, farmácias, prestações de serviços de consertos.

Embora apresentados alguns projetos de reforma, vingou a lei na sua pureza original até o advento do Código Civil de 2002, o qual trouxe num só corpo normativo tanto o direito civil como o direito de empresa, e que introduziu várias inovações em relação ao regime que vigorava, num total de trinta e seis artigos, especialmente quanto à sofisticação técnica, culminando por dar realce à maior presença e deliberação dos sócios nos assuntos do interesse da sociedade. Ficou suprimida a histórica dicotomia legislativa entre um direito civil e um direito comercial, embora as dificuldades jurídicas resultantes dessa junção de atividades e normas distintas. Finaliza Jorge Lobo: "O Código Civil de 10 de janeiro de 2002 revogou tacitamente o Decreto nº 3.708, de 1919, e regulou a sociedade limitada em sua Parte Especial, Livro II, Título II, Subtítulo II, Capítulo IV (arts. 1.052 a 1.087)".[5]

Com a nova regulamentação, ficaram ampliadas a estrutura orgânica da sociedade e o modo de administrar ou deliberar.

De uma lei parcimoniosa, com apenas dezenove artigos, que era o Decreto nº 3.708/1919, evoluiu para uma disciplina mais complexa e detalhista, composta de trinta e seis artigos, simplificando-se, porém, a denominação, pois passou a chamar-se singelamente de "sociedade limitada", trazendo certa semelhança com as sociedades anônimas fechadas, e abolindo a designação, que já tinha se consagrado, "sociedade por quotas de responsabilidade limitada". No entanto, expressaria melhor o conteúdo deste tipo de sociedade se fosse adotada a expressão francesa e italiana "sociedade de responsabilidade limitada". Perdura o costume de empregar essa denominação, razão que leva a não aboli--la no presente trabalho.

---

[4] *Das Sociedades por Quotas de Responsabilidade Limitada*, São Paulo, Max Limonad Editor, 1956, p. 7.
[5] *Sociedades Limitadas*, ob. cit., p. 51.

Introduziram-se princípios das sociedades anônimas, como a possibilidade de outros órgãos que o simples gerente, ao referir o administrador, a assembleia geral e o conselho fiscal. Consagra, outrossim, o direito de minorias, com o direito de escolha de um membro do conselho fiscal.

2. A RESPONSABILIDADE LIMITADA

A característica fundamental está na restrição da responsabilidade dos sócios, de modo a não ultrapassar o total do capital que subscrevem, e até a sua implementação, como flui do art. 1.052 do Código Civil, que manteve norma do art. 2º do Decreto nº 3.708/1919: "Na sociedade limitada, a responsabilidade de cada sócio é restrita ao valor de suas quotas, mas todos respondem solidariamente pela integralização do capital social". Aí está a nota fundamental deste tipo de sociedade: os sócios respondem pela integralização de suas quotas de capital; uma vez alcançada essa incumbência, não respondem eles pelas dívidas da sociedade. Mais precisamente, é limitada a responsabilidade dos sócios ao capital constante na última alteração contratual, até que se opere a sua integralização. Justamente a particularidade da limitação da responsabilidade ao montante do capital subscrito é que tornou a mais comum das sociedades, representando a maioria das registradas nas Juntas Comerciais.

Outrossim, há um tratamento unificado às sociedades em geral, expondo Modesto Carvalhosa: "O Código Civil de 2002, ao estabelecer um sistema unificado de tratamento para as sociedades em geral, sejam elas de atividade empresarial ou de atividade civil, trata de forma específica da sociedade limitada no Capítulo IV (Da Sociedade Limitada) do Subtítulo II (Da Sociedade Personificada) do Título II (Da sociedade)".[6]

É restrita a responsabilidade dos sócios ao valor de suas quotas, ou pelo total do capital social enquanto não integralizado. Importante que fique claro: respondem todos os sócios solidariamente, ou concomitantemente, pela importância do capital social enquanto o capital não estiver integralizado. Mas, é necessário distinguir: perante terceiros os sócios respondem solidariamente pela integralização do capital social subscrito, não se lhes imputando as obrigações sociais que ultrapassarem o montante; *interna corpore*, ou seja, junto aos demais sócios, domina o princípio da divisão da responsabilidade de acordo com a participação de cada sócio no capital social.

O alcance da responsabilidade é bem definido por Modesto Carvalhosa: "Se a sociedade limitada que tenha seu capital ainda não totalmente integralizado for judicialmente cobrada por dívida por ela assumida regularmente, e seus bens se mostrarem insuficientes para a satisfação do débito, será lícito ao credor, como se verá, em razão do disposto no art. 592, II, do Código de Processo Civil, e desde que os sócios tenham sido citados na ação de execução movida contra a sociedade, executar tantos bens dos sócios quantos bastem para completar o valor do capital social".[7] O art. 592, II, acima apontado, corresponde ao art. 790, II, do CPC/2015.

A jurisprudência se estabeleceu na mesma linha: "É que, nas sociedades por quotas de responsabilidade limitada o sócio só responde pelas dívidas sociais enquanto não tenha sido integralizado o capital".[8]

---

[6] *Comentários ao Código Civil*, ob. cit., vol. 13, p. 5.
[7] *Comentários ao Código Civil*, ob. cit., vol. 13, pp. 13-14.
[8] Recurso Ordinário em Mandado de Segurança nº 7.468, de 11.11.1996, da 4ª Turma. do STJ, *DJU* de 16.12.1996, *in Revista do Superior Tribunal de Justiça*, 95/274.

Eis as características deste tipo de sociedade, e que se colhem do art. 1.052:

I – o fator de limitação da responsabilidade;

II – a representação da participação dos sócios através de quotas, que é a titularidade de cada sócio sobre uma parte do todo comum.

A responsabilidade dos sócios permanece até dois anos após a averbação da saída da sociedade, em virtude do art. 1.053, que manda aplicar o art. 1.032, na omissão de regras específicas: "A sociedade limitada rege-se, nas omissões deste Capítulo, pelas normas da sociedade simples". Já o art. 1.032: "A retirada, exclusão ou morte do sócio, não o exime, ou a seus herdeiros, da responsabilidade pelas obrigações sociais anteriores, até dois anos depois de averbada a resolução da sociedade; nem nos dois primeiros casos, pelas posteriores e em igual prazo enquanto não se requerer a averbação".

Responde por culpa se desempenhou o cargo de administrador, em virtude do art. 1.016 do Código Civil, que adverte: "Os administradores respondem solidariamente perante a sociedade e os terceiros prejudicados, por culpa no desempenho de suas funções". De igual modo, recai a responsabilidade se verificada a infringência da lei ou do contrato, já por comando do art. 1.080: "As deliberações infringentes do contrato ou da lei tornam ilimitada a responsabilidade dos que expressamente as aprovaram". Nessa ótica, se a falta de recolhimento de tributos ou contribuições acontecer na época do exercício da gestão; ou se adveio de imposição de deliberação dos sócios, não vingará a alegação de ilegitimidade passiva no processo de cobrança. A responsabilidade dos sócios é ilimitada se as deliberações revelam-se infringentes à lei ou ao contrato, tornando, inclusive, desnecessária a desconsideração da personalidade jurídica.

3. SOCIEDADE DE PESSOAS

Apesar do forte dissídio a respeito da matéria, na sociedade limitada prepondera o caráter de sociedade de pessoas, pois formada em vista ou em função das pessoas dos sócios, sendo elemento vital a identidade do membro e o *intuitu personae*. Paralelamente, há sociedades que emprestam maior significação ao fator econômico, ao capital ou à situação financeira.

Gira ou se concentra em torno do fator humano, revelando-se importante a pessoa dos sócios, as suas qualidades, o tipo de serviço que prestam, ou o trabalho a que estão capacitadas – valores estes que preponderam sobre o capital. Nessa visão, são importantes o conhecimento técnico dos sócios, a disposição ou vontade para o trabalho, a iniciativa nos investimentos, a capacidade de se relacionar, a influência perante um segmento da sociedade, a experiência no setor, o esforço pessoal.

Vai adiante Egberto Lacerda Teixeira: "Nas sociedades de pessoas, os sócios aceitam-se tendo em consideração seus atributos pessoais. Repousam tais sociedades na confiança recíproca, no crédito, na solvência, na experiência dos sócios".[9]

Já a sociedade de capital busca a força do poder econômico, a capacidade de injetar recursos, o investimento que é feito, as estratégias engendradas para a captação de parcela do mercado. "Unem-se os capitais, não os indivíduos", resume Egberto Lacerda Teixeira.[10]

---

[9] *Das Sociedades por Quotas de Responsabilidade Limitada*, ob. cit., p. 23.
[10] *Das Sociedades por Quotas de Responsabilidade Limitada*, ob. cit., p. 23.

Consideram-se como sociedades de pessoas as sociedades simples, as sociedades em nome coletivo, as em comandita simples, e as de responsabilidade limitada, embora, quanto a estas, lavre forte divergência. São sociedades de capital as sociedades anônimas e as em comandita por ações. Vários caracteres colocam as sociedades limitadas como sociedades de pessoas, e, assim, o fato de serem pequenas sociedades, a previsão de responderem os sócios pelo que falta na integralização do capital subscrito, a dificuldade em transferir as quotas a terceiros, a administração por pessoas já designadas, a concentração da administração na pessoa que possui maior capital, a não inclusão automática dos herdeiros do sócio falecido no quadro social, e a facilidade para a dissolução.

José Waldecy Lucena, após a análise das correntes doutrinárias a respeito, vê um misto de sociedade de pessoas e de capital, preponderando elementos de ambos os tipos: "Assim, ao ser constituída, pode a sociedade estruturar-se a certos respeitos (*v.g.*, unanimidade nas deliberações sociais; incessibilidade das quotas sociais a estranhos; dissolução por morte ou vicissitudes pessoais dos sócios etc.), nos moldes de uma sociedade de pessoas, em que aflora sua índole pessoalista, e então a denominamos de 'sociedade por quotas fechada'. Como pode também aproximar-se de uma sociedade anônima fechada (*v.g.*, princípio majoritário nas deliberações sociais; livre cessibilidade, ou restrições mitigadas, das quotas sociais; adoção de assembleia geral e de conselho fiscal etc.), ou seja, nos moldes de uma sociedade de capitais, com predominância de sua índole capitalista, a qual então chamamos de 'sociedade por quotas aberta'".[11]

No entanto, sempre está presente a predominância da *affectio societatis*, do desempenho comum por todos os sócios do objeto social, do conhecimento mútuo dos integrantes, o que leva a dar realce à classificação como sociedade de pessoas. Manoel de Queiroz Pereira Calças destaca um dispositivo que força a enquadrar como sociedade de pessoas: "Deve ela ser considerada como de pessoas em virtude da incidência do Código Civil, com expressa menção ao art. 1.028, que cuida das consequências da morte de sócio e prevê a liquidação das quotas do falecido a menos que o contrato social disponha diferentemente, bem como ao art. 1.057, que estabelece que o sócio só pode alienar suas quotas a terceiros estranhos à sociedade se não houver oposição de titulares de mais de um quarto do capital social".[12]

Adquire o caráter de sociedade de capital em raras situações, como na que permite um número elevado de sócios, acima de dez; naquela que autoriza a livre cessão de quotas a terceiros; e na sociedade que tem seus cargos diretivos ocupados por pessoas não sócias, nomeadas pela diretoria.

4. RESTRIÇÕES PARA SER SÓCIO

Por motivos especiais, existem algumas restrições quanto à participação na sociedade de responsabilidade limitada, as quais vêm sintetizadas por Celso Marcelo de Oliveira:

a) o brasileiro domiciliado e residente no exterior, como majoritário em empresa de pesquisa ou lavra de recursos, ou de aproveitamento de potenciais de energia hidráulica;

b) brasileiro naturalizado há menos de dez anos em empresa jornalística e de radiodifusão sonora – Medida Provisória nº 70, de 1º.10.2002 – e de sons e imagens;

---

[11] *Das Sociedades por Quotas de Responsabilidade Limitada*, ob. cit., p. 45.
[12] *Sociedade Limitada no Novo Código Civil*, ob. cit., p. 29.

178 • Direito de Empresa | Arnaldo Rizzardo

c) estrangeiro em empresa jornalística e de radiodifusão sonora, conforme restrições e limites da mesma Medida Provisória nº 70, e de sons e imagens;

d) estrangeiro domiciliado e residente no exterior, como majoritário, em empresa de pesquisa ou lavra de recursos minerais ou de aproveitamento dos potenciais de energia hidráulica;

e) estrangeiro domiciliado e residente no exterior, em que atue direta ou indiretamente na assistência à saúde no País, salvo nos casos previstos em lei;

f) estrangeiro com o visto permanente, com recursos oriundos do exterior, em empresa que atue direta ou indiretamente na assistência à saúde no País, salvo nos casos previstos em lei;

g) de estrangeiro em empresa proprietária ou armadora de embarcação nacional, inclusive nos serviços de navegação fluvial e lacustre, exceto embarcação de pesca;

h) de estrangeiro em empresa que seja titular de direito real sobre imóvel rural na Faixa da Fronteira (150 quilômetros de largura, ao longo da fronteira terrestre), salvo consentimento do Conselho de Defesa Nacional da Presidência da República;

i) não podem ser sócios entre si, ou com terceiros, cônjuges casados em regime de comunhão universal de bens ou de separação obrigatória.[13]

De esclarecer que a Medida Provisória nº 70, acima mencionada, foi convertida na Lei nº 10.610, de 20.12.2002.

Há exceções quanto ao português, dadas as prerrogativas concedidas pelo Estatuto de Igualdade, celebrado entre o Brasil e Portugal, reduzindo-se as restrições à participação em empresas jornalísticas, de radiodifusão sonora, de sons e imagens; aos casados pelo regime de comunhão universal ou de separação obrigatória, dentre outras situações mais raras.

5. INCIDÊNCIA DAS NORMAS DA SOCIEDADE SIMPLES NA OMISSÃO DE REGRAS ESPECÍFICAS

Na falta de regulamentação sobre determinados assuntos, tem aplicação as normas destinadas à sociedade simples. É o que estabelece o art. 1.053: "A sociedade limitada rege-se, nas omissões deste Capítulo, pelas normas da sociedade simples".

No entanto, há exceções. Nem todas as normas das sociedades simples se aplicam, como a do inc. V do art. 997, indicando que sejam discriminadas as prestações em serviços para a participação social. O § 2º do art. 1.055 impede a contribuição através da prestação de serviços. Igualmente o art. 1.024 não incide, o qual autoriza a execução dos bens particulares dos sócios por dívidas da sociedade, depois de executados os bens sociais. Não responde o sócio com seus bens particulares, se integralizado o capital social, na esteira do art. 1.052.

Inclusive as normas da sociedade anônima podem ser invocadas se o contrato assinalar a possibilidade, em razão do parágrafo único do art. 1.053, e desde que se cuide de matéria não regulada expressamente pelas regras da sociedade limitada: "O contrato social poderá prever a regência supletiva da sociedade limitada pelas normas da sociedade anônima".

Pelo preceito, há necessidade de previsão do contrato social, pela qual aos sócios se faculta atribuir à sociedade limitada o modelo da sociedade de capital. Nessa ótica, fica

---

[13] *Tratado de Direito Empresarial Brasileiro*, ob. cit., pp. 525-527.

estabelecida a contratação de administradores, garante-se ampla liberdade na transferência de quotas, é reconhecida a capacidade dos administradores de decidir certos assuntos independentemente da manifestação dos sócios, faculta-se o ingresso na sociedade dos herdeiros do sócio falecido, restringe-se a dissolução total e facilita-se a dissolução parcial. De outro lado, nos aspectos regulados por disposições específicas, não se socorre da Lei das Sociedades Anônimas, de modo que não se faculta a adoção do regime do anonimato para as sociedades limitadas; nem é admitida a emissão de debêntures, ou a criação de partes beneficiárias; não cabe a exclusão ou restrição ao direito de voto em relação a alguns sócios.

6. ELEMENTOS OBRIGATÓRIOS DO CONTRATO

A sociedade limitada forma-se mediante contrato. Como ressalta Modesto Carvalhosa, impõe-se que se faça por escrito, público ou particular, o qual será levado ao registro competente, para que a sociedade adquira personalidade jurídica, passando a valer a sua constituição perante terceiros.[14]

Servem de base os elementos da sociedade simples na composição da sociedade de responsabilidade limitada. O art. 1.054 dispõe a respeito: "O contrato mencionará, no que couber, as indicações do art. 997, e, se for o caso, a firma social".

Daí se recordar que os seguintes elementos devem constar do contrato:

> I – nome, nacionalidade, estado civil, profissão e residência dos sócios, se pessoas naturais, e a firma ou a denominação, nacionalidade e sede dos sócios, se jurídicas;
>
> II – a denominação, objeto, sede e prazo da sociedade;
>
> III – capital da sociedade, expresso em moeda corrente, podendo compreender qualquer espécie de bens, suscetíveis de avaliação pecuniária;
>
> IV – a quota de cada sócio no capital social, e o modo de realizá-la;
>
> V – as prestações a que se obriga o sócio, cuja contribuição consiste em serviços;
>
> VI – as pessoas naturais incumbidas da administração da sociedade, e seus poderes e atribuições;
>
> VII – a participação de cada sócio nos lucros e nas perdas;
>
> VIII – se os sócios respondem, ou não, subsidiariamente, pelas obrigações sociais.

Não se pode esquecer, primordialmente, na linha assinalada por José Waldecy Lucena, que, "além dos requisitos próprios a esse tipo social, os requisitos gerais de todos os contratos – capacidade, consentimento, objeto – e os da sociedade em geral – ao porte, fundo comum, *affectio societatis*, participação nos benefícios e contribuição às perdas".[15]

Quanto à qualificação dos sócios, é normal que venha do modo mais esclarecido possível, tanto das pessoas físicas como das pessoas jurídicas. Se compuser o quadro social pessoas jurídicas, coloca-se a firma, que é a assinatura do próprio nome, servindo como título de identificação; ou representando a assinatura adotada pela pessoa para uso

---

[14] *Comentários ao Código Civil*, ob. cit., vol. 13, p. 54.
[15] *Das Sociedades por Quotas de Responsabilidade Limitada*, ob. cit., p. 82.

180 • Direito de Empresa | *Arnaldo Rizzardo*

comercial. Se contiver denominação, constará a mesma referida expressamente, ao lado da firma.

A firma pode servir de denominação, dividindo-se em subjetiva e objetiva, na explicação de Nelson Abrão: "Poderá a sociedade por quotas de responsabilidade limitada, por seus integrantes, optar por firma ou denominação. Firma, isto é, denominação subjetiva, emprego do nome de um ou mais sócios na denominação; denominação objetiva, isto é, derivada de seu objeto ou a que lhe atribuem os sócios... Existe ainda a denominação de fantasia, que é a livremente escolhida pelos sócios ao constituírem a sociedade, excluindo, está claro, tanto a denominação objetiva como a subjetiva. Destarte, a denominação objetiva não se confunde com a de fantasia, que é aquela que não revela nome, tampouco dá a conhecer o objeto".[16]

Conterá a sociedade indicações do nome ou denominação, do objeto, da sede e do prazo.

É imprescindível a identificação daquilo que se faz pela adoção de um nome ou denominação.

Já o objeto social, não se impedindo que seja múltiplo, serve para definir o conteúdo da atividade, ou a finalidade a que se destina, ou o tipo de exploração econômica a que se destina a sociedade, como para a fabricação de produtos, a venda de alimentos, a exportação de veículos, a prestação de serviços de consertos de eletrodomésticos. Não pode revelar-se genérico, cumprindo que venha colocada a espécie. Assim, se dedicar-se ao comércio a sociedade, cumpre que venha citada a espécie de comércio, como de veículos, de bebidas, de armarinho, de confecções etc. Deverá haver precisão e clareza, que ocorrem com a indicação do gênero e da correspondente espécie de atividades.

A sede constitui o lugar onde funciona a sociedade, onde se encontram a diretoria e a administração, de acordo com o inc. IV do art. 75.

O prazo, em geral, é indeterminado. Não se costuma colocar a previsão de um período específico, mesmo porque é difícil a peremptória extinção. No entanto, é apropriado fixar um termo em consonância com a conclusão de uma atividade, ou de uma tarefa específica, e, assim, a realização de uma pesquisa, a construção de um prédio, a exploração de uma jazida.

Em relação ao capital, constitui o patrimônio da sociedade, ou os meios que permitem a sua atuação. Especifica Adalberto Simão Filho duas as funções do capital social:

"a) a função interna, que fixa a relação patrimonial entre os sócios e regula a participação social nos lucros e nos riscos, em conformidade com a contribuição social;

b) a função externa, sendo que representa o capital social a segurança dos terceiros que com a sociedade entabulem negócios jurídicos, na medida em que não é permitido pela lei a distribuição do capital entre os sócios, haja vista a intangibilidade do capital social".[17]

Deve ser totalmente subscrito o capital, embora a sua realização ou integralização possa ocorrer em prestações. Expõe José Waldecy Lucena sobre o assunto: "O capital social há de estar integralmente subscrito no momento da constituição da sociedade.

---

[16] *Sociedade por Quotas de Responsabilidade Limitada*, 4ª ed., São Paulo, Editora Revista dos Tribunais, 1989, p. 46.

[17] *A Nova Sociedade Limitada*, ob. cit., p. 94.

Cada sócio há de, então, ter já subscrito o número de quotas que lhe fora atribuído, de tal arte que a soma dos valores de todos os sócios corresponda ao valor total do capital social".[18]

Abrange os fundos monetários, o prédio onde funciona, as instalações, os insumos necessários, o maquinário, os instrumentos, os móveis, a matéria-prima, as reservas necessárias para cobrir despesas de funcionários e de operacionalização. Revela o potencial imediato da empresa, a sua capacidade de empreender, a garantia nos negócios.

O capital vem expresso em moeda corrente, a cujo valor se chega após avaliação pecuniária, procedendo-se a divisão em unidades ou quotas, que se distribuirão entre os sócios, não podendo ser aquilatado em prestação de serviços na sociedade de responsabilidade limitada, em face da proibição do § 2º do art. 1.055.

A quota corresponde à unidade que serve para a divisão do capital, com a finalidade de distribuição entre os sócios, e é o termo utilizado para designar o quinhão de contribuição do sócio para a formação do capital social. É o padrão monetário que representa uma parcela do capital, no qual fazem subscrição os sócios. Deve ficar explicitado o momento de sua realização, isto é, se ocorre à vista, no momento da subscrição, ou a prazo, em prestações. Ilustra Nelson Abrão: "A palavra 'quota' é, inequivocamente, adotada no sistema legal brasileiro com a acepção de 'parte', 'porção', 'quinhão' de bens, com que o sócio contribui para a formação do capital social".[19]

As prestações constituem justamente os pagamentos que efetuará o sócio quando a satisfação do capital subscrito não se dá à vista. Consiste na realização paulatina ou mensal do capital.

Indicará o contrato as pessoas que exercerão o cargo da administração, de gerenciamento, ou de direção, especificando os poderes e atribuições, não podendo exorbitar de sua extensão, sob pena de incidir a responsabilidade pessoal.

A participação dos lucros aparece como a motivação da sociedade, efetuando-se a divisão em épocas assinaladas, ou ao final de cada exercício. Obedece a distribuição à proporcionalidade das quotas de cada sócio, como sinaliza o art. 1.007.

Sobre a participação nos resultados positivos, opera-se nos lucros, realizando-se por dois meios explicitados por Vinícius José Marques Gontijo: "1) Os dividendos, com a distribuição dos lucros em dinheiro entre os sócios na proporção de sua participação financeira na formação do capital social e, finalmente, 2) as quotas, ou as ações, de bonificação, conforme se trate de uma ou outra espécie de sociedade. A bonificação é decorrente da capitalização dos lucros. A sociedade delibera reter os lucros, ou parte deles, obtidos no exercício social para os transformar em capital, que é aumentado neste volume, atribuindo aos sócios quotas ou ações, na proporção dos lucros que lhes eram devidos".[20]

Ainda sobre os lucros, oportuno lembrar a incidência imediata do imposto de renda, com a sua pronta exigibilidade, na interpretação do Superior Tribunal de Justiça: "Imposto de Renda sobre o lucro líquido. Artigo 35 da Lei nº 7.713/88. Incompatibilidade. Artigo 43 do Código Tributário Nacional. Sociedade por quota... Existência de cláusula que prevê destinação de lucros a outras finalidades que não a de distribuição.

---

[18] *Das Sociedades por Quotas de Responsabilidade Limitada*, ob. cit., p. 213.
[19] *Sociedade por Quotas de Responsabilidade Limitada*, ob. cit., p. 73.
[20] "A Regulamentação das Sociedades Limitadas", *in Direito de Empresa no Novo Código Civil*, Rio de Janeiro, Editora Forense, 2004, p. 193.

182 • Direito de Empresa | *Arnaldo Rizzardo*

A Corte Máxima ressalva a questão relativa às sociedades por quotas e a empresa individual, uma vez que, neste caso, o lucro líquido fica à disposição do titular e, naquele, pode haver a disponibilidade imediata dos lucros pelo sócio, se o contrato social assim determinar.

O imposto de renda sobre o lucro líquido é exigível da empresa recorrente, de pronto, visto que a disponibilidade econômica ou jurídica da renda para o sócio quotista da referida sociedade não depende de resolução conjunta dos quotistas, de um conselho ou algo que o valha, sobre a aplicação dos lucros".[21]

Em outras sociedades, não é exigível o pagamento imediato, reconhece a mesma Corte: "A Corte Máxima ressalva a questão relativa às sociedades por quotas e a empresa individual, uma vez que, neste caso, o lucro líquido fica à disposição do titular e, naquele, pode haver a disponibilidade imediata dos lucros pelo sócio, se o contrato social assim determinar. O imposto de renda sobre o lucro líquido não é exigível da empresa recorrente, de pronto, visto que a disponibilidade econômica ou jurídica da renda para o sócio cotista da referida sociedade depende de manifestação expressa dos seus sócios sobre a aplicação dos lucros".[22]

Quanto às perdas, se integralizado o capital, não se debitarão à responsabilidade dos sócios, mas à própria sociedade. Importante levar em conta o art. 1.008, o qual taxa de nula a cláusula que exclui o sócio de participar dos lucros e das perdas. Entrementes, em relação às perdas, da lei resulta que não se incluem como obrigação do sócio, se não exorbitou dos poderes na administração, se não violou suas obrigações, e se não detratou a lei com sua conduta. É possível, porém, a previsão contratual do aporte, pelo menos em parte, dos sócios de uma proporção relativamente ao seu montante.

O inciso V do art. 997 não tem caráter cogente, diante do art. 1.055, § 2º, estatuindo: "É vedada contribuição que consista em prestação de serviços".

A indicação do inciso VIII não se aplica à sociedade limitada, porquanto não é admitida, neste tipo de sociedade, a responsabilidade subsidiária dos sócios em face da norma do art. 1.052, que encerra: "Na sociedade limitada, a responsabilidade de cada sócio é restrita ao valor de suas quotas, mas todos respondem solidariamente pela integralização do capital social".

Várias das matérias relativas aos elementos do contrato integram disciplina em separado, que serão objeto de análise específica.

7. ELEMENTOS FACULTATIVOS

Celso Marcelo de Oliveira indica alguns elementos facultativos, e que melhor regulamentam a sociedade, se adotados:

   a) aqueles que disciplinam as regras das reuniões dos sócios (art. 1.072 do Código Civil);

   b) os que tratam da previsão supletiva das sociedades limitadas pelas normas da sociedade anônima (art. 1.053, parágrafo único, do Código Civil);

   c) os que preverem a exclusão de sócios por justa causa (art. 1.085 do Código Civil);

---

[21] REsp. nº 674.946-CE, da 2ª Turma, j. em 09.11.2004, *DJU* de 11.04.2005.
[22] REsp. nº 653.892-RJ, da 2ª Turma, j. em 28.09.2004, *DJU* de 14.03.2005.

d) os que contemplam expressamente a autorização da pessoa não sócia para assumir a administração (art. 1.061 do Código Civil);

e) a instituição de Conselho Fiscal (art. 1.066 do Código Civil).[23]

Revela-se salutar a discriminação de cláusulas esclarecedoras, desde que sem exagero ou minuciosas em demasia.

8. MODELO DE CONTRATO DA SOCIEDADE

9. AS QUOTAS

As quotas constituem as parcelas, ou as frações, as partes do capital dividido entre os sócios. Revelam o resultado da divisão do capital. Estende Egberto Lacerda Teixeira o conteúdo: "Quota é a entrada, ou contingente de bens, coisas ou valores com o qual cada um dos sócios contribui ou se obriga a contribuir para a formação do capital social".[24] Complementa José Waldecy Lucena: "É o nome que genericamente se dá à parte, fração ou quinhão em que é dividido o capital social de qualquer sociedade".[25] Tal conteúdo se extrai do art. 1.055: "O capital social divide-se em quotas, iguais ou desiguais, cabendo uma ou diversas a cada sócio".

Para expressar numericamente o capital, deve-se estimá-lo através da sua avaliação, constituindo um ônus dos sócios a exatidão na aferição. É que a partir da quantificação fica dimensionada a importância do patrimônio, ao mesmo tempo em que se faz a divisão em valores nominais das quotas.

Serve a quota para várias funções, como para o cômputo dos votos nas assembleias gerais, a distribuição de lucros quando da realização do balanço, o reembolso do capital na resolução da quota, a partilha na ocorrência da dissolução e liquidação, e especialmente para medir a responsabilidade subsidiária dos sócios perante terceiros, se não integralizada, e, mesmo se já completado o seu pagamento, para determinar o montante da indenização que cabe ao sócio se apuradas condutas ilícitas junto a terceiros e ao fisco.

A participação social é calculada em função da quantidade das quotas, cuja medição se dá na proporção entre o seu valor nominal e o capital. A expressão monetária constará definida no contrato, atribuindo-se o valor, v.g., de R$ 1,00 (um real), ou de R$ 2,00 (dois reais), ou de R$ 10,00 (dez reais), ou de outras estimativas, que servirão para definir o equivalente na participação. Nesta ótica, se a quota vale R$ 10,00 (dez reais), e o capital estabelecido está em R$ 100.000,00 (cem mil reais), havendo três sócios, aquele titular

---

[23] *Tratado de Direito Empresarial Brasileiro*, ob. cit., p. 524.
[24] *Das Sociedades por Quotas de Responsabilidade Limitada*, ob. cit., p. 85.
[25] *Das Sociedades Limitadas*, ob. cit., 6ª ed., 2005, p. 392.

de três mil quotas terá o total de R$ 30.000,00 (trinta mil reais); o titular de seis mil quotas, ficará com uma participação no montante de R$ 60.000,00 (sessenta mil reais); finalmente, quem resumir sua participação a mil quotas, ficará com uma parte de R$ 10.000,00 (dez mil reais) do capital social. A proporção fica, respectivamente, em 30%, 60% e 10% do capital.

O sentido de quotas iguais ou desiguais, contido na regra, equivale, pois, à quantidade de quotas que o sócio possui na sociedade, permitindo-se que seja em proporções diferentes, mas não se viabilizando diversidade de valores ou cotação das quotas. O valor monetário da quota deve manter-se igual, porquanto o dispositivo acima citado não encerra não refere *valor* igual ou desigual. O contrário quebraria a lógica, inviabilizando a contabilidade. Há, no entanto, quem entenda que outro é o sentido, no mesmo significado do existente nas sociedades anônimas, com a possibilidade de serem criadas quotas preferenciais e outras modalidades. Escrevem, externando este ponto de vista, Temístocles Pinho e Álvaro Peixoto: "A exemplo das sociedades anônimas (Seção III do Capítulo III – Lei nº 6.404/76), previu o Código a possibilidade de as quotas serem 'iguais ou desiguais', não definindo sob que aspectos, assim nos parecendo defensável a aplicação subsidiária das regras definidas para as sociedades anônimas, seja quanto à espécie, seja quanto às classes, cabendo ao contrato estabelecer, inclusive, quanto ao seu valor".[26]

O § 1º do art. 1.055 introduziu a responsabilidade pela avaliação, exigindo a exata estimação dos bens, de modo a responderem os sócios pelo que faltar, durante o prazo de cinco anos: "Pela exata estimação de bens conferidos ao capital social respondem solidariamente todos os sócios, até o prazo de cinco anos da data do registro da sociedade". Ou seja, é estabelecida a responsabilidade solidária do quotista durante cinco anos pela exatidão do valor conferido aos bens que integralizam o capital. Mostra-se, pois, indispensável a exata estimativa dos bens conferidos para a finalidade de imprimir confiabilidade aos terceiros que negociam com a sociedade, e para a finalidade de dar-lhes proteção. Fica salvaguardada a realidade do capital social.

Tanto na constituição da sociedade quanto no aumento do capital, deve incidir a conferência dos bens ao capital social, dominando a solidariedade pelo espaço de tempo de cinco anos da data do registro da sociedade pela exata estimação dos bens. A partir deste momento, restringe-se a responsabilidade ao subscritor nos aumentos futuros do capital.

O prazo de cinco anos que mantém a responsabilidade, em se tratando de aumento do capital, conta-se da averbação do desse ato. Durante esse lapso, acusado um prejuízo a terceiros que celebraram uma relação contratual com a sociedade, fica mantida a responsabilidade dos sócios, que responderão com seu patrimônio solidariamente.

Essa responsabilidade não se restringe ao sócio que capitalizou os bens, mas abrange todos os que aceitaram os valores fixados.

Caso os sócios não concordaram com a avaliação, apresentando impugnações e mesmo laudos próprios, não se estende a eles a responsabilidade. Se voluntariamente ou por força do contrato adotaram procedimento de avaliação dos bens, com a nomeação de peritos ou sociedade especializada, a responsabilidade recai nos avaliadores e nos sócios que subscreveram o laudo.

Naturalmente, o montante do capital social é fator determinante da capacidade econômico-financeira, servindo de elemento de garantia da solvabilidade das obrigações contraídas, e de meio para afastar o procedimento enganoso ou fraudulento. Na cobrança

---

[26] *As Empresas e o Novo Código Civil*, ob. cit., p. 67.

ou execução de uma dívida, se insuficiente o capital ao valor constante do contrato, são chamados os sócios solidariamente para suplementar o que falta, até cinco anos da data do registro. Qualquer dos sócios sujeita-se a responder integralmente, ou em concorrência com os demais, ficando à escolha do credor demandar um deles ou todos. Junto a eles exige-se a diferença entre a estimativa inexata e a exata.

Não se exige a avaliação na forma ordenada na sociedade por ações, que se efetua por três peritos, ou por empresa especializada, em consonância com o art. 8º da Lei nº 6.404, de 15.12.1976. Todavia, a estimativa deve refletir a realidade, evitando-se, assim, que se use de manobras para ilaquear a boa-fé de terceiros. Daí, pois, em relação aos bens móveis, cumpre sejam conservadas as notas fiscais ou de compras, os recibos de pagamentos, as tabelas de preços, os orçamentos; já para os imóveis constituem fatores de presunção da veracidade as avaliações, os anúncios, os lançamentos municipais para fins tributários, as menções de preço nas escrituras públicas.

Dando-se a integralização do capital através da entrega de bens, não há incidência do imposto de renda, na previsão do STJ: "A transferência de imóvel, para integralizar cota em sociedade limitada não é fato gerador de imposto de renda sobre lucro imobiliário. Em rigor, tal transferência não constitui alienação. O suposto alienante, simplesmente o transformou em fração ideal de um condomínio de capitais personalizado (a sociedade). Bem por isso, o art. 1º do DL nº 1.641/78 não inseriu tal negócio entre aqueles geradores de rendimento tributável".[27]

Diante do § 2º do mesmo art. 1.055, diferentemente do que acontece com as sociedades simples (art. 997, inc. V), fica afastada a participação através da prestação de serviços, já que não se pode confundir capital com trabalho: "É vedada a contribuição que consista em prestação de serviços". E isto porque ostenta-se difícil conseguir aquilatar ou dimensionar a equivalência do trabalho ou atividade ao valor da quota. Não se encontram elementos para estimar o talento, o espírito inventivo, a capacidade de comunicação social, a liderança nas vendas e outras virtudes reveladas na execução de tarefas. Mesmo que se limitasse no tempo a prestação, poderia ensejar repetidos litígios diante da qualidade dos serviços, ou da falta de conformidade dos demais sócios com a qualidade e a extensão. Ademais, ficaria prejudicado o conteúdo do § 1º acima analisado, lembrando que os serviços não se incluem entre os bens capazes de suportar obrigações. Nem se admite a fixação, no contrato social, de um cabedal moral ou intelectual, ou a significação econômica de atributos profissionais, ou de serviços a serem prestados, e descontar o respectivo montante do valor das quotas.

A previsão da possibilidade de participar na sociedade com serviços decorre de não mais prever o Código Civil a sociedade de capital e indústria, na qual havia duas categorias de sócios: os que ingressavam com o capital, isto é, com dinheiro ou bens móveis; e os sócios de indústria ou de trabalho, que contribuem com o trabalho ou a atividade profissional.

Finalmente, oportuno lembrar a diferença entre ação e quota, dada por Vinícius José Marques Gontijo: "Consiste no fato de que a ação tem existência desprendida do instrumento de constituição da sociedade, sendo que a sua cessão não implicará na modificação da estrutura daquele instrumento, enquanto isso não se verifica na cota, cuja cessão gerará modificação da estrutura do instrumento de constituição da sociedade, sem, no entanto, implicar em modificação do efeito jurídico da sociedade que tem o instrumento".[28]

---

[27] REsp. nº 396145-SC, da 1ª Turma, j. em 14.10.2003, *DJU* de 17.11.2003.
[28] "A Regulamentação das Sociedades Limitadas", trabalho citado, p. 194.

10. NATUREZA JURÍDICA DA QUOTA

A quota corresponde a uma parte do capital da sociedade, cuja titularidade pertence ao sócio. Envolve uma relação contratual, que se concretiza em direitos e obrigações. Não corresponde a um direito real específico, nem a um direito de crédito. Acontece que seu conteúdo é também moral, ficando na esfera de pretensão, e não propriamente de propriedade. Muito menos confunde-se com um crédito que à parte se reconhece, podendo vir postulado quando houver interesse do sócio. Nem sempre o título de propriedade da quota conduz ao pleno exercício do direito de recebimento do equivalente monetário. O contrato pode ensejar disposição diferente, ou estabelecer prazos para a liquidação. E até mesmo impõe-se à prévia verificação da existência de suporte patrimonial ou econômico para o devido pagamento.

A quota constitui-se de um título apto ao exercício de direitos e obrigações que decorre do contrato de sociedade. Não suscita a quota os direitos e obrigações, mas somente expressa o valor numérico, ou representa o significado econômico. Os direitos e obrigações originam-se do contrato, que é sua fonte única e constitutiva.

A natureza jurídica da quota é de um título representativo de crédito, com algumas diferenças, salientando-se a não circulação de modo autônomo, e a sujeição a restrições de ordem legal e contratual, como a que não permite a liquidação antes da prévia dissolução da sociedade, em razão dos arts. 1.053, 1.087, 1.044 e 1.033.

Considera-se a quota um título de crédito sobre bem móvel, do qual emerge o exercício de direitos de sócio, mas que advêm do contrato social. Mais propriamente, adquire a natureza de um direito creditício de natureza patrimonial. Traduz, pois, uma cifra quantitativa da participação social, permitindo a procura da satisfação do valor econômico que representa.

11. A INDIVISIBILIDADE E TRANSFERÊNCIA DAS QUOTAS

A princípio, a quota não permite a divisibilidade em relação à sociedade. Pode haver condomínio, mas para a sociedade é mantida a unidade. Se falecer o seu titular, e levada a efeito a partilha, os herdeiros serão condôminos. Com a partilha, e também na cessão de parte da quota, institui-se uma divisão ideal, ficando os titulares com frações ideais, formando um condomínio. Nomeia-se um síndico, ou um representante dos cotitulares. Para a sociedade, haverá uma quota. As relações entre os condôminos são estranhas para a sociedade. Não poderão, cada um deles, ser considerados sócios, e muito menos participar individualmente, com direito a voto. Haverá um representante, que atuará em razão da quota, e não dos condôminos. O art. 1.056 leva a tal exegese: "A quota é indivisível em relação à sociedade, salvo para efeito de transferência, caso em que se observará o disposto no artigo seguinte".

Ainda sobre o condomínio, ou copropriedade, manda anotar Egberto Lacerda Teixeira, "os condôminos são, a rigor, sócios, tanto que, na falta da designação de um que os represente no exercício do direito de sócio, os atos praticados pela sociedade em relação a qualquer deles produzem efeitos contra todos".[29]

A transferência a terceiro, sem alterar o contrato social e, assim, a concordância dos demais sócios, não induz em alterar o quadro social, nem importa em efeito quanto à

---

[29] *Sociedade por Quotas de Responsabilidade Limitada*, ob. cit., p. 234.

sociedade, por exegese do art. 1.003: "A cessão total ou parcial de quota, sem a correspondente modificação do contrato social com o consentimento dos demais sócios, não terá eficácia quanto a estes e à sociedade".

A ressalva, pelo art. 1.056, para a hipótese de transferência, conduz a dar tratamento diferente. O cessionário passa a integrar a sociedade. No entanto, para a aceitação da transferência, e para surtir efeito perante a sociedade, pressupõe-se a previsão contratual, ou a concordância dos demais sócios no correspondente a três quartos do capital. Observa-se o disposto no art. 1.057, cuja transcrição se exige para a sua inteligência: "Na omissão do contrato, o sócio pode ceder sua quota, total ou parcialmente, a quem seja sócio, independentemente de audiência dos outros, ou a estranho, se não houver oposição de titulares de mais de ¼ (um quarto) do capital social".

De modo que, nada dispondo o contrato, as quotas não são livremente transferíveis a estranhos. É obrigatória a aprovação por três quartos do capital social. Desejando os sócios se proteger contra a entrada de pessoas estranhas, necessária a inclusão de proibição em cláusula contratual. Na omissão, devem rejeitar, num total de três quartos do capital social, a entrada do novo sócio. Normalmente, estabelecem os contratos a providência do oferecimento da quota ou das quotas aos sócios, a quem se garante o direito de compra em iguais condições que as oferecidas a terceiros.

Já antes do atual Código Civil era imposto o consentimento dos sócios:

"Sociedade de responsabilidade limitada. Quotas. Doação. Discordância de um sócio.

Invalidade da doação de quotas sociais, feita a terceiro estranho à sociedade, sem o consentimento do sócio detentor de 1/3 das quotas, sem possibilidade do exercício do direito de preferência, assegurado em caso de transferência onerosa. Análise de fatos e interpretação de cláusula social que impedem o reexame na via especial".[30]

Não optando pela aquisição, admite-se a oposição na venda a terceiros? A resposta é afirmativa, como se colhe do art. 1.057, asseverando a possibilidade da cessão a estranhos, mesmo que não demonstrarem os sócios interesses na compra, se não manifestada a oposição de mais de um quarto do capital social. Pela disposição, além da falta de interesse dos demais sócios, não pode haver a oposição de sócios no equivalente a mais de um quarto do capital.

No direito sucessório, e também se efetuada a transferência por desinteresse dos demais sócios e porque não manifestada a oposição por mais de um quarto do capital, havendo, pois, a aquisição por mais de uma pessoa, vigora a permanência do tratamento como se mantida a unidade da quota. Não se impede a partilha, por direito sucessório, nem a transferência por outros meios, nas condições explicitadas. No caso de morte, deixando o sócio cem quotas como herança, e partilhando-se elas entre, *v.g.*, três sócios, não importa em concluir que haja mais três sócios. Para a sociedade, valerá a participação social de uma titularidade, que poderá ser exercida pelo representante legal da herança. O exercício dos direitos de sociedade é uno, pelo menos enquanto não se regularizar a transferência da regularidade da quota.

Não é proibida a introdução de cláusulas restritivas das quotas, assunto que analisa José Waldecy Lucena: "Ao fim, é de se mencionar que as quotas podem ser gravadas com as cláusulas de inalienabilidade, impenhorabilidade e incomunicabilidade (art. 40, *caput*, da Lei nº 6.404/76), tanto pelo testador como pelo doador, as quais também serão

---

[30] REsp. nº 290.1605-SC, 4ª Turma do STJ, j. em 1º.03.2001, *DJU* de 30.04.2001.

averbadas na forma supracitada, vindo oportuno lembrar o disposto no art. 169, § 2º, da lei das sociedades anônimas, aplicável às sociedades por quotas e pertinente tanto àquelas cláusulas restritivas como ao usufruto e fideicomisso".[31] Mesmo que, no Código Civil, não se encontre norma sobre a aplicação da Lei das Sociedades Anônimas na omissão de regra própria, exceto se o prever o contrato (art. 1.053, parágrafo único), não se impede que se estabeleçam tais cláusulas, pois consideram-se as quotas como patrimônio.

12. A CESSÃO DE QUOTAS

Conforme visto acima, nada dispondo o contrato sobre a cessão, autoriza o art. 1.057 que a mesma se efetive, parcial ou totalmente, a outro sócio. A estranho, permite-se desde que não verificada oposição de mais de um quarto do capital social: "Na omissão do contrato, o sócio pode ceder sua quota, total ou parcialmente, a quem seja sócio, independentemente de audiência dos outros, ou a estranho, se não houver oposição de titulares de mais de ¼ (um quarto) do capital social".

O conteúdo significa que, independentemente do percentual de participação do sócio, é livre a negociação de quotas entre os sócios. Desta forma, na operação de transmissão de quotas entre sócios, não se carece de deliberação da assembleia a respeito.

Entre sócios, pois, é livre a circulação das quotas, desde que não vedada pelo contrato. Preserva-se a liberdade de contratar, em obediência à livre economia de mercado. Não há deliberação a respeito, e não se requer a interferência da maioria.

Em geral, os contratos preveem o direito de preferência, com regras rígidas de interpelação para manifestar o interesse, e dando soluções para a eventualidade de vários sócios pretenderem a quota. Firma-se a preferência de quem tem maior participação social, ou se encontra há mais tempo na sociedade, ou for contemplado em sorteio, ou determina-se a divisão do respectivo montante, aumentando as quotas dos que entram na aquisição.

Deve-se observar com atenção o conteúdo o art. 1.057, acima transcrito. A transferência a quem seja sócio é uma opção do sócio que se retira. Mesmo que verificado o interesse na aquisição, não decorre a obrigatoriedade da cessão ao sócio. Mantém-se a faculdade da cessão a estranho, desde que não ostentada oposição de mais de um quarto do capital social. Arnoldo Wald exemplifica a situação: "A sociedade X tem quatro sócios (A, B, C e D), cada um titular de quotas representativas de 25% do capital social, e o contrato nada dispõe sobre a cessão de quotas para terceiros. Aplicando-se o disposto no *caput* do art. 1.057 do novo Código Civil, o sócio B pretende vender a sua participação para estranho. A e C, representantes de 50% do capital, manifestam-se pela concordância do negócio, enquanto D, detentor de 25% do capital, opõe-se à alienação para estranho. Tal veto acarreta a impossibilidade de realização do negócio".[32]

Sob a regência do Código Civil anterior, e em face do Código Comercial, era suficiente a deliberação da assembleia, sem a qual não cabia a venda a terceiros, linha que era oficializada pelo Superior Tribunal de Justiça: "Civil. Alienação, a terceiros, de quotas de sociedade limitada. Aquiescência dos demais sócios. Necessidade. Sob o regime do Código Comercial, a alienação de quotas de sociedade limitada não prescinde da aquiescência dos demais sócios. Havendo ruptura na *affectio societatis* e vedação de alienação de quotas a

---

[31] *Das Sociedades por Quotas de Responsabilidade Limitada*, ob. cit., p. 299.
[32] *Comentários ao Novo Código Civil, Livro II – do Direito de Empresa*, ob. cit., vol. XIV, p. 382.

terceiros, autoriza-se a dissolução parcial da sociedade como mecanismo mais adequado à equalização dos interesses conflitantes".[33]

Presentemente, não assiste à assembleia geral dispor contrariamente ao contrato, nem suprir-lhe omissões. A disposição há de constar no contrato social. Se omisso, o caminho que se abre é para a sua alteração.

Mesmo na sucessão *causa mortis* não se dá o ingresso puro e simples: "A transmissão da herança não implica a transmissão do estado de sócio".[34]

Para o ingresso de terceiros, o contrato, em geral, coloca condições, como a idoneidade, que não seja concorrente, a ausência de protestos ou de registro do nome em órgãos de devedores, a capacidade econômica, a experiência no ramo de atividade ou de produção da sociedade.

O parágrafo único do art. 1.057 assinala o momento do surgimento de efeitos da cessão: "A cessão terá eficácia quanto à sociedade e terceiros, inclusive para os fins do parágrafo único do art. 1.003, a partir da averbação do respectivo instrumento, subscrito pelos sócios anuentes".

Lembra-se, para tornar compreensível o dispositivo, a regra do art. 1.003: "A cessão total ou parcial de quota, sem a correspondente modificação do contrato social com o consentimento dos demais sócios, não terá eficácia quanto a estes e à sociedade".

Em princípio, pois, é aconselhável a alteração do contrato social. E esta providência importa em aprovação do ato, que se faz pelo *quorum* de três quartos do capital dos sócios, a teor do art. 1.057. Daí que é providenciada a alteração do contrato, que deverá submeter-se ao registro na Junta Comercial. No entanto, se a terceiro estranho procedida a cessão, e tornando-se possível desde que não haja oposição de mais de um quarto do capital social, ou desde que presente a anuência de, no mínimo, três quartos do capital, a falta de unanimidade não impede a averbação. Basta que os sócios anuentes lancem a assinatura na votação sobre a cessão. Indo mais longe, a operação não precisa que se faça com a alteração contratual, na qual supõe-se a aprovação da maioria qualificada. O instrumento de cessão, desde que contenha a assinatura do cedente e do cessionário, e havendo cópia da ata na qual a concordância de, no mínimo, três quartos do capital, constitui o documento hábil para a averbação à margem da inscrição da sociedade no registro da Junta Comercial. Não se requer a alteração contratual. Essa a tendência que se colhe da doutrina, como a de José Waldecy Lucena, sob o enfoque do Código Civil de 2002, quando assevera que ficou mantida a exigência de "contrato escrito", particular ou público (art. 997), "tanto para a constituição de sociedade, como para a cessão de quotas sociais, permitida, quanto a esta, a lavratura de instrumento de cessão em separado, cuja eficácia, perante a sociedade e terceiros, somente se dará após a 'averbação' no registro competente (art. 1.057, p. u.), sendo esse ato registrário importante, já que opera como termo *a quo* de contagem do prazo bienal de responsabilidade do cedente pelas obrigações sociais (art. 1.003, parágrafo único)".[35]

A própria sociedade está autorizada a adquirir as quotas, desde que liberadas, ou seja, integralizadas. A Lei nº 3.708, de 19.01.1919, que regulava a matéria antes do Código Civil de 2002, em seu art. 8º permitia a aquisição pela sociedade, se o fizesse com fundos disponíveis, e sem utilizar o capital social. O Código Civil em vigor omitiu regra a respeito,

---

[33] REsp. nº 510.387-SP, da 3ª Turma, j. em 14.12.2004, *DJU* de 1º.02.2005.
[34] REsp. nº 537.611-MA, da 3ª Turma do STJ, j. em 05.08.2004, *DJU* de 23.08.2004.
[35] *Das Sociedades Limitada*, ob. cit., 6ª ed., 2005, p. 353.

o que não impede que ela faça a aquisição, se verificado acordo dos sócios, e não vedar o contrato social. Marcelo M. Bertoldi discorre sobre o assunto: "Semelhante norma não foi reproduzida pelo Código Civil, fato este, no entanto, que não impede sejam as quotas sociais transferidas à própria sociedade, na media em que nenhum momento o legislador impede tal operação. A aquisição das quotas pela própria sociedade é possível mediante os seguintes requisitos: a) as quotas adquiridas devem estar liberadas, ou seja, integralizadas. Em se tratando de quotas do sócio remisso, a integralização deve ser feita imediatamente após a aquisição; b) para a aquisição pela sociedade somente poderá utilizar reservas e lucros acumulados, impossibilitada a diminuição do seu capital para a realização da operação; e c) deverá haver a concordância dos sócios que representem a maioria do capital social. Registre-se que as quotas pertencentes à sociedade, por conta desta condição especial, perdem obviamente o direito a voto e também não participam dos lucros da sociedade".[36]

12.1. Modelo de instrumento de cessão de quotas

Conforme acima ressaltado, o caminho mais correto, na cessão de quotas, é através da alteração do contrato. Entrementes, parece não resultar em nulidade a confecção do instrumento de cessão, com a aprovação do *quorum* necessário. Importa que se proceda ao registro perante a Junta Comercial.

Caso ingressar na sociedade um estranho, diante da cessão das quotas ao mesmo, assinala-se em cláusula específica que os sócios foram notificados do interesse em adquirir as quotas, não se manifestando, ou desistindo expressamente da aquisição. Por ingressar um sócio novo, mostra-se de todo conveniente introduzir uma cláusula na qual o sócio que ingressa declara, para todos os efeitos legais, que não se encontra impedido de exercer as atividades empresariais ou de ocupar cargo de administração, em razão de condenação penal ou por incorrer em outras causas de incompatibilidade.

13. A SUCESSÃO *CAUSA MORTIS* DA QUOTA

O art. 1.028, que diz respeito à sociedade simples, mas que, por imposição do art. 1.053, se aplica às sociedades de responsabilidade limitada, enseja que, no caso de morte do sócio, liquidar-se-á a sua quota, salvo:

I – se o contrato dispuser diferentemente;

II – se os sócios remanescentes optarem pela dissolução da sociedade;

III – se, por acordo com os herdeiros, regular-se a substituição do sócio falecido.

---

[36] *Curso Avançado de Direito Comercial*, ob. cit., vol. I, p. 228.

Admite-se a livre transferência de quotas. No entanto, para a entrada na sociedade de novos sócios, inclusive os sucessores, por exigência do art. 1.057, é necessária a aprovação de, pelo menos, setenta e cinco por cento do capital social. Se não autorizado o ingresso, procede-se à apuração dos haveres, com a posterior redução do capital. O mesmo acontecerá com a morte de outro sócio. O caminho será a dissolução parcial da sociedade, que se dá pela resolução da quota do sócio falecido através da apuração de seus haveres, como veio reafirmado pelo art. 599 do CPC/2015. Já anteriormente ao atual sistema o consenso da maioria se impunha para os herdeiros ingressarem na sociedade. Observavam Sebastião Amorim e Euclides de Oliveira que a faculdade "depende de consenso entre a maioria dos sócios remanescentes e dos herdeiros sócios do sócio morto, sem o que faltará a estes a qualidade de sócios, cabendo-lhes tão somente recolher os haveres que o sócio falecido deixou na sociedade".[37]

Isto porque é fundamental a *affectio societatis*, existente entre o sócio falecido e os que restaram, que não se transmite automaticamente aos sucessores. O normal, pois, é que, com a morte do sócio, se liquidem as quotas que lhe pertenciam, partilhando-se entre os herdeiros os resultados advindos.

Necessárias algumas considerações acerca das hipóteses acima, assinaladas no art. 1.028 do Código Civil.

Quanto à primeira, se faz a liquidação se o contrato não dispuser diferentemente. É possível a previsão de outra solução, como a aquisição da quota pelos demais sócios, que pagam aos herdeiros proporcionalmente à quantidade de quotas distribuída a cada um.

Em relação à segunda, não se faz a liquidação da quota, mas sim da sociedade, em uma operação que equivale ou se assemelha ao distrato. Era tão importante a presença do sócio falecido que sem ele não subsiste a sociedade. Daí a opção pela dissolução.

Já em vista da terceira, em face de acordo entre os herdeiros, chega-se a um consenso na substituição do sócio falecido. Os próprios herdeiros levam a termo a substituição, escolhendo uma terceira pessoa. Todavia, justamente em razão do elemento *affectio societatis*, não se desconsidera a ouvida dos demais sócios, que deverão concordar, e proporcionando-se, antes, a eles a aquisição da quota.

Afora as situações acima, em especial se não admitido o ingresso dos herdeiros e do possível cônjuge sobrevivente na sociedade, liquida-se a quota através da apuração de haveres, isto é, do valor econômico que representa a participação do sócio falecido.

Deve preponderar, para a apuração dos haveres, o modo estabelecido no contrato social, conforme impõe o seguinte aresto, também do STJ:

"Recurso especial. Sociedade por cotas de responsabilidade limitada. Sócio falecido. Dissolução parcial. Apuração de haveres. Herdeiros. CPC/39, art. 668 recepcionado pelo art. 1.218, VII, do CPC vigente.

I – 'Se a morte ou retirada de qualquer dos sócios não causar a dissolução da sociedade, serão apurados exclusivamente os seus haveres, fazendo-se o pagamento pelo modo estabelecido no contrato social ou pelo convencionado, ou ainda, pelo determinado pela sentença' (CPC/73, art. 668 c/c art. 1.218, VII, do CPC/39).

II – A apuração de haveres, no caso de dissolução parcial de sociedade de responsabilidade limitada, há de ser feita de modo a preservar o valor devido aos herdeiros do sócio, que deve ser calculado com justiça, evitando-se o locupletamento da sociedade ou dos sócios remanescentes.

---

[37] *Inventários e Partilhas*, São Paulo, Editora Leud, 2001, p. 216.

III – Recurso especial conhecido e provido".[38]

Relativamente ao inc. VII do art. 1.218, mencionado no texto, cabe destacar que aos procedimentos que ainda eram regidos pelo CPC/1939 se aplica o art. 1.046, § 3º, do CPC/2015, isto é, submetem-se ao procedimento comum. Já o também citado art. 668 corresponde ao art. 847 do CPC/2015.

A matéria é de clareza meridiana no voto do relator:

"Segundo consta dos autos, com a morte de um dos sócios, os remanescentes entenderam pela continuidade da sociedade com a admissão da viúva e herdeiros, consoante previsão contratual. No entanto, quando da transferência das cotas perante a Junta Comercial, decidiram tais remanescentes pela continuidade da sociedade somente entre eles.

Consta ademais que, quase um ano após o óbito, a viúva e os herdeiros foram notificados para o recebimento dos haveres pertinentes às cotas societárias, tomados por base os balanços realizados 57 dias antes do falecimento do *de cujus*.

Verifica-se, por lógica, que tais balanços, realizados antes do falecimento do sócio, não tinham por objetivo a apuração de haveres nem poderiam servir de referência para a dissolução da sociedade. Mesmo porque, segundo consta do acórdão da apelação (fls. 390) 'falecendo o sócio, os próprios contratos sociais estabelecem que seus haveres 'serão calculados com base no balanço a ser levantado em 30 (trinta) dias após o evento', como se vê em cláusulas comuns a todos eles (fls. 14/17, fls. 18/21, fls. 22/25)'.

Dada a impossibilidade de consumar-se a transferência das quotas sociais pela não aceitação dos herdeiros do sócio falecido pelos sócios remanescentes, como outrora acertado, o texto legal garante aos recorrentes o direito de apuração de seus haveres nos moldes do art. 668 do CPC antigo, recepcionado pelo art. 1.218, VII do CPC vigente. Confira-se:

'Se a morte ou retirada de qualquer dos sócios não causar a dissolução da sociedade, serão apurados exclusivamente os seus haveres, fazendo-se o pagamento, ou pelo modo estabelecido no contrato social, ou pelo convencionado, ou ainda, pelo determinado pela sentença'.

Nesse sentido, posicionou-se o Ministério Público Federal em bem lançado parecer (...):

'Ora, consoante observado no acórdão quando do julgamento da apelação, os contratos sociais continham em seu bojo disposição no sentido de que, em caso de falecimento de um dos sócios, os haveres 'serão calculados com base no balanço a ser levantado em 30 (trinta) dias após o evento'.

Assim, se nos afigura um contrassenso querer que os recorrentes aceitassem um balanço realizado antes da morte do sócio, em flagrante contrariedade ao pactuado no contrato. Entendemos que ao prevalecer a decisão contida nos infringentes, corre-se o risco de a sociedade beneficiar-se em detrimento dos herdeiros'.

Decidiu esta Egrégia Corte de Justiça:

'Comercial. Dissolução de sociedade de responsabilidade limitada em face de violação do princípio da *affectio societatis*. *Quantum* devido ao sócio retirante. Matéria de fato (Súmulas nºs 05 e 07 do STJ).

I – Na dissolução da sociedade de responsabilidade limitada, a apuração de haveres, no caso de sócio retirante ou premorto, ou ainda por motivo da quebra da *affectio societatis*, há de

---

[38] REsp. nº 282.300-RJ, da 3ª Turma, rel. Min. Antônio de Pádua Ribeiro, j. em 04.09.2001, *DJU* de 08.10.2001.

Cap. X | A sociedade limitada • **193**

fazer-se como se de dissolução total se tratasse, posto que, segundo a jurisprudência do STJ, essa linha de entendimento tem por escopo preservar o *quantum* devido ao sócio retirante, que deve ser medido com justiça, evitando-se, de outro modo, o locupletamento indevido da sociedade ou sócios remanescentes em detrimento dos retirantes.

II – Matéria de fato não se reexamina em sede de especial (Súmulas nºs 05 e 07do STJ).

III – Recurso não conhecido' (REsp. nº 38.160-SP; *DJ* de 13.12.93; rel. Min. Waldemar Zveiter).

'Comercial. Sociedade por cotas de responsabilidade limitada. Dissolução parcial. A apuração de haveres na dissolução parcial da sociedade por cotas de responsabilidade limitada segue as regras da retirada do sócio previstas no contrato social. Recurso especial conhecido, mas não provido' (REsp. nº 83.031-RS; *DJ* de 13.12.1999; rel. Min. Ari Pargendler).

Ante o exposto e à vista dos fundamentos consubstanciados na bem lançada sentença (fls. 325/329), da lavra da Dr.ª Maria da Glória Bandeira de Mello, conheço do recurso especial e dou-lhe provimento para reformar o acórdão recorrido, restabelecendo o julgado na apelação".

Lembra-se que o citado art. 668 do CPC/1939, o qual era aplicado por determinação do art. 1.218, VII, do CPC/1973, dizia respeito ao procedimento da ação de dissolução da sociedade. Estatui o art. 1.046, no § 3º, do CPC em vigor a adoção do procedimento comum para tal ação. Havendo, porém, a apuração de haveres, por dissolução parcial em razão da resolução da quota do sócio falecido, o procedimento vem delineado nos arts. 599 a 609, examinados no item 35 do Capítulo VII.

Na mesma inteligência do acórdão acima:

"A apuração dos haveres do sócio retirante deve se fazer de conformidade com o contrato social, quando disponha a respeito, caso dos autos, inexistindo empecilho a que o pagamento se faça em parcelas mensais e sucessivas, corrigidamente, o que minimiza os efeitos da descapitalização da empresa atingida. Precedentes do STJ".[39]

A fundamentação do voto do Ministro relator traz precedentes e supedâneos legais na forma de decidir:

"No tocante aos haveres, é apontada ofensa ao art. 668 do Código de Processo Civil de 1939, em vigor por força do art. 1.218, VII, do CPC atual, que reza: 'Se a morte ou a retirada de qualquer dos sócios não causar a dissolução da sociedade, serão apurados exclusivamente os seus haveres fazendo-se o pagamento pelo modo estabelecido no contrato social, ou pelo convencionado, ou, ainda, pelo determinado na sentença'.

Argumenta a autora-recorrente que não há imposição à obediência cega ao estatuto societário, de modo que pode a sentença determinar forma diversa, e que, no caso, o justo e equânime é o recebimento dos haveres na forma das ações correspondentes que a empresa parcialmente dissolvida (primeira ré, RW Empreendimento Agropastoril Ltda.) tem do grupo TANAC.

Com a máxima vênia, inexiste afronta ao referenciado dispositivo legal.

Como se vê da redação daquela norma, ela tanto admite que o pagamento dos haveres possa ser disciplinado, alternativamente, por três comandos distintos, um deles, exatamente, aquele previsto no contrato social. Não há, portanto, regra cogente que determine a substituição de um comando por outro. Os três são aceitáveis, perante a lei, um na falta do outro.

---

[39] REsp. nº 302.366-SP, da 4ª Turma, rel. Min. Aldir Passarinho Junior, j. em 05.06.2007, *DJU* de 06.08.2007.

Vale trazer à colação doutrina de José David Filho, comentando o CPC de 1939, que diz: 'Quanto ao pagamento, é mister, entretanto, que se verifique previamente se no contrato se estipulou o modo por que devesse ser feito aos herdeiros, ou, se este for o caso, ao sócio que se retira da sociedade. Se o contrato contiver disposição nesse sentido, será ela observada; se for omisso, faculta-se-lhes que se ajustem quanto à forma de pagamento.

Se os interessados não se ajustarem quanto ao modo de pagamento, este se fará, nesse caso, de acordo com o que for determinado em decisão judicial proferida em processo contencioso' (Código de Processo Civil Brasileiro, 3º vol. 1944).

Na espécie em comento, o estatuto prevê o pagamento em trinta e seis parcelas mensais e sucessivas, atualizadamente (cf. acórdão à fl. 395), de modo que nem é à vista, e tampouco o é em ações de outra empresa. E, por último, nem se pode afirmar, aqui, que o critério estatutário é inteiramente absurdo, lesivo, a justificar, excepcionalmente, uma interferência do Judiciário para coibir abuso manifesto. É que a dissolução parcial, é bastante elementar, causa trauma interno da empresa, a sua descapitalização, de modo que o pagamento parcelado atenua o impacto, desde que, é claro, haja a correção das prestações, para não causar enriquecimento injustificado do sócio remanescente.

A jurisprudência do STJ não repudia o pagamento fracionado, desde que em consonância com o estatuto, como se constata dos seguintes precedentes, *verbis*:

'Dissolução de sociedade. Pagamento dos haveres do sócio retirante. Contrato social. Precedentes da corte. Na linha de precedentes da corte, 'não há razão para negar eficácia à cláusula contratual que estabeleceu deverem os haveres do sócio que se retira ser pagos em parcelas'. Recurso especial conhecido e provido em parte' (3ª Turma, REsp. nº 87.731-SP, rel. p/ acórdão Min. Carlos Alberto Menezes Direito, por maioria, *DJU* de 13.10.1997).

'Comercial. Sociedade por quotas de responsabilidade limitada. Dissolução parcial. A apuração dos haveres na dissolução parcial da sociedade por quotas de responsabilidade limitada segue as regras da retirada do sócio previstas no contrato social. Recurso especial conhecido, mas não provido' (3ª Turma, REsp. nº 83.031-RS, rel. Min. Ari Pargendler, unânime, *DJU* de 13.12.1999).

'Dissolução parcial. Sociedade por cotas de responsabilidade limitada. Reconvenção. Pagamento dos haveres. Previsão contratual. Precedentes da Corte.

A ausência de intimação para oferecer contestação à reconvenção não ensejou qualquer prejuízo ao autor reconvindo, isto porque o pedido formulado na reconvenção foi atendido na própria ação de dissolução proposta pelo reconvindo, decretada a dissolução, apenas, parcial da sociedade. Não há, portanto, ofensa ao artigo 316 do Código de Processo Civil.

Conforme jurisprudência desta Corte, a regra geral é a de que os haveres do sócio que se retira da sociedade devem ser pagos na forma prevista no contrato, salvo se existente alguma peculiaridade com força para afastar este entendimento, o que não ocorre no presente caso.

Os paradigmas que servem de apoio ao dissídio devem estar no especial, apresentados de forma regular, não servindo, para tanto, paradigma posteriormente juntado.

Recurso especial não conhecido' (3ª Turma, REsp. nº 450.129-MG, rel. Min. Carlos Alberto Menezes Direito, unânime, *DJU* de 16.12.2002).

Especificamente sobre o recebimento em ações, não tem cabimento.

Além de não estar previsto no contrato social, não se fracionam os bens concretos de uma sociedade no caso de dissolução parcial. Ou seja, se ela tem uma frota de cem caminhões e quinhentos computadores, duzentas mesas etc., não se faz a repartição de cada um dos bens em si, mas pelo valor correspondente aos mesmos, na proporção da participação societária daquele que se retira. O mesmo ocorre com o patrimônio de uma *holding* em ações e terceira empresa, hipótese dos autos. A dissolvida não perde, em princípio, as ações do grupo TANAC. Ela tem é de entregar, à sócia retirante (Spender), o valor relativo à sua participação minoritária, em dinheiro, e, é claro, na apuração desse montante será considerado o real valor das ações do Grupo TANAC, porém, não, a entrega material das aludidas ações, em si. Na verdade, o resultado prático da pretensão da autora seria a extensão da dissolução parcial às demais sociedades.

Destarte, não conheço do recurso especial da autora pela letra *a*, e, igualmente, pela letra *c*".

Com referência ao citado art. 1.218, VIII, o qual adotava o rito do art. 668 do CPC/1939, torna-se a lembrar que, para a ação de dissolução da sociedade, o procedimento é o comum, por disposição expressa do art. 1.046, § 3º, do CPC/2015. Todavia, no caso de dissolução parcial por resolução da quota do sócio falecido, ou que se retira, regem o procedimento os arts. 599 a 609 do mesmo vigente diploma. Outrossim, o também citado art. 316 do CPC/1973 corresponde ao § 1º do art. 343 do CPC/2015.

Insiste-se, em outro aresto, que a apuração deve proceder-se segundo o valor real do ativo e do passivo:

"Dissolução parcial de sociedade anônima. Precedente da Segunda Seção.

Como já decidiu a Segunda Seção desta Corte, é possível a dissolução parcial de Sociedade Anônima, com a retirada dos sócios dissidentes, após a apuração de seus haveres em função do valor real do ativo e do passivo (EREsp. nº 111.294-PR, relator o Ministro Castro Filho, j. em 28.06.06).

Recurso especial conhecido e provido".[40]

14. EXPROPRIAÇÃO DA QUOTA NÃO INTEGRALIZADA DE SÓCIO REMISSO

Aos sócios é assegurada a faculdade de se apropriarem da quota do sócio remisso, por não integralizá-la, podendo, inclusive, transferi-la a terceiros, mas devendo ressarcir o valor que tiver sido pago. O direito é assegurado pelo art. 1.058: "Não integralizada a quota de sócio remisso, os outros sócios podem, sem prejuízo do disposto no art. 1.004 e seu parágrafo único, tomá-la para si ou transferi-la a terceiros, excluindo o primitivo titular e devolvendo-lhe o que houver pagado, deduzidos os juros da mora, as prestações estabelecidas no contrato mais as despesas".

Para a correta inteligência, recorda-se que, pelo art. 1.004, os sócios são obrigados, na forma e prazo previstos, às contribuições estabelecidas no contrato social, e aquele que deixar de fazê-lo, nos 30 (trinta) dias seguintes ao da notificação pela sociedade, responderá perante esta pelo dano emergente da mora. O respectivo parágrafo único dá à maioria dos demais sócios o direito de preferir, ao invés da indenização, a exclusão do sócio remisso, ou a redução da quota no montante já realizado, no que resultará a redução do capital da sociedade, nos termos do § 1º do art. 1.031.

Considera-se remisso o sócio quando consolidada e certa a dívida, procedida inclusive a notificação para colocar em dia as prestações no prazo de trinta dias.

Comenta Mauro Rodrigues Penteado o alcance do art. 1.058: "Observe-se que em atenção ao princípio da preservação da empresa – aqui de forma mais acentuada (por se tratar do tipo de sociedade mais utilizada em nosso meio), no que merece encômios, visto que oferece alternativas à manutenção de toda a base patrimonial do empreendimento (o

---

[40] REsp. nº 651.722-PR, da 3ª Turma, rel. Min. Carlos Alberto Menezes Direito, j. em 25.09.2006, *DJU* de 26.03.2007.

capital) – o dispositivo transcrito autoriza os sócios remanescentes a tomar para si a quota do sócio remisso, ou agregar a terceiro, que irá adquiri-la".[41]

Não se reclama o procedimento judicial para as providências de expropriar a quota. Uma vez efetuada a notificação, onde claramente se documenta a dívida, com os acréscimos de encargos e despesas, a própria assembleia está autorizada a proceder à apropriação da quota, ou a transferência para terceiro, com o repasse do valor das prestações satisfeitas ao sócio, que automaticamente ficará afastado. Assim pensa Leonardo Guimarães: "O procedimento da exclusão deverá, outrossim, ser administrativo – através de simples alteração do contrato social – e a legitimidade para fazê-lo será dos demais sócios, em dia com suas integralizações".[42]

Não se estende o direito de a própria sociedade adquirir a quota, pois se possibilitaria à sociedade especular sobre a participação dos próprios sócios. Ficaria afetada a relação social, permitindo que a sociedade fizesse um negócio consigo mesma. Aliás, nas sociedades anônimas também vinga a proibição, estabelecendo o art. 30, *caput*, da Lei nº 6.404, de 1976, que "a companhia não poderá negociar com as próprias ações".

Para evitar o enriquecimento sem causa, cumpre aos sócios ou ao terceiro que adquiriram a obrigação de devolver ao sócio devedor o *quantum* utilizado na integralização, com a dedução de juros de um por cento ao mês a contar do início da inadimplência.

15. DISTRIBUIÇÃO DE LUCROS E PREJUÍZO DO CAPITAL

Para a distribuição de lucros, importa que não haja prejuízo do capital, sob pena de obrigar-se a reposição. Por outros termos, ficam os sócios obrigados a restituírem os lucros e quaisquer quantias retiradas, mesmo que verificada a autorização pelo contrato ou pela assembleia geral, sempre que redundarem em prejuízo ao capital social. A regra, a respeito, está no art. 1.059: "Os sócios serão obrigados à reposição dos lucros e das quantias retiradas, a qualquer título, ainda que autorizados pelo contrato, quando tais lucros ou quantia se distribuírem com prejuízo do capital".

O Decreto nº 3.708/1919, no art. 9º, continha idêntica previsão.

Procura-se defender o capital. Incabível a distribuição de lucros afetar o capital, que não pode sofrer redução para favorecer indevidamente os sócios.

O capital se faz necessário para o funcionamento da própria sociedade. Sua formação decorre de aporte do patrimônio particular dos sócios, a fim de possibilitar a atividade produtiva, passando a formar um patrimônio autônomo, que adquire personalidade com a formação da sociedade. Dando-se a distribuição de importâncias a título de lucros, mas cujos montantes foram retirados do capital, provoca-se o esvaziamento do patrimônio social. Essa conduta maliciosa se realiza mediante artifícios contábeis, que acaba por distribuir o próprio capital, esvaziando a sociedade, que fica sem patrimônio social para suportar os compromissos contratados.

A distribuição disfarçada de lucros e as retiradas excessivas provocam uma liquidação indireta da sociedade, descapitalizando-a, prejudicando terceiros que com ela negociaram. Acontece que as quantias retiradas indevidamente têm o caráter de distribuição de lucros

---

[41] "Dissolução parcial da Sociedade Limitada", trabalho citado, p. 277.
[42] "Exclusão de sócio em sociedades limitadas no novo Código Civil", *in Direito de Empresa no Novo Código Civil*, Rio de Janeiro, Editora Forense, 2004, p. 308.

ilícitos ou fictícios, que o art. 1.009 já recriminara, acarretando a responsabilidade solidária e ilimitada de quem se beneficiou.

Deve-se aduzir que sempre deve o sócio obrigar-se a compor o capital que faltar para a exata integralização do capital. Havendo defasagem, ou dando-se a redução do capital por desgaste ou perda, incide a responsabilidade de todos os sócios para a reposição proporcional. Mesmo que um dos sócios não satisfaça o montante prometido, os terceiros que demandarem a sociedade podem voltar-se contra os sócios individualmente, para exigir-lhes que suplementem aquilo que não foi satisfeito, sempre na proporção que representa seu capital.

Na insolvência da sociedade, resta, pois, essa pendência a cargo dos sócios, que devem acorrer para dar trazer a exata quantidade não integralizada.

16. ADMINISTRAÇÃO DA SOCIEDADE LIMITADA

De anotar, antes, que "administrador" é sinônimo de "diretor", que equivale ao sócio investido do poder institucional de representação. Não se confunde com "gerente", que se define como um preposto permanente, o qual atua em determinado setor das atividades, qualificado e de confiança, submetido às ordens superiores.

As pessoas designadas no contrato social, ou em ato separado desde que devidamente autorizado, é que administram a sociedade. O art. 1.060 é expresso sobre o assunto: "A sociedade limitada é administrada por uma ou mais pessoas designadas no contrato social ou em ato separado". Decorre que o contrato social deve designar os administradores, ou delinear a forma de sua escolha. Constará de suas cláusulas se um ou vários os administradores, com o poder de representação legal e a discriminação dos poderes, especificando quais os negócios que envolvem e, assim, a emissão de cheque, a assinatura de contratos, a compra e venda, o saque de valores em bancos.

Assinala Celso Marcelo de Oliveira que de três maneiras se dá a designação: "a) Diretamente no contrato social no ato de sua constituição; b) posteriormente por meio de um aditivo ao contrato social que passa a ter a mesma natureza da modalidade anterior, sobretudo após a consolidação do contrato social; e c) por meio de ato separado, podendo ser, por exemplo, através de ata de reunião ou assembleia dos sócios com o respectivo termo de posse".[43]

Não há impedimento para o exercício da administração por pessoa jurídica, se integrar a sociedade como sócia, cujos estatutos designarão o representante ou administrador. De sorte que a administração por pessoa jurídica importa no seu exercício pelo administrador ou diretor da mesma. Procura-se, no entanto, contra-argumentar que às pessoais naturais incumbe a administração da sociedade, tanto que o art. 1.062, § 2º, exige se declinem no termo de posse do administrador o seu nome, a nacionalidade, o estado civil e a residência.

Entrementes, a pessoa jurídica, se investida na administração, designa alguém para exteriorizar os atos de administração. De outro lado, não se encontra alguma vedação explícita ao exercício da administração por pessoa jurídica, Realmente, o art. 1.013, que se aplica às sociedades limitadas por força do art. 1.053, encerra que, nada dispondo o contrato social, a administração compete a cada um dos sócios separadamente, sem distinguir entre sócios pessoas naturais e jurídicas. A vedação de participação de pessoa

---

[43] *Manual de Direito Empresarial*, ob. cit., vol. II, p. 242.

jurídica no quadro social só tem lugar para as sociedades em nome coletivo e em comandita simples (arts. 1.039 e 1.046).

Acresce observar que o art. 1.060, restrito à sociedade limitada, satisfaz-se em dizer que a mesma é administrada por uma ou mais pessoas, designadas no contrato social ou em ato separado, sem distinguir se são as pessoas naturais ou jurídicas.

Poderá o contrato dispor a respeito de um sistema múltiplo de gerência, distribuindo-se a cada sócio uma função específica nos negócios sociais. Abre-se a alternativa de se atribuir a diversas pessoas funções diferentes e próprias.

E se o contrato social silenciar, nada inserindo a respeito? A administração passa para todos os sócios, em razão do art. 1.013, que se aplica por comando do art. 1.053 às sociedades limitadas: "A administração da sociedade, nada dispondo o contrato social, compete separadamente a cada sócio". A situação, mais que confiança e relacionamento estreito, espelha a pouca organização e a inércia. Assim, no silêncio do contrato, qualquer sócio representa a sociedade, sobretudo nas relações travadas com terceiros. Presume que o ato está autorizado pela própria sociedade.

Na eventualidade de faltar a designação específica de administrador, o que dificilmente acontece, aos sócios que entrarem posteriormente na sociedade não se estende *ipso facto* o poder de administrar, conforme aponta o parágrafo único do art. 1.060: "A administração atribuída no contrato a todos os sócios não se estende de pleno direito aos que posteriormente adquiram essa qualidade". Nessa previsão, falecendo o diretor da sociedade, não se pense que seus herdeiros, que ingressam na sociedade por disposição contratual, passem a administrar. O mesmo acontece com os novos sócios, a menos que se encontre previsto diferentemente no contrato social, entendimento que encontra o apoio de Lucila de Oliveira Carvalho: "Mas a regra segundo a qual o novo sócio deve ser expressamente nomeado administrador constitui inovação que, a nosso ver, tem a finalidade apenas de deixar mais claras as regras da administração da sociedade. De fato, pelo regime anterior, se o contrato dispusesse que a administração era exercida pelos sócios, indistintamente, e se novo sócio ingressasse na sociedade, era automaticamente guindado à condição de administrador. Agora, é necessário que o contrato assim o diga".[44]

Se o contrato ordenar, prestarão os administradores caução, ou seja, com a finalidade de garantir a sociedade de eventuais prejuízos que possam causar. Virá a forma da prestação, com o seu montante, o tipo de bens a serem oferecidos, e, em caso de consistir em dinheiro, o banco onde se fará o depósito. Uma vez oferecida e aprovada, perdura a sua vigência até a aprovação das contas pela assembleia geral ou reunião.

17. DEVERES DOS ADMINISTRADORES

Não está disposta uma seção especial no Código a respeito dos deveres dos administradores na sociedade de responsabilidade limitada. Entretanto, por força do art. 1.053, a tal sociedade estendem-se os ditames próprios da sociedade simples. Nessa concepção, parece razoável levar em conta a norma do art. 1.011, pelo qual "o administrador da sociedade deverá ter, no exercício de suas funções, o cuidado e a diligência que todo homem ativo e probo costuma empregar na administração de seus próprios negócios".

---

[44] "A administração da sociedade limitada e o novo Código Civil", *in Direito de Empresa no Novo Código Civil*, Rio de Janeiro, Editora Forense, 2004, p. 230.

Oportuno, também, referir que a disposição coincide com a norma que trata dos deveres exigidos dos administradores de sociedades anônimas – art. 153 da Lei nº 6.404, embora neles mais exigências incidam, inseridas no art. 154 (dever de proceder de modo a atender os fins e interesses da sociedade), e no art. 155 (dever de lealdade).

Deve o administrador se portar com um padrão de conduta diligente, idôneo, sensato, ponderado, interessado, além de revelar qualidades e conhecimentos próprios da atividade desenvolvida.

Especificamente, cabe apresentar, ao cabo de cada exercício, a devida prestação de contas, através de inventário dos bens e balanços, em atendimento à norma do art. 1.065: "Ao término de cada exercício social, proceder-se-á à elaboração do inventário do balanço patrimonial e do balanço de resultado econômico".

Decorre a obrigação do próprio exercício do cargo de administrador, reclamando--se sobretudo em função de dar ciência da situação aos sócios que não participam da administração. Negando-se a este dever, é própria a ação de prestação de contas, como reiteradamente decidiu o Superior Tribunal de Justiça: "O sócio gerente possui o dever de prestar contas justificadas da sua administração aos demais sócios. É, portanto, parte legítima para figurar no polo passivo da ação de prestação de contas proposta com tal finalidade".[45] Não cabe a ação contra a pessoa jurídica, consta em outra decisão: "Ao sócio gerente, pessoalmente, compete apresentar as contas de sua administração, inclusive judicialmente. Deve ser observado que é ilógico exigir da sociedade comercial que não se confunde com a pessoa física dos sócios, o cumprimento da obrigação destes em prestar contas da atividade empresarial e comercial. Wilson de Souza Campos Batalha (*Direito Processual Sociativo*, Rio de Janeiro, Editora Forense, 1989, p. 324), embora sem aprofundamento no tema, com certeza desnecessário, leciona, *verbis*: 'Nas sociedades por cotas de responsabilidade limitada qualquer sócio pode exigir prestação de contas por parte do sócio gerente ou de seus delegados ou procuradores'.

Enfim, o sócio gerente é quem deve ser acionado para cumprir obrigação própria, já tendo esta egrégia Corte, em caso análogo, não obstante se cuidasse de outra espécie de sociedade, assim decidido".[46]

18. A ADMINISTRAÇÃO POR TERCEIROS

É permitida a designação de terceiros, ou de pessoas delegadas, para exercer a administração, desde que contemplada pelo contrato, e se ficar aprovada pelos sócios a designação, pela sua totalidade se não integralizadas as quotas, e por dois terços do capital social, isto é, por maioria absoluta bastante qualificada, se integralizado o capital. O art. 1.061, em redação da Lei nº 12.375/2010, disciplina o assunto: "A designação de administradores não sócios dependerá de aprovação da unanimidade dos sócios, enquanto o capital não estiver integralizado, e de 2/3 (dois terços), no mínimo, após a integralização".

É difícil a designação de administradores que não figurem como sócios. Para a hipótese, requer-se previsão no contrato. Somente assim viabiliza-se a nomeação, cujos nomes, no entanto, são levados à aprovação da assembleia. Condição última para a validade da nomeação está na chancela unânime da assembleia dos sócios relativamente

---

[45] REsp. nº 332.754-PR, da 3ª Turma do STJ, *DJU* de 18.02.2002.
[46] Agravo de Instrumento nº 115.405, do STJ, rel. Min. Barros Monteiro, *DJ* de 24.08.1997.

aos nomes dos escolhidos, se não integralizado o capital. Caso já estiver integralizado, reduz-se a proporção para dois terços dos sócios. Viável que não haja o assentimento de todos os sócios ou da quantidade exigida por motivos pessoais, que, no entanto, devem preponderar. Não se examina o mérito da oposição, nem, aliás, assiste o pedido de explicações.

A nomeação de administrador profissional ocorre nas situações de impossibilidade do sócio administrador desempenhar a totalidade das funções. Em certas ocasiões, abrange aspectos ou parte da administração, como na área da comercialização dos produtos, ou no controle de estoque. A designação, no caso, restringe-se para atividades próprias da administração ou direção do negócio ou atividade. Realmente, não se designa simplesmente diretor ou administrador. Aconselhável que se apontem os atos. Efetivamente, é normal que assim aconteça, com a discriminação dos atos. Há, pois, necessidade de discriminação dos poderes, fixando-se o prazo de vigência.

Quanto ao prazo, se determinado, ao expirar-se faz-se mister que se renove a nomeação e a investidura.

Para as funções de maior relevância, que reclamam o uso da firma ou da denominação, não se prescinde de mandato com poderes especiais. Assim ordena o art. 1.064: "O uso da firma ou denominação social é privativo dos administradores que tenham os necessários poderes".

A investidura do administrador se faz através de termo de posse em livro especial e próprio da sociedade, com a averbação no Registro da Empresa. A mera contratação para a gerência de um setor se efetua por meio de instrumento próprio, mas sem aquelas formalidades.

19. MODELO DE PEDIDO DE AVERBAÇÃO DE NOMEAÇÃO DE ADMINISTRADOR

Leva-se para averbação no registro da empresa a nomeação do administrador, adicionando-se a declaração da inexistência de incompatibilidades. Acompanham o pedido os seguintes documentos: cópia do documento de identidade, sendo que, tratando-se de pessoa estrangeira, cópia do documento de visto permanente; declaração de documento de inexistência de impedimento para exercer o cargo, que poderá ser concomitante com o requerimento; ficha de cadastro nacional – FCN; e guia de recolhimento da taxa correspondente.

20. NOMEAÇÃO E DESTITUIÇÃO DO SÓCIO NOMEADO

Desde que efetuada a nomeação, passa-se para a sua oficialização, que se materializa através de termo de posse em livro de atas próprio da sociedade. O art. 1.062 expõe como se realiza o ato: "O administrador designado em ato separado investir-se-á no cargo mediante termo de posse no livro de atas da administração".

Cap. X | A sociedade limitada • **201**

O contrato deve autorizar a designação de administrador. A aprovação é submetida aos sócios, em assembleia. Uma vez conseguida, o exercício do cargo inicia com a prestação de compromisso, que se faz no livro de atas. Se no contrato consta a escolha do administrador, não se reclama a providência, pois desde já se opera o compromisso.

Há o prazo de trinta dias para a providência de assinatura do termo, sob a cominação do § 1º, isto é, da perda de eficácia da designação: "Se o termo não for assinado nos 30 (trinta) dias seguintes à designação, esta se tornará sem efeito".

A rapidez exigida para a efetivação do termo de posse explica-se porque não pode a sociedade ficar sem representação. Há a fixação de um prazo de decadência, tanto que expressa a norma ao determinar que fica sem efeito a designação se não houver o termo de posse no referido período de trinta dias.

Em nova exigência relativamente ao sistema anterior, fixa-se o prazo de dez dias para a averbação da investidura junto ao registro da sociedade, nos termos do § 2º: "Nos dez dias seguintes ao da investidura, deve o administrador requerer seja averbada sua nomeação no registro competente, mencionando seu nome, nacionalidade, estado civil, residência, com exibição de documento de identidade, o ato e a data de nomeação e o prazo de gestão".

A série de formalidades imposta visa resguardar a sociedade e prevenir terceiros que negociam com a mesma, que poderão tomar conhecimento dos respectivos representantes. Daí os dados coligidos dos dispositivos – assinatura do termo em trinta dias, duração da investidura, averbação na Junta Comercial, prova da identidade, nacionalidade, residência, estado civil, prazo de gestão – que infundem segurança e permitem acesso às pessoas e à extensão dos poderes conferidos na atuação em nome da sociedade. Sem a averbação, tudo o que for acertado separadamente não surtirá eficácia perante terceiros, em obediência, aliás, ao parágrafo único do art. 997.

O art. 1.063 cuida de hipóteses de cessação do exercício do cargo, que se permite a qualquer tempo, ou ao término do prazo, se não houver recondução: "O exercício do cargo de administrador cessa pela destituição, em qualquer tempo, do titular, ou pelo término do prazo se, fixado no contrato ou em ato separado, não houver recondução".

Dois os casos que levam à cessação do cargo do administrador, e que são: a sua destituição e o término do prazo. Acrescenta-se a renúncia, que, naturalmente, é viável que ocorra. Obviamente, verificada a mudança, há a permanência no cargo até a posse da nova administração.

Nota-se a possibilidade de destituir a qualquer tempo do cargo, não havendo uma relação de causas exigida para tanto. Assim entende o Superior Tribunal de Justiça: "Segundo entendimento majoritário na doutrina, já adotado nesta Corte, o sócio pode ser retirado da gerência da empresa por simples deliberação da maioria, não havendo necessidade de justificar a deliberação. Nesse caso, em princípio, não há perquirir o interesse da sociedade por cotas. Ausente, por essa razão, o *fumus boni iuris*".[47]

É preciso, se a nomeação se deu no contrato, a aprovação de mais da metade dos sócios que compõem o capital social, nos termos do § 1º: "Tratando-se de sócio nomeado administrador no contrato, sua destituição somente se opera pela aprovação de titulares de quotas correspondentes a mais da metade do capital social, salvo disposição contratual diversa". Conforme se infere, o *quorum* de votos indicado é para a hipótese de nomeação no contrato. Nesse âmbito deve-se incluir se a nomeação foi aprovada em assembleia,

---

[47] Agravo Regimental na Medida Cautelar – AgRg na MC nº 4.643-SP, da 3ª Turma, j. em 26.03.2002, *DJU* de 06.05.2002.

o que se conclui da inteligência do art. 1.061, isto é, quando se dá a aprovação pelos sócios. O mesmo *quorum* da aprovação se reclama para a destituição. Se, entrementes, não se encontravam integralizadas as quotas quando da nomeação, fazendo-se necessária a unanimidade dos sócios, e vier a serem integralizadas as quotas no curso da administração, para a destituição não mais se impõe a unanimidade, e sim a quantidade de votos que satisfizer dois terços do capital social, que se requer para a aprovação da nomeação quando integralizado o capital.

Tal como se deve levar a nomeação à averbação no registro da sociedade, também a destituição reclama idêntica providência, em atenção ao § 2º do art. 1.063, a ser efetuada nos dez dias seguintes ao da ocorrência: "A cessação do exercício do cargo de administrador deve ser averbada no registro competente, mediante requerimento apresentado nos 10 (dez) dias seguintes ao da ocorrência". Somente com essa providência se possibilita aos terceiros o conhecimento da mudança da administração, precavendo-se nos negócios e evitando possíveis golpes ou fraudes. O requerimento para a averbação, apresentado por quem provar a representação, far-se-á acompanhar do ato de destituição.

O § 3º do mesmo art. 1.063 cuida da renúncia, que poderá formalizar-se a qualquer tempo, e passará a valer, ou torna-se eficaz, em relação à sociedade, quando a mesma chegar ao seu conhecimento; já em relação a terceiros, a partir da averbação: "A renúncia de administrador torna-se eficaz, em relação à sociedade, desde o momento em que esta toma conhecimento da comunicação escrita do renunciante; e, em relação a terceiros, após a averbação e publicação". Não há muito a acrescentar, dada a clareza da regra, que impõe sempre o conhecimento da sociedade e de terceiros, que se efetiva pela averbação no registro e pela publicação. Se nomeado no contrato o administrador, o que se dá pela aprovação dos sócios, a comunicação se levará a termo a todos os sócios, a menos que se encontre escalado um sócio para a função de representante especial.

Cumpre aduzir que, por uma extensão óbvia da regra do art. 1.063, é possível a limitação dos poderes. Conforme conclui Adalberto Simão Filho, "se representantes de dois terços do capital podem destituir um administrador nomeado em contrato, é certo que também poderão restringir ou até mesmo revogar os seus poderes em razão do princípio de que quem pode a conduta maior também poderá a menor".[48] Observa-se que o quorum, de acordo com a Lei nº 13.972/2019, passou a ser acima de metade do capital social.

21. CONSELHO FISCAL

Consoante ressalta André Lemos Papini, "todo sócio tem direito de fiscalizar os atos praticados pela administração das sociedades. No campo das limitadas, à luz da antiga lei, o contrato social podia estabelecer regras referentes às condições em que o exercício de fiscalização devia se dar. Contudo, a maior parte dos contratos sociais era, como continua sendo, omissa em relação a tal matéria".[49]

A finalidade do Conselho Fiscal, órgão este instituído pelo atual Código Civil, pois não contemplado no regime anterior (Decreto nº 3.708/1919), o que não significa que não poderia existir, é o controle das contas da sociedade e a sua proteção contra atos que prejudicam os interesses da sociedade, tal como acontece com as sociedades anônimas.

---

[48]   *A Nova Sociedade Limitada*, ob. cit., p. 146.
[49]   "A Sociedade Limitada e o Novo Código Civil", *in Direito de Empresa no Novo Código Civil*, Rio de Janeiro, Editora Forense, 2004, p. 216.

Várias as incumbências atribuídas ao órgão, como a análise dos documentos, as contas, os livros contábeis, a escrita, as compras, as vendas, as notas fiscais, as movimentações bancárias, o estoque, ou seja, tudo o que está ligado à sociedade. Cabe-lhe examinar a política econômica, os lucros, as perdas, os investimentos, as expectativas de receitas, o mercado. Assim resume Waldo Fazzio Júnior: "A função essencial do conselho fiscal é a de exercer permanente fiscalização sobre os órgãos de administração da sociedade, especificamente em relação às contas, e à legalidade e regularidade dos atos de gestão. Sua atuação é instrumental, já que disponibiliza aos sócios as informações necessárias para o exercício do direito de fiscalizar e exara parecer sobre a regularidade das prestações de contas. Sua eventual inserção entre os órgãos societários deve ter sempre a finalidade de melhor atender ao interesse da sociedade limitada, cuja prevalência sobre os interesses menores dos sócios ou grupos de sócios deve ser preservada e estimulada".[50]

Não se impõe a criação obrigatória do órgão, envolvendo apenas mera faculdade, e havendo relevância para a sua existência em sociedades de maior porte.

Para alcançar as finalidades de suas incumbências, está autorizado a formular questões escritas, a requisitar relatórios, a contratar perito, a investigar e a ter acesso a quaisquer documentos, como extratos bancários, contratos celebrados, relatórios de vendas, comprovantes de recolhimento de tributos e contribuições, folhas de pagamento, recibos de *pro labore*.

O art. 1.066 fornece a forma de funcionamento do conselho fiscal: "Sem prejuízo dos poderes da assembleia dos sócios, pode o contrato instituir conselho fiscal composto de 3 (três) ou mais membros e respectivos suplentes, sócios ou não, residentes no País, eleitos na assembleia anual prevista no art. 1.078".

De início, de notar que a assembleia prevista no art. 1.078 é a anual ou ordinária, celebrada nos quatro meses seguintes ao término do exercício social, para, dentre outras finalidades, tomar contas dos administradores e deliberar sobre o balanço. De forma que a eleição dos membros é feita nessa assembleia, com a aprovação da maioria dos sócios presentes, o que se infere do art. 1.076, inc. III.

Para a instituição, é necessário que conste a previsão no contrato, disciplinando as condições normais da composição, de eleição dos membros, e das funções que lhe são afetas. Não se exige que a escolha dos integrantes recaia nos sócios, porquanto autorizada a composição de pessoas estranhas aos quadros sociais, o que traz maior isenção na atividade fiscalizadora.

Faz-se a escolha concomitante de suplentes, para a finalidade de substituição dos membros efetivos.

Apenas nas sociedades de expressivo número de sócios viabiliza-se a existência do conselho fiscal. Inconcebível a sua criação em sociedades de pequeno número de sócios, até porque redundaria em ocuparem o cargo de conselheiro pessoas que já desempenham outros cargos, como de administração ou gerência, o que, aliás, é vedado, conforme se verá abaixo.

Quanto ao número de integrantes, unicamente as maiores permitem a escolha de quantidade acima de três, não se mostrando conveniente que ultrapasse de cinco, limite máximo permitido para as sociedades anônimas, na previsão do art. 161 da Lei nº 6.404, de 1976.

O § 1º do art. 1.066 indica as pessoas que não podem fazer parte do conselho: "Não podem fazer parte do conselho fiscal, além dos inelegíveis enumerados no § 1º do art.

---

[50] *Sociedades Limitadas*, ob. cit., pp. 229-230.

1.011, os membros dos demais órgãos da sociedade ou de outra por ela controlada, os empregados de qualquer delas ou dos respectivos administradores, o cônjuge ou parente destes até o terceiro grau".

Na ordem elencada, afastam-se certos indivíduos para desempenhar o cargo, e que são inelegíveis, enumerados no § 1º do art. 1.011, nele incluídos os condenados a pena que vede, ainda que temporariamente, o acesso a cargos públicos; ou por crime falimentar, de prevaricação, peita ou suborno (com o entendimento de corrupção ativa ou passiva), concussão, peculato; ou contra a economia popular, contra o sistema financeiro nacional, contra as normas de defesa da concorrência, contra as relações de consumo, a fé pública ou a propriedade, enquanto perdurarem os efeitos da condenação.

Estão excluídos, ainda, os membros dos demais órgãos da sociedade, como os diretores, o secretário, o ecônomo, os executivos ou gerentes. Nem os integrantes de outra sociedade que controla podem participar, pois evidente o comprometimento existente. Outras pessoas que evidenciarem interesse ficam impedidas, e assim se consideram os empregados da sociedade, seja da controlada ou da controladora, de seus administradores; o cônjuge do administrador e os parentes até o terceiro grau.

O § 2º concede aos sócios minoritários, e naturalmente dissidentes, desde que atinjam suas quotas um quinto do capital, que equivale a vinte por cento, a escolha de um dos membros: "É assegurado aos sócios minoritários, que representem pelo menos 1/5 (um quinto) do capital social, o direito de eleger, separadamente, um dos membros do conselho fiscal e o respectivo suplente".

E isto precisamente para viabilizar um maior controle dos direitos da minoria, de modo a suavizar ou minimizar o poder de influência dos sócios dominantes.

O art. 1.067 cuida dos atos de posse, que se lavrará em livro próprio de atas e pareceres, antes do início do desempenho da função, e nomeando os elementos que conterá o ato: "O membro ou suplente eleito, assinando termo de posse lavrado no livro de atas e pareceres do conselho fiscal, em que se mencione o seu nome, nacionalidade, estado civil, residência e a data da escolha, ficará investido nas suas funções, que exercerá, salvo cessação anterior, até a subsequente assembleia geral".

Haverá um livro próprio onde serão lavradas as atas e os pareceres do conselho fiscal. Após a escolha pela assembleia, diligencia-se no termo de posse, que se insere no livro, e constitui-se de dizeres ou declaração descrevendo a posse, com a data da escolha e da posse, e de todos os dados identificadores dos conselheiros. O prazo de duração da nomeação estende-se até a próxima assembleia, quando o mesmo conselho poderá ser ratificado.

O art. 1.068 prevê a remuneração aos membros, que ficará fixada na assembleia, e vigorará durante o período anual do exercício da função: "A remuneração dos membros do conselho fiscal será fixada, anualmente, pela assembleia dos sócios que os eleger". Como o conselho se reúne periodicamente, o normal é a previsão de uma cifra por reunião, embora as atividades vão além das simples reuniões.

O art. 1.069 traz a relação das atribuições incumbidas ao conselho, não afastando outras constantes em lei ou no contrato: "Além de outras atribuições determinadas na lei ou no contrato social, aos membros do conselho fiscal incumbem, individual ou conjuntamente, os deveres seguintes:

> I – examinar, pelo menos trimestralmente, os livros e papéis da sociedade e o estado da caixa e da carteira, devendo os administradores ou liquidantes prestar-lhes as informações solicitadas;

II – lavrar no livro de atas e pareceres do conselho fiscal o resultado dos exames referidos no inciso I deste artigo;

III – exarar no mesmo livro e apresentar à assembleia anual dos sócios parecer sobre os negócios e as operações sociais do exercício em que servirem, tomando por base o balanço patrimonial e o de resultado econômico;

IV – denunciar os erros, fraudes ou crimes que descobrirem, sugerindo providências úteis à sociedade;

V – convocar a assembleia dos sócios se a diretoria retardar por mais de 30 (trinta) dias a sua convocação anual, ou sempre que ocorram motivos graves e urgentes;

VI – praticar, durante o período da liquidação da sociedade, os atos a que se refere este artigo, tendo em vista as disposições especiais reguladoras da liquidação".

O caráter da enumeração é mais exemplificativo, cabendo ampla e irrestrita fiscalização dos deveres legais e contratuais dos sócios e da sociedade, levando em conta que a fiscalização impõe-se como fundamental, já que se coloca como instrumento para o controle e a ciência do desenvolvimento da vida societária, de seus negócios, dos lucros, das perdas, da obediência ao contrato e à lei pelos administradores.

As incumbências acima não são delegáveis, nem executáveis por outros órgãos da sociedade.

Por outro lado, em vista do conteúdo do art. 1.069, salienta Adalberto Simão Filho que, "apesar de tratar-se de um órgão colegiado, as deliberações podem ser tomadas tanto de forma conjunta como individualmente, tendo-se em conta a imposição do art. 1.069 do Código Civil, dizendo que a seus membros incumbe individualmente ou conjuntamente observar as atribuições que lhes são pertinentes. Dada esta característica, caberá ao conselheiro sempre registrar posição firme para fins de preservação de responsabilidade decorrente de ação ou omissão".[51]

A responsabilidade incide nas mesmas hipóteses que se aplicam aos administradores, ou seja, sempre que os atos prejudiciais decorrem de culpa no desempenho da função, tal como é atribuído nas sociedades anônimas, por imposição do art. 165 da Lei nº 6.404. A previsão está no art. 1.070: "As atribuições e poderes conferidos pela lei ao conselho fiscal não podem ser outorgados a outro órgão da sociedade, e a responsabilidade de seus membros obedece à regra que define a dos administradores (art. 1.016)".

Quanto à responsabilidade dos membros, os casos mais frequentes envolvem as omissões na atuação, ou a falta de intervenção nas condutas fraudulentas que forem detectadas, ou o descumprimento nos deveres elencados no contrato ou na lei.

O parágrafo único autoriza a busca de assessoramento contábil no exame dos livros, dos balanços e contas sociais: "O conselho fiscal poderá escolher para assisti-lo, no exame dos livros, dos balanços e das contas, contabilista legalmente habilitado, mediante remuneração aprovada pela assembleia dos sócios". Fazendo-se necessária a assistência de contabilista, e mesmo de outros profissionais, como auditores e advogados, requererá o conselho, junto à sociedade, a disposição do valor arbitrado para a remuneração. Não está a assembleia obrigada a atender. Todavia, sem essa providência, sujeita-se a ficar

---

[51] *A Nova Sociedade Limitada*, ob. cit., p. 150.

206 • Direito de Empresa | *Arnaldo Rizzardo*

prejudicado o trabalho dos conselheiros, o que enseja o direito de os sócios promoverem as medidas judiciais cabíveis. Nesta dimensão, havendo dúvidas quanto à idoneidade da administração e aos resultados da sociedade, oportuniza-se a competente ação de prestação de contas, ou a resolução da quota, com a apuração de haveres.

Por fim, cabe lembrar que não revelou o legislador, apesar da rigidez quanto às inelegibilidades, uma preocupação maior na disciplina do assunto, já que omitiu disposições sobre o perfil dos membros e o critério de remuneração, embora prevista esta no art. 1.068.

22. AS DELIBERAÇÕES DOS SÓCIOS

O Código Civil instituiu a assembleia de sócios, a exemplo de previsão para as sociedades anônimas. É clara a definição dada por André Lemos Papini: "A assembleia é um órgão deliberativo cercado de formalidades. Ela deverá ocorrer nas sociedades limitadas, pelo menos uma vez por ano, para deliberar obrigatoriamente sobre as contas dos administradores, o balanço patrimonial, o resultado econômico e a designação de administradores. É o que a doutrina vem chamando de assembleia anual ou assembleia ordinária de sócios".[52]

Nas assembleias são tomadas as deliberações, que o mesmo André Lemos Papini as conceitua como "as decisões domadas pelos sócios para a defesa e para o desenvolvimento da sociedade".[53]

Várias matérias estão indicadas para a aprovação pela assembleia dos sócios, que dependem da decisão dos sócios para serem colocadas em prática. O art. 1.071 aponta algumas situações, ressalvando a possibilidade de outras, inseríveis na lei ou no contrato: "Dependem da deliberação dos sócios, além de outras matérias indicadas na lei ou no contrato:

I – a aprovação das contas da administração;

II – a designação dos administradores, quando feita em ato separado;

III – a destituição dos administradores;

IV – o modo de sua remuneração, quando não estabelecida no contrato;

V – a modificação do contrato social;

VI – a incorporação, a fusão e a dissolução da sociedade, ou a cessação do estado de liquidação;

VII – a nomeação e destituição dos liquidantes e o julgamento das suas contas;

VIII – o pedido de concordata".

Quanto ao inc. VIII, em face da Lei nº 11.101, de 09.02.2005, a concordata passou a denominar-se recuperação judicial ou extrajudicial.

O elenco aponta as matérias principais. Em dispositivos do próprio Código são descritas mais situações, como o art. 1.057, sobre a cessão da quota; o art. 1.081, sobre o aumento do capital; o art. 1.082, sobre a redução do capital; o art. 1.085 e seu parágrafo único, este alterado pela Lei nº 13.792/2019, sobre a exclusão de sócio. No contrato, é

---

[52] "A Sociedade Limitada e o Novo Código Civil", trabalho citado, p. 213.
[53] "A Sociedade Limitada e o Novo Código Civil", trabalho citado, p. 212.

comum a colocação de cláusula impondo a deliberação dos sócios em casos como o de aquisição de sede própria, a destinação do lucro líquido do exercício, a distribuição de dividendos, a participação em concorrência pública, a aquisição de bens, a contratação de técnicos em determinadas áreas, a incorporação de reservas para a expansão da sociedade, a abertura de filiais.

O campo de deliberações restringe-se ao constante na lei e no contrato. Há limitações, acentuadas por Jorge Lobo: "A reunião ou assembleia, embora órgão corporativo e soberano, com competência privativa definida em lei e no contrato social e atribuições exclusivas e indelegáveis, de deliberar sobre toda e qualquer matéria de interesse da sociedade, não tem, todavia, poderes absolutos, ilimitados e incontrastáveis. Com efeito, o Código Civil, ao dispor sobre a gestão dos negócios sociais e a representação da sociedade perante terceiros, na sessão dedicada aos administradores, e, ao incumbir aos membros do conselho fiscal da prática das atribuições previstas no art. 1.069 do Código Civil, limita as funções da reunião ou assembleia".[54]

A decisão sobre um dos assuntos pode desencadear outras decisões. Se, por exemplo, não aprovadas as contas, pende a assembleia à destituição dos administradores. A remuneração dos administradores obriga a dispor sobre o aumento de despesas.

Arnoldo Wald, com a visão no direito comparado, entende possível que as atribuições acima sejam delegadas a outros órgãos, como ao Conselho de Administração: "Entendemos que, apesar do novo Código Civil não conter norma de flexibilização, como nos sistemas germânico e português, é possível que a competência para a eleição dos diretores seja delegada para outro órgão social (Conselho de Administração), caso a estrutura da sociedade limitada assim exija. Efetivamente, o legislador não estabeleceu a indelegabilidade de matérias que não estejam relacionadas diretamente com a estrutura da sociedade, admitindo-se a criação do Conselho de Administração. Faz-se um paralelo desta omissão com o cuidado que o legislador teve de prever a impossibilidade de alocação de competência do Conselho Fiscal para outro órgão social, no art. 1.070 do novo Código Civil. Ou, ainda, nas sociedades anônimas, enumerou-se, no art. 122 da Lei nº 6.404/76, as matérias de competência privativa da assembleia geral".[55]

23. CONVOCAÇÃO DA REUNIÃO OU ASSEMBLEIA

Procede-se à convocação pela diretoria ou pelos administradores através da publicação de três anúncios, mediando entre a data da primeira publicação e a da realização da assembleia o prazo mínimo de oito dias para a primeira convocação, e de cinco dias para as posteriores. O § 3º do art. 1.152, tratando da convocação, assim ordena: "O anúncio de convocação da assembleia de sócios será publicada por 3 (três) vezes, ao menos, devendo mediar, entre a data da primeira inserção e a da realização da assembleia, o prazo mínimo de 8 (oito) dias, para a primeira convocação, e de 5 (cinco) dias, para as posteriores".

As publicações, por ordem do § 1º do art. 1.152, far-se-ão "em órgão oficial da União ou do Estado, conforme o local da sede do empresário ou da sociedade, e em jornal de grande circulação". Se estrangeiras as sociedades, o § 2º exige as publicações em órgãos oficiais da União e do Estado onde tiverem sucursais, filiais ou agências.

---

[54] *Sociedades Limitadas*, ob. cit., vol. I, p. 287.

[55] *Comentários ao Novo Código Civil, Livro II – do Direito de Empresa*, ob. cit., vol. XIV, pp. 473-474.

Deve entender-se como jornal de grande circulação aquele que tem assinaturas e é vendido e distribuído nas bancas onde é efetivado o ato, ou está a sede do empresário ou da sociedade.

A função da publicação nesse tipo de jornal não se iguala à publicação na imprensa oficial. Visa noticiar a existência de um ato ou negócio de interesse societário, de modo a atingir a coletividade, que presumivelmente tem interesse em tal ato ou negócio.

É possível, no entanto, dispensar a publicação dos avisos através da imprensa, se todos os sócios comparecerem, ou declararem por escrito a ciência da assembleia ou reunião. O § 2º do art. 1.072 é explícito a respeito: "Dispensam-se as formalidades de convocação previstas no § 3º do art. 1.152, quando todos os sócios comparecerem ou se declararem, por escrito, cientes do local, data, hora e ordem do dia".

Constando do contrato uma outra maneira de convocação, igualmente se dispensa a publicação. De observar a faculdade sugerida pelo art. 1.072, na passagem que permite a convocação "conforme previsto no contrato social". Dispondo o contrato sobre o modo de convocação, não se aplica o § 3º do art. 1.152. Prevendo que se convoque por carta ou aviso, fax, *e-mail*, correio, telegrama, desde que comprovado o recebimento, é válida a convocação. O importante é o documento que evidencie a ciência. Não basta o simples envio por e-mail. Deve-se provar que houve o envio e a ciência.

Jorge Lobo sintetiza as várias modalidades de convocação: "O contrato social pode prever a forma de convocação, sendo lícito estabelecer que a ciência aos sócios será dada através (1) de carta registrada com aviso de recebimento, enviada ao domicílio do sócio ou ao local que ele tenha indicado, por escrito, à sociedade; (2) de anúncio entregue contra recibo, pessoalmente ao sócio ou a seu representante com poderes especiais; (3) de telegrama; (4) de fax; (5) de notificação judicial ou extrajudicial; (6) de jornal com circulação na sede social; (7) do *Diário Oficial do Estado* em que a sociedade tem sede; (8) da conjugação de mais de uma forma".[56]

Desde que conseguida a finalidade, que é a cientificação da sociedade, inclusive por notificação, é válida a convocação, segundo orientação do STJ, embora quando da vigência ainda do Decreto nº 3.708, de 1919: "Legalidade da convocação feita por sócio titular de 50% do capital social, mediante notificação com dez dias de antecedência, para assembleia a se realizar na sede de uma das empresas coligadas".[57] Tal quantidade de participação se admite, sobretudo, no silêncio do contrato a respeito.

24. COMPETÊNCIA PARA A CONVOCAÇÃO DA REUNIÃO OU ASSEMBLEIA

Em princípio, a convocação procede de ato da diretoria ou administração, no que assinala o art. 1.072. Mas assegura o art. 1.073, em exceção quanto à convocação normal, que outras pessoas façam a convocação, na seguinte ordem: "A reunião ou a assembleia podem também ser convocadas:

> I – por sócio, quando os administradores retardarem a convocação, por mais de 60 (sessenta) dias, nos casos previstos em lei ou no contrato, ou por titulares de mais de 1/5 (um quinto) do capital, quando não atendido, no prazo de 8 (oito) dias, pedido de convocação;
>
> II – pelo conselho fiscal, se houver, nos casos a que se refere o inciso V do art. 1.069".

---

[56] *Sociedades Limitadas*, ob. cit., vol. I, p. 291.
[57] REsp. nº 493.297-SP, da 4ª Turma, j. em 24.06.2003, *DJU* de 1º.09.2003.

Diante da omissão dos administradores por mais de sessenta dias, e mais nos casos previstos em lei ou no contrato, como na hipótese do art. 1.078, cuja reunião ou assembleia se destina a apreciar as contas da administração, e a deliberar sobre o balanço patrimonial e o resultado econômico, a qualquer sócio reconhece-se a capacidade em promover a convocação. Mesmo partindo de um único sócio a convocação, deve efetuar-se a assembleia. Não se pressupõe o antecedente pedido dirigido aos administradores. Basta o simples chamamento, por meio de edital ou aviso pessoal, com a designação de local, data e horário.

Se encaminhado pedido para a convocação, e não houver o atendimento no prazo de oito dias, também é autorizada a convocação por titulares de um quinto do capital. Nesta eventualidade, os interessados devem representar um quinto do capital social.

Por último, ao conselho fiscal se estende a prerrogativa, mas restritamente à situação do inciso V do art. 1.069, cujo teor coloca como fato ensejador da convocação o retardamento, pela diretoria, por mais de trinta dias, da convocação anual, ou sempre que ocorram motivos graves e urgentes. Nesse quadro, se a reunião ou assembleia não for realizada nos quatro meses seguintes ao término do exercício social, isto é, até o final de abril de cada ano, cabe a providência da convocação pelo conselho fiscal. Assiste, ainda, a convocação se presentes motivos graves e urgentes, apontando-se, como exemplo, a constatação de desvios de numerário ou de finalidade da sociedade.

25. MODELO DE NOTIFICAÇÃO DOS SÓCIOS PARA A REUNIÃO OU ASSEMBLEIA

26. A VOTAÇÃO NAS DELIBERAÇÕES

As deliberações são aprovadas ou não através da votação dos sócios. Em função da importância das matérias colocadas em pauta, é exigida a proporção de votos, sempre levando em conta o capital da quota na contagem.

O art. 1.076, modificado pela Lei nº 13.792/2019, regulamenta o assunto: "Ressalvado o disposto no art. 1.061, as deliberações dos sócios serão tomadas:

> I – pelos votos correspondentes, no mínimo, a ¾ (três quartos) do capital social, nos casos previstos nos incisos V e VI do art. 1.071;
>
> II – pelos votos correspondentes a mais de metade do capital social, nos casos previstos nos incisos II, III, IV e VIII do art. 1.071;
>
> III – pela maioria de votos dos presentes, nos demais casos previstos na lei ou no contrato, se este não exigir maioria mais elevada".

Conforme se depara da ordem discriminada, deve-se observar o tipo de matéria colocado em pauta.

Primeiramente, deve ficar ressalvado o disposto no art. 1.061, em texto da Lei nº 12.375/2010, que versa sobre a administração da sociedade por pessoas que não são sócias: "A designação de administradores não sócios dependerá de aprovação da unanimidade dos sócios, enquanto o capital não estiver integralizado, e de 2/3 (dois terços), no mínimo, após a integralização". Depreende-se que ou todos os sócios devem aprovar a escolha de administrador não sócio, ou o equivalente a dois terços, conforme não estiver ou se encontrar integralizado o capital.

Há de se ressalvar, também, a hipótese do § 1º do art. 1.063, em redação da Lei nº 13.792/2019: "Tratando-se de sócio nomeado administrador no contrato, sua destituição somente se opera pela aprovação de titulares de quotas correspondentes a mais da metade do capital social, salvo disposição contratual diversa". Assim, basta a aprovação de mais da metade do capital social para a destituição de administrador sócio.

Em vista do art. 1.076, em redação da Lei nº 13.792/2019, especificamente às hipóteses que encerra, necessária a aprovação equivalente a três quartos do capital nas seguintes matérias:

a) nas deliberações que modificam o contrato social;

b) na incorporação, fusão e dissolução da sociedade, ou na cessação do estado de liquidação.

Há a omissão da cisão no inc. VI do art. 1.071, o que pode levar a sugerir que incide *quorum* do inc. III do art. 1.076, isto é, pela maioria dos votos presentes. Não parece razoável essa tendência de interpretar, dada a semelhança da cisão com os demais institutos elencados no inc. VI do art. 1.071. Isto especialmente em vista do tratamento igual dado pela Lei das Sociedades Anônimas a todos esses institutos, mormente no que diz respeito à aprovação de matérias pela assembleia geral. Depreende-se que houve um lapso do legislador, ao tratar do assunto. A interpretação sistemática e teleológica dos dispositivos impõe a aplicação à cisão do mesmo *quorum* de votos estabelecido para a aprovação da incorporação, da fusão, da dissolução da sociedade e da cessação do estado de liquidação.

Já o *quorum* é de sócios que representem mais da metade do capital social nos assuntos que envolvem:

a) a designação de administradores, quando feita em ato separado;

b) a destituição dos administradores naturalmente não sócios, porquanto, se forem sócios, o mínimo também equivalente a uma votação acima da metade do capital social, já consta previsto no § 1º do art. 1.063, na alteração da Lei nº 13.792/2019;

c) a remuneração dos administradores, se não estiver no contrato;

d) o pedido de concordata.

Em todas as demais situações, a aprovação depende da maioria dos votos dos presentes, como na aprovação das contas da administração. Isto desde que não imposto de forma diferente. Na cessão de quotas a estranho, *v.g.*, exige-se a aprovação de três quartos dos do capital social, nos termos do art. 1.057.

Naturalmente, a maioria dos votos dos presentes equivale à maioria das quotas dos sócios presentes. Ou seja, conta-se a maioria de acordo com as quotas dos presentes.

Esquematizando-se, exige-se:

a) a unanimidade dos sócios para a eleição de administradores estranhos ao capital social enquanto não integralizadas as quotas;

b) dois terços dos sócios do capital para a eleição de administradores estranhos ao capital social quando integralizadas as quotas;

c) acima da metade dos sócios do capital para a destituição de sócio nomeado administrador no contrato social;

d) três quartos dos sócios do capital social para a modificação do contrato, a incorporação, a fusão, a cisão, a dissolução da sociedade e a sua liquidação;

e) a maioria qualificada (mais da metade do capital social) para a aprovação da designação e destituição de administradores não sócios, a sua remuneração se não constante no contrato social, e o pedido de concordata;

f) a maioria simples (mais da metade dos votos presentes na assembleia) para as demais matérias, a menos que o contrato fixe *quorum* diferente.

27. DELIBERAÇÕES TOMADAS EM REUNIÃO OU ASSEMBLEIA

Várias regras disciplinam a realização de reuniões ou assembleias, nas quais são tomadas as deliberações, que obrigam a todos os sócios.

O art. 1.072 estabelece a forma como os sócios aprovam as decisões societárias, e impõe que se decida sobre as deliberações em reunião ou assembleia: "As deliberações dos sócios, obedecido o disposto no art. 1.010, serão tomadas em reunião ou assembleia, conforme previsto no contrato social, devendo ser convocadas pelos administradores nos casos previstos em lei ou no contrato".

Assim, para dar validade, é indispensável a aprovação em reunião ou assembleia, exceto em casos especiais, que vêm assinalados.

Observa-se o disposto no art. 1.010, quanto à prevalência da votação: segue-se a maioria dos votos, contados segundo o valor das quotas de cada sócio, sempre em reunião ou assembleia. Eis a regra: "Quando, por lei ou pelo contrato social, competir aos sócios decidir sobre os negócios da sociedade, as deliberações serão tomadas por maioria de votos, contados segundo o valor das quotas de cada um". De acordo com o § 2º do mesmo artigo, em havendo empate, prevalece a deliberação sufragada pelo maior número de sócios; persistindo o empate, decidirá o juiz, no que observa, então, Manoel de Queiroz Pereira Calças: "Como o novo Código Civil não fornece um critério para a decisão judicial para a hipótese de empate nas deliberações sociais, alvitramos a aplicação analógica ao art. 129, § 2º, da Lei das Sociedades por Ações, devendo o juiz decidir no interesse da sociedade".[58]

Exemplifica, a respeito, Fábio Ulhoa Coelho: "O sócio que contribui com mais da metade do capital social, neste sentido delibera sozinho. Aquele que titulariza um décimo das quotas, numa sociedade em que os outros dois sócios têm 45% cada, em caso de divergência entre estes últimos, terá a incumbência do desempate; é ele, portanto, quem

---

[58] *Sociedade Limitada no Novo Código Civil*, ob. cit., p. 124.

delibera, a despeito de sua pequena participação societária, quando divergentes os sócios majoritários".[59]

28. CASOS DE OBRIGATORIEDADE E DE DISPENSA DA REUNIÃO OU ASSEMBLEIA PARA A APROVAÇÃO DAS DELIBERAÇÕES

As deliberações serão obrigatoriamente tomadas em assembleia se o número de sócios for superior a dez. Assim consta do § 1º do art. 1.072: "A deliberação em assembleia será obrigatória se o número de sócios for superior a 10 (dez)". Retira-se do preceito a distinção entre reunião e assembleia. Desde que mais de dez os integrantes da sociedade, o ato de decisão denomina-se "assembleia". Quando menor o número de sócios, o nome será "reunião". No entanto, as regras para uma ou outra são as mesmas, como se infere do § 6º: "Aplica-se às reuniões dos sócios, nos casos omissos do contrato, o disposto na presente Seção sobre a assembleia". A assembleia exige maiores formalidades, com a escolha de um dirigente, de secretário e de uma ordem especial no desenvolvimento dos trabalhos, enquanto as reuniões são informais, importando mais as anotações das decisões, e dificilmente se proclamando a nulidade por vício em sua organização.

O *quorum* para as reuniões, todavia, pode ser inferior a três quartos do capital social, se há previsão no contrato social. É que autoriza o art. 1.079 ao contrato da sociedade regular a reunião dos sócios nas sociedades com até dez membros. Nas omissões, observam-se as regras que disciplinam a assembleia. Se não houver omissão, seguem-se as regras do contrato, que autoriza a instalação da reunião com quantidade de sócios inferior a três quartos.

Não se pode olvidar o caráter cogente ou obrigatório das conclusões ou decisões das assembleias ou reuniões, estendendo-se mesmo àqueles que estiveram ausentes ou aos que discordaram ou votaram contra, desde que obedecidas as exigências legais, conforme o § 5º: "As deliberações tomadas de conformidade com a lei e o contrato vinculam todos os sócios, ainda que ausentes ou dissidentes".

29. *QUORUM* PARA A INSTALAÇÃO E *QUORUM* PARA A APROVAÇÃO DAS DELIBERAÇÕES

Parece conveniente destacar o *quorum* para a instalação e para a aprovação das deliberações.

a) Quanto à instalação da assembleia ou reunião

Trata-se de determinar a quantidade de titulares de capital social, que devem se encontrar presentes, para a instalação da reunião ou assembleia.

Para a primeira convocação, exige-se o número mínimo de sócios que corresponda a três quartos do capital social; em segunda convocação, instala-se com qualquer número de sócios. É o chamado *quorum* de instalação. Assim consta no art. 1.074: "A assembleia dos sócios instala-se com a presença, em primeira convocação, de titulares de no mínimo ¾ (três quartos) do capital social, e, em segunda, com qualquer número".

---

[59] *Curso de Direito Comercial*, São Paulo, Editora Saraiva, 2001, vol. 2, p. 416.

Entende-se que a exigência da presença de três quartos do capital social, como *quorum* mínimo de instalação em primeira convocação, pode ser alterada pelo contrato de sociedade limitada com até dez sócios, quando as deliberações sociais obedecerem à forma de reunião, sem prejuízo da observância das regras do art. 1.076, na redação da Lei nº 13.792/2019 (Enunciado nº 226, da III Jornada de Direito Civil – dez./2004, realizado em Brasília).

A comprovação das presenças se faz com a assinatura no próprio livro de atas, diferentemente do que acontece com as sociedades por ações, cujo *quorum* se prova através da conferência dos nomes no livro de presenças.

Na falta de *quorum* para a primeira convocação, aguarda-se a segunda, cujas decisões serão tomadas com qualquer número de sócios.

Relativamente às sociedades anônimas, a diferença é gritante, nas quais se exige a presença de um quarto do capital votante, em primeira convocação, e qualquer número de sócios, em segunda votação (art. 125 da Lei nº 6.404, de 15.12.1976).

É normal que nas pequenas sociedades todos os sócios compareçam, em face dos interesses que os envolvem, e considerando o caráter de sociedade de pessoas. Não havendo o mínimo de três quartos, ou setenta e cinco por cento, aguarda-se a segunda convocação, que geralmente tem o início marcado para trinta minutos depois.

Os sócios podem se fazer representar, como autoriza o § 1º: "O sócio pode ser representado na assembleia por outro sócio, ou por advogado, mediante outorga de mandato com especificação dos atos autorizados, devendo o instrumento ser levado a registro, juntamente com a ata".

É permitida, pois, a representação, desde que pelas pessoas indicadas, ou seja, por outro sócio, ou por advogado, sempre mediante instrumento de procuração com especificação dos atos autorizados. Leva-se o instrumento a registro, juntamente com ata da assembleia.

O outorgante confere poderes especiais de representação dos sócios na reunião/assembleia, habilitando o outorgado a votar nas propostas apresentadas, aceitar a nomeação para o cargo de administrado, com o recebimento da merecida remuneração, que será estabelecida. Não se pode olvidar da imposição de especificação dos atos autorizados ao procurador praticar, de modo a impedir que alguém se utilize de outro instrumento de mandato para agir em nome do sócio.

Não se depreende uma razão plausível para restringir às pessoas nomeadas a representação. Acredita-se que nenhum inconveniente existiria se pudesse o sócio fazer-se representar por seu contador, ou por um familiar, e até por qualquer pessoa capaz. Seguramente a restrição decorreu de regra semelhante estabelecida para as sociedades anônimas, e que se encontra no art. 126, § 1º, da Lei nº 6.404, mas que inclui, no rol de procuradores, o administrador e, nas sociedades abertas, a instituição financeira.

Não se vê inconveniente na nomeação de outras pessoas, desde que o contrato social permita.

b) Quanto à quantidade de votos para a aprovação da deliberação

Indica-se a quantidade ou o total de votos para a aprovação de algumas matérias previstas pela lei.

– Aprovação das contas da administração: maioria de capital dos presentes, se o contrato não exigir maioria mais elevada (inciso III do art. 1.076 do CC/2002).

– Designação dos administradores, quando feita em ato separado: administrador não sócio (art. 1.061 do CC/2002), unanimidade dos sócios, se o capital social não estiver totalmente integralizado, e dois terços do capital social, se o capital estiver totalmente integralizado; administrador sócio (inciso II, art. 1.076 do CC/2002), mais da metade do capital social.

– Destituição dos administradores: administrador, sócio ou não, designado em ato separado, mais da metade do capital social (inciso II, art. 1.076 do CC/2002); administrador sócio, nomeado no contrato social, acima da metade do capital social, no mínimo, salvo disposição contratual diversa (§ 1º, art. 1.063, do CC/2002, em redação da Lei nº 13.792/2019).

– Modo de remuneração dos administradores, quando não estabelecido no contrato: mais da metade do capital social (inciso II, art. 1.076 do CC/2002).

– Modificação do contrato social: três quartos do capital social, salvo nas matérias sujeitas a *quorum* diferente (inciso I, art. 1.076 do CC/2002).

– Incorporação, fusão e dissolução da sociedade, ou a cessação do estado de liquidação: três quartos do capital social (inciso I, art. 1.076 do CC/2002).

– Nomeação e destituição dos liquidantes e o julgamento das suas contas: maioria de capital dos presentes, se o contrato não exigir maioria mais elevada (inciso III, art. 1.076 do CC/2002).

– Pedido de concordata: mais da metade do capital social (inciso II, art. 1.076 CC/2002).

– Exclusão de sócio minoritário: mais da metade do capital social, se permitida a exclusão por justa causa no contrato social (art. 1.085 do CC/2002).

– Exclusão de sócio remisso: maioria do capital dos demais sócios (parágrafo único do art. 1.004 do CC/2002).

– Transformação: totalidade dos sócios, salvo se prevista no ato constitutivo (art. 1.114 do CC/2002).

O § 3º do art. 1.072 dispensa a reunião ou assembleia se todos os sócios decidirem os assuntos por escrito sobre a matéria: "A reunião ou a assembleia tornam-se dispensáveis quando todos os sócios decidirem, por escrito, sobre a matéria que seria objeto delas".

Naturalmente, dispensa-se a reunião ou a assembleia se os sócios expressarem por escrito sobre os assuntos objeto de debates e aprovação, como prestação de contas, relatórios da administração, aumento de capital e outras matérias, em especial as arroladas no art. 1.071.

Para a validade da dispensa, todos os sócios devem expressar unanimidade a respeito da decisão, sem abstenções ou divergências. Manifestada discordância, mesmo que de uma única pessoa, submete-se o tema à apreciação em reunião ou assembleia, operando-se a aprovação pelo *quorum* previsto para o tipo de matéria.

Para a dispensa, não importa o número de sócios. Não faz diferença se está abaixo ou acima de dez, ou se o exame se faz em reunião ou assembleia.

30. DELIBERAÇÃO SOBRE PEDIDO DE RECUPERAÇÃO JUDICIAL OU EXTRAJUDICIAL

Para requerer a recuperação judicial ou extrajudicial da sociedade, que equivale à antiga concordata, desde que empresária ou de fins econômicos e lucrativos, não basta o mero pedido fundado em uma das causas que justificam o pedido. A assembleia deve manifestar-se explicitamente, mesmo que o contrato social dê poderes aos administradores.

O § 4º trata do assunto: "No caso do inciso VIII do artigo antecedente, os administradores, se houver urgência e com autorização de titulares de mais da metade do capital social, podem requerer a concordata preventiva".

Lembra-se que o inciso VIII do art. 1.071, referido acima, submete à deliberação dos sócios o pedido de recuperação da empresa. Não está na competência dos administradores decidir sobre a matéria. Poderão eles encaminhar o pedido desde que obtida a autorização.

Naturalmente, como já se disse, pressupõe-se o preenchimento dos requisitos legais para a postulação do pedido. No entanto, não se justifica a restrição de se permitir o pedido "se houver urgência e com autorização de mais de metade do capital social", posto que sempre depende da autorização da reunião ou da assembleia geral a formalização do pedido de concordata. A proporção de votos é igual em qualquer situação, haja ou não urgência, como se retira inclusive da leitura do art. 1.076, inc. II, que coloca a correspondência de votos para o pedido de concordata em geral.

31. DISSIDÊNCIA DO SÓCIO E DIREITO DE RECESSO

Em todas as deliberações é assegurado o direito de dissidência, que é inerente à liberdade de votar, que faz decorrer o direito de recesso, o qual, na expressão de Leonardo Guimarães, constitui "uma prerrogativa legal do sócio de sociedade por quotas de responsabilidade limitada de retirar-se quando divergir de alteração do contrato social, executada pela maioria. Sob tal circunstância, receberá o sócio que exerce seu direito de recesso o reembolso de seus haveres na proporção do último balanço aprovado".[60] Todavia, de modo geral, não resta outra solução aos vencidos senão conformar-se, e acatar a decisão da maioria, que se expressa na proporção de votos exigida para as matérias, de acordo com as previsões constantes na lei.

Unicamente em determinadas situações comporta o afastamento ou recesso do sócio discordante, e que estão nomeados no art. 1.077: na modificação do contrato, na fusão e na incorporação de outra sociedade, ou dela por outra. Mesmo assim, há, no direito, maior abrangência relativamente às sociedades anônimas, nas quais se concede igual garantia, conforme entendem Temístocles Pinho e Álvaro Peixoto: "A norma em exame foi mais abrangente do que a Lei das Sociedades Anônimas, nos atos ensejadores da dissensão, aplicando o princípio, inclusive, em face da simples modificação do contrato, além de definir expressamente a forma de pagamento do sócio dissidente".[61]

Eis a redação do citado dispositivo: "Quando houver modificação do contrato, fusão da sociedade, incorporação de outra, ou dela por outra, terá o sócio que dissentiu o direito de retirar-se da sociedade, nos 30 (trinta) dias subsequentes à reunião, aplicando-se, no silêncio do contrato antes vigente, o disposto no art. 1.031".

O afastamento ou o recesso, no dizer de Ezequiel de Melo Campos Neto, "constitui um direito essencial ou intangível do sócio, inderrogável pelos atos constitutivos ou pelas reuniões e assembleias, além de ser irrenunciável (pelo menos no todo). Tem como pressuposto a tutela da minoria ante os abusos da maioria, permitindo que qualquer sócio extinga, por ato unilateral, a relação que mantinha com os outros, passando à condição de credor da sociedade pelos haveres a que faz jus".[62]

---

[60] "Exclusão de sócio em sociedades limitadas no novo Código Civil", p. 294.

[61] *As Empresas e o Novo Código Civil*, ob. cit., p. 81.

[62] "A cisão das sociedades limitadas", *in Direito de Empresa no Novo Código Civil*, Rio de Janeiro, Editora Forense, 2004, pp. 334-335.

Era diferente ao tempo da vigência do Decreto nº 3.708, em seu art. 15, que garantia ao dissidente de qualquer deliberação a possibilidade de se retirar da sociedade contratada por prazo determinado, apurando seus haveres com base no último balanço aprovado. Se de prazo indeterminado, sempre é assegurada a retirada, sob o princípio de que ninguém é obrigado a ficar preso a um contrato.

O Código de 2002 mudou o sistema que vigorava, pois restringiu as hipóteses que permitem o afastamento, conforme o elenco do art. 1.077. Mas ficou mantida a regra geral de possibilitar a retirada ou recesso se houver modificação do contrato.

No entanto, mesmo sob o vigente sistema é garantido o direito de se afastar das sociedades, seja por prazo determinado ou não, sem o pressuposto de uma das causas do art. 1.077. Pode o sócio se retirar a qualquer tempo, pois ninguém fica obrigado a manter-se associado. Natural que decorre a responsabilidade reparatória pelos danos surgidos do afastamento.

A remessa ao art. 1.031 importa em permitir ao sócio retirante a apuração de seus haveres, equivalendo a sua retirada à resolução de sua quota. A apuração se baseará em critério real, fixando-se na estimativa do patrimônio ou no balanço, fixando-se mais neste Egberto Lacerda Teixeira: "É imperioso determinar que ele se faça ou com base no último balanço aprovado (critério legal), ou com fundamento em balanço especialmente levantado na data do recesso, ou, ainda, com base na média dos balanços de dois ou três exercícios anteriores. Somente os próprios interessados saberão escolher o processo que lhes pareça proporcionar mais segurança, certeza e justiça na eventualidade do recesso de qualquer deles".[63] Se houver desatualização, o recomendável é que se faça novo balanço, no qual se procede à avaliação do patrimônio, critério que aconselha Manoel de Queiroz Pereira Caldas: "Se o balanço não estiver aprovado, ou se os valores contábeis do ativo, especialmente o mobilizado, estiverem desatualizados, de molde a causar empobrecimento ilícito do sócio recendente, consoante preconiza a jurisprudência, dever-se-á apurar os haveres do retirante num balanço de determinação, atualizando-se o ativo, de forma a proceder-se uma justa apuração de haveres".[64]

Diante da total modificação da estrutura da sociedade, não cabe obrigar a permanência do sócio. Se aderiu ele à sociedade, o foi na forma e no tipo da constituição inicial. Com a mudança substancial, há a perda da originalidade, fator que justifica a retirada ou saída do sócio, desde que, por tais motivações, exerça o direito no prazo de trinta dias, contado da data da reunião ou assembleia. Todavia, lembra-se que sempre é permitida a resolução da quota do sócio, ou a saída do mesmo. Não se pode obrigar a manter-se na sociedade, como assegura o art. 5º, incisos XVII e XX, da Constituição Federal.

32. IMPEDIMENTOS PARA VOTAR

Qualquer matéria do interesse geral pode ser votada pelos sócios, que estão habilitados a participarem das assembleias gerais, o que exige na obrigatoriedade de convocação. Veda-se unicamente a votação pelo sócio ou representante de assunto que diga respeito direto ao sócio, a fim de evitar conflitos ou comprometimento, ou a atuação de sócio em conflito com os interesses da sociedade, que se verifica, *v.g.*, nos casos em que alguém possui, fora da sociedade, um interesse tão forte a ponto de preferir satisfazê-lo, mesmo que em

---

[63] *Da Sociedade por Quotas de Responsabilidade Limitada*, ob. cit., p. 213.
[64] *Sociedade Limitada no Novo Código Civil*, ob. cit., p. 134.

detrimento da sociedade. Eis o ordenamento do § 2º do art. 1.074: "Nenhum sócio, por si ou por condição de mandatário, pode votar matéria que lhe diga respeito diretamente".

Envolve a regra tanto o sócio majoritário como os sócios minoritários

Em verdade, todos os assuntos são do interesse dos sócios. No entanto, assim consideram-se porque relacionados à sociedade, ou aos interesses enquanto sócios. Naqueles diretamente vinculados aos interesses do sócio, ou do seu mandatário, cuja votação é específica, e não a sociedade, vige o impedimento, como na exclusão do sócio, na deliberação que contrata com entidade ligada ao sócio.

A situação envolve particularmente o sócio. Se está em votação o afastamento do sócio, ou a cessão de sua quota, ou a destituição do administrador, ou o julgamento de um litígio seu contra a sociedade, incoerente se afigura a inclusão de sua pessoa para a votação, posto que, se detentor da maioria das quotas, fatalmente ficará inútil a deliberação.

Não existe impedimento quando são tratadas questões da sociedade, e mesmo a prestação de contas, pois dizem respeito à matéria que existe em função da sociedade. Não se está julgando uma imputação, ou acusação de desvio, de irregularidade, de falha. Incoerente que reste alijado o sócio majoritário da votação para a escolha de administrador. Do contrário, nunca chegaria ele a impor sua presença na sociedade, embora titular da maioria das quotas.

33. REGRAS DE FUNCIONAMENTO DAS ASSEMBLEIAS E DAS REUNIÕES

Para bem entender o funcionamento das assembleias ou reuniões, cumpre a observância de várias regras.

A primeira, de caráter geral, restrita às reuniões, coloca em destaque o procedimento descrito no contrato, que deve ser obedecido. Na omissão de indicações, seguem-se os ditames da lei. Reza, com efeito, o art. 1.079: "Aplica-se às reuniões dos sócios, nos casos omissos no contrato, o estabelecido nesta Seção sobre a assembleia, obedecido o disposto no § 1º do art. 1.072".

Restringe-se a regulamentação às reuniões. Entrementes, remete o dispositivo à Seção sobre a assembleia. Daí que as assembleias e as reuniões possuem idêntico procedimento.

Deve obedecer-se, ainda, o disposto no § 1º do art. 1.072, pelo qual a deliberação em assembleia será obrigatória se o número dos sócios for superior a dez. Entende-se que, existindo mais de dez sócios, as deliberações são tomadas em assembleia. Haverá, pois, uma assembleia, e não uma simples reunião, sendo que a diferença é mais de denominação. Em qualquer uma delas, deve-se fazer a convocação, a instalação e o funcionamento. Acrescentam-se mais duas hipóteses para a imposição da assembleia: se a tanto obrigar o estatuto, e se adotado o regime das sociedades anônimas.

Em síntese, os mesmos passos seguem uma e outra.

O art. 1.078 traça as linhas básicas: "A assembleia dos sócios deve realizar-se ao menos uma vez por ano, nos quatro meses seguintes ao término do exercício social, com o objetivo de:

I – tomar as contas dos administradores e deliberar sobre o balanço patrimonial e o de resultado econômico;

II – designar administradores, quando for o caso;

III – tratar de qualquer outro assunto constante da ordem do dia".

Essa assembleia ou reunião é a ordinária, imposta para as deliberações normais sobre a sociedade. Há o dever de realizá-la no prazo de quatro meses após o término do exercício social, a menos que todos os sócios decidirem, por escrito, sobre a matéria que seria objeto da deliberação em assembleia, como permite o § 3º do art. 1.072: "A reunião ou assembleia tornam-se dispensáveis quando todos os sócios decidirem, por escrito, sobre a matéria que seria objeto delas".

Vem, no art. 1.075, descrito o modo de funcionamento da assembleia, e, assim, da reunião: "A assembleia será presidida e secretariada por sócios escolhidos entre os presentes".

Portanto, não se pense que ao administrador, ou ao diretor, ou ao sócio com maior capital delegam-se as funções de presidente. É indispensável a escolha de pessoas específicas, que se encontram participando dos atos que antecedem a assembleia. Os presentes fazem a escolha, e aí sim por iniciativa do administrador, ou do sócio ou grupo de sócios de quem partiu a convocação.

Tudo o que for decidido, e assim os trabalhos e deliberações, ficará anotado no livro de atas, com as devidas assinaturas, seguindo-se a norma do § 1º: "Dos trabalhos e deliberações será lavrada, no livro de atas da assembleia, ata assinada pelos membros da mesa por sócios participantes da reunião, quantos bastem à validade das deliberações, mas sem prejuízo dos que queiram assiná-la".

É indispensável a ata, que retrata as ocorrências dignas de nota da assembleia e que importam na própria vida da sociedade.

O § 2º ordena a apresentação de cópia da ata ao registro, para fins de averbação e arquivamento: "Cópia da ata autenticada pelos administradores, ou pela mesa, será, nos 20 (vinte) dias subsequentes à reunião, apresentada ao Registro Público de Empresas Mercantis para arquivamento e averbação". No tocante ao prazo, a Lei nº 8.934, de 1994, no art. 36, bem como o art. 1.151, § 1º, do Código Civil, fixam o prazo de trinta dias para a apresentação, havendo, assim, divergência. No entanto, o registro previsto nestes últimos dispositivos concerne aos atos constitutivos da sociedade, enquanto o do § 2º do art. 1.075 se refere ao registro de documentos relativos a reuniões ou assembleias.

Ao sócio, na esteira do § 3º do mesmo art. 1.075, que solicitar, faz-se a entrega de cópia autenticada da ata.

A averbação e o arquivamento restringem-se às assembleias ou reuniões formais, nas quais são decididas questões importantes à própria sociedade. Não se fazem necessárias tais providências nas simples reuniões, que se fazem para a administração diária.

34. MOMENTO DA REALIZAÇÃO E SEQUÊNCIA DA ASSEMBLEIA OU DA REUNIÃO

Realiza-se a reunião ou assembleia, no mínimo, uma vez por ano, e no curso dos quatro meses seguintes ao término do exercício social. A previsão do art. 1.078 é clara: "A assembleia dos sócios deve realizar-se ao menos uma vez por ano, nos quatro meses seguintes ao término do exercício social, com o objetivo de:

I – tomar as contas dos administradores e deliberar sobre o balanço patrimonial e o de resultado econômico;

II – designar administradores, quando for o caso;

III – tratar de qualquer outro assunto constante da ordem do dia".

O exercício social termina em 31 de dezembro de cada ano. Daí a possibilidade de se realizar a assembleia ou a reunião até o dia trinta de abril do ano seguinte.

Há uma tese, de certa razoabilidade, autorizando o contrato a estabelecer época diferente. A exigência de se realizar uma assembleia anual nos quatro primeiros meses do novo exercício social para deliberar as matérias contempladas no art. 1.078 restringe-se para a assembleia. No caso de reunião, defende-se que é válida a disposição em sentido diverso. Todavia, na falta de alguma previsão, é de rigor a aplicação do art. 1.078.

Todas as matérias, além da prestação de contas e do exame do balanço patrimonial, isto é, todos os assuntos de interesse da sociedade são colocados para a deliberação, e, assim, os resultados econômicos alcançados, a designação de administradores, a expansão das atividades, os custos financeiros, a redução de empregados, a modernização de equipamentos.

Para viabilizar o exame da situação financeira da sociedade, até trinta dias antes da reunião ou assembleia encaminham-se os documentos das contas aos sócios, segundo o § 1º do art. 1.078: "Até 30 (trinta) dias antes da data marcada para a assembleia, os documentos referidos no inciso I deste artigo devem ser postos, por escrito, e com a prova do respectivo recebimento, à disposição dos sócios que não exerçam a administração".

Trata-se de uma providência salutar e imperativa, que permite a prévia informação dos sócios sobre os resultados e o estado da sociedade. Sem esta medida, permite-se a anulação da reunião ou assembleia. No entanto, não suscitada a questão até a votação, preclui a mesma, não ensejando posteriores alegações.

O § 2º dá os passos que devem seguir os trabalhos da reunião ou assembleia, com a leitura dos documentos comprobatórios da administração, sendo proibida a participação, na votação, dos administradores e dos membros do conselho fiscal: "Instalada a assembleia, proceder-se-á à leitura dos documentos referidos no parágrafo antecedente, os quais serão submetidos, pelo presidente, a discussão e votação, nesta não podendo tomar parte os membros da administração e, se houver, os do conselho fiscal".

Há sempre uma ordem ou sequência dos assuntos, que inicia pelos mais importantes, e dentre eles, naturalmente, está a prestação de contas, a apresentação do balanço e o resultado econômico. Com a sua aferição tem-se a ideia da eficiência e da consecução dos objetivos sociais da sociedade.

Mesmo que encaminhados os documentos sobre a administração, a prestação de contas, o balanço e o resultado econômico, é obrigatória a sua leitura se não votada expressamente a dispensa. Uma vez conseguida unanimidade na dispensa, não se vê empecilho para que não se faça a leitura.

35. ELEMENTOS DA ATA DA ASSEMBLEIA OU DA REUNIÃO E PROVIDÊNCIAS ADMINISTRATIVAS

Em síntese, constarão da ata os seguintes dados: as referências da sociedade, o aviso de convocação para o fim destinado, o número e o nome dos sócios presentes, a participação social, ordem do dia, as deliberações, a síntese das discussões, e a votação.

Os seguintes elementos são discriminados pelo Departamento de Registro Empresarial e Integração – DREI, encerrando obrigatoriamente a ata, o que se aplica para as sociedades em geral (www.drei.gov.br):

a) título do documento;

b) nome e NIRE da empresa;

c) preâmbulo: hora, dia, mês, ano e local da realização;

d) composição da mesa – presidente e secretário, escolhidos entre os sócios presentes (art. 1.075 do CC/2002);

e) *quorum* de instalação: titulares de no mínimo ¾ (75%) do capital social em primeira convocação e qualquer número em segunda (art. 1.074 do CC/2002);

f) convocação: indicar os nomes dos jornais, as datas e respectivos números das páginas/folhas onde ocorreram tais publicações (art. 1.152 parágrafos 1º e 3º, do CC/2002);

g) ordem do dia;

h) deliberações;

i) fecho.

Lavra-se a ata no livro de Atas da Assembleia, assinando-a os membros da mesa e os sócios participantes da reunião, quantos bastem para validade das deliberações, mas sem prejuízo dos que queiram assiná-la.

Faculta-se a representação do sócio assembleia por outro sócio ou por advogado, mediante outorga de mandato com especificação dos atos autorizados, devendo o instrumento ser levado a registro juntamente com a ata (art. 1.074, § 1º, do CC 2002).

Apresenta-se uma cópia da ata, autenticada pelos administradores ou pela mesa, nos 20 dias subsequentes à reunião, à Junta Comercial para arquivamento.

Somente precisam ser publicadas as atas de reunião ou assembleia de sócios ou o instrumento firmado por todos os sócios nos seguintes casos:

a) redução de capital, quando considerado excessivo em relação ao objeto da sociedade (§ 1º do art. 1.084 do CC/2002) (publicação anterior ao arquivamento);

b) dissolução da sociedade (inciso I, art. 1.103, do CC/2002) (publicação posterior ao arquivamento);

c) extinção da sociedade (Parágrafo único, art. 1.109 do CC/2002) (publicação posterior ao arquivamento);

d) incorporação, fusão ou cisão da sociedade (art. 1.122 do CC/2002) (publicação posterior ao arquivamento).

36. MODELO DE ATA DE REUNIÃO OU ASSEMBLEIA COM CONVOCAÇÃO

37. MODELO DE ATA DE REUNIÃO OU ASSEMBLEIA SEM CONVOCAÇÃO

38. APROVAÇÃO DO BALANÇO E AFASTAMENTO DA RESPONSABILIDADE

A aprovação das matérias discutidas sem ressalvas importa na chancela às contas e na concordância com o balanço e os resultados. O § 3º do art. 1.078 afasta posterior inconformidade, exonerando de responsabilidade, a menos que se demonstre erro, dolo ou simulação: "A aprovação, sem reserva, do balanço patrimonial e do resultado econômico, salvo erro, dolo ou simulação, exonera de responsabilidade os membros da administração e, se houver, do conselho fiscal".

O STJ reconhece, *in casu*, o afastamento da responsabilidade: "A aprovação das contas pela assembleia geral implica quitação, sem cuja anulação os administradores não podem ser chamados à responsabilidade. Recurso especial não conhecido".[65]

Anote-se que não se faz mister a publicação das demonstrações financeiras, ou do resultado econômico, medida imposta nas sociedades de ações.

Em face dos efeitos da aprovação, é importante o perfeito exame dos assuntos colocados em votação. Todavia, não se opera a preclusão se manobras induziram em erro os sócios, ou se envolveram dolo de parte dos administradores, ou se apurar-se a posterior simulação. Nessas eventualidades, a eventual falsificação de documentos, os lançamentos de despesas inexistentes, o superfaturamento de preços, o desvio de bens não são observáveis pela simples leitura de documentos enviados. Unicamente com um exame atento e pericial, precedido de auditoria, leva a detectar as situações atentatórias à sociedade, e, por decorrência, aos sócios.

Há um prazo decadencial para levantar as nulidades ou vícios, que é de dois anos. Assim estabelece o § 4º do mesmo art. 1.078: "Extingue-se em 2 (dois) anos o direito de anular a aprovação a que se refere o parágrafo antecedente".

O prazo inicia a partir da data da assembleia, que é o momento da real ciência oportunizada aos sócios. Desde o momento da sua realização passam a valer as contas ou são convalidados os atos de gestão. Por isso, a contar dela inicia o prazo, que é inferior à suscitação das mesmas invalidades para os casos comuns de incidências dos citados vícios, o qual está fixado em quatro anos pelo art. 178 do Código Civil.

No entanto, tratando-se de sociedade de grande porte, e se houver demonstrações financeiras, faz-se necessária a sua publicação, a teor do art. 3º da Lei nº 11.638, de 28.12.2007, que reza: "Aplicam-se às sociedades de grande porte, ainda que não constituídas sob a forma de sociedades por ações, as disposições da Lei nº 6.404, de 15.12.1976, sobre escrituração e elaboração de demonstrações financeiras e a obrigatoriedade de auditoria independente por auditor registrado na Comissão de Valores Mobiliários".

---

[65] REsp. nº 257.573-DF, 3ª Turma, j. em 8.05.2001, *DJU* de 25.06.2001, em *RSTJ* 148/323.

O parágrafo único traça os limites a partir dos quais a sociedade é de grande porte:

"Considera-se de grande porte, para os fins exclusivos desta Lei, a sociedade ou conjunto de sociedades sob controle comum que tiver, no exercício social anterior, ativo total superior a R$ 240.000.000,00 (duzentos e quarenta milhões de reais) ou receita bruta anual superior a R$ 300.000.000,00 (trezentos milhões de reais)".

Entende-se que tais empresas, pela sua importância no cenário econômico e social, devem ter o mesmo nível de abertura de informações que as companhias abertas. De acordo com a CVM, a falta de divulgação de informações por parte dessas empresas representa, muitas vezes, obstáculo à expansão e à melhoria da qualidade das informações pelas companhias abertas, constituindo fator de inibição ao processo de abertura de capital das empresas.

39. RESPONSABILIDADE DOS SÓCIOS E DOS ADMINISTRADORES NAS DELIBERAÇÕES E NO EXERCÍCIO DAS FUNÇÕES COM INFRINGÊNCIA À LEI, AO CONTRATO E COM EXCESSO DE PODER

Se as deliberações violarem ou infringirem o contrato e a lei, incide a responsabilidade ilimitada dos que as aprovaram. É a cominação do art. 1.080: "As deliberações infringentes do contrato ou da lei tornam ilimitada a responsabilidade dos que expressamente as aprovaram".

Trata-se da responsabilidade pela prática de atos cometidos além da força estatutária, ou que transbordam o objeto social e o poder delimitado aos administradores ou sócios. Responsabilizam-se os administradores e os sócios pelas decorrências negativas e prejudiciais a terceiros. Já os administradores arcam com as consequências junto aos sócios se eles ultrapassaram os limites do contrato ou da lei, ao arrepio da vontade dos últimos.

Incide a responsabilidade sem necessidade de recorrer à teoria da desconsideração da personalidade jurídica, eis que a figura é distinta e dirige-se a uma situação específica.

Vem a ser o que se chama de 'abuso de personalidade', e que já merecia o repúdio da Lei nº 3.708, de 1919, em dois preceitos. O primeiro, no art. 11: "Cabe ação de perdas e danos, sem prejuízo de responsabilidade criminal, contra o sócio que usar indevidamente da firma social ou que dela abusar". O segundo, no art. 16: "As deliberações dos sócios, quando infringentes do contrato social ou da lei, dão responsabilidade ilimitada àqueles que expressamente hajam ajustado tais deliberações contra os preceitos contratuais ou legais".

O princípio da responsabilização encontra-se implantado no art. 50 do Código Civil em vigor, referindo-se às pessoas jurídicas em geral por abuso de personalidade: "Em caso de abuso da personalidade jurídica, caracterizado pelo desvio de finalidade, ou pela confusão patrimonial, pode o juiz decidir, a requerimento da parte, ou do Ministério Público quando lhe couber intervir no processo, que os efeitos de certas e determinadas relações de obrigações sejam estendidos aos bens particulares dos administradores ou sócios da pessoa jurídica".

O abuso, ou mau uso da personalidade, abrange as deliberações infringentes ao contrato ou à lei.

Há casos de responsabilidade dos administradores e dos sócios que a lei indica. Não em outras situações, quando pelos prejuízos causados unicamente a sociedade é que responde. Nesta dimensão, a venda de produtos defeituosos não comporta a extensão da responsabilidade aos sócios. No entanto, se o fato era do conhecimento do sócio, e em nada ele interveio para estancar a venda, ou remediar os defeitos, alcança-o a responsabilidade. Na mesma senda seguem os casos de aprovarem os sócios o desvio de capital, a expansão de atividades fora do objeto social, a assunção de compromissos que excedem as forças do capital, o emprego de matéria-prima de baixa qualidade. Desde que a falta de pagamento de um credor, a entrega de mercadoria defeituosa, a realização de um serviço inadequado decorram de decisão da assembleia, estende-se a responsabilidade aos sócios. Não se tais condutas partem unicamente da sociedade, ou dos administradores. O fato de não pagar os credores é ato da empresa. Todavia, se o inadimplemento é consequência da não existência de recursos financeiros porque os lucros foram distribuídos aos sócios além do limite permitido, resta insofismável a extensão da responsabilidade aos sócios. Mesmo que não emanado da assembleia o descumprimento do dever, há uma violação à lei, que obriga sejam honrados os compromissos. E a circunstância de compactuar com o não pagamento, tanto que houve o recebimento de lucros quando, na verdade, os valores não tinham esse caráter, leva a imputar a responsabilidade a todos os favorecidos.

Nessa dimensão, cumpre se verifique a necessária coragem em detectar os vários tipos de manobras fraudadoras, vencendo a timidez da jurisprudência, que dá assaz relevo à forma estanque da responsabilidade, e olvidando que todos os casos de insolvência decorrem do propositado desiderato de lesar terceiros, tendo como única causa a apropriação indevida dos resultados financeiros da sociedade.

A antiga e superada argumentação da necessidade da prova de que houve excesso de poderes para inculcar a responsabilidade nos sócios constitui um alento aos que se protegem embaixo do manto da sociedade para praticarem toda sorte de falcatruas. Como não reconhecer a infração à lei se os sócios não se opõem ao endividamento, se não convocam reuniões ou assembleias para destituir os administradores desonestos, se aceitam lucros fantasiosos, se compactuam com o desempenho de ações diversas do objetivo social?

Com mais razão, é de todos a responsabilidade na distribuição de lucros ilícitos e fictícios, porquanto constitui dever comum e geral acompanhar as demonstrações financeiras, que envolvem o balanço e os resultados ativos e passivos de cada exercício.

De idêntico modo, se pender a sociedade para o desvio de finalidade, mantendose inerte os sócios, ou não promovendo as providências judiciais para impedir tal degeneração dos fins sociais.

Desde que as atividades e o desenvolvimento da sociedade se mantenham dentro da normalidade, a responsabilidade limitada é a regra. Havendo desvios de finalidade, abusos, confusão patrimonial, inadimplências por atos arbitrários dos administradores, por omissão dos sócios, por ausência de oposição nas reuniões, é solar a existência de conluio, de cumplicidade, de alheamento no mínimo culposo.

Para elidir a responsabilidade, é imposição que o sócio evidencie a sua não concordância com o estado de inadimplências no qual mergulhou a sociedade. Como alcançará esse objetivo? Através de suas manifestações nas reuniões ou assembleias, da participação nas deliberações, de sua iniciativa para a convocação do competente ato para a destituição dos administradores, de sua intervenção com processo judicial para estancar as arbitrariedades e os desvios de conduta dos sócios.

O excesso de poderes, ou de mandato, e a infração à lei ou ao contrato dos administradores ou gerentes conduzem à responsabilidade dos mesmos. Enquanto exercida a administração dentro dos limites da lei ou do contrato, nenhuma responsabilidade dos sócios administradores ou gerentes incide. Todavia, advertia Nelson Abrão, configura-se "a responsabilidade solidária e ilimitada do gerente, para com a sociedade e terceiros, quando obrar com excesso de mandato, ou violação do contrato ou da lei. É a consagração da teoria francesa do *excès de pouvoir* (excesso de poder) e *détournement de pouvoir* (desvio de poder). Excede seus poderes o gerente que, por exemplo, praticar sozinho ato que contratualmente deverá ser cumprido por dois ou mais gerentes. Desvia-se de seus poderes o gerente que adquire mercadorias que não se coadunam com o objeto social". Entrementes, se a obrigação da lei é pagar os tributos, e não a cumpre o administrador, mesmo assim, anota o autor citado, "não cabe a responsabilidade do gerente pelo descumprimento de obrigações tributárias ou fazendárias, pelo simples fato de ser impossível à sociedade pagar o credor e que, consoante a doutrina dominante, estribada em jurisprudência do Supremo Tribunal Federal, para ligar a responsabilidade individual do gerente, se faz imprescindível a prática de ato abusivo, fraudatório ou ilegal no exercício do cargo".[66]

O excesso de poder acontece quando os administradores ou gerentes desbordam dos limites constantes na lei ou no contrato, atuando arbitrariamente ou praticando desmandos. Abrange o desvio e o abuso de poder. No entanto, procuram alguns destacar diferenças, que se afiguram sutis, e sem maior efeito prático. Salienta José Waldecy Lucena: "Correto, de conseguinte, classificar-se o desvio de poder como uma espécie de excesso de poder. Se o ato é praticado *in fraudem legis*, verifica-se o desvio de poder; se praticado *contra legem*, ocorre o excesso de poder propriamente dito". Ainda sobre o desvio, é fornecida a seguinte caracterização: "Objetivando vantagens pessoais ou de terceiros, desvia-se o agente do fim a que deveria visar... Embora observadas as regras do procedimento, o que lhe confere uma aparência de legalidade, o ato, no entanto, é fraudulentamente dirigido para a finalidade desvirtuada".[67]

O abuso de poder compreende o excesso de poder. As expressões são equivalentes.

Há a tendência de se levar qualquer ação ou omissão lesiva aos interesses de outros à responsabilização, de sorte a arredar a imunidade, no que bem disse Irineu Mariani: "Como a imunidade, que nada mais é do que um alvará para o exercício de poder sem o contraponto da responsabilidade, levou, como sempre acontece, a abusos, funcionando como guarda-chuva a aventureiros, deixando no prejuízo imenso número de pessoas, inverteu-se a tendência histórica de ampliarem-se as exclusões para, modernamente, ampliarem-se as inclusões de responsabilidade dos administradores".[68]

Ao cônjuge do administrador ou sócio fica garantido o direito de exclusão de sua meação, se não favorecido com os atos ilícitos e ilegais: "O posicionamento da Corte de origem se harmoniza com a jurisprudência deste Sodalício, no sentido de que 'a responsabilidade pessoal do sócio-gerente da sociedade por quotas, decorrente da violação da lei ou de excesso de mandato, não atinge a meação da mulher'" (cf. AGA nº 183.444-SP, rel.ª Min.ª Eliana Calmon, *DJ* de 04.10.1999). Iterativos precedentes. Na linha de raciocínio acima, veio a lume a Súmula nº 251 deste colendo Superior Tribunal de Justiça no sentido de que "a meação só responde pelo ato ilícito quando o credor, na execução fiscal, provar que o enriquecimento dele resultante aproveitou ao casal".[69]

---

[66] *Sociedade por Quotas de Responsabilidade Limitada*, ob. cit., p. 111.

[67] *Das Sociedades por Quotas de Responsabilidade Limitada*, ob. cit., pp. 333-334.

[68] "Responsabilidade civil dos sócios e dos administradores de sociedades empresárias (à luz do novo Código Civil)", trabalho citado, p. 109.

[69] REsp. nº 260.642-PR, 2ª Turma do STJ, j. em 07.10.2004, *DJU* de 14.03.2005.

40. ALTERAÇÃO DO CONTRATO SOCIAL

Várias as situações que levam a alterar o contrato ou estatuto social, no curso de sua existência. Os casos mais comuns são de aumento ou redução do capital, de saída ou entrada de sócios, de mudança do objeto social ou do endereço da sede, mas envolvendo, também, as figuras da incorporação, da fusão, da cisão, da transformação e da formação de grupos de sociedades.

Em todas as alterações, procede-se em obediência às regras que disciplinam a convocação e a aprovação das deliberações, sendo que, quanto às sociedades limitadas, seguem-se os artigos 1.074 e 1.076; já em relação às demais sociedades reguladas pelo Código Civil, as disposições constam dos arts. 999, 1.040 e 1.046.

Seja qual for a razão, deverão constar na alteração o ponto da modificação, e mais alguns elementos, relativamente à sociedade, aos sócios, ao objeto social, ao capital social, aos nomes dos sócios, à sede, ao prazo de duração, às quotas. Temístocles Pinho e Álvaro Peixoto destacam os elementos que terá a alteração: "A alteração contratual deverá conter, no mínimo, os seguintes elementos:

a) título ('Alteração Contratual da Sociedade ...'), indicando o número de sequência da alteração;

b) preâmbulo;

c) corpo da alteração:
   – nova redação das cláusulas alteradas, expressando as modificações introduzidas;
   – redação das cláusulas incluídas;
   – indicação das cláusulas suprimidas;
   – em atenção à Lei nº 8.884, de 11.07.1994, caso as informações solicitadas já não estejam no instrumento contratual: declaração precisa e detalhada de seu objeto; o capital de cada sócio, expresso em moeda corrente, a forma e prazo de sua realização; o prazo de duração da sociedade; local da sede e respectivo endereço, inclusive das filiais".[70]

Ocorrendo o arquivamento de alteração de nome empresarial na Junta da sede da empresa, cabe à sociedade promover, nas Juntas Comerciais das outras unidades da Federação em que estejam localizadas suas filiais, o arquivamento de documento que comprove a alteração do nome empresarial, a fim de que o nome da empresa também seja alterado em relação a essas filiais.

São documentos hábeis para essa finalidade: uma via da alteração contratual modificando o nome empresarial arquivada na Junta Comercial da sede, certidão de inteiro teor ou cópia autenticada desse documento ou, ainda, certidão simplificada que contenha a alteração do nome empresarial.

É importante frisar que a alteração envolvendo matérias dos itens do art. 999 do Código Civil, para as sociedades simples e para as em nome coletivo e as em comandita simples, por força dos arts. 1.040 e 1.046, excepcionando-se, pois, as sociedades limitadas, às quais se aplicam os arts. 1.074 a 1.076, a alteração requer a unanimidade do capital para a aprovação.

Integra o presente capítulo a alteração em razão do aumento e da redução do capital.

---

[70] *As Empresas e o Novo Código Civil*, ob. cit., p. 182.

41. MODELO DE ALTERAÇÃO DO CONTRATO OU ESTATUTO DA SOCIEDADE

Para visualização do referido modelo, acesse o QR Code ao lado ou, se preferir, baixe o arquivo em formato editável disponível na plataforma GEN-io, conforme instruções apresentadas no início do livro.

https://goo.gl/36yW2P

42. AUMENTO DO CAPITAL

Constitui lugar comum no direito societário a alteração do contrato social para aumentar o seu capital. O art. 1.081 abre o caminho para o aumento de capital: "Ressalvado o disposto em lei especial, integralizadas as quotas, pode ser o capital aumentado, com a correspondente modificação do contrato".

Ensina Otávio Vieira Barbi, a respeito: "Verificada a necessidade do aumento de capital, se todas as quotas estiverem integralizadas (art. 1.081), os administradores poderão promovê-lo, fazendo-o sempre de maneira justificada quanto aos aspectos econômicos que determinam a escolha do critério adotado".[71]

Duas as vertentes mais conhecidas que levam ao aumento do capital: a incorporação de resultados e a dotação extraordinária da parte dos sócios. É o que se colhe da obra dirigida por Elidie Palma Bifano e Sérgio Roberto de Oliveira Bento: "O aumento de capital pode se dar por meio de recursos da própria sociedade (com a capitalização de lucros ou reservas), e com a atribuição de novas quotas aos sócios de forma proporcional à participação de cada um ou mediante a subscrição".[72] No entanto, várias as causas que podem impulsionar o aumento: a capitalização do excedente de reservas, a necessidade de expansão, a reavaliação do ativo, a dificuldade econômica que exige o ingresso de novos capitais. Jorge Lobo apresenta uma relação, que merece a transcrição: "O capital social poderá ser aumentado através:

a) de subscrição das novas quotas em dinheiro ou qualquer espécie de bens suscetíveis de avaliação pecuniária pelos próprios sócios ou por terceiros;

b) de capitalização de lucros e de reservas legais e voluntárias;

c) de capitalização de créditos de sócios provenientes de honorários *pro labore* não recebidos, gratificações e ajudas de custo não pagas, suprimentos de caixa etc.;

d) de reavaliação do ativo;

e) de incorporação de outra sociedade;

f) de conversão de dívidas em capital;

g) de constituição de *joint ventures*, com o aumento do valor nominal das quotas existentes ou a criação de novas quotas".[73]

---

[71] "Pode a sociedade limitada ter capital autorizado?", in *Direito de Empresa no Novo Código Civil*, Rio de Janeiro, Editora Forense, 2004, p. 265.
[72] *Aspectos relevantes do Direito de Empresa de acordo com o Novo Código Civil*, ob. cit., p. 195.
[73] *Sociedades limitadas*, ob. cit., vol. I, pp. 121-122.

Cap. X | A sociedade limitada • **227**

A causa primordial para o aumento decorre da prosperidade da sociedade, levando à incorporação dos resultados de suas atividades. Adquirem-se novos equipamentos, ou expande-se o ativo imobilizado. São comprados veículos, constroem-se prédios, modernizam--se os escritórios, e investe-se em tecnologia.

A necessidade de expansão conduz a aumentar o capital. Investe a sociedade em áreas criadas pela evolução dos costumes, instala-se com filiais ou sucursais, aumenta o parque industrial, ou adquire bens mais aperfeiçoados para as suas atividades. Procura-se dotar a empresa de meios próprios e modernos para sua adequação aos tempos, ou para reduzir os seus custos.

A dificuldade econômica pode levar a procurar mais investimentos, com o aporte de dinheiro para fazer frente a obrigações pendentes, ou mesmo para a aquisição de matéria--prima, pagamento de salários, e atender as demais necessidades que exigem capital de giro disponível.

O aumento por reavaliação do ativo, salienta Celso Marcelo de Oliveira, "visa restabelecer o real valor dos bens do ativo da empresa que sofreram um efetivo acréscimo de valor. Para tanto, não se faz necessária a presença de peritos, como o é nas sociedades anônimas, bastando nas sociedades a avaliação dos próprios sócios, ficando estes responsáveis civil e penalmente pelos valores imputados. Esta forma de aumento de capital era ainda frequentemente utilizada no passado por força imperiosa da inflação, acabando por entrar em desuso quando da estabilidade econômica".[74]

O aumento do capital requer a modificação do contrato, conforme apontado no inc. V do art. 1.071, pressupondo a deliberação expressa dos sócios em reunião ou assembleia especificamente convocada para tal finalidade. Para a aprovação, exigem-se votos correspondentes a três quartos do capital social, como prevê o art. 1.076, inc. I, do Código Civil.

Oportuno ter-se em conta a observação de Waldemar Ferreira: "Em função da responsabilidade de cada quotista ao montante do capital social, aumentando-se este, eleva-se, consequentemente, a responsabilidade individual de cada quotista. Assiste, nesta emergência, ao que disso divirja, a faculdade de opor-se ao aumento, que lhe agrava os encargos. Retira-se da sociedade".[75]

43. PREFERÊNCIA NA SUBSCRIÇÃO DE NOVAS QUOTAS

Uma vez decidido o aumento do capital, é dada oportunidade aos próprios sócios para subscreverem as novas quotas, sempre em proporção percentual ao número de quotas já subscritas, isto é, na exata proporção da participação existente de cada sócio. O § 1º do art. 1.081 assegura o direito de preferência na subscrição do aumento, a ser exercido na sede da empresa: "Até 30 (trinta) dias após a deliberação, terão os sócios preferência para participar do aumento, na proporção das quotas de que sejam titulares".

Esse direito é pleno e inderrogável, descrevendo-o Jorge Lobo: "O direito de preferência à subscrição das quotas decorrentes de aumento do capital é um direito intangível ou essencial, que nem o contrato social, nem a reunião ou a assembleia geral pode restringir ou suprimir, conforme clara e categoricamente estabelece o Código Civil, no art. 1.081, § 1º".[76]

---

[74] *Tratado de Direito Empresarial Brasileiro*, ob. cit., p. 38.
[75] *Instituições de Direito Comercial*, São Paulo, Editora e Livraria Freitas Bastos, 1947, vol. I, p. 314.
[76] *Sociedades Limitadas*, ob. cit., vol. I, p. 122.

Uma vez autorizado o aumento do capital, em votação na reunião ou assembleia, abre-se o prazo de trinta dias para a devida subscrição. Aos sócios se concede um prazo para manifestarem o interesse. No silêncio, presume-se a permissão para o ingresso de estranhos, que, adquirindo quotas, passam a fazer parte da sociedade.

Se de duzentos mil reais o capital, e havendo cinco sócios com o total de quarenta mil quotas cada um, seu aumento para trezentos mil reais importa em abrir oportunidade para cada sócio adquirir vinte mil quotas cada um, que equivale a vinte por cento das quotas.

O § 2º versa sobre a cessão do direito de preferência, o qual apresenta-se perfeitamente possível: "À cessão do direito de preferência, aplica-se o disposto no *caput* do art. 1.057".

A referência ao dispositivo importa em permitir a cessão da preferência para a aquisição de quotas a qualquer sócio, se omisso o contrário; quanto à cessão para estranhos, requer-se a aprovação dos sócios no correspondente a três quartos do capital social: "Na omissão do contrato, o sócio pode ceder sua quota, total ou parcialmente, a quem seja sócio, independentemente de audiência dos outros, ou a estranho, se não houver oposição de titulares de mais de ¼ (um quarto) do capital social".

Após feita a subscrição, ou materializado o aumento do capital, parte-se para a alteração do contrato social, que constitui providência imposta pelo § 3º do mesmo art. 1.081: "Decorrido o prazo da preferência, e assumida pelos sócios, ou por terceiros, a totalidade do aumento, haverá reunião ou assembleia dos sócios, para que seja aprovada a modificação do contrato".

Na verdade, com a decisão que viabiliza o aumento do capital já fica permitida a alteração do contrato. Assim, desde que levada a termo a subscrição, processa-se a alteração do quadro social. Não é coerente, no momento da deliberação para a alteração do contrato, admitir alguma oposição, a menos que se trate de matéria diferente daquela autorizada.

44. ELEMENTOS DO CONTRATO PARA O AUMENTO DO CAPITAL

Necessariamente, na alteração do contrato para o aumento devem ser introduzidos os seguintes elementos:

- declaração de que o capital que está sendo aumentado foi integralizado, quando o aumento ocorrer anteriormente ao vencimento do prazo previsto para sua integralização;
- indicação numérica e por extenso do valor total do capital social;
- mencionar o total das quotas de cada sócio; declarar a forma de integralização e o prazo;
- se houver entrada de novos sócios, indicar nome completo e qualificação;
- se houver entrada de sócio menor, o capital há de estar totalmente integralizado;
- na integralização com bem imóvel: descrição e identificação do imóvel, sua área, dados relativos a sua titulação, número de matrícula no Registro Imobiliário e a autorização conjugal pertinente.

Em termos práticos, o capital social de um determinado valor, já totalmente integralizado, fica aumentado para uma cifra superior, que é dividido em tantas quotas, de valor nominal de uma quantia que resulta da divisão do valor do capital pelo número de quotas, sendo o aumento integralizado na data da alteração.

45. REDUÇÃO DO CAPITAL

Embora não tão comum como no aumento, é possível a modificação do contrato por redução do capital, que se dá nas hipóteses do art. 1.082: "Pode a sociedade reduzir o capital, mediante a correspondente modificação do contrato:

I – depois de integralizado, se houver perdas irreparáveis;

II – se excessivo em relação ao objeto da sociedade".

Discrimina mais pormenorizadamente Waldo Fazzio Júnior as hipóteses:

– "Na perda por fracasso da empresa;
– na perda por reembolso do sócio dissidente;
– na perda por exclusão de sócio;
– na perda por resolução em relação a sócio;
– no excesso de capital; e
– na perda pelo pagamento da quota do sócio falecido".[77]

Não funciona a sociedade sem capital, o qual constitui a garantia de sua solvabilidade. A redução do capital implica na redução da garantia dos terceiros com os quais foi celebrado o contrato. Implica, ainda, a diminuição da solvência, já que equivale à retirada de parte do patrimônio que lhe dava suporte.

Nota-se que não é absoluta a disposição dos sócios no desiderato de reduzir o capital. Não se pode criar outras hipóteses que as assinaladas. Sempre decorrem resultados negativos da redução, máxime em relação a terceiros que já tenham negociado com a sociedade, pois diminuem suas garantias.

As perdas irreparáveis, que permitem a redução desde que integralizado o capital, podem advir da súbita retração do mercado em relação ao produto fabricado; ou da perda de valor das mercadorias objeto do contrato; ou da liberação da importação de produtos iguais aos produzidos, cujo custo de fabricação no exterior é menor; ou da deterioração dos equipamentos, que perdem o valor de mercado; ou das medidas que tornam mais complexa a comercialização dos produtos.

Outrossim, conforme chama a atenção Modesto Carvalhosa, "as perdas irreparáveis a que alude o art. 1.082 devem ser determinadas por balanço, que refletirá os prejuízos do exercício e os eventualmente acumulados pela sociedade nos exercícios anteriores".[78] Não cabe, daí, providenciar na redução depois de uma operação mal sucedida, que traga prejuízo à empresa. Somente depois de confrontados os prejuízos com os lucros acumulados, e não se revelando suficientes as reservas de capital, é que se parte para a redução.

46. EXPLICITAÇÃO DAS HIPÓTESES QUE PERMITEM A REDUÇÃO LEGAL

Existem regras específicas que disciplinam cada uma das hipóteses de redução do capital.

---

[77] *Sociedades Limitadas*, ob. cit., p. 262.
[78] *Comentários ao Código Civil*, ob. cit., vol. 13, 299.

230 • Direito de Empresa | *Arnaldo Rizzardo*

Assim, quanto à redução em face de perdas irreparáveis, ordena o art. 1.083 que a redução se procede através da diminuição do valor nominal das quotas: "No caso do inciso I do artigo antecedente, a redução do capital será realizada com a diminuição proporcional do valor nominal das quotas, tornando-se efetiva a partir da averbação, no Registro Público de Empresas Mercantis, da ata da assembleia que a tenha aprovado". Na dicção do dispositivo, ficará diminuído o valor da quota, mantendo-se o seu número. O mais coerente estaria em reduzir proporcionalmente o número das quotas, ficando mantido o valor nominal das mesmas.

Já em vista da redução por excessivo o capital em relação ao objeto da sociedade, o art. 1.084 manda que se proceda através da restituição do valor diminuído aos sócios, ou da dispensa de prestações porventura ainda devidas, com a diminuição proporcional do valor nominal das quotas: "No caso do inciso II do art. 1.082, a redução do capital será feita restituindo-se parte do valor das quotas aos sócios, ou dispensando-se as prestações ainda devidas, com a diminuição proporcional, em ambos os casos, do valor nominal das quotas".

Denota-se a diferença em relação à situação do art. 1.083, pois não se dá, aqui, a perda a redução por perda de patrimônio. Mantendo-se a estimativa patrimonial, a redução é conseguida pela retirada de capital, com a sua restituição aos sócios dos quais adveio, ou pela dispensa das prestações restantes e previstas para a integralização.

Quanto à redução pela resolução da sociedade em relação à pessoa de um ou mais sócios, expõe Adalberto Simão Filho: "No que tange à resolução da sociedade em relação a um ou mais sócios, o fato somente gerará a redução do capital social se realmente a sociedade efetivar a liquidação das quotas pertencentes a eles. Caso os demais sócios efetuem aportes financeiros na sociedade que possam suprir o valor destas quotas liquidadas, não haverá a redução do capital social. Outra hipótese que não gerará redução do capital social reside na possibilidade de, em vez de os sócios efetivarem esses aportes financeiros, eles adquirirem estas quotas sociais diretamente dos ex-sócios".[79]

47. OBRIGATORIEDADE DA REDUÇÃO NA EXISTÊNCIA DE PERDAS

Revela-se obrigatória a redução se há perdas do capital. Não espelha fidelidade ao princípio da boa-fé a inserção de um capital em um montante que não equivale ao que realmente existe. O fato constitui um engodo aos terceiros que tratam com a sociedade, pois acredita-se na existência de um patrimônio que é fictício.

Consoante faz vez Gladston Mamede, "a redução do capital, fruto de perdas irreparáveis, constitui adequação do capital à realidade contábil da empresa, na qual se afere que o patrimônio líquido é inferior ao capital registrado".[80]

Importa, na sequência das hipóteses que autorizam a redução, a verificação que se tornou excessivo o capital em relação ao objeto da sociedade. Não comporta um grande capital a sociedade estabelecida para a venda de uma mercadoria inexpressiva, como de simples material escolar, ou de objetos de limpeza.

Não se enquadrando a redução nas situações permitidas, mas revelando-se em conduta fraudulenta ou prejudicial aos credores, decorre a responsabilidade ilimitada dos sócios. Da mesma forma que são os sócios obrigados a repor o capital no caso de distribuição

---

[79] *A Nova Sociedade Limitada*, ob. cit., pp. 100-101.
[80] *Direito Societário: Sociedades Simples e Empresárias*, ob. cit., vol. 2, p. 338.

indevida de lucros, ou de distribuição com prejuízo do capital (art. 1.059 do Código Civil), ficam os sócios obrigados a suportar a responsabilidade pelo *quantum* reduzido indevidamente. É igual a responsabilidade àquela estabelecida para a integralização do capital.

Em qualquer situação, a redução se faz sem prejuízo dos direitos daqueles que contrataram com a sociedade. As obrigações pendentes devem encontrar suporte de garantia no patrimônio declarado, sob pena de responderem os sócios. As obrigações devem ser contratadas, pois, sempre na proporção da força do patrimônio. Incabível que simplesmente se leve a termo a redução, e se diminuam as garantias das obrigações.

48. REGRAMENTO PARA A REDUÇÃO SE EXCESSIVO O CAPITAL

Existem regras específicas que disciplinam cada uma das hipóteses de redução do capital.

Assim, quanto à redução em face de perdas irreparáveis, ordena o art. 1.083 que a redução se procede através da diminuição do valor nominal das quotas: "No caso do inciso I do artigo antecedente, a redução do capital será realizada com a diminuição proporcional do valor nominal das quotas, tornando-se efetiva a partir da averbação, no Registro Público de Empresas Mercantis, da ata da assembleia que a tenha aprovado". Na dicção do dispositivo, ficará diminuído o valor da quota, mantendo-se o seu número. O mais coerente estaria em reduzir proporcionalmente o número das quotas, ficando mantido o valor nominal das mesmas.

Já em vista da redução por excessivo o capital em relação ao objeto da sociedade, o art. 1.084 manda que se proceda através da restituição do valor diminuído aos sócios, ou da dispensa de prestações porventura ainda devidas, com a diminuição proporcional do valor nominal das quotas: "No caso do inciso II do art. 1.082, a redução do capital será feita restituindo-se parte do valor das quotas aos sócios, ou dispensando-se as prestações ainda devidas, com a diminuição proporcional, em ambos os casos, do valor nominal das quotas".

Denota-se a diferença em relação à situação do art. 1.083, pois não se dá, aqui, a perda a redução por perda de patrimônio. Mantendo-se a estimativa patrimonial, a redução é conseguida pela retirada de capital, com a sua restituição aos sócios dos quais adveio, ou pela dispensa das prestações restantes e previstas para a integralização.

Mais regras especiais constam para o caso de redução porque muito elevado o capital. O § 1º do mesmo art. 1.084 ordena a intimação prévia de terceiros, ficando o credor quirografário autorizado a se opor, se o crédito nasceu antes da ata que autoriza a redução: "No prazo de 90 (noventa) dias, contado da data da publicação da ata da assembleia que aprova a redução, o credor quirografário, por título líquido anterior a essa data, poderá opor-se ao deliberado".

Daí se entende, pois, a necessidade da antecedente publicação de edital noticiando que se levará a termo a redução.

Procede-se à publicação em jornal oficial e em outro de grande circulação, na modalidade que prevê o art. 1.152, mas em uma única oportunidade, posto que o § 1º acima transcrito exige a publicação no singular, levando a concluir que se faça apenas uma publicação.

O pedido de arquivamento da alteração ou da ata deverá ser instruído com as folhas do Diário Oficial da União, do Distrito Federal ou do Estado, conforme o local da sede e jornal de grande circulação contendo a publicação da mencionada alteração ou da ata de reunião ou de assembleia.

Apresenta-se o pedido após o cumprimento do prazo de noventa dias, contado da referida publicação; no caso de ter havido oposição de credor quirografário, juntar a prova do pagamento da dívida reclamada ou de seu depósito judicial.

A impugnação restringe-se ao credor quirografário. Os credores com privilégio já estão amparados por garantias, não fazendo jus à proteção.

Para levar-se a termo a redução, impõe o § 2º do art. 1.084 que não apareçam impugnações, ou, em se verificando, que se pague ou deposite o valor da obrigação contraída: "A redução somente se tornará eficaz se, no prazo estabelecido no parágrafo antecedente, não for impugnada, ou se provado o pagamento da dívida ou o depósito do respectivo valor".

Por conseguinte, não é admissível a redução se houver alguma impugnação, a menos que se efetue o pagamento, ou se faça o depósito da quantia, à disposição do credor impugnante. Não estão as partes obrigadas a servir-se do caminho judicial para o exercício de tais direitos. Havendo discordância, no entanto, do teor das impugnações, fica indispensável a solução através da competente demanda em juízo.

Têm-se, aí, medidas de proteção a possíveis credores.

Finalmente, o § 3º do mesmo artigo permite a averbação unicamente se satisfeitas as condições acima: "Satisfeitas as condições estabelecidas no parágrafo antecedente, proceder-se-á à averbação, no Registro Público de Empresas Mercantis, da ata que tenha aprovado a redução".

Todo o procedimento é feito administrativamente. Para ensejar validade à redução, revela-se indispensável a obediência à risca do ordenado, inclusive de ordem administrativa, em obediência às normas do DREI – Departamento de Registro Empresarial e Integração. Não mais são necessários documentos de regularidade e negativas, ou seja, o Certificado de Regularidade do FGTS, e certidões de quitação de tributos e contribuições para com a Fazenda, emitidas pela Receita Federal e outros órgãos estaduais, além da Certidão Negativa de Débito – CND, do INSS, e da Certidão Negativa de Dívida Ativa da União, fornecida pela Procuradoria-Geral da Fazenda Nacional. Ocorre que a Lei Complementar nº 147/2014, alterando a Lei nº 11.598/2007, dispensou a apresentação de certidões negativas de débitos tributários, previdenciários e trabalhistas para o registro de atos constitutivos, de alterações e extinções referentes a empresários e pessoas jurídicas, em qualquer órgão da União, do Estado e do Município. Referida disposição abrange tanto o empresário ou a pessoa jurídica objeto do registro quanto os seus sócios, administradores, e as empresas de que participem. Realmente, foi introduzido o art. 7º-A à Lei nº 11.598/2007, referindo a dispensa: "O registro dos atos constitutivos, de suas alterações e extinções (baixas), referentes a empresários e pessoas jurídicas em qualquer órgão dos 3 (três) âmbitos de governo, ocorrerá independentemente da regularidade de obrigações tributárias, previdenciárias ou trabalhistas, principais ou acessórias, do empresário, da sociedade, dos sócios, dos administradores ou de empresas de que participem, sem prejuízo das responsabilidades do empresário, dos titulares, dos sócios ou dos administradores por tais obrigações, apuradas antes ou após o ato de extinção".

Assim, não é mais necessário apresentar as certidões negativas de débitos tributários, previdenciários e trabalhistas para o registro de atos constitutivos, de alterações e extinções referentes a empresários e pessoas jurídicas, em qualquer órgão da União, do Estado e do Município. Referida disposição abrange tanto o empresário ou a pessoa jurídica objeto do registro quanto os seus sócios, administradores e, ainda, as empresas de que participem.

49. RESOLUÇÃO PARCIAL DA SOCIEDADE POR EXCLUSÃO DE SÓCIO

Contempla a lei algumas situações que comportam a exclusão de sócios, que passam a ser examinadas destacadamente, em conjunto com matérias correlatas.

49.1. A exclusão do sócio

Em matéria nova relativamente à legislação anterior, é possível a exclusão do sócio, ou o seu afastamento compulsório da sociedade, o qual, por sua conduta, está colocando em risco a própria sociedade. Dado o caráter eminentemente contratual da sociedade, a exclusão do sócio enquadra-se como modalidade de desfazimento do vínculo societário, partindo do descumprimento das obrigações assumidas por um de seus integrantes.

Eis as razões que justificam a exclusão, expostas por José Waldecy Lucena: "a) A finalidade publicística do instituto (preservação da empresa), com o que somente a lei e, para alguns, também o estatuto estabelecerão as causas mediante as quais, visando assegurar dita finalidade publicística, dar-se-á a exclusão do sócio que a põe em risco; b) o caráter penal, restritivo e excepcional do instituto da exclusão, a exigir expressa previsão legal ou estatutária".[81]

A previsão está no art. 1.085 do Código Civil: "Ressalvado o disposto no art. 1.030, quando a maioria dos sócios, representativa de mais da metade do capital social, entender que um ou mais sócios estão pondo em risco a continuidade da empresa, em virtude de atos de inegável gravidade, poderá excluí-los da sociedade, mediante alteração do contrato social, desde que prevista neste a exclusão por justa causa".

Como se percebe, a exclusão que se diz por justa causa deve constar prevista no contrato, decorrente da prática de ato de inegável gravidade, a ponto de colocar em risco a continuidade da sociedade.

Lembra André Lemos Papini que, mesmo na omissão da lei anterior em prever o assunto, "a exclusão foi fruto de construção da doutrina e das decisões dos tribunais, as quais admitiam que o sócio minoritário que colocava em risco o empreendimento pudesse ser expulso da sociedade pelos sócios majoritários, bastando, para tanto, que fosse feita uma alteração do contrato social, na qual constasse a deliberação de exclusão, a sua motivação e a forma como os haveres do minoritário excluído da sociedade ser-lhe-iam pagos".[82]

Havendo a exclusão judicial, operando-se a dissolução parcial da sociedade por resolução da quota do sócio excluído, obedece-se o procedimento judicial, que aparece desenvolvido nos arts. 599 a 609 do CPC/2015, matéria estudada no Capítulo VII, item 35.

49.2. Exclusão por não satisfação das contribuições, por falta grave e por incapacidade superveniente

A regra acima (art. 1.085) coloca uma série de requisitos para exercer o direito de exclusão pelos demais sócios, que se procede administrativamente, isto é, dentro do âmbito da própria sociedade. Necessário se configurem a inegável gravidade, o risco quanto à continuidade da sociedade, e a previsão da justa causa no contrato social.

---

[81] *Das Sociedades por Quotas de Responsabilidade Limitada*, ob. cit., p. 562.
[82] "A Sociedade Limitada e o Novo Código Civil", trabalho citado, p. 217.

234 • Direito de Empresa | *Arnaldo Rizzardo*

De outro lado, outras causas de exclusão estão assinaladas no dispositivo, às quais se chega pela alusão ao art. 1.030, preceito este que refere a ressalva a outro dispositivo, que é o art. 1.004. Para bem entender o assunto, mister se faz a análise que segue.

Primeiramente, esclarece-se que fica ressalvado o disposto no art. 1.030, relativo à sociedade simples, e que se estende à sociedade limitada (art. 1.053), cujo texto deve ser lembrado: "Ressalvado o disposto no art. 1.004 e seu parágrafo único, pode o sócio ser excluído judicialmente, mediante iniciativa da maioria dos demais sócios, por falta grave no cumprimento de suas obrigações, ou, ainda, por incapacidade superveniente".

Necessário destacar, antes, a possibilidade constante do art. 1.004 e seu parágrafo único, que arrolam mais uma causa de exclusão, verificada quando o sócio está obrigado a satisfazer as contribuições estabelecidas no contrato social, sob pena de, decorridos trinta dias da notificação para a realização do capital, responder pelo dano emergente da mora; entretanto, assegura-se à maioria dos sócios, ao invés da indenização, preferir a exclusão do sócio remisso, ou reduzir-lhe o valor da quota no correspondente ao já realizado. A não satisfação das contribuições corresponde à falta de integralização do capital. Nesta eventualidade, ou cabe a indenização pelo dano emergente, ou se autoriza a exclusão, ou se reduz a quota. No caso de sócio remisso, os demais sócios habilitam-se a tomar a quota para si, ou transferi-la a terceiros, excluindo-se o primitivo titular. É o que assegura o art. 1.058: "Não integralizada a quota de sócio remisso, os outros sócios podem, sem prejuízo do disposto no art. 1.004 e seu parágrafo único, tomá-la para si ou transferi-la a terceiros, excluindo o primitivo titular e devolvendo-lhe o que houver pago, deduzidos os juros de mora, as prestações estabelecidas no contrato mais as despesas".

Todavia, sempre precede o ato da notificação, viabilizando-se que cumpra a obrigação. Assim entende Leonardo Guimarães: "Frente à nova lei, o sócio remisso deve, obrigatoriamente, ser notificado para que, contra este, possam ser adotadas as providências legais inerentes à espécie, das quais destaca-se a exclusão".[83] A notificação faz-se com a necessária antecedência, a fim de que possa o sócio exercer o direito de defesa, e apresentar na reunião ou assembleia dos quotistas suas justificativas.

Em suma, pelos arts. 1.004 e seu parágrafo único, e 1.030, e em face do art. 1.058, o inadimplemento das contribuições sociais, a falta grave no cumprimento das obrigações e a incapacidade superveniente do sócio, possibilitam a exclusão, sendo que, nas duas últimas situações, é necessário o caminho judicial.

A falta grave e a incapacidade superveniente foram estudadas no capítulo que trata das causas de exclusão de sócio nas sociedades simples, não cabendo, aqui, repetir a sua configuração.

49.3. Exclusão por atos de inegável gravidade

É oportuna uma explicitação mais profunda da hipótese acima.

O art. 1.085, pois, além daquelas do art. 1.030 e 1.004 e seu parágrafo único, adiciona mais uma causa de exclusão, e que consiste na prática de atos de inegável gravidade, a ponto de colocar em risco a continuidade da sociedade, e desde que prevista a justa causa no contrato social, prática esta que se diferencia da simples falta grave porque justamente coloca em risco a continuidade da empresa. É necessária a correta diferenciação entre a

---

[83] "Exclusão de sócio em sociedades limitadas no novo Código Civil", trabalho citado, p. 301.

mera falta grave e os atos de inegável gravidade que expõem a risco a continuidade da empresa.

Pela primeira infração, não é atingida propriamente a sociedade, como na contumaz ausência do sócio, na demora na execução de serviços, na simples omissão em prestar contas dos atos realizados, na apropriação de bens ou de pequenas quantias de dinheiro. Coloca-se, no entanto, em risco a sociedade se realizados negócios ruinosos, se procedidas vendas e compras fictícias, se permitida a produção de bens com defeitos que inviabilizam a comercialização, se desviados valores da empresa, se perpetradas ações atentatórias à honra da sociedade, se houver desvios de função de parte do sócio e, enfim, todos os atos que não somente prejudicam economicamente, mas também ponham em risco a sobrevivência, que se enquadram como de inegável gravidade. Modesto Carvalhosa dá um rol de situações: "Deve considerar-se como de inegável gravidade com relação à sociedade, em primeiro lugar, todo ato de sócio que viole a lei. Também será ato de natureza grave a violação ou o inadimplemento contratual que resultar na quebra da *affectio societatis*, porque põe em risco o desenvolvimento do escopo comum que é o desenvolvimento das atividades sociais.

Além disso, representa ato de inegável gravidade a ação ou omissão de um sócio que, mesmo sem constituir violação da lei ou do contrato social, provoque incontornável dissídio no corpo social, implicando também a quebra da *affectio societatis*. Isso porque, rompido o elo subjetivo, que é essencial à vinculação dos sócios à sociedade, a presença de um deles, cujos interesses estão desagregados do escopo comum, põe em risco a harmonia do corpo social, podendo prejudicar o desempenho dos negócios e a continuidade da empresa".[84]

Exemplifica Nelson Abrão, em obra atualizada por Carlos Henrique Abrão, situações que permitem a exclusão: "Frutifica-se o pensamento justificador quando o sócio desvia bens, transfere tecnologia para abertura de empresa própria, realiza operações de risco, desconsidera o perfil do objeto social, revela alheamento na diretriz do negócio, de tal modo que a conduta por ação ou omissão baliza a eliminação do faltoso".[85]

Pode-se sistematizar na seguinte relação os elementos que autorizam a exclusão nas eventualidades descritas:

a) A decisão deve partir da maioria dos sócios representada por mais da metade do capital social. Não basta a mera aprovação pela maioria dos sócios presentes, mesmo que em segunda convocação, dada a literalidade da lei.

No entanto, essa condição da exigência da maioria do capital é criticada pela doutrina. Sustenta José Waldecy Lucena que "o normal na vida societária, é claro, é a maioria excluir a minoria. Mas, se o instituto da exclusão, como anteriormente averbado, constitui exercício de autotutela dos interesses sociais, deferido direta e imediatamente à pessoa jurídica, visando a preservação da empresa, e que somente indireta e mediatamente poderá beneficiar aos sócios, exsurge, como imperativo lógico, a conclusão de que todo e qualquer sócio, não importa se majoritário ou minoritário, desde que haja justa causa, sujeita-se a ser excluído da sociedade".[86]

---

[84]   *Comentários ao Código Civil*, ob. cit., vol. 13, pp. 313-314.

[85]   *Sociedades Limitadas*, ob. cit. (em edições anteriores com o nome *Sociedade por Quotas de Responsabilidade Limitada*). Obra atualizada por Carlos Henrique Abrão, 9ª ed., 2005, p. 223.

[86]   *Das Sociedades limitadas*, ob. cit., 6ª ed., 2005, p. 770.

Apesar dos razoáveis argumentos, plenamente válidos, no plano administrativo fica difícil a exclusão, até porque faltaria o poder de coerção dos sócios minoritários. O caminho mais apropriado será o judicial.

À luz do entendimento de Fábio Konder Comparato, a exclusão encontra amparo no princípio do inadimplemento do contrato. Pela violação às regras do contrato social, ou à lei, nasce "o poder resolutório conferido aos prejudicados".[87]

b) A prática de atos de inegável gravidade, isto é, de atos que destoam da moralidade, do interesse coletivo, como o furto de bens, o desvio de valores, a má prestação de serviços, o reiterado inadimplemento, a desídia, o insidioso desrespeito, o constante desentendimento, a ausência de *affectio*, o procedimento destemperado, o precário atendimento da clientela, a falta de cumprimento de serviços e pedidos contratados, a constante falta de atenção aos clientes. Entretanto, a simples ausência de *affectio societatis*, no sentido de relacionamento comunicativo e sintonia, não basta. Impõe-se que a ausência consista na total divergência de ideias e de comunhão de interesses que atendam ao objeto social da sociedade.

c) A verificação de que a conduta do sócio, pela prática de tais atos, coloca em risco a continuidade da empresa. Realmente, as condutas prejudicam a sociedade, tiram a credibilidade, afastam a clientela, enfraquecem o poder econômico e provocam a redução de faturamento.

d) A exclusão funda-se em justa causa. As condutas que levam ao desiderato de retirar o sócio justificam o ato, e, nesta visão, parece razoável que a conduta destemperada, a grosseria no tratamento de clientes, a constante demora em atender os compromissos ou encomendas se enquadrem como motivos justos e plausíveis.

e) A necessidade de alteração do contrato. Com a retirada do sócio, é necessária a alteração do contrato, já que todos os sócios constam nominados.

f) Para a exclusão administrativa por justa causa, deve constar sua previsão no contrato. Trata-se de condição estampada no art. 1.085. Não basta a previsão na lei, se verificadas determinadas condições. Daí se entender que a exclusão do mencionado dispositivo é contratual.

Leonardo Guimarães sintetiza em seis as causas da exclusão, para as sociedades de responsabilidade limitada:

"I – Caso caracterizado o disposto no art. 1.004, e seu parágrafo único: mora, de quotista, na integralização do capital social subscrito, na forma prevista no contrato social.

II – Artigo 1.030: falta grave, pelo quotista, no cumprimento de suas obrigações, ou, ainda, por incapacidade.

III – Artigo 1.030: parágrafo único: em caso de falência do sócio quotista.

IV – Artigo 1.030, parágrafo único: liquidação da quota detida pelo sócio, em caso de sua penhora, nos termos do artigo 1.026, parágrafo único, do mesmo Código.

---

[87] *Ensaios e Pareceres de Direito Empresarial*, Rio de Janeiro, Editora Forense, 1978, p. 141.

V – Artigo 1.058: não integralização do valor da quota pelo sócio remisso.

VI – Artigo 1.085: um, ou mais sócios, detentores da minoria do capital social, poderão ser excluídos caso coloquem em risco a continuidade da empresa, em virtude de atos de inegável gravidade".[88]

Precisamente por ser contratual a exclusão, não se processa judicialmente, ao contrário do que se dá com as normas do art. 1.030. Suficiente a decisão em assembleia, e desde que apontada e presente justa causa que prejudica a sociedade.

Se omisso o contrato, mister que seja alterado e se inclua cláusula autorizando a exclusão.

49.4. Início dos efeitos da exclusão

Tanto exclusão por falta grave como por incapacidade superveniente, processada judicialmente, quanto na administrativa porque não integralizada a participação social e praticados de atos de inegável gravidade, iniciam os efeitos da exclusão a partir do ato decisório com o trânsito em julgado.

No pertinente ao momento do início da exclusão no caso de afastamento judicial, e que a partir de então começam os efeitos, expõe Sérgio Campinho: "No caso de exclusão pela via judicial do sócio, ou mesmo nos de retirada no âmbito das sociedades por prazo determinado, ante a alegação de justa causa, não só a dissolução parcial da sociedade se fará em juízo, mas também a própria apuração dos haveres, que serão computados com base na situação patrimonial da pessoa jurídica à época do trânsito em julgado da decisão que decretar a dissolução parcial, eis que este será o momento da resolução do vínculo. Não nos parece seja a citação para a ação o instante adequado para a aferição, posto que, durante o processo judicial, tanto o quotista que pretende se retirar quanto aquele que busca excluir, permanecem a desfrutar da qualidade de sócio, com todos os direitos a ela inerentes.

... O *status* de sócio, portanto, só se encerra com a decisão final do processo de exclusão. Por tais razões é que a apuração deve ser realizada em liquidação de sentença e nunca durante o processo de cognição no qual a exclusão ou a retirada será decidida".[89]

49.5. Exclusão em sociedade com dois sócios e direito de defesa

Procede-se à exclusão pela prática de fato de inegável gravidade em assembleia especialmente convocada, assistindo ao sócio o direito de defesa, e devendo, para tanto, ser notificado e convocado ou chamado a se defender, tudo como indica o parágrafo único do art. 1.085, na redação da Lei nº 13.792/2019: "Ressalvado o caso em que haja apenas dois sócios na sociedade, a exclusão de um sócio somente poderá ser determinada em reunião ou assembleia especialmente convocada para esse fim, ciente o acusado em tempo hábil para permitir seu comparecimento e o exercício do direito de defesa".

A Lei nº 13.792/2019 afastou a exigência da exclusão em reunião ou assembleia no caso de existirem apenas dois sócios. Inviabiliza-se, em havendo igualdade de participa-

---

[88] "Exclusão de sócio em sociedades limitadas no novo Código Civil", trabalho citado, p. 300.
[89] *O Direito de Empresa*, ob. cit., p. 219.

ção societária, a tomada de decisão, pois será empatada a decisão, a menos que o sócio a ser retirado votar no mesmo sentido que o outro sócio, o que é improvável. Haveria concordância, e dispensar-se-ia a reunião para a decisão de exclusão.

Sendo diferente a participação societária, prevalece a decisão do sócio com maioria de capital. Ele simplesmente comunicará ao sócio minoritário a exclusão, dando o motivo, e disponibilizando o valor a que tem direito na forma do estatuto ou contrato social.

Esta forma, entretanto, dificilmente será aceita, decorrendo, daí, que a exclusão será procurada pela via judicial.

Havendo mais de dois sócios, para viabilizar a defesa, a notificação conterá a descrição da acusação formal do sócio, e entregará os documentos que a embasam, ou referindo que se encontram à disposição na sede da sociedade, indicando-se o horário para a consulta ou o exame, ou para a confecção de cópias.

Não que haja, para decidir sobre a instauração do procedimento da exclusão, um caminho próprio a ser obedecido, com a formação de um processo, e no qual se instaura a defesa, até decisão final. Absolutamente se impõe um rito. Simplesmente a assembleia decide pela expulsão, cujo ato se vota em sessão posterior, na qual é exercido o direito de defesa, que poderá efetivar-se através de procurador (art. 1.074, § 1º), o qual exibirá procuração. Na ata, apontam-se os motivos da exclusão, os fundamentos da defesa, as sínteses dos debates e a decisão dos sócios.

Decidida a instauração do processo, consoante já mencionado, dá-se ciência ao sócio com a devida antecedência, de modo que tenha tempo hábil para se defender. Não aparece indicado o prazo, mas entende-se que seja razoável, na média de quinze dias, que é o reservado para a contestação nos procedimentos ordinários. Não é possível limitá-lo a um período inferior a cinco dias, posto que se configuraria o cerceamento de defesa.

49.6. Alteração do contrato e apuração do montante devido

Uma vez consumada a exclusão, procede-se à alteração do contrato, e encaminha-se ao registro para a averbação, com a anexação da ata que decidiu pela exclusão do sócio, o que se deve fazer no prazo de vinte dias, por inteligência do art. 1.075, § 2º.

O registro da alteração contratual importa na aplicação do disposto nos arts. 1.031 e 1.032, por imposição do art. 1.086: "Efetuado o registro da alteração contratual, aplicar-se-á o disposto nos arts. 1.031 e 1.032".

Pelo art. 1.031, liquida-se a cota do sócio que se retira: "Nos casos em que a sociedade se resolver em relação a um sócio, o valor da sua quota, considerada pelo montante efetivamente realizado, liquidar-se-á, salvo disposição contratual em contrário, com base na situação patrimonial da sociedade, à data da resolução, verificada em balanço especialmente levantado". Ter-se-á o valor do balanço, que se fundará na avaliação patrimonial, como bem explica Arnoldo Wald: "A jurisprudência firma que a liquidação parcial da sociedade por quotas de responsabilidade limitada e a apuração de haveres sociais decorrentes devem ser realizadas com base no valor do patrimônio social, de modo a determinar o patrimônio líquido da sociedade. Este é o posicionamento do Superior Tribunal de Justiça, que teve a oportunidade de se manifestar, em diversas ocasiões, no sentido de que 'a apuração de haveres deve efetuar-se por meio de uma verificação contábil no bojo de um balanço amplo e definitivo que deverá ser atualizado' (Recurso Especial nº 45.401, que foi confirmado posteriormente pelo Recurso Extraordinário nº 71.468-PR; outro acórdão do STJ, datado de 16 de março de 1971 e o Recurso Extraordinário nº 80.223-RJ)".[90]

Já pelo art. 1.032, "a retirada, exclusão ou morte do sócio, não o exime, ou a seus herdeiros, da responsabilidade pelas obrigações sociais anteriores, até dois anos após averbada a resolução da sociedade; nem nos dois primeiros casos, pelas posteriores e em igual prazo enquanto não se requerer a averbação".

Naturalmente, a desobediência ao procedimento estabelecido favorece o aforamento de lide visando desconstituir o ato de exclusão, opção que se estende na omissão do contrato prever a exclusão pela assembleia, situação abordada por Marcelo M. Bertoldi: "Em se tratando de sociedade na qual a exclusão por justa causa de sócio minoritário não esteja disciplinada em seu contrato social, ou ainda se for o caso de exclusão de sócio majoritário, caberá à sociedade pleitear em juízo a exclusão, que somente ocorrerá mediante sentença judicial transitada em julgado que venha a acolher o pedido".[91]

49.7. Possibilidade da exclusão judicial

Existem salientes diferenças entre a exclusão do art. 1.030 e a do art. 1.085.

Naquela, processa-se judicialmente, pela instauração do devido processo, não carecendo que conste a permissão legal. Na última, já que contratual, é executada pelos próprios sócios.

Assim, a exclusão do art. 1.030 depende de sentença judicial, fazendo-se a posterior averbação no registro, seguindo-se o procedimento dos arts. 599 a 609 do CPC/2015, matéria estudada no Capítulo VII, item 35.

Já quanto à contratual, leva-se à averbação com a prova da simples decisão constante da ata da assembleia.

No afastamento judicial, medida preliminar é a aprovação da maioria dos sócios, estendendo-se a todas as sociedades, enquanto no contratual exige-se a maioria do capital social, não se impedindo, todavia, a exclusão do sócio sem considerar se tem a maioria ou não do capital, consoante defendido antes.

Se não bastasse a maioria dos sócios na exclusão judicial, ou se exigida a maioria do capital, inviabilizar-se-ia a medida, eis que ficaria impedida se majoritário o capital do sócio que incorre na exclusão. De igual modo quando o capital for dividido em partes iguais entre dois sócios, o que inviabiliza uma decisão majoritária.

Em qualquer hipótese, porém, não se denega a viabilidade da via judicial, mesmo encontrada a causa no art. 1.085, e inclusive na omissão do contrato. No caso, não importa seja o sócio majoritário ou minoritário.

Dada a gravidade da sanção, faz-se indispensável a demonstração do inadimplemento ou da violação da obrigação. Assim pensa Celso Marcelo de Oliveira: "Dessa forma, entende-se plenamente viável a exclusão do sócio inadimplente, ainda que representante de metade do capital social, sendo, todavia, indispensável a utilização da via judicial.

No que tange à exclusão do sócio majoritário, de efeito, a necessidade de ampliar as possibilidades de preservação da empresa passa, obrigatoriamente, pela existência de mecanismos capazes de proteger a sociedade contra a inadimplência dos sócios. A sociedade,

---

[90] *Comentários ao Novo Código Civil, Livro II – do Direito de Empresa*, ob. cit., vol. XIV, p. 579.
[91] *Curso Avançado de Direito Comercial*, ob. cit., vol. I, p. 235.

240 • Direito de Empresa | *Arnaldo Rizzardo*

diante de toda a extensa gama de interesses nela inserta, não pode ser refém de sócio prevaricador... E o fundamento jurídico encontrado assenta-se na aplicação às sociedades de regras do direito contratual, como a resolução por inadimplemento. E mais, o inadimplemento que motiva a exclusão do sócio deve ser grave, importando em rompimento do fundamental dever de colaboração".[92]

Tem preponderância o princípio da preservação da empresa, que é atingida por atos que corroem sua estrutura e debilita o cumprimento de sua finalidade.

49.8. Distinção de exclusão por falta grave, incapacidade superveniente ou justa causa

Por último, para incidir a exclusão do art. 1.030, deve configurar-se a falta grave ou a incapacidade superveniente.

A falta grave restringe-se ao cumprimento das obrigações incumbidas ao sócio. Falha ele na execução de seus deveres, como se é desleixado na condução de um veículo da sociedade, ou se provoca a deterioração dos bens que se encontram sob sua guarda, ou simplesmente não executa um serviço que se lhe cominou.

A incapacidade superveniente pode advir da enfermidade ou deficiência mental, que afasta o necessário discernimento para a prática dos atos da vida civil, e se, mesmo por causa transitória, não puder o sócio exprimir sua vontade.

Ambas as espécies já ficaram estudadas, quando da abordagem da sociedade simples.

Já no pertinente ao afastamento do sócio com base no art. 1.085, restritamente à sociedade de responsabilidade limitada, requer-se uma justa causa, que nem sempre envolve o mau desempenho de obrigações, ou falhas na execução de serviços. A ausência de participação, de associativismo, de esforço, de entendimento, de compatibilidade de interesses pode constituir-se em justa causa, embora não se vislumbre uma falta grave. Além de ostentar-se justa a causa, necessário que coloque em risco a continuidade da empresa. Realmente, a ausência de cooperação, de tino empresarial, de dedicação, de seriedade no cumprimento das obrigações conduz à debilitação da sociedade, à desmotivação, à estagnação, estados que, com o tempo, a inviabilizam.

50. DISSOLUÇÃO DA SOCIEDADE

Conforme já examinado, a dissolução abrange duas extensões: a total e a parcial. Na primeira, levam-se a termo as providências para a extinção completa da sociedade. Na segunda, a meta é a retirada do sócio, ou a resolução da quota do sócio, que se procede mediante a apuração de haveres, hipótese esta bem mais comum que a anterior. O art. 1.029, por exemplo, é claro em admitir a retirada voluntária do sócio, que poderá ocorrer, ainda, em mais casos, como por morte e por exclusão, nos termos dos arts. 1.028 e 1.029, aplicando-se as normas a qualquer tipo de sociedade, por força dos arts. 1.087, 1.053, 1.044 e 1.033. Consumada a retirada, ou o afastamento, e apurada a participação, forma-se, a favor do ex-sócio ou de seus herdeiros, conforme o caso, "um crédito contra a sociedade, a ser resgatado nos prazos convencionados no contrato".[93]

---

[92] *Tratado de Direito Empresarial Brasileiro*, ob. cit., p. 514.
[93] José Edwaldo Tavares Borba, *Direito Societário*, ob. cit., p. 55.

Em verdade, acontece mais comumente a retirada de sócio, ou a chamada dissolução parcial, que a dissolução total da sociedade. Nesse caso, a liquidação obedece a regra do art. 1.031, que reza: "Nos casos em que a sociedade se resolver em relação a um sócio, o valor da sua quota, considerada pelo montante efetivamente realizado, liquidar-se-á, salvo disposição contratual em contrário, com base na situação patrimonial da sociedade, à data da resolução, verificada em balanço especialmente levantado".

Se judicial a liquidação, observa-se o procedimento previsto na lei processual, que é o do art. 1.218, inc. VII, do Código de Processo Civil, matéria que adiante será estudada. Citam-se todas as pessoas envolvidas, inclusive a sociedade, se a ação é promovida por um sócio, consoante orienta o seguinte aresto, que trata também da forma de encontrar o valor dos haveres do sócio que deseja se retirar, em se tratando de apuração de haveres: "A ação de dissolução parcial deve ser promovida pelo sócio retirante contra a sociedade e os sócios remanescentes, em litisconsórcio necessário. Precedentes. Na dissolução de sociedade por cotas de responsabilidade limitada, a apuração de haveres do sócio retirante deve ter em conta o real valor de sua participação societária, como se de dissolução total se tratasse. Precedentes. Recursos não conhecidos".[94]

Na liquidação parcial, que advém da resolução da quota do sócio, pois, apura-se o estado patrimonial, para destacar o valor da participação do sócio retirante, o qual lhe será entregue no prazo de noventa dias, como indica o § 2º do art. 1.031. Não se procede à liquidação como no caso de dissolução total, eis que a sociedade, em princípio, prosseguirá.

A dissolução total da sociedade limitada ou de responsabilidade limitada, ou simplesmente dissolução como aparece no art. 1.087, envolve a extinção da sociedade em si, que deixará de existir. Opera-se de pleno direito nos mesmos casos de extinção da sociedade em nome coletivo, que, por sua vez, se extingue nas hipóteses previstas para a extinção da sociedade simples. Eis o texto do dispositivo: "A sociedade dissolve-se, de pleno direito, por qualquer das causas previstas no art. 1.044". Já o art. 1.044 remete ao art. 1.033, que discrimina as situações que permitem a dissolução da sociedade simples.

Nomeiam-se as hipóteses com a transcrição do art. 1.033:

> "Dissolve-se a sociedade quando ocorrer:
>
> I – o vencimento do prazo de duração, salvo se, vencido este e sem oposição de sócio, não entrar a sociedade em liquidação, caso em que se prorrogará por tempo indeterminado;
>
> II – o consenso unânime dos sócios;
>
> III – a deliberação dos sócios, por maioria absoluta, na sociedade de prazo indeterminado;
>
> IV – a falta de pluralidade de sócios, não reconstituída no prazo de cento e oitenta dias;
>
> V – a extinção, na forma da lei, de autorização para funcionar".

Os casos enumerados na lei autorizam a dissolução extrajudicial. Procede-se mediante ato de vontade ou por comando da lei, bastando que se leve a termo a averbação da baixa, através de pedido assinado pelos legítimos representantes, e com o devido motivo determinante.

---

[94] REsp. nº 105.667-SC, da 4ª Turma do STJ, j. em 26.09.2000, *DJU* de 06.11.2000.

Aduz-se que a falência também importa na dissolução.

Se não lograda a unanimidade, ou a maioria absoluta dos sócios, e, faltando, assim, o elemento que materializa a extinção, o único caminho que se delineia é o judicial. As hipóteses que facultam a dissolução estão enumeradas no art. 1.034: "A sociedade pode ser dissolvida judicialmente, a requerimento de qualquer dos sócios, quando:

I – anulada a sua constituição;

II – exaurido o fim social, ou verificada a sua inexequibilidade".

A matéria ficou estudada no capítulo que tratou da sociedade simples.

XI
A sociedade anônima

1. CONCEITO

A sociedade anônima, ou por ações, ou companhia, é aquela cujo capital se divide em pequenas frações denominadas *ações*, as quais servem para estabelecer a titularidade e o grau de responsabilidade dos membros ou das pessoas que formam a sociedade, enquanto não integralizadas, ou na pendência do ingresso do valor que representam. Na sociedade de responsabilidade limitada, o capital se reparte em quotas, ou porções de expressão econômica normalmente maior. Modesto Carvalhosa acrescenta o dado da livre negociabilidade: "A pessoa jurídica de direito privado, de natureza mercantil, em que o capital se divide em ações de livre negociabilidade, limitando-se a responsabilidade dos subscritores ou acionistas ao preço de emissão das ações por eles subscritas ou adquiridas".[1]

Do art. 1º da Lei nº 6.404, de 15.12.1976, que rege presentemente este tipo de sociedade, extraem-se os elementos conceituais, e que a distinguem de outras sociedades: "A companhia ou sociedade anônima terá o capital dividido em ações, e a responsabilidade dos sócios ou acionistas será limitada ao preço de emissão das ações subscritas ou adquiridas".

O conceito manteve o conteúdo que vinha na Lei nº 2.627, de 26.09.1940, a qual antes tratava da matéria.

Dois os elementos caracterizadores e diferenciadores deste tipo de sociedade:

a) a divisão do capital social em frações mínimas denominadas ações, levando a considerá-la uma sociedade de capital;

b) a limitação da responsabilidade dos sócios ao preço ou valor de emissão das ações de que o sócio é titular.

Ressalta-se que o grau de responsabilidade do sócio mede-se pelo preço de emissão da ação, e não pelo valor da fração do capital que representa. Assim entende Marcelo Andrade Féres: "Na verdade, o preço de emissão das ações é o que está mais próximo de indicar a verídica perda patrimonial que o sócio pode vir a sofrer com o insucesso e consequente falência da sociedade. Lado outro, o valor nominal, que é o resultado da divisão do capital social pelo número de ações são subscritas ou adquiridas por valor muito superior ao seu valor nominal".[2]

---

[1] *Comentários à Lei de Sociedades Anônima*, 2ª ed., São Paulo, Editora Saraiva, 1997, vol. I, p. 4.

[2] "Empresa e Empresário: do Código Civil Italiano ao Novo Código Civil Brasileiro", trabalho citado, p. 64.

244 • Direito de Empresa | *Arnaldo Rizzardo*

O Código Civil de 2002 tratou em dois dispositivos a sociedade por ações. O primeiro é o art. 1.088, com significado igual ao art. 1º da Lei nº 6.404/1976, tendo o seguinte texto: "Na sociedade anônima ou companhia, o capital divide-se em ações, obrigando-se cada sócio ou acionista somente pelo preço de emissão das ações que subscrever ou adquirir". O segundo – art. 1.089 –, manda aplicar, no mais, a lei especial, incidindo o Código Civil unicamente nos casos omissos: "A sociedade anônima rege-se por lei especial, aplicando-se-lhe, nos casos omissos, as disposições deste Código".

Obrigatoriamente será a sociedade anônima uma empresa de fim lucrativo, e, assim, empresária, não se admitindo a forma de sociedade simples. Não poderá, de modo algum, ter objeto contrário à lei, à ordem pública e aos bons costumes. Terá a finalidade empresária, que abrange a atividade mercantil e produtiva. Não mais se mantém a nomenclatura que lhe dava feição comercial.

Trata-se de uma sociedade com personalidade jurídica que a individua e lhe dá autonomia própria, assim ressaltada por Modesto Carvalhosa: "Sua personalidade jurídica é reconhecida a partir do arquivamento dos seus atos constitutivos no Registro do Comércio e subsiste durante todo o prazo de sua duração, inclusive durante o período de sua liquidação, extinguindo-se nos casos previstos (arts. 21, do CC, e 219 da Lei nº 6.404, de 1976). Somente após o seu registro é que os subscritores de suas quotas são considerados acionistas. Tem a sociedade anônima personalidade distinta daquela de seus sócios. Sendo sociedade comercial, por força de lei, seus acionistas não são considerados comerciantes enquanto tais".[3] É de referir que o citado art. 21 não veio reproduzido no CC/2002.

2. ELEMENTOS HISTÓRICOS

A origem da sociedade anônima assenta na necessidade de formação ou agregação de grandes capitais para a Constituição de sociedades que exigissem vultosos e seguros investimentos, o que iniciou em meados da Idade Média, especialmente quando expandiram os ofícios e formas de exploração de recursos minerais. Lembra Waldemar Ferreira: "Pondo de lado os precedentes gregos e romanos, A. Scialoja divisou elementos apreciáveis para esse ponto de vista em algumas espécies de sociedades civis, que existiram na França, nos fins do Século XII, empresas moageiras cujos moinhos tinham o seu valor total dividido em certo número de partes cessíveis (*uchaux* ou *saches*) em proporção das quais os sócios participavam dos resultados, e nas associações mineiras germânicas e italianas do Século XIII, nas quais as quotas de condomínio livremente se transferiam e o direito aos ganhos se computava pela quota mineira".[4] Com o início da introdução das ideias imperialistas e do capitalismo mercantil, que remontam ao Século XVII, tornou-se necessária a obtenção de capitais de vulto, ensejando a participação de várias pessoas nos empreendimentos.

Evoluíram as junções de esforços e de patrimônios quando se desenvolveram as grandes companhias de navegação, como as que exploravam o domínio de novos rumos da economia da Europa, e, mais tarde, visavam descortinar a conquista da América, da Índia e da África. Gênova foi o centro de ebulição da prática de arrecadar fundos, tendo a República formado um sistema peculiar de atrair fundos, garantindo com os direitos alfandegários os empréstimos ou a entrega de capitais. Trajano de Miranda Valverde lembra os seguintes dados históricos: "É opinião geral que o Banco de São Jorge, constituído

---

[3] *Comentários à Lei de Sociedades Anônimas*, ob. cit., 1997, vol. I, p. 5.
[4] *Tratado de Direito Comercial*, São Paulo, Editora Saraiva, 1961, 4º vol., pp. 7-8.

em Gênova, no ano de 1407, foi a organização que, pela primeira vez, corporificou os elementos principais do instituto. A República Genovesa, não podendo pagar aos seus credores os juros de dívida por ela emitidos, concedeu-lhes a exação da maior parte dos tributos. E eles, que formavam a corporação 'Casa São Jorge', transformaram seus títulos de renda (*loca montium*) em ações de um Banco de Estado, nominativas, inscritas em um registro. Tais partes ou ações tinham cotação no mercado e eram livremente alienáveis".[5]

Não havia uma organização legal dessa agregação ou comunhão de capitais, que somente iniciou na Holanda, na primeira metade do Século XVII, com a criação da Companhia das Índias Orientais (1602), destinada a grandes viagens para os novos mundos descobertos e que se abriam para viabilidades econômicas. Grupos de investidores passaram a participar de sociedades no correspondente ao capital que traziam, modalidade que logo se implantou na Inglaterra, na França e em Portugal.

O Estado participava dessas sociedades, como na posterior Companhia das Índias Ocidentais, também da Holanda (1621), cujo poder foi tão forte que chegou a formar uma esquadra que implantou uma possessão no Brasil, sob o comando do príncipe de Nassau. Essas organizações recebiam concessões dos governos europeus, que davam amparo militar ou bélico às ocupações, e concediam poder político de administração.

Um segundo momento de criação e expansão das grandes sociedades se formou com a Revolução Industrial, no século XIX, constituindo as sociedades anônimas importante e decisivo instrumento para a expansão e o desenvolvimento da economia. Com a instalação da grande indústria e a produção em massa, propiciou o capitalismo a captação e incorporação de capitais, quando a organização social da concentração passou a dividir em ações as participações. Houve, no curso da história, momentos de retração, dados os abusos que acompanharam a expansão das sociedades, obrigando a intervenção do Estado, que passou a controlar a constituição das sociedades anônimas, exigindo a prévia aprovação para se instalarem.

Na França, a partir de 1863 iniciou a liberação, dispensando a aprovação do Estado para sociedades até certo montante de capital, seguindo a evoluir até 1867, quando se regulou através de lei a sociedade anônima. Uma vez obedecidos e cumpridos os ditames legais, não poderia haver interferência ou intervenção estatal.

Nos últimos tempos, a partir da primeira metade do Século XX, expandiram-se as sociedades de alguns países desenvolvidos, implantando-se em países de continentes com menor progresso, mediante a construção de fábricas e a organização de sistemas de investimentos que representaram a industrialização e a evolução para patamares de intenso crescimento das economias locais.

No Brasil, a primeira sociedade com feições de anônima que surgiu foi a Companhia Geral do Grão-Pará, criada através carta régia vinda de Portugal, ao tempo do Marquês de Pombal, visando a colonização. Em 1808, com a transferência de D. João VI para o Rio de Janeiro, através de alvará criou-se o Banco do Brasil S. A., com participação de pessoas na formação do capital.

Digno de nota é o seguinte dado histórico, aportado por Wilson de Souza Campos Batalha: "No direito brasileiro, até o Decreto nº 575, de 10 de janeiro de 1848, as sociedades anônimas dependiam, para a sua constituição, de leis especiais. O citado Decreto nº 575 sujeitou-as à autorização governamental, dispondo no art. 1º: 'Nenhuma socieda-

---

[5] *Sociedades por Ações*, ob. cit., vol. I, p. 10.

de anônima poderá ser incorporada sem autorização do governo e sem que seja por ele aprovado o contrato, que a constituir'".[6]

O Código Comercial de 1850 trouxe a ideia de sociedade anônima em seu art. 295: "As companhias ou sociedades anônimas, designadas pelo objeto ou empresa a que se destinam, sem firma social e administradas por mandatários revogáveis, sócios ou não sócios, só podem estabelecer-se por tempo determinado e com autorização do governo, dependente da aprovação do corpo legislativo quando hajam de gozar de algum privilégio; e devem provar-se por escritura pública ou pelos seus estatutos e pelo ato do poder que as houver autorizado".

Está implícita a constituição por sócios, ao prever a existência de sócios, que naturalmente devem possuir a titularidade do capital.

Mediante o Decreto nº 8.821, de 30.12.1882, deu-se a plena liberdade à constituição e funcionamento, não mais exigindo a autorização do governo, exceto em casos de interesse público. Ficou afastada a necessidade de aprovação específica pelo corpo legislativo. Fran Martins destaca a sua significação: "A importância dessa Lei reside no fato de, adaptando-se ela a uma nova orientação do direito estrangeiro sobre essas sociedades – notadamente do direito francês – haver abordado a autorização governamental para a constituição das anônimas, que já não mais ficavam presas à vontade do Estado para que pudessem ser constituídas".[7]

Leis reguladoras próprias surgiram posteriormente, como o Decreto nº 434, de 4.07.1891, e o Decreto-lei nº 2.627, de 26.09.1940, nascido do anteprojeto de Trajano de Miranda Valverde, sendo este último o diploma que precedeu a Lei nº 6.404, de 15.12.1976, a qual sofreu várias modificações através da Lei nº 8.021, de 12.04.1990; da Lei nº 9.457, de 05.05.1997; e da Lei nº 10.303, de 31.10.2001.

Sobre a Lei nº 6.404, lembra Osmar Brina Corrêa-Lima: "A lei brasileira de 1976 inspirou-se, principalmente, na legislação norte-americana e, na parte relativa aos grupos de sociedades, na disciplinação do *konzern* pelo *AktG* alemão, de 1965.

A Lei nº 6.404/1976, de autoria intelectual dos juristas Alfredo Lamy Filho e José Luiz Bulhões Pedreira, foi promulgada sob a égide do II PND da chamada 'Nova República' (Lei nº 6.151/1974 – Governo Geisel), que preconizava o seguinte: 'Com o objetivo de proteger as minorias acionárias e desenvolver o espírito associativo entre os grupos empresariais privados, reformar-se-á a lei das sociedades por ações, tendo em vista os seguintes objetivos: a) assegurar às minorias acionárias o direito a dividendos mínimos em dinheiro; b) evitar que cada ação do majoritário possua valor superior a cada ação do minoritário; c) disciplinar a distribuição de gratificações a diretores e empregados; d) aperfeiçoar os mecanismos de auditorias, hoje precariamente realizados pelos conselhos fiscais; e) facilitar o funcionamento das sociedades de capital autorizado'".[8]

Observa-se que a lei em exame sofreu alterações através de diversas leis, sendo as mais recentes as das Leis nos 11.638/2007, 11.941/2009, 12.431/2011 e 12.810/2013.

As sociedades anônimas constituíram o sistema de organização de economia que mais contribuiu para a industrialização, o que se fez sentir especialmente em países da América do Sul, como o Brasil.

---

[6] *Comentários à Lei das Sociedades Anônimas*, Rio de Janeiro, Editora Forense, 1977, vol. I, p. 1.
[7] *Comentários à Lei das Sociedades Anônimas*, Rio de Janeiro, Editora Forense, 1977, vol. 1, p. 4.
[8] *Sociedade Anônima*, Belo Horizonte, Livraria Del Rey Editora Ltda., 2003, p. 14.

Realmente, através desse tipo de sociedade, foi possível agregar grandes capitais e concentrá-los em empresas que se tornaram fatores do desenvolvimento. Logrou vingar esse sistema sobretudo pelo relativo comprometimento que provoca daqueles que aplicam suas riquezas, pois não se responsabilizam mais que o correspondente não integralizado do capital que subscrevem.

As grandes empresas dominam setores importantes da economia, como no caso dos combustíveis, das comunicações, dos transportes, dos refrigerantes, da alimentação, da indústria de veículos, tornando-se, não raramente, problemas para o Estado, pois setores importantes da economia, da produção e dos serviços dependem dessas empresas. Por isso, há de se colocar entrave à formação de grandes grupos econômicos, à fusão de sociedades, ao domínio do capital de companhias estrangeiras ou mesmo nacionais, que paulatinamente adquirem as participações sociais de empresas de menor porte, formando monopólios em determinados setores ou verdadeiros trustes.

3. CARACTERIZAÇÃO DO CAPITAL

Expõe Fran Martins que "constitui o capital o elemento básico para que a sociedade se possa constituir, com o qual deverá iniciar as suas atividades. É ele formado pela contribuição dos sócios e constitui uma garantia precípua para os credores, já que nas sociedades anônimas os sócios ou acionistas são responsáveis apenas pelos preços das ações que subscrevem ou adquirem, não havendo, portanto, responsabilidade subsidiária".[9]

Quanto à composição do capital, o art. 1.088 do Código Civil preceitua que se dividirá ele em ações: "Na sociedade anônima ou companhia, o capital divide-se em ações, obrigando-se cada sócio ou acionista somente pelo preço de emissão das ações que subscrever ou adquirir".

Temos que o capital se dividirá em diminutas frações, cada uma com um valor, que serão adquiridas pelos sócios, e predominando o comando em favor de quem maior número de ações adquirir. Daí por que a sociedade anônima ou companhia enquadra-se como sociedade por ações. Cada sócio adquire ou subscreve ações, ficando sua responsabilidade circunscrita ao preço de emissão das ações. Com a subscrição, há a aquisição *originária*. Uma vez integralizado o pagamento, não mais perdura a responsabilidade pessoal. As suas ações é que vão para a arrecadação do juízo falimentar.

A sociedade emite ações, taxando-as com um valor idêntico ou igual e específico, de modo a representar cada uma pequena parcela da sociedade. Na criação da sociedade, o capital corresponderá ao seu valor patrimonial, não se impedindo, porém, que não se fixe valor às ações, que serão, então, sem valor nominal.

No curso da vida da sociedade, oscilará para mais ou menos o valor, quando as ações podem ser negociadas ou transferidas. Na hipótese, novos sócios ingressam, substituindo os anteriores. A aquisição será, então, *derivada*, fazendo-se de vários modos: ou aquisição por ato *inter vivos*, isto é, por compra e venda, doação, adjudicação, arrematação judicial; ou por ao *causa mortis*, que se manifesta por sucessão legítima ou testamentária.

As ações, por força da Lei nº 8.021, de 12.04.1990, em seu art. 4º, que alterou o art. 20 da Lei nº 6.404, serão sempre nominativas, estando proibida a emissão de ações ao portador. Mesmo que identificados os titulares das ações, não fica afastado o caráter

---

[9] *Comentários à Lei das Sociedades Anônimas*, ob. cit., vol. 1, p. 49.

de sociedade anônima, pois prevalece o fenômeno da disseminação acionária, a dispersão do capital ao grande público indistinto. Não se tem em conta o nome das pessoas que adquire ações, e sim a aquisição em si, efetuando-se indistintamente ao conceito ou categoria dos indivíduos.

4. NATUREZA JURÍDICA DA SOCIEDADE

Nesse tipo de sociedade, as aptidões, a personalidade e o caráter do sócio são irrelevantes para o sucesso ou insucesso da empresa explorada pela sociedade. As qualidades subjetivas do acionista não interferem de forma alguma no desempenho da sociedade. O único fator a considerar é a contribuição material dada para a sociedade. O sócio pode alienar sua participação societária a quem quer que seja, independentemente da anuência dos demais. Por isso, diz-se que a sociedade anônima é sociedade de capital.

Sem dúvida, é a sociedade anônima uma pessoa jurídica de direito privado, enquadrando-se no art. 40 do Código Civil, dotada de personalidade jurídica, regulada por lei, e destinando-se à exploração e ao proveito da atividade econômica. Constitui-se basicamente de capital privado, mas não se impedindo que o capital público a componha, em proporção majoritária, quando se revestirá da forma de sociedade de economia mista.

A personalidade jurídica decorre da formalização de sua constituição, registrando-se seus atos no órgão público apropriado, com o que emerge sua plena capacidade jurídica, e concentrando-se, então, em seu exclusivo âmbito a responsabilidade civil. Com a capacidade jurídica, torna-se a sociedade sujeita de direitos e deveres, podendo estar presente em quaisquer negócios ou atos da vida civil, judicial ou extrajudicialmente.

O contrato social, denominado estatuto, atribui um caráter vinculativo dos sócios às cláusulas pactuadas, que faz predominar o princípio da vontade coletiva, representada especialmente pelas decisões da maioria simples ou qualificada, de acordo com a importância da matéria em debate. O ordenamento jurídico impõe a obediência e submissão ao estatuto social e às decisões ditadas pela maioria na participação patrimonial representada por ações.

No entanto, dada a importância pública das sociedades em especial de grande porte, e daquelas ligadas a importantes setores da economia nacional, adquiriu relevância a feição institucional que se dá às sociedades anônimas, sobrepondo-se às regras puramente contratuais, e predominando os interesses e propósitos públicos, com a decorrente ingerência do Estado na própria vida da sociedade. Nesta senda, segue Wilson de Souza Campos Batalha, há "uma sensível tendência ao institucionalismo, não só reforçando o princípio de autoridade e responsabilidade, como também acenando à função social da sociedade anônima, como reunião de homens, sob forma hierárquica, em torno de uma ideia e com as vistas voltadas para os interesses da economia nacional. Suficientemente claro é o art. 116, parágrafo único: 'O acionista controlador deve usar o poder com o fim de fazer a companhia realizar o seu objeto e cumprir sua função social, e tem deveres e responsabilidades para com os demais acionistas da empresa, os que nela trabalham e para com a comunidade em que atua, cujos direitos e interesses deve lealmente respeitar e atender'. O preceito, embora assuma feição meramente programática, não deixa de evidenciar a tendência nitidamente institucionalista que se pretendeu imprimir à disciplina legal das anônimas".[10]

---

[10] *Comentários à Lei das Sociedades Anônimas*, ob. cit., vol. I, p. 56.

5. LEGISLAÇÃO INCIDENTE

Em relação à legislação que disciplina a sociedade, incide integralmente a Lei nº 6.404, de 15.12.1976, alterada pela Lei nº 8.021, de 12.04.1990, pela Lei nº 9.457, de 5.05.1997, pela Lei nº 10.303, de 31.10.2001, pela Lei nº 11.638, de 28.12.2007, pela Lei nº 11.941, de 27.05.2009, pela Lei nº 12.431, de 24.06.2011, pela Lei nº 12.828, de 09.07.2013, e pela Lei nº 13.129, de 26.05.2015.

Apenas dois dispositivos traz o Código em capítulo específico sobre esse tipo de sociedade, sendo um o art. 1.088 – pertinente à composição do capital da sociedade, isto é, relativamente às ações, acima transcrito; e o outro no tocante à disciplina incidente, que é o art. 1.089, nos seguintes termos: "A sociedade anônima rege-se pela lei especial, aplicando-se-lhe, nos casos omissos, as disposições deste Código". Em disposições esparsas, ao longo da disciplina das sociedades, encontram-se regras dirigidas à sociedade anônima, como se verá abaixo.

Nada, porém, veio no Código Civil de 2002 que revogasse, pelo menos em parte, a lei específica. Mesmo assuntos tratados genericamente pelo Código Civil, como a incorporação, a fusão, e a cisão (arts. 1.116, 1.119 e 1.122), perduram sendo regulados pela Lei das Sociedades Anônimas. Existem peculiaridades dessas figuras, como o protocolo, a justificação, o direito de retirada, os direitos de debenturistas, a publicação dos atos concernentes à operação, que permanecem em vigor, e são disciplinados pela lei própria.

É difícil, se encontrados casos omissos, fazer que incidam as normas dedicadas às demais sociedades, e regidas pelo Código Civil. Há institutos da sociedade anônima inconfundíveis e próprios, não se localizando dispositivos do Código Civil aptos a tratar dos vários institutos regulados pela Lei nº 6.404, a qual cuida, exemplificativamente, da classe das ações (art. 18), das partes beneficiárias (art. 46), da limitação ao número de votos (art. 110), do acordo dos acionistas na compra de ações (art. 118), da participação recíproca entre sociedades (art. 244), da oferta ao público das quotas (art. 257).

Uma ou outra regra se encontra com destinação expressa às sociedades por ações, merecendo destaque as que seguem.

O parágrafo único do art. 982 enquadra como empresária a sociedade por ações: "Independentemente de seu objeto, considera-se empresária a sociedade por ações; e, simples, a cooperativa".

O parágrafo único do art. 1.126 obriga que sejam nominativas as ações: "Quando a lei exigir que todos ou alguns sócios sejam brasileiros, as ações da sociedade anônima revestirão, no silêncio da lei, a forma nominativa. Qualquer que seja o tipo de sociedade, na sua sede ficará arquivada cópia autêntica do documento comprobatório da nacionalidade dos sócios".

Na mudança de nacionalidade das ações, o art. 1.127 se dirige à sociedade anônima: "Não haverá mudança de nacionalidade de sociedade brasileira sem o consentimento unânime dos sócios ou acionistas".

O requerimento para a mudança de nacionalidade da empresa por ações terá a assinatura da unanimidade dos sócios, em vista do art. 1.128: "O requerimento de autorização de sociedade nacional deve ser acompanhado de cópia do contrato, assinada por todos os sócios, ou, tratando-se de sociedade anônima, de cópia, autenticada pelos fundadores, dos documentos exigidos pela lei especial".

Há a possibilidade de exigir o Poder Executivo a alteração do contrato social inclusive da sociedade anônima, conforme o art. 1.129: "Ao poder executivo é facultado exigir que se procedam a alterações ou aditamento no contrato ou no estatuto, devendo os sócios, ou tratando-se de sociedade anônima, os fundadores, cumprir as formalidades legais para revisão dos atos constitutivos, e juntar ao processo prova regular".

O art. 1.132 e seus parágrafos fazem depender a constituição da sociedade anônima, formada da subscrição pública para a formação do capital, da obtenção da autorização do Poder Público. Ou seja, não se formarão sem obter a autorização para funcionar. Eis a regra do art. 1.132: "As sociedades anônimas nacionais, que dependam de autorização do Poder Executivo para funcionar, não se constituirão sem obtê-la, quando seus fundadores pretenderem recorrer a subscrição pública para a formação do capital".

Sobre o funcionamento de sociedade estrangeira no Brasil, eis o art. 1.134: "A sociedade estrangeira, qualquer que seja o seu objeto, não pode, sem autorização do Poder Executivo, funcionar no País, ainda que por estabelecimentos subordinados, podendo, todavia, ressalvados os casos expressos em lei, ser acionista de sociedade anônima brasileira".

Quanto à denominação, ordena o art. 1.160: "A sociedade anônima opera sob a denominação designativa do objeto social, integrada pelas expressões 'sociedade anônima' ou 'companhia', por extenso ou abreviadamente".

Outrossim, o parágrafo único do mesmo artigo, restritamente à sociedade anônima, autoriza a permanência ou a inclusão do nome do fundador na denominação.

6. OBJETO SOCIAL

No pertinente ao objeto social, por força do art. 2º da Lei nº 6.404, é obrigatória a descrição, assegurando-se ampla liberdade na sua escolha, desde que de fim lucrativo, não contrário à lei, à ordem pública e aos bons costumes: "Pode ser objeto da companhia qualquer empresa de fim lucrativo, não contrário à lei, à ordem pública e aos bons costumes". A expressão "qualquer empresa" significa a atividade, que se considera a série de atos ordenados para uma finalidade, ou encadeados teleologicamente, ligados a uma função econômica.

Está afastada a finalidade meramente associativa, ou de defesa de classes, ou de cunho social. A menção não necessita que venha detalhada, sendo suficiente que se refira o ramo de atividade ou da produção, ficando implícitos os atos complementares ou decorrentes. Conforme reforça Waldírio Bulgarelli, "é inerente a inúmeras atividades a necessidade da prática de atividades complementares e acessórias ou de atos isolados com esse propósito". Daí, explicita, "quando o objeto social alude à industrialização e comercialização, a projetos e consultoria técnica, à venda ou aluguel, certamente que está pressupondo a necessária assistência técnica. Aliás, não é necessário ser especialista em computadores, por exemplo, basta ser usuário constante, para saber como são indispensáveis tais serviços e como são exigíveis, não só como obrigação do vendedor de fazer firme e valiosa a venda, mas até mesmo por imposição do Código de Defesa do Consumidor".[11]

A teor do § 1º do art. 2º, o objeto visará sempre uma finalidade empresária, isto é, lucrativa, de produção e circulação de bens, e de prestação de serviços. Ordena o § 2º que constará obrigatoriamente definido no contrato, de modo preciso e claro. Autoriza-se, ainda, em consonância com o § 3º, a participação em outras sociedades, seja para a realização do próprio objeto social, seja para usufruir de incentivos fiscais. Destarte,

---

[11]   *O Novo Direito Empresarial*, ob. cit., p. 329.

torna-se possível a realização do objeto social mediante a subscrição ou aquisição de quotas ou ações de outra sociedade, na qual atuará, e que coincide com o objeto social previsto em seu estatuto.

7. CAPITAL SOCIAL

O capital social constitui o valor monetário que compõe o patrimônio ou o lastro econômico da sociedade, devendo ser expresso sempre em moeda nacional, por exigência do art. 5º da Lei nº 6.404. Corresponderá ao patrimônio da sociedade, tendo Tullio Ascarelli observado: "Durante a vida da sociedade, a lei visa a impedir que o patrimônio líquido venha a ser inferior ao capital social e, portanto, proíbe a distribuição de dividendos antecipados ou não correspondentes a lucros efetivamente realizados e impõe até a constituição de uma reserva; veda à sociedade negociar com as próprias ações; subordina a emissão de novas ações à integralização das precedentes; organiza uma peculiar publicidade por que os credores sociais possam avaliar a situação patrimonial da sociedade e a efetiva subsistência do capital social; impõe até a liquidação ou a falência da sociedade desde que o patrimônio se torne por demais inferior ao capital".[12]

Constará o capital fixado no estatuto social, corrigindo-se anualmente, diante do parágrafo único do art. 5º: "A expressão monetária do valor do capital social realizado será corrigido anualmente (art. 167)". A correção monetária torna-se imposição para a garantia dos credores da sociedade, na visão de Alfredo Lamy Filho e José Luiz Bulhões Pedreira: "É que, com a desvalorização monetária, a garantia dos credores se esvairia no curso do exercício se não fosse corrigida a cifra do capital social – independentemente de sua correspondência patrimonial. Trata-se, pois, de uma operação aritmética, e não jurídica ou de política societária, que visa, apenas a restaurar, sob uma nova configuração numérica, o mesmo valor".[13]

Em face da correção monetária do capital, decorre a mesma atualização dos dividendos, consoante orienta a jurisprudência:

> "Sociedade anônima. Ações preferenciais. Base de cálculo dos dividendos prioritários. Incidência da correção monetária.
>
> I – A base de cálculo dos dividendos de ações preferenciais, quando estabelecidos sobre o valor nominal daquelas ações, deve ser o capital social anualmente corrigido, de acordo com o art. 5º, parágrafo único, da Lei nº 6.404/1976.
>
> II – A correção monetária do capital social, entre as suas relevantes funções, integra o conjunto de normas adotado pela lei para a proteção da minoria, e não depende de deliberação da assembleia para vigorar, nem está subordinada, para ter eficácia, à decisão dos sócios. Diante do quadro inflacionário que assolou a economia do nosso País nas ultimas décadas, a ausência da correção monetária no pagamento dos dividendos, além de ensejar enriquecimento ilícito de parte da companhia, é fator de desestímulo à participação dos

---

[12] *Problemas das Sociedades Anônimas e Direito Comparado*, Campinas – São Paulo, Bookseller Editora e Distribuidora, 2001, p. 62.

[13] *A Lei das S.A.*, Rio de Janeiro, Livraria e Editora Renovar Ltda., 1992, p. 296.

investidores, dificultando a capitalização da empresa mediante captação de poupança no mercado primário".[14]

Mesmo, pois, que emitidas ações bonificadas representativas da correção monetária, calculam-se os dividendos sobre as ações bonificadas.

Ações bonificadas são as criadas através da distribuição de resultados da companhia ou formadas pela incorporação de reservas ao capital social. As ações bonificadas são entregues aos acionistas, na proporção da quantidade de ações possuídas. A bonificação aumenta a quantidade de ações da empresa, sem alterar o valor do patrimônio.

A matéria mereceu extensa abordagem em decisão encimada com a seguinte ementa:

"Sociedade anônima. Ações preferenciais nominativas. Dividendos.

1. Procedida a capitalização da reserva mediante emissão de novas ações, os dividendos devem ser calculados, também, sobre as ações bonificadas, atualizados monetariamente, desde o encerramento de cada exercício social objeto do pedido.

2. Incidência de juros de mora desde a citação, nos termos do art. 1.062 do Código Civil de 1916, até a data da entrada em vigor do Código Civil de 2002, aplicando-se a partir daí o art. 406 deste diploma.

3. Recurso especial conhecido e provido, por maioria".[15]

Ponderáveis os fundamentos e precedentes trazidos pelo Min. Menezes Direito:

"Esta Corte em diversas oportunidades tem apreciado a questão dos dividendos das ações preferenciais. Está assentado que tais dividendos 'não podem ser calculados sem o cômputo da correção monetária do capital social' (AgRgAg nº 462.205-PB, de minha relatoria, *DJ* de 31.03.2003; REsp. nº 255.145-RJ, relator o Ministro Ruy Rosado de Aguiar, *DJ* de 30.04.2001; REsp. nº 207.707-SP, de minha relatoria, *DJ* de 26.06.2000; REsp. nº 118.880-DF, relator o Ministro Ari Pargendler, *DJ* de 31.03.2003).

Examinei a questão do alcance do pagamento dos dividendos das ações preferenciais em voto-vista que proferi quando do julgamento do REsp. nº 95.377-RJ, relator o Ministro Waldemar Zveiter (*DJ* de 25.02.1998), de que destaco os trechos que se seguem: No que concerne ao mérito do pedido, o Acórdão recorrido assinalou que a Lei nº 6.404/76 criou um sistema próprio de correção monetária previsto no art. 167, § 1°, assim a correção anual, estabelecendo que a 'reserva de capital constituída por ocasião do balanço de encerramento do exercício social e resultante da correção monetária do capital realizado (art. 182, § 2°) será capitalizada por deliberação da assembleia geral que aprovar o balanço', sendo que, na 'companhia aberta, a capitalização prevista neste artigo será feita sem modificação do número de ações emitidas e com aumento do valor nominal das ações, se for o caso', com o que, tecnicamente, a atualização refere-se ao momento do balanço que indica os lucros que serão distribuídos.

O art. 297, por outro lado, estabelece regra de trânsito, mediante a qual as 'companhias existentes que tiverem ações preferenciais com prioridade na distribuição de dividendo fixo ou mínimo ficarão dispensadas do disposto no art. 167 e seu § 1°, desde que no prazo de que trata o art. 296 regulem no estatuto a participação das ações preferenciais na correção anual do capital social', fixando as seguintes normas: 'o aumento de capital poderá ficar na dependência de deliberação da assembleia geral, mas será obrigatório quando o saldo da conta de

---

[14] REsp. nº 95.377-RJ, da 3ª Turma do STJ, j. em 21.11.1997, *DJU* de 25.02.1998.
[15] REsp. nº 138.509-MG, da 3ª Turma do STJ, j. em 02.06.2005, *DJU* de 26.09.2005, rel. para o acórdão Min. Carlos Alberto Menezes Direito.

que trata o § 3° do art. 182 ultrapassar 50% (cinquenta por cento) do capital social'; 'a capitalização da reserva poderá ser procedida mediante aumento do valor nominal das ações ou emissões de novas ações bonificadas, cabendo à assembleia geral escolher, em cada aumento de capital, o modo a ser adotado'; 'em qualquer caso, será observado o disposto no § 4° do art. 17'; 'as condições estatutárias de participação serão transcritas nos certificados das ações da companhia'.

Verifica-se, portanto, que o regime do art. 297 da Lei n° 6.404/76, regime de trânsito, não subordina as empresas, diretamente, ao art. 167 e seu § 1°, que, assim, não estão obrigadas a capitalizar a correção monetária do capital social, mediante o aumento do valor nominal das ações, na assembleia geral ordinária que aprovar o balanço, nem tampouco, os titulares de ações preferenciais têm direito à capitalização da reserva da correção monetária do capital social em toda e qualquer circunstância, cabendo à assembleia geral, em cada aumento, indicar se adotará o aumento do valor nominal das ações ou a emissão de ações bonificadas.

Não se cuida, no caso, pura e simplesmente, de compreender a correção monetária como inerente ao processo brasileiro, significando a manutenção do valor das ações no tempo, para evitar a corrosão inflacionária. O que se deve examinar neste feito é se o critério de distribuição dos dividendos adotado pela recorrente está de acordo com o sistema legal especial.

Desde logo, é necessário considerar que a correção monetária em direito societário, alcançando o capital social, não depende do resultado do exercício; ou seja, haja lucro ou prejuízo, impõe-se a correção monetária, daí comandar a lei, no seu art. 182, que será registrado como reserva de capital o resultado da correção monetária do capital realizado, enquanto não capitalizado. Não constitui a correção monetária, pois, uma reserva de capital. E o art. 200 da lei especial deixa isso muito claro.

Em tese, a lei de regência não dispensou a correção monetária. E nem poderia fazê-lo, sob pena de ignorar a realidade e, ainda, criar um sistema discriminatório que retiraria praticamente o privilégio dos acionistas preferenciais, isto é, o possuidor de ações preferenciais ficaria com seus dividendos minguados diante do desequilíbrio entre o valor nominal das ações e o valor efetivo do capital devidamente corrigido. Seria o mesmo que criar uma estrutura de valorização do mercado de ações e embutir nele um sistema de autodestruição representado pela desvalorização das ações tidas como preferenciais, tal como regulado estatutariamente. Por essa razão mesma, é que a Comissão de Valores Mobiliários considerou que o dividendo prioritário deveria ter como base de cálculo o valor nominal devidamente corrigido, tal e qual a correção anual do capital social".

Ocorre que, se bastasse emitir ações bonificadas, haveria um engodo em relação àquele que adquire ações preferenciais, já que se desvirtuaria a própria finalidade no investimento em adquirir ações preferenciais.

A matéria voltará a ser analisada no Capítulo XXXIII, n. 3, alínea "a".

7.1. Formação do capital através do aporte de bens

A formação do capital se fará através de contribuições em dinheiro ou em qualquer espécie de bens móveis ou imóveis, corpóreos ou incorpóreos, divisíveis ou indivisíveis, fungíveis ou infungíveis, desde que suscetíveis de aferição econômica, como possibilita o art. 7°. O ingresso através de dinheiro constitui o mais comum meio de integralização do capital, não se exigindo formalidade outra senão o mero depósito do valor.

Se formado o capital através de bens, configurando a figura da "dação de bens em integralização", a fim de ficar comprovada a sua existência real e efetiva, impõe-se a avaliação em procedimento efetuado no âmbito da assembleia geral, que escolherá três peritos ou uma empresa especializada para essa finalidade, tudo em obediência ao art. 8º: "A avaliação dos bens será feita por três peritos ou por empresa especializada, nomeados em assembleia geral dos subscritores, convocada pela imprensa e presidida por um dos fundadores, instalando-se em primeira convocação com a presença de subscritores que representem metade, pelo menos, do capital social, e sem segunda convocação com qualquer número". Figurando empresas como sócias, e ingressando com seu capital social, torna-se mais complexa a avaliação, especialmente se incluírem indústrias, estabelecimentos empresariais, máquinas e outros bens de aferição complicada.

A nomeação recairá em pessoas tecnicamente capacitadas e habilitadas, que exerçam uma profissão ligada ao setor da avaliação.

O laudo atenderá os elementos técnicos para a correta estimativa dos bens, devendo fornecer a estimativa fundamentadamente, indicando o critério ou método adotado, os elementos de comparação e mais aspectos relevantes, em estrita obediência ao § 1º do art. 8º, de modo a ficar-se sabendo dos fundamentos que levaram ao *quantum* encontrado. Comparecerão os peritos à assembleia, para esclarecer e dirimir possíveis dúvidas, sempre que convocados.

Várias imposições constam dos parágrafos que seguem.

Aceita a avaliação, incorporam-se os bens à sociedade, que se efetiva através da transferência, ou da cessão de direitos, como do usufruto e do uso, incidindo a garantia da efetiva transferência, de acordo com as regras que cuidam da evicção. Manifestada a recusa, tanto de parte da assembleia como do proprietário, deixa de se efetivar o ingresso do sócio na sociedade, devendo o capital subscrito realizar-se em dinheiro, ou transferir-se para outros interessados.

Não se permite a fixação de um valor superior à estimativa dada pelo sócio subscritor.

O subscritor que ingressa com os bens está impedido de votar na assembleia que delibera sobre a avaliação, já que evidente o seu comprometimento. Se, todavia, forem os proprietários condôminos, exercerão o direito de voto. Não se configura o comprometimento se o interesse é geral, nem se seria possível uma solução diferente.

Se procederem os peritos e subscritores ou acionistas com má-fé, culpa ou dolo, de modo a prejudicar a sociedade, incidirá a responsabilidade civil pelos danos causados, sem prejuízo da responsabilidade penal.

Aceita a avaliação, e consumada a subscrição em bens, opera-se a sua transferência para a sociedade a título de propriedade ou titularidade (art. 9º da Lei nº 6.404/1976). Já anotava Trajano de Miranda Valverde: "A entrada em bens, para a formação de todo ou parte do capital de uma companhia opera, na conformidade dos preceitos reguladores do ato, a transferência de tais bens do patrimônio do subscritor para o da companhia. Quando feita a título de propriedade, importa, eventualmente, a transmissão definitiva dos bens do subscritor para a pessoa jurídica – a sociedade anônima".[16]

As mesmas obrigações e regras de responsabilidade atribuídas ao vendedor incidem na transferência por subscrição do capital (art. 10).

Sobre a operação, numa posição isolada, ficou alçada a incidência do imposto de renda, no que já se manifestou o STJ: "A transferência de bem imóvel com fim de integralizar o capital social é fato que traz aproveitamento ao sócio dos resultados líquidos, propiciando parcela do lucro, representando, pois, aumento patrimonial sujeito à incidência de imposto de renda".[17]

---

[16] *Sociedades por Ações*, ob. cit., vol. I, p. 108.
[17] REsp. nº 260.499-RS, 1ª Turma, j. em 04.09.2003, *DJU* de 13.12.2004.

Entrementes, em composições diferentes da maioria dos membros, vingou interpretação diferente na mesma Corte, com o afastamento da incidência do imposto de renda: "Tributário. Imposto de renda. Lucro imobiliário. DL nº 1.641/78. Transferência de imóvel para integralizar cota em sociedade limitada. Fato gerador. Não ocorrência.

A transferência de imóvel, para integralizar cota em sociedade limitada, não é fato gerador de imposto de renda sobre lucro imobiliário. Em rigor, tal transferência não constitui alienação. O suposto alienante, simplesmente, o transformou em fração ideal de um condomínio de capitais personalizado (a sociedade. Bem por isso, o art. 1º do DL nº 1.641/78 não inseriu tal negócio entre aqueles geradores de rendimento tributável".[18]

Tomou-se precedente, no voto, a posição do STF, entendendo não ser tributável a incorporação de bens a pessoa jurídica (RE nº 72.624-PR, *DJ* de 16.06.1972; e RE nº 95.905-PR, *DJ* de 1º.10.1982).

Também se invocou uma decisão anterior do mesmo Superior Tribunal de Justiça: "A incorporação de imóvel de sócio a pessoa jurídica é forma *sui generis* de alienação e não se confunde com nenhuma das hipóteses previstas no Decreto-Lei nº 1.641/78. Não se assemelha à compra e venda, adjudicação, doação, desapropriação etc., em qualquer dessas hipóteses e, presente o lucro, na integralização posta em exame não resulta vantagem ou ganho. Recurso improvido" (REsp. nº 22.821).

Nessa forma de integralização do capital, entende o voto do relator que o sócio, quando afetou o bem ao patrimônio da pessoa jurídica, "não o alienou por completo. Simplesmente levou-o a um fundo do qual é cotista. Se assim aconteceu, a chamada incorporação de bem, a título de integralização de capital, não constitui efetiva alienação. Certamente por isso, o Legislador não previu tal negócio como fato gerador de imposto de renda".

A *ratio* acima abarca qualquer sociedade, inclusive as por ações, eis que não muda o fenômeno da incorporação.

7.2. Formação de capital através da cessão de créditos

Consistindo a entrada de capital em cessão de créditos constituídos em favor do sócio subscritor, responde este pela solvência do devedor, de acordo com o parágrafo único do art. 10: "Quando a entrada consistir em crédito, o subscritor ou acionista responderá pela solvência do devedor". É sempre possível demandar o subscritor se o devedor não honrar a obrigação constante do título. Não importa que se tenha dado o endosso sem garantia. Se o subscritor não satisfizer o montante do título, não se considera efetuada a subscrição. Não vinga a cláusula que exonera de responsabilidade o acionista-endossante. No caso, assiste à sociedade escolher ou a execução, ou a venda das ações respectivas na Bolsa de Valores, segundo as prescrições que constam no art. 106. Haverá, na colocação de Fran Martins, "uma responsabilidade subsidiária do acionista, que perdura até o momento em que o crédito é solvido. Mesmo que esse crédito seja, posteriormente, cedido ou transferido pela sociedade, perante esta persiste aquela responsabi- lidade do acionista que o ofereceu como contribuição para a formação do capital, só cessando tal responsabilidade no momento em que o crédito seja satisfeito".[19]

---

[18] REsp. nº 396.145/SC, da 1ª Turma, j. em 14.10.2003, rel. Min. Humberto Gomes de Barros.
[19] *Comentários à Lei das Sociedades Anônimas*, ob. cit., vol. 1, p. 59.

8. MODELO DE EDITAL PARA A CONVOCAÇÃO DE ASSEMBLEIA PARA A NOMEAÇÃO DE PERITOS

Sendo necessária a nomeação de peritos pela assembleia, para a avaliação de bens com a finalidade de ingressarem na formação do capital social, faz-se necessária a convocação, por meio de edital a ser publicado em três oportunidades na imprensa oficial e particular, podendo adotar-se o modelo anexo.

O edital segue o mesmo modelo para outras finalidades, como para a apreciação e aprovação do laudo de avaliação, mudando somente a ordem do dia.

9. A FISCALIZAÇÃO PELA COMISSÃO DE VALORES MOBILIÁRIOS

A finalidade das sociedades anônimas, além de fator de desenvolvimento social e econômico, é a captação de recursos financeiros junto ao mercado de capitais, ou aglutinar capitais para a promoção do progresso. Daí a importância da atuação do Estado junto ao mercado de ações, justamente para fiscalizar a atividade de arrecadação e aplicação de recursos, e evitar abusos e violências a direitos e interesses individuais, o que faz através de um órgão próprio, que é a Comissão de Valores Mobiliários.

Num estágio inicial, essa incumbência de fiscalização e disciplina do mercado de capitais inseria-se nas funções do Banco Central do Brasil, dada a previsão da Lei nº 4.728, de 14.07.1965, em seus arts. 2º e 3º.

Em face da deficiência no controle das empresas que faziam captações ou negociavam ações, com o intuito de imprimir segurança e recuperar a seriedade e o prestígio das aplicações, surgiu a Lei nº 6.385, de 7.12.1976, dispondo sobre o mercado de valores mobiliários e o órgão próprio para executar a política e as funções atinentes à fiscalização, ao saneamento, e ao policiamento do mercado e das próprias instituições abertas que operam junto a investidores populares. A esse órgão deu-se a denominação Comissão de Valores Mobiliários, constituindo uma entidade autárquica vinculada ao Ministério da Fazenda (o Ministério da Fazenda, com a Medida Provisória nº 870/2019, passou a denominar-se Ministério da Economia), atuando ao lado do Banco Central do Brasil, com personalidade jurídica e patrimônio próprios, dotada de autoridade administrativa independente, ausência de subordinação hierárquica, mandato fixo e estabilidade de seus dirigentes, autonomia financeira e orçamentária, e ficando sujeita à autoridade do Conselho Monetário Nacional. É o mecanismo ou instrumento que dispõe o Estado para fiscalizar, disciplinar e impor procedimentos, inclusive com poder de punições, no que se refere ao mercado de ações e às sociedades abertas. Compõe-se de um presidente e de quatro diretores, nomeados pelo Presidente da República, depois da prévia aprovação pelo Senado Federal.

A Lei nº 6.385, de 7.12.1976, que se mantém em pleno vigor, sofreu várias mudanças, introduzidas pelas Leis nos 6.422, de 08.06.1977; 6.616, de 16.12.1978; 9.447, de 14.03.1997; 9.457, de 05.05.1997; 9.873, de 23.11.1999; 10.198, de 14.02.2001; 10.303, de 31.10.2001; pela Lei nº 10.411, de 26.02.2002; 11.638, de 28.12.2007; 12.543, de 08.12.2011; 12.810, de 15.05.2013; 13.506, de 13.11.2017; e pelo Dec. 3.995, de 31.10.2001. De observar que as alterações promovidas por esta última lei tiveram por objetivo adequar a Lei nº 6.404/1976 (Lei das Sociedades por Ações), principalmente na parte em que ela dispõe sobre matéria contábil, à nova realidade da economia brasileira, tendo em vista o processo de globalização dos mercados, bem como a evolução havida, em âmbito mundial, dos princípios fundamentais de contabilidade.

Disciplina a Lei nº 6.385/1976, de acordo com o art. 1º, no que interessa mais ao assunto, a emissão e distribuição de valores mobiliários no mercado, a negociação e intermediação no mercado de valores mobiliários, a negociação e intermediação no mercado de derivativos, a organização e o funcionamento das operações na Bolsa de Valores, a organização e o funcionamento das operações das Bolsas de Mercadorias e Futuros, a administração de carteiras e a custódia de valores mobiliários, a auditoria das companhias abertas, e os serviços de consultor e analista de valores mobiliários.

Os seguintes valores mobiliários sujeitam-se ao regime da Lei, nos termos do art. 2º: as ações, debêntures e bônus de subscrição; os cupons, direitos, recibos de subscrição e certificados de desdobramento relativos aos valores mobiliários; os certificados de depósito de valores mobiliários; as cédulas de debêntures; as quotas de fundos de investimento em valores mobiliários ou de clubes de investimento em quaisquer ativos; as notas comerciais; os contratos futuros, de opções e outros derivativos, cujos ativos subjacentes sejam valores mobiliários; outros contratos derivativos, independentemente dos ativos subjacentes; e quaisquer outros contratos de investimento coletivo, ofertados publicamente.

9.1. Atribuições da Comissão de Valores Mobiliários

As principais atribuições da Comissão de Valores Mobiliários dividem-se em normativas e administrativas.

As normativas constam relacionadas no § 3º do art. 2º da Lei nº 6.385/1976, com alterações da Lei nº 10.303/2001, e consistem em:

"I – exigir que os emissores se constituam sob a forma de sociedade anônima;

II – exigir que as demonstrações financeiras dos emissores, ou que as informações sobre o empreendimento ou projeto, sejam auditadas por auditor independente nela registrado;

III – dispensar, na distribuição pública dos valores mobiliários referidos neste artigo, a participação de sociedade integrante do sistema previsto no art. 15 desta Lei:

IV – estabelecer padrões de cláusulas e condições que devam ser adotadas nos títulos ou contratos de investimento, destinados à negociação em bolsa ou balcão, organizado ou não, e recusar a admissão ao mercado da emissão que não satisfaça a esses padrões".

Dentro da mesma natureza de funções, em vista do art. 8º, inc. I, está a regulamentação das matérias expressamente previstas em dispositivos específicos que destaca e na Lei das Sociedades Anônimas.

As funções administrativas mais importantes estão indicadas nos incisos II a V do mesmo art. 8º e no art. 9º, dentre outros dispositivos, apontando-se as seguintes, eis que pertinentes à sociedade por ações: administrar os registros das sociedades que atuam no mercado de capitais, fiscalizar as atividades e os serviços do mercado de valores mobiliários, propor ao Conselho Monetário Nacional as comissões e outros valores cobrados pelos intermediários de mercado, fiscalizar e inspecionar as sociedades abertas; examinar os livros e elementos da contabilidade das sociedades abertas e de todas quantas atuam no mercado de ações e no sistema de distribuição de valores mobiliários, intimar os dirigentes e os que atuam nas sociedades abertas e de capitais a prestarem informações e esclarecimento sempre que solicitados, requisitar informações de órgãos públicos, determinar ordens às sociedades abertas sobre as demonstrações financeiras, apurar as irregularidades praticadas por administradores e outras pessoas que fazem parte das sociedades abertas, e aplicar penalidades aos infratores.

Atribuem-se outras funções, de cunho punitivo e preventivo, como a suspensão de atividades e de registros, a divulgação de informações e recomendações, a proibição de atividades, a aplicação de multas (art. 9º).

O art. 10 traz funções relativamente a convênios que podem ser celebrados: "A Comissão de Valores Mobiliários poderá celebrar convênios com órgãos similares de outros países, ou com entidades internacionais, para assistência e cooperação na condução de investigações para apurar transgressões às normas atinentes ao mercado de valores mobiliários ocorridas no País e no exterior.

§ 1º A Comissão de Valores Mobiliários poderá se recusar a prestar a assistência referida no *caput* deste artigo quando houver interesse público a ser resguardado.

§ 2º O disposto neste artigo aplica-se, inclusive, às informações que, por disposição legal, estejam submetidas a sigilo".

O art. 10-A, introduzido pela Lei nº 11.638, de 2007, permite a realização de convênios com entidades ligadas à contabilidade e auditoria:

"A Comissão de Valores Mobiliários, o Banco Central do Brasil e demais órgãos e agências reguladoras poderão celebrar convênio com entidade que tenha por objeto o estudo e a divulgação de princípios, normas e padrões de contabilidade e de auditoria, podendo, no exercício de suas atribuições regulamentares, adotar, no todo ou em parte, os pronunciamentos e demais orientações técnicas emitidas.

Parágrafo único. A entidade referida no *caput* deste artigo deverá ser majoritariamente composta por contadores, dela fazendo parte, paritariamente, representantes de entidades representativas de sociedades submetidas ao regime de elaboração de demonstrações financeiras previstas nesta Lei, de sociedades que auditam e analisam as demonstrações financeiras, do órgão federal de fiscalização do exercício da profissão contábil e de universidade ou instituto de pesquisa com reconhecida atuação na área contábil e de mercado de capitais".

A instauração e a instrução de procedimentos administrativos para a aplicação de penalidades estão descritas no art. 11 e em seus parágrafos, consistindo elas em advertência, multa, suspensão do exercício de atividades ou funções, cassação de autorização ou registro, inabilitação temporária e multas.

Para o processamento e o julgamento administrativo, precedido de fase investigatória, com a elaboração de inquérito (§ 2º do art. 8º), realizam-se sessões públicas, com a faculdade de restringir o acesso unicamente aos interessados. É composto o órgão julgador pelos membros que integram a Comissão, sob o comando de seu Presidente.

Há, também, a competência em conjunto com o Banco Central do Brasil para várias atividades, descritas no art. 4º, sendo exemplos: estimular a formação de poupança e a sua aplicação em valores mobiliários; promover a expansão e o funcionamento eficiente e regular do mercado de ações; estimular as aplicações, assegurar o funcionamento dos mercados da bolsa e do balcão de mercado, proteger os aplicadores contra fraudes e outras condutas perniciosas ao mercado.

Salienta-se, por último, que a Lei nº 10.303, de 31.10.2001, introduziu à Lei nº 6.385/1976 importante capítulo, relativamente aos crimes contra o mercado de capitais, que se desdobram nas figuras de manipulação do mercado, de uso indevido de informação privilegiada, de exercício irregular de cargo, profissão, atividade ou função, contempladas nos arts. 27-C, 27-D e 27-E.

Havendo processos judiciais para apuração de responsabilidades, e envolvendo matéria de competência da Comissão de Valores Mobiliários, será esta sempre intimada, a fim de dar parecer ou apresentar esclarecimentos, o que fará em quinze dias (art. 31).

10. CARACTERÍSTICAS DA SOCIEDADE POR AÇÕES

Do art. 1º da Lei nº 6.404/1976 extraem-se algumas características básicas da sociedade anônima ou por ações, cuja transcrição se faz necessária para melhor compreensão da matéria: "A companhia ou sociedade anônima terá o capital dividido em ações, e a responsabilidade dos sócios ou acionistas será limitada ao preço de emissão das ações subscritas ou adquiridas".

A primeira característica está justamente na divisão do capital em ações, ou em unidades de equivalência monetária mínima, cuja emissão está materialmente representada em documentos. As quotas, que compõem sobretudo as sociedades de responsabilidade limitada, não possuem um documento próprio e específico. A sua existência comprova-se pelo contrato social.

Dada a relevância do capital, diz-se que é uma sociedade de capital, não de pessoas. Segue Waldemar Ferreira: "Seu crédito é o reflexo de seu patrimônio. Não respondem seus administradores pessoalmente pelas obrigações que contraírem em nome dela e em virtude de ato regular de gerência. Nem os sócios ou acionistas. Assiste-lhes apenas a de realizar as ações, que subscreveram, no tempo e pela forma indicados nos estatutos. Além disso, a mais não se obrigam. Sua responsabilidade jamais ultrapassará o valor nominal das ações subscritas ou adquiridas. Integralizadas elas, ficam quites com a sociedade e com terceiros que com ela se intrometam em relações comerciais".[20]

A respeito desse caráter, aduz Modesto Carvalhosa: "O colégio dos acionistas pode ser total ou parcialmente substituído ou modificado pela simples transferência das ações. Daí ser a anônima uma sociedade unicamente de capitais e não de pessoas. Constitui-se por subscrição pública ou particular. Pode constituir-se com apenas dois acionistas (art. 80). Por força da lei, é sempre comercial, mesmo que os fins sejam civis; sua comercialidade advém da forma e não do objeto".[21]

Com isso, as ações adquirem o efeito de tornar prática a negociabilidade, pois estão inseridas em títulos que possuem um elevado grau de cartularidade.

---

[20] *Tratado de Direito Comercial*, ob. cit., 4º vol., p. 20.
[21] *Comentários à Lei de Sociedades Anônima*, 1997, vol. I, p. 5.

A segunda característica envolve a responsabilidade dos proprietários das ações, e, assim, dos sócios, que, reportando-nos ao autor acima, se mede pelo montante das ações e persiste enquanto não se fizer o pagamento do preço de emissão das ações. O valor da totalidade das ações adquiridas determina a dimensão da responsabilidade, mas que persiste até que se dê o respectivo pagamento, ou ingresse, na sociedade, a cifra de seu preço. Pode-se falar, nesse ângulo, em responsabilidade limitada dos acionistas, pois respondem até o montante das ações que subscreveram, e enquanto não as integralizarem.

Outra característica que desponta reside na coleta de recursos financeiros do público em geral, pela oferta pública das ações, o que se faz no mercado de balcão e na bolsa de valores. Na sociedade de responsabilidade limitada, os sócios são escolhidos de acordo com certa afinidade que deve existir entre eles, vedando os estatutos, em geral, o ingresso de estranhos, a menos que presente o consentimento dos demais sócios.

O caráter de empresariedade é inerente, não se admitindo finalidades puramente de benemerência ou assistenciais. Sempre é objetivado um propósito econômico, comercial, lucrativo, o que faz a sociedade a destinar-se para a prestação de serviços, para a produção de bens ou para a circulação de mercadorias. O art. 2º da Lei nº 6.404/1976 enseja essa peculiaridade essencial: "Pode ser objeto da companhia qualquer empresa de fim lucrativo, não contrário à lei, à ordem pública e aos bons costumes".

Aborda este aspecto Waldemar Ferreira: "A precípua finalidade de toda sociedade mercantil consiste na produção de lucros com que se aquinhoem seus componentes, na porcentagem de suas participações no capital societário ou pela forma ajustada no contrato que os associou para o empreendimento mercantil ou industrial".[22]

Dentro do campo lucrativo, pode o objeto social dirigir-se a qualquer área de atividade, mesmo que, sob a concepção do anterior Código Civil, se enquadre como civil, e que, na do atual, se diversifique nas mais variadas formas de prestação de serviços profissionais remunerados, na produção industrial, na exploração agropecuária, dentro do amplo sentido de empresa introduzido pelos arts. 982 e 966 do Código Civil. Por isso, ficou desatualizado o § 1º do art. 2º da Lei nº 6.404/1976, com o seguinte texto: "Qualquer que seja o objeto, a companhia é mercantil e se rege pelas leis e usos do comércio". Parece não mais se adequar o conteúdo à nova ordem do direito de empresa, bem mais extensa e com novos ramos.

11. DENOMINAÇÃO

O art. 3º fornece os elementos que terá a denominação: "A sociedade será designada por denominação acompanhada das expressões 'companhia' ou 'sociedade anônima', expressas por extenso ou abreviadamente, mas vedada a utilização da primeira ao final".

A palavra "companhia" significa união de esforços para levar a conseguir resultados mais facilmente. A origem semântica da palavra é significativa, ao se formar pela junção de outros termos latinos, e que são a conjunção *cum* e o substantivo *pagnis*. Ou seja, aqueles que compartilham o mesmo pão formam a companhia. A expressão "sociedade anônima", originada do francês, embora criticada por muitos, justifica-se pelo fato de não se nomearem ou indicarem as pessoas que compõem a sociedade no contrato. O nome mais apropriado, e aceito pela doutrina, é "sociedade por ações", visto que o capital é fracionado em parcelas mínimas, as quais levam o nome de ações.

---

[22] *Tratado de Direito Comercial*, ob. cit., 4º vol., p. 496.

No direito anglo-americano utiliza-se a expressão "corporation", enquanto no direito alemão usa a palavra "aktiengesellschaft".

Em vista da divisão do capital em ações, ficou preponderando o nome de sociedade por ações. Todavia, não parece imprópria a utilização do designativo 'sociedade anônima', eis que, repetindo as palavras de Osmar Brina Corrêa-Lima, "a expressão 'anônima' liga-se também ao fato de que a companhia, potencialmente, congrega uma coletividade indefinida de sócios, cujo número pode atingir a cifra dos milhares ou milhões. Nesse quadro social de intensa e incontrolável rotatividade será impossível constatar, em determinado momento, e com precisão, os nomes de todos os acionistas".[23]

Se preferida a palavra "companhia" ou "cia.", não poderá ela vir aposta no final da denominação, com o que se evita a confusão com outros tipos de sociedades, como as em nome coletivo. Já a expressão "sociedade anônima" ou "S.A." coloca-se no começo, no meio ou no final do nome, não havendo imposição para que venha em determinado lugar.

De acordo com os parágrafos que seguem, é autorizado que figure o nome do fundador da empresa, ou de pessoa importante para a empresa. Não importa em deduzir, daí, que tenham as sociedades por ações razão social ou nome, pois tal não é permitido. Cuida-se de uma homenagem permitida a pessoas que foram ou são importantes para a sociedade. Aduz Osmar Brina Corrêa-Lima: "A companhia não pode ter firma ou razão social. Esta, devido ao princípio da veracidade, sempre deve mencionar o nome de um, algum ou todos os sócios atuais. Daí ser a companhia chamada sociedade anônima".[24]

O Código Civil também trata da denominação, sem propriamente divergir da lei especial. Ordena o art. 1.160: "A sociedade anônima opera sob a denominação designativa do objeto social, integrada pelas expressões 'sociedade anônima' ou 'companhia', por extenso ou abreviadamente".

Outrossim, o parágrafo único do mesmo artigo, restritamente à sociedade anônima, autoriza a permanência ou a inclusão do nome do fundador na denominação.

Se a denominação revelar semelhança à de outra sociedade já existente, fica garantido à sociedade prejudicada buscar a modificação, tanto por via administrativa como em juízo, demandando, também, a indenização por perdas e danos. Aliás, às próprias juntas comerciais incumbe o exame da regularidade e do preenchimento dos requisitos legais, inclusive conferindo a existência de alguma denominação igual ou semelhante. Já antes de encaminhar o registro faculta-se a consulta prévia no cadastro de outras sociedades, a fim de que, posteriormente, não surjam óbices ou impugnações ao registro.

---

[23]   *Sociedade Anônima*, ob. cit., p. 15.
[24]   *Sociedade Anônima*, ob. cit., p. 15.

XII

O capital social das sociedades anônimas

1. A FORMAÇÃO DO CAPITAL PELAS AÇÕES

O capital social das sociedades se divide em parcelas ou frações mínimas, que levam a denominação de ações, todas com valor nominal igual. Para representar as ações, emitem-se títulos, que as materializam ou lhe dão forma externa. Daí serem as ações os títulos representativos da participação societária, como enfatiza Fábio Ulhoa Coelho.[1] Os sócios subscrevem parcelas do capital, o que equivale a adquirir um montante de ações. A participação de cada sócio corresponde à importância das ações adquiridas sobre o capital.

O contrato social determinará a forma e fixará o número das ações em que se divide o capital, com o respectivo valor, de acordo com os arts. 22 e 11 da Lei nº 6.404/1976, tratando da conversibilidade e proibindo que o número seja inferior ao mínimo fixado pela Comissão de Valores Mobiliários – CVM.

No entanto, faculta-se a atribuição ou não de valor nominal. Na falta de atribuição, o valor de emissão é que prevalecerá. Havendo aumento de capital, cabe à assembleia geral ou ao Conselho de Administração a fixação.

Estabelecido o montante, em razão do art. 12, a alteração do número das ações e de seu valor nominal depende da modificação do valor do capital social ou da atualização monetária. Não surte qualquer validade a mudança sem a providência exigida, incidindo, na violação, a responsabilidade dos infratores. Na eventualidade de contribuição com montante superior ao que valem as ações, o excedente comporá reserva de capital.

Philomeno J. da Costa discrimina as situações que comportam a alteração de matéria que envolve a ação: "a) O número das ações de uma sociedade poderá ser alterado voluntariamente, quando for modificado o valor de seu capital. b) O valor nominal das ações de uma sociedade poderá ser alterado voluntariamente quando for modificado o valor do seu capital. c) O número das ações de uma sociedade será alterado obrigatoriamente quando for modificada a expressão monetária do seu capital. d) O valor nominal das ações de uma sociedade será alterado obrigatoriamente quando for modificada a expressão monetária do seu capital. e) O número das ações de uma sociedade poderá ser alterado, quando houver o desdobramento do valor delas. f) O valor nominal das ações de uma sociedade poderá ser alterado quando houver o desdobramento delas. g) O número das ações de uma sociedade poderá ser alterado quando houver o grupamento delas. h) O

---

[1] *Manual de Direito Comercial*, 7ª ed., São Paulo, Editora Saraiva, 1996, p. 162.

valor nominal das ações de uma sociedade poderá ser alterado quando houver o grupamento delas. i) O número das ações de uma sociedade poderá ser alterado quando houver o cancelamento delas autorizado por lei. j) O valor nominal das ações de uma sociedade poderá ser alterado quando houver o cancelamento autorizado por lei".[2]

Está facultada a emissão de ações por série, que é privativa das sociedades de capital autorizado, significando a divisão do capital em lotes sucessivos de ações, colocadas no mercado de acordo com a obtenção de capital.

2. O PREÇO DE EMISSÃO E O ÁGIO DAS AÇÕES

O preço de emissão das ações equivale ao seu valor no oferecimento para a subscrição aos interessados. Ao se constituir o capital, procede-se a divisão pelas unidades, chegando-se ao valor das mesmas, ou seja, das ações. O critério de atribuição virá fixado pelos fundadores, tendo por base a efetiva quantidade de dinheiro aportada e a fiel avaliação do patrimônio que ingressa na formação do capital. Nesta imposição de medida se pronuncia o STJ: "Em contrato de participação financeira, firmado entre a ... e o adquirente de linha telefônica, este tem direito a receber a quantidade de ações correspondente ao valor patrimonial na data da integralização, sob pena de sofrer grande prejuízo, não podendo ficar ao alvedrio da empresa ou de ato normativo de natureza administrativa, o critério para tal, em detrimento do valor efetivamente integralizado".[3]

No entanto, se alcançar-se um preço na venda superior ao valor nominal, a diferença a maior encontrada vem a ser o ágio. Se inferior ao preço firmado, tem-se o deságio.

Este acréscimo, entrementes, não faz parte do capital social, como se retira do art. 13, § 2º, indo formar a reserva de capital.

Dá o § 1º do art. 170, em redação da Lei nº 9.457/1997, o parâmetro para atribuir o valor de emissão: "O preço de emissão deverá ser fixado, sem diluição injustificada da participação dos antigos acionistas, ainda que tenham direito de preferência para subscrevê-las, tendo em vista, alternativa ou conjuntamente:

I – perspectiva de rentabilidade;

II – o valor do patrimônio líquido da ação;

III – a cotação de suas ações em Bolsa de Valores ou no mercado de balcão organizado, admitido ágio ou deságio em função das condições do mercado".

Como se nota, está determinado o caminho de fixar o preço de emissão das novas ações, sem que haja diluição injustificada da participação dos antigos acionistas. Não está apontada uma fórmula rígida, mas indicam-se os elementos que serão considerados para a fixação do preço das novas ações em cada caso concreto. Dos critérios acima indicados, nas sociedades de capital fechado encontra-se dificuldade para escolher o da perspectiva de rentabilidade da companhia, e há impossibilidade de avaliar pela cotação das ações em Bolsa de Valores ou no Mercado de Balcão, já que se tem, aqui, a sociedade fechada, não sendo colocadas as ações no mercado público, e tolhendo o exame da rentabilidade. Decorre, daí, que o critério a ser adotável será o do valor do patrimônio líquido da ação.

---

[2]   *Anotações às Companhias*, São Paulo, Editora Revista dos Tribunais, 1980, vol. I, p. 220.
[3]   AgRg. no Ag nº 478.394-RS, da 4ª Turma, j. em 29.06.2004, *DJU* de 18.10.2004.

Cap. XII | O capital social das sociedades anônimas • **265**

A conjugação dos fatores acima leva a formar o preço da ação nos devidos termos, não impedindo que sejam considerados de modo alternativo e isoladamente. Naturalmente, se não tiver a companhia ações no mercado, obviamente não entra esse fator na estimativa, preponderando o valor do patrimônio líquido, aliado ao da possível rentabilidade.

Em qualquer situação impera a obrigação de obedecer ao critério acima, seja de criação da sociedade ou de aumento de capital, adotando o parâmetro que se adequa ao caso. Na hipótese de fechada a sociedade, porque evidente que não se terá em conta a cotação de acordo com a Bolsa de Valores, fica difícil tomar como fulcro a perspectiva de rentabilidade, conduzindo a considerar mais coerente a base no valor do patrimônio líquido da sociedade, o que requer uma perícia, com o levantamento completo do balanço patrimonial. Mesmo assim, nada impede que se verifiquem os registros contábeis de produtividade, de rendas acumuladas ou lucros distribuídos, fatores que podem ensejar uma média do valor das ações.

No sentido da estimativa pericial, já se decidiu: "Sabidamente, as ações em tela não têm cotação em bolsa. Daí ter-se imposto a sua valoração através da prova pericial, para que fosse aferido o valor do patrimônio líquido. Sem dúvida que o valor nominal da ação é inferior ao efetivo patrimonial. Não fica ele ao arbítrio dos administradores. Em sendo assim, o valor patrimonial das ações deve ser observado no cálculo do valor econômico da emissão das ações... Não há liberdade na fixação do valor da ação, para efeito de subscrição. Embora inexista na terminologia o valor real das ações, é este que se deve buscar para efeito de fixação do montante da subscrição. É que não é o direito meia estimativa viva do mundo real a ele dirigido. Em consequência, deve sujeitar-se à realidade. A ação significa a parcela do montante patrimonial componente do global da empresa que busca aumentar seu capital. É este que deve ser levado em conta e não apenas o valor numérico ou nominal da ação".[4]

Não se acolhendo um critério objetivo, o resultado acarretará, sem dúvida, a diluição injustificada da ação.

O recebimento do preço de acordo com o valor fixado é realçado pela jurisprudência: "De acordo com os recentes julgamentos do Eg. Superior Tribunal de Justiça, o contratante tem o direito de receber as ações correspondentes ao valor patrimonial na data da integralização. Aplicação do artigo 170, da Lei nº 6.404/1976".[5]

Posição esta que se consolidou em repetidos julgamentos do mesmo STJ, que emitiu a Súmula nº 371, transcrita no voto da Ministra Maria Isabel Gallotti, em acórdão com a seguinte ementa:

> "(...) Valor patrimonial das ações. Critério. Balancete do mês da integralização. Jurisprudência do STJ. Agravo não provido.
>
> (...) A Segunda Seção desta Corte firmou a orientação de que o Valor Patrimonial da Ação para efeito do cálculo do número complementar de ações a serem subscritas em favor do autor deve tomar como base o balancete do mês da respectiva integralização (dia do pagamento da primeira parcela, se a integralização foi parcelada)".[6]

---

[4]   Ap. Cível nº 144.160-1, da 2ª Câmara Cível do TJ de São Paulo, j. em 14.06.1992.

[5]   Ap. Cível nº 70011978384, 16ª Câmara Cível, TJ do RS, j. em 29.06.2005.

[6]   EDcl no REsp. nº 1.031.747/RS, da 4ª Turma, j. em 2.10.2010, *DJe* de 1º.02.2011.

O voto da relatora:

"Conforme o decidido pela 2ª Seção deste Tribunal, no REsp. nº 1.033.241, Rel. o Ministro Aldir Passarinho Junior, submetido ao rito do art. 543-C do CPC, o Valor Patrimonial da Ação para efeito do cálculo do número complementar de ações a serem subscritas em favor do autor deve tomar como base o balancete do mês da respectiva integralização (dia do pagamento da primeira parcela, se a integralização foi parcelada). Eis os termos da ementa do referido acórdão:

'Comercial e processual civil. TELECOM. CRT. Contrato de participação financeira. Complementação de ações. Diferença. Prescrição. Direito pessoal. Dividendos. Arts. 177 do CC/1916, 205 e 2.028 do CC/2002. Valor patrimonial da ação. Apuração. Critério. Balancete do mês da integralização. Recurso especial repetitivo. Lei nº 11.672/2008. Resolução/STJ nº 8, de 07.08.2008. Aplicação.

(...) II. A complementação buscada pelos adquirentes de linha telefônica mediante contrato de participação financeira deve tomar como referência o valor patrimonial da ação apurado com base no balancete do mês da respectiva integralização (REsp. nº 975.834-RS, rel. Min. Hélio Quaglia Barbosa, unânime, *DJU* de 26.11.2007).

III. Julgamento afetado à 2ª Seção com base no procedimento da Lei nº 11.672/2008 e Resolução nº 8/2008 (Lei de Recursos Repetitivos).

IV. Recurso especial conhecido em parte e provido' (REsp. nº 1.033.241-RS, rel. Ministro Aldir Passarinho Junior, 2ª Seção, j. em 22.10.2008).

Nesse sentido, o Enunciado nº 371 da Súmula da jurisprudência deste Tribunal: 'Nos contratos de participação financeira para a aquisição de linha telefônica, o Valor Patrimonial da Ação (VPA) é apurado com base no balancete do mês da integralização'".

O citado art. 543-C corresponde ao art. 1.036 do CPC/2015.

A aferição ao preço do patrimônio, mesmo envolvendo ações sem valor nominal, é defendida por Modesto Carvalhosa: "Haverá sempre uma relação entre capital e número de ações sem valor nominal emitidas. Isto porque caberá ao estatuto determinar o valor subscrito do capital social e o número de ações em que este está dividido (arts. 5º e 11). Portanto, dividindo-se o capital pelo número de ações, ter-se-á a parcela de cada ação, que irá para o capital, destinando-se a diferença para a conta de reserva de capital (art. 200).

Em consequência, na constituição da companhia não há limite para a fixação do valor de emissão das ações sem valor nominal, mas há um piso com relação ao capital estatutariamente declarado, pois a soma das subscrições não pode ser inferior a ele".[7]

Se de valor nominal as ações, declara-se o preço de emissão na assembleia na qual é formada a sociedade, ou na que se decide pelo aumento de seu capital.

Não tendo a ação valor nominal, impraticável o ágio, pois falta o elemento que permite aferir o valor a um padrão preexistente. Com o valor nominal, o ágio fica possível, mas está vedado o deságio, em vista do art. 13 da Lei nº 6.404/1986: "É vedada a emissão de ações por preço inferior ao seu valor nominal".

Importante observação deve-se fazer. Impede o § 1º do art. 170 a diluição ou redução injustificada. Ou seja, desde que justificada, é permitida a diluição, que corresponde à emissão por valor inferior ao nominal. No caso da imposição do deságio, ou decorrendo

---

[7] *Comentários à Lei de Sociedades Anônimas*, ob. cit., 1998, vol. 2, p. 78.

Cap. XII | O capital social das sociedades anônimas • **267**

da necessidade pela empresa de novos recursos, os antigos acionistas devem suportar a diluição, ou a redução do valor de suas ações.

Todavia, se o aumento de capital decorre de outro fator, e não da necessidade de aporte de capital, não se permite a diluição. É o que defende Fábio Ulhoa Coelho: "Quer dizer: se a companhia efetivamente necessita dos recursos provenientes da emissão de novas ações, os acionistas antigos deverão suportar a diluição do valor patrimonial de seus títulos. Já, se não existe tal necessidade ou se os recursos de que carece a sociedade poderiam ser obtidos por outros meios, não se justifica a diluição. Esta regra vigora para a sociedade por ações com ou sem valor nominal. O acionista de qualquer companhia não pode sofrer, injustificadamente, diluição do valor patrimonial de suas ações".[8]

3. CLASSIFICAÇÃO DAS AÇÕES

Variam as ações quanto aos conteúdos, aos direitos que são conferidos aos seus titulares e quanto à forma de circulação. Assim, de um lado encontram-se as ações que têm um valor de face, ou que já encerram a sua expressão econômica, e as ações que não trazem o valor, ficando a sua fixação a cargo do estatuto ou da assembleia, quando se decide por aumentar o capital.

De outro lado, existem as ações que conferem direitos de voto, e, via de consequência, de controle da sociedade; e ações apenas de fruição aos rendimentos, ou que servem unicamente de meio de investimento, visando a percepção de dividendos. Não se impede a adoção de características idênticas a todas as ações, com iguais direitos e vantagens.

Finalmente, no que diz respeito ao processo de circulação, ou de se exteriorizarem, há a classificação pela sua forma, formando atualmente dois ramos, que são as ações nominativas e as escriturais, já que não mais permitidas as espécies ao portador e as endossáveis.

Para a melhor compreensão, e também para viabilizar opções aos interessados na aquisição, se determinam as espécies mais importantes de ações, que passam a ser delineadas.

3.1. Quanto ao conteúdo: ações de valor nominal e ações sem valor nominal

Nesta primeira classificação, temos as *ações de valor nominal* e *ações sem valor nominal*.

Diante do conteúdo dos arts. 13 e 14 da Lei nº 6.404/1976, existem as chamadas ações com valor nominal e as sem valor nominal, em função da colocação ou não, nos certificados, do respectivo valor, que será o mesmo em todas elas.

Quanto às primeiras, o valor que consta será o resultante da operação matemática da divisão do valor do capital pelo número de ações. Como anota Amador Paes de Almeida, "a soma de seus respectivos valores tem de coincidir com o montante do capital social".[9] O § 3º do art. 11 atribui à Comissão de Valores Mobiliários limitar o valor mínimo, no tocante à companhia aberta: "O valor nominal das ações de companhia aberta não poderá ser inferior ao mínimo fixado pela Comissão de Valores Mobiliários".

Nesta espécie, emitem-se as ações pelo valor nominal, sob pena de nulidade, que virá igual para todas as ações, como se colhe do art. 13: "É vedada a emissão de ações

---

[8] *Manual de Direito Comercial*, ob. cit., p. 165.
[9] *Manual das Sociedades Comerciais*, ob. cit., p. 219.

por preço inferior ao seu valor nominal". Os §§ 1º e 2º, além de invalidar a operação, atribuem responsabilidade, inclusive penal, aos infratores da disposição; se, porventura, a contribuição ou quantia paga ultrapassar o valor da ação, o excedente formará reserva de capital em favor da empresa. Isto em vista do princípio de que o valor da ação deve revelar-se igual à fração do capital a que a mesma equivale.

As ações nominais com valor podem ter ágio, o qual representa a diferença entre o valor nominal e o valor efetivo pago pelo subscritor. Os fundadores decidem se o valor das ações vem acrescido com ágio. Quanto ao aumento do capital, no entanto, esse *plus* será decidido pela assembleia geral ou pelo Conselho de Administração.

Pelo § 2º do art. 13, conforme acima observado, "a contribuição do subscritor que ultrapassar o valor nominal constituirá reserva de capital", a qual está definida no § 1º do art. 182, e representa uma sobra de capital em nome da sociedade, ou o montante que excede o capital social.

No pertinente às segundas, as ações não conterão valor em sua face, ficando o mesmo definido no ato de constituição da sociedade pelos fundadores, e altera-se quando houver aumento de capital por decisão da assembleia geral ou por autorização do Conselho de Administração, se houver aumento de capital. O art. 14 revela esse tipo de ações: "O preço de emissão das ações sem valor nominal será fixado, na constituição da companhia, pelos fundadores, e no aumento de capital, pela assembleia geral ou pelo conselho de administração (arts. 166 e 170, § 2º)".

Os mencionados arts. 166 e 170, § 2º, disciplinam o aumento de capital na sociedade pela assembleia geral ou pelo Conselho de Administração.

Naturalmente, tem a ação um valor, que representa uma fração do capital social. A diferença relativamente às ações com valor nominal é que não vem, em seu texto, expresso nominalmente o valor. Para verificá-lo, consulta-se o estatuto, que o indica. Philomeno J. da Costa desenvolve esta concepção: "Se há um capital e se há um número de suas ações, o valor inicial de cada uma corresponde ao quociente da divisão desses dois números. A ação não carrega consigo esse valor, mas porta os elementos reveladores da sua proporcionalidade em relação ao capital. O propósito das ações sem valor nominal impróprias consiste exatamente em indicar somente por via indireta a fração do capital, quando criadas.

Decorre necessariamente daí que o preço de emissão não pode deixar de representar o seu valor inicial, ou seja, repetindo-se, o quociente da cifra do capital pelo número das ações sem valor nominal.

Quando, pois, o texto dispõe que 'o preço de emissão das ações em valor nominal será fixado, na constituição da sociedade, pelos fundadores', o significado válido da expressão consiste em que os incorporadores calculam à vontade um preço unitário da ação, porém em função da maior ou menor quantidade de ações em que queiram dividir o capital. Não se pode fixar o preço, que seja inferior ao resultado da divisão do capital programado pelo número de ações desejado, porque a cifra daquele seria enganosa. Configurar-se-ia uma burla. Se o capital representa a garantia dos credores da companhia; se ele é resguardado pela lei, a ponto de impor se forme sua reserva (art. 193 e seu § 2º), a constituição de uma sociedade, com a fixação do preço das suas ações sem valor nominal aquém do quociente do capital pelo número delas, representaria uma cifra inferior ou inautêntica. Seria a formação de uma anônima com capital declaradamente fictício. Representaria o crime previsto no art. 177 do Código Penal".[10]

---

[10] *Anotações às Companhias*, ob. cit., vol. I, p. 248.

Parece coerente concluir que, não contendo a ação o valor nominal, domina o preço de mercado, servindo como cotação para a estimativa da ação. Daí se deduzir que a ausência de valor conduz a firmar o valor em consonância com as leis de mercado. Máxime isso para a estimativa depois da criação da sociedade.

Pelo parágrafo único do art. 14, na fixação do preço pode ingressar uma parte que se destinará para a formação de reserva de capital. Emitindo-se, porém, ações preferenciais com prioridade no reembolso, retira-se a parcela destinada à reserva de capital unicamente depois de pago, e se sobrar, o valor de reembolso.

Na prática, seja a ação com valor nominal ou sem valor nominal, não traz maior efeito significativo, eis que o preço é ditado pela cotação que goza no mercado de ações.

Lembra-se, ainda, a previsão, pelo art. 11, § 1º, na emissão de ações sem valor nominal, de criar a sociedade uma ou mais classes de ações preferenciais com valor nominal. Nota-se uma convivência peculiar de ações sem valor e de ações com valor, não se impedindo que as últimas fiquem em montante superior. Na prática, porém, no reembolso e liquidação, vigora o preço de mercado para uma e outra espécie.

Cumpre destacar a diferença relativamente ao *valor patrimonial* das ações, que é o correspondente ao resultado da divisão do patrimônio líquido da sociedade pelo número de ações que compõe o capital social. Afere-se o valor de acordo com a realidade patrimonial efetivamente existente, a que se chega pela dedução do passivo.

Não se olvida o *valor de mercado*, que equivale ao preço que obtém o respectivo titular na venda das ações, ou ao preço que se paga na aquisição, que se leva a efeito na Bolsa de Valores ou no balcão de mercado. Vários os fatores determinantes da cotação, como a perspectiva de rentabilidade, o patrimônio líquido, o prestígio ou desempenho da sociedade no campo de sua atividade.

Relembra-se o chamado *preço de emissão*, cujo estudo se procedeu acima, e que se considera como o preço que a pessoa paga quando da subscrição, dando-se a fixação pelos fundadores da sociedade, em geral incluindo-se a reserva de capital.

No aumento de capital com a emissão de novas ações, aos administradores (se conferidos poderes no estatuto) ou à assembleia geral incumbe a função de estabelecer o preço.

3.2. Quanto aos direitos que encerram: ações ordinárias, ações preferenciais e ações de fruição

Nesta classificação, seguramente mais técnica, diante da previsão do art. 15 da Lei nº 6.404/1976, há três tipos de ações no direito brasileiro, que se especificam de acordo com a natureza das vantagens que oferecem, e que são os seguintes: *as ações ordinárias, as ações preferenciais* e *as ações de fruição*. O § 1º prevê, para as ações preferenciais e de fruição, a subdivisão em uma ou mais classes, ou séries, que serão emitidas simultânea ou espaçadamente.

a) Ações ordinárias

As *ordinárias*, próprias das sociedades fechadas, são as ações normais, aquelas que concedem aos adquirentes direitos comuns de controle político e decisório das sociedades, o que se efetiva pelo exercício do direito de voto. Os titulares, de acordo com a participação, podem manter o controle da sociedade, dirigindo os seus destinos.

Essas ações permitem a subdivisão em classes diferentes, discriminadas no art. 16 da Lei nº 6.404/1976, com o texto da Lei nº 9.457, em função dos seguintes elementos:

I – da conversibilidade em ações preferenciais;

II – da exigência da nacionalidade brasileira do acionista; ou

III – do direito de voto em separado para o preenchimento de determinados cargos de órgãos administrativos.

Sobre a conversibilidade, já expunha Wilson de Souza Campos Batalha: "Certa classe de ações ordinárias poderá, mediante expresso dispositivo estatutário, na companhia fechada, ser conversível em ação preferencial de classe única, ou de uma entre as classes, se mais de uma houver. Não se assegura, porém, reciprocamente, a conversibilidade de ações preferenciais em ordinárias, nem mesmo em companhia fechada, independentemente de assembleia geral. O estatuto da companhia pode prever a conversão de ações preferenciais de uma classe em outra ou em ações ordinárias e destas em preferenciais".[11]

Para a mudança ou criação dessas subclasses, reclama-se a concordância de todos os titulares das ações atingidas, por imposição do parágrafo único: "A alteração do estatuto na parte em que regula a diversidade de classes, se não for expressamente prevista e regulada, requererá a concordância de todos os titulares das ações atingidas". Realmente, não se podem alterar os direitos das classes das ações ordinárias sem a concordância de todos os titulares dessas ações. Não cabe, pois, à assembleia geral aprovar a modificação, se não houver a unanimidade da aprovação dos acionistas atingidos.

Havendo a previsão estatutária, ou no documento de aquisição de ações, requer-se a concordância na forma constante no ato de sua criação. Para a alteração de uma classe em outra, ou de ações ordinárias para preferenciais, é necessário que exista um fato relevante, ou um motivo, uma razão justificável, como a retenção de parte dos lucros para cobrir um rombo verificado, e que dá amparo para a conversão de uma classe de ações para outra que confere menor participação.

Existindo autorização para a conversão, basta um comunicado, que se faz pela imprensa, precedido sempre da aprovação do Conselho de Administração. Nesse comunicado, leva-se ao conhecimento dos acionistas que as ações de uma classe serão convertidas em ações de outra classe, o que acontecerá a partir de uma data determinada.

b) Ações preferenciais

As *ações preferenciais*, contempladas para as sociedades abertas e fechadas, como o nome indica, conferem alguns privilégios, vantagens ou preferências aos titulares. Com muita simplicidade, dá Osmar Brina Corrêa-Lima a sua compreensão: "Ação da espécie preferencial é aquela que, como o nome indica, confere ao seu titular alguma preferência ou vantagem".[12]

Compensa-se, assim, a falta do direito de voto, ou a restrição em alguns casos na eleição de um ou mais membros dos órgãos de administração, e na participação da assembleia que decida na alteração do contrato social, desde que assinalado no contrato, de acordo com o art. 18 e seu parágrafo único, e se conceda preferência no recebimento do dividendo ou na prioridade em reembolsar o capital.

---

[11] *Comentários à Lei das Sociedades Anônimas*, ob. cit., vol. I, pp. 199-200.

[12] *Sociedade Anônima*, ob. cit., p. 61.

A possibilidade de não conferirem essas ações direito ao voto consta no art. 111: "O estatuto poderá deixar de conferir às ações preferenciais algum ou alguns dos direitos reconhecidos às ações ordinárias, inclusive o de voto, ou conferi-lo com restrições, observado o disposto no art. 109".

A menção ao art. 109 diz respeito aos direitos essenciais do acionista, e que se constituem em participar dos lucros sociais; participar do acervo da companhia, em caso de liquidação; e fiscalizar, na forma prevista na Lei nº 6.404, a gestão dos negócios sociais.

As vantagens ou preferências, os direitos, as restrições a que ficam sujeitas, constarão descritos nos estatutos, por imposição do art. 19, que poderá prever o resgate ou a amortização, bem como a conversão de uma classe em outras, em ações ordinárias, e desta espécie em preferenciais.

As ações preferenciais sem direito a voto, ou que trazem restrições ao seu titular no exercício desse direito, têm a emissão submetida a um limite, que é de cinquenta por cento do total das ações emitidas, nos termos do § 2º do art. 15, em redação da Lei nº 10.303/2001. Anteriormente à Lei nº 10.303, a participação das ações preferenciais no capital social era de dois terços, computadas as ações sem direito a voto ou sujeitas a restrições no exercício desse direito.

As preferências ou vantagens estão nomeadas no art. 17, em texto da Lei nº 10.303, e revelam-se na prioridade de participar na distribuição do dividendo, fixo ou mínimo; na prioridade ao reembolso do capital, com prêmio ou sem ele; e na acumulação das mencionadas preferência ou vantagens.

A prioridade em participar na distribuição de dividendos importa em se atender aos acionistas preferenciais primeiramente. Só depois inicia a distribuição aos titulares de ações ordinárias. Alfredo Lamy Filho e José Luiz Bulhões Pedreira enfatizam o alcance desse privilégio: "A prioridade significa a qualidade daquilo que está ou é posto em primeiro lugar, ou a preferência conferida a alguém ou algo, com preterição de outras pessoas ou coisas.

A noção de prioridade representa uma posição relativa dentro de um conjunto de elementos, e implica disposição em ordem da sequência dentro de algum sistema referencial – que tanto pode ser espacial ou temporal quanto lógico ou cultural".[13]

Essa prioridade não pode ser afastada por estratégias que redundam na inexistência de lucros, como na previsão do pagamento de juros aos acionistas em geral, com o que não resta disponibilidade para priorizar o pagamento dos dividendos. Ocorre que os juros nada mais são do que uma forma de remuneração, dependendo a distribuição da efetiva existência de lucros, verificada após o pagamento dos dividendos obrigatórios. Indiretamente equivalem a dividendos. Daí, pois, não se permite o pagamento de juros em detrimento da prioridade assegurada aos portadores de ações preferenciais.

Explica Marcelo Fortes Barbosa Filho como se faz o pagamento do dividendo fixo ou mínimo: "O dividendo pode ser fixo e, neste caso, contabilizado lucro líquido ao final do exercício, o preferencialista perceberá um montante pecuniário correspondente, por exemplo, a um percentual do valor patrimonial da ação, ou a fração de seu preço de emissão, ou, até mesmo, a uma quantia expressa diretamente em reais.

---

[13] *A Lei das S.A.*, ob. cit., p. 328.

O dividendo, também, pode ser mínimo e, então, restará estabelecido um piso, correspondente a um valor pecuniário individualizado para cada ação preferencial, que, conforme norma estatutária e como no caso antecedente, pode ser calculado proporcional- mente sobre um valor conexo com a própria ação, o que sempre força o valor percebido pelo preferencialista para um patamar superior".[14]

A prioridade no reembolso do capital, que virá assegurada por meio de cláusula estatutária, com ou sem prêmio, tem a extensão de compreender que aos titulares das ações se garante o recebimento daquilo que empregaram na subscrição do capital, na eventualidade da quebra da sociedade. Há uma antecipação temporal na devolução do capital, que se opera quando da liquidação. Pode o direito ser, destaca Wilson de Souza Campos Batalha, "o previsto no art. 45, ou seja, a operação pela qual a companhia paga aos acionistas dissidentes de deliberação da assembleia geral, nos casos previstos em lei, o valor de suas ações, como também a amortização ou o resgate, conforme preceitua o art. 44, §§ 1º e 2º, e ainda a prioridade para o reembolso do capital na hipótese de liquidação, voluntária ou compulsória, da sociedade".[15]

É assinalada a possibilidade do reembolso com o adicional do prêmio, que equivale a uma quantia, estabelecida em percentual, que se apura quando do procedimento liquidatório.

No entanto, distingue Modesto Carvalhosa, a dimensão da prioridade não diz respeito "quanto ao momento da distribuição, o que seria absolutamente ridículo, mas sim sobre o valor dos dividendos distribuídos, que, necessariamente, devem ser maiores que aqueles distribuídos aos titulares de ações nominativas".[16]

A acumulação abrange as duas preferências acima, isto é, a distribuição de dividendos e o reembolso do capital, que se distribui de conformidade com o interesse dos acionistas, vinda assinalada em norma estatutária própria.

b.1) Negociação no mercado das ações preferenciais

Para autorizar a negociação no mercado de valores mobiliários, mostrando-se irrelevante o direito de receber ou não o valor de reembolso do capital com prêmio ou sem ele, as ações preferenciais sem direito a voto, ou com restrição no exercício a esse direito, devem trazer a atribuição de, pelo menos, uma das seguintes preferências ou vantagens, indicadas nos incisos do § 1º do art. 17, em redação da Lei nº 10.303/2001:

> "I – direito de participar do dividendo a ser distribuído, correspondente a, pelo menos, 25% (vinte e cinco por cento) do lucro líquido do exercício, calculado na forma do art. 202, de acordo com o seguinte critério:
>
> a) prioridade no recebimento dos dividendos mencionados neste inciso correspondente a, no mínimo, 3% (três por cento) do valor do patrimônio líquido da ação; e
>
> b) direito de participar nos lucros distribuídos em igualdade de condições com as ordinárias, depois de a estas assegurado dividendo igual ao mínimo prioritário estabelecido em conformidade com a alínea *a*; ou

---

[14]   *Sociedade Anônima Atual*, ob. cit., p. 53.
[15]   *Comentários à Lei das Sociedades Anônimas*, ob. cit., vol. I, p. 206.
[16]   *Comentários à Lei de Sociedades Anônimas*, ob. cit., 1998, vol. 2, p. 351.

Cap. XII | O capital social das sociedades anônimas • 273

II – direito ao recebimento de dividendo, por ação preferencial, pelo menos 10% (dez por cento) maior do que o atribuído a cada ação ordinária; ou

III – direito de serem incluídas na oferta pública de alienação de controle, nas condições previstas no art. 254-A, assegurado o dividendo pelo menos ao das ações ordinárias".

O art. 202, assinalado no inc. I supra, cuida do método para o cálculo do dividendo obrigatório em cada exercício.

O art. 254-A, mencionado no inciso III, diz respeito às condições para a alienação do controle da companhia aberta.

Como se denota do citado § 1º, devem ser cumpridas certas exigência para autorizar a negociação de ações preferenciais no mercado de capitais.

Quanto à participação no equivalente a vinte e cinco por cento do lucro líquido do exercício, dada a remissão ao art. 202, chega-se ao resultado após a dedução dos valores correspondentes a reservas, inclusive dos lucros a realizar, e a outras restrições adotadas pela assembleia geral, com o posterior aval dos preferencialistas.

No pertinente a participar nos lucros em igualdade de condições com os ordinaristas envolve o lucro remanescente destinado a atender os dividendos.

Em relação ao inciso II, procede-se a um cálculo proporcional tendo como base o valor destinado à distribuição dos dividendos.

b.2) Especificação das vantagens no estatuto e condições para a sua fruição

Outrossim, pelo § 2º do art. 17, o estatuto social especificará, além das contidas no § 1º, as preferências ou vantagens reservadas aos acionistas de ações preferenciais sem direito a voto, ou com voto restrito. Abrangerá, também, as restrições, no que se afeiçoa com o seguinte aresto: "A Lei nº 6.404/1976 comanda, no § 2º do art. 17, a repartição dos lucros remanescentes também para as ações com dividendo mínimo. Assim, somente por disposição estatutária expressa é que tal direito dos acionistas preferenciais poderia ser legalmente afastado. No caso, de acordo com o que se extrai do acórdão hostilizado, não há vedação expressa à percepção dos dividendos remanescentes para os acionistas preferenciais, mas apenas a regulamentação do percentual a ser auferido, permanecendo incólume o comando legal de distribuição dos lucros remanescentes às ações com dividendo mínimo, em igualdade de condições com as ações ordinárias".[17]

Estabelece o § 3º do art. 17 que os dividendos, embora fixos ou cumulativos, não são distribuídos se decorrerem prejuízos ao capital social, salvo quando, em ação de liquidação da companhia, estiver a vantagem sendo expressamente assegurada.

Dividendos fixos são os que se submetem a um critério de determinação dos respectivos valores, encontrando-se devidamente quantificados no estatuto, como se já prevista a taxa de dez por cento dos lucros líquidos proporcionais ao número de quotas. Constam fixados em um valor determinado relativamente à moeda nacional, ou, inexistindo dito valor, em um percentual sobre a parcela do capital que corresponde às ações preferenciais, não ficando vinculados aos lucros líquidos do valor do capital social investido.

Cumulativos consideram-se os dividendos se estabelecida uma periodicidade na distribuição. Se os dividendos pertinentes a certo período não vierem a ser distribuídos

---

[17]   REsp. nº 267.256-BA, da 4ª Turma do STJ, j. em 21.08.2001, *DJU* de 05.11.2001.

no exercício, tornam-se cumulativos, pois se cumulam com os pertinentes ao período subsequente, somando-se ano a ano. Somam-se aos do período seguinte, formando um todo, e impondo o seu pagamento em conjunto. Enquanto não pagos, não se distribuem dividendos aos titulares de ações ordinárias.

Em contrapartida, não cumulativo é o dividendo, na colocação de Wilson de Souza Campos Batalha, "quando, passado o exercício sem que haja a possibilidade de distribuí--lo, o acionista preferencial não tem o direito de exigi-lo posteriormente".[18]

Não é comum a previsão de dividendos cumulativos, eis que se impõe o pagamento no exercício em que se tornam devidos. Não poderão ser somados aos dividendos pertinentes aos exercícios seguintes.

O dividendo prioritário, isto é, prioritário em participar na distribuição de dividendos, não se enquadra como cumulativo.

As ações com dividendos fixos não participam dos lucros remanescentes. Não se reconhece aos titulares pleitearem a participação. Nesta ordem, se o contrato social limita em quinze por cento sobre os lucros líquidos, não irão os sócios participar nos lucros remanescentes, embora bem superiores aos quinze por cento contratados. Todavia, se a previsão restringe-se aos dividendos mínimos, diferente fixa a situação. Há, então, a participação. Apesar de a redação não ser das melhores, é o que se retira do § 4º do art. 17: "Salvo disposição em contrário do estatuto, o dividendo prioritário não é cumulativo, a ação com dividendo fixo não participa dos lucros remanescentes e a ação com dividendo mínimo participa dos lucros distribuídos em igualdade de condições com as ordinárias, depois de a estas assegurado dividendo igual ao mínimo".

b.3) Aquisição de ações pelos titulares de ações preferenciais

Várias outras regras constam nos parágrafos que seguem.

Não ficam excluídos os titulares de ações preferenciais na aquisição de ações, se verificar-se o aumento do capital, exceto no caso de ações com dividendo fixo (§ 5º).

Se insuficiente o lucro no exercício, os titulares das ações preferenciais, com prioridade na distribuição de dividendo cumulativo, estão autorizados ao recebimento dos dividendos à conta das reservas de capital, formadas, dentre outras fontes, por subscrições de capital superior ao valor nominal das ações, pelo produto da alienação de partes beneficiárias e bônus de subscrição, prêmios recebidos e doações (§ 6º).

Havendo desestatização de empresas públicas, permite-se a criação de ação preferencial de classe especial, de propriedade exclusiva do ente desestatizante, com poderes de decisão, inclusive de veto às deliberações da assembleia geral em matérias indicadas (§ 7º). Desta sorte, mesmo havendo a privatização de empresas públicas, ou com maioria do capital do Estado, perdura o poder de comando em certos assuntos do ente público. Isto pode ocorrer em empresas cujas atividades ou o objeto encerrem interesse geral do povo ou do próprio Estado, como nas autarquias de prestação de serviços indispensáveis.

Conveniente, ainda, salientar a finalidade da emissão, que é a mobilização de recursos, aspecto observado por Arnoldo Wald: "Tais ações têm a finalidade básica de permitir a mobilização de recursos pelas sociedades anônimas sem modificação do seu respectivo controle, constituindo, no fundo, uma forma de financiamento com uma remuneração ale-

---

[18] *Comentários à Lei das Sociedades Anônimas*, ob. cit., vol. I, p. 204.

atória e sem interferência do acionista na gestão da empresa. Trata-se de uma participação que não afeta a estabilidade do poder, como bem salienta René Rodier".[19]

b.4) Ações preferenciais e aquisição do direito ao voto

O estatuto poderá restringir aos adquirentes de ações preferenciais alguns dos direitos reconhecidos aos titulares de ações ordinárias. Um desses direitos possível de subtração é o de votar, ou a restrição de votar em algumas situações apenas.

Todavia, se por um período não superior a três exercícios consecutivos a sociedade não distribuir lucros ou dividendos fixos ou mínimos, não cumulativos, decorre o direito de voto nas assembleias. Há, pois, na hipótese o surgimento temporário do voto, que prossegue até que se retorne o pagamento.

A possibilidade consta no § 1º do art. 111: "As ações preferenciais sem direito de voto adquirirão o exercício desse direito, se a companhia, pelo prazo previsto no estatuto, não superior a três exercícios consecutivos, deixar de pagar os dividendos fixos ou mínimos a que fizerem jus, direito que conservarão até o pagamento, se tais dividendos não forem consecutivos, ou até que sejam pagos os cumulativos em atraso".

A aquisição ao direito do voto persiste até que se restabeleça a distribuição de dividendos, quando os acionistas preferenciais retornam à situação anterior, não mais mantendo o direito ao voto.

Se verificada apenas a restrição ao voto, ou assegurado o seu exercício em algumas matérias, opera-se o direito integral à votação em qualquer assunto, se interrompido o pagamento dos dividendos por três exercícios consecutivos. Assim está no § 2º: "Na mesma hipótese e sob a mesma condição do § 1º, as ações preferenciais com direito de voto restrito terão suspensas as limitações ao exercício desse direito".

O § 3º autoriza que a suspensão do direito de votar, ou da restrição, inicie a vigorar unicamente após a plena implantação do empreendimento da sociedade: "O estatuto poderá estipular que o disposto nos §§ 1º e 2º vigorará a partir do término da implantação do empreendimento inicial da companhia". Não se garante a prerrogativa enquanto não em pleno funcionamento a sociedade.

Quanto à remuneração, na própria escritura ou documento de emissão das debêntures, além da nomeação, estabelecem-se as condições de substituição e remuneração do agente fiduciário.

b.5) Limites na emissão de ações preferenciais

Fixa a lei um limite na emissão de ações preferenciais, que gozam do privilégio de prioridade na percepção de dividendos, no reembolso do capital e na acumulação de tais vantagens, em relação ao total de ações que compõe o capital. Esse limite corresponde a cinquenta por cento das ações, a teor do art. 15, § 2º, em redação da Lei nº 10.303/2001: "O número de ações preferenciais sem direito a voto, ou sujeitas a restrições no exercício desse direito, não pode ultrapassar a 50% (cinquenta por cento) do total das ações emitidas".

Com essa regra, evita-se que a maior parte das ações sejam preferenciais, e reste um pequeno número de titulares de ações ordinárias, com possibilidade de votar e decidir

---

[19] "Em defesa das ações preferenciais", *in RDM*, vol. 78/19-23, citação constante na Ap. Cível nº 150.494-1, da 1ª Câmara Civil de Férias B do TJ de São Paulo, j. em 09.06.1992, *in RJTJESP*, 137/257.

pelos destinos da sociedade. Constitui a norma um entrave para que os portadores de ações ordinárias exerçam o controle político, e decidam pela maioria, mesmo que detentores de pequena quantidade de ações.

Do contrário, a grande maioria dos acionistas ficaria marginalizada da sociedade, restringindo-se a sua presença unicamente para o recebimento de dividendos, e quando existirem.

c) Ações de fruição

O sentido advém do art. 44, § 5°, sendo aquelas ações que substituem as ações que foram anteriormente amortizadas. A amortização virá autorizada no estatuto social, ou decorrerá de deliberação da assembleia geral. A sociedade amortizará as ações, o que significa a antecipação do valor que ele receberia a título de restituição de capital na liquidação da sociedade. Com as reservas que são sendo acumuladas, adianta-se o valor das ações, cujo proveito é transferido para a sociedade. Daí se enquadrarem como de fruição as ações amortizadas, e que se transferiram para a sociedade.

Essas ações, na liquidação da sociedade, incluem-se no acervo líquido, conferindose o respectivo resultado aos acionistas em geral, excluídos, resta óbvio, os que já perceberam o respectivo valor.

Costuma-se, ainda, dar o nome de ações de fruição, ou o usufruto de ações, cuja origem remonta ao costume norte-americano, que as denomina *usufructuary shares*, às ações sobre as quais é instituído o usufruto. Importam as mesmas não na titularidade da ação, mas no seu usufruto, isto é, o direito ao uso e aos frutos que renderem as ações. A propriedade é de uma pessoa e o proveito passa para outra.

Fazem-se acompanhar do direito de voto. Explica Modesto Carvalhosa: "Terão também o direito de voto as ações de fruição (art. 44, § 5°), pois lhes cabe, tanto como às demais amortizadas, a expectativa de partilhar do acervo remanescente da companhia dissolvida. Terão, assim, direito de voto, sob o mesmo fundamento de que têm interesse no processo de liquidação, embora sujeitas à preferência de ordem, *ex vi* do § 5° do art. 44. O direito pleno de voto de tais ações é inquestionável, mesmo porque estão sujeitas à preferência de ordem na partilha tanto quanto as demais ações plenas, se no estatuto estiver assegurada a determinada classe, preferência no reembolso do capital social".[20]

O direito ao voto, porém, nessas ações, assiste à pessoa que o contrato indica. Assim consta no art. 114: "O direito de voto da ação gravada com usufruto, se não for regulada no ato de constituição do gravame, somente poderá ser exercido mediante prévio acordo entre o proprietário e o usufrutuário".

Se, porém, houver silêncio a respeito, o usufrutuário, ou aquele que retira a fruição, é que participará das assembleias e manifestará o ato de vontade. Se destinada a fruição a alguém diferente que o proprietário, naturalmente a vantagem deve ser plena, ou envolver todas as decorrências que emergirem.

3.3. Quanto à forma: ações nominativas e ações escriturais

No que se refere à forma, que virá determinada no estatuto (art. 22), busca-se a classificação no modo de se externarem ou se apresentarem as ações aos titulares. Existem,

---

[20] *Comentários à Lei de Sociedades Anônimas*, ob. cit., vol. 4, t. I, p. 129.

presentemente, sob esse enfoque, dois tipos: as *nominativas* e as *escriturais*. A Lei nº 6.404, na sua redação original, apresentava mais dois tipos, que eram as ações ao portador e as endossáveis. Foi a Lei nº 8.021, de 12.04.1990, que revogou essas duas últimas classes, pois se prestavam para a evasão de tributos. Mantendo os titulares no anonimato, propiciavam que ocultassem a sua existência, ou omitissem a declaração no imposto de renda, subtraindo, assim, a renda.

Nominativas consideram-se as ações que identificam os respectivos titulares, que são os acionistas.

Aparecem disciplinadas nos arts. 20 a 31 da Lei nº 6.404/1976, alguns deles já inaplicáveis pelo alijamento dos tipos de ações ao portador e endossáveis vindo com a Lei nº 8.021, de 12.04.1990.

Prova-se a propriedade nominativa mediante o seu registro ou assentamento em livro próprio, denominado 'Registro das Ações Nominativas', exigência que está no *caput* do art. 31, com a modificação da Lei nº 10.303/2001: "A propriedade das ações nominativas opera-se pela inscrição do nome do acionista no livro de 'Registro das Ações Nominativas' ou pelo extrato que seja fornecido pela instituição custodiante, na qualidade de proprietária fiduciária das ações". O registro é bastante para que surtam efeitos, admitindo-se a emissão de certificados para a finalidade probatória, mas não se tornando obrigatória a sua existência para as sociedades fechadas.

As ações *escriturais*, reguladas pelo art. 34 da Lei nº 6.404/1976, são aquelas que dispensam a emissão de certificados, e que ficam mantidas em contas de depósito, em nome dos respectivos titulares, na instituição bancária indicada e autorizada pela Comissão de Valores Mobiliários. Não passam de um tipo especial de ações nominativas, pois também são registradas escrituralmente, mas não no livro da sociedade, e sim nos livros da instituição financeira para tanto escolhida, ou no extrato da conta bancária. Eis o teor do dispositivo: "O estatuto da companhia pode autorizar ou estabelecer que todas as ações da companhia, ou uma ou mais classes delas, sejam mantidas em contas de depósito, em nome de seus titulares, na instituição que designar, sem emissão de certificados". Amador Paes de Almeida esclarece como se ostenta a propriedade: "A propriedade de tais ações presume-se pelo registro na conta de depósito das ações, aberta em nome do acionista, nos livros de instituições financeiras autorizadas pela Comissão de Valores Mobiliários, as únicas que podem manter serviços de ações escriturais, ao lado da Bolsa de Valores".[21]

O interessado, tendo um valor depositado em instituição financeira, adquire as ações, emitindo uma ordem escrita e pagando com o valor depositado, que fica registrado no Banco. Presume-se a propriedade das ações pelo registro na conta de depósito, e que se faz nos livros da instituição.

Arnoldo Wald caracteriza essa ação semelhantemente à moeda escritural: "À semelhança da moeda escritural, ou bancária (*bank money*), a ação escritural nasce com registros contábeis na escrituração de instituições financeiras, sem emissão de certificados, em conta de depósito semelhante aos depósitos bancários de moeda. Diante dessas características, pode-se definir a ação escritural como um valor patrimonial incorpóreo que outorga ao seu titular os direitos e obrigações inerentes à qualidade de acionista e cuja transferência

---

[21] *Manual das Sociedades Comerciais*, ob. cit., p. 221.

278 • Direito de Empresa | *Arnaldo Rizzardo*

processa-se escrituralmente, mediante assentamentos próprios nas instituições encarregadas de sua administração e depósito".[22]

Já que aparece nos livros, embora não vindo materializada em certificado, constitui a ação um título de crédito, como acontece com as demais ações. Desde que apresente o titular o extrato de conta das ações, consoante se extrai do § 2º do art. 35: "A instituição depositária fornecerá ao acionista extrato da conta de depósito das ações escriturais, sempre que solicitado, ao término de todo mês em que for movimentada e, ainda que não haja movimentação, ao menos uma vez por ano".

Havendo mudança estatutária, é possível a conversão de uma ação nominativa em escritural. Para tanto, cancela-se o certificado em circulação, pois não acompanha a ação escritural, conforme o § 1º. Realmente, se há o depósito das ações, não se justifica o certificado.

Sobre a conversão, expõe Philomeno J. da Costa: "A conversão de ação opera-se mediante pedido do acionista, que a sociedade tem que atender prontamente; o pedido deve ser quanto possível por escrito, porque o solicitante se documenta e a companhia também. Num clima de compreensão mútua, que predomina, a solicitação é verbal, que se confirma com a entrega dos comprovantes ou com o recebimento das ações novas, após a realização da operação".[23]

Deve haver prévia autorização pela Comissão de Valores Mobiliários para a instituição desse tipo de ações, que na sociedade aparecem escrituradas (§ 2º). A sua propriedade decorre do mero registro na conta de depósito, aberta em nome do acionista nos registros da instituição depositária, e bastando para a comprovação um extrato da conta bancária. As operações pelas quais passam as ações, como a transferência da titularidade ou a sua colocação para a venda, são lançadas no registro escritural.

Há a responsabilidade da companhia por perdas e danos causados aos interessados por erros e irregularidades no serviço de ações escriturais. Por decorrerem as ações da companhia, ela é a responsável, por eleger a instituição financeira. Todavia, assegura-se-lhe a ação de regresso, para o reembolso do valor que indenizar, como garante o § 3º.

A instituição depositária entregará mensalmente, ou quando houver solicitação, ao adquirente o extrato de sua conta, mesmo que não houver solicitação, no qual aparece a operação de aquisição ou transferência de ações (§ 2º).

Havendo despesas de transferência das ações, é permitida a cobrança junto ao acionista (§ 3º).

3.3.1. *Transferência das ações nominativas e escriturais*

Quanto às ações nominativas, de acordo com os parágrafos do art. 31, a transferência de titularidade se comprova mediante termo a ser feito em outro livro, que leva o nome de 'Livro de Transferência das Ações Nominativas', devendo ser datado e assinado pelo cedente e pelo cessionário, ou por seus legítimos representantes. Ou seja, promovem-se a baixa das ações alienadas no nome do alienante e o lançamento no nome do adquirente, ficando anotados os nomes dos titulares, como é próprio deste tipo de ações.

---

[22] "Regime de ações preferenciais na nova legislação societária", *in Revista de Direito Bancário e de Mercado de Capitais*, Editora Revista dos Tribunais, vol. I, ano I, p. 19.

[23] *Anotações às Companhias*, ob. cit., vol. I, p. 366.

Não se impedem, no entanto, outros meios de transferência, consoante anotam Alfredo Lamy Filho e José Luiz Bulhões Pedreira: "A forma especial de transferência não exclui as comuns, que valem entre as partes até que o *transfert* se faça no livro próprio, e se aperfeiçoe o ato no rigor cambiário para maior proteção do adquirente... O direito criando formas mais seguras de circulação não impede a adoção das anteriores, que continuam sujeitas às limitações que lhes são inerentes, mas eficazes dentro dessas limitações".[24]

Se adotado ou verificado modo diferente da compra e venda para a transferência, e, assim, se ocorrer por direito sucessório, pela adjudicação, pela arrematação em leilão, pelo recebimento por dação em pagamento, deve-se apresentar o documento comprobatório da transferência, como formal de partilha, auto de adjudicação ou arrematação, que será arquivado após o devido registro no livro próprio de registro (§ 2º do art. 31).

Se a aquisição se efetuar através da Bolsa de Valores, a representação do adquirente se dá pela sociedade corretora ou pela caixa de liquidação da Bolsa de Valores, independentemente de instrumento de procuração (§ 3º do art. 31).

No entanto, após registra-se a transferência no livro próprio, já que esta a forma de prova da propriedade convencional, como assentou o STJ: "Sociedade por ações. Ações nominativas. Transferência. A pretensão ao exercício de direito, relativamente à sociedade, por parte de acionista, vincula-se à averbação do título aquisitivo no livro de Registro de Ações Nominativas. Corretamente postulado o direito de recesso por quem figura naquele livro e não por terceiro que, mediante procuração em causa própria, teria adquirido as ações".[25]

O § 1º do art. 31 revela-se enfático sobre a necessidade de registro no livro próprio: "A transferência das ações nominativas opera-se por termo lavrado no livro de 'Transferência de Ações Nominativas', datado e assinado pelo cedente e pelo cessionário, ou seus legítimos representantes".

No pertinente às ações escriturais, a transferência opera-se unicamente por lançamento nos registros da instituição financeira, em conta de depósito de ações, que é aberta em nome do acionista nos livros ou registros da mesma instituição financeira, a débito da conta de depósito do alienante e a crédito da conta de depósito do adquirente, por expressa exigência do art. 35: "A propriedade da ação escritural presume-se pelo registro na conta de depósito das ações, aberta em nome do acionista nos livros da instituição depositária".

Assim, a aquisição se efetua com o registro do lançamento do valor correspondente na conta do alienante das ações, enquanto, na conta do adquirente, se registra a retirada do valor correspondente, aspecto bem delineado pelo § 1º do mesmo art. 35: "A transferência da ação escritural opera-se pelo lançamento efetuado pela instituição depositária em seus livros, a débito da conta de ações do alienante e a crédito da conta de ações do adquirente, à vista de ordem escrita do alienante, ou de autorização ou ordem judicial, em documento hábil que ficará em poder da instituição". Como se percebe, para operar a transferência, deve haver ordem expressa do alienante, ou determinação judicial.

---

[24]   *A Lei das S.A.*, ob. cit., p. 306.
[25]   REsp. nº 40.276-0, j. em 07.12.1993, *DJU* de 07.03.1994.

Lançam-se as averbações na escrituração, à semelhança do que ocorre com as ações nominativas. Alfredo Lamy Filho e José Luiz Bulhões Pedreira sistematizam a prática do procedimento:

"a) O termo de transferência das ações nominativas assinado pelo cedente e pelo cessionário é substituído, nas ações escriturais, por ordem escrita de transferência que o titular da conta de depósito dá à instituição financeira;

b) tanto a ação nominativa quanto a escritural podem ser transferidas mediante averbação ou lançamento por autorização ou ordem judicial;

c) a transferência da propriedade da ação escritural opera-se por lançamento feito pela instituição depositária em seus livros, que corresponde à inscrição do termo de transferência no livro de 'Registro de Ações Nominativas', ou à averbação, no mesmo livro, de outro título de transferência".[26]

Por último, o § 3º do art. 35 dá o direito à instituição financeira para a cobrança do custo pela transferência das ações: "O estatuto pode autorizar a instituição depositária a cobrar do acionista o custo do serviço de transferência da propriedade das ações escriturais, observados os limites máximos fixados pela Comissão de Valores Mobiliários". Há, pois, para essa finalidade a taxação pela entidade referida no dispositivo, que estabelecerá a relação de tarifas ou preços dos serviços.

4. MODELO DE CONTRATO PARTICULAR DE COMPRA E VENDA DE AÇÕES

Conforme referido, a transferência de ações de uma pessoa para outra pode instrumentalizar-se de várias maneiras, sendo uma delas, nas sociedades de capital fechado, o contrato particular, apresentando-se o modelo anexo.

5. NATUREZA DO NEGÓCIO QUE MANTÉM AS AÇÕES NA INSTITUIÇÃO FINANCEIRA

De grande relevância prática o negócio celebrado entre a sociedade e a instituição bancária, que recebe os valores da compra das ações, e que as mantém escrituradas. Como nas demais operações de custódia de valores, há um contrato de depósito. Não se encontra outro matiz que dá uma configuração diferente. Se assume o banco a obrigação de guarda, e para tanto se responsabiliza, naturalmente não se torna dono das ações, que nem se enquadram como bens fungíveis, pois não se transfere a posse, ou o proveito, para a posterior restituição do mesmo tipo de bens.

---

[26] *A Lei das S.A.*, ob. cit., p. 323.

A matéria é bem desenvolvida por Alfredo Lamy Filho e José Luiz Bulhões Pedreira:

"a) A instituição financeira somente pode corporificar em seus livros as ações de determinada companhia quando esta, mediante alteração do estatuto social, adota a forma escritural e designa a instituição financeira encarregada de manter a escrituração;

b) as ações que tomam forma escritural são, portanto, 'recebidas' da companhia, posto que a instituição financeira somente pode corporificar ações em sua escrituração quando recebe autorização da companhia, que corresponde à tradição de bens corpóreos; o significado jurídico desse 'recebimento' das ações é o mesmo, quer estas sejam entregues sob a forma de títulos ao portador ou endossáveis (a serem cancelados quando da conversão em forma escritural), quer simbolicamente, como lista dos acionistas e respectivas quantidades de ações para que a instituição financeira abra em seus livros as contas de depósito;

c) a instituição financeira tem o dever de 'guardar' nas ações corporificadas na sua escrituração; e como são os lançamentos nessa escrituração que definem a propriedade das ações, assume responsabilidade análoga à do depositário de qualquer bem corpóreo móvel;

d) a instituição financeira tem a obrigação de 'restituir' à companhia a ação escritural se esta, mediante alteração do estatuto social, abandona a forma das ações escriturais, ou muda de instituição depositária;

e) a 'restituição' das ações escriturais pode ter a forma de entrega de certificado ao portador ou endossável (emitido pela própria instituição financeira, se desempenhar a função de agente emissor de certificado, ou recebido da companhia para ser entregue ao acionista), ou processar-se simbolicamente, com o encerramento das contas dos acionistas mediante lançamento a débito das contas e a crédito da companhia".[27]

Outrossim, a conta que o acionista contrata com o banco, no qual ficam escrituradas as suas ações, não importa em um depósito de dinheiro. Unicamente destina-se a conta para registrar as ações. Na sua aquisição, efetua o pagamento através da própria instituição, que o credita em favor da sociedade. No entanto, a importância paga não equivale a um depósito de dinheiro, de tal sorte que não se lhe oportuniza a sua movimentação, à semelhança do sistema dos depósitos de valores monetários em espécie.

Na eventualidade de não mais interessar a propriedade da ação, abre-se o caminho para a sua negociação, seja pela Bolsa de Valores ou pelo modo que se oferecer, sempre em consonância com as regras do estatuto social.

---

[27]   *A Lei das S.A.*, ob. cit., p. 324.

XIII
Certificados das ações

1. O SIGNIFICADO DE TÍTULOS REPRESENTATIVOS DAS AÇÕES

O certificado envolve o documento que representa as ações. Por outros termos, no dizer de Fábio Ulhoa Coelho, "as ações são documentadas em um certificado, em regra de emissão da companhia, cujos requisitos se encontram fixados em lei".[1]

Evidencia Philomeno J. da Costa a forma de se exteriorizarem as ações: "A fração mínima do capital de uma companhia concretiza-se normalmente (coisifica-se) ou num pedaço de papel formalizado (certificado – art. 24) ou num lançamento (em livro de instituição financeira, encarregada do serviço material da emissão das ações sociais – art. 34)".[2]

Como a palavra expressa, os certificados *certificam*, isto é, atestam a existência das ações. Constituem, pois, os títulos que a sociedade emite com a finalidade de atestar a propriedade das ações. Servem para expressar a titularidade de uma ou várias ações.

De modo que as ações se exteriorizam ou se expressam em certificados, que as representam e formalizam o título de propriedade, cuja emissão se dá desde que devidamente integralizadas. Dando-se a participação no capital com o aporte de bens, emitem-se os certificados depois de cumpridas as formalidades necessárias de transmissão para a sociedade, dentre as quais a devida avaliação. O mesmo ocorre no caso de participação pela cessão de créditos.

Daí emitirem-se depois do cumprimento das exigências para o funcionamento da sociedade, isto é, após estarem os atos constitutivos arquivados na Junta Comercial e devidamente publicados.

Interessa o art. 23 da Lei nº 6.404/1976, prevendo a emissão dos certificados das ações, o que se dá apenas depois do atendimento das exigências para a sociedade funcionar: "A emissão de certificado de ação somente será permitida depois de cumpridas as formalidades necessárias ao funcionamento da companhia". Na desobediência da norma, decorre a nulidade do certificado, com a incidência da responsabilidade dos infratores, se decorrerem danos, no que é claro o § 1º: "A infração do disposto neste artigo importa nulidade do certificado e responsabilidade dos infratores".

Se o capital se faz em bens, ou na entrega de créditos, e não em dinheiro, os certificados se expedem depois de efetuada a transferência para a sociedade ou de realizados os créditos, como exige o § 2º do mesmo artigo: "Os certificados das ações, cujas entra-

---

[1] *Manual de Direito Comercial*, ob. cit., p. 177.
[2] *Anotações às Companhias*, ob. cit., vol. I, p. 362.

284 • Direito de Empresa | *Arnaldo Rizzardo*

das não consistirem em dinheiro, somente poderão ser emitidos depois de cumpridas as formalidades necessárias à transmissão de bens, ou de realizados os créditos".

Havendo necessidade de substituição dos certificados, por extravio, deteriorações e outras anomalias, o § 3º assegura a cobrança do custo respectivo.

2. ELEMENTOS DOS CERTIFICADOS

Ao longo dos incisos do art. 24 da Lei nº 6.404/1976, com modificações das Leis nºs 9.457/1997 e 10.303/2001, são discriminados os elementos que constarão no certificado:

I – denominação da companhia, sua sede e prazo de duração;

II – o valor do capital social, a data do ato que o tiver fixado, o número de ações em que se divide e o valor nominal das ações, ou a declaração de que não têm valor nominal;

III – nas companhias com capital autorizado, o limite da autorização, em número de ações ou valor do capital social;

IV – o número de ações ordinárias e preferenciais das diversas classes, se houver, as vantagens ou preferências conferidas a cada classe e as limitações ou restrições a que as ações estiverem sujeitas;

V – o número de ordem do certificado e da ação, e a espécie e classe a que pertence;

VI – os direitos conferidos às partes beneficiárias, se houver;

VII – a época e o lugar da reunião da assembleia geral ordinária;

VIII – a data da constituição da companhia e do arquivamento e publicação de seus atos constitutivos;

IX – o nome do acionista;

X – o débito do acionista e a época e o lugar de seu pagamento, se a ação não estiver integralizada;

XI – a data da emissão do certificado e as assinaturas de dois diretores, ou do agente emissor de certificados (art. 27).

Por força dos parágrafos que seguem ao art. 24, decorrendo prejuízos da falta dos elementos acima na emissão dos certificados, como invalidade dos certificados, falta de menção do valor do capital social e das ações, não referência de seu número, enseja o direito de indenização pelas perdas e danos contra a sociedade e os diretores que compuseram a administração ao tempo da emissão dos certificados.

Nas sociedades abertas, admite-se a assinatura concomitante dos certificados por dois mandatários com poderes especiais, ou autenticados por chancela mecânica, observadas as normas expedidas pela Comissão de Valores Mobiliários.

Autorizam o art. 25 e seu parágrafo único a emissão de certificados de múltiplos de ações, neles constando certa quantidade de ações, adotando o padrão estabelecido pela Comissão de Valores Mobiliários. Provisoriamente possibilita-se a emissão de cautelas de ações, que as representam, até que se emita o certificado. Eis os textos: "A companhia poderá, satisfeitos os requisitos do art. 24, emitir certificados de múltiplos de ações e, provisoriamente, cautelas que as representem.

Parágrafo único. Os títulos múltiplos das companhias abertas obedecerão à padronização de número de ações fixada pela Comissão de Valores Mobiliários".

Essas cautelas conterão as declarações exigidas para os certificados, tendo caráter provisório. Nas sociedades abertas, mostram-se impróprias as cautelas, dada a dificuldade da posterior substituição. Mais prático é que a emissão aguarde a confecção definitiva dos certificados.

O art. 37 permite à companhia aberta a suspensão dos serviços de transferência, conversão e desdobramento dos certificados das ações em períodos não superiores a quinze dias, e ao total de noventa dias durante o ano todo. Esporadicamente, pois, é tolerada a suspensão na emissão dos certificados, com a comunicação à Bolsa de Valores na qual se fez a negociação das ações, e publicação de anúncio pela imprensa.

A medida é posta em prática em situações de reestruturação da sociedade, ou de verificação de irregularidades, visando preservar os interesses e direitos de acionistas.

Essa suspensão, todavia, não prejudicará o registro da transferência das ações negociadas anteriormente ao período da suspensão, como assegura o parágrafo único.

Nas ações escriturais, não existe a emissão de certificados, posto que ficam as mesmas apenas lançadas na escrita do titular na instituição bancária. O acionista simplesmente recebe o extrato da conta de depósito, com referências à espécie e quantidade de ações, e o nome da empresa emissora.

3. FORMALIZAÇÃO DOS CERTIFICADOS

Dois diretores da empresa emissora assinam os certificados, obedecendo-se as praxes ditadas pela Comissão de Valores Mobiliários. As grandes companhias destinam um representante para tanto, ao qual se dá o nome de agente emissor de certificados, cuja escolha recai em uma instituição financeira credenciada pela Comissão de Valores Mobiliários ou na Bolsa de Valores. Esse agente desempenha a função de mandatário, cujos poderes são específicos, podendo delegar poderes aos seus prepostos para desempenhar essa atividade, impondo-se a devida aprovação pela citada Comissão.

É comum, também, a designação de dois mandatários pela sociedade, desde que aberta, aos quais são outorgados poderes próprios para a formalização e expedição dos certificados. Na sociedade fechada, porém, não é usual a figura de procurador, sem que torne inválida a emissão por agente específico, se verificada a nomeação na devida forma.

Na confecção dos certificados, possibilita-se aglutiná-los ou desdobrá-los, de maneira a abranger múltiplas ou algumas ações. Assim, revela-se possível que um certificado contenha ou represente um total de cem ações, ou que se emitam quatro certificados, cada um contendo vinte e cinco ações.

Nos termos do art. 24, inc. V, fornece-se um número a cada certificado, no qual ficarão constando os números das ações, seja nos vários certificados ou naquele que as engloba na totalidade. Se existe um único certificado, contendo, *v.g.*, duzentas ações, os respectivos números permanecem se proceder-se o desdobramento em vários certificados.

Vêm os certificados materializados em papel especial e filigranado, com impressão em caracteres de modo a dificultar a falsificação. Todavia, considerando que as ações terão anotado sempre o nome do titular, não passando os certificados de meros documentos probatórios da titularidade, torna-se inútil e sem resultado prático a adulteração, o que se dá com a inclusão do nome de um terceiro, ou de valor diferente daquele que consta nos livros de registro.

4. PERDA OU EXTRAVIO DE CERTIFICADO DE AÇÕES

Para a perda ou extravio de certificados de ações, há um procedimento a ser observado, que rege a anulação e a substituição dos títulos. A finalidade é a retirada de circulação, especialmente através da negociação, na bolsa e no balcão de mercado de ações. Providencia-se na emissão de uma segunda via, já que se trata de um documento meramente declaratório. Está essa previsão no art. 38: "O titular de certificado perdido ou extraviado de ação ao portador ou endossável poderá, justificando a propriedade e a perda ou extravio, promover, na forma da lei processual, o procedimento de anulação substituição para obter a expedição de novo certificado". Pelo § 1º, condiciona a anulação e a substituição à existência de prova da destruição ou inutilização do certificado. Pelo § 2º, enquanto não se der a recuperação ou substituição, averbam-se as transferências sob condição, podendo à companhia a exigência de garantia idônea da eventual restituição.

A perda ou extravio contém um sentido amplo, abrangendo o desapossamento violento, a inutilização ou destruição. Não se justifica a previsão da anulação e substituição de umas formas, e não de outras. Tem-se em conta acima de tudo a perda da posse, qualquer que seja a forma como ocorra.

Outrossim, não mais existem, atualmente, ações ao portador. Mesmo que transferidas, faz-se necessário declinar o nome do novo titular, em vista da Lei nº 8.021, de 12.04.1990. Em qualquer situação, sempre se apresentam nominativas. Nessa situação, unicamente um terceiro se apropria delas pela falsificação de seus dizeres externos. A invalidade, aí, é a mesma de qualquer documento, procurando-se a via judiciária comum para a desconstituição. A mera perda ou o extravio e o injusto desapossamento são comunicados por edital, emitindo-se novo certificado. O eventual adquirente de ações falsificadas não fica eximido das consequências, devendo devolvê-las, e não se inculcando responsabilidade à companhia ou ao acionista, se não evidenciada culpa de sua parte.

A nulidade e substituição dos certificados, pelo regime da Lei nº 6.404/1976, anteriormente à Lei n. 8.021/1990, seguia os trâmites dos arts. 907 a 913 do Código de Processo Civil de 1973 (não reproduzidos pelo CPC/2015), garantindo uma dessas alternativas, através de ação própria, com citações e intimações, inclusive da Bolsa de Valores, seguindo o processo, com ampla possibilidade de prova, até o final, quando se dá a sentença, pela qual, se procedente, o juiz declara caduco o título reclamado, ordenando ao devedor, isto é, à companhia, que lavre outro em substituição, dentro de prazo fixado.

Parece evidente a necessidade de levar-se a termo a ciência dos interessados do fato e da ação visando, além da declaração de caducidade da ação anterior, a emitir-se novo certificado.

XIV
Estrutura e garantia das ações

1. NATUREZA DAS AÇÕES

A ação representa a fração mínima do capital social. Significa cada unidade do capital, resultando ao seu titular o direito de participação na sociedade, o que importa em corresponder a um título de participação. Fixa-se e constitui-se o capital necessário para a sociedade, dividindo-se pelo valor da unidade escolhido. O resultado forma a quantidade de ações, que são as frações do capital.

De acordo com o entendimento mais coerente, as ações integram a categoria de bens móveis, eis que encerram valor econômico ou patrimonial.

São três os conteúdos que encerram, assim descritos:

a) As ações são partes do capital social, conforme acima referido, sendo que seu valor corresponde à fração do capital social.

b) Constituem o título da parcela de patrimônio que dá à pessoa adquirente a condição ou posição de sócio. Realmente, quem as adquire torna-se acionista, ou equivalem as ações à contribuição que faz o adquirente sócio, dando-lhe o direito de participar dos lucros e do resíduo do capital que sobrar na liquidação da sociedade.

c) Enquadram-se como título de crédito, embora as divergências doutrinárias que imperam sobre o assunto. Pelo fato de equivalerem a parcelas líquidas do capital, ou abrangerem parte do patrimônio, e de necessariamente importarem no recebimento de lucros, servem os certificados das ações como título para a exigibilidade dos lucros ou dividendos que corresponderem. Não que correspondam ao direito de crédito pelo valor de face ou de sua subscrição, eis que predomina o valor de mercado. Muito menos significam o poder assegurado do reembolso da cifra que expressam, pois tal ocorre em casos discriminados pela lei. Mas contêm um crédito a que tem direito o titular em receber do lucro e do eventual resultado líquido distribuído no acervo social na liquidação.

Além disso, inserem-se como título de crédito porque fazem emanar direitos, assegurando ao titular a participação na vida social, tomando parte da vida da sociedade, e influindo nas decisões com o exercício do voto. Indo adiante, Miranda Valverde agrega outra característica, a de conferir ao titular o estado de sócio: "Incluída, porque se apresenta como valor circulante no mercado, na vasta categoria dos títulos ou papéis de crédito,

288 • Direito de Empresa | *Arnaldo Rizzardo*

não perde, entretanto, o principal característico jurídico, o de conferir ao seu titular, um *status*, o estado de sócio, do qual derivam direitos e obrigações. Direitos e obrigações que se perdem ou se adquirem, perdendo-se ou adquirindo-se a qualidade de membro ou acionista".[1]

2. CARACTERÍSTICAS DAS AÇÕES

Duas as características destacadas pela Lei nº 6.404/1976: a indivisibilidade e a negociabilidade. Outras existem mais como decorrência, e, assim, a circulação, a fungibilidade e a conversibilidade.

A *indivisibilidade* decorre da imposição de sua unidade perante a sociedade. Não há repartição no exercício dos direitos. Inadmissível que duas pessoas, titulares da mesma ação, exerçam o direito de voto, ou participem na mesma assembleia. O art. 28 contém essa impossibilidade: "A ação é indivisível em relação à companhia".

Esse caráter restringe-se à sociedade, não impedindo que duas ou mais pessoas sejam as proprietárias, ou exerçam, entre elas, cotitularidade, aproveitando os direitos e usufruindo as vantagens. Repartem-se os lucros e o valor que restar, quando da liquidação.

Nessa cotitularidade, forma-se um condomínio sobre a ação, devendo haver a escolha de um representante perante a sociedade, como ordena o parágrafo único: "Quando a ação pertencer a mais de uma pessoa, os direitos por ela conferidos serão exercidos pelo representante do condomínio".

Entre os titulares, elege-se um representante, formando eles uma relação estranha à sociedade, que simplesmente responde perante o representante, o qual apresentará o documento de habilitação.

A *negociabilidade* ostenta-se como uma característica de grande importância, significando a sua transferência onerosa, através da compra e venda. Se decorrer de companhia aberta, colocam-se as ações na Bolsa de Valores, ou no balcão de mercado. Aí está uma das diferenças em relação a outros tipos de sociedade, que exigem a alteração do estatuto se verificada a mudança de titular de capital. Na sociedade anônima, interessa o capital, e não a pessoa do sócio. É própria de sua natureza a transferência de titularidade, tanto que as ações inserem-se no gênero dos títulos mobiliários, que são negociáveis.

Para a negociação, porém, pressupõe-se o pagamento de trinta por cento do valor da subscrição, condição que está no art. 29: "As ações da companhia aberta somente poderão ser negociadas depois de realizados 30% (trinta por cento) do preço de emissão".

Sem o implemento dessa condição, o ato de negociação importa em nulidade, diante da cominação do parágrafo único: "A infração do disposto neste artigo importa na nulidade do ato".

No pertinente às sociedades fechadas, existem, porém, restrições, que constarão do contrato social. Assim, admite-se a limitação à circulação das ações nominativas, de acordo com o art. 36: "O estatuto da companhia fechada pode impor limitações à circulação das ações nominativas, contanto que regule minuciosamente tais limitações e não impeça a negociação, nem sujeite o acionário ao arbítrio dos órgãos de administração da companhia ou da maioria dos acionistas".

---

[1] *Sociedade por Ações*, ob. cit., vol. I, p. 119.

Nota-se a inviabilidade de simplesmente impor-se a proibição de negociação. Assim, a limitação pode consistir em impor, antes da venda a terceiros, a oferta aos demais sócios, através de notificação, dando-se um prazo para manifestarem o interesse. Tem-se uma limitação que faz depender a alienação do prévio oferecimento da preferência, com igual preço ao exigido, aos demais acionistas, sob pena de se munir o sócio interessado da demanda adjudicatória, com o prévio depósito da quantia correspondente ao preço da ação. Esta restrição, porém, não alcança as ações das sociedades de capital aberto, pois feriria uma característica que lhe é a razão de ser.

Se vier a limitação através de alteração do contrato, devem os titulares manifestar a concordância, mediante pedido que será averbado junto ao registro das ações nominativas. É a condição que está no parágrafo único do art. 36: "A limitação à circulação criada por alteração estatutária somente se aplicará às ações cujos titulares com ela expressamente concordarem, mediante pedido de averbação no livro de 'Registro de Ações Nominativas'".

A *circulação*, que abrange a negociabilidade, advém da permissão inerente à sociedade anônima da transferência das ações, através da negociação, e importa a sua mudança de titularidade, passando de uma pessoa para outra.

É própria da sociedade aberta a livre circulação das ações, com o que o acionista está autorizado a efetuar a transferência a quem entender. Inquina-se de nula qualquer cláusula que limite ou restrinja a transferência, exceto em pequenos períodos de suspensão, estabelecidos no art. 37.

Quanto às sociedades fechadas, enseja o art. 36 limitações na circulação, desde que não coibida a negociação. Ou seja, a negociação restringe-se aos sócios. Entrementes, se não manifestarem interesse na aquisição, incabível se mantenha a proibição de venda a terceiros estranhos. Não se evidencia coerente com o sistema jurídico a obrigação de continuar sócio ou associado, em uma sociedade que não mais interessa ao sócio.

A *fungibilidade* importa em substituição de bens móveis por outros da mesma espécie, qualidade e quantidade. As ações classificam-se como bens móveis. Desde que emitidas em massa, todas iguais (ou ordinárias ou preferenciais), cada uma com idêntico valor, emitidas pela mesma companhia, preenchem os requisitos da fungibilidade e entram na categoria de bens fungíveis dentro da classe a que pertencem. Nessa condição, autoriza a lei que fiquem em custódia junto a uma instituição financeira autorizada pela Comissão de Valores Mobiliários. Essa instituição as mantém em depósito como valores fungíveis, na mesma espécie e classe da emissão pela companhia. Além disso, a instituição adquire a propriedade fiduciária, isto é, a propriedade em confiança, com a posterior obrigação de devolver igual número de ações, com idêntica espécie e qualidade.

Essa custódia, que pressupõe a fungibilidade, se colhe do art. 41, em texto modificado pela Lei nº 10.303/2001: "A instituição autorizada pela Comissão de Valores Mobiliários a prestar serviços de custódia de ações fungíveis pode contratar custódia em que as ações de cada espécie e classe da companhia sejam recebidas em depósito como valores fungíveis, adquirindo a instituição depositária a propriedade fiduciária das ações".

Se trata o art. 41 de ações fungíveis, pressupõe a possibilidade da substituição de seu valor e do número, modificações essas resultantes da alteração do capital social ou do número de ações. Não se substituem, no entanto, a espécie e a classe. Por isso, conclui-se que a fungibilidade é relativa.

Restringe-se, pois, a substituição no valor e no número que possuíam. Não se concede o poder da instituição em aliená-las, ou negociá-las.

Se é possível a substituição, naturalmente não se faz necessário o registro das ações que recebe em custódia.

É a conclusão que se retira do § 1º do art. 41: "A instituição depositária não pode dispor das ações e fica obrigada a devolver ao depositante a quantidade de ações recebidas, com as modificações resultantes de alterações no capital social ou no número de ações da companhia emissora, independentemente do número de ordem das ações ou dos certificados recebidos em depósito".

Outras regras existem sobre a custódia. Entretanto, bastam as anotações acima para depreender o caráter da fungibilidade.

Quanto à *conversibilidade*, equivale ao fato de uma ação passar de uma espécie para outra (ação ordinária para preferencial), ou de uma forma para outra (ação nominativa para escritural).

Promove-se a conversão por vontade do acionista, desde que autorizada por cláusula constante no estatuto da sociedade, por expressa imposição da sociedade.

De acordo com o art. 19, é autorizada a conversão de uma classe em outras, em ações ordinárias, e desta espécie em preferenciais. Havendo a diversidade de classes das ações ordinárias, torna-se mais viável a sua conversibilidade em ações preferenciais.

O assunto envolve também a conversão de debêntures ações, na previsão do art. 57, assunto objeto de estudo em outro item.

3. CONSTITUIÇÃO DE DIREITOS REAIS

Não se impede que se constituam direitos reais sobre as ações, os quais servem de garantias nas obrigações contraídas junto a terceiros. É possível gravar as ações com o penhor ou caução, o usufruto, o fideicomisso e a alienação fiduciária em garantia.

Através da figura do *penhor* ou *caução*, as ações ficam garantindo uma obrigação contraída junto a terceiros, isto é, constitui-se uma relação de garantia real, incidindo um direito real sobre coisa alheia. Ficam determinados bens vinculados ao cumprimento de uma obrigação. No caso, as ações constituem a garantia. Contrai-se uma dívida e oferecem-se as ações para garantir o pagamento da importância mutuada. Não honrada a dívida, a execução recairá nas ações, que serão penhoradas e levadas a leilão. Não se impede que se proceda a venda em pregão na bolsa, ou em balcão, o que facilita a apuração do valor necessário para satisfazer o crédito do mutuante.

O penhor de ações não se restringe apenas ao devedor. A um terceiro permite-se que dê a garantia em favor do devedor.

Em geral, transfere-se a posse dos bens para o poder do credor. Há exceções que permitem a permanência dos bens com o devedor.

Empregam-se os termos 'penhor' e 'caução' em sentido equivalente. Na verdade, o penhor de títulos de crédito denomina-se caução.

Na hipótese das ações nominativas, nos termos do art. 39 da Lei nº 6.404, faz-se a averbação no livro 'Registro de Ações Nominativas', sem que ocorra a tradição ou transferência de sua posse para as mãos do titular do crédito; se envolvidas ações escriturais, averba-se no extrato de conta corrente da instituição depositária, ou no livro próprio que possuir. Reza o preceito: "O penhor ou caução de ações se constitui pela averbação do respectivo instrumento no livro 'Registro de Ações Nominativas'".

Em suma, o penhor reveste a forma de instrumento particular ou público, levando-se a averbação nos citados livros.

A penhora, se ajuizada a execução da dívida, pode incidir nos rendimentos ou dividendos que trazem as ações, os quais ficam retidos, ou depositados em estabelecimento indicado pelo juiz.

Quanto às ações escriturais, procede-se ao penhor perante o estabelecimento bancário onde se encontram registradas, fazendo-se a anotação ou averbação no livro próprio se existente, ou no extrato da conta bancária do depósito. É a providência que emana do § 1º do art. 39: "O penhor da ação escritural se constitui pela averbação do respectivo instrumento nos livros da instituição financeira, a qual será anotada no extrato da conta de depósito fornecido ao acionista". À Bolsa de Valores cabe registrar o penhor, por ordem da Comissão de Valores Mobiliários (art. 293).

Pelo acréscimo do § 2º, sempre que se faz o penhor, assegura-se à companhia exigir um exemplar do instrumento do respectivo ato.

O penhor ou caução não impede ao acionista de continuar a exercer os direitos de sócio, e, assim, de votar, de receber os dividendos, a menos que impostas restrições. Autoriza-se, realmente, convencionar, no contrato que estabeleceu a garantia, a votação, em assuntos específicos e que envolvem o interesse do credor, mediante o consentimento do credor pignoratício. É como impõe o art. 113: "O penhor da ação não impede o acionista de exercer o direito de voto; será lícito, todavia, estabelecer, no contrato, que o acionista não poderá, sem o consentimento do credor pignoratício, votar em certas deliberações".

Nota-se, pois, a eventualidade da existência de assuntos que podem importar em intervir o credor, e impor limitações, que serão admitidas unicamente se atinge a matéria seus interesses, como na desvalorização das ações, ou na retenção do pagamento dos dividendos durante certo período de tempo.

4. OUTRAS GARANTIAS SOBRE AS AÇÕES

Despontam outras instituições de garantias, e que são o usufruto, o fideicomisso, a alienação fiduciária e quaisquer cláusulas ou ônus que gravarem a ação. Procede-se à averbação, nos termos do art. 40 da Lei nº 6.404/1976, dos ônus na seguinte ordem:

I – se nominativa, no livro de 'Registro de Ações Nominativas';

II – se escritural, nos livros da instituição financeira, que os anotará no extrato da conta de depósito fornecida ao acionista.

Por autorização da Comissão de Valores Mobiliários, a Bolsa de Valores promoverá a averbação (art. 293).

O *usufruto* importa não na titularidade da ação, mas no contrato que transfere unicamente o proveito, isto é, o direito ao uso e aos frutos que renderem as ações. A propriedade é de uma pessoa e o proveito passa para outra. De modo que os rendimentos produzidos pelas ações serão do usufrutuário, e, assim, os dividendos. Consoante já anotado, nessas ações o direito ao voto assiste à pessoa que o contrato indica. É como dita o art. 114: "O direito de voto da ação gravada com usufruto, se não for regulada no ato de constituição do gravame, somente poderá ser exercido mediante prévio acordo entre o proprietário e o usufrutuário".

Se, porém, houver silêncio a respeito, o usufrutuário, ou aquele que retira a fruição, é que participará das assembleias e manifestará o ato de vontade. Se destinada a fruição a alguém diferente que o proprietário, naturalmente a vantagem deve ser plena, ou envolver todas as decorrências que emergirem.

Averba-se, como anotado acima, a instituição do usufruto no livro de registro das ações nominativas, ou no livro de registro de ações escriturais e extrato da conta de depósito, conforme o tipo de ações, tal como acontece no penhor.

O *fideicomisso* inclui-se como encargo ou compromisso que se coloca nas ações. Por esta figura, que envolve o direito sucessório, uma pessoa, utilizando-se do testamento, impõe a outra pessoa, denominada fiduciária, a obrigação de transferir, depois de sua morte, a propriedade das ações a uma terceira pessoa, que leva o nome de fideicomissária. Em resumo, encarrega-se alguém para efetuar a transferência de ações depois da morte do respectivo titular.

A fim de assegurar o cumprimento do ônus, após a morte, e até que se consuma a definitiva transferência, mister que se leve à averbação no livro próprio o gravame, em se tratando de ações nominativas; ou no extrato da conta corrente da instituição financeira, quando envolvidas ações escriturais.

O direito de voto, até se dar a substituição, é exercido pelo fiduciário, isto é, pela pessoa encarregada de transferir. Assiste-lhe, também, o recebimento dos dividendos, das bonificações, e manifestar-se pelo direito de preferência na subscrição de novas ações.

No tocante à *alienação fiduciária*, pode-se transferir fiduciariamente as ações, ou aliená-las em garantia fiduciária ao credor. Há uma transmissão resolúvel, ou que se resolve quando adimplida a obrigação. A finalidade é garantir uma obrigação. Nesta figura, a pessoa transfere a propriedade da coisa, mas permanece com a posse. Trata-se de uma transferência que se opera em caráter condicional e resolutivo, eis que a propriedade retorna para o alienante ou devedor tão logo cumprida a obrigação.

Uma vez utilizada esta forma de instituição de garantia, quem exerce o direito de voto será o alienante ou devedor. O credor não participa da sociedade, nem passa a perceber os rendimentos. Todavia, o devedor deve ater-se ao contrato de alienação fiduciária, e votar nos estritos termos avençados. Na previsão de ficar consignada a proibição do voto favorável à desvalorização das ações, a desobediência importa em indenização pelas prováveis perdas e danos, inclusive com a faculdade de ruptura do contrato.

O parágrafo único do art. 113 da Lei nº 6.404/1976 é claro no assunto: "O credor garantido por alienação fiduciária da ação não poderá exercer o direito de voto; o devedor somente poderá exercê-lo nos termos do contrato".

A alienação é restrita à garantia, sem envolver os poderes de uso, gozo ou disposição. Não cumprida a obrigação, cabe a competente ação de execução, transferindo-se em definitivo a propriedade, com o direito de buscar o recebimento da posse, qual se efetiva com a averbação das ações no nome do credor junto ao livro de registro das ações nominativas ou no livro e na conta corrente existente na instituição financeira, em se tratando de ações escriturais.

Permitem-se também a *promessa de venda da ação* e o *exercício do direito de preferência*. Desde que levado à averbação o instrumento de promessa ou de preferência no livro de ações nominativas ou no livro da instituição financeira onde constam registradas as ações escriturais, emergem efeitos de oposição a terceiros, que eventualmente podem pretender direitos sobre as ações prometidas vender ou com preferência a favor de terceiros, tudo de acordo com o parágrafo único do art. 40: "Mediante averbação nos termos deste artigo, a promessa de venda da ação e o direito de preferência à sua aquisição são oponíveis a terceiros".

No caso da promessa de compra e venda, verificada a recusa do promitente vendedor em realizar a transmissão definitiva, assiste ao promitente comprador ingressar com a ação de adjudicação compulsória, servindo a sentença de título, que operará, nos livros de registros, a transferência.

Em se cuidando de direito de preferência, a venda das ações a terceiros, sem que se oportunize ao indicado a compra, importa em ação de adjudicação das ações, com depósito em juízo do preço alcançado na venda.

XV

Negociação das próprias ações pela sociedade anônima

1. NEGÓCIOS PERMITIDOS ENVOLVENDO AS PRÓPRIAS AÇÕES

Como princípio, domina que a sociedade está proibida de negociar com as próprias ações, a fim de evitar, naturalmente, a especulação, ou a prática de se aproveitar de situações de dificuldades dos acionistas, constrangendo-os a negociá-las. Se facultada a aquisição, procuraria obter vantagem e poderia encaminhar uma política para favorecer a valorização ou desvalorização das ações, ou seja, manobrando o preço das ações.

Abrem-se, porém, exceções, através das quais não se impugnam certos negócios realizados entre a sociedade e o sócio.

Eis como orienta o art. 30 da Lei nº 6.404/1976: "A companhia não poderá negociar as próprias ações".

Existem exceções, consoante referido, quanto a algumas formas de tratar com as ações que constituem a sociedade, e que se revelam nas operações conhecidas como resgate, reembolso ou amortização, e mesmo pela compra para a redução do capital, permanecendo as ações na tesouraria e passando a integrar o ativo, nos termos do art. 30, § 1º, alínea *a*. Torna-se, então, a sociedade acionista de si própria, verificando-se uma autoparticipação.

Essas exceções se encontram no § 1º: "Nessa proibição não se compreendem:

a) as operações de resgate, reembolso ou amortização previstas em lei;

b) a aquisição, para permanência em tesouraria ou cancelamento, desde que até o valor do saldo de lucros ou reservas, exceto a legal, e sem diminuição do capital social ou por doação;

c) a alienação das ações adquiridas nos termos da alínea *b* e mantidas em tesouraria;

d) a compra quando, resolvida a redução do capital mediante restituição, em dinheiro, de parte do valor das ações, o preço destas em bolsa for inferior ou igual à importância que deve ser restituída".

O regramento acima é de rigorosa obediência, enfatizando o STJ:

"Sociedade anônima. Negociação com as próprias ações. Permuta com bem imóvel da companhia. Art. 30 da Lei nº 6.404/1976. A companhia não pode negociar com suas próprias ações sem que tenham sido preenchidos os pressupostos do art. 30 e seu § 1º da Lei nº 6.404/1976. No caso, não demonstrado que a negociação considerou o interesse da sociedade, e que feita até o valor do saldo de lucros ou reservas, exceto a legal, e sem diminuição do capital social (letra *b*), é inviável deferir-se o cumprimento do contrato de permuta envolvendo ações de emissão da própria companhia".[1]

Com o resgate, a amortização e o reembolso, prevê a Lei nº 6.404 operações pelas quais a sociedade paga aos acionistas o valor de suas ações. Em princípio, por coerência com o abordado, não cabe efetuar negócios da sociedade com as suas ações. A proibição visa impedir a prática de fraudes, em especial as especulações com os títulos mobiliários.

No entanto, o § 1º, alínea *a*, do art. 30 afasta a proibição da sociedade negociar as próprias ações quando a operação se efetua através de resgate, reembolso ou amortização que a lei contempla: "Nessa proibição não se compreendem:

a) as operações de resgate, reembolso ou amortização previstas em lei".

Nas modalidades de resgate ou amortização de ações, utilizam-se os lucros ou as reservas para tal finalidade, sempre com a autorização dos estatutos ou da assembleia geral, conforme art. 44: "O estatuto ou a assembleia geral extraordinária pode autorizar a aplicação de lucros ou reservas no resgate ou na amortização de ações, determinando as condições e o modo de proceder-se a operação". Com os lucros, pois, são resgatadas ou amortizam-se ações.

Em relação ao reembolso, até o capital pode ser utilizado, além dos lucros ou reservas, concebendo-se como prerrogativa dos acionistas. É o que se retira do art. 45, § 6º, que prevê a sua redução no montante correspondente.

2. RESGATE

O resgate compreende a operação através da qual a sociedade adquire diretamente dos acionistas as respectivas ações, ou significa a recuperação da ação pela sociedade, com a finalidade de sua retirada de circulação, e causando, pois, a redução do capital no equivalente ao valor da ação.

Efetiva-se essa operação através da redução ou não do capital social, mas faz-se a operação com reservas ou lucros. Se for mantido o capital, as ações remanescentes adquirem um valor maior daquele que possuíam antes, sendo que o valor é acrescentado às demais ações, o que evidencia a capacidade econômica da sociedade. Nesse caso, o montante retribuído é proveniente das reservas ou de lucros acumulados. O pagamento com o próprio capital não é permitido.

O § 1º do art. 44 expressa o sentido acima: "O resgate consiste no pagamento do valor das ações para retirá-las definitivamente de circulação, com redução ou não do capital social; mantido o mesmo capital, será atribuído, quando for o caso, novo valor nominal às ações remanescentes".

Sempre há, no entanto, a modificação do capital, como já defendia Miranda Valverde: "Definindo o resgate como sendo a operação pela qual a sociedade paga o valor das ações, para retirá-las definitivamente da circulação é indiscutível que a operação acarretará sempre modificação na disposição estatutária relativa ao capital ou na sua divisão em ações. Porque, efetuado o resgate, o número de ações em circulação diminuirá, pelo que haverá

---

[1] REsp. nº 602.229-SP, 3ª Turma, j. em 26.10.2004, *DJU* de 14.03.2005.

uma correspondente diminuição da cifra do capital. Mas, se os acionistas resolverem, ou já estiver previsto nos estatutos, conservar o montante do capital, este, forçosamente, há de dividir-se em um número menor de ações em que o capital se dividirá e o valor nominal que as ações terão. Em qualquer hipótese, haverá troca ou substituição dos títulos".[2]

Procede-se ao lançamento contábil da modificação, colocando-se a débito da sociedade a quantia utilizada.

O resgate que não atingir a totalidade das ações de uma mesma classe faz-se por meio de sorteio, podendo abranger uma porção de uma classe especificada de ações. Uma vez procedida essa forma de escolha, e se as mesmas se encontrarem custodiadas em instituição financeira, deverá ela especificar, mediante rateio, as resgatadas ou amortizadas, se outra forma não estiver prevista no contrato de custódia (§ 4º do art. 44).

Condiciona-se o resgate, a menos que o contrário disponha o estatuto, de uma ou outra classe, à condição de lograr-se a aprovação, em assembleia, por acionistas que representem, no mínimo, a metade das ações da classe atingida, nos termos do § 6º do art. 44, em redação da Lei nº 10.303: "Salvo disposição em contrário do estatuto social, o resgate de ações de uma ou mais classes só será efetuado se, em assembleia especial convocada para deliberar essa matéria específica, for aprovado por acionistas que representem, no mínimo, a metade das ações da(s) classe(s) atingida(s)". Como se percebe, para o resgate faz-se necessária a aprovação da assembleia dos acionistas preferencialistas. Não se reconhece à assembleia geral dos acionistas votantes impor o resgate, se não advier o consentimento da assembleia especial dos preferencialistas.

Não ficam aí as controvérsias. Aos titulares de ações ordinárias votantes assiste o direito de pleitearem a mudança das disposições estatutárias que tratam do resgate de ações preferenciais, exigindo-se a aprovação de acionistas que representem metade, no mínimo, das ações com direito a voto. Constando privilégios aos titulares de ações preferenciais, é permitida a revogação da cláusula do estatuto social que concede a vantagem. O art. 136, inc. II, enseja essa conclusão, ao obrigar o *quorum* qualificado para a "alteração nas preferências, vantagens e condições de resgate ou amortização de uma ou mais classes de ações preferenciais, ou criação de nova classe mais favorecida".

2.1. O preço da ação para resgate

Questão de suma importância prende-se ao critério de fixação do preço da ação para fins de resgate. Naturalmente, a ação representa uma fração de capital, cuja base para a estimativa depende da avaliação patrimonial. Aquilata-se a estimativa do valor da companhia, e, através da sua divisão pelo número de ações, chega-se ao preço da ação. Para cada momento do resgate, há de se estimar o patrimônio, com a finalidade de se partir para a fixação do preço. A correção monetária, aliás, importará em um acréscimo, que deverá ser capitalizado. Embora capitalizado, ou o aumento do capital, representa, na realidade, a integralidade do capital social.

Oportuna, ainda, a observação de Miranda Valverde: "Em regra, o preço do resgate é o preço corrente das ações no mercado ou na Bolsa ou, se as ações não são cotadas, o seu valor nominal. Nada impede, entretanto, que os estatutos prefixem o preço do resgate".[3]

---

[2]   *Sociedade por Ações*, ob. cit., vol. I, p. 153.
[3]   *Sociedade por Ações*, ob. cit., vol. I, p. 153.

Jamais se terá em conta o valor da ação de acordo com a correção monetária em determinado momento, para fazer que incida, desde então, o preço que a companhia pagará quando do resgate. Se prevalecer esse método, implanta-se uma prática de estimativa irreal, já que nem sempre o patrimônio social acompanha os índices de correção monetária. Há vários fatores a considerar, como a depreciação do patrimônio, ou a singela desvalorização em face do comportamento. Por isso, se não suficiente o balanço patrimonial, a única via que resta está em se obter a estimativa do patrimônio.

Não se pode levar em conta uma base irreal. Tanto que integra o capital social a correção monetária, importando no aumento de seu montante em cada exercício de sua verificação. Se prevalecesse o critério da atualização não de acordo com o crescimento da empresa, mas pela evolução dos índices de correção monetária, ficaria prejudicada a sociedade, com a perda de capital sempre que ordenado o resgate.

A correção monetária não tem pertinência com o capital social, que se mede de acordo com o desempenho da sociedade em suas atividades. Bem revela Fábio Konder Comparato a função da correção monetária e a finalidade que visa: "Nessa mesma linha de raciocínio, é totalmente inexato afirmar-se que o instituto da correção monetária do capital foi introduzido, em nossa legislação acionária, para não prejudicar os acionistas, isto é, para fazer com que o patrimônio do acionista se mantenha, no tocante ao valor das ações, em posição semelhante à de sua contribuição para o capital, antes da deterioração trazida à moeda com o decorrer do tempo.

A correção do capital social visa, tão só e unicamente, a proteger os credores sociais, nunca os acionistas. Se a cifra contábil do capital não for atualizada, de modo a compensar a perda do poder aquisitivo da moeda nacional, os credores saem duplamente prejudicados: em primeiro lugar, porque o limite mínimo de ativo líquido que não pode ser abrangido pelas perdas sociais reduz-se substancialmente; em segundo lugar, porque a companhia pode distribuir aos acionistas lucros fictícios, que não correspondem a verdadeiros excedentes sobre o capital e suas reservas, em termos de valor real".[4]

O Superior Tribunal de Justiça já entendeu que o preço corresponderá ao patrimônio líquido. No entanto, equivocadamente, desde que omisso o estatuto quanto a outra forma de pagamento: "Ações. Resgate. Não contraria a lei a decisão que, à míngua de disposição estatutária, determinou que o preço de resgate tivesse em conta o patrimônio líquido, não simplesmente por sua expressão contábil, mas como apurado, em vista dos valores reais, consoante mercado".[5]

3. REEMBOLSO

O reembolso corresponde à aquisição, através de pagamento, de ações junto aos acionistas que desejam se retirar, assim o fazendo em geral por dissentirem da administração e deliberação da assembleia geral. Estabelece-se como um direito do acionista dissidente ou que discorda de deliberações da assembleia geral. É como está previsto no art. 45: "O reembolso é a operação pela qual, nos casos previstos em lei, a companhia paga aos acionistas dissidentes de deliberação da assembleia geral o valor de suas ações".

---

[4] "Correção monetária do capital social e distribuição de ações bonificadas", *in Direito Empresarial*, São Paulo, Editora Saraiva, 1990, pp. 133-134.

[5] REsp. nº 68.378-5-PR, j. em 08.08.1995, *DJU* de 09.10.1995.

Providencia-se na restituição do capital aos acionistas dissidentes minoritários, e que por isso se afastam, em hipóteses expressamente previstas na lei ou no estatuto. Por isso, como a palavra indica, são reembolsados os acionistas daquilo que pagaram.

De acordo com os parágrafos que seguem, várias as normas regulamentadoras da matéria.

Ao estatuto se dá oportunidade para estabelecer os regramentos ou delineamentos sobre o reembolso, sendo os da lei de caráter suplementar (§ 1º).

Se forem utilizados os fundos disponíveis, ou reservas, não pode haver redução do capital social. Empregando-se, todavia, o próprio capital da sociedade, obviamente fica o mesmo reduzido.

O reembolso não será inferior ao valor de patrimônio líquido constante do último balanço aprovado pela assembleia geral, a menos que estipulado com base no valor econômico da companhia, apurado mediante avaliação. A avaliação do patrimônio é medida necessária se não convierem as partes com o valor fixado contabilmente. Esse montante é limite mínimo, isto é, piso mínimo, e não o teto até onde podem chegar os valores do pagamento. Para fixar um preço inferior, unicamente através de avaliação do capital. Somente assim justifica-se não chegar ao valor que consta no balanço.

Por outros termos, em princípio procede-se ao reembolso através de recursos provenientes de lucros ou reservas. Não se impede, porém, que se busquem fundos do próprio capital. Sempre quando não se consegue efetuar o reembolso com os lucros ou reservas, e retira-se, então parte do capital, efetua-se a redução correspondente de seu montante.

De igual modo se procede caso não se lograr a substituição dos sócios que saíram por outros, isto é, se não renegociadas as ações com outros interessados.

Veda-se, como já ressaltado, o reembolso em valor inferior ao que vale a sociedade.

Ao sócio dissidente se reconhece o direito de pedir a devida comprovação do valor de mercado.

Há regras que disciplinam a estimativa das ações. Dando-se a deliberação da assembleia para o reembolso depois de sessenta dias do último balanço aprovado (que não significa seja do último exercício, porquanto possível que se realize antes do final do exercício por motivos especiais), abre-se ao acionista a faculdade de reclamar o levantamento ou o valor da ação com base em data dentro do período que inicia com a data do balanço, até sessenta dias depois. Na hipótese, pagará a sociedade oitenta por cento do valor de reembolso de imediato, calculado com base no último balanço. O saldo deverá ser entregue dentro de cento e vinte dias, a contar da data da deliberação da assembleia geral (§ 2º).

O próprio estatuto pode determinar a avaliação, para efeito de reembolso, a qual é realizada por três peritos ou por uma empresa especializada (§ 3º), devendo ser trazido laudo devidamente fundamentado, com a indicação dos critérios de avaliação e os documentos que levam a aceitar os elementos adotados, incidindo neles a total responsabilidade pelos danos causados por culpa ou dolo. Naturalmente, os elementos indicados podem corresponder à cotação do valor de mercado. Esse o critério mais coerente, eis que se retira o valor da real estimativa das ações.

Indicam-se os peritos ou a empresa especializada em lista sêxtupla ou tríplice, apresentada pelo Conselho de Administração, ou, se não houver, pela diretoria. Dentre os indicados, a assembleia escolherá os que farão a perícia, em deliberação pela maioria absoluta de votos, cabendo a cada ação, independentemente de sua espécie ou classe, o direito a um voto (§ 4º).

Utilizam-se, como se disse, para o pagamento, os fundos existentes à conta de lucros ou reservas, mas excetuando-se a legal, ficando as ações reembolsadas em tesouraria (§ 5º).

É concedido o prazo de cento e vinte dias, a contar da data da publicação da ata da assembleia, para a substituição dos acionistas cujas ações foram reembolsadas à conta do capital social. Se não lograr-se a venda, considera-se reduzido o capital na exata proporção do montante gasto para o pagamento. Convoca-se, então, a assembleia, no prazo de cinco dias, para tomar conhecimento da redução (§ 6º).

No caso de falência, classificam-se os créditos dos sócios dissidentes como quirografários, mas em quadro separado. Os rateios que lhes cabem serão imputados no pagamento de créditos constituídos anteriormente à data da publicação da ata da assembleia. Outros créditos existentes não serão deduzidos dos créditos dos ex-acionistas, os quais subsistirão integralmente para serem satisfeitos pelos bens da massa depois de pagos os primeiros (§ 7º).

Ainda no caso de falência, assegura-se a ação revocatória para a restituição dos valores já pagos, se os sócios dissidentes ainda não tiverem sido substituídos, e a massa revelar-se insuficiente para satisfazer os créditos mais antigos (§ 8º). Ou seja, tendo havido pagamento adiantado a título de reembolso, em contrapartida ao capital social, advindo, daí, insuficiência de ativo da massa falida para a satisfação de créditos com mais preferência, cabe a ação revocatória, visando a restituição do reembolso recebido antecipadamente.

O valor de reembolso será o de mercado, diante das modificações trazidas pela Lei nº 9.457/1997, assunto que virá abordado em item abaixo.

3.1. O valor do reembolso das ações

Primeiramente, na redação original, o § 1º do art. 45 não admitia o reembolso de ações transferidas por acionistas dissidentes por valor inferior ao que continha seu patrimônio líquido, aferido pelo último balanço aprovado pela assembleia. A Lei nº 9.457/1997, trazendo nova redação ao art. 45 e aos parágrafos, exceto ao § 2º, passou a autorizar o reembolso por valor inferior. Introduziu, para a avaliação, novo critério, que é o valor econômico da empresa, ou o valor de mercado.

Essa alteração de rumo se impôs para evitar as manobras que muitos sócios, no passado, faziam. Tornavam-se dissidentes, ou exerciam o direito de dissidência, com a finalidade de se retirarem da sociedade. Com a saída, recebiam o valor de suas ações, estabelecido pelo balanço do último exercício, devidamente referendado pela assembleia dos sócios, embora, na prática, isto é, no mercado, fosse bem inferior.

De outra parte, uma segunda manobra era engendrada. Como no mercado da Bolsa de Valores não raramente as ações eram subavaliadas, ou vendidas por cifras inferiores à estimativa dada pelo balanço, os investidores efetuavam grandes aquisições, para, em momento posterior, manipularem o direito de dissidência. Assim, por força da redação original do § 1º do art. 45, obrigavam as sociedades a adquirirem as mesmas ações pelo valor patrimonial, que era bem superior ao pago na bolsa, obtendo, com isso, apreciáveis lucros.

A Lei nº 9.457/1997 objetivou neutralizar tal expediente, pois as sociedades ficaram obrigadas a reembolsar não mais pelo valor patrimonial, mas sim pelo de mercado.

Em face do regramento acima, deve ser aplicada com cautela interpretação como a seguinte, ementada pelo STJ: "Na hipótese, o contratante tem direito a receber a quantidade de ações correspondentes ao valor patrimonial na data da integralização".[6]

---

[6] Processo AgRg no Ag nº 633688-RS, da 3ª turma, j. em 29.03.2005, *DJU* de 18.04.2005.

Procede-se à avaliação do valor econômico pela estimativa patrimonial, de conformidade com o § 4º do art. 45, em texto dado pela Lei nº 9.457/1997, por três peritos, ou por uma empresa especializada no setor, fazendo-se a escolha pela assembleia geral dos acionistas, em deliberação decidida pela maioria de votos, de uma lista sêxtupla ou tríplice, apresentada pelo Conselho de Administração, ou, se não houver, pela diretoria. Os votos contam-se de acordo com o número de ações, tendo elas o mesmo valor, e não se computando os votos em branco. O valor do reembolso, no entanto, como foi visto, se opera pela realidade de mercado.

3.2. Situações que admitem o reembolso

O reembolso é um direito que decorre da retirada permitida pela lei, a qual é assegurada aos acionistas minoritários, por divergência nas deliberações de certas matérias que alteram os atos constitutivos da sociedade.

As matérias cuja deliberação autoriza o direito de retirar-se, por força do art. 137, são as que se encontram nos incisos I a VI e IX do art. 136, constituídas do seguinte rol, com redação da Lei nº 9.457/1997:

> "I – criação de ações preferenciais ou aumento de classe de ações preferenciais existentes, sem guardar proporção com as demais classes de ações preferenciais, salvo se já previstos ou autorizados pelo estatuto;
>
> II – alteração nas preferências, vantagens e condições de resgate ou amortização de uma ou mais classes de ações preferenciais, ou criação de nova classe mais favorecida;
>
> III – redução do dividendo obrigatório;
>
> IV – fusão da companhia, ou sua incorporação em outra;
>
> V – participação em grupo de sociedades (art. 265);
>
> VI – mudança do objeto da companhia;
>
> (...)
>
> IX – cisão da companhia".

O art. 137 faz uma série de ressalvas e condições, fazendo-se mister a observação detalhada, que se fará em momento oportuno, quando do exame dos direitos dos acionistas.

4. AMORTIZAÇÃO

Num sentido genérico, expõe Waldemar Ferreira que a amortização concebe-se como "a operação da tesouraria pela qual se reembolsa dívida, com capital e juros, por via de prestações sucessivas, geralmente de iguais importâncias".[7]

Aproveitando-se a ideia, a amortização equivale ao pagamento parcial ou total do valor da ação, ou a uma restituição antecipada aos sócios do valor das ações. Restituem-se as quantias que tocariam aos sócios na hipótese de liquidação da sociedade. Corresponde a uma restituição antecipada do capital, como se houvesse a liquidação. Assim depreende-

---

[7] *Tratado de Direito Comercial*, ob. cit., 4º vol., p. 404.

-se do § 2º do art. 44: "A amortização consiste na distribuição aos acionistas, a título de antecipação e sem redução do capital social, de quantias que lhes poderiam tocar em caso de liquidação da companhia".

Será ela integral ou parcial, abrangendo todas as classes de ações ou só uma delas, faculdade que consta no § 3º do mesmo art. 44. Se não abrangida a totalidade das ações, utiliza-se o critério do sorteio para selecionar as objeto de amortização. Se se encontrarem as ações custodiadas em instituição financeira, procede-se o rateio, com a devida especificação, nos termos do § 4º do art. 44.

Distingue-se a figura do resgate por não admitir a redução do capital social e por ficarem as ações na tesouraria até a sua negociação futura, inclusive aos demais acionistas.

Autoriza o § 5º a substituição das ações integralmente amortizadas por ações de fruição, obedecendo-se as normas contidas no estatuto social ou no contrato. Se liquidar-se a sociedade, concorrerão ao acervo liquidado unicamente depois de assegurado às ações não amortizadas valor igual ao da amortização, devidamente corrigido.

Para efetuar a amortização, deve socorrer-se a sociedade de seus fundos disponíveis, como reservas de capital ou lucros acumulados. Embora as ações fiquem retidas na tesouraria, são registráveis nos livros próprios.

5. AQUISIÇÃO, ALIENAÇÃO E COMPRA

Além das operações de resgate, reembolso ou amortização, outros casos de exceções que permitem a negociação de ações pela sociedade são apresentados no mesmo § 1º do art. 30 da Lei 6.404/1976, arrolados em três situações:

"b) A aquisição, para permanência em tesouraria ou cancelamento, desde que até o valor do saldo de lucros ou reservas, exceto a legal, e sem diminuição do capital social ou por doação;

c) a alienação das ações adquiridas nos termos da alínea b e mantidas em tesouraria;

d) a compra quando, resolvida a redução do capital mediante restituição, em dinheiro, de parte do valor das ações, o preço destas em bolsa for inferior ou igual à importância que deve ser restituída".

Os termos empregados "aquisição" e "compra" encerram, evidentemente, igual significado.

As condições para a aquisição consistem, pois, na utilização do saldo de lucros acumulados ou reservas, exceto a legal, para a compra, e a permanência do mesmo capital social. Com a utilização dos lucros ou reservas, fica preservado o capital social, sem a redução de seu ativo correspondente.

Em princípio, as ações são adquiridas para ficarem na tesouraria, ou para serem canceladas. Não se utilizará o próprio capital na compra, mas o saldo dos lucros ou as reservas, desde que, quanto a estas, não atinjam a legal. Todavia, consta a possibilidade da alienação das ações adquiridas, e que se encontram na tesouraria.

A aquisição pode ter por finalidade o cancelamento. Simplesmente cancelam-se as ações. É debitado o valor na reserva correspondente e opera-se o aumento do valor nominal das ações.

Está prevista, também, a aquisição mediante doação, dando-se o recebimento sem nenhuma contraprestação.

Tais ações, uma vez mantidas na tesouraria, tornam-se alienáveis, ou passíveis de venda. Ou permanecerá a sociedade indefinidamente com as ações, ou providenciará na colocação à venda, voltando a circular. Conseguida a venda, o resultado ingressará contabilmente como reserva de capital.

De notar a possibilidade prevista na alínea *d*, de complexa inteligência, que autoriza a aquisição se a sociedade resolve reduzir o capital pela restituição de parte do valor das ações, desde que, colocadas na bolsa as ações, o valor pela venda é inferior ou igual ao que deve ser restituído para aqueles que efetuaram a devolução. No caso, há a decisão de reduzir o capital social, devendo-se efetuar a restituição do valor de parte das ações. É preferível ou mais vantajosa a compra do que a colocação das ações na bolsa, cuja venda importaria no ingresso de valor em montante inferior ao da ação. A negociação na bolsa resultaria em quantia menor ou igual à que se deve devolver. Não há interesse, pois, na negociação através da bolsa.

As reservas aplicadas na aquisição são deduzidas da conta do patrimônio líquido, nos termos do art. 182, § 5°, da Lei n° 6.404. O montante utilizado na compra das ações torna-se dedutível do patrimônio, e retorna a compô-lo quando da alienação das ações, na exata medida do montante conseguido.

6. CONDIÇÕES NA NEGOCIAÇÃO COM AS PRÓPRIAS AÇÕES

Os parágrafos 2°, 3°, 4° e 5° do art. 30 ditam algumas orientações na negociação com as próprias ações. A primeira ordena a obediência às regras emanadas da Comissão de Valores Mobiliários, com a possibilidade de exigir a prévia autorização, ou de não ser admitida a compra ou qualquer negociação sem antes autorizar dito órgão. A segunda proíbe que a companhia aceite receber as próprias ações em garantia do negócio que realiza, exceto as dos administradores quanto à gestão que realizam. A terceira veda a distribuição de dividendos à sociedade, resultantes das ações que adquire ou transfere para si através das várias modalidades acima analisadas; outrossim, não confere o direito a votar nas assembleias gerais, restrições que perduram enquanto não alienadas as ações. A quarta manda que as ações adquiridas em razão da redução do capital da sociedade sejam retiradas definitivamente de circulação.

Ainda, o interesse da sociedade deve preponderar, como enfatiza o Superior Tribunal de Justiça: "Sociedade anônima. Negociação com as próprias ações. Permuta com bem imóvel da companhia. Art. 30 da Lei n° 6.404/1976.

A companhia não pode negociar com suas próprias ações sem que tenham sido preenchidos os pressupostos do art. 30 e seu § 1° da Lei n° 6.404/1976. No caso, não demonstrado que a negociação considerou o interesse da sociedade, e que feita até o valor do saldo de lucros ou reservas, exceto a legal, e sem diminuição do capital social (letra *b*), é inviável deferir-se o cumprimento do contrato de permuta envolvendo ações de emissão da própria companhia".[8]

---

[8]   REsp. n° 602.229-SP, da 3ª turma, j. em 26.10.2004, *DJU* de 14.03.2005.

XVI

A custódia de ações fungíveis

1. A CUSTÓDIA DE AÇÕES E AQUISIÇÃO DA PROPRIEDADE FIDUCIÁRIA

A custódia envolve o depósito para fins de guarda, realizando-se o contrato entre uma instituição financeira e o adquirente de ações. Para a custódia, requer-se que sejam as ações fungíveis.

A fungibilidade, de acordo com regramentos da lei civil, importa em substituição de bens móveis por outros da mesma espécie, qualidade e quantidade. As ações classificam--se como bens móveis. Desde que emitidas em massa, todas iguais (ordinárias ou preferenciais), cada uma com idêntico valor, procedentes da mesma companhia, preenchem os requisitos da fungibilidade e entram na categoria de bens fungíveis dentro da classe a que pertencem. Nessa condição, autoriza a lei que fiquem em custódia junto a uma instituição financeira, que prestará serviços de guarda e depósito, autorizada pela Comissão de Valores Mobiliários. Essa instituição as mantém em depósito como valores fungíveis, na mesma espécie e classe da emissão pela companhia, podendo elas ser substituídas por outras.

Além disso, a instituição adquire a propriedade fiduciária, ou assume o estado jurídico da titularidade, isto é, a propriedade em confiança, com a posterior obrigação de devolver igual número de ações, com idêntica espécie, qualidade e quantidade, e mais o acréscimo das bonificações e outros frutos. A fungibilidade diz respeito aos valores. Nessa ótica, os dividendos que forem recebidos são repassados ou transferidos de imediato ao acionista depositante.

Essa custódia, que pressupõe a fungibilidade, se colhe do art. 41, em texto modificado pela Lei nº 10.303/2001, sendo concedida à Bolsa de Valores (art. 293): "A instituição autorizada pela Comissão de Valores Mobiliários a prestar serviços de custódia de ações fungíveis pode contratar custódia em que as ações de cada espécie e classe da companhia sejam recebidas em depósito como valores fungíveis, adquirindo a instituição depositária a propriedade fiduciária das ações".

Trata-se o dispositivo de ações fungíveis, pressupõe a possibilidade da substituição de seu valor e do número, modificações essas resultantes da alteração do capital social ou do número de ações. Não se substituem, no entanto, a espécie e a classe. Por isso, conclui-se que a fungibilidade é relativa. E mais: caracteriza-se a transferência como fiduciária, ou em confiança, sem envolver a fungibilidade da espécie e classe.

306 • Direito de Empresa | *Arnaldo Rizzardo*

Cumpre se tenha a ideia da propriedade fiduciária. Na definição do art. 1.361 do Código Civil, considera-se fiduciária a propriedade resolúvel de coisa móvel infungível que o devedor, com o escopo de garantia, transfere ao credor.

Na custódia de ações, o depósito se faz para a guarda, administração e viabilização das operações com valores mobiliários.

Restringe-se, daí, a substituição no valor e no número que possuíam. Não se concede o poder da instituição em aliená-las, ou negociá-las.

Devolve-se ao depositante a quantidade das ações recebidas, com as mudanças que vieram da alteração do capital social ou do número de ações da companhia que as emitiu, independentemente do número de ordem ou mesmo dos certificados emitidos.

Tal é a conclusão que se retira do § 1º do art. 41: "A instituição depositária não pode dispor das ações e fica obrigada a devolver ao depositante a quantidade de ações recebidas, com as modificações resultantes de alterações no capital social ou no número de ações da companhia emissora, independentemente do número de ordem das ações ou dos certificados recebidos em depósito".

Algumas obrigações competem à instituição depositária, nos termos do § 3º: "A instituição depositária ficará obrigada a comunicar à companhia emissora:

> I – imediatamente, o nome do proprietário efetivo quando houver qualquer evento societário que exija sua identificação;
> II – no prazo de 10 (dez) dias, a contratação da custódia e a criação de ônus ou gravame sobre as ações".

Consoante já anotado, por imposição do § 4º, firma-se um contrato entre o titular das ações e a instituição financeira, tendo por objeto a custódia ou guarda, que servirá como prova da propriedade das ações em custódia fungível: "A propriedade das ações em custódia fungível será provada pelo contrato firmado entre o proprietário das ações e a instituição depositária".

A posição da instituição é de depositária, devendo responder ela junto ao proprietário e terceiros pelo descumprimento de suas obrigações, especialmente em relação à guarda, desde que emerjam prejuízos, tudo de conformidade com o § 5º: "A instituição tem as obrigações de depositária e responde perante o acionista e terceiros pelo descumprimento de suas obrigações".

Estende o § 2º as disposições concernentes à custódia de ações para os demais valores mobiliários, como títulos, aplicações, letras financeiras: "Aplica-se o disposto neste artigo, no que couber, aos demais valores mobiliários".

2. REPRESENTAÇÃO E RESPONSABILIDADE

O art. 42 e seus §§ 1º e 2º abordam matéria relativa à representação dos titulares de ações perante a sociedade, enquanto o § 3º isenta a companhia de responsabilidade pelos atos nocivos da instituição depositária das ações.

Essa representação, se houver delegação da Comissão de Valores Mobiliários, transfere--se para a Bolsa de Valores (art. 293).

Nessa ordem, o *caput* do art. 42 estatui que a instituição financeira representa os titulares de ações perante a companhia para várias finalidades, como receber, independentemente de procuração, dividendos e ações bonificadas, e para fins de exercer a preferência na aquisição de novas ações: "A instituição financeira representa, perante a companhia, os titulares das ações recebidas em custódia nos termos do art. 41, para receber dividendos e ações bonificadas e exercer o direito de preferência para subscrição de ações".

A função de representação, se o autorizar a Comissão de Valores Mobiliários, pode ser exercida pela Bolsa de Valores (art. 293).

O § 1º do art. 42 manda que a instituição forneça à companhia a lista dos depositantes de ações recebidas, sempre que se proceda à distribuição de dividendos ou bonificação, e pelo menos por ano: "Sempre que houver distribuição de dividendos ou bonificações de ações e, em qualquer caso, ao menos uma vez por ano, a instituição financeira fornecerá à companhia a lista dos depositantes de ações recebidas nos termos deste artigo, assim como a quantidade de ações de cada um".

Ao depositante é facultado, a qualquer tempo, conforme o § 2º, extinguir a custódia e pedir a devolução dos certificados de suas ações.

Elide o § 3º a responsabilidade da companhia que emite as ações pelos atos nocivos e ilegais da instituição financeira. Isto porque o contrato de custódia é celebrado entre a instituição financeira depositária e o titular das ações.

3. CERTIFICADOS DE DEPÓSITO DAS AÇÕES

As ações se instrumentalizam mediante o certificado. A emissão de certificados é feita por instituição financeira, a qual, se funciona como depositária, emitirá certificados de custódia. O art. 43 contempla essa atividade, e indica os elementos que os certificados devem ter: "A instituição financeira autorizada a funcionar como agente emissor de certificados (art. 27) pode emitir título representativo das ações que receber em depósito, do qual constarão:

> I – o local e a data da emissão;
>
> II – o nome da instituição emitente e as assinaturas de seus representantes;
>
> III – a denominação 'Certificado de Depósito de Ações';
>
> IV – a especificação das ações depositadas;
>
> V – a declaração de que as ações depositadas, seus rendimentos e o valor recebido nos casos de resgate ou amortização somente serão entregues ao titular do certificado de depósito, contra apresentação deste;
>
> VI – o nome e a qualificação do depositante;
>
> VII – o preço do depósito cobrado pelo banco, se devido na entrega das ações depositadas;
>
> VIII – o lugar da entrega do objeto do depósito".

À Bolsa de Valores desempenhará o papel de agente emissor se autorizar a Comissão de Valores Mobiliários (art. 293).

A responsabilidade pela origem e autenticidade das ações recai na instituição financeira que as recebe para custódia. Reza o § 1º do art. 43: "A instituição financeira responde pela origem e autenticidade dos certificados das ações depositadas".

Realmente, se há a transferência das ações, nos termos do § 1º do art. 41, mais se acentua a responsabilidade da instituição que as recebe, e emite certificados.

De outro lado, mesmo importando a emissão do certificado de depósito das ações em transferência para a instituição, ficam os rendimentos e o valor de resgate ou amortização isentos de constrições judiciais – penhora, arresto, sequestro, busca e apreensão, ou outra medida, que impeçam a entrega ao titular do certificado. Todavia, há a responsabilidade se a obrigação é do respectivo titular do certificado, conforme transparece do § 2º: "Emitido o certificado de depósito, as ações depositadas, seus rendimentos, o valor de resgate ou de amortização não poderão ser objeto de penhora, arresto, sequestro, busca ou apreensão, ou qualquer outro embaraço que impeça sua entrega ao titular do certificado, mas este poderá ser objeto de penhora ou de qualquer medida cautelar por obrigação do seu titular".

Não é possível, pois, alguma constrição judicial sobre os rendimentos e outros direitos por dívidas da instituição. Todavia, se decorre a obrigação do titular do certificado, perfeitamente possível a penhora ou qualquer outra providência cautelar.

Os certificados serão nominativos, permitindo-se a manutenção sob o sistema escritural (§ 3º, com redação da Lei nº 9.457/1997).

Faculta-se que sejam desdobrados ou agrupados os certificados, a pedido dos respectivos titulares e por sua conta (§ 4º).

O certificado é endossável, no que se aplicam as normas reguladoras do endosso dos títulos cambiários (§ 5º).

XVII

Partes beneficiárias e bônus de subscrição

1. AS PARTES BENEFICIÁRIAS COMO TÍTULOS QUE GARANTEM A PARTICIPAÇÃO NOS LUCROS ANUAIS

As partes beneficiárias constituem títulos, que são criados e distribuídos pelas sociedades a quem tiver interesse na aquisição, os quais concedem aos titulares o direito igual a todos de participação dos lucros anuais da sociedade, até o limite de dez por cento. É o significado que reconhece Modesto Carvalhosa: "Constituem as partes beneficiárias um direito de natureza patrimonial, estranho ao capital social, concedidas a fundadores, acionistas ou terceiros, com as características próprias de um título, que dá a seu possuidor determinado crédito de participação nos lucros da sociedade".[1] Aí está a nota caracterizadora: títulos que levam à participação nos lucros anuais. Não se confundem com as debêntures, que são títulos de crédito, outorgando um direito ao recebimento de um determinado valor, independentemente de haver ou não lucro na empresa. Criam-se títulos, nos quais se coloca o direito na percepção dos lucros. Segue Nelson Abrão: "São títulos negociáveis, sem valor nominal e estranhos ao capital social... Consubstanciam-se em títulos, sendo suscetíveis de alienação... Trata-se de valores mobiliários típicos das companhias ou sociedades anônimas, alienáveis por elas, nas condições determinadas pela assembleia geral, ou atribuídos a fundadores, acionistas ou terceiros, como remuneração".[2]

2. DIREITO CONFERIDO PELAS PARTES BENEFICIÁRIAS A UM CRÉDITO CONTRA A SOCIEDADE

Conferem as partes beneficiárias um direito de crédito eventual contra a sociedade, ficando subordinados o seu montante e a exigibilidade à verificação periódica de lucros líquidos. Trajano de Miranda Valverde defende que deve existir uma base contratual para a sua emissão e, daí, não ser lícito alterar ou modificar a situação jurídica dos beneficiários, sem o consentimento destes.[3]

Atribuem as partes beneficiárias idênticas vantagens, não se criando, pois, mais de uma classe. Os estatutos indicarão a parcela de lucros distribuível, que ficará dentro do

---

[1]   *Comentários à Lei de Sociedades Anônimas*, ob. cit., 1997, vol. 1, p. 372.
[2]   *Sociedade por Quotas de Responsabilidade Limitada*, ob. cit., pp. 90-91.
[3]   *Sociedades por Ações*, ob. cit., vol. I, p. 214.

correspondente a até um décimo dos mesmos, neles compreendidos os recursos formados para solver as obrigações criadas.

Distinguem-se dos bônus de subscrição porque auferem um direito a rendas, enquanto aqueles representam o direito à subscrição de ações.

3. DISTINÇÃO ENTRE PARTES BENEFICIÁRIAS E AÇÕES

Não representam o capital da sociedade, e, portanto, não se confundem com as ações. Os portadores não têm participação social, e, assim, não se revestem dos direitos concedidos aos sócios, como o de votar, e participar dos lucros pelo montante havido, tanto que unicamente um décimo dos lucros corresponde a esses títulos. Aproveitam as vantagens auferidas pela sociedade, ao longo do ano, e se lhes reconhece a faculdade de acompanhar e fiscalizar os atos de administração. Não é permitida a criação de classes distintas de partes beneficiárias, com diferentes direitos ou participações. José Edwaldo aprofunda a distinção, inclusive de outros títulos: "Esses títulos se distinguem claramente das ações, uma vez que não correspondem a qualquer contrapartida no capital da sociedade. Por outro lado, os direitos privativos de acionista, salvo o de fiscalizar, não lhes podem ser atribuídos. Distinguem-se também das debêntures, porquanto não correspondem a um valor de reembolso, a ser exigido da emitente, mas tão só a um crédito eventual, cuja efetividade permanece na dependência dos lucros de cada exercício".[4]

Essa a ideia que se retira do art. 46 da Lei nº 6.404/1976: "A companhia pode criar, a qualquer tempo, títulos negociáveis, sem valor nominal e estranhos ao capital social, denominados 'partes beneficiárias'".

O § 1º trata da participação nos lucros, desde que verificados: "As partes beneficiárias conferirão aos seus titulares direito de crédito eventual contra a companhia, consistente na participação nos lucros anuais (art. 190)". O citado art. 190 trata justamente da participação dos titulares das partes beneficiárias, ao lado de outros portadores de direitos.

O § 2º fixa o limite máximo no montante da participação, que é de um décimo dos lucros, juntamente com o equivalente à formação de capital de reserva: "A participação atribuída às partes beneficiárias, inclusive para formação de reserva para resgate, se houver, não ultrapassará a um décimo dos lucros". Para o cálculo, consideram-se o resultado do exercício, com a dedução dos prejuízos acumulados e dos encargos tributários relativos à renda, e as participações estatutárias de empregados e administradores, caso estabelecidas.

Em relação à restrição dos direitos, o § 3º não permite que se atribuam as vantagens próprias dos acionistas: "É vedado conferir às partes beneficiárias qualquer direito privativo do acionista, salvo o de fiscalizar, nos termos desta Lei, os atos dos administradores".

O § 4º estabelece a impossibilidade de mais de uma classe de parte beneficiária: "É proibida a criação de mais de uma classe ou série de partes beneficiárias".

4. EMISSÃO DAS PARTES BENEFICIÁRIAS PELA SOCIEDADE

Regulamenta o art. 47 a emissão que fará a sociedade, devendo os estatutos ou a assembleia geral reger o assunto. Outrossim, faculta a sua distribuição a fundadores, acionistas e terceiros pelos relevantes serviços prestados. Visa a prática compensar a

---

[4] *Direito Societário*, ob. cit., p. 285.

atuação de pessoas específicas à sociedade. Eis o teor da regra: "As partes beneficiárias poderão ser alienadas pela companhia, nas condições determinadas pelo estatuto ou pela assembleia geral, ou atribuídas a fundadores, acionistas ou terceiros, como remuneração de serviços prestados à companhia".

Já às sociedades de capital aberto está vedada a emissão de partes beneficiárias (parágrafo único do art. 47, em redação da Lei nº 10.303/2001), observando Marcelo Fortes Barbosa Filho: "As partes beneficiárias emitidas até 28 de fevereiro de 2002 continuam produzindo todos os seus efeitos próprios, mas não se admite a emissão de novos títulos. Deve-se entender, portanto, que foram preservados os direitos adquiridos pelos titulares de partes beneficiárias já emitidas antes do início da vigência da Lei nº 10.303, em homenagem ao artigo 5º, inciso XXXVI da Constituição da República".[5]

Nota-se no texto do parágrafo único que a restrição circunscreve-se às sociedades de capital aberto.

No tocante ao resgate, os regramentos vêm disseminados no art. 48 e em seus parágrafos.

Terá o resgate prazo previsto, vindo consignado no estatuto, impondo-se que se crie um fundo de capital destinado a cobrir os valores. O prazo para a distribuição gratuita não poderá ultrapassar de dez anos, exceto se destinadas as partes a sociedades ou associações beneficentes dos empregados da companhia.

5. CONVERSÃO DAS PARTES BENEFICIÁRIAS EM AÇÕES

Permite-se a conversão das partes beneficiárias em ações, o que se faz através da capitalização de reserva criada para tanto. Haverá, a fim de possibilitar a conversão, a formação de fundos de reservas acumulados, com o que não se retira valor do capital, ou seja, não fica o mesmo desfalcado. Modesto Carvalhosa orienta quanto ao valor da conversão: "No regime anterior, era comum entendimento não se admitir a emissão de ações com ágio. E no sistema legal vigente, a opinião mais aceita é no sentido de que o preço deve ser estabelecido com base no art. 170, § 1º. Por isso, o valor será configurado no momento da própria conversão. Por outro lado, aventa-se a hipótese de que, sendo o preço de emissão superior à importância que a reserva conferir a cada titular, caberá aos seus titulares completar o valor".[6] O art. 170, § 1º, ocupa-se de delinear critérios no fornecimento do valor das ações, no caso de aumento do capital, prevalecendo a rentabilidade, o valor do patrimônio líquido da ação e a cotação na Bolsa ou no mercado de balcão.

6. DIREITO DE PREFERÊNCIA DOS TITULARES DAS PARTES BENEFICIÁRIAS

Na liquidação da sociedade, aos portadores das partes beneficiárias é assegurado o direito de preferência sobre o que ficar do ativo, até a importância da reserva criada para o resgate. Isto, porém, depois de solvido o passivo, ou seja, de seu pagamento. Antes da distribuição do restante do ativo aos sócios, assiste aos titulares das partes o recebimento, ficando reservado capital até o montante da reserva. Tullio Ascarelli trata do assunto, o que importa em considerar a extensão universal do princípio: "Na liquidação, as partes

---

[5] *Sociedade Anônima Atual*, ob. cit., p. 90.
[6] *Comentários à Lei de Sociedades Anônimas*, ob. cit., 1997, vol. 1, p. 434.

312 • Direito de Empresa | *Arnaldo Rizzardo*

participam do que sobre depois de reembolsado o capital acionário realizado e não amortizado. Podem, os estatutos, prever o resgate das partes beneficiárias, o que, em geral, sói ser feito com base na capitalização, a uma determinada taxa, da média dos lucros distribuídos às partes nos últimos anos".[7]

Conforme observado, as partes beneficiárias constituem-se de promessa de renda que receberão os portadores, vindo representadas em títulos, que são os chamados certificados pelo art. 49 e seus parágrafos, com as modificações da Lei nº 9.457. Eis as funções da parte beneficiária, apontadas por Modesto Carvalhosa: "Passa a constituir, entre nós, a partir do diploma de 1940 e reiterado pela lei vigente, um valor creditício que tem diversas funções no que respeita à sociedade emitente. Serve de pagamento de negócios de natureza contratual bilateral, como de outros negócios, até mesmo forma de pagamento, repactuação e extinção de obrigações aos casos de transações simples; dação em pagamento, remissão, novação, arrendamento mercantil ou qualquer modalidade de locação, empréstimo e cessão de direitos, inclusive instituição e extinção de uso e usufruto: forma de incentivo para os diretores de companhias, substitutiva ou conjugadamente com o sistema de *stock options*".[8]

7. ELEMENTOS DOS CERTIFICADOS DAS PARTES BENEFICIÁRIAS

Esses certificados, representativos dos créditos, encerram os seguintes elementos, na redação do art. 49, com alterações da Lei nº 9.457/1997:

   I – a denominação "Parte Beneficiária";

   II – a denominação da companhia, sua sede e prazo de duração;

   III – o valor do capital social, a data do ato que o fixou e o número de ações em que se divide;

   IV – o número de partes beneficiárias criadas pela companhia e o respectivo número de ordem;

   V – os direitos que lhes são atribuídos pelo estatuto, o prazo de duração e as condições de resgate, se houver;

   VI – a data da constituição da companhia e do arquivamento e publicação dos seus atos constitutivos;

   VII – o nome do beneficiário;

   VIII – a data da emissão do certificado e as assinaturas de dois diretores.

8. PARTES BENEFICIÁRIAS NOMINATIVAS

Consoante a redação original do art. 50, havia três espécies de partes beneficiárias: nominativas, endossáveis e ao portador, incidindo as mesmas regras estabelecidas para a disciplina das ações. Pela Lei nº 8.021, de 12.04.1990, mantêm-se apenas as nominativas, que podem ser endossadas, afastando-se aquelas ao portador, o que se impôs para evitar o anonimato e, assim, a sonegação do imposto de renda. Não se oferece óbice que sejam

---

[7] *Problemas das Sociedades Anônimas e Direito Comparado*, ob. cit., p. 64.
[8] *Comentários à Lei de Sociedades Anônimas*, ob. cit., edição de 1997, vol. 1, p. 378.

escriturais, depositadas em instituição financeira, e em extrato de contas registradas, o que raramente acontece.

Faz-se o registro nos livros ou arquivos próprios da entidade (§ 1º do art. 50), a fim de manter o seu controle, e como evidenciação da prova da existência, em casos de dúvidas sobre a autenticidade dos certificados. Permite-se, também, que fiquem depositadas em instituição financeira, e que se deem as mesmas em garantia e em pagamento de obrigações (§ 2º do art. 50).

9. MODIFICAÇÃO DO ESTATUTO QUANTO ÀS PARTES BENEFICIÁRIAS

Quaisquer alterações na regulamentação instituída pela empresa sobre as partes beneficiárias tornam-se válidas somente se aprovadas por mais da metade do capital social, e pelo menos da metade dos portadores dos títulos, por imposição do art. 51 e seus parágrafos. Conforme está no dispositivo e em seu § 1º, é obrigatória a aprovação por metade, no mínimo, dos titulares das partes beneficiárias. Se não comparecer esse *quorum* mínimo por duas vezes, deve-se aguardar o decurso do prazo de seis meses para se tornar a providenciar, com nova assembleia, sobre as mudanças. Ou seja, não basta a mera aprovação pelos sócios. É indispensável a aprovação, pela metade, no mínimo, dos titulares, que devem ser convocados para a assembleia designada para decidir sobre as modificações. Faz-se a convocação através da imprensa, com um mês de antecedência, e seguindo-se as mesmas providências para a assembleia geral dos sócios.

Cada parte beneficiária corresponderá a um voto, que será exercido em assembleias formadas por seus titulares. A existência de partes beneficiárias depositadas na tesouraria da sociedade não lhe dá o direito de votar.

Admite-se a emissão das partes beneficiárias por agente fiduciário, na forma como acontece com as debêntures.

É condição, para a emissão de novas partes beneficiárias, a manutenção dos limites indicados nos estatutos. Outrossim, decorrendo aos portadores a participação nos lucros, há de se preservar o direito dos titulares já existentes, de modo a não se desfalcar a vantagem instituída. Com efeito, surgindo um número maior de aspirantes aos lucros, reduzir-se-á a parcela que cada um receberá. Para evitar essa redução, eleva-se o percentual de participação, o que se viabiliza unicamente caso não atribuído, nos estatutos, o limite máximo.

10. BÔNUS DE SUBSCRIÇÃO E SUA FUNÇÃO DE TÍTULOS QUE DÁ DIREITO À SUBS-CRIÇÃO DE AÇÕES

Existem os chamados "bônus de subscrição", que correspondem a títulos que dão o direito de subscrever ações no caso de sua criação, que se verifica no aumento de capital. Caracteriza-os Modesto Carvalhosa: "Os bônus de subscrição são títulos negociáveis, emitidos por companhia de capital autorizado, que conferem a seus titulares o direito de subscrever ações da companhia emitente. Trata-se de título negociável e cedível, não se confundindo com o instituto da cessão de direitos contratuais, que cabe nas opções de compra (art. 168). Outorgam os bônus direito de crédito aos seus titulares, consubstan-

314 • Direito de Empresa | *Arnaldo Rizzardo*

ciado no direito de exigir a prestação do devedor especificada no estatuto e nas cláusulas deliberadas pela assembleia geral ou pelo Conselho de Administração".[9]

Ao titular do bônus é outorgado, durante um prazo delimitado, o direito de adquirir ações da empresa emitente, pelo preço que for determinado ou será determinável. Assim se depreende do art. 75: "A companhia poderá emitir, dentro do limite de aumento do capital autorizado no estatuto (art. 168), títulos negociáveis denominados 'bônus de subscrição'". O mencionado art. 168 disciplina o aumento do capital, que o estatuto deve prever, sem alteração do contrato social.

Resta evidente a possibilidade de o estatuto autorizar que o preço pago pelo bônus seja abatido no preço de emissão das ações. Para viabilizar o abatimento, é necessária a existência de um capital de reserva, que será o suporte para fazer frente ao exercício do direito de abatimento.

11. OBRIGAÇÃO DOS BÔNUS PARA A EMPRESA EMISSORA

A forma é nominativa (art. 78), não se encontrando, porém, impossibilidade para seja também escritural.

Se, de um lado, revela-se um direito a subscrição de ações, de outro para a empresa constitui uma obrigação, que se consubstancia, quando da emissão de ações para aumentar o capital, no dever de oferecer aos titulares dos bônus a preferência na subscrição das referidas ações, ficando, pois, postergados os direitos dos demais sócios.

O direito de subscrição de ações está bem evidenciado no parágrafo único do art. 75: "Os bônus de subscrição conferirão aos seus titulares, nas condições constantes do certificado, direito de subscrever ações do capital social, que será exercido mediante apresentação do título à companhia e pagamento do preço de emissão das ações".

Nessa previsão, insere-se no bônus a quantidade de ações que o mesmo representa, respeitado o limite do capital autorizado. Para a emissão, impende que exista uma reserva de ações, nos contornos do capital autorizado.

A mera apresentação do título à companhia importa em exercer o direito à subscrição, devendo ser procedido o pagamento correspondente à emissão das ações.

O regramento, especialmente quanto ao valor, à quantidade, e ao momento da subscrição, virá estabelecido no estatuto social. A deliberação da emissão, que precede a autorização para o aumento de capital, submete-se à assembleia, por proposta da administração ou dos sócios, que decidirá a respeito, se o estatuto não atribuir a incumbência ao conselho de administração (art. 76).

12. EMISSÃO DOS CERTIFICADOS DOS BÔNUS DE SUBSCRIÇÃO

Aprovada a emissão, sempre na forma nominativa ou escritural, colocam-se à venda os bônus, ou assegura-se a distribuição, inclusive gratuita, aos subscritores de emissões de ações ou de debêntures. É, pois, garantida a preferência na aquisição aos acionistas (art. 77 e parágrafo único). A emissão se dá através de certificados, que se revestirão dos seguintes requisitos, em obediência aos incisos do art. 79, com a redação da Lei nº

---

[9] *Comentários à Lei de Sociedades Anônimas*, ob. cit., 998, vol. 2, p. 16.

9.457/1997, que acrescenta mais os elementos dos incisos I a IV do art. 24, os quais são adicionados, compondo a seguinte ordem:

I – denominação da companhia, sua sede e prazo de duração;

II – o valor do capital social, a data do ato que o tiver fixado, o número de ações em que se divide e o valor nominal das ações, ou a declaração de que não têm valor nominal;

III – nas companhias com capital autorizado, o limite da autorização, em número de ações ou valor do capital social;

IV – o número de ações ordinárias e preferenciais das diversas classes, se houver, as vantagens ou preferências conferidas a cada classe e as limitações ou restrições a que as ações estiverem sujeitas;

V – a denominação 'Bônus de Subscrição';

VI – o número de ordem;

VII – o número, a espécie e a classe das ações que poderão ser subscritas, o preço de emissão ou os critérios para sua determinação;

VIII – a época em que o direito de subscrição poderá ser exercido e a data do término do prazo para esse exercício;

IX – o nome do titular;

X – a data da emissão do certificado e as assinaturas de dois diretores.

Supletivamente, aplicam-se as regras dos certificados estabelecidas nos demais títulos mobiliários, de modo especial as do art. 24.

XVIII
As debêntures

1. ORIGEM E ETIMOLOGIA

De extensa regulamentação, as debêntures importam em obrigações da sociedade anônima, e em créditos aos portadores. São emitidas para angariar fundos, no que explica Fernando Mendonça: "No exercício de sua atividade, o empresário necessita de recursos financeiros que consegue por meio do aumento de capital ou do crédito. Nesse caso, pode obtê-lo no sistema bancário, através dos empréstimos simples e dos financiamentos, ou diretamente junto ao público, por meio da debênture".[1]

Definem-se como títulos de dívida da sociedade, fazendo parte de seu passivo exigível, afigurando-se para os debenturistas como títulos de crédito. Nesse conteúdo já vinham definidas pelo art. 1º do Decreto nº 177-A, de 15.09.1893: "As companhias ou sociedades anônimas poderão emitir empréstimos em obrigações ao portador (debêntures), de conformidade com o disposto nesta lei". O patrimônio da própria sociedade servia de garantia dos títulos, segundo impunha o § 1º: "As obrigações que as sociedades anônimas emitirem terão por fiança todo o ativo e bens de cada companhia, preferindo a outros quaisquer títulos de dívida".

Consoante se denota da raiz etimológica da palavra, origina-se do verbo latino *debere*, formando a conjugação na voz passiva do verbo dever, que fica *debentur*, isto é, aquilo que é devido. Bem diferente é a ação, que faz parte do capital social, integrando o patrimônio líquido da sociedade.

2. A NATUREZA DE CRÉDITO

Enquanto as ações significam frações do capital social, apresentando a natureza de títulos de participação, as debêntures expressam um crédito, apto a desencadear a execução contra a sociedade inadimplente. Embora o conteúdo de representar um crédito, não têm os pretórios revelado simpatia em aceitar o título como garantia de obrigações, preterindo-se na penhora: "Debêntures são valores mobiliários emitidos pelas sociedades anônimas, representativos de empréstimo que uma companhia faz junto a terceiros e que assegura a seus detentores direito contra a emissora, direito esse fixado na escritura da emissão. Considerando que o seu valor de mercado decorre de livre negociação, não há

---

[1] *Debênture*, São Paulo, Editora Saraiva, 1988, p. 1.

falar-se em 'plena liquidez', típica dos títulos cotáveis em bolsa. Dessa forma, ausente o requisito de 'caução idônea' na obrigação ao portador apresentada, não restando atendido o requisito expressamente exigido pelo disposto no art. 11, inc. II, da Lei nº 6.830/80.

O valor de mercado das debêntures decorre da livre negociação entre comprador/vendedor, como simples decorrência das leis de oferta e procura, sendo desinfluente o valor de face que ostentam, por isso que não se coaduna com a expressão econômica 'facilmente aferível' ou 'plena liquidez', típicas dos títulos cotáveis em bolsa.

Embargos de declaração rejeitados".[2]

O sentido extrai-se do art. 52 da Lei nº 6.404/1976, com redação da Lei nº 10.303: "A companhia poderá emitir debêntures que conferirão aos seus titulares direito de crédito contra ela, nas condições constantes da escritura de emissão e, se houver, do certificado".

Formam títulos uniformes e procedem da mesma emissão com lastro em um contrato de mútuo, eis que a empresa emite papéis diante do recebimento de valores, que são entregues a título de investimento. A sua emissão se dá para propiciar a entrada de recursos, cujo reembolso se procederá a longo prazo.

Constitui-se uma comunhão de interesses e de direitos entre os investidores ou adquirentes dos títulos, posto que todos são titulares dos créditos que encerram, devendo ser reembolsados conjuntamente se da mesma série as debêntures. Como títulos de crédito, própria é a execução judicial, segundo conforta o seguinte julgado: "Debêntures são títulos de crédito que gozam dos atributos de autonomia e literalidade, conferindo direito de crédito contra a companhia. É claro que cada titular de debênture, desde que inadimplente a eminente e obrigada, pode individualmente invocar a tutela jurisdicional correspondente para satisfação de seu crédito. No inadimplemento referido, à assembleia é quem competirá pleitear o vencimento antecipado de todas as obrigações. Não assim quando se pretende o vencimento antecipado dos direitos emergentes das debêntures do exequente".[3] Na mesma caracterização dada por Fernando Mendonça: "É pacífico o entendimento de que a debênture é um título de crédito. Reúne, com efeito, os atributos enunciados por Vivante...: literalidade, autonomia e cartularidade, no sentido de valer, apenas, pelo que nela está escrito, dos direitos emergirem do documento, e de ser imprescindível sua apresentação para o exercício desses mesmos direitos. Não se incluem, nessa categoria, é claro, as debêntures escriturais".[4]

3. A EMISSÃO DAS DEBÊNTURES

Tanto as sociedades abertas quanto as fechadas estão habilitadas a criar debêntures, posto que o art. 52 não restringe o tipo de sociedade.

Conforme o art. 53 e seu parágrafo único, à sociedade é reconhecido o direito de emitir as debêntures, em quantas vezes comportar a sua capacidade, inclusive com a divisão em séries. As divididas em série terão idêntico valor, conferindo aos titulares os mesmos direitos. Ou seja, cada série terá as debêntures com valor nominal obrigatoriamente igual, não surtindo validade a imposição de condições diferentes. Todavia, essa igualdade não

---

[2]   EDcl no REsp. nº 608.223-RS, da 1ª Turma do STJ, j. em 15.03.2005, *DJU* de 25.04.2005.
[3]   Ap. em Embargos à Execução nº 417.789-5, do 1º Tribunal de Alçada Civil de São Paulo, j. em 07.03.1990, *in RT*, 653/128.
[4]   *Debêntures*, ob. cit., p. 4.

se estende para as séries subsequentes, que vierem a ser criadas, mesmo que dentro de uma única emissão.

A decisão de emitir é da competência da assembleia geral, conforme decidido pelo STJ:

"Debêntures. Emissão: condições. Cláusulas abusivas.

1. A emissão de debêntures é de competência privativa da assembleia geral da emitente, que estabelece as condições gerais de lançamento, não podendo depois, no momento do resgate, arguir a existência de cláusulas abusivas alcançando a remuneração estipulada em prejuízo dos investidores que acreditaram na oferta mais atrativa.

2. Recurso especial não conhecido".[5]

Diante da norma do art. 54, as debêntures terão o valor nominal expresso em moeda nacional. Nos casos em que a legislação permitir, é autorizado o pagamento em moeda estrangeira. Ou seja, assinala-se para autorizar a expressão do significado econômico em moeda estrangeira se lei especial contiver previsão, como se destinados os títulos à sua circulação no exterior.

Coloca-se o montante da obrigação a cargo da companhia na face do título, o que lhe dá cartularidade e o caráter de execução.

4. O VALOR DO CRÉDITO A SER RECEBIDO

Por assegurar o direito a um crédito com previsão de pagamento futuro, afigura-se normal que se inclua a correção monetária, quando da satisfação do crédito, importando em automático reajuste. Como critério de atualização, adota-se o índice aplicado à atualização dos títulos da dívida pública. Se permitida a inserção da significação econômica do pagamento em moeda estrangeira, a atualização seguirá os índices da variação cambial, ou referenciais não vedados por lei. Eis a previsão da atualização monetária no § 1º do art. 54: "A debênture poderá conter cláusula de correção monetária, com base nos coeficientes fixados para correção de título da dívida pública, na variação da taxa cambial ou em outros referenciais não expressamente vedados em lei". A cada debênture se reconhece a faculdade de incluir a correção monetária, medida que evitará prejuízos aos titulares com o advento de desvalorização da moeda nacional.

Assegura-se ao debenturista a faculdade de se incluir na escritura de debênture a opção de receber o pagamento do principal e dos acessórios, quando do pagamento, amortização ou resgate em moeda ou em bens avaliados de acordo com o art. 8º, isto é, por três peritos ou empresa especializada, nomeados em assembleia geral dos acionistas (§ 2º, acrescentado pela Lei nº 10.303/2001). Entrementes, a avaliação dos bens se fará em momento que imediatamente antecede o vencimento ou a efetivação do resgate ou amortização. A partir do momento de sua realização, incide a correção monetária dos valores, de modo a manter o poder aquisitivo no período que se segue.

---

[5] REsp. nº 784.881-CE, da 3ª Turma, j. em 04.05.2006, *DJU* de 18.12.2006.

320 • Direito de Empresa | *Arnaldo Rizzardo*

5. DEBÊNTURES PADRONIZADAS

A Comissão de Valores Mobiliários emitiu a Instrução CVM nº 404, de 13 de fevereiro de 2004, que trouxe a caracterização de debêntures padronizadas:

"*a) Definição de debêntures padronizadas*:

Art. 2º – Debêntures Padronizadas são aquelas que:

I – adotem o padrão de escritura de emissão constante do Anexo I e, caso contenham cláusula de rendimento, as previstas, conforme o caso, nos Anexos II, III, IV ou V à presente Instrução;

II – estejam admitidas a negociação em segmento especial de bolsa de valores ou entidade do mercado de balcão organizado que atenda aos requisitos do art. 6º desta Instrução;

III – tenham instituição financeira nomeada para a função de Agente Fiduciário dos Debenturistas; e

IV – sejam objeto de atividade permanente por parte de formadores de mercado".

6. VENCIMENTO, AMORTIZAÇÃO E RESGATE DAS DEBÊNTURES

Várias as normas sobre os assuntos discriminadas no art. 55 e em seus parágrafos, da Lei nº 6.404/1976, em redação da Lei nº 12.431/2011, a começar pelo vencimento.

Fixa-se a época do vencimento das debêntures, que ficará consignada no documento de sua constituição e no certificado ou título que as representa. Não se mostra válida a omissão de prazo. Mesmo assim, se nada vier referido, cabe a constituição em mora da sociedade pelo titular, com a indicação de um prazo para que se efetue o pagamento do valor correspondente.

No caso da emissão em séries, está permitida a programação de pagamentos em parcelas consecutivas, que corresponde à amortização parcelada, em quantias previamente fixadas.

Outrossim, está prevista a obrigação de se reservar um fundo para o pagamento das debêntures, ou seja, com a destinação de reservas para tal finalidade, que se efetuará na medida em que se obtenham valores suficientes para tanto. Faculta-se o resgate antecipado, parcial ou total, dos títulos da mesma série.

Nota-se das observações que se dá o pagamento quando vencer o prazo previsto, que se autoriza a amortização através de pagamentos parcelados, e que se reconhece o direito ao resgate antecipado, como se apreende do art. 55: "A época do vencimento da debênture deverá constar da escritura de emissão e do certificado, podendo a companhia estipular amortizações parciais de cada série, criar fundos de amortização e reservar-se o direito de resgate antecipado, parcial ou total, do título da mesma série".

Na emissão de debêntures da mesma série, faz-se a amortização ou o pagamento mediante rateio, isto é, mediante distribuição aos titulares, em atendimento ao § 1º do art. 55, em texto trazido pela Lei nº 12.431/2011. Anteriormente, se fazia a amortização por meio de sorteio. Eis a regra: "A amortização de debêntures da mesma série deve ser feita mediante rateio".

Percebe-se a referência à emissão da mesma série. Sendo da mesma série, o vencimento é igual, parecendo, pois, incongruente prever vencimentos anuais distintos. Sobre o assunto, José Edwaldo Tavares Borba indaga e dá a inteligência que merece a expressão: "Como admitir em uma mesma série, *a contrario sensu*, vencimentos distintos? Considerada a exigência de uniformidade (art. 53), parágrafo único, seria impossível atribuir-se aos vários títulos de uma série vencimentos que não fossem o mesmo. É bem de ver, todavia, que o legislador, nesse passo, utilizou terminologia inadequada, e que, ao se reportar a 'vencimentos anuais distintos', pretendia, na verdade, contemplar a série de debêntures cuja amortização seria procedida mediante pagamento anual, a cada debenturista, de uma percentagem do valor de sua debênture. Nesse caso, como a amortização aproveita a todas as debêntures da série, o sorteio seria desnecessário".[6]

O resgate parcial, sendo da mesma série as debêntures, segue a se fazer mediante sorteio, ou por compra no mercado no caso de cotação por preço inferior ao valor nominal, de acordo com as duas situações constantes do § 2º do art. 55, também em redação da citada Lei nº 12.431/2011: "O resgate parcial de debêntures da mesma série deve ser feito:

> I – mediante sorteio; ou
>
> II – se as debêntures estiverem cotadas por preço inferior ao valor nominal, por compra no mercado organizado de valores mobiliários, observadas as regras expedidas pela Comissão de Valores Mobiliários".

Faculta-se à sociedade adquirir as debêntures que emitiu. Todavia, a aquisição se fará pelo valor igual ou inferior ao estabelecido na emissão, incidindo a obrigação de constar a operação no relatório dos administradores; admite-se que seja por valor superior ao nominal, desde que obedecidas as regras da Comissão de Valores Mobiliários. A permissão encontra-se no § 3º do art. 55, cujo texto veio inovado pela Lei nº 12.431/2011: "É facultado à companhia adquirir debêntures de sua emissão:

> I – por valor igual ou inferior ao nominal, devendo o fato constar do relatório da administração e das demonstrações financeiras; ou;
>
> II – por valor superior ao nominal, desde que observe as regras expedidas pela Comissão de Valores Mobiliários".

As condições estabelecidas visam elidir a possibilidade de adredemente se praticarem falcatruas, em especial mediante a fixação de preço que não representa o valor real das debêntures.

7. DEBÊNTURES PERMANENTES OU PERPÉTUAS

As debêntures poderão condicionar o pagamento ao inadimplemento dos juros, ou na dissolução da emissora. É a chamada debênture permanente ou perpétua. Exige-se o pagamento quando não satisfeitos os juros vencidos e devidos, ou quando da dissolução. Assim está no § 4º do art. 55, em redação da Lei nº 12.431/2011: "A companhia poderá emitir debêntures cujo vencimento somente ocorra nos casos de inadimplência da obrigação de pagar juros e dissolução da companhia, ou de outras condições previstas no título".

À empresa se faculta estipular o resgate das debêntures, observando Celso Marcelo de Oliveira: "Esta (a emissora) poderá, na escritura de emissão, reservar-se o direito de

---

6   *Direito Societário*, ob. cit., p. 253.

resgatar parcialmente ou totalmente as debêntures, se isso for de seu interesse e, nestes casos, é comum estabelecer um prêmio de reembolso para o debenturista. A consequência lógica é que o subscritor de debêntures perpétuas só pode realizar seu crédito vendendo os títulos no mercado, para outros interessados, sem envolver a emissora nesse tipo de transação. Na perspectiva da emissora, os recursos captados via debêntures perpétuas se assemelham muito aos oriundos da venda de ações preferenciais: são inexigíveis, têm uma previsão de rendimento e não interferem na gestão da empresa".[7]

8. REMUNERAÇÃO DAS DEBÊNTURES

A remuneração faz-se por meio de juros fixos ou variáveis, ou de participação nos lucros da empresa, ou de prêmio de reembolso. É como prevê o art. 56: "A debênture poderá assegurar ao titular juros, fixos ou variáveis, participação no lucro da companhia e prêmio de reembolso". Como se depreende do exposto, trata-se de remuneração, ou de renda que traz a debênture, e não do título em si, cujo valor pode exigir-se no momento oportuno.

A primeira forma de remuneração consiste em juros fixos, ou estabelecidos percentualmente sobre o capital, como de 6% ou 12% ao ano, ou 1% mensalmente, além da atualização monetária, com o índice já escolhido.

No pertinente aos juros variáveis, a opção é por um critério de incidência, escolhido dentre os vários fatores existentes de remuneração, como a TR, a TJLP, a taxa de juros bancários vigente no momento em que se paga, ou os juros cobrados pela Fazenda Pública nos seus créditos, e mesmo a taxa SELIC, isto é, a taxa referencial do Sistema Especial de Liquidação e Custódia para títulos federais, por força do art. 84, inc. I, Lei nº 8.981, de 1995, que têm como fatores de referência os títulos públicos existentes para a captação, destacando-se as Notas do Tesouro Nacional (NTN), as Letras do Tesouro Nacional (LTN), os Bônus do Tesouro Nacional (BTN), as Letras do Banco Central (LBC) e as Notas do Banco Central (NBC).

A participação nos lucros não passa de uma repetição do pagamento de dividendos, ou da rentabilidade das ações. Não parece coerente essa previsão, pois confunde a natureza das ações e das debêntures. Realmente, enquanto naquelas distribui-se a lucratividade, ou parte dos lucros, nas últimas tem-se um direito de crédito.

A remuneração com o prêmio de reembolso, de nenhuma aplicabilidade prática, significa a previsão de um prêmio que se fixa quando se dá o reembolso pela empresa emitente. Pressupõe-se que haja o reembolso, isto é, que a empresa readquira as debêntures. E ocorrendo essa situação, paga-se um prêmio, em montante já fixado.

9. CONVERSIBILIDADE DAS DEBÊNTURES EM AÇÕES

Existem as debêntures simples, que conferem o direito de receber o pagamento em dinheiro no vencimento. Todavia, é permitida a conversão das debêntures em ações, desde que autorize o estatuto, ou venha a permitir a assembleia, tal qual, aliás, consta no regime de outros países, e, assim, na França, na Espanha, na Alemanha e na Inglaterra. No Brasil, deu-se a introdução explícita mediante a Lei nº 4.728, de 1965.

---

[7] *Tratado de Direito Empresarial Brasileiro*, ob. cit., p. 589.

A permissão, presentemente, está nos arts. 57 e 166, inc. III, da Lei nº 6.404. Tratando do assunto, doutrina Mauro Rodrigues Penteado: "A conversão de partes beneficiárias e debêntures em ações vem prevista como modalidade de aumento de capital no inciso III do art. 166 da Lei federal nº 6.404, de 1976, sem que dele conste referência à correspondente deliberação da Assembleia Geral Extraordinária; por outro lado, o § 1º do mesmo artigo prescreve que dentro dos trinta dias subsequentes à efetivação do aumento, a companhia requererá ao registro do comércio a sua averbação. O exame dessas duas prescrições legais deixa antever a desnecessidade da realização de uma Assembleia Geral Extraordinária para aprovar o aumento de capital decorrente dessas operações. Isto se deve ao fato de que no momento de tais conversações, tanto o aumento de capital quanto a consequente reforma estatutária já se acham previamente aprovados pelos acionistas, o que se dá por ocasião da criação desses títulos".[8]

Faz-se necessária, todavia, a expressa previsão no estatuto social. A omissão torna-se suprível pela deliberação da assembleia. Do contrário, ou na falta de cláusula a respeito, não é admitida a transformação.

Daí revelar a debênture dupla função: o direito a um crédito e a possibilidade de aquisição de ações, cujo preço será pago com o valor da debênture. Aqueles que adquirem as debêntures tornam-se titulares de títulos de crédito, os quais abrem a opção ou de perceber o reembolso, em prazo estipulado, ou de converter os títulos em ações, com o que os portadores mudam a sua posição de credores para a de sócios da empresa. Todavia, mesmo decidindo pela conversão, computam-se os juros, que acrescerão o capital devido ou são pagos nas datas previstas.

Assinala o art. 57 a possibilidade da conversão: "A debênture poderá ser conversível em ações nas condições constantes da escritura de emissão, que especificará:

> I – as bases da conversão; seja em número de ações em que poderá ser convertida cada debênture, seja como relação entre o valor nominal da debênture e o preço de emissão das ações;
>
> II – a espécie e a classe das ações em que poderá ser convertida;
>
> III – o prazo ou época para o exercício do direito à conversão;
>
> IV – as demais condições a que a conversão acaso fique sujeita".

Colhe-se das normas orientadoras a necessidade da completa previsão de como se procede a conversão, e, assim, quanto ao número de ações que corresponde a debênture, ao valor que equivalerá a debênture em relação à ação.

A escolha pela conversão depende do comportamento das ações na bolsa. Se a tendência é a valorização, mostra-se natural a preferência na conversão. Não se pense, com isso, que mais cara ficará a ação. Acontece que a debênture corresponderá a uma proporção da ação. Subindo de preço a ação, a mesma oscilação acompanhará a debênture, sem, no entanto, que essa proporção seja uma regra dogmática. Se as ações subirem vertiginosamente, não importa em acompanhar igual majoração a debênture. Nessa ordem, se equivalente a dois reais a ação quando da emissão da debênture, a qual correspondia a cinco reais, a valorização da ação em duzentos por cento não importa em se elevar o valor da debênture no mesmo percentual. Daí que viabiliza o inc. I acima a programação das bases de conversão, com a indicação de uma média ou um patamar anual.

---

[8] *Aumento de Capital das Sociedades Anônimas*, São Paulo, Editora Saraiva, 1988, p. 98.

324 • Direito de Empresa | *Arnaldo Rizzardo*

A perda de valor das ações, entrementes, não traz idêntica consequência às debêntures, mantendo a equivalência existente quando da emissão, mas acrescida com a devida correção monetária.

A conversão de debêntures em ações importa em aumento do capital social, situação apontada pelo art. 166, inc. III: "O capital social pode ser aumentado: ...

III – por conversão, em ações, de debêntures..."

É, pois, a conversão, uma das hipóteses de aumento do capital, obrigando à devida averbação no registro da Junta Comercial no prazo de trinta dias subsequentes (art. 166, § 1º).

Também se declinará a espécie ou a classe de ação em que se converterá a debênture, isto é, se em ação ordinária ou preferencial, em ação nominativa ou escritural.

Virá definido o prazo concedido ao interessado ou a época da conversão, durante o qual manifestará a preferência. Não se impede que fique indefinido, ou que se efetive até a data assinalada para o pagamento. E assim as demais condições que constarem do estatuto social, como o montante, a sistemática de formalizar o direito, os direitos que emergirão.

O § 1º do art. 57 garante o direito de preferência em favor dos acionistas em subscrever debêntures com o direito de conversão em ações, assim como acontece na preferência em subscrever novas ações, assegurada pelo arts. 171 e 172 da Lei nº 6.404. A respeito, escreve Wilson de Souza Campos Batalha: "Assiste aos acionistas direito de preferência à subscrição de debêntures conversíveis; entretanto, preferência inexistirá quando se cogitar da conversão dessas debêntures em ações (art. 171, § 3º). Não obstante, o estatuto da companhia aberta de capital meramente autorizado pode prever a emissão, sem direito de preferência para os antigos acionistas, de debêntures conversíveis, cuja colocação seja feita mediante: a) venda em bolsa ou subscrição pública; e b) permuta por ações, em oferta pública de aquisição de controle".[9]

Enquanto perdurar o direito à conversão, em obediência ao § 2º do art. 57, a mudança de objeto da companhia, a criação de ações preferenciais e a modificação do objeto social da sociedade, de modo a também alterar as vantagens existentes, trazendo estes eventos prejuízos às debêntures conversíveis em ações, dependerão de prévia autorização ou concordância dos debenturistas, ou do agende fiduciário, chamados aqueles para decidirem em assembleia, que serão devidamente convocados através de edital, ou pessoalmente.

10. GARANTIA DAS DEBÊNTURES

Possível que se institua garantia às debêntures, o que gerará maior confiança nos investidores e facilita a colocação no mercado. A instituição abrangerá todas as debêntures ou algumas séries. Se restrita a uma ou algumas séries, não se estende às demais, pois o direito não admite a extensão da garantia. Essas garantias são de vários tipos, classificadas pela Lei nº 6.404, no art. 58, como a real e a flutuante. Outrossim, podem vir sem qualquer garantia para assegurar a satisfação do crédito que representam, mas gozar de certo privilégio que dê preferência frente aos demais credores, ou prioridade sobre o ativo remanescente. Eis o texto do dispositivo: "A debênture poderá, conforme dispuser

---

[9] *Comentários à Lei das Sociedades Anônimas*, ob. cit., vol. I, p. 363.

Cap. XVIII | As debêntures • **325**

a escritura de emissão, ter garantia real ou garantia flutuante, não gozar de preferência ou ser subordinada aos demais credores da companhia".

Não está fora do ordenamento jurídico o oferecimento de outras garantias, como a fidejussória e a constituição de um fundo de reserva.

Os portadores de debêntures sem garantia tornam-se credores quirografários.

Cumpre se faça a correta distinção.

10.1. Debêntures com garantia real

Concede-se às debêntures uma garantia real, isto é, destacam-se bens para emprestar segurança na satisfação do crédito que representam. Oferecem-se bens em hipoteca (imóveis), como o conjunto industrial, ou terrenos, ou prédios; ou em penhor (móveis), e, assim, máquinas, instrumentos, veículos. Ou seja, instituem-se as garantias através de hipoteca, penhor ou anticrese.

A garantia constitui-se sobre bens, com privilégio geral sobre todo o ativo, no que é confirmado pelo seguinte aresto:

> "1.Esta Corte tem decidido em diversas oportunidades acerca da possibilidade de penhora de debêntures da Eletrobras, ao entendimento de que se trata de título de crédito passível de garantia de execução fiscal.
>
> 2. De acordo com pronunciamento do Min. Teori Albino Zavascki, a debênture título executivo extrajudicial (CPC, art. 585, I) é emitida por sociedades por ações, sendo título representativo de fração de mútuo tomado pela companhia emitente. A debênture confere a seus titulares um direito de crédito (Lei nº 6.404, de 15.12.1976, art. 52), ao qual se agrega garantia real sobre determinado bem e/ou garantia flutuante, assegurando privilégio geral sobre todo o ativo da devedora (art. 58). É, igualmente, título mobiliário apto a ser negociado em Bolsa de Valores ou no mercado de balcão, nos termos da legislação específica (Lei nº 6.385, de 07.12.1976, art. 2º) (REsp. nº 857.043-RS, *DJ* de 25.09.2006)".[10]

O citado art. 585, I, do CPC/1973 equivale ao art. 784, I, do CPC/2015.

Na fundamentação do voto, invoca o relator precedentes da mesma Corte:

> "Esta Corte tem decidido, em diversas oportunidades, acerca da possibilidade de penhora de debêntures da Eletrobras, ao entendimento de que se trata de título de crédito passível de garantia de execução fiscal. De acordo com pronunciamento do Min. Teori Albino Zavascki, a debênture título executivo extrajudicial (CPC, art. 585, I) é emitida por sociedades por ações, sendo título representativo de fração de mútuo tomado pela companhia emitente. A debênture confere a seus titulares um direito de crédito (Lei nº 6.404, de 15.12.1976, art. 52), ao qual se agrega garantia real sobre determinado bem e/ou garantia flutuante, assegurando privilégio geral sobre todo o ativo da devedora (art. 58). É, igualmente, título mobiliário apto a ser negociado em Bolsa de Valores ou no mercado de balcão, nos termos da legislação específica (Lei n. 6.385, de 7.12.1976, art. 2º). (REsp. 857.043/RS, *DJ* de 25.09.2006).

---

[10] EREsp. nº 836.143-RS, da 1ª Seção do STJ, rel. Min. Humberto Martins, j. em 27.06.2007, *DJU* de 06.08.2007.

Nesse sentido, confiram-se: 'Tributário e processual civil. Recurso especial. Penhora de debênture da Eletrobras com a finalidade de garantia de execução fiscal (Lei nº 6.830/1980). Possibilidade. Mudança de entendimento. Aplicação do art. 11, VIII, da Lei nº 6.830/80. Recurso especial provido.

1. Cuida-se de recurso especial fundado nas alíneas *a* e *c* do permissivo constitucional, interposto por (...), em sede de agravo de instrumento (originado em ação de execução fiscal movida pela União), com o objetivo de desconstituir acórdão que declarou a impossibilidade de que debêntures emitidas pela Eletrobras, por não possuírem cotação em bolsa e liquidez, sejam penhoradas como garantia de execução fiscal. Em recurso especial alega-se, além de divergência jurisprudencial, violação dos artigos 4º da Lei nº 4.156/62, 2º da Lei nº 5.073/1966, 52 da Lei nº 6.404/1976, 11, II, da Lei nº 6.830/1980 e 620 do Código de Processo Civil, defendendo que as debêntures da Eletrobras não são títulos da dívida pública, mas, sim, títulos ao portador com cotação em bolsa.

2. Mudança no entendimento da 1ª Turma do STJ, que, no julgamento do REsp. nº 834.885-RS, de relatoria do eminente Ministro Teori Albino Zavascki, firmou-se no sentido de que, 'dada a sua natureza de título de crédito, as debêntures são bens penhoráveis. Tendo cotação em bolsa, a penhora se dá na gradação do art. 655, IV ('títulos de crédito, que tenham cotação em bolsa'), que corresponde à do art. 11, II, da Lei nº 6.830/80; do contrário, são penhoráveis como créditos, na gradação do inciso X de mesmo artigo ('direitos e ações'), que corresponde à do inciso VIII do art. 11 da referida Lei, promovendo-se o ato executivo nos termos do art. 672 do CPC'.

3. Recurso especial provido para o fim de que, desconstituído o acórdão recorrido, possam as debêntures emitidas pela Eletrobras ser utilizadas como garantia de execução fiscal, nos termos da Lei nº 8.630/80 (REsp. nº 911.153-RS, rel. Min. José Delgado, *DJ* de 10.05.2007).

Os citados arts. 585, I, 620, 655, IV, e 672 correspondem, respectivamente, aos arts. 784, I, 805, 856, 835, V, e 856 do CPC/2015.

'Tributário. Execução fiscal. Penhora de debêntures emitidas pela Eletrobras. Títulos de crédito sem cotação em Bolsa. Possibilidade. Aplicação do art. 11, VIII, da Lei nº 6.830/1980.

1. A debênture, título executivo extrajudicial (CPC, art. 585, I), é emitida por sociedades por ações, sendo título representativo de fração de mútuo tomado pela companhia emitente. A debênture confere aos seus titulares um direito de crédito (Lei nº 6.404, de 15.12.1976, art. 52), ao qual se agrega garantia real sobre determinado bem e/ou garantia flutuante assegurando privilégio geral sobre todo o ativo da devedora (art. 58). É, igualmente, título mobiliário apto a ser negociado em Bolsa de Valores ou no mercado de balcão, nos termos da legislação específica (Lei nº 6.385, de 07.12.1976, art. 2º).

2. Dada a sua natureza de título de crédito, as debêntures são bens penhoráveis. Tendo cotação em bolsa, a penhora se dá na gradação do art. 655, IV ('títulos de crédito, que tenham cotação em bolsa'), que corresponde à do art. 11, II,

da Lei nº 6.830/80; do contrário, são penhoráveis como créditos, na gradação do inciso X de mesmo artigo ('direitos e ações'), que corresponde à do inciso VIII do art. 11 da referida Lei, promovendo-se o ato executivo nos termos do art. 672 do CPC.

3. Recurso especial a que se dá provimento' (REsp. nº 834.885-RS, rel. Min. Teori Albino Zavascki, *DJ* de 30.06.2006)".

Os arts. 585, I, 655, IV e X, e 672 do CPC/1973, referidos no aresto, têm disposições equivalentes nos arts. 784, I, 835, V e III, e 856 do CPC/2015.

Elabora-se o instrumento por meio de escritura pública.

É possível a alienação fiduciária de bens, cujo retorno se opera na medida da satisfação do crédito.

Nas condições acima, a falta de pagamento dos credores na época oportuna, executa-se o crédito com a excussão dos bens que serviram de garantia. No pertinente à alienação fiduciária, transfere-se o bem para o credor.

Para a oposição frente a terceiros, e impedir a alienação ou oneração do bem, ou que perca a função criada, deve-se averbar a instituição da garantia no registro de imóveis ou em outro registro do bem, se existente, como no registro de veículos na repartição de trânsito. Regra a respeito se encontra no § 5º do art. 58: "A obrigação de não alienar ou onerar bem imóvel ou outro bem sujeito a registro de propriedade, assumida pela companhia na escritura de emissão, é oponível a terceiros, desde que averbada no competente registro".

10.2. Debêntures com garantia flutuante

A denominação veio da expressão do direito inglês – *floating bonds*, mas significando, no direito brasileiro, uma garantia que pode ser substituída, passar de um bem para outro, permitindo a transferência do bem originariamente dado em garantia, o qual integra o ativo. Salienta Wilson de Souza Campos Batalha que é flutuante a garantia porque "há o direito de modificar o ativo no curso de suas atividades", ou seja, como modifica o ativo, modifica a garantia.[11] É a ideia que se retira do § 1º do art. 58: "A garantia flutuante assegura à debênture privilégio geral sobre o ativo da companhia, mas não impede a negociação dos bens que compõem esse ativo". Na extensão do dispositivo se pronunciou o Tribunal de Justiça de São Paulo: "Debêntures com garantia flutuante. Privilégio geral sobre o ativo da companhia. Prevalência sobre créditos quirografários".[12] É que se situam os titulares de tais debêntures abaixo dos credores com garantia real e acima dos quirografários. Daí se encontrarem as debêntures privilegiadas em relação aos créditos quirografários.

O bem que presta a garantia é substituível, diversamente do que acontece com a garantia real. Se dadas mercadorias em estoque como garantia, ou oferecidos em caução títulos a receber, não importa que se mantenham incólumes tais bens, sem a utilização. Desde que se coloquem outros na função de garantia, permite-se a utilização e o proveito. Os títulos de crédito, à medida que vencerem, são recebidos e utilizados os valores. Entrementes, outros títulos entram no lugar dos anteriores. De igual maneira quanto ao

---

[11] *Comentários à Lei das Sociedades Anônimas*, ob. cit., vol. I, p. 365.
[12] Ap. Cível nº 200.368, do TJ de São Paulo, j. em 23.03.1994, *in Revista de Jurisprudência do TJ do Estado de São Paulo*, 160/51.

estoque de matérias-primas, que são transformadas, de modo a viabilizar a atividade da empresa. Opera-se a substituição pelos novos insumos que são adquiridos, ou por novas matérias-primas.

O § 2º prevê a constituição cumulativa das garantias, isto é, de umas e outras. Tem-se, então, que umas garantias são insubstituíveis, enquanto outras podem ser substituídas por outras, ou pelas mercadorias que surgem no lugar das anteriores.

Se continuar a instituição da garantia, isto é, se novas garantias flutuantes forem criadas nos bens da empresa, as anteriores gozam de prioridade na segurança. Firma-se a antecedência pela data da inscrição da escritura de emissão. Se várias séries se originarem da mesma emissão, todas as debêntures concorrem em iguais condições, como assinala o § 3º.

A garantia flutuante instituída por companhia que faz parte de um grupo de companhias pode constituir-se do ativo de duas ou mais sociedades do grupo, como permite o § 6º.

10.3. Debêntures com garantia fidejussória

A garantia fidejussória, embora não contemplada em lei, revela-se possível, pois não se encontra razão plausível para impedir a avença.

A garantia fidejussória é pessoal, e vem formalizada através de fiança ou aval. A sociedade oferece a fiança ou o aval de seus acionistas, ou mesmo de terceiros, de uma instituição bancária, como garantia na emissão das debêntures, ou no pagamento de encargos estabelecidos. Não honrando, ou faltando ao dever de pagar as debêntures, o credor pode promover o cumprimento da obrigação diretamente contra esses garantidores.

10.4. Fundo de reserva para a constituição de garantia

Na hipótese, os investidores constituem um fundo de reserva que se destinará a dar garantia. Na medida em que se criam os créditos consubstanciados nas debêntures, recolhem-se contribuições, ou parcelas, que vão formando uma importância em dinheiro, a qual, além de dar garantia, servirá para amortizar os juros quando previstos.

11. DEBÊNTURES SEM GARANTIA

No caso, não se institui garantia alguma na satisfação do crédito que as debêntures representam. Pode-se, no entanto, incluir cláusula que coloca os titulares em igualdade com os credores quirografários, mas dando preferência frente aos acionistas sobre o ativo remanescente, no caso de liquidação da sociedade. Parece oportuna a transcrição do § 4º do art. 58, a respeito: "A debênture que não gozar de garantia poderá conter cláusula de subordinação aos credores quirografários, preferindo apenas os acionistas no ativo remanescente, se houver, em caso de liquidação da companhia".

Os debenturistas concorrem aos créditos na mesma posição que os credores quirografários, preferindo apenas aos acionistas no ativo remanescente da sociedade, desde que exista, e unicamente na dissolução da sociedade.

No entanto, embora sem garantia, admite-se a instituição de debêntures com privilégio, consistente na preferência de pagamento quando da venda de algum bem da empresa, ou na formação de valores para a finalidade do pagamento.

12. EMISSÃO E NEGOCIAÇÃO DAS DEBÊNTURES

A emissão das debêntures pela sociedade depende de prévia autorização da assembleia geral dos acionistas. Não basta a mera previsão do contrato para os administradores decidirem pela emissão. O art. 59 revela-se incisivo a respeito, discriminando os requisitos que constarão da autorização, estando reiterada a exigência no art. 122, inc. IV: "A deliberação sobre a emissão de debêntures é da competência privativa da assembleia geral, que deverá fixar, observado o que a respeito dispuser o estatuto:

> I – o valor da emissão ou os critérios de determinação do seu limite, e a sua divisão em séries, se for o caso;
>
> II – o número e o valor nominal das debêntures;
>
> III – as garantias reais ou a garantia flutuante, se houver;
>
> IV – as condições de correção monetária, se houver;
>
> V – a conversibilidade ou não em ações e as condições a serem observadas na conversão;
>
> VI – a época e as condições de vencimento, amortização ou resgate;
>
> VII – a época e as condições do pagamento dos juros, da participação nos lucros e do prêmio de reembolso, se houver;
>
> VIII – o modo de subscrição ou colocação, e o tipo das debêntures".

Várias disposições constam nos parágrafos que seguem, sendo que o primeiro permite ao conselho de administração a deliberação sobre a emissão.

Realiza-se a emissão em séries, não se permitindo que se criem séries concomitantes. Unicamente depois de concluída a colocação de todas as debêntures de uma série fica a empresa autorizada a emitir nova série. Se porventura restar parte para ser vendida, é possível a sua extinção ou o cancelamento. As debêntures são iguais em cada série, ou seja, tendo igual valor nominal e conferindo os mesmos direitos.

Nas companhias abertas, atribui-se ao Conselho de Administração deliberar sobre a emissão de debêntures não conversíveis em ações, salvo disposição estatutária em contrário. Nas mesmas companhias abertas, ou de subscrição pública das ações, as deliberações sobre as condições dos itens VI a VIII (referentes à época e condições da amortização ou resgate, de pagamento dos juros, da participação dos lucros e do prêmio de reembolso, se houver; ao modo de subscrição ou colocação, e ao tipo de debêntures) e o momento da emissão podem ser delegadas ao Conselho de Administração, pois envolvem matérias de ordem prática, a serem decididas no momento oportuno (§ 1º do Art. 59, em texto da Lei nº 12.431/2011).

Essa atribuição de competência ao Conselho de Administração não pressupõe a autorização na emissão de debêntures. Todavia, em face do texto introduzido pela Lei nº 12.431/2011, poderá haver vedação estatutária.

Outrossim, faculta-se aos acionistas outorgar aos conselheiros a função de estabelecer os detalhes técnicos das operações de colocação de debêntures no mercado, pois mais afeitos e em contato com a realidade da empresa, e conhecedores da capacidade de investidores em adquirir os títulos.

O estatuto da companhia aberta poderá autorizar o conselho de administração a, dentro dos limites do capital autorizado, deliberar sobre a emissão de debêntures conversíveis em ações, especificando o limite do aumento de capital decorrente da conversão das debêntures, em valor do capital social ou em número de ações, e as espécies e classes das ações que poderão ser emitidas (§ 2º do art. 59, em redação da Lei nº 12.431/2011). Outrossim, autoriza-se à assembleia geral deliberar que a emissão terá valor e número de série indeterminados, dentro dos limites por ela fixados (§ 3º do art. 59, em redação dada pela Lei nº 12.431/2011).

Na falta de deliberação do Conselho de Administração, ou de autorização do estatuto para o Conselho de Administração deliberar, à assembleia concede-se o poder de delegar ao Conselho de Administração a deliberação sobre as condições de novas debêntures de que tratam os incisos VI a VIII do art. 59, e sobre a oportunidade da emissão.

As condições indicadas nos referidos incisos são as seguintes:

"Art. 59. (...)

VI – a época e as condições de vencimento, amortização ou resgate;

VII – a época e as condições do pagamento dos juros, da participação nos lucros e do prêmio de reembolso, se houver;

VIII – o modo de subscrição ou colocação, e o tipo das debêntures".

É o que está ordenado no § 4º, introduzido pela Lei nº 12.431/2011: "Nos casos não previstos nos §§ 1º e 2º, a assembleia geral pode delegar ao conselho de administração a deliberação sobre as condições de que tratam os incisos VI a VIII do *caput* e sobre a oportunidade da emissão".

Apresentam-se os passos para a prática de emissão das debêntures:

1. Escolha pela companhia de uma instituição financeira (banco de investimento ou múltiplo, corretora ou distribuidora de valores mobiliários) para estruturar e coordenar o processo de emissão.

2. A instituição escolhida elabora, junto à empresa emissora, a escritura de emissão e o prospecto, nos quais se descrevem as características da distribuição, os direitos conferidos pelos títulos, as garantias, os prazos e demais condições da debênture.

3. A empresa emissora, tendo o registro de companhia aberta, procederá ao registro da ata da assembleia e da escritura de emissão na Comissão de Valores Mobiliários, e mais o seu arquivamento na Junta Comercial, bem como a publicação da mesma ata.

4. As emissões efetuadas por companhia securitizadora de créditos financeiro estão dispensadas do registro para negociação em bolsa ou em mercado de balcão.

5. Levam-se ao registro na Junta Comercial as emissões.

6. Cadastramento da empresa emissora e da respectiva emissão em órgãos da Comissão de Valores Mobiliários.

7. Confecção do modelo de boletim de subscrição da debênture e seu encaminhamento à Comissão de Valores Mobiliários.

8. Disponibilização de telas do Sistema de Distribuição de Títulos, para que sejam iniciados o processo de distribuição e a liquidação financeira da operação.

Quanto à negociação, decorre a mesma da circulação, que se expressa de várias formas, descritas por Fernando Mendonça: "É evidente que, além do modo peculiar de circulação, é possível sua transferência por outros meios, como o contrato de cessão, ordem judicial, ou da sucessão regida pelo direito comercial".[13]

Há regras da Comissão de Valores Mobiliários sobre a negociação, através da Instrução CVM nº 404, de 13 de fevereiro de 2004:

"Negociação nos mercados primário e secundário:

Art. 6º Todas as colocações primárias e negociações públicas de Debêntures Padronizadas deverão ocorrer em segmento especial devidamente regulamentado por bolsa de valores ou entidade de mercado de balcão organizado, que:

I – atenda a todos os requisitos necessários à transparência e eficiência de mercado, e ofereça mecanismos de formação de preço com amplo acesso dos investidores;

II – promova cotações em percentual do valor do principal dos títulos; e

III – esteja integrado a câmaras de liquidação e custódia autorizadas a funcionar no País, que possibilitem:

a) a redução dos riscos operacionais, simplificação de procedimentos e facilidade de acesso de investidores a esse mercado;

b) o registro das posições individualizadas; e

c) a liquidação de operações por valor bruto e por saldo líquido multilateral.

Parágrafo único. As negociações secundárias de Debêntures Padronizadas de uma determinada emissão ou série poderão ocorrer em mais de um sistema de negociação, somente quando as respectivas entidades de liquidação possibilitarem a livre circulação e negociação entre os mercados, vedada a realização de negociações públicas com Debêntures Padronizadas fora desses ambientes".

13. LIMITES NAS EMISSÕES DE DEBÊNTURES

Estabelecia-se um limite na emissão de debêntures: não podia ultrapassar seu montante o equivalente ao valor do capital social, que se firmava como o limite de emissão. Entendia-se que representavam elas valores a serem pagos, formando, assim, um passivo exigível das sociedades. Não parecia coerente que se comprometesse a pagar um valor superior ao seu capital, o que leva a impedir a emissão indiscriminada.

O art. 60 tratava do limite: "Excetuados os casos previstos em lei especial, o valor total das emissões de debêntures não pode ultrapassar o capital social da sociedade".

Considerava-se o capital social o subscrito, correspondente ao montante das ações, e não o capital autorizado, que podia ser mais elevado. Do contrário faltaria lastro para a necessária cobertura.

Em casos especiais admitiam-se exceções, permitindo que excedessem, vindo elas apontadas pelo próprio art. 60, em seu § 1º: "Esse limite pode ser excedido até alcançar:

a) 80% (oitenta por cento) do valor dos bens gravados, próprios ou de terceiros, no caso de debêntures com garantia real;

---

[13] *Debêntures*, ob. cit., p. 63.

b) 70% (setenta por cento) do valor contábil do ativo da companhia, diminuído do montante das suas dívidas garantidas por direitos reais, no caso de debêntures com garantia flutuante".

Notava-se a imposição de garantias para exceder o capital, ressaltando que, na existência de dívidas com garantia real, ou com bens da empresa, o montante permitido resultaria da diminuição do montante das dívidas daquele do capital social.

Outras regras especiais apareciam nos parágrafos do art. 60.

O limite de oitenta por cento do valor dos bens, constante na letra *a* acima, seria computado depois de investido o produto ou o valor que teria advindo da emissão. Consideravam-se, na aferição do limite, os bens ou resultados acrescidos, ou as acessões que eram feitas, com o investimento dos valores advindos da emissão das debêntures.

Os recursos advindos com a emissão, e que resultassem da aplicação em nível superior a oitenta por cento do capital, ficariam sob o controle do agente fiduciário escolhido pelos debenturistas, se houvesse, isto é, se escolhida a garantia da alienação fiduciária na emissão das debêntures.

Tanto no pertinente ao item *a* como ao *b*, deveriam ser incluídos, para abater dos bens gravados e do ativo, as dívidas com privilégios especiais, como as trabalhistas, as tributárias e as previdenciárias, já que elas preferem sempre, colocando-se acima de quaisquer garantias.

Reconhecia-se à Comissão de Valores Mobiliários fixar outros limites de emissão de debêntures, se negociadas em bolsa ou no balcão.

As emissões sem garantia, ou subordinadas aos demais credores, não se submetiam aos limites acima. Ficava autorizada a emissão de títulos destituídos de qualquer lastro, mesmo que envolvesse empresa insolvente, podendo ensejar verdadeiro derrame de debêntures frias, com grave à economia popular.

No entanto, com a Lei nº 12.431, de 27.06.2011, foi simplesmente revogado o art. 60, com os respectivos incisos e parágrafos. Ou seja, não mais existem limites na emissão de debêntures, mudança essa que surpreende, e visa assegurar flexibilização total na criação de debêntures. Não mais prevalece a regra de que o valor total das emissões não pode ultrapassar o capital social, e nem a de que o limite poderia ser excedido até alcançar 80% dos bens gravados, no caso de debêntures com garantia real, e 70% do valor contábil do ativo diminuído das dívidas garantidas por direitos reais, no caso das debêntures flutuantes.

14. ELEMENTOS FORMAIS NO ATO DE EMISSÃO

Condição indispensável para a emissão é a autorização da assembleia geral da sociedade, aprovada por maioria simples, com as exigências do art. 59, acima vistas, com o decorrente registro na Junta Comercial.

O ato de emissão formaliza-se por escritura, ou, mais apropriadamente, por um documento público ou particular, no qual constarão os elementos atinentes à sociedade, ao número de debêntures, ao valor, às garantias, à espécie, aos direitos conferidos pelas debêntures, ao prazo de pagamento, que abaixo serão especificados.

É o que se depreende do art. 61: "A companhia fará constar da escritura de emissão os direitos conferidos pelas debêntures, suas garantias e demais cláusulas ou condições".

Embora mencionada a escritura, entende-se que venha formalizada por documento público ou particular, no que se revela expresso o § 1º: "A escritura de emissão, por instrumento público ou particular, de debêntures distribuídas ou admitidas à negociação no mercado, terá obrigatoriamente a intervenção de agente fiduciário dos debenturistas (arts. 66 a 70)". Como se verá adiante, os agentes fiduciários são as pessoas encarregadas da colocação dos títulos.

Pelos parágrafos seguintes, no documento virão, ainda, as condições determinadas pela assembleia e exigidas pela Lei, além das impostas pela Comissão de Valores Mobiliários no caso de se dar o oferecimento em bolsa ou em mercados de balcão. Compete a este órgão aprovar padrões de cláusulas e condições.

Sucedendo a emissão de novas séries, far-se-á o aditamento na escritura pública ou particular de emissão.

15. REGISTRO DA EMISSÃO NA JUNTA COMERCIAL

Após a aprovação e a elaboração do instrumento de emissão, impõe-se que se leve o mesmo ao registro na Junta Comercial, para fins de arquivamento e inscrição, e, posteriormente, se dadas garantias reais, providenciar-se no registro perante o Registro de Imóveis. Antes, leva-se à publicação da ata da assembleia que aprovou a emissão. O art. 62 delineia esse procedimento: "Nenhuma emissão de debêntures será feita sem que tenham sido satisfeitos os seguintes requisitos:

> I – arquivamento, no Registro do Comércio, e publicação da ata da assembleia geral, ou do conselho de administração, que deliberou sobre a emissão;
>
> II – inscrição da escritura de emissão no registro do comércio;
>
> III – constituição das garantias reais, se for o caso".

No Registro de Imóveis procede-se ao registro no livro 3, em acatamento ao art. 178, inc. I, da Lei nº 6.015, de 1973.

No tocante ao inc. I, leva-se a efeito o arquivamento mediante requerimento encaminhado à Junta Comercial, assinado pelo diretor munido de poderes específicos. A publicação faz-se em sintonia com o ordenado no art. 289 da Lei nº 6.404, isto é, no órgão oficial da União ou do Estado, ou do Distrito Federal, conforme o lugar da situação da sede da empresa, e em jornal de grande circulação da mesma localidade.

Já em vista do inc. II, na mesma Junta promove-se o registro do ato de criação das debêntures.

Em face do inc. III, não é obrigatória a constituição de garantias reais.

A infração aos ditames da lei, na observância dos requisitos exigidos, acarreta a responsabilidade por perdas e danos dos administradores (§ 1º do art. 62). As providências do registro cabem aos administradores. Na omissão, ao agente fiduciário e mesmo a qualquer debenturista estende-se a incumbência, que agirão para sanar as irregularidades. O oficial do competente registro notificará, isto é, comunicará aos administradores da sociedade as lacunas e falhas, devendo eles providenciar em atender as medidas ordenadas, desde que cabíveis e não extrapolem a competência do cartório ou da Junta Comercial (§ 2º do art. 62).

Sempre que houver aditamento no escrito público ou particular, como no caso de emissão de novas séries de debêntures, encaminha-se o documento à averbação tanto na Junta quanto no Registro de Imóveis (§ 3º do art. 62).

Manterão os registros de comércio manterão livro especial onde serão inscritas as emissões de debêntures, com as condições essenciais de cada emissão (§ 4º do art. 62, introduzido pela Lei nº 10.303/2001).

A Comissão de Valores Mobiliários emitiu a Instrução CVM nº 404/2004, introduzindo regramentos administrativos para o registro e a negociação, consoante a transcrição que segue:

"*Procedimento simplificado de registro*:

Art. 3º A CVM poderá, a seu critério, e sempre observados o interesse público, a adequada informação e a proteção ao investidor, deferir o registro de distribuição de Debêntures Padronizadas mediante análise simplificada dos documentos e das informações submetidas, desde que, cumulativamente, o pedido de registro:

I – contenha requerimento específico para a utilização do procedimento de análise simplificada; e,

II – esteja instruído com:

a) a totalidade dos documentos necessários ao registro, previstos na legislação e regulamentação aplicáveis às distribuições públicas;

b) declaração firmada pela bolsa de valores ou entidade do mercado de balcão organizado, indicando que toda a documentação relativa à emissão foi apresentada e que se encontra em conformidade com esta Instrução e as demais normas aplicáveis;

c) relatório elaborado por agência classificadora de risco em funcionamento no País;

d) prova da admissão das Debêntures Padronizadas na bolsa de valores ou entidade de mercado de balcão organizado, que atenda aos requisitos do art. 6º desta Instrução, condicionada, apenas, à concessão do registro de distribuição pública pela CVM.

Parágrafo único. Somente poderá se utilizar do procedimento de análise simplificada mencionado no *caput*, a emissora que:

a) esteja com o registro de companhia aberta atualizado; e

b) tenha distribuído publicamente, ações, debêntures ou bônus de subscrição, no período de 5 (cinco) anos anterior à data de protocolo do pedido de registro de distribuição de Debêntures Padronizadas.

Art. 4º O deferimento do registro nos termos do art. 3º será comunicado pela CVM ao requerente em, no máximo, 5 (cinco) dias úteis a contar da data do protocolo do pedido na CVM.

Parágrafo único. Caso os requisitos previstos no art. 3º não tenham sido atendidos ou não seja acatado o requerimento a que se refere o Inciso I do artigo 3º, a CVM adotará os prazos de análise previstos na regulamentação aplicável aos registros de ofertas públicas de distribuição de valores mobiliários, contados a partir da data da comunicação do fato à emissora e à instituição líder da distribuição".

"Distribuição primária:

Art. 5º O registro para distribuição primária de Debêntures Padronizadas será concedido para a emissão em série única ou para cada série, conforme o caso, observado o seguinte:

I – a distribuição primária, que poderá ser fracionada em lotes de Debêntures Padronizadas, pelo prazo de 24 (vinte e quatro) meses contado da data da concessão do registro pela CVM, deve ser realizada, exclusivamente, na bolsa de valores ou no mercado de balcão organizado e definido pela emissora, e deverá, em qualquer hipótese, observar procedimentos que possibilitem a formação do preço de mercado dos títulos ofertados, com transparência e amplo acesso por parte do público investidor;

II – a distribuição primária será precedida da publicação de Anúncio de Início de Distribuição que contemplará, no mínimo, a oferta do primeiro lote de Debêntures Padronizadas;

III – as distribuições primárias dos demais lotes da mesma série de Debêntures Padronizadas deverão ser precedidas, com antecedência mínima de 1 (um) dia útil, de avisos específicos publicados no boletim oficial da bolsa de valores ou do mercado de balcão organizado, os quais deverão conter, além das informações sobre os títulos ofertados e procedimentos da oferta:

a) declaração da bolsa de valores ou entidade do mercado de balcão organizado, acerca da atualidade do prospecto de emissão; e

b) indicação dos locais onde poderão ser obtidos exemplares do prospecto atualizado e das páginas da rede mundial de computadores onde este poderá ser consultado, assim como da página institucional da emissora para divulgação de informações aos debenturistas e ao mercado.

§ 1º Prospecto atualizado para a oferta de lotes de Debêntures Padronizadas é o prospecto elaborado quando da concessão do registro, acrescido de suplemento que contenha as atualizações de seu conteúdo, bem como as informações e documentos encaminhados pela emissora à CVM no cumprimento das normas que regulam o registro das companhias abertas.

§ 2º A atualização do prospecto mediante a elaboração de suplemento será feita, obrigatoriamente, a cada período de seis meses a partir da concessão do registro, até o término da colocação das debêntures".

16. A FORMA E A REPRESENTAÇÃO POR CERTIFICADOS E CAUTELAS

As debêntures terão a forma nominativa, não mais se admitindo que sejam ao portador ou endossáveis, em atendimento à redação do art. 63 dada pela Lei nº 9.457/1997, devendo incidir as disposições legais previstas para as ações.

Abre-se a faculdade de constituírem objeto de depósito, com a emissão de certificados (§ 1º do art. 63), tal qual acontece com as ações (art. 43) e as partes beneficiárias (art. 50, § 2º). Nessa viabilidade de depósito, abre-se uma exceção, dispensando-se a emissão de certificados, ou seja, ficam os titulares com o direito de inserir, na emissão, cláusula oportunizando a permanência das debêntures em contas de custódia, em nome

336 • Direito de Empresa | *Arnaldo Rizzardo*

dos mesmos titulares, sem a emissão de certificados, com o que adquirem as debêntures o caráter de fungíveis (§ 2º do art. 63). Tem-se, aqui, a debênture escritural, emitida a partir de simples lançamento em contas mantidas por instituição depositária, presumindo-se a propriedade do titular pelo mero registro, tal como acontece com as ações escriturais, no modo descrito pelo art. 35.

Outrossim, as debêntures, afora o caso acima de dispensa na custódia, são representadas por certificados, o que não exclui a sua materialização por outros documentos. Além, pois, da debênture descrita em documento específico, é própria a emissão de certificados, os quais terão os elementos descritos no art. 64, alguns modificados pela Lei nº 9.457/1997:

> I – a denominação, sede, prazo de duração e objeto da sociedade;
>
> II – a data da constituição da companhia e do arquivamento e publicação dos seus atos constitutivos;
>
> III – a data da publicação da ata da assembleia geral que deliberou sobre a emissão;
>
> IV – a data e o ofício do registro de imóveis em que foi inscrita a emissão;
>
> V – a denominação 'debênture' e a indicação da sua espécie, pelas palavras 'com garantia real', 'com garantia flutuante' ou 'subordinada';
>
> VI – a designação da emissão e da série;
>
> VII – o número de ordem;
>
> VIII – o valor nominal e a cláusula de correção monetária, se houver, as condições de vencimento, amortização, resgate, juros, participação no lucro ou prêmio de reembolso, e a época em que serão devidos;
>
> IX – as condições de conversibilidade em ações, se for o caso;
>
> X – o nome do debenturista;
>
> XI – o nome do agente fiduciário dos debenturistas, se houver;
>
> XII – a data da emissão do certificado e a assinatura de dois diretores da companhia;
>
> XIII – a autenticação do agente fiduciário, se for o caso.

Conforme o art. 65 e parágrafos, autoriza-se a emissão de certificados de várias ou de múltiplos de debêntures, neles constando certa quantidade, e vindo com os requisitos do art. 64, obedecendo, ainda, a padronização de quantidade fixada pela Comissão de Valores Mobiliários, se emitidos por companhias de capital aberto. Permite-se a substituição provisória por cautelas, que são documentos de depósito em forma de recibo.

Naturalmente, os certificados e mesmo as escrituras de emissão inserem-se entre os títulos extrajudiciais de execução, em abono a entendimento do STJ: "Debêntures. Não expedidos os certificados, o que cumpria fosse feito pela companhia, não há como pretender que, para a cobrança dos valores correspondentes às debêntures, sejam eles exibidos. Constando da escritura de emissão a obrigação de pagar, com as especificações necessárias, e sendo completada com os recibos e boletins de subscrição, permitindo a identificação dos credores, não se pode negar a natureza de título executivo".[14]

---

[14] Agravo Regimental no Agravo de Instrumento nº 107.738-SP, j. em 14.10.1997, *DJU* de 09.12.1997.

17. AGENTES FIDUCIÁRIOS

Agentes fiduciários são pessoas físicas ou empresas devidamente habilitadas, que se inscrevem junto à Comissão de Valores Mobiliários, para exercerem a função de administração, custódia e de distribuição ou colocação das debêntures. A figura é bem esclarecida por Paulo Roberto Tavares Paes: "Este agente nada mais é do que um zelador dos interesses dos debenturistas. Trata-se de figura que deve proteger os investidores no mercado e cujo paradigma se encontra no *trustee* do direito anglo-saxão. O agente fiduciário será nomeado e deverá aceitar a função na escritura de emissão das debêntures. A nomeação do agente fiduciário tem obrigatoriedade somente nas emissões distribuídas ou admitidas à negociação de mercado".[15]

Têm os agentes fiduciários a função, também, de representar a comunhão de interesses dos debenturistas perante a companhia emissora. Mais apropriadamente, são os representantes da comunhão dos debenturistas junto à companhia emissora.

Fala-se em agente fiduciário porque se transmite a posse ou guarda das debêntures, o que é próprio do negócio fiduciário. Transmitem-se em confiança as debêntures para uma terceira pessoa física ou pessoa jurídica, passando a detê-las como se fossem suas, administrando-as e representando os debenturistas, e restituindo a propriedade posteriormente. Mais propriamente, a transmissão é para efeito de responsabilidade do agente financeiro. O agente fiduciário tem a incumbência de bem administrar no grau e extensão de proprietário, devendo proteger os interesses dos debenturistas, elaborar o relatório anual das atividades e comportamento da sociedade, providenciar em medidas judiciais de proteção, promover o recebimento dos valores na eventualidade de inadimplência da emissora com a excussão das garantias, requerer a falência da sociedade, e encaminhar as demais medidas de proteção dos interesses daqueles que representa.

Quanto às providências judiciais, especialmente na falta de pagamento, na omissão do agente, ou em outros casos ponderáveis de infração, a qualquer titular se reconhece o direito de promovê-las.

Em documento apropriado, sendo comum na escritura de emissão das debêntures, procede-se a nomeação, manifestando a pessoa ou empresa a aceitação. Restringe-se a nomeação para atuar em uma única emissão ou série. Assiste à assembleia dos titulares promover a substituição, desde que a assembleia aprovar por maioria simples, sem que apresente os motivos justificáveis. Igualmente na renúncia do agente ao cargo cabe à assembleia a escolha de um substituto.

A matéria está longamente regulada nos arts. 66 a 70, com as alterações das Leis nº 10.303/2001 e nº 12.431/2011.

Quanto às empresas, normalmente nomeiam-se as instituições financeiras, não se proibindo a escolha de pessoas físicas, desde que, em qualquer caso, se encontrem inscritas e autorizadas junto à Comissão de Valores Mobiliários. Nas emissões públicas, todavia, unicamente as instituições financeiras exercerão a atividade.

Importante observar que não se exige alguma qualificação para o desempenho da atividade. Há, no entanto, restrições, enunciadas no § 3º do art. 66: "Não pode ser agente fiduciário:

    a) pessoa que já exerça a função em outra emissão da mesma companhia, a menos que autorizado, nos termos das normas expedidas pela Comissão de Valores Mobiliários;

---

[15] *Manual das Sociedades Comerciais*, ob. cit., p. 51.

338 • Direito de Empresa | *Arnaldo Rizzardo*

b) instituição financeira coligada à companhia emissora ou à entidade que subscreve a emissão para distribuí-la no mercado, e qualquer sociedade por elas controlada;

c) credor, por qualquer título, da sociedade emissora, ou sociedade por ele controlada;

d) instituição financeira cujos administradores tenham interesse na companhia emissora;

e) pessoa que, de qualquer modo, se coloque em situação de conflito de interesse pelo exercício da função".

A fiscalização compete à Comissão de Valores Mobiliários, a quem se reconhece poderes de:

a) nomear substituto provisório, no caso de vacância;

b) suspender o agente fiduciário de suas funções e dar-lhe substituto, se deixar de cumprir seus deveres.

Vários os deveres e encargos que lhe são imputados, como:

a) proteger os direitos e interesses dos debenturistas;

b) apresentar relatório anual aos debenturistas da companhia emissora, informando os fatos relevantes, em especial aqueles relacionados às obrigações assumidas com as debêntures;

c) notificar os debenturistas, no prazo de sessenta dias, dos inadimplementos, pela companhia, das obrigações assumidas quando da emissão.

No cumprimento das funções que são próprias ao agente fiduciário, várias as ações e as providências que pode executar, como:

a) declarar vencidas as debêntures, e cobrar o principal e os acessórios;

b) executar as garantias reais, receber o produto da cobrança, e empregá-lo no pagamento total ou proporcional, até quanto se mostrar suficiente, os debenturistas;

c) promover a falência da companhia emissora, na falta de garantias reais ou se verificada a insolvência;

d) representar os debenturistas no processo de falência, concordata, intervenção ou liquidação extrajudicial, salvo se o contrário por maioria deliberarem os debenturistas, em decisão tomada na assembleia;

e) providenciarem nas medidas necessárias para os debenturistas realizarem seus créditos.

Outrossim, há a responsabilidade do agente que falhar em suas funções, especialmente se agir com dolo ou culpa.

Os créditos que se formarem em favor do agente, em decorrência de despesas exigidas na emissão e na defesa de interesses dos debenturistas são debitados à conta da empresa emissora, e gozando das mesmas garantias das debêntures, com preferência na ordem de pagamento. Nesses créditos está incluída a remuneração, que se constitui em um custo do negócio.

Outras funções podem ser atribuídas aos agentes, como autenticar as debêntures, administrar o fundo de amortização, manter em custódia os bens dados em garantia e efetuar os pagamentos de juros, amortização e resgate (art. 69).

Aos agentes cabe, ainda, em razão do art. 70 e seu parágrafo único, autorizar a substituição de bens dados em garantia, se constar a autorização da escritura de emissão. Não lhes cabe, porém, acordar sobre a modificação de cláusulas e condições da emissão.

18. O EXERCÍCIO DOS DIREITOS PELOS TITULARES DAS DEBÊNTURES

Embora os titulares de debêntures sejam representados pelo agente fiduciário, não se retira a legitimidade de os mesmos agirem pessoalmente, e exercerem os direitos, conforme já decidido, e muito menos significa "renúncia a direito próprio garantido na Carta Constitucional e no art. 3º do Código de Processo Civil".[16] O art. 3º citado corresponde ao art. 17 do CPC/2015.

Há o entendimento de que, se a assembleia dos debenturistas proibir, não assiste ao debenturista individual agir sozinho, e por conta própria, no que encontra apoio na doutrina de Mário Engler Pinto Júnior: "Não é permitido ao debenturista assumir a posição de substituto processual da comunhão quando a assembleia especial houver deliberado não acionar a sociedade emissora".[17] O interesse atingido é da classe dos titulares de debêntures.

Há jurisprudência que mantém essa exegese, com apoio em antiga norma da Comissão de Valores Mobiliários, expressa na Instrução nº 28, de 1983, "cujo art. 13 está assim redigido: 'No caso de inadimplemento da companhia, o agente fiduciário deverá usar de toda e qualquer ação para proteger direitos ou defender interesses dos debenturistas, devendo, para tanto, ... II – executar garantias reais, aplicando o produto no pagamento integral ou proporcional dos debenturistas... IV – tomar qualquer providência necessária para que os debenturistas realizem seus créditos...

Parágrafo único. O agente fiduciário somente se eximirá da responsabilidade pela não adoção das medidas contempladas nos incisos I a IV se, convocada a assembleia dos debenturistas, esta assim autorizar por deliberação da unanimidade das debêntures em circulação'.

Esta regra não vale, porém, segundo a mesma jurisprudência, quando o interesse ferido for de caráter exclusivo do debenturista, não se inserindo na esfera dos demais debenturistas, ou se a aprovação para não agir não se manifestar unanimemente, como segue defendendo o mesmo julgado: "Assim, a fim de que cada debenturista possa decidir acerca da conveniência da tomada de medidas que digam respeito diretamente à realização de seus créditos pessoais, é que a instrução impôs que tais decisões só podem ser tomadas pela unanimidade dos titulares das debêntures em circulação".[18]

Todavia, parece um contrassenso colocar óbice ao exercício das ações admissíveis, seja qual for a situação. Mesmo porque o art. 5º, inc. XXXV, da Carta Maior, assegura a todos o exercício do direito. Assim, a jurisprudência nessa ótica bem enfoca a matéria: "... Torna-se evidente que as debêntures são nominativas, não havendo registro de sua

---

[16] Ap. Cível nº 13.796/98, da 6ª Câmara Cível do TJ do Rio de Janeiro.

[17] "Debêntures, direito de debenturistas, comunhão de assembleia, agente fiduciário", *in RT*, nº 567, p. 17.

[18] Agravo de Instrumento nº 186.055.737, da 1ª Câmara Cível do Tribunal de Alçada do RGS, j. em 30.09.1986, *in Julgados do Tribunal de Alçada do RGS*, 61/213.

emissão na CVM, circunstância que retira dos títulos a característica de distribuição ou admissão à negociação no mercado. Se assim é, dispensável efetivamente a presença do agente fiduciário.

Inexistente e desnecessário, no caso, o agente fiduciário, poderia o apelante utilizarse diretamente da execução para defender seus direitos, ou, para tanto, dependeria de utilização da assembleia de debenturistas? A resposta é pela primeira alternativa, sobretudo porque, sempre facultativa a reunião em assembleia dos debenturistas, a finalidade deste órgão seria a de 'deliberar sobre matéria de interesse da comunhão dos debenturistas' (art. 71 da Lei nº 6.404/1976).

Ora, na hipótese versada, objetivando direitos creditórios emergentes exclusivamente das debêntures que lhes foram emitidas, não assim os relativos aos demais debenturistas, cujo vencimento antecipado sequer pleiteou, o Banco apelante positivamente não postula matéria comunitária, mas sim ligada à esfera de seu interesse individual de credor, que validamente se volta contra devedor inadimplente nas correspondentes obrigações. É, portanto, parte legítima ativa para a execução intentada, para cujo exercício não dependia, no caso, de qualquer autorização assemblear".[19]

Realmente, o § 1º do art. 61 da Lei nº 6.404/1976 dispõe nitidamente que a intervenção do agente fiduciário dos debenturistas é necessária somente na emissão das debêntures distribuídas ou admitidas à negociação no mercado. Já o art. 74, no § 1º, da mesma Lei, estatui que "se a emissão tiver agente fiduciário, caberá a este fiscalizar o cancelamento dos certificados". Nem carece que se busque a autorização da assembleia dos debenturistas, posto que se extrai do art. 71 que a finalidade da assembleia é apenas para deliberar sobre matéria de interesse da comunhão dos debenturistas.

19. ASSEMBLEIA DE DEBENTURISTAS

Os titulares de debêntures formam um grupo de pessoas com o mesmo interesse no que se refere às debêntures. Existe uma comunhão entre todos em torno dos créditos, justificando, pois, a sua organização e a realização de assembleias para o debate e a tomada de posições. Naturalmente, esse elo de união ou proximidade se restringe aos componentes da mesma emissão ou série de debêntures, não se estendendo a outras, cujo panorama de organização ou constituição difere.

Quanto à assembleia, a regulamentação se encontra no art. 71 e respectivos parágrafos. Consoante suas disposições, os titulares de debêntures da mesma emissão ou série estão habilitados a reunir-se em assembleia, sempre que acharem conveniente, a fim de deliberar sobre matéria do interesse comum.

A convocação compete ao agente fiduciário, pois faz parte dos encargos que lhe são atribuídos. Não se retira de outros a iniciativa. Assim, reconhece-se o direito da própria companhia emissora em convocar, bem como aos debenturistas que representem dez por cento, no mínimo, dos títulos em circulação, e à Comissão de Valores Mobiliários.

Seguem-se, para a convocação, as normas comuns que se aplicam às assembleias dos acionistas. Faz-se, pois, a convocação através de anúncio publicado na imprensa oficial e particular em três oportunidades, sendo que a primeira se efetuará com antecedência, no mínimo, de oito dias, contando-se o prazo do primeiro anúncio (art. 124 e parágrafos).

---

[19] Ap. Cível nº 427.789-5, da 4ª Câmara Civil do 1º Tribunal de Alçada Civil de São Paulo, j. em 7.03.1990, *in Julgados do Tribunal de Alçada Civil de São Paulo*, 127/43.

A instalação, em primeira convocação, com a presença de, no mínimo, metade dos titulares de debêntures em circulação; em segunda convocação, por qualquer número de presentes.

O agente fiduciário comparecerá nas reuniões, incumbindo-se-lhe de prestar as informações solicitadas.

O documento de emissão conterá outras disposições, aplicadas para a assembleia, inclusive quanto às funções, sem poderes, no entanto, para modificar aspectos que envolvem a empresa emissora. O *quorum* necessário para modificações de assuntos do interesse exclusivo dos titulares é metade das debêntures em circulação. Qualquer modificação das condições das debêntures também depende da aprovação de metade, no mínimo, do respectivo número, valendo desde que não atingido o direito do emissor, ou, caso atingir, se obtiver a sua concordância. Participam da assembleia unicamente os titulares de uma mesma emissão ou série.

Nas deliberações, não é permitida alterar aspectos essenciais das debêntures, como o seu valor, na observação do STJ: "Debêntures. Assembleia Geral. Redução do valor. A assembleia geral dos debenturistas não está autorizada pelo art. 71, § 5º, da Lei 6.404/76 a reduzir o valor das debêntures".[20]

Cada debênture assegura o direito a um voto.

20. MODELO DE EDITAL OU AVISO DE CONVOCAÇÃO DE DEBENTURISTAS PARA A ASSEMBLEIA

21. MODELO DE ASSEMBLEIA ESPECIAL DE DEBENTURISTAS

22. GARANTIAS LASTREADAS EM DEBÊNTURES PELA EMISSÃO DE CÉDULAS

É permitido, através da emissão de cédulas, dar a garantia das debêntures, o que vem a ser um penhor de debêntures, conferindo aos credores o direito da garantia incidente no crédito representado pela debênture. Por outros termos, é dada em garantia a debênture, formalizando-se o negócio através da emissão de um documento denominado cédula de

---

[20] REsp. nº 303.825-SP, da 4ª Turma, j. em 19.06.2001, *DJU* de 29.10.2001.

342 • Direito de Empresa | *Arnaldo Rizzardo*

garantia, sempre nominativa, emitida pelo devedor e destinada ao credor, que a receberá e exercerá os direitos que a mesma confere. Já dizia Fernando Mendonça: "É possível oferecer debêntures em garantia de um negócio, através do penhor (caução) e da alienação fiduciária. Podem, igualmente, ser objeto de usufruto, fideicomisso e promessa de compra e venda, bem como serem gravadas com as cláusulas de inalienabilidade, incomunicabilidade ou impenhorabilidade".[21]

Os titulares de um crédito, em cujo favor se instituiu garantia nas debêntures, ficarão com o direito de crédito representado pelas mesmas debêntures, na ação contra o devedor-emitente. Podem penhorar os direitos que representa a cédula, se não honrada a obrigação, em cuja garantia se deu o título através da cédula em garantia. Possível, também, o recebimento o do crédito pelo valor nominal ou pelos juros.

A operação de emissão de cédula de crédito é facultada às instituições financeiras autorizadas pelo Banco Central do Brasil, como está no art. 72, em redação da Lei nº 9.457: "As instituições financeiras autorizadas pelo Banco Central do Brasil a efetuar esse tipo de operação poderão emitir cédulas lastreadas em debêntures, com garantia própria, que conferirão a seus titulares direito de crédito contra o emitente, pelo valor nominal e os juros nela estipulados". A função delega-se para a Bolsa de Valores, se a tanto autorizar a Comissão de Valores Mobiliários (art. 293).

Mesmo mantendo a instituição financeira a função de emissão de cédula, não fica alijada da possibilidade de adquirir ações da companhia, porquanto revogado o parágrafo único do art. 293 da Lei 6.404 pela Lei nº 12.810/2013, que proibia tal prática.

A cédula será sempre nominativa (§ 1º do art. 72), vindo materializada por meio de um certificado que conterá os seguintes elementos (§ 2º do art. 72):

a) o nome da instituição financeira emitente e as assinaturas dos seus representantes;

b) o número de ordem, o local e a data da emissão;

c) a denominação 'Cédula de Debêntures';

d) o valor nominal e a data do vencimento;

e) os juros, que poderão ser fixos ou variáveis, e as épocas do seu pagamento;

f) o lugar do pagamento do principal e dos juros;

g) a identificação das debêntures-lastro, do seu valor e da garantia constituída;

h) o nome do agente fiduciário dos debenturistas;

i) a cláusula de correção monetária, se houver;

j) o nome do titular.

23. EMISSÃO DE DEBÊNTURES NO EXTERIOR

A lei abre oportunidade para a emissão de debêntures no exterior por empresa brasileira ou estrangeira radicada no Brasil, desde que haja a prévia autorização do Banco Central do Brasil, providência esta plenamente justificável por força das Leis nº 4.595, de 1964, e nº 4.728, de 1965, que atribuem ao Banco Central do Brasil a competência para atuar, fiscalizar e controlar o câmbio e o mercado de capitais. Mesmo a Lei nº 4.131, de

---

[21] *Debêntures*, ob. cit., p. 39.

1962, dá ao mencionado Banco a função de fiscalizar as remessas de moeda estrangeira ao exterior.

As próprias debêntures negociadas no exterior são registradas no Banco Central, sem o que não se autoriza a remessa da importância correspondente ao principal e aos encargos, no que é expresso o § 2º do art. 73.

Há, na aplicação de debêntures em outros países, uma emissão de títulos para a venda no exterior. Posteriormente, decorre a obrigação de pagar aos investidores estrangeiros os juros e as parcelas de amortização do principal, o que se faz em moeda estrangeira, devendo, pois, a sociedade adquirir tal moeda junto ao Banco do Brasil, remetendo-a para o país onde se fez a aplicação. Essa operação, de natureza cambial, é controlada ou fiscalizada pelo Banco Central.

Sobre esse tipo de emissão, reza o art. 73: "Somente com a prévia aprovação do Banco Central do Brasil as companhias brasileiras poderão emitir debêntures no Exterior com garantia real ou flutuante de bens situados no Brasil".

O produto arrecadado da emissão deve ser integralmente vertido no território nacional. É natural que assim seja. Do contrário, há remessa de divisas para o exterior, prática que não é proibida, mas que importa em mais encargos.

A aplicação dos recursos no Brasil, com a prévia regularização perante o Banco Central, tem importante efeito: a possibilidade de reclamar o investidor o pagamento dos créditos resultantes garantidos antes de outros créditos comuns. Do contrário, têm privilégio os credores por obrigações contraídas no Brasil sobre os créditos por debêntures emitidas no exterior, como decorre do § 1º do mesmo art. 73. Daí por que as operações são controladas, devendo os investidores atentar para o lugar da aplicação dos resultados das compras.

Várias outras diligências requer a emissão no exterior, contidas no § 3º, que faz remissão ao art. 62: o arquivamento, no Registro do Comércio, e publicação da ata da assembleia geral que deliberou sobre a emissão; inscrição do documento de emissão no registro de imóveis do lugar da sede da companhia no Brasil; a constituição de garantias, se for o caso, ou exigirem as leis da localidade; a autenticação das debêntures ou documentos respectivos no consulado brasileiro do país onde se faz a emissão; a tradução dos documentos do exterior para o vernáculo, feita por tradutor público juramentado; em se tratando de empresa estrangeira, que funciona no Brasil, o arquivamento no Registro do Comércio, e a publicação do ato que autorizou a emissão dos títulos.

É permitida a negociação no mercado nacional das debêntures colocadas no exterior. A emissão no exterior também autoriza a colocação no Brasil, como assinala o § 4º. Para tanto, requer-se a providência do registro da emissão na Comissão de Valores Mobiliários.

24. EXTINÇÃO DAS DEBÊNTURES

A extinção das debêntures se dá com a sua anulação ou cancelamento, posto que não colocadas no mercado ou sobraram. O pagamento do crédito que representam exprime outra forma de extinção.

Em qualquer situação, anota-se nos livros próprios a extinção, com a averbação no Registro de Comércio e na Comissão de Valores Mobiliários, se feia a inscrição nesses órgãos.

Mantêm-se, pelo prazo de cinco anos, arquivados os documentos relativos ao cancelamento, como os certificados ou os recibos das contas.

O art. 74 dá as diretrizes das providências na hipótese de extinção: "A companhia emissora fará, nos livros próprios, as anotações referentes à extinção das debêntures, e manterá arquivados, pelo prazo de 5 (cinco) anos, juntamente com os documentos relativos à extinção, os certificados cancelados ou os recibos dos titulares das contas das debêntures escriturais".

Ao agente fiduciário incumbe a fiscalização do cancelamento dos certificados, verificando se não tornam a ser utilizados ou reaproveitados (§ 1º).

Em caso de danos, pela inobservância das regras de arquivamento e conservação, nos administradores recai a responsabilidade (§ 2º).

XIX
Espécies de sociedades anônimas

1. ESPÉCIES CONFORME A NEGOCIAÇÃO OU NÃO DAS AÇÕES NO MERCADO

Dois os tipos existentes de sociedades anônimas: sociedades de capital aberto e sociedades de capital fechado.

A disciplina está no art. 4º da Lei nº 6.404/1976, com texto inovado pela Lei nº 10.303/2001: "Para os efeitos desta Lei, a companhia é aberta ou fechada conforme os valores mobiliários de sua emissão estejam ou não admitidos à negociação no mercado de valores mobiliários". Lembra Paulo Roberto Tavares Paes: "No Decreto-lei revogado (Decreto-lei nº 2.627/1940) não havia a distinção agora efetuada no art. 4º da Lei nº 6.404/1976. As suas regras eram amplas, atingindo as sociedades fechadas e abertas... A Lei nº 6.404 faz a distinção entre companhia aberta e fechada. Para ela, a companhia é aberta ou fechada conforme os valores mobiliários de sua emissão estejam ou não admitidos à negociação em bolsa ou no mercado de balcão (art. 4º)".[1]

2. SOCIEDADES DE CAPITAL ABERTO

As sociedades de capital aberto são aquelas cujas ações são comercializadas ou colocadas à aquisição pelo público em geral, através do mercado de balcão ou da Bolsa de Valores. As operações de venda de ações ao público, conhecidas no direito norte-americano como operações *over-counter*, são praticadas por instituições devidamente autorizadas a operar por oferta ao público, em consonância com a Lei nº 6.385/1976, cujo art. 21, em redação da Lei nº 9.457/1997, orienta o seguinte: "A Comissão de Valores Mobiliários manterá, além do registro de que trata o art. 19:

I – o registro para negociação na Bolsa;

II – o registro para negociação no mercado de balcão, organizado ou não".

As ações comercializadas pela Bolsa de Valores são as mais comuns, operando-se a venda através de pregões, e tendo cotação no mercado em consonância com robustez econômica da empresa e a expectativa de lucratividade.

---

[1] *Manual das Sociedades Anônimas*, São Paulo, Editora Revista dos Tribunais, 1981, p. 9.

Em uma ou outra forma de negociação é necessária o prévio registro, com a consequente aprovação, na Comissão de Valores Mobiliários.

Várias as motivações que levam as empresas a abrir seu capital, com a devida inscrição, mediante requerimento, junto à Comissão de Valores Mobiliários. A primeira delas, e, com certeza, a mais útil, está na facilidade do acesso a recursos para financiar projetos de investimento. Utilizará a empresa os recursos gerados pelo próprio negócio, através da arrecadação perante o público investidor. Por meio desta forma de empresa, recorre-se ao capital de terceiros pela emissão de vários títulos, como debêntures ou ações, o que se faz com o aumento do capital próprio e a admissão de novos sócios.

3. A NEGOCIAÇÃO NO MERCADO DE BALCÃO OU NA BOLSA DE VALORES

A subscrição ou a venda de ações no mercado de balcão é a negociação que se faz por meio dos profissionais que integram o chamado sistema de distribuição de valores mobiliários. Aduz Paulo Roberto Tavares Paes: "Estas atividades do mercado de balcão são aquelas realizadas com sociedades que tenham por objeto a compra de valores mobiliários em circulação no mercado, para revender por conta própria. São também as realizadas com a participação de instituições financeiras que emitam valores mobiliários, bem como também aquelas com participação de sociedades que tenham por objetivo a mediação na negociação de valores mobiliários".[2]

Os valores mobiliários são negociados através de corretores e agentes especialmente organizados para essa atividade. Neste sentido, de acordo com o art. 21, § 3º, da Lei nº 6.385, que remete ao art. 15, incisos I, II e III, o mercado de balcão é realizado pelas seguintes entidades:

I – instituições financeiras e demais sociedades que tenham por objeto distribuir emissão de valores mobiliários:

a) como agentes da companhia emissora;

b) por conta própria, subscrevendo ou comprando a emissão para colocá-la no mercado;

II – as sociedades que tenham por objeto a compra de valores mobiliários em circulação no mercado, para revender por conta própria;

III – as sociedades e os agentes autônomos que exerçam atividades de mediação na negociação de valores mobiliários, em Bolsa de Valores ou no mercado de balcão.

Para a negociação, indispensável o prévio registro na Comissão de Valores Mobiliários das entidades encarregadas de negociarem.

Já a Bolsa de Valores constitui uma organização de um mercado próprio para a venda de ações e outros valores mobiliários, concentrado em entidades instituídas pelo Banco Central. Na explanação de Marcelo Fortes Barbosa Filho, "as bolsas de valores constituem associações de corretores de valores, em um local determinado e especificamente preparado para tanto, possibilitam a troca rápida e eficiente das ordens de compra ou venda de valores mobiliários". Em seguida, fornece a diferença relativamente ao mercado de

---

[2] *Manual das Sociedades Anônimas*, ob. cit., p. 10.

balcão: "O mercado de balcão, por sua vez, se estabelece a partir da direta atuação de ofertantes e aceitantes, sem a interferência ou a intermediação de terceiros, com ou sem o uso de serviços centralizados de custódia e negociação, convencionando livremente o preço dos valores mobiliários adquiridos ou alienados".[3]

Em termos simples, a Bolsa de Valores não passa de um mercado, uma feira, de um centro de negociações, de um espaço destinado a negócios, onde as empresas, previamente registradas na Comissão de Valores Mobiliários, colocam à venda as suas ações, a exemplo dos centros organizados para a comercialização de mercadorias, e, assim, da bolsa de mercadorias e futuros, na qual se tem a cotação dos preços e se fazem transações envolvendo produtos de maior comercialização.

A ideia mais exata sobre a finalidade de sua instituição é que as bolsas de valores são instituições civis sem fins lucrativos, constituídas por sociedades corretoras, que se tornam seus membros. A atividade das mesmas é supervisionada pela CVM, autarquia federal cujo principal objetivo está em zelar pelo bom funcionamento do mercado mobiliário.

Proveitoso o esclarecimento de Vera Helena de Mello Franco, sobre a bolsa: "É o local onde se realizam as negociações, posto que mercado *apregoado* e não mercado negociado (como ocorre com o mercado de balcão não organizado), é o estado das operações, cujos resultados afetam a economia como um todo (basta lembrar a Bolsa de Nova Iorque em 1929), e é a instituição, com suas características particulares de mercado hétero ou autorregulado, frequentada por comerciantes, com a despersonalização ou objetivação dos contratos, papéis e mercadorias ali negociados".[4]

Compete às bolsas de valores manterem local adequado para as negociações com valores mobiliários, fornecendo toda a estrutura administrativa para a realização dos negócios de compra e venda de ações e demais títulos emitidos pelas companhias. Cumpre ainda às bolsas fiscalizar o cumprimento das normas e disposições legais que regem o mercado de ações, explica Marcelo M. Bertoldi.[5]

Os organizadores, instituidores e mantenedores das Bolsas são membros do chamado 'sistema de distribuição de valores mobiliários', cuja estrutura visa otimizar o comércio de ações e outros valores mobiliários.

A regulamentação das bolsas e de outras entidades do gênero está na Lei nº 6.385/1976, em redação da Lei nº 10.303/2001, merecendo destacar seu art. 17, que trata da autonomia e de sua supervisão pela Comissão de Valores Mobiliários: "As Bolsas de Valores, as Bolsas de Mercadorias e Futuros, as entidades do mercado de balcão organizado e as entidades de compensação e liquidação de operações com valores mobiliários terão autonomia administrativa, financeira e patrimonial, operando sob a supervisão da Comissão de Valores Mobiliários".

A essas entidades atribui o § 1º do mesmo artigo a função de fiscalizar os membros e as operações com valores mobiliários: "Às Bolsas de Valores, às Bolsas de Mercadorias e Futuros, às entidades do mercado de balcão e às entidades de compensação e liquidação de operações com valores mobiliários incumbe, como órgãos auxiliares da Comissão de Valores Mobiliários, fiscalizar os respectivos membros e as operações com valores mobiliários nelas realizadas".

---

[3]   *A Sociedade Anônima Atual*, São Paulo, Editora Atlas, 2004, pp. 20-21.
[4]   *Manual de Direito Comercial*, ob. cit., vol. I, p. 113.
[5]   *Curso Avançado de Direito Comercial*, ob. cit., vol. I, p. 251.

4. O REGISTRO DA SOCIEDADE NA COMISSÃO DE VALORES MOBILIÁRIOS. NORMAS DA COMISSÃO DE VALORES MOBILIÁRIOS

O § 1º do art. 4º da Lei nº 6.404/1976 exige, para a venda de ações de sociedade aberta, o registro na Comissão de Valores Mobiliários: "Somente os valores mobiliários de emissão de companhia registrada na Comissão de Valores Mobiliários podem ser negociados no mercado de valores mobiliários".

Veio a Comissão de Valores Mobiliários criada com a Lei nº 6.385/1976, tendo, na qualidade de autarquia, a finalidade de agência reguladora das atividades que envolvem títulos. Seu art. 5º é claro a respeito: "É instituída a Comissão de Valores Mobiliários, entidade autárquica em regime especial, vinculada ao Ministério da Fazenda,[6] com personalidade jurídica e patrimônio próprios, dotada de autoridade administrativa independente, ausência de subordinação hierárquica, mandato fixo e estabilidade de seus dirigentes, e autonomia financeira e orçamentária".

À mencionada entidade se atribui, sobretudo, a importante função de garantia e de regular funcionamento do mercado de capitais. Para tanto, todas as empresas que giram com capitais junto ao mercado são obrigadas ao devido registro, com o que se torna possível o acompanhamento de suas atividades.

Várias outras normas constam nos parágrafos do mesmo art. 4º da Lei nº 6.404/1976, introduzidos pela Lei nº 10.303/2001, procurando manter um controle rígido sobre as sociedades abertas e a negociação de ações, a seguir sintetizadas:

- É proibida a distribuição de valores mobiliários sem o prévio registro na Comissão de Valores Mobiliários (§ 2º).

- Permite-se a classificação das companhias abertas em categorias, segundo as espécies e classes de valores mobiliários emitidos, especificando-se as normas para cada categoria (§ 3º).

- O cancelamento do registro da companhia aberta para a negociação de ações no mercado somente é admitido na seguinte situação: desde que a sociedade, ou o acionista controlador, ou a sociedade que a controla, formular oferta pública para adquirir a totalidade das ações em circulação no mercado. Para tanto, o preço oferecido para a compra deve ser justo, ao menos igual ao da avaliação da companhia, com base, dentre outros critérios especificados, no patrimônio líquido e avaliado a preço de mercado (§ 4º).

Mister explicitar que a oferta pública se faz por meio de leilão, organizado pela Bolsa de Valores ou entidade do mercado de balcão organizado.

Importante salientar, lembra Marcelo Fortes Barbosa Filho, que "o presente parágrafo exige, por isso, em consonância com antecedente normatização administrativa (mais recentemente constante da Instrução CVM nº 229, de 16 de janeiro de 1995), a realização de oferta pública para adquirir a totalidade das ações em circulação no mercado, como pressuposto necessário ao próprio cancelamento do registro, só podendo este ser efetuado caso, inicialmente, já tenha sido salvaguardada a possibilidade de os minoritários alienarem suas ações e anteciparem as perdas potencializadas pela operação".[7]

---

[6] O Ministério da Fazenda, com a Medida Provisória nº 870/2019, passou a denominar-se Ministério da Economia.

[7] *Sociedade Anônima Atual*, ob. cit., pp. 27-28.

A necessidade de registro da oferta pública na Comissão de Valores Mobiliários aparece reafirmada pela Instrução CVM n° 361, de 5.03.2002, com alterações das Instruções n° 436/2006, n° 480/2009, n° 487/2010 e n° 492/2011, a qual revogou a Instrução CVM n° 229, acima referida. Reza o art. 2° da Instrução CVM 361: "A Oferta Pública de Aquisição de ações de companhia aberta (OPA) pode ser de uma das seguintes modalidades:

I – OPA para cancelamento de registro: é a OPA obrigatória, realizada como condição do cancelamento do registro para negociação de ações nos mercados regulamentados de valores mobiliários, por força do § 4° do art. 4° da Lei n° 6.404, de 15 de dezembro de 1976", e do § 6° do art. 21 da Lei n° 6.385, de 07 de dezembro de 1976" (redação dada pela Instrução CVM n° 487, de 25.11.2010).

– Possibilidade de a assembleia geral permitir o resgate de ações pela sociedade, se, terminado o prazo para a venda fixado pela Comissão de Valores Mobiliários, remanescerem em circulação menos de cinco por cento do total emitido, pelo preço mínimo equivalente ao patrimônio líquido avaliado a preço de mercado, desde que efetue o depósito bancário do valor das ações (§ 5° do art. 4° da Lei n° 6.404/1976).

De sorte que, após a conclusão da oferta, sobrando menos de cinco por cento das ações em circulação no mercado, é viabilizada a aquisição pela própria sociedade, ou o resgate das ações, que depositará o valor em estabelecimento bancário indicado pela própria CVM. Essa aquisição se dá com o reembolso dos acionistas que recusaram o cancelamento do registro na Comissão de Valores Mobiliários, devendo efetivar-se no prazo de quinze dias, a contar da decisão da assembleia, conforme ordenado pela Instrução CVM n° 361, em seu art. 20, inc. III, no texto da Instrução CVM n° 487.

– Obrigação de o controlador, ou da sociedade controladora, que adquira mais ações da companhia aberta sob seu controle, de modo a impedir a liquidez de mercado das ações remanescentes, em oferecer publicamente, pelo preço de mercado, a aquisição da totalidade das ações remanescentes no mercado (§ 6°). Tem-se, na regra, uma norma garantidora dos direitos das minorias, estatuindo nova situação que obriga de aquisição de ações pelo controlador ou do grupo de controle.

A citada Instrução CVM n° 361 contempla essa modalidade de oferta no art. 2°, inc. II: "A Oferta Pública de Aquisição de ações de companhia aberta (OPA) pode ser de uma das seguintes modalidades: ...

II – OPA por aumento de participação: é a OPA obrigatória, realizada em consequência de aumento da participação do acionista controlador no capital social de companhia aberta, por força do § 6° do art. 4° da Lei 6.404/1976".

Outrossim, na sequência das mesmas regras (art. 8° da Instrução CVM n° 361, alterado pela Instrução CVM n° 436/06, e pela Instrução CVM n° 487/2010), submete-se a oferta pública ao registro específico junto à CVM, acompanhando o requerimento, o laudo de avaliação da companhia, elaborável por sociedade corretora ou distribuidora de valores (que é a intermediadora da operação), ou por instituição financeira, caso apresentar departamento especializado no setor.

Conterá o laudo de avaliação os seguintes elementos, consoante anexo III da mencionada Instrução:

Informações sobre a Companhia Avaliada:

X – O laudo de avaliação conterá as seguintes informações sobre a empresa:

a) breve histórico da empresa (identificação do negócio, principais ramos de atividades, estratégia competitiva, informações históricas e desempenho histórico);

b) descrição sumária do mercado de atuação: crescimento do mercado em que atua, participação nesse mercado, principais produtos e clientes;

c) breve análise do setor onde a empresa atua;

d) premissas macroeconômicas utilizadas na elaboração do laudo; e

e) projetos de investimentos relevantes que tenham sido considerados na avaliação, com indicação dos valores envolvidos e do impacto financeiro.

Valor Apurado pelos Diferentes Critérios:

XII – O laudo de avaliação deverá indicar o valor da companhia segundo os seguintes critérios:

a) preço médio ponderado de cotação das ações da companhia objeto na bolsa de valores ou no mercado de balcão organizado, discriminando os preços das ações por espécie e classe:

1. dos 12 (doze) meses imediatamente anteriores à publicação até a data do fato relevante; e

2. entre a data de publicação do fato relevante e a data do laudo de avaliação.

b) valor do patrimônio líquido por ação da companhia objeto apurado nas últimas informações periódicas (anuais ou trimestrais) enviadas à CVM;

c) valor econômico da companhia avaliada, com indicação, inclusive, do valor por ação, calculado por, pelo menos, uma das seguintes metodologias:

1. fluxo de caixa descontado;

2. múltiplos de mercado; ou

3. múltiplos de transação comparáveis, conforme se entender fundamentadamente mais adequado ao caso da companhia, de modo a avaliá-la corretamente.

d) outro critério de avaliação escolhido pelo avaliador geralmente aceito no ramo de atividade da companhia avaliada, previsto em lei ou aceito pela CVM, para a definição do preço justo ou intervalo de valor, se for o caso, e não abrangido nas alíneas anteriores.

Cap. XIX | Espécies de sociedades anônimas • 351

XIII – O laudo de avaliação deverá apresentar:

a) a descrição dos critérios de avaliação e dos elementos de comparação adotados, acompanhados de uma análise da aplicabilidade de cada um dos critérios referidos no item XII;

b) a indicação da data de confecção do laudo, em que os valores apurados serão considerados válidos, salvo indicação em sentido contrário;

c) o critério de avaliação, dentre os constantes do laudo, que for considerado pelo avaliador como o mais adequado na definição do preço justo ou intervalo de valor, se for o caso; e

d) na hipótese de a avaliação em uma faixa de valores mínimo e máximo, a justificativa para tal intervalo, que não poderá ultrapassar 10%, tendo como base o maior valor.

Valor Econômico pela Regra do Fluxo de Caixa Descontado:

XIV – Para o cálculo do valor econômico pelo critério do fluxo de caixa descontado, deve ser observado o seguinte:

a) o laudo de avaliação deverá contemplar as fontes, os fundamentos, as justificativas das informações e dos dados apresentados, indicação das equações utilizadas para o cálculo do custo do capital, bem como as planilhas de cálculo e projeções utilizadas na avaliação por valor econômico, com destaque para as principais premissas utilizadas e justificativa para cada uma delas;

b) deverão ser explicitadas as premissas e a metodologia de cálculo para a fixação da taxa de desconto utilizada, de acordo com os critérios usualmente adotados na teoria de finanças;

c) deverão ser considerados os ajustes feitos por outros ativos e passivos não capturados pelo fluxo de caixa operacional, incluindo dívida financeira, contingências, posição de caixa, ativos e passivos não operacionais, entre outros, cujos valores deverão ser fundamentados;

d) deverão ser indicados os pressupostos para a determinação do valor residual, calculado através do método da Perpetuidade do Fluxo de Caixa, por múltiplos ou por outro critério de avaliação, sempre se considerando o prazo de duração das companhias, estabelecido em seus Estatutos Sociais, e, na hipótese de empresas concessionárias de serviços públicos, o prazo estabelecido no respectivo contrato de concessão;

e) deverá ser informado se a Demonstração dos Fluxos de Caixa e as taxas de desconto foram apresentadas em valores nominais ou reais; e

f) deverá ser informada a unidade monetária de todos os valores lançados.

Valor do patrimônio líquido avaliado a preços de mercado:

XV – O valor do patrimônio líquido avaliado a preços de mercado deve ser apurado tomando por base a venda ou a liquidação dos ativos e exigíveis separadamente nas seguintes condições:

a) o valor de mercado deve corresponder ao valor expresso em caixa ou equivalente ao qual a propriedade (ou qualquer outro ativo ou passivo) poderia ser trocada entre um propenso comprador e um propenso vendedor, com razoável conhecimento de ambos e inexistindo compulsão para compra ou venda por um ou por ambos; e

b) o valor dos ativos deve ser avaliado em referência aos preços de mercado sob condições de liquidação ordenada, ou de "equivalentes correntes de caixa", ou seja, não deve ser considerado o valor de liquidação em condições de venda forçada, a qualquer custo.

XVI – O laudo discriminará os itens do ativo e do passivo calculados em condição de negociação com devedores e credores e conterá a justificativa e memórias de cálculo para cada item tangível e intangível, monetário e não monetário, que poderão ser agrupados somente em condições de semelhança e relevância do item.

XVII – As seguintes bases de avaliação devem ser observadas nas diferentes classes de itens:

a) ativos monetários, como caixa, equivalentes de caixa e créditos a receber, avaliados pelo valor justo, ou seja, o valor pelo qual um ativo poderia ser negociado entre partes independentes e interessadas, conhecedoras do assunto e dispostas a negociar, numa transação normal, sem favorecimentos e com isenção de outros interesses. Caso não seja possível identificar o mercado, esses itens podem, como segunda alternativa, ser avaliados pelo cálculo do valor presente dos recebimentos que reflita as atuais avaliações do mercado quanto ao valor do dinheiro no tempo e os riscos específicos;

b) ativos não monetários, como terrenos, edificações, propriedades, máquinas, instalações além de intangíveis, como marcas e patentes, pelo valor provável de realização;

c) passivos monetários, como dívidas, débitos a pagar, avaliados pelo valor justo, conforme definido na letra "a" desse item; e

d) contingências, como ações contra o estado sobre questões tributárias e outras questões judiciais, avaliados segundo o desfecho mais provável.

XVIII– A demonstração do valor de patrimônio líquido a preços de mercado discriminará de forma dedutiva os ativos e exigíveis, restando o Patrimônio Líquido a preços de mercado que, dividido pelo número de ações, indicará o patrimônio líquido a preços de mercado por ação.

Valor Econômico pelo Critério dos Múltiplos:

XIX – Para o cálculo do valor econômico pela regra dos Múltiplos, devem ser seguidas as etapas mostradas a seguir:

a) indicar os múltiplos de mercado utilizados, os critérios e as fontes para a comparação, justificando a metodologia utilizada e apresentando as planilhas de cálculo;

b) sempre que possível, apresentar operações similares no mercado de empresas do mesmo segmento (múltiplos de transações comparáveis), citando fontes, dados e datas das transações comparáveis, além dos critérios que demonstrem a pertinência da comparação; e

c) apresentar o valor médio e a mediana dos valores resultantes da amostra utilizada de múltiplos de mercado e de transações comparáveis, fazendo-se os ajustes necessários para calculá-los, quando for o caso.

Glossário:

XX – O laudo deverá conter glossário de termos técnicos, indicando o significado de cada termo técnico, sigla ou índice econômico citado.

Nos arts. 26, 27 e 28 a mesma Instrução discrimina os casos de oferta obrigatória de aquisição, e mais o procedimento e as medidas a serem adotadas, como resume Marcelo Fortes Barbosa Filho:

"a) A oferta pública de aquisição decorrente de aumento de participação é obrigatória quando o controlador, pessoa a este vinculada ou com a qual atue adquiriram, por meio diverso da oferta pública, mais que um terço das ações em circulação de uma dada espécie ou classe;

b) quando detida mais que a metade das ações emitidas na data do início da vigência da instrução enfocada, ou seja, no dia 7 de março de 2002, o simples aumento em dez por cento na participação numa dada espécie ou classe, desde que comprometida a liquidez em mercado, gera a obrigatoriedade da oferta pública;

c) fixou-se o prazo de trinta dias, após o aumento da participação, para que seja requerido o registro da oferta pública de aquisição;

d) se revisto o preço proposto, não fica resguardada a possibilidade de desistência do ofertante;

e) como alternativa, o controlador pode solicitar autorização para deixar de realizar a oferta pública, comprometendo-se a alienar, em até três meses, sua participação excedente;

f) a CVM só pode conceder a autorização referida acima uma vez a cada dois anos e também, pode prorrogar o prazo original de três meses, para evitar grandes oscilações nos preços de mercado, mas uma única vez".[8]

4.1. Regramentos administrativos

O primeiro passo está em conseguir o cadastramento da empresa de capital aberto junto à Comissão de Valores Mobiliários – CVM. Somente depois se abre um canal para o registro.

O cadastro encaminha-se através do fornecimento de vários dados, fornecidos no portal www.cvm.gov.br.

Assim, em um primeiro momento, é fornecido um código junto à CVM, devendo a empresa informar os seguintes dados: CNPJ, denominação social, denominação comercial,

---

[8] *Sociedade Anônima Atual*, ob. cit., p. 34.

354 • Direito de Empresa | *Arnaldo Rizzardo*

NIRE, endereço completo, com o bairro ou distrito, CEP, Município, Unidade da Federação, telefones, telex, fax, *e-mail*.

Fornece-se, ainda, o nome do diretor, com os dados para a correspondência e a comunicação.

Quanto à empresa, indicam-se o tipo ou ramo de atividade (instituição financeira, seguradora, indústria etc.).

Aponta-se o mercado de negociação, isto é, se ocorre na bolsa, em balcão organizado, em balcão não organizado.

Indica-se a situação da empresa: se pré-operacional, operacional, se em atividade, ou se em estado de liquidação ou recuperação, ou em falência.

Informa-se a natureza do controle acionário, isto é, se privada nacional, se estatal, se estrangeira, se holding etc., com o código de atividade principal, cuja numeração se colhe perante a CVM.

Fornecem-se o nome ou razão social do auditor, o código de registro na CVM, o nome do responsável técnico e seus dados de cadastro na Receita Federal e em órgão de controle da classe.

Depois se faz o registro da operação de lançamento de ações.

A Comissão de Valores Mobiliários traz normas sobre o registro (fonte www.cvm. gov.br), fornecendo o procedimento a ser observado, elencadas presentemente na Instrução CVM nº 480, de 07.12.2009, com várias alterações, a qual substituiu a Instrução CVM nº 202, de 06.09.1993, que havia sido alterada por outras Instruções.

Necessidade do registro:

A necessidade do registro para emitir ações de capital aberto vem prevista no art. 1º da Instrução nº 480 e em seus parágrafos:

"A negociação de valores mobiliários em mercados regulamentados, no Brasil, depende de prévio registro do emissor na CVM".

§ 1º O pedido de registro de que trata o *caput* pode ser submetido independentemente do pedido de registro de oferta pública de distribuição de valores mobiliários.

§ 2º O emissor de valores mobiliários deve estar organizado sob a forma de sociedade anônima, exceto quando esta Instrução dispuser de modo diverso.

§ 3º A presente Instrução não se aplica a fundos de investimento, clubes de investimento e sociedades beneficiárias de recursos oriundos de incentivos fiscais".

Categorias para o registro:

Há duas categorias de registro de valores mobiliários, segundo o art. 2º e seus parágrafos da mesma Instrução, com acréscimos da Instrução CVM nº 586, de 8 de junho de 2017:

"O emissor pode requerer o registro na CVM em uma das seguintes categorias:

I – categoria A; ou

II – categoria B.

§ 1º O registro na categoria A autoriza a negociação de quaisquer valores mobiliários do emissor em mercados regulamentados de valores mobiliários.

§ 2º O registro na categoria B autoriza a negociação de valores mobiliários do emissor em mercados regulamentados de valores mobiliários, exceto os seguintes valores mobiliários:

I – ações e certificados de depósito de ações; ou

Cap. XIX | Espécies de sociedades anônimas • 355

II – valores mobiliários que confiram ao titular o direito de adquirir os valores mobiliários mencionados no inciso I, em consequência da sua conversão ou do exercício dos direitos que lhes são inerentes, desde que emitidos pelo próprio emissor dos valores mobiliários referidos no inciso I ou por uma sociedade pertencente ao grupo do referido emissor".

§ 3º As ações, bônus de subscrição, debêntures conversíveis ou permutáveis em ações ou certificados de depósito desses valores mobiliários emitidos por emissor em fase pré-operacional registrado na categoria A só podem ser negociados em mercados regulamentados entre investidores qualificados.

§ 4º A restrição prevista no § 3º cessará quando o emissor:

I – se tornar operacional; ou

II – realizar oferta pública de ações, bônus de subscrição, debêntures conversíveis ou permutáveis em ações ou certificados de depósito desses valores e de ações e cumprir os requisitos previstos na regulamentação específica que autorizam a negociação dos valores mobiliários ofertados entre investidores considerados não qualificados.

§ 5º Para fins do disposto neste artigo, o emissor será considerado pré-operacional enquanto não apresentar receita proveniente de suas operações, em demonstração financeira anual ou, quando houver, em demonstração financeira anual consolidada elaborada de acordo com as normas da CVM e auditada por auditor independente registrado na CVM".

Encaminhamento do pedido de registro da companhia e seu exame:

Encaminha-se o pedido de registro da companhia para um órgão, denominado Superintendência de Relações com Empresas – SEP, nos termos do art. 3º:

"O pedido de registro de emissor deve ser encaminhado à Superintendência de Relações com Empresas – SEP e instruído com os documentos identificados no Anexo 3".

Concede-se um prazo de vinte dias para o exame, segundo o art. 4º:

"A SEP tem 20 (vinte) dias úteis para analisar o pedido, contados da data do protocolo, desde que o pedido venha acompanhado de todos os documentos identificados no Anexo 3".

Os parágrafos do art. 4º delineiam o procedimento de registro, com a previsão de prazos:

"§ 1º Caso qualquer dos documentos indicados no Anexo 3 não seja protocolado com o pedido de registro, o prazo de que trata o *caput* será contado da data de protocolo do último documento que complete a instrução do pedido de registro.

§ 2º A ausência de manifestação da SEP no prazo mencionado no *caput* implica deferimento automático do pedido de registro.

O art. 5º e parágrafos da Instrução nº 480 estabelecem prazos para o cumprimento de diligências, informações ou documentos adicionais:

"O prazo de que trata o art. 4º pode ser interrompido uma única vez, caso a SEP solicite ao requerente informações ou documentos adicionais.

§ 1º O requerente tem 40 (quarenta) dias úteis para cumprir as exigências formuladas pela SEP.

§ 2º O prazo para o cumprimento das exigências pode ser prorrogado, uma única vez, por 20 (vinte) dias úteis, mediante pedido prévio e fundamentado formulado pelo emissor à SEP.

§ 3º A SEP tem 10 (dez) dias úteis para se manifestar a respeito do atendimento das exigências e do deferimento do pedido de registro, contados da data do protocolo dos documentos e informações entregues para o cumprimento das exigências.

§ 4º Caso as exigências não tenham sido atendidas, a SEP, no prazo estabelecido no § 3º, enviará ofício ao requerente com a indicação das exigências que não foram consideradas atendidas.

§ 5º No prazo de 10 (dez) dias úteis contados do recebimento do ofício de que trata o § 4º ou no restante do período para o término do prazo de que trata o § 1º, o que for maior, o requerente poderá cumprir as exigências que não foram consideradas atendidas.

§ 6º O prazo para manifestação da SEP a respeito do cumprimento das exigências em atendimento ao ofício mencionado no § 4º e do deferimento do pedido de registro é de:

I – 3 (três) dias úteis, contados da data do protocolo, no caso de pedido concomitante de registro de oferta pública de ações ou certificados de depósito de ações; e

II – 10 (dez) dias úteis, contados da data do protocolo, nos demais casos. (§ 6º na redação da Instrução CVM nº 525/2012)

§ 7º O descumprimento dos prazos mencionados nos §§ 1º, 2º e 5º implica indeferimento automático do pedido de registro.

§ 8º A ausência de manifestação da SEP nos prazos mencionados nos §§ 3º e 6º implica deferimento automático do pedido de registro".

Documentos necessários para o registro:

O Anexo 3 da Instrução CVM nº 480/2009 indica os documentos obrigatórios para o pedido de registro de emissor nacional e estrangeiro, de acordo com os dispositivos que seguem:

"Art. 1º Se o emissor for nacional, o pedido de registro como emissor de valores mobiliários deve ser acompanhado dos seguintes documentos:

I – requerimento de registro de emissor de valores mobiliários, assinado pelo diretor de relações com investidores, indicando a categoria de registro pretendida;

II – ata da assembleia geral que houver aprovado o pedido de registro ou documento equivalente, caso o emissor não seja constituído sob a forma de sociedade anônima;

III – ata da reunião do conselho de administração ou da assembleia geral que houver designado o diretor de relações com investidores ou documento equivalente, caso o emissor não seja constituído sob a forma de sociedade anônima;

IV – estatuto social, consolidado e atualizado, ou documento equivalente, caso o emissor não seja constituído sob a forma de sociedade anônima, acompanhado de documento que comprove:

a) aprovação dos acionistas, cotistas, cooperados ou pessoas equivalentes; e

b) aprovação prévia ou homologação do órgão regulador do mercado em que o emissor atue, quando tal ato administrativo seja necessário para a validade ou a eficácia do estatuto;

V – formulário de referência apropriado para a categoria de registro pretendida;

VI – formulário cadastral;

Cap. XIX | Espécies de sociedades anônimas • **357**

VII – demonstrações financeiras referentes aos 3 (três) últimos exercícios sociais, elaboradas de acordo com as normas contábeis aplicáveis ao emissor nos respectivos exercícios;

VIII – demonstrações financeiras especialmente elaboradas para fins de registro, nos termos dos arts. 25 e 26 da Instrução, referentes:

    a) ao último exercício social, desde que tais demonstrações reflitam, de maneira razoável, a estrutura patrimonial do emissor quando do protocolo do pedido de registro; ou

    b) a data posterior, preferencialmente coincidente com a data de encerramento do último trimestre do exercício corrente, mas nunca anterior a 120 (cento e vinte) dias contados da data do protocolo do pedido de registro, caso:

        1. tenha ocorrido alteração relevante na estrutura patrimonial do emissor após a data de encerramento do último exercício social; ou

        2. o emissor tenha sido constituído no mesmo exercício do pedido de registro;

IX – comentários da administração sobre as diferenças das demonstrações financeiras relativas ao último exercício social apresentadas em conformidade com o inciso VII e aquelas apresentadas em conformidade com o inciso VIII, se for o caso;

X – atas de todas as assembleias gerais de acionistas realizadas nos últimos 12 (doze) meses ou documentos equivalentes, caso o emissor não seja constituído sob a forma de sociedade anônima;

XI – cópia dos acordos de acionistas ou de outros pactos sociais arquivados na sede do emissor;

XII – cópia do contrato mantido com instituição para execução de serviço de valores mobiliários escriturais, se houver;

XIII – formulário de Demonstrações Financeiras Padronizadas – DFP, referente ao último exercício social, elaborado com base nas demonstrações financeiras mencionadas no inciso VIII;

XIV – política de divulgação de informações;

XV – formulário de Informações Trimestrais – ITR, nos termos do art. 29 da Instrução, referentes aos 3 (três) primeiros trimestres do exercício social em curso, desde que transcorridos mais de 45 (quarenta e cinco) dias do encerramento de cada trimestre; (inc. XV na redação da Instrução CVM nº 511/2011)

XVI – cópia dos termos de posse dos administradores do emissor, nos termos das normas específicas a respeito do assunto;

XVII – política de negociação de ações, se houver; e

XVIII– declarações a respeito dos valores mobiliários do emissor detidos pelos administradores, membros do conselho fiscal, e de quaisquer órgãos com funções técnicas ou consultivas criados por disposição estatutária, nos termos das normas específicas a respeito do assunto.

Parágrafo único. Para cumprimento do previsto no inciso VIII, não serão aceitos relatórios de auditoria que contenham opinião modificada sobre as demonstrações financeiras" (redação da Instrução CVM nº 584/2017).

Art. 2º Se o emissor for estrangeiro, o pedido de registro como emissor de valores mobiliários deve ser acompanhado dos seguintes documentos:

I – requerimento indicando a categoria de registro pretendida, assinado pelo representante legal no Brasil e pelo diretor responsável da instituição depositária;

II – documento da administração do emissor que houver aprovado o pedido de registro;

III – documento da administração do emissor que houver designado o representante legal no Brasil;

IV – procuração do emissor para o representante legal no Brasil;

V – documento equivalente ao estatuto social do emissor consolidado e atualizado;

VI – documento no qual o representante legal aceita a designação e indica a ciência dos poderes a ele conferidos e responsabilidades impostas pela lei e regulamentos brasileiros;

VII – documento da instituição depositária que designa o diretor responsável;

VIII – formulário de referência apropriado para a categoria de registro pretendida;

IX – formulário cadastral;

X – demonstrações financeiras referentes aos 3 (três) últimos exercícios sociais, apresentadas no país em que os valores mobiliários do emissor são admitidos à negociação;

XI – demonstrações financeiras especialmente elaboradas para fins de registro, nos termos dos arts. 25 e 27 da Instrução, referentes:

a) ao último exercício social, desde que tais demonstrações reflitam, de maneira razoável, a estrutura patrimonial do emissor quando do protocolo do pedido de registro; ou

b) a data posterior, preferencialmente coincidente com a data de encerramento do último trimestre do exercício corrente, mas nunca anterior a 120 (cento e vinte) dias contados da data do protocolo do pedido de registro, caso:

1. tenha ocorrido alteração relevante na estrutura patrimonial do emissor após a data de encerramento do último exercício social; ou

2. o emissor tenha sido constituído no mesmo exercício do pedido de registro;

XII – comentários da administração sobre as diferenças das demonstrações financeiras relativas ao último exercício social apresentadas em conformidade com o inciso X e aquelas apresentadas em conformidade com o inciso XI, se for o caso;

XIII – atas de todos os eventos societários equivalentes a assembleias gerais de acionistas, realizadas nos últimos 12 (doze) meses;

XIV – documentos societários equivalentes a acordos de acionistas;

XV – formulário de Demonstrações Financeiras Padronizadas – DFP, referente ao último exercício social, elaborado com base nas demonstrações financeiras mencionadas no inciso XI;

XVI – formulário de Informações Trimestrais – ITR, nos termos do art. 29 da Instrução, referentes aos 3 (três) primeiros trimestres do exercício social em curso, desde que transcorridos mais de 45 (quarenta e cinco) dias do encerramento de cada trimestre (inc. XVI na redação da Instrução CVM nº 511/2011);

XVII – declaração da condição de emissor estrangeiro; e

XVIII– declarações a respeito dos valores mobiliários do emissor detidos pelos administradores, membros do conselho fiscal, e de quaisquer órgãos com funções técnicas ou consultivas criados por disposição estatutária, nos termos das normas específicas a respeito do assunto.

Parágrafo único. Para cumprimento do previsto no inciso XI, não serão aceitos relatórios de auditoria que contenham opinião modificada sobre as demonstrações financeiras" (redação da Instrução CVM nº 584/2017).

Dispensa de Registro:

No art. 7º da Instrução CVM nº 480, com as alterações da Instrução CVM nº 488/2010, constam os emissores que ficam dispensados do registro

"I – emissores estrangeiros cujos valores mobiliários sejam lastro para programas de certificados de depósito de ações – BDR Nível I, patrocinados ou não;

II – emissores de certificados de potencial adicional de construção;

III – emissores de certificados de investimento relacionados à área audiovisual cinematográfica brasileira;

IV – (revogado pela Instrução CVM nº 588/2017);

V – (revogado pela Instrução CVM nº 588/2017);

VI – emissores de letras financeiras distribuídas no âmbito de programa de Distribuição Contínua, os quais devem observar o disposto no Anexo 7-VI (com alteração pela Instrução CVM nº 588/2017);

VII – emissores de certificados de operações estruturadas - COE distribuídos com dispensa de registro de oferta pública nos termos de instrução específica; (com alteração pela Instrução CVM nº 595/2018);

VIII – a sociedade empresária de pequeno porte que seja emissora, exclusivamente, de valores mobiliários distribuídos com dispensa de registro de oferta pública por m eio de plataforma eletrônica de investimento participativo, de acordo com regulamentação específica (incluído pela Instrução CVM nº 588/2017); e

IX – a sociedade cujas ações de propriedade da União, Estados, Distrito Federal e municípios e demais entidades da Administração Pública sejam objeto de oferta pública de distribuição automaticamente dispensada de registro nos termos da regulamentação específica sobre ofertas públicas de distribuição de valores mobiliários (incluído pela Instrução CVM nº 595/2018).

§ 1º A dispensa prevista no inciso VII não se aplica se o COE for distribuído por meio de oferta pública registrada na CVM (incluído pela Instrução CVM nº 595/2018).

§ 2º A oferta pública de distribuição a que se refere o inciso IX do *caput*:

a) não deve objetivar colocação junto ao público em geral; e

b) deve ser realizada em leilão organizado por entidade administradora de mercado organizado, nos termos da Lei nº 8.666, de 21 de junho de 1993 (incluído pela Instrução CVM nº 595/2018)".

A necessidade de um diretor de mercado:

Deverá haver um diretor de mercado, em atendimento ao art. 44 e parágrafos:

"O emissor deve atribuir a um diretor estatutário a função de relações com investidores.

§ 1º O diretor de relações com investidores pode exercer outras funções executivas.

§ 2º O representante legal dos emissores estrangeiros é equiparado ao diretor de relações com investidores para todos os fins previstos na legislação e regulamentação do mercado de valores mobiliários.

§ 3º Sempre que um emissor em situação especial tiver seus administradores substituídos por um liquidante, administrador judicial, gestor judicial, interventor ou figura semelhante, essa pessoa será equiparada ao diretor de relações com investidores para todos os fins previstos na legislação e regulamentação do mercado de valores mobiliários".

Informações periódicas:

Está o emissor obrigado a prestar informações periódicas à CVM, por imposição do art. 21 da Instrução CVM nº 480/2009, com as alterações das Instruções CVM nº 552/2014, nº 561/2015 e nº 586/2017:

"O emissor deve enviar à CVM por meio de sistema eletrônico disponível na página da CVM na rede mundial de computadores, as seguintes informações periódicas:

I – formulário cadastral;

II – formulário de referência;

III – demonstrações financeiras;

IV – formulário de demonstrações financeiras padronizadas – DFP;

V – formulário de informações trimestrais – ITR;

VI – comunicação prevista no art. 133 da Lei nº 6.404, de 15 de dezembro de 1976, no prazo de 1 (um) mês antes da data marcada para a realização da assembleia geral ordinária ou no mesmo dia de sua publicação, o que ocorrer primeiro;

VII – edital de convocação da assembleia geral ordinária, em até 15 (quinze) dias antes da data marcada para a realização da assembleia geral ordinária ou no mesmo dia de sua primeira publicação, o que ocorrer primeiro;

VIII – todos os documentos necessários ao exercício do direito de voto nas assembleias gerais ordinárias, nos termos da lei ou norma específica, no prazo de 1 (um) mês antes da data marcada para a realização da assembleia geral ordinária;

IX – sumário das decisões tomadas na assembleia geral ordinária, no mesmo dia da sua realização;

X – ata da assembleia geral ordinária, em até 7 (sete) dias úteis de sua realização, acompanhada das eventuais declarações de voto, dissidência ou protesto;

XI – relatório de que trata o art. 68, § 1º, alínea 'b' da Lei nº 6.404, de 1976, quando aplicável, em até 4 (quatro) meses do encerramento do exercício social ou no mesmo dia de sua divulgação pelo agente fiduciário, o que ocorrer primeiro;

XII – relatório elaborado pelo agente fiduciário de certificados de recebíveis imobiliários, quando aplicável, em até 4 (quatro) meses do encerramento do exercício social ou no mesmo dia de sua divulgação pelo agente fiduciário, o que ocorrer primeiro;

XIII – mapas sintéticos finais de votação relativos à assembleia geral ordinária, na forma estabelecida por norma específica; e

XIV – informe sobre o Código Brasileiro de Governança Corporativa – Companhias Abertas.

§ 1º O emissor que entregar a ata da assembleia geral ordinária no mesmo dia de sua realização fica dispensado de entregar o sumário das decisões tomadas na assembleia.

§ 2º O emissor está dispensado de entregar o edital de convocação da assembleia geral ordinária caso tal assembleia seja considerada regular, nos termos do art. 124, § 4º da Lei nº 6.404, de 1976.

§ 3º O emissor estrangeiro e o nacional constituído sob forma societária diferente de sociedade anônima devem entregar documentos equivalentes aos exigidos pelos incisos VI a XI do *caput*, se houver, nos prazos ali estipulados.

§ 4º A assembleia geral ordinária que reunir a totalidade dos acionistas pode considerar sanada a inobservância do prazo de que trata o inciso VIII, mas é obrigatório o envio dos documentos previstos naquele inciso antes da realização da assembleia, nos termos do art. 133, § 4º, da Lei nº 6.404, de 1976.

§ 5º O emissor está dispensado da entrega da comunicação de que trata o inciso VI, bem como de sua publicação, quando os documentos a que se refere o artigo 133 da Lei nº 6.404, de 1976, forem publicados até 1 (um) mês antes da data marcada para a realização da assembleia geral ordinária, nos termos do art. 133, § 5º, da Lei nº 6.404, de 1976.

§ 6º A ata da assembleia geral ordinária deve indicar quantas aprovações, rejeições e abstenções cada deliberação recebeu, bem como o número de votos conferido a cada candidato, quando houver eleição de membro para o conselho de administração ou para o conselho fiscal".

Informações eventuais:

Indica o art. 30, com as modificações das Instruções CVM nº 509/2011, nº 552/2014, nº 561/2015 e nº 583/2016 as informações eventuais passíveis de serem exigidas:

"O emissor registrado na categoria A deve enviar à CVM, por meio de sistema eletrônico disponível na página da CVM na rede mundial de computadores, as seguintes informações eventuais:

I – editais de convocação de assembleias gerais extraordinárias, especiais e de debenturistas, no mesmo dia de sua publicação;

II – todos os documentos necessários ao exercício do direito de voto nas assembleias gerais extraordinárias, especiais e de debenturistas, nos termos e prazos estabelecidos em lei ou norma específica;

III – sumário das decisões tomadas na assembleia geral extraordinária, especial ou de debenturistas, no mesmo dia de sua realização;

IV – atas de assembleias gerais extraordinárias, especiais e de debenturistas, em até 7 (sete) dias úteis contados de sua realização, acompanhadas das eventuais declarações de voto, dissidência ou protesto;

V – atas de reuniões do conselho de administração, desde que contenham deliberações destinadas a produzir efeitos perante terceiros, acompanhadas das eventuais manifestações encaminhadas pelos conselheiros, em até 7 (sete) dias úteis contados de sua realização;

VI – revogado pela Res. 596/2018;

VII – laudos de avaliação exigidos pelo art. 4º, § 4º; art. 4º-A; art. 8º, § 1º; art. 45, § 1º; art. 227, § 1º; art. 228, § 1º; art. 229, § 2º; art. 252, § 1º; art. 256, § 1º; e art. 264, § 1º, da Lei nº 6.404, de 1976, bem como pela regulamentação emitida pela CVM, nos prazos estabelecidos em normas específicas a respeito do assunto;

VIII – acordos de acionistas e outros pactos societários arquivados no emissor, em até 7 (sete) dias úteis contados de seu arquivamento;

IX – convenção de grupo de sociedades, em até 7 (sete) dias úteis contados de sua assinatura;

X – comunicação sobre ato ou fato relevante, nos termos e prazos estabelecidos em norma específica;

XI – política de negociação de ações, nos termos e prazos estabelecidos em norma específica;

XII – política de divulgação de informações, nos termos e prazos estabelecidos em norma específica;

XIII – estatuto social consolidado, em até 7 (sete) dias úteis contados da data da assembleia que deliberou a alteração de estatuto;

XIV – material apresentado em reuniões com analistas e agentes do mercado, no mesmo dia da reunião ou apresentação;

XV – atos de órgãos reguladores que homologuem atos mencionados nos incisos I, IV, V, VIII, IX deste artigo, no mesmo dia de sua publicação;

XVI – relatórios de agências classificadoras de risco contratadas pelo emissor e suas atualizações, se houver, na data de sua divulgação;

XVII – termo de securitização de direitos creditórios e eventuais aditamentos, em 7 (sete) dias úteis contados de sua assinatura;

XVIII– escritura de emissão de debêntures e eventuais aditamentos, em 7 (sete) dias úteis contados de sua assinatura;

XIX – informações sobre acordos de acionistas dos quais o controlador ou controladas e coligadas do controlador sejam parte, a respeito do exercício de direito de voto no emissor ou da transferência dos valores mobiliários do emissor, contendo, no mínimo, data de assinatura, prazo de vigência, partes e descrição das disposições relativas ao emissor, em até 7 (sete) dias úteis contados da ciência, pelo emissor, de sua existência;

XX – comunicações do agente fiduciário elaboradas em cumprimento ao art. 68, § 1º, alínea 'c', da Lei nº 6.404, de 1976, e à norma específica que trata do exercício da função de agente fiduciário;

XXI – petição inicial de recuperação judicial, com todos os documentos que a instruem, no mesmo dia do protocolo em juízo;

XXII – plano de recuperação judicial, no mesmo dia do protocolo em juízo;

XXIII– sentença denegatória ou concessiva do pedido de recuperação judicial, com a indicação, neste último caso, do administrador judicial nomeado pelo juiz, no mesmo dia de sua ciência pelo emissor;

XXIV– pedido de homologação do plano de recuperação extrajudicial, com as demonstrações contábeis levantadas especialmente para instruir o pedido, no mesmo dia do protocolo em juízo;

XXV – sentença denegatória ou concessiva da homologação do plano de recuperação extrajudicial, no mesmo dia de sua ciência pelo emissor;

XXVI– pedido de falência, desde que fundado em valor relevante, no mesmo dia de sua ciência pelo emissor;

XXVII– sentença denegatória ou concessiva do pedido de falência, no mesmo dia de sua ciência pelo emissor;

XXVIII– decretação de intervenção ou liquidação, com a indicação do interventor ou liquidante nomeado, no mesmo dia de sua ciência pelo emissor;

XXIX – comunicação sobre a instalação de comitê de auditoria estatutário, da qual deve constar, no mínimo, o nome e o currículo de seus membros, em até 7 (sete) dias úteis contados de sua instalação;

XXX – comunicação sobre mudança na composição ou dissolução do comitê de auditoria estatutário, em até 7 (sete) dias úteis contados da data do evento;

XXXI – regimento interno do comitê de auditoria estatutário e eventuais alterações, em até 7 (sete) dias úteis contados de sua instalação ou da aprovação das alterações pelo conselho de administração;

XXXII– comunicação sobre aumento de capital deliberado pelo conselho de administração, com exceção dos realizados mediante subscrição em oferta pública registrada na CVM, nos termos do Anexo 30-XXXII, na mesma data da divulgação da ata da reunião do conselho de administração ou em até 7 (sete) dias úteis da data da reunião do referido órgão, o que ocorrer primeiro;

XXXIII– comunicação sobre transações entre partes relacionadas, em conformidade com o disposto no Anexo 30-XXXIII, em até 7 (sete) dias úteis a contar da ocorrência;

XXXIV– comunicação sobre a adoção do processo de voto múltiplo em assembleia geral, imediatamente após o recebimento do primeiro requerimento válido nos termos do art. 141 da Lei nº 6.404, de 1976;

XXXV – mapas sintéticos finais de votação relativos à assembleia geral extraordinária, na forma estabelecida por norma específica; e

XXXVI– comunicação sobre aprovação de negociação, pela companhia aberta, de ações de sua própria emissão, nos termos do Anexo 30-XXXVI, na mesma data da divulgação da ata da reunião do conselho de administração ou em até 7 (sete) dias úteis, o que ocorrer primeiro.

§ 1º O emissor estrangeiro e o nacional constituído sob forma societária diferente de sociedade anônima devem entregar documentos equivalentes aos exigidos pelos incisos do *caput*, se houver, nos prazos ali estipulados.

§ 2º O emissor que entregar a ata da assembleia geral no mesmo dia de sua realização fica dispensado de entregar o sumário das decisões tomadas na assembleia.

§ 3º O emissor está dispensado de entregar o edital de convocação da assembleia geral caso tal assembleia seja considerada regular, nos termos do art. 124, § 4º, da Lei nº 6.404, de 1976.

§ 4º A ata da assembleia geral extraordinária deve indicar quantas aprovações, rejeições e abstenções cada deliberação recebeu, bem como o número de votos conferido a cada candidato, quando houver eleição de membro para o conselho de administração ou para o conselho fiscal.

Vasta a regulamentação que encerra a Instrução nº 480, com seus anexos, inclusive sobre formulários cadastrais, obrigações, demonstrações financeiras.

5. MODELO DE EDITAL DE VENDA DE AÇÕES

Apresenta-se um modelo de edital de venda de ações, promovida por meio de uma corretora de valores mobiliários, encarregada por instituição financeira, que representa a empresa titular das ações.

6. CONVOCAÇÃO DA ASSEMBLEIA PARA NOVA AVALIAÇÃO DAS AÇÕES

Há a possibilidade de os acionistas de companhia aberta, desde que num total correspondente a dez por cento, no mínimo, de ações em circulação no mercado, postularem aos administradores a convocação de assembleia geral para a finalidade de se proceder à nova avaliação das ações, inclusive adotando-se critério diferente do anteriormente utilizado. Esse direito veio autorizado pelo art. 4º-A da Lei nº 6.404/1976, introduzido pela Lei nº 10.303/2001: "Na companhia aberta, os titulares de, no mínimo, 10% (dez por cento) das ações em circulação no mercado poderão requerer aos administradores da companhia que convoquem assembleia especial dos acionistas titulares de ações em circulação no mercado, para deliberar sobre a realização de nova avaliação pelo mesmo ou por outro critério, para efeito de determinação do valor de avaliação da companhia, referido no § 4º do art. 4º".

Consoante observa Marcelo Fortes Barbosa Filho, da assembleia geral "só podem participar os acionistas titulares de ações em circulação em mercado, ficando excluída, portanto, a participação de todo o grupo de controle. Tais acionistas não controladores só poderão deliberar sobre uma única e específica matéria, isto é, sobre a realização de uma nova avaliação das ações objeto da oferta pública".[9]

Dá o § 2º do art. 4º-A o conceito ou a caracterização das ações em circulação no mercado: são as ações do capital da sociedade aberta menos as de propriedade do acionista controlador, de diretores, de conselheiros de administração e as em tesouraria. Do contrário, ficaria esvaziado o direito, pois não se atingiria o percentual exigido, em especial se computadas as do controlador. Consideram-se, pois, fora de mercado a ações das referidas pessoas.

Para o exercício desse direito, aos acionistas reserva-se o prazo de quinze dias da divulgação do valor da oferta pública. Encaminha-se o pedido devidamente fundamentado, e acompanhado de elementos de convicção que contrariem a avaliação procedida, colhidos das demonstrações financeiras da sociedade, ou da contabilidade. Se não convocada a assembleia em oito dias, aos próprios acionistas é autorizada a convocação. Assim constam as regras no § 1º: "O requerimento deverá ser apresentado no prazo de 15 (quinze) dias da divulgação do valor da oferta pública, devidamente fundamentado e acompanhado de elementos de convicção que demonstrem a falha ou imprecisão no emprego da metodologia de cálculo ou no critério de avaliação adotado, podendo os acionistas referidos no *caput* convocar a assembleia quando os administradores não atenderem, no prazo de 8 (oito) dias, ao pedido de convocação".

Não ficam os órgãos administradores obrigados a atender a postulação da medida, em que não se mostrarem razoáveis os argumentos.

Se não conseguida a alteração, isto é, se o novo valor mantiver-se igual ou inferior ao divulgado na oferta pública, os acionistas que convocaram a assembleia e aqueles que votaram a favor devem ressarcir pelos custos incorridos com a nova assembleia e a avaliação (§ 3º do art. 4º-A).

É conferida competência à Comissão de Valores Mobiliários – CVM para disciplinar mais pormenorizadamente as matérias acima, em especial a que envolve a fixação do preço de mercado das ações (§ 4º do art. 4ª-A). Essa regulamentação veio com a Instrução CVM nº 361, de 05.03.2002, alterada pela Instrução CVM nº 436/2006, especialmente nos arts. 4º, 10, 11 e 20; pela Instrução CVM nº 487/2010; e pela Instrução CVM nº

---

[9] *Sociedade Anônima Atual*, ob. cit., p. 36.

366 • Direito de Empresa | *Arnaldo Rizzardo*

492/2011. Para o exercício do direito de colocação de ações no mercado e de reavaliação, vários os requisitos, como o registro na referida Comissão da oferta pública de negociação das ações; a necessidade da contratação de entidade intermediadora ou distribuidora de valores mobiliários, ou de instituição financeira; a adoção de preço uniforme para as mesmas espécies e classes de ações; a apresentação de laudo de avaliação feito por empresa especializada; a imutabilidade e irrevogabilidade da oferta, exceto no caso de revisão a maior do preço ofertado. Várias outras matérias estão disciplinadas, e assim as que tratam da formulação do pedido e da assembleia para a reavaliação, os passos para a revisão do preço e o procedimento para o cancelamento do registro da sociedade na Comissão de Valores Mobiliários.

Importante anotar, ainda, o art. 24 da mesma Instrução CVM nº 361, que disciplina a convocação da assembleia para deliberar sobre a nova avaliação, e a contagem do prazo de quinze dias exigido para a apresentação do pedido de revisão, que se conta a partir da divulgação do valor da oferta. Desde que formalizado o requerimento de revisão, suspendem-se o procedimento de registro da oferta e a realização do leilão. Isto até ocorrer a deliberação dos titulares das ações em circulação e, se aprovada a reavaliação, pelo período em que se efetivar.

7. AS SOCIEDADES DE CAPITAL FECHADO

As sociedades de capital fechado possuem um círculo de sócios mais restrito, porquanto as ações não são colocadas à negociação nem pelo mercado de balcão ou pelo de bolsa de valores. A venda faz-se mediante oferta interna, ou procura de interessados reservadamente.

Regras especiais tornam mais simples a constituição e o funcionamento dessas sociedades, desde que o total de sócios seja inferior a vinte e o patrimônio não ultrapasse o valor de um milhão de reais. Dispensam-se a convocação das assembleias através da publicação de editais, podendo proceder-se por anúncio entregue aos acionistas; bem como a publicação dos documentos sobre o relatório da administração e as demonstrações financeiras, os pareceres dos auditores e do conselho fiscal, bastando o mero arquivo na Junta Comercial, desde que observadas certas cautelas, tudo de acordo com o art. 294 da Lei nº 6.404/1976: "A companhia fechada que tiver menos de 20 (vinte) acionistas, com patrimônio líquido inferior a R$1.000.000,00 (um milhão de reais), poderá:

> I – convocar assembleia geral por anúncio entregue a todos os acionistas, contra recibo, com a antecedência prevista no art. 124; e

> II – deixar de publicar os documentos de que trata o art. 133, desde que sejam, por cópias autenticadas, arquivados no Registro do Comércio juntamente com a ata da assembleia que sobre eles deliberar".

A antecedência prevista no art. 124 é a seguinte: o primeiro anúncio deverá anteceder, no mínimo, oito dias da data da realização da assembleia, contado da primeira publicação. Obviamente, as outras duas publicações devem ocorrer antes da data marcada para a assembleia. Não se realizando a assembleia, publica-se novo anúncio, de Segunda convocação, com a antecedência mínima de cinco dias.

Os documentos do art. 133 são os seguintes:

I – o relatório da administração sobre os negócios sociais e os principais fatos administrativos do exercício findo;

II – a cópia das demonstrações financeiras;

III – o parecer dos auditores independentes, se houver;

IV – o parecer do conselho fiscal, inclusive votos dissidentes, se houver; e

V – demais documentos pertinentes a assuntos incluídos na ordem do dia".

Em atendimento aos parágrafos do art. 294, devem ser guardados os recibos de entrega dos anúncios de convocação, arquivando, juntamente com a ata, cópia autêntica na Junta de Comércio.

O pagamento da participação dos administradores procede-se sem observância do disposto no § 2º do art. 152, desde que obtida a aprovação pela unanimidade dos sócios. Ou seja, a participação dos administradores nos lucros da sociedade se dá mesmo que não reservada a parcela correspondente ao dividendo obrigatório. Esse tratamento favorável não se estende à companhia controladora de grupo de sociedades, ou a ela filiadas.

XX
Constituição da sociedade anônima

1. A FORMAÇÃO DA SOCIEDADE

Lembra Waldemar Ferreira que "não se organiza a sociedade anônima por si mesma, senão com obediência aos dispositivos legais que a disciplinam. Nenhuma se apresenta sem o organismo por ela estabelecido e de divisão e funcionamento também por ela predeterminado".[1]

Um determinado grupo de pessoas resolve criar e constituir uma sociedade por ações, para a produção de bens ou a execução de atividades. Para tanto, fazem os componentes estudos, delineiam ideias, e esquematizam projetos. Plenamente decidida a pretensão, já contando com certo capital disponível, prevendo o montante entendido necessário e pessoas para a implantação, formalizam o projeto dos estatutos, na modalidade de ata de assembleia ou de escritura pública. Aduz José Edwaldo Tavares Borba: "Os fundadores elaboram o projeto e os estatutos, promovem a publicação desses textos no diário oficial e em jornal de grande circulação, obtêm subscritores, recebem as entradas, contratam terceiros em nome da futura sociedade (contratos indispensáveis, como o de intermediação), fazem despesas inerentes à fundação, realizam depósitos, convocam a assembleia de constituição, encerrando suas funções com a eleição e investidura dos administradores, aos quais transferem todo o material de interesse da sociedade, bem como a responsabilidade pela sua condução".[2]

A junção de ideias e o envolvimento de vontades caracterizam um contrato plurilateral entre as pessoas, mais precisamente entre os que subscrevem o capital, vendo Philomeno J. da Costa a espécie da seguinte maneira: "Ao se fundar uma anônima, cada participante não contrai obrigações com uma parte contrária e sim as contrai com todos os outros participantes e com um ente a se criar, que é a sociedade. Cada participante pode ter e tem não raro interesses contrastantes com aqueles dos demais, mas todos os amoldam por meio de um escopo comum, criando um novo sujeito de direito, que é sempre a sociedade".[3]

A plurilateralidade, na visão de Tullio Ascarelli, está no fato da participação de mais de duas partes, "assumindo todas (e, portanto, mais de duas) quer direitos, quer obrigações".[4]

---

[1] *Tratado de Direito Comercial*, ob. cit., 4º vol., p. 362.
[2] *Direito Societário*, ob. cit., p. 160.
[3] *Anotações às Companhias*, ob. cit., vol. I, p. 72.
[4] *Problemas das Sociedades Anônimas e Direito Comparado*, ob. cit., p. 388.

370 • Direito de Empresa | *Arnaldo Rizzardo*

No entanto, domina a corrente que vê na espécie um contrato entre os que adquirem ações e os que promovem o chamamento, mais apropriadamente os fundadores, junto aos quais contratam a adesão ao plano. Tanto é assim que o art. 84, dirigido à constituição por subscrição pública, nos incisos V, VI e XI, estabelece obrigações aos que promovem a fundação da sociedade, impondo que o prospecto de fundação indique as obrigações assumidas, as vantagens concedidas aos subscritores e a qualificação dos fundadores ou promoventes. Transparece, pois, uma relação entre os subscritores e os que promovem a formação da sociedade. Idêntico entendimento deve explicar as relações entre sócios e fundadores na sociedade de capital fechado.

Pode a sociedade constituir-se por escritura pública ou por assembleia. Se de capital aberto a sociedade, a constituição será por assembleia, como evidencia Roberto Barcellos de Magalhães: "A companhia constituível por escritura pública é aquela para cuja formação do capital inicial a lei permite possa ser feita por subscrição particular (art. 88), ao contrário da constituída por subscrição pública, em que a assembleia geral de subscritores é de sua substância (art. 86)".[5]

2. AS PROVIDÊNCIAS INICIAIS

Não se fixa um número mínimo de sócios, como exigia a lei anterior (Decreto-lei nº 2.627, de 26.09.1940), que impunha a quantidade mínima de sete sócios. De conformidade com o art. 80, e seus incisos, da Lei nº 6.404/1976, pelo menos duas pessoas devem subscrever o capital, exceto na sociedade formada por uma subsidiária integral, que será a única sócia, na forma do art. 251; impõe-se a realização, como entrada, de dez por cento, no mínimo, do preço de emissão das ações subscritas em dinheiro; faz-se o depósito do valor em estabelecimento bancário.

O capital previsto será totalmente subscrito, com a realização, a título de entrada, segundo observado, de dez por cento, no mínimo, das ações subscritas em dinheiro, devendo proceder-se o depósito no Banco do Brasil S.A., ou em estabelecimento bancário autorizado pela Comissão de Valores Mobiliários, a cargo do fundador, no prazo de cinco dias do recebimento, com a permissão para o levantamento somente depois de adquirir a sociedade a personalidade jurídica (art. 81). Se em seis meses contados da data do depósito não se formar a sociedade, o banco efetuará a restituição diretamente aos subscritores (parágrafo único do art. 81).

Em se tratando de constituição de estabelecimento bancário, a realização inicial do capital corresponderá a cinquenta por cento do montante subscrito, procedendo-se ao recolhimento junto ao Banco Central do Brasil, onde ficará indisponível até que completar a formação do banco. O restante da subscrição deve integralizar-se no prazo de um ano, tudo em atendimento ao art. 27 e respectivos parágrafos da Lei nº 4.595, de 31.12.1964.

O depósito faz-se em nome do subscritor, a favor da sociedade em organização.

No caso de sociedade aberta, publica-se edital ou aviso para a subscrição de capital. Na fechada, o grupo de interessados fará a subscrição.

Há regramentos específicos para as sociedades de capital fechado e de capital aberto, cujas subscrições serão, respectivamente, particulares e públicas.

---

[5] *A Nova Lei das Sociedades por Ações Comentada*, Rio de Janeiro, Livraria Freitas Bastos S.A., 1977, vol. II, p. 482.

3. A CONSTITUIÇÃO POR SUBSCRIÇÃO PARTICULAR

Uma distinção cabe estabelecer relativamente à sociedade aberta: a sociedade fechada constitui-se por subscrição particular, dispensando-se o processo de oferta das ações ao público interessado, e, assim, do registro da emissão das ações na Comissão de Valores Mobiliários (CVM), uma vez que alcança apenas as pessoas cuja procura para a venda se faz de modo direto e individual. Destaca Waldemar Ferreira: "A sociedade anônima de poucos acionistas, constituída discretamente, sem muita publicidade por não necessitar do concurso de outro capital a mais que o de seus organizadores se tem como sociedade".[6]

A aberta pode adotar as duas modalidades concomitantes, isto é, a subscrição pública ou particular, ou apenas a pública.

Na subscrição particular, constitui-se a sociedade anônima por assembleia geral ou escritura pública. O art. 88 da Lei nº 6.404/1976 disciplina a matéria: "A constituição da companhia por subscrição particular do capital pode fazer-se por deliberação dos subscritores em assembleia geral ou por escritura pública, considerando-se fundadores todos os subscritores".

Em uma e outra modalidade de formação – deliberação dos subscritores em assembleia ou escritura pública –, sabe-se quem são os sócios, subscritores do capital.

Se adotar-se a assembleia para a constituição, durante sua realização se aprova o projeto, que se insere na respectiva ata, lavrada e assinada em duplicata por todos os sócios (§ 1º do art. 88). Havendo subscrição de capital em bens, já se apresenta a avaliação, servindo a ata de título para o arquivamento na Junta Comercial e para o registro de imóveis, como se retira do art. 89, que se aplica às sociedades de capital fechado e de capital aberto: "A incorporação de imóveis para a formação do capital não exige escritura pública".

Na parte correspondente em dinheiro, exibe-se o recibo do depósito. É apresentado o boletim ou a lista de subscrição de todas as ações, com o posterior arquivamento na Junta Comercial.

Se feita a constituição por escritura pública, os elementos acima virão nela incluídos, com a assinatura de todos os sócios.

Conterá a escritura, a teor do § 2º do art. 88:

a) a qualificação dos subscritores;

b) o estatuto da companhia;

c) a relação das ações tomadas pelos subscritores e a importância das entradas pagas;

d) a transcrição do recibo do depósito referido no nº III do art. 80;

e) a transcrição do laudo de avaliação dos peritos, caso tenha havido subscrição do capital social em bens (art. 8º);

f) a nomeação dos primeiros administradores e, quando for o caso, dos fiscais.

4. A CONSTITUIÇÃO POR SUBSCRIÇÃO PÚBLICA

Na subscrição pública, há o apelo ao público investidor, ou seja, as ações do capital, ou de parte do mesmo, são postas à disposição de quem tem interesse na aquisição

---

[6]   *Tratado de Direito Comercial*, ob. cit., 4º vol., p. 115.

através de oferta ao público, em geral mediante a Bolsa de Valores, e mais raramente pelo mercado de balcão.

Por força do art. 19 da Lei nº 6.385/1976, unicamente a partir da admissão pela Comissão de Valores Mobiliários, com o prévio registro, está a companhia autorizada a colocar seus títulos para a negociação no mercado aberto. Sem o prévio registro na mencionada Comissão, não é admissível a emissão pública de valores mobiliários.

Para o registro, fornecem-se dados sobre a companhia emissora, referindo os empreendimentos ou atividades que explora ou pretender explorar, a atividade econômica e financeira, a administração e o quadro dos principais acionistas; as características da emissão e a aplicação a ser dada aos recursos provenientes; a indicação do vendedor dos valores mobiliários; os participantes na distribuição, a remuneração e o relacionamento com a companhia emissora ou com o vendedor (§ 5º do art. 19 da citada lei).

O § 3º do art. 19 da mesma Lei nº 6.385 dá a seguinte caracterização da emissão pública:

I – a utilização de listas ou boletins de venda ou subscrição, folhetos, prospectos ou anúncios destinados ao público;

II – a procura de subscritores ou adquirentes para os títulos, por meio de empregados, agentes ou corretores;

III – a negociação feita em loja, escritório ou estabelecimento aberto ao público, com a utilização dos serviços públicos de comunicação.

De modo que a Lei nº 6.385 edita as normas a serem obedecidas na negociação dos títulos. Delegou, outrossim, poderes à Comissão de Valores Mobiliários para definir novas situações de emissão pública, bem como para dispensar o prévio registro, em especial quando a emissão tem interesse público, como no caso de empresas estatais.

Na subscrição pública de ações, as normas programáticas da organização e constituição da sociedade estão nos arts. 82 e seguintes da Lei nº 6.404/1976.

Podem-se esquematizar nos seguintes itens as providências iniciais:

a) promove-se a subscrição da totalidade do capital social estabelecido;

b) a subscrição de todo o capital por duas pessoas, pelo menos;

c) realização do capital social subscrito, no mínimo, de dez por cento em dinheiro, pelo preço de emissão das ações;

d) na subscrição a prazo, um décimo do valor das ações subscritas será pago em dinheiro como entrada;

e) a comprovação das entradas em depósito no Banco do Brasil, ou em banco que a Comissão de Valores Mobiliários autorizar;

f) a inscrição de pedido de aprovação da emissão de ações na Comissão de Valores Mobiliários.

O passo que antecede os atos de constituição propriamente ditos consiste no registro da emissão na Comissão de Valores Mobiliários (CVM), cujo pedido irá acompanhado de estudo sobre a viabilidade do empreendimento, do projeto do estatuto e do prospecto.

Oportuna a transcrição do art. 82 da Lei nº 6.404/1976: "A constituição de companhia por subscrição pública depende do prévio registro da emissão na Comissão de Valores

Mobiliários, e a subscrição somente poderá ser efetuada com a intermediação de instituição financeira". É obrigatória a contratação de uma instituição financeira, que intermediará a colocação das ações no mercado.

Para esse primeiro momento, elabora-se um pedido, acompanhado de vários documentos, descritos pelo § 1º do artigo acima: "O pedido de registro de emissão obedecerá às normas expedidas pela Comissão de Valores Mobiliários e será instruído com:

a) o estudo de viabilidade econômica e financeira do empreendimento;

b) o projeto do estatuto social;

c) o prospecto, organizado e assinado pelos fundadores e pela instituição financeira intermediária".

O § 2º do art. 82 autoriza a exigência de modificações no estatuto ou no prospecto, desde que apoiadas naturalmente em texto legal, e se insatisfatórios os elementos apresentados, ao mesmo tempo em que dá poderes para a sua denegação, em face da inviabilidade, temeridade do empreendimento, ou inidoneidade dos fundadores. Com toda a certeza, virá a devida fundamentação, sob pena de revisão pelo Poder Judiciário.

Somente depois de concedido o registro da emissão e da sociedade perante a Comissão de Valores Mobiliários passa-se para a segunda fase da constituição, que é a subscrição das ações, mediante o chamamento público através de instituição financeira, que colocará as ações na Bolsa ou em balcão de mercado.

5. O PROJETO DO ESTATUTO E O PROSPECTO DA SOCIEDADE

Na elucidação de Waldemar Ferreira, o projeto "é a proposição inicial; ou, como se lê nos dicionários, intento de fazer alguma coisa, com a meditação e delineação dos meios de a conseguir; plano, desígnio; mas, também, é a proposta escrita onde se consigna o pensamento em primeira redação de uma medida qualquer".[7]

O projeto, na dicção do art. 83 da Lei nº 6.404/1976, conterá os requisitos para a constituição da sociedade, em especial no que diz respeito ao contrato ou estatuto social e às normas que regerão a sociedade. Faculta-se à Comissão de Valores Mobiliários a recusa em dar prosseguimento, se francamente inviável, temerário e se inidôneos os fundadores, ou exigir esclarecimentos, adendos e até modificações.

É indispensável o projeto, tanto na subscrição particular como na pública. Se particular, trará a rubrica ou assinatura de todos os subscritores. Na hipótese de pública, deposita-se em instituição financeira que intermediar a colocação das ações.

Inserem-se no estatuto disposições sobre a denominação e o domicílio da sociedade, o capital, o objeto social, as características da sociedade, a sua administração, as assembleias gerais e extraordinárias, o exercício social, as demonstrações financeiras, a forma de liquidação e outros assuntos relevantes.

O objeto social virá definido de modo preciso e completo, em obediência ao § 2º do art. 2º. Não cabe a mera e vaga referência, mencionando, *v.g.*, a prestação de serviços, ou o comércio em geral.

Abrangem o objeto social os setores das atividades e da produção, bem como a participação em outras sociedades, no que permite o § 3º do citado artigo: "A companhia

---

[7] *Tratado de Direito Comercial*, ob. cit., 4º vol., p. 77.

pode ter por objeto participar de outras sociedades; ainda que não prevista no estatuto, a participação é facultada como meio de realizar o objeto social, ou para beneficiar-se de incentivos fiscais".

Será o estatuto a lei interna da sociedade, ou o conjunto de normas dispondo também sobre a atuação social, sobre os sócios e seus direitos e deveres.

O prospecto, necessário unicamente na subscrição pública, destina-se a divulgar a sociedade, os seus fins ou objetivos, para conseguir a colocação no mercado as ações. Abrange o estudo e as projeções sobre o êxito do empreendimento. Estabelecerá com clareza e precisão as bases da composição da companhia, as razões da criação da sociedade, e os motivos que levam à expectativa de êxito do empreendimento. Conterá, ainda, os elementos discriminados ao longo dos incisos do art. 84, não equivalendo necessariamente aos dos estatutos:

I – o valor do capital social a ser subscrito, o modo de sua realização e a existência ou não de autorização para aumento futuro;

II – a parte do capital a ser formada com bens, a discriminação desses bens e o valor a eles atribuído pelos fundadores;

III – o número, as espécies e classes de ações em que se dividirá o capital; o valor nominal das ações, e o preço da emissão das ações;

IV – a importância da entrada a ser realizada no ato da subscrição;

V – as obrigações assumidas pelos fundadores, os contratos assinados no interesse da futura companhia e as quantias já despendidas e por despender;

VI – as vantagens particulares, a que terão direito os fundadores ou terceiros, e o dispositivo do projeto do estatuto que as regula;

VII – a autorização governamental para constituir-se a companhia, se necessária;

VIII – as datas de início e término da subscrição e as instituições autorizadas a receber as entradas;

IX – a solução prevista para o caso de excesso de subscrição;

X – o prazo dentro do qual deverá realizar-se a assembleia de constituição da companhia, ou a preliminar para avaliação dos bens, se for o caso;

XI – o nome, nacionalidade, estado civil, profissão e residência dos fundadores, ou, se pessoa jurídica, a firma ou denominação, nacionalidade e sede, bem como o número e espécie de ações que cada um houver subscrito;

XII – a instituição financeira intermediária do lançamento, em cujo poder ficarão depositados os originais do prospecto e do projeto de estatuto, com os fundamentos a que fizerem menção, para exame de qualquer interessado.

Dá Waldemar Ferreira a importância do prospecto: "Não é o prospecto simples peça de propaganda, destituída de importância jurídica. Tem-na, e muita. Destina-se em verdade à publicidade. Objetiva chamar a atenção geral para o empreendimento; mas muito mais a despertar a atenção de quantos por ele se possam interessar, levando-os a nele aplicar seus recursos pecuniários, contribuindo, a um tempo, para o bem público com a instalação de mais indústria ou de estabelecimento comercial, quanto, e predominantemente, pela obtenção dos lucros que ele poderá produzir".[8]

---

[8]   *Tratado de Direito Comercial*, ob. cit., 4º vol., pp. 75-76.

Cap. XX | Constituição da sociedade anônima • **375**

A falta de obediência às exigências legais, e desde que haja prejuízos a terceiros ou mesmo aos subscritores, importa em responsabilidade dos fundadores e das instituições financeiras, no âmbito das respectivas atribuições, conforme garante o art. 92. No mínimo, a mera falta de obediência aos regramentos legais importa em culpa. Quanto aos fundadores, como se colhe do parágrafo único, a responsabilidade abarca os atos anteriores à constituição. Naturalmente, pressuposto para demandar qualquer indenização está na comprovação de culpa ou dolo nos atos ou operações que precederam a constituição.

6. A AVALIAÇÃO DE BENS QUE INTEGRAM O CAPITAL SUBSCRITO

Somente depois da subscrição parte-se para a constituição. É o que se depreende do art. 86: "Encerrada a subscrição e havendo sido subscrito todo o capital social, os fundadores convocarão a assembleia geral, que deverá:

I – promover a avaliação dos bens, se for o caso (art. 8º);

II – deliberar sobre a constituição da companhia".

Se parte do capital for integrado por bens, a convocação da assembleia geral é para decidir sobre os valores, ou para determinar a avaliação através de peritos que serão nomeados. Quanto à avaliação, salienta Modesto Carvalhosa que "a lei determina a prévia avaliação dos bens sempre que estes venham a ser incorporados ao capital das companhias; assim, tanto no momento da formação do capital social (art. 7º), como no momento de seu aumento (art. 170), ou ainda nas hipóteses de incorporação e fusão (arts. 227 e 228), deverão ser atendidas as exigências legais de avaliação".[9]

De acordo com o art. 8º e respectivos parágrafos, designam-se três peritos ou uma sociedade capacitada em avaliação. Submete-se o laudo à apreciação da assembleia, que se fará antes da constituição da sociedade. Uma das seguintes alternativas é passível de acontecer: a) aprovando os acionistas o laudo, transferem-se os bens à companhia, devendo os diretores providenciar nas medidas cabíveis para tanto; b) não aprovando o laudo, e não concordando o subscritor com o valor eventualmente sugerido, naturalmente o projeto de constituição não irá adiante, arquivando-se.

Para essa fase preliminar, também se convoca a assembleia, publicando-se o aviso em jornal de circulação da localidade onde fica a sede, devendo ser o mesmo que deu publicidade à oferta de subscrição.

Os anúncios de convocação indicarão a hora, o dia e o local da assembleia, conforme se retira do parágrafo único do art. 86, inserindo-se neles a observação da sociedade 'em organização', como ordem o art. 91.

Diante do art. 87 e em seus parágrafos, instala-se a assembleia, em primeira convocação, com a presença de subscritores que representem, no mínimo, metade do capital social, e, em segunda convocação, com qualquer número. Um dos acionistas fundadores exercerá a presidência, escolhido de comum acordo, que convidará um sócio para secretariar os trabalhos.

Se não houver concordância na avaliação mesmo que seja somente de parte dos bens, decorre naturalmente a alteração no montante do capital social e na sua composição. Não cabe aos acionistas alterar o projeto do contrato, de modo que não se constituirá a sociedade. Consta da segunda parte do § 2º do art. 87 que a maioria não se arvora no

---

[9] *Comentários à Lei de Sociedades Anônima*, 1997, vol. I, p. 65.

direito de alterar o projeto de estatuto: "A maioria não tem poder para alterar o projeto de estatuto". Está-se diante de norma de direito público, e, assim, cogente. Arquivado o projeto, assiste a faculdade do reinício de outro pela sociedade, de modo a coadunar-se o capital e a participação dos sócios com a estimativa encontrada ou atribuída pela assembleia. Inicia-se um novo projeto, convocando-se a assembleia.

Nem se afigura viável incorporar os bens ao capital por valor superior ao atribuído pelo subscritor, em consonância com o § 4º do art. 8º.

Se procedida erradamente à avaliação, por má-fé ou intuito fraudulento, respondem civilmente os avaliadores, inclusive com a possibilidade de processo penal, por imposição do § 6º do mesmo art. 8º. Decorre a responsabilidade civil por dolo na avaliação, isto é, decorrente da intenção deliberada, ou por culpa, revelada, sobretudo na negligência e imperícia, e estabelecida em valores excessivamente altos, ou contrariando padrões e critérios técnicos usuais.

7. COMPROVAÇÃO DO PAGAMENTO DA ENTRADA E A TRANSMISSÃO DOS BENS QUE ENTRAM NO CAPITAL

Com a subscrição, comprova-se o pagamento da entrada, assinando a lista do boletim individual, na forma do art. 85: "No ato da subscrição das ações a serem realizadas em dinheiro, o subscritor pagará entrada e assinará a lista ou o boletim individual autenticados pela instituição autorizada a receber as entradas, qualificando-se pelo nome, nacionalidade, residência, estado civil, profissão e documento de identidade, ou, se pessoa jurídica, pela firma ou denominação, nacionalidade e sede, devendo especificar o número das ações subscritas, a sua espécie e classe, se houver mais de uma, e o total da entrada".

Faculta o parágrafo único a subscrição por carta dirigida à instituição.

Explica Rubens Requião: "Haverá, para subscrição das ações, uma lista ou boletim de subscrição, que será autenticada pela instituição autorizada a receber as entradas, mencionando o número do cadastro da pessoa física (CPF) ou, se pessoa jurídica, pela firma ou denominação, nacionalidade, sede e CNPJ. A lista ou boletim ainda especificará o número das ações subscritas, sua espécie e classe, se houver mais de uma, e o total da entrada. A subscrição poderá ser feita, nas condições previstas no prospecto, por carta à instituição, com as declarações prescritas para o boletim, e o pagamento da entrada".[10]

A transferência se faz com a mera aprovação da ata de constituição, e seu posterior ato de arquivamento.

Havendo uma verdadeira transmissão de titularidade de domínio, ao acionista cabe precaver-se quanto a possíveis causas de anulação, ou de desconstituição da transferência, como os vícios redibitórios e a evicção.

Fazendo-se a subscrição com a cessão de créditos, responde o sócio pela sua realização.

8. MODELOS DE EDITAL DE CONVOCAÇÃO E DE BOLETIM DE SUBSCRIÇÃO

O boletim de subscrição corresponde ao documento que discrimina o total da subscrição de cada sócio. No próprio edital para a subscrição das ações noticia-se a existência do boletim, com a indicação do local ou endereço e horário onde se fazem as subscrições, e

---

[10] *Curso Direito Comercial*, 18ª ed., São Paulo, Editora Saraiva, 1992, 2º vol., p. 100.

o montante da integralização no momento. Haverá a referência das instituições financeiras disponíveis para a efetivação dos depósitos.

9. A APROVAÇÃO DA SOCIEDADE

O passo seguinte é a convocação da assembleia, agora com o fim especial de aprovar a avaliação e de constituir a sociedade. Publica-se o aviso em jornal de circulação da localidade onde fica a sede e em órgão oficial, em três oportunidades, devendo ser os mesmos que deram publicidade à oferta de subscrição.

Os anúncios de convocação indicarão a hora, o dia e o local da assembleia, conforme se retira do parágrafo único do art. 86. Insere-se neles sempre a observação de 'em organização', por ordem do art. 91.

Pelas diretrizes contidas no art. 87 e em seus parágrafos, instala-se a assembleia, em primeira convocação, com a presença de subscritores que representem, no mínimo, metade do capital social, e, em segunda convocação, com qualquer número. Um dos acionistas fundadores exercerá a presidência, escolhido de comum acordo, que convidará um sócio para secretariar os trabalhos. Em seguida, exporá o objetivo da convocação, que é a constituição da sociedade, e lerá o estatuto social, para a devida discussão e posterior votação. Exibe-se o recibo do depósito do valor das subscrições, em agência do Banco do Brasil S.A., ou em outra instituição bancária autorizada pela Comissão de Valores Mobiliários.

Cada ação corresponderá a um voto. Para a aprovação, requer-se votação favorável de mais da metade do capital social.

Aprovado o projeto, tudo se lavrando ata em duplicata, encaminha-se a registro na Junta Comercial. Um exemplar ficará com a sociedade, enquanto o outro é encaminhado ao registro de comércio.

Outrossim, a teor do art. 93, os fundadores entregarão aos primeiros administradores eleitos os documentos, livros e papeis relativos à constituição da sociedade, ou a esta pertencentes.

É possível, no entanto, resolver-se a constituição através de uma única assembleia, já se encontrando pronta a avaliação, e desde que haja a concordância dos sócios. Nessa eventualidade, revela-se bem clara a explanação de Fábio Ulhoa Coelho: "Quando todo o capital social estiver subscrito, os fundadores convocarão a assembleia de fundação para avaliar os bens oferecidos para a integralização, se for o caso, e deliberar sobre a constituição da companhia. Nesta assembleia, todas as ações, de qualquer espécie ou forma, conferirão ao seu titular o direito de voto. Confirmada a observância de todas as formalidades legais e não se opondo subscritores representativos de mais da metade do capital social, será proclamada a sua constituição, elegendo-se, em seguida, os administradores e fiscais. O projeto de estatuto somente poderá ser alterado por deliberação unânime dos subscritores. Esta é a terceira e derradeira fase da constituição por subscrição pública".[11]

---

[11] *Manual de Direito Comercial*, ob. cit., p. 171.

10. INCORPORAÇÃO DE BENS, REPRESENTAÇÃO, DENOMINAÇÃO, RESPONSABI-LIDADE E ENTREGA DE DOCUMENTOS

Algumas regras comuns a ambos os tipos de subscrição constam nos arts. 89 a 93.

O art. 89 dispensa a escritura pública na incorporação de bens imóveis à sociedade: "A incorporação de imóveis para a formação do capital social não exige escritura pública".

A forma de se proceder a transmissão vem ditada no § 2º do art. 98: "A certidão dos atos constitutivos da companhia, passada pelo Registro do Comércio em que foram arquivados, será o documento hábil para a transferência, por transcrição no registro público competente, dos bens com que o subscritor tiver contribuído para a formação do capital social (art. 8º, § 2º)".

Salienta-se a permissão, pelo art. 90 da Lei nº 6.404, de o subscritor ser representado por procurador no ato de constituição da sociedade, seja por assembleia ou por escritura pública, desde que conferidos poderes especiais: "O subscritor pode fazer-se representar na assembleia geral ou na escritura pública por procurador com poderes especiais".

Insere-se nos atos e publicações sempre a observação de 'em organização', por ordem do art. 91: "Nos atos e publicações referentes a companhia em constituição, sua denominação deverá ser aditada da cláusula 'em organização'".

A falta de obediência às exigências legais, e desde que haja prejuízos a terceiros ou mesmo aos subscritores, importa em responsabilidade dos fundadores e das instituições financeiras, no âmbito das respectivas atribuições, conforme garante o art. 92: "Os fundadores e as instituições financeiras que participarem da constituição por subscrição pública, responderão, no âmbito das respectivas atribuições, pelos prejuízos resultantes da inobservância de preceitos legais". No mínimo, a mera falta de obediência aos regramentos legais redunda em culpa.

De notar que as instituições financeiras atuam somente nas sociedades de capital aberto.

Quanto aos fundadores, como se colhe do parágrafo único, a responsabilidade abarca os atos anteriores à constituição: "Os fundadores responderão, solidariamente, pelo prejuízo decorrente de culpa ou dolo em atos ou operações anteriores à constituição". Naturalmente, pressuposto para demandar qualquer indenização está na comprovação de culpa ou dolo nos atos ou operações que precederam a constituição.

Outrossim, a teor do art. 93, os fundadores entregarão aos primeiros administradores eleitos os documentos, livros e papéis relativos à constituição da sociedade, ou a esta pertencentes.

11. O REGISTRO NA JUNTA COMERCIAL E PUBLICAÇÃO DA CONSTITUIÇÃO DA SOCIEDADE

O registro, que corresponde ao arquivamento, na Junta Comercial se faz com a apresentação dos documentos de constituição e a publicação dos atos constitutivos, a teor do art. 45 do Código Civil e do art. 94 da Lei das Sociedades Anônimas, tornando-se necessário o ato para o funcionamento da sociedade. Enquanto não efetuado, considera-se de fato, ou irregular, com a responsabilidade solidária dos sócios. Esta omissão, entrementes, não isenta o acionista de integralizar as ações subscritas. Adverte Roberto Barcellos de Magalhães: "A falta de registro e arquivamento dos atos constitutivos das sociedades anônimas não exonera o acionista de integralizar as ações subscritas, nem lhe confere o direito de reaver as importâncias despendidas com as suas aquisições; a lei somente veda o seu funcionamento, ou seja, as suas relações com terceiros na realização de sua finalidade".[12]

Se constituída por assembleia, e evidentemente depois de cumpridas todas as etapas para tanto, apresentam-se, na Junta Comercial no prazo de trinta dias (art. 36 da Lei nº 8.934, de 18.11.1994), para o devido arquivamento, os seguintes documentos, de acordo com o art. 95 da Lei nº 6.404:

> I – um exemplar do estatuto social, assinado por todos os subscritores (art. 88, § 1º) ou, se a subscrição houver sido pública, os originais do estatuto e do prospecto, assinados por fundadores, bem como do jornal em que tiverem sido publicados.

A referência ao art. 88, § 1º, diz respeito à constituição por assembleia geral, impondo que sejam entregues à assembleia o projeto do estatuto assinado em duplicata por todos os subscritores do capital, e as listas ou boletins de subscrição de todas as ações.

> II – A relação completa, autenticada pelos fundadores, ou pelo presidente da assembleia, dos subscritores do capital social, com a qualificação, número das ações e o total da entrada de cada subscritor (art. 85).

O art. 85, como já salientado, traz a obrigação de apresentar à assembleia lista ou boletim assinado pelos subscritores, devidamente qualificados, das entradas do pagamento das ações, com a necessária autenticação pela instituição financeira autorizada a receber as entradas, especificando-se o número das ações subscritas, a sua espécie e classe, se houver mais de uma, e o total da entrada.

> III – O recibo do depósito a que se refere o nº III do art. 80. O citado inciso obriga o depósito, no Banco do Brasil S. A., ou em estabelecimento bancário autorizado pela Comissão de Valores Mobiliários, da parte do capital realizado em dinheiro.
>
> IV – Duplicata das atas das assembleias realizadas para a avaliação de bens, quando for o caso (art. 8º). O art. 8º referido obriga a avaliação dos bens por três peritos ou empresa especializada, nomeada em assembleia geral, convocada para tanto, presidida por um dos sócios fundadores, instalando-se, em primeira convocação, por subscritores que representem mais da metade do capital social, e, em segunda, por qualquer número.
>
> V – Duplicata da ata da assembleia geral dos subscritores que houver deliberado a constituição da companhia (art. 87). O art. 87 encerra que a assembleia de constituição da sociedade se instalará, em primeira convocação, com mais de metade do capital; em segunda convocação, com qualquer número.

Na constituição por escritura pública, arquiva-se a certidão do instrumento, por imposição do art. 96, ou seja, certidão da respectiva escritura, a qual, obviamente, conterá os requisitos do § 2º do art. 88.

---

[12] *A Nova Lei das Sociedades por Ações Comentada*, ob. cit., vol. II, p. 478.

Apresentados os documentos, tanto para as sociedades constituídas por subscrição particular, como aquelas originadas da subscrição pública, não importa no imediato registro, com o arquivamento dos documentos. Submete-se a documentação ao exame da comissão ou do órgão próprio da Junta Comercial, que aferirá o cumprimento ou não dos requisitos para a constituição. Embora de natureza administrativa, exerce a Junta uma jurisdição, que lhe é reservada no art. 97: "Cumpre ao Registro do Comércio examinar se as prescrições legais foram observadas na constituição da companhia, bem como se no estatuto existem cláusulas contrárias à ordem pública e aos bons costumes".

Se a Junta colocar objeção ao registro, ou denegar o pedido, o que se justifica se a sociedade atentar contra a lei, a ordem pública ou aos bons costumes; ou se notados vícios e irregularidades, cabe a imediata convocação de assembleia, ou na confecção de outra escritura pública, para sanar as apontadas falhas, como bem orienta o § 1º do art. 97: "Se o arquivamento for negado, por inobservância de prescrição, ou exigência legal, ou por irregularidade verificada na constituição da companhia, os primeiros administradores deverão convocar imediatamente a assembleia geral para sanar a falta ou irregularidade, ou autorizar as providências que se fizerem necessárias. A instalação e funcionamento da assembleia obedecerão ao disposto no art. 87, devendo a deliberação ser tomada por acionistas que representem, no mínimo, metade do capital social. Se a falta for do estatuto, poderá ser sanada na mesma assembleia, a qual deliberará, ainda, sobre se a companhia deve promover a responsabilidade civil dos fundadores (art. 92)".

Oportuniza-se, pois, que sejam sanadas as falhas. Convoca-se a assembleia, com os passos do art. 87, se a tanto impuser a necessidade de mudança ou alteração de aspectos que dizem com a própria constituição. Entrementes, caso a impugnação restringir-se à mera falta de documentos, ou a aspectos passíveis de solução sem alterar a sociedade, não se reclama a providência.

Se imprescindível a assembleia, apresenta-se a segunda via da ata, e provado que ficou sanada a falta ou irregularidade, retomará o procedimento do registro. Admissível a reiteração da impugnação, e assim até que todas as exigências fiquem atendidas.

Na esfera administrativa é possível instaurar a instância recursal, com pedido de reconsideração e recursos ao plenário da Junta, e mesmo ao Ministério ou órgão ao qual está submetida, conforme se infere da Lei nº 8.934/1994, especialmente em seu art. 44.

Depois de obtido o registro, parte-se para publicidade do ato e da certidão de arquivamento, atribuição dos administradores, a fim de que terceiros tomem conhecimento da sua existência, e mesmo para que possam apresentar alguma medida para o cancelamento, que se promoverá judicialmente. Para tanto, concede-se o prazo de trinta dias. Publica-se a informação dos documentos e da súmula do ato do registro em órgão oficial da União ou dos Estados, conforme a localidade da sede se encontre no Distrito Federal ou nos Estados, e em jornal de grande circulação local. Assim está no art. 98: "Arquivados os documentos relativos à constituição da companhia, os seus administradores providenciarão, nos 30 (trinta) dias subsequentes, a publicação deles, bem como a de certidão do arquivamento, em órgão oficial do local de sua sede".

Cumpre esclarecer que todos os atos da sociedade tornam-se públicos não apenas com o registro ou arquivamento na Junta Comercial. Exige-se a competente publicação na imprensa, como reconheceu o STJ: "A publicidade legal de atos das sociedades no Registro do Comércio é concretizada com publicações no Diário Oficial da União ou do Estado 'em que esteja situada a sede da companhia' e em outro jornal de grande circulação (art. 289, Leis 6.404/76 e 9.457/97). Singularizado um 'ou' outro jornal, a alternativa indica pontualmente que, presente o interesse da União e das Companhias sediadas no

Distrito Federal, as publicações são feitas no Diário Oficial da União e das Companhias sediadas no Distrito Federal. As publicações de outras companhias serão concretizadas no Diário Oficial do Estado onde esteja situada a respectiva sede. Seguem-se, em comum, as publicações em outro jornal de grande circulação".[13]

Apresenta-se um exemplar da publicação à Junta, para a devida anotação no registro. Providencia-se, em seguida, a inscrição nas receitas da União, do Estado e do Município, para finalidades fiscais.

A certidão do registro da ata ou do contrato de constituição, onde aparece a transferência do imóvel para a sociedade como forma de subscrição do capital, é apta para efetuar o registro da transferência junto à matrícula do Cartório do Registro de Imóveis, por força do § 2º do art. 98: "A certidão dos atos constitutivos da companhia, passada pelo Registro do Comércio em que foram arquivados, será o documento hábil para a transferência, por transcrição no registro público competente, dos bens com que o subscritor tiver contribuído para a formação do capital social (art. 8º, § 2º)".

Na ata, descreve-se especificadamente o imóvel, com todos os elementos que constarem da matrícula, a fim de viabilizar o registro. Se apenas identificado o imóvel, a correta descrição se fará por declaração assinada pelo subscritor. A exigência se encontra no § 3º: "A ata da assembleia geral que aprovar a incorporação deverá identificar o bem com precisão, mas poderá descrevê-lo sumariamente, desde que seja suplementada por declaração, assinada pelo subscritor, contendo todos os elementos necessários para a transcrição no registro público".

Os requisitos da matrícula aparecem discriminados no art. 176, § 1º, inc. II, da Lei nº 6.015/1973 (Lei dos Registros Públicos).

Pelo art. 99 e seu parágrafo único da Lei nº 6.404/1976, não providenciando os administradores ao registro na Junta Comercial, e, quanto à transferência de bens, no Registro de Imóveis com a máxima brevidade, arcam eles com as consequências da demora, respondendo solidariamente, e com os prejuízos que o retardamento causa à sociedade.

Já a sociedade suportará as obrigações contraídas desde a sua constituição, mesmo que retardados o registro na Junta Comercial e o registro na transferência dos imóveis como modo de adimplemento da subscrição de capital. As obrigações contraídas antes ficam a cargo dos primeiros administradores.

12. ELEMENTOS DOS ESTATUTOS

Da conjugação dos vários dispositivos que disciplinam a constituição da sociedade anônima, de modo geral os estatutos conterão elementos comuns para as sociedades com subscrição particular ou pública, sem olvidar que, nas últimas, mais dados constarão, especialmente os do art. 84, que são aqueles do prospecto. Os elementos comuns são os seguintes, sendo ainda válida a relação apresentada por Waldemar Ferreira,[14] conjugada com os requisitos da Lei nº 6.404/1976:

a) a denominação social;

b) a designação específica do objeto social;

---

[13]   REsp. nº 96.610-SP, j. em 23.10.1997, *DJU* de 15.12.1997.
[14]   *Tratado de Direito Comercial*, ob. cit., 4º vol., pp. 80-81.

c) o início e o prazo de duração da sociedade;

d) a sede ou domicílio da sociedade, destacando o lugar do funcionamento dos respectivos órgãos administrativos;

e) a criação de filiais, sucursais e agências;

f) o montante do capital social, o número e o valor nominal das ações, a espécie, o modo de colocação à venda e a forma de integralização;

g) a composição do conselho de administração, o número de conselheiros, a sua organização e fiscalização, o modo de investidura dos administradores, as atribuições ou competências, os deveres, a remuneração, as diretorias, as gerências e outros cargos relevantes;

h) a época da realização da assembleia geral ordinária;

i) a composição do conselho fiscal e de outros conselhos porventura introduzidos (como o consultivo e o técnico), com a previsão das atribuições e dos subsídios a serem pagos;

j) a previsão de reservas, partes beneficiárias, bônus de subscrição, e dos dividendos e outras vantagens;

k) as vantagens especiais conferidas aos fundadores e administradores, com a participação nos lucros, se houver;

l) o modo de proceder a liquidação e partilha, no caso de dissolução da sociedade.

Naturalmente, mais cláusulas sujeitam-se à inclusão, especialmente quanto à formação do capital, à autorização governamental, se for o caso, ao período da subscrição de ações, à votação das deliberações, à menção e qualificação dos fundadores, à instituição financeira em cujo poder ficarão os depósitos das entradas de capital e onde se farão as integralizações.

13. A PARTICIPAÇÃO NA SOCIEDADE DE ACIONISTA RESIDENTE OU DOMICILIADO NO EXTERIOR

A aquisição de ações por acionistas residentes ou estabelecidos com domicílio no exterior é perfeitamente admitida, não trazendo a Lei nº 6.404 alguma impossibilidade, desde que não exerça o adquirente a direção ou administração. A única exigência imposta é que mantenha, no Brasil, representante ou procurador com poderes para receber a citação em ações propostas contra ele.

O art. 119 contempla essa única condição: "O acionista residente ou domiciliado no exterior deverá manter, no País, representante com poderes para receber citação em ações contra ele, propostas com fundamento nos preceitos desta Lei".

A exigência tem razão de ser, pois, do contrário, haveria dificuldades de terceiros exercerem seus direitos, dada a dificuldade em citações de pessoas demandadas residentes ou domiciliadas em outros países.

O representante terá poderes para a representação tanto para as obrigações como para o exercício de direitos. O acionista estrangeiro, pois, demandará o cumprimento de seus direitos por meio da pessoa que o representa.

Considerando o ditame legal impondo a outorga de poderes para receber a citação, a falta de obediência à exigência não impede a citação, que será válida e produzirá efeitos.

É o que pensa José Edwaldo Tavares Borba: "Assim, qualquer mandatário ou representante legal de acionista estrangeiro, ainda que sem poderes explícitos, encontra-se apto a receber citação, desde que tenha aqui exercido qualquer direito de acionista. Por exemplo: o mandatário com poderes apenas para receber dividendos ou para votar nas assembleias terá também, por força de lei, poderes para receber citação".[15]

Redundantemente, o parágrafo único reitera a função do mandatário ou representante em receber a citação inicial: "O exercício, no Brasil, de qualquer dos direitos de acionista, confere ao mandatário ou representante legal qualidade para receber citação judicial".

14. MODELO DE ATA DE FUNDAÇÃO DE SOCIEDADE

15. MODELO DE ESTATUTO SOCIAL

Mais no sentido de ilustrar o roteiro ou os passos que deve ter o contrato ou estatuto social, apresenta-se o modelo anexo, com a aprovação em Assembleia Geral do estatuto de constituição de sociedade. Realiza-se a Assembleia Geral de fundação, figurando na ordem do dia a aprovação do estatuto, o qual é lido, dentre outros assuntos relativos à organização. Naturalmente, de tudo lavra-se a ata, na qual constarão as pessoas presentes, inclusive com referência das publicações enunciando a ordem do dia de constituição da sociedade e aprovação do estatuto.

---

[15] *Direito Societário*, 9ª ed., Rio de Janeiro, Editora Renovar, 2004, p. 323.

XXI
Livros sociais e escrituração na sociedade anônima

1. ESPECIFICAÇÃO DOS LIVROS

Entende-se por livros os suportes onde se lançam os assentamentos referentes às atividades das sociedades. Não compreendem apenas os livros propriamente ditos, mas também os fichários, os arquivos e programas inseridos em computador ou meios eletrônicos de escrita.

Há os livros contábeis e os memoriais.

Os primeiros destinam-se à escrita contábil, ou aos lançamentos de toda a vida econômica da empresa, como as entradas e saídas de mercadorias, de valores, de despesas e de toda série de lançamentos de fundo patrimonial.

Os livros memoriais são os utilizados para o lançamento da vida da sociedade, e, assim, as atas da Assembleia Geral, as deliberações do Conselho de Administração, os pareceres do Conselho Fiscal.

No caso das sociedades anônimas, a previsão dos livros inicia no art. 100, assim redigido: "A companhia deve ter, além dos livros obrigatórios para qualquer comerciante, os seguintes, revestidos das mesmas formalidades legais".

Antes da discriminação que faz o dispositivo, cumpre se vejam os obrigatórios para qualquer comerciante, ou seja, para qualquer empresário, devendo ser lembrados os mais comuns.

Esses livros são os contábeis, ou os necessários para os lançamentos das contas, isto é, dos registros das movimentações de valores, de bens, de operações ou de toda a vida econômica e financeira da empresa. A previsão está na antiga legislação comercial ou empresária, na trabalhista e na tributária.

O Código Civil, ao tratar escrituração das sociedades, disciplina unicamente o chamado livro 'diário', obrigatório a todos os empresários. É ele indispensável, pois revela a íntegra da vida da empresa, contendo os dados de toda a sua vida econômica e material.

Paralelamente, existem o livro caixa e o livro registro de inventário, especificando os lançamentos para o ingresso ou saída, respectivamente, de valores ou de bens.

Quanto às microempresas e às empresas de pequeno porte, disciplinadas atualmente pela Lei Complementar nº 123, de 14.12.2006, com alterações das Leis Complementares nº 139/2011, nº 147/2014, nº 155/2016 e da Lei nº 12.792/2013, no pertinente ao regime de pagamento das contribuições fiscais, unicamente os livros caixa e de registro de inventário são necessários. No primeiro, escritura-se toda a movimentação financeira, inclusive a bancária. Resume-se a escrituração aos lançamentos próprios e específicos que devem constar nesses livros.

No pertinente à microempresa individual limitada, esta é obrigada à comprovação da receita bruta mediante apresentação do registro de vendas ou de prestação de serviços (art. 26, § 1º, da LC nº 123/2006). No livro de registro de inventário, "deverão constar registrados os estoques existentes no término de cada ano calendário".

Para qualquer empresa, há o livro de registro de duplicatas, obrigatório pelo art. 19 da Lei nº 5.474, de 1968. Lembra Fábio Ulhoa Coelho: "Sua obrigatoriedade: 'Sua obrigatoriedade não diz respeito a todos os empresários, mas somente aos que emitem duplicata mercantil ou de prestação de serviços. A exigência alcança até mesmo os microempresários e empresários de pequeno porte optantes do SIMPLES, caso eles pretendam sacar a duplicata, para cobrança dos devedores ou desconto bancário'".[1]

Pela legislação trabalhista, são obrigatórios os seguintes livros: o de registro de empregados e o de inspeção do trabalho, regidos respectivamente pelos arts. 41 e 628, § 1º, da Consolidação das Leis Trabalhistas.

Os livros de natureza fiscal são os destinados ao registro das operações que importam em contribuições tributárias. Através deles, o Fisco, na esfera municipal, estadual ou federal, realiza a fiscalização da incidência e do recolhimento de tributos. A título de exemplo, citam-se os livros exigidos para fins do Imposto de Renda, e, assim, o livro de registro de inventário; o livro de registro de entradas; o livro para a apuração do lucro rela; o livro de registro permanente de estoque; e o livro de movimentação de combustíveis (arts. 275, V, e seguintes do anexo ao Decreto nº 9.580/2018).

Há, também, os livros memoriais, acima observados, e que se destinam para o registro de situações pertinentes ao quotidiano empresarial, para qualquer tipo de sociedade, tais como, explica Modesto Carvalhosa, "o livro de atas de Assembleia de sócios (art. 1.075, § 1º), no caso das limitadas que as realizem, e de atas e pareceres do conselho fiscal (art. 1.069, II), se existente esse órgão social na limitada, e ainda aqueles arrolados no art. 100 da Lei das Sociedades Anônimas.

Além dos livros exigidos por lei, pode o titular da empresa adotar os demais livros que considerar necessários, conforme autoriza o § 1º do art. 1.079".[2]

Retornando ao art. 100 da Lei nº 6.404, em redação da Lei nº 9.457, destinado às sociedades anônimas, conclui-se que, ao ordenar a imposição dos livros obrigatórios para qualquer empresa, são colocados como livros exigíveis para as sociedades anônimas o diário, o de registro de duplicatas, os de registro de empregados e de inspeção do trabalho, e os fiscais.

Além dos acima, são elencados os seguintes:

"I – o livro de 'Registro de Ações Nominativas', para inscrição, anotação ou averbação:

    a) do nome do acionista e do número das suas ações;

    b) das entradas ou prestações de capital realizado;

    c) das conversões de ações, de uma em outra espécie ou classe;

    d) do resgate, reembolso e amortização das ações, ou de sua aquisição pela

---

[1] *Curso de Direito Comercial*, ob. cit., vol. 1, p. 78.
[2] *Comentários ao Código Civil*, ob. cit., vol. 13, pp. 779-780.

companhia;

e) das mutações operadas pela alienação ou transferência de ações;

f) do penhor, usufruto, fideicomisso, da alienação fiduciária em garantia ou de qualquer ônus que grave as ações ou sua negociação;

II – o livro de 'Transferência de Ações Nominativas', para lançamento dos termos de transferência, que deverão ser assinados pelo cedente e pelo cessionário ou seus legítimos representantes;

III – o livro de 'Registro de Partes Beneficiárias Nominativas' e o de 'Transferência de Partes Beneficiárias Nominativas', se tiverem sido emitidos, observando-se, em ambos, no que couber, o disposto nos números I e II deste artigo;

IV – o livro de 'Atas das Assembleias-Gerais';

V – o livro de 'Presença dos Acionistas';

VI – os livros de 'Atas das Reuniões do Conselho de Administração', se houver, e de 'Atas das Reuniões da Diretoria';

VII – o livro de 'Atas e Pareceres do Conselho Fiscal".

Não se impede que adote a sociedade outros livros, como o livro caixa e o de inventário dos bens, dos estoques, das vendas mensais, de compras de mercadorias. Na verdade, todas as ocorrências ficam registradas, nada passando sem ficar documentado. Adota-se, presentemente, para certos livros, a escrituração eletrônica, sendo os livros em forma de fichas ou arquivos em computador.

2. DIREITO AO ACESSO E AO EXAME DOS LIVROS

Algumas observações fazem-se necessárias.

Os livros de atas são exigidos para todas as sociedades; já os livros de registro e transferência de títulos tornam-se exigíveis no caso de sua emissão. Não emitindo uma sociedade ações beneficiárias, ou quaisquer outras espécies, não carece a existência do livro.

De igual modo relativamente ao livro de registro das atas do Conselho de Administração, que se impõe se criado ou adotado.

Na forma dos parágrafos do art. 100, os livros de registro das ações, de transferências de ações e de registro e transferência de partes beneficiárias nominativas, enumerados nos incisos I a III, encerram interesse de terceiros, e, assim, de ordem pública. Por isso, a qualquer interessado é concedido o direito de obter certidões dos assentamentos nos mesmos contidos, desde que para a finalidade da defesa de direitos e esclarecimentos de situações de interesse pessoal dos acionistas ou do mercado de valores mobiliários. Assim reconhece a jurisprudência:

"Fornecimento de certidões com dados sobre os acionistas por sociedades anônimas.

Direito legalmente assegurado. A lei franqueia o direito à obtenção de certidões junto às companhias, relativas aos livros de registro e transferência de ações nominativas, não necessitando que o requerente registre a causa do seu pedido, se esse ocorreu antes da entrada em vigor da Lei nº 9.457/97. As companhias, em nenhuma hipótese, podem dificultar o acesso do interessado às certidões, bem como devem cobrar preço módico para o seu fornecimento".[3]

---

[3]   REsp. nº 238.618-SP, da 3ª Turma do STJ, j. em 15.10.2001, *DJU* de 18.02.2002.

Entende-se que o direito não depende da condição de acionista ou não. Se presente o interesse, como a qualidade de credores, a necessidade de apuração de serviços prestados ou de remessas de produtos, justifica-se a concessão de documentos pertinentes ao assunto em debate. Não em caso de mero pedido para interesses comerciais ou pessoais, como a certidão da relação de acionistas, com os endereços e outros elementos.

Faculta-se o exame livre na sede da companhia. O indeferimento de conceder certidão, ou do pedido de exame, importa em recurso à Comissão de Valores Mobiliários. Persistindo a negativa, a solução é buscada em sede judicial.

Pelos serviços de certidões, assiste às empresas cobrar os custos respectivos, mas sempre correspondentes ao valor real das despesas verificadas. Sempre assiste esse direito, mesmo que venha a postulação de parte de órgãos públicos. Não é admissível que se obrigue à empresa o fornecimento gratuito de extensa documentação fotocopiada pelo simples fato de partir a requisição de entidades públicas, como do Ministério Público, seja para quais forem as finalidades, como investigações em inquérito civil.

É expressa a autorização para a utilização de registros mecanizados ou eletrônicos quanto aos livros de registro das ações nominativas, de transferência de ações nominativas, de registro e transferência de partes beneficiárias, de atas das assembleias gerais e de presença dos acionistas, elencados nos incisos I a V do art. 100 da Lei nº 6.404/1976 (§ 2º do art. 100, na redação da Lei nº 12.431, de 27.06.2011).

Importante lembrar, quanto ao livro de presenças, que o acionista que votar eletronicamente é tido como presente, segundo o parágrafo único do art. 127, vindo com a Lei nº 12.431/2011: "Considera-se presente em assembleia geral, para todos os efeitos desta Lei, o acionista que registrar a distância sua presença, na forma prevista em regulamento da Comissão de Valores Mobiliários".

Todavia, adianta-se que a exibição ou averiguação de livros afigura-se possível em processo contencioso, por ordem judicial a pedido de acionistas que representem, no mínimo, cinco por cento do capital, para a finalidade de apuração de atos ilícitos ou irregularidades. A realização de perícia, com vistas a detectar desvios ou fraudes, ou para a apuração de contas, constitui outro fator que permite o exame ou vistoria pormenorizada.

3. MODELO DE LIVRO DE REGISTRO DE AÇÕES

4. ESCRITURAÇÃO PELO AGENTE EMISSOR

De acordo com o art. 27 da Lei nº 6.404/1976, é permitida a contratação, pela sociedade por ações, da escrituração e da guarda dos livros de registro e transferência de ações, bem como da emissão dos certificados, junto a uma instituição financeira autorizada pela Comissão de Valores Mobiliários a manter esse tipo de serviço. A instituição financeira passa a ser sociedade corretora ao desempenhar o serviço de escrituração e guarda dos referidos livros, na qualidade de mandatária, ao mesmo tempo em que atua como emissora dos certificados.

Tem-se a contratação de um agente emissor, considerado por Philomeno J. da Costa como "um prestador de serviços", que "se vincula à sociedade anônima por um contrato de locação", ficando-lhe reservadas as seguintes funções: "Qualitativamente: a) Escrituração do registro e transferência das ações da companhia; b) guarda e conservação dos livros de registro e transferência delas, inclusive dos seus livros-talões ou de suas fichas ou folhas soltas; e c) emissão dos certificados delas, inclusive a análise e a solução das suas circunstâncias. Quantitativamente: a) escrituração do registro e transferência, guarda, conservação e emissão ainda das debêntures; e b) escrituração do registro e transferência, guarda, conservação e emissão por fim dos bônus de subscrição".[4]

À própria Bolsa de Valores pode ser autorizada a prestar tais serviços pela Comissão de Valores Mobiliários (art. 293).

Já anotava Fran Martins que, "uma vez contratado o serviço, somente o agente emissor de certificados poderá praticar os atos relativos aos registros dos mesmos".[5]

Em vista da previsão de tais funções, o art. 101 da Lei nº 6.404/1976 autoriza que o agente emissor substitua os livros de registro individuais de valores mobiliários de cada companhia sua cliente por registros gerais em sua escrituração. Eis os termos da regra: "O agente emissor de certificados (art. 27) poderá substituir os livros referidos nos incisos I a III do art. 100 pela sua escrituração e manter, mediante sistemas adequados, aprovados pela Comissão de Valores Mobiliários, os registros de propriedade de ações, partes beneficiárias, debêntures e bônus de subscrição, devendo uma vez por ano preparar lista dos seus titulares, com o número dos títulos de cada um, a qual será encadernada, autenticada no registro do comércio e arquivada na companhia".

Está facultado, pois, mediante sistemas modernos e adequados, como programa de computação, elaborar e manter os registros de propriedade das ações, de partes beneficiárias, de debêntures e bônus de subscrição de forma global, facilitando o manuseio e a conservação. Com isso, substitui os livros constantes dos incisos I a III do art. 100, e que são o de registro das ações nominativas, o de transferências de ações nominativas e os de registro e transferência de partes beneficiárias nominativas.

No § 1º está descrita como se faz o registro dos termos de transferências perante o agente emissor: lavra-se em livro de folhas soltas, à vista do certificado da ação, averbando-se a transferência com o nome e a qualificação do adquirente. As folhas devem ser encadernadas em ordem cronológica.

De acordo com o § 2º, encadernam-se os termos de transferência em folhas soltas na ordem cronológica em que foram efetuados, e efetua-se a autenticação dos mesmos no Registro de Comércio. Após, procederá ao agente emissor o devido arquivamento.

Manda o § 3º do art. 27 a enumeração dos certificados de ações emitidos pelo agente emissor; no pertinente às ações, o ato é facultativo.

Recorda-se que o art. 43 autoriza à instituição financeira emissora de certificados a também emitir título representativo das ações que receber em depósito.

---

4 *Anotações às Companhias*, ob. cit., vol. I, p. 478.
5 *Comentários à Lei das Sociedades Anônimas*, ob. cit., vol. 1, p. 563.

5. ESCRITURAÇÃO DAS AÇÕES ESCRITURAIS

As ações escriturais, reguladas pelo art. 34 e por seus parágrafos, são aquelas que dispensam a emissão de certificados, e que ficam mantidas em contas de depósito, em nome dos respectivos titulares, na instituição indicada, e inclusive na Bolsa de Valores, se autorizar a Comissão de Valores Mobiliários (art. 293). O interessado, tendo um valor depositado em instituição financeira, adquire as ações, pagando com o valor depositado, que fica no Banco. Deve haver prévia autorização pela Comissão de Valores Mobiliários para a instituição desse tipo de ações, que na sociedade aparecem escrituradas. A sua propriedade decorre do mero registro na conta de depósito, aberta em nome do acionista nos registros da instituição depositária.

Cabe à entidade financeira, ao menos uma vez por ano, entregar à sociedade cópia dos extratos das contas de depósito das ações, bem como da relação dos acionistas com a quantidade das ações de cada um. Essa previsão está no art. 102: "A instituição financeira depositária de ações escriturais deverá fornecer à companhia, ao menos uma vez por ano, cópia dos extratos de contas de depósito das ações e a lista dos acionistas com a quantidade das respectivas ações, que serão encadernadas em livros autenticados no Registro do Comércio e arquivados na instituição financeira".

Trata-se de medida que mantém informada a sociedade, com os dados cadastrais dos acionistas e das respectivas ações atualizados.

6. FISCALIZAÇÃO E DÚVIDAS NA ESCRITURAÇÃO

No pertinente à fiscalização, o art. 103 estabelece que a companhia é a responsável pela regularidade da transferência e da constituição de direitos ou ônus sobre os valores mobiliários de sua emissão. Se essa função for delegada ao agente emissor ou instituição financeira, a eles transfere-se a função, o que se depreende pela menção que faz o art. 103 aos arts. 27 e 34: "Cabe à companhia verificar a regularidade das transferências e da constituição de direitos ou ônus sobre os valores mobiliários de sua emissão; nos casos dos arts. 27 e 34, essa atribuição compete, respectivamente, ao agente emissor de certificados e à instituição financeira depositária das ações escriturais".

De acordo com o parágrafo único, as eventuais dúvidas que aparecem entre o acionista ou qualquer interessado e a companhia, o agente emissor de certificados ou a instituição financeira depositária das ações escriturais, a respeito das averbações ordenadas pela lei, ou sobre anotações, lançamentos ou transferências de ações, partes beneficiárias, debêntures ou bônus de subscrição, nos livros de registro ou transferência, serão dirimidas pelo juiz competente para solucionar as dúvidas levantadas pelos oficiais dos registros públicos. Excetuam-se as questões atinentes à substância do direito.

Parece óbvio o encaminhamento das questões que envolvem ações, debêntures e outros títulos mobiliários à solução do Poder Judiciário. Nem carecia que viesse consignada a regra. Entrementes, era conveniente que se instituísse uma instância administrativa, a cargo da Comissão de Valores Mobiliários.

7. RESPONSABILIDADE PELO REGISTRO

Em relação à responsabilidade pelos prejuízos causados aos interessados por vícios ou irregularidades verificados nos livros de registro de valores mobiliários, naturalmente repousa a mesma na sociedade, a quem lhe incube efetuar com toda diligência e correção os registros. O art. 104 proclama tal princípio, mas referindo-se aos casos dos incisos I a III do art. 100, e que dizem respeito ao registro das ações nominativas, ao registro de transferências de ações nominativas, ao registro e à transferência de partes beneficiárias nominativas.

De conformidade com o parágrafo único do mesmo artigo, incumbe, à toda evidencia, à companhia diligenciar para que os atos de emissão e substituição de certificados e de transferência e averbações nos livros sociais sejam praticados no menor prazo possível, não excedente ao fixado pela Comissão de Valores Mobiliários, respondendo perante os acionistas e terceiros pelos prejuízos que advierem de atrasos culposos.

8. EXIBIÇÃO DOS LIVROS

A exibição de livros é admissível sempre que fortes razões impuserem a verificação de anotações ou lançamentos, especialmente contábeis, a fim de dirimir dúvidas e conferir elementos apresentados pelos administradores, havendo suspeitas de fraude ou manipulação de dados.

De acordo com o art. 105, busca-se o caminho judicial para conseguir a exibição dos livros. Entretanto, tal via decorre se recusado o atendimento de apresentar espontaneamente, atendendo um mero pedido da pessoa interessada. E para viabilizar a concessão da postulação, incumbe se a formalização do pedido se deu por acionistas que tenham o equivalente, pelo menos, de cinco por cento do capital social, com ou sem direito a voto. Alegam-se as razões para o pleito, como atos violadores da lei ou do estatuto, ou aduzem-se os elementos que levam a fundadas suspeitas de graves irregularidades praticadas pelos órgãos administradores.

Esclarece Fran Martins a forma do pedido para a exibição: "Para que seja ordenada, judicialmente, a exibição por inteiro dos livros sociais, não há necessidade de provar o requerente, de modo preliminar, os atos violadores da lei ou do estatuto ou as irregularidades praticadas por qualquer órgão da companhia; esses fatos devem ser apontados pelos requerentes, só ficando provados, naturalmente, depois de feito o exame resultante da exibição dos livros. O que ao requerente cabe fazer é especificar, com clareza, as suas suspeitas ou apontar os atos, que por acaso foram praticados pela sociedade, violadores da lei ou do estatuto. Ao juiz cabe apreciar o pedido, dependendo de seu convencimento da justeza do mesmo a ordenação da exibição".[6]

A percentagem mínima acima pode ser reduzida pela Comissão de Valores Mobiliários, por expressa referência do art. 291.

Têm pertinência, para conceder a exibição, as situações elencadas no art. 1.191 do Código Civil, exemplificadas na sucessão hereditária, na comunhão ou sociedade na quota do capital, nos atos dos administradores, na gestão por conta de outrem, e na falência.

---

[6] *Comentários à Lei das Sociedades Anônimas*, ob. cit., vol. 1, p. 678.

XXII
Direitos dos acionistas

1. CLASSES DE DIREITOS E PANORAMA GERAL

Acionista, como é elementar, chama-se o sócio da sociedade, ou titular de ações. Até o momento da constituição, denomina-se "subscritor". A partir da formalização da sociedade, com o registro na Junta Comercial, o nome que se dá é "acionista".

Aos acionistas reconhecem-se vários direitos, tal qual acontece aos sócios em todas as sociedades, os quais decorrem da participação social, dividindo-se em duas grandes classes, que são os patrimoniais e os instrumentais. Os primeiros têm expressão econômica, exemplificando-se nos dividendos, lucros e outros benefícios que trazem resultados econômicos; os segundos representam a participação social, como os de fazer parte das assembleias, de se manifestar e votar, de fiscalizar, de pedir informações e prestação de contas.

Os mais relevantes, considerados essenciais, não importando aquela classificação, estão discriminados no art. 109 da Lei nº 6.404, que não podem ser subtraídos nem pelo estatuto social nem pela assembleia dos sócios:

I – participar dos lucros sociais;

II – participar do acervo da companhia, em caso de liquidação;

III – fiscalizar, na forma prevista nesta Lei, a gestão dos negócios sociais;

IV – preferência para subscrição de ações, partes beneficiárias conversíveis em ações, debêntures conversíveis em ações e bônus de subscrição, observado o disposto nos arts. 171 e 172;

V – retirar-se da sociedade nos casos previstos em lei.

Naturalmente, outros direitos existem, como o de votar nas assembleias, de verificar os livros, de convocar a assembleia juntamente com outros sócios, de disputar em eleição cargos diretivos. Alguns desses direitos são tratados em setores específicos, como acontece com o direito ao voto.

Cabem algumas observações sobre tais direitos.

2. PARTICIPAÇÃO NOS LUCROS OU DISTRIBUIÇÃO DE DIVIDENDOS

No pertinente à *participação nos lucros sociais*, lucros que consistem nos dividendos, revela-se o mais comum e coerente dos direitos, pois constitui a finalidade que determina

394 • Direito de Empresa | *Arnaldo Rizzardo*

o ingresso na sociedade, ou a aquisição de ações. Realmente, não se encontra sentido no ingresso em uma sociedade, ou adquirir suas ações, se não resultar o retorno, isto é, se não redunda em lucros ou rendimentos. Tanto que totalmente proibida a inserção, no contrato social, ou a decisão em assembleia, de não se distribuírem os lucros. O art. 109, inc. I, da Lei nº 6.404 revela-se peremptório: "Nem o estatuto social nem a assembleia geral poderão privar o acionista dos direitos de:

I – participar dos lucros sociais".

Temporariamente, porém, assiste à sociedade, por sua assembleia, a retenção de parcela dos lucros, especialmente ante o objetivo de expansão, ou a urgência de atender compromisso inadiável, ou para cobrir defasagens de exercícios anteriores. Inspira-se essa possibilidade no art. 196 da Lei Societária: "A assembleia geral poderá, por proposta dos órgãos da administração, deliberar reter parcela do lucro líquido do exercício prevista em orçamento de capital por ela previamente aprovado".

De outro lado, e naturalmente, se não resultarem lucros, não há de impor a distribuição de dividendos por impossibilidade material, o que também acontece se resultar prejuízo para capital social, matéria tratada por Wilson de Souza Campos Batalha: "Dividendos, mesmo que fixos, não se confundem com juros. É o que resulta do parágrafo primeiro do dispositivo comentado. Ainda que fixos ou cumulativos, os dividendos não poderão ser distribuídos em prejuízo do capital social, salvo na hipótese de liquidação da companhia, quando o estatuto haja expressamente assegurado tal direito".[1] O parágrafo primeiro citado é do art. 17 da Lei nº 6.404.

No entanto, a reiterada e prolongada suspensão de repasse de lucros ou distribuição de dividendos induz a ver indícios de incapacidade da empresa, deixando de cumprir os fins ou objetivos a que se destina, e ensejando razão para buscar a dissolução. Se a inconformidade advém de alguns acionistas, faculta-se o direito à resolução das respectivas participações, ou à sua exclusão do quadro societário.

A matéria está disciplinada na Seção III do Capítulo III da Lei nº 6.404 (art. 15 ao art. 19), onde é dado o critério na distribuição dos lucros em consonância com o tipo de ações ordinárias e preferenciais.

Em outros setores da mesma Lei é regulada a distribuição. Assim, nos arts. 201 e 205 discrimina-se a distribuição dos dividendos, em função dos lucros da empresa, e na proporção das ações que possui. Distribui-se a parcela de lucros estabelecida no estatuto, ou, havendo omissão, metade do lucro líquido do exercício, inclusive abrangendo as reservas da correção monetária, seguindo orientação do STJ:

"As reservas da conta de correção monetária devem ser consideradas para o efeito de distribuição dos dividendos, mesmo que ainda não tenham sido incorporadas ao capital social (REsp. nº 118.880-DF, *DJU* de 19.06.2000).

As empresas que se enquadraram na regra de transição do art. 297 da Lei nº 6.404/76 não estão dispensadas de levarem em conta a correção monetária do capital para o efeito do pagamento dos dividendos das ações preferenciais. Precedentes (REsp. nº 262.771-SP)".[2]

---

[1]   *Comentários à Lei de Sociedades Anônima*, ob. cit., vol. I, p. 203.
[2]   REsp. nº 275.887-SP, da 4ª Turma, j. em 25.04.2005, *DJU* de 16.05.2005. Ainda, REsp. nº 137.339-SP, da 4ª Turma, j. em 2.10.2003, *DJU* de 15.12.2003.

Pagam-se os dividendos com a correção monetária, segundo compele o *decisum* referido na ementa acima (REsp. nº 118.880-DF, *DJU* de 19.06.2000):

"Ações preferenciais. Distribuição de dividendos. Correção monetária.

1. Os dividendos das ações preferenciais não podem ser calculados sem o cômputo da correção monetária do capital social, sendo declaratória a decisão da assembleia geral sobre a capitalização da reserva correspondente.

2. O pagamento dos dividendos titulares de ações preferenciais deve considerar, na base de cálculo, a capitalização determinada na mesma assembleia que aprovou a distribuição".

Tem realce a justificação desenvolvida no voto: "Ainda que possa haver discussão doutrinária, não vejo sentido algum em afastar a correção do exercício a que se refere a assembleia que impõe a distribuição de dividendos. Interpretar de outra forma equivale a admitir que o sistema de correção vigora agora para o futuro, o que não tem razoabilidade alguma. Com esse alcance para o futuro ocorreria uma situação de tal incongruência que o possuidor de ações preferenciais teria aprovada a distribuição de dividendos, com o reconhecimento pela assembleia mandando incorporar a reserva da correção monetária respectiva, só que, neste último aspecto, não teria ele direito algum, porque os seus dividendos seriam distribuídos pelo valor nominal das ações considerando o capital social atualizado pela assembleia do exercício anterior".[3]

Em outros julgados do mesmo Pretório, reitera-se a incidência da correção monetária no pagamento dos dividendos, como no presente: "Ações preferenciais. Correção monetária. Os dividendos das ações preferenciais não podem ser calculados sem o cômputo da correção monetária do capital social".[4]

A menos que o contrário tenha decidido a assembleia geral: "Não tendo sido anulada a decisão da assembleia que ratificou o critério de distribuição dos dividendos, o pagamento dos mesmos deve ser realizado sem o cômputo da correção monetária, conforme deliberação daquela".[5]

3. PARTICIPAÇÃO NO ACERVO

A *participação no acervo da companhia* em caso de liquidação significa o reembolso do capital investido na sociedade. Com a compra de ações, dá-se a transferência do patrimônio particular, através de recursos financeiros, dinheiro, bens de avaliação pecuniária, para o patrimônio da sociedade. Em contraprestação, o sócio recebe as ações correspondentes e representativas do capital que entregou.

Havendo ativo no processo liquidatório, ou se remanescer saldo positivo depois de satisfeita a totalidade do passivo ou das obrigações, procura-se apurar o significado pecuniário desse ativo, em geral através da venda dos bens, e leva-se a termo a restituição aos acionistas, o que representa o reembolso do capital investido.

---

[3]   REsp. nº 207.707-SP, da 4ª Turma do STJ, j. em 14.12.1999, citação do REsp. nº 118.880.
[4]   AgRg no Ag. nº 462.205-PB, da 3ª Turma, j. em 06.02.2003, *DJU* de 31.03.2003.
[5]   REsp. nº 296.996-SP, da 3ª Turma do STJ, j. em 03.12.2002, *DJU* de 31.03.2003.

4. FISCALIZAÇÃO DOS NEGÓCIOS

Em relação à *fiscalização* da gestão dos negócios sociais, compreende o poder garantido ao sócio de se inteirar ou tomar ciência dos negócios e atividades que realiza a sociedade, examinando as contas lançadas nos livros sociais e interferindo na administração. Normalmente, porém, não se processa de modo direto, e sim através do conselho fiscal, a quem incumbe o acompanhamento, e inclusive ordenar a realização de auditorias.

O exame das contas é garantido pelo art. 122, inc. III, da Lei nº 6.404/1976, em redação da Lei nº 10.303/2001, pelo qual a administração deve, anualmente, prestar contas e apresentar as demonstrações financeiras. Nas assembleias gerais ou extraordinárias faculta-se o pedido de explicações, assegurado pelo art. 157, § 1º. A exibição dos livros também está garantida pelo art. 105.

Quanto à interferência, ela se realiza através do poder de decisão dada à assembleia, composta pelos sócios, que deve ser convocada para a finalidade de eleger ou destituir os administradores e fiscais, como garante o art. 122, inc. II, da mesma Lei.

5. PREFERÊNCIA NA SUBSCRIÇÃO DE AÇÕES

Já o direito de *preferência* para a subscrição de ações, de partes beneficiárias e debêntures conversíveis em ações, e de bônus de subscrição, constitui mais um direito, que decorre de previsão expressa também nos arts. 171 e 172, onde a matéria está regulada.

No entanto, aparece uma restrição no art. 136, inc. II, na redação vinda com a Lei nº 9.547/1997, onde se prevê que metade do capital votante poderá alterar as vantagens e preferências nas condições de resgate ou amortização de uma ou mais classes de ações preferenciais, ou criação de nova classe mais favorecida.

Há, ainda, a referência específica às ressalvas dos arts. 171 e 172. Pelo primeiro dispositivo, dá-se a preferência para a subscrição na proporção do número de ações que os sócios possuírem. Nada se depreende quanto a restrições. O art. 172, em texto vindo com a Lei nº 10.303/2001, no entanto, prevê a exclusão da preferência, ao permitir que o estatuto de sociedade aberta que contiver autorização para aumento do capital pode admitir a emissão de ações sem direito de preferência para os antigos acionistas, ou com prazo de decadência inferior a trinta dias, de ações e debêntures conversíveis em ações, ou bônus de subscrição, cuja colocação seja feita mediante:

I – venda em Bolsa de Valores ou subscrição pública; ou

II – permuta por ações, em oferta pública de aquisição de controle, nos termos dos arts. 257 a 263.

Aponta Otávio Vieira Barbi a finalidade do art. 172: "A finalidade dessa regra, que suprime o direito de preferência, não é outra senão facilitar ainda mais a captação de recursos no mercado para o investimento de risco – razão existencial da sociedade anônima aberta".[6]

---

[6] "Pode a sociedade limitada ter capital autorizado?", trabalho citado, p. 259.

6. RETIRADA DA SOCIEDADE

Por último, assegura-se o direito de se *retirar* ou se afastar da sociedade, que acontece quando da dissidência dos acionistas, ou da discordância manifesta às determinações deliberadas em assembleia geral. Anna Luiza Prisco Paraíso apresenta o conceito: "O direito de retirada do acionista consiste no poder jurídico de extinguir, por ato unilateral, nos casos previstos em lei, as relações de sócio que o vinculam à sociedade, passando à posição de credor da mesma, pelo valor de reembolso de suas ações".[7]

A matéria é tratada no art. 137 da Lei nº 6.404/1976, em redação das Leis nº 9.457 e nº 10.303. Discrimina o dispositivo quando cabe o direito de se retirar, que consiste na aprovação, pelos acionistas, em assembleia, das matérias previstas nos incisos I a VI e IX do art. 136, dando-se a eles o reembolso do valor das respectivas quotas.

Está vinculado o direito de retirada, com o reembolso do valor das ações, ao prejuízo direto resultante da deliberação, na qual ficou vencido o sócio. No entanto, não é pressuposto para a retirada e o reembolso a participação na assembleia, com a manifestação de voto contrário, questão que consta no § 2º do art. 137, o que se verá adiante. Não verificado prejuízo, especialmente nas mudanças de uma sociedade em outra, ou que se transforma em uma diferente, seja por incorporação, fusão ou cisão, por terem as ações liquidez (ações admitidas no mercado mobiliário) e dispersão (capacidade de negociação) no mercado, falece o direito de retirada. De igual modo quando as ações, por qualquer um desses fenômenos, sofrerem desvalorização, causando prejuízo aos seus titulares.

Dá azo à faculdade, também, a alteração substancial dos atos constitutivos e das condições vigentes quando da adesão à sociedade, fruto da deliberação da maioria societária.

6.1. Situações que autorizam a retirada

Eis os casos que asseguram o afastamento, contemplados nos incisos I a VI do art. 136, consoante o art. 137:

> I – criação de ações preferenciais ou aumento de classe de ações preferenciais existentes, sem guardar proporção com as demais classes de ações preferenciais, salvo se já previstos ou autorizados pelo estatuto;
>
> II – alteração nas preferências, vantagens e condições de resgate ou amortização de uma ou mais classes de ações preferenciais, ou criação de nova classe mais favorecida;
>
> III – redução do dividendo obrigatório;
>
> IV – fusão da companhia, ou sua incorporação em outra;
>
> V – participação em grupo de sociedades (art. 265);
>
> VI – mudança do objeto da companhia;

Já a hipótese constante no inc. IX é a seguinte:

> IX – cisão da companhia.

---

[7] *O direito de Retirada na Sociedade Anônima*, Rio de Janeiro, Editora Lumen Juris, 2000, p. 17.

Em todos os casos, há a deliberação, na qual se manifesta a dissidência. Esse o passo primeiro para a retirada ou recesso, salientando Carlos Klein Zanini: "Requer o direito de recesso esteja a dissidência maioria *versus* minoria objetivamente refletida em deliberação adotada pela companhia. Na ausência de uma deliberação, não tem como apurar se existe ou não dissidência. E a dissidência exigida para o recesso não é a mera divergência no plano das ideias, mas, sim, aquela que resulta na tomada de uma decisão concreta em face da qual se manifesta uma oposição".[8]

O art. 137 aponta para uma série de ressalvas e condições, fazendo-se mister a observação detalhada que cabe observá-las destacadamente.

Assim, manda, no inciso I, que se observe o seguinte:

"Nos casos dos incisos I e II do art. 136, somente terá o direito de retirada o titular de ações de espécie ou classe prejudicadas".

As ações preferenciais criadas ou o aumento de classe de ações preferenciais existentes, sem a devida proporção com as demais classes de ações preferenciais, devem trazer prejuízo ao acionista, para viabilizar a retirada do sócio. De igual modo impende que surja o prejuízo na alteração nas preferências, vantagens e condições de resgate ou amortização de uma ou mais classes de ações preferenciais.

Já o inciso II do mesmo art. 137, dirigido aos incisos IV e V do art. 136, assinala que não importa em retirada as ações com liquidez e poder de dispersão no mercado:

"Nos casos dos incisos IV e V do art. 136, não terá direito de retirada o titular de ação de espécie ou classe que tenha liquidez e dispersão no mercado, considerando--se haver:

a) liquidez, quando a espécie ou classe de ação, ou certificado que a represente, integre índice geral representativo de carteira de valores mobiliários admitido à negociação no mercado de valores mobiliários, no Brasil ou no exterior, definido pela Comissão de Valores Mobiliários; e

b) dispersão, quando o acionista controlador, a sociedade controladora ou outras sociedades sob seu controle detiverem menos da metade da espécie ou classe de ação".

As hipóteses IV e V do art. 136 cuidam da fusão da companhia, ou sua incorporação em outra, e da participação em grupo de sociedades.

Ou seja, podem se retirar os sócios cujas ações não tenham liquidez ou dispersão, em fenômenos de fusão, incorporação da sociedade, e de participação em grupo de sociedades.

O inciso III art. 137 restringe o direito de retirada, no caso do inciso IX do art. 136, que envolve a cisão da companhia, só podendo se efetuar se o fato importar em:

a) mudança do objeto social, salvo quando o patrimônio cindido for vertido para sociedade cuja atividade preponderante coincida com a decorrente do objeto social da sociedade cindida;

b) redução do dividendo obrigatório; e

c) participação em grupo de sociedade.

---

[8] *A Dissolução Judicial da Sociedade Anônima*, Rio de Janeiro, Editora Forense, 2005, p. 194.

O inciso IV do art. 137 trata do prazo para o reembolso da ação, que é de trinta dias:

"O reembolso da ação deve ser reclamado à companhia no prazo de 30 (trinta) dias contados da publicação da ata da assembleia geral". Deve considerar-se a ata da assembleia que deliberou sobre matéria que assegura o afastamento.

Esclarece-se, em face do art. 45, na redação da Lei nº 9.457, que o reembolso se faz pelo valor econômico de mercado da ação, mesmo que seja inferior ao valor patrimonial, constante do balanço aprovado pela assembleia.

6.2. Prazo para exercer o direito de retirada

O inciso V do art. 137 estabelece o início da contagem do prazo para o dissidente exercer seus direitos havendo assembleia especial:

"O prazo para o dissidente de deliberação de assembleia especial (art. 136, § 1º) será contado da publicação da respectiva ata".

Em face da referência ao art. 136, § 1º, conta-se o prazo de trinta dias da data da publicação da ata da assembleia especial dos titulares de ações preferenciais prejudicadas que aprovaram ou ratificaram, por mais da metade de cada classe de ações preferenciais prejudicadas, a criação de ações preferenciais ou alteração nas preferências, vantagens e condições de resgate ou amortização de uma ou mais classes de ações preferenciais, ou criação de nova classe mais favorecida. A assembleia efetiva-se dentro do prazo de um ano da data da assembleia geral da sociedade.

Sabe-se que, para tais criações ou alterações, deve haver a aprovação pelos titulares de ações preferenciais prejudicadas. Se não referendada a criação ou alteração, naturalmente não há o fato gerador que justifica a retirada.

Manda-se para a direção da sociedade uma manifestação por escrito da vontade de se retirar, a teor da explicação de Anna Luiza Prisco Paraíso: "O direito de retirada é exercido por uma manifestação de vontade, que é uma declaração do acionista, contendo sua intenção de retirar-se da sociedade mediante o reembolso de suas ações.

Se esta declaração é um ato unilateral, não se faz necessária a aceitação da sociedade para que o direito de retirada produza efeitos. A propósito, toda doutrina estrangeira, bem como a nacional, afirmam que a declaração do acionista é ato unilateral, que não precisa de aceitação pela sociedade".[9]

6.3. Ratificação ou reconsideração da deliberação que enseja a retirada

O inciso VI do art. 137 exige mais uma condição para o reembolso das ações:

"O pagamento do reembolso somente poderá ser exigido após a observância do disposto no § 3º e, se for o caso, da ratificação da deliberação pela assembleia geral".

---

[9]   *O direito de Retirada na Sociedade Anônima*, ob. cit., p. 142.

O § 3º mencionado no dispositivo estabelece a possibilidade de, no prazo de dez dias da assembleia, realizada para ratificar a decisão, contado da publicação da ata, os administradores convocarem nova assembleia geral dos acionistas, para a finalidade de ratificar ou reconsiderar a deliberação do fato que assegura o direito de reembolso, se entenderem que o reembolso das ações aos dissidentes que exerceram o direito de retirada põe em risco a estabilidade financeira da empresa. Unicamente depois de decorrido o mencionado prazo, ou da ratificação da decisão que justificou a retirada, torna-se exigível o pagamento.

No caso de decorrer o direito de retirada em razão dos incisos I e II do art. 136 (criação e alteração de ações preferenciais), o prazo será de dez dias e inicia a contar-se depois da assembleia especial de aprovação ou ratificação dos acionistas preferenciais prejudicados, que se efetivará em até um ano da publicação da ata assembleia geral, nos termos do § 1º do art. 136.

6.4. Prova da titularidade das ações para o reembolso do valor das ações

De acordo com Anna Luiza Prisco Paraíso, é através do reembolso "que os acionistas, que já declararam sua vontade de retirar-se da sociedade, recebem o pagamento do valor de suas ações".[10]

O § 1º do art. 137 garante o reembolso do acionista prejudicado, desde que prove a titularidade e obedecidas as condições acima: "O acionista dissidente de deliberação da assembleia, inclusive o titular de ações preferenciais sem direito de voto, poderá exercer o direito de reembolso das ações de que, comprovadamente, era titular na data da primeira publicação do edital; de convocação da assembleia, ou na data da comunicação do fato relevante objeto da deliberação, se anterior". Com a condição posta para a retirada (titularidade na data da convocação da assembleia, ou da comunicação de fato relevante para a deliberação, se anterior), evita-se a compra de ações com a finalidade de exercer o direito de reembolso.

Infere-se da norma que tanto ao acionista votante como ao não votante reservase o direito de retirada.

Explica Anna Luiza Prisco Paraíso como se fará a comprovação pelo acionista: "Desta forma, há o acionista que comprovar, na data da assembleia, a sua titularidade, evitando-se, portanto, o exercício abusivo de retirada.

Quanto aos acionistas presentes à assembleia, a comprovação da qualidade de acionista se fará na forma prevista pelo art. 126 da Lei nº 6.404/1976.

Por outro lado, os acionistas ausentes à assembleia que ocasionou o direito de retirada provarão a titularidade de suas ações de acordo com a forma de ações que possuírem:

a) se as ações forem nominativas, a prova se fará pelos próprios livros da sociedade ...

d) se forem ações escriturais, provar-se-á a titularidade pelos extratos da instituição financeira que as mantenha em depósito".[11]

---

[10] *O direito de Retirada na Sociedade Anônima*, ob. cit., p. 152.
[11] *O direito de Retirada na Sociedade Anônima*, ob. cit., p. 144.

6.5. O direito de retirada aos acionistas que não votaram na assembleia

O § 2º do citado artigo 137 assinala o exercício do direito nos prazos acima dos incisos IV e V, conforme o caso, o que já ficou anotado, mesmo que omitido o voto contrário, ou não tenha havido o comparecimento à assembleia: "O direito de reembolso poderá ser exercido no prazo previsto nos incisos IV ou V do *caput* deste artigo, conforme o caso, ainda que o titular das ações tenha se abstido de votar contra a deliberação ou não tenha comparecido à assembleia". Três as situações que asseguram o direito de retirada: a) o acionista que tenha votado contra; b) o acionista que tenha se abstido de votar; c) o acionista que não tenha comparecido à assembleia geral. Entretanto, como saber quem votou contra ou a favor, se a ata não identifica os votantes? Parece que fica desconhecido o teor do voto, levando a concluir que ao próprio acionista que votou a favor decorre o direito de retirada. Essa a conclusão de Osmar Brina Corrêa-Lima: "À primeira vista, parece um contrassenso ao acionista aprovar determinada matéria e, em seguida, exercer o direito de retirada por discordar da aprovação. Contudo, na realidade das sociedades anônimas, as atas não consignam quem votou a favor e quem votou contra determinada deliberação. Além disso, a lei não exige, para o exercício do direito de retirada, que o acionista faça prova de que votou contra a deliberação. Assim, um acionista minoritário, apesar de ter comparecido à assembleia geral e votado a favor da deliberação ensejadora do direito de retirada, pode, não obstante, exercer esse direito".[12]

Sobre o acionista ausente, é reconhecido o direito pela jurisprudência: "O conceito de acionista dissidente a que se refere a Lei nº 6.404/1976 é bastante abrangente; inclui não só o que comparece e vota contra a deliberação da assembleia, como o que esteve ausente ou o que, embora comparecendo, por qualquer razão, deixou de votar. Em qualquer das hipótese, à luz do artigo 216, § 2º, da mencionada lei, o prazo para o acionista impugnar judicialmente, o resultado da assembleia é de trinta dias, a contar da publicação da ata. Recurso provido".[13]

O § 3º, conforme se disse, autoriza que o reembolso somente se efetivará se, no prazo de dez dias da assembleia que ratificou a decisão que enseja a retirada com o reembolso, não se convocar nova assembleia para a ratificação ou reconsideração da deliberação.

Pelo § 4º, decai do direito de retirada o acionista que não exercer o direito no prazo fixado, que é de trinta dias, após os dez dias assegurados para a convocação da assembleia de ratificação ou de revogação do ato.

---

[12] *Sociedade Anônima*, ob. cit., p. 311.
[13] REsp. nº 570.028-AP, da 3ª Turma do STJ, j. em 03.03.2005, *DJU* de 02.05.2005.

XXIII
Deveres dos acionistas e falta de integralização das ações

1. OS DEVERES EM GERAL

Como em toda sociedade, despontam deveres aos sócios na sociedade de ações. O mais importante deles está na integralização das ações, o que vem ordenado no art. 106 da Lei nº 6.404/1976, obrigação que será analisada adiante.

Não traz a Lei nº 6.404 outros deveres especificamente. Acontece que, nas sociedades de ações, circunscreve-se a atuação do sócio no limitado campo das ações que possui. Nesse âmbito está o seu mundo, não podendo ir além, diferentemente do que acontece com os direitos que ele possui em vários setores, conforme acima visto. No entanto, podem-se apontar mais deveres, comuns em todas as sociedades, e não específicos, como o de comparecer nas assembleias, proferir o voto nas questões colocadas para a deliberação, cooperar nas convocações para o desempenho de cargos ou funções a que for chamado, apontar os problemas que a afetam e colaborar para a solução, não praticar atos de concorrência com a sociedade, defendê-la contra as investidas de terceiros, atender os chamados para socorrê-la nas emergências, não participar de outras sociedades que desempenham as mesmas atividades ou idêntica produção.

Embora esses deveres, não se encontra um regramento disciplinador, que traga cominações punitivas, ou, ao mínimo, imponha conduta diversa. Realmente, a lei restringe-se a cuidar unicamente da integralização das ações, no que é pertinente aos deveres.

2. A INTEGRALIZAÇÃO DAS AÇÕES PELO SÓCIO

O dever mais importante e fundamental está na integralização das ações, que desponta no art. 106 da Lei nº 6.404/1976: "O acionista é obrigado a realizar, nas condições previstas no estatuto ou no boletim de subscrição, a prestação correspondente às ações subscritas ou adquiridas". A mera subscrição dá o estado de sócio e cria o vínculo da responsabilidade pelo montante das ações subscritas e não integralizadas. Todavia, tem-se como integralizada a ação com a transferência do montante correspondente ao preço da ação quando da emissão à sociedade.

Pela subscrição, de um lado o acionista adquire as ações, que lhe são entregues pela sociedade; de outro, decorre o dever de integralização, que se efetua pelo pagamento das ações adquiridas.

Orienta o instrumento ou boletim de subscrição a forma, o tempo e o valor de pagamento, se não efetuado à vista, que deverão se coadunar com o estatuto social. Se à vista

404 • Direito de Empresa | *Arnaldo Rizzardo*

a subscrição, opera-se simultaneamente a integralização; realizando-se a prazo, entrega-se uma parcela inicial, e o restante efetuar-se-á em parcelas subsequentes.

Sendo omissos o estatuto e o boletim de subscrição quanto ao montante das prestações e ao prazo de satisfação do valor desdobrado em parcelas, segue-se a orientação do § 1º, que delega ao órgão da administração suprir as deficiências ou omissões. Em primeiro lugar, deve-se convocar a assembleia para definir os referidos dados. Depois, providencia-se na publicação de chamadas públicas, que consistem em avisos publicados na imprensa, por três vezes, no mínimo, fixando prazo não inferior a trinta dias para o cumprimento das obrigações, tanto no que diz com o pagamento como no que se refere ao modo de se efetuar. Eis a redação da regra: "Se o estatuto e o boletim forem omissos quanto ao montante da prestação e ao prazo ou data do pagamento, caberá aos órgãos da administração efetuar a chamada, mediante avisos publicados na imprensa, por três vezes, no mínimo, fixando prazo, não inferior a 30 (trinta) dias, para o pagamento".

3. MORA NA INTEGRALIZAÇÃO DAS AÇÕES

Constando do contrato ou do boletim discriminados o montante da obrigação e a data do cumprimento, desde o momento da inadimplência opera-se a constituição em mora, com a incidência de juros à taxa de doze por cento ao ano (por aplicação dos arts. 591 e 406 do Código Civil), de multa em até dez por cento e da correção monetária, ficando a sociedade habilitada para a cobrança ou as providências. Já não aparecendo os referidos elementos, inicia a mora com o decurso do prazo de trinta dias das chamadas publicações, em consonância com o acima observado. Eis o texto do § 2º do art. 106 da Lei nº 6.404 sobre o assunto: "O acionista que não fizer o pagamento nas condições previstas no estatuto ou boletim, ou da chamada, ficará de pleno direito constituído em mora, sujeitando-se ao pagamento dos juros, da correção monetária e da multa que o estatuto determinar, esta não superior a 10% (dez por cento) do valor da prestação".

Extrai-se que a mora não depende de interpelação. Uma vez constatada, incidem juros e correção monetária, ficando os primeiros em doze por cento ao ano (arts. 591 e 406 do Código Civil), e recaindo a última a partir do vencimento da prestação, mesmo que omisso o contrato.

4. ACIONISTA REMISSO E CONSEQUÊNCIAS

De outro lado, uma vez não promovida a integralização, embora as providências acima, além de manter-se a responsabilidade do sócio até o montante não satisfeito, torna-se ele remisso. Considera-se remisso o acionista que incidir em mora, a qual se dá com o não cumprimento da obrigação de integralizar as ações subscritas ou adquiridas. Cabe à sociedade optar pelas alternativas estabelecidas no art. 107 e seus parágrafos, e que são as seguintes:

> I – promover contra o acionista, e os que com ele forem solidariamente responsáveis (art. 108), processo de execução para cobrar as importâncias devidas, servindo o boletim de subscrição e o aviso de chamada como título extrajudicial nos termos do art. 107, inc. I, da Lei nº 6.404/1976; ou
>
> II – mandar vender as ações em Bolsa de Valores, por conta e risco do acionista.

Estipulação que contrarie as opções acima não surtirá efeitos, considerando-se como não escrita.

O título de execução é extrajudicial, ficando representado pelo boletim de subscrição. Já a venda das ações na bolsa de valores se promoverá em um leilão especial, com a publicação de aviso, por três vezes, com a antecedência mínima de três dias.

Percebe-se que está assegurado o processo de execução para a cobrança do valor que falta para a integralização do valor das ações, observando-se as normas do Código de Processo Civil. O boletim de subscrição e os avisos de chamada servem de título para a execução extrajudicial.

A solução mais drástica consiste na venda das ações do acionista faltoso na Bolsa de Valores. Não se dispensam certas formalidades, como a venda em leilão especial na Bolsa de Valores do lugar da sede social, ou, em inexistindo, na mais próxima. Não se trata de uma negociação habitual de valores mobiliários, mas de uma venda especial e própria para a finalidade de venda de ações de sócio inadimplente ou que ficou remisso. Optou a lei pela venda na Bolsa por ser a entidade e o caminho apropriados para a negociação, não importando que seja a sociedade aberta ou fechada. Antes, publica-se aviso, por três vezes, com antecedência mínima de três dias da última publicação em relação à data programada da venda em leilão, conforme acima observado.

Nessa modalidade de venda, o preço observará, tanto quanto possível, a cotação de mercado das ações, devendo colocar-se um patamar mínimo, que não ficará abaixo de sessenta por cento da estimativa da cotação, como usualmente se pratica nas hastas públicas de outros bens.

A arrematação abrangerá indiferentemente a totalidade das ações ou lotes, cabendo à sociedade, por sua administração, decidir.

Do montante que se apurar, naturalmente na venda de ações, abatem-se primeiramente as despesas com a operação de execução ou de venda das ações na Bolsa, como impõe o § 2º do art. 107, segunda parte. Em seguida, é satisfeita a contribuição em aberto; no caso de haver previsão no estatuto, segue-se o pagamento dos juros, da correção monetária e da multa. Por último, o que sobrar fica à disposição do sócio remisso, a quem se faculta o levantamento.

Aquele que adquire as ações torna-se sócio da sociedade, não havendo, pois, diminuição do capital. Assim professa José Edwaldo Tavares Borba: "Vendidas as ações em leilão, o arrematante substituirá, no quadro social, o acionista remisso".[1]

Mesmo que iniciado o processo de execução, permite-se que se proceda a venda de ações na bolsa mediante leilão. Por evidente que, aí, cessa a execução. E se a opção inicial for a venda, não se impede que se deixe de lado esta forma, partindo-se para a cobrança. Isto especialmente se as ações oferecidas na bolsa não encontrarem tomador ou interessado, ou se o preço revelar-se insuficiente para cobrir os débitos do acionista. Efetuada a cobrança da parte que faltava para ser adimplida, realiza-se a integralização. Em consequência, operada a integralização, embora pela cobrança judicial, mantém-se a propriedade das ações em nome do sócio, que deixa, então, de ser remisso.

Na hipótese de não ficarem satisfeitos os créditos da sociedade, ou se executado o acionista ou vendidas as suas ações, ficarem a descoberto algumas ações, serão elas declaradas caducas, devendo compensar a sua significação patrimonial com os lucros ou

---

[1] *Direito Societário*, ob. cit., 9ª ed., 2004, p. 319.

reservas da sociedade, excetuada, nesta última hipótese, a reserva legal. Assim procedendo, não se verifica alteração do capital social. Não advindo lucros, ou inexistindo reservas suficientes, a sociedade terá o prazo de um ano para colocar as ações caídas em comisso no mercado para a comercialização; não aparecendo, no prazo, comprador das ações que as adquira, deverá partir para a redução correspondente do capital, o que se fará mediante deliberação em assembleia. É a redução do capital uma decorrência necessária. Realmente, como manter o capital original se não integralizadas todas as ações?

Pensa-se que, antes da providência extrema da venda ou redução do capital, oportuniza-se aos demais sócios a incorporação das ações, com a entrega ao primitivo titular da quantia por ele paga.

Viabiliza-se a redução do capital acionário do sócio remisso ao montante que integralizou ou pagou.

5. PERMANÊNCIA DA RESPONSABILIDADE DO DEVEDOR

A efetivação da venda, não importando se voluntária, compulsória ou judicial, não faz depreender que cessa a responsabilidade do antigo titular, se pendente algum saldo devedor. Remanesce a sua responsabilidade, solidariamente com os adquirentes, até a completa integralização. Essa dedução extrai-se do art. 108: "Ainda quando negociadas as ações, os alienantes continuarão responsáveis, solidariamente com os adquirentes, pelo pagamento das prestações que faltarem para integralizar as ações transferidas".

Há um prazo para a permanência da responsabilidade, que é de dois anos, a teor do parágrafo único: "Tal responsabilidade cessará em relação a cada alienante, no fim de 2 (dois) anos a contar da data da transferência das ações". De modo que, efetuada a transferência, e não cumprindo o adquirente o pagamento, ou seja, perdurando a inadimplência, passados dois anos cessa a responsabilidade, incumbindo ao sócio provar a transferência, o que somente se consegue pelo registro da venda no livro ou boletim da titularidade das ações.

XXIV

As assembleias gerais dos sócios na sociedade anônima

1. CONCEITO E FUNÇÕES

É a assembleia, na colocação de Waldemar Ferreira, "órgão da sociedade, ou seja, de pessoa jurídica. Sua função é, se não a de falar em nome dela ou de lhe dizer a vontade, a de traçar o roteiro de seu destino. Para a consecução desse alvo, ela é soberana: livremente toma as decisões condizentes com o interesse social; e sua decisão se impõe, definitivamente, a quantos, por qualquer título, se dediquem ao seu serviço. Merece, por isso, o qualificado de órgão supremo da sociedade, como tal soberano, título com que a têm honrado algumas leis".[1]

De modo mais enfático, Romano Cristiano coloca-a como o "poder supremo da companhia, do qual emanam todos os demais poderes. Tem, por isso, uma série de competências privativas que, como tais, nunca poderiam ser atribuídas a outros órgãos da companhia, uma vez que tal atribuição – feita ao arrepio da lei – seria, a nosso ver, nula de pleno direito".[2]

A assembleia significa ou é a reunião dos sócios da sociedade, para tratar de importantes matérias, ou tomar conhecimento da administração. José Xavier Carvalho de Mendonça descreve as funções e os poderes que lhe são inerentes: "A assembleia geral é a reunião dos acionistas regularmente convocados para discutirem e deliberarem sobre os negócios sociais. Ela é o poder administrativo por excelência; resolve todos esses negócios, toma quaisquer decisões, delibera, aprova ou ratifica todos os atos que interessam à sociedade; modifica e altera os estatutos ou o contrato social".[3]

São gerais as assembleias, isto é, de todos os sócios, devendo permitir-se a participação dos sócios de determinadas categorias de ações. Não se aceita a restrição de que somente alguns sócios participem, impedindo que outros se façam presentes, desde que assegurado o direito de voto.

O estudo das assembleias tem forte correlação com a administração. São as assembleias que decidem as questões mais importantes, e que traçam os rumos a serem obedecidos no futuro, tendo em conta sempre a realidade em que se encontra, e da qual se toma conhecimento pelos constantes relatórios que são apresentados.

---

[1] *Tratado de Direito Comercial*, ob. cit., 4º vol., p. 364.
[2] *Órgãos da Sociedade Anônima*, São Paulo, Editora Revista dos Tribunais, 1982, p. 1.
[3] *Tratado de Direito Comercial Brasileiro*, Campinas/SP, Bookseller Editora e Distribuidora, 2001, vol. II, t. III, p. 15.

408 • Direito de Empresa | *Arnaldo Rizzardo*

Pode-se afirmar, daí, que a assembleia geral constitui-se no mais importante órgão de administração, ou no órgão supremo da sociedade, no qual se efetiva a presença dos sócios que, pelos estatutos e classe de ações, representa o momento culminante de manifestação do exercício de propriedade, ou da emanação do poder. Sem dúvida, excetuada a participação nas assembleias, apenas teoricamente os sócios são os donos dos destinos da sociedade, eis que, na prática, restringe-se a sua atuação ao recebimento de lucros ou dividendos. Não se descarta, porém, a importância da presença na assembleia, máxime no que diz respeito à formação de grupos, de modo a atingir a maioria das ações, o que leva a definir os destinos no futuro.

Não significa a assembleia um cenário da democracia, porquanto as votações são comandadas, na maioria das vezes, por influência de grupos, conchavos e poder político. Em verdade, em muitos casos, não passa de um ato meramente formal, já que um único acionista pode determinar o rumo das deliberações.

Embora se diga que a assembleia delibera, na verdade ela decide, e, assim, indiretamente administra ou traça as diretrizes a serem observadas pela Diretoria administrativa. Ao deliberar, exerce a administração. Quando aprova, por exemplo, a emissão de debêntures, está decidindo administrativamente matéria que reflete no patrimônio, e traça os rumos de ação dos diretores. Essa visão encontra apoio no art. 121 da Lei das sociedades anônimas: "A assembleia geral, convocada e instalada de acordo com a lei e o estatuto, tem poderes para decidir todos os negócios relativos ao objeto da companhia e tomar as resoluções que julgar convenientes à sua defesa e desenvolvimento".

2. ESPÉCIES DE ASSEMBLEIAS GERAIS E COMPETÊNCIA

Há duas espécies fundamentais de assembleias gerais: a ordinária e a extraordinária – a primeira realizável em épocas determinadas e para finalidades que a lei indica, como para a prestação de contas ou dos resultados financeiros; e a segunda convocável quando houver necessidade, especialmente para deliberar sobre assuntos diferentes. Conhecem-se, ainda, a assembleia geral especial, destinada a determinada classe de acionistas, como a dos debenturistas, e a que se realiza para deliberar sobre a criação de novas ações preferenciais, para a modificação de vantagens, para a restrição de direitos e outras matérias particularizadas; e a assembleia geral de constituição, que não passa de uma reunião dos subscritores de ações, para a formação da sociedade. No pertinente à assembleia geral especial, é explicada por Celso Marcelo de Oliveira: "A assembleia geral especial é prevista na lei para certas espécies de acionistas, como de ações preferenciais, para deliberar sobre a criação de novas ações preferenciais, modificação de vantagens, restrição de direitos etc., ou de debêntures, para assuntos de seu exclusivo interesse. As assembleias especiais reúnem acionistas de classe determinada de ações, tendo por objeto apreciar questões de seu interesse específico. Sua convocação e instalação são semelhantes às demais, e a aprovação das matérias em deliberação depende de aprovação de titulares de mais da metade das ações que compõem a classe interessada".[4]

Cumpre esclarecer que a Lei nº 6.404/1976 possui dispositivos que tratam conjuntamente das assembleias gerais ordinária e extraordinária, como o art. 122, o qual discrimina as competências privativas, atribuindo genericamente à assembleia geral

---

[4] *Manual de Direito Empresarial*, ob. cit., vol. II, p. 388.

as seguintes funções, ficando excluídos, portanto, os acionistas considerados em sua individualidade:

I – reformar o estatuto social;

II – eleger ou destituir, a qualquer tempo, os administradores e fiscais da companhia, ressalvado o disposto no nº II do art. 142;

III – tomar, anualmente, as contas dos administradores e deliberar sobre as demonstrações financeiras por eles apresentadas;

IV – autorizar a emissão de debêntures, ressalvado o disposto nos §§ 1º, 2º e 4º do art. 59 (redação dada pela Lei nº 12.431, de 2011);

V – suspender o exercício dos direitos do acionista (art. 120);

VI – deliberar sobre a avaliação de bens com que o acionista concorrer para a formação do capital social;

VII – autorizar a emissão de partes beneficiárias;

VIII – deliberar sobre transformação, fusão, incorporação e cisão da companhia, sua dissolução e liquidação, eleger e destituir liquidantes e julgar-lhes as contas;

IX – autorizar os administradores a confessar falência e pedir a recuperação judicial ou extrajudicial da empresa.

Algumas observações fazem-se necessárias.

No pertinente à reforma dos estatutos, segue uma gama de regras, como a convocação de assembleia geral extraordinária, o que se faz por meio de anúncio publicado por três vezes em jornal oficial, e uma vez em jornal local, com informações de local, data e hora da assembleia, da ordem do dia, a indicação de matéria. Terá a presença mínima, em primeira convocação, de dois terços do capital com direito a voto; em segunda convocação, instalar-se-á com qualquer número de votos (art. 135).

Anote-se a menção, pelo inciso II, de que se deve ressalvar o disposto no nº II do art. 142, isto é, ressalvar as competências do Conselho de Administração.

Em relação ao inc. IV, no tocante à emissão de novas debêntures em sociedades abertas, conversíveis ou não conversíveis em ações, a competência passou para o Conselho de Administração, dentro das condições dos §§ 1º, 2º e 4º do art. 59 da Lei nº 6.404, em texto da Lei nº 12.431/2011:

"§ 1º Na companhia aberta, o conselho de administração pode deliberar sobre a emissão de debêntures não conversíveis em ações, salvo disposição estatutária em contrário.

§ 2º O estatuto da companhia aberta poderá autorizar o conselho de administração a, dentro dos limites do capital autorizado, deliberar sobre a emissão de debêntures conversíveis em ações, especificando o limite do aumento de capital decorrente da conversão das debêntures, em valor do capital social ou em número de ações, e as espécies e classes das ações que poderão ser emitidas.

(...)

§ 4º Nos casos não previstos nos §§ 1º e 2º, a assembleia geral pode delegar ao conselho de administração a deliberação sobre as condições de que tratam os incisos VI a VIII do *caput* e sobre a oportunidade da emissão".

410 • Direito de Empresa | *Arnaldo Rizzardo*

Já quanto à referência ao art. 120 pelo inciso n° V, diz este dispositivo justamente sobre a suspensão dos direitos do acionista. É importante ver o teor do dispositivo: "A assembleia geral poderá suspender o exercício dos direitos do acionista que deixar de cumprir obrigação imposta pela lei ou pelo estatuto, cessando a suspensão logo que cumprida a obrigação".

Quanto ao inc. VI – deliberação sobre a avaliação de bens – esclarece Romano Cristiano que "somente a assembleia geral tem competência para aprovar, ou não, laudos de avaliação de bens oferecidos pelos acionistas para a realização total ou parcial das ações subscritas".[5]

O parágrafo único do art. 122 autoriza a confissão da falência ou o pedido de recuperação judicial ou extrajudicial da empresa pelos administradores, sem a antecedente aprovação da assembleia, em caso de urgência, desde que haja a concordância do acionista controlador, se houver, convocando-se imediatamente a assembleia geral, para manifestar-se sobre a matéria. A questão revela alguma dificuldade, já que não explicitadas as situações de urgência, variando os conceitos sobre o assunto. Na verdade, é difícil um caso de urgência. Em geral, a falência se dá diante da insolvência, ou incapacidade de pagar, o que corresponde a um estado que vem se prolongando no tempo. Tem o devedor o direito de formular o pedido, a contar do vencimento do título, desde que não o pague, em obediência ao art. 97, inc. I, da Lei n° 11.101, de 9.02.2005. Considerando que o parágrafo único do art. 122 da Lei n° 6.404 fala em 'confissão de falência' ou 'pedido de concordata' (atualmente recuperação judicial ou extrajudicial), pode estender-se a interpretação para as hipóteses de requerimento de falência por credores e, citado o representante da sociedade, admitir a quebra no prazo de dez dias, que é o prazo de defesa, nos termos do art. 98 e seu parágrafo único, da Lei n° 11.101, de 9.02.2005. Igualmente nas situações que comportam a recuperação judicial ou extrajudicial, se a urgência impuser o pedido, como na existência de dívidas, cujos títulos podem ser levados a protesto, ou à execução.

As competências do art. 122 são distribuídas à assembleia geral ordinária e à assembleia geral extraordinária. Ou seja, parte delas são da competência da assembleia geral ordinária, e parte da assembleia geral extraordinária, conforme se verá oportunamente. Algumas são comuns para ambas as assembleias, e que são aquelas não privativas de uma ou outra assembleia, como tais indicando-se a reforma dos estatutos, a autorização para a criação das debêntures, a suspensão do exercício dos direitos do acionista, a deliberação sobre a avaliação dos bens que entram na formação do capital social, e a confissão da falência ou o pedido de recuperação da empresa. A bem da verdade, não se estabelece uma distribuição estanque de atribuições. Em uma ou outra assembleia permite-se a deliberação de qualquer assunto, desde que colocada na ordem do dia da convocação.

3. OS ATOS DAS ASSEMBLEIAS

Existem, na forma do art. 131 e seu parágrafo único, a assembleia geral ordinária, quando tem por objeto matérias atinentes à vida normal da sociedade; e a assembleia geral extraordinária, para situações especiais, conforme se examinará abaixo.

Não se impede, porém, que se realizem cumulativamente, no mesmo local, data e hora, com ordem do dia para cada espécie, e lavrando-se uma ata única, mas especificando os atos e deliberações que lhe são próprias.

---

[5] *Órgãos da Sociedade Anônima*, ob. cit., p. 3.

Para ambas as assembleias, a lei estabelece normas comuns, como o livro de presenças assinado por todos os acionistas presentes e com os dados individuais e especificação das ações, tudo em consonância com o art. 127.

O primeiro ato, após a abertura, a verificação, a conferência das presenças e do número apto para a instalação, e da leitura da ordem do dia, consiste na constituição da mesa. O administrador presidente, ou diretor, ou algum dos fundadores se a assembleia visar a constituição da sociedade, dirigirá a escolha dos membros da mesa, que se procede em geral por aclamação. Eis os termos do art. 128: "Os trabalhos da assembleia serão dirigidos por mesa composta, salvo disposição diversa do estatuto, de presidente e secretário, escolhidos pelos acionistas presentes".

O comando dos trabalhos da assembleia seguirá, em havendo previsão, as regras do estatuto, como quando consta que ficará a cargo de um determinado diretor ou do presidente do Conselho de Administração.

Em seguida, passa-se para os assuntos, que serão apresentados na ordem que consta no edital ou aviso de convocação. O resultado da votação denomina-se 'deliberação', que, no conceito de Waldemar Ferreira, "constitui declaração de vontade coletiva, que os acionistas, de outro lado, têm direito de ministrar, cada qual através de sua voz, no debate, e de seu voto, na deliberação".[6]

Oportuna, ainda, a explicação de José Xavier Carvalho de Mendonça, a respeito de como se expressam os votos: "A manifestação dos votos pode ser por aclamação ou pela elevação das mãos, pelo pôr-se de pé, pela chamada nominal ou por escrutínio secreto. Este tem cabimento nos casos em que se procura obter uma opinião sincera, sem influências de simpatias pessoais ou dependência de um homem para com outro. Usa-se especialmente nas eleições dos administradores, nas questões de responsabilidade etc."[7]

Importante anotar a possibilidade de se votar à distância, por meios eletrônicos, desde que possível a comprovação de ter o voto emanado da pessoa do votante, e obedecidas as orientações da Comissão de Valores Mobiliários, faculdade introduzida pela Lei nº 12.431/2011, que incluiu o parágrafo único ao art. 121 da Lei nº 6.404: "Nas companhias abertas, o acionista poderá participar e votar a distância em assembleia geral, nos termos da regulamentação da Comissão de Valores Mobiliários". Em vista do parágrafo único do art. 127, tem-se como presente quem votar eletronicamente.

As deliberações serão tomadas pela maioria dos votos presentes, ou seja, pela votação representativa de mais da metade do total de ações com direito a voto presentes à assembleia, descontados os votos em branco, a menos que diferente o *quorum* para certos assuntos, como os do art. 136, que dizem respeito a atos constitutivos ou modificativos da sociedade, exigindo, no mínimo, metade do capital social votante. Esta a previsão do art. 129: "As deliberações da assembleia geral, ressalvadas as exceções previstas em lei, serão tomadas por maioria de votos, não se computando os votos em branco".

Ressalte-se que a exigência é a maioria absoluta dos votos efetivos, e não do número de pessoas que constam na sociedade, porquanto possível que alguns votem em branco, ou anulem o voto.

Nas sociedades fechadas, viabiliza o § 1º do art. 129 que o estatuto imponha aumento do *quorum*, ou seja, do número de sócios presentes, para a realização da assembleia.

---

6   *Tratado de Direito Comercial*, ob. cit., 4º vol., p. 307.
7   *Tratado de Direito Comercial Brasileiro*, ob. cit., vol. II, t. III, p. 43.

Por força do § 2º, verificado o empate em qualquer votação, na omissão de solução apresentada pelo estatuto, nova assembleia convoca-se, seja qual for o tipo, num intervalo mínimo de dois meses, para tornar a debater a matéria, e submetê-la a nova votação. Repetem-se os atos de convocação, como se exige para a primeira convocação. No entanto, os presentes já podem ficar cientes no ato da assembleia.

Se novo empate persistir, aos acionistas faculta-se delegar a decisão a um terceiro. Se não houver um consenso a respeito, a solução deve ser procurada na via judicial.

Todavia, revela-se válida forma diferente contida no estatuto, inclusive com a escolha de procedimento de arbitragem.

Sobre o assunto observa Osmar Brina Corrêa-Lima: "Não são comuns os casos de empate em assembleias gerais de companhias. A solução dada pela lei tem sido criticada por vários doutrinadores. Segundo Requião (1988), ela é romântica e fora da realidade".[8]

Assim resumia José Xavier Carvalho de Mendonça os trâmites acima: "O presidente da assembleia, verificando existir o *quorum* legal, declara esta constituída, abre a sessão, manda ler a ordem do dia, põe em discussão as matérias aí incluídas na respectiva colocação e colhe depois os votos, proclamando o resultado".[9]

4. A ATA DA ASSEMBLEIA

Lavra-se ata da assembleia geral, o que significa que se anotam todos os acontecimentos e as decisões que ocorrerem. Procura-se descrever, sucintamente, o desenrolar da assembleia. Trata-se de um relato da abertura, da composição da presidência, da ordem do dia, das manifestações, das votações e quantidade de votos em cada assunto, ou das decisões, colhendo-se, ao final, as assinaturas dos participantes. Todavia, para a validade da ata, basta a assinatura dos sócios necessários para constituir a maioria para as deliberações. Sendo uma descrição fiel dos fatos, constarão os sócios que se recusaram a assinar, dos que se retiraram depois dos debates, embora estivessem presentes no curso das votações. Para tanto, a presença desses sócios é computada para efeitos da contagem do *quorum* da deliberação, e que é de um quarto do capital social (art. 125).

Sintetiza Paulo Roberto Tavares Paes: "A ata da assembleia será lavrada em livro próprio, assinada pelos membros da mesa e acionistas presentes. Para a validade da ata é suficiente a assinatura de quantos bastem para constituir a maioria necessária para as deliberações tomadas pela assembleia".[10]

Outrossim, extraem-se as certidões ou cópias autênticas para os registros que se impuserem, como os que se efetuam na Junta Comercial.

Eis a síntese dessa extensão de conteúdos no art. 130: "Dos trabalhos e deliberações da assembleia será lavrada, em livro próprio, ata assinada pelos membros da mesa e pelos acionistas presentes. Para validade da ata é suficiente a assinatura de quantos bastem para constituir a maioria necessária para as deliberações tomadas na assembleia. Da ata tirar-se-ão certidões ou cópias autênticas para os fins legais".

Nota-se que uma ata deverá ser lançada no livro de atas da assembleia geral.

---

[8] *Sociedade Anônima*, ob. cit., p. 181.
[9] *Tratado de Direito Comercial Brasileiro*, ob. cit., vol. II, t. III, p. 37.
[10] *Manual das Sociedades Anônimas*, ob. cit., p. 73.

Permite-se que se escreva a ata de forma sumária, com a descrição dos fatos ocorridos, das votações, das dissidências e protestos, contendo a transcrição das deliberações. O § 1º esquematiza o conteúdo da ata: "A ata poderá ser lavrada na forma de sumário dos fatos ocorridos, inclusive dissidências e protestos, e conter a transcrição apenas das deliberações tomadas, desde que:

a) os documentos ou propostas submetidos à assembleia, assim como as declarações de voto ou dissidência, referidos na ata, sejam numerados seguidamente, autenticados pela mesa e por qualquer acionista que o solicitar, e arquivados na companhia;
b) a mesa, a pedido de acionista interessado, autentique exemplar ou cópia de proposta, declaração do voto ou dissidência, ou protesto apresentado".

Com essas garantias, procura a lei preservar a posição de todos os acionistas, incluindo os minoritários, de modo a conseguir-se uma visão de todos os fatos e das participações que ocorrerem. Os pedidos e indeferimentos, os protestos, as propostas e intervenções, as impugnações e questões de ordem, terão o relato feito de modo abreviado, de modo a garantir posterior medida judicial contra decisões ilegais e irregulares.

Para facilitar a fidelidade das situações de protestos, dissidências, oposições, não se impede a elaboração por escrito dos votos discordantes ou vencidos, pedindo que a mesa receba as manifestações, e rubrique uma cópia que ficará com o acionista.

A assembleia de sociedade aberta está autorizada a determinar a publicação da ata, com a omissão das assinaturas dos acionistas (§ 2º).

Por último, se não lavrada de forma sumária a ata, está permitida a publicação apenas do extrato, ou de um relato mais sucinto que o sumário. Referem-se somente os fatos ocorridos e transcrevem-se as deliberações tomadas (§ 3º).

5. MODELOS DE ATA SUMÁRIA E DE EXTRATO DE ATA

Apresentam-se, como exemplos, modelos de ata sumariada de assembleia e de extrato de ata, de conformidade com os §§ 1º e 3º do art. 130 da Lei nº 6.404/1976.

6. ASSEMBLEIA GERAL ORDINÁRIA

A assembleia geral ordinária é a que se faz rotineiramente, equivalendo a uma reunião dos sócios para tomar conhecimento, debater e decidir determinadas matérias da sociedade. Conceitua-se também como o órgão máximo da sociedade anônima, de caráter exclusivamente deliberativo. Realiza-se nos quatro primeiros meses seguintes ao término do exercício social, que se dá em 31 de dezembro de cada ano.

414 • Direito de Empresa | *Arnaldo Rizzardo*

Uma vez não realizada no prazo delimitado, embora tratando de matéria que lhe é própria, será extraordinária. Realmente, se inobservados os prazos do art. 132, a regularização se dá por meio da assembleia geral extraordinária.

Compete à assembleia geral ordinária, na previsão do art. 132:

    I – tomar as contas dos administradores, examinar, discutir e votar as demonstrações financeiras;

    II – deliberar sobre a destinação do lucro líquido do exercício e a distribuição de dividendos;

    III – eleger os administradores e os membros do conselho fiscal, quando for o caso;

    IV – aprovar a correção da expressão monetária do capital social (art. 167).

As atribuições dos números I e III já se encontram entre as competências que o art. 122 discrimina para as assembleias gerais.

Deve-se observar que a relação estabelecida pela lei não impede que outras espécies de assuntos sejam submetidos à assembleia ordinária. Mesmo as privativas à assembleia extraordinária podem ser apreciadas, parecendo demasia convocar as duas espécies por causa dos diferentes tipos de assuntos. Todavia, se for o caso, fazse a convocação da assembleia para a apreciação das respectivas matérias em sessão ordinária e em sessão extraordinária, para a mesma data, com pequena variação de tempo quanto ao horário.

Se o estatuto outorga a competência para decidir qualquer um dos assuntos acima a outro órgão da sociedade, como ao Conselho Diretor, não se arreda da assembleia a competência concomitante. Na verdade, a faculdade concedida não pode conflitar com a competência do órgão máximo de deliberação da sociedade. Tem-se, aí, uma competência concorrente.

6.1. A disponibilização dos documentos aos sócios

Até um mês antes da data de realização da assembleia, os documentos relativos à ordem do dia devem se encontrar disponíveis aos sócios, na sede da empresa, ou em outro local devidamente informado, para a finalidade de exame. Essa comunicação se faz pela publicação de anúncio por três vezes, na imprensa oficial, e uma vez na particular (art. 289), e inclusive na localidade de negociação dos valores mobiliários se o ordenar a Comissão de Valores Mobiliários (art. 289, § 1º), com a mera referência de que os documentos referentes às contas, às demonstrações financeiras, e aos pareceres dos auditores e do conselho fiscal, se for o caso, se encontram disponíveis na sede da empresa.

Eis o conteúdo da regra, no art. 133: "Os administradores devem comunicar, até 1 (um) mês antes da data marcada para a realização da assembleia geral ordinária, por anúncios publicados na forma prevista no art. 124, que se acham à disposição dos acionistas:

    I – o relatório da administração sobre os negócios sociais e os principais fatos administrativos do exercício findo;

    II – a cópia das demonstrações financeiras;

    III – o parecer dos auditores independentes, se houver;

IV – o parecer do conselho fiscal, inclusive votos dissidentes, se houver; e

V – demais documentos pertinentes a assuntos incluídos na ordem do dia".

Consoante parágrafos que seguem, os anúncios indicarão onde se encontram os documentos, com a designação do local e horário de atendimento, para fins de exame e de extração de cópias. Se os acionistas solicitarem, a companhia remeterá cópia para o endereço fornecido.

Para dar ciência dos assuntos colocados em pauta na assembleia, serão publicados, até cinco dias antes da data marcada de sua realização, os documentos especificados nos incisos do art. 133, exceto o parecer do conselho fiscal e os demais pertinentes a assuntos incluídos na ordem do dia.

Nas sociedades fechadas, com menos de vinte acionistas e capital inferior a um milhão de reais, o art. 294 permite a não publicação dos documentos de que trata o art. 133, desde que sejam, por cópias autenticadas, arquivados no Registro do Comércio juntamente com a ata da assembleia que sobre eles deliberar.

Comparecendo a totalidade dos acionistas na assembleia geral, consideram-se sanadas, não gerando nulidades, as irregularidades na publicação de anúncios e a não observância dos prazos para a veiculação pela imprensa. Não se dispensa, porém, a publicação dos documentos constantes da relação do art. 133, menos o parecer do conselho fiscal e os relativos aos demais assuntos colocados na ordem do dia.

Ainda quanto à publicação dos anúncios comunicando o local em que se encontram os documentos, para fins de exame e cópia, fica dispensada se publicados os documentos até um mês antes da data de realização da assembleia.

6.2. Modelo de aviso da disponibilização dos documentos

Para visualização do referido modelo, acesse o QR Code ao lado ou, se preferir, baixe o arquivo em formato editável disponível na plataforma GEN-io, conforme instruções apresentadas no início do livro.

https://goo.gl/ro1mpK

6.3. O procedimento na realização da assembleia ordinária

A assembleia tem um ritual ou uma ordem no seu desenvolvimento, cuja observância se impõe para a perfeita normalidade dos trabalhos, o qual é ditado no art. 134 e em seus parágrafos.

Assim, na data designada, desde que apurada a presença do número mínimo de sócios exigida, declara-se instalada pelo presidente do Conselho de Administração, ou da sociedade, que procederá à eleição do presidente da assembleia e do secretário, se disposição diversa não constar autorizada no estatuto (art. 128).

Deverão estar presentes os administradores, ou um deles, e um auditor independente, para fins de responder aos questionamentos que surgirem e dar as explicações ou esclarecimentos solicitados pelos presentes (§ 1º).

No entanto, não se permite o voto dos mesmos, se diretamente envolvidos, como no caso de prestação de contas, e assim também daqueles interessados nas matérias postas em votação: "Deliberações tomadas em assembleia geral. Admissibilidade. Desrespeito às normas cogentes previstas nos arts. 115, § 1º, e 134, § 1º, da Lei nº 6.404/1976, as quais visam a proteção dos acionistas, impedindo que o administrador, em seu nome ou na condição de representante de outro acionista, como aconteceu no caso *sub judice*, delibere acerca das próprias contas".[11]

Uma sociedade coligada, administrada pelos sócios da sociedade controladora ou da *holding*, não pode ter as contas aprovadas pelos sócios, pois, embora pertencendo a uma *holding*, ou a outra sociedade, seriam as mesmas pessoas físicas integrantes que decidiriam sobre as contas delas próprias, isto é, dos administradores.

Isto a menos que os diretores sejam os únicos acionistas, o que se verifica nas sociedades fechadas (§ 6º). Nesta linha, proibido que os titulares de ações próprias transferidas de outra sociedade para o aumento do capital da qual fazem parte exerçam o direito de voto em assembleia de aprovação do aumento com as respectivas ações vindas de outra sociedade, no que encontra apoio nesta ementa: "A constituição de nova firma pelos administradores de sociedade anônima realizada às vésperas da instalação da assembleia geral, com transferência de suas quotas de modo a continuarem majoritários e fazerem da nova sociedade maior acionista entre os minoritários, representa verdadeira fraude à lei, na medida em que lhe possibilita a aprovação das próprias contas e a eleição de todos os membros do Conselho Fiscal, em prejuízo do direito dos acionistas minoritários".[12]

Se novos esclarecimentos se fizerem necessários, faculta-se o adiamento da deliberação, ensejando-se que se diligencie em obter os elementos solicitados, a menos que expressamente desistam os acionistas presentes, e na ausência do administrador, ou de membro do conselho fiscal, ou de auditor independente (§ 2º).

Em seguida, autoriza-se que qualquer pessoa presente peça a leitura do parecer do conselho fiscal e dos documentos que serão objeto de análise, discussão e votação, o que se fará através do secretário, ou de pessoa para tanto destacada.

Se dúvidas surgirem durante a discussão, impondo maiores esclarecimentos, ou exames de reavaliação nos documentos, ou se ausentes os administradores, o auditor e os conselheiros fiscais, suspende-se a assembleia, não se encaminhando as matérias para a deliberação.

Uma vez levada a efeito a votação, e logrando-se a aprovação sem reserva das contas e das demonstrações financeiras, exoneram-se de responsabilidade os administradores e fiscais, a menos que se descubra a existência de erro, dolo, fraude ou simulação nas contas, ou nas demonstrações, ou que se conduziu a aprovação em razão de algum desses vícios (§ 3º). A respeito, decidiu o STJ: "Comercial. Prescrição. Sociedade anônima. Aprovação das contas dos administradores. A aprovação das contas pela assembleia geral implica quitação, sem cuja anulação os administradores não podem ser chamados à responsabilidade. Recurso especial não conhecido".[13]

"Pelas peculiaridades da espécie, o hoje acionista minoritário é carente para propor ação referente a exercício ainda não prescrito..., pois ele, na época, detinha a maioria das

---

[11] Ap. Cív. nº 039.796-4/6-00, do TJ de São Paulo, j. em 03.06.1998.
[12] Ap. Cív. nº 85.120-1, da 5ª Câmara Cível do TJ de São Paulo, j. em 07.05.1987, *in Revista dos Tribunais*, 624/76.
[13] REsp. nº 257.573-DF, da 3ª Turma, j. em 08.05.2001, *DJU* de 25.06.2001, *in Revista do Superior Tribunal de Justiça*, 148/323.

ações e aprovara, sem ressalvas e sem protestos, todos os balanços e as demonstrações financeiras da companhia".[14]

A aprovação das demonstrações, com modificações no que diz respeito ao lucro ou ao valor das obrigações, acarreta a obrigatoriedade de sua republicação, no prazo de trinta dias, isto é, levando a público as retificações (§ 4º). Sobre a matéria, escrevem Francisco Russo e Nelson de Oliveira: "A aprovação, sem reserva, das demonstrações financeiras e das contas exonera de responsabilidade os administradores fiscais, salvo erro, dolo, fraude ou simulação (art. 286). Se as demonstrações financeiras forem aprovadas com modificações no montante do lucro do exercício ou no valor das obrigações da companhia, os administradores promoverão, dentro de trinta dias, a republicação das demonstrações, com as retificações deliberadas pela assembleia; se a destinação dos lucros proposta pela administração não lograr aprovação (art. 176, § 3º), as modificações introduzidas constarão da ata da assembleia".[15]

Constarão da ata da assembleia todas as matérias votadas e deliberadas, especialmente a modificação da proposta apresentada pelos administradores no pertinente ao *quantum* dos lucros a serem distribuídos.

Arquiva-se a ata da assembleia no registro da sociedade e providencia-se na sua publicação na imprensa, bastando que se faça em uma única edição (§ 5º).

7. ASSEMBLEIA GERAL EXTRAORDINÁRIA

A assembleia extraordinária pode ser convocada a qualquer tempo, possui competência ampla e destina-se ao debate e à votação de assuntos não objeto de deliberação pela assembleia geral ordinária, isto é, que não tratam da prestação de contas pelos administradores, da apreciação das demonstrações financeiras, da deliberação sobre a destinação do lucro líquido e da distribuição de dividendos, da eleição dos administradores e dos membros do conselho fiscal, e da aprovação da expressão monetária do capital social. José Xavier Carvalho de Mendonça destaca a convocação anormal e eventual, para deliberar sobre matérias não objeto da assembleia geral ordinária: "A assembleia extraordinária é a convocada anormal e eventualmente para tomar quaisquer deliberações sobre negócios e interesses sociais em casos graves e urgentes ou as resoluções que não cabem à assembleia geral ordinária, notadamente as relativas às modificações ou alterações dos estatutos, à dissolução antecipada, à fusão, à emissão de empréstimos por obrigações ao portador etc.".[16]

A deliberação de qualquer matéria diferente está na atribuição da chamada assembleia geral extraordinária, embora os dispositivos da Lei nº 6.404/1976 façam menção a alguns assuntos somente. Vê-se, pois, que é ampla a competência. Mesmo em relação às matérias próprias da assembleia geral ordinária é autorizada a submissão ou competência à assembleia geral extraordinária, se não realizada aquela e tornou-se irreversível a inviabilidade de se efetuar.

Autoriza o parágrafo único do art. 131 a convocação simultânea de ambas as assembleias, isto é, da ordinária e da extraordinária, efetuando-se no mesmo local, data e hora, com as respectivas convocações por edital, se for o caso.

---

[14] REsp. nº 179.008-SP, da 4ª Turma, j. em 09.05.2000, *DJU* de 26.06.2000, *in Revista do Superior Tribunal de Justiça*, 136/350.

[15] *Manual Prático de Constituição de Empresas*, ob. cit., p. 233.

[16] *Tratado de Direito Comercial Brasileiro*, ob. cit., 2001, vol. II, t. III, p. 22.

418 • Direito de Empresa | *Arnaldo Rizzardo*

O arquivamento e a publicação da ata da assembleia é obrigatória somente quando envolver reforma do estatuto, ou deliberações que resultem efeitos relativamente a terceiros, ou em situações ordenadas pela lei.

8. ASSEMBLEIA PARA A REFORMA DE ESTATUTOS

O art. 135 da Lei nº 6.404/1976 aponta a quantidade necessária, em primeira convocação, de acionistas presentes para a aprovação de reforma do estatuto, que é a equivalente dois terços, no mínimo, do capital social com direito a voto. Em segunda chamada, instala-se com qualquer número. Eis o texto da regra: "A assembleia geral extraordinária que tiver por objeto a reforma do estatuto se instalará em primeira convocação com a presença de acionistas que representem dois terços, no mínimo, do capital com direito a voto, mas poderá instalar-se em segunda com qualquer número".

Ainda no pertinente à reforma do estatuto, os §§ 1º e 2º ordenam providências a serem observadas: os atos relativos de reforma, para valerem perante terceiros, são levados ao arquivamento no registro da sociedade, efetuando-se, em seguida, a sua publicação na imprensa. No entanto, mesmo sem essas medidas, não servem para escusa da sociedade ou dos acionistas no cumprimento das obrigações contraídas junto a terceiros de boa-fé.

Outrossim, ordena-se o cumprimento das regras que se encontram nos §§ 1º e 2º do art. 97, e no art. 98 e em seu § 1º, que dizem respeito à nova convocação da assembleia se negado o pedido de registro por inobservância de regras legais ou por irregularidades, impondo-se, para a instalação, as providências exigidas para a assembleia de constituição da sociedade, com a presença, no mínimo, em primeira convocação, de sócios que representem metade do capital, e, em segunda, de qualquer número; à apresentação da segunda via da ata, acompanhada da prova de se encontrar sanada a falta ou a irregularidade, ao registro, para o devido arquivamento; à publicação, nos trinta dias seguintes ao arquivamento, dos documentos e da certidão do arquivamento em órgão oficial do local da sede; e o arquivamento de um exemplar da publicação no registro da sociedade.

Na previsão do § 3º do art. 135, com a redação da Lei nº 10.303/2001, os documentos pertinentes às matérias que serão objeto de deliberação devem ficar à disposição dos sócios na sede da sociedade, para o exame dos acionistas, desde a publicação do primeiro anúncio de convocação. Diferentemente do que acontece com a assembleia ordinária, não se impõe a publicação específica de anúncios, informando onde se encontram, e que estão disponíveis aos interessados para o exame e a extração de cópias. Entrementes, nos anúncios de convocação mister que se informe que estão à disposição dos interessados, na sede da empresa, ou em outro lugar.

9. DELIBERAÇÕES COM *QUORUM* ESPECIAL NAS ASSEMBLEIAS

O art. 136 da Lei nº 6.404, em redação das Leis nºs 9.457/1997 e 10.303/2001, também exige um *quorum* qualificado de, no mínimo, metade das ações com direito a voto para a deliberação de várias matérias, caso o estatuto, unicamente no tocante às sociedades cujas ações não foram admitidas em negociação na bolsa ou no balcão de mercado, não determinar a presença de sócios com titularidade maior sobre o capital social: "É necessária a aprovação de acionistas que representem metade, no mínimo, das ações com direito de voto, se maior *quorum* não for exigido pelo estatuto da companhia

Cap. XXIV | As assembleias gerais dos sócios na sociedade anônima • **419**

cujas ações não estejam admitidas à negociação em bolsa ou no mercado de balcão, para deliberação sobre:

I – criação de ações preferenciais ou aumento de classe de ações preferenciais existentes, sem guardar proporção com as demais classes de ações preferenciais, salvo se já previstos ou autorizados pelo estatuto;

II – alteração nas preferências, vantagens e condições de resgate ou amortização de uma ou mais classes de ações preferenciais, ou criação de nova classe mais favorecida;

III – redução do dividendo obrigatório;

IV – fusão da companhia, ou sua incorporação em outra;

V – participação em grupo de sociedades (art. 265);

VI – mudança do objeto da companhia;

VII – cessação do estado de liquidação da companhia;

VIII – criação de partes beneficiárias;

IX – cisão da companhia;

X – dissolução da companhia".

Há regras especiais, ditadas por vários parágrafos, que merecem a devida atenção.

Assim, quanto às matérias dos incisos I e II – referentes à criação de ações ou aumento de classes de ações preferenciais, sem guardar proporção com as demais classes de ações preferenciais; e à alteração nas preferências, vantagens e condições de resgate ou amortização de uma ou mais classes de ações preferenciais, ou criação de uma nova classe mais favorecida, é colocada mais uma exigência pelo § 1º: a eficácia da deliberação que resolver tais matérias depende de confirmação ou ratificação em nova assembleia a ser realizada no prazo improrrogável de um ano, por titulares de mais da metade de cada classe de ações preferenciais que restaram prejudicadas em face da criação, aumento ou alteração de classes de ações ou classe de ações preferenciais. A votação se faz em assembleia especial convocada pelos administradores, observadas as regras próprias para tanto, como publicação de anúncios com a mesma antecedência na convocação fixada para a realização da assembleia extraordinária.

Na ata da assembleia se consignará que a eficácia da deliberação unicamente se verificará caso advier a ratificação pela assembleia especial de mais da metade dos titulares de cada classe de ações preferenciais que restaram prejudicadas por causa da criação, aumento ou alteração de classe de ações.

Há possibilidade de redução do *quorum*, desde que emanada autorização da Comissão de Valores Mobiliários. Aplica-se a exceção para sociedade aberta, com a titularidade de ações que se encontram espalhadas no mercado. De outro lado, necessário ainda, que nas três últimas assembleias tenham participado acionistas representando menos da metade das ações com direito a voto. Nos avisos de convocação e na deliberação constará mencionada a autorização recebida. Finalmente, a deliberação com *quorum* reduzido é adotada unicamente na terceira convocação.

As mesmas regras, permitindo a redução da presença do número de sócios, incidem nas assembleias especiais de acionistas preferenciais.

Não se pode olvidar a inserção, no estatuto, da autorização para a solução de litígios por conselho de arbitragem, ou, mais propriamente, a introdução da convenção de arbitragem, exigindo-se o *quorum* de votação que represente metade, no mínimo, das ações com direito a voto. Uma vez aceita essa instituição, torna-se obrigatória a todos os sócios. Ao acionista vencido ou dissidente reserva-se o direito de retirar-se da sociedade, recebendo o reembolso do valor de suas ações.

Essa faculdade veio inserida pela Lei nº 13.129, de 26.05.2015, que acrescentou o art. 136-A, com três parágrafos, à Lei nº 6.404/1976. Eis o *caput*:

"A aprovação da inserção de convenção de arbitragem no estatuto social, observado o *quorum* do art. 136, obriga a todos os acionistas, assegurado ao acionista dissidente o direito de retirar-se da companhia mediante o reembolso do valor de suas ações, nos termos do art. 45".

Vigorará a convenção somente depois de 30 dias da publicação da ata da assembleia que aprovou a adoção da convenção de arbitragem. É o que prevê o § 1º:

"A convenção somente terá eficácia após o decurso do prazo de 30 (trinta) dias, contado da publicação da ata da assembleia geral que a aprovou".

O § 2º excepciona o direito de retirada de sócios dissidentes:

"O direito de retirada previsto no *caput* não será aplicável:

I – caso a inclusão da convenção de arbitragem no estatuto social represente condição para que os valores mobiliários de emissão da companhia sejam admitidos à negociação em segmento de listagem de bolsa de valores ou de mercado de balcão organizado que exija dispersão acionária mínima de 25% (vinte e cinco por cento) das ações de cada espécie ou classe;

II – caso a inclusão da convenção de arbitragem seja efetuada no estatuto social de companhia aberta cujas ações sejam dotadas de liquidez e dispersão no mercado, nos termos das alíneas 'a' e 'b' do inciso II do art. 137 desta Lei".

10. COMPETÊNCIA PARA A CONVOCAÇÃO DAS ASSEMBLEIAS

Destaca a lei a legitimidade para a convocação, tanto para a assembleia geral ordinária como para a extraordinária. Em primeira mão, é da competência do Conselho de Administração, se existir, ou da diretoria, o que consta ordenado no parágrafo único do art. 123: "Compete ao Conselho de Administração, se houver, ou aos diretores, observado o disposto no estatuto, convocar a assembleia geral".

Abre o parágrafo único, em redação dada pela Lei nº 9.457/1997, de ensejo para a convocação ao conselho fiscal, a qualquer sócio, e aos sócios que representem, no mínimo, cinco por cento do capital social, em situações especiais: "A assembleia geral pode também ser convocada:

a) pelo Conselho Fiscal, nos casos previstos no nº V do art. 163;

b) por qualquer acionista, quando os administradores retardarem, por mais de 60 (sessenta) dias, a convocação, nos casos previstos em lei ou no estatuto;

c) por acionistas que representem 5% (cinco por cento), no mínimo, do capital, quando os administradores não atenderem, no prazo de 8 (oito) dias, a pedido de convocação para apresentarem, devidamente fundamentado, com indicação das matérias a serem tratadas.

d) por acionistas que representem 5% (cinco por cento), no mínimo, do capital votante, ou 5% (cinco por cento), no mínimo, dos acionistas sem direito a voto, quando os administradores não atenderem, no prazo de 8 (oito) dias, a pedido de convocação de assembleia para instalação do conselho fiscal".

As hipóteses das alíneas *b*, *c* e *d*, são, na visão de Carlos Alberto Bencke, protecionistas dos direitos minoritários: "Por estas temos que qualquer acionista pode convocar a assembleia se houver retardamento da reunião prevista em lei ou no estatuto social por mais de sessenta dias; também aqueles que representem 5% do capital social, quando não houver o atendimento de pedido de convocação, devidamente fundamento, no prazo de oito dias; e por acionistas que representem 5%, no mínimo, do capital votante, ou 5% dos acionistas sem direito a voto, quando os administradores deixarem de atender ao pedido de convocação de assembleia para instalação do conselho fiscal".[17]

A percentagem mínima constante da letra *c* sujeita-se à diminuição pela Comissão de Valores Mobiliários (art. 291).

As despesas de convocação serão suportadas pela sociedade, dada a obrigação existente de se realizar a assembleia.

Ao conselho fiscal cabe a convocação, nos casos do inc. V do art. 163, e que são os seguintes:

– da assembleia geral ordinária, se houver retardamento por mais de um mês da convocação da assembleia ordinária pelos órgãos da administração, quando para tanto estava obrigada;

– da assembleia geral extraordinária, sempre que ocorrerem motivos graves ou urgentes, incluindo na agenda das assembleias as matérias que considerarem necessárias, incluindo-se no rol, *v.g.*, as situações de desvios de bens, de malversação de dinheiro, de constante inadimplência das obrigações, de desvio de finalidades.

Ao acionista reconhece-se o direito de convocar, com a necessária justificação e indicação das matérias objeto de deliberação, se os administradores retardarem por mais de sessenta dias a convocação, nos casos em que é obrigatória, como na hipótese dos incisos I a IV do art. 132, que é a assembleia para a prestação de contas dos administradores; para a deliberação do lucro líquido do exercício e a distribuição de dividendos; para eleger os administradores e os membros do conselho fiscal; e para a aprovação da expressão monetária do capital social.

Advirta-se que a convocação, pelos administradores, deve dar-se nos quatro primeiros meses seguintes ao término do exercício social.

A convocação dos acionistas que representem, no mínimo, cinco por cento do capital social, é admitida se os administradores não atenderem, no prazo de oito dias, pedido de convocação, devidamente fundamentado, ou com as razões justificativas, acompanhando pauta das matérias para serem discutidas. Não interessa, na aferição do *quantum*, se os acionistas tenham ou não direito ao voto.

A última previsão envolve uma mesma causa, que é a falta de atendimento a pedido de convocação para instalação do conselho fiscal, que permite a convocação pelos sócios,

---

[17] *Acionista Minoritário na Sociedade Anônima – Direito de Fiscalização*, Porto Alegre, Livraria do Advogado Editora, 2003, p. 42.

422 • Direito de Empresa | *Arnaldo Rizzardo*

mas em duas situações diferentes: o pedido deve vir encaminhado por acionistas titulares de, no mínimo, cinco por cento, do capital votante; ou por cinco por cento, também no mínimo, de acionistas sem direito ao voto. Uma vez não atendido o pedido, reclama-se o mencionado percentual, nas duas situações referidas, para formalizar a convocação, cujo procedimento é igual para qualquer caso, descrito no item abaixo.

11. AS FORMALIDADES PARA A CONVOCAÇÃO

Existe um procedimento a ser cumprido para a convocação, que se considera o chamamento dos sócios para a assembleia, ou os avisos publicados na imprensa de que a mesma se realizará, em primeira e segunda convocação, na data, horário, e local especificados, e, convidando, assim, os sócios a participarem. Não se pode esquecer, nos avisos, a ordem do dia, ou a pauta dos assuntos a serem tratados, o local, a data e a hora. Se a assembleia envolver a reforma do estatuto, inclui-se a matéria objeto da mudança. É bem explícito o art. 124: "A convocação far-se-á mediante anúncio publicado por três vezes, no mínimo, contendo, além do local, data e hora da assembleia, a ordem do dia, e, no caso de reforma do estatuto, a indicação da matéria".

Quanto à ordem do dia, já advertia José Xavier Carvalho de Mendonça: "A convocação das assembleias gerais será sempre motivada, isto é, deverá conter a ordem do dia, que é a menção, mais ou menos resumida, das matérias que vão ser submetidas à discussão e deliberação dos acionistas. Justifica-se a exigência pela necessidade de dar tempo para o estudo e reflexão sobre essas matérias, evitando surpresas e permitindo aos acionistas formar juízo seguro".[18]

As publicações se fazem em jornal oficial, por três vezes, no mínimo, e pelo mesmo número de vezes em jornal da localidade. De acordo com o art. 289 da Lei nº 6.404/1976, em redação da Lei nº 9.457/1997, são veiculadas no órgão oficial da União ou do Estado ou do Distrito Federal, e em outro jornal de grande circulação editado na localidade em que está situada a sede da companhia, ou, na falta de edição, em órgão de grande circulação local (§ 2º do art. 289).

Como se denota da redação do art. 124, faz-se a publicação por três vezes. E em face do art. 289, essas publicações são realizadas em jornal oficial e em jornal de grande circulação.

Arquivam-se no registro de empresas as publicações ordenadas § 5º do art. 289.

Os parágrafos do art. 124, em textos modificados pela Lei nº 10.303/2001, traçam mais normas práticas sobre a convocação e a realização das assembleias.

Para convocar, em se tratando de companhia fechada, o primeiro anúncio deverá anteceder, no mínimo, oito dias da data da realização da assembleia, contado da primeira publicação. Obviamente, as outras duas publicações devem ocorrer antes da data marcada para a assembleia.

Se a sociedade for aberta, o prazo de antecedência da primeira convocação será de quinze dias, e de oito dias em segunda convocação, contado o prazo sempre da primeira publicação. Se o impuser a Comissão de Valores Mobiliários, efetua-se a publicação também na localidade onde são negociadas as ações (art. 289, § 1º).

---

[18] *Tratado de Direito Comercial Brasileiro*, ob. cit., 2001, vol. II, t. III, p. 26.

De sorte que, não se realizando a assembleia, por falta de *quorum* (que, no mínimo, deve ser de vinte e cinco por cento do capital social votante) ou por outra razão, é necessário publicar mais um aviso, designando a nova data, hora e local, inserindo a ordem do dia, com cinco ou oito dias de antecedência, conforme tratar-se de sociedade fechada ou aberta. Instala-se, então, a assembleia em segunda convocação, com qualquer número de sócios.

Importante salientar que nos anúncios já poderá ficar consignado o aviso para a assembleia em segunda convocação, permitindo-se que se efetue no mesmo dia, mas trinta minutos após o horário previsto para a primeira convocação.

O local apropriado para a realização será no edifício da própria sede da sociedade. Eleito lugar diferente, mas na mesma localidade da sede, é obrigatória a menção nos anúncios publicados.

Nas sociedades fechadas, viabiliza-se a convocação de sócio titular de cinco por cento ou mais do capital social por telegrama ou carta com aviso de recebimento, fazendo-se a expedição com antecedência mínima de oito ou cinco dias, respectivamente para primeira ou segunda convocação. Para tanto, importa que o sócio tenha solicitado por escrito esta forma de aviso, o qual vale até dois anos, e com o fornecimento de dados completos de seu endereço. Todavia, não se dispensa a publicação de avisos para convocar os demais sócios.

Carlos Alberto Bencke ressalta esse direito: "Ao acionista integrante do quadro social de empresas fechadas e que possua 5%, ou mais, do capital social, a lei concede o direito de ver-se convocado através de telegrama ou carta registrada, desde que tenha solicitado tal providência à companhia, mediante prazo de vigência do pedido não superior a dois exercícios sociais; e possibilidade de renovação permanente, pois não existe limitação na norma".[19]

Ainda quanto às sociedades fechadas existe a regra do art. 294, inc. I, dirigida às sociedades com menos de vinte acionistas e patrimônio líquido inferior a R$1.000.000,00 (um milhão de reais), autorizando a convocação dos sócios para a assembleia através de anúncio entregue a todos os acionistas, contra recibo, com a antecedência mínima de oito dias em primeira convocação, e de cinco dias para a segunda convocação. Os recibos ficarão guardados na sociedade, que se obriga a arquivar cópia autenticada, juntamente com a ata, no Registro do Comércio.

Na verdade, todos os meios, desde que efetivados, são aptos para a finalidade da convocação. E, assim, por fax ou e-mail, desde que a assembleia permita, e provada a data da remessa para o endereço correto do sócio.

Dispensa-se a convocação unicamente se todos os acionistas se fizerem presentes, tanto os que podem como aqueles que não podem votar. É como entende Osmar Brina Corrêa-Lima: "Independentemente das formalidades previstas para a convocação, será considerada regular a Assembleia Geral a que comparecerem todos os acionistas (art. 124, § 4º). Essa referência a todos os acionistas estende-se aos não votantes, que, embora destituídos do direito de voto, podem comparecer às assembleias gerais, discutir e influir na decisão".[20]

Em relação às sociedades abertas, fica a Comissão de Valores Mobiliários autorizada a alongar o prazo de convocação para trinta dias, se houver pedido para tanto, devendo proferir decisão fundamentada. Inicia o prazo a contar da data em que se colocarem os

---

[19] *Acionista Minoritário na Sociedade Anônima – Direito de Fiscalização*, ob. cit., p. 43.

[20] *Sociedade Anônima*, ob. cit., p. 174.

424 • Direito de Empresa | Arnaldo Rizzardo

documentos das matérias que serão deliberadas à disposição dos sócios. Para permitir a exceção, devem as matérias objeto de deliberação revelar complexidade.

À mesma Comissão se autoriza interromper o prazo, pelo espaço de tempo de até quinze dias, mas restritamente à assembleia geral extraordinária de companhia aberta, com a finalidade de possibilitar conhecer e analisar as propostas que serão submetidas a exame e debate, inclusive se presentes razões objeto de exame que violam dispositivos legais ou regulamentares.

As companhias abertas estão obrigadas a remeter para a bolsa de valores onde suas ações são mais vendidas os documentos postos à disposição dos acionistas para deliberação na assembleia geral.

12. O *QUORUM* NECESSÁRIO PARA A VOTAÇÃO E A INSTALAÇÃO DA ASSEMBLEIA

De modo geral, nas assembleias das sociedades e associações, as decisões são definidas, em primeira convocação, por votos representativos da maioria absoluta do capital (*quorum* de votação ou deliberação), sem computarem-se os votos em branco; em segunda convocação, delibera-se pela maioria simples dos presentes.

No caso de sociedade por ações, considera-se a decisão tomada pelos votos que representam a maioria do capital social – metade mais um. No entanto, para a instalação da assembleia, requer-se o comparecimento de acionistas que correspondam, no mínimo, a um quarto do capital social com direito a voto (*quorum* de instalação). Já a segunda convocação instala-se com qualquer número de sócios.

Essa a diretriz traçada pelo art. 125: "Ressalvadas as exceções previstas em lei, a assembleia geral instalar-se-á, em primeira convocação, com a presença de acionistas que representem, no mínimo, um quarto do capital social com direito de voto; em segunda convocação, instalar-se-á com qualquer número".

Há exceções, impondo-se *quorum* qualificado, correspondente à metade dos acionistas com direito de voto, sendo exemplo as deliberações que tratam de matérias de fundamental importância para a sociedade, como as apontadas no art. 136, em redação de acordo com a Lei nº 9.457/1997 e a Lei nº 10.303/2001: "É necessária a aprovação de acionistas que representem metade, no mínimo, das ações com direito de voto, se maior *quorum* não for exigido pelo estatuto da companhia cujas ações não estejam admitidas à negociação em bolsa ou no mercado de balcão, para deliberação sobre:

    I – criação de ações preferenciais ou aumento de classe de ações preferenciais existentes, sem guardar proporção com as demais classes de ações preferenciais, salvo se já previstos ou autorizados pelo estatuto;

    II – alteração nas preferências, vantagens e condições de resgate ou amortização de uma ou mais classes de ações preferenciais, ou criação de nova classe mais favorecida;

    III – redução do dividendo obrigatório;

    IV – fusão da companhia, ou sua incorporação em outra;

    V – participação em grupo de sociedades (art. 265);

    VI – mudança do objeto da companhia;

    VII – cessação do estado de liquidação da companhia;

VIII – criação de partes beneficiárias;

IX – cisão da companhia;

X – dissolução da companhia".

Daí que, se tal a proporção de votos imposta, naturalmente para a instalação da assembleia impõe-se a presença de votantes em número mínimo de sócios votantes equivalente à metade do capital social.

A reforma do estatuto exige a presença mínima, em primeira convocação, de votos correspondentes a dois terços do capital social com direito a voto; já em segunda convocação, instala-se com qualquer número (art. 135).

Já a transformação da sociedade anônima em outra diferente depende da totalidade dos acionistas, nos termos do art. 221.

Poderão participar nas assembleias sócios não votantes, como os titulares de ações preferenciais, e inclusive discutir a matéria colocada em discussão, a teor do parágrafo único do art. 125: "Os acionistas sem direito de voto podem comparecer à assembleia geral e discutir a matéria submetida à deliberação".

A presença dos acionistas é comprovada mediante a assinatura em livro próprio, onde se apõem dados relativos ao nome, nacionalidade, residência e às ações de que são titulares, em obediência ao art. 127.

13. MODELO DE LIVRO DE REGISTRO DE PRESENÇA DE ACIONISTAS

14. CONDIÇÕES PARA PARTICIPAR DA ASSEMBLEIA

Unicamente os acionistas com direito a voto terão participação ativa na assembleia. Não se impede, porém, que os debenturistas participem nas discussões. Igualmente facultam-se a presença e a convocação de administradores, fiscais, auditores e empregados, para a finalidade de apoio e de fornecer esclarecimentos.

Não basta o mero comparecimento dos acionistas para tomarem parte da assembleia. Incumbe se faça a prova da condição de sócio. Mesmo aos sócios sem direito de voto, que comparecem para participar da discussão de matérias submetidas à deliberação, terão que demonstrar a sua qualidade.

São discriminadas as provas exigidas pelo art. 126, de acordo com a espécie de acionistas: "As pessoas presentes à assembleia deverão provar a sua qualidade de acionistas, observadas as seguintes normas:

I – os titulares de ações nominativas exibirão, se exigido, documento hábil de sua identidade;

426 • Direito de Empresa | *Arnaldo Rizzardo*

II – os titulares de ações escriturais ou em custódia nos termos do art. 41, além do documento de identidade, exibirão, ou depositarão na companhia, se o estatuto o exigir, comprovante expedido pela instituição financeira depositada;

III – os titulares de ações ao portador exibirão os respectivos certificados ou documento de depósito, nos termos do nº II;

IV – os titulares de ações escriturais ou em custódia nos termos do art. 41, além do documento de identidade, exibirão, ou depositarão na companhia, se o estatuto o exigir, comprovante expedido pela instituição financeira depositada".

No tocante ao item III não mais subsiste, eis que a Lei nº 8.021/1990 restringiu a emissão de ações, permitindo as unicamente nominativas.

Em consonância com o art. 127, haverá um livro de presença, no qual os acionistas assinarão e lançarão dados da individuação, como o nome, nacionalidade, residência, com a indicação da quantidade, espécie e classe de ações de sua titularidade.

Não apenas a participar da assembleia garante-se ao acionista, e votar, mas também a discussão, o que se revela sumamente importante para o acionista minoritário, como enfatiza Carlos Alberto Bencke.[21]

15. REPRESENTAÇÃO DOS SÓCIOS NAS ASSEMBLEIAS

Está autorizada a representação de sócios nas assembleias por meio de procurador constituído a menos de um ano, desde que acionista, administrador da companhia ou advogado. De igual modo, faculta-se à sociedade a constituição de procuradores, sem que se lhe permita a transferência a terceiros.

Os representantes devem preencher a condição de acionista ou administrador, exceto quanto ao advogado, que prescinde de qualquer vínculo com a sociedade.

Se aberta a sociedade, fazendo a subscrição de capital público, uma instituição financeira habilita-se a desempenhar a representação, desde com a devida nomeação.

Havendo um condomínio de fundos, o respectivo administrador assumirá a função de representante, o que não impede que outra pessoa a exerça, ou seja, acionista e advogado.

Eis a regra do § 1º do art. 126, que trata do assunto: "O acionista pode ser representado na assembleia geral por procurador constituído a menos de 1 (um) ano, que seja acionista, administrador da companhia ou advogado; na companhia aberta, o procurador pode, ainda, ser instituição financeira, cabendo ao administrador de fundos de investimento representar os condôminos".

Dois os tipos de representação: a legal e a convencional, conforme decorra de lei ou de contrato. Na primeira, em dispositivos de lei é prevista a representação, como na hipótese de os pais representarem os filhos menores, em obediência ao art. 1.634, inc. VII, do Código Civil, em alteração da Lei nº 13.058/2014; na segunda, que se materializa por mandato, impõe a lei exigências especiais: a escolha deve recair em outro acionista, em administrador da sociedade ou em advogado, ou em instituição financeira e os administradores de fundos de investimento.

---

[21] *Acionista Minoritário na Sociedade Anônima – Direito de Fiscalização*, ob. cit., p. 45.

Constitui prática comum a nomeação de procurador por correspondência, que se apresentará na assembleia, e integra o expediente de convocação, fazendo-se, também, a devida anotação na ata. Inclusive através de anúncio comunica-se a oferta de representação. O pedido atenderá aos seguintes requisitos, elencados no § 2º:

a) conter todos os elementos informativos necessários ao exercício do voto pedido;

b) facultar ao acionista o exercício de voto contrário à decisão com indicação de outro procurador para o exercício desse voto;

c) ser dirigido a todos os titulares de ações cujos endereços constem da companhia.

Faculta o § 3º aos acionistas detentores de ações com ou sem voto que representem, no mínimo, meio por cento do capital social, solicitar o fornecimento de dados sobre os acionistas representados, como endereços e informações sobre o preenchimento das condições para a representação.

Aos representantes legais dos acionistas reconhece-se a qualidade de comparecer nas assembleias, como viabiliza o § 4º. Assim, os pais de acionistas menores, aos tutores e curadores, ao inventariante, existe legitimidade de representação, com a devida comprovação da condição ou do múnus exercido. Mesmo que a representação envolva pessoa incapaz, como menor ou interditado, não se reclama a autorização judicial para o exercício do voto. Inconcebível afigurar-se-ia a vênia judicial, eis que o representante proferirá o seu voto de acordo com as circunstâncias da assembleia e os interesses que, às vezes, apontam somente no momento. Todavia, se agiu contra os interesses do representado, é reconhecido o direito ao devido ressarcimento.

Por último, o art. 90 da Lei nº 6.404 possibilita a representação por procurador no ato de constituição da sociedade, seja por assembleia ou por escritura pública, desde que conferidos poderes especiais: "O subscritor pode fazer-se representar na assembleia geral ou na escritura pública por procurador com poderes especiais".

XXV

O exercício do voto

1. VOTO COMO PODER POLÍTICO DE DECISÃO

O exercício de voto, na posição de Waldemar Ferreira, constitui o "direito fundamental dos acionistas, que lhes é inato, tanto que se invistam da qualidade destes, originariamente pela subscrição das ações, derivadamente pela aquisição destas, no decurso da atividade social".[1]

Equivale o direito ao voto ao poder político ou de decisão do acionista sobre a sociedade. É por meio do voto que se revelam a influência, o domínio, o controle que o sócio exerce, imprimindo o destino da sociedade segundo sua vontade, porquanto se considera o voto a manifestação individual e unilateral de vontade, com vistas a produzir uma decisão coletiva. Todavia, se não detiver o sócio a maioria absoluta das ações, para impor a sua vontade necessita unir-se a outros sócios, cuja totalidade de ações atinja a maioria, que passa a impor o rumo das decisões.

A cada ação corresponde um voto nas deliberações, de sorte a não prevalecer o voto por grupo de ações, ou o voto qualitativo e de maior valor em função da hierarquia do sócio, de sua posição de fundador, do *status* que ocupa nos cargos que exerce. O art. 110 da Lei nº 6.404/1976 é peremptório a respeito: "A cada ação ordinária corresponde um voto nas deliberações da assembleia geral".

Embora a regra, não é ilimitado o número de votos. Ao estatuto, restringe o § 1º, se reconhece o poder de "estabelecer a limitação ao número de votos de cada acionista". Daí a possibilidade de introduzir-se uma limitação no direito de votar, por imposição do estatuto social, alcançando a restrição a partir de certo número de ações.

Não tem eficácia a previsão no estatuto do voto plural a classes de ações, como se as ações nominativas valessem dois votos cada uma, e um voto as escriturais, no que realça o § 2º do art. 110: "É vedado atribuir voto plural a qualquer classe de ações".

---

[1]   *Tratado de Direito Comercial*, ob. cit., 4º vol., p. 307.

2. AS AÇÕES ORDINÁRIAS E O PLENO EXERCÍCIO DO VOTO

Consoante já observado, dividem-se as ações em ordinárias, preferenciais e de fruição. Aos titulares das primeiras concede-se o direito irrestrito do voto, sem, entretanto, se lhe atribuir um peso superior ou diferenciado, que valha, por exemplo, dois votos, enquanto as demais permanecem valendo um voto.

Outrossim, não mais se permitindo a emissão de ações ao portador e endossáveis, dada a sua revogação pela Lei nº 8.021, de 12.04.1990, somente existem ações nominativas, que poderão ser endossáveis e escriturais, desde que não se subtraia a designação da sua titularidade. Todos os acionistas, pois, terão o nome registrado, quer nos livros da companhia, quer nos extratos das instituições financeiras.

De observar que as nominativas não são unicamente as ações ordinárias. Nelas se incluem as preferenciais, porquanto inserem o nome do titular. E somente as ações nominativas outorgam o direito de voto, em face da previsão do art. 112: "Somente os titulares de ações nominativas, endossáveis e escriturais poderão exercer o direito de voto".

3. AS AÇÕES PREFERENCIAIS E A LIMITAÇÃO NO EXERCÍCIO DO VOTO

Os titulares de ações preferenciais, em princípio, possuem direito ao voto. Todavia, interessando a eles os dividendos que auferirão, já que se caracterizam mais como investidores, não revelam interesse em assuntos de administração. É possível, no entanto, que o estatuto restrinja alguns direitos aos titulares, inclusive o do voto. O art. 111 estabelece a restrição: "O estatuto poderá deixar de conferir às ações preferenciais algum ou alguns dos direitos reconhecidos às ações ordinárias, inclusive o de voto, ou conferi-lo com restrições, observado o disposto no art. 109".

Pode acontecer, pois, o seguinte nas ações preferenciais, por expressa previsão do estatuto: simplesmente retirar o direito de voto, ou restringi-lo.

No entanto, o direito de votar, se abolido no estatuto, exsurge sempre que a sociedade deixar de pagar dividendos aos titulares no prazo constante no contrato, que não poderá exceder a três exercícios seguidos. Assim depreende-se do § 1º do art. 111: "As ações preferenciais sem direito de voto adquirirão o exercício desse direito se a companhia, pelo prazo previsto no estatuto, não superior a três exercícios consecutivos, deixar de pagar os dividendos fixos ou mínimos a que fizerem jus, direito que conservarão até o pagamento, se tais dividendos não forem cumulativos, ou até que sejam pagos os cumulativos em atraso". Todavia, nada constando no contrato, basta a inadimplência em um exercício para acarretar o direito a votar.

Nos termos dos parágrafos seguintes, tão logo a sociedade torne a cumprir a obrigação de distribuir dividendos, os acionistas voltarão à condição de não votantes, ou de votantes com restrição. E ainda: fica autorizada a introduzir cláusula em seu estatuto, suspendendo o direito de votar se não distribuídos os dividendos pelo prazo de três anos consecutivos enquanto não implantado o empreendimento inicial da companhia, isto é, enquanto não entrar em funcionamento. O prazo de implantação não fica no puro arbítrio dos administradores ou da assembleia, mas se estabelece conforme cada situação especial, em conformidade com o tipo de empreendimento, devendo haver uma justificação, com a apresentação das necessidades.

Em algumas situações, a lei faz dominar o direito de voto aos portadores de ações preferenciais. Tal se dá na assembleia de constituição da sociedade, a teor do art. 87, §

2º, da Lei nº 6.404/1976: "Cada ação, independentemente de sua espécie ou classe, dá direito a um voto; a maioria não tem poder para alterar o projeto de estatuto".

Igualmente nas deliberações sobre a transformação da sociedade, diante do art. 221: "A transformação exige o consentimento unânime dos sócios ou acionistas, salvo se prevista no estatuto ou no contrato social, caso em que o sócio dissidente terá o direito de retirar-se da sociedade".

Nas deliberações sobre a alteração nas preferências, de vantagens e condições de resgate ou amortização de uma ou mais classe de ações preferenciais; e na redução do dividendo obrigatório votam os titulares de ações preferenciais, por imposição do § 1º do art. 136.

4. O DIREITO DO VOTO NO PENHOR OU OUTRO GRAVAME DAS AÇÕES, NA FALTA DE INTEGRALIZAÇÃO DAS AÇÕES E NA MORTE DO TITULAR DAS AÇÕES

O oferecimento de penhor de ações, que é o oferecimento de ações como garantia real na contratação de dívidas, não arreda o direito de voto do devedor. Entrementes, revela-se lícito afastar o direito de voto em deliberações que podem afetar os interesses do credor, com reflexos sobre o valor patrimonial do título, ou exigir o seu prévio consentimento, no que é explícito o art. 113: "O penhor da ação não impede o acionista de exercer o direito de voto; será lícito, todavia, estabelecer, no contrato, que o acionista não poderá, sem consentimento do credor pignoratício, votar em certas deliberações".

As deliberações que reduzem o valor das ações, ou que afastam o pagamento de dividendos, ou que as retiram de circulação, esvaziam ou enfraquecem a garantia. Por isso a coerência da exigência.

Se alienadas fiduciariamente em garantia as ações, não se transfere o direito de votar ao credor fiduciário, pois a quem se transfere passa unicamente a titularidade da ação. Importa que as ações continuarão na posse do devedor-alienante, afigurando-se normal que a ele se incumba da função de votar. Entrementes, não se proíbe que venham fixadas condições, e se impeça o direito de voto em assuntos suscetíveis de prejudicar o proprietário das ações, como na deliberação que trata da desvalorização de seu valor, ou que obriga a sua indisponibilização. Está a restrição no parágrafo único do art. 113: "O credor garantido por alienação fiduciária da ação não poderá exercer o direito de voto; o devedor somente poderá exercê-lo nos termos do contrato".

Nas ações gravadas com usufruto em favor de terceiros, o direito de voto é assegurado a quem o estatuto estabelecer. Deverá vir indicado se o titular da ação, ou o usufrutuário, exerce o direito de votar.

Nada constando, e na inexistência de acordo, ninguém poderá votar, diante da regra do art. 114: "O direito de voto da ação gravada com usufruto, se não for regulado no ato de constituição do gravame, somente poderá ser exercido mediante prévio acordo entre o proprietário e o usufrutuário".

Cumpre observar que, quando o próprio instrumento que constituiu o usufruto reserva o direito de voto a uma das partes, é inaplicável o art. 114.

Na omissão de norma a respeito ou de acordo, devia entender-se que ao usufrutuário incumbiria o direito, porquanto ele se encontra no exercício do proveito da ação. Se a usufrui, impende se garanta que o faça em toda a extensão. Nessa condição, é a pessoa que está a par da sociedade, conhecendo-a e participando de sua vida. Normal, pois, que vote nas assembleias.

432 • Direito de Empresa | Arnaldo Rizzardo

A não integralização das ações não afeta o direito ao voto, como justifica Modesto Carvalhosa: "As ações integralizadas têm entre nós igual direito de voto, salvo se houver limitação ou ressalva estatutária.

O fundamento dessa igualdade encontra-se no fato de que as parcelas a se integralizarem constituem créditos líquidos e certos da companhia, sendo, portanto, executáveis. Daí representarem o capital da companhia, embora não inteiramente realizado".[2]

Se falecido o titular das ações, quem exercerá o direito de voto nas assembleias? Em razão do princípio da *saisine*, pelo qual os herdeiros entram na posse imediata dos bens da herança tão logo ocorra o falecimento, eles exercerão todos os direitos relativos ao domínio e posse. Enquanto não definida a partilha das ações, o inventariante exercerá o direito de voto, representando os demais herdeiros. Não se revela praticável que os herdeiros exerçam o direito de voto, porquanto cada herdeiro teria que votar, implicando um desajuste com o sistema de votação nas sociedades anônimas, que corresponde a um voto por ação.

5. O VOTO CONTRÁRIO AOS INTERESSES DA SOCIEDADE

Decorre naturalmente do ideal que inspira a criação da sociedade a direção das atividades e dos votos de maneira a favorecer seus interesses. Não é aceitável que se promovam atitudes ou condutas prejudiciais ou nocivas ao objeto social. Modesto Carvalhosa resume a matéria: "Portanto, é lícito ao acionista, no exercício de seu poder de voto, buscar a satisfação de seus interesses individuais, desde que estes não conflitem com o social".[3]

O voto contrário ao bem que todos almejam, ou em conflito de interesse, conduz ao seu abuso, importando na indenização por perdas e danos, com a devida correção monetária calculada até o trimestre civil da liquidação (art. 290 da Lei nº 6.404). Nessa ordem, o voto para conceder vantagem imerecida a outro sócio, ou para adquirir produtos desnecessários, ou para a contratação de dívidas com encargos extorsivos, naturalmente redunda em prejuízos. Assim também o voto de aprovação da estimativa de bens cujo valor irá compor o capital social de um sócio em montante bem superior ao seu preço real.

Há, disciplinando o assunto, a regra do art. 115, com o texto da Lei nº 10.303/2001: "O acionista deve exercer o direito a voto no interesse da companhia; considerar-se-á abusivo o voto exercido com o fim de causar dano à companhia ou a outros acionistas, ou de obter, para si ou para outrem, vantagem a que não faz jus e de que resulte, ou possa resultar, prejuízo para a companhia ou para outros acionistas".

Três as formas estampadas que expressam abuso revelado no conflito de interesse: causar danos à companhia, causar danos a outros acionistas, e obter para si ou para outrem vantagem a que não faz jus e de que resulte, ou possa resultar, prejuízo para a companhia ou para os acionistas. Carlos Alberto Bencke vê nas situações evidente prejuízo aos minoritários. Todavia, acrescenta, melhor ficaria "se já na própria previsão de

---

[2] *Comentários à Lei de Sociedades Anônima*, ob. cit., vol. 2, p. 337.
[3] *Acordo de Acionistas*, São Paulo, Editora Saraiva, 1984, p. 119.

ajuste também houvesse a regulação de que o acionista minoritário não poderia vir a ser prejudicado pelo acordo para exercício do voto ou do controle da companhia".[4]

Além disso, ilustra Marcelo Fortes Barbosa Filho outro quadro: "Considera-se, assim, abusivo o exercício do voto quando o acionista viola, num sentido objetivo, demonstrando haver elegido outros interesses como prevalecentes, o dever que lhe foi imposto pelo legislador, que elencou, exemplificadamente, algumas das situações mais gritantes, reconhecidas como geradoras da responsabilidade civil de seu autor. Os votos, frise-se, permanecem válidos e são computados, mas, ainda que não tenham prevalecido para a consecução da deliberação, geram, como sanção, o dever de reparar dano material ou moral provocado".[5]

O voto, nas situações acima, considera-se abusivo.

Naturalmente, não poderá o acionista votar em assuntos nos quais é interessado. Assim no tocante à estimativa de seus bens que entrarem para a formação do capital com que ingressa para a aquisição de ações, ou nas votações de apreciação de suas contas, no caso de atuar como administrador, ou em assuntos que envolvem o julgamento de sua pessoa, nos precisos termos do § 1º do citado art. 115: "O acionista não poderá votar nas deliberações da assembleia geral relativas ao laudo de avaliação de bens com que concorrer para a formação do capital e à aprovação de suas contas como administrador, nem em quaisquer outras que puderem beneficiá-lo de modo particular, ou em que tiver interesse conflitante com o da companhia".

Na hipótese, revela-se conflitante o voto, dado o interesse pessoal do acionista, já que delibera sobre o laudo de avaliação dos seus bens que entram na subscrição do capital, ou sobre as próprias contas como administrador, ou sobre outra matéria suscetível de beneficiá-lo de modo particular.

Mesmo ao sócio controlador é vedado que participe na votação. Do contrário, tem-se a votação em causa própria, faltando a imparcialidade necessária para apreciar os atos da administração. Permitir que a pessoa jurídica controlada pelos administradores vote na assembleia que aprecia suas contas afronta a finalidade do § 1º do art. 115, eis que leva à apreciação das contas de modo parcial e faccioso. Ficaria inútil a própria razão de ser do mencionado § 1º do art. 115.

Veja-se o presente caso, relativamente à venda de um imóvel por preço bem inferior ao seu real valor: "De que a operação (transação imobiliária) foi ruinosa aos interesses da sociedade, não se tem dúvida, já que a venda foi celebrada, de fato, por preço vil, e, ademais, efetivada por procurador da sociedade que não exibia alvará judicial...

É indiscutível, contudo, que se está diante de voto através do qual se ratificou transação feita em conflito com os reais interesses da referida sociedade, não se podendo deixar de reconhecer que o sócio que se declara favorável à aprovação de transação ruinosa nos interesses da sociedade, indiscutivelmente, está se pondo em conflito com os interesses da mesma sociedade.

Reconhece-se que, em certas ocasiões, o sócio administrador possa ser admitido a votar matéria relacionada com ato de sua administração, pois, do contrário, em determinados casos, correr-se-ia o risco de ficar a matéria sem possibilidade de ser na assembleia de acionista votada, uma vez ocorrida a ausência dos sócios minoritários.

---

[4]   *Acionista Minoritário na Sociedade Anônima – Direito de Fiscalização*, ob. cit., p. 142.
[5]   *Sociedade Anônima Atual*, ob. cit., p. 113.

434 • Direito de Empresa | *Arnaldo Rizzardo*

O que não se pode tolerar é que tal sócio (administrador) possa votar em descompasso com os interesses da própria sociedade (art. 115, § 1º, da Lei das Sociedades Anônimas)".[6]

Entrementes, quanto à votação na estimativa patrimonial, se todos os sócios forem condôminos dos bens que entrarem na formação do capital, não há impedimento para a votação do laudo. No caso, porém, mantém-se a responsabilidade dos avaliadores e dos subscritores das ações perante terceiros. Para a compreensão do assunto, faz-se indispensável ver a redação do § 2º: "Se todos os subscritores forem condôminos de bem com que concorreram para a formação do capital social, poderão aprovar o laudo, sem prejuízo da responsabilidade de que trata o § 6º do art. 8º".

Não se encontra fundamento para impedir a votação dos sócios, se todos forem condôminos dos bens. Já em relação a terceiros, a estimativa pode repercutir negativamente. Se assaz elevada, levando a difundir credibilidade no potencial econômico, e, assim, favorecendo que terceiros celebrem negócios vultosos, cujo pagamento fica relegado para o futuro, o inadimplemento conduz à responsabilidade subsidiária dos sócios e dos próprios peritos avaliadores. Na verdade, a avaliação constituiu uma fraude com o objetivo de incutir confiança em patamar de solvabilidade que não corresponde à realidade.

Sempre que os interesses de todos os sócios revelam-se conflitantes, admitem-se as deliberações, porquanto não existe outra maneira de se deliberar.

Por extensão na aplicação do § 1º do mesmo art. 115, não se afigura admissível que os sócios votem no aumento de capital com os créditos que alguns deles possuem junto à sociedade, porquanto envolvidos interesses próprios. Assim já decidiu o Tribunal de Justiça de São Paulo: "Não pode prevalecer deliberação de aumento de capital, em assembleia geral de sociedade anônima, bem como de admissão de imediata subscrição de ações correspondentes pelos acionistas presentes ao ato, com utilização de seus créditos, também reconhecidos no próprio ato".[7] Resulta, de tais manobras, aparentemente lícitas, desrespeito aos interesses das minorias, que ficam prejudicadas na distribuição do capital.

O voto do acionista contra os interesses da sociedade pode não prevalecer. Ou seja, é possível que não reflita o mesmo no resultado da votação. Nesta situação, decorrendo prejuízos à sociedade, também responde o sócio. No entanto, é difícil acontecer um evento que emane danos se o voto não importou em uma determinada decisão. Mesmo assim, incide a responsabilidade. É como está no § 3º: "O acionista responde pelos danos causados pelo exercício abusivo do direito de voto, ainda que seu voto não haja prevalecido".

O voto abusivo revela-se no propósito do acionista em causar dano à sociedade ou aos demais acionistas, em obter vantagem indevida para si ou para outrem, e em praticar atos que resultem prejuízos para a sociedade ou para o acionista.

A decisão resultante do voto de acionista com interesse no assunto deliberado se sujeita à anulação. Decidindo, nessa dimensão, a compra de produtos fornecidos por um sócio, ou aceitando a empresa fornecer bens a um acionista, ou decidindo sobre a prestação de contas, e participando nas votações o sócio de quem se compram os bens, ou a quem

---

[6]   Embargos Infringentes na Apel. Cív. nº 38.701, do 4º Grupo de Câmaras Cíveis do TJ do Rio de Janeiro, j. em 16.04.1986, *in Revista de Direito Mercantil, Industrial, Econômico e Financeiro*, vol. 3, p. 226.

[7]   Ap. Cív. nº 138.534-1, do TJ de São Paulo, *in RT*, 677/100.

são os produtos fabricados vendidos, ou de cuja administração são prestadas as contas, as operações ou os atos aprovados sujeitam-se à anulação, com a decorrente indenização, o que se faz através da competente ação ordinária, como é autorizado pelo § 4º: "A deliberação tomada em decorrência do voto de acionista que tem interesse conflitante com o da companhia é anulável; o acionista responderá pelos danos causados e será obrigado a transferir para a companhia as vantagens que tiver auferido". Incide, evidentemente, a correção monetária na indenização (art. 290 da Lei nº 6.404).

Não se coloca óbice a que o acionista vote em sua pessoa, na escolha de administradores ou representantes. A eleição é indispensável para viabilizar a própria sociedade, não constando restrições na votação daqueles que são elegíveis.

XXVI

Maioria acionária ou o controlador da sociedade anônima

1. O SENTIDO DE MAIORIA ACIONÁRIA

O conceito de maioria envolve uma quantidade de votos que chega à metade mais um, enquanto a minoria compreende o inverso, isto é, à metade menos um. Por outras palavras, o grupo que atinge mais da metade dos votos compõe a maioria, ao passo que a minoria representa sempre menos da metade. Daí compreender a maioria acionária o controle societário que, adianta Modesto Carvalhosa, significa o poder de dirigir as atividades sociais, de determinar a vontade social, de impor decisões à assembleia social.[1]

Essa a visão estabelecida pelo próprio Superior Tribunal de Justiça: "Em tese, é suscetível de configurar a situação de acionista controlador a existência de grupo de pessoas vinculadas sob controle comum, bastando que um ou alguns de seus integrantes detenham a titularidade dos direitos de sócio de tal ordem que garanta ao grupo a supremacia nas deliberações da assembleia geral e o poder de eleger a maioria dos administradores da companhia".[2]

A maioria, ou aquele que detém a maioria do capital, é que comanda a sociedade, pois escolhe seus administradores e determina o caminho ou a política de sua atuação.

O voto nas assembleias gerais é a manifestação da maioria. Para prevalecer, no entanto, é necessário que compareçam os que detêm maior quantidade de ações com direito a voto. Do contrário, ou em face da ausência, as decisões são definidas pelos sócios presentes, mesmo que não componham a maioria acionária.

Não se pode olvidar que nas sociedades modernas nem todos os acionistas têm o direito ao voto, como no caso dos titulares de ações preferenciais. Daí que, para efeitos de contagem, a maioria se restringe ao volume de ações com direito ao voto. Pela lei brasileira, permite-se que até cinquenta por cento das ações, na previsão do art. 15, § 2º, da Lei nº 6.404/1976, sejam preferenciais, isto é, sem direito a voto, ou sujeitas à restrição no exercício desse direito.

Não deixa de revelar importância a minoria, se considerar-se que a maioria, em grande parte das empresas, é formada por um grupo de acionistas. Se pequena a diferença entre um grupo e outro, um acionista, embora com reduzida expressão de votos, pode mudar os rumos das decisões deliberativas, de acordo com o rumo que pender sua votação.

Quando o maior número de ações com direito a voto se concentra na pessoa de um sócio, ou de um grupo de sócios, surge o poder de decisão nas assembleias gerais.

---

[1]   *Acordo de Acionistas*, ob. cit., p. 122.
[2]   REsp. nº 784, j. em 24.10.1989, *DJU* de 20.11.1989.

2. ACIONISTA CONTROLADOR

Em princípio, o sócio que tem a maioria de ações controla a sociedade. Nas votações, predomina a decisão que obtiver maior número de votos, isto é, daquele ou do grupo que detém os votos necessários às deliberações da assembleia, desde que compareça na assembleia geral.

Como a cada ação corresponde um voto, é decorrência normal que a quantidade de ações irá definir o resultado. Daí se concluir a submissão do controle ao acionista titular de mais ações que outros acionistas, mas em função do comparecimento e da votação na assembleia.

Não se pode olvidar que à pessoa natural ou jurídica é facultado esse domínio na sociedade. No caso da pessoa jurídica, ela possui número de ações superior aos demais sócios, fazendo-se representar pelo administrador ou pessoa designada. Mesmo o grupo de sócios, desde que combinado o rumo da votação em certas matérias, está apto a exercer o domínio ou controle. É como assentou o STJ:

> "Em tese, é suscetível de configurar a situação de acionista controlador a existência de grupo de pessoas vinculadas sob controle comum, bastando que um ou alguns de seus integrantes detenham a titularidade dos direitos de sócio de tal ordem que garanta ao grupo a supremacia nas deliberações da assembleia geral e o poder de eleger a maioria dos administradores da companhia. Questão de fato a ser deslindada na oportunidade da prolação da sentença. Alegação de negativa de vigência dos arts. 116 e 118 da Lei das Sociedades Anônimas e do art. 3º do CPC repelida".[3] O citado art. 3º corresponde ao art. 17 do CPC/2015.

Daí se retira que o controle encontra a base na titularidade das ações ou na combinação, na direção do direito de voto. Neste segundo caso, o controle é indireto. Mesmo aquele que não possui diretamente as ações de uma companhia torna-se controlador quando se torna titular de direitos de voto que lhe dão a preponderância nas deliberações sociais e o poder de eleger a maioria dos administradores. Daí se chegar a que o traço definidor do acionista que detém o controle não se cinge àquele que é titular de mais de cinquenta por cento das ações. Revela-se mais amplo o conceito, envolvendo o acionista que faz parte de um grupo de sócios que decide votar em um rumo previamente traçado, e que passa a exercer o efetivo controle.

Decidem os integrantes do acordo votar em um mesmo sentido ou rumo, definindo as matérias postas a exame. Há a organização de um grupo que passa a exercer o controle, em conjunto, da sociedade. E sempre que existir um grupo formado por um acordo, que dirige os destinos da sociedade, há o controle. Os acionistas se articulam de modo a formar a maioria na assembleia, mesmo que não corresponda a mais da metade de ações com direito a voto na sociedade, ficando, então, o controle com a minoria. De sorte que se o sócio com a maioria de ações não exerce essa primazia, é sócio majoritário, não sendo, porém, controlador. Todos os acionistas que participaram na decisão que levou ao controle, vinculados por acordo de votos, ou que constituíram um bloco de comando, são controladores, passando a assumir a responsabilidade pelos destinos da sociedade. É comum essa vinculação quando várias empresas são acionistas de outra empresa, formando um grupo para a votação unificada, de modo a assumir o controle da empresa da qual figuram como sócias.

---

3 REsp. nº 784, da 4ª Turma, j. em 24.10.1989, *in Revista do Superior Tribunal de Justiça*, 6/422.

Não raramente, o controle fica nas mãos do administrador, mormente se pulverizado o capital social, e não se fazendo presentes os titulares de ações, os quais podem outorgar procuração para votar a um representante, que pode ser o próprio administrador ou outro sócio.

O art. 116 fornece a ideia do acionista controlador: "Entende-se por acionista controlador a pessoa, natural ou jurídica, ou o grupo de pessoas vinculadas por acordo de voto, ou sob o controle comum, que:

a) é titular de direitos de sócio que lhe assegurem, de modo permanente, a maioria dos votos nas deliberações da assembleia geral e o poder de eleger a maioria dos administradores da companhia; e

b) usa efetivamente seu poder para dirigir as atividades sociais e orientar o funcionamento dos órgãos da companhia".

No entanto, nem sempre a maioria se concretiza com a simples titularidade da maioria das ações. O conceito de maioria envolve a quantidade de ações que levam a decidir na aprovação das matérias submetidas a deliberações na assembleia. Em certos assuntos, não basta a disposição da mera quantidade de cinquenta por cento das ações e mais uma. Assim o art. 135, que aponta a quantidade necessária, em primeira convocação, de acionistas presentes para a aprovação de reforma do estatuto, que é a equivalente dois terços, no mínimo, do capital social com direito a voto. Em segunda chamada, instala-se com qualquer número. Eis o texto da regra: "A assembleia geral extraordinária que tiver por objeto a reforma do estatuto se instalará em primeira convocação com a presença de acionistas que representem dois terços, no mínimo, do capital com direito a voto, mas poderá instalar-se em segunda com qualquer número".

Também em outros tipos de sociedade o conceito de maioria corresponde ao *quantum* da titularidade do capital necessário para aprovar certas matérias. Na sociedade limitada, a detenção de cinquenta e um por cento das quotas, embora dono o sócio da maioria do capital, não exerce o controle, já que algumas matérias reclamam uma expressão maior de capital para a aprovação e, destarte, de quotas. Consoante verificado no Capítulo X, item 29, *b*, requer-se, exemplificativamente, na designação dos administradores que não sejam sócios, quando feita em ato separado (art. 1.061 do CC/2002), a unanimidade dos sócios, se o capital social não estiver totalmente integralizado, e dois terços do capital social, se o capital estiver integralmente integralizado; na destituição dos administradores, sócios ou não, designados em ato separado, mais da metade do capital social (inciso II do art. 1.076 do CC/2002), e se administradores sócios, nomeados no contrato social, mais da metade do capital social, no mínimo, salvo disposição contratual diversa (§ 1º do art. 1.063 do CC/2002, na redação da Lei nº 13.792/2019); na modificação do contrato social, são necessários três quartos do capital social, salvo nas matérias sujeitas a *quorum* diferente (inciso I do art. 1.076 do CC/2002); já na incorporação, fusão e dissolução da sociedade, ou a cessação do estado de liquidação, a exigência é de três quartos do capital social (inciso I do art. 1.076 do CC/2002).

3. A EXTENSÃO DO CONTROLE

O controle envolve o direcionamento das votações no rumo que interessa ao acionista majoritário. A escolha dos administradores e funcionários graduados, a aquisição de bens, a política que se imprime à sociedade, a direção das atividades, a orientação do funcio-

440 • Direito de Empresa | *Arnaldo Rizzardo*

namento, entre outras importantes questões, ficam na decisão do sócio majoritário. Não é relevante tanto a detenção de cargos de diretoria, mas o controle em si, que confere vários poderes, como determinar, pela assembleia geral, a nomeação de diretores, a política imposta à sociedade, e a efetiva influência nas votações em geral.

Entrementes, esse vasto poder deve ser empregado para o bem da sociedade, de modo a tudo envidar o sócio controlador para que ela alcance ou realize os propósitos que ordenaram a sua criação. O parágrafo único do art. 116 da Lei 6.404 deixa entrever essa obrigação: "O acionista controlador deve usar o poder com o fim de fazer a companhia realizar o seu objeto e cumprir sua função social, e tem deveres e responsabilidades para com os demais acionistas da empresa, os que nela trabalham e para com a comunidade em que atua, cujos direitos e interesses deve lealmente respeitar e atender".

Percebem-se as dimensões que são dadas, e que se tornam importantes deveres do acionista controlador, consistindo no cumprimento da função social, na responsabilidade para com os demais acionistas, com os que exercem trabalhos e com a comunidade, e na obrigação de dirigir os destinos da maneira que mais proveito trouxer.

Na forma do art. 116-A, a posição de controle que está nas mãos do sócio, ou de grupos de sócios, a quem incumbe a eleição dos membros do Conselho de Administração e do Conselho Fiscal, se a sociedade for aberta, deve ser imediatamente informada à Comissão de Valores Mobiliários e à Bolsa de Valores ou entidade do mercado de balcão.

4. RESPONSABILIDADE DO ACIONISTA CONTROLADOR

Nada há de censurável no fato de o sócio controlar a companhia. Se as ações de sua titularidade permitem uma ascendência na administração e no destino da sociedade, tal se opera por uma causa legítima, que a lei garante, e em razão de sua participação no capital social.

Todavia, se a conduta do sócio majoritário revelar abuso de poder, desviando-se tendenciosamente dos padrões éticos para prejudicar a sociedade, ou mesmo que inferida culpa nos atos de condução e administração; se afastar a sociedade do objeto social para que se deu a constituição; se apropriar-se de seus lucros ou bens; se conduzi-la para favorecê-lo em detrimento dos demais sócios; se a dissolver fraudulentamente; se promover a criação e emissão de valores mobiliários para o benefício próprio, em detrimento do patrimônio da própria sociedade e, dentre vários outros eventos ou procedimentos nocivos, sonegar o recolhimento dos tributos e contribuições sociais, chama-se à responsabilidade o sócio controlador. Daí se lhe exigirem a máxima cautela, a absoluta honestidade e boa-fé na direção, inclusive a capacidade, a eficiência e a competência administrativa, de sorte a não desencadear prejuízos.

O art. 117 proclama a responsabilidade: "O acionista controlador responde pelos danos causados por atos praticados com abuso de poder".

O § 1º, com acréscimos da Lei nº 9.457/1997, elenca uma casuística de eventos ou condutas que geram a responsabilidade, não se descartando, porém, a existência de outras:

> "a) orientar a companhia para fim estranho ao objeto social ou lesivo ao interesse nacional, ou levá-la a favorecer outra sociedade, brasileira ou estrangeira, em prejuízo da participação dos acionistas minoritários nos lucros ou no acervo da companhia, ou da economia nacional;

Cap. XXVI | Maioria acionária ou o controlador da sociedade anônima • **441**

b) promover a liquidação de companhia próspera, ou a transformação, incorporação, fusão ou cisão da companhia, com o fim de obter, para si ou para outrem, vantagem indevida, em prejuízo dos demais acionistas, dos que trabalham na empresa ou dos investidores em valores mobiliários emitidos pela companhia;

c) promover alteração estatutária, emissão de valores mobiliários ou adoção de políticas ou decisões que não tenham por fim o interesse da companhia e visem a causar prejuízo a acionistas minoritários, aos que trabalham na empresa ou aos investidores em valores mobiliários emitidos pela companhia;

d) eleger administrador ou fiscal que sabe inapto, moral ou tecnicamente;

e) induzir, ou tentar induzir, administrador ou fiscal a praticar ato ilegal, ou, descumprindo seus deveres definidos nesta Lei e no estatuto, promover, contra o interesse da companhia, sua ratificação pela assembleia geral;

f) contratar com a companhia, diretamente ou através de outrem, ou de sociedade na qual tenha interesse, em condições de favorecimento ou não equitativas;

g) aprovar ou fazer aprovar contas irregulares de administradores, por favorecimento pessoal, ou deixar de apurar denúncia que saiba ou devesse saber procedente, ou que justifique fundada suspeita de irregularidade;

h) subscrever ações, para fins do disposto no art. 170, com a realização em bens estranhos ao objeto social da companhia".

Não importa o rol acima em se inadmitir outras condutas de caráter negativo ou prejudicial, que levam a responsabilizar o sócio controlador, desde que tragam danos à companhia, aos acionistas e terceiros interessados.

Esclarece-se que a menção ao art. 170 da alínea *h supra* diz respeito à necessidade de realização do capital social em três quartos, no mínimo, para aumentá-lo.

De acordo com os §§ 2º e 3º, no tocante à alínea *e*, estende-se a responsabilidade ao administrador e ao fiscal se forem coniventes com o sócio controlador na prática de ato ilegal, ou no descumprimento dos deveres definidos na lei e no estatuto. O sócio controlador que ocupa cargo de administrador ou fiscal também responde pelos atos ilegais e lesivos cometidos nessa qualidade.

Inclusive aos terceiros e acionistas emerge a responsabilidade do administrador, segundo demonstra Daniel de Avila Vio: "O art. 159, § 7º, ressalvou expressamente o fato de que a ação ut singoli dos sócios contra os administradores não exclui aquela que couber aos acionistas ou terceiros diretamente prejudicados por eventuais atos abusivos. Não parece minimamente razoável deduzir ou intuir uma imunidade processual do controlador em face dos credores que não se revistam da qualidade de acionista a partir da mera ausência de uma ressalva no corpo do art. 246".[4]

O mencionado art. 246 da Lei nº 6.404/1976 estabelece que "a sociedade controladora será obrigada a reparar os danos que causar à companhia por atos praticados com infração ao disposto nos artigos 116 e 117".

Com as regras dos arts. 116 e 117, implantou-se diretamente o sistema que passa a atribuir a responsabilidade mesmo àqueles que não ocupam cargos de administradores ou diretores. Sem esses dispositivos, afigura-se a hipótese dos titulares do controle acionário, não ocupando cargos de direção na companhia, nomearem pessoas de sua confiança, com

---

[4] *Grupos Societários*, ob. cit., p. 117.

442 • Direito de Empresa | *Arnaldo Rizzardo*

patrimônio próprio insuficiente para suportar eventuais indenizações, ficando, pois, eles eximidos das consequências da má gestão ou desvios de valores. Não fossem tais regras, os detentores do controle poderiam ficar imunes das ações lesivas perpetradas através de testas de ferro ou 'laranjas', geralmente desprovidos de patrimônio mínimo para o ressarcimento dos danos.

5. COMUNICAÇÃO DAS MODIFICAÇÕES NO CONTROLE ACIONÁRIO

A Comissão de Valores Mobiliários será comunicada das modificações de posição verificadas no controle da sociedade, por imposição do art. 116-A, da Lei nº 6.404, acrescentado pela Lei nº 10.303: "O acionista controlador da companhia e os acionistas, ou grupo de acionistas, que elegerem membros do Conselho de Administração ou membro do Conselho Fiscal, deverão informar imediatamente as modificações em sua posição acionária na companhia à Comissão de Valores Mobiliários e às Bolsas de Valores ou entidades de mercado de balcão organizado nas quais os valores mobiliários de emissão da companhia estejam admitidos à negociação, nas condições e na forma determinada pela Comissão de Valores Mobiliários".

O grupo formado por acionistas para manter o controle pode modificar a sua posição dentro da sociedade, implicando mudança nos destinos e na composição tanto do Conselho de Administração como nos membros do Conselho Fiscal. No caso, comunica-se a mudança não apenas à Comissão de Valores Mobiliários, como também à Bolsa de Valores onde são negociadas as ações, e às entidades que gerenciam os mercados de balcão.

É necessário que esses órgãos sejam informados das modificações para fins de controle, em especial no que é pertinente à negociação das ações.

Aduz Marcelo Fortes Barbosa Filho os seguintes ensinamentos: "As informações, sobrevindo alteração na posição acionária, seja pela alienação, seja pela aquisição, devem ser levadas ao conhecimento da agência reguladora do mercado de capitais, bem como das bolsas de valores e das instituições do mercado de balcão diretamente interessadas, isto é, onde são negociados quaisquer títulos da sociedade enfocada. Os destinatários foram escolhidos acertadamente, considerada não simplesmente a possibilidade de contínuas flutuações influenciarem os rumos da administração da companhia e, por consequência, a tomada de decisões dos investidores, mas, simultaneamente, a conjugação entre tais flutuações e o advento de fatos relevantes à sociedade anônima, em especial com a utilização de informações de acesso privilegiado, exclusivas e sigilosas, desconhecidas do agente público".[5]

---

[5] *Sociedade Anônima Atual*, ob. cit., p. 118.

XXVII

Acordo de acionistas

1. SITUAÇÕES QUE PERMITEM ACORDO DE ACIONISTAS

É perfeitamente permitido o entabulamento de acordo entre os acionistas para a votação, a compra e venda de ações, e a preferência na sua aquisição, e inclusive em outras matérias, mesmo que nada conste do estatuto. No conceito de Modesto Carvalhosa, o acordo de acionista considera-se "um contrato submetido às normas comuns de validade de todo negócio jurídico privado, concluído entre acionistas de uma mesma companhia, tendo por objeto a regulação do exercício dos direitos referentes a suas ações, tanto no que se refere ao voto como à negociabilidade das mesmas".[1]

Os acordos de acionistas, como expressão da liberdade contratual, e desde que não se encaminhem para o voto abusivo, envolvem parte dos acionistas e dirigem-se ao exercício dos direitos derivados das ações, não se confundindo, porém, com as deliberações sociais, que decorrem da participação de todos os acionistas com direito de voto. Adita Modesto Carvalhosa que a validade depende da inexistência de lesividade, que "poderá verificar-se não apenas quando a própria companhia sofre uma perda imediata ou futura, mas também quando deixa de obter uma vantagem lícita; ou, então, quando lhe traz o voto vinculado ao acordo um resultado inferior ao que seria obtido, se os votos dos acionistas convenentes fossem a expressão de uma vontade livremente manifestada, em função das circunstâncias atuais, verificadas no momento da assembleia, em contraste com o vínculo previamente estabelecido".[2]

Em tese, não se veda o direcionamento de assuntos para uma solução política, e que atenda aos interesses da maioria, caso se dirijam para o bem da sociedade e girem em torno de direito disponível. Especialmente nas sociedades maiores, formam-se grupos de acionistas que tentam impingir uma linha de ação nos rumos dos vários setores da empresa, como da atividade, da produção, da propaganda, do *marketing*, da modernização, dos investimentos, da expansão e assim por diante. O art. 118, com texto da Lei nº 10.303, de 31.10.2001, trata da formação de consenso sobre a compra e venda de ações, a preferência para a aquisição, o exercício do voto e o poder de controle, impondo a sua observância: "Os acordos de acionistas, sobre a compra e venda de suas ações, preferência para adquiri-las, exercício do direito a voto, ou do poder de controle deverão ser observados pela companhia quando arquivados na sua sede".

---

[1] *Acordo de Acionistas*, ob. cit., p. 9.
[2] *Acordo de Acionistas*, ob. cit., p. 114.

Pelo teor da regra, três tipos de acordos emergem: a) a compra e venda ou preferência na aquisição de ações; b) o exercício do direito de voto; c) o exercício do poder de controle.

Para impor a exigibilidade, inclusive da sociedade, necessária a formalização dos acordos em instrumentos escritos, com o devido arquivamento na sede da sociedade. Se restringirem-se a meras conjecturas, ou conversações, não decorre a exigibilidade. Assim pensa Egberto Lacerda Teixeira, ao observar que o acordo "assume efeito *erga omnes* quando o instrumento é arquivado na sede da sociedade".[3]

No caso de compra e venda de ações, equivale o acordo a uma promessa de contratar. O acerto sobre a preferência importa na obrigação de não alienar a terceiros as ações sem o prévio oferecimento aos sócios. Quanto ao exercício do voto, significa a obediência a regras no encaminhamento da votação, nos assuntos especificados. Com vista ao controle, ficam firmados os alinhamentos para o seu exercício, com mútuas concessões ou exigências recíprocas.

Através do acordo, mormente no exercício do voto, oportuniza-se a que os acionistas cheguem ao controle, o que não se conseguiria se agissem isoladamente. Nas condições que o acompanham, ficam descritos os termos a serem obedecidos, como a divisão dos cargos de administração, de diretor ou de gerente.

Valem os acordos em relação à sociedade, devendo os acionistas acatá-los. Não pode a sociedade praticar atos que contrariem o conteúdo do acordo. Nessa linha, observa Fábio Ulhoa Coelho: "Assim, se um acionista acordou em conceder direito de preferência a outro, mas vendeu suas ações a um terceiro, descumprindo o acordo, a companhia não poderá registrar a transferência de titularidade das ações, caso o acordo se encontre averbado. Não há, no entanto, como tornar efetivo o direito de preferência, por parte do acionista prejudicado, senão com recurso ao Poder Judiciário que, substituindo a vontade do acionista alienante, conceda a preferência àquele".[4] De sorte que, dispondo o acordo sobre a indicação dos nomes dos administradores, obrigam-se os sócios que integram o grupo a votar nas pessoas indicadas.

Para valerem os acordos, é necessária a aprovação pela assembleia. Inconcebível que tenham força de lei os pactos ou acertos restritos a grupos de sócios, sem que a assembleia os endosse.

Nessa dimensão, há o acatamento pela jurisprudência: "Sendo a empresa companhia fechada, é perfeitamente válido o acordo de acionistas que indique a forma como serão preenchidos os cargos de administração, desde que tenha sido elaborado quando de sua constituição e arquivado na sede da empresa, com publicidade do ato. Assim sendo, o acordo de acionistas pactuado pelas partes, na forma prevista em lei, quando da formação da sociedade, ratificado quando da modificação da lei das sociedades anônimas, não há direito líquido e certo a ser amparado consistente em derrogar normas contidas no acordo para eleição da diretoria da empresa".

Como se percebe do aresto, a validade de acordos atinge, inclusive, as sociedades fechadas, exemplificando-os Modesto Carvalhosa: "Entre eles, ressaltam-se os que objetivam estabelecer uma nítida correlação entre os resultados obtidos pela companhia e sua apropriação pelos sócios, não somente em termos de dividendos como também de remuneração dos administradores da sociedade. Tais ajustes implicam, necessariamente, a

---

[3] *Sociedades Limitadas e Anônimas no Direito Brasileiro*, São Paulo, Editora Saraiva, 1987, p. 56.
[4] *Manual de Direito Comercial*, ob. cit., p. 190.

personalização da própria administração que poderá, com efeito, ser convencionada como atribuição dos próprios sócios".[5]

Há possibilidade, ademais, de execução específica, encerra o corpo do acórdão que conduziu ao aresto acima: "A execução específica que lhe é atribuída permite que se exija da sociedade a execução do que estava previsto no acordo, ainda que os demais signatários tenham mudado de ideia a respeito da matéria objeto do acordo".[6]

Em relação a terceiros, para dar-lhes foros de lei e, assim, surtirem efeitos, reclama-se a devida averbação nos livros de registro das ações e nos respectivos certificados, em acatamento ao § 1º do mesmo artigo acima: "As obrigações ou ônus decorrentes desses acordos somente serão oponíveis a terceiros depois de averbados nos livros de registro e nos certificados das ações, se emitidos".

Os acordos envolvem blocos ou grupos de acionistas, dirigidos a exercer o controle da sociedade e a repartição conjunta dos poderes internos. A formalização vem descrita por Marcelo Fortes Barbosa Filho: "Tais acordos demandam regras de composição, pelas quais, internamente, podem ser fixadas, para matérias tidas como mais relevantes, maiorias qualificadas internas ao grupo de controle, bem como regras para a resolução de impasses ou *deadlocks*, estabelecendo mecanismos destinados à superação e à solução de situações de discórdia pontual entre os contratantes, seja pela imposição de uma troca mais aprofundada de informações, seja pela mediação, seja pela introdução de cláusula compromissória interna e instituidora de uma instância arbitral".[7]

2. OBRIGATORIEDADE E RELATIVIDADE DOS ACORDOS

Não ficam os sócios eximidos de responsabilidade em face dos acordos. Se envolvido o exercício do voto, e mesmo que não mais o exerça o sócio, mantém-se a sua responsabilidade pelas decorrências prejudiciais da decisão sufragada na votação, ou pelos atos nocivos advindos do poder de controle cedido, conforme impõe o § 2º do art. 118 da Lei nº 6.404: "Esses acordos não poderão ser invocados para eximir o acionista de responsabilidade no exercício do direito de voto (art. 115) ou do poder de controle (arts. 116 e 117)".

Mas nem todos os itens dos acordos tornam-se possíveis de serem cumpridos. Como obrigar um acionista a votar em um sentido previamente indicado? Não existe uma ação obrigacional para tanto, porquanto se afiguraria indispensável o conhecimento prévio da direção ou rumo do voto, que apenas aparece no momento de seu exercício. Para conseguir o cumprimento, caberia à parte valer-se do disposto no art. 501 do Código de Processo Civil, que consiste na ação de emitir ato de vontade. A sentença, por imposição do mesmo dispositivo, produzirá os efeitos da declaração não cumprida. Entrementes, não há viabilidade prática para a demanda, que objetivaria obrigar o acionista a proferir um voto já definido, situação que retira o sentido e a liberdade do voto. Todavia, parece que unicamente a ação de tutela provisória de urgência, com caráter cautelar, viabilizaria alcançar esse intento, caso admitida a faculdade de obrigar o voto em determinado sentido, a qual, no entanto, não parece viável.

---

[5] *Acordo de Acionistas*, ob. cit., p. 216.
[6] Ap. Cív. nº 219.618-1, da 6ª Câmara Cível do TJ de São Paulo, j. em 3.02.1994, *in RT*, 706/84.
[7] *Sociedade Anônima Atual*, ob. cit., p. 123.

Em outros casos, se estabelecidas condições e obrigações nos acordos, e não forem cumpridas, assegura-se aos acionistas a promoção da competente execução judicial das obrigações assumidas, como na preferência na aquisição das ações. Nesse âmbito, deixando de atender os compromissos, decorre aos sócios e mesmo aos terceiros o título para a sua execução, como se não cumprido o dever constante na ata de pagamento de dividendos, em deliberação a que se chegou por acordo dos sócios. É como reza o § 3º do art. 118: "Nas condições previstas no acordo, os acionistas podem promover a execução específica das obrigações assumidas".

A jurisprudência tem admitido a execução de acordos, desde que atendidos seus estritos termos, como revela o seguinte exemplo:

"O pedido contido na inicial da ação, que redundou na execução em curso, restringiu-se às ações preferenciais. O acórdão exequendo cingiu-se também a esse tema. Assim, o aresto recorrido não violou a coisa julgada ao cassar a parte da decisão do juiz da execução que incluía outras classes de ações no processo executório, tratando, ao contrário, de evitar que tal afronta ocorresse.

Estando a recorrente a promover, nos mesmos autos da ação principal, a execução do julgado, não há como invocar as regras pertinentes à execução específica do acordo de acionistas, art. 118, § 3º, da Lei das Sociedades Anônimas. Quanto ao cumprimento das parcelas do acordo de acionistas não abrangidas pelo julgado exequendo, a empresa necessitaria formar o título executivo mediante prévio processo de conhecimento, haja vista tratar-se da assunção de obrigações genéricas e não líquidas".[8]

Mesmo na transferência do controle da sociedade impõe-se o cumprimento dos acordos: "Acordo de acionistas. Não desaparece o direito de pretender seu cumprimento pelo fato de ter sido transferido o controle da empresa que, por seu turno, detinha o controle do capital da autora".[9]

Não fosse assim, inútil o acordo de acionistas, que ficaria sem a necessária força para a sua imposição, e tornando-se a norma destituída de efetividade. Não se reduzem as estipulações a simples conversão em indenização por perdas e danos, pois se garante a execução específica.

3. VALIDADE DOS ACORDOS

Consoante averba Modesto Carvalhosa, para a validade, "os acordos de acionistas, firmados tanto nas companhias abertas como nas fechadas, deverão preencher os requisitos de validade exigidos para qualquer negócio jurídico, que são, em nosso direito, agente capaz, objeto lícito e forma prescrita ou não defesa em lei".[10]

Desde que sirva para o abuso ou o desvio do poder, ou para lesar a sociedade, modificando suas finalidades, não mantém validade o acordo. Assim, colimando a prática de desmandos, de fraudes, de negócios nocivos, de concentração da renda em um determinado grupo de acionistas, a fulmina-se de nulidade a avença comum entre grupos de sócios. Todas as combinações tendentes a elidir regramentos vigentes, ou disposições estatutárias revelam-se fraudulentas, e, assim, insuscetíveis de gerarem efeitos válidos.

---

[8]   REsp. nº 413.722-RS, da 4ª Turma do STJ, j. em 13.05.2003, *DJU* de 23.06.2003.
[9]   REsp. nº 43.457-SP, da 3ª Turma do STJ, j. em 30.10.1995, *DJU* de 05.02.1996.
[10] *Acordo de Acionistas*, ob. cit., p. 181.

Cap. XXVII | Acordo de acionistas • **447**

A licitude do objeto revela-se pressuposto indispensável, que se ostenta sempre que está coordenado à lei e aos princípios que regem os estatutos.

A lesividade do acordo, afastando a sua validade, e verificada quando restam ofendidos os direitos assegurados pela lei, atenta contra os interesses da sociedade. De igual modo, são repelidos os acordos que conflitam com os propósitos da sociedade.

Vários outros fatores importam em invalidade. Nessa gama, está a causa ilícita, que se ostenta no tráfico de voto, na contraprestação de vantagem individual em detrimento da sociedade.

O motivo contrário aos fins comuns importa em invalidade, como no abuso do poder de controle e na especulação atentatória aos interesses das minorias.

A fraude visando um negócio proibido, travestido de aparente legalidade, importa em nulidade da combinação de vontades.

A determinação do objeto, e mais a exata delimitação do fim visado, a ausência de interesses conflitantes e a finalidade do bem comum interpõem-se como outros elementos determinantes da validade.

4. REGRAS ESPECÍFICAS SOBRE OS ACORDOS

Faltando o arquivamento não há óbice para servir-se a parte das garantias e faculdades reguladas pelos arts. 815 a 821 e no art. 501, todos do Código de Processo Civil. Promove-se a ação para compelir ao cumprimento, desde que cumprível a obrigação.

Mais disposições aparecem nos §§ 4º a 11º do art. 118, no texto da Lei nº 10.303/2001, em longa regulamentação de pouca utilidade prática:

- as ações adquiridas em razão de acordo celebrado entre os acionistas são insuscetíveis de negócio em bolsa ou no mercado de balcão (§ 4º);
- no relatório anual, deverá constar a informação sobre os resultados decorrentes das ações objeto dos acordos (§ 5º);
- a denúncia dos acordos sujeitos a condições ou a um determinado termo, é possível unicamente se infringidas as condições, ou se vencido o tempo de sua duração, ou seja, submete-se a resolução às estipulações (§ 6º);
- possibilidade de previsão de prazo, para votar a favor ou contra determinada deliberação, em prazo superior ao constante no § 1º do art. 126, que é de um ano (§ 7º);
- não será computado o voto proferido contra as disposições do acordo (§ 8º), cuja verificação compete ao presidente do órgão (assembleia geral ou conselho de administração), instando lembrar que o voto proferido contra o acordo arquivado configura um ilícito contratual, não produzindo qualquer efeito;
- a falta de comparecimento ou a abstenção de votar, nas assembleias ou nas reuniões dos órgãos de administração, dos acionistas que assinaram o acordo assegura à parte prejudicada a votar, dentro da quantidade de ações de propriedade do acionista ausente ou omisso, e, quanto aos membros de administração ausentes ou omissos, com os votos da parte prejudicada e que está representada no dito conselho (§ 9º);
- é necessária a indicação de representante, pelos acionistas vinculados ao acordo, para comunicar-se com a companhia e para prestar ou receber informações quando solicitadas (§ 10º), não se podendo olvidar que a ausência de indicação importa em

poder a companhia recusar-se ao arquivamento do acordo, pois falta requisito formal exigido para o ato;

– A possibilidade de solicitação, pela companhia, de esclarecimentos das cláusulas do acordo (§ 11º).

Sobressai em importância a limitação do § 4º, impedindo a negociação na Bolsa de Valores ou no mercado de balcão das ações vinculadas ao acordo dos acionistas, desde que averbado na sede da companhia. Objetiva-se, com essa restrição, a dispersão da titularidade das ações dos acordantes, com o que se limita a circulação entre eles.

5. PRAZO DE DURAÇÃO DOS ACORDOS

Não havendo uma limitação do tempo de duração dos acordos, parece razoável permitir a denúncia, de modo a não mais prosseguir. A qualquer das partes, e a qualquer tempo depois de expirado o prazo, assegura-se a denúncia, sem que importe em indenização por perdas e danos.

Modesto Carvalhosa delineia os períodos razoáveis de duração: "Nas companhias abertas, os acordos não devem exceder um prazo entre 3 (três) e 5 (cinco) anos, em face da mobilidade dos interesses não somente sociais e dos demais acionistas, como também dos institucionais.

Nas companhias fechadas em que tais acordos visam à consolidação de posições societárias e a continuidade das relações harmoniosas entre os subgrupos, pode-se admitir um prazo máximo de 10 (dez) anos".[11]

Em vista do § 6º do art. 118, perde validade o acordo com o advento do termo ou da condição. A qualquer das partes, e a qualquer tempo depois de expirado o prazo, ou da realização da condição, assegura-se a denúncia, sem que importe em indenização por perdas e danos. Assim, tornando-se por prazo indeterminado, procede-se previamente a denúncia às demais partes, referindo que não mais seguirá o cumprimento após um prazo que se estabelece, que não poderá revelar-se inferior a quinze dias. Embora a ausência de uma fixação de tempo, é razoável que se reserve certo período de tempo para continuar no cumprimento, depois do qual se tem como rompido.

Entrementes, embora os termos do dispositivo, mesmo havendo uma limitação do tempo de duração dos acordos, parece razoável permitir a denúncia, de modo a não mais prosseguir, se desaparecer a *affectio societatis*. Se é admitida a resolução parcial da sociedade, não parece coerente manter-se um acordo, caso vierem a faltar as condições para a sua continuação.

Com mais razão é aceita a ruptura no inadimplemento das obrigações assumidas, encontrando-se respaldo nas regras comuns do direito, inclusive no art. 475 do Código Civil.

Também digna de nota é a restrição do § 8º, que manda não seja computado, na contagem, o voto do acionista que infringe o acordo devidamente arquivado. Não vale o voto, que não será computado, conduta a ser observada pelo presidente da assembleia, a quem compete colocar em prática as decisões.

---

[11] *Acordo de Acionistas*, ob. cit., p. 203.

É importante notar a regra especial do § 9º, em relação ao acionista ou membro do Conselho de Administração que fez acordo, o qual não comparece à assembleia, ou se omite nas votações. A parte que fica prejudica está autorizada a substituir ao acionista ausente ou omisso na assembleia ou no Conselho. Por outras palavras, a ausência, a omissão e a abstenção do sócio contratante importa em conferir o seu direito a voto ao outro contratante.

Finalmente, viabiliza-se a anulação ou resolução de acordos, se infringidas normas legais, como tem apregoado o STJ: "Admissível a resolução do acordo de acionistas por inadimplemento das partes, ou de inexecução em geral, bem como pela quebra da *affectio societatis*, com suporte na teoria geral das obrigações, não constituindo impedimento para tal pretensão a possibilidade de execução específica das obrigações constantes do acordo, prevista no art. 118, § 3º da Lei 6.404/76".[12]

6. VIABILIDADE DE ACORDOS EM OUTRAS SOCIEDADES

Embora unicamente a Lei nº 6.404 verse sobre os acordos de sócios, restringindo--os, pois, às sociedades anônimas, não se inviabiliza que nas demais sociedades se formalizem, envolvendo parcelas de seus integrantes. É que se caracterizam como contratos, estabelecidos, pode-se afirmar, dentro de um contrato de maior envergadura. Consideram-se como contrato bilateral ou plurilateral, segundo atinjam dois ou mais sócios, pelo qual se firmam relações entre aqueles que os celebram a respeito de setores ou aspectos de sua participação social, como na votação direcionada em certos assuntos, na eleição da administração, na distribuição dos lucros, na fixação do *pro labore*, e assim em outras matérias.

As relações que emergem são particulares, ficando na esfera daqueles que as contraem, e têm eficácia desde que não firam os direitos de terceiros e da própria sociedade.

Para exigir o seu cumprimento, mister que fiquem averbados no próprio registro do contrato, e arquivados na sociedade.

Waldírio Bulgarelli, dissertando sobre acordos de quotistas, destaca o alcance dos efeitos: "Por outro lado, tendo sido firmado por alguns sócios, o contrato só faz lei entre eles não afetando terceiros, como impõe a tradicional regra clássica do direito obrigacional, expressa na parêmia *res inter alios acta, aliis neque nocet neque prodest*".

Adiante, tomando como parâmetro o art. 118 da Lei nº 6.404, continua ressaltando as limitações: "Neste caso, extrai-se dessa situação, com base no art. 118 da Lei nº 6.404/76 ou tendo como fundamento os princípios e regras do direito contratual e societário, duas inferências da maior importância: 1) no acordo não poderá ser oposto aos que não são partes, nem a sociedade está obrigada a observar suas cláusulas e condições; 2) se forem causados prejuízos a terceiros e/ou ao outro sócio, a responsabilidade será dos sócios que mantêm o controle".[13]

---

[12] REsp. nº 388.423-RS, da 4ª Turma, j. em 13.05.2003, *DJU* de 04.08.2003.
[13] *O Novo Direito Empresarial*, ob. cit., pp. 384-385.

7. MODELO DE ACORDO DE ACIONISTAS

Apresenta-se modelo que atenda de modo amplo o acordo de acionistas.

Para visualização do referido modelo, acesse o QR Code ao lado ou, se preferir, baixe o arquivo em formato editável disponível na plataforma GEN-io, conforme instruções apresentadas no início do livro.

https://goo.gl/iqR3Ch

XXVIII
O direito de recesso ou retirada do sócio nas sociedades anônimas

1. A LIVRE PARTICIPAÇÃO NA SOCIEDADE

A análise procurará dar um enfoque geral do direito de retirada ou recesso, a par do exame já feito e que se procederá quando do estudo de institutos que trazem, como decorrência, o direito à saída do sócio.

Ninguém está obrigado a manter-se na sociedade, como decorre de princípio constitucional (art. 5º, inc. XX). Aos sócios fica assegurada a retirada da sociedade, mas o fazendo através da venda de suas ações. Não lhe cabe o pedido de dissolução da sociedade por ações. Nem lhe assiste impor à sociedade a aquisição de seu capital, segundo já reconheceu a jurisprudência: "Sociedade anônima. Dissolução parcial. Precedentes da Corte. É incompatível com a natureza e o regime jurídico das sociedades anônimas o pedido de dissolução parcial, feito por acionistas minoritários, porque reguladas em lei especial que não contempla tal possibilidade".[1]

No pertinente à liquidação parcial, acima referida, a matéria é controvertida, sendo objeto de exame em momento próprio, adiante.

Caso o titular não consiga vender as ações, faculta-se a sua liquidação, ou apuração do valor monetário que representam, para retirar da sociedade o respectivo montante.

2. SITUAÇÕES LEGAIS QUE PERMITEM A RETIRADA

Há, de outro lado, determinadas previsões que automaticamente autorizam a retirada e o reembolso da significação econômica das ações. Desde que, em assembleia, se dê a aprovação de certas matérias alterando a estrutura da sociedade, ou trazendo mudanças que a desnaturam, o art. 137, alterado pela Lei nº 10.303/2001, faz emanar a possibilidade de retirar-se o sócio descontente: "A aprovação das matérias previstas nos incisos I a VI e IX do art. 136 dá ao acionista dissidente o direito de retirar-se da companhia, mediante reembolso do valor das ações (art. 45), observadas as seguintes normas".

A razão do direito de se afastar é salientada por Mário Engler Pinto Júnior: "O acionista é levado a subscrever ou adquirir ações de determinada sociedade anônima tendo em vista, sobretudo, as suas características básicas, que o possibilitam avaliar os riscos

---

[1] REsp. nº 419.174-SP, da 3ª Turma do STJ, j. em 15.08.2002, *DJU* de 28.10.2002, *in Revista Forense*, 370/294.

envolvidos nessa operação e as chances de obter retorno satisfatório do capital aplicado. Portanto, se sobrevém uma mudança radical no perfil institucional da companhia é óbvio que a persistência da posição acionária minoritária poderia tornar-se extremamente prejudicial aos interesses do seu titular, de modo a aconselhar desde logo a liquidação do investimento...

... A mudança superveniente do objetivo social, pela vontade da maioria, pode desfigurar completamente a companhia, atingindo em cheio aquilo que se convencionou chamar de bases essenciais do negócio societário. Lógico, portanto, que se faculte ao consorte dissidente o desfazimento da relação jurídica que o prende à sociedade".[2]

As matérias que ensejam o direito à retirada encontram-se expressamente indicadas nos incisos I a VI e IX do art. 136, sendo as seguintes:

> I – criação de ações preferenciais ou aumento de classe de ações preferenciais existentes, sem guardar proporção com as demais classes de ações preferenciais, salvo se já previstos ou autorizados pelo estatuto;
>
> II – alteração nas preferências, vantagens e condições de resgate ou amortização de uma ou mais classes de ações preferenciais, ou criação de nova classe mais favorecida;
>
> III – redução do dividendo obrigatório;
>
> IV – fusão da companhia, ou sua incorporação em outra;
>
> V – participação em grupo de sociedades (art. 265);
>
> VI – mudança do objeto da companhia;
>
> (...)
>
> IX – cisão da companhia.

Naturalmente, a aprovação de tais matérias importa em haver uma decisão da maioria societária. Decorre o direito de retirada da minoria, que visa sanar a divergência entre a maioria e a minoria dos sócios, aspecto enfatizado pelo STJ.[3]

3. LIMITAÇÕES À RETIRADA

Várias limitações são estabelecidas quanto à retirada, ao longo dos incisos e parágrafos do art. 137.

Nos casos dos incisos I e II do art. 136 – criação de ações preferenciais ou aumento das classes de ditas ações, sem guardar proporção com as demais classes de ações preferenciais; e alteração nas preferências, vantagens e condições de resgate ou amortização de uma ou mais classes de ações preferenciais, ou criação de nova classe mais favorecida –, restringe-se o direito à retirada do titular de ações de espécie ou classe prejudicadas. É natural que o sócio ao qual resultou vantagem não se afigura coerente permitir o direito de retirada. Unicamente havendo prejuízo resulta o direito de recesso, no que já se revelou enfático o STJ: "O direito de retirada do sócio da sociedade anônima inconformado com a

---

[2] "Comentários ao Recurso Extraordinário nº 104.985-6/RS", *in Revista de Direito Mercantil, Industrial, Econômico e Financeiro*, nº 66, citação na Ap. Cív. nº 150.494-1, da 1ª Câmara Cível de Férias B do TJ de São Paulo, j. em 09.06.1992, *in RJTJESP*, 137/257.

[3] REsp. nº 31.515-SP, da 4ª Turma, j. em 25.03.1996, *DJU* de 22.04.1995.

deliberação de criação de nova classe de ações preferenciais não é ilimitado, dependendo, assim, da demonstração de prejuízo em seu desfavor, sob pena de se transformar o recesso em mera venda de ações, o que escapa à finalidade do instituto".

Invoca-se a lição de Lamy Filho: "'A interpretação que pretende estender o direito de retirada aos acionistas que não são prejudicados deixa de aplicar a lei segundo as funções ou fins sociais a que ela se dirige e às exigências do bem comum; mas, ao contrário, ao pretender legitimar a transformação do direito de retirada em arma usada abusivamente por quem não tem interesse a proteger, mas visa a locupletar-se, injustificadamente, à custa da destruição da empresa, empresta à lei efeitos perversos, antissociais, que conflitam com o fim que se dirige e com as exigências do bem comum' (*A Lei das S/A*, Rio de Janeiro, Renovar, cap. 7, seção 2, nº 8, p. 558)".

E mais a posição de Campos Batalha: "'Antes de passar à análise das hipóteses de retirada, devemos assinalar que tal exercício não é ilimitado, achando-se condicionado à existência (real ou potencial) de prejuízos ao acionista retirante. Não basta apenas a ocorrência de qualquer das hipóteses taxativamente enunciadas na lei: é indispensável a possibilidade de prejuízos' (*Direito Processual Societário*, Rio de Janeiro, Editora Forense, nº 2.1.1.10, p. 239)".[4]

Seja qual for a alteração, ao acionista cabe trazer a prova do prejuízo suportado, ou de que foi atingido na esfera patrimonial pelas deliberações sociais. Não basta a mera alteração acionária da sociedade.

Quanto à criação de nova classe, se for menos favorecida, obviamente que não dá ensejo para a saída do acionista inconformado, pois nenhum prejuízo lhe decorrerá. Assim também se a alteração nas vantagens das preferências não atingir os titulares de ações ordinárias, não fica aberta a via de recesso.

Em relação aos itens IV e V do art. 136 – fusão da companhia, ou sua incorporação em outra, e participação em grupo de sociedades (art. 265) –, não se reconhece o direito de retirada se as ações ou classe de ações gozarem de liquidez e dispersão no mercado.

Há liquidez nas ações no seguinte caso: quando a espécie ou classe de ação, ou certificado que a represente, integre índice geral representativo de carteira de valores mobiliários admitido à negociação no mercado de valores mobiliários, no Brasil ou no exterior, definido pela Comissão de Valores Mobiliários.

Goza de dispersão a ação: quando o acionista controlador, a sociedade controladora ou outras sociedades sob seu controle detiverem menos da metade da espécie ou classe de ação. É como explica Osmar Brina Corrêa-Lima: "Ocorre dispersão da ação no mercado quando o acionista controlador, a sociedade controladora ou outras sociedades sob seu controle detiverem menos da metade do total das ações da mesma espécie ou da mesma classe".[5]

Ou seja, há condições de venda das ações, ou não é significativo o número de ações de titularidade do controlador. Nesta visão, comporta a dispersão no mercado se, num total de cem ações, o acionista controlador possui quarenta e nove, enquanto os acionistas minoritários possuem cinquenta e uma, considerando-se as mesmas dispersas no mercado.

Por decorrência dos princípios acima, não se concede o direito de remissão quando emerge a pretensão do claro intuito especulativo, ou quando a aquisição se opera depois

---

4   REsp. nº 31.515-SP, da 4ª Turma, j. em 25.03.1996, *in Revista do Superior Tribunal de Justiça*, 85/250.
5   *Sociedade Anônima*, ob. cit., p. 306.

454 • Direito de Empresa | *Arnaldo Rizzardo*

de publicado o edital de criação de novas ações, conseguindo, com isso, significativa vantagem, máxime se o valor da ação for mais elevado do que consta na cotação da Bolsa. Foi o que entendeu o STJ: "O direito de recesso visa a garantir a posição do sócio minoritário, quando ocorram modificações substanciais nos estatutos da sociedade, ou que possam afetar o significado econômico das ações de que seja titular. Não merece essa proteção o simples propósito de auferir lucros injustificados como se verifica com a aquisição das ações após a convocação da assembleia que objetiva introduzir as modificações estatutárias de que pode resultar o direito de retirada. Entendimento que se justificava antes mesmo da modificação introduzida pela Lei nº 9.457/1997, tendo em vista a norma de interpretação constante do art. 5º da Lei de Introdução ao Código Civil".[6] A Lei de Introdução ao Código Civil passou a denominar-se, em face da Lei nº 12.376, de 30.12.2010, Lei de Introdução às Normas de Direito Brasileiro.

Quanto à mudança de objeto da sociedade, parece que se justifica o direito de retirada se acontece em detrimento aos interesses dos sócios minoritários.

Nesse mesmo motivo de retirada cumpre se inclua a prática de atividades outras ou diferentes daquelas que estão assinaladas no objeto social. Embora a divergência que lavra em torno do assunto, parece que a causa é a mesma. Não interessa que falte uma decisão da assembleia. Na verdade, mais ensejo existe para a retirada. Às ocultas, ou sem o consenso manifesto dos sócios, os administradores imprimem um rumo nas atividades que não foi o almejado e aceito, importando em total infringência ao princípio da fidelidade societária, aos desígnios eleitos que a inspiraram.

Para dar-se o direito de retirada no caso do inciso IX do art. 136 – cisão da companhia – esse fenômeno deve implicar um dos seguintes fatores:

a) mudança do objeto social, salvo quando o patrimônio cindido for vertido para sociedade cuja atividade preponderante coincida com a decorrente do objeto social da sociedade cindida;

b) rescisão do dividendo obrigatório; ou

c) participação em grupo de sociedades.

4. DIRETRIZES PARA A RETIRADA E O REEMBOLSO DO VALOR DAS AÇÕES

O procedimento para a retirada e o reembolso obedece às seguintes diretrizes:

– o reembolso da ação deve ser reclamado à companhia no prazo de trinta dias contado da publicação da ata da assembleia geral, na qual consta o fator que enseja a retirada;

– o prazo de um mês inicia após a publicação da ata da assembleia dos titulares das ações preferenciais prejudicadas, na qual se comunica a criação de novas ações ou aumento da classe das ações preferenciais, ou a alteração nas preferenciais, vantagens e condições de resgate ou amortização de uma ou mais classes de ações preferenciais, ou criação de nova classe mais favorecida.

Não impede o direito de buscar o reembolso, nos prazos acima, o fato da abstenção do sócio de votar contra a deliberação que autorizou a modificação, ou seu não compareci-

---

[6] REsp. nº 197.329-SP, da 3ª Turma, j. em 02.02.1999, *DJU* de 17.05.1999.

Cap. XXVIII | O direito de recesso ou retirada do sócio nas sociedades anônimas • **455**

mento na assembleia para tanto convocada, como, aliás, reconhece o Superior Tribunal de Justiça: "O conceito de acionista dissidente a que se refere a Lei nº 6.404/1976 é bastante abrangente; inclui não só o que comparece e vota contra a deliberação da assembleia, como o que esteve ausente ou o que, embora comparecendo, por qualquer razão, deixou de votar. Em qualquer das hipóteses, à luz do artigo 216, § 2º, da mencionada lei, o prazo para o acionista impugnar judicialmente, o resultado da assembleia é de trinta dias, a contar da publicação da ata".[7]

Não promovido o pedido de reembolso no prazo acima de trinta dias, decairá o acionista do direito de retirada.

Nos dez dias seguintes ao término do referido prazo de trinta dias, contado conforme as especificações feitas, isto é, da publicação da ata da assembleia geral ou da assembleia especial dos acionistas de ações preferenciais prejudicadas, faculta-se aos órgãos da administração convocar nova assembleia geral extraordinária, com a finalidade de ratificar ou reconsiderar a deliberação que ensejou o direito de retirada, cujo rol se encontra nos incisos I a VI e IX do art. 136 da Lei nº 6.404 se for entendido que o pagamento do preço do reembolso põe em risco a estabilidade financeira da empresa. Unicamente depois de decorrido tal prazo, ou de não conseguida a reconsideração mencionada, exerce-se o pagamento do reembolso.

Outrossim, pode reclamar o reembolso do valor das ações, não apenas o sócio dissidente da deliberação da assembleia; estende-se a faculdade ao titular de ações preferenciais sem direito a voto, que comprovar a titularidade na data da primeira publicação do edital de convocação da assembleia, ou na data da comunicação do fator relevante objeto da deliberação, se anterior.

Para estabelecer os valores do reembolso, impende que se busque a estimativa por meio de avaliação patrimonial da sociedade, parâmetro este traçado pelo Superior Tribunal de Justiça:

"Não é juridicamente aceitável, nem moralmente justificável, seja o acionista dissidente compelido a aceitar a oferta da maioria, mormente em se tratando de oferta irrisória. Se o direito de recesso for exercido numa situação de absoluta iniquidade, como referido nos autos, não há exercício desse direito, senão na abstração da fórmula.

Em tal aspecto, o acórdão recorrido não ofendeu o art. 137 da Lei nº 6.404/1976, ao assim decidir: 'Ponto sensível é o *modus faciendi* quanto à paga do valor da ação, decorrente do recesso, certo que este, por representar mensuráveis interesses econômicos, para ser justo, evitando o enriquecimento da sociedade, assim beneficiando a maioria, com empobrecimento dos retirantes, a minoria, há de corresponder aos valores do patrimônio societário próximos, tanto quanto possível, do real, e não do histórico, quando não meramente simbólicos, constantes dos lançamentos contábeis".[8]

Para estabelecer o valor das ações quando de sua compra, afere-se o valor do patrimônio total da empresa, dividindo-o pelo número de ações, quando da integração. Já para encontrar o número de ações, procede-se ao cálculo com a divisão do valor patrimonial pelo valor da ação. De outra parte, para o resgate, apura-se o valor com base nos balancetes mensais. Exsurgem daí os seguintes axiomas:

– Momento da atribuição do valor das ações, que é o verificado quando da aquisição.

– Avaliação das ações, se for o caso de resgate, a partir de seus balancetes mensais.

---

[7] REsp. nº 570.028-AP, da 3ª Turma, j. em 03.02.2005, *DJ* de 02.05.2005.

[8] REsp. nº 51.655-RJ, j. em 03.12.1996, *DJU* de 03.03.1997.

456 • Direito de Empresa | *Arnaldo Rizzardo*

A matéria está excelentemente resumida na seguinte ementa: "O valor patrimonial da ação, nos contratos de participação financeira, deve ser o fixado no mês da integralização, *rectius*, pagamento, do preço correspondente, com base no balancete mensal aprovado. Nos casos de parcelamento do desembolso, para fins de apuração da quantidade de ações a que tem direito o consumidor, o valor patrimonial será definido com base no balancete do mês do pagamento da primeira parcela".[9]

Dada a importância da matéria, oportuna transcrever a argumentação do relator, Min. Hélio Quaglia Barbosa:

"No que se refere aos artigos 3º e 4º da Lei nº 7.799/89 e artigo 170, § 1º, II, da Lei nº 6.404/76, pugna a recorrente pela correta adequação do valor patrimonial da ação, na data da integralização. Esse o ponto a ser dirimido, desde que afetado o julgamento do Especial à Eg. Segunda Seção.

Nos contratos de participação financeira, nos moldes em que formados, o consumidor, para ter acesso ao serviço público de telefonia, tinha que obrigatoriamente se tornar acionista da respectiva prestadora dos serviços.

O valor inicialmente investido seria convertido em ações da companhia, com subscrição em nome do contratante.

O ponto nodal do debate reside em saber a quantas ações cada contratante teria direito. Em regra, segundo as portarias ministeriais, a prestadora teria até doze meses da data em que o valor foi pago pelo consumidor (integralização), para retribuir em ações o que fora investido. A quantidade das ações seria obtida por meio da divisão entre o capital investido e o valor patrimonial de cada ação ($Qt = Cp / Vp$). Segue-se, pois, que a quantidade de ações seria inversamente proporcional ao valor patrimonial de cada ação, de sorte que, quanto maior o valor unitário, menor seria a quantidade de ações distribuídas ao então acionista. O valor patrimonial da ação, por sua vez, é obtido pela divisão do patrimônio líquido da sociedade pelo número de ações, vindo definido, no final do exercício, por meio de demonstração financeira denominada balanço (art. 176, inciso I, da Lei nº 6.404/76).

Na prática, o consumidor efetuava o pagamento em determinado exercício financeiro e a subscrição de ações somente ocorreria ao seu cabo, conforme balanço posterior, ocasião em que o valor patrimonial de cada ação já teria sofrido majoração, disso resultando, como corolário, sensível diminuição na quantidade das ações recebidas. A distorção, na verdade, pode ser mais bem observada sob o foco da justiça contratual, que, com o advento do Código Civil de 2002, recebeu dentre outros mecanismos de controle efetivo, a lesão, embora suscetível esta de conduzir para desfecho radical da contratação, que na espécie não se busca.

A esse respeito, a introdução de Caio Mário a sua festejada obra *Lesão nos Contratos* (5ª ed., Rio de Janeiro, Forense, 1993) é de conteúdo elucidativo, frente ao tema de que ora, particularmente, se cuida:

'Quando duas pessoas ajustam um negócio, pode acontecer que ambas sejam iguais civil e economicamente, por isso mesmo capazes de autolimitação de suas vontades, e então a avença que cheguem a concluir participa da natureza livre dos contratantes; mas pode também ocorrer que elas se achem em desigualdade manifesta, de tal forma que uma está em posição de inferioridade em relação à outra, ensanchando a esta aproveitar-se da desigualdade para tirar proveito exagerado de sua condição, e sacrificar-lhe o patrimônio.

Analisando este ajuste, não à luz dos princípios comuns de direito positivo, mas sob o foco ideal daquele anseio de justiça, ou, mais precisamente, da regra de conduta moral que deve nortear as ações humanas, chega-se à conclusão de que o negócio pode ser juridicamente perfeito, mas será moralmente repugnante.

---

[9] REsp. nº 975.834-RS (2007/0186064-0), da 2ª Seção do STJ, j. em 24.10.2007, *DJU* de 26.11.2007.

Deve o direito fechar então os olhos a este aspecto da vida, ou, ao revés, cumpre-lhe interferir para disciplinar o proveito das partes contratantes? Aí temos a questão da justiça no contrato, ou seja, o problema da lesão' (pp. IX e X).

A lesão pressupõe a violação do equilíbrio contratual na fase genética do negócio jurídico, no que difere da excessiva onerosidade, cuja desarmonia sobrevém durante a fase de execução contratual. Importa notar, nos contratos comutativos, ser imperiosa a existência de certo equilíbrio entre as prestações, e não a perfeita identidade, já que a valorização das prestações possui conteúdo objetivo-subjetivo.

Nesse aspecto, Pontes de Miranda já preconizava que, apesar da relação de equivalência entre prestação e contraprestação ser aproximada, seria necessária a devida investigação a respeito do limite além do qual não poderia prevalecer. Então, a investigação seria efetuada no plano da validade do negócio jurídico (*Tratado de Direito Privado*, Bookseller, São Paulo, 2003, tomo 25).

Ora, para evitar a lesão patrimonial do consumidor, nos casos dos contratos de participação financeira, levando-se em conta, precipuamente, os princípios da vedação do enriquecimento ilícito e o do equilíbrio contratual, a Segunda Seção desta Corte, desde o julgamento do REsp. nº 470.443-RS, sendo relator o Ministro Carlos Alberto Menezes Direito, em 13.08.2003, firmou corretivo, neste sentido: 'O contratante tem direito a receber a quantidade de ações correspondentes ao valor patrimonial na data da integralização, sob pena de sofrer severo prejuízo, não podendo ficar ao alvedrio da empresa ou de atividade normativa de natureza administrativa, o critério para tal, em detrimento do valor efetivamente integralizado'.

Tal orientação foi seguida e pacificada, no âmbito da 3ª e da 4ª Turmas, em reiterados julgados; a título exemplificativo, mencionam-se o AgRg no Ag 782.314-RS, rel. Min. Aldir Passarinho Júnior, 4ª Turma, *DJ* de 23.04.2007 e o AgRg nos EDcl no Ag 660.525-RS, rel. Min. Carlos Alberto Menezes Direito, 3ª Turma, *DJ* de 27.08.2007.

Sobreleva notar, entretanto, que o principal fundamento dos consumidores, em busca de que fosse conseguido o efetivo reequilíbrio contratual, se fincava no congelamento dos valores pagos, com posterior retribuição em ações sem qualquer forma de atualização daqueles valores, ou, pior ainda, com determinação unilateral da quantidade de ações a distribuir, em razão de seu valor patrimonial ser fixado pela própria sociedade, em assembleia geral.

Todavia, o fardo negativo do tempo veio a se lançar integralmente sobre os ombros da companhia. Com efeito, a solução que tem sido perfilhada na instância de origem conduz à inversão do prejuízo, que passa a ser, por inteiro, da companhia; dessa forma o desequilíbrio permanece, mudando apenas de lado. Na busca do justo equilíbrio, algumas soluções alternativas foram alvitradas, pelas partes, em pedidos subsidiários, ou mesmo adotadas em decisões do E. Tribunal de Justiça do Rio Grande do Sul, dentre elas destacando-se: a) a correção monetária do valor patrimonial apresentado no balanço anterior, até a data da contratação; b) a correção monetária do valor pago até a data do balanço posterior e c) o valor patrimonial apurado com base no mês da contratação, diante do correspondente balancete mensal.

A primeira proposta, de correção monetária do valor patrimonial já foi repelida por esta Eg. Seção, sendo oportuno reproduzir, a propósito, o seguinte julgado: 'Direito comercial e processual civil. Agravo de instrumento. Agravo regimental. Subscrição de ações. Valor patrimonial da ação e correção monetária.

Correlação. Inexistência. Inovação. – A questão relativa à correção monetária do valor patrimonial da ação constitui inovação introduzida pela ora agravante, tendo em vista que referida matéria não foi trazida anteriormente e, por isso, não examinada pelas instâncias ordinárias, escapando, portanto, à apreciação desta Corte. – De toda forma, a atualização monetária do investimento nada tem a ver com a fixação do valor patrimonial da ação, apurado com base em critérios totalmente distintos. Inexistência de relação entre o valor patrimonial da ação e a variação do poder aquisitivo da moeda. Agravo regimental improvido' (AgRg no Ag

458 • Direito de Empresa | *Arnaldo Rizzardo*

585.704-RS, rel. Min. Barros Monteiro, 2ª Seção, j. em 10.11.2004, *DJ* de 29.11.2004 p. 221, destaque no original).

A segunda proposta, de correção do valor do capital investido até a data do balanço posterior, tampouco parece a mais adequada, pois o valor patrimonial da ação é apurado com base em critérios totalmente diversos dos que informam os índices de correção monetária, cresce ou diminui em proporções díspares da atualização monetária e a conjugação de ambos poderia, eventualmente, criar situação de maior desequilíbrio na relação contratual. À guisa de ilustração, o caso dos autos retrata bem o resultado que se provocaria.

Tem-se que o autor ..., em 05 de outubro de 1994, pagou o valor de R$ 1.007,07 relativo ao contrato de participação financeira, ao passo que em 30 de junho de 1995, recebeu 1.717 ações da CRT; busca, nesta demanda, obter diferença de 15.796 ações. Ora, o valor patrimonial das ações relativo ao balanço anterior à integralização correspondia a R$ 0,057504 (pouco mais de cinco centavos de real). O valor patrimonial apurado no balanço posterior é equivalente a R$ 0,628906 (mais de sessenta e dois centavos de real), mostrando crescimento de mais de dez vezes.

O valor patrimonial anterior se praticara entre 01.07.1994 e 28.04.1995 e o posterior, entre 29.04.1995 e 29.04.1996. Para cotejar com a correção monetária, utilizando todo o período de vigência de ambos os balanços (anterior e posterior à integralização), observa-se, segundo informações obtidas no sítio do Banco Central, que o IGP-M teve variação de 38,917%; o IGP-DI, variação de 38,962%; o INPC, variação de 51,154%. Portanto, nenhum dos índices usuais de correção espelha variação, nos períodos, superior a 1.000%, embora certo que a recomposição do poder de compra da moeda possua influência frente ao valor patrimonial investigado; mas, obviamente, não é o único, nem o principal fator de sua determinação.

Oportuno relembrar que o valor patrimonial é inversamente proporcional à quantidade de ações recebidas pelo consumidor, ou seja, quanto maior o valor patrimonial da ação, menor a quantidade de títulos atribuídos ao consumidor, tanto que, na espécie, a diferença entre a quantidade de ações recebidas e as que o autor busca judicialmente equivale a quase, dez vezes, não por outra razão que a emergente do descompasso específico, entre os balanços anterior e posterior.

Ilustrativamente, em comparação singela, poder-se-ia afirmar, grosso modo, que, enquanto o valor patrimonial crescera em progressão geométrica, a correção monetária, para o mesmo período, o fizera em progressão aritmética, depurado possível excesso argumentativo que esteja a carregar nas tintas a distorção emergente, alvitrada sem maiores rigores matemáticos. Dessa forma, não se afigura a mais equilibrada a solução que busca amalgamar conceitos, o de valor patrimonial e o de correção monetária, para definir, em termos de continente e conteúdo reais, o valor integralizado pelo consumidor e o valor patrimonial da ação.

No que tange à terceira solução apresentada, a do valor patrimonial apurado em informações do balancete mensal, esta parece ser a mais adequada. Extrai-se, com efeito, da lição de Fábio Ulhoa Coelho: 'Podem-se considerar duas modalidades de valor patrimonial: o *contábil* e o *real*. Nas duas, o divisor é o número de ações emitidas pela companhia, variando o dividendo. O valor patrimonial contábil tem por dividendo o patrimônio líquido constante das demonstrações financeiras ordinárias ou especiais da sociedade anônima, em que os bens são apropriados por seu valor de entrada (custo de aquisição). O instrumento que, especificamente, contém a informação é o *balanço*. O valor patrimonial contábil pode ser de duas subespécies: histórico ou atual. É *histórico*, quando apurado a partir do balanço ordinário, levantado no término do exercício social; *atual* (ou a *data presente*), quando calculado com base em balanço especial, levantado durante o exercício social' (*Curso de Direito Comercial*, São Paulo, Saraiva, 2006, vol. 2, p. 85).

O valor patrimonial real, por outro lado, busca a reavaliação dos bens que compõem o patrimônio (não a utilização do critério do valor de entrada do bem, mas a apuração do valor real e atual de cada bem) da sociedade e a nova verificação dos lançamentos, para formulação de balanço de determinação, utilizado, por exemplo, nos casos de reembolso do dissidente.

Na espécie presente, não há falar em valor patrimonial real, principalmente em razão das dificuldades de ordem prática para se reavaliarem os bens da companhia, de acordo com valores da época, bem como na sua utilização em situações excepcionais, tanto que limitada ao fato que lhe deu origem.

Razoável, pois, a utilização do valor patrimonial mensal, apurado mediante informações já consolidadas pela própria CRT, na época, mediante utilização do critério contábil, a partir de seus balancetes mensais. Será factível, dessa forma, chegar ao equilíbrio contratual, tanto a bem do consumidor, que tem direito ao valor patrimonial da data da integralização, quanto a bem da companhia, que fixou tal valor em assembleia ordinária e não promoveu sua readequação, de acordo com a evolução do patrimônio líquido da sociedade e a quantidade de ações, no decorrer do exercício financeiro, além de preservar-se o critério utilizado pelas partes, na formação do negócio jurídico, isto é, o do valor patrimonial. Ademais, tal solução há de se compatibilizar com o entendimento firme desta Seção, já referido, ao proclamar que 'o contratante tem direito a receber a quantidade de ações correspondente ao valor patrimonial na data da integralização' (*Recurso Especial* nº 470.443/RS, Relator Ministro Carlos Alberto Menezes Direito, em 13.08.2003); esse valor deve ser apurado no mês da integralização, o que não colide com a meta do precedente. Por fim, preservar-se-ia também o entendimento da Seção, no sentido de inviável, nesses casos, a adoção da correção monetária como fator de atualização do valor patrimonial da ação. Nem se diga que tal prática possa gerar risco efetivo de manipulação de dados ou de suspeita da maquiagem dos balancetes mensais, porque naquilo que interessa aos litígios da espécie, originários de exercícios já longínquos, nem mesmo se poderia cogitar dos efeitos reflexos, que elementos peculiares neles retratados teriam, no futuro, o condão de produzir.

Afora isso, não se há de perder de vista que a então Companhia Riograndense de Telecomunicações (CRT), sucedida pela recorrente, fazia parte da administração pública indireta, sujeitando-se, bem por isso, a ter seus balanços e balancetes submetidos ao controle de órgãos fiscalizadores, dentre a CVM – Comissão de Valores Mobiliários, o TCE – Tribunal de Contas do Rio Grande do Sul, com participação do Ministério Público ali oficiante, a CAGE – Controladoria e Auditoria-Geral do Estado, a auditoria externa e o seu próprio conselho fiscal.

A data da integralização, nas avenças como a dos autos, é considerada aquela relativa ao pagamento do valor contratado, no que difere da data da contratação, ou seja, do acordo de vontades com a assinatura do termo escrito, embora possam ser coincidentes; nos casos em que o valor tenha sido pago em parcelas sucessivas, perante a própria companhia telefônica, considera-se data da integralização, para o fim de apurar a quantidade de ações a que terá direito o consumidor, a data do pagamento da primeira parcela".

As decisões envolvendo a matéria seguiram na orientação acima, havendo unanimidade de entendimento.

XXIX

Conselho de Administração nas sociedades anônimas e responsabilidade dos membros

1. CONCEITO E FUNÇÕES

O Conselho de Administração constitui um órgão colegiado, de caráter deliberativo, encarregado de dirigir e traçar a política da administração da sociedade e a sua ordenação interna, de orientar os negócios da empresa, ou de formular a sua estratégia de ação, sendo sua existência própria e obrigatória nas sociedades abertas e naquelas de capital autorizado (sociedades de economia mista). Nos demais tipos de sociedade, e mesmo nas anônimas fechadas, é facultativa a sua criação. Não se confunde com a diretoria, órgão este destinado à administração direta.

Não cabe ao Conselho o comando operacional da sociedade, ou a execução de suas funções, que ficam afetas à diretoria.

No art. 142 da Lei nº 6.404/1976 está a relação de competência, discriminada ordenadamente, que abaixo será descrita. No entanto, há a função principal de estabelecer as diretrizes da sociedade, consoante descreve Celso Marcelo de Oliveira: "O Conselho de Administração age como elo entre a assembleia geral e a diretoria. Ele possui plena autoridade para estabelecer as diretrizes econômicas, societárias e financeiras a serem seguidas pela companhia, cabendo-lhe supervisionar permanentemente os membros da diretoria".[1]

A função deliberativa, que não pode transferir-se para outro órgão, por impedimento do art. 139, consta no § 1º do art. 138 da Lei nº 6.404/1976: "O Conselho de Administração é órgão de deliberação colegiada, sendo a representação da companhia privativa dos diretores".

Essa função normalmente está no rol de atribuições da assembleia, passando para o Conselho nas sociedades abertas.

2. COMPOSIÇÃO E ESCOLHA DOS MEMBROS

Compõe-se normalmente de três membros (número mínimo), formando um colegiado encarregado de formular a política e a estratégia de atuação da sociedade, com a escolha de um presidente.

---

[1] *Tratado de Direito Empresarial Brasileiro*, ob. cit., p. 605.

Ao estatuto compete fixar o número de membros, o prazo do mandato, o processo de escolha e substituição do presidente, além de outras regras práticas de funcionamento.

Bastante extensa a regulamentação a respeito, iniciando no art. 138 e indo até o art. 142.

O art. 140, modificado pela Lei nº 10.303/2001, dita as diretrizes que virão assinaladas no estatuto, para a escolha dos membros, os quais são destituíveis a qualquer tempo:

"I – o número de conselheiros, ou o máximo e mínimo permitidos, e o processo de escolha e substituição do presidente do Conselho pela assembleia ou pelo próprio Conselho;

II – o modo de substituição dos conselheiros;

III – o prazo de gestão, que não poderá ser superior a 3 (três) anos, permitida a reeleição;

IV – as normas sobre a convocação, instalação e funcionamento do Conselho, que deliberará por maioria de votos, podendo o estatuto estabelecer *quorum* qualificado para certas deliberações, desde que especifique as matérias".

Em novidade introduzida pela Lei nº 10.303/2001 ao parágrafo único do art. 140, está garantida a inserção no estatuto de participação de representante dos empregados, escolhido em votação direta, organizada pela empresa, em conjunto com as entidades sindicais.

3. VOTO MÚLTIPLO NA ESCOLHA DOS CONSELHEIROS

Há, na eleição do Conselho de Administração, o chamado voto múltiplo.

Para a eleição dos conselheiros, de acordo com o art. 141 e seus parágrafos, com alterações da Lei nº 10.303/2001, participam os sócios com direito a voto. Vota-se em bloco, optando-se por uma chapa ou outra, cujo resultado importa na escolha de todos os cargos da companhia. A preferência, pois, da maioria da assembleia é por um grupo que concorre, e não propriamente por um candidato.

Aqueles que detêm, no mínimo, um décimo do capital social com direito a voto, proporção que poderá ser diminuída pela Comissão de Valores Mobiliários (art. 291), haja ou não previsão no contrato social, podem requerer o voto múltiplo, cujo significado envolve a possibilidade de se atribuir ou dispor a cada ação tantos votos quantos forem os membros do Conselho. Os votos podem concentrar-se em um único candidato, ou ser distribuídos entre vários, sempre de acordo com a decisão do titular das ações. De modo que se vota em um candidato com tantos votos quantos forem os membros do Conselho, ou faz-se a distribuição dos votos entre os candidatos da preferência do sócio. Tem-se, por este estratagema, uma forma de permitir aos sócios minoritários a eleição de, pelo menos, um dos membros do Conselho.

A transcrição do art. 141 ajuda na compreensão da matéria: "Na eleição dos conselheiros, é facultado aos acionistas que representem, no mínimo, um décimo do capital social com direito a voto, esteja ou não previsto no estatuto, requerer a adoção do processo de voto múltiplo, atribuindo-se a cada ação tantos votos quantos sejam os membros do conselho, e reconhecido ao acionista o direito de cumular os votos num só candidato ou distribuí-los entre vários".

Cap. XXIX | Conselho de Administração nas sociedades anônimas e responsabilidade dos membros • **463**

Naturalmente, quem não possui a quantidade referida acima de votos, apontará a escolha em um único candidato, valendo o voto na proporção da participação no capital social.

Nas sociedades abertas, à Comissão de Valores Mobiliários assegura-se o poder de reduzir a quantidade ou percentagem de votos permitida para cada ação, segundo se deduz do art. 291 da Lei nº 6.404, em texto vindo com a Lei nº 10.303.

O pedido do voto múltiplo tem um prazo para a formulação, que vai até quarenta e oito horas antes da assembleia geral (§ 1º do art. 141), efetuando-se a entrega mediante recibo, com a menção da hora e data da entrega. A mesa que dirigir os trabalhos na assembleia informará aos acionistas, à vista do livro de presença, o número normal de votos necessário para a eleição de cada membro do Conselho. Esse número corresponderá ao quociente da divisão do número de votos múltiplos presentes pelo de cargos a serem preenchidos. A informação se procederá antes do início dos trabalhos colocados em pauta, observando que o livro de presença conterá o número de sócios participantes depois do seu comparecimento à assembleia.

Os cargos não preenchidos em razão do empate de candidatos submetem-se a nova votação, que se promoverá na mesma ocasião da convocação (§ 2º do art. 141).

4. DESTITUIÇÃO E VAGA DE CONSELHEIROS

À assembleia se reconhece o poder de destituir os membros do Conselho. Desde que a escolha se fez pela assembleia, à mesma se atribui a faculdade de afastar os eleitos. E destituindo um membro, obrigatoriamente afastará do cargo os demais. Promove-se nova eleição, não se impedindo que os membros afastados sejam novamente eleitos. Esta decorrência está no § 3º do art. 141, convindo a sua transcrição para a exata compreensão: "Sempre que a eleição tiver sido realizada por esse processo, a destituição de qualquer membro do Conselho de Administração pela assembleia geral importará destituição dos demais membros, procedendo-se à nova eleição; nos demais casos de vaga, não havendo suplente, a primeira assembleia geral procederá à nova eleição de todo o Conselho".

Em outros casos de vaga, isto é, nas vagas que não decorrem do afastamento pela assembleia, mas por impossibilidade de continuar, incompatibilidades, doença, morte, os cargos serão preenchidos pelos suplentes. Não havendo suplentes, realiza-se nova eleição de todo o Conselho quando da primeira assembleia geral que ocorrer. Renova-se a totalidade dos conselheiros a fim de não comprometer o processo de eleição.

5. ELEIÇÃO E DESTITUIÇÃO POR SÓCIOS MINORITÁRIOS E TITULARES DE AÇÕES PREFERENCIAIS

Aos que detêm 15% de ações com direito a voto ou 10% de ações preferenciais sem direito a voto ou direito com restrições, faculta-se a eleição de um conselheiro. Desde que preenchida a condição, surge o direito à eleição de um conselheiro, ou à destituição, nada tendo a ver a situação com o voto múltiplo.

Realmente, reservam-se a eleição e o afastamento ou destituição de um membro do Conselho aos acionistas titulares de certa quantidade de votos, sempre contada de acordo com o percentual do capital de votos em relação ao capital da sociedade. Deve-se atingir um determinado percentual do capital, mas não incluindo na votação o capital do acionista controlador. Esse montante está em quinze por cento do total das ações com direito a voto, ou em dez por cento das ações preferenciais sem direito a voto ou com voto restrito de emissão de companhia aberta.

Em resumo, os votos devem atingir quinze por cento do capital social com direito a voto, ou dez por cento dos votos das ações preferenciais sem direito a voto ou com voto restrito de emissão de companhia aberta. Num ou em outro caso, fica assegurada a eleição ou a destituição de um conselheiro.

O § 4º do art. 141 traduz tais regras: "Terão direito de eleger e destituir um membro e seu suplente do conselho de administração, em votação em separado na assembleia geral, excluído o acionista controlador, a maioria dos titulares, respectivamente:

I – de ações de emissão de companhia aberta com direito a voto, que representem, pelo menos, 15% (quinze por cento) do total das ações com direito a voto; e

II – de ações preferenciais sem direito a voto ou com voto restrito de emissão de companhia aberta, que representem, no mínimo, 10% (dez por cento) do capital social, que não houverem exercido o direito previsto no estatuto, em conformidade com o art. 18".

O art. 18 referido prevê a possibilidade de o estatuto assegurar a uma ou mais classes de ações preferenciais o direito de eleger, em votação em separado, um ou mais membros dos órgãos de administração.

O § 6º do art. 141 delimita um período de titularidade das ações para o exercício do voto múltiplo: para o exercício do direito da votação em quinze ou dez por cento, nas modalidades do § 4º acima transcrito, faz-se indispensável a prova da titularidade ininterrupta da participação acionária exigida durante o período de três meses, no mínimo, imediatamente anterior à realização da assembleia geral.

Ainda quanto ao voto múltiplo emerge uma prerrogativa aos sócios: aos titulares de ações ordinárias ou preferenciais, que exercerem a prerrogativa de eleger o conselheiro, e desde que se vinculem por acordo, de modo a alcançar o respectivo capital cinquenta por cento ou mais das ações com direito de voto, assegura-se o direito de elegerem conselheiros em número igual ao dos eleitos pelos demais acionistas, acrescendo-se mais um, independentemente do número de conselheiros que, segundo o estatuto, componha o órgão.

Vê-se, pois, o poder de eleição na hipótese de o acordo atingir o total dos votos correspondente a cinquenta ou mais por cento do capital social: poderão eles decidir a escolha da maioria dos conselheiros, com o que comandarão politicamente a sociedade.

Para tanto, não se pode olvidar o requisito para exercer o voto múltiplo, que é deterem os acionistas ações que representem um décimo, no mínimo, do capital social.

Embora complexa, convém transcrever a regra sobre essa união de votos, estampada no § 7º: "Sempre que, cumulativamente, a eleição do Conselho de Administração se der pelo sistema do voto múltiplo e os titulares de ações ordinárias ou preferenciais exercerem a prerrogativa de eleger conselheiro, será assegurado a acionista ou grupo de acionistas vinculados por acordo de votos que detenham mais do que 50% (cinquenta por cento) das ações com direito de voto o direito de eleger conselheiros em número igual ao dos eleitos pelos demais acionistas, mais um, independentemente do mínimo de conselheiros que, segundo o estatuto, componha o órgão".

Outrossim, deve a companhia manter, em seus livros ou arquivos, o registro com a identificação dos acionistas que exercerem o direito previsto no § 4º, que é de eleger ou destituir membros do Conselho, desde que as ações representem 15% ou mais das ações, ou, em se tratando de ações preferenciais sem direito a voto ou com voto restrito de emissão de companhia aberta, representem, no mínimo, dez por cento do capital social.

6. ELEIÇÃO CONJUNTA POR SÓCIOS MINORITÁRIOS E TITULARES DE AÇÕES PREFERENCIAIS

Há a viabilidade de nem os acionistas com direito a voto nem aqueles titulares de ações preferenciais sem direito a voto ou com voto restrito alcançarem respectivamente as médias acima de quinze ou dez por cento. Nestas eventualidades, faculta-se que se agreguem as ações de que são titulares para a eleição em conjunto de um membro e do suplente. Aos sócios abre-se o caminho de se aliarem na votação, somando as ações, o que leva a alcançar uma total bem maior. Na agregação de ações, o *quorum* diminui para dez por cento do capital social da companhia. Faz-se mister a transcrição do § 5º do art. 141, para melhor compreender a matéria: "Verificando-se que nem os titulares de ações com direito a voto e nem os titulares de ações preferenciais sem direito a voto ou com voto restrito perfizeram, respectivamente, o *quorum* exigido nos incisos I e II do § 4º, ser-lhe-á facultado agregar suas ações para elegerem em conjunto um membro e seu suplente para o conselho de administração, observandose, nessa hipótese, o *quorum* exigido pelo inciso II do § 4º".

7. COMPETÊNCIA DO CONSELHO DE ADMINISTRAÇÃO

Ao Conselho de Administração são atribuídas funções específicas de caráter delibe-rativo e administrativo, que aparecem descritas no art. 142, com as alterações das Leis nº 10.303/2001 e nº 11.941/2009:

I – fixar a orientação geral dos negócios da companhia;

II – eleger e destituir os diretores da companhia e fixar-lhes as atribuições, obser-vado o que a respeito dispuser o estatuto;

III – fiscalizar a gestão dos diretores, examinar, a qualquer tempo, os livros e pa-péis da companhia, solicitar informações sobre contratos celebrados ou em via de celebração, e quaisquer outros atos;

IV – convocar a assembleia geral quando julgar conveniente, ou no caso do art. 132;

V – manifestar-se sobre o relatório da administração e as contas da diretoria;

VI – manifestar-se previamente sobre atos ou contratos, quando o estatuto assim o exigir;

VII – deliberar, quando autorizado pelo estatuto, sobre a emissão de ações ou de bônus de subscrição;

VIII – autorizar, se o estatuto não dispuser em contrário, a alienação de bens do ativo não circulante, a constituição de ônus reais e a prestação de garantias a obrigações de terceiros;.

IX – escolher e destituir os auditores independentes, se houver.

O art. 132, a que remete o inc. IV, assinala a convocação da assembleia geral ordinária, nos quatro primeiros meses ao término do exercício social, com os assuntos para apreciação.

As atas das reuniões, lavradas em livro próprio, para resultarem efeitos perante terceiros devem ser arquivadas na Junta Comercial e publicadas, segundo ordena o § 1º do art. 142, havendo a necessária preocupação em dar publicidade efetiva das deliberações, providência indispensável quanto aos credores. Entrementes, se os terceiros tiverem materializado suas relações com a sociedade através de contrato ou convenção, mantém-se a eficácia, não sofrendo influência diante de eventuais alterações oriundas do Conselho.

Em relação ao inciso III, decorre a faculdade de exigir a apresentação dos livros, com a ação de exibição, se manifestada a recusa:

"Direito processual civil e comercial. Ação cautelar de exibição de livros. Sociedade empresária. Tutela antecipada deferida. Reexame de provas. Pedido individual. Membro. Conselho de administração.

É vedado o reexame de provas em sede de recurso especial.

O exercício individual das atribuições conferidas pelo art. 142, III, da Lei nº 6.404/1976 ao conselho de administração é decorrência lógica das funções de fiscalização inerentes ao órgão colegiado. Recurso especial não conhecido".[2]

No caso de escolha ou destituição de auditor independente, consoante adendo do § 2º do art. 142, o ato poderá sofrer o veto de titulares de ações ordinárias e preferenciais no correspondente, respectivamente, a quinze e dez por cento do capital social, quantidade a que se chega diante da remissão pelo citado parágrafo ao art. 141, § 4º. Não concordando os mencionados conselheiros, fica sem efeito a escolha ou a destituição. Para apresentar o veto, indispensável que venha fundamentação séria, de modo a serem sopesados os motivos, tudo devendo constar em ata, com a garantia de recurso, que se oferecerá à assembleia geral.

8. MODELO DE ATA DE REUNIÃO DA ADMINISTRAÇÃO

---

[2] REsp. nº 512.418-SP, da 3ª Turma do STJ, j. em 7.12.2004, *DJU* de 1º.02.2005.

XXX
A diretoria e a representação das sociedades anônimas

1. A DIRETORIA COMO ÓRGÃO EXECUTIVO DA SOCIEDADE

A diretoria constitui o órgão de execução do Conselho de Administração, ou o conjunto de pessoas que coloca em prática as decisões da sociedade, indispensável para o seu funcionamento regular, isto é, que tem o poder de direção e representação, como a realização dos negócios, a compra de mercadorias e matéria-prima, o comando dos empregados, a concessão de crédito, a expansão das atividades, as reformas internas. Em síntese, compõe o corpo executivo da sociedade. Não há Conselho de Administração em todas as sociedades, porquanto reservado o órgão para as de maior envergadura. Todavia, a sociedade por ações ou anônima não dispensa a diretoria, que constitui o órgão que viabiliza a execução das decisões do Conselho de Administração ou da assembleia, e que de fato exerce a administração direta.

Nas sociedades com ou sem Conselho de Administração, há uma diretoria, que terá, no mínimo, dois diretores, os quais são eleitos pelo mesmo Conselho ou, se inexistente, pela assembleia geral. O estatuto conterá as normas de sua composição e a competência. É como vem configurada a sua existência no art. 143 da Lei nº 6.404/1976: "A diretoria será composta por 2 (dois) ou mais diretores, eleitos e destituíveis a qualquer tempo pelo Conselho de Administração, ou, se inexistente, pela assembleia geral, devendo o estatuto estabelecer:

I – o número de diretores, ou o máximo e o mínimo permitidos;

II – o modo de sua substituição;

III – o prazo de gestão, que não será superior a 3 (três) anos, permitida a reeleição;

IV – as atribuições e poderes de cada diretor".

2. ATRIBUIÇÕES E ESCOLHA DOS MEMBROS

As atribuições envolvem os atos compatíveis com o objeto social e devem se adequar ao interesse da sociedade, ressalvadas a alienação de bens, a instituição de garantias e ônus reais e a prestação de garantias a obrigações de terceiros. Unicamente a assembleia geral está revestida de poder para autorizar ditos atos. A sua realização depende de ato da assembleia, a menos que os sócios outorguem procuração especial. Portando o diretor procuração para o ato, outorgada pelos acionistas, fica suprida a exigência de realização de assembleia.

O cargo de diretor, lembra Roberto Barcellos de Magalhães, "é de confiança da assembleia geral. Sua função é pessoal e indelegável, quer para outro membro da diretoria, quer para estranho".[1]

Em geral, uma sociedade anônima de médias proporções tem cinco diretores, na seguinte ordem: o diretor administrativo ou executivo, considerado um supervisor ou um executivo, e a quem estão submetidas as relações empregatícias, como a contratação de pessoal, os salários, os benefícios, não sendo raro a subdivisão em diretor de patrimônio, de estoque e de pessoal; o diretor financeiro, ao qual estão afetas as questões relativas às finanças e à economia; o diretor comercial, que está ligado à compra de materiais ou matérias-primas, à venda dos produtos fabricados, à contratação dos serviços que a sociedade deve prestar, e ao *marketing*; o diretor industrial, encarregado da produção, em se tratando a sociedade de indústria; e o diretor jurídico, que deve tratar das questões de ordem legal, das ações judiciais, e especialmente dos litígios trabalhistas, incluindo a representação judicial da sociedade.

Todos os diretores estão autorizados a praticar os atos compatíveis com o objeto social e adequados ao seu interesse empresarial. Alguns atos estão alijados de sua competência, como os de alienação de bens do ativo não circulante, a constituição de ônus reais e a prestação de garantias.

As sociedades de pequenas proporções têm, em geral, dois diretores, sendo o da administração e o de finanças.

A eleição ou escolha é feita pelo Conselho de administração (inciso II do art. 142).

Consoante consta do § 1º, os membros do Conselho de Administração, até o máximo de um terço, podem ser eleitos para o cargo de diretores.

Existe, normalmente, um Diretor Presidente, cargo que deve vir previsto no estatuto, eleito pelo Conselho de Administração, ou pelos demais diretores, e com as funções de presidir as reuniões da diretoria e desempatar as matérias nas votações.

O estatuto elencará as funções de competência de cada diretor, e as que devem se submeter à decisão em reunião da diretoria.

3. REPRESENTAÇÃO DA SOCIEDADE

No pertinente à representação, normalmente a designação vem definida no contrato social ou estatuto. Incumbe, no geral, ao Diretor Presidente, ou ao presidente do Conselho de Administração. Nada vindo especificado, a cada diretor cabe a representação. O certo é que se depreende a representação do diretor em razão do cargo que ocupa. Parece normal que um diretor comercial não está habilitado a representar a sociedade em questões de ordem jurídica, e, assim, a nomear procurador para a defesa em uma lide judicial.

Sobre a matéria, encerra o art. 144: "No silêncio do estatuto e inexistindo deliberação do Conselho de Administração (art. 142, II e parágrafo único), competirão a qualquer diretor a representação da companhia e a prática dos atos necessários ao seu funcionamento regular".

---

[1] *A Nova Lei das Sociedades por Ações Comentada*, ob. cit., vol. II, p. 675.

Permite-se, também, a constituição de procurador, desde que observados os limites das atribuições e dos poderes, com a especificação dos atos a serem realizados, em obediência ao parágrafo único do dispositivo citado: "Nos limites de suas atribuições e poderes, é lícito aos diretores constituir mandatários da companhia, devendo ser especificados no instrumento os atos ou operações que poderão praticar e a duração do mandato, que, no caso de mandato judicial, poderá ser por prazo indeterminado".

4. MODELO DE ATA DE REUNIÃO DE DIRETORIA

Apresenta-se um modelo de ata de reunião de diretoria, com exemplos de assuntos próprios para o debate ou apreciação.

XXXI
Os administradores em geral da sociedade anônima

1. EXTENSÃO DA CATEGORIA DOS ADMINISTRADORES

Enquadram-se e incluem-se na categoria de administradores os gerentes e outras pessoas que ocupam cargos executivos. Quanto aos gerentes, assim consideram-se os que exercem cargo de confiança na empresa. Esses cargos envolvem a execução de funções de gestão, e, prossegue Américo Luís Martins da Silva, "pelo padrão mais elevado de vencimentos, se diferenciam dos demais empregados".[1] É caracterizado esse cargo pelo poder de autonomia nos assuntos relativos à atividade dos que o exercem, de modo a se reservar um campo de decisões que passa a ter plena autoridade.

As normas relativas aos requisitos, aos impedimentos, à investidura, à remuneração, aos deveres e à responsabilidade dos administradores estendem-se aos conselheiros e diretores, por expressa disposição do art. 145 da Lei nº 6.404, que assim dispõe: "As normas relativas a requisitos, impedimentos, investidura, remuneração, deveres e responsabilidades dos administradores aplicam-se a conselheiros e diretores".

2. DISTINÇÃO ENTRE MEMBROS DO CONSELHO DE ADMINISTRAÇÃO E ADMINISTRADORES

Os administradores, no sentido restrito, são as pessoas encarregadas não de governar, ou dirigir a sociedade, mas as incumbidas de executar ordens e implantar o funcionamento da sociedade, atuando diretamente junto aos vários setores de atividades, da fabricação, da organização, da contabilidade e do patrimônio. Constituem os agentes que cuidam do funcionamento da sociedade, tratando diretamente com as finalidades que lhe são próprias. Não abrangem os membros do Conselho de Administração, eis que os mesmos se enquadram como conselheiros, devendo deliberar nos vários assuntos de sua competência, e realizar alguns atos próprios de comando. Nem se incluem na categoria os diretores, porquanto, ao que se depreende do sentido da palavra, a estes cabe dirigir, dar ordens, exercer o comando, executar as decisões do Conselho de Administração.

Embora as distinções apontadas, as regras da Lei nº 6.404/1976 estendem-se aos membros do Conselho de Administração e à diretoria. Mais apropriadamente, dirigem-se aos conselheiros e aos membros da diretoria. É como se infere também do art. 146, com texto modificado pela Lei nº 10.194, de 14.02.2001, que aponta as condições para exercer o cargo de conselheiro e de diretor: "Poderão ser eleitas para membros dos órgãos de

---

[1] *Introdução ao Direito Empresarial*, ob. cit., p. 319.

administração pessoas naturais, devendo os diretores ser residentes no País (texto da Lei nº 12.431/2011).

Denota-se, pois, a restrição às pessoas naturais para o exercício da função tanto de conselheiro como de diretor, vedando-se a nomeação de pessoas jurídicas, mesmo se exercidas as atribuições pelos respectivos diretores ou representantes.

3. ESCOLHA DOS CONSELHEIROS E DOS DIRETORES

Quanto aos conselheiros, recai a escolha unicamente em acionistas, inclusive com ações preferenciais, não se impedindo que residam no exterior, desde que tenham constituído procurador residente no Brasil, com poderes de receber a citação em ações propostas contra o administrador, ou a sociedade, se representada por eles.

Os titulares de ações preferenciais sem direito a voto não participam da eleição. As pessoas jurídicas de direito público que participam da sociedade têm a faculdade de indicar um agente público para concorrer a uma das vagas.

Aos diretores não se reclama a qualidade de participante na sociedade, ou a titularidade de ações. Todavia, devem residir no Brasil, imposição esta que não atinge os conselheiros.

A nomeação ficará descrita e consignada em ata da assembleia geral ou reunião do Conselho de Administração, com a qualificação e a especificação do prazo de gestão, levando-se a mesma a registro na Junta Comercial, para fins de averbação, e publicando--se na imprensa. O § 1º do art. 146, em redação da Lei nº 10.303/2001, enseja ver essas imposições: "A ata da assembleia geral do Conselho de Administração que eleger administradores deverá conter a qualificação e o prazo de gestão de cada um dos eleitos, devendo ser arquivada no registro do comércio e publicada".

Pertinente lembrar que os conselheiros são eleitos pela assembleia geral, assunto que, atrás, ficou examinado. Já a nomeação dos diretores incumbe ao Conselho de Administração.

Não é necessário que os conselheiros tenham residência ou domicílio no Brasil, particularidade já anotada acima. Entrementes, se estabelecidos no exterior, são obrigados a constituírem procurador no Brasil, com poderes de receber citação, consoante já lembrado, devendo estender-se o mandato por três anos após o término do prazo da gestão, exigência que vem no § 2º, também em texto da Lei nº 10.303: "A posse do conselheiro residente ou domiciliado no exterior fica condicionada à constituição de representante residente no País, com poderes para receber citação em ações contra ele propostas com base na legislação societária, mediante procuração com prazo de validade que deverá estender-se por, no mínimo, 3 (três) anos após o término do prazo de gestão do conselheiro".

Em face do art. 147, se a lei impuser o preenchimento de requisitos especiais para a investidura, está vedado à assembleia a dispensa, e empossar pessoas que não os atenda, ou que não apresente os necessários comprovantes de sua condição de habilitado. A apresentação dos documentos que evidenciem o atendimento é uma imposição, tanto que obrigatório o arquivamento de cópia autenticada.

4. PESSOAS IMPEDIDAS DE NOMEAÇÃO

Os §§ 1º, 2º e 3º do art. 147 apontam os casos de impossibilidade de nomeação de administrador em geral, incluindo membros do Conselho da Administração e da Diretoria: as pessoas impedidas por lei especial; as condenadas por crime falimentar, de prevaricação, peita ou suborno, concussão, peculato; as condenadas por crime contra a economia popular, a fé pública ou a propriedade; aquelas que receberam pena criminal que vede, ainda que temporariamente, o acesso a cargos públicos; as pessoas declaradas inabilitadas por ato da Comissão de Valores Mobiliários; as pessoas que não tenham reputação ilibada; as que ocuparem, em outra sociedade, cargos que possam ser considerados concorrentes no mercado, ou que façam parte, nessas sociedades, de cargos da administração e de conselheiros (Conselho de Administração, Conselho Consultivo e Conselho Fiscal); e as que tiverem conflito com a sociedade.

Na previsão acima, fornece-se a ideia de cada figura que impede a nomeação:

Crimes falimentares são os enunciados na Lei nº 11.101, de 09.02.2005 nos arts. 168 (fraude a credores), 169 (violação de sigilo empresarial), 170 (divulgação de informações falsas), 171 (indução a erro), 172 (favorecimento de credores), 173 (desvio, ocultação ou apropriação de bens), 174 (aquisição, recebimento ou uso ilegal de bens), 175 (habilitação ilegal de crédito), 176 (exercício ilegal de atividade), 177 (violação de impedimento) e 178 (omissão dos documentos contábeis obrigatórios).

Prevaricação constitui o crime praticado por funcionário público quando retarda ou deixa de praticar, indevidamente, ato de ofício, ou o pratica contra disposição expressa de lei, para satisfazer interesse ou sentimento pessoal (art. 319 do Código Penal).

Peita ou suborno enquadra-se como crime de corrupção ativa, que se apresenta no caso de oferecimento ou promessa de vantagem indevida a funcionário público, a fim de realizar, omitir ou retardar ato de ofício (art. 333 do Código Penal).

Concussão é o crime pelo qual o funcionário público exige para si ou para outrem, direta ou indiretamente, ainda que fora da função ou antes de assumi-la, mas em razão dela, vantagem indevida (art. 316 do Código Penal).

Peculato define-se como o crime em que o funcionário público ou particular apropria-se de dinheiro, valor ou qualquer outro bem móvel, público ou particular, de que tem a posse em razão do cargo, ou procede o seu desvio, em proveito próprio ou alheio (art. 312 do Código Penal).

Crimes contra a economia popular consideram-se os previstos na Lei nº 1.521, de 26.12.1951, como a recusa da prestação de serviços essenciais, favorecer comprador ou freguês em detrimento de outro, expor à venda ou vender mercadorias ou produtos alimentícios inobservando as normas oficiais, e assim várias outras figuras, cuja discriminação consta nos arts. 2º, 3º e 4º.

Crimes contra a fé pública, resume Romano Cristiano, "são os de moeda falsa, falsidade de títulos e outros papéis públicos, falsidade documental e outras falsidades, conforme arts. 289 a 311 do Código Penal".[2]

Já os *crimes contra a propriedade* ou *contra o patrimônio* são os de furto, roubo, extorsão, usurpação, dano, apropriação indébita, estelionato e outras fraudes, e receptação, com a capitulação nos arts. 155 a 180 do Código Penal.

Não preenchem as condições para o exercício do cargo também aqueles que, em sociedades abertas, recebem *penas acessórias* vedando o acesso a cargo público, ainda que temporariamente. Mais situações vêm nomeadas, destacando-se os que não têm *conduta ilibada*, e os que ocupam cargos concorrentes no mercado, ou que façam parte, nessas

---

[2] *Órgãos da Sociedade Anônima*, ob. cit., p. 90.

476 • Direito de Empresa | Arnaldo Rizzardo

sociedades, de cargos da administração e de conselheiros (Conselho de Administração, Conselho Consultivo e Conselho Fiscal); e os que tiverem conflito com a sociedade.

Faz-se a prova, quanto a estes dois últimos impedimentos, mediante uma declaração do conselheiro eleito de que não incide nas situações elencadas.

De acordo com o art. 148 da Lei nº 6.404/1976, pode o estatuto conter a exigência de os administradores garantirem com seus bens a empresa contra atos de sua gestão, através do penhor das ações e outras garantias, inclusive oferecidas por terceiros, para a eventualidade de responsabilidade.

5. A INVESTIDURA, A SUBSTITUIÇÃO E O TÉRMINO DA GESTÃO DOS CONSE-LHEIROS E DIRETORES

Os arts. 149 a 152 disciplinam a investidura, a substituição e término da gestão, a renúncia e a remuneração para os cargos de conselheiros e diretores.

Procede-se a investidura no cargo mediante termo de posse e assinatura no livro de atas do Conselho ou da diretoria, conforme o tipo de cargo, com a assinatura no prazo de trinta dias, sob pena de se tornar sem efeito a nomeação, salvo justificação. No termo, coloca-se o domicílio onde se farão a citação e a intimação, em caso de processo judicial ou administrativo. Para a intimação, tem-se como efetuada mediante a mera entrega da correspondência no local designado.

A respeito do assunto, mostra-se preciso o § 2º do art. 149: "O termo de posse deverá conter, sob pena de nulidade, a indicação de pelo menos um domicílio no qual o administrador receberá as citações e intimações em processos administrativos e judiciais relativos a atos de sua gestão, as quais se reputarão cumpridas mediante entrega no domicílio indicado, o qual somente poderá ser alterado mediante comunicação por escrito à companhia".

Verificada a vacância de conselheiro ou diretor, por fatores como a morte, a doença, a renúncia, e mesmo o afastamento pela assembleia, ao Conselho de Administração, por seus membros remanescentes, compete a nomeação do substituto, que ficará no cargo até a realização da primeira assembleia geral, quando se escolherá novo membro. Dando-se a vacância da maioria dos cargos, convoca-se a assembleia geral, a fim de proceder nova eleição. Se em todos os cargos do Conselho de Administração a vacância, à diretoria se atribui a competência de convocar assembleia geral. Não havendo diretoria, a incumbência de convocação passa para o conselho fiscal, ou, inexistindo este, a qualquer acionista. Os atos de maior urgência e inadiáveis serão executados pelo sócio com maior participação de capital com direito a voto, não importando que não seja o controlador, que passa a ser o administrador extraordinário, de modo a não ficar acéfala a sociedade.

O substituto eleito completará o prazo de gestão do substituído, lembrando-se que a sua duração vai até a investidura dos novos administradores eleitos.

A renúncia do administrador considera-se efetivada, em relação à sociedade, com a entrega da comunicação por escrito; já quanto a terceiros de boa-fé, surtirá efeitos com o ato do arquivamento no registro da empresa e a publicação na imprensa, facultando-se a realização das providências ao próprio renunciante, o que, aliás, é de seu interesse, pois lhe convém eximir-se da responsabilidade.

6. A REMUNERAÇÃO AOS CONSELHEIROS E DIRETORES E OUTROS TITULARES DE CARGOS ADMINISTRATIVOS

A remuneração pelo exercício dos cargos de conselheiro, diretor, gerente, superintendente, e de outras classes de administradores é fixada pela assembleia geral, que abrangerá a fixação do valor de quaisquer benefícios e da verba de representação. Na fixação, por ordem do art. 152, levam-se em consideração vários critérios, como a importância do cargo, a qualificação exigida, a tempo de dedicação que impõe, a competência, a reputação profissional e o valor dos serviços no mercado. Reza o dispositivo: "A assembleia geral fixará o montante global ou individual da remuneração dos administradores, inclusive benefícios de qualquer natureza e verbas de representação, tendo em conta suas responsabilidades, o tempo dedicado às suas funções, sua competência e reputação profissional e o valor dos seus serviços no mercado".

Não fixando a assembleia o montante da remuneração a cada administrador, mas estabelecendo unicamente certa importância para tal finalidade, divide-se a mesma entre os administradores. Não existindo um critério em função do cargo, ou do tipo de atividade, a divisão se procede em partes iguais. De igual maneira quando se reserva certo montante dos lucros para distribuir como participação. Procede-se à divisão em porções iguais.

Este último acréscimo é permitido pela lei, desde que previsto no estatuto: na disposição que fixar o dividendo obrigatório de vinte e cinco por cento ou mais do lucro líquido, pode-se incluir a participação no lucro da companhia, devendo, porém, o total não ultrapassar o limite da remuneração anual dos administradores, nem um décimo dos lucros, prevalecendo o limite que for menor. É o que está no § 1º do art. 152: "O estatuto da companhia que fixar o dividendo obrigatório em 25% (vinte e cinco por cento) ou mais do lucro líquido, pode atribuir aos administradores participação no lucro da companhia, desde que o seu total não ultrapasse a remuneração anual dos administradores nem um décimo dos lucros (art. 190), prevalecendo o limite que for menor".

A participação nos lucros, no entanto, somente se concede no exercício em relação ao qual se atribuiu o dividendo obrigatório. Não abrange outros exercícios, nem quando não há a distribuição do citado dividendo. Quanto às sociedades fechadas com menos de vinte sócios e capital social inferior a um milhão de reais, o pagamento da participação dos administradores procede sem observância de tal condição, isto é, sem a atribuição do dividendo obrigatório, desde que obtida a aprovação pela unanimidade dos sócios (art. 294, § 2º). Ou seja, a participação dos administradores nos lucros da sociedade se dá mesmo que não reservada a parcela correspondente ao dividendo obrigatório. Esse tratamento favorável não se estende à companhia controladora de grupo de sociedades, ou a ela filiadas.

Costuma-se conceder benefícios indiretos aos administradores, desde que permitidos no estatuto, sendo exemplos a moradia, o uso de veículo para fins pessoais, viagens de passeio, plano de assistência à saúde, verba de representação. Inconcebível que fique a cargo da diretoria ou dos conselheiros decidir a respeito, porquanto a faculdade ensejaria abusos e formas de desvio de valores.

7. DEVERES DOS ADMINISTRADORES EM GERAL

Em princípio, os deveres são os impostos a qualquer administrador, mandatário ou gestor de negócios alheios, com a obrigação de empregar, no exercício do cargo, todo

476 • Direito de Empresa | *Arnaldo Rizzardo*

o cuidado e a diligência que se exigem de todo homem ativo e probo na administração de seus negócios.

A par dessa exigência natural, vários deveres aparecem na lei, em prolixa regulamentação, que se concentram na competência, eficiência e honestidade, cumprindo destacar os desdobramentos mais relevantes. Aplicam-se as disposições da lei aos administradores em geral, inclusive os conselheiros e diretores.

A ordem está nos arts. 153 a 157, que se desdobram em vários parágrafos e itens.

a) Dever de diligência, finalidade das atribuições e desvio de poder

A sua previsão está no art. 153: "O administrador da companhia deve empregar, no exercício de suas funções, o cuidado e diligência que todo homem ativo e probo costuma empregar na administração de seus próprios negócios".

A postura exigida é a comum nas atividades e nos negócios em geral.

As atividades ou a atuação do administrador ater-se-á ao que constar previsto na lei e no estatuto.

Assim, está no âmbito de sua atuação objetivar os fins e interesses da companhia, de modo a atender o bem público e a função social da empresa. Nesse intento, veda-se ao administrador.

Essa é a diretriz ditada pelo art. 154, ao estatuir: "O administrador deve exercer as atribuições que a lei e o estatuto lhe conferem para lograr os fins e no interesse da companhia, satisfeitas as exigências do bem público e da função social da empresa".

Na hipótese de eleito ou escolhido o administrador por grupo ou classe de acionistas, como de minoritários, ou de debenturistas, não se lhe permite que favoreça tais acionistas, tendo para a sociedade os mesmos deveres exigidos dos demais acionistas (§ 1º).

Para lograr o cumprimento desse desiderato maior, observará à risca várias condutas, e evitará:

- praticar ato de liberalidade à custa da companhia;
- sem prévia autorização da assembleia geral ou do Conselho de Administração, tomar por empréstimo recursos ou bens da companhia, ou usar, em proveito próprio, de sociedade em que tenha interesse, ou de terceiros, os seus bens, serviços ou crédito;
- receber de terceiros sem autorização estatutária ou da assembleia geral, qualquer modalidade de vantagem pessoal, direta ou indireta, em razão do exercício de seu cargo.

Consoante os §§ 3º e 4º do art. 154, naturalmente o uso indevido das importâncias conduz à restituição. Os atos de disposição gratuita submetem-se à autorização do Conselho de Administração ou da diretoria, desde que razoáveis, e deem retorno ou beneficiem os empregados ou a comunidade da qual participa a empresa, e sempre em vista de suas responsabilidades sociais.

b) Dever de lealdade

O dever de lealdade compreende o rígido controle de todos os interesses da sociedade, não a utilizando em proveito próprio ou de terceiros. Impõe-se que proceda o administrador com absoluta transparência nos negócios de alienação e cessão de direitos que efetuar, não procurando satisfazer propósitos pessoais ou de terceiros.

Colhe-se a ideia no art. 155: "O administrador deve servir com lealdade à companhia e manter reserva sobre os seus negócios, sendo-lhe vedado:

I – usar em benefício próprio ou de outrem, com ou sem prejuízo para a companhia, as oportunidades comerciais de que tenha conhecimento em razão do exercício do seu cargo;

II – omitir-se no exercício ou proteção de direitos da companhia ou, visando à obtenção de vantagens, para si ou para outrem, deixar de aproveitar oportunidades de negócio de interesse da companhia;

III – adquirir, para revender com lucro, bem ou direito que sabe necessário à companhia, ou que esta tencione adquirir".

Exige-se, em suma, um comportamento ético dos administradores, de modo a favorecer e não a prejudicar a companhia. Não devem eles visar a produção, a circulação, ou a atividade para a vantagem pessoal. Todas as ações dirigem-se ao engrandecimento da sociedade, merecendo repulsa a aquisição de bens da mesma para a posterior revenda a terceiros com lucro.

Ferem a ética certas condutas de favorecimento, ou de exploração do comércio de ações, como a sua compra e venda em condições privilegiadas.

No âmbito do dever de lealdade está o sigilo sobre os segredos da sociedade aberta, de modo a não divulgá-los, e muito menos aproveitá-los para benefício próprio, em atividade paralela. Revela-se condenável a apropriação, em função do cargo ocupado, ou da confiança que é depositada em sua pessoa, de informações que levem ao plágio ou à cópia de produtos e serviços. Mesmo as informações ainda não divulgadas, relativas à posição da empresa, ao seu estado patrimonial, às dificuldades que atravessa, às investigações por autoridades, não podem ser transmitidas. Nessa mesma imposição está a incumbência de zelar pelo nome e patrimônio da empresa, e de evitar que os subordinados ou terceiros de confiança se aproveitem da posição e furtem bens ou vendam cópias de projetos de propriedade da sociedade.

Uma regra estranha aparece no § 3º, relativa à compra e venda de valores mobiliários, aproveitando-se o vendedor das técnicas e conhecimentos da empresa. Assegura-se à companhia indenização, junto ao infrator, correspondente aos danos, com a atualização monetária (art. 290 da Lei nº 6.404/1976). Impertinente e inviabilizada a regulamentação, pois a matéria não tem relação com o assunto tratado.

Está proibida a utilização de informação relevante ainda não divulgada por pessoas que tiveram acesso à mesma, para o fim de tirar proveito ou vantagem pessoal ou em favor de terceiros.

c) Dever de abstenção em intervir nos assuntos que o sócio tem interesse

Esse dever decorre do art. 156: "É vedado ao administrador intervir em qualquer operação social em que tiver interesse conflitante com o da companhia, bem como na deliberação que a respeito tomarem os demais administradores, cumprindo-lhe cientificá-los do seu impedimento e fazer consignar, em ata de reunião do Conselho de Administração ou da diretoria, a natureza e extensão do seu interesse".

Não haveria confiabilidade ou idoneidade nas operações se decididas por pessoas com interesses pessoais, que conflitam com os da sociedade.

Aliás, não pode haver negociações entre a sociedade e o administrador. Excepcionalmente aceita-se a contratação de negócio com o administrador e a sociedade se feita em condições razoáveis e equitativas, e se concorrer em igualdade de condições com as que prevalecem no mercado, ou que contrataria com terceiros.

Realmente, se fosse o contrário, abrir-se-ia amplo caminho para a fraude e a ofensa aos interesses da minoria. Os detentores da maioria do capital ficariam habilitados a celebrar contratos com a sociedade altamente nocivos, sem a possibilidade de sua anulação, já que, nas assembleias, trancariam qualquer iniciativa a esse respeito.

O negócio contrariando as imposições acima se sujeita à anulação, ficando o administrador obrigado a transferir para a companhia as vantagens auferidas. Na apreciação da assembleia de tais tipos de negócios, como na venda de bem integrante da sociedade, não participará o sócio neles envolvido, porquanto evidente o interesse pessoal.

Se porventura vier a ser realizado um negócio entre o administrador e a companhia, observar-se-ão rigorosamente as condições do mercado.

Nessa linha, pertinente a seguinte ementa: "A venda de bem integrante do patrimônio de sociedade anônima a seu administrador por preço vil caracteriza negócio em fraude à companhia, passível de anulação, pois realizado sem condições razoáveis e equitativas, idênticas às que prevalecem no mercado ou em que a empresa contrataria com terceiros".[3]

d) Dever de informar

A ideia encontra-se no art. 157: "O administrador de companhia aberta deve declarar, ao firmar o termo de posse, o número de ações, bônus de subscrição, opções de compra de ações e debêntures conversíveis em ações, de emissão da companhia e de sociedades controladas ou do mesmo grupo, de que seja titular".

Ou seja, o administrador tem o dever de informar a sua realidade patrimonial junto à sociedade.

Várias matérias constam abordadas em parágrafos que seguem ao dispositivo transcrito.

Está, ainda, obrigado a informar à assembleia geral ordinária, se a solicitação partir de sócios que representarem cinco por cento ou mais do capital social (percentual que poderá ser reduzido pela Comissão de Valores Mobiliários, conforme art. 291), os seguintes dados:

- o número dos valores mobiliários de emissão da companhia ou de sociedades controladas, ou do mesmo grupo, que tiver adquirido ou alienado, diretamente ou através de outras pessoas, no exercício anterior;
- as opções de compra de ações sobre as quais manteve o controle no exercício anterior;
- os benefícios ou vantagens, indiretas ou complementares, que tenha recebido ou esteja recebendo da companhia e de sociedades coligadas, controladas ou do mesmo grupo;
- as condições dos contratos de trabalho que tenham sido firmados pela companhia com os diretores e empregados de alto nível;
- quaisquer atos ou fatos relevantes nas atividades da companhia.

---

[3] Ap. Cív. nº 84.125-1, do TJ de São Paulo, j. em 1º.10.1987, *in Revista de Jurisprudência do TJ do Estado de São Paulo*, 113/263.

Cap. XXXI | Os administradores em geral da sociedade anônima • 479

Na verdade, há a obrigação de atender os esclarecimentos solicitados ou a realidade sobre qualquer assunto que diz respeito à empresa, e desde que atinentes à sua área de atuação. Os pedidos virão formulados por escrito, devendo as respostas serem apresentadas na assembleia, ou mesmo ao solicitante, também por escrito, com o fornecimento de cópia, adstritas exclusivamente aos interesses da sociedade, e fornecidas aos titulares de ações ou às pessoas que tiverem investimentos, valores ou créditos a receber. Naturalmente, pedidos de indivíduos que não revelam qualquer ligação com a sociedade, ou impertinentes, não merecem o atendimento.

O dever de informar decorre do direito de obter informações, salientado por Carlos Alberto Bencke: "O que deve ficar manifesto é que qualquer acionista tem o direito a obter informações dos administradores, em especial aqueles dados que servirão de fundamento para as discussões durante a assembleia geral. Por eles poderá o acionista – independente do volume de participação acionária ou da qualidade de suas ações, se com ou sem direito a voto – exercer o seu direito de fiscalização dos negócios sociais. Na companhia aberta ou não, os fatos administrativos haverão de vir à tona, para possibilitar ao acionista ter uma perfeita visão da adequabilidade dos lucros que lhe são/serão destinados".[4]

As deliberações das assembleias serão comunicadas, por obrigação dos administradores ou diretores encarregados da área específica, à bolsa de valores e divulgadas pela imprensa, o mesmo ocorrendo com fatos relevantes que possam interferir na decisão dos investidores, como o pedido de recuperação da empresa ou de falência.

Justificável a recusa no atendimento se as informações importarem riscos aos interesses da sociedade, ou violarem segredos que reflitam na sua segurança. No entanto, a matéria se sujeita a exame, de jurisdição administrativa, perante a Comissão de Valores Mobiliários.

A modificação das posições acionárias dos sócios na companhia deve ser comunicada à Comissão de Valores Mobiliários, à bolsa de valores e às entidades do mercado de balcão onde os valores mobiliários são negociados. Na omissão desta providência, é certa a responsabilidade do administrador: "Sociedade comercial anônima. Capital aberto. Transferência do controle acionário. Ocorrência não comunicada oportunamente à Bolsa de Valores e à imprensa... Omissão de dever legal. Prejuízos aos acionistas minoritários, que efetuarem a venda de ações por valor inferior ao da oferta pública. Indenização devida. Responsabilidade solidária dos administradores". Justifica-se, no voto condutor, a responsabilidade decorrente: "Conforme dispõe o art. 157, § 4º, da Lei das S/A, 'os administradores da companhia aberta são obrigados a comunicar imediatamente à Bolsa de Valores e a divulgar pela imprensa qualquer deliberação da assembleia geral ou dos órgãos de administração da companhia, ou fato relevante ocorrido nos seus negócios, que possa influir, de modo ponderável, na decisão dos investidores do mercado de vender ou comprar valores mobiliários emitidos pela companhia'.

A propósito da previsão legal, assim preleciona Roberto Barcellos de Magalhães: 'As informações de que trata o dispositivo e os acionistas de conhecerem a extensão da participação acionária do administrador empossado – na própria sociedade e nas sociedades controladas ou coligadas, para efeito, inclusive, de aferição dos seus deveres e responsabilidades futuras, nos seus impedimentos legais e estatutários'.

E acrescenta o acatado jurista: 'O preceito contido no § 4º se associa aos §§ 1º e 3º do art. 155, os quais devem ser encarados em conjunto no que respeita ao uso do dever de informar ao público as decisões administrativas capazes de influir no mercado mobiliário,

---

[4] *Acionista Minoritário na Sociedade Anônima – Direito de Fiscalização*, ob. cit., p. 48.

480 • Direito de Empresa | *Arnaldo Rizzardo*

particularmente na comercialização dos papéis da empresa. A interligação dos preceitos indicados tem em vista demonstrar que qualquer comunicação, notícia ou informação, deve partir da companhia no momento certo e sob forma precisa e verdadeira' (*A Nova Lei das Sociedades por Ações Comentada*, Freitas Bastos, 1977, vol. II/724 e 725)".[5]

8. A RESPONSABILIDADE DOS ADMINISTRADORES

Não respondem, em princípio, e enquanto se mantiverem dentro dos limites dos poderes conferidos, os administradores pessoalmente pelas obrigações que contraírem em nome da sociedade, e enquanto gestores. É que atuam e agem em nome da sociedade, a qual é que resta favorecida e se compromete. Exercem um múnus recebido para o exercício de uma função, nos limites do cargo existente.

Exsurge, no entanto, a responsabilidade pessoal se procederem com culpa ou dolo, e se exorbitarem das funções, com violação da lei ou do contrato social, mesmo aparentemente que se dê a atuação dentro dos poderes e em consonância com as normas legais e estatutárias. Realmente, esses os parâmetros delineados pelo art. 158: "O administrador não é pessoalmente responsável pelas obrigações que contrair em nome da sociedade e em virtude de ato regular de gestão; responde, porém, civilmente, pelos prejuízos que causar, quando proceder:

I – dentro de suas atribuições ou poderes, com culpa ou dolo;

II – com violação da lei ou do estatuto".

Como regra geral, não recai no administrador a responsabilidade se executa ato regular de gestão. "Ato regular de gestão", explicita Romano Cristiano, "é o praticado pelo administrador com observância da lei e do estatuto, dentro de suas atribuições ou poderes, para lograr os fins e no interesse da companhia, satisfeitas as exigências do bem público e da função social da empresa".[6]

A responsabilidade emerge se configurada qualquer das hipóteses do art. 158. Aí emerge a responsabilidade civil, já que a conduta acarreta danos, e vindo como consequência a obrigação ressarcitória. Vai além da mera responsabilidade administrativa, consistente na má gestão, na incompetência funcional, na falta de dedicação ao cargo, no desleixo ou inobservância das diretrizes estatutárias ou mesmo emanadas de órgãos superiores, cujas consequências ensejam medidas saneadoras e punitivas internas. Desde o momento, porém, do aparecimento de danos, abrange a esfera civil, com a imposição indenizatória.

Na discriminação dos incisos acima, duas as causas da responsabilidade civil, assim desdobradas: operando-se a atuação no âmbito dos poderes inerentes ao cargo e regulamentações legais e estatutárias, mas eivada de culpa ou dolo, ou seja, desleixo, imprudência, negligência, imperícia, omissão voluntária ou proposital; agindo diretamente contra a lei ou o estatuto, como no desvio de recursos, na falta de cumprimento de obrigações, na prática de atos sem poderes, no abuso de autoridade. Todavia, a partir daí, infindáveis as situações que comportam a ação indenizatória, como já acenava Trajano Miranda Valverde: "Os casos que podem determinar a responsabilidade civil dos diretores, alicerçada em atos culposos ou dolosos, praticados dentro de suas atribuições e poderes, variam

---

[5]   Ap. Cív. nº 65.531-1, da 5ª Câmara Cível do TJ de São Paulo, j. em 25.06.1987, *in RT*, 625/47.
[6]   *Órgãos da Sociedade Anônima*, ob. cit., p. 130.

ao infinito. As funções do diretor estão, com efeito, estreitamente ligadas ao objeto de exploração da sociedade, diferem de uma para outra e ainda dentro da mesma sociedade, em consequência da distribuição de atribuições pelos membros da diretoria. Haverá, pois, que atender, em cada caso, não só às funções de que estava encarregado o diretor, mas também às circunstâncias rodearam o ato que lhe for imputado".[7]

Existindo vários administradores, não decorre a responsabilidade solidária e concomitante de todos, mas unicamente do administrador que pratica o ato danoso. Não se presume a culpa solidária. Isto a menos que verificada a conivência, ou a omissão, ou o descaso. Mais especificamente, administrador tem conhecimento do ato ilegal perpetrado por outro administrador, e não enceta qualquer iniciativa no sentido de coibir, ou praticamente compactua com o ato. A falta de iniciativa ou de providências para se opor, a demora ou omissão na denúncia, não levando-o ao conhecimento da assembleia, ou do plenário do Conselho de Administração, ou do Conselho Fiscal, dentre mais atitudes de jaez semelhante importam em cumplicidade e levam ao comprometimento.

Mostra-se bem solar essa extensão de responsabilidade no § 1º do mesmo art. 158, ao dispor: "O administrador não é responsável por atos ilícitos de outros administradores, salvo se com eles for conivente, se negligenciar em descobri-los ou se, deles tendo conhecimento, deixar de agir para impedir a sua prática. Exime-se de responsabilidade o administrador dissidente que faça consignar sua divergência em ata de reunião de administração ou, não sendo possível, dela dê ciência imediata e por escrito ao órgão da administração, ao Conselho Fiscal, se em funcionamento, ou à assembleia geral".

Já o § 2º contempla uma situação de responsabilidade solidária de todos quantos administram a sociedade, se os prejuízos advierem da falta de cumprimento da lei, ou dos deveres impostos, malgrado o estatuto atribua os deveres a alguns apenas: "Os administradores são solidariamente responsáveis pelos prejuízos causados em virtude do não cumprimento dos deveres impostos por lei para assegurar o funcionamento normal da companhia, ainda que, pelo estatuto, tais deveres não caibam a todos eles".

A regra tem pertinência aos prejuízos resultantes da falta de funcionamento normal da empresa. Alastra-se, então, a responsabilidade a todos, na pressuposição de que o estado de precário funcionamento torna-se fato ostensivo e perceptível pelos que controlam ou dirigem a sociedade, que não pode deixar de ser. Se nada constatam os demais administradores, é em decorrência do desleixe, do desinteresse, da completa ausência nos assuntos da empresa – condutas que enfatizam a responsabilidade.

Em princípio, pelos §§ 3º, 4º e 5º, essa responsabilidade não se expande às pessoas dos que administram em geral as sociedades abertas, porquanto as atribuições são específicas e mais restritas que às demais sociedades, havendo dificuldade de comunicação ou interferência dos atos de um administrador no assunto dos outros. Isto a menos que, embora a ciência de tais falhas ou percalços, em especial se forem de seu predecessor, omite-se o administrador em denunciar ou comunicar o fato à assembleia geral, ou não contrapõe qualquer atitude com a finalidade de interferir ou sanar o erro de outros. Na concorrência de terceiros na obtenção de vantagens ilícitas, ou advindas com a violação da lei ou do estatuto, ficam os mesmos jungidos a suportarem solidariamente com os administradores no ressarcimento dos danos.

---

[7] *Sociedades por Ações*, 2ª ed., Rio de Janeiro, Editora Forense, 1953, II vol., p. 320.

9. A AÇÃO DE RESPONSABILIDADE

Traz a Lei nº 6.404, no art. 159 e em seus parágrafos, algumas regras sobre a ação de responsabilidade pelos danos resultantes da má administração da sociedade e dos prejuízos causados a terceiros. É natural que à sociedade compete promover a ação para o devido ressarcimento, dispondo, a respeito, o art. 159: "Compete à companhia, mediante prévia deliberação da assembleia geral, a ação de responsabilidade civil contra o administrador, pelos prejuízos causados ao seu patrimônio". Estende-se contra os terceiros coniventes e beneficiários a ação, situação verificada se concorreram para o cometimento dos atos de abuso, e se verificado o conluio com o administrador.

Trata-se da repetição do princípio que consagra o direito de ressarcimento ou reparação em favor de todos quantos sofrem prejuízos. Entrementes, figurando a sociedade como lesada, depende a iniciativa da prévia autorização da assembleia geral. Acontece que, diante de certas circunstâncias, sopesando os prós e os contras, nem sempre se revela conveniente a responsabilização. Razões de ordem interna, e em face das repercussões negativas que poderão advir, desaconselham a medida reparatória.

É como já reconheceu o STJ: "Do comando imposto pelo art. 159, *caput* e seu § 4º, da Lei nº 6.404/1976, decorre, efetivamente, que deve haver prévia deliberação da assembleia geral para propor a ação de responsabilidade civil contra administrador, pelos prejuízos causados ao seu patrimônio e em se deliberando pelo não ajuizamento da ação poderá esta ser afora por acionistas que representem 5% (cinco por cento), pelo menos, do capital social".

Entrementes, de conformidade com o mesmo acórdão, possível dispensar a assembleia quando a pessoa chamada à responsabilidade detém a maioria do capital. Aos sócios minoritários fica autorizado o ingresso da ação sem aquela providência, eis que transparece evidente que o sócio controlador se oporia à medida judicial. Traz-se passagem de um precedente (REsp. nº 16.410-0-SP, da 4ª Turma, rel. Min. Sálvio de Figueiredo Teixeira): "Destarte, despiciendo seria exigir-se, neste caso, a convocação de assembleia geral para deliberar sobre a propositura de processo judicial destinado a apurar responsabilidades do administrador, que controla a empresa detentora de 99% das ações com direito a voto. Tal assembleia, *in casu*, além de impregnada por absoluto contrassenso, teria resultado certo e induvidoso, pelo que sem sentido a sua realização. A propósito, inteiramente apropriada, a meu juízo, a lição de Lacerda Teixeira e Tavares Guerreiro, lembrada pelo v. acórdão recorrido, segundo a qual, 'sendo a assembleia dominada pela sociedade controladora, nenhum sentido teria aguardar-se eventual manifestação de assembleia favorável ao ajuizamento da ação reparatória contra a sociedade e contra o acionista controlador'.

Com efeito, era prescindível a cogitada deliberação assemblear para que fosse ao sócio minoritário conferida a legitimidade extraordinária para, como substituto processual, promover a ação de responsabilidade de que se cuida".[8]

Várias as regras que seguem nos parágrafos do preceito acima e no art. 160.

Obviamente, na votação das deliberações que tratam da matéria, não participarão os administradores envolvidos (§ 2º), o que não impede o exercício de defesa, devendo haver prévia convocação.

---

[8] REsp. nº 179.008-SP, da 4ª Turma, j. em 09.05.2000, *DJU* de 26.06.2000, *in Revista do Superior Tribunal de Justiça*, 136/350.

Cap. XXXI | Os administradores em geral da sociedade anônima • **483**

Uma vez decidida a promoção de medidas judiciais pela assembleia ordinária ou extraordinária (§ 1º), e decorridos três meses sem o ajuizamento da ação, a qualquer sócio desloca-se a competência, que poderá ingressar em nome próprio, mas na qualidade de sócio, contra o administrador (§ 3º). Na hipótese, não se persegue a reparação por dano pessoal, mas da sociedade. Tem-se a legitimidade por substituição processual derivada.

Independentemente de autorização da assembleia, o sócio diretamente prejudicado pela administração lesiva tem legitimidade para ingressar com a demanda indenizatória, garantida pelo § 7º do art. 159, que merece transcrição: "A ação prevista neste artigo não exclui a que couber ao acionista ou terceiro diretamente prejudicado por ato de administrador". Constatada a lesão particular ao sócio, é pessoal a ação, não carecendo da autorização da assembleia, ou de algum percentual de capital.

Mesmo por via reflexa ou indireta deve reconhecer-se a legitimidade do acionista ou terceiro prejudicado. Nesta ótica, se uma pessoa integra uma sociedade, e se esta é sócia de outra sociedade, deve-se reconhecer a legitimidade para pedir indenização em favor da pessoa que é sócia da sociedade que figura, por sua vez, como sócia da sociedade cujos atos da administração tenham causado prejuízo à sociedade que a integra. A verdade, os administradores causaram prejuízo à sua sócia, que é uma sociedade. No entanto, prejudicada esta última, fatalmente seus participantes restaram prejudicados.

Outrossim, decidindo a assembleia por não promover a ação, faculta-se que se desloque a iniciativa para os acionistas, desde que representem, ao menos, cinco por cento do capital social (§ 4º) (percentual passível de redução pela Comissão de Valores Mobiliários – art. 291), os quais serão ressarcidos pelas despesas exigidas com o resultado que advier da ação (§ 5º), transferindo-se o restante para a sociedade (§ 6º). Como na hipótese anterior (não encaminhamento da ação pelos administradores no prazo de três meses a contar da decisão pela assembleia geral), legitima-se o sócio ou o grupo de sócios na qualidade de substituição processual.

Evita-se, com essa abertura de legitimidade extraordinária, a formação de conluios internos de má gestão e a impunidade de administradores de má-fé.

Como se percebe, exige-se um percentual de sócios sobre o capital, o que se recomenda para evitar manobras de chantagem, ou a propositura descabida de ações, com alta repercussão negativa, aspecto bem realçado na jurisprudência: "Tal norma, como se vê, é teleologicamente dirigida a evitar que pletora de ações de responsabilidade civil sejam ajuizadas por acionistas minoritários, a título até mesmo de chantagem.

A exigência de prévia deliberação da assembleia geral para as chamadas 'ações sociais derivadas'..., o que costumava gerar algumas perplexidades na jurisprudência – explica-se, em parte, pelo modelo adotado na legislação norte-americana. Naquele país, surpreendeu-se uma verdadeira avalanche de ações de responsabilidade civil contra administradores de companhias, às vezes inspiradas por intuitos de chantagem".[9]

Os resultados da lide, evidentemente, conforme já observado, ingressam em favor da companhia, resguardando-se aos sócios autores da ação o ressarcimento das despesas havidas com as providências judiciais.

Firma-se a responsabilidade unicamente se reconhecida a culpa. Caso, no entanto, verificar o juiz que houve boa-fé, e que o ato prejudicial visou o interesse da sociedade, não se configura a culpa no sentido de ato ilícito, ou a crassa e voluntária falta de

---

[9] REsp. nº 16.410-0, da 4ª Turma do STJ, j. em 14.12.1992, *in Revista do Superior Tribunal de Justiça*, 59/221.

cuidados ou diligência na administração. Na hipótese, conforme o § 6º, está o juiz autorizado a exclusão da responsabilidade do administrador. São exemplos que importam no benefício o excesso de confiança, a exagerada credibilidade na concessão de crédito, as vendas a crédito em quantidade elevada, a confiabilidade depositada em terceiros e nos próprios subalternos.

Acrescenta-se a responsabilidade pelos prejuízos causados a terceiros ou aos demais acionistas individualmente, ficando garantida a ação direta contra o administrador e a própria sociedade, de acordo com o § 7º do art. 159.

Os princípios *supra* aplicam-se a qualquer administrador, isto é, aos diretores, aos gerentes, aos superintendentes, e aos membros dos órgãos da sociedade com funções técnicas. Na verdade, todo agente da empresa deve ressarcir os prejuízos que provoca na execução das atividades a ele cometidas.

XXXII

Conselho Fiscal das sociedades anônimas

1. ATRIBUIÇÕES E FUNCIONAMENTO

Como se depreende da denominação, trata-se de um órgão composto de algumas pessoas com a finalidade de fiscalizar a sociedade, especialmente em suas contas. Na exata percepção de Waldírio Bulgarelli, define-se "como órgão de fiscalização dos administradores e de informações da assembleia geral – vale dizer – do corpo de acionistas".[1] Na qualidade de órgão fiscalizador, acompanhará a atuação da sociedade, especialmente aferindo a regularidade dos atos e negócios, para, nas assembleias gerais, ou quando solicitado, dar o parecer ou opinar sobre o relatório dos administradores, as demonstrações financeiras, as modificações sociais que forem sugeridas, a emissão de debêntures, de bônus de subscrição, distribuição de dividendos, transformação, fusão e cisão da sociedade, e outros assuntos que ordenarem o estatuto e a lei. Adiante, discriminam-se mais particularizadamente as obrigações.

É facultativo o funcionamento, mas obrigatória a criação, conforme se depreende do art. 161 da Lei nº 6.404/1976: "A companhia terá um Conselho Fiscal e o estatuto disporá sobre seu funcionamento, de modo permanente ou nos exercícios sociais em que for instalado a pedido de acionistas". Dos termos se retira que nem sempre funcionará o conselho fiscal, mas somente nos exercícios que a assembleia de acionistas determinar. Ou seja, não é exigido constantemente o funcionamento, e muito menos estão especificadas as épocas da instalação. Se depende da determinação da assembleia, é porque não se torna obrigatória a existência.

Nas sociedades fechadas mais se justifica a desnecessidade, pois, como explica José Waldeci Lucena, quando poucos os sócios, "exercem eles próprios a fiscalização a todo o tempo sobre a sociedade e sobre os sócios-gerentes, salvo disposição expressa, disciplinadora da matéria, constante do contrato social".[2]

A regulamentação inicia no transcrito art. 161 e termina no art. 165-A, com várias alterações pelas Leis nº 9.457/1997, nº 10.303/2001 e nº 12.838/2013.

---

[1] *O Conselho Fiscal nas Companhias Brasileiras*, São Paulo, Editora Revista dos Tribunais, 1988, p. 12.

[2] *Das Sociedades por Quotas de Responsabilidade Limitada*, ob. cit., p. 442.

486 • Direito de Empresa | *Arnaldo Rizzardo*

A composição compreende três membros no mínimo, e cinco no máximo, com os respectivos suplentes, dando-se a eleição pela assembleia geral, e podendo ou não os membros ser acionistas, admitindo-se a reeleição.

Não sendo permanente o funcionamento, a instalação se dá sempre que a assembleia geral o ordenar, podendo ser ordinária ou extraordinária, através da votação de dez do correspondente das ações com direito a voto, ou de cinco por cento de acionistas sem direito a voto. Essa proporção torna-se reduzível se o permitir a Comissão de Valores Mobiliários (art. 291).

O período de gestão irá até a realização da primeira assembleia geral ordinária que se efetivará após a instalação do conselho, ou seja, sendo de um ano a duração se a criação se deu em assembleia geral ordinária (§ 6º do art. 161).

2. A CONSTITUIÇÃO

A constituição observará regras especiais, figurando na composição classes de representantes de acionistas, em consonância com a natureza da quantidade das ações, cuja proporção é dada pelo § 4º do art. 161: "Na constituição do Conselho Fiscal serão observadas as seguintes normas:

a) os titulares de ações preferenciais sem direito a voto, ou com voto restrito, terão direito de eleger, em votação em separado, um membro e respectivo suplente; igual direito terão os acionistas minoritários, desde que representem, em conjunto, 10% (dez por cento) ou mais com direito a voto;

b) ressalvado o disposto na alínea anterior, os demais acionistas com direito a voto poderão eleger os membros efetivos e suplentes que, em qualquer caso, serão em número igual ao dos eleitos nos termos da alínea *a*, mais um".

Pode-se sintetizar que um membro é escolhido pelos titulares de ações preferenciais sem direito a voto, ou com voto restrito; a escolha de outro membro é garantida aos acionistas minoritários, se representarem, em conjunto, dez por cento ou mais das ações; os demais acionistas com direito a voto elegerão os membros que faltarem, cujo número não pode ser inferior aos acima autorizados, acrescendo-se mais um. Em exemplificação, se o total de cinco os membros, um advirá da eleição da classe das ações preferenciais; o segundo membro decorre da escolha pela minoria; os três restantes são eleitos pelos acionistas em geral. Se três os membros, dois devem ser eleitos pelos acionistas em geral, ao passo que somente a escolha de um é reservada aos acionistas preferenciais e minoritários. E justamente esses acionistas têm o maior interesse na fiscalização, já que não podem exercer o controle da sociedade. Possuem eles acesso nas contas da administração, nos negócios, na contabilidade, fatores esses que levam a divisar a importância da participação.

Revela-se ilegal, pois, a manobra do controlador que impõe os membros que passam a compor o conselho, observando Carlos Alberto Bencke: "Consideradas, então, essas circunstâncias, fulmina-se de ilegal a manobra que possa exercer o controlador e administrador que, utilizando-se do sistema eleitoral, impõe a sua vontade também no Conselho Fiscal, elegendo um ou mais de um membro, que fará apenas o que ele determinar, fraudando o objetivo da lei, que é proteger o minoritário. Haverá abuso de poder do controlador, devendo o prejudicado buscar asilo no Poder Judiciário, pois, a vingar a tese de que sempre a maioria deve prevalecer nas decisões no âmbito da sociedade por ações, o exercício de fiscalização do bloco minoritário jamais seria alcançado, porquanto as manobras do controlador também importam a maioria dentro da minoria".[3]

Não é admitida a delegação da função de fiscal (§ 7º do art. 161).

Três requisitos devem preencher os candidatos, para a eleição, ditadas pelo art. 162:

a) que sejam pessoas naturais, e não jurídicas;

b) que residam no País;

c) que tenham diploma em curso de nível universitário, ou que tenham exercido, por prazo mínimo de três anos, cargo de administrador de empresa ou de conselheiro fiscal.

Todavia, em localidades nas quais não se encontram pessoas em tais condições, assegura-se a faculdade da dispensa, em requerimento pleiteado ao juiz.

Não se permite a participação no conselho fiscal das seguintes classes de pessoas, em rol apresentado pelo § 2º do art. 162, que inclui as impedidas de participar do conselho de administração:

a) As pessoas referidas nos parágrafos do art. 147, e que são as impedidas por lei especial; as condenadas por crime falimentar, de prevaricação, peita ou suborno, concussão, peculato; as condenadas por crime contra a economia popular, a fé pública ou a propriedade; aquelas que receberam pena criminal que vede, ainda que temporariamente, o acesso a cargos públicos; as pessoas declaradas inabilitadas por ato da Comissão de Valores Mobiliários; as pessoas que não tenham reputação ilibada; as que ocuparem, em outra sociedade, cargos que possam ser considerados concorrentes no mercado, ou que façam parte, nessas sociedades, de cargos da administração e de conselheiros (Conselho de Administração, Conselho Consultivo); e as que tiverem conflito com a sociedade.

b) Os membros de órgãos da administração e empregados da companhia ou de sociedade controlada ou do mesmo grupo.

c) O cônjuge, ou parente, até terceiro grau, de administrador da companhia, sendo que o parentesco, aqui, deve restringir-se o sanguíneo, abrangendo a linha ascendente, descendente e colateral, sem estender-se ao parentesco por afinidade, como aos cunhados, ao sogro ou sogra, ou genro ou nora.

Remunera-se o exercício da função de fiscal, cujo valor virá fixado pela assembleia que procedeu a eleição, o qual não será inferior a dez por cento do que se atribuir a cada diretor, sem incluir no montante que servirá de parâmetro os benefícios, as verbas de representação e a participação dos lucros. Reembolsam-se, outrossim, as despesas de locomoção e de estada, como hospedagem e alimentação (§ 3º do art. 163).

---

[3] *Acionista Minoritário na Sociedade Anônima – Direito de Fiscalização*, ob. cit., pp. 128-129.

3. COMPETÊNCIA

As funções ou atribuições destacadas aos conselheiros fiscais estão descritas no art. 163, sendo vasta a relação, e não se resumindo a simplesmente opinar sobre contas ou resultados financeiros. Abrangem a manifestação, aferindo as vantagens e as inconveniências sobre metas, fatos, transformações da sociedade e interferências negativas dos administradores. Cabe, inclusive, a iniciativa de convocação da assembleia geral. Eis a previsão:

"I – fiscalizar, por qualquer de seus membros, os atos dos administradores e verificar o cumprimento dos seus deveres legais e estatutários;

II – opinar sobre o relatório anual da administração, fazendo constar do seu parecer as informações complementares que julgar necessárias ou úteis à deliberação da assembleia geral;

III – opinar sobre as propostas dos órgãos da administração, a serem submetidas à assembleia geral, relativas a modificação do capital social, emissão de debêntures ou bônus de subscrição, planos de investimento ou orçamento de capital, distribuição de dividendos, transformação, incorporação, fusão ou cisão;

IV – denunciar, por qualquer de seus membros, aos órgãos de administração e, se estes não tomarem as providências necessárias para a proteção dos interesses da companhia, à assembleia geral, os erros, fraudes ou crimes que descobrirem, e sugerir providências úteis à companhia;

V – convocar a assembleia geral ordinária, se os órgãos da administração retardarem por mais de 1 (um) mês essa convocação, e a extraordinária, sempre que ocorrerem motivos graves ou urgentes, incluindo na agenda das assembleias as matérias que considerarem necessárias;

VI – analisar, ao menos trimestralmente, o balancete e demais demonstrações financeiras elaboradas periodicamente pela companhia;

VII – examinar as demonstrações financeiras de exercício social e sobre elas opinar;

VIII – exercer essas atribuições, durante a liquidação, tendo em vista as disposições especiais que a regulam".

4. PODERES E INCUMBÊNCIAS QUE POSSIBILITAM A ATUAÇÃO

O conselho fiscal deverá acompanhar o exercício das atividades da sociedade, em todos os seus departamentos e setores, inteirando-se de relatórios, da escrita contábil, dos resultados, dos lançamentos de compras e vendas, da produção, dos serviços realizados, das despesas, da prestação de contas, dos orçamentos, das contratações. Para possibilitar essa fiscalização e a atuação, asseguram os §§ 1º a 8º do art. 163 e o art. 164 e seu parágrafo único vários poderes e obrigam a providências, cuja execução é obrigatória, sob pena de incidir o conselheiro em responsabilidade. Outrossim, os órgãos da administração não podem eximir-se do atendimento das solicitações ou requisições, e muito menos impedir o exame dos documentos que se encontram em sua guarda.

Para tanto, eis os procedimentos assegurados e as condutas impostas às pessoas a quem se fazem as solicitações e requisições:

a) Por meio de comunicação por escrito, os órgãos da administração devem disponibilizar ao conselho, dentro de dez dias da realização, cópias das atas de suas reuniões; havendo solicitações, encaminharão, em quinze dias do recebimento, cópias dos balancetes e demais demonstrações financeiras e dos relatórios de execução de orçamentos.

b) Compete aos membros solicitar esclarecimentos ou informações sobre os assuntos de sua competência, em especial as que envolvem o controle da gestão administrativa da sociedade, sobre os negócios realizados, bem como lhes cabe o exame da elaboração de demonstrações financeiras ou contábeis, função reconhecida pela jurisprudência: "Membro do Conselho Fiscal. Possibilidade deste, por si só, requisitar informações necessárias para o desempenho da função de fiscalização e controle da gestão administrativa da sociedade. Art. 163, § 2º, da Lei Federal nº 6.404, de 1976".[4]

c) Podem os membros assistir as reuniões do Conselho de Administração e da diretoria, desde que sejam tratadas matérias sobre as quais devem opinar, como o relatório anual da administração, a modificação do capital social, a emissão de debêntures ou bônus de subscrição, os planos de investimento ou orçamento de capital, a distribuição de dividendos, transformação, incorporação, fusão, cisão da sociedade, e demonstrações financeiras.

d) Assiste ao conselho fiscal, a pedido de qualquer de seus membros, a solicitação de informações perante os auditores independentes, caso existam.

e) Não havendo auditores independentes, ao conselho fiscal assegura-se a faculdade de escolher contador ou firma de auditoria para o exame detalhado da escrita, fixando honorários razoáveis e compatíveis com a dimensão econômica da companhia.

f) Deve o conselho fornecer ao acionista, ou grupo de acionistas, com a representação mínima de cinco por cento do capital social (com possibilidade de ser reduzido esse *quantum* pela Comissão de Valores Mobiliários – art. 291), sempre quando houver solicitação, informações próprias de sua competência.

g) Não são delegáveis as atribuições e os poderes do conselho fiscal a outros órgãos da sociedade.

h) Assegura-se ao conselho fiscal, solicitar à diretoria, fundamentadamente, a indicação de três peritos, que podem ser pessoas físicas ou jurídicas, dentre os quais escolherá um, para o fim de apurar fato cujo esclarecimento é necessário ao desempenho das funções que lhe são próprias. Para tanto, os indicados devem ser de notório conhecimento na área em questão. A diretoria tem o prazo de trinta dias para atender, ficando os honorários a cargo da sociedade.

i) Deverão os membros do conselho, ou pelo menos um deles, comparecer às reuniões da assembleia geral, para a finalidade de responder aos pedidos de informações formulados pelos acionistas.

---

[4] Ap. Cív. nº 123.032-1, do TJ de São Paulo, j. em 28.08.1990, *in Revista de Jurisprudência do TJ do Estado de São Paulo*, 131/278.

j) Os pareceres e representações do conselho, ou de qualquer um de seus membros, serão apresentados e lidos na assembleia geral, mesmo que não publicados e a matéria não conste da ordem do dia.

No pertinente aos poderes assegurados, os membros estão autorizados a exercer a função isoladamente, e, assim, a acompanhar a ordem fiscal, a postular diligências, a interferir desde que dentro da respectiva competência. O Tribunal de Justiça de São Paulo endossou essa possibilidade: "Se ao Conselho Fiscal, como órgão, cabe a atividade de fiscalização e controle da gestão administrativa da sociedade, a cada conselheiro, de per si, deve caber o acesso às informações necessárias a essa função.

Entender que apenas ao órgão competisse também a requisição de informações, significaria manietar a própria função fiscalizadora, negando a razão de ser do próprio Conselho Fiscal.

E, mais do que isso, importaria, no caso, em anular os meios de informação da minoria, sabendo-se que o demandado integra na condição de representante da facção minoritária dos sócios.

Mas esse poder, como reconhecido, tem de estar delimitado pelo interesse da fiscalização da gestão do exercício social em desdobramento, sem remontar a toda a vida pretérita da entidade, alcançando períodos de administração acobertados pela aprovação das assembleias gerais anteriores".[5]

5. DEVERES E RESPONSABILIDADES

Os arts. 165 e 165-A, na versão da Lei nº 10.303, cuidam dos deveres e da responsabilidade dos membros do conselho fiscal.

Quanto aos deveres, são os mesmos que os atribuídos aos administradores em geral, e que aparecem discriminados nos arts. 153 a 156, matéria já amplamente abordada.

Acrescentam-se especificamente os seguintes, apontados em destaque:

a) Exercerão as funções no exclusivo interesse da sociedade, considerando-se abusivo o seu exercício com o fim de causar dano à mesma, aos acionistas e administradores, ou com o propósito de obterem para si ou para terceiros vantagens indevidas.

b) Os membros do conselho fiscal de companhia aberta informarão as modificações de suas posições acionárias na companhia à Comissão de Valores Mobiliários e às entidades do mercado de balcão nos quais são negociados os valores mobiliários.

Aduz Carlos Alberto Bencke: "Considerada como novidade introduzida na legislação societária, o § 1º do art. 165 destaca que os membros desse órgão de fiscalização devem empregar todo o zelo no exercício de suas funções e no exclusivo interesse da companhia. Não podem, também, abusar do direito que lhes confere a lei, no seu mister de fiscalizar, tanto que causem à companhia ou aos acionistas algum prejuízo, ou, ainda, obter para si ou para outrem, alguma vantagem a que não façam jus. Estas recomendações legais

---

[5] Ap. Cív. nº 62.520-1, da 8ª Câmara Cível do TJ de São Paulo, j. em 06.11.1985, em *RTJESP* 101/234.

dizem respeito à atitude que todo probo deve observar na condução dos negócios seus ou alheios, seja na administração, como na fiscalização. Por isso, a reflexão de que a introdução do dispositivo na lei não traz qualquer novidade".[6]

Quanto à responsabilidade, aparece indicada nos mesmos arts. 165 e 165-A, incidindo, de modo geral, na conduta culposa ou dolosa, na descabida omissão no cumprimento dos deveres, na violação da lei e do estatuto, e na obtenção de vantagens indevidas.

A prática de atos ilícitos por um dos membros não acarreta a responsabilidade dos demais, a menos que verificada a conivência, ou a concorrência na realização.

Se, porém, constatar-se a omissão dos membros, ou se nenhum deles se levanta contra irregularidades que aparecem, dentro do rol das competências e deveres que a todos obrigam, decorre a solidariedade na obrigação de indenizar e nas consequências de ordem administrativa e judicial. E assim também nos danos que advierem da atuação nociva, das votações em detrimento aos interesses da sociedade, dos atos em desrespeito da lei ou do estatuto. Todavia, os sócios que não compactuaram com as decisões de tal jaez, ficam excluídos da responsabilidade. Para tanto, necessário consignar a divergência em ata da reunião do conselho e comunicar aos órgãos da administração e à assembleia geral a decisão ou o ato nocivo.

6. MODELO DE ATA DE REUNIÃO DO CONSELHO FISCAL

Para visualização do referido modelo, acesse o QR Code ao lado ou, se preferir, baixe o arquivo em formato editável disponível na plataforma GEN-io, conforme instruções apresentadas no início do livro.

https://goo.gl/XkdnHk

---

[6] *Acionista Minoritário na Sociedade Anônima – Direito de Fiscalização*, ob. cit., p. 116.

XXXIII
Modificação do capital social das sociedades anônimas

1. TENDÊNCIAS DE SE ELEVAR OU DIMINUIR O CAPITAL SOCIAL

Na constituição da sociedade, elemento que a integra está no capital, ou no patrimônio, formado por meio de ações, as quais se realizam através da entrada em dinheiro ou em bens estimados monetariamente.

Entrementes, não se mantém estática a cifra inicial estabelecida, que poderá crescer ou diminuir. Realmente, é uma tendência natural a elevação ou o decréscimo do capital, obedecendo à lei da vida, pela qual as pessoas podem injetar maior patrimônio na sociedade, trazendo novos bens, ou simplesmente mantê-la estática. Nesta segunda hipótese, ou se não houver o aporte, reduz-se o capital, pois as importâncias em dinheiro, em maior ou menor grau, se desvalorizam, enquanto os bens se desgastam, envelhecem e perdem a sua substância, exceto no tocante aos imóveis, cujo preço perdura no tempo, ou mesmo se eleva no seu curso.

De modo que perfeitamente normal falar em modificação do capital social, o que é próprio da evolução da sociedade, que oscilará conforme o aumento ou a redução, existindo várias regras a serem observadas.

Sempre que se der a alteração, é imprescindível a deliberação pela assembleiageral ordinária, mas não se impedindo que seja especialmente convocada, com a aprovação pela maioria dos acionistas que possuem direito a voto. Desde que venha expressamente autorizada nos estatutos, e dentro do limite ajustado, a modificação pode operar-se pela decisão do Conselho de Administração.

Qualquer modificação do capital submete-se, por força do art. 6º, aos regramentos dos arts. 166 a 174, que serão abordados abaixo.

2. AUMENTO DO CAPITAL E PROVIDÊNCIAS

Afigura-se normal o começo das sociedades em dimensões moderadas, tendo um capital de tamanho médio, e, com o tempo, expandir-se, ampliando a produção e as atividades. Para fazer frente às necessidades de atendimento e demanda, são aumentadas as instalações, adquirem-se novos equipamentos e procura-se imprimir mais eficiência à produção. Os investimentos decorrerem da imposição natural de crescimento, sob pena de perda de mercado, de qualidade, do envilecimento de sua estrutura, provocando a urgência impostergável de aumento do capital, que se consegue, em geral, aportando-se novas ações, que são criadas e colocadas para a subscrição pelos sócios já existentes e pelos interessados em geral.

Com o aumento, injeta-se mais patrimônio, através da criação de novas ações, que são postas à venda.

De várias maneiras se abre o caminho para o aumento, que se encontram ditadas pelo art. 166: "O capital social pode ser aumentado:

I – por deliberação da assembleia geral ordinária, para correção da expressão monetária do seu valor (art. 167);

II – por deliberação da assembleia geral ou do Conselho de Administração, observado o que a respeito dispuser o estatuto, nos casos de emissão de ações dentro do limite autorizado no estatuto (art. 168);

III – por conversão, em ações, de debêntures ou partes beneficiárias e pelo exercício de direitos conferidos por bônus de subscrição, ou de opção de compra de ações;

IV – por deliberação da assembleia geral extraordinária convocada para decidir sobre reforma do estatuto social, no caso de inexistir autorização de aumento, ou de estar a mesma esgotada".

Reserva-se o prazo de trinta dias para as providências da averbação ou do arquivamento do ato, consoante contempla o § 1º do art. 166: "Dentro dos 30 (trinta) dias subsequentes à efetivação do aumento, a companhia requererá ao Registro do Comércio a sua averbação, nos casos dos nºs I a III, ou o arquivamento da ata da assembleia de reforma do estatuto, no caso do nº IV".

Depreende-se que a providência a ser efetivada no prazo de trinta dias, nas hipóteses dos incisos I a III, é de averbação do ato, e no caso do inc. IV, será de arquivamento da alteração do estatuto. Conta-se o prazo da data da assembleia geral, consoante já ordenou o STJ: "O prazo de trinta dias para o depósito e publicação da ata que altera o contrato social, com aumento de capital da sociedade por ações, conta-se da data da Assembleia Geral que constata a efetivação desse aumento de capital, pela subscrição das ações e não de anterior Assembleia Geral Extraordinária, que aprova proposta no sentido de se abrir prazo à subscrição".

Seja de averbação ou de arquivamento (este ato quando há reforma do estatuto), concede-se o prazo de trinta dias para a uma ou outra hipótese.

Anote-se, ainda, que o art. 166, § 1º, não impõe a publicação da ata que autoriza o aumento do capital. O prazo de trinta dias é para o arquivamento e a publicação da ação da Assembleia Geral que determina a alteração do estatuto social referente ao aumento do capital, alteração que se consuma com o cumprimento das obrigações advindas do aumento, subscritas já as ações.

3. SITUAÇÕES QUE COMPORTAM O AUMENTO

Aparecem disciplinados alguns fatores que comportam ou autorizam o aumento do capital.

a) Aumento pela capitalização da correção monetária

Consiste essa modalidade na correção monetária do valor do capital, havendo algumas regas que merecem a referência. Aparece, em primeiro lugar, o parágrafo único do art. 5º da Lei nº 6.404, indicando o período da correção, que será anual: "A expressão monetária do valor do capital social realizado será corrigida anualmente".

O § 2º do art. 182 enquadra como reserva de capital o resultado da correção monetária do capital realizado, enquanto não capitalizado.

Já o art. 167 subordina a capitalização da correção monetária à deliberação da assembleia geral ordinária que aprovar o balanço: "A reserva de capital constituída por ocasião do balanço de encerramento do exercício social e resultante da correção monetária do capital realizado (art. 182, § 2º) será capitalizada por deliberação da assembleia geral ordinária que aprovar o balanço". Em face da ordem, embora sujeita a capitalização à assembleia geral, não cabe à mesma, na distribuição dos dividendos respectivos, estipular ou reduzir, *contra legem*, a base de cálculo.

É ditada, pelo § 1º, a forma de se fazer a capitalização para as sociedades abertas: sem a modificação do número de ações emitidas e com o aumento do valor nominal das ações, se for o caso. Por conseguinte, passam as ações a encerrar um valor mais elevado. Há o simples aumento do valor das ações, sem a modificação do número de ações, medida essa que evita o grave ônus de custos e de serviços para a emissão de ações. De observar a redação do dispositivo: "Na companhia aberta, a capitalização prevista neste artigo será feita sem modificação do número de ações emitidas e com o aumento do valor nominal das ações, se for o caso".

Dispensa o § 2º a capitalização das frações de centavos do valor nominal das ações, ou, na falta de valor nominal das mesmas, da fração inferior a um por cento do capital social.

Em atenção ao § 3º, se a companhia tiver ações com e sem valor nominal, a correção do capital correspondente às ações com valor nominal será feita separadamente, sendo a reserva resultante capitalizada em benefício dessas ações: "Se a companhia tiver ações com e sem valor nominal, a correção do capital correspondente às ações com valor nominal será feita separadamente, sendo a reserva resultante capitalizada em benefício dessas ações".

Não se pode olvidar a exceção do inc. II do art. 297, quanto às companhias antigas, existentes já ao tempo da entrada em vigor da Lei nº 6.404, e que adaptaram os estatutos à nova ordem. Dispõe o mencionado inciso II que a capitalização da reserva da correção monetária poderá ser procedida mediante aumento do valor nominal das ações ou emissão de novas ações bonificadas, cabendo à assembleia geral escolher, em cada aumento de capital, o modo a ser adotado.

Esclareça-se que a bonificação equivale à participação dos acionistas na conta da correção monetária. Por meio delas, recebem os acionistas novas ações, ficando autorizada a sua venda através da Bolsa de Valores. Caso não vendidas, farão jus a dividendos prioritários no exercício seguinte.

Procedida a capitalização da correção monetária mediante a emissão de novas ações, ou seja, da constituição de ações bonificadas, nasce o direito ao dividendo também sobre essas novas ações. E sobre esses dividendos incide a correção monetária, tendo como base de cálculo o capital do qual advieram. Nessa dimensão entendeu o STJ:

"Sociedade anônima. Ações preferenciais. Base de cálculo dos dividendos prioritários. Incidência da correção monetária.

A base de cálculo dos dividendos preferenciais, quando estabelecidos sobre o valor nominal daquelas ações, deve ser o capital social anualmente corrigido, de acordo com o art. 5º, parágrafo único, da Lei nº 6.404/76.

A correção monetária do capital social, entre as suas relevantes funções, integra o conjunto de normas adotadas pela lei para proteção da minoria, e não depende de deliberação da assembleia para vigorar, nem está subordinada, para ter eficácia, à decisão dos sócios. Diante do quadro inflacionário que assola a economia do nosso País nas últimas décadas, a ausência da correção monetária no pagamento dos dividendos, além de ensejar enriquecimento ilícito da parte da companhia, é fator de desestímulo à participação dos investidores, dificultando a capitalização da empresa mediante captação de poupança no mercado primário".[1]

"Sociedade anônima. Ações preferenciais nominativas. Dividendos.

1. Procedida a capitalização da reserva mediante emissão de novas ações, os dividendos devem ser calculados, também, sobre as ações bonificadas, atualizados monetariamente, desde o encerramento de cada exercício social objeto do pedido.

2. Incidência de juros de mora desde a citação, nos termos do art. 1.062 do Código Civil de 1916, até a data da entrada em vigor do Código Civil de 2002, aplicando-se a partir daí o art. 406 deste Diploma".[2]

No voto do Min. Carlos Alberto Menezes Direito, que se reporta a uma posição sua manifestada no Recurso Especial nº 95.377/RJ (*DJU* de 25.02.1998), é caracterizada a capitalização da correção monetária: "Quer me parecer, com o maior respeito aos que entendem em sentido contrário, que a capitalização pela emissão de novas ações bonificadas é o meio de incorporar a correção monetária para os possuidores das ações preferenciais, dispensando-se, para evitar uma dupla correção, o que ocorreria, neste caso, o aumento do valor nominal das ações. Os acionistas preferenciais receberam novas ações, em quantidade proporcionais à capitalização da reserva (art. 297, II), não lhes sendo devido, em consequência, o aumento do valor nominal para efeito de pagamento dos dividendos. A ser de outra forma, estar-se-ia admitindo a adoção dos dois modos ao mesmo tempo (emissão de novas ações e aumento do valora nominal das ações), quando a lei ensejou uma opção, a ser feita pela assembleia geral.

A escolha da emissão de novas ações, porém, impõe que seja feito o pagamento dos dividendos sobre todas as ações possuídas, isto é, incluídas as decorrentes da bonificação".

Igualmente o Tribunal de Justiça de São Paulo impôs a base do cálculo sobre o capital corrigido: "Os dividendos que, devidos aos titulares de ações preferenciais, correspondam a percentual do capital societário, devem ser calculados e pagos sobre o capital já corrigido pela capitalização, na assembleia geral ordinária, da correção monetária como reserva de capital até essa data".[3]

A matéria já restou mais extensamente examinada no Capítulo XI, nº 7.

b) Aumento nos limites do capital autorizado

Trata-se do aumento do capital diante da autorização que consta no estatuto, sem que se faça a reforma estatutária. Não se dispensa, porém, a autorização da assembleia geral ou do Conselho de Administração. A regulamentação é encontrada no art. 168, nos seguintes termos: "O estatuto pode conter autorização para aumento do capital social independentemente de reforma estatutária".

---

[1] REsp. nº 95.377-RJ, *DJU* de 25.02.1998.
[2] REsp. nº 138.509-MG, da 3ª Turma do STJ, j. em 02.06.2005, *DJU* de 26.09.2005.
[3] Ap. Cív. nº 045.180-4/4-00, do TJ de São Paulo, j. em 13.10.1998.

No estatuto aparece indicado, antecipadamente, o capital a ser realizado através de aumentos periódicos, sem a condição da alteração contratual, bastando a mera deliberação da assembleia geral ou da autorização do Conselho de Administração.

A autorização, constante do estatuto, especificará os requisitos para o aumento, e que são os seguintes, trazidos pelo § 1º do mesmo art. 168 da Lei nº 6.404/1976:

a) o limite de aumento, em valor do capital ou em número de ações, e as espécies e classes das ações que poderão ser emitidas;

b) o órgão competente para deliberar sobre as emissões, que poderá ser a Assembleia Geral ou o Conselho de Administração;

c) as condições a que estiverem sujeitas as emissões;

d) os casos ou as condições em que os acionistas terão direito de preferência para subscrição, ou de inexistência desse direito (art. 172).

Os casos e condições a que se refere o item *d* são os do art. 172, e consistem na emissão sem direito de preferência para os antigos acionistas, ou com redução do prazo de trinta dias de decadência para manifestar o interesse, quanto a ações e debêntures conversíveis em ações, ou bônus de subscrição, com a colocação no mercado mediante a venda na Bolsa de Valores ou permuta por ações em oferta pública.

O § 2º autoriza que o limite de autorização do aumento, quando fixado em valor do capital social, seja, mediante deliberação da assembleia geral, anualmente atualizado com base nos mesmos índices adotados na correção do capital social.

Admite o § 3º que conste do estatuto, dentro dos limites do capital autorizado e de acordo com plano aprovado em assembleia geral, permissão para a outorga de opção de compra de ações aos administradores e empregados da companhia, a pessoas prestadoras de serviços e à sociedade sob seu controle.

Essa outorga de compra, que se dá pelo preço de emissão das ações, sempre gratuita e dentro dos limites constantes nos estatutos, destina-se exclusivamente aos administradores, empregados e prestadores autônomos de serviços.

Procura essa forma de aumento de capital o entrosamento de administradores, empregados e autônomos, objetivando o progresso da sociedade, proporciona a obtenção de um lucro efetivo, dada a aquisição de ações por um preço inferior, já que se efetiva conforme o valor de emissão.

c) Aumento pela capitalização de lucros e reservas

Sabe-se que a sociedade possui, de modo geral, lucros, e tem poderes para instituir reservas. Faculta-se que incorpore em seu capital os lucros e reservas, ou que proceda a sua capitalização, acarretando o aumento de seu capital.

De duas maneiras se opera a incorporação ou capitalização: ou através da alteração do valor nominal das ações, ou mediante a distribuição de novas ações, o que importa na sua prévia criação.

A forma deste tipo de aumento encontra-se no art. 169: "O aumento mediante capitalização de lucros ou de reservas importará alteração do valor nominal das ações ou distribuição das ações novas, correspondentes ao aumento, entre acionistas, na proporção do número de ações que possuírem".

498 • Direito de Empresa | *Arnaldo Rizzardo*

Dá-se a opção de compra aos acionistas já existentes, na proporção do número das ações de que são titulares. Havendo um aumento de trinta por cento do capital, a opção concedida para a compra ficará condicionada ao percentual da titularidade representada sobre o capital da sociedade.

Vários os regramentos que aparecem nos parágrafos.

Assim, nas companhias com ações sem valor nominal, a capitalização dos lucros ou das reservas poderá ser efetivada sem modificação do número de ações, acrescendo o valor do preço das ações de conformidade com a cotação do mercado (§ 1º).

As ações distribuídas em decorrência da capitalização dos lucros e das reservas se estenderão, salvo cláusula em contrário dos instrumentos que as tenham constituído, ao usufruto, ao fideicomisso, à inalienabilidade e à incomunicabilidade, que porventura gravarem as ações de que elas forem derivadas (§ 2º).

Por último, as ações que não puderem ser distribuídas por inteiro a cada acionista serão vendidas em bolsa, dividindo-se o produto da venda, proporcionalmente, pelos titulares das frações; antes da venda, a companhia fixará prazo, não inferior a trinta dias, durante o qual os acionistas poderão transferir as frações de ação (§ 3º).

d) Aumento pela subscrição de novas ações

Há o aumento do capital pela subscrição pública ou particular de novas ações que são emitidas pela sociedade, o que se autoriza se realizado, no mínimo, três quartos do capital social. Explicita mais Tullio Ascarelli: "O caso, antes de mais nada, visado pela lei é o do aumento de capital realizado por meio da passagem para o patrimônio da sociedade de bens ou dinheiro: há, nesta hipótese, uma subscrição do aumento em virtude do qual novos valores passam para o patrimônio social".[4]

A faculdade está prevista no art. 170: "Depois de realizados três quartos, no mínimo, do capital social, a companhia pode aumentá-lo mediante a subscrição pública ou particular de ações".

A sociedade necessita urgentemente de mais capital, situação que a leva a operar um novo lote de ações, com o aumento do capital.

O preço de emissão das ações é fixado considerando a perspectiva de rentabilidade da companhia, o valor do patrimônio líquido e a cotação das ações na bolsa ou no mercado, tudo conforme o § 1º, com a redação da Lei nº 9.457: "O preço de emissão deverá ser fixado, sem diluição injustificada da participação dos antigos acionistas, ainda que tenham direito de preferência para subscrevê-las, tendo em vista, alternativa ou conjuntamente:

I – a perspectiva de rentabilidade da companhia;

II – o valor do patrimônio líquido da ação;

III – a cotação de suas ações em Bolsa de Valores ou no mercado de balcão organizado, admitido ágio ou deságio em função das condições do mercado".

Seguindo-se o critério indicado, a lei pretende, consoante decidiu o Supremo Tribunal Federal, "evitar que, estabelecido preço inferior ao determinado por esses elementos, se prejudiquem os antigos acionistas em favor dos novos que subscrevem as ações emiti-

---

[4] *Problemas das Sociedades Anônimas e Direito Comparado*, ob. cit., p. 619.

Cap. XXXIII | Modificação do capital social das sociedades anônimas • **499**

das... Tratando-se de sociedade fechada, não cotadas as ações no mercado, e, da mesma forma, prejudicada ... a perspectiva de rentabilidade da empresa, remanesce como critério de fixação do preço de emissão o valor do patrimônio líquido".[5]

No dizer de Fran Martins, "a lei, na realidade, não determina um critério, mas apenas indica elementos que devem ser levados em consideração ao ser fixado o preço das novas ações. Desses elementos, sem dúvida, tem importância primordial o valor patrimonial das ações, que é o que elas representam para os acionistas existentes antes do aumento do capital. Assim, se as ações novas forem lançadas por preço inferior àquele valor patrimonial, os acionistas que não subscreverem o aumento serão, naturalmente, prejudicados com o ingresso na companhia de pessoas que adquirirão ações por preço inferior ao seu valor real".[6]

O preço de emissão se faz sem diluição injustificada da participação dos antigos acionistas, consoante ordena o texto do § 1º do art. 170, o que significa, na explicação de Glaston Mamede, sem ágio no preço de emissão, porquanto, "emitindo-se as ações com ágio, implica um cerceamento do direito de preferência dos atuais acionistas, que teriam que desembolsar valores a maior para manter suas posições sociais. O grande risco, a toda evidência, é o abuso do poder econômico; imagine-se uma companhia na qual 10% das ações ordinárias sejam titularizadas pelos trabalhadores; havendo deliberação de aumento de capital com emissão de ações cujo preço seja 100% superior ao valor contábil (reitero, o resultado da divisão do capital social pelo número de ações), estar-se-ia, na prática, impedindo o exercício do direito de preferência e, assim, reduzindo a importância de sua participação no capital social. Justamente por isso, exige-se que o preço atenda às balizas listadas no art. 170, § 1º, da Lei nº 6.404/76".[7]

O caminho mais correto e real é estabelecer o preço de mercado das ações, em se tratando de sociedade de capital aberto.

A fixação do preço de emissão das ações que são colocadas no mercado compete à assembleia geral. Concede-se-lhe a prerrogativa de delegar essa função ao Conselho de Administração (§ 2º do art. 170).

Efetuando-se a subscrição em bens, providencia-se na prévia avaliação por peritos ou empresa especializada. Transfere-se a propriedade através de certidão do registro da constituição da sociedade, no qual ingressou o patrimônio para a formação de seu capital, com a identificação precisa do bem (§ 3º).

À companhia se permite o recebimento direto das entradas e das prestações, com a dispensa do depósito em instituição financeira (§ 4º), o que se autoriza porque a sociedade já se encontra formada, com personalidade jurídica e capacidade para ser titular das importâncias, que serão incorporadas desde logo à sua contabilidade.

Na subscrição pública das ações, seguem-se as mesmas normas prescritas para a constituição da sociedade, com o prévio registro na Comissão de Valores Mobiliários, através de pedido instruído com o estudo da viabilidade econômica e financeira do empreendimento, e o prospecto organizado e assinado pelos administradores e pela instituição intermediária; já na subscrição particular, é obedecido o caminho estabelecido pela assembleia geral ou

---

[5]   Recurso Extraordinário nº 113.192, da 1ª Turma do STF, j. em 18.03.1988, *in Revista Trimestral de Jurisprudência*, 126/372.

[6]   *Comentários à Lei das Sociedades Anônimas*, Rio de Janeiro, Editora Forense, 1978, vol. II, p. 489.

[7]   *Direito Societário – Sociedades Simples e Empresárias*, ob. cit., vol. 2, pp. 442-443.

pelo Conselho de Administração, devendo o estatuto dispor a respeito. Na omissão do estatuto, a assembleia traçará as normas (§§ 5° e 6°).

Na proposta de aumento, já virá exposto o critério adotado, com a fixação do preço, e sempre em vista os objetivos dos incisos do § 1°, acima transcrito (§ 7°). Deve ficar justificado suficientemente o critério econômico que levou à escolha da proposta, não se podendo olvidar, também, o interesse dos acionistas minoritários, e com mecanismos de evitar o abuso do direito de voto e do poder econômico.

Para o aumento pela subscrição de novas ações, duas são as assembleias gerais, explicando-as Osmar Brina Corrêa-Lima, que se inspira em João Eunápio Borges:

> "A primeira assembleia geral extraordinária, aprovando a proposta da administração, autorizará esta a tomar as providências necessárias para o aumento do capital social, determinando a forma de sua subscrição – pública ou particular –, a percentagem da entrada inicial, o modo de realização do restante, o prazo para os acionistas exercerem o direito de preferência à subscrição das novas ações, as condições de admissão de estranhos às ações não tomadas pelos acionistas (sobras) etc. A rigor, não será necessária a publicação da ata dessa primeira assembleia geral...
>
> ... Uma vez terminada a subscrição do capital e pagas as entradas iniciais, a administração convocará outra vez a assembleia geral dos acionistas, que, verificando a regularidade da subscrição e o cumprimento de todas as formalidades legais relativas ao aumento de capital, votará a reforma do artigo dos estatutos a ele relativo. Será sempre obrigatória a publicação da ata dessa Segunda assembleia geral".[8]

4. PREFERÊNCIAS NA SUBSCRIÇÃO NO AUMENTO DE CAPITAL

Reconhece-se a preferência na subscrição do capital sempre em proporção ao número de ações que o sócio tem na sociedade, nos termos do art. 171: "Na proporção do número de ações que possuírem, os acionistas terão preferência para a subscrição do aumento de capital".

Aos antigos acionistas se oferece a preferência na subscrição, no que pondera Otávio Vieira Barbi: "É condição do aumento de capital com subscrição de novos valores mobiliários permitir aos antigos acionistas que preservem o percentual de sua participação. Em função disso, gozam os acionistas de preferência na aquisição, direito essencial que lhes confere a Lei n° 6.404/1976, em seus arts. 109, IV e 171".[9]

Assim, o percentual de ações que o sócio tiver na sociedade servirá para fixar o percentual que se lhe permite subscrever no montante do aumento do capital.

Complica-se a equação da matéria no caso de diversas as espécies ou classes de ações que possui a sociedade, e se também diversas as espécies ou classes do capital que será acrescido. A diretriz para a repartição está no § 1°, dominando o princípio da proporcionalidade, pelo qual se assegura o direito de subscrever uma quantidade de ações em igual percentagem daquela que é o sócio titular, na mesma classe ou espécie. Com isso, assegura-se a posição acionária quantitativa que o sócio possuía anteriormente ao aumento do capital social.

---

[8] *Sociedade Anônima*, ob. cit., p. 412.
[9] "Pode a sociedade limitada ter capital autorizado?", trabalho citado, p. 259.

Cap. XXXIII | Modificação do capital social das sociedades anônimas • 501

Eis as normas a serem obedecidas:

a) no caso de aumento, na mesma proporção, do número de ações de todas as espécies e classes existentes, cada acionista exercerá o direito de preferência sobre ações idênticas às de que for possuidor;

b) se as ações emitidas forem de espécies e classes existentes, mas importarem alteração das respectivas proporções no capital social, a preferência será exercida sobre ações de espécies e classes idênticas às de que forem possuidores os acionistas, somente se estendendo às demais se aquelas forem insuficientes para lhes assegurar, no capital aumentado, a mesma proporção que tinham no capital antes do aumento;

c) se houver emissão de ações de espécie ou classe diversa das existentes, cada acionista exercerá a preferência, na proporção do número de ações que possuir, sobre ações de todas as espécies e classes do aumento.

Uma série de regras cuida em particular o direito de preferência na subscrição de ações.

São disciplinados casos especiais de aumento. Assim no aumento mediante a capitalização de crédito ou a subscrição em bens. Na hipótese, o § 2º do art. 171 assegura o direito de preferência aos acionistas, efetuando-se a entrega das importâncias pelos mesmos pagas ao titular do crédito ou do bem objeto da incorporação: "No aumento mediante a capitalização de créditos ou subscrição em bens, será sempre assegurado aos acionistas o direito de preferência e, se for o caso, as importâncias por eles pagas serão entregues ao titular do crédito a ser capitalizado ou do bem a ser incorporado".

O § 3º cuida da preferência na subscrição de debêntures, bônus de subscrição e partes beneficiárias conversíveis em ações. Aos acionistas concede-se a preferência para a subscrição. Todavia, na conversão desses títulos em ações não haverá a preferência: "Os acionistas terão direito de preferência para subscrição das emissões de debêntures conversíveis em ações, bônus de subscrição e partes beneficiárias conversíveis em ações emitidas para alienação onerosa; mas na conversão desses títulos em ações, ou na outorga e no exercício de opção de compra de ações, não haverá direito de preferência".

É fixado pelo § 4º o prazo de decadência não inferior a trinta dias para o exercício de preferência em qualquer situação, que se conta do momento do aviso publicado oportunizando a subscrição: "O estatuto ou a assembleia geral fixará o prazo de decadência, não inferior a 30 (trinta) dias, para o exercício do direito de preferência".

Providencia-se a publicação, em três vezes, no órgão oficial do Estado e em jornal de grande circulação.

A ata da mera proposta de aumento do capital não obriga o arquivamento e a publicação, em vista do art. 135, § 1º, da Lei nº 6.404. Já a ata da aprovação da subscrição e que homologa a formalização do aumento importa em arquivamento e publicação, posto que a matéria envolve alteração ou reforma estatutária.

Se instituído o usufruto ou o fideicomisso de ações, para a subscrição é mantida a preferência dos titulares. Se eles não exercerem o direito até dez antes de vencer o prazo, a mesma preferência para a subscrição transfere-se para os usufrutuários ou fideicomissários, conforme texto do § 5º: "No usufruto e no fideicomisso, o direito de preferência, quando não exercido pelo acionista até 10 (dez) dias antes do vencimento do prazo, poderá sê-lo pelo usufrutuário ou fideicomissário".

É permitida a cessão do direito de preferência pelo § 6º, que dependerá, nas sociedades fechadas, de ausência, no estatuto, de cláusula proibitiva. Na eventualidade de constar a proibição, a consequência limita-se ao oferecimento para os demais acionistas, a fim de que manifestem a preferência, no prazo que se fixar. Não se impede a cessão do direito, porquanto de natureza disponível.

Torna-se comum a cessão nas hipóteses de não pretender o acionista a subscrição, seja por simples desinteresse, seja por falta de recursos.

Nas sociedades abertas, efetuando-se a emissão mediante subscrição particular, deve ficar disciplinada a sobra dos valores mobiliários que não forem subscritos. Nessa regulamentação, constarão as seguintes alternativas, nos termos das alíneas do § 7º:

a) mandar vendê-las em Bolsa, em benefício da companhia; ou

b) rateá-las, na proporção dos valores subscritos, entre os acionistas que tiverem pedido, no boletim ou lista de subscrição, reserva de sobras; nesse caso, a condição constará dos boletins e listas de subscrição e o saldo não rateado será vendido em Bolsa, nos termos da alínea anterior.

O mesmo procedimento da alínea *b* acima se segue nas sociedades fechadas, por ordem do § 8º. Havendo saldo, a terceiros é facultada a subscrição, obedecendo-se as regras contidas no estatuto ou emanadas da assembleia geral.

Nas sociedades abertas, o estatuto que autorizar o aumento do capital por meio da emissão de ações pode afastar o direito de preferência para os antigos acionistas, ou reduzir o prazo do § 4º do art. 171, não inferior a trinta dias, para exercer o direito, em relação às ações e debêntures conversíveis em ações, ou aos bônus de subscrição, cuja colocação seja feita mediante:

I – venda em Bolsa de Valores ou subscrição pública; ou

II – permuta por ações, em oferta pública de aquisição de controle, nos termos dos arts. 257 e 263.

Os arts. 257 e 263 cuidam respectivamente da oferta pública para aquisição de controle de companhia aberta feita através de instituição financeira que garanta o cumprimento das obrigações assumidas pelo ofertante, e do controle da Comissão de Valores Mobiliários, a quem se comete a expedição de normas de disciplina da negociação das ações.

Em vista do parágrafo único do art. 172, ao estatuto da companhia, ainda que fechada, se dá poderes para excluir o direito de preferência no caso de subscrição de ações emitidas para investimentos com favores fiscais. Ou seja, na emissão de ações para criar fundos visando investimentos em áreas favorecidas por incentivos fiscais é permitida a exclusão de preferência. Todos os acionistas estão, pois, habilitados a adquirir as ações, cujos rendimentos ficam, *v. g.*, isentos de imposto de renda.

5. MODELO DE EDITAL DE CONVOCAÇÃO DOS ACIONISTAS PARA AUMENTO DE CAPITAL

O edital segue o mesmo modelo para outras finalidades, como para a apreciação e aprovação do laudo de avaliação, mudando somente a ordem do dia.

6. MODELO DE AVISO PARA A SUBSCRIÇÃO DE AÇÕES

7. MODELO DE EDITAL DE CONVOCAÇÃO PARA AUMENTO DE AÇÕES PREFERENCIAIS

Em vista do aumento de capital com a subscrição de ações preferenciais, de acordo com os incisos I e II do art. 137 da Lei nº 6.404/1976 – referentes à criação de ações ou aumento de classes de ações preferenciais, sem guardar proporção com as demais classes de ações preferenciais; e à alteração nas preferências, vantagens e condições de resgate ou amortização de uma ou mais classes de ações preferenciais, ou criação de uma nova classe mais favorecida, é colocada mais uma exigência pelo § 1º do mesmo art. 136: a eficácia da deliberação que resolve tais matérias depende de confirmação ou ratificação em nova assembleia a ser realizada no prazo improrrogável de um ano, por titulares de mais da metade de cada classe de ações preferenciais que restaram prejudicadas em face da criação, aumento ou alteração de classes de ações ou classe de ações preferenciais. A votação se faz em assembleia especial convocada pelos administradores, observadas as regras próprias para tanto, como publicação de anúncios com a mesma antecedência na convocação fixada para a realização da assembleia extraordinária.

Leva-se a efeito, pois, a convocação por assembleia, através de edital com o modelo anexo.

8. REDUÇÃO DO CAPITAL SOCIAL

Não fica afastada a eventualidade de redução do capital da sociedade, máxime na verificação de perdas, ou na constatação de excessivo o seu montante, situação esta contemplada pelo art. 173: "A assembleia geral poderá deliberar a redução do capital social se houver perda, até o montante dos prejuízos acumulados, ou se julgá-lo excessivo".

Pela regra, em vista das perdas ou prejuízos, aferíveis em dados constantes da demonstração de lucros e prejuízos, e não havendo capacidade de cobertura por meio dos

504 • Direito de Empresa | *Arnaldo Rizzardo*

lucros ou reservas, a solução que se visualiza está na alienação de parte do capital, cujos resultados servirão para o adimplemento de obrigações. Leva-se a efeito uma adequação do capital da empresa, de modo a exprimir o verdadeiro estado da sociedade.

Mesmo que considerado excessivo o capital, com altos custos para a conservação, e não fazendo falta para o desempenho das funções da sociedade, faculta-se a redução do capital, com a venda de parte do patrimônio.

Se partir a proposta de redução dos administradores, obrigatoriamente virá acompanhada de parecer do conselho fiscal (§ 1º do art. 173). Segundo Roberto Barcellos de Magalhães, leva-se em conta sempre a demonstração de lucros e prejuízos, servindo de base à aferição da necessidade da redução do capital os elementos concernentes:

"a) ao saldo do início do período, os ajustes de exercícios anteriores e a correção monetária do saldo inicial;

b) as reversões de reservas e os lucros líquidos do exercício;

c) as transferências para reservas, os dividendos, a parcela dos lucros incorporada ao capital e o saldo ao fim do período".[10]

Da redução decorre necessariamente a diminuição do capital. Havendo a sua alienação para cobrir perdas, é reduzido proporcionalmente o valor das ações. Todos os acionistas são atingidos, alterando-se o valor de suas ações, e impondo a substituição por outras. Na venda para reduzir o patrimônio porque excessivo, distribuem-se os resultados advindos aos sócios, ou permite-se a diminuição do valor não integralizado. Enquanto não levada a termo a substituição, ficam suspensos os direitos correspondentes às ações. É o que se infere do § 2º: "A partir da deliberação da redução ficarão suspensos os direitos correspondentes às ações cujos certificados tenham sido emitidos, até que sejam apresentados à companhia para a substituição".

Não é permitida a restituição da parcela advinda da redução aos acionistas cujas ações ainda se encontram não integralizadas. Parece óbvio que ficará a parte da obrigação pendente compensada proporcionalmente com o *quantum* da restituição. O desrespeito a essa regra importa em solidariedade dos sócios pelas obrigações ainda pendentes, no equivalente ao valor indevidamente percebido.

9. PRESERVAÇÃO DOS DIREITOS DOS CREDORES NA REDUÇÃO DO CAPITAL

Procuram o art. 174 e seus parágrafos, outrossim, preservar os direitos dos credores.

Exceto a redução nos casos de reembolso das ações, em que a sociedade paga aos acionistas dissidentes das deliberações o valor das respectivas ações, e de reembolso ao acionista remisso da parte que sobra após cobrar-se a sociedade de seu crédito, a redução do capital, com a restituição de parte do valor aos acionistas, se dá somente depois de sessenta dias da publicação da ata da assembleia que deliberou a redução. Assim, a restituição aos acionistas da parte do valor das ações, ou a diminuição do valor que estas tinham, não se opera de imediato.

---

[10] *A Nova Lei das Sociedades por Ações Comentada*, ob. cit., vol. II, p. 792.

Quanto à diminuição, também ocorre na falta de integralização do valor das ações, ficando o respectivo valor reduzido ao montante da entrada.

Isso para viabilizar aos credores quirografários por títulos formados anteriormente à data da publicação da ata da redução a notificação dirigida à sociedade de sua oposição à medida, com a devida ciência no registro da sociedade.

Não assiste esse direito de oposição, além das hipóteses de redução para reembolso de acionista dissidente e de pagamento das sobras a credor remisso, se a redução se faz para compensar perdas ou prejuízos da sociedade, ou para que as ações correspondam à entrada dada pelos acionistas que não pagaram o preço restante. Nessas situações, é uma imposição a redução.

Se não exercerem essa faculdade de oposição no prazo estabelecido, há a decadência do direito, nada mais podendo ser reclamado.

Somente depois de decorrido o prazo acima de sessenta dias providencia-se no arquivamento da ata de redução do capital, desde que não manifestada alguma oposição. Se algum credor se opôs à alteração do capital, o arquivamento dependerá da prova do pagamento do crédito reclamado, ou de seu depósito judicial, ou de decisão judicial declarando não ser devido. A respeito, a Instrução Normativa DREI nº 38/2017, no item 3.2.9.2 do Anexo III, reedita as condições para o arquivamento: ata da assembleia que aprovar a redução de Capital Social, com a restituição aos acionistas de parte do valor das ações ou pela diminuição do valor destas, quando não integralizadas, à importância das entradas, somente poderá ser arquivada se:

"a) decorrido o prazo de 60 (sessenta) dias de sua publicação, inexistir notificação à Junta Comercial por parte de credores quirografários contra a pretendida redução; e, se manifestada essa oposição, comprovado o pagamento do crédito ou feito o seu depósito em juízo;

b) instruído o processo com as folhas do Diário Oficial (DO) e do jornal de grande circulação que publicaram a ata da assembleia".

Considerando que o capital deve refletir exatamente a situação econômica corrente da empresa, é aceita a redução do capital até o zeramento, para, em momento posterior, serem emitidas novas ações, com o que se aportará capital para o saneamento. É própria a medida para o saneamento, consoante a seguinte decisão do Tribunal de Justiça de São Paulo:

"Sociedade Anônima – Capital Social – Saneamento – Redução a zero, seguida de subscrição para sua recomposição – Operação não vedada por lei, embora não expressamente autorizada – Ação improcedente – Recurso não provido.

Como bem anotou o ilustre parecerista Doutor Luiz Gastão Paes de Barros Leães que, com simplicidade e autoridade bem situou o problema 'a eliminação da participação social, por força de perda integral de capital, é um risco permanente que todo sócio corre. Cumpre ainda sublinhar que na hipótese de perda total do capital social, mais cedo, menos cedo, o acionista inexoravelmente perderia sua condição de sócio, se não pelo cancelamento das ações, por certo pela dissolução e liquidação da sociedade. (...)

Justamente, porque o *déficit* existente do balanço do demandado superava o valor patrimonial deste, obrigatória providência de saneamento como procedida, inclusive com zeramento do capital social com correlato aumento deste mediante aporte de capital novo, subscrição esta efetuada na proporção do anterior capital'" (AC nº 134.937-SP, da 3ª Câmara Cível, Rel. Des. Toledo Cesar, *RJTJ-ESP* 133/140).[11]

Tendo a companhia emitido debêntures, a redução do capital dependerá da aprovação da maioria dos debenturistas, reunidos em assembleia especial. É o que revela o § 3º do art. 174: "Se houver em circulação debêntures emitidas pela companhia, a redução do capital, nos casos previstos neste artigo, não poderá ser efetivada sem prévia aprovação pela maioria dos debenturistas, reunidos em assembleia geral".

Essa mesma regra aconselha-se aplicar no tocante às ações preferenciais sem direito a voto. Serão os titulares chamados a se manifestar, efetuando-se a redução caso obtido o consentimento pela maioria dos sócios presentes.

Nos casos de retirada dos sócios porque dissidentes ou remissos, entretanto, consoante já observado, inadmissível exigir a concordância dos credores, sendo inútil a oposição.

---

[11] Rogério Araújo, em Incorporação de sociedade com patrimônio líquido negativo. Disponível em: <http://www.migalhas.com.br/dePeso/16,MI5539,81042-Incorporacao+de+sociedade+com+patrimonio+liquido+negativo>.

XXXIV
Exercício social e demonstrações financeiras nas sociedades anônimas

1. EXERCÍCIO SOCIAL

O exercício social corresponde ao período de tempo da vida da sociedade demarcado para a verificação do resultado econômico e financeiro de sua atividade. Representa o espaço de tempo estabelecido para a finalidade de conferir os resultados da empresa, apontando os lucros e as perdas. Esse levantamento tem como propósito dar conhecimento aos acionistas e a terceiros da situação patrimonial e financeira da empresa, permitindo o controle gerencial. Destinam-se, também, a par de outras demonstrações, a atender as exigências da legislação tributária.

Convencionou-se estabelecer esse período em doze meses, conforme previsão do art. 175: "O exercício social terá duração de 1 (um) ano e a data do término será fixada no estatuto".

Assim, a cada ano se faz o levantamento patrimonial da sociedade, o que equivale a apontar contabilmente os resultados econômicos verificados durante o exercício social.

Esse período não pode ir além de um ano, exceto nas situações excepcionais de constituição e alteração da sociedade, quando se somam a parte do período no qual o ato ocorreu e o período seguinte, perfazendo o lapso temporal de um ano e de certo número de meses, conforme o mês da ocorrência da constituição ou da alteração, em consonância com o parágrafo único do art. 175: "Na constituição da companhia e nos casos de alteração estatutária o exercício social poderá ter duração diversa".

Demarca-se o exercício social de acordo com o ano civil, que inicia em 1º de janeiro e termina em 31 de dezembro. Todavia, não se cuida de uma imposição obrigatória. Ao estatuto se faculta fixar ao período épocas diferentes, com início em qualquer mês e término no mês que completar um ano.

Durante o lapso do exercício fiscal fazem-se a apuração e o cálculo dos resultados econômicos, dos lucros, das perdas, das obrigações fiscais, em especial a que envolve o recolhimento do imposto de renda.

Nada impede que se efetue o levantamento ou balanço em períodos menores, como de três em três meses, ou semestralmente.

2. DEMONSTRAÇÕES FINANCEIRAS E SUA ESCRITURAÇÃO

A denominação "demonstrações financeiras", que, na verdade, corresponde às demonstrações contábeis, incluindo o balanço patrimonial, que é um de seus componentes, significa o levantamento do patrimônio, e a demonstração dos lucros ou prejuízos acumulados, dos resultados positivos ou negativos, dos fluxos de caixa, que se verificarem durante o exercício social, o que envolve, na prática, a contabilidade da empresa em um período delimitado. Ao final de cada exercício social, providencia a sociedade nas demonstrações financeiras tomando por base a escrituração mercantil.

Tendo em vista o dever de informar da sociedade e de seus administradores, vêm discriminadas normas minuciosas sobre as demonstrações financeiras abrangendo cada exercício social, que, em realidade, são a representação do balanço patrimonial, da conta de lucros e perdas acumulados, acompanhada da demonstração das causas e origens dos recursos e de sua aplicação, com os resultados advindos. Mais precisamente, o art. 176 encerra o conteúdo que terão as demonstrações financeiras: "Ao fim de cada exercício social, a diretoria fará elaborar, com base na escrituração mercantil da companhia, as seguintes demonstrações financeiras, que deverão exprimir com clareza a situação do patrimônio da companhia e as mutações ocorridas no exercício:

I – balanço patrimonial;

II – demonstração dos lucros ou prejuízos acumulados ou, se companhia aberta, por exigência da CVM, demonstração das mutações do patrimônio líquido (§ 2º do art. 186 da Lei nº 6.404);

III – demonstração do resultado do exercício; e

IV – demonstração dos fluxos de caixa (redação dada pela Lei nº 11.638, de 2007); e

V – se companhia aberta, demonstração do valor adicionado (Incluído pela Lei nº 11.638, de 2007)".

Várias regras de ordem prática seguem nos parágrafos.

A primeira providência será a publicação das demonstrações, juntamente com o relatório dos administradores, para que os sócios e terceiros interessados tomem conhecimento das mesmas.

No passo seguinte, apresentam-se as demonstrações à assembleia geral, convocada através de publicação na imprensa oficial e particular da localidade da sede (art. 289), e inclusive na localidade da negociação dos valores mobiliários se o ordenar a Comissão de Valores Mobiliários (art. 289, § 1º), fazendo-se a publicação em três vezes (art. 124). Não se pode alterar ou mudar de jornal, a menos que venha precedida a publicação em outro jornal de aviso aos acionistas no extrato da ata da assembleia geral ordinária (§ 2º do art. 289).

Nas sociedades abertas, oportuniza-se a disponibilização das publicações em rede mundial de computadores (§ 7º do art. 289).

Devem as demonstrações retratar a clara situação econômico-financeira da sociedade, com a finalidade de informar os próprios órgãos da sociedade, dos acionistas, dos credores e dos interessados.

Cap. XXXIV | Exercício social e demonstrações financeiras nas sociedades anônimas • **509**

Publicam-se as demonstrações de cada exercício, com as indicações correspondentes das demonstrações do exercício anterior (§ 1º).

A fim de facilitar a redação e a compreensão, faculta-se que as contas semelhantes sejam agrupadas e os saldos agregados, com a indicação da natureza, desde que não ultrapassem os montantes a um décimo do valor do respectivo grupo de contas, vedando-se as designações genéricas, como 'diversas contas' ou 'contas correntes' (§ 2º).

Registram-se nas demonstrações as destinações dos lucros de conformidade com a proposta dos órgãos de administração, pressupondo-se que houve aprovação da assembleia geral (§ 3º).

Observa-se, a teor do § 7º do art. 176, trazido pela Lei nº 11.941/2009, que a Comissão de Valores Mobiliários poderá, a seu critério, disciplinar de forma diversa o registro de que trata o § 3º acima.

A fim de alcançarem o objetivo de retratar a fiel situação financeira da sociedade, as demonstrações virão acompanhas de notas explicativas e outros quadros analíticos ou demonstrações contábeis necessárias para retratar e esclarecer a situação patrimonial e os resultados do exercício (§ 4º).

Para tanto, as notas explicativas devem (§ 5°):

I – apresentar informações sobre a base de preparação das demonstrações financeiras e das práticas contábeis específicas selecionadas e aplicadas para negócios e eventos significativos; (Incluído pela Lei nº 11.941/2009)

II – divulgar as informações exigidas pelas práticas contábeis adotadas no Brasil que não estejam apresentadas em nenhuma outra parte das demonstrações financeiras (Incluído pela Lei nº 11.941/2009);

III – fornecer informações adicionais não indicadas nas próprias demonstrações financeiras e consideradas necessárias para uma apresentação adequada (Incluído pela Lei nº 11.941/2009); e

IV – indicar (Incluído pela Lei nº 11.941/2009):

a) os principais critérios de avaliação dos elementos patrimoniais, especialmente estoques, dos cálculos de depreciação, amortização e exaustão, de constituição de provisões para encargos ou riscos, e dos ajustes para atender a perdas prováveis na realização de elementos do ativo (Incluído pela Lei nº 11.941/2009);

b) os investimentos em outras sociedades, quando relevantes (art. 247, parágrafo único) (Incluído pela Lei nº 11.941/2009);

c) o aumento de valor de elementos do ativo resultante de novas avaliações (art. 182, § 3º) (Incluído pela Lei nº 11.941/2009);

d) os ônus reais constituídos sobre elementos do ativo, as garantias prestadas a terceiros e outras responsabilidades eventuais ou contingentes (Incluído pela Lei nº 11.941/2009);

e) a taxa de juros, as datas de vencimento e as garantias das obrigações a longo prazo (Incluído pela Lei nº 11.941/2009);

f) o número, espécies e classes das ações do capital social (Incluído pela Medida Provisória n° 449, de 2008);

510 • Direito de Empresa | *Arnaldo Rizzardo*

g) as opções de compra de ações outorgadas e exercidas no exercício (Incluído pela Lei nº 11.941/2009);

h) os ajustes de exercícios anteriores (art. 186, § 1º) (Incluído pela Lei nº 11.941/2009); e

i) os eventos subsequentes à data de encerramento do exercício que tenham, ou possam vir a ter, efeito relevante sobre a situação financeira e os resultados futuros da companhia (Incluído pela Lei nº 11.941/2009).

Quanto aos investimentos relevantes, assim consideram-se os feitos em sociedade coligada ou controlada, com o valor contábil superior a dez por cento do valor do patrimônio líquido da companhia; ou o feito no conjunto das sociedades coligadas e controladas, se o valor contábil é igual ou superior a quinze por cento do valor do patrimônio líquido da companhia (parágrafo único do art. 247).

O art. 247, parágrafo único, mencionado na alínea *b*, diz respeito aos investimentos relevantes nas sociedades coligadas ou controladas. O *caput* do art. 247, na alteração da Lei nº 11.941/2009, impõe que as notas explicativas contenham informações precisas sobre os investimentos nas sociedades a que se refere o art. 248 (coligadas ou controladas e outras sociedades que façam parte de um mesmo grupo ou estejam sob controle comum), bem como sobre as relações dos investidores com a companhia, indicando:

I – a denominação da sociedade, seu capital e patrimônio líquido;

II – o número, espécies e classes das ações ou quotas de propriedade da companhia, e o preço de mercado das ações, se houver;

III – o lucro líquido do exercício;

IV – os créditos e obrigações entre a companhia e as sociedades coligadas e controladas;

V – o montante das receitas e despesas em operações entre a companhia e as sociedades coligadas e controladas.

Já o art. 182, § 3º, a que se reporta a alínea *c*, refere-se aos ajustes da avaliação patrimonial: "Serão classificadas como ajustes de avaliação patrimonial, enquanto não computadas no resultado do exercício em obediência ao regime de competência, as contrapartidas de aumentos ou diminuições de valor atribuídos a elementos do ativo e do passivo, em decorrência da sua avaliação a valor justo, nos casos previstos nesta Lei ou, em normas expedidas pela Comissão de Valores Mobiliários, com base na competência conferida pelo § 3º do art. 177" (redação dada pela Lei nº 11.941/2009).

O art. 186, § 1º, citado na alínea *h* do inc. IV do § 5º, disciplinados ajustes de exercícios anteriores.

No tocante às sociedades fechadas, com patrimônio líquido na data do balanço não superior a dois milhões de reais, dispensam-se a apresentação e publicação dos fluxos de caixa, que constam no inc. IV do art. 176 (§ 6º do art. 176, em redação da Lei nº 11.941/2009), perdurando a obrigatoriedade das demais exigências.

Algumas regras são ditadas pelo art. 177 e seus parágrafos, em redação da Lei nº 11.941/2009, e da Lei nº 11.638, de 2007, sobre a forma de escrituração das demonstrações. Observam-se, além da Lei nº 6.404, a legislação comercial, a tributária, as normas expedidas pela Comissão de Valores Mobiliários (no pertinente às sociedades abertas) e

Cap. XXXIV | Exercício social e demonstrações financeiras nas sociedades anônimas • **511**

os princípios de contabilidade geralmente aceitos. Na verdade, são despiciendas as disposições, posto ser natural, como em qualquer atividade, que se lavrem os lançamentos de toda a vida econômica, patrimonial e social seguindo critérios da ciência contábil e cumprindo normas especiais da legislação.

Havendo mudança de critério de escrituração, fazem-se as necessárias observações, com a explicação em notas.

Todos os fatos de importância econômica, patrimonial e social que acontecerem na empresa, como compras, vendas, movimentações de valores, depósitos, operações bancárias, contratações e desligamentos de empregados, entram na escrituração, sempre destacadamente em ativo e passivo, de modo a se alcançar uma visão objetiva da realidade ou do estado da companhia, como, aliás, acontece em qualquer sociedade.

Para a ilustração, transcrevem-se as disposições do art. 177 e parágrafos, com as modificações da Lei nº 11.638/2007, e da Lei nº 11.941/2009:

"A escrituração da companhia será mantida em registros permanentes, com obediência aos preceitos da legislação comercial e desta Lei e aos princípios de contabilidade geralmente aceitos, devendo observar métodos ou critérios contábeis uniformes no tempo e registrar as mutações patrimoniais segundo o regime de competência.

§ 1º As demonstrações financeiras do exercício em que houver modificação de métodos ou critérios contábeis, de efeitos relevantes, deverão indicá-la em nota e ressaltar esses efeitos.

§ 2º A companhia observará exclusivamente em livros ou registros auxiliares, sem qualquer modificação da escrituração mercantil e das demonstrações reguladas nesta Lei, as disposições da lei tributária, ou de legislação especial sobre a atividade que constitui seu objeto, que prescrevam, conduzam ou incentivem a utilização de métodos ou critérios contábeis diferentes ou determinem registros, lançamentos ou ajustes ou a elaboração de outras demonstrações financeiras.

§ 3º As demonstrações financeiras das companhias abertas observarão, ainda, as normas expedidas pela Comissão de Valores Mobiliários e serão obrigatoriamente submetidas a auditoria por auditores independentes nela registrados.

§ 4º As demonstrações financeiras serão assinadas pelos administradores e por contabilistas legalmente habilitados.

§ 5º As normas expedidas pela Comissão de Valores Mobiliários a que se refere o § 3º deste artigo deverão ser elaboradas em consonância com os padrões internacionais de contabilidade adotados nos principais mercados de valores mobiliários.

§ 6º As companhias fechadas poderão optar por observar as normas sobre demonstrações financeiras expedidas pela Comissão de Valores Mobiliários para as companhias abertas".

As demonstrações financeiras serão assinadas pelos administradores, se existirem, ou pelos diretores, e pelos contabilistas legalmente habilitados.

Cumpre lembrar as participações financeiras consolidadas, próprias da sociedade aberta com mais de trinta por cento do valor de seu patrimônio líquido representado por investimentos em sociedades controladas. Para essas demonstrações, serão excluídos vários itens constantes do art. 250, desta maneira relacionados:

I – as participações de uma sociedade em outra;

II – os saldos de quaisquer contas entre as sociedades;

512 • Direito de Empresa | *Arnaldo Rizzardo*

III – as parcelas dos resultados do exercício, dos lucros ou prejuízos acumulados e do custo de estoques ou do ativo não circulante que corresponderem a resultados, ainda não realizados, de negócios entre as sociedades (redação da Lei nº 11.941/2009).

De observar que, diante da redação dada ao § 2º do art. 177 da Lei nº 6.404/76, pela Lei nº 11.638/2007, as disposições da lei tributária ou de legislação especial sobre atividade que constitui o objeto da companhia que conduzam à utilização de métodos ou critérios contábeis diferentes ou à elaboração de outras demonstrações não elidem a obrigação de elaborar, para todos os fins da Lei das Sociedades por Ações, demonstrações financeiras em consonância com o disposto no *caput* do artigo citado. Tais disposições da lei tributária ou de legislação especial deverão ser alternativamente observadas pelo contabilista mediante registro:

1 – em livros auxiliares, sem modificação da escrituração mercantil; ou

2 – no caso da elaboração das demonstrações para fins tributários, na escrituração mercantil, desde que sejam efetuados em seguida lançamentos contábeis adicionais que assegurem a preparação e a divulgação de demonstrações financeiras com observância da Lei das S.A., devendo essas demonstrações ser auditadas por auditor independente registrado na Comissão de Valores Mobiliários.

Passa-se ao estudo dos diversos componentes das demonstrações.

2.1. Balanço patrimonial

Traz o balanço a demonstração do ativo e do passivo da companhia. O balanço constitui o levantamento, de forma contábil, do estado do patrimônio da sociedade, ou a representação gráfica da situação do patrimônio em momentos fixados, com os lucros e prejuízos brutos e o líquido verificados no exercício social. É a sua finalidade fornecer o ativo, o passivo da sociedade, chegando ao patrimônio líquido, ou o valor monetariamente apreciável da massa dos bens e das obrigações da sociedade, a cada exercício social, ou em períodos menores, conforme constar do estatuto ou ordenar a assembleia geral. Nessa função, o ativo e o passivo são descritos à vista da gestão do exercício, decorrendo daí os lucros distribuíveis.

Procura esse balanço demonstrar o ativo e o passivo, como refere Fábio Ulhoa Coelho: "Diz-se que procura retratar porque, segundo reconhece a contabilidade, há uma inevitável margem de subjetividade na definição de algumas contas e da classificação adequada de certos valores. Isso se deve não somente às divergências próprias entre os profissionais da área, no tocante à melhor solução para as diversas questões relacionadas com o tema, mas, fundamentalmente, às limitações próprias da capacidade humana. O balanço patrimonial, portanto, embora correto sob o ponto de vista técnico, é sempre aproximativo, fornecendo apenas relativamente o retrato da situação da empresa".[1]

O balanço deve integrar as demonstrações financeiras, por exigência do inc. I do art. 176 da Lei nº 6.404, vindo a ser um dos seus principais elementos.

---

[1] *Manual de Direito Comercial*, ob. cit., p. 193.

Visa a lei disciplinar a sua apresentação, dando uma disposição de modo a facilitar a compreensão e a se ter uma visão clara da real situação da companhia, em obediência ao art. 178: "No balanço, as contas serão classificadas segundo os elementos do patrimônio que registrem, e agrupadas de modo a facilitar o conhecimento e a análise da situação financeira da companhia".

Nesse intuito, fornecem-se orientações para o balanço do ativo e do passivo.

Quanto ao ativo, dita o § 1º: "No ativo, as contas serão dispostas em ordem decrescente de grau ou liquidez dos elementos nelas registrados, nos seguintes grupos:

I – ativo circulante;

II – ativo não circulante, composto por ativo realizável a longo prazo, investimentos, imobilizado e intangível" (Incluídos pela Lei nº 11.941/2009).

Já em relação ao passivo, eis a discriminação na apresentação, cristalizada no § 2º: "No passivo, as contas serão classificadas nos seguintes grupos:

I – passivo circulante;

II – passivo não circulante; e

III – patrimônio líquido, dividido em capital social, reservas de capital, ajustes de avaliação patrimonial, reservas de lucros, ações em tesouraria e prejuízos acumulados" (Incluídos pela Lei nº 11.941/2009).

2.1.1. *Regras especiais para a escrituração do balanço patrimonial*

Aparecem normas dispondo sobre a classificação das rubricas do ativo e do passivo das contas.

Os saldos devedores e credores que a companhia não tiver direito de compensar serão classificados separadamente, conforme o § 3º do art. 178.

Quanto ao ativo (art. 179), especificam-se as classes:

"I – no ativo circulante: as disponibilidades, os direitos realizáveis no curso do exercício social subsequente e as aplicações de recursos em despesas do exercício seguinte;

II – no ativo realizável a longo prazo: os direitos realizáveis após o término do exercício seguinte, assim como os derivados de vendas, adiantamentos ou empréstimos a sociedades coligadas ou controladas (artigo 243), diretores, acionistas ou participantes no lucro da companhia, que não constituírem negócios usuais na exploração do objeto da companhia;

III – em investimentos: as participações permanentes em outras sociedades e os direitos de qualquer natureza, não classificáveis no ativo circulante, e que não se destinem à manutenção da atividade da companhia ou da empresa;

IV – no ativo imobilizado: os direitos que tenham por objeto bens corpóreos destinados à manutenção das atividades da companhia ou da empresa ou exercidos com essa finalidade, inclusive os decorrentes de operações que transfi-

514 • Direito de Empresa | *Arnaldo Rizzardo*

ram à companhia os benefícios, riscos e controle desses bens (Redação dada pela Lei n° 11.638, de 2007);

V – (Revogado pela Lei n° 11.941/2009);

VI – no intangível: os direitos que tenham por objeto bens incorpóreos destinados à manutenção da companhia ou exercidos com essa finalidade, inclusive o fundo de comércio adquirido" (Incluído pela Lei n° 11.638, de 2007).

No pertinente ao passivo (art. 180, em texto da Lei n° 11.941/2009) "as obrigações da companhia, inclusive financiamentos para aquisição de direitos do ativo não circulante, serão classificadas no passivo circulante, quando se vencerem no exercício seguinte, e no passivo não circulante, se tiverem vencimento em prazo maior, observado o disposto no parágrafo único do art. 179".

Importante salientar o patrimônio líquido (art. 182 e parágrafos), que constará do balanço, com a discriminação do montante subscrito, deduzida a parcela ainda não realizada. Corresponde ao encontro entre o ativo e o passivo. Considera-se a companhia deficitária quando o ativo se revelar menor que o passivo. É tida com *superávit* quando o ativo for maior que o passivo, havendo, então, uma sobra patrimonial.

Na primeira figura, o resultado é *positivo*; na segunda, será *negativo*.

Sintetiza Modesto Carvalhosa: "Assim, conceitua-se o patrimônio líquido como a diferença, no balanço patrimonial, entre o valor dos ativos e dos passivos e resultados de exercícios futuros. Esse o valor contábil que, dividido pelo número de ações em circulação, será o fator de definição ou de composição do valor econômico da emissão".[2]

Do patrimônio líquido se faz a dedução da parcela ainda não realizada. Não ingressam vários outros itens, para fins de distribuição: o capital social, as reservas de capital, as reservas de reavaliação, as reservas de lucros e os lucros e prejuízos acumulados.

De acordo com os §§ 1° e 2° do art. 182, com as alterações da Lei n° 11.638, de 2007, ingressam no item 'reserva de capital':

a) a contribuição do subscritor de ações que ultrapassar o valor nominal e a parte do preço de emissão das ações sem valor nominal que ultrapassar a importância destinada à formação do capital social, inclusive nos casos de conversão em ações de debêntures ou partes beneficiárias;

b) o produto da alienação de partes beneficiárias e bônus de subscrição.

c) resultado da correção monetária do capital realizado, enquanto não capitalizado.

Há também o destaque para os ajustes de avaliação patrimonial, que englobam, enquanto não computadas no resultado do exercício em obediência ao regime de competência, as contrapartidas de aumentos ou diminuições de valor atribuídos a elementos do ativo e do passivo, em decorrência da sua avaliação a valor justo, nos casos previstos nesta Lei ou, em normas expedidas pela Comissão de Valores Mobiliários, com base na competência conferida pelo § 3° do art. 177 (§ 3° do art. 182, na redação da Lei n° 11.941/2009).

Incluem-se as reservas de lucros, nela se incluindo as contas constituídas pela apropriação de lucros da companhia.

---

[2] *Comentários à Lei de Sociedades Anônimas*, Editora Saraiva, 1997, 5° vol., p. 294.

Cap. XXXIV | Exercício social e demonstrações financeiras nas sociedades anônimas • 515

Destacam-se no balanço as ações em tesouraria como dedução de conta do patrimônio líquido que registrar a origem dos recursos aplicados na sua aquisição.

O mesmo autor explica como se faz o cálculo do patrimônio líquido: "O cálculo do patrimônio líquido faz-se da seguinte forma: o total do 'ativo' (menos o 'pendente'), menos o total do 'exigível', e, ainda, menos a diferença entre o 'pendente passivo' e o 'pendente ativo'.

Assim, por exemplo, em milhões:

Total do 'ativo' (menos o 'pendente') 300

Menos: total do 'exigível'.. 150

Menos: diferença entre 'pendente passivo' 600 e 'pendente ativo' 500 100

Patrimônio líquido ('positivo') ....50".[3]

2.1.2. Critérios de avaliação do ativo e do passivo no balanço

Estabelecem-se critérios para a avaliação do ativo e do passivo.

Quanto ao ativo (art. 183, em redação da Lei n° 11.638/2007, e da Lei n° 11.941/2009), a avaliação abrange:

I – as aplicações em instrumentos financeiros, inclusive derivativos, e em direitos e títulos de créditos, classificados no ativo circulante ou no realizável a longo prazo:

a) pelo seu valor justo, quando se tratar de aplicações destinadas à negociação ou disponíveis para venda; e

b) pelo valor de custo de aquisição ou valor de emissão, atualizado conforme disposições legais ou contratuais, ajustado ao valor provável de realização, quando este for inferior, no caso das demais aplicações e os direitos e títulos de crédito;

II – os direitos que tiverem por objeto mercadorias e produtos do comércio da companhia, assim como matérias-primas, produtos em fabricação e bens em almoxarifado, pelo custo de aquisição ou produção, deduzido de provisão para ajustá-lo ao valor de mercado, quando este for inferior;

III – os investimentos em participação no capital social de outras sociedades, ressalvado o disposto nos artigos 248 a 250, pelo custo de aquisição, deduzido de provisão para perdas prováveis na realização do seu valor, quando essa perda estiver comprovada como permanente, e que não será modificado em razão do recebimento, sem custo para a companhia, de ações ou quotas bonificadas;

IV – os demais investimentos, pelo custo de aquisição, deduzido de provisão para atender às perdas prováveis na realização do seu valor, ou para redução do custo de aquisição ao valor de mercado, quando este for inferior;

---

3   *Comentários à Lei de Sociedades Anônimas*, ob. cit., edição de 1997, 5° vol., p. 294.

516 • Direito de Empresa | *Arnaldo Rizzardo*

V – os direitos classificados no imobilizado, pelo custo de aquisição, deduzido do saldo da respectiva conta de depreciação, amortização ou exaustão;

VI – revogado pela Lei n° 11.941/2009.

VII – os direitos classificados no intangível, pelo custo incorrido na aquisição deduzido do saldo da respectiva conta de amortização;

VIII – os elementos do ativo decorrentes de operações de longo prazo serão ajustados a valor presente, sendo os demais ajustados quando houver efeito relevante.

Em relação ao inciso I, como instrumentos financeiros podem ser considerados os valores mobiliários (ações, debêntures), bem como os derivativos – instrumentos financeiros cujo valor deriva ou depende do preço ou desempenho de mercado de determinado bem básico, taxa de referência ou índice. Integram o mercado de derivativos os mercados futuros, a termo, de opções e de *swaps*, pois têm seus preços derivados do mercado à vista. Já os direitos e títulos de crédito a que se refere o inciso I são as contas a receber representadas por duplicatas, notas promissórias ou títulos similares.

No intangível, na previsão do inc. VII, devem ser classificados os direitos que tenham por objeto bens incorpóreos destinados à manutenção da companhia ou exercidos com essa finalidade, inclusive o fundo de comércio adquirido.

Sobre os direitos indicados no inc. I, que ainda persistem na redação atual, expôs Modesto Carvalhosa: "Os direitos da companhia que, numa determinada fase do ciclo operacional, ainda não foram substituídos por dinheiro, isto é, ainda não foram realizados, devem ser computados no balanço pelo valor de realização. De fato, não teria sentido manter no ativo um crédito por um valor superior ao que se sabe que será cobrado (realizado)".[4]

Na avaliação, ter-se-á em conta sempre o custo de aquisição, de produção, ou valor de mercado, de acordo com os parágrafos do art. 183, em redação e inclusões que vieram da Lei n° 11.638/2007, e da Lei n° 11.941/2009.

Fixam-se critérios para definir o valor justo, considerando-se:

a) das matérias-primas e dos bens em almoxarifado, o preço pelo qual possam ser repostos, mediante compra no mercado;

b) dos bens ou direitos destinados á venda, o preço líquido de realização mediante venda no mercado, deduzidos os impostos e demais despesas necessárias para a venda, e a margem de lucro;

c) dos investimentos, o valor líquido pelo qual possam ser alienados a terceiros.

d) dos instrumentos financeiros, o valor que pode se obter em um mercado ativo, decorrente de transação não compulsória realizada entre partes independentes; e, na ausência de um mercado ativo para um determinado instrumento financeiro:

1) o valor que se pode obter em um mercado ativo com a negociação de outro instrumento financeiro de natureza, prazo e risco similares;

2) o valor presente líquido dos fluxos de caixa futuros para instrumentos financeiros de natureza, prazo e risco similares; ou

3) o valor obtido por meio de modelos matemático-estatísticos de precificação de instrumentos financeiros (inclusão da Lei n° 11.638/2007).

---

[4] *Comentários à Lei de Sociedades Anônimas*, ob. cit., 1997, vol. 3, p. 621.

Na avaliação dos elementos dos ativos imobilizado e intangível, abstraem-se:

a) depreciação, quando corresponder à perda do valor dos direitos que têm por objeto bens físicos sujeitos a desgaste ou perda de utilidade por uso, ação da natureza ou obsolescência;

b) amortização, quando corresponder à perda do valor do capital aplicado na aquisição de direitos da propriedade industrial ou comercial e quaisquer outros com existência ou exercício de duração limitada, ou cujo objeto sejam bens de utilização por prazo legal ou contratualmente limitado;

c) exaustão, quando corresponder à perda do valor, decorrente da sua exploração, de direitos cujo objeto sejam recursos minerais ou florestais, ou bens aplicados nessa exploração.

Cabe à companhia efetuar, periodicamente, análise sobre a recuperação dos valores registrados no imobilizado e no intangível, a fim de que sejam:

I – registradas as perdas de valor do capital aplicado quando houver decisão de interromper os empreendimentos ou atividades a que se destinavam ou quando comprovado que não poderão produzir resultados suficientes para recuperação desse valor; ou

II – revisados e ajustados os critérios utilizados para determinação da vida útil econômica estimada e para cálculo da depreciação, exaustão e amortização.

Os estoques de mercadorias fungíveis destinadas à venda poderão ser avaliados pelo valor de mercado, quando esse for o costume mercantil aceito pela técnica contábil.

A avaliação do passivo (art. 184) se faz tendo em conta os seguintes critérios:

I – as obrigações, encargos e riscos, inclusive o Imposto de Renda, serão computados pelo valor atualizado até a data do balanço;

II – as obrigações em moeda estrangeira, com cláusula de paridade cambial, convertem-se em moeda nacional à taxa vigente na data do balanço;

III – as obrigações, encargos e riscos classificados no passivo não circulante serão ajustados ao seu valor presente, sendo os demais ajustados quando houver efeito relevante (redação dada pela Lei nº 11.941/2009)

A Lei nº 11.941/2009 acrescentou o art. 184-A, relativamente à matéria acima abordada, dando competência à Comissão de Valores Mobiliários para estabelecer, com base na competência conferida pelo § 3º do art. 177, normas especiais de avaliação e contabilização aplicáveis à aquisição de controle, participações societárias ou segmentos de negócios.

2.2. Demonstrações de lucros ou prejuízos acumulados ou mutações do patrimônio líquido

Essas demonstrações servem para revelar as parcelas dos lucros aferidos e não distribuídos aos acionistas, bem como os prejuízos não absorvidos pela receita. De posse desses dados, traça a companhia a política de ação para o futuro.

Assim, faz-se necessária a discriminação dos lucros ou dos prejuízos acumulados, e que se verificarem no exercício.

Para tanto, observam-se as seguintes exigências (art. 186 e parágrafos):

I – colocam-se o saldo do início do período, os ajustes de exercícios anteriores, que decorrem de mudança de critério contábil, ou de retificação de erro imputável a exercícios anteriores, e a correção monetária do saldo inicial;

II – indicam-se as reversões de reservas e o lucro líquido do exercício, isto é, do dinheiro que se encontrava reservado, e que torna a ser disponibilizado, com o que se podem compensar prejuízos ou ampliar lucros;

III – transcrevem-se as transferências para reservas, os dividendos, a parcela de lucros incorporada ao capital e o saldo ao fim do período.

Fazendo-se ajustes de exercícios anteriores, levam-se em conta apenas os decorrentes de efeitos de mudança de critério contábil, ou de retificação de erro imputável a determinado exercício anterior.

Outrossim, a demonstração de lucros ou prejuízos acumulados indicará o montante dos dividendos por ação do capital social. É possível a inclusão na demonstração das mutações do patrimônio líquido da sociedade, desde que elaborada e publicada pela companhia. Sobre esse ponto, Modesto Carvalhosa aduz que a mutação "compreende o movimento, dentro do exercício social, das contas de reservas de lucros, reservas de capital e da conta de capital". Alega que, "inexplicavelmente, a lei exigiu apenas a demonstração de lucros e prejuízos acumulados, deixando a critério da companhia (§ 2º deste art. 186) divulgar ou não a demonstração das mutações do patrimônio líquido".[5]

2.3. Demonstração do resultado do exercício

Conforme Roberto Barcellos de Magalhães, é a demonstração "em que precipuamente se exibem a receita e a despesa relacionadas com as operações de venda e de prestação de serviços".[6] Nesse item, aparece a demonstração do resultado ou desempenho verificado durante o exercício social da companhia, o que se faz com a descrição dos seguintes elementos, indicados no art. 187, e que constituem uma parte das demonstrações financeiras:

I – a receita bruta das vendas e serviços, as deduções das vendas, os abatimentos e os impostos;

II – a receita líquida das vendas e serviços, o custo das mercadorias e serviços vendidos e o lucro bruto;

III – as despesas com as vendas, as despesas financeiras, deduzidas das receitas, as despesas gerais e administrativas, e outras despesas operacionais;

IV – o lucro ou prejuízo operacional, as outras receitas e as outras despesas; (redação dada pela Lei nº 11.941/2009);

---

[5] *Comentários à Lei de Sociedades Anônimas*, ob. cit., São Paulo, Editora Saraiva, 1997, vol. 3, p. 649.

[6] *A Nova Lei das Sociedades por Ações Comentada*, ob. cit., vol. II, p. 844.

Cap. XXXIV | Exercício social e demonstrações financeiras nas sociedades anônimas • 519

V – o resultado do exercício antes do Imposto sobre a Renda e a provisão para o imposto;

VI – as participações de debêntures, empregados, administradores e partes beneficiárias, mesmo na forma de instrumentos financeiros, e de instituições ou fundos de assistência ou previdência de empregados, que não se caracterizem como despesa; (redação dada pela Lei n° 11.941/2009);

VII – o lucro ou prejuízo líquido do exercício e o seu montante por ação do capital social.

Sobre as despesas com as vendas e as financeiras, elucida Roberto Barcellos de Magalhães: "As despesas com as vendas dizem respeito ao desembolso feito para exibir ao público consumidor o objeto do seu comércio. As financeiras prendem-se ao preço das locações, aos juros dos financiamentos, aos impostos, taxas etc.".[7]

Sintetiza Modesto Carvalhosa: "A demonstração de resultado discriminará: as despesas com vendas; as despesas financeiras; as despesas administrativas; outras despesas operacionais. As receitas financeiras serão abatidas das despesas financeiras. Ao exigir a discriminação dos demais grupos de despesas, a lei exigiu que fossem demonstradas, em cada grupo, as despesas segundo a natureza dos gastos, tais como: salários, encargos sociais, juros, fretes e carretos, impostos etc.".[8]

Das demais disciplinas que constam sobre o assunto, ressalta a que manda se computar, para formar o resultado, as receitas e rendimentos ganhos no período, independentemente da sua realização em moeda, e os custos, despesas, encargos e perdas que foram pagos ou incorridos, correspondentes às receitas e aos rendimentos.

Com esses dados, possibilita-se aos acionistas a avaliação dos atos da administração, do desempenho da companhia no último exercício, e do grau de retorno dos investimentos realizados.

2.4. Demonstrações dos fluxos de caixa e do valor adicionado

Necessário que as demonstrações financeiras evidenciem, em item à parte, a demonstração dos fluxos de caixa e outras movimentações, de modo a se ter a completa realidade das atividades econômicas da empresa, como se depreende do art. 188, em redação da Lei n° 11.638/2007. Com essa verificação, podem-se ver os fluxos dos recursos da sociedade, os quais permitem o conhecimento das operações que os realizaram e as respectivas destinações. Ainda oportuna a lição de Modesto Carvalhosa, quando evidencia que as demonstrações buscam evidenciar ou explicar "as modificações na posição financeira da sociedade, mediante análise da origem dos recursos que financiaram o acréscimo do ativo circulante, considerando a posição no encerramento do exercício social em relação ao início. No caso de haver redução de capital circulante, essa demonstração indicará o destino dos recursos".[9]

Realmente, além do exame dos fluxos de caixa, as demonstrações servem para as finalidades acima indicadas.

---

[7] *A Nova Lei das Sociedades por Ações Comentada*, ob. cit., vol. II, p. 844.
[8] *Comentários à Lei de Sociedades Anônimas*, ob. cit., 1997, vol. 3, p. 654.
[9] *Comentários à Lei de Sociedades Anônimas*, ob. cit., 1997, vol. 3, p. 655.

Eis os elementos atualmente previstos nas demonstrações financeiras:

I – demonstração dos fluxos de caixa – as alterações ocorridas, durante o exercício, no saldo de caixa e equivalentes de caixa, segregando-se essas alterações em, no mínimo, 3 (três) fluxos:
   a) das operações;
   b) dos financiamentos; e
   c) dos investimentos;

II – demonstração do valor adicionado – o valor da riqueza gerada pela companhia, a sua distribuição entre os elementos que contribuíram para a geração dessa riqueza, tais como empregados, financiadores, acionistas, governo e outros, bem como a parcela da riqueza não distribuída.

Para as companhias abertas, a Lei nº 11.638/2007 introduziu o inc. V ao art. 176, tornando obrigatória a Demonstração do Valor Adicionado (DVA). As companhias fechadas estão dispensadas de elaborar essa demonstração.

Nos termos dessa mesma lei (art. 188, inc. II, na redação da Lei nº 11.638/2007), a demonstração do valor adicionado deve indicar, no mínimo, o valor da riqueza gerada pela companhia (o que ela agregou à economia em termos de bens e serviços), a sua distribuição entre os elementos que contribuíram para a sua geração, tais como empregados, financiadores, acionistas, governo e outros, bem como a parcela da riqueza não distribuída.

3. MODELO DE DEMONSTRAÇÕES FINANCEIRAS

As demonstrações financeiras, conforme acima visto, compõem-se de vários levantamentos, que se apresentam na assembleia geral ordinária, a qual se realiza após o exercício de cada ano, antecedendo um relatório oferecido pela Diretoria. Assim, seguem modelos de cada ato, contendo os elementos principais.

a) *Relatório da Diretoria do exercício*
b) *Balanço patrimonial do exercício social*
c) *Demonstração do resultado do exercício*
d) *Demonstração das origens dos fluxos de caixa*
e) *Demonstração dos lucros ou prejuízos acumulados, ou das mutações do patrimônio líquido*
f) *Notas explicativas da administração às demonstrações financeiras do período*
g) *Parecer dos auditores independentes*

Oportuno esclarecer, em primeiro lugar, a função dos auditores e seu caráter de desvinculação funcional com a sociedade, o que se colhe do seguinte excerto do voto proferido em um julgamento: "A Resolução do Conselho Federal de Contabilidade de nº 3321/1972, de 14.04.1972, que aprova as normas e procedimentos de auditoria, elaboradas pelo Instituto dos Auditores Independentes do Brasil, depois de afirmar no item I, subitem 2, letra *b*, que 'o auditor deve ser independente em todos os assuntos relativos ao seu trabalho', exclui como auditor independente todo aquele que tiver com a empresa contratada relação de trabalho como empregado, administrador ou colaborador assalariado, ainda que esta relação seja indireta, através de empresas coligadas, afiliadas ou subsidiárias (item II, subitem 4, letra *d*), sendo certo que o sistema contábil e o controle interno são de responsabilidade da empresa (item II, subitem 5).

A função de auditor, portanto, tem como conteúdo instrumental o examinar, pericial ou analiticamente, as demonstrações contábeis a exame e que sirvam para a emissão do parecer técnico. Daí o qualificativo de independente que se lhe dá corresponder à sua desvinculação com a empresa contratante, quer no plano jurídico, afetivo, técnico ou econômico, por outros motivos que não seja a própria atividade atinente à auditoria".[10]

h) Parecer do Conselho Fiscal

i) Parecer do Conselho de Administração

---

[10] Agravo de Instrumento nº 588.006.346, da 1ª Câmara Cível do TJ do RGS, j. em 12.04.1988, *in Revista de Jurisprudência do RGS*, 135/205.

XXXV

Lucros da sociedade anônima

1. ALCANCES DO LUCRO

Numa primeira ideia, o lucro gerado pela sociedade representa o resultado favorável a que se chega depois de deduzidas ou absorvidas todas as despesas, os tributos, o eventual prejuízo acumulado e as participações estatutárias. A finalidade objetiva da empresa é conseguir lucros, que é a vantagem, ou a diferença entre o total faturado e o custo operacional verificado mês a mês, ou no exercício.

Numa visão mais completa, o sentido alcança outra dimensão. A atividade produtiva ou a prestação de serviço dirige-se para a consecução do lucro, que se apresenta como o resultado de uma equação de deduções, a cujas cifras se chega depois de abater a aplicação do capital e outros recursos, e descontar as despesas ou custos no exercício, incluídos os pagamentos aos administradores e diretores.

Costuma-se estabelecer duas espécies de lucros: o final e o do exercício.

O primeiro equivale ao montante que se encontra, para fins de partilha entre os sócios, na liquidação da sociedade, isto é, depois de pago o passivo e restituído o montante que equivale às ações.

O segundo corresponde ao resultado decorrente do balanço contábil das contas no fim do exercício social. A conceituação encontra-se no art. 191 da Lei nº 6.404/1976: "Lucro líquido do exercício é o resultado do exercício que remanescer depois de deduzidas as participações de que trata o art. 190". Essas participações são as participações estatutárias de empregados, administradores e partes beneficiárias. Entretanto, à dedução de tais participações adicionam-se as demais despesas, como as operacionais, as de pessoal, as do custo da matéria-prima.

O art. 189 arrola algumas deduções que se fazem, para chegar ao lucro, que são os prejuízos acumulados e a provisão do imposto de renda: "Do resultado do exercício serão deduzidos, antes de qualquer participação, os prejuízos acumulados e a provisão para o Imposto de Renda".

Obviamente que outras obrigações entram na dedução, como os demais impostos.

O parágrafo único, em atenção aos prejuízos, manda que sejam absorvidos, no final de cada exercício, pelos diversos tipos de lucros e pela reserva legal: "O prejuízo do exercício será obrigatoriamente absorvido pelos lucros acumulados, pelas reservas de lucros e pela reserva legal, nessa ordem".

524 • Direito de Empresa | *Arnaldo Rizzardo*

As participações de empregados, administradores e partes beneficiárias nos lucros serão procedidas unicamente depois de deduzidos os prejuízos e os tributos, nos termos do art. 190: "As participações estatutárias de empregados, administradores e partes beneficiárias serão determinadas, sucessivamente e nessa ordem, com base nos lucros que remanescerem depois de deduzida a participação anteriormente calculada".

Sobre as participações nos lucros incidem o imposto de renda e as contribuições previdenciárias, as quais integram o salário de contribuição, nos termos do § 9º, letra *j*, do art. 28 da Lei nº 8.212/1990, rezando: "Integram o salário de contribuição pelo seu valor total: ... j) a participação nos lucros ou resultados da empresa, quando paga ou creditada de acordo com a lei específica".

Não se concede a participação, pois, antes de feitas as deduções, que não se restringem às constantes no art. 189. Pressupõe-se, outrossim, que a determinação do lucro considere os custos operacionais.

Quanto à participação dos administradores, o pagamento depende da existência de lucro líquido, de lucros acumulados, e de reserva de lucros; já no tocante às partes beneficiárias, subordina-se o pagamento à reserva de capital, a teor do parágrafo único do art. 190 da Lei nº 6.404/1976: "Aplica-se ao pagamento das participações dos administradores e das partes beneficiárias o disposto nos parágrafos do art. 201".

A desobediência a tais condições implica na responsabilidade solidária dos administradores e fiscais, devendo reembolsar a sociedade. Os acionistas favorecidos que agirem de má-fé, que se presume na falta de levantamento do balanço ou se feita em desacordo com os seus resultados, são impelidos à restituição.

Assim, após as deduções acima, isto é, dos prejuízos acumulados, dos tributos, as várias participações citadas, as participações estatutárias dos empregados, dos administradores e das partes beneficiárias, e desde que haja saldo positivo, chega-se ao lucro líquido, conceituado no art. 191, que já restou transcrito acima.

Aos órgãos administrativos da sociedade incumbe, ao final de cada exercício, quando da apresentação das demonstrações financeiras, levadas a termo as deduções acima citadas, propor a destinação do lucro remanescente apurado no exercício, como a distribuição, ou o investimento em bens, ou a aplicação, ou o mero depósito, ou o aumento de reservas já existentes, segundo oportuniza o art. 192: "Juntamente com as demonstrações financeiras do exercício, os órgãos da administração da companhia apresentarão à assembleia geral ordinária, observado o disposto nos arts. 193 a 203 e no estatuto, proposta sobre a destinação a ser dada ao lucro líquido do exercício". Com vistas às propostas, a assembleia determinará as parcelas de lucros que serão distribuídas, as que ficarão apropriadas às reservas de lucros e as que vão integrar os lucros acumulados.

Os arts. 193 a 203 (com várias alterações da Lei nº 10.303/2001 e da Lei nº 11.638/2007) disciplinam as reservas, a retenção de lucros e os dividendos. Ou seja, a destinação propiciada em assembleia tem lugar desde que respeitadas e não atingidas as quantias relativas a tais finalidades.

2. RESERVAS OU RETENÇÃO DE LUCROS E DE CAPITAL

Está prevista na lei das sociedades anônimas a constituição de reservas ou de retenção de parte do lucro, ou de capital, com a finalidade de utilização em caso de necessidade para reposição, ou de contingências, ou de reforço do capital, e para garantia dos credores. Segue Tullio Ascarelli na justificação da necessidade: "À vista dos naturais riscos da atividade comercial e da possibilidade, portanto, de um exercício feliz ser seguido por outro infeliz, de um período de um *boom* ser seguido por outro infeliz, bem como à vista de inversões futuras para o desenvolvimento da sociedade, é natural seja uma parte dos lucros do exercício destinada a constituir reserva".[1]

Adere a reserva ao capital, passando a fortalecê-lo, a pertencer-lhe, e não se integrando às ações. Serve também para dar segurança à participação dos sócios minoritários no recebimento dos dividendos, contrabalançando o poder dos acionistas que detêm a maioria do capital social, já que impede a destinação da totalidade dos lucros para outras finalidades, sem nada ficar reservado para a distribuição entre os sócios.

Não incide o imposto de renda na retenção de reservas: "Hipótese em que o contrato social da recorrente determina expressamente que os lucros apurados ficarão retidos, só podendo ser distribuídos mediante posterior deliberação dos sócios, não se havendo que falar em incidência de imposto de renda".[2]

Acontece que a mera apuração de lucro sem a distribuição não pode constituir-se como fato gerador, porquanto "tal fenômeno não implica qualquer das espécies de disponibilidade versadas no artigo 43 do Código Tributário Nacional, isto diante da Lei nº 6.404/76. Também em relação às empresas por quotas e às empresas individuais, pode-se observar a inconstitucionalidade concreta do dispositivo, desde que os sócios não possuam disponibilidade imediata sobre os lucros".[3]

A mais importante espécie de separação de parcela de lucros chama-se "reserva legal", pois obrigatória, existindo outras para finalidades específicas, como as "estatutárias" (estabelecidas no estatuto), as "contingenciais" (determinadas para atender perdas prováveis), as de "lucro a realizar" (com a finalidade de cobrir a falta de lucro suficiente no pagamento de dividendos), as que aparecem com o nome de "retenção de lucros" (determinada pela assembleia, para eventual necessidade futura); de "reservas de capital o ágio" (as entradas na venda de ações que superar o respectivo valor); e, segundo parece coerente, as "assembleares" (instituídas pela assembleia geral).

Há um limite para as reservas de lucros e outras retenções que os estatutos contemplam ou a assembleia instituiu, com exceção da legal, que tem percentual específico, a qual aparece no art. 193; da reserva destinada para atender contingências; daquela destinada aos incentivos fiscais; e daquela de lucros a realizar: não podem ultrapassar o capital social. Se ultrapassar, deliberará a assembleia geral a destinação para uma das seguintes finalidades: ou para a integralização ou aumento do capital social, ou para a distribuição de dividendos, conforme prevê o art. 199, em texto da Lei nº 11.638, de 2007: "O saldo das reservas de lucros, exceto as para contingências, de incentivos fiscais e de lucros a realizar, não poderá ultrapassar o capital social. Atingindo esse limite, a assembleia deliberará sobre aplicação do excesso na integralização ou no aumento do capital social ou na distribuição de dividendos".

Passa-se a examinar as diferentes reservas de lucros e a retenção de lucros.

a) Reserva legal

A denominação decorre da imposição pela lei, devendo obrigatoriamente ser mantida, visando assegurar a integridade do capital social, ou trazer uma margem de segurança.

---

[1]   *Problemas das Sociedades Anônimas e Direito Comparado*, ob. cit., p. 582.

[2]   REsp. nº 710.351-CE; da 2ª Turma do STJ, j. em 19.04.2005, *DJU* de 13.06.2005.

[3]   Ação Rescisória nº 705-MG, da 1ª Seção do STJ, j. em 27.02.2002, *DJU* de 24.02.2003.

O mínimo fica em cinco por cento do lucro líquido do exercício, e não ultrapassará a vinte por cento desse capital. Está definida no art. 193: "Do lucro líquido do exercício 5% (cinco por cento) serão aplicados, antes de qualquer outra destinação, na constituição da reserva legal, que não excederá de 20% (vinte por cento) do capital social".

Trata-se de reserva para constituir um fundo, o qual, na lição de Roberto Barcellos de Magalhães, "se conceitua como um reforço de capital, ou capital subsidiário, constituído por uma parte dos lucros que a sociedade deixa de distribuir, cumulando-os para assegurar a integridade do capital declarado nos estatutos, assim evitando que as perdas extraordinárias possam atingi-lo".[4]

Atingido o teto fixado, cessa a destinação de lucros para essa finalidade, exceto se visar a cobertura de prejuízos, ou o necessário despendido para uma incorporação que desfalcar o capital.

Efetua-se a separação do lucro na medida prevista, a ser definida pela assembleia geral, qualquer que seja o lucro, não importando o montante. Mantém-se incólume, não se fazendo a distribuição, e servirá para suprir ou amortizar prejuízos verificados em balanços posteriores, ou para aumentar o capital, nos termos do § 2º do art. 193: "A reserva legal tem por fim assegurar a integridade do capital social e somente poderá ser utilizada para compensar prejuízos ou aumentar o capital".

Dispensa-se a separação do lucro para a reserva na situação em que o montante do capital acumulado proveniente de reservas anteriores e acrescido das reservas das fontes arroladas no art. 182, § 1º, ultrapassar a 30% do capital social. As proveniências de contas de acréscimos advêm, além do saldo das reservas legais anteriores, da contribuição do subscritor de ações que ultrapassar o valor nominal e o preço de emissão das ações, do produto da alienação de partes beneficiárias e dos bônus de subscrição, do prêmio recebido na emissão de debêntures, das doações e subvenções para investimento, todas constantes no § 1º do art. 182.

Consta essa dispensa no § 1º do art. 193: "A companhia poderá deixar de constituir a reserva legal no exercício em que o saldo dessa reserva, acrescido do montante das reservas de capital de que trata o § 1º do art. 182, exceder de 30% (trinta por cento) do capital social".

b) Reservas estatutárias

Como o nome indica, são as reservas de lucros estabelecidas no estatuto da companhia, consideradas facultativas, permitidas nos estatutos e ordenado o emprego pela assembleia, mas destinando-se ao atendimento de necessidades específicas da sociedade, ou para formar uma garantia acautelatória dos próprios acionistas.

Não basta a mera deliberação em criar uma reserva. É imperativo que se especifiquem a finalidade, os critérios para a separação do lucro, o montante ou percentual do lucro em cada ano, a forma de seu emprego, os exercícios em que incidirá. Em relação ao montante ou percentual dos lucros, não se pode olvidar da porção que deve restar a fim de atender a distribuição a que todos têm direito a título de dividendo obrigatório. Daí depreende-se que, embora não refira a lei o limite na fixação, corresponderá sempre a uma parcela não exagerada, de modo a não inviabilizar a finalidade última da empresa, que é dar lucros aos sócios. Antes de sua constituição, dos lucros deduzem-se os prejuí-

---

[4] *A Nova Lei das Sociedades por Ações Comentada*, ob. cit., vol. II, p. 867.

zos havidos, a provisão para os tributos, as participações e os fundos para a formação da reserva legal obrigatória.

Originam-se dos resultados positivos do exercício, devendo trazer os seguintes elementos, ordenados pelo art. 194: "O estatuto poderá criar reservas desde que, para cada uma:

I – indique, de modo preciso e completo, a sua finalidade;

II – fixe os critérios para determinar a parcela anual dos lucros líquidos que serão destinados à sua constituição; e

III – estabeleça o limite máximo da reserva".

Quanto à finalidade, aventa-se a destinação para, *v.g.*, recuperação de perdas causadas por aumento de custos, ou cobrir diferenças de tributos cuja alíquota ou base está sendo discutida.

Em relação aos critérios, colocam-se as bases para a retenção, como o alcance de uma cifra específica de lucros, ou se for superado um percentual estabelecido sobre os custos no exercício.

Já no que diz com o limite máximo da reserva, fica definido o montante a que atinge a reserva, ou não podendo ultrapassar certa proporção dos lucros.

Não se pode olvidar o limite constante do art. 198, pelo qual a destinação dos lucros não será aprovada, em cada exercício, em prejuízo da distribuição do dividendo obrigatório, definido no art. 202.

À assembleia geral permite-se a alteração dessas reservas, sob o ponto de vista de Tullio Ascarelli: "Pode a maioria, observadas as normas sobre as modificações do estatuto, modificar o estatuto instituindo reservas estatutárias não previstas no estatuto originário, ou aumentar ou diminuir a porcentagem dos lucros que, conforme o estatuto originário, devia ser destinada à reserva estatutária".[5]

c) Reservas para contingências

Separa-se uma parte dos lucros para atender ou fazer frente à diminuição de lucros que poderão advir no futuro em razão de situações de dificuldades da empresa, como crises econômicas por retraimento do mercado, recessão das vendas, aumento irregular dos preços da matéria-prima, provável pagamento de obrigação que está sendo exigida em uma ação judicial que está em andamento. Aventa-se a possibilidade de uma alta nos custos e encargos, com prejuízo dos lucros. Para não desestimular a empresa, guarda--se parte dos lucros para compensar as situações de anormalidade. Assim, destinam-se a compensar perdas prováveis que a sociedade poderá sofrer no futuro.

A utilização do montante formado se dará no exercício da ocorrência do evento, ou da verificação que não acontecerá.

O art. 195 autoriza a reserva: "A assembleia geral poderá, por proposta dos órgãos da administração, destinar parte do lucro líquido à formação de reserva com a finalidade de compensar, em exercício futuro, a diminuição do lucro decorrente de perda julgada provável, cujo valor possa ser estimado".

Três condições básicas ressaltam, e que são a possível redução do lucro, a sua probabilidade, e o montante destinado. Deve-se encontrar alguma justificação para a reserva,

---

[5] *Problemas das Sociedades Anônimas e Direito Comparado*, ob. cit., p. 586.

a qual não se admite se não evidenciada. Assim, diante do quadro político e econômico, decorrente de uma grave crise no setor da produção, fica previsível a redução de consumo e, portanto, de lucros. Para que os acionistas não sofram demasiadamente o impacto nos lucros é que se fez a reserva, que servirá para compensar as perdas.

A indicação da causa de perdas prováveis é feita à assembleia, que decidirá sobre a retenção de parcela de lucros. A exigência vem contida no § 1º do art. 195: "A proposta dos órgãos da administração deverá indicar a causa da perda prevista e justificar, com as razões de prudência que a recomendem, a constituição da reserva".

Unicamente se cessadas as razões que impuseram a reserva, ou naquele da ocorrência da perda, é procedida a distribuição. Enquanto se mantiver o clima de insegurança, não se parte para a compensação com a reserva, como se colhe do § 2º: "A reserva será revertida no exercício em que deixarem de existir as razões que justificarem a sua constituição ou em que ocorrer a perda".

d) Reservas de lucros a realizar

Constituem-se essas reservas com a retenção de parte de lucros para cobrir o dividendo, o que se dará quando o lucro da empresa for insuficiente para tal finalidade.

Com efeito, o art. 197, modificado pela Lei nº 10.303/2001, estatui: "No exercício em que o montante do dividendo obrigatório, calculado nos termos do estatuto ou do art. 202, ultrapassar a parcela realizada do lucro líquido do exercício, a assembleia geral poderá, por proposta dos órgãos da administração, destinar o excesso à constituição de reserva de lucros a realizar".

Forma-se um fundo para cobrir o montante do dividendo. Retiram-se os valores do lucro a realizar para a formação da reserva.

O § 1º, no texto da Lei nº 10.303/2001, estabelece a forma de constituição das reservas, compreendendo o lucro que ultrapassar o resultado líquido da equivalência patrimonial, e o lucro, ou ganho, ou rendimento em operações com prazo de realização no exercício social seguinte: "Para efeitos deste artigo, considera-se realizada a parcela do lucro líquido do exercício que exceder da soma dos seguintes valores:

I – o resultado líquido positivo da equivalência patrimonial (art. 248); e

II – o lucro, rendimento ou ganho líquidos em operações ou contabilização de ativo e passivo pelo valor de mercado, cujo prazo de realização financeira ocorra após o término do exercício social seguinte" (Redação dada pela Lei nº 11.638/2007).

Com a nova redação vinda com a Lei nº 11.638, passa-se a computar na apuração dos lucros a realizar o lucro, rendimento ou ganho *líquido* (deduzidos prejuízos, gastos ou despesas necessárias). No conceito de lucros a realizar foram incluídos os resultados positivos na contabilização de ativo e passivo de longo prazo pelo valor de mercado. Em todos os casos, continua a prevalecer a regra de realização financeira após o término do exercício social seguinte, o que exclui os resultados positivos líquidos de curto prazo.

José Edwaldo Tavares Borba aponta as seguintes fontes de formação: "Os lucros a realizar correspondem ao saldo credor da conta de correção monetária, mais o aumento de valor de investimentos em sociedades coligadas ou controladas, mais os lucros de vendas a prazo, que supere o término do exercício; se os lucros a realizar excederem o valor total correspondente a todas as demais reservas de lucros (legal, estatutárias, para contingências e de retenção de lucros), pode-se, com o excesso, constituir a presente reserva".[6]

O resultado líquido positivo determina-se com base no balanço, nos termos do art. 204.

O limite do saldo das reservas de lucros está montante do capital social, aplicando-se o eventual excesso na integralização ou no aumento do capital, ou mesmo na distribuição de dividendos.

Utiliza-se a reserva de lucros a realizar somente para o pagamento do dividendo obrigatório, consoante o § 2º do art. 197, em redação da Lei nº 10.303: "A reserva de lucro a realizar somente poderá ser utilizada para pagamento do dividendo obrigatório e, para efeito do inciso III do art. 202, serão considerados como integrantes da reserva os lucros a realizar de cada exercício que forem os primeiros a serem realizados em dinheiro".

Indicam Modesto Carvalhosa e Nilton Latorraca a situação de incidência mais apropriada desta espécie de retenção: "Essa opção é muito importante em algumas atividades, como, por exemplo, empresas imobiliárias que vendem imóveis a prestações. Essas empresas devem apurar o lucro quando vendem a unidade imobiliária; todavia, o lucro assim apurado só deve ficar à disposição dos acionistas quando tiver sido realizado também financeiramente; até então deve ser mantido na conta reserva de lucros a realizar".[7]

e) Retenção de lucros

A retenção de lucros consta no art. 196, que autoriza à assembleia deliberar sobre a retenção de parcela dos lucros para finalidades próprias da companhia, previstas em orçamento, como a execução de projeto de investimento em exercícios futuros: "A assembleia geral poderá, por proposta dos órgãos da administração, deliberar reter parcela do lucro líquido do exercício prevista em orçamento de capital por ela previamente aprovado".

Distingue-se da retenção, conforme ilustra Roberto Barcellos de Magalhães: "As reservas têm em vista, por sua própria conceituação legal, cobrir prejuízos acumulados de um exercício ou de exercícios futuros; a retenção, uma finalidade de aplicação num investimento, como pode ser uma operação de compra de bens, mercadorias ou direitos ou contratação de meios ou serviços valiosos ao desenvolvimento do objetivo comercial ou industrial da empresa".[8]

A retenção não pode prejudicar o pagamento do dividendo obrigatório. Anotam Modesto Carvalhosa e Nilton Latorraca: "Tal como a reserva estatutária, os lucros retidos nos termos deste artigo serão apropriados após a dedução do montante suficiente para pagar o dividendo obrigatório".[9]

Virá a retenção estabelecida em orçamento, abrangendo todas as fontes de recursos e aplicações de capital, nos termos do § 1: "O orçamento, submetido pelos órgãos da administração com a justificativa da retenção de lucros proposta, deverá compreender todas as fontes de recursos e aplicações de capital, fixo ou circulante, e poderá ter a duração de até cinco exercícios, salvo no caso de execução, por prazo maior, de projeto de investimento".

---

[6]   *Direito Societário*, ob. cit., p. 414.

[7]   *Comentários à Lei das Sociedades Anônimas*, 2ª ed., São Paulo, Editora Saraiva, 1988, 3º vol., p. 671.

[8]   *A Nova Lei das Sociedades por Ações Comentada*, ob. cit., vol. II, p. 876.

[9]   *Comentários à Lei das Sociedades Anônimas*, ob. cit., 3º vol., p. 668.

À assembleia geral ordinária é permitida a aprovação do orçamento, mas não se impedindo que o seja pela extraordinária, de acordo com o § 2º, em redação da Lei nº 10.303: "O orçamento poderá ser aprovado pela assembleia geral ordinária que deliberar sobre o balanço do exercício e revisado anualmente, quando tiver duração superior a um exercício social".

Cumpre lembrar o limite constante do art. 198, pelo qual a retenção dos lucros não será aprovada, em cada exercício, de modo a prejudicar a distribuição do dividendo obrigatório, definido no art. 202.

f) Reservas de capital e de reavaliação

Não se tem, na reserva de capital, uma separação do lucro para a utilização em certas atividades.

Fazem parte das reservas de capital o ágio ou parcela equivalente ao montante que for superior ao valor nominal da ação na subscrição de ações, a parte do preço conseguida na emissão das ações sem valor destinada à formação do capital social, as quantias conseguidas na venda de partes beneficiárias e de bônus de subscrição, o prêmio recebido na colocação de debêntures, as doações e subvenções e a correção monetária não capitalizada. A discriminação está nos §§ 1º e 2º art. 182. Encerra o § 1º: "Serão classificadas como reservas de capital as contas que registrarem:

a) a contribuição do subscritor de ações que ultrapassar o valor nominal e a parte do preço de emissão das ações, sem valor nominal, que ultrapassar a importância destinada à formação do capital social, inclusive nos casos de conversão em ações e debêntures ou partes beneficiárias;

b) o produto da alienação de partes beneficiárias e bônus de subscrição;

c) Revogado pela Lei nº 11.638, de 28.12.2007;

d) Revogado pela Lei nº 11.638, de 28.12.2007".

Aduz o § 2º mais um caso de reserva de capital: "Será ainda registrado como reserva de capital o resultado da correção monetária do capital realizado, enquanto não capitalizado".

Já o § 3º do mesmo art. 183, em redação da Lei nº 11.941/2009, tem como ajustes de avaliação patrimonial as contrapartidas de aumento ou diminuição de valor atribuídos a elementos do ativo e do passivo: "Serão classificadas como ajustes de avaliação patrimonial, enquanto não computadas no resultado do exercício em obediência ao regime de competência, as contrapartidas de aumentos ou diminuições de valor atribuídos a elementos do ativo e do passivo, em decorrência da sua avaliação a valor justo, nos casos previstos nesta Lei ou, em normas expedidas pela Comissão de Valores Mobiliários, com base na competência conferida pelo § 3º do art. 177 desta Lei".

Ficou, extinta, pois a reserva de reavaliação, que estava prevista no art. 182, § 3º, da Lei das Sociedades Anônimas, em sua redação original. Por contrariar o princípio do registro pelo valor original, a reserva de reavaliação sempre foi contestada, além de não ser um procedimento aceitável nos principais mercados mundiais. Entre outras impropriedades, ela impossibilitava a comparação de demonstrações contábeis e era utilizada com desvio de finalidade, como compensação de prejuízos, justificativa para aumento de tarifas, complemento de correção monetária de balanço, e instrumento de planejamento tributário.

A contrapartida desses ajustes será registrada numa conta de patrimônio líquido denominada Ajustes de Avaliação Patrimonial, que pode ter saldo devedor (negativo) ou credor (positivo).

O § 4° acrescenta mais como reservas de lucros "as contas constituídas pela apropriação de lucros da companhia".

Há regras sobre a utilização das reservas, que se destinam para as finalidades que estão arroladas no art. 200: "As reservas de capital somente poderão ser utilizadas para:

I – absorção de prejuízos que ultrapassarem os lucros acumulados e as reservas de lucros (art. 189, parágrafo único);

II – resgate, reembolso ou compra de ações;

III – resgate de partes beneficiárias;

IV – incorporação ao capital social;

V – pagamento de dividendo a ações preferenciais, quando essa vantagem lhes for assegurada (art. 17, § 5°)".

O art. 189, parágrafo único, citado no inciso I, cuida justamente da absorção do prejuízo pelos lucros acumulados, pela reserva de lucros e pela reserva legal.

Já o art. 17, § 5°, diz respeito à proibição, salvo no caso de ações com dividendos fixos, de exclusão ou restrição do direito de as ações preferenciais participarem dos aumentos de capital decorrentes da capitalização de reservas ou lucros.

Outrossim, permite-se, com o parágrafo único do art. 200, se formada a reserva com o produto da venda de partes beneficiárias, a sua destinação ao resgate dos títulos arrolados nos incisos do mesmo art. 200.

A reserva de reavaliação está prevista no § 3° do art. 182 com redação dada pela Lei nº 11.941, de 27.05.2009: "Serão classificadas como ajustes de avaliação patrimonial, enquanto não computadas no resultado do exercício em obediência ao regime de competência, as contrapartidas de aumentos ou diminuições de valor atribuídas a elementos do ativo e do passivo, em decorrência da sua avaliação a valor justo, nos casos previstos nesta Lei ou, em normas expedidas pela Comissão de Valores Mobiliários, com base na competência conferida pelo § 3° do art. 177 desta Lei".

g) Reservas assembleares

Cuida-se de reservas criadas pela assembleia geral, não constando em lei nem no estatuto. Não consta uma previsão de reservas sem uma finalidade específica, situação que leva a doutrina a não admitir a criação pela assembleia. Nessa inteligência está Tullio Ascarelli: "Poderá a assembleia, modificando o estatuto, capitalizar os lucros? Ainda esta pergunta merece, parece-me, resposta negativa, caso os lucros em apreço devessem, conforme o estatuto vigente no exercício em que se formaram, ser distribuídos".[10]

No entanto, se a lei indica os casos de destinação de reservas, não importa em exaustão das hipóteses. Desde que não atingido um determinado patamar de lucros que formará o montante destinado aos dividendos, não cabe impedir a liberdade da sociedade para decidir em investimentos ou incursões de seu capital em novos campos, como na formação técnica de um quadro de seus funcionários, ou na assistência social, ou na participação em obras de filantropia, ou mesmo na distribuição de parcela dos lucros aos empregados, ou na criação de um plano de saúde, e, assim, em vários outros setores.

---

[10] *Problemas das Sociedades Anônimas e Direito Comparado*, ob. cit., p. 588.

532 • Direito de Empresa | *Arnaldo Rizzardo*

Não importa a omissão dos estatutos em autorizar esse poder à assembleia geral. A questão se resolve na completa lisura quanto ao atendimento das aplicações em outros campos. Desde que atendidas as destinações ordenadas, fica o lastro para decidir sobre outros direcionamentos de parte dos lucros, que, na verdade, também importam em retorno de resultados positivos à sociedade.

h) Reservas fiscais

Esta reserva veio introduzida pela Lei nº 11.638, de 2007, acrescentando à Lei nº 6.404/1976 o art. 195-A, e destinando-se a cobrir e a garantir o pagamento dos encargos de tributos, especialmente frente a incentivos criados pelo Governo. Poderá ser esta reserva excluída para efeitos do cálculo do dividendo obrigatório. Eis o dispositivo: "A assembleia geral poderá, por proposta dos órgãos de administração, destinar para a reserva de incentivos fiscais a parcela do lucro líquido decorrente de doações ou subvenções governamentais para investimentos, que poderá ser excluída da base de cálculo do dividendo obrigatório (inciso I do *caput* do art. 202 desta Lei)".

As doações e subvenções para investimentos podem, diante da regra acima, integrar o resultado, como receitas. Ficou estabelecido que à assembleia geral se reconhece a faculdade de, por proposta dos órgãos de administração, destinar para a reserva de incentivos fiscais a parcela do lucro líquido decorrente de doações ou subvenções governamentais para investimentos, com o que se possibilita a exclusão da base de cálculo do dividendo obrigatório.

3. DIVIDENDOS

Os dividendos constituem um dos principais institutos das sociedades por ações, correspondendo a uma das vantagens dos acionistas e aos frutos das ações. Compõem a parcela de lucros garantida aos acionistas em geral, sendo um instrumento para impedir que os acionistas majoritários reinvistam na própria companhia todos os lucros da empresa.

Dizem respeito à parcela de lucros que corresponde a cada ação, e que é distribuída aos acionistas através de pagamento em dinheiro. De certa forma, vêm a ser a razão principal que leva à aquisição de ações.

Na visão de Modesto Carvalhosa, constituem "a parte dos lucros líquidos fracionada de maneira uniforme entre todas as ações. Dividendo é a parte dos lucros líquidos fracionada de maneira uniforme entre todas as ações. Dividendo é o lucro distribuído aos acionistas, calculado sobre as parcelas que cada um possui no capital social. Daí ser o dividendo considerado igual ao quociente do lucro distribuído pelo número de ações".[11]

Proveitosa, ainda, a explicação de José Xavier Carvalho de Mendonça: "A realização de lucros é o objetivo da sociedade comercial. Verificando-se no balanço excesso do ativo sobre o passivo, existem lucros. Temos, aí, porém, os lucros brutos. Depois de deduzidas as despesas da administração e as quotas destinadas ao fundo de reserva e outros criados nos estatutos, chega-se aos lucros líquidos.

Dividendo é a parte dos lucros líquidos que se partilha, que se divide (daí a origem da palavra) periodicamente pelos acionistas sobre cada uma das ações de conformidade com o estabelecido nos estatutos".[12]

---

[11] *Comentários à Lei das Sociedades Anônimas*, ob. cit., vol. II, 1998, p. 302.
[12] *Tratado de Direito Comercial Brasileiro*, ob. cit., ed. de 2001, vol. II, t. III, p. 89.

Ao final de cada exercício, o balanço contábil apontará o lucro líquido da sociedade. Em assembleia geral, a administração proporá a destinação, com o destaque da parcela que irá para a distribuição entre os sócios. Essa parcela é que formará o dividendo, para a devida distribuição de conformidade com as ações.

Assim, a vantagem do acionista está na parte do lucro distribuída, condicionando-se à existência de lucro, e sempre em proporção às ações. Mais apropriadamente, advém o lucro repartido do lucro líquido do exercício, dos lucros acumulados e da reserva de lucros. Assim transparece do art. 201 da Lei nº 6.404: "A companhia somente pode pagar dividendo à conta do lucro líquido do exercício, de lucros acumulados e de reserva de lucros; e à conta de reserva de capital, no caso das ações preferenciais de que trata o § 5º do art. 17".

A referência ao § 5º do art. 17 diz respeito ao direito das ações preferenciais de participarem no capital, no caso de reserva de lucros empregada no seu aumento, desde que não desfalcado o dividendo obrigatório.

Há o dividendo fixo e o variável, de conformidade com a previsão em um percentual previamente estabelecido, ou em um montante que dependerá de vários fatores, como do total dos lucros, ou fixação pela assembleia.

Calcula-se o percentual sobre o lucro verificado ou sobre o capital social, dependendo da fórmula que constar do contrato.

A distribuição de dividendos submete-se, pois, à existência de lucro, seja do exercício ou acumulado, de reserva de lucros. A violação à condição importa em responsabilidade dos administradores e dos fiscais, na expressa cominação do § 1º do art. 201: "A distribuição de dividendos com inobservância do disposto neste artigo implica responsabilidade solidária dos administradores e fiscais, que deverão repor à caixa social a importância distribuída, sem prejuízo da ação penal que no caso couber".

Os próprios acionistas beneficiados suportarão a responsabilidade, devendo efetuar a restituição, se procederam de má-fé, que se presume no caso de feita a distribuição sem o levantamento do balanço, ou em desacordo com seus resultados, e, por conseguinte, se estavam cientes da falta de correspondência. É claro o § 2º, sobre o assunto: "Os acionistas não são obrigados a restituir os dividendos que em boa-fé tenham recebido. Presume-se a má-fé quando os dividendos forem distribuídos sem o levantamento do balanço ou em desacordo com os resultados deste". A distribuição irregular traz, portanto, conforme a situação, responsabilidade solidária dos administradores e dos sócios indevida e conscientemente favorecidos.

De aduzir que a ação, para a finalidade de restituição dos lucros ou dividendos recebidos de má-fé, deve ser proposta no prazo de três anos, a contar da data em que se deliberou a distribuição, sob pena de prescrição, conforme previsão do art. 206, § 3º, inc. VI, do Código Civil.

Exceto quanto ao dividendo obrigatório, mostra-se indispensável que venha a deliberação da assembleia a permitir a distribuição, que decidirá em face do balanço ou demonstrações financeiras de cada exercício.

Oportuno distinguir os dividendos dos juros sobre capital próprio. Os primeiros correspondem aos lucros da empresa, e que são divididos entre os titulares de ações, enquanto os segundos tornam-se devidos como remuneração dos lucros que ficaram retidos

534 • Direito de Empresa | *Arnaldo Rizzardo*

na empresa. Essa a distinção que reiteradamente tem feito o STJ, ordenando o pagamento de ambas as espécies:

"Os dividendos decorrem do desempenho financeiro da empresa, ou seja, do lucro apurado pela empresa no período de um ano, remunerando o investidor pelo sucesso do empreendimento social. Os juros sobre capital próprio, por sua vez, têm origem nos lucros apresentados nos anos anteriores e que ficaram retidos na sociedade e tem por finalidade remunerar o investidor pela indisponibilidade do capital aplicado na companhia. Possuem ditas verbas natureza jurídica distinta. Precedentes".[13]

O voto do relator ressalta a distinção:

"Na presente hipótese tem-se que a ora agravante pretende se desonerar, em cumprimento de sentença, do pagamento de indenização no valor referente aos juros sobre o capital próprio. Com efeito, a decisão ora agravada assim dirimiu a controvérsia:

'Por sua vez, no pertinente à alegada vedação de retribuição cumulativa dos denominados dividendos com os juros sobre o capital próprio, o recurso também não merece prosperar. Ressalte-se que este Superior Tribunal de Justiça posicionou-se no sentido de possuírem os dividendos, natureza jurídica diversa daquela conferida aos juros sobre o capital próprio.

Concluiu-se que os dividendos decorrem do desempenho financeiro da empresa, ou seja, do lucro apurado pela empresa no período de um ano que são distribuídos aos seus sócios.

Por sua vez, os juros sobre capital próprio originam-se dos lucros apresentados nos anos anteriores e que ficaram retidos na sociedade, se constituindo em rendimentos de capital incidentes sobre as reservas patrimoniais retidas em anos anteriores pela Sociedade Anônima e que visam remunerar aos acionistas pelo capital investido na sociedade. Nesse sentido, já decidiu esta Corte:

'Recurso Especial. Impugnação ao cumprimento de sentença. Juros sobre capital próprio e dividendos. Natureza distinta. Excesso de execução. Existência. Ofensa ao art. 475-J do CPC. Inexistência. I. Os dividendos decorrem do desempenho financeiro da empresa, ou seja, do lucro apurado pela empresa no período de um ano. Os juros sobre capital próprio, por sua vez, têm origem nos lucros apresentados nos anos anteriores e que ficaram retidos na sociedade. (...) Recurso Especial conhecido em parte e, na parte conhecida, provido (REsp. nº 1.128.787-RS, rel. Ministro Sidnei Beneti, 3ª Turma, j. em 01.10.2009, *DJe* de 16.10.2009) (...)'.

(...) Portanto, como bem delineado na decisão agravada, possuindo os juros sobre o capital próprio natureza diversa daquela atribuída aos dividendos, consoante iterativa jurisprudência desta Corte, a sua retribuição cumulativa não incorre em pagamento em duplicidade". O mencionado art. 475-J do CPC/1973 corresponde ao art. 523 do CPC/2015.

3.1. Dividendo obrigatório

Estabelece a lei a obrigatoriedade na distribuição de parte dos lucros de cada exercício aos acionistas. Trata-se da parcela mínima do lucro a ser distribuído, sendo que se considera a razão de ser do acionista minoritário adquirir ações. Naturalmente, a finalidade que almeja está no recebimento do lucro anual.

Não podem as sociedades simplesmente acumular e capitalizar os lucros, omitindose na distribuição de, no mínimo, parte dos lucros.

---

[13] AgRg no REsp. nº 1.202.693-RS, da 4ª Turma, j. em 14.09.2010, *DJe* de 20.09.2010, rel. Min. Luis Felipe Salomão.

Na lição de Alfredo Lamy Filho e José Luiz Bulhões Pedreira, "verificada a existência de lucros líquidos, com observância das normas legais, os acionistas preferenciais, e os ordinários, em relação, respectivamente, aos dividendos prioritários, têm o direito de exigir da companhia o pagamento dos dividendos, isto é, passam a credores da companhia".[14] Para tanto, o estatuto definirá a parcela. Na omissão, segue-se o critério apresentado, e que consta no art. 202, modificado pela Lei nº 10.303/2001: "Os acionistas têm direito de receber como dividendo obrigatório, em cada exercício, a parcela dos lucros estabelecidos no estatuto ou, se este for omisso, a importância determinada de acordo com as seguintes normas:

I – metade do lucro líquido do exercício diminuído ou acrescido dos seguintes valores:

a) importância destinada à constituição da reserva legal (art. 193); e

b) importância destinada à formação da reserva para contingências (art. 195) e reversão da mesma reserva formada em exercícios anteriores;

II – o pagamento do dividendo determinado nos termos do inciso I poderá ser limitado ao montante do lucro líquido do exercício que tiver sido realizado, desde que a diferença seja registrada como reserva de lucros a realizar (art. 197);

III – os lucros registrados na reserva de lucros a realizar, quando realizados e se não tiverem sido absorvidos dos prejuízos em exercícios subsequentes, deverão ser acrescidos ao primeiro dividendo declarado após a realização".

Tem-se, aí, a imperiosa obrigação de distribuir uma parcela dos resultados positivos e líquidos, não havendo, na lei, qualquer distinção entre espécies ou classes de ações. É destinatário da previsão o acionista em geral.

Na ausência de fixação pelo estatuto, metade do lucro líquido é distribuída a título de dividendo, que resulta após a diminuição da importância destinada à reserva legal e da importância relativa à reserva para contingências.

De acordo com as demais regras, permite-se a limitação do dividendo ao lucro líquido do exercício da realização desde que registrada a diferença como reserva de lucros a realizar. Todavia, os lucros a realizar, se não consumidos pelos prejuízos em exercícios subsequentes, acrescerão ao dividendo, para fins de distribuição.

Na fixação pelo estatuto, faculta-se a utilização como critério a porcentagem do lucro ou do capital social, ou mesmo a criação de outros critérios, se fundados com a devida coerência e não haja arbítrio. É a imposição do § 1º do art. 202: "O estatuto poderá estabelecer o dividendo como porcentagem do lucro ou do capital, ou fixar outros critérios para determiná-lo, desde que sejam regulados com precisão e minúcia e não sujeitem os acionistas minoritários ao arbítrio dos órgãos de administração ou da maioria".

Na omissão do estatuto, vindo a assembleia a introduzir o montante do dividendo, não será o mesmo inferior a vinte e cinco por cento do lucro líquido ajustado, de conformidade com o § 2º: "Quando o estatuto for omisso e a assembleia geral deliberar alterá-lo para introduzir norma sobre a matéria, o dividendo obrigatório não poderá ser inferior a 25% (vinte e cinco por cento) do lucro líquido ajustado nos termos do inciso I deste artigo".

---

[14]   *A Lei das S.A.*, ob. cit., p. 616.

536 • Direito de Empresa | *Arnaldo Rizzardo*

Não se afasta a possibilidade da assembleia geral deliberar pela distribuição de dividendo inferior ao obrigatório, ou pela retenção de todo o lucro líquido, nas seguintes sociedades, constantes do § 3º:

"I – companhias abertas exclusivamente para a captação de recursos por debêntures não conversíveis em ações;

II – companhias fechadas, exceto nas controladas por companhias abertas que não se enquadrem na condição prevista no inciso I".

Há situações de dispensa da distribuição do dividendo, ou de sua não obrigatoriedade se não comportar a situação econômica da sociedade, vindo parecer do conselho fiscal sobre o assunto, tudo de conformidade com o § 4º: "O dividendo previsto neste artigo não será obrigatório no exercício social em que os órgãos da administração informarem à assembleia geral ordinária ser ele incompatível com a situação financeira da companhia. O Conselho Fiscal, se em funcionamento, deverá dar parecer sobre essa informação e, na companhia aberta, seus administradores encaminharão à Comissão de Valores Mobiliários, dento de 5 (cinco) dias da realização da assembleia geral, exposição justificativa da informação transmitida à assembleia".

Pode-se concluir que, sendo insuficiente o montante para atender o dividendo obrigatório, de modo a satisfazer os acionistas, dispensa-se a distribuição, o que não poderá ser diferente. Igualmente se inteiramente absorvido pela prioridade dos acionistas preferenciais.

Aliás, o que é possível, sobretudo nas sociedades fechadas, a assembleia tem autonomia para decidir pela suspensão ou dispensa na distribuição, desde que a aprovação se dê pela unanimidade dos sócios. Nas fechadas, embora difícil alcançar a unanimidade, não se afasta essa faculdade.

Em vista do § 5º, na hipótese de não distribuição dos lucros para o pagamento do dividendo, passam a formar uma reserva especial, ou um fundo para compensações futuras, destinando-se, *v. g.*, para a absorção de prejuízos nos exercícios subsequentes. Não se operando essa destinação, procede-se à sua distribuição como dividendos, tão logo o permitir o estado econômico da companhia.

Na sequência, estabelece o § 6º, que, não dada a destinação dos lucros às finalidades previstas nas várias formas de reservas e de retenção de lucros, distribuem-se eles como dividendos.

3.2. Dividendo prioritário em ações preferenciais e dividendo intermediário

Prioritários são os dividendos com primazia no seu pagamento.

Aos titulares de ações preferenciais assiste prioridade em receber os dividendos fixos ou mínimos, inclusive os atrasados, se cumulativos. Está o direito garantido no art. 203: "O disposto nos arts. 194 a 197, e 202, não prejudicará o direito dos acionistas preferenciais de receber os dividendos fixos ou mínimos a que tenham prioridade, inclusive os atrasados, se cumulativos".

Esclarece-se que os dividendos fixos garantem ao titular de ações o recebimento de um valor determinado e estabelecido em moeda nacional, com a correção monetária, ou incidente em um percentual calculado sobre o capital social ou o preço de emissão. Por sua vez, consideram-se mínimos os dividendos quando não inferiores a um determinado patamar.

A devida correção monetária encontra força nos seguintes arestos, além de outros existentes, além de, se constituir reserva do capital, ingressar para efeito de composição dos dividendos:

"Os dividendos das ações preferenciais não podem ser calculados sem o cômputo da correção monetária do capital social".[15]

"Sociedade anônima. Ações preferenciais. Dividendo. Correção monetária. A base de cálculo do dividendo das ações preferenciais das sociedades anônimas deve incluir a correção monetária do período. Recurso conhecido e provido".[16]

> "1. 'As reservas da conta de correção monetária devem ser consideradas para o efeito de distribuição dos dividendos, mesmo que ainda não tenham sido incorporadas ao capital social' (REsp. nº 118.880-DF).
>
> 2. 'As empresas que se enquadraram na regra de transição do art. 297 da Lei nº 6.404/76 não estão dispensadas de levarem em conta a correção monetária do capital para o efeito do pagamento dos dividendos das ações preferenciais. Precedentes' (REsp. nº 262.771-SP).
>
> 3. Recurso especial conhecido e provido".[17]

"Sociedade Anônima. Ações Preferenciais. Dividendos. Correção Monetária.

As reservas da conta de correção monetária devem ser consideradas para o efeito de distribuição dos dividendos, mesmo que ainda não tenham sido incorporadas ao capital social (REsp. nº 118.880-DF).

Recurso especial não conhecido".[18]

Em suma, as reservas da conta de correção monetária devem ser consideradas para o efeito da distribuição dos dividendos, mesmo que ainda não tenham sido incorporadas ao capital social.

Acompanha a correção monetária na distribuição de dividendos porque correspondem os mesmos aos lucros, que são reservados e depositados em aplicações ou contas remuneradas:

"Ações preferenciais. Distribuição de dividendos. Correção monetária.

Os dividendos das ações preferenciais não podem ser calculados sem o cômputo da correção monetária do capital social, sendo declaratória a decisão da assembleia geral sobre a capitalização da reserva correspondente.

O pagamento dos dividendos dos titulares de ações preferenciais deve considerar, na base de cálculo, a capitalização determinada na mesma assembleia que aprovou a distribuição.

Recurso especial não conhecido".[19]

Recorda-se, outrossim, que o art. 17 da Lei nº 6.404/1976, com o texto da Lei nº 10.303, especifica as vantagens em favor dos titulares de ações preferenciais, que consistem na prioridade de participar na distribuição de dividendo, fixo ou mínimo; na prioridade

---

[15] AgRg *no* Ag. nº 462.205-PB, da 3ª Turma do STJ, j. em 06.02.2003, *DJU* de 31.03.2003.

[16] REsp. nº 255.145-RJ, da 4ª Turma do STJ, j. em 13.03.2001, *DJU* de 30.04.2001.

[17] REsp. nº 275.887-SP, da 4ª Turma do STJ, j. em 26.04.2005, *DJU* de 16.05.2005.

[18] REsp. nº 137.339-SP, da 4ª Turma do STJ, j. em 02.10.2003, *DJU* de 15.12.2003.

[19] REsp. nº 207.707-SP, da 3ª Turma, j. em 14.12.1999, *DJU* de 26.06.2000.

no reembolso do capital, com prêmio ou sem ele; e na acumulação das mencionadas preferência ou vantagens.

O direito não é prejudicado pelo disposto nos arts. 194 a 197, e 202.

Esses artigos preveem os vários tipos de reservas e os dividendos. Assim, o art. 194 cuida das reservas estatutárias; o art. 195 trata das reservas para contingências; o art. 196 versa sobre a retenção de lucros; o art. 197 prevê a reserva de lucros a realizar; e o art. 202 disciplina o dividendo obrigatório, matérias todas examinadas.

Não afasta o direito a previsão contrária contemplada no estatuto ou emanada da assembleia. Fica assegurado o direito ao dividendo.

Pelo art. 203, pois, diante do fato de assegurar que as reservas estatutárias, as para contingências, as de retenção de lucros e as de lucros a realizar não prejudicarão o dividendo prioritário, conclui-se a imposição do pagamento obrigatório do mesmo dividendo, seja com o lucro do exercício, com as reservas de lucros ou com os lucros acumulados. Quaisquer reservas e lucros acumulados não poderão ser constituídos e mantidos em prejuízo dos dividendos. Sobretudo os lucros acumulados, que são os lucros sem destinação, ficam sujeitos a cobrir os dividendos prioritários. Por diferentes palavras, assim pensa Fábio Ulhoa Coelho: "O dividendo prioritário deve ser apropriado contabilmente após a constituição da reserva legal, mas antes da constituição das demais reservas de lucro. Por outro lado, poderá o estatuto estipular o pagamento de dividendos prioritários à conta de reserva de capital, regulando a matéria. Se o pagamento dos dividendos prioritários consumir toda a parcela dos lucros destinada à distribuição entre os acionistas, os titulares de ações ordinárias não receberão qualquer soma naquele exercício. Esta situação não contraria a previsão legal dos dividendos obrigatórios, desde que aos titulares de ações preferenciais tenha sido pago o percentual correspondente do lucro líquido ajustado definido pelos estatutos".[20]

Parte-se do princípio de que o acionista preferencial goza da prioridade no recebimento do dividendo, com precedência em relação aos demais acionistas. Isto em qualquer tipo de dividendos, inclusive nos intermediários. Mostra-se ilícita a concessão de parcela de lucro aos acionistas ordinários sem, antes, atender os acionistas preferenciais.

É diferente o tratamento referente aos dividendos obrigatórios, que apenas compromete o lucro líquido no exercício.

Já os dividendos intermediários correspondem aos dividendos distribuídos à conta do lucro apurado em balanço semestral, isto é, são os que correspondem a balanços levantados semestralmente, em virtude de previsão estatutária ou da lei. Essa possibilidade deve emanar de lei especial, ou constar permitida no estatuto, ou ser autorizada por assembleia. Eis, a respeito, o teor do art. 204: "A companhia que, por força de lei ou de disposição estatutária, levantar balanço semestral, poderá declarar, por deliberação dos órgãos de administração, se autorizados pelo estatuto, dividendo à conta do lucro apurado nesse balanço".

São lucros intermediários justamente porque o direito ao recebimento não acontece unicamente após cada exercício das atividades. A distribuição faz-se semestralmente.

A distribuição de dividendos não se limita a períodos semestrais. O § 1º faculta a percepção em períodos menores: "A companhia poderá, nos termos das disposições estatutárias, levantar balanço e distribuir dividendos em períodos menores, desde que o total

---

[20] *Manual de Direito Comercial*, ob. cit., pp. 197-198.

dos dividendos pagos em cada semestre do exercício social não exceda o montante das reservas de capital de que trata o § 1º do art. 182".

Para a compreensão do preceito, insta se elucide a formação do montante das reservas estabelecido pelo § 1º do art. 182, que versa sobre as reservas de capital, que são as que têm a seguinte origem: as provenientes de contas de acréscimos, além do saldo das reservas legais anteriores, da contribuição do subscritor de ações que ultrapassar o valor nominal e a parte do preço de emissão das ações, sem valor nominal, que ultrapassar a importância destinada à formação do capital social, inclusive nos casos de conversão em ações de debêntures ou partes beneficiárias; do produto da alienação de partes beneficiárias e dos bônus de subscrição; do prêmio recebido na emissão de debêntures; das doações e subvenções para investimento.

Também ingressam nessa classe de dividendos intermediários os provenientes de lucros acumulados ou das reservas de lucros existentes segundo o último balanço anual ou semestral, desde que o estatuto contemple a possibilidade e autorize os órgãos da administração a efetuar a distribuição. A tanto autoriza o § 2º do mesmo artigo 204: "O estatuto poderá autorizar os órgãos de administração a declarar dividendos intermediários, à conta de lucros acumulados ou de reservas de lucros existentes no último balanço anual ou semestral".

Não equivale o dividendo intermediário a uma antecipação de dividendo anual. A lei não o considera dessa forma. Revela-se em uma concessão autônoma e individuada, em um percentual do lucro líquido.

3.3. Pagamento dos dividendos

Naturalmente, efetua-se o pagamento dos dividendos às pessoas proprietárias ou usufrutuárias das ações, desde que façam prova da titularidade do direito, e conste a inscrição no livro próprio da sociedade. O art. 205 delineia essa condição: "A companhia pagará o dividendo de ações nominativas à pessoa que, na data do ato de declaração do dividendo, estiver inscrita como proprietária ou usufrutuária da ação".

Nem cabe questionar a legitimidade do detentor ou do usufrutuário das ações nominativas em receber os dividendos.

Faculta-se efetuar o pagamento do dividendo por cheque nominativo, ou mediante crédito do valor na conta do acionista, nos termos do § 1º: "Os dividendos poderão ser pagos por cheque nominativo remetido por via postal para o endereço comunicado pelo acionista à companhia, ou mediante crédito em conta corrente bancária aberta em nome do acionista". Acentuam Alfredo Lamy Filho e José Luiz Bulhões Pedreira que "o preceito é meramente autorizativo, não excluindo outras formas de pagamento".[21]

Encontrando-se as ações sob custódia bancária, efetua-se o pagamento na conta do acionista da mesma instituição financeira, que fará a remessa do valor ao titular do crédito, por determinação do § 2º.

Procede-se o pagamento, salvo deliberação em contrário da assembleia geral, no prazo de sessenta dias da data da assembleia que o ordenar, ou dentro do exercício social, em sintonia com o § 3º.

---

[21] *A Lei das S.A.*, ob. cit., p. 617.

Finalmente, embora não seja comum, não se encontra na lei algum óbice para o pagamento através da entrega de bens da sociedade: "Não vemos na lei vigente (como não víamos na anterior) nenhuma impossibilidade de a sociedade deliberar a entrega a seus acionistas (ao invés de vendê-los para ratear o dinheiro) de bens de seu ativo, de que deve ou pretenda desfazer-se, desde que fora e além do dividendo preferencial e do dividendo obrigatório: não se cogita, no caso, repetimos, de quitar uma obrigação, mas, sim, de um *plus*, que a sociedade pode, ou não, distribuir, e, se o fizer, está para deliberar seu pagamento em dinheiro, ou em bens".[22]

---

[22] *A Lei das S.A.*, ob. cit., p. 617.

XXXVI

Transformação da sociedade anônima

1. MUDANÇA DE UM TIPO DE SOCIEDADE PARA OUTRO

Trata-se da mudança de um tipo de sociedade para outro, cuja finalidade é a sua reorganização. Vem a ser, conceitua Carlos Fulgêncio da Cunha Peixoto, "a operação que tem por fim converter uma sociedade submetida a determinado regime legal em sociedade de outro tipo".[1] A sociedade de responsabilidade limitada, *v. g.*, se altera para sociedade anônima, ou vice-versa. O art. 220 da Lei nº 6.404/1976 bem exprime o sentido: "A transformação é a operação pela qual a sociedade passa, independentemente de dissolução e liquidação, de um tipo para outro". Há a mudança de tipo das sociedades, aglutinando-se ou dividindo-se com a finalidade de conseguir uma melhor adequação aos negócios ou atividades almejados.

A mudança não pressupõe o processo de dissolução e liquidação. Ou seja, não se extingue a sociedade, para depois criar-se outra. Carlos Fulgêncio da Cunha Peixoto era de igual entendimento: "Filiamo-nos à corrente que vê na transformação uma simples modificação contratual. Como bem pondera Vivante, a forma tem uma função apenas instrumental, não afetando a essência da sociedade. O tipo de sociedade é um acidente em sua vida. A pessoa jurídica não nasce com o nome que se lhe dá, mas pela própria constituição da sociedade, nada tendo a ver com a forma adotada, tanto que, não obstante ser pacífico inexistir a sociedade por cotas de responsabilidade limitada antes do registro do contrato na Junta Comercial, ninguém ousa negar a existência, anteriormente, de uma pessoa jurídica, em que os sócios são solidariamente responsáveis".[2]

2. PROCEDIMENTO DA MUDANÇA

Para se chegar à metamorfose da mudança, seguem-se os preceitos que regulam a constituição e o registro do tipo a ser adotado pela sociedade, com a apresentação dos elementos e a obediência aos requisitos ordenados pela lei.

Os sócios devem, num primeiro passo, decidir pela mudança. Reúnem-se em assembleia e manifestam o propósito de mudança, com a aprovação unânime, inclusive com a participação dos titulares de ações preferenciais sem direito a voto. Decidem todas as questões que envolvem o capital social, a participação, a administração, o patrimônio.

---

[1] *Sociedade por Ações*, São Paulo, Editora Saraiva, 1973, 5º vol., p. 1.
[2] *Sociedade por Ações*, ob. cit., 5º vol., p. 4.

No tocante às sociedades em geral, reguladas pelo Código Civil, está prevista a unanimidade em seu art. 1.114: "A transformação depende do consentimento de todos os sócios, salvo se prevista no ato constitutivo, caso em que o dissidente poderá retirar-se da sociedade, aplicando-se, no silêncio do estatuto ou do contrato, o disposto no art. 1.031". Mesmo às sociedades limitadas incide o *quorum* referido, eis que não se enquadram nas hipóteses especiais discriminadas no art. 1.076 do Código Civil, na alteração da Lei nº 13.792/2019.

Quanto às sociedades anônimas, a exigência aparece no art. 221 da Lei nº 6.404: "A transformação exige o consentimento unânime dos sócios ou acionistas, salvo se prevista no estatuto ou no contrato social, caso em que o sócio dissidente terá o direito de retirar--se da sociedade". Se não obedecido o *quorum* ordenado, torna-se nula a assembleia geral que delibera a transformação, na esteira traçada pelo STJ.[3]

Atente-se para a condição que autoriza o direito de retirada: a previsão do contrato social ou do estatuto de *quorum* não unânime. Com a retirada, reconhece-se o direito ao recebimento do valor das quotas, apurável, exceto quanto às sociedades anônimas, de acordo com a situação patrimonial da sociedade, se não dispuser o contrato de modo diferente; ou pela cotação das ações na bolsa, ou pelo significado econômico que representa a participação, em se cuidando de sociedade anônima.

Uma vez autorizada a transformação, opera-se a constituição de nova sociedade, seguindo-se os preceitos para tanto estabelecidos, a teor do parágrafo único do art. 220: "A transformação obedecerá aos preceitos que regulam a constituição e o registro do tipo a ser adotado pela sociedade". Haverá um novo ato constitutivo, embora permanecendo a personalidade jurídica. Não se pode afirmar que se opera uma simples mudança de forma. Introduzindo-se um tipo diferente de sociedade, vão incidir as regras que lhe são próprias, inclusive no pertinente aos direitos e obrigações, que podem ser diversos dos contidos no modelo anterior. Nesta ordem, altera-se o quadro de responsabilidade do sócio. Se a sociedade é em nome coletivo, passando para de responsabilidade limitada, decorre uma mudança no pertinente ao grau de responsabilidade, eis que os sócios passam a responder somente até a quantidade de quotas adquirida e enquanto as mesmas não forem integralizadas. Operando-se a mudança de sociedade por ações para a limitada, não há propriamente alteração quanto ao grau de responsabilidade.

Na mudança de sociedade de responsabilidade limitada para a anônima, no lugar das quotas passam a existir as ações. Normalmente, se as quotas têm valor elevado, dividem em unidades padrões de menor expressão econômica. Na mesma proporção da titularidade das quotas torna-se o membro titular de ações. Se a quota vale uma unidade mínima, mantém-se o valor na conversão em ação. Uma quota com o valor de cinco converte-se em cinco ações, na transformação de uma sociedade de responsabilidade limitada para sociedade de ações.

Não se fazem dois instrumentos: um de extinção e outro de criação da nova sociedade. Elabora-se simplesmente o contrato de alteração ou mudança.

A transformação de uma sociedade por ações em sociedade limitada não oferece dificuldade. Como na situação anterior, o primeiro passo é a deliberação dos sócios, em assembleia geral extraordinária. Altera-se o contrato social, com a inclusão dos elementos e requisitos da sociedade por quotas. As ações simplesmente passam a denominar-se quotas, se mantiverem o valor, ou são aglutinadas em quotas, caso mudarem de significação econômica, continuando, porém, a proporcionalidade de participação que existia antes.

---

[3] REsp. nº 2.612-SP, j. em 23.10.1990, *DJU* de 04.02.1991.

Em uma ou outra modalidade, imprescindível o consentimento unânime dos sócios ou acionistas, a menos que dispuser diferentemente o contrato ou estatuto social. Na hipótese, ao sócio dissidente se enseja a retirada, com o reembolso do correspondente à sua participação social, no que se encontra amparo no art. 221 da Lei nº 6.404/1976, mas admitindo-se, por força de seu parágrafo único, a renúncia, no contrato social, do direito de retirada, se operar-se a transformação.

Se a mudança é de sociedade simples para empresária, diferente é a situação. Acontece que a simples tem o registro no Cartório do Registro Civil das Pessoas Jurídicas. Consequentemente, não há um registro na Junta Comercial. O mais coerente, portanto, está em extinguir a sociedade simples e a criação de uma sociedade empresária.

3. DELIBERAÇÃO DOS SÓCIOS E EFEITOS DA MUDANÇA

A Instrução Normativa DREI nº 35, de 3.03.2017, nos arts. 2º, 3º e 4º indica os pontos sobre os quais os sócios deverão deliberar, na transformação:

> "Art. 2º Os sócios ou acionistas da sociedade a ser transformada deverão deliberar sobre:
>
> I – a transformação da sociedade, podendo fazê-la por instrumento público ou particular;
>
> II – a aprovação do estatuto ou contrato social;
>
> III – a eleição dos administradores, dos membros do conselho fiscal, se permanente, e fixação das respectivas remunerações quando se tratar de sociedade anônima.
>
> Art. 3º A transformação de um tipo jurídico societário para qualquer outro deverá ser aprovada pela totalidade dos sócios ou acionistas, salvo se prevista em disposição contratual ou estatutária que preveja, expressamente, que a operação possa ser aprovada mediante quórum inferior a este.
>
> Art. 4º A deliberação de transformação da sociedade anônima em outro tipo de sociedade deverá ser formalizada por assembleia geral extraordinária, na qual será aprovado o contrato social, que poderá ser transcrito na própria ata da assembleia ou em instrumento separado".

O art. 222 da Lei nº 6.404/1986 garante a manutenção dos direitos e das garantias dos credores na transformação em qualquer uma das modalidades acima: "A transformação não prejudicará, em caso algum, os direitos dos credores, que continuarão, até o pagamento integral de seus créditos, com as mesmas garantias que o tipo anterior de sociedade lhes oferecia".

A falência da sociedade transformada, de acordo com o parágrafo único do mesmo artigo, somente produzirá efeitos aos sócios que, no tipo anterior, estavam vinculados à sociedade, e desde que manifestado pedido dos titulares de créditos anteriores à transformação, no que unicamente eles serão beneficiados.

A transformação exige publicação do ato, efetuando-se o seu registro na Junta Comercial, com a apresentação dos seguintes documentos, por força do art. 6º da citada Instrução Normativa DREI nº 35.

> "Para o arquivamento do ato de transformação, além dos documentos formalmente exigidos, conforme quadro em anexo, são necessários:
>
> I – o instrumento que aprovou a transformação;

II – o estatuto ou contrato social;

III – a relação completa dos acionistas ou sócios, com a indicação da quantidade de ações ou cotas resultantes da transformação.

Parágrafo único. Caso o estatuto ou o contrato social esteja transcrito no instrumento de transformação, este poderá servir para registro da nova sociedade resultante da operação".

4. MODELO DE ATA DE TRANSFORMAÇÃO DE SOCIEDADE POR AÇÕES EM SOCIEDADE LIMITADA

Apresenta-se um modelo com os itens principais de transformação, deixando-se as particularidades para serem preenchidas de acordo com cada tipo de caso. Após a ata de transformação, providencia-se na correspondente averbação do novo estatuto ou contrato, que passará a reger a sociedade, perante a Junta Comercial, e na regularização junto aos órgãos públicos nos quais se fizeram inscrições especiais.

Quanto ao novo contrato, segue o mesmo modelo de constituição de sociedade de responsabilidade limitada.

5. MODELO DE ATA DE TRANSFORMAÇÃO DE SOCIEDADE LIMITADA EM SOCIEDADE POR AÇÕES

Apresenta-se um modelo com os itens principais de transformação, ficando as particularidades para serem preenchidas de acordo com cada tipo de caso. Após a ata de transformação, providencia-se na correspondente averbação do novo estatuto ou contrato, que passará a reger a sociedade, perante a Junta Comercial, e na regularização junto aos órgãos públicos nos quais se fizeram inscrições especiais.

Quanto ao novo estatuto, segue o mesmo modelo de constituição de sociedade por ações.

XXXVII

Incorporação, fusão e cisão das sociedades anônimas

1. PRINCÍPIOS GERAIS COMUNS

Na incorporação, uma sociedade assume ou absorve outra, que desaparece, e ficando ativa apenas uma. A fusão corresponde à soma dos patrimônios líquidos de duas sociedades, que desaparecem e dão ensejo ao surgimento de uma nova. A cisão se opera quando é retirada parte ou todo o patrimônio de uma sociedade para a sua incorporação em outra sociedade. José Edwaldo Tavares Borba dá a caracterização das espécies: "Na incorporação, uma sociedade absorve outra ou outras que, para tanto, se extinguem; na fusão, duas ou mais sociedades se extinguem, para que, da conjugação dos vários patrimônios, surja uma nova sociedade; na cisão, a sociedade se subdivide, dando lugar a novas sociedades ou à integração das partes separadas em sociedades existentes".[1]

Especialmente com a incorporação e a fusão, opera-se a concentração de empresas. A cisão também pode ensejar essa finalidade, mesmo que indiretamente, porquanto se dá o desmembramento de uma empresa em outras, ou a sua anexação a outras. Realocam-se os recursos patrimoniais em outras empresas, o que se faz mediante tais modalidades de negócios.

As figuras acima dizem respeito às sociedades por ações.

Por seu turno, cada tipo merecerá o devido estudo, interessando, no momento, aspectos gerais e comuns.

Qualquer uma das operações, conversões ou subsunção de sociedades em outras, pode envolver sociedades do mesmo tipo ou de tipos diversos. Uma sociedade anônima e outra de responsabilidade limitada são conversíveis em novo tipo, ou no modelo de uma delas, pressupondo-se sempre a deliberação unânime dos sócios, ou pela quantidade que constar do contrato ou estatuto, com o direito de retirada dos dissidentes.

O art. 223 da Lei nº 6.404/1976, com alterações da Lei nº 9.457/1997, abre a possibilidade de envolver tipos diferentes: "A incorporação, fusão e cisão podem ser operadas entre sociedades de tipos iguais ou diferentes e deverão ser deliberadas na forma prevista para a alteração dos respectivos estatutos ou contratos sociais".

Se das sociedades surgir uma nova sociedade, como acontece na fusão ou cisão total, desaparecem aquelas e constitui-se a que ficar em seu lugar. Para tanto, necessária a aprovação pelas assembleias das que desaparecem, e a constituição daquela que surge, com os requisitos próprios do tipo, nos termos do § 1º do dispositivo acima: "Nas ope-

---

[1] *Direito Societário*, ob. cit., p. 436.

546 • Direito de Empresa | *Arnaldo Rizzardo*

rações em que houver criação de sociedade serão observadas as normas reguladoras da constituição das sociedades do seu tipo".

Dando-se a mudança de sociedades para outras do mesmo tipo, e, assim, se duas sociedades por ações forem incorporadas, ou se fundirem, ou se cindirem em outra por ações, a nova sociedade ou a que resultou emitirá as ações que cabem aos acionistas, em função do § 2º: "Os sócios ou acionistas das sociedades incorporadas, fundidas ou cindidas, receberão, diretamente da companhia emissora, as ações que lhe couberem".

Sucede que as ações anteriores se converteram em ações da sociedade que surgiu, ou que assume o capital de outras. Daí a necessidade de emissão das ações, numa equivalência ao capital que tinham os sócios nas sociedades então existentes.

Envolvendo as formas acima – incorporação, fusão e cisão – sociedades abertas, as que sucederem ou aparecerem, de acordo com a lógica jurídica, serão também abertas. Providenciarão os responsáveis no registro e colocarão no mercado as novas ações, o que farão no prazo máximo de cento e vinte dias, contado da assembleia que decidiu a mudança. Assim consta no § 3º do mesmo art. 223, em redação da Lei nº 9.457/1997: "Se a incorporação, fusão ou cisão envolverem companhia aberta, as sociedades que a sucederem serão também abertas, devendo obter o respectivo registro e, se for o caso, promover a admissão de negociação das novas ações no mercado secundário, no prazo máximo de 120 (cento e vinte) dias, contados da data da assembleia geral que aprovou a operação, observando as normas pertinentes baixadas pela Comissão de Valores Mobiliários".

O prazo de cento e vinte dias é fixado para que a sociedade providencie na introdução de suas ações no mercado secundário, com o registro na Comissão de Valores Mobiliários. O descumprimento do prazo não retira o direito de pleitear a admissão na negociação das novas ações. Todavia, faculta o recesso em favor dos acionistas, isto é, o direito de retirar-se da sociedade, com o reembolso do valor das ações.

Realmente, conforme o § 4º, não procedendo da forma acima, isto é, não se constituindo em sociedade aberta e não colocando no mercado as ações, concede-se ao acionista o direito de retirar-se, com o reembolso das ações pelo valor de mercado, promovendo esse direito no prazo de trinta a contar do vencimento do prazo máximo de cento e vinte dias estabelecido no § 3º, sob pena de decadência do direito. Eis os termos: "O descumprimento do previsto no parágrafo anterior dará ao acionista direito de retirar-se da companhia, mediante reembolso do valor das suas ações (art. 45), nos 30 (trinta) dias seguintes ao término do prazo nele referido, observado o disposto nos §§ 1º e 4º do art. 137".

Ordena-se que se observem os parágrafos 1º e 4º do art. 137. O § 1º destina-se ao direito de reembolso do acionista dissidente, enquanto o § 4º cuida da decadência do direito de retirada se não exercido no prazo fixado. Quanto ao direito de reembolso, é reconhecido pela jurisprudência: "Na incorporação, a sociedade incorporada extingue-se, sendo absorvida pela entidade incorporadora. Em razão da extinção, nasce para os acionistas o direito de pleitear o resgate das ações, seja pelo recebimento de ações da nova companhia ou pelo pagamento da quantia equivalente em dinheiro, nos termos do artigo 44, § 1º, da Lei nº 6.404/1976".[2]

Por último, o fenômeno de qualquer tipo das alterações acima pode envolver os diversos tipos de sociedade para outros tipos, observando Carlos Fulgêncio da Cunha Peixoto quanto à incorporação: "Não é necessário, para que as sociedades se incorporem, pertencerem ao mesmo tipo e terem o mesmo objetivo. Tanto pode haver incorporação de duas sociedades anônimas como de uma coletiva com uma anônima".[3]

---

[2] REsp. nº 786.227-RS, da 3ª Turma do STJ, j. em 15.12.2005, *DJU* de 1º.02.2006.
[3] *Sociedade por Ações*, ob. cit., 5º vol., p. 21.

2. PROJETO OU PROTOCOLO, JUSTIFICAÇÃO E AVALIAÇÃO

Antes de iniciar as providências de qualquer uma das formas acima vistas de mudança da sociedade, elabora-se o protocolo, firmado pelos órgãos da administração ou sócios-gerentes das sociedades interessadas, onde são traçadas as diretrizes e as condições, de modo a todos os sócios ficarem cientes previamente à assembleia e poderem, assim, votar com mais consciência da realidade daquilo que decidirão. Considera-se uma espécie de projeto, que é levado ao conhecimento dos acionistas, para que deliberem em vista de seus termos. Todavia, não se lhe dá o caráter de pré-contrato, eis que não obriga, apesar da visão diferente de Modesto Carvalhosa, que lhe dá o caráter de pré-contrato, "que manifesta e vincula a vontade das sociedades envolvidas através dos órgãos de administração da companhia ou dos sócios-gerentes das sociedades de pessoas".[4]

No entanto, no art. 224 da Lei nº 6.404/1976 colhe-se a obrigatoriedade do protocolo, com a discriminação dos elementos que conterá, e não a obrigatoriedade de aceitação de seus termos. Não é obrigatória a sua imposição, que poderá ser recusado nas assembleias dos sócios. Eis seu teor: "As condições da incorporação, fusão ou cisão com incorporação em sociedade existente constarão de protocolo firmado pelos órgãos de administração ou sócios das sociedades interessadas, que incluirá:

> I – o número, espécie e classe de ações que serão atribuídas em substituição dos direitos de sócios que se extinguirão e os critérios utilizados para determinar as relações de substituição;
>
> II – os elementos ativos e passivos que formarão cada parcela do patrimônio, no caso de cisão;
>
> III – os critérios de avaliação do patrimônio líquido, a data a que será referida a avaliação, e o tratamento das variações patrimoniais posteriores;
>
> IV – a solução a ser adotada quanto às ações ou quotas do capital de uma das sociedades possuídas por outra;
>
> V – o valor do capital das sociedades a serem criadas ou do aumento ou redução do capital das sociedades que forem parte na operação;
>
> VI – o projeto ou projetos de estatuto, ou de alterações estatutárias, que deverão ser aprovados para efetivar a operação;
>
> VII – todas as demais condições a que estiver sujeita a operação".

Haverá, ainda, uma declaração de justificação da mudança da sociedade, expondo as razões que levam à incorporação, ou à fusão, ou à cisão, com realce na menção das conveniências, se verificadas. Descrevem-se os estudos desenvolvidos e o procedimento que se observará, a teor do art. 225: "As operações de incorporação, fusão e cisão serão submetidas à deliberação da assembleia geral das companhias interessadas mediante justificação, na qual serão expostos:

> I – os motivos ou fins da operação, e o interesse da companhia na sua realização;
>
> II – as ações que os acionistas preferenciais receberão e as razões para a modificação dos seus direitos, se prevista;

---

[4] *Comentários à Lei de Sociedades Anônimas*, ob. cit., vol. 4, t. I, p. 227.

III – a composição, após a operação, segundo espécies e classes das ações, do capital das companhias que deverão emitir ações em substituição às que se deverão extinguir;

IV – o valor de reembolso das ações a que terão direito os acionistas dissidentes".

Existem algumas regras desenvolvidas no art. 226 e seus parágrafos, sobre a formação do capital da sociedade incorporadora, ou da que receber o capital, ou da vertida.

Acompanha um laudo de avaliação do patrimônio, elaborado por técnicos, com justificativas e notas explicativas. Admite-se que o protocolo adote como critério de avaliação do patrimônio líquido os valores contábeis, devendo, então, os peritos confirmar a exatidão contábil do balanço, e verificar se o patrimônio líquido real está de acordo com o patrimônio líquido contábil.

Possibilita-se a realização de uma perícia, a fim de apurar o montante do patrimônio líquido. Ou, excepciona Ezequiel de Melo Campos Neto, utilizam-se "valores contábeis de mercado, apurados de acordo com a rentabilidade futura da sociedade, ou tendo em vista a cotação das ações em bolsa".[5]

A respeito da avaliação e da contabilização, o § 3º do art. 226, em redação da Lei nº 11.941/2009, abre margem para a Comissão de Valores Mobiliários introduzir regras complementares: "A Comissão de Valores Mobiliários estabelecerá normas especiais de avaliação e contabilização aplicáveis às operações de fusão, incorporação e cisão que envolvam companhia aberta".

Seguem-se as condições ou exigências expedidas pela lei e pela assembleia.

Autoriza-se a operação de incorporação, fusão ou cisão unicamente se o capital avaliado for igual ou superior ao capital a realizar. Assim está no art. 226: "As operações de incorporação, fusão e cisão somente poderão ser efetivadas nas condições aprovadas se os peritos nomeados determinarem que o valor do patrimônio ou dos patrimônios líquidos a serem vertidos para a formação de capital social é, ao menos, igual ao montante do capital a realizar".

Parece natural que o patrimônio ou os patrimônios devem, no mínimo, equiparar-se ao capital a realizar. Não pode ficar uma parte para posterior realização.

Na incorporação, há um regramento especial: as ações ou quotas do capital da sociedade a ser incorporada que forem de propriedade da incorporadora sujeitam-se, de acordo com o protocolo de incorporação, à extinção, ou à substituição por ações guardadas na tesouraria da incorporadora, até o limite dos lucros acumulados e reservas, exceto a legal. Não se transferem porque a sociedade passa a fazer parte da incorporadora. O § 1º evidencia essa conclusão: "As ações ou quotas do capital da sociedade a ser incorporada que forem de propriedade da companhia incorporadora poderão, conforme dispuser o protocolo de incorporação, ser extintas, ou substituídas por ações em tesouraria da incorporadora, até o limite dos lucros acumulados e reservas, exceto a legal".

Essa mesma regra, consoante o § 2º, aplica-se aos casos de fusão quando uma das sociedades fundidas é proprietária de ações ou quotas da outra; e de cisão com incorporação, quando a companhia que incorporar parcela do patrimônio da cindida for proprietária de ações ou quotas do capital desta. Havendo, portanto, fusão de sociedades ou cisão com a incorporação do patrimônio para outra sociedade, as ações da sociedade que se funde e

---

[5] "A Cisão das Sociedades Limitadas", trabalho citado, p. 323.

da sociedade cindida são extintas, pois a sociedade toda se transfere para a outra. Não há sentido considerar-se titular de toda a sociedade, e manter a mesma qualidade de credor de alguns bens seus na mesma sociedade.

É necessário o *quorum* qualificado de, no mínimo, metade dos sócios para a aprovação, pela assembleia, de qualquer das formas acima, a menos que os estatutos impuserem maior número (art. 136, incisos IV e IX, com alterações da Lei nº 9.457/1997). Para a deliberação, fornecem-se à assembleia geral os devidos esclarecimentos que permitam a decisão pelos acionistas.

Aos dissidentes está garantido o direito de retirada, com o reembolso do valor de suas ações, dentro das condições que aparecem no art. 137, incs. II a VI, em texto da Lei nº 10.303/2001. Quanto à incorporação e fusão, conta-se o prazo para o pedido a partir da data da publicação da ata que aprovar o protocolo ou justificação, e efetuando-se o pagamento do preço de reembolso somente se a operação vier a efetivar-se, nos termos do art. 230, e dez dias depois de decorrido o prazo de trinta dias contados da ata da assembleia que aprova a alteração.

No caso da cisão, aos dissidentes é reconhecido o mesmo direito de retirada, dada a previsão do inc. IX do art. 136, cujo prazo para o reembolso será o do inc. IV do art. 137, que é de trinta dias a contar da publicação da ata da assembleia geral.

Na verdade, o direito de retirada submete-se a mais condições, na previsão do inc. III do art. 137, em redação da Lei nº 10.303/2001:

> "III – no caso do inciso IX do art. 136, somente haverá direito de retirada se a cisão implicar:
> a) mudança do objeto social, salvo quando o patrimônio cindido for vertido para sociedade cuja atividade preponderante coincida com a decorrente do objeto social da sociedade cindida;
> b) redução do dividendo obrigatório; ou
> c) participação em grupo de sociedades;
> IV – o reembolso da ação deve ser reclamado à companhia no prazo de 30 (trinta) dias contado da publicação da ata da assembleia geral;
> V – o prazo para o dissidente de deliberação de assembleia especial (art. 136, § 1º) será contado da publicação da respectiva ata;
> VI – o pagamento do reembolso somente poderá ser exigido após a observância do disposto no § 3º e, se for o caso, da ratificação da deliberação pela assembleia geral".

3. INCORPORAÇÃO

Conforme já anotado, na incorporação uma sociedade é assumida por outra. Aprofunda Antônio Chaves, invocando doutrina italiana: "A incorporação passiva ou agregação... importa na absorção de uma entidade numa outra, que vem a compreender a primeira nos seus elementos constitutivos de fato".[6] Há uma sucessão universal, que abrange todos os direitos e obrigações, inclusive os negócios em curso, os quais ficam íntegros e continuam a perdurar na sucessão.

---

[6] "Pessoa Jurídica – Transformações: incorporação, fusão, fracionamento. Gestão de Negócios – Caracterização – efeitos de um eventual excesso de poderes", *in RT*, nº 823, p. 756.

Impõe-se a incorporação para fins de reorganização societária, ou mesmo em razão de outras razões, como evitar a concorrência de empresas que atuam no mesmo ramo de atividades ou de produção, conseguir o monopólio em setores da economia, a redução de custos de matérias primas utilizadas na fabricação e produzidas pela empresa incorporada. Confira-se a Lei 12.529/2011, que estrutura o Sistema Brasileiro de Defesa da Concorrência, dispõe sobre a prevenção e repressão às infrações contra a ordem econômica, entre outras providências.

Conjugam-se ou transferem-se os patrimônios líquidos de uma ou mais sociedades, que são as incorporadas, para outra, que é a incorporadora. Desaparecem as sociedades incorporadas, transferindo-se os patrimônios líquidos à sociedade que subsiste e continua a existir. O capital social migra das antigas sociedades para aquela que as assume ou as absorve. Mais apropriadamente, há uma substituição de ações, desaparecendo as das sociedades incorporadas, e passando a sociedade que subsiste a emitir novas ações, em quantidade correspondente às das sociedades antigas, ou valorizando as suas ações na proporção do montante que representavam as antigas sociedades incorporadas. Ocorre um aumento de capital até o limite resultante do aporte do novo capital, composto do patrimônio líquido, dos lucros acumulados e reservas livres. Os acionistas da sociedade incorporada recebem as ações do capital da sociedade incorporadora.

A ideia está no art. 227: "A incorporação é a operação pela qual uma ou mais sociedades são absorvidas por outra, que lhes sucede em todos os direitos e obrigações".

Se uma sociedade passa para outra, que a absorve, obviamente decorrerá um aumento de capital. Daí a implícita alteração ou mudança da sociedade, que se procede através das providências próprias para a alteração do capital.

Por isso, faz-se necessário seguir um procedimento, que se efetua por etapas.

Primeiramente, haverá o consentimento de ambas as sociedades, como aborda Modesto Carvalhosa: "O negócio de incorporação, com efeito, subordina-se à confirmação da vontade das sociedades envolvidas, consoante prevê o art. 8º, § 3º, ao condicionar a subscrição à aceitação da avaliação pelo subscritor, vale dizer, pela incorporada. Assim, terminado o laudo serão convocadas assembleias para sua aprovação no âmbito da incorporada e da incorporadora. Nessas assembleias deverão comparecer os peritos, para prestar os esclarecimentos que lhes forem solicitados acerca do laudo que elaboraram".[7]

Haverá um parecer com a justificação, apresentado pelos administradores de todas as sociedades envolvidas, ou pela diretoria se inexistir o conselho, quando da submissão da matéria às assembleias gerais.

Precede o protocolo, no qual se descrevem os elementos e todas as condições da incorporação, com a alteração do contrato para o aumento do capital, que será submetido à apreciação da incorporadora. Se aprovar o protocolo, autorizará o aumento do capital, que se implementará com a apropriação do patrimônio da sociedade incorporada. Ordenará a avaliação do patrimônio, que servirá para dar a correta cotação das ações, nomeando peritos.

Do § 1º do art. 227 se extrai esse procedimento quanto à sociedade incorporadora: "A assembleia geral da companhia incorporadora, se aprovar o protocolo da operação, deverá autorizar o aumento de capital a ser subscrito e realizado pela incorporada mediante versão do seu patrimônio líquido, e nomear os peritos que o avaliarão".

---

[7] *Comentários à Lei de Sociedades Anônimas*, ob. cit., vol. 4, t. I, p. 262.

O patrimônio líquido é o resultado da subtração do ativo menos o passivo. Sendo o ativo o correspondente a mil, e equivalendo o passivo a quinhentos, encontra-se o patrimônio líquido de quinhentos. Havendo mil ações, cada uma delas valerá cinquenta centavos.

O aumento do capital sempre se dá pela versão do patrimônio líquido, e não pelo patrimônio total, que abrange o ativo e o passivo.

Não se descarta que se dê a incorporação de sociedade não através de um *superávit* de ativo, mas pela absorção do negativo, importando em um *déficit*, se o patrimônio for passivo. Revelando-se superior o passivo da sociedade incorporada, cada ação é representada por um valor negativo. O total do passivo é formado pelo total de *déficit* de valor das ações. Se quinhentas as ações, e o passivo corresponder a mil, cada ação representará duas unidades negativas. As quinhentas ações incorporadas forçarão a sociedade a uma redução do capital em mil unidades, que se procederá pela depreciação do valor das ações já existentes. Ingressarão na sociedade incorporadora os sócios da sociedade incorporada, cujas ações se valorização pelo equivalente da depreciação das ações que já constavam na mesma. Nessa visão, se possuía mil ações, e o valor patrimonial correspondia a duas unidades positivas cada ação, esse valor se reduzirá para uma unidade positiva.

O § 2º delineia as diretrizes para o procedimento na sociedade incorporada. O primeiro passo está em tomar conhecimento do protocolo e da justificação, conforme explicado no item anterior, apreciando-o em assembleia, e decidindo ou não pela incorporação. Nessa assembleia, pois, é apreciado o protocolo. Na aceitação, designar-se-á uma comissão ou a assembleia encarregará os administradores para as providências necessárias, inclusive para a subscrição do aumento do capital que advirá à sociedade que incorpora. Eis os termos da norma: "A sociedade que houver de ser incorporada, se aprovar o protocolo da operação, autorizará seus administradores a praticarem os atos necessários à incorporação, inclusive a subscrição do aumento de capital da incorporadora".

Posteriormente, nova assembleia poderá celebrar-se, se já não aprovada na anterior à incorporação.

Quanto à sociedade incorporadora, duas as assembleias recomendadas, conforme a explicação de José Edwaldo Tavares Borba: "A incorporação se processa mediante duas assembleias na incorporadora e uma assembleia em cada uma das incorporadas. As assembleias da incorporadora destinam-se, a primeira a aprovar o protocolo e a nomear os peritos que avaliarão o patrimônio líquido das sociedades a serem incorporadas, e a segunda a aprovar o laudo dos peritos e a efetivação da incorporação".[8]

Não se impede, porém, que haja somente uma assembleia, se previamente levadas a termo as providências da nomeação de comissão, efetuada a avaliação, apresentado o protocolo, com a homologação de todas as providências, e a determinação dos demais atos para chegar-se ao final do processo de incorporação.

Uma vez aprovadas pelas assembleias das sociedades a avaliação do patrimônio da incorporada e a incorporação, extingue-se a sociedade incorporada, levando-se a efeito a baixa na Junta Comercial e providencia-se na publicação de anúncio, a teor do § 3º. Com a incorporação, havendo normalmente o aumento de capital, é implícita a alteração do contrato, o que importa no devido registro da alteração. Desde que levada a efeito a incorporação, não mais perduram os poderes dos administradores da sociedade incorporada, porquanto extinta a sociedade incorporada. Ponderou o Superior Tribunal de Justiça: "A

---

[8] *Direito Societário*, ob. cit., p. 440.

552 • Direito de Empresa | *Arnaldo Rizzardo*

incorporação de uma empresa por outra extingue a incorporada, nos termos do art. 227, § 3º, da Lei das Sociedades Anônimas, tornando irregular a representação processual.

Na linha da jurisprudência desta Corte, não se admite a regularização da representação processual na instância especial".[9]

Nem persiste a legitimidade para ingressar em juízo e buscar créditos passados, segundo decidiu a mesma Corte: "A sociedade já incorporada por outra não tem legitimidade para propor ação judicial em nome e por conta própria. A incorporação transfere para a sociedade incorporadora todos os direitos e obrigações da sociedade incorporada, que deixa de existir".[10]

A Instrução Normativa DREI nº 35, de 3.03.2017, no art. 14, dá o procedimento para a incorporação das sociedades em geral, abrangendo a anônima:

"I – a deliberação da sociedade incorporadora deverá:

a) No caso de sociedade anônima, aprovar o protocolo de intenções, a justificação e o laudo de avaliação do patrimônio líquido da sociedade incorporada, elaborado por peritos ou empresa especializada, e autorizar, quando for o caso, o aumento do capital com o valor do patrimônio líquido incorporado;

b) No caso das demais sociedades, compreendera nomeação dos peritos para a avaliação do patrimônio líquido da sociedade, que tenha de ser incorporada.

II – a deliberação da sociedade incorporada deverá:

a) No caso de sociedade anônima, se aprovar o protocolo da operação, autorizar seus administradores a praticarem os atos necessários à incorporação, inclusive a subscrição do aumento de capital da incorporadora;

b) No caso das demais sociedades, se aprovar as bases da operação e o projeto de reforma do ato constitutivo, autorizar os administradores a praticar o necessário à incorporação, inclusive a subscrição em bens pelo valor da diferença que se verificar entre o ativo e o passivo.

III – aprovados em assembleia geral extraordinária ou por alteração contratual da sociedade incorporadora os atos de incorporação, extingue-se a incorporada, devendo os administradores da incorporadora providenciar o arquivamento dos atos e sua publicação, quando couber."

Para o arquivamento dos atos de incorporação, além dos documentos formalmente exigidos, são necessários:

I – certidão ou cópia autêntica da ata da assembleia geral extraordinária ou a alteração contratual da sociedade incorporadora com a aprovação do protocolo de intenções, da justificação, a nomeação de peritos ou de empresa especializada, do laudo de avaliação, a versão do patrimônio líquido, o aumento do capital social, se for o caso, extinguindo-se a incorporada;

---

[9] REsp. nº 394.379-MG, da 4ª Turma, j. em 18.09.2003, *DJU* de 19.12.2003.
[10] REsp. nº 38.645-4-MG, j. em 06.02.1996.

Cap. XXXVII | Incorporação, fusão e cisão das sociedades anônimas • 553

II – certidão ou cópia autêntica da ata da assembleia geral extraordinária ou a alteração contratual da incorporada com a aprovação do protocolo de intenções, da justificação, e autorização aos administradores para praticarem os atos necessários à incorporação.

Necessário observar que a Instrução Normativa DREI nº 35 contém regramentos sobre o arquivamento dos atos de transformação, incorporação, fusão e cisão que envolvam empresários, sociedades, bem como a conversão de sociedade simples em sociedade empresária e vice-versa).

Não cabe confundir a incorporação de sociedades com a incorporação de ações, figura esta contemplada no art. 252 da Lei nº 6.404/1976, e que se refere à conversão de sociedade anônima em subsidiária integral, cuja explicação é dada por Fábio Ulhoa Coelho: "Na incorporação de ações, todas as ações do capital social de uma companhia são transferidas ao patrimônio de uma sociedade comercial, que passa à condição de sua única acionista. É indispensável que esta sociedade, detentora de todo o capital social da anônima, seja brasileira".[11]

3.1. Incorporação de sociedade controlada por ações

A incorporação envolve a absorção de uma sociedade por outra, matéria objeto de estudo em item específico.

Outrossim, a sociedade controlada é espécie de sociedade coligada, ou de união de sociedades. Para se ter a ideia de sociedade controlada, deve-se, antes, entender o sentido de sociedades coligadas.

O conceito de sociedades coligadas vem do Código Civil, em seu art. 1.097: "Consideram-se coligadas as sociedades que, em suas relações de capital, são controladas, filiadas ou de simples participação, na forma dos artigos seguintes". Também no § 1º do art. 243 da Lei nº 6.404/1976, em texto da Lei nº 11.941/2009, encontra-se a caracterização, restrita às sociedades por ações: "São coligadas as sociedades nas quais a investidora tenha influência significativa". Necessário trazer o significado de influência definitiva, que se encontra no § 4º do citado artigo, trazido pela Lei nº 11.941/2009: "Considera-se que há influência significativa quando a investidora detém ou exerce o poder de participar nas decisões das políticas financeira ou operacional da investida, sem controlá-la"

Por sua vez, o § 5º, vindo com a Lei nº 11.941/2009, traz o elemento que torna presumida a influência: "É presumida influência significativa quando a investidora for titular de 20% (vinte por cento) ou mais do capital votante da investida, sem controlá-la".

E sociedade controlada é aquela na qual a maioria do capital está em nome de outra sociedade, que exerce o poder de controle sobre a mesma. É o que se colhe do § 2º do mesmo artigo: "Considera-se controlada a sociedade na qual a controladora, diretamente ou através de outras controladas, é titular de direitos de sócio que lhe assegurem, de modo permanente, preponderância nas deliberações sociais e o poder de eleger a maioria dos administradores".

É possível a incorporação, pela sociedade controladora, de sociedade controlada. O caminho segue as regras da incorporação de uma sociedade comum. O projeto ou

---

[11] *Manual de Direito Comercial*, ob. cit., p. 200.

554 • Direito de Empresa | *Arnaldo Rizzardo*

protocolo, com a justificação, apresentará uma série de dados. Primeiramente, virão as informações dos arts. 224 e 225 da Lei nº 6.404/1976, isto é, os elementos que conterão o protocolo e a justificação.

Quanto ao protocolo, eis os dados (art. 224):

I – o número, espécie e classe de ações que serão atribuídas em substituição dos direitos de sócios que se extinguirão e os critérios utilizados para determinar as relações de substituição;

II – os elementos ativos e passivos que formarão cada parcela do patrimônio, no caso de cisão;

III – os critérios de avaliação do patrimônio líquido, a data a que será referida a avaliação, e o tratamento das variações patrimoniais posteriores;

IV – a solução a ser adotada quanto às ações ou quotas do capital de uma das sociedades possuídas por outra;

V – o valor do capital das sociedades a serem criadas ou do aumento ou redução do capital das sociedades que forem parte na operação;

VI – o projeto ou projetos de estatuto, ou de alterações estatutárias, que deverão ser aprovados para efetivar a operação;

VII – todas as demais condições a que estiver sujeita a operação.

Na justificação, inserem-se (art. 225):

I – os motivos ou fins da operação, e o interesse da companhia na sua realização;

II – as ações que os acionistas preferenciais receberão e as razões para a modificação dos seus direitos, se prevista;

III – a composição, após a operação, segundo espécies e classes das ações, do capital das companhias que deverão emitir ações em substituição às que se deverão extinguir;

IV – o valor de reembolso das ações a que terão direito os acionistas dissidentes.

Constará, também, da proposta ou justificação, o cálculo das relações de substituição das ações dos acionistas não controladores que fazem parte da sociedade controlada. Ou seja, apresenta-se o valor das ações dos sócios não controladores.

O valor calcula-se com base no valor do patrimônio líquido das ações da controladora e da controlada. Para a avaliação das ações, seguem-se os mesmos critérios, e a mesma data, sempre levando em conta o preço de mercado, ou seguindo critério aceito pela Comissão de Valores Mobiliários, se tratar-se de sociedades abertas.

Esse traçado de linhas vem do art. 264, com os detalhes explicados nos parágrafos, com texto da Lei nº 10.303: "Na incorporação, pela controladora, de companhia controlada, a justificação, apresentada à assembleia geral da controlada, deverá conter, além das informações previstas nos arts. 224 e 225, o cálculo das relações de substituição das ações dos acionistas da controladora e da controlada, avaliados os dois patrimônios segundo os mesmos critérios e na mesma data, a preços de mercado, ou com base em outro critério aceito pela Comissão de Valores Mobiliários, no caso de companhias abertas".

Realiza-se a avaliação dos patrimônios da sociedade incorporadora e da controlada através de três peritos, ou empresa especializada, sendo obrigatória que esta última a faça se aberta a sociedade (§ 1º). As ações da controlada pertencentes à controladora serão avaliadas levando em conta o seu patrimônio, sempre seguindo os critérios adotados na avaliação das ações da controladora (§ 2º).

Existe uma regra especial quando às ações dos acionistas não controladores, as quais, uma vez aprovada a incorporação, também serão substituídas pelas da sociedade incorporadora. Desde que não vantajosas as relações de substituição, ou se de menor valor que as substituídas pela sociedade incorporadora, os acionistas dissidentes da deliberação da sociedade controlada que aprova a incorporação, no prazo de trinta dias contados da publicação da ata da assembleia que aprovar o protocolo ou justificação, poderão optar para uma das seguintes alternativas: ou pelo reembolso fixado de acordo com a avaliação do patrimônio líquido da sociedade; ou pelo reembolso em consonância com a avaliação do patrimônio líquido das ações da incorporadora e da controlada. Condição para a faculdade da retirada, acompanhada do reembolso, é a falta de liquidez e dispersão das ações no mercado (§ 3º).

Idêntico procedimento do acima explicitado estende-se à incorporação da controladora pela controlada, à fusão da controladora com a controlada, à incorporação de ações de companhia controlada com a controladora, bem como à incorporação, fusão e incorporação de ações de sociedade sob o controle comum (§ 4º).

Não incidem as disposições acima desenvolvidas para o caso de terem as ações do capital da controladora sido adquiridas no pregão da Bolsa de Valores ou mediante oferta pública para aquisição de controle de companhia aberta e mediante a obediência a regras de negociação expedidas pela Comissão de Valores Mobiliários (§ 5º).

4. FUSÃO

Pela fusão, duas ou mais empresas se fundem ou se juntam, desaparecendo e formando uma nova sociedade. Aprofunda Antônio Chaves, inspirado na doutrina italiana: "A fusão propriamente dita diz respeito ao caso de união de duas ou mais entidades, as quais perdem a própria personalidade para formar uma entidade nova e distinta daquelas anteriormente existentes".[12] Na incorporação, subsiste uma sociedade, que absorve ou encampa o patrimônio da outra. Justamente aí se encontra a diferença, eis que, na primeira modalidade, as sociedades desaparecem juridicamente e dão lugar a uma nova sociedade, com existência e personalidade diferentes.

Essa ideia surge clara no art. 228: "A fusão é a operação pela qual se unem duas ou mais sociedades para formar sociedade nova, que lhes sucederá em todos os direitos e obrigações".

Normalmente, apura-se o valor patrimonial líquido das sociedades, cujo resultado formará o capital da sociedade que surgirá.

Como na incorporação, seguem-se os procedimentos do projeto ou protocolo de intenções, no qual se traçam os caminhos ou passos para a fusão, e dando as linhas e condições, descrevendo-se as sociedades, o respectivo capital, os elementos fundamentais

---

[12] "Pessoa Jurídica – Transformações: incorporação, fusão, fracionamento. Gestão de Negócios – Caracterização – efeitos de um eventual excesso de poderes", trabalho citado, p. 756.

556 • Direito de Empresa | *Arnaldo Rizzardo*

e a operacionalização da fusão. Acompanhará uma exposição de motivos ou justificação, para ser apresentada às assembleias de cada sociedade.

Uma vez aprovada pelas assembleias a fusão, parte-se para a avaliação do respectivo patrimônio, o que se faz por peritos nomeados. Cada sociedade designará os seus peritos, que avaliarão não somente o patrimônio da respectiva sociedade, mas também o das outras, que vão se unir. Nesse ponto, cumpre salientar que deverá haver uma sintonia, ou uma unanimidade, na avaliação dos patrimônios líquidos. Os sócios de cada uma terão tantas ações quantas comportarem o capital da qual são provenientes.

Permite-se que as assembleias deleguem aos respectivos administradores as providências para a avaliação, ou que autorizem a formação de uma comissão de avaliação, formada em conjunto com as demais sociedades, o que facilitará a fase de apontar o capital.

O § 1º estatui a respeito: "A assembleia geral de cada companhia, se aprovar o protocolo de fusão, deverá nomear os peritos que avaliarão os patrimônios líquidos das demais sociedades".

Aprontados os laudos, forma-se uma assembleia geral com os sócios de todas as sociedades, na qual se decidirá sobre as avaliações e a criação de nova sociedade. Na votação dos laudos de avaliação, os sócios de cada sociedade se absterão de votar no respectivo laudo. Ou seja, aprovarão ou não os laudos das outras sociedades, como se apreende do § 2º: "Apresentados os laudos, os administradores convocarão os sócios ou acionistas das sociedades para uma assembleia geral, que deles tomará conhecimento e resolverá sobre a constituição definitiva da nova sociedade, vedado aos sócios ou acionistas votar o laudo de avaliação do patrimônio líquido da sociedade de que fazem parte".

A partir da aprovação, elaboram-se os estatutos da nova sociedade, devendo, já, os elementos constarem em projeto previamente feito, que se apresentará à assembleia. Nomeiam-se os administradores do Conselho de Administração e de outros órgãos que estão previstos nos estatutos, inclusive do Conselho Fiscal.

O art. 19 da Instrução Normativa DREI nº 35 sistematiza os passos:

> "A fusão de sociedade de qualquer tipo jurídico deverá obedecer aos seguintes procedimentos:
>
> I – a deliberação das sociedades a serem fusionadas deverá:
>
> a) No caso de sociedade anônima, se aprovar o protocolo de fusão, nomear os peritos que avaliarão os patrimônios líquidos das demais sociedades;
>
> b) No caso das demais sociedades, deliberada a fusão e aprovado o projeto do ato constitutivo da nova sociedade, bem como o plano de distribuição do capital social, nomear os peritos para a avaliação do patrimônio da sociedade.
>
> II – apresentados os laudos, os administradores convocarão os sócios ou acionistas das sociedades para reunião ou assembleia, conforme o caso, para deles tomar conhecimento e decidir sobre a constituição definitiva da nova sociedade, vedado aos sócios ou acionistas votar o laudo de avaliação do patrimônio líquido da sociedade de que fazem parte;
>
> III – constituída a nova sociedade, e extintas as sociedades fusionadas, os primeiros administradores promoverão o arquivamento dos atos da fusão e sua publicação, quando couber;
>
> IV – A fusão será decidida, na forma estabelecida para os respectivos tipos, pelas sociedades que pretendam unir-se".

O art. 20 trata do arquivamento, apontando as atas de assembleias gerais:

"Para o arquivamento dos atos de fusão, além dos documentos formalmente exigidos, conforme quadro em anexo, são necessários:

I – certidão ou cópia autêntica da ata da assembleia geral extraordinária ou a alteração contratual de cada sociedade envolvida, com a aprovação do protocolo de intenções, da justificação e da nomeação dos peritos ou de empresa especializada;

II – certidão ou cópia autêntica da ata da assembleia geral de constituição ou o contrato social".

A criação da sociedade se dá pela formalização de seu estatuto, com a publicação na imprensa e a abertura de inscrição no Registro de Empresas. Averba-se a extinção das sociedades anteriores, desde que comprovadas as negativas de tributos e outras obrigações.

Estabelece, sobre essas medidas, o § 3º do art. 228: "Constituída a nova companhia, incumbirá aos primeiros administradores promover o arquivamento e a publicação dos atos da fusão".

5. CISÃO

Tem-se, na figura, a transferência do capital de uma sociedade para outra ou outras. A ideia emana do art. 229: "A cisão é a operação pela qual a companhia transfere parcelas do seu patrimônio para uma ou mais sociedades, constituídas para esse fim ou já existentes, extinguindo-se a companhia cindida, se houver versão de todo o seu patrimônio, ou dividindo-se o seu capital, se parcial a versão".

Depreende-se que a cisão se opera em favor de uma ou mais sociedades, e que pode abranger todo o seu patrimônio ou parte dele. Abrangendo a totalidade do capital, a consequência será o desaparecimento, pois todo o seu patrimônio é vertido em favor de uma ou mais sociedades. Procede-se, então, a baixa, com as devidas providências perante a Junta Comercial. Se parcial a transferência, mantém-se a existência da sociedade, porquanto retém uma parte do patrimônio. Inclusive a responsabilidade da sociedade que remanesce, e dos sócios, persiste nas obrigações assumidas – aspecto já enfrentado pelo Superior Tribunal de Justiça: "Continuam vinculados ao contrato que formaram pela sociedade cindida, os sócios que remanesceram, agora como membros das entidades derivadas, resultantes da dissolução da empresa objeto da cisão".[13]

A transferência é do patrimônio líquido, a que se chega pela exclusão do passivo. Acusando o contrato o ativo de mil unidades de valor, e apurado o passivo de quinhentas, a transferência de duzentos e cinquenta importa em cisão parcial.

A cessão de quinhentas unidades de valor acaba por esvaziar o patrimônio. Todavia, não extingue a sociedade. Escrituralmente permanece com quinhentas unidades, embora, na prática, não haja suporte patrimonial. Somente a cessão de todo o capital é que leva à extinção natural.

A sociedade, no entanto, é o conjunto do ativo e passivo. Daí que, se a cisão abrange um valor em ações, opera-se a transferência com a inclusão do ativo e do passivo. No caso, porém, embora existindo passivo, de referir-se a transferência de ações consubstan-

---

[13] REsp. nº 9.862-PR, j. em 10.06.1991, *DJU* de 1º.07.1991.

558 • Direito de Empresa | *Arnaldo Rizzardo*

ciadas em estimativa sobre bens, ou materializando-se a cisão através da cessão de bens que vão para a sociedade cindenda, há a discriminação do patrimônio transferido, sempre equivalente a um montante específico de ações. Não arca a sociedade que recebeu parte do capital com o passivo, a menos que terceiros credores restem prejudicados e reclamem seus créditos.

Em princípio, transmite-se a responsabilidade pelas obrigações pendentes. Importante é definir a assunção, pela sociedade cindenda, das obrigações passivas, o que se dá na exata proporção do patrimônio líquido vertido. Inadmissível a mera transferência sem a contrapartida das obrigações, se pendentes de solução. Do contrário, ensejar-se-ia a prática de fraudes. Bastaria a mera cisão para fugir a cindida da responsabilidade pelas obrigações. No entanto, assume a sociedade que recebe parte ou todo o capital o correspondente em obrigações ao patrimônio líquido que recebeu.

O § 1º conduz a essa exegese: "Sem prejuízo do disposto no art. 233, a sociedade que absorve parcela do patrimônio da companhia cindida sucede a esta nos direitos e obrigações relacionados no ato da cisão; no caso de cisão com extinção, as sociedades que absorvem parcelas do patrimônio da companhia cindida sucederão a esta, na proporção dos patrimônios líquidos transferidos, nos direitos e obrigações não relacionados".

Sem prejuízo do art. 233, ressalta o preceito, o qual firma a responsabilidade solidária das sociedades que sucedem a extinta: "Na cisão com extinção da companhia cindida, as sociedades que absorverem parcelas do seu patrimônio responderão solidariamente pelas obrigações da companhia extinta. A companhia cindida que subsistir e as que absorverem parcelas do seu patrimônio responderão solidariamente pelas obrigações da primeira anteriores à cisão".

Nessa ordem, havendo a cisão de trinta por cento do capital social, opera-se a transferência de trinta por cento das contas do ativo e do passivo.

A permanência da responsabilidade já restou admitida pelo STJ, em especial se não acompanhar disposição em contrário no instrumento: "Em se tratando de cisão parcial, nada pactuando as partes acerca da responsabilidade das obrigações sociais em relação a terceiros, prevalece a responsabilidade solidária prevista no *caput* do art. 233 da Lei nº 6.404/1976, restando afastada a aplicação do seu parágrafo único".[14]

A matéria, em amplidão, é tratada pelo STJ, na seguinte ementa:

"O patrimônio social constitui, via de regra, a garantia dos credores da pessoa jurídica. Com a cisão, ocorre transferência da totalidade ou de uma parcela do patrimônio da sociedade cindida para outras sociedades, fato que reduz a garantia dos credores da sociedade original.

No caso de cisão total, as sociedades assim originadas respondem, em solidariedade, pelas obrigações da companhia que se extingue (artigo 233).

Tratando-se de cisão parcial, via de regra, também prevalece a solidariedade, a menos que no ato de reestruturação societária exista disposição em sentido contrário. Neste caso, tendo sido afastada a solidariedade entre a sociedade cindida e as sociedades que vierem a absorver parcela do patrimônio cindido, os credores anteriores à cisão podem se opor à estipulação de ausência de solidariedade com relação a seus créditos, mediante o envio de notificação à sociedade no prazo de 90 dias a contar da publicação dos atos da cisão.

Em relação aos credores com títulos constituídos após a cisão, mas referentes a negócios jurídicos anteriores, não se aplica a estipulação que afasta a solidariedade, já que, à época da cisão, ainda não detinham a qualidade de credores, portanto, não podiam se opor à estipula-

---

[14] REsp. nº 195.077-SC, da 3ª Turma, j. em 04.05.2000, *DJU* de 26.06.2000, em *RSTJ*, 138/313.

ção. Esta interpretação dos arts. 229, § 1º c/c 233, parágrafo único, da Lei nº 6.404/76 garante tratamento igualitário entre todos os credores da sociedade cindida".[15]

Há a disciplina da cisão para a formação de nova sociedade, de cisão parcial de patrimônio para sociedade já existente, e para a versão total do capital para outras sociedades.

Na primeira hipótese, constitui-se a sociedade nova através de decisão da assembleia geral da sociedade que cede parte de seu capital. Realiza-se a avaliação do patrimônio, e destaca-se a parte que irá para a nova sociedade. Para tanto, o primeiro passo consiste na apresentação de protocolo, ou do projeto da operação que se efetuará, com a inclusão dos elementos do art. 224, com os delineamentos da nova sociedade. O § 2º do art. 229 dá essa orientação: "Na cisão com versão de parcela do patrimônio em sociedade nova, a operação será deliberada pela assembleia geral da companhia à vista de justificação que incluirá as informações de que tratam os incisos do art. 224; a assembleia, se a aprovar, nomeará os peritos que avaliarão a parcela do patrimônio a ser transferida, e funcionará como assembleia de constituição da nova companhia".

No caso de sociedade já existente, o acréscimo de capital por transferência de outra sociedade requer providências idênticas às estabelecidas para a incorporação, na esteira do art. 227. Ou seja, há a justificação, o protocolo da operação com o projeto da alteração do contrato social da sociedade que transfere, e das sociedades que recebem parte do capital. Segue-se a avaliação através de peritos nomeados pela assembleia. Eis o regramento, que vem no § 3º do art. 229: "A cisão com versão de parcela de patrimônio em sociedade já existente obedecerá as disposições sobre incorporação (art. 227)".

Aos administradores da sociedade que destaca parte de seu capital e aos das sociedades favorecidas com o recebimento atribuem-se os encargos de arquivamento dos atos e de publicação na imprensa (segunda parte do § 4º).

Por último, tem-se a cisão com a extinção da sociedade que transfere o capital para outras. Aos administradores das sociedades que receberão o capital cabem as providências para a transferência, que equivale à incorporação. Deve elaborar-se a justificativa, que acompanha o protocolo de transformação. Segue-se a avaliação, com a posterior alteração dos contratos sociais, em face do aumento do capital que se verifica através de versão do capital da sociedade que deixará de existir. As providências de arquivamento dos atos, de publicação e, inclusive de baixa da sociedade que opera a transferência, competirão aos administradores das sociedades que absorverem o capital (§ 4º, primeira parte, do art. 229).

Aos titulares das ações integralizadas da sociedade cindida são atribuídas as ações que passaram a compor o capital das sociedades para as quais verteu o capital.

Dá-se a criação de novas ações, que vão para aqueles sócios que eram titulares na sociedade cindida, na proporção das que possuíam. A distribuição em níveis diferentes depende da aprovação de todos os titulares de ações, inclusive daquelas que não conferem direito a voto (§ 5º).

5.1. Procedimento para qualquer tipo de cisão

Consoante anotado no item anterior, existem algumas espécies de cisões, como a cisão parcial para sociedade existente, a cisão parcial para a constituição de nova sociedade, a cisão total para sociedades existentes, e a cisão total para a constituição de sociedades novas.

---

[15] REsp. nº 478.824-RS, da 2ª Turma, j. em 24.08.2005, *DJU* de 19.09.2005.

A Instrução Normativa DREI nº 35/2017, no art. 25, traça as diretrizes para a cisão de qualquer espécie de sociedade, e de qualquer tipo de cisão:

"A cisão de sociedade empresária, de qualquer tipo jurídico, deverá obedecer aos seguintes procedimentos:

I – cisão parcial para sociedade existente:

    a) A sociedade, por sua assembleia geral extraordinária ou por alteração contratual, que absorver parcela do patrimônio de outra, deverá aprovar o protocolo de intenções e a justificação, nomear peritos ou empresa especializada e autorizar o aumento do capital, se for o caso;

    b) A sociedade que estiver sendo cindida, por sua assembleia geral extraordinária ou por alteração contratual, deverá aprovar o protocolo de intenções, a justificação, bem como autorizar seus administradores a praticarem os demais atos da cisão;

    c) Aprovado o laudo de avaliação pela sociedade receptora, efetivar-se-á a cisão, cabendo aos administradores das sociedades envolvidas o arquivamento dos respectivos atos e a sua publicação, quando couber.

II – cisão parcial para constituição de nova sociedade:

    a) A ata de assembleia geral extraordinária ou a alteração contratual da sociedade cindida, que servirá como ato de constituição da nova sociedade, aprovará o protocolo de intenções, a justificação e o laudo de avaliação elaborado por peritos ou empresa especializada, relativamente à parcela do patrimônio líquido a ser vertida para a sociedade em constituição;

    b) Os administradores da sociedade cindida e os da resultante da cisão providenciarão o arquivamento dos respectivos atos e sua publicação, quando couber.

III – cisão total para sociedades existentes:

    a) As sociedades que, por assembleia geral ou por alteração contratual, absorverem o total do patrimônio líquido da sociedade cindida, deverão aprovar o protocolo de intenções, a justificação e o laudo de avaliação, elaborado por peritos ou empresa especializada e autorizar o aumento do capital, quando for o caso;

    b) A sociedade cindida, por assembleia geral ou por alteração contratual, deverá aprovar o protocolo de intenções, a justificação, bem como autorizar seus administradores a praticarem os demais atos da cisão;

    c) Aprovado o laudo de avaliação pelas sociedades receptoras, efetivar-se-á a cisão, cabendo aos seus administradores o arquivamento dos atos de cisão e a sua publicação, quando couber.

IV – cisão total – constituição de sociedades novas:

    a) A sociedade cindida, por assembleia geral ou alteração contratual, cuja ata ou instrumento de alteração contratual servirá de ato de constituição, aprovarão protocolo de intenções, a justificação e o laudo de avaliação elaborado por peritos ou empresa especializada, relativamente ao patrimônio líquido que irá ser vertido para as novas sociedades;

Cap. XXXVII | Incorporação, fusão e cisão das sociedades anônimas • **561**

b) Os administradores das sociedades resultantes da cisão providenciarão o arquivamento dos atos da cisão e a sua publicação, quando couber".

Quanto ao arquivamento, eis os documentos, de acordo com o art. 26 da citada Instrução:

"Para o arquivamento dos atos de cisão, além dos documentos formalmente exigidos, conforme quadro em anexo, são necessários:

I – cisão para sociedade(s) existente(s):

a) Cisão Total

1. Certidão ou cópia autêntica da ata da assembleia geral extraordinária ou a alteração contratual da sociedade cindida que aprovou a operação, como protocolo de intenções e a justificação;
2. Certidão ou cópia autêntica da ata de assembleia geral extraordinária ou a alteração contratual de cada sociedade que absorver o patrimônio da cindida, como protocolo de intenções, a justificação e o laudo de avaliação e o aumento de capital.

b) Cisão Parcial

1. Certidão ou cópia autêntica da ata da assembleia geral extraordinária ou a alteração contratual da sociedade cindida que aprovou a operação, como protocolo de intenções e a justificação;
2. Certidão ou cópia autêntica da ata de assembleia geral extraordinária ou a alteração contratual de cada sociedade que absorver parcela do patrimônio da cindida, como protocolo de intenções, a justificação e o laudo de avaliação e o aumento de capital.

II – cisão para constituição de nova(s) sociedade(s):

a) Cisão Total

1. Certidão ou cópia autêntica data de assembleia geral extraordinária ou a alteração contratual da sociedade cindida que aprovou a operação, o protocolo de intenções, a justificação, a nomeação dos peritos ou empresa especializada, a aprovação do laudo e a constituição da(s) nova(s) sociedade(s);
2. Os atos constitutivos da(s) nova(s) sociedade(s).

b) Cisão Parcial

1. Certidão ou cópia autêntica da ata da assembleia geral extraordinária ou a alteração contratual da sociedade cindida que aprovou a operação como protocolo de intenções, a justificação e o laudo de avaliação;
2. Os atos constitutivos da nova sociedade".

6. SOCIEDADES ENVOLVIDAS NA INCORPORAÇÃO, FUSÃO E CISÃO COM SEDES EM UNIDADES DIFERENTES DA FEDERAÇÃO

Parece evidente que a incorporação, a fusão e a cisão podem abranger sociedades com sede em Estados diferentes.

No caso, seguindo parâmetro da Instrução Normativa DREI nº 35, em seu art. 32 e em seu parágrafo único, nas Juntas Comerciais de cada Estado onde se encontra a sociedade levam-se ao arquivamento na Junta Comercial os fatos que acontecem com a sociedade. Assim, quando à sociedade incorporada, fusionada ou cindida, na Junta Comercial da respectiva sede são depositados os atos da incorporação, fusão ou cisão de aprovação, do protocolo, da justificação e da avaliação. Já na Junta Comercial da sede da sociedade incorporanda, fusionanda ou cindenda é feito o depósito, os mesmos atos são averbados, com o arquivamento dos documentos respectivos, e que revelem a aprovação da cisão, do protocolo, da justificação e da avaliação.

Na cisão total, na sede da sociedade cindida providencia-se na anotação da extinção, já que não mais perdurará, com o depósito dos documentos comprobatórios da aprovação do protocolo, da justificação e da avaliação.

Importando a incorporação, a fusão e a cisão na criação de nova sociedade, leva-se a efeito a sua constituição, com o arquivamento dos documentos próprios e a abertura de registro do estatuto. O protocolo, a justificação e a avaliação precedem a constituição, sendo os mesmos que se fizeram para a sociedade cindida. No seu conteúdo inserem-se os regramentos da nova sociedade, com o arrazoado que justifica a operação, e a avaliação do patrimônio que ingressará na sua constituição.

Consoante o art. 34 da citada Instrução, as operações de transformação, incorporação, fusão e cisão abrangem apenas as sociedades mercantis, não se aplicando às cooperativas.

7. DESNECESSIDADE DE NEGATIVAS FISCAIS, PREVIDENCIÁRIAS E TRABALHISTAS PARA A INCORPORAÇÃO, FUSÃO E CISÃO, E PROVIDÊNCIAS NA EXISTÊNCIA DE FILIAIS

O art. 24 da Instrução Normativa DNRC nº 88/2001 exigia documentos de natureza fiscal federal, previdenciária e trabalhista para o arquivamento dos atos de incorporação, fusão ou cisão.

A Instrução Normativa DREI nº 35/2017 não mais contempla a exigência. Ocorre que a Lei Complementar nº 147/2014, alterando a Lei nº 11.598/2007, dispensou a apresentação de certidões negativas de débitos tributários, previdenciários e trabalhistas para o registro de atos constitutivos, de alterações e extinções referentes a empresários e pessoas jurídicas, em qualquer órgão da União, do Estado e do Município. Referida disposição abrange tanto o empresário ou a pessoa jurídica objeto do registro quanto os seus sócios, administradores, e as empresas de que participem. Realmente, foi introduzido o art. 7º-A à Lei nº 11.598/2007 pela Lei Complementar nº 147/2014, referindo a dispensa: "O registro dos atos constitutivos, de suas alterações e extinções (baixas), referentes a empresários e pessoas jurídicas em qualquer órgão dos 3 (três) âmbitos de governo, ocorrerá independentemente da regularidade de obrigações tributárias, previdenciárias ou trabalhistas, principais ou acessórias, do empresário, da sociedade, dos sócios, dos administradores ou de empresas de que participem, sem prejuízo das responsabilidades do empresário, dos titulares, dos sócios ou dos administradores por tais obrigações, apuradas antes ou após o ato de extinção".

Assim, não é mais necessário apresentar as certidões negativas de débitos tributários, previdenciários e trabalhistas para o registro de atos constitutivos, de alterações e extinções referentes a empresários e pessoas jurídicas, em qualquer órgão da União, do Estado e do

Município. Referida disposição abrange tanto o empresário ou a pessoa jurídica objeto do registro quanto os seus sócios, administradores e, ainda, as empresas de que participem.

Exemplificam-se os seguintes atos que dispensam tais documentos:

- atos que deliberem a redução do capital social da sociedade;
- atos que deliberem a transferência do controle da sociedade;
- atos que deliberem a incorporação da sociedade por outra sociedade;
- atos que deliberem a fusão da sociedade com outra sociedade;
- atos que deliberem a cisão total ou parcial da sociedade; e
- atos que deliberem a transformação da sociedade em outro tipo societário.

De observar, ainda, que a Lei Complementar nº 147 introduziu dois parágrafos ao art. 7º-A da Lei nº 11.598/2007, relativos à responsabilidade dos sócios e administradores, nos casos de pedido de baixa da sociedade.

O § 1º dispõe que mesmo que extinta a sociedade, posteriormente poderão ser lançados ou cobrados impostos, contribuições e respectivas penalidades, decorrentes da simples falta de recolhimento ou da prática comprovada e apurada em processo administrativo ou judicial de outras irregularidades praticadas pelos empresários ou por seus titulares, sócios ou administradores. Já pelo § 2º, a solicitação de baixa da sociedade importa na responsabilidade solidária de seus titulares, sócios e dos administradores do período de ocorrência dos respectivos fatos geradores.

Conclui-se que, embora não seja mais necessário apresentar certidões negativas, não significa que os titulares, sócios e administradores não serão mais responsabilizados pelos eventuais débitos e penalidades, mas apenas que a existência de débitos tributários, previdenciários e trabalhistas não impedem mais o registro das operações e alterações societárias das sociedades.

8. DIREITOS DOS DEBENTURISTAS NA INCORPORAÇÃO, FUSÃO OU CISÃO

Sabe-se que as debêntures importam em obrigações da sociedade anônima, e em créditos aos portadores. Definem-se como títulos de dívida da sociedade, fazendo parte de seu passivo exigível.

Algumas particularidades aparecem no art. 231 e em seus parágrafos quanto às debêntures, na incorporação, fusão ou cisão.

Para qualquer uma das formas de transformação ou mudança acima depende da prévia aprovação dos debenturistas, no que é claro o art. 231: "A incorporação, fusão ou cisão da companhia emissora de debêntures em circulação dependerá da prévia aprovação dos debenturistas, reunidos em assembleia especialmente convocada com esse fim".

A regulamentação da assembleia se encontra no art. 71 e respectivos parágrafos. Consoante suas disposições, os titulares de debêntures da mesma emissão ou série estão habilitados a reunir-se em assembleia, sempre que acharem conveniente, a fim de deliberar sobre matéria do interesse comum, além de outras situações, como as hipóteses aqui tratadas.

A convocação compete aos administradores que são encarregados da incorporação, fusão ou cisão.

564 • Direito de Empresa | *Arnaldo Rizzardo*

Seguem-se, para a convocação, as normas comuns que se aplicam às assembleias dos acionistas. Faz-se, pois, a convocação através de anúncio publicado na imprensa em três oportunidades, sendo que a primeira se efetuará com antecedência, no mínimo, de oito ou quinze dias, conforme tratar-se de sociedade aberta ou fechada, contando-se o prazo do primeiro anúncio (art. 124 e parágrafos).

A instalação, em primeira convocação, com a presença de, no mínimo, metade dos titulares de debêntures em circulação; em segunda convocação, por qualquer número de presentes.

Cada debênture assegura o direito a um voto.

Se assegurado aos debenturistas o direito de resgate, se feito o pedido no prazo de seis meses a contar da publicação das atas, não é necessária a assembleia, como faculta o § 1º: "Será dispensada a aprovação pela assembleia se for assegurado aos debenturistas que o desejarem, durante o prazo de 6 (seis) meses a contar da data da publicação das atas das assembleias relativas à operação, o resgate das debêntures de que forem titulares".

A sociedade que se cindir e as que absorverem o patrimônio são as responsáveis pelo resgate das debêntures, em consonância com o § 2º: "No caso do § 1º, a sociedade cindida e as sociedades que absorverem parcelas do seu patrimônio responderão solidariamente pelo resgate das debêntures".

9. DIREITOS DOS CREDORES NA INCORPORAÇÃO, FUSÃO E CISÃO

Trata a Lei nº 6.404/1976 distintamente dos direitos dos credores na incorporação e fusão, e na cisão.

É possível que se percebam causas de anulação nas figuras em exame.

No art. 232 e em seus parágrafos está a disciplina da anulação da incorporação e fusão se prejudicados credores, cujo *caput* limita em sessenta dias o prazo para reclamá--la, a contar da publicação da ata dos atos próprios, sob pena de decadência: "Até 60 (sessenta) dias depois de publicados os atos relativos à incorporação ou fusão, o credor anterior por ela prejudicado poderá pleitear judicialmente a anulação da operação; findo o prazo, decairá do direito o credor que não o tiver exercido".

O prejuízo, para ensejar a faculdade de anulação, corresponderá a dano na satisfação do crédito, na exata interpretação de Modesto Carvalhosa: "... Somente poderá arguir prejuízo quando há um dano por ele sofrido em seu direito de crédito, seja pela sua não recepção integral pela incorporadora ou pela resultante da fusão, seja pela alteração da natureza jurídica de tais créditos, seja ainda, e principalmente, pela alteração das garantias sem o seu expresso consentimento. Muito importante aqui verificar que a mera alteração de garantias, ainda que possam ser melhores, sem o consentimento do credor constitui ato ilícito das sociedades reorganizadas. Assim, qualquer alteração no crédito ou nas suas garantias será considerada uma lesão aos direitos do credor individual da sociedade, que, no caso, resulta dos negócios reorganizativos".[16]

Nota-se que a limitação do prazo destina-se à ação de anulação, não abrangendo o exercício de outros direitos, como a indenização ou a cobrança de créditos.

Não existem outras causas para a anulação. Os titulares das sociedades, porque concordaram, não se legitimam para a ação de anulação.

---

[16] *Comentários à Lei de Sociedades Anônimas*, ob. cit., vol. 4, t. I, p. 312.

Se a causa do pedido consistir em anulação por ofensa a direitos de crédito, pode a sociedade consignar o valor devido em nome do credor, ou mesmo depositá-lo em juízo, afastando, assim, o interesse da ação anulatória, como garantem os §§ 1º e 2º. Assinala o primeiro: "A consignação da importância em pagamento prejudicará a anulação pleiteada". Já o segundo, dá a seguinte alternativa: "Sendo ilíquida a dívida, a sociedade poderá garantir-lhe a execução, suspendendo-se o processo de anulação".

Outrossim, se no prazo do art. 232, que é de sessenta dias, sobrevier a falência da sociedade incorporadora, ou da sociedade que surgiu, ao credor de crédito anterior garante-se o direito de separar bens para a finalidade de pagamento dos créditos. Assim está no § 3º: "Ocorrendo, no prazo deste artigo, a falência da sociedade incorporadora ou da sociedade nova, qualquer credor anterior terá o direito de pedir a separação dos patrimônios, para o fim de serem os créditos pagos pelos bens das respectivas massas".

Já no art. 233 disciplina-se a responsabilidade das sociedades que surgem da cisão de outra sociedade. Respondem elas pelas obrigações pendentes da sociedade que veio a ser extinta, porquanto a totalidade de seu patrimônio se destinou ao aumento do capital de outras, ou à formação de novas sociedades. Se não foi total a absorção do capital por outras sociedades, e subsistir, assim, a sociedade antiga ou que cedeu parte de seu capital, perdura sua responsabilidade, solidariamente com as sociedades que receberam parte do capital, pelas obrigações anteriores à cisão. Eis o texto da regra: "Na cisão com extinção da companhia cindida, as sociedades que absorverem parcelas do seu patrimônio responderão solidariamente pelas obrigações da companhia extinta. A companhia cindida que subsistir e as que absorverem parcelas do seu patrimônio responderão solidariamente pelas obrigações da primeira anteriores à cisão". Não mantém validade a cláusula estatutária restringindo a responsabilidade às dívidas transferidas, ou a uma parcela delas.

Podem a sociedade cindida e as sociedades que absorveram parte de seu capital combinar que somente as últimas respondem pelas obrigações transmitidas, sem estender a responsabilidade à sociedade cindida. A qualquer credor, porém, se permite opor-se à estipulação, de modo a ficar seu crédito protegido e garantido pela sociedade que transferiu parte do capital, se notificar dessa sua vontade a sociedade, no prazo de noventa dias contado da publicação dos atos da cisão, nos quais aparece a isenção de responsabilidade da empresa cindida. É como está no parágrafo único do art. 233: "O ato de cisão parcial poderá estipular que as sociedades que absorverem parcelas do patrimônio da companhia cindida serão responsáveis apenas pelas obrigações que lhes forem transferidas, sem solidariedade entre si ou com a companhia cindida, mas, nesse caso, qualquer credor anterior poderá se opor à estipulação, em relação ao seu crédito, desde que notifique a sociedade no prazo de 90 (noventa) dias a contar da data da publicação dos atos da cisão".

Todavia, não há coerência da norma com o direito.

Nota-se a possibilidade de retirar da responsabilidade as sociedades que assumirem outras, desde que, no prazo de noventa dias, não se opuserem os credores, através de notificação. Por meio desta manobra, enseja-se a transferência de patrimônio para outras sociedades, mantendo-se as obrigações, e inviabilizando-se o seu adimplemento. Dificilmente os sócios e credores, especialmente nas sociedades abertas, acompanham a publicação dos atos da sociedade.

Está-se diante de uma norma propiciadora de fraudes e de condutas eivadas de má-fé. Por isso, se não total a cisão, mantendo parcela das dívidas com a cindida, o capital que remanesce com ela deve revelar-se suficiente para a satisfação das dívidas.

566 • Direito de Empresa | *Arnaldo Rizzardo*

Acrescenta Fábio Ulhoa Coelho os direitos dos credores na transformação: "Na transformação, eles (credores) continuam titularizando as mesmas garantias dadas pelo tipo societário anterior, até integral satisfação de seus créditos. Assim, a transformação de sociedade em nome coletivo em comandita por ações não impede que o credor anterior à operação responsabilize os sócios ilimitadamente".[17]

A notificação referida pode efetivar-se judicial ou extrajudicialmente, como se pronunciou o STJ: "Cisão de sociedade. Notificação. A notificação de que trata o parágrafo único do art. 233 da Lei de Sociedade por Ações pode ser feita judicial ou extrajudicialmente. Prazo decadencial afastado ante a demora do próprio aparelho judicial".[18]

Outrossim, a propositura e protocolo judicial ou cartorário do pedido de notificação operam o cumprimento da medida no prazo assinalado, não importando que se efetive o ato posteriormente.

10. A FORMALIZAÇÃO DA TRANSFERÊNCIA DE BENS NA INCORPORAÇÃO, FUSÃO E CISÃO E EXTINÇÃO DA SOCIEDADE ANTERIOR SE TOTAL A VERSÃO DO PATRIMÔNIO

É certo que as ações representam o patrimônio, que vem a constituir o capital da sociedade. Parte do patrimônio, ou capital, normalmente é formado ou realizado por bens móveis ou imóveis, que ingressam na sociedade. Nas figuras de incorporação, fusão e cisão há a transferência ou migração do capital, passando de uma sociedade para outra. Deixa, assim, de pertencer a uma sociedade e passa ao domínio de outra. Opera-se a transmissão da propriedade, mas no sentido de sucessão, posto que a incorporação, a fusão e a cisão constituem formas de transformação de sociedades.

Essa transferência ou transmissão, com o sentido de sucessão, não se faz por escritura pública ou contrato de compra e venda, como acontece em geral.

Os instrumentos de incorporação, de fusão e cisão constituem os atos de transferência ou transmissão, mas nunca olvidando o sentido de transformação. Mais propriamente, a ata da sociedade, com o devido registro na Junta Comercial, é o título de transferência ou transmissão da propriedade de uma sociedade para outra.

Daí que, para levar a registro o ato, basta apresentar cópia da ata com o devido registro na Junta Comercial. Não se requer mais um ato de transferência ou transmissão da propriedade. Em se tratando de bens móveis, como veículos, a ata registrada é o título, procedendo-se a averbação na repartição de trânsito competente; se forem imóveis, da mesma forma, mas levando-se a registro no Cartório de Registro de Imóveis para a mesma finalidade de averbação.

Nesse sentido a disposição no art. 234: "A certidão, passada pelo Registro de Comércio, da incorporação, fusão ou cisão, é documento hábil para a averbação, nos registros públicos competentes, da sucessão decorrente da operação, em bens, direitos e obrigações". O STJ restringe a averbação para as formas que constam do dispositivo. Havendo a transferência de bens em outras situações, impende se faça o registro:

"Sociedade anônima. Capital. Incorporação de bens. A transferência do domínio de imóvel faz-se com o registro e não com a averbação. O disposto no artigo 234 da Lei das Sociedades

---

[17] *Manual de Direito Comercial*, ob. cit., p. 201.
[18] REsp. nº 15.078-0-RJ, j. em 13.03.1995, *DJU* de 08.05.1995, *in RT*, 718/247.

por Ações aplica-se à incorporação de sociedades, em que há sucessão, e não à incorporação de bens ao capital".[19]

"A transferência do domínio, tratando-se de imóvel, faz-se com o registro no cartório de imóveis. Inaplicabilidade do disposto no artigo 234 da Lei nº 6.404/76, que se refere à incorporação, fusão e cisão de sociedades".[20]

Na incorporação, fusão e cisão não incide o imposto de transmissão na transferência dos bens de uma sociedade para outra, a menos que preponderante a atividade de locação e venda de imóveis da sociedade adquirente, assunto objeto de análise no estudo dessas formas de transformação nas demais sociedades.

Para finalizar, insta lembrar que fica automaticamente extinta a sociedade anterior, se total a versão de seu capital.

O art. 219, inc. II, elenca essa causa de extinção: "Extingue-se a companhia: ... II – pela incorporação ou fusão, e pela cisão com versão de todo o patrimônio em outras sociedades".

Tem-se, esclarece Celso Marcelo de Oliveira, da extinção *ex lege*, "não demandando qualquer declaração da assembleia de incorporadora, que não tem poderes e nem legitimidade para declarar a extinção de outra pessoa jurídica... Extingue-se a companhia pela incorporação ou fusão, e pela cisão com versão de todo o patrimônio em outras sociedades, mas não se confunde com a liquidação, porque não há partilha do ativo entre os sócios. Além disso, na incorporação não há liquidação de obrigações e de débitos previamente à extinção, pois as obrigações da incorporada passam integralmente à incorporadora".[21] Embora a referência, no final do texto, à incorporação, a aplicação estende-se à fusão e à cisão, sempre que verificada a migração total do capital social para outra ou outras empresas.

11. MODELO DE PROTOCOLO DE CISÃO, FUSÃO E INCORPORAÇÃO

Apresenta-se apenas o modelo básico de protocolo da cisão por ser a figura mais comum, e que acontece com frequência. A incorporação e a fusão seguem a mesma estrutura, havendo, no entanto, as particularidades de cada espécie, que serão apontadas entre parênteses.

> Para visualização do referido modelo, acesse o QR Code ao lado ou, se preferir, baixe o arquivo em formato editável disponível na plataforma GEN-io, conforme instruções apresentadas no início do livro.
>
> https://goo.gl/2RHZnH

---

[19]   REsp. nº 96.713-MG, da 3ª Turma, j. em 15.06.1999, *DJU* de 29.05.2000.
[20]   REsp. nº 81.512, da 3ª Turma, j. em 02.12.1997, *DJU* de 06.04.1998, em *RSTJ*, 106/241.
[21]   *Tratado de Direito Empresarial Brasileiro*, ob. cit., p. 788.

12. MODELO DE JUSTIFICAÇÃO DE CISÃO PARCIAL, FUSÃO E INCORPORAÇÃO

Apresenta-se o modelo básico da justificação da cisão por ser a figura mais frequente. A incorporação e a fusão seguem a mesma estrutura. As particularidades de cada espécie serão apontadas entre parênteses.

13. MODELO DE LAUDO DE AVALIAÇÃO NA CISÃO, FUSÃO E INCORPORAÇÃO

Apresenta-se, de forma abreviada, um modelo de laudo de avaliação para as hipóteses acima, dando-se preponderância para a cisão. No caso de fusão, haverá dois ou mais laudos, de conformidade com a quantidade de sociedades que serão fusionadas.

14. MODELO DE EDITAL DE CONVOCAÇÃO PARA A INCORPORAÇÃO, FUSÃO OU CISÃO

Primeiramente, a sociedade deve deliberar para a modificação. Decide em assembleia geral extraordinária, com a indispensável convocação dos sócios das sociedades envolvidas na operação.

Os sócios de ambas as sociedades devem ser convocados, o que não afasta que a assembleia se realize no âmbito de cada sociedade, surgindo, posteriormente, um protocolo e uma exposição de justificação comum das sociedades envolvidas na incorporação.

Sabe-se que complexo é o caminho para a formação e a alteração ou formação de sociedade.

Convocam-se os sócios das sociedades, com a veiculação de avisos, três vezes publicados na imprensa oficial e particular.

15. MODELO DE ATA DE ALTERAÇÃO POR AUMENTO DE CAPITAL PELA INCORPORAÇÃO

No caso de incorporação, a sociedade que incorpora recebe o capital de outra, aumentando o seu capital. Não se dá o surgimento de nova sociedade. Por conseguinte, o estatuto social sofre alteração, seguindo o modelo de alteração que aumenta o capital. A assembleia é para a incorporação, o que pressupõe que já houve a aprovação pelas sociedades envolvidas e que se encontram decididas questões antecedentes, como a aprovação do projeto ou protocolo, da justificação, da avaliação, do aumento, e da subscrição de ações.

Para visualização do referido modelo, acesse o QR Code ao lado ou, se preferir, baixe o arquivo em formato editável disponível na plataforma GEN-io, conforme instruções apresentadas no início do livro.

https://goo.gl/PWCnLD

16. MODELO DE FORMAÇÃO DE SOCIEDADE POR FUSÃO

Conforme se abordou antes, cada sociedade aprovará a fusão, ou sua conversão em uma nova sociedade, com *quorum* de aprovação de mais da metade dos sócios com direito a voto, e a apresentação dos respectivos instrumentos de protocolo e justificação.

Verificada a aprovação, com o levantamento patrimonial de cada sociedade, elabora-se o projeto definitivo da nova sociedade, que será apresentado para a deliberação da assembleia geral de constituição de nova sociedade, convocando-se os acionistas de todas as sociedades.

Num primeiro momento da assembleia, delibera-se sobre a fusão; em outro momento, debate-se e vota-se a formação da nova sociedade, com o seu regramento. Por último, formaliza-se o novo estatuto, na mesma assembleia, com a nomeação da diretoria.

O modelo da nova sociedade seguirá o da constituição comum de sociedade, já apresentado.

Para visualização do referido modelo, acesse o QR Code ao lado ou, se preferir, baixe o arquivo em formato editável disponível na plataforma GEN-io, conforme instruções apresentadas no início do livro.

https://goo.gl/963nyE

17. MODELO DE ALTERAÇÃO DE SOCIEDADE PARA AUMENTO DE CAPITAL VERTIDO DA CISÃO DE OUTRA SOCIEDADE

No caso de cisão, a sociedade receptora do capital vertido de outra, aumenta o seu capital. Não se dá o surgimento de nova sociedade. Por conseguinte, o estatuto social sofre alteração, seguindo o modelo de alteração que aumenta o capital. A assembleia é para a recepção de parte do patrimônio de outra sociedade, o que pressupõe que já houve a aprovação pelas sociedades envolvidas e que se encontram decididas questões antecedentes, como a aprovação do projeto ou protocolo, da justificação, da avaliação e da subscrição de ações.

18. MODELO SIMPLIFICADO DE ATA DE INCORPORAÇÃO, FUSÃO OU CISÃO

Desde que o protocolo e a justificação contenham todos os elementos da modificação ou do surgimento de nova empresa, na assembleia simplesmente aprova-se a alteração ou criação, reportando-se às condições incluídas em tais peças, nos seguintes moldes, com a presença dos acionistas ou representantes nomeados de todas as empresas envolvidas.

XXXVIII
Sociedades anônimas coligadas, controladoras e controladas

1. FORMAS DE UNIÃO, DE PODER E DE SUBMISSÃO DAS SOCIEDADES

O sentido desses tipos de sociedades equivale ao sentido dos mesmos tipos das sociedades em geral, também objeto de estudo. Assim, coligadas são as sociedades unidas entre si, ou as que têm alguma relação com outras na conjugação de finalidades ou de atuação. Controladoras consideram-se as titulares de ações em outra sociedade que lhes asseguram preponderância nas deliberações sociais, dentre outros poderes. E controladas denominam-se as sociedades submetidas ou ligadas a outras. Há, entrementes, diferenças palpáveis na caracterização das sociedades em geral e nas sociedades por ações.

Deve-se ter em mente a premissa da incidência da Lei nº 6.404/1976 na regência dos tipos acima se envolvidas sociedades por ações, como determina o art. 1.089 do Código Civil: "A sociedade anônima rege-se por lei especial, aplicando-se-lhe, nos casos omissos, as disposições deste Código".

Desta sorte, os conceitos de sociedades coligadas, controladoras e controladas são os que aparecem na Lei das Sociedades Anônimas.

Nesta ótica, o § 1º do art. 243 da Lei nº 6.404, em texto da Lei nº 11.941/2009, define a sociedade coligada: "São coligadas as sociedades nas quais a investidora tenha influência significativa".

O § 4º, acrescentado pela referida Lei nº 11.941/2009,, procura explicar o sentido de influência significativa: "Considera-se que há influência significativa quando a investidora detém ou exerce o poder de participar nas decisões das políticas financeira ou operacional da investida, sem controlá-la". Já o § 5º, também vindo com a citada Lei nº 11.941/2009, apresenta um percentual de participação que faz presumir a influência significativa: "É presumida influência significativa quando a investidora for titular de vinte por cento ou mais do capital votante da investida, sem controlá-la".

Sempre se faz necessário uma expressiva titularidade de ações, sem que importe em controle.

Tais os elementos caracterizadores, não prevalecendo o conceito que traz o Código Civil.

Quanto à sociedade controlada, nos termos do § 2º do mesmo artigo, considera-se aquela "na qual, a controladora, diretamente ou através de outras controladas, é titular de direitos de sócio que lhe assegurem, de modo permanente, preponderância nas deliberações sociais e o poder de eleger a maioria dos administradores".

Na própria definição exsurge o conceito de sociedade controladora, como a titular de direitos ou ações que garantem a preponderância nas deliberações sociais, inclusive na eleição da maioria dos administradores. E controlada é a sociedade cujas deliberações são decididas pela controladora.

Assim resume Paulo Roberto Tavares Paes a matéria: "Existe a coligação, entre as sociedades, quando uma participe, no capital da outra, com mais de dez por cento, sem controlá-la. Há o controle quando a controladora, diretamente ou através de outras controladas, é titular de direitos de sócio que lhe assegurem, de modo permanente, preponderância nas deliberações sociais e o poder de eleger a maioria dos administradores".[1]

Alfredo Lamy Filho e José Luiz Bulhões Pedreira tratam das formas como se opera o controle: "Na sua forma mais simples, o grupo de sociedades compreende uma sociedade controladora (ou de comando do grupo) que é titular do bloco de controle da controlada. Nesse caso, se a sociedade de comando está sob controle de um acionista controlador, há três relações de poder no grupo de sociedades: (a) o acionista controlador detém o controle direto da sociedade de comando; (b) o controle indireto da sociedade controlada; e (c) a sociedade de comando detém o controle direto da controlada.

Se o grupo compreende três ou mais sociedades, sua estrutura pode ter a disposição em cadeia (a sociedade de comando controla outra sociedade que, por sua vez, é controladora de uma terceira) ou em pirâmide (a sociedade de comando controla duas ou mais sociedades que, por sua vez, são controladoras de outras). Em ambos os tipos de estrutura existem relações de poder de controle direto (entre o acionista controlador e a sociedade de comando, ou entre suas sociedades do grupo) e relações de controle indireto (entre acionista controlador do grupo e cada uma das sociedades controladas, ou entre sociedade controladoras e controladas do grupo)".[2]

2. PARTICIPAÇÃO RECÍPROCA NAS SOCIEDADES COLIGADAS OU CONTROLADAS POR AÇÕES

Necessário tornar a lembrar que os conceitos de sociedade coligada e controlada são fornecidos pelo Código Civil.

Há, porém, aspectos especiais regulados pela Lei das Sociedades Anônimas, que merecem o devido estudo.

O primeiro deles é pertinente à participação recíproca, isto é, se as sociedades podem participar do capital uma da outra, ou se é permitida a participação recíproca no capital. Em princípio, o art. 244 da Lei nº 6.404/1976 não autoriza: "É vedada a participação recíproca entre a companhia e suas coligadas ou controladas".

Surgem, porém, exceções, ou casos especiais. Assim, como se apresenta lícito à sociedade adquirir as próprias ações, de igual modo é autorizada a aquisição de ações uma sociedade da outra. E quando se apresenta legal a aquisição das próprias ações? Admite-se a aquisição no caso do art. 30, § 1º, alínea 'b', que é "para permanência em tesouraria ou cancelamento, desde que até o valor do saldo de lucros ou reservas, exceto a legal, e sem diminuição do capital social ou por doação". Por outras palavras, uma empresa adquire ações da outra para ficarem na tesouraria, ou para o cancelamento das ações, mas desde que com o valor dos lucros ou reservas da empresa, sem prejuízo do

---

[1]   *Manual das Sociedades Anônimas*, ob. cit., p. 106.
[2]   *A Lei das S.A.*, ob. cit., p. 706.

capital, ou desde que haja doação de ações. É a dedução que se retira do § 1º do art. 244: "O disposto neste artigo não se aplica ao caso em que ao menos uma das sociedades participa de outra com observância das condições em que a lei autoriza a aquisição das próprias ações (art. 30, § 1º, *b*)".

Se, todavia, deu-se a aquisição de ações que ultrapassaram os lucros ou reservas, concede-se o lapso temporal de seis meses para alienar as ações, de acordo com o § 4º: "No caso do § 1º, a sociedade deverá alienar, dentro de 6 (seis) meses, as ações ou quotas que excederem do valor dos lucros ou reservas, sempre que esses sofrerem redução".

As ações que pertencem à controladora, e que são de propriedade da empresa controlada, ou que representam parte do capital social, não acarretam o direito a voto na sociedade. Reza, com efeito, o § 2º: "As ações do capital da controladora, de propriedade da controlada, terão suspenso o direito de voto".

Indo adiante no assunto, o § 3º manda aplicar o disposto no § 2º do art. 30 à aquisição de ações da companhia aberta por suas coligadas e controladas. Essas sociedades estão autorizadas a comprar ações de sociedade aberta. Repisa-se que às coligadas e controladas a lei reconhece capacidade para comprar ações da sociedade aberta, que é sua controladora. Ora, se há a controladora, é porque possui ações nas sociedades coligadas e controladas. No caso, as últimas podem comprar ações da primeira.

É necessário informar-se do conteúdo do referido § 2º, impondo a transcrição de seu texto: "A aquisição das próprias ações pela companhia aberta obedecerá, sob pena de nulidade, às normas expedidas pela Comissão de Valores Mobiliários, que poderá subordiná-la à prévia autorização em cada caso".

Contempla a lei a aquisição recíproca na incorporação, fusão ou cisão, ou aquisição, pela companhia, do controle da sociedade. Por essas formas de alterações ou extinção de uma das sociedades, parece difícil a aquisição recíproca, pois uma sociedade, isto é, ou a incorporada, ou a fundida, ou a cindida, ou a adquirida, desaparece. Todavia, disciplina o § 5º do art. 244 o assunto, estendendo à compra recíproca a aquisição do controle da sociedade, e exigindo a menção nos relatórios e demonstrações financeiras de ambas as companhias. Além disso, manda que essa participação recíproca seja eliminada no prazo de um ano. Em se tratando de coligação de sociedades, alienam-se as quotas ou ações mais recentes. Se da mesma data, ações ou quotas que representem menor porcentagem do capital social. Eis os termos do dispositivo: "A participação recíproca, quando ocorrer em virtude de incorporação, fusão ou cisão, ou da aquisição, pela companhia, do controle de sociedade, deverá ser mencionada nos relatórios e demonstrações financeiras de ambas as sociedades e será eliminada no prazo máximo de 1 (um) ano; no caso de coligada, salvo acordo em contrário, deverão ser alienadas as ações ou quotas de aquisição mais recente ou, se da mesma data, que representem menor porcentagem do capital social".

Afora as exceções estabelecidas, não é tolerada a aquisição ou compra recíproca de ações, ou que traga participação recíproca das empresas nas sociedades. Na infração, respondem os administradores civil e solidariamente, inclusive com cominações penais, aplicando-se, então, as disposições que tratam da compra ilegal das próprias ações. É o que consta do § 6º: "A aquisição de ações ou quotas de que resulte participação recíproca com violação ao disposto neste artigo importa responsabilidade civil solidária dos administradores da sociedade, equiparando-se, para efeitos penais, à compra ilegal das próprias ações".

A matéria sobre a compra das próprias ações já foi estudada e está regulada no art. 30 e em seus parágrafos, havendo várias exceções.

3. RESPONSABILIDADE DOS ADMINISTRADORES DA SOCIEDADE CONTROLADORA EM SOCIEDADES POR AÇÕES

Cuida a lei da responsabilidade dos administradores das sociedades coligadas ou que se encontram sob o regime do controle, quando favorecem a sociedade coligada, seja controladora ou controlada, a ponto de acarretar prejuízo à sociedade por eles administrada. Não é admitido o favorecimento, com a entrega de bens gratuitamente, ou a dispensa no cumprimento de obrigações, ou o desvio da contabilidade, de modo que não apareçam as transações. É de rigor a fiel observância da relação comutativa, seguindo as condições dos negócios, sob pena de plena responsabilidade pelas perdas e danos resultantes especialmente na distribuição de lucros ou dividendos.

Esse padrão de conduta está delineado no art. 245: "Os administradores não podem, em prejuízo da companhia, favorecer sociedade coligada, controladora ou controlada, cumprindo-lhes zelar para que as operações entre as sociedades, se houver, observem condições estritamente comutativas, ou com pagamento compensatório adequado; e respondem perante a companhia pelas perdas e danos resultantes de atos praticados com infração ao disposto neste artigo". Analisando o dispositivo, averbou o STJ: "Observa-se, pois, que o legislador, ao tratar das sociedades controladoras, dedicou artigo específico aos administradores e sua responsabilidade perante a companhia por atos de favorecimento às entidades controladoras, antevendo circunstâncias como a que ora se coloca e, o que é mais importante, reconhecendo que nesses casos é recomendável, em razão da influência que a controladora exerce sobre o administrador, tratamento diferenciado e apreciação cautelosa de cada caso. Não menciona, outrossim, nenhum procedimento especial para ingresso em juízo nessas hipóteses, em que o administrador pratica atos lesivos à companhia por influência da controladora".[3]

De anotar a observação de Daniel de Avila Vio, no sentido de que "o administrador apenas será civilmente responsável pelo favorecimento de outras sociedades do grupo de fato se os prejuízos resultantes para a companhia não forem neutralizados por meio de 'pagamento compensatório adequado'".[4]

Estabelecem-se casos específicos de danos provocados pela sociedade controladora às sociedades controladas, e que são os causados pela infração ao exercício da função que está discriminada nos arts. 116 e 117, os quais se referem a deveres dos acionistas e a abuso de poder. Eis a redação do art. 246: "A sociedade controladora será obrigada a reparar os danos que causar à companhia por atos praticados com infração ao disposto nos arts. 116 e 117". Os danos decorrentes de infração a esses dispositivos podem ensejar a reparação se causarem prejuízos. É necessário examinar essas condutas.

O art. 116 fornece a ideia do acionista controlador: "Entende-se por acionista controlador a pessoa, natural ou jurídica, ou o grupo de pessoas vinculadas por acordo de voto, ou sob o controle comum, que:

a) é titular de direitos de sócio que lhe assegurem, de modo permanente, a maioria dos votos nas deliberações da assembleia geral e o poder de eleger a maioria dos administradores da companhia; e

b) usa efetivamente seu poder para dirigir as atividades sociais e orientar o funcionamento dos órgãos da companhia".

---

[3] REsp. nº 16.410-0, da 4ª Turma, j. em 14.12.1992, *in Revista do Superior Tribunal de Justiça*, 59/221.

[4] *Grupos Societários*, ob. cit., p. 263.

O mau uso de prerrogativas ou das funções que advêm da maioria de ações e o desvio do poder para dirigir as atividades e orientar o funcionamento, se decorrer dano, importa em indenização, com a necessária correção monetária (art. 290 da Lei nº 6.404/1976).

O art. 117 proclama a responsabilidade pelo mau uso da função de controlador: "O acionista controlador responde pelos danos causados por atos praticados com abuso de poder".

O § 1º, com modificações da Lei nº 9.457/1997, elenca uma casuística de eventos que geram a responsabilidade:

"a) orientar a companhia para fim estranho ao objeto social ou lesivo ao interesse nacional, ou levá-la a favorecer outra sociedade, brasileira ou estrangeira, em prejuízo da participação dos acionistas minoritários nos lucros ou no acervo da companhia, ou da economia nacional;

b) promover a liquidação de companhia próspera, ou a transformação, incorporação, fusão ou cisão da companhia, com o fim de obter, para si ou para outrem, vantagem indevida, em prejuízo dos demais acionistas, dos que trabalham na empresa ou dos investidores em valores mobiliários emitidos pela companhia;

c) promover alteração estatutária, emissão de valores mobiliários ou adoção de políticas ou decisões que não tenham por fim o interesse da companhia e visem a causar prejuízo a acionistas minoritários, aos que trabalham na empresa ou aos investidores em valores mobiliários emitidos pela companhia;

d) eleger administrador ou fiscal que sabe inapto, moral ou tecnicamente;

e) induzir, ou tentar induzir, administrador ou fiscal a praticar ato ilegal, ou, descumprindo seus deveres definidos nesta Lei e no estatuto, promover, contra o interesse da companhia, sua ratificação pela assembleia geral;

f) contratar com a companhia, diretamente ou através de outrem, ou de sociedade na qual tenha interesse, em condições de favorecimento ou não equitativas;

g) aprovar ou fazer aprovar contas irregulares de administradores, por favorecimento pessoal, ou deixar de apurar denúncia que saiba ou devesse saber procedente, ou que justifique fundada suspeita de irregularidade;

h) subscrever ações, para fins do disposto no art. 170, com a realização em bens estranhos ao objeto social da companhia".

Há uma equiparação ao administrador, ampliando-se as obrigações que ensejam a responsabilidade, como se depreende do parágrafo único do art. 116: "O acionista controlador deve usar o poder com o fim de fazer a companhia realizar o seu objeto e cumprir sua função social, e tem deveres e responsabilidades para com os demais acionistas da empresa, os que nela trabalham e para com a comunidade em que atua, cujos interesses deve lealmente respeitar e atender". Consigna Mário Sclerca Jr.: "A lei, muito sabiamente, no elenco dos atos abusivos do exercício do poder de controle prevê a responsabilidade partindo exatamente da própria deliberação da assembleia... Pune o resultado do exercício do poder de controle, não importando se houve ou não assembleia tentando convalidar o ato do controlador".[5]

---

[5] "Controle Judicial dos Atos Empresariais", *in RT*, 640/59.

O § 1º do art. 246 aponta os legitimados a procurar a indenização: "A ação para haver reparação cabe:

a) a acionistas que representem 5% (cinco por cento) ou mais do capital social;

b) a qualquer acionista, desde que preste caução pelas custas e honorários de advogado devidos no caso de vir a ação ser julgada improcedente".

Aos acionistas minoritários, pois, reconhece-se a legitimidade para a propositura de ações, no que é secundado pela jurisprudência: "Detendo a sociedade controladora mais de 95% do capital social e das ações com direito a voto da sociedade controlada, os acionistas minoritários desta têm legitimidade ativa extraordinária para, independentemente de previa deliberação da assembleia geral, ajuizar, mediante prestação de caução, ação de responsabilidade civil contra aquela e seu administrador, em figurando este simultaneamente como controlador indireto".[6]

Permite-se à Comissão de Valores Mobiliários reduzir o percentual de cinco por cento (art. 291).

O § 2º traz mais cominações na hipótese de condenação da sociedade, que consistem em honorários de advogado e em um prêmio de cinco por cento ao autor da ação: "A sociedade controladora, se condenada, além de reparar o dano com as custas, pagará honorários de advogado de 20% (vinte por cento) e prêmio de 5% (cinco por cento) ao autor da ação, calculados sobre o valor da indenização".

4. NOTAS EXPLICATIVAS NAS SOCIEDADES POR AÇÕES COLIGADAS E CONTROLADAS

As notas explicativas das sociedades coligadas e controladas devem especificar detalhada e precisamente as informações, de modo a separar os resultados das controladoras e das controladas, referindo a série de dados que é exigida no art. 247, em alteração da Lei nº 11.941/2009: "As notas explicativas dos investimentos a que se refere o art. 248 devem conter informações precisas sobre as sociedades coligadas e controladas e suas relações com a companhia, indicando:

I – a denominação da sociedade, seu capital social e patrimônio líquido;

II – o número, espécies e classes das ações ou quotas de propriedade da companhia, e o preço de mercado das ações, se houver;

III – o lucro líquido do exercício;

IV – os critérios e obrigações entre a companhia e as sociedades coligadas e controladas;

V – o montante das receitas e despesas em operações entre a companhia e as sociedades coligadas e controladas".

Nota-se que as imposições dizem respeito aos investimentos, e apresentam-se as notas explicativas quando do término do exercício financeiro.

---

[6] REsp. nº 16.410-SP, da 4ª Turma do STJ, j. em 14.12.1992, *DJ* de 16.05.1994, *in RSTJ*, 59/221.

Consideram-se investimentos relevantes, na explicitação do parágrafo único, as seguintes hipóteses:

"a) em cada sociedade coligada ou controlada, se o valor contábil é igual ou superior a 10% (dez por cento) do valor do patrimônio líquido da companhia;

b) no conjunto das sociedades coligadas e controladas, se o valor contábil é igual ou superior a 15% (quinze por cento) do valor do patrimônio líquido da companhia".

Desde que atingidos tais percentuais, isoladamente em cada sociedade coligada ou controlada, ou no conjunto das sociedades coligadas e controladas, têm-se como relevantes os investimentos.

5. AVALIAÇÃO DOS INVESTIMENTOS NAS SOCIEDADES COLIGADAS E CONTROLADAS POR AÇÕES

A matéria está regulada no art. 248, em redação da Lei nº 11.941/2009, e pelos respectivos parágrafos.

Objetiva-se estabelecer como se faz a avaliação dos investimentos em coligadas ou em controladas e em outras sociedades que façam parte de um mesmo grupo ou estejam sob controle comum, devendo-se obedecer o método da equivalência patrimonial: "No balanço patrimonial da companhia, os investimentos em coligadas ou em controladas e em outras sociedades que façam parte de um mesmo grupo ou estejam sob controle comum serão avaliados pelo método da equivalência patrimonial, de acordo com as seguintes normas".

A avaliação faz-se pelo valor do patrimônio líquido que for apurado, isto é, resultante após o pagamento de despesas.

Como se calcula o patrimônio líquido na sociedade coligada ou controlada?

Determina-se com base no balanço patrimonial ou balancete de verificação levantado, que deve ser elaborado até sessenta dias, no máximo, antes da data do balanço da companhia.

Não se computam, no valor patrimônio líquido, os resultados não realizados, decorrentes de negócios com a companhia, ou com outras sociedades coligadas à companhia, ou por ela controladas.

Sobre o valor do patrimônio líquido aplica-se a porcentagem de participação no capital da coligada ou controlada, que corresponderá ao resultado a que tem a empresa que participa direito.

É necessário atentar para a diferença entre o valor do investimento e o custo de aquisição, isto é, dos encargos exigidos, diferença que entra como resultado do exercício nas seguintes eventualidades, elencadas pelo inc. III do art. 248:

a) se decorrer de lucro ou prejuízo apurado na coligada ou controlada;

b) se corresponder, comprovadamente, a ganhos ou perdas efetivos;

c) no caso de companhia aberta, com observância das normas expedidas pela Comissão de Valores Mobiliários.

Na avaliação, pois, consideram-se os resultados positivos e negativos, que se distribuem para as sociedades coligadas controladoras e controladas.

Na determinação da relevância do investimento, entram como custos de aquisição os saldos de créditos da companhia contra as coligadas e controladas (§ 1º do art. 248).

Está a sociedade coligada obrigada, sempre que solicitada pela companhia, a elaborar e fornecer o balanço ou balancete de verificação dos investimentos relevantes.

6. DEMONSTRAÇÕES CONSOLIDADAS DAS SOCIEDADES POR AÇÕES COLIGADAS OU CONTROLADAS

Destinam-se as regras que estão nos arts. 249 e 250 às sociedades abertas que tenham mais de trinta por cento de seu patrimônio líquido investido em sociedades controladas, percentual esse possível de redução por decisão da Comissão de Valores Mobiliários, a teor do art. 291, parágrafo único. Estão essas sociedades abertas obrigadas a elaborar e divulgar, juntamente com as demonstrações financeiras, as demonstrações consolidadas.

Consolidadas consideram-se as demonstrações que vão abrangendo e sempre computando as anteriores, de modo que, com as do exercício, apresentam uma exata visão da realidade financeira total da empresa que exerce o controle.

Seguem-se, nas demonstrações, o procedimento e os requisitos que a Comissão de Valores Mobiliários determinar.

Nessas demonstrações consolidadas não entram os seguintes elementos:

I – as participações de uma sociedade em outra;

II – os saldos de quaisquer contas entre as sociedades;

III – as parcelas dos resultados do exercício, dos lucros ou prejuízos, acumulados e do custo de estoques ou do ativo não circulante que corresponderem a resultados, ainda não realizados, de negócios entre as sociedades.

Várias outras disposições encerram os parágrafos do art. 250, alguns modificados pela Lei nº 11.941/2009, como a que manda se faça o destaque da participação dos acionistas não controladores, respectivamente, no balanço patrimonial e na demonstração do resultado do exercício; aquela prevendo que se mantenha, no ativo não circulante, a parcela do custo de aquisição do investimento em controlada, que não for absorvida na consolidação, com dedução da provisão adequada para perdas já comprovadas, devendo ser objeto de nota explicativa; a que estabelece que o valor da participação que exceder do custo de aquisição constituirá parcela destacada dos resultados de exercícios futuros até que fique comprovada a existência de ganho efetivo; a previsão de que as sociedades controladas, cujo exercício social termine mais de 60 (sessenta) dias antes da data do encerramento do exercício da companhia, deverão elaborar, com observância das normas desta Lei, demonstrações financeiras extraordinárias em data compreendida nesse prazo.

XXXIX
Sociedade brasileira acionista integral de sociedade anônima

1. SOCIEDADE FORMADA POR UM ÚNICO ACIONISTA

O assunto está regulado no art. 251 e seus parágrafos da Lei nº 6.404/1976.

Há uma sociedade que se constitui através de um único acionista, o qual é outra sociedade, devendo esta ser brasileira. José Edwaldo Tavares Borba explica a formação: "Conta a subsidiária integral (art. 251) com um único sócio, o qual deverá ser uma sociedade brasileira, isto é, com sede no Brasil e constituída de acordo com as leis brasileiras".[1] Sem dúvida, forma-se uma sociedade com um único sócio. Todavia, esse sócio é uma sociedade, o que é diferente se o único sócio fosse pessoa física. Na prática, uma sociedade, por assembleia geral, decide criar outra sociedade, que terá igual forma da instituidora. Segue Waldírio Bulgarelli ilustrando esta espécie: "Pode, assim, a subsidiária integral ser constituída mediante escritura pública, tendo como única acionista sociedade brasileira, ou então ser decorrência da aquisição de todas as ações de uma sociedade (§ 2º do art. 251) ou pela incorporação de todas as ações do capital ao patrimônio de outra companhia brasileira (art. 252)".[2]

Nem todas as regras da sociedade anônima se aplicam. A título de exemplo, não existem categorias de sócios, nem divergências. Não se fazem assembleias dessa sociedade, já que inadmissível a assembleia de um sócio apenas. As decisões e determinações virão através de ordens, ou resoluções do acionista. Revela-se claro José Edwaldo Tavares Borba: "Sendo o acionista único uma pessoa jurídica, as suas manifestações se processarão através de seus órgãos executivos (diretores ou sócios-gerentes), os quais, havendo cláusula estatutária ou contratual nesse sentido, submeterão as deliberações relevantes a serem tomadas, na subsidiária integral, à prévia aprovação da assembleia ou dos sócios da sociedade que representam".[3]

As decisões e determinações, pois, serão objeto de deliberação da assembleia da sociedade subsidiária.

Na hipótese, opera-se por escritura pública a constituição.

Eis, a respeito, os termos do art. 251: "A companhia pode ser constituída, mediante escritura pública, tendo como único acionista sociedade brasileira".

A constituição da sociedade através de outra se dá pela subscrição de seus bens ou pela subscrição de suas ações. Estudar-se-á cada modalidade.

---

[1] *Direito Societário*, ob. cit., p. 473.
[2] *Manual das Sociedades Anônimas*, 8ª ed., São Paulo, Editora Atlas S.A., 1996, p. 292.
[3] *Direito Societário*, ob. cit., p. 473.

2. FORMAÇÃO DO CAPITAL PELA SUBSCRIÇÃO DOS BENS DA SOCIEDADE SUBSI-DIÁRIA

Na primeira modalidade, a sociedade subscreve em bens o capital de uma sociedade subsidiária integral. O patrimônio ou capital é subscrito em bens. Assim permite o § 1º do art. 251 da Lei nº 6.404/1976: "A sociedade que subscrever em bens o capital de subsidiária integral deverá aprovar o laudo de avaliação de que trata o art. 8º, respondendo nos termos do § 6º do art. 8º e do art. 10 e seu parágrafo único".

Não se conclua que a incorporadora deva ser estrangeira. Não se impede que seja brasileira. Já quanto à sociedade subsidiária, obrigatoriamente impõe-se que se enquadre como brasileira.

Para tanto, procede-se à criação da subsidiária, caso não existir, que se organiza como sociedade comum, com a especificação da titularidade das ações. A sociedade principal subscreve em bens a sociedade subsidiária integral. No caso, realiza-se a avaliação dos bens segundo as disposições do art. 8º, respondendo os peritos, o subscritor e os sócios nos termos do § 6º do mesmo art. 8º e do art. 10 e seu parágrafo único.

Eis os termos do art. 8º: "A avaliação dos bens será feita por três peritos ou por empresa especializada, nomeados em assembleia geral dos subscritores, convocada pela imprensa e presidida por um dos fundadores, instalando-se em primeira convocação com a presença de subscritores que representem metade, pelo menos, do capital social, e em segunda convocação com qualquer número".

Pelo § 6º do mesmo art. 8º, os peritos avaliadores e o subscritor respondem pelos danos que causarem com a avaliação aos acionistas e terceiros. Comprovando-se a falsi-dade da avaliação, prejudicando, com isso, os acionistas e terceiros, e revelado o conluio com sócios, ou procedendo eles com dolo ou negligência, há a responsabilidade. Visa-se recompor o prejuízo acarretado, se aparecerem pessoas prejudicadas. Havendo, pois, fal-sidade na estimativa das ações, ou não revelando consistência os créditos que serviram de entrada para a constituição do capital, decorre necessariamente a responsabilidade.

Incluem-se na responsabilidade, em vista do art. 10 e seu parágrafo único, os subs-critores ou acionistas que contribuírem com seus bens para a formação do capital social, e mesmo os subscritores que ingressarem com créditos para a formação do capital, desde que provada a participação nos danos aos demais acionistas e a terceiros.

Finalmente, possível operar-se a subscrição de uma sociedade através da subscrição de suas ações, nos termos do § 2º: "A companhia pode ser convertida em subsidiária integral mediante aquisição, por sociedade brasileira, de todas as suas ações, ou nos termos do art. 252".

O assunto passa a ser abordado no item seguinte.

3. FORMAÇÃO DA SOCIEDADE PELA INCORPORAÇÃO DAS AÇÕES DE OUTRA SO-CIEDADE

Uma sociedade pode incorporar todas as ações de outra sociedade. Por diferentes palavras, uma sociedade torna-se subsidiária de outra pela subscrição de suas ações. Pas-sando as ações de uma sociedade a outra sociedade, dá-se a conversão da primeira em subsidiária integral da subscritora. Para tanto, deve haver deliberação da assembleia geral das duas companhias, que decidirá após o exame do protocolo ou projeto, e da justificação ou apresentação das razões.

Transcreve-se a regra do art. 252: "A incorporação de todas as ações do capital social ao patrimônio de outra companhia brasileira, para convertê-la em subsidiária integral, será submetida à deliberação da assembleia geral das duas companhias mediante protocolo e justificação, nos termos dos arts. 224 e 225".

Consoante o dispositivo acima, apresentam-se o protocolo e a justificação, tal como acontece com a incorporação.

No protocolo, eis os elementos a serem observados (art. 224):

I – o número, espécie e classe de ações que serão atribuídas em substituição dos direitos de sócios que se extinguirão e os critérios utilizados para determinar as relações de substituição;

II – os elementos ativos e passivos que formarão cada parcela do patrimônio, no caso de cisão;

III – os critérios de avaliação do patrimônio líquido, a data a que será referida a avaliação, e o tratamento das variações patrimoniais posteriores;

IV – a solução a ser adotada quanto às ações ou quotas do capital de uma das sociedades possuídas por outra;

V – o valor do capital das sociedades a serem criadas ou do aumento ou redução do capital das sociedades que forem parte na operação;

VI – o projeto ou projetos de estatuto, ou de alterações estatutárias, que deverão ser aprovados para efetivar a operação;

VII – todas as demais condições a que estiver sujeita a operação.

Na justificação, inserem-se (art. 225):

I – os motivos ou fins da operação, e o interesse da companhia na sua realização;

II – as ações que os acionistas preferenciais receberão e as razões para a modificação dos seus direitos, se prevista;

III – a composição, após a operação, segundo espécies e classes das ações, do capital das companhias que deverão emitir ações em substituição às que se deverão extinguir;

IV – o valor de reembolso das ações a que terão direito os acionistas dissidentes.

Na assembleia da sociedade que incorpora as ações, deve aprovar-se o aumento do capital da sociedade que incorpora, pois novas ações ingressam. O *quantum* do aumento depende de avaliação das ações que entram na sociedade, o que se faz por meio de peritos nomeados pela assembleia. Outrossim, não se assegura preferência aos acionistas para a subscrição das novas ações. Aos descontentes, fica reservado o direito de retirada, com o reembolso do valor de suas ações. As disposições se inferem do § 1º do art. 252: "A assembleia geral da companhia incorporadora, se aprovar a operação, deverá autorizar o aumento de capital, a ser realizado com as ações a serem incorporadas e nomear peritos que as avaliarão; os acionistas não terão direito de preferência para subscrever o aumento de capital, mas os dissidentes poderão retirar-se da companhia, observado o disposto no art. 137, II, mediante o reembolso do valor de suas ações, nos termos do art. 230".

Existem, ainda, as providências da empresa que tem as ações incorporadas.

582 • Direito de Empresa | *Arnaldo Rizzardo*

Naturalmente, também os acionistas da sociedade cujas ações vão ser incorporadas devem aprovar a operação. Num primeiro momento, existe a prévia autorização para a incorporação. Decidida a aprovação, a administração ou diretoria elaborará o projeto. Numa assembleia seguinte, delibera-se, ouvindo previamente a justificação de motivos e as condições ou protocolo, a serem apresentados pela administração ou diretoria. Deverá haver, no mínimo, a aprovação da metade das ações com direito a voto, ficando facultada aos dissidentes a retirada, com o reembolso da respectiva participação social. O reembolso é assegurado ao sócio com ações que não tenham liquidez e dispersão no mercado. Para o reembolso, condição é a efetiva realização da incorporação.

O § 2º do art. 252 sintetiza as condições e o procedimento acima: "A assembleia geral da companhia cujas ações houverem de ser incorporadas somente poderá aprovar a operação pelo voto da metade, no mínimo, das ações com direito a voto, e se aprovar, autorizará a diretoria a subscrever o aumento do capital da incorporadora, por conta dos seus acionistas; os dissidentes da deliberação terão direito de retirar-se da companhia, observado o disposto no art. 137, II, mediante o reembolso do valor de suas ações, nos termos do art. 230".

O § 4º, em texto da Lei nº 11.941/2009, oportuniza que a Comissão de Valores Mobiliários estabeleça normas especiais de avaliação e contabilização aplicáveis às operações de incorporação de ações que envolvam companhia aberta.

Efetivada a avaliação e aprovada pela assembleia de incorporação, emitem-se aos sócios da sociedade incorporada as ações que lhe couberem. Ou seja, tornam-se titulares de ações junto à incorporadora no lugar das ações que tinham na sociedade que foi incorporada, de conformidade com o § 3º: "Aprovado o laudo de avaliação pela assembleia geral da incorporadora, efetivar-se-á a incorporação e os titulares das ações incorporadas receberão diretamente da incorporadora as ações que lhes couberem".

Não há o desaparecimento da sociedade incorporada. Ela subsiste como sócia da incorporadora. Seus integrantes serão titulares de quotas recebidas da sociedade incorporadora. Mais explicitamente, as ações da sociedade incorporada equivalem a uma determinada quantidade de ações da sociedade incorporadora.

4. SUBSCRIÇÃO DAS AÇÕES E AUMENTO DO CAPITAL DE SOCIEDADE SUBSIDIÁRIA

Revela-se importante deixar claro quem tem o direito de adquirir as ações da sociedade subsidiária integral, se colocadas à venda, ou de subscrever o aumento do capital, se decidir a companhia admitir outros acionistas.

Assegura-se o direito aos sócios já existentes, na proporção das ações que possuírem na companhia. Assim está no art. 253 da Lei nº 6.404/1976: "Na proporção das ações que possuírem no capital da companhia, os acionistas terão direito de preferência para:

I – adquirir ações do capital da subsidiária integral, se a companhia decidir alie-ná-las no todo ou em parte; e

II – subscrever aumento de capital da subsidiária integral, se a companhia decidir admitir outros acionistas".

Nota-se, pois, que a preferência é sempre dos acionistas, como se dá com o aumento em geral do capital.

A oferta é feita em assembleia dos acionistas, que se convocará para tal finalidade, como reza o parágrafo único: "As ações ou o aumento de capital de subsidiária integral serão oferecidas aos acionistas da companhia em assembleia geral convocada para esse fim, aplicando-se à hipótese, no que couber, o disposto no art. 171".

A menção ao art. 171 tem pertinência para a finalidade de regular o exercício de preferência para a subscrição do aumento do capital. Idênticas diretrizes aplicam-se, no que couber, segundo a regra. Regula-se a preferência para os titulares das espécies e classes de ações que são criadas.

5. MODELO DE ESCRITURA PÚBLICA DE CONSTITUIÇÃO DE SOCIEDADE SUBSIDIÁRIA INTEGRAL

Apresenta-se um modelo de constituição de sociedade subsidiária através da subscrição do capital em bens. Ou seja, cria-se uma sociedade que terá uma única sócia, que é a sociedade criadora.

Para visualização do referido modelo, acesse o QR Code ao lado ou, se preferir, baixe o arquivo em formato editável disponível na plataforma GEN-io, conforme instruções apresentadas no início do livro.

https://goo.gl/5i1ZxU

XL

Alienação do controle de sociedade anônima

1. O CONTROLE DA SOCIEDADE

Quem exerce o controle de uma sociedade tem o poder de domínio sobre ela, prevalecendo sua decisão no comando e nas atividades, ou imprimindo-lhe os rumos que entender corretos, pois submete a direção à sua vontade. Há o controle porque se tem a maioria do capital social com direito a voto. De modo que o controle está ligado ao titular da maioria. E o conceito de maioria e minoria, na lei das sociedades anônimas, se funda na maior ou menor participação no capital votante, tendo em vista o controle da companhia. Não se incluem, pois, na maioria as ações preferenciais, que, por suas características, não participam do poder de controle, limitando-se ao interesse de auferir dividendos.

Há um bloco de ações que se converte em instrumento de poder, e determinará o comando da sociedade. Nas assembleias, delineiam-se as votações de acordo com o voto do acionista ou grupo de acionistas controlador. Naturalmente, o controle é alcançado pela titularidade da maioria das ações com direito a voto. Observam Alfredo Lamy Filho e José Luiz Bulhões Pedreira: "No sentido de espécie de poder, controle da companhia significa o poder político da companhia, que é detido pelo acionista (ou grupo de acionistas) titular de direitos de participação que lhe assegurem, de modo permanente, a maioria dos votos nas deliberações da Assembleia Geral e o poder de eleger a maioria dos administradores da companhia".[1]

2. OFERTA PÚBLICA DE AQUISIÇÃO DAS AÇÕES DOS DEMAIS SÓCIOS

É autorizada a alienação, direta ou indireta, do controle da sociedade. No entanto, o adquirente deverá publicar oferta pública de aquisição das ações dos demais sócios, pelo preço, no mínimo, de oitenta por cento do que foi pago quando da subscrição ou aquisição.

A finalidade da obrigação é a proteção dos acionistas minoritários, princípio norteador do art. 254 da Lei nº 6.404/1976, em sua versão original. Recorda Roberta Nioac Prado que, desde o surgimento das grandes fusões de bancos e outras empresas, os sócios minoritários "acabavam por ficar de mãos atadas frente aos novos controladores, que praticamente nada pagavam por suas ações, uma vez que no preço de aquisição do bloco de controle da empresa incluía-se o valor de tais intangíveis que não eram repassados aos minoritários quando da substituição de suas ações por novas ações da incorporadora, eis que o valor das mesmas já havia sido pago aos controladores da incorporada".[2]

---

[1] *A Lei das S.A.*, ob. cit., p. 698.

[2] "Da obrigatoriedade por parte do adquirente do controle de sociedade por ações de capital aberto de fazer simultânea oferta pública, em iguais condições, aos acionistas minoritários – art. 254 da

586 • Direito de Empresa | *Arnaldo Rizzardo*

Essa oferta pública é tão indispensável que se coloca como condição suspensiva e resolutiva do negócio. Enquanto não se oportunizar a venda de suas ações pelos demais sócios não se considera efetivado o negócio; caso fique sem levar-se a efeito a aquisição, o efeito é resolutivo, isto é, desfaz-se a aquisição.

Salienta-se que o preço de pagamento não ficará inferior a oitenta por cento do preço pago por ação com direito a voto objeto do bloco de aquisição, não incidente o percentual, portanto, no valor de mercado das ações.

Essas linhas que constam do art. 254-A da Lei nº 6.404/1976, em texto trazido pela Lei nº 10.303, de 2001: "A alienação, direta ou indireta, do controle de companhia aberta somente poderá ser contratada sob a condição, suspensiva ou resolutiva, de que o adquirente se obrigue a fazer oferta pública de aquisição das ações com direito a voto de propriedade dos demais acionistas da companhia, de modo a lhes assegurar o preço no mínimo igual a 80% (oitenta por cento) do valor pago por ação com direito a voto, integrante do bloco de controle".

A obrigação de aquisição de ações não se estende aos titulares de ações preferenciais, segundo consta expressamente contemplado no dispositivo, no que é corroborado pela jurisprudência: "Sociedade anônima. Alienação do controle de companhia aberta. Oferta pública para aquisição de ações. A autorização para a transferência do controle de companhia aberta, através de oferta pública para a aquisição de suas ações, referendada pelo Banco Central e pela Comissão de Valores Mobiliários, não envolve as ações preferenciais. Somente os acionistas minoritários portadores de ações ordinárias estão protegidos pela lei societária. Recurso improvido".[3]

Embora já dos dispositivos se colhe a restrição às sociedades abertas, adverte Roberta Nioac Prado que a proteção não se estende à sociedade de capital fechado. Traz o pensamento de Mauro Rodrigues Penteado ("Apontamentos sobre a alienação do controle de companhias abertas", *in RDM* 76/17, ano XXVIII, 1989), o qual critica a não extensão às sociedades fechadas: "A operação (nas sociedades fechadas) circunscreve-se a um negócio privado entre cedente e cessionário, sem beneficiar os acionistas minoritários, ao passo que nas companhias abertas é exigida a realização de oferta pública de aquisição de ações, de sorte a propiciar aos acionistas não controladores tratamento igualitário ao recebido pelo detentor do controle. Essa forma dicotômica – que soa injustificável, uma vez que nas companhias fechadas os acionistas minoritários encontram maiores dificuldades para vender suas ações, a preços equitativos".[4]

3. FORMA DA ALIENAÇÃO DAS AÇÕES NA TRANSFERÊNCIA DE CONTROLE

A alienação se faz pela simples transferência de ações, ou decorre da venda de bens integrantes da participação social. Por sua vez, o § 1º do art. 254-A, em redação da Lei nº 10.303, de 31.10.2001, elucida o alcance da alienação direta, que é levada a termo pelo acionista, ou pelo bloco de controle, das ações vinculadas a acordos de acionistas; e o alcance da alienação indireta, que se dá na transferência de valores mobiliários, cessão

---

Lei nº 6.404/76 e Resolução nº 401/76 – É efetivo mecanismo de proteção aos minoritários?", *in Revista de Direito Mercantil*, São Paulo, Malheiros Editores, ano XXXVI (nova série), nº 106, p. 85, abr.-jun. 1997.

[3] REsp. nº 2.276-RJ, da 1ª Turma do STJ, j. em 04.02.1991, *DJU* de 04.03.1991, em *Revista do Superior Tribunal de Justiça*, 32/200.

[4] Trabalho citado, p. 93.

de direitos de subscrição de ações e outros títulos que podem ser convertidos em ações. É bem clara a redação: "Entende-se como alienação de controle a transferência, de forma direta ou indireta, de ações integrantes do bloco de controle, de ações vinculadas a acordos de acionistas e de valores mobiliários conversíveis em ações com direito a voto, cessão de direitos de subscrição de ações e de outros títulos ou direitos relativos a valores mobiliários conversíveis em ações que venham a resultar na alienação de controle acionário da sociedade".

Percebe-se que a transferência de controle engloba a alienação de ações e de bens ou direitos que redundam em ações, e, assim, no controle acionário. No entanto, não se pode pura e simplesmente confundir o controle acionário e a compra de ações, pois na primeira espécie interessa somente as ações com direito a voto, enquanto na segunda forma incluem-se as ações preferenciais.

4. AQUISIÇÃO DO CONTROLE DE UMA SOCIEDADE POR OUTRA SOCIEDADE

Necessário destacar que a aquisição do controle de uma sociedade por outra corresponde, na prática, à incorporação. É o que demonstra Erasmo Mendonça de Boer: "... É notório que, quando uma grande companhia adquire as ações de outra menor, ela incorpora a pequena, significando o desaparecimento desta; e os clientes e negócios passam a ser tratados diretamente por aquela maior, adquirente. A grande companhia, normalmente, vende a carta patente da matriz incorporada (no caso das instituições financeiras) e as das agências, ou são remanejadas para outros locais para a abertura de novas agências da incorporadora, ou são também alienadas. Em suma, a companhia grande se expande e a pequena desaparece. Ora, o princípio normativo que obriga a oferta pública aos minoritários, ou o rateio dos intangíveis, se for o caso, tem por finalidade garantir o direito desses minoritários a não se transformarem, simplesmente, em sócios ainda mais minoritários da sociedade maior que incorporou e aglutinou no seu patrimônio a sociedade menor".[5]

À Comissão de Valores Mobiliários compete autorizar e regulamentar a transferência da sociedade aberta, estabelecendo condições e impondo o cumprimento de regras específicas que edita, em obediência aos §§ 2° e 3° do art. 254-A, no texto trazido pela Lei n° 10.303/2001.

Cumpre, em face dessa necessidade de autorização, que se comunique a alienação do controle à dita Comissão. Do contrário, advindo prejuízos, arcará a sociedade o dever de indenizá-los, havendo jurisprudência sobre o assunto: "Transferência do controle acionário. Ocorrência não comunicada oportunamente à Bolsa de Valores e à imprensa. Inadmissibilidade. Omissão de dever legal. Prejuízo aos acionistas minoritários, que efetuaram vendas de ações por valor inferior ao da oferta pública. Indenização devida. Responsabilidade solidária dos administradores. Aplicação e inteligência do art. 157 da Lei n° 6.404/1976. A inobservância do dever legal pelos administradores de sociedade anônima de capital aberto de divulgarem oportunamente a transferência do controle acionário da empresa gera responsabilidade solidária pelos danos causados a acionistas minoritários que negociaram suas ações por valor inferior ao da oferta pública. Indenização devida. Responsabilidade solidária dos administradores. Aplicação e inteligência do § 4° do art. 157 da Lei n° 6.404/1976".[6]

---

[5]   Artigo publicado na *RT*, n° 570, p. 83, citado no REsp. n° 34.834-5, da 3ª Turma do STJ, j. em 14.09.1993.

[6]   Ap. Cív. n° 65.531-1, do TJ de São Paulo, j. em 25.06.1987, em *RT*, 625/47.

5. POSSIBILIDADE DE OS ACIONISTAS MINORITÁRIOS PERMANECEREM NA SOCIEDADE

Ao adquirente do controle acionário de companhia aberta faculta-se oferecer aos acionistas minoritários a permanência na sociedade, mediante o pagamento do prêmio correspondente à diferença entre o valor das ações pago na compra do controle e o valor vigorante no mercado das ações. Com isso, evita-se o prejuízo, e mantém-se a estabilidade financeira das ações. Veja-se a redação do § 4º do art. 254-A, também modificado pela Lei nº 10.303: "O adquirente do controle acionário de companhia poderá oferecer aos acionistas minoritários a opção de permanecer na companhia, mediante o pagamento de um prêmio equivalente à diferença entre o valor de mercado das ações e o valor pago por ação integrante do bloco de controle".

Por isso que a publicação da oferta não pode dirigir-se somente aos titulares de ações ordinárias, na linha da definição pelo STJ: "A exegese que sustenta como obrigatória somente a oferta pública dirigida aos detentores de ações ordinárias, na realidade conduz a uma burla ao princípio estabelecido pela lei, uma vez que o detentor de ações preferenciais, apenas porque não vota e, por isso mesmo, não pode impedir a extinção da pessoa jurídica da qual pretendeu fazer parte (e efetivamente fazia), ficará à luz daquela interpretação, obrigado a pertencer, em situação de desvantagem, na qualidade de acionista também sem direito a voto, à sociedade da qual não queria e não quer fazer parte. Assim, a oferta pública (que é o resultado do tratamento equitativo), deve, necessariamente, abranger a aquisição de todas as ações que são aquelas em poder do acionista controlador, inclusive as preferenciais, permitindo que esses acionistas ou cedam aos incorporadores suas ações, ou se transformem em acionistas desta pessoa jurídica incorporadora, se assim o desejarem: jamais obrigados, na realidade sufocados pelo maior poder econômico da sociedade incorporadora".[7]

6. REGRAS DA COMISSÃO DE VALORES MOBILIÁRIOS PARA A AQUISIÇÃO DAS AÇÕES

A Instrução CVM nº 361, de 5.03.2002, alterada pelas Instruções CVM nºs 436, de 05.07.2006, 487, de 25.11.2010, e 492, de 23.02.2011 (www.cvm.gov.br), traz extensa ordem de regras sobre o procedimento para a oferta de aquisição das ações quando há a compra do controle de sociedade, sendo as mais práticas colacionadas abaixo.

No art. 1º, sintetiza as matérias que disciplina, sendo as seguintes: o procedimento aplicável a quaisquer ofertas públicas de aquisição de ações de companhias abertas, e ainda o processo de registro das ofertas públicas para cancelamento de registro para negociação de ações nos mercados regulamentados de valores mobiliários, por aumento de participação do acionista controlador, por alienação de controle de companhia aberta e para aquisição de controle de companhia aberta quando envolver permuta por valores mobiliários e de permuta por valores mobiliários.

Nessa previsão, tem importância, aqui, o disposto no art. 2º e em seu inciso III: "A Oferta Pública de Aquisição de ações de companhia aberta (OPA) pode ser de uma das seguintes modalidades: ... III – OPA por alienação de controle: é a OPA obrigatória,

---

[7] REsp. nº 34.834-5, da 3ª Turma do STJ, j. em 14.09.1993.

realizada como condição de eficácia de negócio jurídico de alienação de controle de companhia aberta, por força do art. 254-A da Lei 6.404/76".

O art. 29 da mesma Instrução impõe a obrigatoriedade da oferta pública de aquisição de ações: "A OPA por alienação de controle de companhia aberta será obrigatória, na forma do art. 254-A da Lei 6.404/76, sempre que houver alienação, de forma direta ou indireta, do controle de companhia aberta, e terá por objeto todas as ações de emissão da companhia às quais seja atribuído o pleno e permanente direito de voto, por disposição legal ou estatutária".

Consoante o § 1º, está sujeita ao registro na Comissão de Valores Mobiliários essa modalidade de oferta pública de aquisição de ações (OPA). Para tanto, o art. 4º, com alterações trazidas pela Instrução CVM nº 487/2010 impõe a obediência dos seguintes princípios: "Na realização de uma OPA deverão ser observados os seguintes princípios:

I – a OPA será sempre dirigida indistintamente aos titulares de ações da mesma espécie e classe daquelas que sejam objeto da OPA, assegurado o rateio entre os aceitantes de OPA parcial;

II – a OPA será realizada de maneira a assegurar tratamento equitativo aos destinatários, permitir-lhes a adequada informação quanto à companhia objeto e ao ofertante, e dotá-los dos elementos necessários à tomada de uma decisão refletida e independente quanto à aceitação da OPA;

III – quando for o caso (art. 2º, § 1º), a OPA será previamente registrada na CVM, segundo a modalidade adequada;

IV – a OPA será intermediada por sociedade corretora ou distribuidora de títulos e valores mobiliários ou instituição financeira com carteira de investimento;

V – a OPA será lançada por preço uniforme, salvo a possibilidade de fixação de preços diversos conforme a classe e espécie das ações objeto da OPA, desde que compatível com a modalidade de OPA e se justificada a diferença pelo laudo de avaliação da companhia objeto ou por declaração expressa do ofertante, quanto às razões de sua oferta diferenciada;

VI – sempre que se tratar de OPA formulada pela própria companhia, pelo acionista controlador ou por pessoa a ele vinculada, ou ainda por administrador ou por pessoa a ele vinculada, a OPA será instruída com laudo de avaliação da companhia objeto, exceto no caso de OPA por alienação de controle, ressalvado o disposto no art. 29, § 6º, II;

VII – a OPA será efetivada em leilão em bolsa de valores ou entidade de mercado de balcão organizado, salvo se for expressamente autorizada pela CVM a adoção de procedimento diverso;

VIII – a OPA poderá sujeitar-se a condições, cujo implemento não dependa de atuação direta ou indireta do ofertante ou de pessoas a ele vinculadas; e

IX – a OPA será imutável e irrevogável, após a publicação do edital, exceto nas hipóteses previstas no art. 5º".

O art. 7º obriga a empresa a contratar um intermediário, que dirigirá o processo de oferta: "O ofertante deverá contratar a intermediação da OPA com sociedade corretora ou distribuidora de títulos e valores mobiliários ou instituição financeira com carteira de investimento".

O art. 8°, com as alterações da Instrução CVM n° 487, exige a avaliação da companhia: "Sempre que se tratar de OPA formulada pela própria companhia, pelo acionista controlador ou por pessoa a ele vinculada, ou ainda por administrador ou pessoa a ele vinculada, será elaborado laudo de avaliação da companhia objeto, exceto no caso de OPA por alienação de controle".

Pelo art. 11, também alterado pela Instrução CVM n° 487/2010, o instrumento de oferta pública de aquisição de ações, "deverá ser publicado, sob a forma de edital nos jornais de grande circulação habitualmente utilizados pela companhia objeto, observando--se o prazo máximo de 10 (dez) dias, após a obtenção do registro na CVM, quando este for exigível".

Faculta o art. 30, na forma do § 4° do art. 254-A da Lei 6.404/1976, ao adquirente do controle acionário oferecer aos acionistas minoritários destinatários da OPA um prêmio no mínimo equivalente à diferença entre o valor de mercado das ações e o valor pago por ação integrante do bloco de controle.

7. REQUERIMENTO PARA O REGISTRO DA OFERTA PÚBLICA DE AQUISIÇÃO DE AÇÕES

O Anexo I da Instrução CVM n° 361/2002, com alterações da Instrução CVM n° 487/2010, descreve os requisitos que terá o requerimento de Oferta Pública de Aquisição de ações de companhia aberta (OPA) dirigido à Comissão de Valores Mobiliários para fins de registro:

I – No registro de OPA será observado o seguinte:

a) o pedido será apresentado em texto tipografado, em folhas numeradas, tamanho A4, com 3 (três) centímetros, no mínimo, de margem superior e esquerda;

b) o pedido mencionará os documentos anexos, os quais serão numerados na ordem de sua citação e guardarão a mesma ordem indicada no texto, com a indicação respectiva na margem superior direita, em destaque;

c) os atos societários publicados em jornais, apresentados como documentos anexos, serão realçados, devendo ser juntada toda a folha do jornal que os contenha, grampeada em uma folha avulsa, preservando-se a indicação do nome do jornal e a sua data, obedecidas as disposições das alíneas (a) e (b) acima; e

d) o pedido será acompanhado do comprovante de pagamento da taxa de fiscalização devida na forma da lei.

II – Além disto, o pedido de registro de OPA conterá:

a) a identificação da companhia objeto;

b) a identificação de uma pessoa responsável pelo recebimento de exigências e pela representação do ofertante perante a CVM em relação ao pedido de registro da OPA, com seus números de telefone e fac-símile, endereço, endereço eletrônico e qualquer outro meio de comunicação que se entenda cabível;

Cap. XL | Alienação do controle de sociedade anônima • **591**

c) se houver vinculação entre os acionistas da companhia objeto, notadamente por acordo de acionistas, a indicação de tal relação, sobretudo no que disser respeito ao acionista controlador, ao ofertante e à instituição intermediária;

d) cópia do contrato de intermediação;

e) quando for o caso, laudo de avaliação em via impressa e em meio eletrônico no formato informado pela CVM;

f) a minuta do instrumento de OPA, na forma em que será publicado, acompanhado de uma via em meio eletrônico, no formato informado pela CVM;

g) relação nominal, atualizada até 10 (dez) dias antes do protocolo do pedido de registro de OPA na CVM, de todos os acionistas da companhia objeto, com os respectivos endereços e quantidade de ações, discriminadas por espécie e classe, acompanhada de uma via em meio eletrônico, no formato informado pela CVM;

h) descrição do material publicitário a ser utilizado para a divulgação da OPA;

i) quando se tratar de OPA por aumento de participação ou por alienação de controle, cópia de todos e quaisquer contratos relacionados à operação que resultou no aumento de participação ou alienação de controle, incluindo, por exemplo, contratos de compra e venda de ações, contratos de assunção de dívida, contratos que regulem qualquer compensação entre as partes, contratos de outorga de opção de compra e venda e contratos de cessão de créditos; e

j) tradução livre de quaisquer documentos redigidos em língua estrangeira. Assembleia.

8. REQUISITOS DO INSTRUMENTO DE OFERTA PÚBLICA PARA AQUISIÇÃO DE AÇÕES

O anexo II da Instrução CVM 361/2002, modificado pela Instrução CVM nº 487/2010, aponta para os elementos que constarão no instrumento de oferta pública de ações (OPA):

"I – O instrumento da OPA conterá:

a) a identificação da companhia objeto, da instituição intermediária e do ofertante, inclusive, quanto a este, quando for o caso, do seu controlador, com a descrição do seu objeto social, setores de atuação e atividades por ele desenvolvidas;

b) menção expressa ao fato de tratar-se de Oferta Pública de Aquisição e detalhamento do seu objeto, de acordo com a modalidade de OPA;

c) número, classe e espécie das ações objeto;

d) preço ou outra forma de contraprestação;

e) principais termos e condições da oferta;

f) a data, local e hora de início do leilão de OPA;

592 • Direito de Empresa | *Arnaldo Rizzardo*

g) outras informações relativas ao leilão de OPA, inclusive as advertências de que os acionistas que desejarem aceitar a OPA, vendendo as suas ações no leilão, deverão atender as exigências para a negociação de ações constantes do regulamento de operações da bolsa de valores ou entidade do mercado de balcão organizado em que for realizar-se o leilão, e de que os acionistas poderão aceitar a OPA por meio de qualquer pessoa autorizada a operar no respectivo mercado;

h) informações sobre a companhia objeto, inclusive:

1. quadro com a sua composição acionária, com a discriminação nominal e percentual das ações em circulação, separadas por espécie e classe, e, ainda, daquelas de titularidade do acionista controlador, de pessoas a ele vinculadas, de administradores e aquelas em tesouraria;

2. quadro demonstrativo dos indicadores econômico-financeiros da companhia objeto, relativos aos dois últimos exercícios e ao trimestre anterior disponibilizado à CVM, elaborado em consonância com as informações periódicas enviadas à CVM;

3. indicação do preço médio ponderado de cotação das ações da companhia objeto, discriminadas por espécie e classe, o valor do patrimônio líquido por ação e o valor econômico por ação, em conformidade com o laudo de avaliação; e

4. informação sobre a situação do registro da companhia objeto perante a CVM, quando se tratar de oferta formulada pela própria companhia, pelo acionista controlador ou por pessoa a ele vinculada;

i) número, classe, espécie e tipo dos valores mobiliários da companhia objeto detidos pelo ofertante ou por pessoas vinculadas;

j) número, classe, espécie e tipo de valores mobiliários da companhia objeto tomados ou concedidos em empréstimo pelo ofertante ou por pessoas vinculadas;

k) exposição do ofertante e pessoas vinculadas em derivativos referenciados em valores mobiliários da companhia objeto;

l) informações detalhadas sobre contratos, pré-contratos, opções, cartas de intenção ou quaisquer outros atos jurídicos dispondo sobre a aquisição ou alienação de valores mobiliários da companhia objeto dos quais o ofertante ou pessoas vinculadas sejam parte ou beneficiários;

m) descrição detalhada de contratos, pré-contratos, opções, cartas de intenção ou quaisquer outros atos jurídicos similares celebrados nos últimos 6 (seis) meses entre:

1. o ofertante ou pessoas a ele vinculadas; e

2. a companhia objeto, seus administradores ou acionistas titulares de ações representando mais de 5% (cinco por cento) das ações objeto da OPA ou qualquer pessoa vinculada às pessoas acima;

n) a informação de que o laudo de avaliação, quando for o caso, e o edital se encontram disponíveis a eventuais interessados, no mínimo, na CVM, no endereço do ofertante, na sede da instituição intermediária e da companhia objeto e na bolsa de valores ou entidade do mercado de balcão organizado em que deva realizar-se o leilão, bem como acessível na rede mundial de computadores, no endereço eletrônico da CVM e da companhia objeto, se esta última o possuir;

o) informação de que se encontra à disposição de eventuais interessados, mediante identificação e recibo, no endereço do ofertante, na sede da companhia objeto, na instituição intermediária, na CVM e na bolsa de valores ou entidade do mercado de balcão organizado em que deva realizar-se o leilão da OPA, a relação nominal de todos os acionistas da companhia objeto, com os respectivos endereços e quantidade de ações, discriminadas por espécie e classe, inclusive em meio eletrônico;

p) tratando-se de OPA de permuta ou mista, os mesmos elementos exigidos na regulamentação própria da CVM para o anúncio de início de distribuição dos valores mobiliários da mesma espécie dos ofertados; e

q) a informação a que se refere o art. 15.

II – Do instrumento da OPA constará, ainda, se for o caso, a data do deferimento do pedido de registro da OPA na CVM, com a informação, em destaque, de que o deferimento do pedido de registro da OPA não implica, por parte da CVM, garantia da veracidade das informações prestadas, julgamento sobre a qualidade da companhia objeto ou o preço ofertado pelas ações objeto da OPA".

9. ALIENAÇÃO DO CONTROLE NAS SOCIEDADES AUTORIZADAS PELO PODER PÚBLICO

No caso de aberta a companhia e autorizada pelo Poder Público, a alienação do controle também fica na dependência do Poder Público, que tem o arbítrio de deferir ou não a negociação, de acordo com as conveniências públicas e o interesse social, máxime se envolvido grupo de outro país na aquisição, e se se tratar de produção ou atividade reservada a pessoas brasileiras. O art. 255 ampara essa restrição: "A alienação do controle de companhia aberta que dependa de autorização do governo para funcionar está sujeita à prévia autorização do órgão competente para aprovar a alteração do seu estatuto". Isso para a finalidade de verificar se o novo grupo controlador é capaz de assegurar a preservação do interesse público.

Recorda-se que a regra acima fazia-se acompanhar de parágrafos, que impunham a oferta de aquisição inclusive das ações preferenciais, isto é, sem direito a voto, e a apreciação da incorporação, quando fosse o objetivo da aquisição do controle, parágrafos esses que foram revogados pela Lei nº 9.457/1997.

10. AQUISIÇÃO DO CONTROLE E APROVAÇÃO PELA ASSEMBLEIA GERAL DA EMPRESA COMPRADORA

Também complexa é a compra do controle acionário de sociedade, se a aquisição se dá por sociedade aberta: faz-se necessário o consentimento da assembleia geral, convocada para tanto. Na assembleia, apresentam-se os elementos e condições do negócio, desde que atendidas as exigências discriminadas no art. 256, em redação modificada pela Lei nº 9.457/1997: "A compra, por companhia aberta, do controle de qualquer sociedade mercantil, dependerá de deliberação da assembleia geral da compradora, especialmente convocada para conhecer da operação, sempre que:

I – o preço de compra constituir, para a compradora, investimento relevante (art. 247, parágrafo único); ou

II – o preço médio de cada ação ou quota ultrapassar uma vez e meia o maior dos 3 (três) valores a seguir indicados:

    a) cotação média das ações em bolsa ou no mercado de balcão organizado, durante os 90 (noventa) dias anteriores à data da contratação;

    b) valor de patrimônio líquido (art. 248) da ação ou quota, avaliado o patrimônio a preços de mercado (art. 183, § 1º);

    c) valor do lucro líquido da ação ou quota, que poderá ser superior a 15 (quinze) vezes o lucro líquido anual por ação (art. 187, VII) nos dois últimos exercícios sociais, atualizado monetariamente".

A aquisição do controle de sociedade por uma companhia aberta depende, pois, da aprovação da assembleia geral desta.

Mister trazer à lembrança as referências aos dispositivos citados, para a compreensão da matéria.

Assim o parágrafo único do art. 247, a que se reporta o inc. I do art. 256, que considera relevante o investimento nas seguintes hipóteses:

    a) em cada sociedade coligada ou controlada, se o valor contábil é igual ou superior a 10% (dez por cento) do valor do patrimônio líquido da companhia;

    b) no conjunto das sociedades coligadas e controladas, se o valor contábil é igual ou superior a 15% (quinze por cento) do valor do patrimônio líquido da companhia.

O art. 248, constante do inc. II, letra *b*, do art. 256, estabelece que, no balanço patrimonial da companhia, os investimentos em coligadas ou em controladas e em outras sociedades que façam parte de um mesmo grupo ou estejam sob controle comum serão avaliados pelo método da equivalência patrimonial, de acordo com as normas que vêm descritas.

O art. 183, § 1º, também citado no mesmo inc. II da letra *b*, expressa o preço justo, dentre outros como aquele das matérias-primas, dos bens em almoxarifado pelo qual possam ser repostos através de compra no mercado, dos bens ou direitos destinados à venda, e dos investimentos que levem em conta o valor líquido de alienação a terceiros.

O art. 187, inc. VII, apontado na letra *c* do inc. II do art. 256, é concernente ao lucro ou prejuízo líquido do exercício e o seu montante por ação do capital social.

A função do art. 256 – ressaltam Alfredo Lamy Filho e José Luiz Bulhões Pedreira – "é proteger os interesses dos acionistas contra os prejuízos decorrentes da aquisição do controle de outra sociedade mercantil por preço excessivo, e ele resulta da observação de casos em que a compra de controle de sociedades foi usada como instrumento de distribuição disfarçada de lucros em favor do acionista controlador, ou de pessoas a ele ligadas: como o valor do bloco de controle de cada sociedade não pode ser facilmente estabelecido com base em avaliações objetivas, mas depende, em boa parte, de considerações subjetivas do vendedor e do adquirente, o negócio de compra de controle presta-se à fixação de preços exagerados, ajustados – mediante conluio entre vendedor e comprador – com a finalidade de transferir recursos do patrimônio da companhia para o de acionistas controladores, administradores ou pessoas a eles ligadas".[8]

Na assembleia, apresenta-se a proposta de compra, fazendo-se acompanhar de laudo de avaliação, no qual observam-se as disposições do art. 8°, §§ 1° e 6° da Lei n° 6.404/1976, isto é, realizado o laudo por peritos ou empresa avaliadora, que respondem, juntamente com o subscritor das ações que representam o controle, pelos danos decorrentes de culpa ou dolo. Assim está redigida a norma do § 1° do art. 256: "A proposta ou o contrato de compra, acompanhado de laudo de avaliação, observado o disposto no art. 8°, §§ 1° e 6°, será submetido à prévia autorização da assembleia geral, ou à sua ratificação, sob pena de responsabilidade dos administradores, instruído com todos os elementos necessários à deliberação".

Percebe-se a necessidade de aprovação ou ratificação pela assembleia, sob pena de responsabilidade dos administradores. Acompanham o laudo os dados e esclarecimentos para a perfeita elucidação do negócio, inclusive justificação e balanços da sociedade.

Ultrapassando o preço da compra o correspondente a uma vez e meia o maior dos três valores contidos no inc. II do art. 256 (cotação média das ações na bolsa ou no mercado, valor patrimonial líquido da ação ou quota pelo preço de mercado, e valor líquido da ação ou quota não superior a quinze vezes o valor líquido anual por ação nos últimos dois exercícios sociais, com a devida correção monetária), fica o acionista dissidente com o direito de retirada, reembolsando-se do valor de suas ações, desde que as mesmas se enquadrem no inc. II do art. 137 (não tenham liquidez e dispersão no mercado).

Eis, a respeito, o disposto no § 2° do art. 256: "Se o preço da aquisição ultrapassar uma vez e meia o maior dos três valores de que trata o inciso II do *caput*, o acionista dissidente da deliberação da assembleia que a aprovar terá o direito de retirar-se da companhia mediante reembolso do valor de suas ações, nos termos do art. 137, observado o disposto em seu inciso II".

11. AQUISIÇÃO DE CONTROLE MEDIANTE OFERTA PÚBLICA

Tem-se, aqui, como objeto de estudo a aquisição do controle de sociedade aberta por ações, cujo capital se encontra disseminado no mercado, podendo operar-se através de permuta ou compra em oferta pública. Neste último caso, possível materializar-se tanto por compra de ações na bolsa, como por oferta pública. Participará obrigatoriamente instituição financeira, com a finalidade de garantir o cumprimento das obrigações pela sociedade ofertante.

Deve proceder-se a oferta pública para a aquisição do controle, compreendendo o montante das ações necessárias à obtenção do controle. Se figurar como ofertante acionista, envolve a oferta o número necessário de ações para o adquirente, somando as que já possui, conseguir o controle, ou ficar com a maioria do capital.

A regra, a respeito da aquisição mediante oferta pública em geral, está no art. 257: "A oferta pública para aquisição de controle de companhia aberta somente poderá ser feita

---

[8]   *A Lei das S.A.*, ob. cit., p. 766.

596 • Direito de Empresa | *Arnaldo Rizzardo*

com a participação de instituição financeira que garanta o cumprimento das obrigações assumidas pelo ofertante".

Há a imposição da contratação de uma instituição financeira, para atuar na intermediação, e que garantirá a operação a ser realizada.

Para ensejar a aquisição do controle, num primeiro passo, cumpre anotar que o registro torna-se obrigatório se a oferta pública de aquisição de ações de companhia aberta (OPA) envolver permuta por valores mobiliários, conforme se retira do art. 32 da citada Instrução CVM nº 361: "A OPA voluntária para a aquisição do controle de companhia aberta, de que trata o art. 257 da Lei 6.404/76, somente dependerá de registro na CVM caso envolva permuta por valores mobiliários, e observará o seguinte:

> I – aplicam-se o procedimento geral e o procedimento especial aplicáveis a qualquer OPA voluntária, e ainda os requisitos desta seção (redação da Instrução CVM nº 487/2010);
>
> II – deverão ser divulgadas pelo ofertante as mesmas informações exigidas para a OPA por alienação de controle, se estiverem à sua disposição; e
>
> III – a OPA deverá ter por objeto, pelo menos, uma quantidade de ações capazes de, somadas às do ofertante, de pessoas a ele vinculadas, e que com ele atuem em conjunto, assegurar o controle de companhia aberta".

De igual modo, se incluir-se permuta total ou parcial dos valores mobiliários, há, no § 1º do art. 257, expressa exigência de prévio registro na Comissão de Valores Mobiliários. Sendo de compra a oferta, indicam-se, na publicação, o preço e as condições de pagamento.

Impõe o § 2º que o objeto da oferta, de caráter irrevogável, será para a aquisição das ações com direito a voto em número suficiente para assegurar o controle da companhia.

Pelos §§ 3º e 4º, tendo já o ofertante ações na sociedade cujo controle está à venda, a oferta poderá cingir-se ao número de ações votantes necessário para completar o controle, desde que faça o ofertante prova da titularidade das ações perante a Comissão de Valores Mobiliários, órgão este com a competência de emitir normas sobre a oferta pública de aquisição de controle.

Na oferta oferecida ao público, o instrumento firmado pelo ofertante da aquisição e pela instituição financeira que garante a operação será publicado pela imprensa oficial (devendo ser a oficial e a particular), em três vezes consecutivas, indicando os seguintes elementos, contidos nos incisos do art. 258:

> I – o número mínimo de ações que o ofertante se propõe a adquirir e, se for o caso, o número máximo;
>
> II – o preço e as condições de pagamento;
>
> III – a subordinação da oferta ao número mínimo de aceitantes e a forma de rateio entre os aceitantes, se o número deles ultrapassar o máximo fixado;
>
> IV – o procedimento que deverá ser adotado pelos acionistas aceitantes para manifestar a sua aceitação e efetivar a transferência das ações;
>
> V – o prazo de validade da oferta, que não poderá ser inferior a vinte dias;
>
> VI – informações sobre o ofertante.

Comunica-se a oferta à Comissão de Valores Mobiliários, no prazo de vinte e quatro horas da primeira publicação.

A possibilidade de oferta de permuta de valores mobiliários vem regulada no art. 259, mandando que contenha os elementos enumerados no art. 258, além das informações sobre os ditos valores e as companhias emissoras, e prévio pedido e registro na Comissão de Valores Mobiliários: "O projeto de instrumento de oferta de permuta será submetido à Comissão de Valores Mobiliários com pedido de registro prévio da oferta e deverá conter, além das referidas no art. 258, informações sobre os valores mobiliários oferecidos em permuta e as companhias emissoras desses valores".

Cabe à Comissão de Valores Mobiliários, de acordo com o parágrafo único do dispositivo acima, delinear normas sobre o instrumento de oferta de permuta e o prévio registro.

Neste sentido, a Instrução CVM nº 361, com as normas introduzidas pela Instrução CVM nº 487, trouxe os procedimentos e requisitos para o instrumento de OPA para aquisição de controle, em dispositivos que vão do art. 32-A a 32-G.

Já o art. 260 da Lei nº 6.404/1976 impõe o sigilo das ofertas, até a sua publicação, o que deve ser obedecido pelo ofertante, pela instituição financeira e pela Comissão de Valores Mobiliários, sob pena de responderem por perdas e danos. No entanto, esse dever, na justificação de Alfredo Lamy Filho e José Luiz Bulhões Pedreira, não incide se há um controlador: "Com efeito, a hipótese do art. 260 é a da ação de surpresa na praça, prevenindo oferta concorrente, antecipada ou não... para impedir que a empresa atacada tome medidas de defesa. O sigilo aqui imposto é decorrente da conveniência de que a notícia chegue em igual momento a todos os detentores de ações que, em conjunto, constituirão o controle: daí o fato de o art. 260 impor o sigilo ao 'ofertante', à 'instituição financeira intermediária', e à 'CVM' – mas não se referir ao controlador ou acionista majoritário, que não existe (se se admitisse sua existência, não haveria razão para a lei excluí-lo do mesmo dever de sigilo, evidentemente)".[9]

Segundo o art. 261 e respectivos parágrafos, a aceitação da oferta é feita na instituição financeira ou no mercado de valores mobiliários indicado, firmando os aceitantes ordens irrevogáveis de venda ou permuta, exceto nas ordens de venda que já tenham sido firmadas em aceitação de oferta anterior. Faculta-se ao ofertante melhorar as condições de preço ou forma de pagamento, desde que em porcentagem igual ou superior a cinco por cento e até dez dias antes do término do prazo da oferta. Alcançam as novas condições os acionistas que já aceitaram a oferta.

A instituição financeira intermediária comunicará à Comissão de Valores Mobiliários a aceitação da oferta, e fará publicação na imprensa. Ultrapassando o número de aceitantes o máximo estabelecido, procede-se ao rateio, obedecendo-se o que ordena o instrumento de oferta.

Permite o art. 262 oferta concorrente de venda de controle de sociedade aberta, mesmo que existente oferta pública em curso. De acordo com os parágrafos que seguem, na hipótese, tornam-se nulas as ordens de venda já firmadas em aceitação de oferta anterior. É facultada a prorrogação, pelo primeiro ofertante, do prazo de sua oferta, de modo a coincidir o da oferta concorrente.

Autoriza o art. 263 à Comissão de Valores Mobiliários expedir normas disciplinando a negociação das ações objeto da oferta durante o seu prazo.

---

[9]   *A Lei das S.A.*, ob. cit., p. 579.

12. MODELO DE OFERTA PÚBLICA DE AQUISIÇÃO DE AÇÕES

Para visualização do referido modelo, acesse o QR Code ao lado ou, se preferir, baixe o arquivo em formato editável disponível na plataforma GEN-io, conforme instruções apresentadas no início do livro.

https://goo.gl/tCJkTh

XLI
Grupo e consórcio de sociedades anônimas

1. GRUPOS DE SOCIEDADES E DIFERENÇA DE CONSÓRCIO

De um lado, o grupo de sociedades compreende a coligação ou união de duas ou mais sociedades, abrangendo as sociedades coligadas, as controladoras e as controladas, ou formas diferentes de reunião. Mais apropriadamente, organizam-se as sociedades de modo a formar um inter-relacionamento, para a realização de atividades comuns. Constitui-se uma "sociedade de sociedades", o que se dá através da aprovação pelas assembleias gerais de cada sociedade. Oportuna a explicação de Alfredo Lamy Filho e José Luiz Bulhões Pedreira: "A vinculação de duas ou mais sociedades mediante relações de participação societária dá origem a uma estrutura de sociedades, e quando essa estrutura é hierarquizada (ou seja, uma sociedade detém o poder de controlar outra ou outras), é usualmente designada como 'grupo de sociedades', que pode ser de fato (baseado apenas nas relações de participação societária e de controle) ou de direito (se, além disso, é regulado por convenção de grupo registrada nos termos do Capítulo XXI da Lei nº 6.404/1976)".[1]

Waldírio Bulgarelli fala em grupo econômico, considerado como "uma concentração de empresas, sob a forma de integração (participações societárias, resultando no controle de uma ou umas sobre as outras), obedecendo todas a uma única direção econômica".[2]

De outro lado, constituem-se uniões de sociedades sem qualquer vínculo de subordinação ou de interdependência, não passando a relação de mera aproximação para certas atividades, vindo a formar o consórcio, cada uma mantendo a sua individualidade e personalidade, e o patrimônio próprio. Existe a união para uma certa atividade, ou uma finalidade específica dentro de um conjunto de ações, mas cada ente mantendo sua individualidade plena.

No caso de grupo de sociedades, é próprio o fenômeno na macroeconomia, de grandes concentrações de capitais. Constitui, na análise de Sérgio Campinho, "peça chave na economia de escala, elo viabilizador do desenvolvimento tecnológico e da racionalização dos processos de produção e administração empresarial. A busca de maior competitividade visa a alcançar um maior universo de consumidores e, consequentemente, o lucro, que é o fim de toda e qualquer atividade econômica. No entanto, o grupamento de empresas não pode se estabelecer em prejuízo ao livre mercado, ensejando a formação de cartéis, visando à sua denominação, frustrando a livre concorrência".[3]

---

[1] *A Lei das S. A.* Rio de Janeiro, Livraria e Editora Renovar Ltda., 1992, p. 706.
[2] *Manual das Sociedades Anônimas.* 13ª ed. São Paulo: Atlas, 2001, p. 299.
[3] *O Direito de Empresa*, 6ª ed., Rio de Janeiro, Editora Renovar, 2005, p. 276.

De acordo com Daniel de Avila Vio, "todas as sociedades não acionárias personificadas podem tranquilamente integrar tanto os grupos de fato quanto aqueles regulados por convenção, tanto na posição de controladas-filiadas quanto como sociedade controladora ou de comando".[4] Nessa visão, não se encontra motivo para impedir que sociedades de economia mista, e inclusive empresas públicas, integrem grupos societários.

2. DISTINÇÃO DA *HOLDING* E DA *JOINT VENTURE*

Uma forma ou outra não se confunde exatamente com o perfil chamado *holding* de sociedades, já que o sentido é diferente. O conteúdo de *holding* expressa a sociedade que dirige e congrega as demais das quais participa, ou que exerce o controle num grupo de sociedades, sem explorar diretamente nenhuma atividade econômica. Participa a *holding* de outra ou outras sociedades através de ações ou quotas. Decorre a palavra do verbo inglês *hold*, traduzindo-se por "segurar", "deter", "manter" ou "possuir", e formando a ação de manter algum domínio ou controle.

Na classificação de Osmar Brina Corrêa-Lima, existe a *holding* pura e a *holding* mista: "A *holding* pura tem por objeto, exclusivamente, participar, como sócia, de outras sociedades. A *holding* mista tem por objeto, simultaneamente, uma empresa de fim lucrativo e a participação, como sócia, de outras sociedades".[5]

No grupo de sociedades, é possível que exista a controladora, ou a sociedade que é a *holding* relativamente às demais, das quais participa como acionista. Todavia, apenas admite-se a existência de uma *holding*, centrada na companhia que controla as outras, e que alguns equivocadamente a tipificam como sociedade simples, por não apresentar atividade econômica organizada de produção ou circulação de bens ou serviços no mercado. Acontece que, controlando sociedades empresárias, naturalmente sua função é econômica, e daí decorrendo a natureza econômica da atividade.

No entanto, pode o grupo organizar-se também para uma atividade sem que se crie uma sociedade que controle as demais, ou que dirija o conjunto delas, realidade que afasta a equivalência a uma *holding*.

Decorrem, pois, dois tipos de grupo: um no sentido de haver uma *holding*, com o controle sobre as demais; e outro sem essa característica, mas formado pela mera união de sociedades.

Quanto à *joint venture*, há a coligação, isto é, a união, de duas ou mais empresas independentes (empresas sociedades ou empresários individuais), visando à consecução de uma tarefa, ou de um empreendimento, ou de projeto comum, que exige um volumoso investimento, ou a conjugação de recursos. Forma-se uma convenção com a finalidade de realizar uma obra, ou atuar em um setor da atividade humana. Cria-se uma associação de empresas para conseguir maior capacidade na exploração de um setor da construção civil, ou da fabricação de certos produtos, ou da prestação de serviços. Celebra-se um acordo entre empresas visando um melhor, mais rápido e eficiente resultado no empreendimento.

Dá Leonardo Medeiros Régnier uma visualização prática: "O certo é que, de tudo, a *joint venture* é uma forma de cooperação empresarial bastante difundida e que pode colocar lado a lado, como parceiras, empresas que em determinado segmento ou área geográfica sejam concorrentes. Um bom exemplo é o caso de várias montadoras de automóveis que competem no mesmo mercado unirem-se por *joint venture* para pesquisar e produzir siste-

---

[4]   *Grupos Societários*, ob. cit., p. 191.

[5]   *Sociedade Anônima*, Belo Horizonte, Livraria Del Rey Editora Ltda., 2003, p. 19.

mas de segurança mais avançados, dividindo os custos das pesquisas e consequentemente produzindo peças mais baratas, até porque em escala maior".[6]

Essa aliança ou associação obriga as empresas envolvidas a partilharem a gestão, os lucros, os riscos e os prejuízos, e importa em responsabilidade solidária perante terceiros.

Existem as *joint ventures* contratuais, ou ligadas por um contrato particular, por um acordo de cooperação, sem levá-lo a registro, valendo entre as partes; e as *joint ventures* corporativas ou societárias, quando é formalizada a união, com o devido registro na Junta Comercial, correspondendo mais adequadamente a um grupo ou associação de sociedades.

3. AGLOMERADO DE EMPRESAS

No sentido literal, o grupo é formado por um conglomerado de empresas, as quais conservam sua individualidade, no que se distingue o grupo da incorporação ou da fusão. De certa maneira, existe alguma semelhança com várias outras denominações, havendo sempre um fundo comum, e que assim dá Waldírio Bulgarelli o seu encadeamento: "Dos cartéis defensivos, 'kols', 'corners', 'rings', 'trusts', passou-se ao 'konsen', aos consórcios, aos grupos, às 'holdings', às sociedades de investimento, às 'joint ventures', sem, é claro, olvidar-se da forma mais radical e, a ver de alguns, a mais perfeita de todas elas, ou seja, a fusão e a incorporação, que permaneceram ao lado das demais como uma constante".[7]

Várias sociedades juntam-se para formar um grupo, com a aprovação prévia de cada uma e a convenção em conjunto de todas elas, tendo como metas comuns a combinação de recursos ou esforços para o melhor cumprimento de suas finalidades. O art. 265 da Lei nº 6.404/1976 expressa esse conteúdo: "A sociedade controladora e suas controladas podem constituir, nos termos deste Capítulo, grupos de sociedades, mediante convenção pela qual se obriguem a combinar recursos ou esforços para a realização dos respectivos objetos, ou a participar de atividades ou empreendimentos comuns".

De observar, porém, que nem apenas de sociedades controladas e controladoras se constitui o grupo. Há casos em que se verifica a mera aproximação de sociedades. Em qualquer espécie de grupos não se fundem as diversas sociedades, mantendo cada uma a sua personalidade jurídica e o patrimônio próprio, esclarecendo Rubens Requião o alcance: "O grupo, como se vê, não adquire personalidade jurídica, não se constituindo numa 'supersociedade'; por isso mesmo mantém, depois de constituída, a forma de 'grupo', ligado apenas por uma 'convenção de grupo', que lhe dá tão só um ordenamento geral sem comprometimento da identidade de cada sociedade. Constitui, enfim, bem poderíamos explicar, um 'arranjo de administração comum', seguindo uma diretiva política da sociedade líder ou de comando".[8] Fica resguardada a individualidade das empresas, pois se cria apenas um sistema ordenado de comandos e integração de proveitos, ou uma relação interempresarial a respeito da combinação de esforços ou participação em atividades ou empreendimentos comuns.

4. EXIGÊNCIAS NA FORMAÇÃO DOS GRUPOS

Disposições específicas aparecem nos parágrafos do art. 265 da Lei nº 6.404/1976, procurando dar o contorno jurídico do grupo de sociedades. Nessa ordem, a sociedade

---

6   *Nacionalidade das Empresas Comerciais*, Curitiba, Juruá Editora, 2002, p. 198-199.
7   *A Incorporação das Sociedades Anônimas*, Editora Universitária de Direito, 1975, p. 9.
8   *Curso de Direito Comercial*, ob. cit., 2º vol., p. 234.

602 • Direito de Empresa | *Arnaldo Rizzardo*

controladora e que exerce o comando deve ser brasileira. Incumbe-lhe exercer o controle das sociedades filiadas, participando na qualidade de sócia, ou de titular de direitos ou por acordo com os demais acionistas. Convém a transcrição do § 1º, para bem inferir a posição da controladora: "A sociedade controladora, ou de comando do grupo, deve ser brasileira e exercer, direta ou indiretamente, e de modo permanente, o controle das sociedades filiadas, como titular de direitos de sócio ou acionista, ou mediante acordo com os outros sócios ou acionistas". Daniel de Avila Vio entende que a controlada pode ser de outra nacionalidade: "Assim, a sociedade de comando deve necessariamente ser constituída de acordo com as leis brasileiras e ter a sua sede no território nacional – e a *contrario sensu*, as filiadas podem ser sociedades estrangeiras".[9]

No dizer do citado Daniel de Avila Vio, "a sociedade controladora na posição de vértice do grupo de direito é designada 'sociedade de comando' e as demais integrantes do grupo 'filiadas'".[10]

Em princípio, veda-se a participação acionária recíproca das sociedades, com as exceções previstas no art. 244 da Lei nº 6.404/1976, destacando-se a aquisição de ações para as operações de resgate, reembolso ou amortização, e para a sua permanência na tesouraria. Assim se colhe do § 2º: "A participação recíproca das sociedades do grupo obedecerá ao disposto no art. 244".

A organização virá delineada na convenção ou contrato, que especificará as relações entre as sociedades, declinará os fins almejados, os recursos disponíveis, a estrutura administrativa do grupo, as atividades a serem empreendidas, as relações entre as sociedades, e a coordenação e subordinação dos administradores das sociedades filiadas, sempre se preservando a personalidade de cada uma (art. 266).

Como designação aparecerá a palavra "grupo" ou "grupo de sociedades" (art. 267 e parágrafo único).

Fazendo parte do grupo de sociedade cujo objeto social para funcionar depende de autorização do Poder Público, torna-se necessária a aprovação de suas alterações sociais, e, assim, da convenção do grupo pela autoridade competente (art. 268).

As disposições são extensivas às sociedades reguladas pelo Código Civil, conforme se colhe de obra dirigida por Elidie Palma Bifano e Sérgio Roberto de Oliveira Bento: "As regras do grupo são aplicáveis às sociedades reguladas pelo novo Código, conquanto ele tenha sido omisso nessa matéria, nada impedindo que a controladora seja sociedade do tipo previsto no novo Código, e a controlada companhia ou não. O grupo de sociedades formará unidade econômica conforme previsto na convenção, sem, contudo, perderem as partícipes sua autonomia, patrimônio individualizado e personalidade jurídica".[11]

5. AUTORIZAÇÃO DO CADE

Sempre se deve submeter a formação de grupos de sociedade, bem como a absorção de uma sociedade por outra, na forma de incorporação, fusão e mesmo cisão (atos de concentração econômica), ao exame e decisão do Conselho Administrativo de Defesa Econômica – CADE, presentemente por força da Lei nº 12.529, de 30.11.2011.

---

[9] *Grupos Societários*, ob. cit., p. 307.
[10] *Grupos Societários*, ob. cit., p. 296.
[11] *Aspectos Relevantes do Direito de Empresa de acordo com o Novo Código Civil*, São Paulo, Editora Quartier Latin do Brasil, 2005, p. 235.

O motivo desse prévio procedimento, antes de se consumar a formação do grupo, ou a subsunção de uma sociedade em outra, é a verificação de prejuízos à livre concorrência, ou da dominação de mercados de setores fundamentais ou de importância na economia nacional. É o que se denomina "posição dominante", assim considerada pelo art. 36, § 2º, da Lei nº 12.529/2011, quando "uma empresa ou grupo de empresas for capaz de alterar unilateral ou coordenadamente as condições de mercado ou quando controlar 20% (vinte por cento) ou mais do mercado relevante, podendo este percentual ser alterado pelo CADE para setores específicos da economia".

A formação de grupos ou consórcios, com a reunião de várias empresas, representa uma potencial lesividade na concentração da economia, que se presume quando alcança um domínio de vinte ou mais por cento de um mercado relevante. O art. 90 da referida lei caracteriza os atos de concentração nas seguintes situações:

"I – 2 (duas) ou mais empresas anteriormente independentes se fundem;

II – 1 (uma) ou mais empresas adquirem, direta ou indiretamente, por compra ou permuta de ações, quotas, títulos ou valores mobiliários conversíveis em ações, ou ativos, tangíveis ou intangíveis, por via contratual ou por qualquer outro meio ou forma, o controle ou partes de uma ou outras empresas;

III – 1 (uma) ou mais empresas incorporam outra ou outras empresas; ou

IV – 2 (duas) ou mais empresas celebram contrato associativo, consórcio ou *joint venture*.

Parágrafo único. Não serão considerados atos de concentração, para os efeitos do disposto no art. 88 desta Lei, os descritos no inciso IV do *caput*, quando destinados às licitações promovidas pela administração pública direta e indireta e aos contratos delas decorrentes".

Outrossim, torna-se obrigatória a aprovação do CADE na constituição de grupos de empresas ou a formação de consórcio, nos termos do art. 88 da mesma Lei nº 12.529/2011, nas seguintes situações:

"Serão submetidos ao CADE pelas partes envolvidas na operação os atos de concentração econômica em que, cumulativamente:

I – pelo menos um dos grupos envolvidos na operação tenha registrado, no último balanço, faturamento bruto anual ou volume de negócios total no País, no ano anterior à operação, equivalente ou superior a R$ 400.000.000,00 (quatrocentos milhões de reais); e

II – pelo menos um outro grupo envolvido na operação tenha registrado, no último balanço, faturamento bruto anual ou volume de negócios total no País, no ano anterior à operação, equivalente ou superior a R$ 30.000.000,00 (trinta milhões de reais)".

Permite o § 1º do mesmo artigo ao CADE alterar os valores mencionados nos incisos I e II, adequando-os, simultânea ou independentemente, por indicação do Plenário do CADE através de portaria interministerial dos Ministros de Estado da Fazenda e da Justiça. Importante ressaltar o § 5º, que proíbe os atos de concentração que "impliquem eliminação da concorrência em parte substancial de mercado relevante, que possam criar ou reforçar uma posição dominante ou que possam resultar na dominação de mercado relevante de bens ou serviços, ressalvado o disposto no § 6º deste artigo".

Os atos de concentração podem ser permitidos, de acordo com as exceções dos citados incisos do § 6º, quando:

"I – cumulada ou alternativamente:

    a) aumentar a produtividade ou a competitividade;

    b) melhorar a qualidade de bens ou serviços; ou

    c) propiciar a eficiência e o desenvolvimento tecnológico ou econômico; e

II – sejam repassados aos consumidores parte relevante dos benefícios decorrentes".

Ao CADE compete examinar se não resulta prejuízo à livre concorrência, ou se não advêm um truste, um monopólio, e outras figuras de subjugação de um determinado ramo do mercado ou da produção.

6. CONVENÇÃO PARA A CONSTITUIÇÃO DO GRUPO DE SOCIEDADES

Cada sociedade deverá aprovar o ingresso no grupo, o que se faz necessário como fase preliminar. Para tanto, realiza-se a assembleia dos sócios respectivos, na qual se examinarão o protocolo e a justificação. Assim decorre do fato de se impor a alteração do contrato social, com a exigência de *quorum* qualificado de aprovação por metade, no mínimo, das ações com direito a voto (art. 136, inc. V).

Após, através de convocação feita pelos respectivos administradores de cada empresa que compõe o grupo, realiza-se a assembleia geral de todas as sociedades envolvidas, com a finalidade de aprovar a convenção. Convocam-se os sócios das sociedades com direito a voto, a fim de participarem e votarem.

É natural que sejam apresentados aos sócios reunidos o protocolo (projeto) e a justificação, que serão lidos.

Na convenção, constarão os seguintes elementos, arrolados pelo art. 269 da Lei nº 6.404/1976, e que também constam exigidos pelo art. 2º da Instrução Normativa DREI nº 19/2013, alterada pela Instrução Normativa DREI nº 37/2017, do Departamento de Registro Empresarial e Integração – DREI:

    I – a designação do grupo;

    II – a indicação da sociedade de comando e das filiadas;

    III – as condições de participação das diversas sociedades;

    IV – o prazo de duração, se houver, e as condições de extinção;

    V – as condições para admissão de outras sociedades e para a retirada das que o componham;

    VI – os órgãos e cargos da administração do grupo, suas atribuições e as relações entre a estrutura administrativa do grupo e as das sociedades que o componham;

    VII – a declaração da nacionalidade do controle do grupo;

    VIII – as condições para alteração da convenção.

Cap. XLI | Grupo e consórcio de sociedades anônimas • **605**

Deve o controle ficar com pessoa jurídica brasileira, desde que o controle da sociedade esteja sob o comando de, em obediência ao parágrafo único do art. 269 da Lei nº 6.404/1976:

a) pessoas naturais residentes ou domiciliadas no Brasil;

b) pessoas jurídicas de direito público interno; ou

c) sociedade ou sociedades brasileiras que, direta ou indiretamente, estejam sob controle das pessoas referidas nas alíneas "a" e "b".

O art. 270 exige, para a aprovação, a observância das normas para a alteração do contrato social ou do estatuto, sufragada a propostas por um total mínimo de metade das ações com direito a voto, como dispõe o art. 136, inc. V. Aos sócios dissidentes é reservado o direto de retirada e o reembolso, desde que as ações não tenham liquidez e poder de dispersão no mercado.

Tem-se por constituído o grupo, em face do art. 271, a partir do momento do arquivamento, mediante requerimento, no Registro do Comércio da sede da sociedade de comando, dos seguintes documentos:

I – convenção de constituição do grupo;

II – atas das assembleias gerais, ou instrumentos de alteração contratual, de todas as sociedades que tiverem aprovado a constituição do grupo;

III – declaração autenticada do número das ações ou quotas de que a sociedade de comando e as demais sociedades integrantes do grupo são titulares, em cada sociedade filiada, ou exemplar de acordo de acionistas que assegura o controle de sociedade filiada.

Em vista dos parágrafos que seguem ao art. 271, havendo sociedades filiadas com sede em locais diferentes, também nas respectivas juntas arquivam-se atas de assembleia ou das alterações que autorizaram a formação do grupo.

A partir da data do arquivamento inicia o uso da denominação do grupo, que será acrescida aos respectivos nomes empresariais, devendo, ainda, fazerem-se as publicações dos atos, tal qual se procede nas alterações contratuais.

Havendo sociedade que dependa, para o funcionamento, de autorização prévia do órgão governamental, a participação no grupo fica condicionada à aprovação da convenção do grupo pela autoridade competente para aprovar suas alterações estatutárias (§ 1º do art. 4º da Instrução Normativa DREI nº 19/2013).

Por último, as sociedades filiadas deverão arquivar, nas Juntas Comerciais das unidades da Federação onde se localizarem as respectivas sedes, as atas de assembleias ou alterações contratuais que tiverem aprovado a convenção, sem prejuízo do arquivamento da constituição do grupo pela sociedade de comando (Instrução Normativa DREI nº 19/2013, art. 4º, § 2º).

Anota-se que a Instrução Normativa DREI nº 12, de 05.12.2013 (que revogou a Instrução Normativa DNRC nº 109/2008), alterada pela Instrução Normativa DREI nº 32/2015, introduziu normas de registro e arquivamento digital dos atos que envolvem a constituição de sociedades e de grupos de sociedades.

Por isso, pode-se dizer que o grupo passa a ter personalidade jurídica própria, pois se formou uma relação interempresarial entre as integrantes, podendo, inclusive, ser

606 • Direito de Empresa | *Arnaldo Rizzardo*

invocada a solidariedade, máxime no que diz com as dívidas trabalhistas (CLT, art. 2º, § 2º, alterado pela Lei nº 13.467/2017), previdenciárias (Lei nº 8.212/1991, art. 30, IX), e também perante terceiros que contratam com o grupo e mesmo individualmente com as empresas, já que todas se uniram para uma finalidade comum.

7. ADMINISTRAÇÃO E REPRESENTAÇÃO DO GRUPO E DAS SOCIEDADES

Vários os regramentos que seguem (arts. 272 a 277 da Lei nº 6.404/1976), e que dizem respeito à administração do grupo e das sociedades filiadas, à remuneração, às demonstrações financeiras, aos prejuízos resultantes de atos contrários à convenção, e ao conselho fiscal das filiadas.

Em princípio, na convenção delineia-se a estrutura administrativa do grupo de sociedades.

Importante ver a representação do grupo de sociedades perante terceiros, que ficará a cargo dos administradores de cada sociedade, a menos que diferentemente apareça previsto na convenção do grupo. Ocorre que não se retira a individualidade de cada sociedade, mantendo ela sua autonomia.

No pertinente à administração do grupo, criam-se órgãos de deliberação colegiada e cargos de direção geral, e órgãos de administração das sociedades filiadas, sem prejuízo, no entanto, da administração própria, com as atribuições, os poderes e as responsabilidades que os estatutos preveem.

A remuneração dos administradores do grupo é rateada entre as sociedades, não impedindo que se defina de modo diferente, e inclusive a assunção dos encargos pela sociedade controladora.

Ordena o art. 275 e seus parágrafos que cada sociedade apresentará as suas demonstrações financeiras, fazendo-se a devida publicação juntamente com as da sociedade de comando. As demonstrações serão publicadas juntamente com as demonstrações da sociedade de comando. Integrando as sociedades uma de capital aberto, submetem-se as demonstrações ao exame por auditores independentes com registro na Comissão de Valores Mobiliários.

As companhias filiadas indicarão, em nota às suas demonstrações financeiras publicadas, o órgão que publicou a última demonstração consolidada do grupo a que pertencer.

Haverá o parecer do conselho fiscal, fazendo-se a auditoria se de capital aberto a sociedade.

Todas as sociedades arcam com os resultados negativos, na proporção do capital social de cada uma, a menos que estabeleça o contrário a convenção do grupo.

Aos sócios assegura-se a competente indenização contra a sociedade de controle e os administradores, desde que praticados atos contrários à lei, ou com dolo, culpa e abuso de poder, corrigindo-se monetariamente o valor devido (art. 290 da Lei nº 6.404).

Podem funcionar os conselhos fiscais das sociedades filiadas, se formulado o pedido por acionistas que tenham, no mínimo, cinco por cento (percentual que pode ser reduzido pela Comissão de Valores Mobiliários – art. 292) das ações ordinárias ou das ações preferenciais sem direito a voto. Compete aos mesmos solicitar informações ou esclarecimentos necessários para fiscalizar a observância da convenção do grupo.

8. CONSÓRCIO DE SOCIEDADES

Envolve o assunto a formação de um grupo de sociedades para a execução de um determinado empreendimento. Duas ou mais sociedades congraçam seus esforços e recursos para um empreendimento comum, formando um consórcio. Acrescenta a nota específica Waldírio Bulgarelli: "Trata-se de união de empresas para determinados fins, conservando cada uma a sua personalidade jurídica e autonomia patrimonial".[12] Não tem o consórcio personalidade própria. Muito menos se estabelece uma solidariedade presumida entre essas sociedades, devendo cada uma responder pelos atos que realiza. Na verdade, nem é possível alargar a responsabilidade, posto que o ato suscetível de ataque é praticado por uma delas. Isto a menos que o consórcio tenha um patrimônio próprio, e não se apresente possível buscar o ressarcimento perante uma das sociedades.

É frequente a formação de um conglomerado de empresas para grandes obras, como a construção de um conjunto de prédios, de elevados, de viadutos, ou a aberturas de rodovias, ou a implantação de uma ampla infraestrutura urbana. Nas grandes obras, uma única empresa não teria envergadura, poderio técnico e equipamentos para sozinha desenvolver o projeto e concretizá-lo, optando para a formação de consórcios ou associações com outras sociedades, especialmente nas concorrências de obras públicas. Apresentam-se os licitantes organizados em consórcios, podendo, assim, assumir as importantes tarefas que lhes são cominadas.

Esta modalidade já vinha sendo colocada em prática mesmo antes da edição da Lei das Sociedades Anônimas, e era mencionada em alguns diplomas regulamentadores de atividades.

Não se fundem as empresas em uma sociedade, não perdem a individualidade ou a personalidade própria, continuando cada uma com o poder de comando, mas obedecendo a certos padrões e compromissos apenas no tocante ao empreendimento. Nem há confusão com o grupo de sociedades, na lição de José Edwaldo Tavares Borba: "Enquanto a formação de grupo tem um sentido amplo e abrangente, o consórcio, que também é um contrato entre sociedades, restringe-se à conjugação de empresas para a execução de empreendimento determinado".[13]

Eis a caracterização dada pelo art. 278 da Lei nº 6.404: "As companhias e quaisquer outras sociedades, sob o mesmo controle ou não, podem constituir consórcio para executar determinado empreendimento, observado o disposto neste Capítulo".

Não se opera a criação da personalidade jurídica de uma nova sociedade, mantendo-se as obrigações concentradas em cada sociedade, e todas elas assinando os compromissos assumidos. Em suma, não tem o consórcio personalidade jurídica, externando-se a organização através de um protocolo de compromissos e obrigações, como se dessume do § 1º: "O consórcio não tem personalidade jurídica e as consorciadas somente se obrigam nas condições previstas no respectivo contrato, respondendo cada uma por suas obrigações, sem presunção de solidariedade".

Firma a lei a individualidade estanque de cada empresa, a menos que todas assumam concomitantemente as obrigações, ou se firme um vínculo entre elas na consecução da obra. Nessa concepção, vindo a falir uma das participantes, os efeitos não se estendem às demais empresas, o que está bem claro no § 2º: "A falência de uma consorciada não se estende às demais, subsistindo o consórcio com as outras contratantes; os créditos que porventura tiver a falida serão apurados e pagos na forma prevista no contrato de consórcio".

Elabora-se um contrato entre as empresas que integram o consórcio, cuja aprovação depende do órgão de cada sociedade que tenha competência para autorizar a alienação

---

[12] *Manual das Sociedades Anônimas*, 8ª ed., São Paulo, Atlas, 1996, p. 302.
[13] *Direito societário*, ob. cit., p. 481.

de bens do ativo não circulante, que é o Conselho de Administração (art. 142, inc. VIII, da Lei nº 6.404/1976), e contendo os seguintes requisitos, constantes do art. 279, com as modificações da Lei nº 11.941/2009:

I – a designação do consórcio, se houver;

II – o empreendimento que constitua o objeto do consórcio;

III – a duração, endereço e foro;

IV – a definição das obrigações e responsabilidade de cada sociedade consorciada, e das prestações específicas;

V – normas sobre recebimento de receitas e partilha de resultados;

VI – normas sobre administração do consórcio, contabilização, representação das sociedades consorciadas e taxa de administração, se houver;

VII – forma de deliberação sobre assuntos de interesse comum, com o número de votos que cabe a cada consorciado;

VIII – contribuição de cada consorciado para as despesas comuns, se houver.

Arquiva-se o contrato no Registro de Comércio do lugar da sede do consórcio e efetua-se a publicação da certidão.

Outrossim, em obediência ao art. 4º, inc. V, letra "a" da referida Instrução Normativa DREI nº 19/2013, alterada pela Instrução Normativa DREI nº 37/2017, a companhia que, por seu objeto, depende de autorização prévia de órgão governamental para funcionar, somente poderá participar de grupo de sociedades após a aprovação da convenção do grupo pela autoridade competente para aprovar suas alterações estatutárias.

O arquivamento na Junta Comercial, na previsão do art. 7º da mesma Instrução acima, se faz com a apresentação da seguinte documentação:

I – capa de processo/requerimento;

II – contrato, alteração ou distrato do consórcio, no mínimo em três vias, sendo pelo menos uma original;

III – decreto de autorização do Presidente da República, no caso de consórcio de mineração;

IV – comprovante do pagamento do preço do serviço: recolhimento estadual;

V – O ato que aprovou o contrato do consórcio de todas as consorciadas envolvidas registrado conforme o § 2º do artigo anterior. (Incluído pela Instrução Normativa nº 37, de 02 de março de 2017)

9. MODELO DE INSTRUMENTO PARTICULAR DE CONSÓRCIO DE SOCIEDADES

10. RESPONSABILIDADE DAS SOCIEDADES

Desde que o grupo não adquira personalidade jurídica, por não se arquivarem seus atos, não pode ser chamado à responsabilidade. Não passando de uma relação interempresarial, praticamente não possui estrutura em si nem patrimônio. Em geral, desponta uma empresa que passa a exercer o controle, ou o comando, dirigindo todas as demais sociedades para o objetivo comum.

Nessa maneira de se apresentar e constituir, nem apropriado se afigura pretender assentar a responsabilidade por eventuais danos ou inadimplências ao grupo em si, como entidade à parte ou autônoma.

Procura-se encontrar a responsabilidade na pessoa jurídica que provocou ou causou o ato, ou mesmo em todas as integrantes, se impossível localizar ou detectar o ato em uma das empresas.

A menos que o grupo tenha uma organização própria, um patrimônio, uma estrutura individuada, inviabiliza-se a pretensão de obter do ente abstrato grupo a responsabilização.

Nas relações de consumo, a responsabilidade solidária e ilimitada das sociedades que compõem o grupo vem detalhada no § 2º do art. 28 da Lei nº 8.078, de 1990: "As sociedades integrantes dos grupos societários e as sociedades controladas são subsidiariamente responsáveis pelas obrigações decorrentes deste Código".

Todavia, não havendo relação de consumo, e localizada a responsabilidade em um dos componentes do grupo, enquanto não realizada uma atividade comum com as demais sociedades, não emerge a solidariedade, devendo a parte lesada buscar o ressarcimento contra o integrante do grupo que causou a lesão, exceto se for usada a formação do grupo "para acobertar a fraude à lei, o abuso do direito das formas jurídicas, ou para causar prejuízos a terceiros pela falência, insolvência ou encerramento danoso das atividades".[14]

O seguinte aresto expressa a mesma inteligência: "Grupo de sociedades. Empresas com denominações distintas. Hipótese em que, ainda que pertencentes ao mesmo grupo financeiro, são pessoas jurídicas autônomas em seus direitos e obrigações, por força da Lei nº 6.404/1976. Impossibilidade de aquela que não é titular de interesse que se discute em juízo litigar em nome de outra".[15]

Em matéria tributária, porém, vai-se além, encontrando-se uma linha que estende a responsabilidade das sociedades que integram o grupo: "Tributário. Certidão negativa de débito. Grupo econômico. Responsabilidade tributária reconhecida em juízo. Impossibilidade. No caso em apreço, a responsabilidade tributária pelo pagamento de débitos originários da atividade econômica de outras pessoas jurídicas integrantes do mesmo grupo econômico foi reconhecida em juízo, por sentença proferida em ação cautelar fiscal, levando à anotação dos débitos em nome da autora. Com a formal responsabilização por débitos tributários, conjugada com a autorização judicial de bloqueio e penhora de todos os seus bens, não há falar no direito à obtenção de certidão negativa de débitos".[16]

Sobretudo emerge a responsabilidade solidária se verificada a confusão patrimonial entre as várias sociedades que formam o grupo: "Reconhecido o grupo econômico e verificada confusão patrimonial, é possível desconsiderar a personalidade jurídica de uma

---

[14] Ap. Cív. nº 211.163-1, da 4ª Câmara Cível do TJ de São Paulo, j. em 16.06.1994.
[15] Ap. Cív. nº 12.299, do TJ do Mato Grosso, j. em 03.05.1989, em *RT* 645/162.
[16] TRF4, AC 5014641-13.2016.4.04.7108, da Segunda Turma, rel. Andrei Pitten Velloso, juntado aos autos em 11.06.2018.

empresa para responder por dívidas de outra, inclusive em cumprimento de sentença, sem ofensa à coisa julgada".[17]

"Na verdade, o reconhecimento da existência de grupo econômico de fato se presta justamente para deixar clara a comunhão de responsabilidade entre as diversas empresas capituladas na demanda sob crivo".[18]

Em existindo a confusão patrimonial, é certa a responsabilidade solidária de qualquer empresa que faz parte do grupo: "O Superior Tribunal de Justiça entende que a responsabilidade solidária do art. 124 do CTN não decorre exclusivamente da demonstração da formação de grupo econômico, mas demanda a comprovação de práticas comuns, prática conjunta do fato gerador ou, ainda, quando há confusão patrimonial".[19]

Conforme a visão de Nelson Eizirik, há responsabilidade solidária se verificado o seguinte quadro: "Assim, a administração do grupo pode traçar diretrizes e impor a adoção de políticas empresariais uniformes para as sociedades controladas, as quais devem ser seguidas por seus administradores. Com efeito, as sociedades participantes formam uma unidade econômica, pois, por meio da convenção e com o objetivo de viabilizar a consecução do interesse geral, abrem mão de sua individualidade estratégica e administrativa, submetendo-se à direção centralizada do grupo".[20]

Nas relações trabalhistas, qualquer das empresas é responsável, por força do § 2º do art. 2º da Consolidação das Leis Trabalhistas, na alteração da Lei nº 13.467/2017: "Sempre que uma ou mais empresas, tendo, embora, cada uma delas, personalidade jurídica própria, estiverem sob a direção, controle ou administração de outra, ou ainda quando, mesmo guardando cada uma sua autonomia, integrem grupo econômico, serão responsáveis solidariamente pelas obrigações decorrentes da relação de emprego".

As empresas coligadas inserem-se no tipo de empresas integrantes do mesmo grupo econômico, especialmente para efeitos trabalhistas, decorrendo daí a responsabilidade em quaisquer matérias que envolvem relação de emprego. O conceito de coligação conduz a caracterizar uma espécie de formação de grupo, já que se opera a união de várias sociedades para certas atividades, em especial se verificada a mútua participação do capital de uma na outra. É a orientação que emana do Tribunal Superior do Trabalho.[21]

---

[17] AgRg no AREsp 441.465/PR, Rel. Ministro Ricardo Villas Bôas Cueva, Terceira Turma do STJ, julgado em 18.06.2015, *DJe* de 3/08/2015.

[18] AgInt no REsp 1649460/PE, da Segunda Turma do STJ, rel. Min. Francisco Falcão, j. em 7.05.2018, *DJe* de 28.05.2018.

[19] EDcl no AgRg no REsp 1511682/PE, da 2ª Turma do STJ, rel. Min. Herman Benjamin, j. em 25.10.2016, *DJe* de 8.11.2016.

[20] A Lei das S. A. comentada. Vol. III. São Paulo: Quartier Latin, 2011, p. 543.

[21] Recursos de Revista nº 177.760/1995.9, da 3ª Turma, j. em 02.05.1996, *DJU* de 16.08.1996; nº 7.670/1990.8, da 3ª Turma, j. em 14.02.1996, *DJU* de 29.03.1996.

XLII
Dissolução, liquidação e extinção da sociedade anônima

1. O SENTIDO DE DISSOLUÇÃO, LIQUIDAÇÃO E EXTINÇÃO

Trata a Lei nº 6.404/1976, em um mesmo capítulo, da dissolução, da liquidação e da extinção da sociedade anônima, que são etapas sucessivas do processo de seu desaparecimento do mundo jurídico.

Com a dissolução, que é o primeiro estágio dessa sequência de acontecimentos, declara-se a desconstituição da sociedade, ou resolve-se dar término à atividade empresarial. Vem a ser um ato declaratório que decide terminar com a vida da sociedade, para dar início à liquidação. Esse ato declaratório se dá por deliberação em assembleia, ou pela decretação judicial.

Através da liquidação, que é a execução da etapa anterior, busca-se apurar ou encontrar o resultado do ativo e passivo da sociedade.

Já a extinção faz desaparecer definitivamente a sociedade. Após a derradeira medida de dar baixa da sociedade, com a distribuição do patrimônio líquido ou de obrigações pendentes, e nos casos de desaparecimento de seu capital que é vertido a outra sociedade através da incorporação, fusão ou cisão, fica definitivamente extinta a sociedade.

Aborda-se cada uma das figuras.

2. A DISSOLUÇÃO DA SOCIEDADE

Com a dissolução, declara-se ou decreta-se a cessação da sociedade, sem que deixe de funcionar, assim perdurando até a realização das providências para a sua retirada do mundo real. Não se extingue a sociedade, mas somente declara-se que não mais prosseguirá, com algumas providências na desaceleração de suas funções, e estabelecendo-se o início da liquidação. Por outros termos, segue a personalidade, anota Mauro Rodrigues Penteado, "na medida em que permanece o centro autônomo de imputação de direitos e obrigações, com administração, domicílio, contabilidade e patrimônio próprios".[1]

É como se colhe do art. 207 da Lei nº 6.404/1976: "A companhia dissolvida conserva a personalidade jurídica, até a extinção, com o fim de proceder à liquidação".

---

[1] *Dissolução e Liquidação de Sociedades*, ob. cit., p. 85.

Depreende-se que a manutenção da personalidade jurídica é para o efeito de levar-se a termo a liquidação. Não mantém o seu pleno funcionamento, já que ao liquidante se reservam os atos de mera administração, sem que se lhe autorize a contração de novas obrigações, a menos as estritamente necessárias para o atendimento de compromissos inadiáveis. Mantêm-se as atividades até o exaurimento dos bens ou matéria-prima disponível ou em estoque, ou enquanto permitirem suas forças.

Não persistem a diretoria e, em geral, o Conselho de Administração, porquanto novo órgão passa a dirigir e administrar.

Não mais se faz necessária a realização da assembleia geral ordinária. Nem o balanço anual é exigível, já que a contabilidade transfere-se ao síndico, que procederá ao levantamento do ativo e do passivo.

Não se dá, com a dissolução, a extinção, diante da redação clara do art. 207, mas se instaura somente uma limitação da capacidade jurídica, mormente quanto a novas operações ou atividades. Indaga-se, porém, se é possível cessar o estado de dissolução, ou mesmo de liquidação, para tornar a existir plenamente a sociedade. A resposta é afirmativa. Considerando que a extinção se consumará ao final da apuração e realização do ativo e passivo, com a prestação de contas e complementação dos atos derradeiros, a todo o momento oportuniza-se a deliberação ou a providência para cessar a dissolução. Isto se os sócios convierem e se derruída ou afastada a causa da dissolução. Processando-se judicialmente a liquidação, deverão as partes obter a vênia judicial, deferível desde que devidamente sanadas as causas motivadoras do estado de dissolução e liquidação.

Cumpre lembrar que não é comum na sociedade por ações a dissolução parcial, ou a resolução da sociedade em relação a um sócio. Querendo o sócio afastar-se, basta que venda suas ações, colocando-as no mercado através da Bolsa, ou que procure a sua liquidação, desde que haja disponibilidade financeira ou reserva para esse fim. Sobre a matéria, já se pronunciou o STJ: "É incompatível com a natureza e o regime jurídico das sociedades anônimas o pedido de dissolução parcial, feito por acionistas minoritários, porque reguladas em lei especial que não contempla tal possibilidade".[2] No entanto, como se verá abaixo, não se afigura inviável a dissolução parcial.

O art. 206 contempla três espécies de dissolução, e que são as seguintes: de pleno direito, por decisão judicial e por decisão administrativa. Aduz-se, ainda, a viabilidade da dissolução parcial.

Especifica-se cada classe.

2.1. Dissolução de pleno direito

Num total de cinco as situações de dissolução de pleno direito que o art. 206 da Lei nº 6.404/1976 contempla: "Dissolve-se a companhia:

I – de pleno direito:

a) pelo término do prazo de duração;

b) nos casos previstos no estatuto;

c) por deliberação da assembleia geral (art. 136, X);

---

[2] REsp. nº 419174-SP, da 3ª Turma, j. em 15.08.2002, *DJU* de 28.10.2002, *in Revista Forense*, 370/294.

Cap. XLII | Dissolução, liquidação e extinção da sociedade anônima • 613

d) pela existência de um único acionista, verificada em assembleia geral ordinária, se o mínimo de dois não for reconstituído até à do ano seguinte, ressalvado o disposto no art. 251;

e) pela extinção, na forma da lei, da autorização para funcionar".

Não se retira a possibilidade de aparecerem outros eventos ensejadores da dissolução. Aliás, a mera deliberação, por não mais interessar a continuidade, comporta o término.

O vencimento do prazo, sem que tenha continuado a existência, que raramente ocorre, já que costumeiramente coloca-se como de prazo indeterminado as sociedades, comprova-se pelo próprio contrato, e efetiva-se pelo simples pedido de averbação da extinção. Essa hipótese, no entanto, se descaracteriza se tacitamente segue perdurando a sociedade, dando-se o que se denomina a prorrogação, mesmo que omisso o estatuto a respeito.

Os casos previstos no estatuto correspondem à enumeração de hipóteses ou eventos que ensejam a dissolução, como quando do término da realização de um empreendimento, ou da conclusão de uma obra (como um edifício, uma estrada), a qual determinou a formação da sociedade. Traz Carlos Klein Zanini a justificativa da dissolução: "Sendo livre a constituição da sociedade anônima, desde que observadas as prescrições da lei, podem os acionistas eleger eventos cuja ocorrência coloque a sociedade em dissolução. É o que se verifica, por exemplo, em uma sociedade de propósito específico, na qual o estatuto pode estabelecer que determinada circunstância, *v.g.*, a conclusão de um projeto, produza a dissolução da sociedade".[3]

Já o consenso dos sócios pressupõe a deliberação em assembleia, expressando a manifestação da vontade, com a lavratura em ata, acompanhando cópia no endereçamento do pedido. Deverá haver a aprovação pelo *quorum* assinalado no art. 136, inc. X, ou seja, por metade, no mínimo, das ações com direito a voto, se maior diferença não impuser o estatuto de sociedade de capital fechado. Não carece que venha justificada a dissolução, ou que haja um motivo. Suficiente a mera deliberação dos sócios. Todavia, se se apurar que é abusiva a dissolução, como no caso de ser próspera, e evidenciando uma manobra dos sócios majoritários de provocar o desaparecimento para ser o objeto desempenhado por outra sociedade da qual também figuram como sócios, não se inviabiliza a possibilidade de negar-se judicialmente a dissolução, em obediência do consagrado princípio da conservação da sociedade.

A falta de pluralidade de sócios, persistindo apenas um, verificada na retirada, exclusão ou morte dos demais, deve ficar demonstrada com as provas dos atos de saída, como a liquidação das ações e o pagamento de seu valor, a ata de exclusão ou qualquer elemento revelador de permanência de apenas um sócio. A existência de um único sócio, formando a unipessoalidade chamada superveniente, acarreta a dissolução porque impossível a sociedade unipessoal. Permite-se, porém, a permanência da sociedade, até a assembleia do ano seguinte à assembleia geral ordinária na qual se verificou a saída de um sócio. Por outros termos, dá a lei ao sócio remanescente o lapso de tempo de um ano, que é mais que suficiente a fim de que se reconstitua o número mínimo de dois sócios. Do contrário, reputa-se dissolvida de pleno direito a sociedade.

Excepciona-se da dissolução a companhia constituída, mediante escritura pública, tendo como único acionista uma sociedade brasileira, que é a chamada sociedade subsidiária integral, de acordo com o art. 251.

---

[3] *A Dissolução Judicial da Sociedade Anônima*, ob. cit., p. 50.

A extinção de autorização para funcionar promana de ato da autoridade, ou do diploma que importou na revogação. Se a autoridade cassa o alvará que permitiu o funcionamento, tendo como causa o descumprimento de obrigações decorrentes do ato público, como por falta de higiene, ou em face dos distúrbios provocados a terceiros, ou não renovou o alvará porque passou a não se admitir o exercício da atividade, implicitamente está impondo a extinção, pois a atividade que exerce não está mais sendo admitida. É o caso de proibição do uso de um medicamento específico, ou de armas, ou de jogos eletrônicos. Em consequência, deve dissolver-se a sociedade que não obtém autorização para o exercício de tais finalidades, cabendo a iniciativa da liquidação inclusive ao Ministério Público, desde que a liquidação ordinária não se inicie no prazo de trinta dias após a dissolução, ou, se iniciada, se der a interrupção por mais de quinze dias, nos termos do art. 209, inc. II. Em se tratando de instituição financeira, ao Banco Central cabe declarar a dissolução, que se dá em ato concomitante ao da chamada intervenção para a liquidação extrajudicial.

Se a sociedade, por si ou através de seus órgãos, não tomar a iniciativa nas providências da liquidação, a qualquer acionista é reconhecido o direito de promovê-la, que se desenvolverá pelo rito da liquidação judicial, como permite o inc. I do art. 209 da Lei nº 6.404.

2.1.1. Modelo de dissolução de pleno direito por decisão da assembleia

Nas hipóteses do inc. I do art. 206, mormente na da alínea *c*, o caminho da dissolução é administrativo, isto é, desenvolve-se mediante transações e decisões internas, devendo haver a aprovação da assembleia dos sócios, com o encaminhamento de todas as etapas da liquidação e da extinção de direito, que somente se alcança com os devidos registros nos órgãos competentes.

É suficiente a decisão da assembleia para a dissolução, seguida, normalmente, da liquidação e, por derradeiro, levando-se a efeito a respectiva baixa registral. Não importa em afirmar que essa via deve necessariamente envolver a liquidação também por acordo dos sócios. Parece viável haver a dissolução através de mera decisão assemblear, e seguir-se na liquidação pelo caminho judicial.

Apresenta-se um modelo anexo de ata de assembleia que decidiu pela dissolução e já aprovou a liquidação, homologando o laudo ou relatório apresentado pela diretoria, envolvendo, portanto, todos os elementos para dar fim à sociedade.

2.2. Dissolução por decisão judicial

Três as hipóteses que autorizam a dissolução por decisão judicial, constantes do inc. II do art. 206:

"a) quando anulada a sua constituição, em ação proposta por qualquer acionista;

b) quando provado que não pode preencher o seu fim, em ação proposta por acionistas que representem 5% (cinco por cento) ou mais do capital social;

c) em caso de falência, na forma prevista na respectiva lei".

A enumeração não se revela exaustiva, pois não se pode deixar de aventar outras situações que permitem a dissolução, como abaixo se verá.

A anulação da constituição, que se dá pela existência de causas de anulação e não necessitando que sejam de nulidade, pode decorrer de vício formal, objeto ilícito, falta de requisitos do contrato, incapacidade dos sócios, defeitos do consentimento, inobservância de forma legal essencial, evicção do bem utilizado na integralização do capital, e outras irregularidades capazes de anular a constituição, procedendo-se sempre a requerimento de acionistas que representem, no mínimo, cinco por cento do capital social. Ao prever a anulação, implicitamente admitiu a lei a ratificação, em razão do art. 172 do Código Civil, ou a convalidação do ato, se não arguido o vício em determinado prazo, que é de um ano, por comando do art. 285 da Lei nº 6.404.

Impende fixar-se no tipo de causas que levam à anulação, que é o de constituição da sociedade, como anota Carlos Klein Zanini: "Há que se observar, ainda, que a anulação da sociedade de que aqui se cuida liga-se aos vícios de sua constituição, os quais não se confundem com os vícios de publicidade, ou com os requisitos necessários para a vida da sociedade".[4]

Autoriza o pedido de dissolução judicial o fato de não conseguir a sociedade o fim objetivado, como a não prestação da atividade determinante de sua finalidade, ou o desaparecimento do objeto que visava. Tudo na vida tem uma finalidade, o que é próprio da *práxis* humana. Não se fazem as coisas pela simples razão de fazer. Trata-se do princípio que levou a formular a teoria finalística das sociedades. Há uma concepção teleológica em todas as atividades. No caso de uma sociedade de produção, se não mais se usam os bens ou mercadorias a cuja fabricação se dedicava a empresa, como de um instrumento que foi substituído por outro; ou se um medicamento ficou proibido pela autoridade sanitária; ou se um produto é substituído por outro com maior vantagem, verifica-se a perda do objeto social, ou da finalidade, levando à dissolução.

A matéria veio amplamente desenvolvida por Carlos Klein Zanini, que lembra a existência de uma classificação: "No que diz com os fatores que podem conduzir à impossibilidade de a companhia preencher seu fim, costuma ser bastante empregada uma proposta de classificação que os subdivide em internos e externos. No primeiro grupo, a caracterização da impossibilidade decorreria de circunstâncias existentes no âmbito interno da sociedade, tais como a subcapitalização material ou a paralisação dos órgãos societários. No segundo, a impossibilidade de preencher o fim teria origem em eventos externos em relação à sociedade, que, no entanto, sobre ela projetariam efeitos, como no caso da inviabilidade do exercício da atividade descrita no objeto social".[5]

Há a inexequibilidade, ou impossibilidade superveniente, que se apresenta também quando a lei impede o fim social a que se propôs a sociedade, como no cancelamento da obra que vinha proposta em licitação; ou simplesmente falta a matéria-prima utilizada para a produção do bem; ou ocorre o cancelamento por um contratante das mercadorias

---

[4]   *A Dissolução Judicial da Sociedade Anônima*, ob. cit., p. 64.

[5]   *A Dissolução Judicial da Sociedade Anônima*, ob. cit., p. 129.

encomendadas; ou desistem os interessados dos serviços que eram prestados. O objeto social torna-se inexequível, perdendo a razão de ser a sociedade.

Inclui-se nessa mesma causa a prática de atos lesivos à sociedade, imputável aos sócios majoritários, que resultam beneficiados. Na verdade, esse procedimento importa em não alcançar a sua finalidade. Todavia, essa medida extrema tem lugar se inviável outra providência, como a destituição ou a responsabilização dos administradores.

Para tanto, condição para o ajuizamento da lide está na presença de sócios que correspondam, no mínimo, a cinco por cento do capital social.

Entende-se, porém, que inconstitucional o percentual de capital social imposto como condição para a ação. Se um sócio tem seus direitos lesados, e não consegue a alienação das ações, o reembolso ou o resgate das ações, é parte legítima para, no mínimo, pretender a dissolução parcial, com a apuração do valor líquido de suas ações, recebendo o valor correspondente, à semelhança com o que se permite nas demais sociedades, sob a figura da resolução parcial da sociedade em relação a um sócio.

A falência determina a dissolução da sociedade, que se processará, atualmente, segundo os atos e o rito estabelecidos na Lei nº 11.101, de 09.02.2005, tanto que se procede ao chamamento dos credores e à apuração do patrimônio ativo, com a classificação dos credores na ordem de preferência e privilégios, a fim de serem solvidas as obrigações, tudo se incabível a recuperação judicial ou extrajudicial. Por ser a falência um processo liquidatório, decorre automaticamente a dissolução da sociedade. No caso de decretada, o síndico passará à administração nos aspectos condizentes com a falência. Mantém-se a diretoria para as funções próprias da administração da sociedade. Tanto que ao síndico se reconhece a competência de convocação de assembleia para a destituição dos membros da diretoria.

As previsões acima serão averiguadas judicialmente, submetendo-se ao amplo contraditório.

Não apenas nas hipóteses analisadas restringe-se a dissolução judicial. No estatuto se viabilizam outras causas. Podem surgir mesmo que não previstas, como a total incompatibilidade dos sócios, a ausência completa da *affectio societatis*, o desaparecimento da matéria-prima utilizada na fabricação, a conduta desonrosa dos sócios, a descoberta de prejuízos à saúde pelo objeto produzido. O exaurimento do fim social também conduz a não mais justificar a existência da sociedade, como ela se constituiu para a realização de uma pesquisa, ou para a construção de uma obra, ou para o desempenho de uma empreitada, ou o lançamento de uma incorporação imobiliária, e tais objetos restaram concluídos. Diz respeito o fim social às atividades que determinaram a criação da sociedade. Se temporárias essas atividades, resta a decorrência da temporariedade da vigência da sociedade.

A previsão de causas judiciais para pedir a dissolução, enumeradas na lei, tem o alcance único de enunciar a existência de hipóteses de dissolução judicial, sem qualquer restrição à possibilidade de outros fatores para tanto. Mesmo a dissolução com base no art. 206, inc. I, em especial nas alíneas *a* e *b*, sujeita-se ao processamento judicial, se não se efetuar por consenso geral. Surgindo a causa, e não havendo a concordância da maioria, ou não se providenciando no encaminhamento da liquidação e da extinção, não se tolhe o caminho judicial, por iniciativa de qualquer acionista. Constam enumerados os casos que desencadeiam a dissolução, que automaticamente ocorre. No entanto, há de se providenciar na oficialização da dissolução, com as medidas de liquidação e dos competentes atos de baixa na Junta Comercial. Se a sociedade não enceta a realização da liquidação e extinção, resta a via do juízo, para compelir a essas medidas.

Carlos Klein Zanini indica mais fatores como causas de dissolução da sociedade, e, assim, a redução do capital abaixo de certo patamar: "Apesar de nossa Lei das Sociedades Anônimas não ter adotado um limite mínimo de capital social para as sociedades anônimas, pode-se cogitar de duas hipóteses em que sua redução abaixo de determinado valor pode atuar como dissolutória. A primeira delas no caso das sociedades para as quais, excepcionalmente, em função da atividade que têm por objeto, a lei estabelece a obrigatoriedade de um capital social mínimo, como no caso das instituições financeiras, administradoras de consórcios e seguradoras. A segunda, quando a redução do capital social abaixo de determinado valor for eleita pelos sócios como causa de dissolução, a teor do que faculta o art. 206, inciso I, alínea *b*, da Lei das Sociedades Anônimas".[6]

Consoante o mesmo autor, unicamente aos sócios reconhece-se legitimidade para a propositura da ação judicial de dissolução, porquanto "a Lei das Sociedades Anônimas enuncia que é apenas o acionista que: (I) pode tomar a iniciativa de convocar a assembleia diante da inércia dos administradores em assim proceder (art. 123, alínea *d*); (II) está legitimado a receber procuração para representar acionista na assembleia (art. 126, § 1º); (III) tem o direito de requerer a relação de endereços dos demais acionistas (art. 126, § 2º); (IV) goza de legitimidade para propor ação derivada de responsabilidade contra os administradores (tanto na hipótese do art. 159, § 3º, como na do § 4º); e (V) pode propor a ação de responsabilidade contra a sociedade controladora no contexto dos grupos societários (ainda que não convencionais, nos casos descritos no art. 246, § 1º)".[7]

2.3. Dissolução por decisão administrativa

O inc. III do art. 206 da Lei nº 6.404/1976 autoriza a dissolução "por decisão de autoridade administrativa competente, nos casos e na forma previstos em lei especial".

O dispositivo é fruto de uma época em que não vigoravam na plenitude os direitos individuais e sociais. Impossível que uma autoridade administrativa simplesmente decida e determine a dissolução. A redação da regra, à primeira vista, dá a impressão que basta o ato da autoridade administrativa. Mesmo que existam casos de previsão legal, a decisão submete-se ao crivo do Poder Judiciário, permitindo o amplo contraditório. A prática de atividades ilícitas constitui uma hipótese, reservando-se poderes à autoridade competente para impor o fechamento da sociedade, e, indiretamente, a dissolução.

As sociedades de participação estatal no capital sujeitam-se à dissolução se não mais convier ao Poder Público manter a empresa, ou continuar no quadro social. Para tanto, existirá um ato legal autorizando a retirada, ou a liquidação das ações, iniciativas que importam na dissolução.

Para dar foros de legalidade à decisão, indispensável a existência anterior de lei, suprimindo ou abolindo a prática de certas atividades, refletindo, indiretamente, na existência da sociedade que as executa, ou impondo a sua dissolução, como pode acontecer na proibição da pesca de certas espécies em extinção, ou da exploração de tipos de árvores nativas beneficiadas por empresas madeireiras. A proibição de uso ou consumo de um produto importa em acarretar a dissolução das sociedades que o produz. Nessa ótica, se vier a ser proibido o fumo no País e a exportação de cigarros, naturalmente decorre a

---

[6] *A Dissolução Judicial da Sociedade Anônima*, ob. cit., p. 136.
[7] *A Dissolução Judicial da Sociedade Anônima*, ob. cit., pp. 234-235.

618 • Direito de Empresa | *Arnaldo Rizzardo*

dissolução das empresas produtoras e fabricantes. Assim também quanto às fábricas de armas não exportáveis, se proibido o uso de armas.

Há diplomas legais que autorizam a dissolução, ou a interdição. Tem-se, como exemplo, a Lei nº 12.529/2011, que estrutura o Sistema Brasileiro de Defesa da Concorrência, dispõe sobre a prevenção e repressão às infrações contra a ordem econômica, entre outras providências. A Lei nº 8.078, de 1990 (Código de Defesa do Consumidor), no art. 56, inc. X, traz sanções administrativas às empresas que violarem as normas de defesa do consumidor, com a possibilidade de sua interdição total ou parcial.

Necessário esclarecer, no caso, que a dissolução é consequência da liquidação, não se operando com a intervenção.

A previsão do inc. III mostra-se coerente se entendida como aplicável à intervenção e liquidação extrajudicial, formas reservadas às instituições financeiras, às de previdência privada e às de seguro. Sob esse ângulo, expõe Modesto Carvalhosa: "Trata-se de hipótese de liquidação extrajudicial de companhias sujeitas à autorização e fiscalização da autoridade administrativa, de refinanciamento e de previdência privada. O pressuposto legal para a liquidação extrajudicial está não apenas na autorização para funcionar, mas sobretudo na jurisdição administrativa de fiscalizar permanentemente suas atividades. Assim, estão sujeitas à liquidação extrajudicial as instituições financeiras públicas e privadas, bem como as cooperativas de crédito, nos termos da Lei nº 6.024, de 1974 (arts. 15 e ss.)".[8]

Necessário anotar que, antes da liquidação, sempre se dá a intervenção, fase em que se nomeia um interventor, que promoverá a administração da sociedade, com a finalidade de prosseguir nas atividades da empresa, ou de encaminhar a sua cessação, se concluir pela total inviabilidade.

Destaca Mauro Rodrigues Penteado os efeitos que advêm da dissolução, que decorre com a decretação da liquidação: "A decretação da liquidação, nesse caso, produz, de imediato, os seguintes efeitos: a) suspensão das ações e execuções iniciadas sobre direitos e interesses relativos ao acervo da atividade liquidanda, não podendo ser intentadas quaisquer outras, enquanto perdurar a liquidação; b) vencimento antecipado das obrigações da sociedade liquidanda; c) suspensão da eficácia das cláusulas penais constantes de contratos unilaterais vencidos em virtude da decretação de liquidação; d) não fluência de juros, mesmo que estipulados, contra a massa, enquanto não pago integralmente o passivo; e) interrupção da prescrição relativa a obrigações de responsabilidade da instituição (art. 18 da Lei nº 6.024/74)".[9]

2.4. Dissolução parcial da sociedade

Não se afasta a viabilidade da dissolução parcial da sociedade, forma diferente do direito de retirada ou recesso, que se dá, como garante o art. 137, em hipóteses dos incisos I a VI e IX do art. 136, concedendo-se aos sócios o reembolso do valor das respectivas quotas.

A dissolução parcial significa a apuração do patrimônio social para se chegar ao montante que representa a participação do sócio que se retira. Na sociedade por ações, não se descarta a possibilidade, embora constituam as ações títulos negociáveis. Se não tiverem as ações liquidez e dispersão no mercado, e, assim, não se conseguir a sua venda,

---

[8] *Comentários à Lei de Sociedades Anônimas*, ob. cit., 1998, vol. 4, tomo I, p. 70.
[9] *Dissolução e Liquidação de Sociedades*, ob. cit., p. 228.

não encontra amparo a colocação de óbice para o exercício do direito de retirar-se. Não cabe a imposição de continuar o sócio a fazer parte da sociedade.

Os haveres do sócio, expõe Modesto Carvalhosa, "são apurados tendo em conta o patrimônio real e atual da sociedade, mediante laudo judicial respectivo, porque a dissolução parcial corresponde à extinção parcial da sociedade, cabendo no caso a partilha equânime e equitativa entre os sócios que permanecem e aquele que sai. Daí o valor real e atual dos bens impor-se como forma de apuração de haveres. Tem, portanto, o sócio que sai direito ao acervo líquido real e atual da sociedade, como direito individual seu, do qual decorre outro direito, o de requerer, individualmente, a dissolução dentro das hipóteses previstas em lei, o que, como consequência, ordena a apuração de haveres como se se cuidasse de dissolução total".[10]

Há necessidade, na hipótese, da montagem do patrimônio ativo, com a sua verificação física e contábil, a fim de apurar a porção que cabe ao sócio, levando-se a efeito essa constatação ao momento da retirada, ou do efetivo afastamento, a partir do qual não mais houve a participação e deixou de contribuir para sociedade.

Mauro Rodrigues Penteado cita um exemplo de decisão ordenando a dissolução parcial, proferida pelo Tribunal de Justiça de Minas Gerais, em data de 17.11.1982 (Ap. Cível nº 58.092, *in RF* nº 286) "com o direito aos autores de se retirarem sem extinguir a empresa, mediante a apuração de seus haveres, que se fará em liquidação de sentença, segundo o balanço geral, em que o ativo da sociedade tenha seus valores atualizados, para verificar o valor correspondente às ações dos retirantes".[11]

Carlos Klein Zanini colaciona três acórdãos nessa mesma linha: "No primeiro deles, julgado pelo TJ de SP, os desembargadores rejeitaram o pedido de dissolução total de determinada sociedade anônima por não terem vislumbrado, a partir dos argumentos deduzidos pelos autores – principalmente ausência de lucro e má gestão –, situação que caracterizasse a impossibilidade de a companhia preencher seu fim. Porém, invocando a similaridade da companhia com as sociedades de pessoas, e enaltecendo o princípio da preservação da empresa, entenderam cabível sua 'dissolução parcial' (Apelação Cível nº 217.352-1/7, 8ª Câmara Cível, j. em 03.05.1995, rel. José Osório).

Noutra oportunidade, novamente o TJ de SP, desta feita por sua Terceira Câmara, decidiu favoravelmente à decretação da 'dissolução parcial de uma sociedade anônima. E o fez, surpreendentemente, invocando o direito de recesso dos sócios minoritários, não obstante inexistir no corpo do acórdão referência a qual das hipóteses autorizadoras da retirada se estaria dando aplicação. Aliás, o *decisum* sustenta haver uma lacuna na Lei das Sociedades Anônimas, tanto no art. 137 (que trata do recesso), como no art. 206 (que regula a dissolução), *verbis*: 'Não se nega que existe uma pequena lacuna na Lei nº 6.404, de 1976, ao disciplinar de forma pouco mais específica o direito de retirada previsto no artigo 137 e seus parágrafos, bem como no artigo 206 da Lei nº 6.404, de 1976' (Tribunal de Justiça, Ap. Cível nº 260.594-1-SP, 3ª Câmara de Direito Privado, j. em 04.03.1997, *in Lex – Jurisprudência do TJSP*, vol. 198, p. 166, nov. 1997). Cumpre destacar que, neste caso, o pedido formulado pelos autores consistia na decretação da dissolução total da empresa, o qual restou não atendido por ter sido considerado como juridicamente impossível, uma vez que os sócios-autores não reuniam o percentual mínimo de cinco por cento do capital social necessário para a propositura da ação de dissolução.

---

[10] *Comentários à Lei de Sociedades Anônimas*, ob. cit., vol. 4, tomo I, p. 31.

[11] *Dissolução e Liquidação de Sociedades*, ob. cit., p. 223.

No terceiro julgado, oriundo do Quarto Grupo de Câmaras Cíveis do TJRJ (julgado por maioria, com voto vencido...), a admissibilidade da 'dissolução parcial' imotivada da sociedade anônima vem deferida através do reconhecimento aos sócios minoritários do direito de se retirarem da companhia. Também aqui se sustenta existir uma lacuna na Lei das Sociedades Anônimas, no tocante à retirada imotivada dos sócios minoritários, a qual deveria ser preenchida, na opinião dos votos vencedores, através do recurso ao disposto no art. 335, § 5º, do Código Comercial".[12]

No entanto, conforme colaciona arestos o mesmo autor, há fortes opiniões em contrário. Assim no STJ: "Comercial. Sociedade anônima. Dissolução parcial. Impossibilidade jurídica do pedido. Nas sociedades anônimas o direito de retirada do acionista é restrito às hipóteses do art. 137 da Lei nº 6.404/76, apresentando-se impossível o pedido de dissolução parcial da sociedade, próprio das empresas organizadas por quotas de responsabilidade limitada".[13]

No TJ de São Paulo: "Considerando-se viável a pretensão dos autores, a dissolução de sociedade tornar-se-ia coisa corriqueira... Isso, como é óbvio, iria contrariar o princípio da preservação da sociedade comercial, segundo o qual a dissolução constitui uma exceção, e não regra geral. Daí por que o art. 206 da Lei nº 6.404/76 estipula e limita as hipóteses de dissolução da sociedade por ações, não se encontrando, dentre elas, a dissidência de acionistas. Esta se resolve pelo exercício do direito de recesso, na forma e pelos motivos previsíveis nos arts. 45 e 137 do mesmo diploma legal, nunca pela dissolução total ou parcial da companhia. Aliás, os autores, ao formularem pedido alternativo de dissolução total e parcial é instituto próprio das sociedades por quotas de responsabilidade limitada e não está prevista na Lei das Sociedades Anônimas, e muito menos pode ser confundida com a retirada do acionista, no exercício do seu direito de recesso".[14]

Entende-se, entrementes, que essa exegese fere o art. 5º, inc. XX, da Carta Maior.

Tanto que o próprio STJ já admitiu a dissolução parcial, embora em caso especial: "Pelas peculiaridades da espécie, em que o elemento preponderante, quando do recrutamento dos sócios, para a constituição da sociedade anônima envolvendo pequeno grupo familiar, foi a afeição pessoal que reinava entre eles, a quebra da *affectio societatis* conjugada à inexistência de lucros e de distribuição de dividendos, por longos anos, pode se constituir em elemento ensejador da dissolução parcial da sociedade, pois seria injusto manter o acionista prisioneiro da sociedade, com seu investimento improdutivo, na expressão de Rubens Requião.

O princípio da preservação da sociedade e de sua utilidade social afasta a dissolução integral da sociedade anônima, conduzindo à dissolução parcial".[15]

O Código de Processo Civil de 2015 disciplina a ação de dissolução parcial da sociedade, incluindo a sociedade anônima de capital fechado, nos arts. 599 a 609. A previsão está § 2º do art. 599: "A ação de dissolução parcial de sociedade pode ter também por objeto a sociedade anônima de capital fechado quando demonstrado, por acionista ou acionistas que representem cinco por cento ou mais do capital social, que não pode preencher o seu fim".

---

[12] *A Dissolução Judicial da Sociedade Anônima*, ob. cit., pp. 368-369.
[13] Agravo Regimental no Agravo de Instrumento nº 34.120-SP, da 3ª Turma, *DJU* de 14.06.1993.
[14] Ap. Cív. nº 32.366-4, un., 7ª Câmara de Direito Privado do TJSP, j. em 06.05.1998, *in Jurisprudência do Tribunal de Justiça*, vol. 34, nº 228, pp. 78-81, maio 2000. Nesse curso também o TJ do RGS, na Ap. Cív. nº 598331965, da 5ª Câmara Cível, j. em 06.05.1999.
[15] REsp. nº 111.294-PR, da 4ª Turma, j. em 19.09.2000, *DJU* de 28.05.2001, em *RJSTJ*, 146/323.

Cap. XLII | Dissolução, liquidação e extinção da sociedade anônima • **621**

Nota-se que está limitada a possibilidade ao não preenchimento do fim que conduziu à sua criação, desde que venha demonstrado por acionistas que tenham cinco por cento ou mais do capital social.

Os trâmites processuais vieram estudados no Capítulo VII, item 35.

Entende-se, todavia, que ninguém é obrigado a integrar uma sociedade e a manter-se nela. Daí não se limitar a dissolução parcial à hipótese do não cumprimento do fim a que é destinada. A retirada do sócio, mediante a resolução da participação, com a apuração dos haveres, é sempre possível, pelos mesmos argumentos que acima vieram expostos.

3. A LIQUIDAÇÃO DA SOCIEDADE

Com a dissolução, há a declaração do término da atividade empresarial. Perdura, no entanto, a existência da sociedade enquanto não levada a termo a liquidação e não se efetuam os atos de extinção.

Aponta Mauro Rodrigues Penteado quando se dá o início da liquidação: "O procedimento de liquidação é iniciado após a verificação de uma causa de dissolução, mediante a deliberação da assembleia geral, que determina o modo como se desenvolverá, nomeando o liquidante e os membros do conselho de administração e do conselho fiscal que devem funcionar durante o período de liquidação – a menos que o estatuto já contenha previsão a respeito, o que não sói acontecer".[16]

Através da liquidação realiza-se o ativo, paga-se o passivo e rateia-se entre os acionistas o saldo apurado. Mais diretamente, corresponde às medidas encetadas para transformar a sociedade em dinheiro, com a finalidade de pagar as obrigações e distribuir o que sobra aos sócios.

Instaura-se esse procedimento, pois, para chegar ao espólio deixado pela sociedade, ou para se deparar com o montante que restou de sua existência, que, na grande maioria das vezes, não passa de dívidas, ou de um rastro de prejuízos e danos causados a terceiros.

Com esse estado, portanto, passa a vigorar um regime jurídico novo, com direitos e deveres específicos, sendo a figura de proa o liquidante. Por um determinado período de tempo, a sociedade se mantém ativa, até o esgotamento de seu patrimônio, pratica negócios, compra e vende, presta serviços, e tem personalidade jurídica. A dissolução não extingue a sociedade, mas somente declara-se que não mais prosseguirá, com algumas providências na desaceleração de suas funções. Já a liquidação compreende o conjunto de atos administrativos que se desenvolve para chegar-se ao término da existência real da sociedade. Desta sorte, somente depois de encerrada a apuração do ativo e passivo, e da conversão do capital em dinheiro, com os pagamentos e divisão do que resta, extingue-se.

Há a dissolução convencional ou ordinária, a judicial, e a extrajudicial, conforme se desenvolve segundo as diretrizes traçadas pelo estatuto ou assembleia geral, ou pelo procedimento indicado pela lei processando-se em juízo, ou sob a responsabilidade do Banco Central e outros órgãos administrativos.

---

[16] *Dissolução e Liquidação de Sociedades*, ob. cit., p. 86.

622 • Direito de Empresa | *Arnaldo Rizzardo*

3.1. Liquidação convencional

Tem-se, aqui, em conta a liquidação nas hipóteses de dissolução que o inc. I do art. 206 contempla: pelo término do prazo de duração; nos casos previstos no estatuto; por deliberação da assembleia geral (art. 136, X); pela existência de um único acionista, verificada em assembleia geral ordinária, se o mínimo de dois não for reconstituído até à do ano seguinte, ressalvado o disposto no art. 251; pela extinção, na forma da lei, da autorização para funcionar. Deve, no entanto, haver o consenso dos sócios, tornando a liquidação amigável.

Na decisão da assembleia, exige-se a aprovação de acionistas que representem, no mínimo, metade das ações com direito a voto, se o estatuto não impuser um *quorum* maior (art. 136, *caput*).

Não cabe, entrementes, desconsiderar outras situações, desde que assim decidam os acionistas. Pela mera deliberação permite-se que aventem mais casos, pois são donos dos destinos da sociedade, não se impondo que a mesma perdure indefinidamente.

Os próprios órgãos da companhia nomeiam o liquidante e supervisionam o seu processamento.

A liquidação convencional, ou consensual por decisão dos sócios, também denominada ordinária, segue as linhas da apuração do líquido, a que se chega após o pagamento do passivo, isto é, de todas as obrigações pendentes. Para tanto, normalmente é nomeado um liquidante que fará a apuração, não sendo descabível que a função seja desempenhada pelo próprio Conselho de Administração, se houver. Nomeia-se também o conselho fiscal, se inexistir, com a finalidade de acompanhar e fiscalizar os trabalhos.

Na omissão do estatuto, decidirá a assembleia o caminho ou as diretrizes, com a nomeação dos encarregados para a função.

Os atos de liquidação compreendem inclusive a alienação do ativo, visando à formação do valor líquido para a divisão entre os acionistas, sempre na proporção das respectivas ações.

Essa a orientação do art. 208, que esboça algumas regras, mais a título de sugestão: "Silenciando o estatuto, compete à assembleia geral, nos casos do nº I do art. 206, determinar o modo de liquidação e nomear o liquidante e o Conselho Fiscal que devam funcionar durante o período de liquidação".

A presença e atuação do Conselho de Administração estão assinaladas no § 1º: "A companhia que tiver Conselho de Administração poderá mantê-lo, competindo-lhe nomear o liquidante; o funcionamento do Conselho Fiscal será permanente ou a pedido de acionistas, conforme dispuser o estatuto".

De acordo com o § 2º, é sempre possibilitada a destituição ou substituição do liquidante pelo órgão que o nomeou.

3.2. Liquidação judicial

A liquidação judicial opera-se, em princípio, quando não existe consenso entre os sócios para procederam-na amigavelmente. Anote-se, segundo Mauro Rodrigues Penteado, que terá "a mesma configuração da liquidação ordinária, visando à realização do ativo, o pagamento do passivo e a divisão do remanescente entre os acionistas (CPC de 1939, art. 660), dispondo o liquidante judicial, sob a supervisão do juiz, de poderes e deveres semelhantes aos do liquidante ordinário (art. 660)".[17] Com o vigente Código de Processo Civil, a liquidação se desenvolve através da liquidação do ativo e passivo, com o levantamento patrimonial, através de perícia.

O art. 209 da Lei nº 6.404/1976 aponta as hipóteses, não equivalendo que outras não possam existir: "Além dos casos previstos no nº II do art. 206, a liquidação será processada judicialmente:

I – a pedido de qualquer acionista, se os administradores ou a maioria dos acionistas deixarem de promover a liquidação, ou a ela se opuserem, nos caso do nº I do art. 206;

II – a requerimento do Ministério Público, à vista de comunicação da autoridade competente, se a companhia, nos 30 (trinta) dias subsequentes à dissolução, não iniciar a liquidação ou se, após iniciá-la, interrompê-la por mais de 15 (quinze) dias, no caso da alínea *e* do nº I do art. 301".

Nota-se, em primeiro lugar, que as situações do inc. II do art. 206 comportam a liquidação judicial. São elas as seguintes: quando anulada a sua constituição, em ação proposta por qualquer acionista; quando provado que não pode preencher o seu fim, em ação proposta por acionistas que representem 5% (cinco por cento) ou mais do capital social; em caso de falência, na forma prevista na respectiva lei.

Já que a dissolução se decretou através de procedimento intentado na justiça, o normal é que a liquidação siga idêntico caminho.

Na previsão do inc. I do art. 209, percebe-se que, embora o término do prazo de duração, ou a ocorrência de situações contempladas no estatuto, ou levada a efeito consensualmente a dissolução, a omissão em promover a liquidação dá azo à via judicial da liquidação. A qualquer sócio, na omissão ou recusa dos administradores ou órgãos representativos, ou da maioria, abre-se a faculdade de promover a medida. Não que haja uma infração dos órgãos dirigentes na omissão em promover a liquidação, exceto no caso de deliberação da assembleia, tanto que é admissível a prorrogação da duração da sociedade, quando previsto o prazo determinado.

Quanto ao inc. II, ressalta a legitimidade do Ministério Público no encaminhamento das providências, dada a omissão ou interrupção dos administradores ou acionistas, sempre que a dissolução decorreu da extinção da autorização para funcionar.

Processa-se a liquidação de acordo com as regras processuais, como ordena o parágrafo único do art. 209: "Na liquidação judicial será observado o disposto na lei processual, devendo o liquidante ser nomeado pelo juiz".

Ao tempo do CPC/1973, o regramento processual era o indicado no art. 1.218, inc. VII, do Código de Processo Civil, ditando: "Continuam em vigor até serem incorporados nas leis especiais os procedimentos regulados pelo Dec.-lei 1.608, de 18 de setembro de 1939, concernentes: ...

VII – à dissolução e liquidação das sociedades (arts. 655 a 674)".

Com o Código de Processo Civil de 2015, os procedimentos que vinham elencados no art. 1.218 do Código anterior passam a obedecer ao procedimento comum, em conso-

---

[17] *Dissolução e Liquidação de Sociedades*, ob. cit., p. 239.

624 • Direito de Empresa | *Arnaldo Rizzardo*

nância com o § 3º do art. 1.046. É indispensável a realização de perícia para se elaborar o balanço patrimonial.

O procedimento é o estabelecido para as sociedades em geral, que já constituiu objeto de estudo, evidenciando-se coerente que inicie somente depois de transitar em julgado a sentença que decretou a dissolução.

3.3. O liquidante

Na liquidação pelos sócios, nomeia-se em assembleia o liquidante.

Se judicial a liquidação, a escolha de liquidante é feita pelo juiz, em pessoa de sua exclusiva confiança, podendo, no entanto, convocar a assembleia, que a presidirá, para efetuar a eleição.

Em qualquer situação, recairá a nomeação em pessoa idônea, não envolvida em interesses com a sociedade, nem fazendo parte do quadro de acionistas.

A qualquer momento, ou *ad nutum*, faculta-se a destituição pelo órgão que fez a escolha, por se tratar de cargo de confiança do órgão que nomeou, não carecendo, pois, de justificação, ou fundamentação, ou que se funde em motivos justos. A qualquer interessado se faculta a formulação de pedido para tanto, como escreve Modesto Carvalhosa: "Se a ausência de idoneidade for constatada, deverá o juiz *ex officio* destituí-la (a pessoa do liquidante), podendo, outrossim, fazê-lo a pedido de acionista ou de credor ou ainda do Ministério Público, ou da Fazenda Pública, interessada na liquidação".[18]

A principal função do liquidante é a representação da companhia e a prática dos atos de liquidação. Para tanto, lançará o seu nome, com a qualificação de liquidante da sociedade, agindo em seu nome, e sempre acrescentando as palavras "em liquidação", como consta do art. 212: "Em todos os atos ou operações, o liquidante deverá usar a denominação social seguida das palavras 'em liquidação'".

Não equivale a sua atuação à administração, restringindo-se a executar as medidas conduzentes à liquidação, cabendo-lhe, entretanto, conduzir e concluir as operações ainda pendentes. Haverá administrador unicamente se autorizada a continuidade do funcionamento temporário da sociedade, o qual submete-se ao liquidante, a quem está obrigado a prestar contas.

No âmbito dos poderes conferidos, estão os que lhe permitem alienar bens móveis ou imóveis, mas desde que se encontre o processo na fase de realização do ativo, com a autorização da assembleia, ou do juiz, conforme o órgão do qual partiu a nomeação, ou em situações de extrema necessidade, através da forma determinada.

Está na esfera das competências transigir, receber e dar quitação, o que abrange a expedição de determinações, de efetivação de pagamentos e recebimento de valores, tudo documentando no processo administrativo ou judicial. Tais poderes vêm inseridos no art. 211: "Compete ao liquidante representar a companhia e praticar todos os atos necessários à liquidação, inclusive alienar móveis ou imóveis, transigir, receber e dar quitação".

A gravação de bens com obrigações e a contratação de empréstimos depende sempre da vênia judicial ou da assembleia, e estritamente para o cumprimento de obrigações inadiáveis.

---

[18] *Comentários à Lei de Sociedades Anônimas*, ob. cit., vol. 4, tomo I, p. 103.

Cap. XLII | Dissolução, liquidação e extinção da sociedade anônima • **625**

Para o prosseguimento das atividades, indispensável, também, a permissão judicial ou da assembleia, parecendo conveniente que se facilite essa viabilidade, no que encontra apoio no instituto da recuperação judicial de empresas, contemplado no art. 47 da Lei nº 11.101, de 9.02.2005. O parágrafo único do art. 211, acima referido, é explícito em exigir a autorização: "Sem expressa autorização da assembleia geral o liquidante não poderá gravar bens e contrair empréstimos, salvo quando indispensáveis ao pagamento de obrigações inadiáveis, nem prosseguir, ainda que para facilitar a liquidação, na atividade social".

Confrontando o *caput* do art. 211 e seu parágrafo único, constata-se uma incongruência: para gravar os bens, é de rigor a autorização da assembleia geral, enquanto para a alienação, que é muito mais que gravar, e já representa atos de liquidação, não se reclama tal exigência.

Arrola o art. 210 os deveres do liquidante, na seguinte ordem:

"I – arquivar e publicar a ata da assembleia geral, ou certidão de sentença, que tiver deliberado ou decidido a liquidação;

II – arrecadar os bens, livros e documentos da companhia, onde quer que estejam;

III – fazer levantar, de imediato, em prazo não superior ao fixado pela assembleia--geral ou pelo juiz, o balanço patrimonial da companhia;

IV – ultimar os negócios da companhia, realizar o ativo, pagar o passivo, e partilhar o remanescente entre os acionistas;

V – exigir dos acionistas, quando o ativo não bastar para a solução do passivo, a integralização de suas ações;

VI – convocar a assembleia geral, nos casos previstos em lei ou quando julgar necessário;

VII – confessar a falência da companhia e pedir concordata, nos casos previstos em lei;

VIII – finda a liquidação, submeter à assembleia geral relatório dos atos e operações da liquidação e suas contas finais;

IX – arquivar e publicar a ata da assembleia geral que houver encerrado a liquidação". De observar que, em face da Lei nº 11.101/2005, a concordata foi substituída pela recuperação judicial ou extrajudicial.

3.4. A sociedade durante a liquidação

Em situações de autorização pela assembleia ou pelo juiz na hipótese de liquidação judicial, segue em plena atividade a sociedade, desenvolvendo as funções que lhe são próprias, mormente no cumprimento das atividades iniciadas e no atendimento dos compromissos inadiáveis. Ademais, mantém-se a personalidade jurídica, no exato sentido do art. 207: "A companhia dissolvida conserva a personalidade jurídica, até a extinção, com o fim de proceder à liquidação".

Inclusive os conselhos de administração e fiscal continuam a cumprir as funções lhe são próprias, conforme se infere do § 1º do art. 208, acompanhando a atuação do liquidante, e auxiliando-o no processo de liquidação.

626 • Direito de Empresa | *Arnaldo Rizzardo*

A cada seis meses, se não imposto prazo diferente, prestará o liquidante as contas para os acionistas, convocados em assembleia geral, com a apresentação de relatórios e balanços, em obediência ao art. 213: "O liquidante convocará a assembleia geral cada 6 (seis) meses, para prestar-lhe contas dos atos e operações praticados no semestre e apresentar-lhe o relatório e o balanço do estado da liquidação; a assembleia geral pode fixar, para essas prestações de contas, períodos menores ou maiores que, em qualquer caso, não serão inferiores a 3 (três) nem superiores a 12 (doze) meses".

No curso da liquidação, cada ação, seja ordinária ou preferencial, outorgará igual direito de voto ao respectivo titular, não perdurando as restrições ou limitações existentes, até a cessação do estado de liquidação, em vista do § 1º: "Nas assembleias gerais da companhia em liquidação todas as ações gozam de igual direito de voto, tornando-se ineficazes as restrições ou limitações porventura existentes em relação às ações ordinárias ou preferenciais; cessando o estado de liquidação, restaura-se a eficácia das restrições ou limitações relativas ao direito de voto". É como expõe Mauro Rodrigues Penteado: "Inovação importante introduzida pela Lei nº 6.404/1976 reside em que, nas assembleias da companhia em liquidação, todas as ações gozam de igual direito de voto, independentemente de anteriores restrições ou limitações nesse sentido impostas às ações ordinárias e preferenciais".[19]

Na liquidação judicial, cabe ao juiz ordenar a convocação da assembleia geral, que as presidirá, para tratar e deliberar sobre assuntos de interesse da sociedade em liquidação. Não tem o liquidante, por ato seu, poderes para a convocação. Deve o juiz decidir sumariamente as questões suscitadas, de tudo lavrando-se ata, cuja cópia se juntará aos autos. Não há necessidade de se arquivar uma via na Junta de Comércio, a menos que se trate de liquidação convencional.

As disposições estão no § 2º do mesmo art. 213: "No curso da liquidação judicial, as assembleias gerais necessárias para deliberar sobre os interesses da liquidação serão convocadas por ordem do juiz, a quem compete presidi-las e resolver, sumariamente, as dúvidas e litígios que forem suscitados. As atas das assembleias gerais serão, por cópias autênticas, apensadas ao processo judicial".

Da decisão do juiz não cabe qualquer recurso. Se a questão for deveras controvertida, e importar em real prejuízo, resta à parte suscitá-la no processo, com a necessária fundamentação, ou promover a ação competente.

A autenticação das atas se fará pelo secretário da assembleia.

3.5. O pagamento do passivo

Matéria de real importância diz respeito ao pagamento do passivo, pois é o ponto que atinge o interesse dos acionistas e dos credores.

Realiza-se o ativo com a venda dos bens móveis e imóveis, e ultimam-se o recebimento de créditos devidos à sociedade e o cumprimento dos contratos pendentes. Com isso, elabora-se o quadro dos credores, de certa forma à semelhança como se procede na falência. É o que deixa transparecer o art. 214: "Respeitados os credores preferenciais, o liquidante pagará as dívidas sociais proporcionalmente e sem distinção entre vencidas e vincendas, mas, em relação a estas, com desconto às taxas bancárias".

---

[19] *Dissolução e Liquidação de Sociedades*, ob. cit., p. 252.

O conteúdo encerra uma ordem ou sequência no pagamento, iniciando com os créditos preferenciais, que alcançam os privilegiados. Nesta ótica, cumpre estabelecer o escalonamento na satisfação do passivo, que obriga a obedecer às disposições legais próprias que tratam das preferências e dos privilégios.

Apresentando-se insuficiente o montante para o pagamento dos credores, faz-se o rateio proporcionalmente, sempre iniciando da classe de credores com preferência. Somente depois de plenamente atendido o credor que antecede na preferência, parte-se para o seguinte, situado na escala inferior.

Em primeiro lugar, lembram-se as preferências ou privilégios que estão especificamente na lei, e tais consideram-se os créditos trabalhistas (inclusive os de acidente do trabalho) e tributários, consoante já observado, e dada a previsão expressa do art. 449, § 1º, da Consolidação das Leis do Trabalho, do art. 186 do Código Tributário Nacional, e do art. 83 da Lei de Recuperação de Empresas e de Falência (Lei nº 11.101, de 9.02.2005).

De observar, quanto ao acidente do trabalho, que o pagamento se dá através do Instituto Nacional de Previdência Social. As eventuais indenizações propostas contra o empregador, por conduta dolosa ou culpa (art. 7º, inc. XXVIII, da Constituição Federal) não ingressam na preferência, pois não têm natureza trabalhista, já que fundadas na responsabilidade civil.

As contribuições previdenciárias constituem dívida ativa da União, promovendo-se a inscrição em livro próprio, de acordo com o art. 39 da Lei nº 8.212/1991, em redação dada pela Lei nº 11.457/2007.

Mesmo os demais créditos devidos ao erário público, de natureza não tributária, incluem-se na preferência, por força do art. 4º, § 4º, da Lei nº 6.830/1980.

Insta observar que os créditos de alimentos não participam na concorrência, porquanto dizem respeito à própria vida da pessoa, impondo sempre o pagamento antes de qualquer outra dívida.

Aparecem, depois dos créditos trabalhistas e tributários, e outros especialmente a eles equiparados, o crédito real, ou com garantia de direitos reais, os quais encontram-se elencados no art. 1.225 do Código Civil. Trata-se dos créditos hipotecários ou pignoratícios.

Na sequência, estão os créditos com privilégio especial e os créditos com privilégio geral. Como regra geral, tem-se o art. 961 do diploma civil: "O crédito real prefere ao pessoal de qualquer espécie; o crédito pessoal privilegiado, ao simples e o privilégio especial, ao geral".

Os créditos com privilégio especial correspondem ao crédito com privilégio sobre determinada coisa, referida pelo Código Civil, sem direito de sequela, mas que concede a preferência na sua satisfação. Mais precisamente, são os créditos que deverão ser pagos pelo produto da venda de determinados bens vinculados ao crédito. Eis a conceituação que encerra a primeira parte o art. 963: "O privilégio especial só compreende os bens sujeitos, por expressa disposição de lei, ao pagamento do crédito que ele favorece".

A discriminação dos tipos do crédito e das coisas sobre o qual incide está no art. 964, sem esgotar outras hipóteses: Têm privilégio especial:

I – sobre a coisa arrecadada e liquidada, o credor de custas e despesas judiciais feitas com a arrecadação e liquidação;

II – sobre a coisa salvada, o credor por despesas de salvamento;

III – sobre a coisa beneficiada, o credor por benfeitorias necessárias ou úteis;

IV – sobre os prédios rústicos ou urbanos, fábricas, oficinas, ou quaisquer outras construções, o credor de materiais, dinheiro, ou serviços para a sua edificação, reconstrução, ou melhoramento;

V – sobre os frutos agrícolas, o credor por sementes, instrumentos e serviços à cultura ou à colheita;

VI – sobre as alfaias e utensílios de uso doméstico, nos prédios rústicos ou urbanos, o credor de aluguéis, quanto às prestações do ano corrente e do anterior;

VII – sobre os exemplares da obra existente na massa do editor, o autor dela, os seus legítimos representantes, pelo crédito fundado contra aquele no contrato da edição;

VIII – sobre o produto da colheita, para a qual houver concorrido com o seu trabalho, e precipuamente a quaisquer outros créditos, ainda que reais, o trabalhador agrícola, quanto à dívida dos seus salários;

IX – sobre os produtos do abate, o credor por animais (inciso incluído pela Lei nº 13.176/2015).

O crédito com privilégio geral, na definição que se extrai da segunda parte do art. 963, incide em "todos os bens não sujeitos a crédito real nem a privilégio especial".

Trata-se do último privilégio, dele se beneficiando com o que se apurar relativamente a todo o patrimônio, depois de pagos os créditos com prioridade superior.

A relação desses créditos está no art. 965, observando que recai sobre quaisquer bens não sujeitos à garantia real e ao privilégio especial, e não se afastando outros casos que a lei porventura trouxer:

"I – o crédito por despesa de seu funeral, feito segundo a condição do morto e o costume do lugar;

II – o crédito por custas judiciais, ou por despesas com a arrecadação e liquidação da massa;

III – o crédito por despesas com o luto do cônjuge sobrevivo e dos filhos do devedor falecido, se foram moderadas;

IV – o crédito por despesas com a doença de que faleceu o devedor, no semestre anterior à sua morte;

V – o crédito pelos gastos necessários à mantença do devedor falecido e sua família, no trimestre anterior ao falecimento;

VI – o crédito pelos impostos devidos à Fazenda Pública, no ano corrente e no anterior;

VII – o crédito pelos salários dos empregados do serviço doméstico do devedor, nos seus derradeiros 6 (seis) meses de vida;

VIII – os demais créditos de privilégio especial".

Não pode passar despercebido o equívoco na inclusão, dentro da sequência acima, do crédito pelos impostos devidos à Fazenda Pública, já que a sua preferência é estabelecida pelo art. 186 do Código Tributário Nacional. Igualmente quanto aos salários dos empregados do serviço doméstico, já que constituem trabalhadores, devendo seus créditos enquadrar-se como de natureza trabalhista.

Cap. XLII | Dissolução, liquidação e extinção da sociedade anônima • **629**

De acordo com a parte final do art. 214 da Lei nº 6.404/1976, em relação às dívidas vincendas, retira-se a parcela correspondente aos encargos ou juros embutidos. É normal que se incluam, nas importâncias com vencimento futuro, juros e correção monetária. Todavia, se inserida cláusula que manda incluir tais consectários, não se faz o desconto. Igualmente na inexistência de cláusula, e se comprovar-se que não foram embutidos os referidos acréscimos. Nessas hipóteses, inclui-se a correção monetária e, se previstos, os juros.

Na eventualidade de o ativo ultrapassar o passivo, o parágrafo único do art. 214 da Lei das Sociedades Anônimas autoriza o pagamento da totalidade das dívidas vencidas, mas sob a responsabilidade do liquidante. Arca ele com as consequências, e, assim, com a obrigação pessoal de reposição, se posteriormente verificar-se que era insuficiente o ativo.

3.6. Partilha do ativo

Somente depois de pagos os credores sociais, incluindo-se os debenturistas, inicia-se o pagamento aos acionistas, procedendo-se ao rateio em níveis proporcionais ao valor existente e que sobrou e ao montante das ações.

No curso da liquidação, é autorizada a distribuição, por rateio, antes de concluída a liquidação e desde que satisfeitos todos os credores, das quantias que vão ingressando na sociedade.

Várias normas especiais, disseminadas no art. 215 e parágrafos, disciplinam o assunto Eis o teor do *caput*: "A assembleia geral pode deliberar que antes de ultimada a liquidação, e depois de pagos todos os credores, se façam rateios entre os acionistas, à proporção que se forem apurando os haveres sociais". Deve haver a autorização da assembleia geral, e dependente sempre do pagamento integral dos credores. Somente então apresentará o liquidante o plano de partilha antecipada.

Inclusive o pagamento aos sócios com a entrega de bens, desde que aprovado pela assembleia geral, autoriza o § 1º: "É facultado à assembleia geral aprovar, pelo voto de acionistas que representem 90% (noventa por cento), no mínimo, das ações depois de pagos ou garantidos os credores, condições especiais para partilha do ativo remanescente, com a atribuição de bens aos sócios, pelo valor contábil ou outro por ela fixado".

Percebe-se que se faz a partilha *in natura* dos bens a um ou vários acionistas, que assumem o dever de pagar em dinheiro o excedente recebido aos demais acionistas. Abre-se, assim, oportunidade para a formalização de transações quando da divisão do patrimônio entre os sócios.

Na hipótese de surgirem acionistas dissidentes quanto às condições especiais estabelecidas pela assembleia em relação à partilha, por motivos de favorecimento de alguns acionistas, assegura-se a eles postular a suspensão da partilha, ou a indenização pelos prejuízos, se já consumada a partilha. Há, também, a alternativa da anulação da deliberação da assembleia que aprovou a partilha prejudicial.

O exercício do direito de pedido de suspensão, ou indenização, ou anulação, está no § 2º: "Provado pelo acionista dissidente (art. 216, § 2º, da Lei nº 6.404/1976) que as condições especiais de partilha visaram favorecer a maioria, em detrimento da parcela que lhe tocaria, se inexistissem tais condições, será a partilha suspensa, se não consumada, ou, se já consumada, os acionistas majoritários indenizarão os minoritários pelos prejuízos apurados".

No rateio, atendem-se prioritariamente os acionistas com preferência no reembolso do capital, ou porque credores, ou por decisão da assembleia.

3.7. Prestação de contas

Uma vez consumada a liquidação, com o pagamento do passivo e o rateio do ativo, cabe ao liquidante prestar as devidas contas, de forma contábil e justificada, o que fará em assembleia geral, e, naturalmente, com a devida documentação. De grande relevância compreender o alcance do pagamento do passivo e o rateio do ativo. Somente parte-se para o rateio do ativo depois de cumpridas todas as obrigações. Nem cabe a distribuição de fundos de reservas e os particulares dos sócios, dividendos em atraso, pagamentos de prêmios e remuneração de diretores sem que satisfeitas todas as obrigações. E para essa finalidade, destinam-se os valores e bens que integram os fundos e reservas. Os direitos dos sócios sempre restam preteridos, sob pena de enriquecimento indevido. Do contrário, respondem os que se beneficiaram com as perdas e danos.

Com a aprovação das contas, considera-se encerrada a liquidação, com a extinção das obrigações e, naturalmente, da sociedade, embora as providências que devem ser levadas a termo de baixa no Registro de Comércio e nos órgãos fiscais próprios.

Nos trinta dias que seguem à aprovação das contas, corre o prazo para o acionista dissidente ingressar com a ação que entender cabível, impugnando o ato, ou reclamando indenização. Conta-se o prazo da publicação da ata da assembleia de aprovação.

A respeito, reza o art. 216: "Pago o passivo e rateado o ativo remanescente, o liquidante convocará a assembleia geral para a prestação final das contas".

O § 1º, quanto aos efeitos da aprovação das contas: "Aprovadas as contas, encerra-se a liquidação e a companhia se extingue".

Quanto ao acionista dissidente, segue o § 2º: "O acionista dissidente terá o prazo de 30 (trinta) dias, a contar da publicação da ata, para promover a ação que lhe couber".

3.8. Responsabilidade na liquidação e direitos do credor não satisfeito

As irregularidades praticadas na liquidação acarretam a responsabilidade, arcando o liquidante e os que concorreram ou tiveram vantagens indevidas com as obrigações indenizatórias, tal como acontece com os administradores, os quais, assim os fiscais e acionistas, continuam com os deveres e obrigações inerentes à posição ocupada até a extinção da sociedade. Nesses termos o art. 217: "O liquidante terá as mesmas responsabilidades do administrador, e os deveres e responsabilidades dos administradores, fiscais e acionistas subsistirão até a extinção da companhia".

No pertinente ao credor não pago, há duas hipóteses.

A primeira quando está seu crédito *sub judice*, ou seja, encontra-se em discussão judicial. A rigor, fica pendente a liquidação, aguardando a definição, a menos que se reserve patrimônio ou numerário suficiente para cobrir a importância reclamada, em discussão judicial.

A segunda verifica-se nos casos de esquecimento de algum credor, ou da deliberada omissão em efetuar o pagamento de seu crédito. Nessas eventualidades, desde que encerrada a liquidação e entregue todo o ativo, assiste ao credor o direito de buscar perante os acionistas o pagamento de seu crédito, em concorrência com os administradores e outras pessoas que participaram, mesmo que culposamente, dos atos que levaram à falta de pagamento. Ou transfere-se o direito dos credores em perseguir os créditos na pessoa dos antigos acionistas. Cada sócio arca com o equivalente ao montante que recebeu a mais,

Cap. XLII | Dissolução, liquidação e extinção da sociedade anônima • **631**

devendo-se, pois, efetuar o cálculo do proveito indevido. Todavia, se aceita que seja a ação dirigida contra apenas um ou alguns dos sócios. Nessa eventualidade, conveniente que se faça, no prazo de contestação, a denunciação dos demais sócios favorecidos à lide. O direito de regresso fica sempre garantido, visando à ação o reembolso das parcelas cuja efetivação do pagamento tocaria aos demais acionistas.

Essa segunda situação está disciplinada no art. 218: "Encerrada a liquidação, o credor não satisfeito só terá direito de exigir dos acionistas, individualmente, o pagamento de seu crédito, até o limite da soma, por eles recebida, e de propor contra o liquidante, se for o caso, ação de perdas e danos. O acionista executado terá direito de haver dos demais a parcela que lhes couber no crédito pago".

Havendo culpa, como não observância do princípio de diligência, estatuído no art. 153, cabe ao liquidante procurar afastá-la. Atribuindo-se dolo ou *consilium fraudis* no ato que desencadeou o prejuízo, o ônus da prova é de quem alega.

3.9. A liquidação extrajudicial

Esta modalidade de liquidação está disciplinada pela Lei nº 6.024, de 13.03.1974, sendo reservada às instituições financeiras privadas e públicas não federais. As cooperativas de crédito, as seguradoras e outras entidades também se submetem ao regime da liquidação extrajudicial, de acordo com as leis próprias que as disciplinam, as quais descrevem o respectivo rito para apurar o ativo e passivo, com a sua partilha.

Dá Modesto Carvalhosa o tipo de sociedades submetido a essa modalidade de liquidação: "Trata-se da hipótese de liquidação extrajudicial de companhias sujeitas a autorização e fiscalização da autoridade administrativa, de relevante interesse público, na medida em que operam recursos de terceiros nos ramos financeiro e de previdência privada. O pressuposto legal para a liquidação extrajudicial está não apenas na autorização para funcionar, mas sobretudo na jurisdição administrativa de fiscalizar permanentemente suas atividades. Assim, estão sujeitas à liquidação extrajudicial as instituições financeiras públicas e privadas, bem como as cooperativas de crédito, nos termos da Lei nº 6.024, de 1974 (arts. 15 e ss.)".[20]

Indica o art. 15 da Lei nº 6.024 as hipóteses de liquidação das instituições financeiras: "Decretar-se-á a liquidação extrajudicial da instituição financeira:

I – *ex officio*:

    a) em razão de ocorrências que comprometam sua situação econômica ou financeira especialmente quando deixar de satisfazer, com pontualidade, seus compromissos ou quando se caracterizar qualquer dos motivos que autorizem a declaração de falência;

    b) quando a administração violar gravemente as normas legais e estatutárias que disciplinam a atividade da instituição, bem como as determinações do Conselho Monetário Nacional ou do Banco Central do Brasil, no uso de suas atribuições legais;

    c) quando a instituição sofrer prejuízos que sujeite a risco anormal seus credores quirografários;

---

[20] *Comentários à Lei de Sociedades Anônimas*, ob. cit., vol. 4, tomo I, p. 70.

632 • Direito de Empresa | *Arnaldo Rizzardo*

d) quando, cassada a autorização para funcionar, a instituição não iniciar, nos 90 (noventa) dias seguintes, sua liquidação ordinária, ou quando, iniciada esta, verificar o Banco Central do Brasil que a morosidade de sua administração pode acarretar prejuízo para os credores;

II – a requerimento dos administradores da instituição – se o respectivo estatuto social lhes conferir esta competência – ou por proposta do interventor, expostos circunstanciadamente os motivos justificadores da medida".

A liquidação constitui medida a ser decretada pelo interventor, que é nomeado nas seguintes anormalidades da empresa financeira, arroladas pelo art. 2º da mesma Lei nº 6.024, além de outras hipóteses que importam na decretação da falência:

"I – a entidade sofrer prejuízo, decorrente da má administração, que sujeite a riscos os seus credores;

II – forem verificadas reiteradas infrações a dispositivos da legislação bancária não regularizadas após as determinações do Banco Central do Brasil, no uso das suas atribuições de fiscalização".

3.9.1. A decretação da liquidação

Será a liquidação decretada pelo Banco Central do Brasil, que nomeará o liquidante.

O procedimento e os efeitos constam longamente regulados pela Lei nº 6.024, que são objeto de direito próprio. Pelo seu art. 15, nos parágrafos que seguem, decidirá o Banco Central do Brasil pela liquidação à vista da gravidade dos fatos apresentados, da repercussão sobre os interesses dos mercados financeiros e de capitais. Cabe-lhe simplesmente decretar a intervenção desde que suficiente para a normalização dos negócios e preservação dos interesses que merecem a preservação.

Fixará o prazo dentro do qual se marca o termo legal da liquidação, não superior a sessenta dias contado do primeiro protesto por falta de pagamento, ou, na falta deste, do ato determinante da intervenção ou liquidação.

Segundo as regras dos arts. 16 e 17, nomeia-se liquidante, com poderes de administração e liquidação, de nomear e demitir funcionários, de fixar-lhe os vencimentos, outorgar e cassar mandatos, propor ações e representar a massa em juízo ou fora dele, devendo, ainda, classificar os créditos, ultimar negócios desde que autorizado pelo Banco Central, onerar ou alienar bens mediante licitações. Nos atos, documentos e publicações, utiliza-se a expressão "Em liquidação extrajudicial".

3.9.2. Efeitos da liquidação

Constam os efeitos discriminados no art. 18, sendo os seguintes:

"a) Suspensão das ações e execuções iniciadas sobre direitos e interesses relativos ao acervo da entidade liquidanda, não podendo ser intentadas quaisquer outras, enquanto durar a liquidação;

b) vencimento antecipado das obrigações da liquidação;

c) não atendimento das cláusulas penais dos contratos unilaterais vencidos em virtude da decretação da liquidação extrajudicial;

Cap. XLII | Dissolução, liquidação e extinção da sociedade anônima • **633**

d) não fluência de juros, mesmo que estipulados, contra a massa, enquanto não integralmente pago o passivo;

e) interrupção da prescrição relativa a obrigações de responsabilidade da instituição;

f) não reclamação de correção monetária de quaisquer dívidas passivas, nem de penas pecuniárias por infração de leis penais administrativas".

3.9.3. *O processo de liquidação*

Há um extenso regramento do processo a que obedecerá a liquidação, iniciando no art. 20 e indo até o art. 35 da Lei nº 6.024/1974.

Inicialmente, ordena-se a aplicação das normas pertinente ao processo de intervenção (arts. 8º, 9º, 10 e 11), naturalmente no que forem coadunáveis, à nomeação e ao investimento no cargo do interventor mediante termo no livro "Diário", com a transcrição do ato que decretou a medida; às funções do interventor, e que consistem em arrecadar os bens, fazer o balanço geral e inventários de livros e demais documentos, de tudo lavrando-se termo, com a assinatura dos administradores em exercício, que poderão apresentar em separado declarações e observações; à declaração que prestarão os ex-administradores em conjunto, dentro de cinco dias contados da posse do interventor, a respeito dos dados qualificadores dos mesmos e dos membros do conselho fiscal, dos mandatos passados, do patrimônio existente, das participações em sociedades dos mesmos e dos membros do conselho fiscal; e ao relatório que deverá o interventor apresentar ao Banco Central, contendo vários elementos, como exame da escrituração, aplicação dos fundos, investimento, disponibilidades, situação econômica, atos e omissões danosas verificadas, proposta justificada de providências a serem adotadas inclusive imediatas e convenientes à instituição.

À vista do relatório acima mencionado, faculta-se ao Banco Central ordenar medidas, como prosseguir na liquidação, ou requerer a falência desde que o ativo da instituição revelar-se insuficiente para cobrir pelo menos a metade do valor dos créditos quirografários, ou se constatarem-se indícios de crimes falimentares (art. 21).

Está prevista a possibilidade de ordenar a cessação da liquidação, em atendimento a pedidos de interessados, e de conceder ou recusar providências que forem formuladas (parágrafo único do art. 21).

O art. 22 e seus parágrafos tratam do chamamento dos credores e da habilitação. Se decidido pelo prosseguimento da liquidação, segue-se a publicação de editais na imprensa oficial da União e em jornal de grande circulação do local, convocando os credores para a habilitação dos créditos, em prazo não inferior a vinte e não superior a quarenta dias, ficando dispensados desta medida os credores de depósitos ou de letras de câmbio com aceite, cuja relação, com os valores, ficará mantida na sede da liquidanda. Terão os credores acesso a informações, documentos, extratos de contas e outros elementos de seu interesse. Fornecerá o liquidante recibo das declarações de crédito e dos documentos recebidos.

Junto a cada declaração, anexará o liquidante as informações colhidas dos livros, papéis e assentamentos a respeito do crédito, exigindo, se for o caso, dados ou elementos correspondentes, proferindo, após, a decisão sobre a legitimidade, valor e classificação (art. 23 e parágrafo único).

Notificam-se os credores, por escrito, da decisão, abrindo-se o prazo de dez dias para o recurso junto ao Banco Central do Brasil. Esgotado o prazo, ou julgado o recurso, organiza-se o quadro geral dos credores, com a devida publicação de aviso em jornal oficial da União e em jornal de grande circulação, da afixação do quadro e do balanço geral na sede da entidade, para o conhecimento geral, possibilitando-se a impugnação (arts. 24 e 25).

Concede-se o prazo de dez dias para a impugnação, a contar da publicação, iniciando sempre depois da última publicação, que marca o momento da realização da intimação (art. 26).

Entrega-se a impugnação através de contrarrecibo, concedendo-se o prazo de cinco dias para oferecer alegações e provas no próprio ato da entrega, ou em momento posterior, conforme decidir o liquidante (§§ 1º e 2º do art. 26).

Encaminham-se as impugnações, com o parecer do liquidante, ao Banco Central, que as julgará, e efetuando-se a devida publicação do resultado em avisos, sempre na imprensa oficial e particular da localidade, comunicando, outrossim, o quadro geral dos credores, que será definitivo (§§ 3º e 4º do art. 26).

Quaisquer inconformidades tornam-se viáveis unicamente através da via judicial, dando ciência do fato ao liquidante a fim de que reserve bens suficientes para a eventual satisfação dos créditos, se procedentes as ações. Para o ingresso das ações, reserva-se, sob pena de decaimento do direito, o prazo de trinta dias, contado da data que considera definitivo o quadro geral (art. 27 e parágrafo único).

No entanto, a posterior descoberta de falsidade, dolo, simulação, fraude, erro essencial, ou de documentos ignorados, enseja novo pedido ou impugnação, exclusão, classificação ou mera retificação ao Banco Central, direito que se garante até o encerramento da liquidação. Ao titular desse crédito atacado concede-se o prazo de cinco dias para a impugnação e para apresentar provas. Ficando ele prejudicado, resta-lhe a ação judicial, com a reserva de bens suficientes para cobrir seu crédito, desde que ajuíze a demanda em trinta dias da comunicação por escrito, e faça o pedido de reserva ao liquidante (art. 28 e parágrafo único).

Os novos valores e novas quantias que forem decididas incluem-se nos encargos da massa (art. 29).

Contra as decisões proferidas pelo liquidante sempre cabe recurso ao Banco Central do Brasil, sem efeito suspensivo, no prazo de dez dias, devendo o liquidante informá-lo e encaminhá-lo em cinco dias (art. 30 e parágrafos).

Desde que haja expressa autorização do Banco Central, e envolvendo matéria que diga respeito ao resguardo da economia pública, da poupança privada e da segurança nacional, ao liquidante são permitidas medidas de caráter excepcional de realização do ativo e liquidação do passivo, como cedê-lo a terceiros, organizar e reorganizar a sociedade para a continuação geral ou parcial dos negócios ou atividades. As providências procedem-se de imediato, com os necessários registros no Cartório do Registro de Imóveis, na Junta Comercial e outros órgãos públicos (art. 31 e parágrafos).

Colhendo-se, no curso da liquidação, elementos de incriminação penal de parte dos administradores ou dos conselheiros fiscais, o liquidante os encaminhará ao Ministério Público, para a devida responsabilização penal (art. 32).

Cumpre ao liquidante prestar as devidas contas de sua atividade ao Banco Central do Brasil, quando deixar suas funções, sem necessidade de ser compelido a tanto, ou sempre que solicitado, ficando sujeito à responsabilidade civil e penal pelos atos praticados (art. 33).

Cap. XLII | Dissolução, liquidação e extinção da sociedade anônima • **635**

Com a intervenção e a liquidação, opera-se, de imediato, a indisponibilidade do patrimônio particular dos administradores, sem afetar, no entanto, o seu proveito, assunto bem colocado no seguinte aresto:

"1. A intervenção e a liquidação extrajudicial da sociedade por ações produzem o efeito imediato da indisponibilidade dos bens dos administradores (art. 36 da Lei nº 6.024, de 13 de março de 1974), sendo vedado, consoante a lei, por qualquer forma, direta ou indireta, aliená-los ou onerá-los, 'até a apuração final de suas responsabilidades'.

2. Esta imposição legal, no entanto não impede ou subtrai dos dirigentes da sociedade a sua administração. Cria-se uma restrição ao direito de propriedade, visando sua conservação, não podendo, todavia, a liquidação extrajudicial 'afetar o processo produtivo ou as operações comerciais'.

(...)

4. A Lei nº 6.024/1974 não prevê a indisponibilidade dos frutos civis do capital, quando nada para a justa conservação dos bens. Liberação permitida em relação aos dividendos das ações das empresas não sujeitas ao regime especial".[21]

No mais, incidem as regras da lei falimentar no que não houver colidência com as regras da Lei nº 6.024, equiparando-se, para tanto, o liquidante ao síndico, o Banco Central do Brasil ao juiz da falência, e encaminhando-se ao juiz competente para processar a falência as questões paralelas que surgirem, inclusive a ação revocatória. Sujeita-se à anulação uma série de atos realizados a partir do termo legal da liquidação, como o pagamento de dívidas não vencidas e vencidas ou exigíveis realizado pela instituição financeira; a constituição de direitos reais de garantia; a prática de atos a título gratuito, sendo que, neste caso, efetuados desde dois anos da declaração da liquidação, e não somente a contar do termo legal; também até dois anos antes da liquidação, a renúncia à herança ou legado (arts. 34 e 35).

Na realização do ativo, seguem-se os procedimentos delineados para a falência, com a alienação judicial dos bens e a satisfação dos créditos, dentro da ordem de preferência estabelecida.

3.9.4. Encerramento ou cessação da liquidação

Em princípio, cessará a liquidação com a conclusão dos atos próprios da liquidação, envolvendo a apuração do ativo e o pagamento dos créditos.

Outras situações importam na cessação, arroladas pelo art. 19 da Lei nº 6.024/1974, com a redação da Lei nº 13.506/2017:

"I – por decisão do Banco Central do Brasil, nas seguintes hipóteses:

a) pagamento integral dos credores quirografários;

b) mudança de objeto social da instituição para atividade econômica não integrante do Sistema Financeiro Nacional;

c) transferência do controle societário da instituição;

---

[21] REsp. nº 243.091-MG, da 4ª Turma do STJ, j. em 14.09.2004, *DJU* de 18.10.2004.

d) convolação em liquidação ordinária;

e) exaustão do ativo da instituição, mediante a sua realização total e a distribuição do produto entre os credores, ainda que não ocorra o pagamento integral dos créditos; ou

f) iliquidez ou difícil realização do ativo remanescente na instituição, reconhecidas pelo Banco Central do Brasil;

II – pela decretação da falência da instituição".

Nota-se que deve haver a decisão do Banco Central do Brasil, em seis situações que vêm discriminadas diferentemente do que ocorria anteriormente à alteração da Lei nº 6.024/1974 pela Lei nº 13.506/2017, e em uma situação que permanece sem alterações, sendo as primeiras:

a) O pagamento integral dos credores quirografários, isto é, daqueles cujos créditos não possuem alguma garantia, ou não se encontram classificados em certas preferências no pagamento.

b) A mudança de objeto social da instituição para atividade econômica não integrante do Sistema Financeiro Nacional, significando que a instituição passará a exercer nova atividade, seja no ramo da prestação de serviços, ou na produção de bens, ou na sua comercialização. Deverá haver, por óbvio, alteração do contrato ou estatuto social, com as especificações das mudanças, e do novo objeto social.

c) Transferência do controle societário da instituição, para novos sócios, que devem assumir as obrigações pendentes e responsabilizar-se pelos rumos da instituição.

d) Convolação em liquidação ordinária, através de apuração do ativo e passivo, com a conversão do patrimônio em valor líquido para saldar as obrigações.

e) Exaustão do ativo da instituição, com a transformação de bens em valores monetários, e a sua entrega aos credores para saldar as dívidas, mesmo que restem partes das pendências sem o pagamento.

f) Iliquidez ou difícil realização do ativo remanescente na instituição, com a impossibilidade de conversão em valor líquido, por não haver interessados na compra, ou por não se encontrar uma estimativa, devendo existir o reconhecimento de tal estado pelo Banco Central do Brasil.

Por último, a decretação da falência importa na extinção. O art. 21, letra *b*, aponta a situação que autoriza o requerimento de falência devidamente autorizado pelo Banco Central: quando o ativo não for suficiente para cobrir pelo menos a metade do valor dos créditos quirografários, ou quando verificados fundados indícios de crimes falimentares.

4. A EXTINÇÃO DA SOCIEDADE

Resta óbvio que a conclusão da liquidação importa em extinção da sociedade. Uma vez completado o rateio do ativo remanescente, se existente, o liquidante apresentará à assembleia geral a prestação de contas. Uma vez aprovada, considera-se extinta a companhia.

Outras causas de extinção existem, e que são a incorporação, a fusão e a cisão com versão da totalidade de seu capital em outras sociedades.

O art. 219 da Lei nº 6.404/1976 elenca essas causas de extinção: "Extingue-se a companhia:

I – pelo encerramento da liquidação;

II – pela incorporação ou fusão, e pela cisão com versão de todo o patrimônio em outras sociedades".

Na incorporação, fusão e cisão com versão de todo o capital, desaparecem as sociedades que vieram a formar outra ou outras. Se se transformaram em novas sociedades, ou caso se juntaram a outras, não mais persistindo as originais, a extinção é uma decorrência lógica.

Ao rol acima, acrescenta-se a liquidação da sociedade falida, posto que deixará de existir.

Para irradiar efeitos junto a terceiros, mister providencie o liquidante no arquivamento na Junta Comercial e publicação da ata da assembleia geral que aprovou as contas do liquidante, providência a realizar-se na imprensa local e oficial, em três oportunidades, conforme aplicação dos arts. 124 e 289 da Lei nº 6.404/1976, com alterações, respectivamente, das Leis nºs 9.457/1997 e 10.303/2001. Sem essa medida, precedida da necessária baixa nos órgãos da Fazenda Pública estadual, federal e municipal, mantém-se formalmente existente a sociedade, com o que persiste ela junto a terceiros, e continuam a operar as obrigações eventualmente remanescentes.

Com a extinção, não mais terá a sociedade personalidade jurídica, nem poderá figurar como sujeito de direito autônomo. Ficará sem patrimônio, e desprovida de capacidade para o exercício de qualquer direito, ou para ser colocada como parte passiva para ser demandada, esclarecendo Modesto Carvalhosa: "A extinção da companhia dissolvida marca, outrossim, o momento a partir do qual não tem ela mais legitimidade passiva para ser acionada (art. 218), cessando, outrossim, a capacidade ativa de praticar atos negociais. A extinção acarreta, portanto, pelo regime de sucessão *ope legis* a transferência definitiva para a propriedade dos acionistas do capital devolvido e dos bens e direitos remanescentes, partilhados durante o processo de liquidação".[22]

Cabe, finalmente, observar que a extinção da sociedade acarreta também a extinção do contrato plurilateral, mas sem que implique o desaparecimento dos direitos e obrigações, que persistem até a sua plena satisfação, no sentido registrado por Mauro Rodrigues Penteado: "Como se dá em relação a qualquer outro contrato de direito privado, a extinção do contrato plurilateral da sociedade não implica o desaparecimento dos direitos e obrigações que tenha ele gerado; colocam-se, aqui, os problemas atinentes à decadência e à prescrição, que fazem com que a lei, equanimemente e no interesse da sociedade, como um todo, permita que terceiros, ou mesmo os próprios contratantes, possam arguir em juízo direitos emergentes do contrato já extinto, mas durante prazo determinado".[23]

---

[22] *Comentários à Lei de Sociedades Anônimas*, ob. cit., vol. 4, tomo I, p. 163.
[23] *Dissolução e Liquidação de Sociedades*, ob. cit., p. 292.

XLIII
Sociedades de economia mista

1. CARACTERIZAÇÃO E REGIME JURÍDICO

A administração pública está dividida em dois amplos setores: a centralizada ou direta, exercida diretamente pela União, pelos Estados ou pelo Distrito Federal, e pelos Municípios, que se utiliza de poderes, ministérios, secretarias, departamentos e outros organismos de atuação direta; e a descentralizada ou indireta, que é a que se efetua e realiza por meio de pessoas jurídicas próprias, criadas por lei, e que são as autarquias, as empresas públicas e as sociedades de economia mista.

Quanto a estas últimas, existem atividades ligadas ao exercício da função pública do Estado, necessárias para a realização de suas finalidades e para o atendimento dos interesses do povo em geral. Dada a sua importância e indispensabilidade, impõe-se a atuação e a iniciativa do Estado. De acordo com o grau de assunção pelo Poder Público, ou a forma de sua exteriorização, denominam-se empresas públicas, sociedades de economia mista, autarquias e fundações.

A disciplina e organização são pela Lei das Sociedades Anônimas, consoante se desenvolverá abaixo. Embora haja interferência do Poder Público, de modo particular na constituição e na composição do capital, a organização segue os princípios do direito privado. Na administração, dada a preponderância do capital público, incide a regência destinada aos entes públicos, como a lei de improbidade administrativa. Mais apropriadamente, alguns regramentos de direito público são aplicados às sociedades de economia mista. No mais, incide a legislação das sociedades privadas, como no tocante à prescrição, dando-se ainda validade à Súmula nº 39 do STJ, formulada antes do atual Código Civil: "Prescreve em vinte anos a ação para haver indenização, por responsabilidade civil, de sociedade de economia mista". Em face do Código Civil de 2002, o prazo é de dez anos, em razão do art. 205.

No capital inclui-se o patrimônio público, que se submete, entrementes, ao regime do patrimônio privado. Assim, é possível a sua disponibilização, e inclusive a constrição judicial, para satisfazer obrigações pendentes de cumprimento, a exemplo como orienta a seguinte decisão:

"Processual civil. Penhora. Bens de sociedade de economia mista. Possibilidade. A sociedade de economia mista, posto consubstanciar personalidade jurídica de direito privado, sujeita-se, na cobrança de seus débitos, ao regime comum das sociedades em geral, nada importando o fato de prestarem serviço público, desde que a execução da função não reste comprometida pela constrição. Precedentes".[1]

---

[1] REsp. nº 521.047-SP, da 1ª Turma do STJ, j. em 20.11.2003, *DJU* de 16.02.2004.

Nessa ordem, ampla é a submissão aos ditames do direito privado, inclusive quanto à prescrição e decadência, na linha da orientação do STJ:

"A prescrição quinquenal em regra não atinge as sociedades de economia mista porquanto as mesmas têm inequívoca natureza jurídica de direito privado, aplicando-se-lhes a prescrição vintenária atribuída às ações pessoais, prevista no art. 177 do Código Civil. Aliás, referido entendimento é pacífico no STJ porquanto sumulado, *verbis*: Súmula nº 39: 'Prescreve em vinte anos a ação para haver indenização, por responsabilidade civil, de sociedade de economia mista'".[2]

De salientar que o referido art. 177 equivale ao disposto no art. 205 do vigente Código, sendo o prazo de dez anos.

Em outras decisões:

"Não se aplica o prazo prescricional quinquenal do Decreto nº 20.910/1932 às ações propostas contra sociedades de economia mista. Agravo regimental a que se nega provimento".[3]

"Civil. Prescrição. O prazo prescricional previsto no Decreto nº 20.910, de 1932, e no Decreto-Lei nº 4.597, de 1942, não se aplica às sociedades de economia mista. Agravo regimental não provido".[4]

Não se conclua, em outro ângulo, que a participação do Poder Público no capital importa em tornar públicas as questões judiciais, atraindo a competência da justiça pública, e obrigando a participação do ente estatal titular de ações nas lides. O Superior Tribunal de Justiça já dirimiu as controvérsias a respeito:

"As sociedades de economia mista só terão foro na Justiça Federal quando a União intervir como assistente litisconsorcial ou opoente. Incidência das Súmulas nºs 251 e 517 do STF".[5]

"Sendo caso de desapropriação ou de constituição de servidão Administrativa, movida por concessionária de energia elétrica, manifestando a União expressamente desinteresse no feito, não poderá ser obrigada a integrar a lide, competindo, portanto, o julgamento do feito à Justiça Estadual. Inteligência do art. 2º da Lei nº 8.197/91.

As sociedades de economia mista só têm foro na Justiça Federal quando a União intervém como assistente ou opoente (Súmula nº 517/STF)".[6]

Os servidores das sociedades regem-se pelo Regime da Consolidação das Leis Trabalhistas, segundo delineado pela jurisprudência:

"Os empregados das empresas de sociedade de economia mista são equiparados a funcionários públicos para efeitos penais, podendo ser responsabilizados pelo crime de peculato".[7]

---

[2]   EDcl no REsp. nº 550.095-SC, da 1ª Turma, j em 15.02.2005, *DJU* de 21.03.2005.
[3]   AgRg no Ag. nº 520.581-RS, da 2ª Turma do STJ, j. em 19.12.2003, *DJU* de 17.05.2004.
[4]   AgRg no Ag. nº 476.643-RS, da 3ª Turma, j. em 26.06.2003, *DJU* de 15.12.2003. Em idêntico sentido, dentre outros julgados: REsp. nº 337.284-SP, da 1ª Turma, j. em 06.11.2001, *DJU* de 25.02.2002.
[5]   Conflito de Competência – CC nº 32.508-SP, da 1ª Seção, j. em 18.02.2002, *DJU* de 24.03.2003.
[6]   AgRg no CC nº 33.173-SP, da 1ª Seção, j. em 24.04.2002, *DJU* de 27.05.2002.
[7]   HC nº 22611-CE, da 6ª Turma do STJ, j. em 16.12.2004, *DJU* de 06.02.2006.

2. DISTINÇÕES ENTRE SOCIEDADES DE ECONOMIA MISTA, EMPRESAS PÚBLICAS, AUTARQUIAS E FUNDAÇÕES

As empresas públicas e as sociedades de economia mista seguem o regime jurídico específico das empresas privadas. Distinguem-se entre elas porque o capital, na empresa pública, é inteiramente público, daí pertencer o controle ao Poder estatal com participação majoritária, enquanto na sociedade de economia mista há somente a participação do capital público. Ambas possuem um caráter público por força do interesse do campo em que atuam, não se afigurando incoerente a sua aproximação às pessoas jurídicas de direito público. A sua previsão encontra-se no art. 173 da Carta Federal: "Ressalvados os casos previstos nesta Constituição, a exploração direta de atividade econômica pelo Estado só será permitida quando necessária aos imperativos da segurança nacional ou a relevante interesse coletivo, conforme definido em lei".

Em complementação, o § 1º, em texto da Emenda Constitucional nº 19/1998, estabelece regra específica à empresa pública, à sociedade de economia mista e às suas subsidiárias que exploram atividade econômica: sujeitam-se ao regime jurídico próprio das empresas privadas, inclusive quanto aos direitos e obrigações civis, comerciais, trabalhistas e tributários. Com efeito, reza o dispositivo: "A lei estabelecerá o estatuto jurídico da empresa pública, da sociedade de economia mista e de suas subsidiárias que explorem atividade econômica de produção ou comercialização de bens ou de prestação de serviços, dispondo sobre: ... II – a sujeição ao regime jurídico próprio das empresas privadas, inclusive quanto aos direitos e obrigações civis, comerciais, trabalhistas e tributários".

As autarquias e as fundações seguem regime jurídico próprio. Constam, juntamente com as empresas públicas e as sociedades de economia mista, previstas no art. 37, inc. XIX da mesma Carta, também em texto da Emenda Constitucional nº 19/1998. Todas dependem de lei especial para a sua criação, consoante o mesmo cânone, que preceitua: "Somente por lei específica poderá ser criada autarquia e autorizada a instituição de empresa pública, de sociedade de economia mista e de fundação, cabendo à lei complementar, neste último caso, definir as áreas de sua atuação".

Enquadram-se todas essas entidades como pessoas jurídicas de direito público interno, formadas de entes instituídos para a organização política do Estado, ou entidades arquitetadas para a realização de seus fins públicos, incluídas no art. 41 do Código Civil, e integrando a administração indireta, rezando seu parágrafo único: "Salvo disposição em contrário, as pessoas jurídicas de direito público, a que se tenha dado estrutura de direito privado, regem-se, no que couber, quanto ao seu funcionamento, pelas normas deste Código".

Destacadamente, a empresa pública constitui uma entidade dotada de personalidade jurídica de direito privado, com patrimônio próprio e pertencendo o capital exclusivamente ao Poder Público. Consoante Maria Helena Diniz, é criada "por lei para a exploração de atividade econômica que o governo seja levado a exercer por força de contingência ou de conveniência administrativa, podendo revestir-se de qualquer das formas admitidas em direito (Dec.-lei nº 200/1967, art. 5º, II, com redação dada pelo Dec.-lei nº 900/1969; Súmula nº 501 do STF)".[8]

Impõe-se a intervenção direta do Poder Público na atuação em setor privado da atividade ou da produção econômica.

---

[8]   *Curso de Direito Civil Brasileiro* – Teoria Geral do Direito Civil, ob. cit., 1º vol., p. 121.

642 • Direito de Empresa | *Arnaldo Rizzardo*

Já a sociedade de economia mista é entidade também dotada de personalidade jurídica de direito privado, mas numa integração entre o capital público e o capital privado, sendo criada para a exploração de atividade econômica comum às demais empresas, normalmente em um campo de interesse público ou coletivo, adotando a forma de sociedade anônima. A participação do Poder Público, no caso, revela-se conveniente, não se dispensando a concorrência de capital privado. As ações, com direito a voto, pertencem, na sua maioria, ao Poder Público.

Assim como as empresas públicas, são consideradas auxiliares do Poder Público, criadas para o atendimento de certas funções: "As empresas públicas e sociedades de economia mista (Serpro, Cosipa e Cibrazem) são empresas auxiliares do Estado, explorando atividade econômica não exclusiva do ente público e afeta ao particular, de modo que a isenção do ISS prevista no art. 11 do Decreto-Lei nº 406/1968 não alcança eventuais obras de construção civil com elas contratadas".[9] De observar que o referido art. 11 do Decreto-lei nº 406/1968 restou revogado pela Lei Complementar nº 116/2003.

A distinção entre uma e outra pessoa jurídica está na atuação em concorrência ou não com o capital privado.

As autarquias se apresentam como órgãos descentralizados, criadas por lei, com personalidade jurídica e patrimônio próprios, podendo se administrar, e tendo orçamento distinto. Dirigem-se a atender setores de interesse público, ou a suprir necessidades básicas do povo. No art. 5º do Decreto-lei nº 200, de 25.02.1967, com alterações do Decreto-lei nº 900/1969 e da Lei nº 7.596/1987, consta a definição como o serviço autônomo, criado por lei, com personalidade jurídica, patrimônio e receita próprios, para executar atividades típicas da administração pública, que requeiram, para seu melhor funcionamento, gestão administrativa e financeira descentralizada.

A distinção relativamente às demais entidades pública ou de natureza pública está na sua atividade, que tem caráter e interesse público, especialmente na prestação de serviços, como de fornecimento de água e tratamento de esgoto. Não se impede, porém, que tais serviços não possam ser prestados por empresas públicas ou sociedades de economia mista.

As fundações públicas decorrem da destinação, pela lei, dos bens pertencentes a uma pessoa jurídica de direito público, para uma finalidade administrativa geralmente de cunho social ou cultural. Individualiza-se um patrimônio pertencente a uma pessoa jurídica de direito público, com o fim de realizar uma atividade administrativa, e dotando-o de organização adequada.

Explica-as Hely Lopes Meirelles: "Pelo fato do Poder Público vir instituindo fundações para prossecução de objetivos de interesse coletivo – educação, ensino, pesquisa, assistência social etc. – com a personificação de bens públicos e, em alguns casos, fornecendo subsídios orçamentários para sua manutenção, passou-se a atribuir personalidade pública a essas entidades, a ponto de a própria Constituição da República de 1988, encampando a doutrina existente, ter instituído as denominadas *fundações públicas*, ora chamando-as de 'fundações instituídas e mantidas pelo Poder Público'".[10]

Percebe-se que há a destinação de um patrimônio para uma finalidade de interesse público. Nas demais entidades, embora coincida a finalidade, não se destina necessariamente um patrimônio para esse escopo.

---

9   REsp. nº 174747-SP, da 2ª Turma do STJ, j. em 16.09.2004, *DJU* de 25.10.2004.
10   *Direito Administrativo Brasileiro*, 18ª ed., São Paulo, Malheiros Editores, 1993, p. 316.

3. REGÊNCIA DA SOCIEDADE DE ECONOMIA MISTA PELA LEI DAS SOCIEDADES ANÔNIMAS

A Lei nº 6.404/1976 disciplina a sociedade de economia mista, o que não afasta a incidência de princípios básicos da Constituição Federal e a regulamentação por outras leis.

Assim, pelo fato de incidir também a Lei nº 6.404/1976, a sociedade de economia mista é uma sociedade anônima, não podendo assumir forma diferente, como por quotas de responsabilidade limitada, ou em comandita, ou em nome coletivo. Trata-se de uma espécie de sociedade anônima com o capital público e particular dividido em ações, dirigindo-se seu objeto à promoção do interesse público.

Suas origens remontam à segunda metade do século XVII, formando-se para aglutinar recursos, numa união dos reis e de interessados particulares, que serviriam ao custeio das colonizações de várias regiões recém-descobertas das Américas, e, mais adiante, com a organização de companhias marítimas para a exploração do comércio em regiões distantes da Europa.

Nos tempos modernos, dados os abusos econômicos decorrentes da Revolução Industrial, fomentaram-se as ideias de intervenção do Estado, que passou a participar, inclusive, em certos setores da economia, mormente naqueles que exigiam grandes investimentos, a fim de suprir a falta de atuação da iniciativa privada.

No Brasil, depois de implantado esse regime de participação do Poder Público em conjugação com a iniciativa privada, importante documento legislativo que regulou a matéria foi o Decreto-lei nº 900, de 29.09.1969, definindo a sociedade de economia mista como "a entidade dotada de personalidade jurídica de direito privado, criada por lei para o exercício de atividade de natureza mercantil, sob a forma de sociedade anônima cujas ações com direito a voto pertençam, em maioria, à União ou à entidade de administração indireta". São-lhe próprios os seguintes elementos, ditados pelo art. 5º, inc. III, do Decreto-lei nº 200, de 25.02.1967, na redação do Decreto-lei nº 900/1969, acima citado:

a) personalidade jurídica de direito privado;

b) criação por lei;

c) objeto ligado à exploração de atividade econômica;

d) forma de sociedade anônima;

e) controle majoritário da União ou de entidade de administração indireta.

A disciplina, quanto à organização, veio implantada na Lei nº 6.404/1976, ao longo dos arts. 235 a 240, o que parece que o legislador agiu corretamente, já que a organização e a constituição do capital seguem os parâmetros da sociedade anônima. Embora o caráter administrativo que também está inerente, têm preponderância e destaque a composição do capital por ações, a natureza mercantil das atividades, a captação de recursos pelo sistema de sociedade aberta e fechada, e o cômputo da quantidade das ações para fins de decisão e deliberação.

Por isso, coerente com o sistema adotado, reza o art. 235: "As sociedades anônimas de economia mista estão sujeitas a esta Lei, sem prejuízo das disposições especiais de lei federal".

Submete-se, por decorrência, à mesma Lei nº 6.404/1976 a participação das sociedades de economia mista em outras sociedades, conforme o § 2º do citado artigo: "As companhias de que participarem, majoritária ou minoritariamente, as sociedades de economia mista, estão sujeitas ao disposto nesta Lei, sem as exceções previstas neste Capítulo".

644 • Direito de Empresa | *Arnaldo Rizzardo*

Domina a submissão ao regime da lei privada, exceto em alguns atos, como a contratação de prestadores de serviços ou do fornecimento de produtos, já que parte do capital da empresa é público:

"As sociedades de economia mista submetem-se ao regime jurídico das empresas privadas, sendo indispensável o procedimento licitatório para concessão dos serviços de fornecimento de água potável e eliminação de detritos. Havendo vício insanável no contrato por ausência de licitação, inócua qualquer discussão em torno da possível irregularidade do procedimento de caducidade. Inexiste dissídio jurisprudencial em torno do alcance do art. 4º da Lei nº 8.437/92 se a decisão do Presidente do STJ foi retratada, restando mantidos os efeitos da tutela antecipada pelo juízo singular".[11]

Nesta abrangência pelo regime da Lei nº 6.404/1976, dependem seus atos das decisões da assembleia, inclusive para a alienação de parte de seu patrimônio, em consonância a inteligência do STJ: "A sociedade de economia mista tem como órgão soberano a Assembleia Geral que administra a sociedade, podendo autorizar a alienação de seus bens. O Poder Público como acionista despe-se do seu jus imperii, igualando-se aos demais acionistas. Alienação que, autorizada pela Assembleia Geral, não sofre o crivo político do Legislativo".[12]

Por decorrência lógica, dá-se a submissão à fiscalização ou controle da Comissão de Valores Mobiliários, incidindo, pois, suas normas reguladoras, o que previu o § 1º.

Como nas companhias anônimas em geral, as sociedades de economia mista classificam-se em abertas e fechadas, de conformidade com a subscrição do capital pelo público em geral, ou por um grupo determinado de acionistas.

No entanto, consoante já referido, certos atos e contratos submetem-se a regramentos de ordem pública, como os que impõem a licitação para as contratações de obras e prestação de serviços: "O disposto no art. 121 da Lei nº 8.666/1993 não exclui os contratos firmados antes da sua vigência por sociedades de economia mista, da obrigatoriedade de serem precedidos de procedimento licitatório, o que já ocorria na vigência do Decreto-lei nº 2.300/1986.

A obrigatoriedade de observar o regime de licitações decorre do disposto no art. 37, XXI, da Constituição Federal, e, antes mesmo do advento da Lei nº 8.666/1993, as sociedades de economia mista já estavam subordinadas ao dever de licitar.

Malgrado sejam regidas pelo direito privado, as sociedades de economia mista, ainda que explorem atividade econômica, integram a administração pública estando jungidas aos princípios norteadores da atuação do Poder Público, notadamente a impessoalidade e a moralidade".[13]

"A sociedade de economia mista está obrigada a contratar serviços, especialmente de altos valores, a seguir as regras impeditivas que exigem procedimento licitatório.

Aperfeiçoa-se o Estado Democrático quando a administração pública direta e indireta, sem qualquer resistência, cumpre os princípios da legalidade, da moralidade, da impessoalidade, da publicidade e da eficiência ao contratar serviços com particulares".[14]

---

[11] REsp. nº 763.762-GO, da 2ª Turma, j. em 20.09.2005, *DJU* de 10.10.2005.
[12] Recurso Ordinário em Mandado de Segurança – RMS nº 9.012-SP, da 2ª Turma, j. em 09.11.1999, *DJU* de 17.12.1999.
[13] REsp. nº 80.061-PR, da 2ª Turma do STJ, j. em 24.08.2004, *DJU* 11.10.2004.
[14] EDcl na MC nº 6.725-RJ, da 1ª Turma do STJ, j em 26.10.2004, *DJU* de 24.10.2005.

"1. O disposto no art. 121 da Lei nº 8.666/1993 não exclui os contratos firmados antes da sua vigência por sociedades de economia mista, da obrigatoriedade de serem precedidos de procedimento licitatório, o que já ocorria na vigência do Decreto-lei nº 2.300/1986.

2. A obrigatoriedade de observar o regime de licitações decorre do disposto no art. 37, XXI, da Constituição Federal, e, antes mesmo do advento da Lei nº 8.666/93, as sociedades de economia mista já estavam subordinadas ao dever de licitar.

3. O fato de o primeiro contrato de prestação de serviços haver sido firmado em 1973, quando vigorava o Decreto-lei nº 200/1967, não tem relevância alguma para o deslinde da controvérsia, pois tal convenção foi sucedida por várias avenças subsequentes – seja sob a forma de novos contratos, seja sob a forma de prorrogações – ensejando novos pactos que se submetem à regência da lei em vigor à época da respectiva celebração".[15]

4. CONSTITUIÇÃO DAS SOCIEDADES DE ECONOMIA MISTA

A constituição se opera como as sociedades anônimas em geral, com a particularidade da prévia autorização legislativa, ou seja, da previsão em uma lei específica. Não basta a mera decisão da autoridade administrativa. Há a necessidade de destinação orçamentária de verba para tanto, que será empregada para a subscrição da maioria das ações. Não se dispensa a prévia autorização administrativa na esfera federal, estadual ou municipal, imposição do art. 236: "A constituição de companhia de economia mista depende de prévia autorização legislativa".

É necessário que a lei seja específica, por imposição do inc. XIX do art. 37 da Carta Maior, em texto da Emenda Constitucional nº 19, de 4.06.1998: "Somente por lei específica poderá ser criada autarquia e autorizada a instituição de empresa pública, de sociedade de economia mista e de fundação, cabendo à lei complementar, neste último caso, definir as áreas de sua atuação". De sorte que a autorização derivará de lei especial, vindo a constituição através de assembleia geral para tanto convocada. Deverá existir uma lei permitindo a criação de autarquias para determinados setores, sem necessidade de se restringir a uma sociedade nomeada. A lei não tem força constitutiva, mas permite que se crie a empresa.

Modesto Carvalhosa dá o fundamento da prévia autorização legislativa: "O fundamento da prévia autorização legislativa repousa na declaração política contida na Constituição (arts. 173 e ss.) da 'condução da Ordem Econômica pela iniciativa privada', vale dizer, pelas empresas privadas. E, ao reservar para si o direito de operativamente intervir no processo produtivo, o Estado restringe-se a atuar tendo em vista os 'imperativos da segurança nacional ou o relevante interesse coletivo'. O fundamento da intervenção do Estado no domínio econômico é, portanto, o interesse público primário ou coletivo. E esse interesse público não pode ser proclamado apenas pelo Poder Executivo, interessado na intervenção, como controlador, de capitais públicos e privados. A necessidade de intervenção operacional necessita ser reconhecida e aprovada, mediante lei própria, pelo Poder Legislativo, poder político este com competência para avaliar a procedência da intervenção em face do interesse público coletivo invocado pelo Poder Executivo".[16]

---

[15] EDcl no REsp. nº 80.061-PR, da 2ª Turma do STJ, j. em 09.11.2004, *DJU* de 28.02.2005.
[16] *Comentários à Lei de Sociedades Anônimas*, ob. cit., vol. 4, t. I, pp. 363-364.

646 • Direito de Empresa | *Arnaldo Rizzardo*

Inclusive as subsidiárias dependem de autorização legislativa, por ordem do mesmo art. 37, inc. XX. Pode suceder o caso de uma pessoa jurídica de direito público adquirir, por desapropriação, o controle de companhia em funcionamento. Há a desapropriação das ações. No caso, como em qualquer desapropriação, precede o decreto de autorização. Emerge, porém, aos acionistas o direito de reembolso de suas ações, no prazo de sessenta dias da publicação da primeira assembleia. Não são obrigados a permanecerem na sociedade. O parágrafo único do art. 236 garante o direito: "Sempre que pessoa jurídica de direito público adquirir, por desapropriação, o controle de companhia em funcionamento, os acionistas terão direito de pedir, dentro de 60 (sessenta) dias da publicação da primeira ata da assembleia geral, realizada após a aquisição do controle, o reembolso das suas ações, salvo se a companhia já se achava sob o controle, direto ou indireto, de outra pessoa jurídica de direito público, ou no caso de concessionária de serviço público".

5. O CONTROLE E O OBJETO DA SOCIEDADE DE ECONOMIA MISTA

Ficou anotada a condição da prévia autorização legislativa para a constituição de sociedade de economia mista.

Quem possuir a maioria do capital, naturalmente exercerá o poder de controle da sociedade.

No caso, a entidade estatal ingressa com a maioria do capital, ou seja, no mínimo de cinquenta e um por cento. Incidem as mesmas regras, quanto aos deveres, impostas ao acionista controlador, e que se encontram arrolados nos arts. 116 e 117 da Lei nº 6.404/1976, matéria esta já analisada.

Eis, sobre o assunto, o art. 238: "A pessoa jurídica que controla a companhia de economia mista tem os deveres e responsabilidades do acionista controlador (arts. 116 e 117), mas poderá orientar as atividades da companhia de modo a atender ao interesse público que justificou a sua criação".

Nessa condição, ao órgão público que criar a sociedade cabe, pois, providenciar nos atos de constituição, como a convocação de assembleia geral, a elaboração do projeto do estatuto, nas publicações, na inscrição perante a Comissão de Valores Mobiliários e colocação das ações na bolsa de valores, se aberta a sociedade, e outras medidas próprias e comuns.

Para tanto, terá um objeto definido, que se enquadra dentro das finalidades constantes do art. 173 e seu § 1º da Carta Maior, em redação da Emenda Constitucional nº 19/1998, pertinente à segurança nacional ou a relevante interesse coletivo, que se materializa na exploração de atividade econômica de produção ou comercialização de bens ou de prestação de serviços.

Sobre a necessidade de previsão da lei do objeto social, mostra-se preciso o art. 237 da Lei nº 6.404/1976: "A companhia de economia mista somente poderá explorar os empreendimentos ou exercer as atividades previstas na lei que autorizou a sua constituição".

Igualmente no caso de participar de outra sociedade não se prescinde da autorização por lei própria, nos termos do § 1º: "A companhia de economia mista somente poderá participar de outras sociedades quando autorizada por lei ou no exercício de opção legal para aplicar Imposto sobre a Renda em investimentos para o desenvolvimento regional ou setorial". Percebe-se que mesmo na aplicação do Imposto de Renda em outras sociedades deve existir um mandamento legal contemplando essa alternativa. No setor específico, colhe-se de uma lei a faculdade das sociedades aplicarem parcela do Imposto de Renda em empresas que atuem num setor especificado da economia, de grande relevância para o desenvolvimento social.

Há a exceção na hipótese de serem instituições financeiras as sociedades de economia mista. No caso, é facultado o investimento em outras sociedades sem a prévia autorização da lei. Basta a obediência às normas do Banco Central do Brasil. Essa exceção encontra-se no § 2º: "As instituições financeiras de economia mista poderão participar de outras sociedades, observadas as normas estabelecidas pelo Banco Central do Brasil".

Neste particular, uma instituição financeira organizada como sociedade de economia mista está habilitada a proceder a investimentos em outras sociedades, participando de seu capital, desde que atendidas as normas do Banco Central.

6. A ADMINISTRAÇÃO E CONSELHO FISCAL DA SOCIEDADE DE ECONOMIA MISTA

A administração é organizada nos moldes estabelecidos para as sociedades anônimas em geral, devendo vir as regras consolidadas da ata de fundação, que será o estatuto. Sempre haverá, porém, um Conselho de Administração, exigência que não é de rigor nas sociedades anônimas de capital fechado, como se colhe do § 2º do art. 138.

Entrementes, no que difere das demais sociedades por ações, as minorias elegerão um membro do Conselho de Administração, além de outros se permitir o voto múltiplo.

É como ordena o art. 239: "As companhias de economia mista terão obrigatoriamente Conselho de Administração, assegurado à minoria o direito de eleger um dos conselheiros, se maior número não lhes couber pelo processo de voto múltiplo".

O voto múltiplo vem regulado no art. 141 e em seus parágrafos. Lembra-se que, conforme já observado, aqueles que detêm, no mínimo, um décimo do capital social com direito a voto, haja ou não previsão no contrato social, podem requerer o voto múltiplo, cujo significado envolve a possibilidade de se atribuir a cada ação tantos votos quantos forem os membros do Conselho. Autoriza-se à Comissão de Valores Mobiliários reduzir a proporção (art. 291, em redação da Lei nº 10.303/2001). Os votos podem concentrar-se em um único candidato, ou ser distribuídos entre vários, sempre de acordo com a decisão do titular das ações. De modo que se vota em um candidato com tantos votos quantos forem os membros do Conselho, ou faz-se a distribuição dos votos entre os candidatos da preferência do sócio.

Outrossim, pelos termos assinalados no parágrafo único, nos administradores incidem os mesmos deveres e responsabilidades cominados nas sociedades abertas.

Haverá obrigatoriamente um conselho fiscal, de atuação permanente, como exige o art. 240. Quanto à sua composição, um dos membros será originário, com o respectivo suplente, das ações ordinárias minoritárias, enquanto outro representará as ações preferenciais, se existirem, com a sua eleição pelos respectivos titulares.

7. RESPONSABILIDADE DO ACIONISTA CONTROLADOR DA SOCIEDADE DE ECONOMIA MISTA

Matéria importante refere-se à responsabilidade do acionista controlador, isto é, com o maior número de ações, por seus atos prejudiciais ou gestão deficiente.

648 • Direito de Empresa | *Arnaldo Rizzardo*

Parece evidente que deve responder quando presente a sua ineficiência, ou a gestão com excesso de poderes, o abuso na prática da administração. O art. 238, já transcrito, leva a obrigar o administrador pela má gestão, ao atribuir-lhe os deveres e responsabilidades do acionista controlador. Nesta concepção, parece coerente chamar esse acionista a arcar, junto aos demais acionistas particulares, se a atividade empresarial revela-se altamente deficitária em razão dos atos de gestão.

Entrementes, no próprio art. 238 infere-se uma ressalva que merece o devido acatamento, consistente na possibilidade de se orientar a atividade da companhia de modo a atender o interesse público. Normalmente, as entidades públicas são criadas para atender setores de interesse da coletividade, como a exploração de uma atividade de grande alcance social e econômico, exemplificada na exploração de minerais, ou na concessão de crédito de natureza financeira.

O comprometimento de recursos da sociedade em projetos ou investimentos sociais faz parte das finalidades do Estado, que as cumpre mediante a constituição de uma sociedade de economia mista, chamando, inclusive, a participação da economia privada, através do ingresso de sócios.

As atividades ou a produção mostram-se deficitárias por sua natureza em si, fato do conhecimento de todos os acionistas, e que obviamente era do conhecimento dos investidores ou dos que subscreveram a aquisição de ações. Nesta ótica, a falta de rentabilidade das ações ao nível do comum das demais sociedades não conduz à responsabilização da sociedade ou de seus administradores – direito que se reconhece em situações especiais, como a de desvio dos recursos ou de gestão deficitária e ao arrepio das normas comuns de administração.

8. ATOS DE GESTÃO E ATOS ADMINISTRATIVOS OU DE AUTORIDADE NA SOCIEDADE DE ECONOMIA MISTA

Se a sociedade de economia mista pratica atos administrativos, isto é, atos que a lei reserva aos entes da administração direta ou indireta, e, assim, submete-se às licitações para as contratações de obras ou a aquisição de materiais, admite pessoas em seus quadros funcionais por meio de concurso público, apresenta suas contas a órgãos estatais superiores, está realizando atos de autoridade, regidos pelo direito público.

Não se enquadra como mero ato de gestão, ou de administração privada, como a expedição de ordens internas, o comando no funcionamento de uma empresa ou a simples gerência nos moldes de uma sociedade qualquer.

Havendo a submissão a regramentos próprios para as sociedades de direito público, os atos enquanto assim decidirem questões relativas ao ordenamento mesmo que interno ou externo, passam a ser de autoridade, submetidos à Lei nº 12.016, de 7.08.2009, alterada pela Lei nº 13.676/2018 (lei que regulamenta o mandado de segurança, e que substituiu a Lei nº 1.533, de 31.12.1951). Realizando atos na função de órgão do Estado, naturalmente realiza obras de interesse coletivo, dadas as finalidades objetivadas, tornando-se primordial a proteção pública, com a incidência de instrumentos de interferência do Estado, e, assim, o mandado de segurança, a ação civil pública, a ação popular. Do contrário, para eximir-se de responsabilidades, bastaria que o Estado criasse sociedades de economia mista e promovesse as atividades que quisesse, ao seu livre talante, sem o dever de prestar contas, ou não se submetendo a regramentos e órgãos fiscalizadores.

Quando praticados os atos pela administração, mais apropriada a defesa através de mandado de segurança:

"O dirigente de sociedade de economia está legitimado para ser demandado em mandado de segurança impetrado contra ato decisório em licitação".[17]

"I – É cabível o mandado de segurança contra atos praticados por dirigentes de sociedades de economia mista e empresas públicas quando são inerentes à sua condição de entes estatais, entendidos como tais aqueles cujos requisitos derivam diretamente da lei.

II – O cancelamento da inscrição de dependente no Plano de Assistência Médica da Caixa Econômica Federal obedece às regras constantes do próprio regulamento da entidade, no qual constam os requisitos necessários à realização, assim como a competência e a forma para sua prática. Sendo assim, é ato de gestão, de natureza estritamente privada, motivo por que é descabida a utilização da via mandamental".[18]

Parece, em tais contornos, perfeitamente razoável aplicar-se a regra matriz do art. 37 da Constituição Federal: "A administração pública direta, indireta e fundacional, de qualquer dos Poderes da União, dos Estados, do Distrito Federal e dos Municípios obedecerá aos princípios da legalidade, impessoalidade, moralidade, publicidade e eficiência e, também, ao seguinte".

Relevante transcrever o inc. XXI: "Ressalvados os casos especificados na legislação, as obras, serviços, compras e alienações serão contratados mediante processo de licitação pública que assegure igualdade de condições a todos os concorrentes, com cláusulas que estabeleçam obrigações de pagamento, mantidas as condições efetivas da proposta, nos termos da lei, o qual somente permitirá as exigências de qualificação técnica e econômica indispensável à garantia do cumprimento das obrigações".

Listam-se os princípios que serão observados pela administração pública, o que equivale a proclamar a configuração de ato administrativo sempre que o sistema jurídico disciplinar especificamente determinadas atividades, nas quais prepondera o interesse do Poder Público ou da coletividade.

Cabe nas relações que envolvem referidos atos o mandado de segurança, na esteira da orientação do STJ:

"Cabe mandado de segurança contra atos das sociedades de economia mista, nas licitações públicas efetuadas por elas".[19]

São transcritos precedentes da mesma Corte, no caso o REsp. nº 84.082:

"Processual Civil. Mandado de segurança contra ato praticado por sociedade de economia mista. Conceito de autoridade – Art. 1º da Lei nº 1.533/51.

O conceito de autoridade para justificar a impetração do *mandamus* é o mais amplo possível e, por isso mesmo, a lei ajuntou-lhe (ao mesmo conceito), o explicativo 'seja de qual natureza for'.

Os princípios constitucionais a que está sujeita a administração direta e indireta (incluídas as sociedades de economia mista) impõem a submissão da contratação de obras e serviços pú-

---

[17] REsp. nº 122.762-RS, da 2ª Turma, j. em 04.08.2005, *DJU* de 12.09.2005.
[18] REsp. nº 577.396-PE, da 3ª Turma do STJ, j. em 06.12.2005, *DJU* de 20.02.2006.
[19] REsp. nº 202.157-PR, da 1ª Turma, j. em 18.11.1999, *DJU* de 21.11.2000.

blicos ao procedimento da licitação, instituto jurisdicizado como de direito público. Os atos das entidades da Administração (Direta ou Indireta) constituem atividade de direito público, atos de autoridade sujeitos ao desafio pela via da ação de segurança.

In casu, a Companhia Estadual de Energia Elétrica – CEEE – na medida em que assumiu o encargo de realizar a licitação para efeito de selecionar pessoas ou entidades para realização de obras e serviços do maior interesse da sociedade praticou atos administrativos, atos de autoridade, já que regidos por normas de direito público".

É lembrada, também, a lição de Celso Antônio Bandeira de Mello, em *Licitação*, p. 90: "Cumpre, ademais, que a violação do direito aplicável a estes fatos tenha procedido de autoridade pública. Este conceito é amplo. Entende-se por autoridade pública tanto o funcionário público, quanto o servidor público ou o agente público em geral. Vale dizer: quem quer que haja praticado um ato funcionalmente administrativo. Daí que nem dirigente de autarquia, de sociedade de economia vista, de empresa pública, obrigados a atender, quanto menos aos princípios da licitação, são autoridades públicas, sujeitos passivos de mandado de segurança em relação aos atos de licitação (seja quando esta receber tal nome, seja rotulada de concorrência, convocação geral ou designações quejandas, não importando o nome que se dê ao certame destinado à obtenção de bens, obras ou serviços)".

No mais, não se submetem os trabalhadores e funcionários aos ditames que tratam do funcionário público:

"1. Independe a denominação do cargo ou emprego atribuído ao servidor público contratado por ente público de direito privado, que sempre estará sujeito às regras trabalhistas desse regime, conforme o disposto no inciso II do § 1º do art. 173 da CF.

2. Inadmite-se a figura do funcionário público nos quadros das empresas públicas e sociedades de economia mista, pois entes de direito privado não podem possuir vínculos funcionais submetidos ao regime estatutário, por ser este característico das pessoas jurídicas de direito público".[20]

---

[20] Conflito de Competência nº 37.913-RO, da 3ª Seção do STJ, j. em 11.05.2005, *DJU* de 27.06.2005.

XLIV
Sociedade em comandita por ações

1. CARACTERIZAÇÃO

Tem-se um tipo de sociedade que praticamente não mais existe nos últimos tempos. As suas origens remontam ao Código francês de 1807. Houve um relativo desenvolvimento desse tipo de sociedade porque era livre a sua constituição, ao passo que as sociedades anônimas dependiam da autorização do Estado, o que seguiu até 1867. Abrangiam as grandes famílias, ficando o comando em alguns de seus membros, embora permitida a subscrição popular de parcela de suas ações.

No Brasil, foi omisso o Código Comercial de 1850. Vieram algumas referências na Lei nº 1.487, de 1854, até que se fez a regulamentação através da Lei nº 3.150, de 1882.

Ficou mantida esta modalidade na Lei nº 6.404, de 15.12.1976, constando desenvolvida nos arts. 280 a 284. O Código Civil cuida do assunto nos arts. 1.090 a 1.092. No entanto, nos pontos não disciplinados, a regulamentação é a das sociedades anônimas.

Incide na sua regulamentação as normas da sociedade anônima, sendo escassas as do Código Civil sobre a disciplina. Na composição, encontram-se aspectos da sociedade comandita simples e de sociedade anônima.

A diferença relativamente à sociedade em comandita simples está na divisão do capital em ações, enquanto nesta divide-se em quotas. Ou seja, na comandita por ações têm-se a divisão em títulos, representadas por certificados; na comandita simples, há a divisão ideal, com valores estabelecidos no contrato.

A ideia de sociedade em comandita por ações está no art. 1.090 do Código Civil de 2002: "A sociedade em comandita por ações tem o capital dividido em ações, regendo-se pelas normas relativas à sociedade anônima, sem prejuízo das modificações constantes deste Capítulo, e opera sob firma ou denominação". O conteúdo já constava no art. 280 da Lei nº 6.404. O art. 281 era mais extenso, impondo que somente poderiam fazer parte da firma ou razão social os gerentes ou diretores. Se porventura outros sócios ou acionistas tivessem o nome incluído, decorria a sua responsabilidade ilimitada e subsidiária.

Pode atuar sob firma ou razão social, dela fazendo parte os nomes dos diretores ou administradores. Faculta-se o uso de denominação.

Necessário aduzir que a regência é do Código Civil e da Lei nº 6.404. Todavia, os dispositivos específicos desta Lei não mais incidem, porquanto substituídos pelo Código Civil. Unicamente as normas comuns da sociedade anônima é que incidem, nos aspectos não regidos pelo Código Civil.

652 • Direito de Empresa | *Arnaldo Rizzardo*

À semelhança da sociedade em comanditas simples, existem duas categorias de sócios: os acionistas comanditados e os acionistas comanditários. Os primeiros respondem solidária e ilimitadamente pelas obrigações sociais, mas no sentido subsidiário, admitindo-se que exijam, antes de se lhes impor a responsabilidade, a excussão da totalidade do patrimônio da sociedade. Quanto aos últimos, a responsabilidade se circunscreve à integralização do montante de ações subscrito. Aos credores limita-se o direito de exigir a satisfação do crédito no equivalente às ações subscritas, e ainda não integralizadas.

2. A ADMINISTRAÇÃO

Unicamente à primeira categoria de sócios – os comanditados (os que têm responsabilidade solidária e ilimitada) se reserva a administração, no que já era claro o art. 282 da Lei nº 6.404/1976: "Apenas o sócio ou acionista tem qualidade para administrar ou gerir a sociedade e, como diretor ou gerente, responder subsidiária, mas ilimitada e solidariamente, pelas obrigações da sociedade".

Presentemente, a disciplina está no art. 1.091, estatuindo quem pode administrar a sociedade, assumindo o designado a responsabilidade subsidiária e ilimitada pelas obrigações da sociedade: "Somente o acionista tem qualidade para administrar a sociedade e, como diretor, responde subsidiária e ilimitadamente pelas obrigações da sociedade".

Daí se depreende que a administração não pode ficar nas mãos de terceiro ou estranho. Aos comanditários, no entanto, ficam garantidos os direitos assegurados aos acionistas em geral, arrolados no art. 109 da Lei nº 6.404/1976, e, assim, a participar dos lucros sociais; a participar do acervo da sociedade, no caso de sua liquidação; a fiscalizar a gestão dos negócios sociais. Reconhece-se a eles a preferência na subscrição de ações, partes beneficiárias conversíveis em ações, debêntures conversíveis em ações e bônus de subscrição. Faculta-se a retirada da sociedade, com o reembolso das ações pelo valor de mercado.

Sendo os acionistas comanditários detentores de ações ordinárias, assegura-se-lhes o direito de voto nas deliberações das assembleias, tal como acontece nas sociedades anônimas, por força do art. 110 da Lei nº 6.404.

A nomeação dos diretores se dá quando da constituição da sociedade, efetuando-se a destituição pelo voto de dois terços dos sócios. É a regra do § 2º do citado artigo: "Os diretores serão nomeados no ato constitutivo da sociedade, sem limitação de tempo, e somente poderão ser destituídos por deliberação de acionistas que representem no mínimo 2/3 (dois terços) do capital social". Idêntica regra se encontra no § 1º do art. 282 da Lei nº 6.404/1976.

Diante das normas especiais que regulam a administração, não se aplicam as disposições da Lei nº 6.404, em face de seu art. 284, inclusive no concernente ao Conselho de Administração, à autorização estatutária de aumento de capital e à emissão de bônus de subscrição.

3. A RESPONSABILIDADE DOS DIRETORES OU ADMINISTRADORES E DISTRIBUIÇÃO DOS LUCROS

A responsabilidade do diretor permanece até dois anos depois da destituição ou exoneração, por força do § 3º do art. 1.091: "O diretor destituído ou exonerado continua, durante 2 (dois) anos, responsável pelas obrigações sociais contraídas sob sua administração".

Havendo mais de dois diretores, a responsabilidade recai em ambos, nos termos do § 1º do art. 1.091 da lei civil: "Se houver mais de um diretor, serão solidariamente responsáveis, depois de esgotados os bens sociais".

É estabelecida uma limitação no tempo, que se equipara à prescrição bienal. A prescrição atinge apenas os atos de gestão, e não outras situações que importam em direitos e obrigações.

Diferente era a previsão do § 2º do art. 282 da Lei nº 6.404/1976, que impunha a responsabilidade indefinidamente.

No caso de verificados prejuízos ou dívidas, a compensação ou a satisfação é o primeiro passo. Somente depois se leva a efeito a distribuição dos lucros. É expresso o art. 189 da Lei nº 6.404: "Do resultado do exercício serão deduzidos, antes de qualquer participação, os prejuízos acumulados e a provisão para o Imposto sobre a Renda".

O art. 201 do mesmo diploma proclama que a sociedade "somente pode pagar dividendos à conta de lucro líquido do exercício, de lucros acumulados e de reservas de lucros; à conta de reserva de capital, no caso das ações preferenciais, de que trata o § 5º do art. 17". Pela regra, fica a sociedade obrigada a pagar dividendos à conta do lucro líquido, de lucros acumulados e de reserva de lucros.

O art. 202 trata do recebimento do dividendo pelo acionista, ou da parcela de lucros estabelecida no estatuto. Havendo omissão, a importância determinada de acordo com as seguintes normas (redação dada pela Lei nº 10.303, de 31.010.2001):

   I – metade do lucro líquido do exercício diminuído ou acrescido dos seguintes valores (redação dada pela Lei nº 10.303, de 2001):

      a) importância destinada à constituição da reserva legal (art. 193) (incluída pela Lei nº 10.303, de 2001); e

      b) importância destinada à formação da reserva para contingências (art. 195) e reversão da mesma reserva formada em exercícios anteriores (incluída pela Lei nº 10.303, de 2001);

   II – o pagamento do dividendo determinado nos termos do inciso I poderá ser limitado ao montante do lucro líquido do exercício que tiver sido realizado, desde que a diferença seja registrada como reserva de lucros a realizar (art. 197) (redação dada pela Lei nº 10.303, de 2001);

   III – os lucros registrados na reserva de lucros a realizar, quando realizados e se não tiverem sido absorvidos por prejuízos em exercícios subsequentes, deverão ser acrescidos ao primeiro dividendo declarado após a realização (redação dada pela Lei nº 10.303, de 2001).

A percepção de dividendos se distribuídos sem o levantamento do balanço, ou o seu desacordo com os resultados do balanço, conduz à caracterização da má-fé.

Por último, a alteração do objeto essencial da sociedade, a prorrogação de sua duração, o aumento ou a redução do capital social, a criação de debêntures ou partes beneficiadas, dependem, além da assembleia, do consentimento dos diretores. O art. 1.092 do Código Civil é expresso sobre o assunto: "A assembleia geral não pode, sem o consentimento dos diretores, mudar o objeto essencial da sociedade, prorrogar-lhe o prazo de duração, aumentar ou diminuir o capital social, criar debêntures, ou partes beneficiadas". Em parte, já vinha a disposição no art. 283 da Lei nº 6.404.

4. AS DELIBERAÇÕES SOCIAIS E RESPONSABILIDADE

A responsabilidade é ilimitada no tocante aos sócios comanditados, de cujo rol se escolhem os administradores ou diretores, segundo deflui do art. 282, já transcrito acima, e que firma a responsabilidade ilimitada pelas obrigações da sociedade. Sendo eles os administradores ou diretores, decorre naturalmente que devem participar das deliberações da assembleia. Nada decidirão os demais sócios se desacompanhados da concordância dos que exercem a gerência ou administração.

Nessa ótica, quaisquer alterações da sociedade ficam na dependência da participação e aprovação de tais sócios, em especial no que diz com a estrutura da sociedade, ao seu objeto essencial, ao prazo de duração, ao aumento ou redução do capital social, à criação de títulos ou obrigações (partes beneficiárias, bônus de subscrição), matéria já observada acima.

Respondem os administradores e diretores porque têm em suas mãos a direção da sociedade, assim sendo desde os primórdios deste tipo de sociedade, o que era ressaltado por Carlos Fulgêncio da Cunha Peixoto: "Realmente, de acordo com a lei brasileira, a ilimitação da responsabilidade não se prende a uma determinada categoria de sócio, mas ao fato de estar ele na direção da sociedade. O acionista pode ou não ser ilimitadamente responsável pelos negócios da sociedade, conforme sua posição na sociedade, isto é, terá sua responsabilidade limitada ao pagamento de suas ações se não exercer nenhum cargo de direção e se seu nome não figurar na razão social da sociedade".[1]

5. MODELO DE ESTATUTO SOCIAL

Para visualização do referido modelo, acesse o QR Code ao lado ou, se preferir, baixe o arquivo em formato editável disponível na plataforma GEN-io, conforme instruções apresentadas no início do livro.

https://goo.gl/tpL2DN

---

[1] *Sociedade por Ações*, 5º vol., p. 106.

XLV

A prescrição nas sociedades por ações

1. CONCEITO E DISTINÇÕES

Não estão imunes as pessoas jurídicas, tanto as de direito público como as de privado, às regras da prescrição. Não há, em princípio, privilégio que as isente, ou que assegure imorredouramente os direitos e as ações correspondentes.

O Código Civil, no Título IV do Livro III da Parte Geral, disciplina a prescrição e a decadência. Inicia com a prescrição, dispondo no art. 189 que a violação do direito traz para o titular a pretensão da reparação, ou restauração, ou recomposição: "Violado o direito, nasce para o titular a pretensão, a qual se extingue, pela prescrição, nos prazos a que aludem os arts. 205 e 206". O marco para o início do prazo prescricional é o momento da transgressão ou violação. Tão logo verificado o fato que atingiu e feriu o direito, oportuniza-se o exercício da demanda cabível, que perdura por certo tempo, não sendo indefinido ou eterno. Se não vier a ação cabível em um lapso de tempo que a própria lei assinala, consolida-se a transgressão, e reverte-se em direito a favor do transgressor. Fica o direito desprovido da ação que o protegia, e que era garantida para a sua restauração.

Já a decadência diz respeito ao direito, colocando fim a qualquer pretensão para a sua satisfação. Não se tem em vista o tipo de ação ou lide contemplado para a busca do direito. O próprio direito é atingido, porquanto não procurado, sem importar qual o caminho processual eleito. Por afetar o direito, fazendo-o desaparecer, abrange automaticamente a ação, não se encontrando meio algum para ser aquele exercitado. Sintetiza Carlos da Rocha Guimarães: "A prescrição só atinge o direito de ação, referente a direitos já constituídos, ao passo que a decadência atinge os próprios direitos, quando se trata de direitos potestativos".[1] Os prazos são extintivos do direito, não importando a ação porventura contemplada na lei.

Grandes as confusões que surgem a respeito da matéria, ou mal apresentada a distinção, em que incorreram inclusive autores de expressão, sendo que muitos se perdem em minúcias que a nada levam. Washington de Barros Monteiro prima pela clareza, ao estabelecer que "a prescrição atinge diretamente a ação e por via oblíqua faz desaparecer o direito por ela tutelado; a decadência, ao inverso, atinge diretamente o direito e por via oblíqua, ou reflexa, extingue a ação".[2] Também atiladamente, expõe a diferença Antônio Luiz da Câmara Leal: "É de decadência o prazo estabelecido pela lei, ou pela vontade

---

[1] *Prescrição e Decadência*, Rio de Janeiro, Editora Forense, 1980, p. 51.
[2] *Curso de Direito Civil* – Parte Geral, 3ª ed., São Paulo, Editora Saraiva, 1962, p. 297.

unilateral ou bilateral, quando prefixado ao exercício do direito pelo seu titular. E é de prescrição, quando fixado, não para o exercício do direito, mas para o exercício da ação que o protege.

Quando, porém, o direito deve ser exercido por meio da ação, originando-se ambos do mesmo fato, de modo que o exercício da ação representa o próprio exercício do direito, o prazo estabelecido para a ação deve ser tido como prefixado ao exercício do direito, sendo, portanto, de decadência, embora aparentemente se afigure de prescrição".[3]

O estudo restringe-se, aqui, à prescrição.

Quanto à decadência, as previsões são esparsas, constando ao longo da Lei nº 6.404/1976, como a do art. 171, § 4º, fixando o prazo de decadência não inferior a trinta dias para o exercício de preferência em qualquer situação na aquisição de ações, que se conta do momento do aviso publicado: "O estatuto ou a assembleia geral fixará o prazo de decadência, não inferior a 30 (trinta) dias, para o exercício do direito de preferência". Há a decadência do art. 172, em texto vindo com a Lei nº 10.303/2001, prevendo a exclusão da preferência, na aquisição de ações e debêntures conversíveis em ações, ou bônus de subscrição, aos antigos acionistas, se não manifestada a preferência no prazo de trinta dias. O § 4º do art. 223 garante ao acionista, no caso de não se constituir a sociedade aberta em decorrência da incorporação, fusão ou cisão de outras sociedades, ou de não colocar no mercado as ações, o direito de se retirar, com o reembolso das ações pelo valor de mercado, promovendo esse direito no prazo de trinta a contar do vencimento do prazo máximo de cento e vinte dias da assembleia geral que aprovou a operação, sob pena de decadência do direito. Existe, também, o prazo de três anos do parágrafo único do art. 45 do Código Civil, dirigido às pessoas jurídicas em geral, para exercer o direito de anular a constituição das pessoas jurídicas de direito privado, por defeito do ato respectivo, contado o prazo da publicação de sua inscrição no registro.

Vários os prazos de prescrição contemplados para o caso específico das sociedades por ações, os quais se aplicam também às sociedades de economia mista, já que não se submete ao regime da pessoa jurídica de direito público. É o pensamento do STJ: "A prescrição quinquenal em regra não atinge as sociedades de economia mista porquanto as mesmas têm inequívoca natureza jurídica de direito privado, aplicando-se-lhes a prescrição vintenária atribuída às ações pessoais, prevista no art. 177 do Código Civil. Aliás, referido entendimento é pacífico no STJ porquanto sumulado, *verbis*: Súmula nº 39 – 'Prescreve em vinte anos a ação para haver indenização, por responsabilidade civil, de sociedade de economia mista'".[4] De salientar que o referido art. 177 equivale ao disposto no art. 205 do vigente Código, sendo o prazo de dez anos.

Em outra decisão: "Não se aplica o prazo prescricional quinquenal do Decreto nº 20.910/1932 às ações propostas contra sociedades de economia mista. Agravo regimental a que se nega provimento".[5]

A matéria da prescrição passou a ser tratada, em parte, pelo Código Civil, com disposições que reiteraram os prazos que constam na Lei nº 6.404/1976.

Examinam-se as hipóteses previstas.

---

[3] *Da Prescrição e da Decadência*, 1ª ed., Rio de Janeiro, Editora Forense, pp. 133-134.
[4] EDcl no REsp. nº 550.095-SC, da 1ª Turma, j. em 15.02.2005, *DJU* de 21.03.2005.
[5] AgRg no Ag. nº 520.581-RS, da 2ª Turma do STJ, j. em 19.12.2003, *DJU* de 17.05.2004.

Cap. XLV | A prescrição nas sociedades por ações • **657**

2. PRAZOS DE PRESCRIÇÃO ESTABELECIDOS NO CÓDIGO CIVIL E NA LEI Nº 6.404

Existem algumas previsões no Código Civil e na Lei das Sociedades Anônimas, sem, no entanto, modificar a duração dos prazos. Realmente, todas as situações editadas pelo Código Civil se encontram na Lei das Sociedades Anônimas. Não se justifica, daí, a inovação.

2.1. A pretensão contra os peritos, pela avaliação de bens que entram para a formação do capital de sociedade anônima

Estabelecido, no § 1º, inc. IV, do art. 206 do Código Civil, o prazo de um ano para a eventual pretensão dos que participam de sociedades anônimas, contra os peritos, "pela avaliação dos bens que entraram para a formação do capital de sociedade anônima, contado da publicação da ata da assembleia que aprovar o laudo". A norma envolve a prescrição em direito societário, não vindo prevista no diploma civil anterior. Pressupõe a avaliação de má-fé do perito destacado para estimar economicamente os bens com que os sócios formam sua participação no capital social de uma sociedade anônima.

Com efeito, estabelece o art. 7º da Lei nº 6.404/1976, que "o capital social poderá ser formado com contribuições em dinheiro ou em qualquer espécie de bens suscetíveis de avaliação em dinheiro". E sobre a avaliação, o art. 8º fornece o procedimento: "A avaliação dos bens será feita por três peritos ou por empresa especializada, nomeados em assembleia geral dos subscritores, convocados pela imprensa e presidida por um dos fundadores, instalando-se em primeira convocação com a presença de subscritores que representem metade, pelo menos, do capital social, e em segunda convocação com qualquer número".

De acordo com as normas que seguem, apresenta-se laudo fundamentado, com o critério de avaliação e os elementos de comparação adotados e instruído com os documentos relativos aos bens avaliados. Finalmente, o § 6º do art. 8º contempla a responsabilidade dos avaliadores e do subscritor perante a companhia, os acionistas e terceiros, pelos danos que "causarem por culpa ou dolo na avaliação dos bens, sem prejuízo da responsabilidade penal em que tenham incorrido".

Justamente para ensejar a reparação dos danos que causarem com a avaliação é que se previu o lapso de tempo de um ano, que se conta a partir da publicação da ata da assembleia que vier a aprovar o laudo de avaliação.

Na previsão do art. 287, inc. I, letra *a*, da Lei nº 6.404/1976, também consta de um ano o prazo de prescrição da ação, contra os peritos, e estendendo-o também contra os subscritores do capital, para deles haver reparação civil pela avaliação de bens, contado o prazo da publicação da ata da assembleia geral que aprovar o laudo.

2.2. Pretensão dos credores não pagos contra os sócios ou acionistas e os liquidantes

Igualmente envolve direito societário a norma do inc. V, § 1º, do art. 206 do Código Civil, concedendo o prazo de um ano para "a pretensão dos credores não pagos contra os sócios ou acionistas e os liquidantes, contado o prazo da publicação da ata de encerramento da liquidação da sociedade".

658 • Direito de Empresa | *Arnaldo Rizzardo*

Sabe-se que a Lei das Sociedades Anônimas prevê a dissolução da companhia por três modos: de pleno direito, por decisão judicial e por decisão de autoridade administrativa competente, nos casos e na forma previstos em lei especial. A primeira modalidade, segundo art. 206 da Lei nº 6.404, encontra as seguintes causas de dissolução: por término do prazo de duração, nos casos previstos no estatuto, por deliberação da assembleia geral, pela existência de um único acionista, e pela extinção, na forma da lei, da autorização para funcionar. A segunda modalidade se dá quando anulada a sua constituição, quando provado que não pode preencher o seu fim, e em caso de falência. Já a terceira decorre da decisão da autoridade administrativa competente, sempre que a lei determinar.

Verificada a dissolução, procede-se à liquidação, que se realiza ou pelos órgãos próprios da companhia, ou por decisão judicial. Não satisfeitos os credores dos acionistas ou titulares das ações, assegura-se a competente ação de indenização, até completar o seu crédito. Se o liquidante desviou o capital, ou não agiu corretamente na distribuição do produto resultante da liquidação, também responde por perdas e danos. É como está no art. 218 da lei em pauta: "Encerrada a liquidação, o credor não satisfeito só terá direito de exigir dos acionistas, individualmente, o pagamento de seu crédito, até o limite da soma, por eles recebida, e de propor contra o liquidante, se for o caso, ação de perdas e danos. O acionista executado terá direito de haver dos demais a parcela que lhes couber no crédito pago".

Conta-se o prazo para reclamar da publicação da ata onde constam os resultados da liquidação, isto é, os valores que cabem aos credores dos acionistas.

Idêntica previsão de prazo prescricional encontra-se no art. 287, inc. I, alínea *b*, da Lei nº 6.404/1976.

2.3. Pretensão em haver juros, dividendos ou quaisquer prestações acessórias

Na previsão do § 3º, inc. III, do art. 206 do Código Civil, dá-se em três anos a prescrição da "pretensão para haver juros, dividendos ou quaisquer prestações acessórias, em períodos não maiores de 1 (um) ano, com capitalização ou sem ela".

No que diz com os juros e outras prestações periódicas, a prescrição no lapso de tempo de três anos restringe-se às parcelas pagáveis anualmente ou em períodos menores. Não tem aplicação a regra se combinados prazos maiores, ou prevista a satisfação junto com o capital, o que é comum no mútuo.

Mesmo os juros capitalizáveis, isto é, indo acrescer o capital, e sobre este assim avolumado calculando-se novos juros no período seguinte, ingressam no período prescricional, porquanto se somam aos juros exigíveis periodicamente. Hipótese bastante frequente encontra-se nos contratos de concessão de crédito bancário, quando se estipula a exigibilidade em geral a cada período de seis meses.

Os dividendos correspondem aos lucros das sociedades anônimas distribuídos aos sócios. Retiram-se dos lucros líquidos as importâncias destinadas à formação dos fundos de reserva (reserva legal, reservas estatutárias, reservas para contingências), e outras para finalidades contempladas nos estatutos, e distribui-se o restante entre os sócios. Dividendo é justamente a parte que cabe a cada sócio, proporcional às ações que possuir na sociedade, sendo o resultado da divisão dos lucros líquidos pelo número de ações.

A matéria está regulada nos arts. 201 a 205 da Lei das Sociedades Anônimas. No art. 287, inc. II, alínea *a*, da citada lei, está inserido o mesmo prazo prescricional.

O prazo de prescrição inicia na data em que se estabelece a exigibilidade, definida na assembleia geral de acionistas.

Cap. XLV | A prescrição nas sociedades por ações • 659

As prestações acessórias referem-se a remunerações pelas aplicações investidas geralmente em estabelecimentos bancários, como nos Certificados de Depósito Bancário (CDBs), nas diversas espécies de letras e de investimentos representados por papéis.

2.4. Pretensão à restituição de lucros ou dividendos recebidos de má-fé

Tem-se mais uma previsão que aparece no Código Civil de natureza societária, e que não vinha contemplada no Código anterior. Prescreve em três anos, nos termos do § 3º, inc. VI, do art. 206, a pretensão de restituição dos lucros ou dividendos recebidos de má-fé, correndo o prazo da data em que foi deliberada a distribuição.

Os lucros, na definição do art. 191 da Lei nº 6.404/1976, são o resultado do exercício que remanescer depois de deduzidos os prejuízos acumulados, a provisão para o Imposto de Renda, e as participações de empregados, administradores e partes beneficiárias.

De outro lado, os dividendos constituem a parte que cabe a cada sócio, proporcionalmente às ações que possuir na sociedade, após a dedução dos custos e dos fundos de reserva legal e estatutária, que se abatem do lucro líquido.

O art. 201 da mesma Lei nº 6.404/1976 firma que a companhia somente pode pagar dividendos à conta do lucro líquido do exercício, de lucros acumulados e de reserva de lucros, preferencialmente aos titulares de ações preferenciais.

O recebimento dos lucros ou dividendos de má-fé importa no dever de restituição. A má-fé se ostenta na distribuição sem as prévias e obrigatórias deduções que a lei estabelece, e relativas aos prejuízos e às provisões para o Imposto de Renda e aos fundos de reserva, e desde que ausente o levantamento ou em desacordo com os resultados do mesmo. É o que prevê o § 2º do art. 201 da Lei nº 6.404/1976, ao prever que se configura "quando os dividendos forem distribuídos sem o levantamento do balanço ou em desacordo com os resultados deste". Se ocorreu o recebimento de boa-fé, ou fora das hipóteses acima, não nasce a obrigação da restituição.

O mesmo prazo de prescrição se encontra no art. 287, inc. II, alínea *c*, da Lei nº 6.404, ao se referir à "ação contra acionistas para restituição de dividendos recebidos de má-fé, contado o prazo da data da publicação da ata e assembleia ordinária do exercício em que os dividendos tenham sido declarados". A diferença, relativamente à disposição do Código Civil, está na parte passiva a que se dirige a pretensão, restringindo-se aos acionistas, enquanto, naquele diploma, é contra qualquer pessoa que se beneficiou indevidamente ou que procedeu mediante culpa.

2.5. Pretensão ao ressarcimento contra fundadores, administradores, fiscais e liquidantes de sociedades anônimas

Ainda no âmbito do direito societário está a prescrição assinalada no art. 206, § 3º, inc. VII, do Código Civil, reservando o prazo de três anos para "a pretensão contra as pessoas em seguida indicadas por violação da lei ou do estatuto, contado o prazo:

a) para os fundadores, da publicação dos atos constitutivos da sociedade anônima;

b) para os administradores, ou fiscais, da apresentação, aos sócios, do balanço referente ao exercício em que a violação tenha sido praticada, ou da reunião ou assembleia geral que dela deva tomar conhecimento;

c) para os liquidantes, da primeira assembleia semestral posterior à violação".

660 • Direito de Empresa | *Arnaldo Rizzardo*

No exercício de direitos contra as pessoas acima nomeadas, em decorrência de atos prejudiciais e desrespeitosos à lei ou aos estatutos, inicia o prazo trienal sempre na data da publicação dos atos constitutivo da sociedade (na ação contra os fundadores), da apresentação do balanço (na ação contra os administradores e fiscais), e da primeira assembleia geral semestral que se seguir à violação (na ação contra os liquidantes).

Cabe aos acionistas e outros interessados intentar a ação reparatória ou de ressarcimento contra os desmandos, o excesso de mandato, os desvios de fundos e valores, a desídia no desempenho das funções, a apropriação do patrimônio da sociedade, a omissão de medidas administrativas, e toda série de atos e negócios prejudiciais, desde que presente a má-fé e até a culpa. Exemplificativamente, os eventos que acarretam a responsabilidade dos administradores decorrem do desrespeito dos deveres a eles impostos, vindo a discriminação especialmente no art. 158 da Lei nº 6.404/1976. Já em relação aos liquidantes, o art. 217 da citada lei disciplina a responsabilidade.

Disposições semelhantes, embora em maior extensão, aparecem no art. 287, inc. II, alínea *b*, da Lei nº 6.404/1976, ao assinalar a prescrição em três anos, nos seguintes termos:

"b) a ação contra os fundadores, acionistas, administradores, liquidantes, fiscais ou sociedade de comando, para deles haver reparação civil por atos culposos ou dolosos, no caso de violação da lei, do estatuto ou convenção do grupo, contado o prazo:

1) para os fundadores, da data da publicação dos atos constitutivos da companhia;

2) para os acionistas, administradores, fiscais e sociedades de comando, da data da publicação da ata que aprovar o balanço referente ao exercício em que a violação tenha ocorrido;

3) para os liquidantes, da data da publicação da ata da primeira assembleia geral posterior à violação".

Em relação à sociedade, mais tendo em vista os dispositivos da Lei nº 6.404/1976, desta forma decidiu o STJ: "Sociedade anônima. Responsabilidade de administradores. Prescrição. O termo *a quo* do prazo prescricional, para apurar a responsabilidade dos administradores, a pedido de acionistas, é a data da publicação da ata que aprovar o balanço referente ao exercício em que a violação tenha ocorrido (Lei nº 6.404/1976, art. 287, II, *b*, 2). Não revela o momento em que o acionista tenha conhecimento do fato".[6]

Em outros casos, no mesmo sentido: "Prescrição. Termo inicial... Nos termos de precedentes da Corte, o termo inicial da prescrição para a ação destinada a apurar responsabilidade de administradores de sociedade anônima é a data da publicação da ata em que a violação tenha ocorrido e não a data em que tenha o interessado tido conhecimento do ilícito".[7]

"Nos termos da regra contida no art. 287, II, *b*, '2', da Lei nº 6.404/1976, a prescrição para o acionista apurar a responsabilidade do administrador de sociedade anônima ocorre em 3 (três) anos, sendo o seu termo inicial a data da publicação da ata que aprovar o balanço".[8]

---

[6] REsp. nº 36.334-9, da 3ª Turma, j. em 14.09.1993.
[7] REsp. nº 54.458, j. em 03.06.1997, *DJU* de 04.08.1997.
[8] REsp. nº 179.008-SP, da 4ª Turma do STJ, j. em 09.05.2000, *DJU* de 26.06.2000, em *RSTJ*, 136/350.

Quanto à hipótese assinalada no inc. II, alínea *b*, nº 2, do art. 287, definiu o Superior Tribunal de Justiça o momento do início do prazo: "Nos termos da regra contida no art. 287, II, *b*, 2, da Lei nº 6.404/1976, a prescrição para o acionista apurar a responsabilidade do administrador de sociedade anônima ocorre em 3 (três) anos, sendo o seu termo inicial a data da publicação da ata que aprovar o balanço".

No voto do relator, apontam-se precedentes, ressaltando o início da contagem do prazo: "'Sociedade anônima. Responsabilidade de administradores. Prescrição. O termo *a quo* do prazo prescricional, para apurar a responsabilidade de administradores a pedido do acionista, é a data da publicação da ata que aprovar o balanço referente ao exercício em que a violação tenha ocorrido (Lei nº 6.404/1976, art. 287, II, *b*, 2). Não releva o momento em que o acionista tenha tido conhecimento do fato' (REsp. nº 36.334-9-SP, da 3ª Turma, rel. Min. Eduardo Ribeiro).

'Nos termos de precedentes da Corte, o termo inicial da prescrição para a ação destinada a apurar responsabilidade de administradores de sociedade anônima é a data da publicação da ata em que a violação tenha ocorrido e não a data em que tenha o interessado tido conhecimento do ilícito' (REsp. nº 54.458-SP, rel. Min. Carlos Alberto Menezes Direito).

'Prescreve em três anos a ação contra administradores e sociedades de comando para deles haver reparação civil por atos culposos ou dolosos (art. 287, II, *b*, da Lei nº 6.404/1976).

Assim, em face da regra contida no art. 287, II, *b*, 2, da Lei nº 6.404/1976, a prescrição, no caso em exame, ocorre em três anos, da data da publicação da ata que aprovar o balanço...' (REsp. nº 16.410-0-SP, rel. Min. Sálvio de Figueiredo Teixeira)".[9]

Se, nessa hipótese, instaurar-se procedimento penal, o prazo não iniciará antes de prolatado o juízo criminal definitivo, e se completará com o estabelecido em lei para a prescrição penal, mas nunca antes de três anos, tudo em consonância com o seguinte aresto: "O prazo de prescrição previsto no art. 287, II, *b*, da Lei nº 6.404/1976 aplica-se às ações movimentadas contra administradores no exercício do cargo ou que dele tenham se afastado. Tratando-se de crime, e havendo sentença condenatória, o prazo extintivo se completará quando decorrido o previsto em lei para a prescrição da pena imposta, mas nunca antes de três anos da publicação da ata que aprovou o balanço, relativo ao exercício em que se deu a violação".[10]

2.6. Prescrição na ação para buscar a complementação de ações

Firmou o STJ a posição de que incide, na ação que visa à busca da complementação de ações, ou o recebimento da titularidade de ações, o prazo prescricional do art. 205 do Código Civil, por ter a ação caráter pessoal. Nesta visão, o prazo prescricional é de dez anos (com a incidência do art. 2.028, para as ações cujos fatos aconteceram antes da vigência do Código de 2002).

---

[9]   REsp. nº 179.008, da 4ª Turma, de 09.05.2000, *DJU* de 26.06.2000, rel. Min. Cesar Asfor Rocha, *in ADV Informativo*, nº 44, p. 685, nov. 2000. Nessa mesma interpretação, o REsp. nº 36.334-9-SP, j. em 14.09.1993, *DJU* de 04.10.1993.

[10] REsp. nº 31.620-4-SP, do STJ, j. em 08.08.1994, *DJU* de 29.08.1994.

662 • Direito de Empresa | *Arnaldo Rizzardo*

Neste sentido a seguinte decisão:

"Nas demandas em que se discute o direito à complementação de ações em face do descumprimento de contrato de participação financeira firmado com sociedade anônima, a pretensão é de natureza pessoal e prescreve nos prazos previstos no artigo 177 do Código Civil revogado e artigos 205 e 2.028 do Novo Código Civil".[11]

No voto do relator, indica-se precedente:

"A propósito, confira-se o seguinte precedente, proferido segundo o rito dos recursos especiais repetitivos: 'Comercial e processual civil. TELECOM. CRT. Contrato de participação financeira. Complementação de ações. Diferença. Prescrição. Direito pessoal. Dividendos. Arts. 177 do CC/1916, 205 e 2.028 do CC/2002. Valor patrimonial da ação. Apuração. Critério. Balancete do mês da integralização. Recurso especial repetitivo. Lei nº 11.672/2008. Resolução/STJ nº 8, de 07.08.2008. Aplicação.

I – Nas demandas em que se discute o direito à complementação de ações em face do descumprimento de contrato de participação financeira firmado com sociedade anônima, a pretensão é de natureza pessoal e prescreve nos prazos previstos no artigo 177 do Código Civil revogado e artigos 205 e 2.028 do Novo Código Civil.

[...]

III – Julgamento afetado à 2ª Seção com base no procedimento da Lei nº 11.672/2008 e Resolução nº 8/2008 (Lei de Recursos Repetitivos).

IV – Recurso especial conhecido em parte e provido' (REsp. nº 1.033.241-RS, rel. Ministro Aldir Passarinho Junior, 2ª Seção, *DJ* de 05.11.2008)".

3. PRAZOS DE PRESCRIÇÃO ESTABELECIDOS NA LEI Nº 6.404

Várias as situações de prescrição contempladas somente na Lei nº 6.404, envolvendo a prescrição nas sociedades por ações, além das hipóteses adotadas pelo atual Código Civil, que se encontram no art. 206, § 1º, incisos IV (ações contra peritos que avaliaram o capital social) e V (ações dos credores contra sócios ou acionistas e liquidantes), e § 3º, incisos III (ação para o recebimento de dividendos), VI (ação para a restituição de lucros ou dividendos), e VII (pretensão contra fundadores, administradores, fiscais e liquidantes), e já abordadas.

Lembra-se, antes, o art. 288 da Lei nº 6.404/1976, estabelecendo que o prazo inicia somente após o trânsito em julgado da sentença da ação penal, ou da prescrição, se depende o fato de prova no juízo criminal: "Quando a ação se originar de fato que deva ser apurado no juízo criminal, não ocorrerá a prescrição antes da respectiva sentença definitiva, ou da prescrição da ação penal".

3.1. Pretensão à anulação da constituição da sociedade

Para anular a constituição da sociedade, por vício ou defeito, o prazo da prescrição é de um ano – art. 285: "A ação para anular a constituição da companhia, por vício ou defeito, prescreve em 1 (um) ano, contado da publicação dos atos constitutivos". Mesmo após a propositura da ação, porém, é assegurado à sociedade, por decisão da assembleia geral, sanar o vício ou defeito.

---

[11] Agravo regimental desprovido. AgRg nos EDcl no REsp. nº 1.035.913-RS, da 3ª Turma, j. em 02.10.2010, *DJe* de 10.12.2010, rel. Min. Paulo de Tarso Sanseverino.

Explica Tullio Ascarelli que o dispositivo, o qual coincide ao art. 155 do Decreto-Lei nº 2.627, de 1940, que regia anteriormente as sociedades anônimas, "diz respeito aos vícios de constituição da sociedade, cujos atos constitutivos já tenham sido arquivados na repartição competente; o momento inicial da prescrição que estabelece é, com efeito, o da publicação dos atos constitutivos, a qual é precedida pelo arquivamento".[12]

Outrossim, arrola o autor vários vícios ou defeitos que podem ensejar a anulação, e que são: a falta de arquivamento e publicidade, não preenchimento dos requisitos na constituição, violação aos direitos de acionistas privilegiados, deliberações contrárias à ordem pública ou aos direitos dos acionistas, violação das normas que regulam a assembleia e o procedimento de suas deliberações, falta de voto e de maioria, dentre outros.

3.2. Pretensão à anulação das deliberações da assembleia geral

O art. 286 estende o lapso de tempo para dois anos, para fins prescricionais, da ação "para anular as deliberações tomadas em assembleia geral ou especial, irregularmente convocada ou instalada, violadoras de lei ou de estatuto, ou eivadas de erro, dolo, fraude ou simulação, contados da deliberação". Apesar de referir a contagem da data da instalação, a inteligência predominante é que o início se dá com a publicação da ata da assembleia: "Muito embora diga a lei que a ação prescreve em dois anos, contados da deliberação (art. 286, Lei nº 6.404/1976), impera na melhor doutrina o entendimento de que flui da sua publicação, como dispunha o art. 156, parágrafo único, da norma revogada, o Decreto-Lei nº 2.627/40".[13] É citada, no acórdão, dentre outros, a doutrina de Fran Martins, em sua obra *Comentários à Lei das S.A.*, Rio de Janeiro, Editora Forense, 1979, vol. III, nº 1.175.

Não importa que os vícios sejam os da lei civil. Mantém-se o prazo exíguo acima, na inteligência adotada pelo STJ: "O direito de impugnar as deliberações tomadas em assembleia, mesmo aquelas contrárias à ordem legal ou estatutária, sujeita-se à prescrição, somente podendo ser exercido no exíguo prazo previsto na lei das sociedades por ações... Pela mesma razão, não pode o juiz, de ofício, mesmo nos casos em que ainda não atingido o termo *ad quem* do lapso prescricional, reconhecer a ilegalidade da deliberação e declará-la nula... Também o exercício do direito de haver dividendos, colocados à disposição dos acionistas sob a forma de bonificações se submete à condição temporal (art. 287, II, *a,* da Lei nº 6.404/1976)".[14]

Em outro precedente da mesma Corte:

"Direito Comercial. Sociedade por ações. Ação anulatória de deliberação de assembleia geral e ação de responsabilidade do administrador. Prescrição. Contagem do prazo. Lei nº 6.404, de 15.12.1976, arts. 134, § 3º, 159, 286 e 287, II, *b*, 2. Interpretação.

Considera-se prescrita a ação de responsabilidade de administrador que teve suas contas aprovadas sem reservas pela assembleia geral, se esta não foi anulada dentro do biênio legal, mas só posteriormente, por deliberação de outra assembleia geral, a partir de cuja publicação da ata se pretendeu contar o triênio extintivo.

Ofensa aos citados textos legais caracterizada.

Recurso especial conhecido e provido".[15]

---

[12] *Problemas das Sociedades Anônimas e Direito Comparado*, ob. cit., p. 512.
[13] Ap. Cív. nº 169.095-1/0, da 5ª Câmara Cível do TJ de São Paulo, j. em 04.06.1992, *in RT*, 688/67.
[14] REsp. nº 35.230, j. em 10.04.1995, *DJU* de 20.11.1995, *in Revista de Direito Mercantil*, 104/26.
[15] REsp. nº 256.596-SP, da 3ª Turma, j. em 08.05.2001, *DJU* de 18.06.2001, *in RSTJ*, 151/313.

664 • Direito de Empresa | *Arnaldo Rizzardo*

3.3. Pretensão à restituição de valores pagos indevidamente

O art. 287, inc. II, alínea *c*, fixa em três anos o lapso para a ação contra acionistas (e não outros favorecidos ou responsáveis, que constam no art. 206, § 3º, inc. VI, do Código Civil) para restituição de dividendos recebidos de má-fé, contado o prazo da data da publicação da ata e assembleia geral ordinária do exercício em que os dividendos tenham sido declarados.

No mesmo período assegura o dispositivo, na alínea *d*, a ação contra os administradores ou titulares de partes beneficiárias para restituição das participações no lucro recebidas de má-fé, contado o prazo da data da publicação da ata da assembleia geral ordinária do exercício em que as participações tenham sido pagas.

3.4. Pretensão à indenização por danos causados pelo agente fiduciário

Ainda por três anos, conforme art. 287, inc. II, alínea *e*, permite-se a ação contra o agente fiduciário de debenturistas ou titulares de partes beneficiárias para dele haver reparação civil por atos culposos ou dolosos, no caso de violação da lei ou da escritura de emissão, a contar da publicação da ata da assembleia geral em que for tomado conhecimento da violação.

3.5. Pretensão à indenização contra o vendedor que viola o dever de sigilo

Diante do art. 287, inc. II, alínea *f*, durante três anos reserva-se a ação contra o violador do dever de sigilo de que trata o art. 260 para dele haver reparação civil, a contar da data da publicação da oferta. O citado preceito veda a divulgação sobre dados da sociedade que vai se formar, até a data da publicação de oferta para a colocação de ações.

3.6. Pretensão contra a companhia

Por último, fixa o art. 287, inc. II, alínea *g*, em três anos o prazo para a ação movida pelo acionista contra a companhia, qualquer que seja o seu fundamento. Esse prazo restringe-se aos sócios, não se aplicando a terceiros, que têm contra si os prazos do direito comum.

XLVI
Sociedades cooperativas

1. ENQUADRAMENTO LEGAL

Consoante o disposto no parágrafo único do art. 982, inclui-se a cooperativa entre as sociedades simples, o que não a impede de figurar como sócia de qualquer outro tipo de sociedade nem de praticar atos de empresa.

Em consequência de enquadrada como sociedade simples, deverá providenciar-se no registro perante o Cartório de Registro Civil das Pessoas Jurídicas, o que não afasta a necessidade do registro na Junta Comercial, providência esta necessária especialmente para as cooperativas que exploram atividade empresarial, reafirmando-se regra que se infere do art. 18 e de seu § 6º da Lei nº 5.764, de 16.12.1971, que é o Estatuto das Cooperativas. Como a sociedade simples se registra no Registro Civil das Pessoas Jurídicas, fatalmente atrai o registro das cooperativas nesse órgão, não ficando, porém, revogadas as regras que impõem o registro na Junta Comercial. Em face da finalidade econômica que predomina, afigura-se coerente o arquivamento no mesmo registro das sociedades empresárias, mantendo-se em vigor o art. 18, inclusive seu § 6º, da Lei nº 5.764/1971.

Algumas normas constitucionais tratam das cooperativas. O art. 5º, inc. XVIII, da Carta Federal ordena que a criação de associações e de cooperativas se dá na forma da lei, independendo de autorização, e vedando-se a interferência estatal no seu funcionamento. Por sua vez, o art. 174, nos §§ 2º, 3º e 4º, enseja o estímulo do cooperativismo independente, retirando o Estado de intervir, e dando prioridade às cooperativas na autorização ou concessão para a pesquisa e lavra dos recursos e jazidas de minerais garimpáveis.

Consideram-se as cooperativas sociedades de pessoas, de natureza civil, tendo personalidade jurídica própria, organizadas não para a obtenção de lucro, mas para a prestação de serviços aos seus associados.

Pelo contrato de cooperativa, as pessoas se comprometem a reciprocamente contribuírem, com bens ou serviços, para uma atividade econômica de proveito comum, e sem o objetivo do lucro. Essa é a visão de Renato Lopes Becho: "Sociedade de pessoas, de cunho econômico, sem fins lucrativos, criada para prestar serviços aos sócios, de acordo com princípios jurídicos e mantendo seus traços distintos intactos".[1] O regramento colhe-se da legislação especial e do Código Civil de 2002 (era omisso o Código de 1916 sobre a

---

[1] *Elementos de Direito Cooperativo*, São Paulo, Editora Dialética, 2002, p. 22.

666 • Direito de Empresa | *Arnaldo Rizzardo*

matéria), seguindo diretriz do art. 1.093: "A sociedade cooperativa reger-se-á pelo disposto no presente Capítulo, ressalvada a legislação especial".

Não se pode olvidar, sobre a lei aplicável, a regra do art. 1.096: "No que for a lei omissa, aplicam-se as disposições referentes à sociedade simples, resguardadas as características estabelecidas no art. 1.094". Decorre, daí, a incidência das regras específicas do Código Civil, das regras estabelecidas para a sociedade simples, e das que estão inseridas na Lei nº 5.764. Por constar no art. 5º, inc. XVIII, da Lei Maior que as cooperativas são criadas e regidas na forma da lei, não significa que incide, em primeiro lugar, a lei especial, e só nos casos omissos se dá a interferência das novas regras do Código Civil, posição defendida por Vergílio Frederico Perius, que chega a considerar "inconstitucionais e ilegais as seguintes disposições do Código Civil concernentes à sociedade cooperativa: parágrafo único do art. 982, parágrafo único do art. 983, incisos I e II do art. 1.094, segunda parte do § 1º do art. 1.095, e art. 1.096".[2]

Equivocada a interpretação, em face do disposto no art. 2º, § 1º, da Lei de Introdução às Normas do Direito Brasileiro.

A definição de cooperativa está no art. 3º da Lei nº 5.764, pelo qual "celebram contrato de sociedade cooperativa as pessoas que reciprocamente se obrigam a contribuir com bens ou serviços para o exercício de uma atividade econômica de proveito comum, sem o objetivo de lucro".

Daí se retira que o enquadramento da cooperativa como uma sociedade que fica num meio-termo entre a sociedade simples e a sociedade empresária. No entanto, mais aplicável às normas da sociedade simples, como está previsto no art. 1.096: "No que a lei for omissa, aplicam-se as disposições referentes à sociedade simples, resguardadas as características estabelecidas no art. 1.094". Em matéria, pois, de administração, de admissão de novos sócios, de exclusão dos sócios, de liquidação societária, aplica-se a regulamentação da sociedade simples.

No pertinente à finalidade do lucro, consta o mesmo presente, embora a conceituação do art. 3º da Lei nº 5.764, que está desajustada da realidade. Considera-se o lucro o elemento constitutivo da cooperativa. Do contrário, haveria confusão com a associação, que não busca o lucro, o qual faz parte da razão de ser da cooperativa. Todavia, já se decidiu que a finalidade do lucro não é essencial para a cooperativa:

> "Não se insere dentre as características da sociedade cooperativa o intuito lucrativo, razão pela qual é correto afirmar que se não confunde com as denominadas sociedades comerciais; ao contrário, o traço marcante que a diferencia é a 'cooperação', com o objetivo de trazer para os cooperados as vantagens que terceiros obteriam se os interessados não 'se cooperassem' (cf. Milton Paulo de Carvalho, *in Enciclopédia Saraiva do Direito*, coordenação Prof. R. Limongi França, vol. 20, p. 412).

> Evidenciado que, na relação que circunda a cooperativa e os cooperados, não ocorre lucro, cabe à sociedade cooperativa, ao término do exercício social, elaborar o balanço com o fito de confrontar as receitas que auferiu e as despesas que experimentou, ambas decorrentes do liame existente com seus associados".[3]

---

[2] "As sociedades cooperativas face o Novo Código Civil", *in Problemas Atuais do Direito Cooperativo*, São Paulo, Editora Dialética, 2002, p. 289.

[3] REsp. nº 597.350-RS, da 2ª Turma do STJ, j. em 22.02.2005, *DJU* de 09.05.2005.

Comunga do pensamento Renato Lopes Becho: "Há ainda um dado fundamental nas cooperativas que exige acurado estudo. É característica própria das cooperativas serem organizadas como empresa sem finalidade lucrativa. Esse dado é fundamental, já que a ausência de lucro é que não permite classificarem-se as cooperativas dentro do Direito Comercial".[4] No entanto, insta que se distinga: para os cooperados o lucro ou a obtenção de alguma vantagem é própria do sistema. Em verdade, a inspiração inicial era a prestação de serviços, ou a produção de bens, pelo preço de custo, sem o objetivo do lucro, assunto então abordado por José Xavier Carvalho de Mendonça: "As sociedades cooperativas não visam a promover lucros para distribuí-los em dinheiro de contado entre os sócios; propõem-se, sim, a adquirir mercadorias, produtos, víveres, para o fim de revender-lhes o mais barato possível, a fornecer-lhes crédito com melhores e mais justas vantagens do que os estabelecimentos bancários, a proporcionar-lhes a aquisição de habitações mais cômodas, mais higiênicas e mais baratas do que as que podiam obter de empresas construtoras. Elas assim o fazem com o escopo de procurar ou criar em favor dos sócios as condições técnicas do mínimo custo. Ora, tudo isso representa também um lucro, e nem outro alvo têm os sócios. Em tese ou normalmente, é sempre comercial o objeto da cooperativa".[5]

2. ORIGEM

Apareceram as cooperativas no cenário das organizações sociais por meados do Século XIX, conglomerando a classe dos tecelões da Inglaterra, e expandindo-se para a França e a Alemanha. Historia Wilson Alves Polonio: "O movimento cooperativista teve início na Inglaterra, no Século XIX, com a intensificação da luta dos trabalhadores, durante o movimento cartistas, em pleno regime de economia liberal, com a fundação da Sociedade dos Probos Pioneiros de Rochdale (*Rochdale Society of Equitable Pioneers*), em 1844. Não obstante esse ano tenha sido considerado como o marco do cooperativismo no mundo, têm-se notícias de experiências anteriores a essa data. Os vinte e oito tecelões de Rochdale constituíram cooperativas de consumo, com o objetivo de enfrentar a crise industrial da época, oferecendo gêneros de primeira necessidade aos associados, passando, posteriormente, às atividades de produção".[6]

Em 1848 formaram-se as primeiras cooperativas de crédito na Alemanha. Na Itália, em 1864 surgiu um banco popular, com a organização na forma de cooperativa. Em 1873 apareceu a primeira legislação na Bélgica sobre o assunto.

No Brasil, têm-se notícias de referências de textos legais a cooperativas em 1890, que permitiam a agregação de pessoas para a formação de movimentos em defesa de interesses e de grupos, envolvendo setores agrícolas e profissionais.

A primeira cooperativa surgiu em 1902, envolvendo o crédito rural, enquanto o primeiro diploma que trouxe algumas normas a respeito foi o Decreto nº 979, de 6.01.1903, vindo, posteriormente, o Decreto nº 1.637, de 5.01.1907, relativamente às atividades rurais. Nesse período, recorda Waldírio Bulgarelli, "não se atribuía forma própria às cooperativas, devendo estas se constituírem sob a forma de sociedades comerciais, em nome coletivo, em comandita e anônima".[7]

---

[4] *Elementos de Direito Cooperativo*, ob. cit., p. 34.
[5] *Tratado de Direito Comercial Brasileiro*, ob. cit., 2001, vol. II, t. III, p. 286.
[6] *Manual das Sociedades Cooperativas*, 4ª ed., São Paulo, Editora Atlas S.A., 2004, p. 28.
[7] *As Sociedades Cooperativas e a sua Disciplina Jurídica*, Rio de Janeiro, Livraria Editora Renovar Ltda., 1998, p. 64.

668 • Direito de Empresa | *Arnaldo Rizzardo*

Não há dúvidas, de outro lado, que os imigrantes chegados ao Brasil, oriundos especialmente da Itália, em muito contribuiu para a implantação desse sistema de organização das pessoas.

O Código Civil introduzido pela Lei nº 3.071, de 1916, somente no § 1º do art. 20 fez referência às cooperativas, que dispensou de prévia autorização a sua constituição.

Promulgaram-se, bem mais tarde, a Lei nº 4.984, de 21.12.1925, sobre cooperativas em dispensa de capital social; o Decreto nº 17.339, de 2.06.1926, tratando das cooperativas pelo sistema de bancos populares; o Decreto nº 22.239, de 19.12.1932, dispondo sobre o funcionamento desse sistema de organização de grupos; e o Decreto nº 24.647, de 10.07.1934, instituindo o cooperativismo sindicalista. Após outros vários diplomas, algumas leis trouxeram aspectos disciplinando campos específicos de cooperativas, como a Lei nº 4.380, de 21.08.1964, sobre as cooperativas habitacionais; a Lei nº 4.504, de 30.11.1964, sobre a cooperativa integral de reforma agrária.

Presentemente, vigora a Lei nº 5.764, de 16.12.1971, com ampla regulamentação, envolvendo sobretudo a regulamentação das cooperativas, o sistema operacional, a fiscalização e o controle, o Conselho Nacional de Cooperativismo, a representação do sistema cooperativista e o estímulo creditício. Permanece a lei vigorando nos aspectos não regulados pelo Código Civil de 2002, que trouxe normas sobre as características, a responsabilidade dos sócios e a incidência de regras da sociedade simples e da lei especial.

Na realidade vigente, Demetrius Nichele Macei retrata o panorama do cooperativismo: "Nos dias de hoje, é patente a importância do cooperativismo no cenário mundial. A maior organização não governamental (ONG) do mundo, por exemplo, é a Aliança Cooperativa Internacional, que, em levantamento realizado em 1998, representava setecentos e setenta milhões de associados de cooperativas em cento e um países.

No Brasil, não é diferente. Aqui temos mais de sete mil cooperativas, correspondendo a cinco milhões de associados. A produção econômica destas sociedades atingiu sete por cento do Produto Interno Bruto – PIB. As cooperativas agropecuárias, por exemplo, respondem por um terço da produção nacional de alimentos".[8]

3. PRINCÍPIOS ORIENTADORES NA FORMAÇÃO DAS COOPERATIVAS

Alguns princípios devem estar presentes na formação das cooperativas, que são as linhas orientadoras através das quais se procura obter valores práticos. Esses princípios emanam da Aliança Cooperativa Internacional, e foram aprovados no Congresso de Paris, realizado em 1937, perdurando até hoje, com algumas alterações verificadas no Congresso de Viena de 1966 e no Congresso de Manchester de 1995. A versão, no conteúdo, é a seguinte:

a) Adesão livre e voluntária. As cooperativas são organizações voluntárias, abertas a todas as pessoas aptas a utilizar os seus serviços e assumir as responsabilidades como membros, sem discriminações de sexo, sociais, raciais, políticas e religiosas, conforme se extrai do inc. I do art. 4º da Lei nº 5.764/1971.

Aduz Waldírio Bulgarelli, quanto a esse princípio: "O associado vale por si mesmo, independentemente do capital aportado. A adesão é livre, pela qual ninguém pode ser

---

[8] *Tributação e Ato Cooperativo*, Curitiba, Juruá Editora, 2005, p. 23.

compelido a nela ingressar, mas também que ela permaneça de portas abertas para todos quantos queiram se associar".[9]

Todavia, não há de se olvidar a utilização desta forma de organização para a exploração de pessoas, não passando as cooperativas de empresas de alguns interessados, que iludem ou enganam os que se associam, e esquivando-se, assim, das contribuições previdenciária. Útil a advertência de Demetrius Nichele Macei: Tem sido comum encontrarmos casos concretos em que há coação para o ingresso em cooperativas. Isto se dá naquelas cooperativas surgidas unicamente do ideal de uma pessoa, ou grupo reduzido de pessoas, em geral empresários já estabelecidos, que têm por objetivo esquivar-se do pagamento de encargos trabalhistas e/ou tributários, dissimulando sua empresa com uma cooperativa. Neste caso, este idealizador comunica a transformação de sua empresa em cooperativa, praticamente compelindo seus funcionários a associarem-se à mesma, sob pena de perda de seu emprego".[10]

b) Gestão democrática e livre. As cooperativas são organizações democráticas, controladas pelos seus membros, que participam ativamente na formulação das suas políticas e na tomada de decisões. Os homens e as mulheres, eleitos como representantes dos demais membros, são responsáveis perante estes. Nas cooperativas de primeiro grau, os membros têm igual direito de voto (um membro, um voto); as cooperativas de grau superior são também organizadas de maneira democrática. Indiferente que um participante detenha o máximo ou o mínimo de capital possível. A participação nas deliberações, em especial nas assembleias gerais, restringe-se a um único voto, ou conta-se por cabeça.

c) Participação econômica dos membros. Os membros contribuem equitativamente para o capital das suas cooperativas e controlam-no democraticamente. Parte desse capital é, normalmente, propriedade comum da cooperativa. Os membros recebem, habitualmente, se houver, uma remuneração limitada ao capital integralizado, como condição de sua adesão. Os membros destinam os excedentes a uma ou mais das seguintes finalidades:

– Desenvolvimento das suas cooperativas, eventualmente através da criação de reservas, parte das quais, pelo menos, será indivisível.

– Benefícios aos membros na proporção das suas transações com a cooperativa.

– Apoio a outras atividades aprovadas pelos membros.

d) Autonomia e independência. As cooperativas são organizações autônomas, de ajuda mútua, controladas pelos seus membros. Se firmarem acordos com outras organizações, incluindo instituições públicas, ou recorrerem a capital externo, devem fazê-lo em condições que assegurem o controle democrático pelos seus membros e mantenham a autonomia da cooperativa.

Não deve, outrossim, haver qualquer conotação política, social e religiosa, devendo existir completa neutralidade.

e) Educação, formação e informação. As cooperativas promovem a educação e a formação dos seus membros, dos representantes eleitos e dos trabalhadores, de forma que estes possam contribuir, eficazmente, para o desenvolvimento das suas cooperativas.

---

[9] *As Sociedades Cooperativas e a sua Disciplina Jurídica*, ob. cit., p. 20.
[10] *Tributação e Ato Cooperativo*, ob. cit., p. 27.

670 • Direito de Empresa | *Arnaldo Rizzardo*

Informam o público em geral, particularmente os jovens e os líderes de opinião, sobre a natureza e as vantagens da cooperação.

O art. 28, inc. II, da Lei Cooperativista introduziu a formação de um fundo para as finalidades educativas: "As cooperativas são obrigadas a constituir: ... II – Fundo de Assistência Técnica Educacional e Social, destinado à prestação de assistência aos associados, seus familiares, e, quando previsto nos estatutos, aos empregados da cooperativa, constituído de 5% (cinco por cento), pelo menos, das sobras líquidas apuradas no exercício".

f) Intercooperação. As cooperativas servem de forma mais eficaz os seus membros e dão mais força ao movimento cooperativo, trabalhando em conjunto, através das estruturas locais, regionais, nacionais e internacionais.

g) Interesse pela comunidade. As cooperativas trabalham para o desenvolvimento sustentado das suas comunidades através de políticas aprovadas pelos membros.

4. TIPOS DE COOPERATIVAS

Podem-se destacar dois tipos primordiais: no pertinente aos sujeitos envolvidos e em relação às *pessoas* de vários setores da atividade humana ou prestação de serviços, da produção, da cultura.

4.1. Quanto aos sujeitos envolvidos

Existe uma classificação especial, listada no art. 6º da Lei nº 5.764.

a) Cooperativas singulares

Em primeiro lugar, aparecem tais cooperativas, caracterizadas no inc. I do dispositivo acima, e constituídas, segundo a Lei acima, pelo número mínimo de vinte pessoas, mas que o Código Civil não ratificou essa quantidade mínima, sendo excepcionalmente permitida a admissão de pessoas jurídicas que tenham por objeto as mesmas ou correlatas atividades econômicas das pessoas físicas ou, ainda, aquelas sem fins lucrativos. São as cooperativas propriamente ditas, congregando certo número de pessoas voltadas para a prática de atividades ou da produção comum.

b) Cooperativas centrais ou federações de cooperativas

Essa espécie se verifica na reunião de diversas cooperativas para o propósito de promover e defender os interesses comuns dos sócios de cada uma delas. O art. 6º, inc. II, da Lei nº 5.764/1971, para admitir a sua existência, exige o mínimo de três. Implanta-se um sistema de união para adquirir força econômica e política na defesa de interesses regionais, com a formalização de estatutos e o respectivo registro civil. Ilustra, sobre a matéria, Modesto Carvalhosa: "Usualmente, as cooperativas centrais ou federações se localizam nas regiões economicamente mais importantes, ou próximas aos centros de poder político, cabendo-lhes organizar, em comum e em maior escala, os serviços econômicos e assistenciais, bem como facilitando a utilização recíproca dos serviços (art. 7º da Lei nº 5.764/1971)".[11]

---

[11] *Comentários ao Código Civil*, ob. cit., vol. 13, p. 406.

Cap. XLVI | Sociedades cooperativas • **671**

c) Confederações

Exige, aqui, a união de três ou mais cooperativas centrais ou federações de cooperativas que atuem no mesmo ou em ramo diverso de atividades, cuja previsão se encontra no inc. III do art. 6º da Lei nº 5.764. A formação da confederação tem em mira a orientação e defesa das atividades das cooperativas filiadas, justificando-se a existência no caso de grande vulto dos empreendimentos, ou da extensão dos interesses em âmbito regional e até nacional. Mais precisamente, na dicção do art. 9º da Lei nº 5.764, o propósito é "orientar e coordenar as atividades das filiadas, nos casos em que o vulto dos empreendimentos transcender o âmbito de capacidade ou conveniência de atuação das centrais e federações".

Quanto às cooperativas centrais ou federações e às confederações, constituem-se, no mínimo, de três cooperativas singulares. Têm-se as seguintes explicitações do *site*:

"*As Cooperativas Centrais ou Federações de Cooperativas:*

Quando pelo menos três cooperativas distintas decidem se juntar por interesses comuns, então temos uma 'cooperativa central' ou 'federação de cooperativas'. Excepcionalmente, estas instituições podem admitir associados individuais.

O objetivo de formar uma federação ou cooperativa central é organizar, em comum e em maior escala, os serviços econômicos e assistenciais de interesse das filiadas, integrando e orientando suas atividades, bem como facilitando a utilização recíproca dos serviços.

E o que são as *Confederações de Cooperativas?*

Quando pelo menos três ou mais federações ou cooperativas centrais (podem ser da mesma ou de diferentes modalidades) decidem se unir por interesses comuns, então temos a chamada 'confederação de cooperativas'.

Seu objetivo é orientar e coordenar as atividades das filiadas, nos casos em que o vulto dos empreendimentos for além do âmbito de capacidade ou conveniência de atuação das centrais e federações".

d) Cooperativas mistas

Assim aparecem no § 2º do art. 10 da Lei nº 5.764/1971, consideradas como as que possuem mais de um objeto de atividades, ou diversos objetos sociais, e, assim, por exemplo, a que visa o financiamento de unidades habitacionais e a compra e venda de produtos de consumo; a que une produtores rurais de uma determinada cultura agrícola e o fornecimento de mercadorias de uso comum; a que tem por objeto a comercialização dos produtos de uma espécie própria e a prestação de serviços de assessoramento técnico no ramo da atividade. Em geral, as cooperativas de agricultores visam a comercialização dos produtos de uma certa cultura, como de arroz, de milho, de suínos, de soja, e o financiamento de insumos, sendo, portanto, também cooperativa de crédito.

Em todas as espécies, o lucro ou resultado é distribuído.

As pessoas juntam os esforços comuns para uma determinada finalidade, que favorece o conjunto, mas sem visar necessariamente o lucro.

4.2. Quanto aos vários setores da atividade humana ou prestação de serviços, da produção e da cultura

Com o objetivo de contribuir com bens ou serviços para o exercício de uma atividade econômica de proveito comum, e sem o objetivo de lucro, tendo em vista os setores de atuação, expressa o art. 10 da Lei nº 5.764/1971 um tipo especial de classificação: "As cooperativas se classificam também de acordo com o objeto ou pela natureza das atividades desenvolvidas por elas ou por seus associados".

Sob esta ótica, formam-se as cooperativas de pessoas de vários setores da atividade humana ou prestação de serviços, da produção, da cultura, sendo algumas explicitadas e regulamentadas pelos órgãos dirigentes das cooperativas. Seguem as principais categorias, sendo que algumas merecerão detalhes mais extensos, tanto que regulamentadas administrativamente por normatizações dos órgãos das cooperativas:

a) As de produtores

São as de produtores de trigo, de soja, de milho, de uva, de frutas, e, assim as de produtores em geral, inclusive de produtos industriais ou intelectuais. Define-se como a sociedade organizada por produtores pessoas físicas e pessoas jurídicas, com o objetivo de comercializar, ou de industrializar e comercializar a produção dos cooperados.

Na Instrução Normativa RFB nº 971, de 13 de novembro de 2009 – *DOU* de 17.11.2009, alterada por várias Instruções, sendo a última de nº 1810/2018, no art. 210, está a caracterização: "Cooperativa de produção, espécie de cooperativa, é a sociedade que, por qualquer forma, detém os meios de produção e seus associados contribuem com serviços laborativos ou profissionais para a produção em comum de bens". Constitui-se da pessoa jurídica que tem o objetivo de produzir e industrializar, ou de produzir e comercializar, ou de produzir, industrializar e comercializar a sua produção rural, industrial e de qualquer outra espécie de bens.

A conceituação também aparece na Lei nº 10.666/2003, em seu art. 1º, § 3º: "Considera-se cooperativa de produção aquela em que seus associados contribuem com serviços laborativos ou profissionais para a produção em comum de bens, quando a cooperativa detenha por qualquer forma os meios de produção".

O art. 211 da citada Instrução Normativa RFB nº 971/2009, em redação da Instrução Normativa RFB nº 1.453/2014, introduziu a cooperativa de produtores rurais, como espécie de cooperativa organizada por pessoas físicas ou pessoas físicas e jurídicas com o objetivo de comercializar, ou de industrializar ou de comercializar e industrializar a produção rural de seus cooperados.

b) As de consumo

São as cooperativas organizadas para a venda de mercadorias aos associados pelo preço de custo, e, assim, as de compras em comum e as de vendas em comum. Explicita-as Celso Marcelo de Oliveira: "São compostas pelas cooperativas dedicadas à compra em comum de artigos de consumo para seus cooperados. A primeira cooperativa do mundo era desse ramo e surgiu em Rochdale, na Inglaterra, em 1844. Também no Brasil esse é o ramo mais antigo, cujo primeiro registro é de 1889, em Minas Gerais, com o nome de Sociedade Cooperativa Econômica dos Funcionários Públicos de Ouro Preto".[12]

Renato Lopes Becho dá com clareza a ideia: "As cooperativas de consumo são aquelas em que as pessoas se reúnem para formar uma sociedade que realize as compras (daí serem chamadas, também, de cooperativas de compras em consumo) de interesse do grupo, no atacado, vendendo-lhes no varejo. Permite, dessa forma, a supressão de uma etapa da cadeia econômica e, com isso, os associados, uma redução nos custos de aquisição individual".[13]

---

[12] *Tratado de Direito Empresarial Brasileiro*, ob. cit., p. 683.
[13] *Tributação das Cooperativas*, 2ª ed., São Paulo, Editora Dialética, 1999, p. 180.

c) *As de crédito*

As cooperativas de crédito têm como objeto social de organizar um fundo que é formado mediante o aporte de capital dos sócios, e, assim, arrecadar recursos, custodiá--los e investi-los, tudo em favor de seus associados, para tanto realizando a concessão de empréstimos pecuniários, sempre em condições de custos mais favoráveis, e subordinando--se, também, à Lei nº 4.595, de 31.12.1964.

Integram as cooperativas de crédito o Sistema Financeiro Nacional, a teor dos arts. 18, § 1º, e 25 da Lei nº 4.595/1964, com redação da Lei nº 5.710/1971. O art. 2º da Lei Complementar nº 130/2009 delimita o campo de atuação das cooperativas de crédito: "As cooperativas de crédito destinam-se, precipuamente, a prover, por meio da mutualidade, a prestação de serviços financeiros a seus associados, sendo-lhes assegurado o acesso aos instrumentos do mercado financeiro". O § 1º, em redação da Lei Complementar nº 161/2018, quanto à captação de recursos e à concessão de crédito:

"A captação de recursos e a concessão de créditos e garantias devem ser restritas aos associados, ressalvados a captação de recursos dos Municípios, de seus órgãos ou entidades e das empresas por eles controladas, as operações realizadas com outras instituições financeiras e os recursos obtidos de pessoas jurídicas, em caráter eventual, a taxas favorecidas ou isentos de remuneração".

Nos §§ 2º, 3º e 4º, há certa abertura para o atendimento de pessoas não cooperativadas:

"§ 2º Ressalvado o disposto no § 1º deste artigo, é permitida a prestação de outros serviços de natureza financeira e afins a associados e a não associados.

§ 3º A concessão de créditos e garantias a integrantes de órgãos estatutários, assim como a pessoas físicas ou jurídicas que com eles mantenham relações de parentesco ou negócio, deve observar procedimentos de aprovação e controle idênticos aos dispensados às demais operações de crédito.

§ 4º A critério da assembleia geral, os procedimentos a que se refere o § 3º deste artigo podem ser mais rigorosos, cabendo-lhe, nesse caso, a definição dos tipos de relacionamento a serem considerados para aplicação dos referidos procedimentos".

Os §§ 6º, 7º, 8º e 9º do mesmo art. 2º regulamentam a captação de recursos pelos municípios.

Pela Lei Complementar nº 130, ficou revogado o § 3º do art. 10 da Lei nº 5.764/1971, dispositivo que restringia unicamente às cooperativas agrícolas mistas a criar e manter a seção de crédito.

Atuam quase em tudo igual aos bancos, e, assim, no mercado financeiro, aceitando investimentos em alguns setores. Podem praticar operações típicas dos bancos, concedendo empréstimos, financiando projetos, e recebendo valores para o pagamento de taxas, tarifas, prestações e encargos.

Nessa ótica, conclui Waldírio Bulgarelli, "pode-se sem maior esforço concluir que o Conselho Monetário Nacional dispõe de competência plena para dispor sobre a constituição, funcionamento e fiscalização desses tipos de cooperativas".[14]

Adiante, seguem mais orientações, quando da apresentação de modelo de estatuto, serão apresentadas orientações emitidas pelo Banco Central, para a sua constituição.

---

[14] *As Sociedades Cooperativas e a sua Disciplina Jurídica*, ob. cit., p. 144.

674 • Direito de Empresa | *Arnaldo Rizzardo*

d) As de trabalho

São as cooperativas reconhecidas no art. 34 da Consolidação das Leis Trabalhistas, que se formam para o desempenho de atividades, e compostas por trabalhadores ou prestadores de serviços em certos setores específicos.

Oportuno um desenrolar mais atento do sistema interno.

As cooperativas de trabalho se dedicam à organização e administração dos interesses inerentes à atividade profissional dos trabalhadores associados para a prestação de serviços não identificados com outros ramos já reconhecidos, a saber: as cooperativas de professores (ramo educacional), de profissionais da saúde, como médicos e odontólogos (ramo de saúde), de taxistas, caminhoneiros, perueiros, *motoboys* (ramo de transporte), artistas, esportistas, profissionais do turismo e do entretenimento (ramo do turismo e lazer).[15]

Trata-se este tipo de cooperativa da sociedade formada por operários, artífices, ou pessoas da mesma profissão ou ofício ou de vários ofícios de uma mesma classe, que, na qualidade de associados, prestam serviços a terceiros por seu intermédio.

Essa cooperativa intermedeia a prestação de serviços de seus cooperados, expressos em forma de tarefa, obra ou serviço, com os seus contratantes, pessoas físicas ou jurídicas, não produzindo bens ou serviços próprios, sendo reconhecida a sua existência pela jurisprudência: "Cooperativa de trabalho. Legalidade. Traços caracterizadores. Desvirtuamento implica reconhecimento do vínculo direto com o tomador dos serviços.

O ordenamento jurídico pátrio admite a cooperativa de trabalho (art. 442, parágrafo único, da CLT, e Lei nº 5.764/1971), que pode ser de produção ou de serviços. A cooperativa de prestação de serviços pode ser intermediadora de mão de obra, em caráter permanente, desde que seja para atividade-meio da tomadora dos serviços e não haja subordinação do trabalhador cooperado à tomadora dos serviços nem a pessoalidade na prestação dos serviços (Súmula nº 331 do TST). Ademais, os traços distintivos da verdadeira cooperativa, em contraposição à fraudulenta (cf. Recomendação nº 193 da OIT), são a espontaneidade na formação, a autonomia dos cooperados, a autogestão da cooperativa e a liberdade de associação".[16]

Devem as cooperativas de trabalho emitir nota fiscal ou fatura de prestação de serviços específica para os serviços prestados pelos cooperados em condições especiais, ou discriminar o valor dos serviços referentes a estes cooperados, na hipótese de emitir nota fiscal ou fatura única.

Cabe à empresa contratante informar mensalmente à cooperativa de trabalho a relação dos cooperados a seu serviço que exerçam atividades em condições especiais, identificando o tipo de aposentadoria especial que a atividade enseja.

e) As habitacionais

Têm essas cooperativas o objetivo de construir e financiar moradias em aglomeramentos urbanos, a preços de custo. Chamadas também de cooperativas de construção de casas populares, empregam os capitais formados e acrescidos das prestações dos adquirentes das unidades na aquisição de áreas e na construção de novas casas.

---

[15] *Manual de Orientação para a Constituição e Registro de Cooperativas*, 8ª ed., Brasília, SESCOOP, 2003, p. 29.

[16] Tribunal Superior do Trabalho, RR nº 816643/2001, rel. Min. Ives Gandra Martins Filho, *DJ* de 25.06.2004.

f) As culturais

Formam-se com vistas ao incremento do estudo, ao fomento do interesse cultural pela arte, pela pesquisa, adquirindo acervo cultural, ou obras de arte, bibliotecas. Destinam-se, também, a patrocinar o ensino a certas classes de pessoas, que devem se associar.

g) As de ensino

Reúnem os interessados na aprendizagem e formação profissional, com a adequação das mensalidades dos frequentadores ao custo operacional e material. Envolvem o ramo educacional, que é composto por cooperativas de profissionais em Educação, por cooperativas de alunos, por cooperativas de pais de alunos, por cooperativas de Empreendedores Educacionais e por cooperativas de atividades afins.[17]

h) As de médicos

As cooperativas de médicos são as estruturadas para a prestação de serviços de medicina aos interessados em geral, e que a elas se vinculam mediante planos de saúde.

i) As de seguro

Objetivam proporcionar a contratação de seguros, sob o regime da mutualidade, em favor dos cooperados, ficando submetidas à Superintendência Nacional de Seguros Privados – SUSEP.

j) As de mineração

Destinam-se à lavra, pesquisa, extração, ao garimpo de minérios e outras atividades correlatas, dependentes de autorização ou concessão de exploração. Dentre esse ramo destaca-se a cooperativa de garimpeiros, formada para defender seus integrantes e atender setores paralelos, como a saúde, a alimentação, a educação, o transporte e a comercialização.

k) As de saúde

Este ramo é composto pelas que se dedicam à preservação e promoção da saúde humana.[18] Na hipótese, aplica-se a *"Instrução Normativa INSS/DC 100*, de 18 de dezembro de 2003", com várias alterações posteriores.

l) As de produção agrícola

Essas cooperativas (cuja previsão veio reconhecida no art. 211 da acima citada Instrução Normativa RFB nº 971/2009, em redação da Instrução Normativa RFB nº 1.453/2014) podem se enquadrar dentro das cooperativas de produção em geral, envolvendo, inclusive, as de produtores de cereais, de frutas, as de criadores de animais, já observadas. Organizam-se com a finalidade de fomentar o espírito de cooperação entre produtores agrícolas ou criadores. Integram-nas os produtores rurais ou agropastoris e os que se dedicam à pesca, objetivando sobretudo a comercialização dos produtos, o financiamento das atividades e a consecução de insumos a preços mais apropriados. Para tanto, os cooperados fazem a entrega de seus produtos, com a finalidade de seu beneficiamento, depósito ou comercia-

---

[17] *Manual de Orientação para a Constituição e Registro de Cooperativas*, 8ª ed., Brasília, SESCOOP, 2003, p. 24.

[18] *Manual de Orientação para a Constituição e Registro de Cooperativas*, 8ª ed., Brasília, SESCOOP, 2003, pp. 28-29.

lização pela cooperativa, outorgando-se plenos poderes para tanto, o que, aliás, se retira do art. 83 da Lei nº 5.764/1971: "A entrega da produção do associado à sua cooperativa significa a outorga a esta de plenos poderes para a sua livre disposição, inclusive para gravá-la e dá-la em garantia de operações de crédito realizadas pela sociedade, salvo se, tendo em vista os costumes relativos à comercialização de determinados produtos, sendo de interesse do produtor, os estatutos dispuserem de outro modo".

Mais tipos de cooperativas conhecem-se, e assim as de eletrificação, as de transporte, as de turismo e lazer, as de alunos, as de abastecimento.

5. COOPERATIVAS COMO SOCIEDADES DE PESSOAS

Enquadram-se as cooperativas como sociedades de pessoas, constituindo-se preponderantemente em função das pessoas, tendo relevância a *affectio societatis*, como o sugere o art. 4º da Lei nº 5.764/1971: "As cooperativas são sociedades de pessoas, com forma e natureza jurídica próprias, de natureza civil, não sujeitas à falência, constituídas para prestar serviços aos associados..."

Todavia, os critérios para o ingresso são objetivos, não cabendo impor condições subjetivas, que importariam em discriminação.

Ingressa-se voluntariamente, não se permitindo a condição de pertencer a uma cooperativa para a licença ao exercício de atividades econômicas.

A causa da constituição está no auxílio mútuo, na cooperação entre os sócios, o que se efetiva e se consegue mediante o esforço conjunto de todos os componentes do grupo. São exemplos desse tipo de agrupamento as concentrações de pessoas para as atividades agrícolas, mercantis, de prestação de serviços, de fabricação, de comercialização.

Pode a cooperativa tornar-se sócia de outras sociedades, não importando que sejam simples ou empresárias, em vista do direito à livre associação para a formação de pessoas jurídicas, garantido pelo art. 5º, inc. XVIII, da Carta Maior.

6. CARACTERÍSTICAS

Estão as características relacionadas no art. 1.094 do Código Civil: "São características da sociedade cooperativa:

    I – variabilidade, ou dispensa do capital social;

    II – concurso de sócios em número mínimo necessário a compor a administração da sociedade, sem limitação de número máximo;

    III – limitação do valor da soma de quotas do capital social que cada sócio poderá tomar;

    IV – intransferibilidade das quotas do capital a terceiros estranhos à sociedade, ainda que por herança;

    V – *quorum*, para a assembleia geral funcionar e deliberar, fundado no número de sócios presentes à reunião, e não no capital social representado;

    VI – direito de cada sócio a um só voto nas deliberações, tenha ou não capital a sociedade, e qualquer que seja o valor de sua participação;

VII – distribuição dos resultados, proporcionalmente ao valor das operações efetuadas pelo sócio com a sociedade, podendo ser atribuído juro fixo ao capital realizado;

VIII – indivisibilidade do fundo de reserva entre os sócios ainda que em caso de dissolução da sociedade".

Importante tecer algumas considerações sobre cada item.

De notar que se encontram características diferentes na listagem do art. 4º da Lei nº 5.764/1971, além de existentes mais algumas, como neutralidade política e indiscriminação religiosa, racial e social; prestação de assistência aos associados, e, quando previsto nos estatutos, aos empregados da cooperativa; e área de admissão de associados limitada às possibilidades de reunião, controle, operação e prestação de serviços. Ocorre que, em face da previsão pelo Código Civil, que é lei posterior, a ordem é a que está neste último diploma. Ademais, essas enunciadas na Lei nº 5.764 ficam na faculdade de se inserirem nos estatutos, inclusive as que dão conotação política e religiosa, parecendo que não destoa da legalidade esse caráter. No pertinente à discriminação, seja de que tipo for, a proibição advém da lei em geral e da própria Constituição Federal (art. 5º, inc. VIII).

6.1. Capital social

O capital social, que se divide em quotas-partes, é variável, pois se altera segundo o aporte que trazem os cooperativados, devendo constar o montante exigido para o ingresso. Nas cooperativas organizadas para a realização de atividades, ou para a produção de mercadorias, girando em torno de uma finalidade altamente econômica, é primordial o patrimônio. Corresponderá, pois, à multiplicação da parcela que os estatutos estabelecem para cada integrante pelo número deles. Não se pode, daí, prever um capital já determinado, porquanto se altera ou aumenta na medida do ingresso de novos participantes.

É possível a dispensa de capital, dando-se o ingresso sem o interessado trazer qualquer valor monetário ou bem, senão a sua pessoa, para a cooperativa. A participação se dá pelo serviço que prestará, ou pela atividade que exercerá. Daí concluir-se que nas cooperativas admite-se a sua formação pela união de categorias de profissionais, como de médicos, de engenheiros, de corretores, de empresas de locação de imóveis. Não importa em afirmar que inexista patrimônio, pois nem se afiguraria viável o seu funcionamento. São necessários instrumentos, sede, instalações, material de trabalho e outros bens, mas que se adquirem com os resultados da atividade exercida, sem que se especifique a formação de um patrimônio específico, ou que se exija dos participantes uma quota própria de cada um.

Existe um limite no montante do capital que o associado está autorizado a subscrever, que é o máximo de um terço do capital social, em obediência ao art. 24, § 1º, da Lei nº 5.764/1971, a menos naquelas cooperativas cujos estatutos obriguem a participação em proporção ao movimento financeiro do cooperativado.

Mais prescrições vêm ditadas, quanto ao capital.

Pelo art. 25, faculta-se o pagamento das quotas-partes mediante prestações periódicas, independentemente de chamadas.

678 • Direito de Empresa | *Arnaldo Rizzardo*

O art. 26 ordena a averbação da transferência das quotas-partes no livro de matrícula, através de termo contendo as assinaturas do cedente, do cessionário e do diretor designado pelo estatuto.

O art. 27 autoriza a integralização das quotas partes com bens avaliados com a devida antecedência, colhendo-se a posterior homologação da assembleia geral, exceto quanto às cooperativas de crédito e às habitacionais.

6.2. Número de sócios

Não se fixa um número máximo de sócios. A qualquer pessoa, desde que preencha os requisitos necessários, abre-se a oportunidade para associar-se. De modo especial, exigência incondicional está na pertinência do associado ao objeto e finalidade da cooperativa. Uma cooperativa de professores deve ser composta pelas pessoas ligadas ao ensino, e que exercem o magistério; se de médicos, unicamente os profissionais da área da medicina fazem parte dela.

Coloca-se a condição, para o funcionamento, de certa quantidade de pessoas. Impossível que se forme uma cooperativa com dois sócios, pois não funcionaria na prática. Mostra-se indispensável estabelecer a quantidade de pessoas que comporá a administração, ou os vários órgãos que a formam, com a especificação dos cargos existentes e as funções a serem exercidas.

De ressaltar que o inc. II do art. 1.094 da lei civil se contrapõe ao art. 6º, inc. I, da Lei nº 5.764/1971, que fixa em vinte o número mínimo de sócios.

Levando em consideração que a norma do Código Civil é posterior, deve a mesma prevalecer. De sorte que, como explica Wilson Alves Polonio, tendo em conta os arts. 47 e 56 da Lei nº 5.764/1971, como são necessárias treze pessoas para compor os órgãos da administração da cooperativa, tal é a quantidade mínima: "É que a Diretoria ou o Conselho de Administração (art. 47) deverá ser composto com o mínimo de três associados, e é necessária a renovação de, no mínimo um terço, ou seja, no mínimo um associado, decorrido o prazo de quatro anos, o que perfaz o total de quatro associados.

Com relação ao Conselho Fiscal (art. 56), este deverá ser composto por três membros efetivos e três suplentes, todos associados, perfazendo um total de seis; no entanto, pelo menos dois terços, ou seja, quatro associados, deverão ser renovados a cada ano, o que impõe a necessidade de um número mínimo de dez associados para o cumprimento da norma.

Se considerarmos que ao associado é vedado exercer, cumulativamente, cargos nos órgãos de administração e de fiscalização (§ 2º do art. 56), é forçoso concluir que o número mínimo de associados que deverá compor os órgãos de administração (Conselhos Administrativo e Fiscal) não poderá ser inferior a treze... Consideramos, nessa análise, que qualquer dos quatro membros necessários à renovação do Conselho Fiscal (art. 56) poderá, também, ser utilizado para a renovação do Conselho de Administração".[19]

Em princípio, admite-se o ingresso ilimitado de sócios, desde que satisfaçam os interessados as exigências impostas e próprias para o tipo de sociedade. Há um direito subjetivo público em se associar.

---

[19] *Manual das Sociedades Cooperativas*, ob. cit., p. 51.

Cap. XLVI | Sociedades cooperativas • **679**

Outrossim, não se coloca óbice para a saída dos que desejarem, não cabendo impor a permanência do associado (art. 5º, inc. XX, da Carta constitucional), nem se reclamando a alteração social do contrato quando da retirada, diferentemente do que acontece nas sociedades de pessoas.

6.3. Soma das quotas de que participa o sócio

Cada sócio terá determinada quota ou número de quotas, o que se fará de acordo com a previsão do estatuto da cooperativa. Não importa em concluir que todos os sócios terão o mesmo número, ou quota de idêntico valor. Naturalmente, mede-se a participação de conformidade com a quantidade de bens ou o valor em dinheiro que trouxe para a sociedade. É possível até prescindir da entrada com algum patrimônio ou valor, e participar através da prestação de serviços. Obviamente, a distribuição dos lucros mede-se na exata proporção da quantidade de capital. Nesse particular, se a participação se exerce por meio de serviços, a estimativa na distribuição da renda é de acordo com a avaliação do serviço.

O art. 24 da Lei nº 5.764/1971 fixa um limite do valor da quota, não podendo ultrapassar o salário mínimo: "O capital social será subdividido em quotas-partes, cujo valor unitário não poderá ser superior ao maior salário mínimo vigente no País".

Ficou definido um limite de quotas a serem subscritas. O § 1º do art. 24 da fixa o limite máximo de subscrição individual a um terço do capital da cooperativa: "Nenhum associado poderá subscrever mais de 1/3 (um terço) do total das quotas-partes, salvo nas sociedades em que a subscrição deva ser diretamente proporcional ao movimento financeiro do cooperado ou ao quantitativo dos produtos a serem comercializados, beneficiados ou transformados, ou ainda, em relação às áreas cultivadas ou ao número de plantas e animais em exploração".

Excluem-se do limite acima de um terço do capital total, na forma do § 2º do mesmo art. 24, as pessoas jurídicas de direito público que participem de cooperativas de eletrificação, irrigação e telecomunicações. Estão as cooperativas proibidas de distribuir quaisquer espécies de benefícios às quotas-partes do capital, ou de estabelecer outras vantagens ou privilégios, financeiros ou não, em favor de quaisquer associados ou terceiros, excetuando-se os juros até o máximo de doze por cento ao ano, que incidirão sobre a parte integralizada.

6.4. Intransferibilidade das quotas a terceiros

É a cooperativa um círculo fechado que abrange apenas os sócios, ou não incluindo terceiros em seus quadros e no favorecimento de sua atividade, mesmo que herdeiros do cooperativado. A Lei nº 5.764/1971, no art. 4º, inc. IV, não era tão restritiva, pois limitava a incessibilidade das quotas a terceiros, estranhos à sociedade, levando a entender-se que os herdeiros sucediam, pois herdavam, não havendo cessão. O Código Civil é mais peremptório, ao proibir a transferência inclusive por herança. Pensa-se, todavia, que não há impedimento de transferência a terceiros, se a assembleia autorizar. Isto porque, justifica Renato Lopes Becho, "as cooperativas são sociedades pessoais, onde o ser humano é mais importante que o capital que possua. Por isso, é importante que as quotas do capital social não sejam transferidas para qualquer pessoa estranha aos quadros associativos. Poderia ser diferente, abrindo-se o legislador as opções dispostas no art. 1.028 do Código Civil, o que não aconteceu". Ademais, segue: "É que nessas sociedades há uma natural e inafastável união de pessoas com algum traço comum. No cooperativismo de trabalho, por exemplo, a sociedade será composta por agregadas pessoas que produzem os mesmos bens e assim por diante. Mesmo nas cooperativas de consumo, há uma linha filosófica a unir seus associados. Por isso, transferir quotas a quem não participa do mesmo grupo pode ir contra a própria estrutura social. Imagina-se um produtor de açúcar adquirindo quotas de uma cooperativa de artesãos, ou um taxista participando de uma cooperativa de médicos. Eles não poderão contribuir com a *affectio societatis*".[20]

Assim, afastando-se algum associado, cancelam-se as quotas respectivas, com o pagamento do valor correspondente, como, aliás, ficou expresso no § 4º do art. 24 da Lei nº 5.764/1971, incluído pela Lei nº 13.097/2015, contemplando a restituição da quota quando se dá o desligamento: "As quotas de que trata o *caput* deixam de integrar o patrimônio líquido da cooperativa quando se tornar exigível, na forma prevista no estatuto social e na legislação vigente, a restituição do capital integralizado pelo associado, em razão do seu desligamento, por demissão, exclusão ou eliminação".

6.5. Número de participantes para a assembleia funcionar e deliberar

Consignará o estatuto o *quorum* para a assembleia geral funcionar e deliberar. Não consta no Código Civil o número de associados que devem estar presentes. Todavia, a previsão está no art. 40 da Lei nº 5.764/1971: "Nas assembleias gerais, o *quorum* de instalação será o seguinte:

    I – 2/3 (dois terços) do número de associados, em primeira convocação;

    II – metade mais 1 (um) dos associados em segunda convocação;

    III – mínimo de 10 (dez) associados na terceira convocação, ressalvado o caso de cooperativas centrais e federações e confederações de cooperativas, que se instalarão com qualquer número".

Contam-se as presenças pela quantidade de sócios que compareçam à reunião, e não de acordo com o capital social dos associados. Mesmo que alguém tenha várias quotas, restringe-se a contagem a um único voto. Assim, nesse ponto, não traz importância a maior quantidade de capital ou quotas na cooperativa. A vantagem está no fator econômico ou nos lucros, cuja participação se elevará.

6.6. Direito do sócio a um único voto

Embora já se depreenda do inc. V do art. 4º, veio expressamente consignado no inciso VI que o sócio terá direito a um único voto, tenha ou não capital a sociedade, e seja qual for o valor da participação. Não importa o montante de capital que possui, e muito menos é relevante a quantidade de quotas. Todos são iguais nas votações de qualquer matéria, de modo que o *quorum* para o funcionamento e a deliberação da assembleia geral é aferido de acordo com o número de sócios e não do capital.

---

[20] *Elementos de Direito Cooperativo*, ob. cit., p. 85.

Em consonância com o art. 38, § 3º, da Lei nº 5.764/1971, as deliberações nas assembleias gerais serão tomadas por maioria de votos dos associados presentes com direito de votar.

6.7. Distribuição dos resultados

Os resultados são distribuídos proporcionalmente ao capital que possui o sócio na cooperativa, nas operações efetuadas pelos sócios. Ou seja, distribui-se a cada sócio de acordo com resultado alcançado pela sua atuação. Não se dividem as sobras líquidas alcançadas no exercício proporcionalmente às quotas que possui o sócio, mas sim em razão do resultado que obtém na execução de suas atividades.

Útil esclarecer que a palavra 'resultados' não tem o mesmo alcance que lucro, obtido após o desconto do custo das operações desenvolvidas, como as despesas de água, luz, aluguel, pagamento de empregados etc., porquanto se insere também o sentido de prejuízo. Assim, os resultados podem ser positivos ou negativos. Como qualquer sociedade, a cooperativa está fadada a trazer lucros ou prejuízos, dependendo da atividade, do desempenho, da administração, das circunstâncias momentâneas, do momento político, e especialmente de sua organização. Havendo vantagem ou desvantagem econômica, os lucros ou prejuízos recaem nos associados.

De modo que a distribuição se faz das sobras dos recursos recebidos como contrapartida dos serviços prestados pelo sócio. É mister ter-se em conta o alcance da distribuição das sobras, que se restringe unicamente aos serviços nos quais prestou o associado sua atividade. Não há a distribuição de lucros, à semelhança do que se faz com outras sociedades, ou a divisão dos resultados positivos gerais.

Há a possibilidade de se atribuir um juro fixo ao capital da quota realizado, e não apenas subscrito. Trata-se de uma remuneração ao capital integralizado ou disponibilizado em favor da cooperativa.

Não se proíbe que parcela dos resultados se destine a um fundo de reservas, ou para outras finalidades, como assistência técnica, educação, saúde, e outros propósitos de cunho social.

Autoriza o inc. VII do art. 4º a atribuição de juros fixos ao capital social, que não se confunde com a distribuição de lucros. Esses juros, a teor do art. 24, § 3º, da Lei nº 5.764/1971, não poderão ultrapassar a doze por cento ao ano.

6.8. Indivisibilidade do fundo de reserva

O fundo de reserva faz parte de uma conta contábil com a finalidade de destinar determinado montante de valores utilizável em hipóteses e circunstâncias previstas em lei. Não será divisível ou distribuído entre os sócios, o que constitui uma medida para evitar a dispersão do capital da sociedade, ou para assegurar a integridade de seu patrimônio. Instituído um fundo de reserva, de previsão estatutária ou legal, que passa a formar patrimônio da cooperativa, provenha de determinação legal ou de decisão da assembleia, fica imune à sua repartição entre os cooperativados, evitando certas causas de esvaziamento, ou manobras de se aproveitar do patrimônio. Sua finalidade é fazer frente a situações de dificuldades financeiras, como a insolvência, servindo de socorro em momentos de dificuldade da cooperativa.

O inc. I do art. 28 da Lei nº 5.764/1971 impõe à cooperativa a constituição obrigatória de um fundo de reserva para disponibilizar recursos necessários à satisfação de eventuais prejuízos que ocorrerem, ou para certos investimentos que se fizerem necessários. Essa reserva corresponderá ao mínimo de dez por cento do valor das sobras líquidas do exercício.

De acordo com o art. 68, inc. VI, da Lei nº 5.764/1971, destinam-se os fundos, uma vez não empregados, ao Banco Nacional de Crédito Cooperativo S. A. Esse Banco foi extinto pelo art. 1º, inc. IV, da Lei nº 8.029, de 1990. Assim, extinta a cooperativa, e havendo sobras, parece que a destinação observará as alternativas do art. 61 do Código Civil, isto é, será feita para a entidade de fins não lucrativos designada no estatuto, ou, na omissão, por deliberação dos sócios, a uma instituição municipal, estadual ou federal de fins idênticos ou semelhantes aos da cooperativa.

7. RESTRIÇÕES IMPOSTAS AOS COOPERADOS

Consoante já observado no item acima a respeito dos princípios formadores das cooperativas, a adesão é livre, no sentido de ninguém ser obrigado a se filiar, ou a permanecer numa cooperativa. Todavia, uma vez integrando seus quadros, passa a aderir aos respectivos estatutos, com o que está obrigado a defender os interesses que lhe são próprios. Nasce um comprometimento com a atividade explorada, abrangendo a adesão a prática real de 'cooperar', isto é, na forma do art. 3º da Lei nº 5.764, de contribuir com bens ou serviços para o exercício de uma atividade econômica de proveito comum. Esse desiderato não se efetiva na eventualidade de exercer o associado a mesma atividade para outras entidades que realizem o mesmo objeto social.

Elemento constitutivo essencial dessa instituição está na colaboração ativa, ou, mais apropriadamente, na chamada cooperatividade, que se assenta na *affectio societatis* que deve estar presente em todas as sociedades de pessoas, como é o caso das cooperativas.

Assim, atuar o cooperado em entidades paralelas à cooperativa, ou em concorrentes, sem dúvida importa em desqualificar a sua marca peculiar, que é a mútua cooperação para objetivos comuns. Aprofunda Waldírio Bulgarelli esse aspecto: "Nem haveria sentido algum em manter em seus quadros cooperados desse tipo, que ou nela figuram como inerentes, ou, o que é pior, que são ou podem ser nocivos à imagem ou à operacionalidade da cooperativa".[21]

Quanto à participação em entidade concorrente, seja cooperativa ou não, a Lei nº 5.764/1971, no art. 29, § 4º, a vedação é categórica: "Não poderão ingressar no quadro das cooperativas os agentes de comércio e empresários que operem no mesmo campo econômico da sociedade".

A infração à regra dá ensejo ao afastamento do associado, com amparo no art. 33 da mesma Lei: "A eliminação do associado é aplicada em virtude de infração legal ou estatutária, ou por fato especial previsto no estatuto, mediante termo firmado por quem de direito no Livro de Matrícula, com os motivos que a determinaram".

A proibição não configura a limitação no exercício de profissão, porquanto se impede, por uma questão de coerência e fidelidade ao grupo do qual o associado faz parte, a prática ou o exercício da atividade da qual a pessoa está apta e habilitada. O obstáculo

---

[21] *As Sociedades Cooperativas e a sua Disciplina Jurídica*, ob. cit., p. 192.

restringe-se à prestação de serviços para duas entidades congêneres ao mesmo tempo, situação que feriria as regras da concorrência, propiciando, ainda, a preponderância para atender melhor uma empresa, ou a transmissão indevida de segredos e particularidades profissionais.

Não soa bem que um médico, pertencente a uma cooperativa, desenvolva a profissão também, e concomitantemente, em outra empresa com o mesmo objeto social.

Waldírio Bulgarelli, sobre o assunto, transcreve duas ementas do Tribunal de Justiça do Rio Grande do Sul:[22]

> "O instrumento de admissão do embargante como sócio cooperativado da UNIMED não lhe assegurou o direito de permanecer ou de poder associar-se com outras empresas médicas concorrentes.

> O instrumento de admissão do embargante assegurou-lhe o direito de conservar 'qualquer vínculo empregatício em assistência médica que porventura possua, mas não vínculo societário com empresas mercantilísticas de medicina (Embargos de Declaração nº 592.142.236, da 5ª Câmara Cível, fevereiro de 1993)".

> "Não é inconstitucional ou ilegal a exigência da UNIMED no sentido de que os médicos a ela associados não prestem serviços ou se vinculem a sociedades congêneres e concorrentes. Ao médico incumbe optar, exercendo sua liberdade de associar-se ou não, em se vincular ou não à empresa, e a ela associar-se, ou ser vinculado. E em se vinculando, como qualquer agrupamento humano, que se associe para determinada atividade, lucrativa ou não, sujeitar-se às normas estatutárias e regimentais que regulam a relação interna da entidade e seus associados. Estatuto e regimento que, internamente, tem força de lei. Limitação que não implica em violação ao princípio que estabelece a liberdade de trabalho, ofício ou profissão, nem os que vedam a monopolização de setor de proteção ou abuso do poder econômico ou dos deveres éticos que tem o médico da sua profissão (Apelação nº 594.120.503, da 6ª Câmara Cível)".

---

[22] *As Sociedades Cooperativas e a sua Disciplina Jurídica*, ob. cit., p. 196.

XLVII

A constituição e administração das cooperativas

1. DELIBERAÇÃO DA ASSEMBLEIA, AUTORIZAÇÃO GOVERNAMENTAL E ELE-MENTOS

As sociedades cooperativas formam-se através de deliberação da assembleia geral, com a convocação de interessados, que são os fundadores, e publicação de acordo com as regras estabelecidas para as sociedades simples.

Explicita Wilson Alves Polonio o caminho da constituição: "As sociedades cooperativas constituem-se por deliberações da Assembleia Geral dos Fundadores, compreendendo-se no grupo das sociedades de pessoas, embora seus regimentos internos se deem por estatuto, e não por contrato social, como ocorre com as demais sociedades de pessoas... Seus atos constitutivos devem ser arquivados na Junta Comercial para que possam adquirir personalidade jurídica. É necessário, adicionalmente, que os atos constitutivos da sociedade cooperativa sejam registrados na Organização das Cooperativas Brasileiras – OCB, ou na entidade estadual correspondente".[1]

Alguns tipos de cooperativas necessitam da autorização governamental, através de órgãos próprios, assim como acontece com as sociedades. Exemplificam-se as cooperativas de concessão de crédito, as de seguro, e as de financiamento da casa própria, dependendo de autorização, respectivamente, do Banco Central, da Superintendência de Seguros Privados, e da Caixa Econômica Federal.

O art. 14 da Lei nº 5.764 possibilita a instituição através de ata de assembleia ou por instrumento público: "A sociedade cooperativa constitui-se por deliberação da Assembleia Geral dos fundadores, constantes da respectiva ata ou por instrumento público".

Os seguintes elementos devem constar do ato de constituição, colhidos do art. 15 da Lei nº 5.764/1971:

I – a denominação da entidade, sede e objeto de funcionamento;

II – o nome, nacionalidade, idade, estado civil, profissão e residência dos associados, fundadores que o assinaram, bem como o valor e número da quota-parte de cada um;

III – aprovação do estatuto da sociedade;

IV – o nome, nacionalidade, estado civil, profissão e residência dos associados eleitos para os órgãos de administração, fiscalização e outros.

---

[1] *Manual das Sociedades Cooperativas*, ob. cit., p. 78.

686 • Direito de Empresa | *Arnaldo Rizzardo*

No entanto, não bastam os elementos acima, já que o art. 21 encerra outros, que serão inseridos no estatuto social. Ora, se o ato de constituição deve aprovar o estatuto, e se este engloba mais elementos, é porque a constituição atenderá também os requisitos do art. 21.

Naturalmente, o ato constitutivo será assinado pelos sócios fundadores que estiveram presentes na assembleia ou na escritura pública.

A cooperativa terá o seu estatuto, que indicará os elementos listados no art. 21 da mesma lei especial:

I – a denominação, sede, prazo de duração, área de ação, objeto da sociedade, fixação do exercício social e da data do levantamento do balanço geral;

II – os direitos e deveres dos associados, natureza de suas responsabilidades e as condições de admissão, demissão, eliminação e exclusão e as normas para sua representação nas assembleias gerais;

III – o capital mínimo, o valor da quota-parte, o mínimo de quotas-partes a ser subscrito pelo associado, o modo de integralização das quotas-partes, bem como as condições de sua retirada nos casos de demissão, eliminação ou de exclusão do associado;

IV – a forma de devolução das sobras registradas aos associados, ou do rateio das perdas apuradas por insuficiência de contribuição para a cobertura das despesas da sociedade;

V – o modo de administração e fiscalização, estabelecendo os respectivos órgãos, com definição de suas atribuições, poderes e funcionamento, a representação ativa e passiva da sociedade em juízo ou fora dele, o prazo do mandato, bem como o processo de substituição dos administradores e conselheiros fiscais;

VI – as formalidades de convocação das assembleias gerais e a maioria requerida para a sua instalação e validade de suas deliberações, vedado o direito de voto aos que nelas tiverem interesse particular, sem privá-los da participação nos debates;

VII – os casos de dissolução voluntária da sociedade;

VIII – o modo e o processo de alienação ou oneração de bens imóveis da sociedade;

IX – o modo de reformar o estatuto;

X – o número mínimo de associados.

Em relação ao capital ou fundo social, autoriza-se que se efetue o pagamento das quotas-partes em prestações periódicas, independentemente de chamadas, através de contribuições ou outra forma estabelecida a critério dos respectivos órgãos executivos federais. Nas cooperativas em geral, com exceção nas de crédito, nas agrícolas mistas com seção de crédito e nas habitacionais, é autorizada a integralização das quotas-partes e do aumento de capital em bens, previamente avaliados, com a aprovação e homologação da assembleia geral. No aumento de capital, o pagamento na subscrição de novas quotas, ou de aumento das existentes, pode realizar-se mediante a retenção de percentagens do valor do movimento financeiro de cada associado. Nas sociedades cooperativas nas quais a subscrição de capital for diretamente proporcional ao movimento ou à expressão econômica de cada associado, preverá o estatuto a revisão periódica para o ajustamento às condições vigentes (art. 27 e parágrafos da Lei nº 5.764/1971).

Não se pode olvidar, ainda no pertinente ao capital, a inovação do art. 1.094, inc. I, do Código Civil, que permite a sua dispensa, tendo anotado Renato Lopes Becho: "A grande e significativa inovação do Código Civil está na dispensa de capital social. Isso significa que voltaremos a ter dois tipos de sociedade de cooperativas: aquelas com capital variável e aquelas outras sem capital social".[2]

2. CONFERÊNCIA DOS ÓRGÃOS SUPERIORES QUANTO À ORGANIZAÇÃO

Embora ordenado pelo art. 17 da Lei nº 5.764/1971, não se impõe a exigência de autorização de funcionamento pelo órgão executivo federal, estadual e dos Territórios, o art. 5º, inc. XVIII, da Carta federal desvincula a instituição desse ato, ao estabelecer: "A criação de associações e, na forma da lei, a de cooperativas independem de autorização, sendo vedada a interferência estatal em seu funcionamento".

No entanto, os órgãos controladores, nos quais se faz o registro, conservam a competência para analisar e verificar o cumprimento das exigências da lei.

Nessa linha, vários os passos a serem obedecidos para o aferimento da regularidade na constituição, constantes dos arts. 17 a 20 da Lei nº 5.764/1971, abaixo elencados:

I – A apresentação ao órgão executivo federal, ou estadual, ou do Distrito Federal, de requerimento acompanhado de quatro vias do ato constitutivo, dentro do prazo de trinta dias da data da constituição, para fins de autorização.

II – A verificação, no prazo de sessenta dias, pelo órgão executivo no qual se apresentou o requerimento, da existência de condições de funcionamento da cooperativa, e da regularidade da documentação.

III – Ouvida do Conselho Nacional de Cooperativismo, dentro do prazo acima de sessenta dias, que emitirá as exigências a serem cumpridas, também no prazo de sessenta dias, findo o qual, na falta de atendimento, decorrerá o automático arquivamento. Se nada impuser o órgão competente no prazo assinalado, considera-se aprovado o requerimento.

IV – A faculdade de a parte prejudicada recorrer contra a decisão que não atendeu alguma postulação sua, o que deve fazer no prazo de trinta dias, contado da data do recebimento da comunicação. Dirige-se o recurso ao órgão imediatamente superior e, em segunda instância, ao Conselho Nacional de Cooperativismo. No caso de envolvidas cooperativas de crédito, ou cooperativas agrícola mista, ou cooperativas habitacionais, cabe ao Conselho Monetário Nacional a apreciação.

V – Uma vez arquivados os documentos na Junta Comercial, com a efetivação da necessária publicação, adquire a cooperativa responsabilidade jurídica e adquire capacidade de funcionar.

VI – Não iniciando a cooperativa a funcionar no prazo de noventa dias a contar da data do arquivamento na Junta Comercial, caducará a autorização dada, devendo o órgão de controle comunicar à Junta Comercial, que procederá a devida baixa nos documentos.

---

[2] *Elementos de Direito Cooperativo*, ob. cit., p. 67.

3. PROCEDIMENTO PARA A ORGANIZAÇÃO, FUNDAÇÃO, CONSTITUIÇÃO E RE-GISTRO DE COOPERATIVAS

Normalmente, colhem-se em portais na *internet* de organizações estaduais orientações sobre o caminho para fundar uma cooperativa. As linhas gerais são as abaixo reproduzidas, servindo de orientação sobretudo para o encaminhamento perante a organização estadual das cooperativas.

Eis o programa de orientação:

a) Fase preparatória

Reunião de um grupo de pessoas interessadas em constituir a cooperativa, com as seguintes finalidades:

– determinar os objetivos da cooperativa;

– averiguar as condições dos interessados, em relação aos objetivos da cooperativa;

– verificar viabilidade econômica, financeira, mercadológica e social da cooperativa;

– escolher uma comissão para tratar das providências necessárias à constituição da cooperativa, com indicação do coordenador dos trabalhos.

Definem-se, ainda, questões como as seguintes:

– área de atuação e objetivo da cooperativa;

– condição de admissão, demissão e exclusão de associados;

– capital e valor mínimo das quotas-partes para subscrição dos cooperados;

– forma de devolução das sobras líquidas e rateio das despesas;

– normas para a administração e a fiscalização da cooperativa.

b) Reunião com todos os interessados em participar da cooperativa, a fim de responder aos seguintes questionamentos

– A necessidade da cooperativa é sentida por todos?

– A cooperativa é a solução mais adequada?

– Já existe alguma cooperativa na redondeza, que pudesse satisfazer a necessidade do grupo?

– Os interessados estão dispostos a entrar com a sua parte no capital necessário para viabilizar a cooperativa?

– O volume de negócios é suficiente para que os cooperantes tenham benefícios?

– Os interessados estão dispostos a operar integralmente com a cooperativa?

c) Procedimentos a serem feitos pela Comissão

– procurar a OCE e SESCOOP/......, para solicitar as orientações necessárias à constituição da cooperativa;

– elaborar a proposta de estatuto da cooperativa;

– distribuir aos interessados cópias da proposta de estatuto, para que a estudem, e realizar reuniões com as pessoas interessadas para discussão de todos os itens da proposta de estatuto e dos itens principais do estudo de viabilidade econômico-financeira;

Cap. XLVII | A constituição e administração das cooperativas • 689

– definir o perfil da pessoa que irá ocupar cada cargo eletivo na cooperativa e depois sondar possíveis ocupantes, para então averiguar a capacitação e o interesse deles em ocupar o respectivo cargo, considerando que esses cargos não são remunerados, e sim pagos, se necessário, mediante um *pro labore*. Para os cargos gerenciais devem ser contratados executivos com a adequada capacitação profissional, sem parentesco com membros do quadro social;

– convocar as pessoas interessadas para a realização da assembleia geral de constituição da cooperativa, com dia, hora e local determinados, afixando o aviso de convocação em locais frequentados pelos interessados, podendo também ser veiculado através da imprensa e rádio da localidade, sendo que, este primeiro Edital não é obrigatório à publicação.

d) Convocação

Convocam-se todos os interessados em criar a cooperativa ...., para a Assembleia de sua Constituição, a realizar-se em .... de .... *de ...., às* .... *horas, na localidade de ...., com a seguinte ordem:*

1. análise e aprovação do Estatuto Social;

2. eleição do Conselho de Administração (ou Diretoria) e do Conselho Fiscal;

3. assuntos gerais.

.... (nome da localidade). Data: .... de .... de ....

Comissão: ......………..…, …………...….… e .... (Assinaturas)

e) Assembleia geral de constituição da cooperativa

1. O coordenador da comissão da organização da cooperativa faz a abertura da assembleia e solicita aos presentes que escolham o presidente dos trabalhos da reunião; o presidente escolhe um secretário *ad hoc*.

2. O secretário faz a leitura da proposta do estatuto social da cooperativa.

3. Os presentes discutem e propõem sugestões de emendas ao estatuto.

4. As emendas colocadas em votação e aprovadas são incluídas na proposta de estatuto.

5. Votação do estatuto pela assembleia.

6. Eleição dos cargos do Conselho de Administração (ou diretoria) e do Conselho Fiscal da cooperativa, através do voto secreto de todos os presentes, podendo ser eleita qualquer pessoa, desde que não seja:

   – impedida por lei;

   – condenada a pena que impeça, ainda que temporariamente, o acesso a cargos públicos;

   – impedida por crime falimentar, de prevaricação etc.

7. O presidente dos trabalhos convida o presidente eleito para dirigir os trabalhos.

8. O presidente eleito convida os demais membros do Conselho de Administração e do Conselho Fiscal a assumirem seus assentos à mesa e declara constituída a cooperativa.

9. O secretário faz a leitura da ata da assembleia que, após lida e aprovada, deverá ser assinada por todos os cooperantes fundadores da cooperativa.

690 • Direito de Empresa | *Arnaldo Rizzardo*

f) Observações

– Não é permitida a existência de parentesco até o 2º grau em linha reta ou colateral (pai, filho, avô, irmão, neto, primo etc.) de quaisquer pessoas componentes dos órgãos de administração ou fiscalização da cooperativa.

– Os menores de 18 anos de idade só poderão fazer parte de sociedades cooperativas se assistidos por responsável legal ou se emancipados.

– O estatuto social e a ata de constituição, antes de serem levados à Junta Comercial, deverão ser apreciados pela Organização das Cooperativas, a fim de verificar se não conflitam com a legislação cooperativista vigente (Lei nº 5.764/1971). Após análise, segue-se a emissão de um pré-certificado de registro.

– O associado de cooperativa é segurado na categoria de contribuinte individual da Previdência Social, conforme o inc. V, letra "n", do art. 9º do Regulamento da Previdência Social (Decreto nº 3.048/1999), e conforme o art. 20, incisos X e XI, da Instrução Normativa INSS nº 77, de 21.01.2015, *DOU* de 22.01.2015, alterada pelas Instruções Normativas nº 79/2015, nº 85/2016, nº 86/2016, nº 88/2017 e nº 96/2018.

Após a assembleia geral de constituição e análise da OCE, torna-se necessário fazer o registro da cooperativa na Junta Comercial do Estado. Para se obter o registro, a cooperativa deverá apresentar à Junta Comercial os seguintes documentos:

– ata de constituição da cooperativa, em três vias;

– estatuto social da cooperativa, em três vias;

– lista nominativa dos associados em três vias;

– cópia autenticada da Carteira de Identidade (RG) e do Cadastro da Pessoa Física (CPF) do Conselho de Administração (ou Diretoria);

– Ficha de Cadastro Nacional: da cooperativa – FCN 1 e dos conselheiros da administração – FCN 2 (adquirido nas livrarias);

– Requerimento à Junta Comercial, ou capa de processo, (tarja verde) adquirido nas livrarias;

– cartão protocolo (adquirido nas livrarias);

– Documento de Arrecadação da Receita Federal – DARF, no valor de R$ .... (................ reais) com o código da Receita Federal nº 6621 e um Documento de Arrecadação do Estado, no valor de R$............. (..................... reais) com o código nº ....;

– estatutos da cooperativa devem ser originais, devendo ser rubricadas todas demais páginas e assinadas na última página por todos os fundadores devidamente identificados;

– a cooperativa deverá providenciar o visto de advogado (carimbo e nº OAB) na última página da ata de fundação e do estatuto social;

– registro na Secretaria da Receita Federal do Estado; após aprovação dos documentos na Junta Comercial do Estado de ...., deverão ser encaminhados á Receita Federal, para a retirada do CNPJ.

g) Siglas convencionais

JC – Junta Comercial do Estado de ....

FCN – Ficha de Cadastro Nacional

CNPJ – Cadastro Nacional de Pessoa Jurídica

DIR – Documento de Ingresso de Receitas (Estadual)

ARF – Documento de Arrecadação de Receitas (Federal)

OAB – Ordem dos Advogados do Brasil

h) Recolhimento de encargos

Os pagamentos de DIR e DARF devem ser realizados em agências do banco autorizado em dinheiro ou cheque administrativo do Banco ...., ou visado.

i) Registro na entidade competente

Toda cooperativa deve registrar-se na OCE de seu Estado a fim de atender ao disposto no artigo 107, da Lei nº 5.764/1971, integrando-se ao cooperativismo estadual. Para efetuar o registro na OCE, a cooperativa deverá encaminhar os seguintes documentos:

- 1 exemplar do estatuto social;
- 1 via da Ata de Constituição da cooperativa;
- 1 via da Lista Nominativa dos associados fundadores;
- 1 cópia do CNPJ;
- 1 via do Formulário de Cadastro e Requerimento de Registro, fornecida pela OCE/...., devidamente preenchida e assinada;
- 1 via da última ata de assembleia geral que a cooperativa realizou, devidamente registrada na junta comercial (se houver);
- 1 via do último relatório e do balanço geral anual (se houver);
- Taxa de registro – R$ .... (................ reais);
- Recolhimento obrigatório da contribuição cooperativista.

4. REGISTRO DOS ATOS CONSTITUTIVOS

De salientar que a desnecessidade de autorização não dispensa o registro.

E quanto ao registro, consoante já exposto, efetua-se, primeiramente, na Junta Comercial, como decorre do art. 18, § 6º, da Lei nº 5.764: "Arquivados os documentos na Junta Comercial e feita a respectiva publicação, a cooperativa adquire personalidade jurídica, tornando-se apta a funcionar". Como já foi mencionado, parece coerente o registro concomitante no Cartório de Registro das Pessoas Jurídicas, uma vez que, em face do art. 982, parágrafo único, do Código Civil, consideram-se simples essas instituições.

Nas Juntas Comerciais efetua-se o registro quando o objeto destinar-se a uma atividade produtiva ou de prestação de serviços com caráter lucrativo ou econômico.

Ressalta Guilherme Krueger a necessidade do duplo registro: "Diversos argumentos podem ser colacionados em favor do arquivamento em Registro Civil, eis que, afinal de contas, as Juntas foram, *a priori*, reservadas para as sociedades empresárias. Entretanto, não se pode olvidar que possui a cooperativa natureza ambígua, pois em que pese a ausência de fins lucrativos, quando opera por conta de seu associado, sua atuação mercadológica é concorrencial com as sociedades empresárias. Neste passo, preservar o comando contido na

692 • Direito de Empresa | *Arnaldo Rizzardo*

Lei nº 5.764/71 resulta do emprego de salutar prudência, em face de potencial lesividade da atuação em abuso de forma societária cooperativa".[3]

Já na Organização das Cooperativas Brasileiras, a imposição do registro advém do art. 107 da Lei nº 5.764/1971: "As cooperativas são obrigadas, para seu funcionamento, a registrar-se na Organização das Cooperativas Brasileiras ou na entidade estadual, se houver, mediante apresentação dos estatutos sociais e suas alterações posteriores".

Esclarece, a respeito da matéria, Nilson Reis Júnior: "As sociedades cooperativas – que podem ser cooperativas singulares, centrais ou federações de cooperativas, e atuar nos ramos agropecuário, de consumo, de crédito, educacional, habitacional, mineral, de trabalho, de saúde, dentre outros – constituem-se por deliberação da assembleia geral dos fundadores.

Embora sejam as cooperativas sociedades civis, seus atos constitutivos devem ser arquivados na Junta Comercial, para que possam adquirir personalidade jurídica. Além disso, necessário é também que os atos constitutivos sejam registrados na Organização das Cooperativas Brasileiras – OCB –, sociedade civil e órgão técnico-consultivo do governo, que tem a finalidade de representação do sistema cooperativo nacional. Procede-se o registro também em entidade estadual correspondente.

O novo ordenamento civil, apesar de configurar a sociedade cooperativa como simples, impõe expressamente que deverá ser ela constituída sob a forma específica disposta na lei especial".[4]

5. CONSTITUIÇÃO DE FUNDOS

O art. 28 da Lei nº 5.764/1971 ordena a formação de dois fundos com os valores que ingressam nas cooperativas, para fazer frente a necessidades eventuais e atender setores obrigatórios de assistência aos cooperados.

Eis sua redação: "As cooperativas são obrigadas a constituir:

I – Fundo de Reserva destinado a reparar perdas e atender ao desenvolvimento de suas atividades, constituído com 10% (dez por cento), pelo menos, das sobras líquidas dos exercícios;

II – Fundo de Assistência Técnica, Educacional e Social, destinado a prestação de assistência aos associados, seus familiares e, quando previsto nos estatutos, aos empregados da cooperativa, constituído de 5% (cinco por cento), pelo menos, das sobras líquidas apuradas no exercício".

Não se impede que outros fundos venham a ser criados, diante dos §§ 1º e 2º do mesmo art. 28, de acordo com os interesses e finalidades da cooperativa, carecendo que haja expressa previsão no estatuto, com a destinação e a administração. Todos os fundos terão conta especial em estabelecimento bancário, podendo ser movimentados pelos administradores, tudo em obediência às regras estatutárias, ou às deliberações assembleares.

---

[3] "A disciplina das cooperativas no Novo Código Civil – a ressalva da Lei nº 5.764/71", *in Problemas Atuais do Direito Cooperativo*, São Paulo, Editora Dialética, 2002, p. 110.

[4] "Sociedades cooperativas – linhas gerais e aspectos societários", *in Direito de Empresa no Novo Código Civil*, Rio de Janeiro, Editora Forense, 2004, p. 377.

Cap. XLVII | A constituição e administração das cooperativas • 693

O art. 87 trata especificamente do fundo de assistência à educação: "Os resultados das operações das cooperativas com não associados, mencionados nos arts. 85 e 86, serão levados à conta do Fundo de Assistência Técnica, Educacional e Social, e serão contabilizados em separado, de molde a permitir cálculo para incidência de tributos".

6. OS ÓRGÃOS DE ADMINISTRAÇÃO

De acordo com os arts. 47 a 55, um conselho de administração ou diretoria administrará a cooperativa, cujos membros são eleitos pela assembleia geral dentre os cooperativados. O mandato da gestão não ultrapassará a quatro anos, com a renovação obrigatória de, no mínimo, um terço do Conselho. Ao estatuto cabe prever a possibilidade ou não de reeleição.

Não participa da votação, nem como candidato, o sócio que aceitar uma relação de emprego com a cooperativa, até a prestação de contas do exercício no qual deixou o emprego (art. 31 da Lei nº 5.764). Igualmente incluem-se como inelegíveis as pessoas impedidas por lei, os condenados a pena que vede, ainda que temporariamente, o acesso a cargos públicos, as pessoas condenadas por crime falimentar, e mais os crimes de prevaricação, peita ou suborno, a concussão, o peculato, contra a economia popular, a fé pública, a propriedade.

Não podem participar da administração os parentes entre si até o segundo grau, em linha reta ou colateral.

Aos estatutos reserva-se a previsão de cargos técnicos, de gerências e órgãos especializados.

Pelos atos praticados, que serão em nome da cooperativa, vinculam-se os bens desta, e não dos administradores, desde que não verificado o excesso de mandato, a ofensa à lei, ou não agirem eles com dolo, fraude, má-fé, culpa, desídia e outros vícios que evidenciam falcatruas, improbidade, favorecimentos etc.

Ressalvam-se, quanto à responsabilidade, que se regerá pela legislação específica que trata das instituições financeiras, as cooperativas de crédito, as seções de crédito das cooperativas agrícolas mistas e as de habitação.

Procederão os administradores eleitos ou contratados com dedicação, denodo, atenção, seriedade, exigências que se estendem a qualquer pessoa que atue na entidade, inclusive aos sócios dentro dos limites de sua atuação.

Há, também, o conselho fiscal, composto de três membros efetivos e três suplentes, todos cooperativados, cuja eleição se faz anualmente pela assembleia geral, e com a possibilidade de reeleição de somente um terço dos componentes.

Incidem as mesmas inelegibilidades estabelecidas para os membros da administração.

À assembleia reconhece-se a faculdade de destituição dos administradores, diretores, gerentes, conselheiros e membros do conselho fiscal, com a designação de administradores e conselheiros provisórios.

7. OS LIVROS OBRIGATÓRIOS

Para o funcionamento, deverá a cooperativa organizar e munir-se de livros, os quais se encontram arrolados no art. 22:

"I – de Matrícula;

II – de Atas das Assembleias Gerais;

III – de Atas dos Órgãos de Administração;

IV – de Atas do Conselho Fiscal;

V – de presença dos Associados nas Assembleias Gerais;

VI – outros, fiscais e contábeis, obrigatórios".

Admite o parágrafo único adoção de livros de folhas soltas ou fichas. Não se impede a elaboração através do sistema computadorizado, com o registro em arquivos próprios.

O livro de matrícula tem grande relevância, pois se destina ao registro da entrada e saída dos associados, ordenado o art. 23 que serão eles inscritos por ordem cronológica de admissão, constando:

"I – o nome, idade, estado civil, nacionalidade, profissão e residência do associado;

II – a data de sua admissão e, quando for o caso, de sua demissão a pedido, eliminação ou exclusão;

III – a conta-corrente das respectivas quotas-partes do capital social".

8. A ASSEMBLEIA GERAL

A assembleia geral constitui o órgão supremo da cooperativa, com poderes para as decisões de última instância e para traçar a política de atuação no campo onde atua.

Essa a caracterização trazida pelo art. 38 da Lei nº 5.764/1971: "A assembleia geral dos associados é o órgão supremo da sociedade, dentro dos limites legais e estatutários, tendo poderes para decidir os negócios relativos ao objeto da sociedade e tomar as resoluções convenientes ao desenvolvimento e defesa desta, e suas deliberações vinculam a todos, ainda que ausentes ou discordantes".

Conforme os parágrafos e outros artigos que seguem, providencia-se na convocação mediante editais, com a antecedência mínima de dez dias, expondo a ordem do dia, que se fixarão em locais de frequência ou mais conhecido dos cooperativados. Providencia-se, também, no envio de circulares aos convocados e na sua publicação, pelo menos em uma oportunidade, em órgão de imprensa local, ou de ampla circulação. Utiliza-se, inclusive, carta de convite, encaminhada aos associados.

No edital, constará que se realizará em segunda ou terceira convocações, se não alcançado o número mínimo de sócios presentes.

Cabe a convocação ao presidente, ou aos órgãos da administração, e ao conselho fiscal. Aos associados é facultada a convocação, desde que, solicitada, não for providenciada a assembleia. Para tanto, é preciso que um quinto dos associados em pleno gozo de seus direitos assine o edital de convocação.

Não se especifica a distribuição de competência da convocação. Depreende-se que se obedecera a ordem prevista. Na omissão de um dos encarregados, ao seguinte desloca-se a incumbência.

Declara-se instalada assembleia em primeira convocação desde que presentes dois terços de associados; em segunda convocação, após o intervalo de uma hora, deverá verificar-se a presença de metade mais um dos associados associado; em terceira, deverão estar presentes, no mínimo, dez associados. Quanto às cooperativas centrais, federações e confederações, se instalarão com qualquer número em terceira convocação.

Cap. XLVII | A constituição e administração das cooperativas • **695**

As deliberações serão tomadas pela maioria simples dos sócios presentes (§ 3º do art. 38), que passarão a prevalecer, proferindo cada associado um único voto, não importando as quotas-partes que possui, e não se autorizando a representação no exercício do voto, com exceção de duas hipóteses: nas cooperativas singulares com mais de três mil cooperativados; e naquelas em que existam filiados com residência distante, em relação à sede, superior a cinquenta quilômetros. Nestas eventualidades, admite-se a representação por delegados que tenham a condição de cooperativados, que se encontrem em dia com suas obrigações, e que não desempenhem cargos eletivos. Realmente, reza o § 2º do art. 42, com as modificações da Lei nº 6.981/1982: "Quando o número de associados, nas cooperativas singulares, exceder a 3.000 (três mil), pode o estatuto estabelecer que os mesmos sejam representados, nas assembleias gerais, por delegados que tenham a qualidade de associados no gozo de seus direitos sociais e não exerçam cargos eletivos na sociedade".

Nas assembleias gerais das cooperativas centrais, federações e confederações, fica plenamente permitida a representação, que se faz por delegados indicados na forma que os estatutos orientarem, cabendo à diretoria dar o credenciamento.

Quanto à assembleia geral ordinária, convoca-se e realiza-se nos três primeiros meses após o término do exercício social, para a apreciação da seguinte matéria, arrolada no art. 44:

I – prestação de contas dos órgãos de administração acompanhada de parecer do Conselho Fiscal, compreendendo:

a) relatório da gestão;

b) balanço;

c) demonstrativo das sobras apuradas ou das perdas decorrentes da insuficiência das contribuições para cobertura das despesas da sociedade e o parecer do Conselho Fiscal;

II – destinação das sobras apuradas ou rateio das perdas decorrentes da insuficiência das contribuições para cobertura das despesas da sociedade, deduzindo-se, no primeiro caso, as parcelas para os Fundos Obrigatórios;

III – eleição dos componentes dos órgãos de administração, do Conselho Fiscal e de outros, quando for o caso;

IV – quando previsto, a fixação do valor dos honorários, gratificações e cédula de presença dos membros do Conselho de Administração ou da Diretoria e do Conselho Fiscal;

V – quaisquer assuntos de interesse social, excluídos os enunciados no art. 46.

Os membros da administração não votarão em matérias que dizem respeito às suas pessoas, como prestação de contas e fixação de sua remuneração.

A aprovação do relatório, balanço e contas da administração afasta a responsabilidade de seus componentes, ressalvados os casos de erro, dolo, fraude ou simulação, e à exceção das cooperativas de crédito e das agrícolas mistas com seção de crédito, em que a responsabilidade rege-se pelas regras comuns e próprias previstas em lei.

As matérias para apreciação e deliberação da assembleia geral extraordinária constam elencadas no art. 46:

I – reforma do estatuto;

II – fusão, incorporação ou desmembramento;

III – mudança do objeto da sociedade;
IV – dissolução voluntária da sociedade e nomeação de liquidante;
V – contas do liquidante.

No pertinente às deliberações de tais matérias, para a aprovação são necessários os votos de dois terços dos associados presentes (parágrafo único do art. 46).

Outrossim, há matérias sujeitas à apreciação e deliberação tanto pela assembleia geral como pela extraordinária, como a destituição dos membros dos órgãos de administração ou fiscalização (art. 39). No caso, cabe à assembleia escolher administradores e conselheiros provisórios, até a posse dos que serão eleitos, o que se fará no prazo máximo de trinta dias (parágrafo único do art. 39).

Em quatro anos prescreve qualquer tipo de ação para anular a deliberação da assembleia, relativamente a atos eivados de erro, dolo, fraude, simulação e outros vícios de consentimento, iniciando o prazo da data da realização da assembleia, segundo o art. 43 da Lei nº 5.764: "Prescreve em 4 (quatro) anos a ação para anular as deliberações da Assembleia Geral viciadas de erro, fraude ou simulação, ou tomadas em violação da lei ou do estatuto, contado o prazo da data em que a Assembleia foi realizada".

9. MODELO DE EDITAL DE CONVOCAÇÃO DA ASSEMBLEIA ORDINÁRIA OU EXTRAORDINÁRIA

XLVIII
Relações da cooperativa com os associados

1. PRESTAÇÃO DOS SERVIÇOS E ATIVIDADES EM FUNÇÃO DOS OBJETIVOS SOCIAIS E TIPOS DE OPERAÇÕES

Em princípio, os atos cooperativos realizam-se entre os associados, que, na visão de José Xavier Carvalho de Mendonça, são aos que "entram com a quota para a formação do capital social" e os que prestam "a colaboração ativa como nas outras sociedades comerciais...; são, ao mesmo tempo, os clientes, os auxiliares da ação ou do exercício social, em outros termos, os cooperadores, os operários, os consumidores, os compradores etc.", desde que se inscritos como titulares de quotas.[1]

No entanto, se prestados os atos a terceiros ou pessoas estranhas, unicamente em favor dos objetivos sociais dirigem-se. Os serviços e atividades das cooperativas devem visar os interesses sociais. Assim está no art. 86 da Lei nº 5.764/1971: "As cooperativas poderão fornecer bens e serviços a não associados, desde que tal faculdade atenda aos objetivos sociais e estejam de conformidade com a presente lei".

Esclareça-se que se classificam em atos cooperativos os realizados entre as cooperativas e seus associados, entre os associados e as cooperativas e os celebrados por cooperativas entre si. Aqueles que envolvem terceiros, não mantêm a qualidade, submetendo-se ao tratamento dos atos jurídicos em geral.

A teor do art. 86, os resultados advindos das operações com não associados formarão o chamado 'Fundo de Assistência Técnica Educacional e Social', efetuando-se contabilidade em separado, e incidindo a tributação normal.

Quando realizados entre os associados, não incide a tributação, e, assim, o PIS, vindo bem colocada a matéria pelo Superior Tribunal de Justiça:

"O ato cooperativo não gera faturamento para a sociedade. O resultado positivo decorrente desses atos pertence, proporcionalmente, a cada um dos cooperados. Inexiste, portanto, receita que possa ser titularizada pela cooperativa e, por consequência, não há base imponível para o PIS.

Já os atos não cooperativos geram faturamento à sociedade, devendo o resultado do exercício ser levado à conta específica para que possa servir de base à tributação (art. 87 da Lei nº 5.764/1971). Toda a movimentação financeira das cooperativas de crédito, incluindo a captação de recursos, a realização de empréstimos aos cooperados bem como a efetivação de aplicações financeiras no mercado, constitui ato cooperativo, circunstância a impedir a incidência da contribuição ao PIS.

---

[1] *Tratado de Direito Comercial Brasileiro*, ob. cit., 2001, vol. II, t. III, p. 276.

Salvo previsão normativa em sentido contrário (art. 86 da Lei nº 5.764/1971), estão as cooperativas de crédito impedidas de realizar atividades com ou não associados. Por força dos incisos I e II do art. 35 da Resolução BACEN nº 3.859, de 27.05.2010, as cooperativas de crédito somente podiam captar depósitos ou realizar empréstimos com associados. Entretanto, a Resolução nº 4.434/2015 revogou o art. 35 e seus respectivos incisos.

A reunião em cooperativa não pode levar à exigência tributária superior à que estariam submetidos os cooperados caso atuassem isoladamente, sob pena de desestímulo ao cooperativismo.

Qualquer que seja o conceito de faturamento (equiparado ou não à receita bruta), tratando-se de ato cooperativo típico, não ocorrerá o fato gerador do PIS por ausência de materialidade sobre a qual possa incidir essa contribuição social".[2]

"As sociedades cooperativas, quando atuam no desempenho de suas finalidades, praticando ato cooperativo definido no art. 79, da Lei nº 5.764/1971, não apuram resultados qualificados como lucros. O ato cooperativo não está sujeito à incidência da Contribuição Social sobre o Lucro, por não configurar fato gerador do tributo".[3]

Quaisquer operações próprias de uma sociedade empresária são realizáveis pelas cooperativas. Se dirigidas à prestação de serviços médicos, a organização se amoldará a uma empresa dedicada a este setor das atividades humanas, com a prática de atos característicos, como a emissão de notas fiscais, o transporte de pacientes, o atendimento médico etc.

No caso de dedicar-se ao depósito de bens, registrar-se-á também como empresa comerciante perante os órgãos municipais, ou como armazém-geral, emitindo notas de compra e venda, conhecimentos de depósito, e outros documentos típicos, a fim de tornar normal a circulação de mercadorias e conservar em estoque os produtos destinados aos associados.

2. O CÓDIGO DE DEFESA DO CONSUMIDOR E AS COOPERATIVAS

Não se aplica o Código de Defesa do Consumidor introduzido pela Lei nº 8.078, de 11.09.1990, nas relações das cooperativas, ou dos cooperados com a cooperativa. Ocorre que, através deste estatuto, visa a lei proteger as relações de consumo, desenvolvidas entre o fornecedor e o consumidor, de modo a evitar especialmente as especulações, ou o exagerado proveito da pessoa jurídica ou do particular em detrimento da coletividade.

Em consonância com os arts. 2º e 3º da Lei nº 8.078/1990, consumidor é "toda pessoa física ou jurídica que adquire ou utiliza produto ou serviço como destinatário final", enquanto fornecedor constitui a "pessoa física ou jurídica, pública ou privada, nacional ou estrangeira, bem como os entes despersonalizados, que desenvolvem atividades de produção, montagem, criação, construção, transformação, importação, exportação, distribuição ou comercialização de produtos ou prestação de serviços".

Essa relação entre consumidor e fornecedor é impossível nas cooperativas, eis que todos os cooperados são os proprietários ou donos das cooperativas. Afasta-se a intermediação. Pelo contrário, é finalidade dessa instituição a defesa e a melhoria das condições econômicas do associado.

---

[2] REsp. nº 591.298-MG, 1ª Seção, j. em 27.10.2004, *DJU* de 07.03.2005, *DDT*, vol. 116, p. 153.

[3] AgRg no REsp. nº 211.236-RS, da 2ª Turma, j. em 06.09.2001, *DJU* de 10.03.2003, in Revista do Superior Tribunal de Justiça, 166/152.

Todas as vantagens originadas das atividades e dos negócios transferem-se para os cooperados, que nada vendem ou adquirem da cooperativa, e nem prestam serviços às mesmas. A esse resultado conduz o art. 79 da Lei n° 5.764: "Denominam-se atos cooperativos os praticados entre as cooperativas e seus associados, entre estes e aquelas e pelas cooperativas entre si quando associadas, para a consecução dos objetivos sociais". Ademais, não envolve o ato cooperativo operação de mercado ou negócio de compra e venda, como soa do parágrafo único: "O ato cooperativo não implica operação de mercado, nem contrato de compra e venda de produtos ou mercadorias".

Em obediência ao art. 37 da mesma Lei n° 5.764/1971, não se travam relações entre o mais forte e o mais fraco nas cooperativas: "A cooperativa assegurará a igualdade de direitos dos associados sendo-lhe defeso:

> I – remunerar a quem agencie novos associados;
> II – cobrar prêmios ou ágio pela entrada de novos associados ainda a título de compensação das reservas;
> III – estabelecer restrições de qualquer espécie ao livre exercício dos direitos sociais".

Apesar de tudo, há a Súmula 602 do STJ, emitida pela Segunda Seção, quanto às relações entre a cooperativa e os empreendimentos habitacionais, em julgamento da data de 22.08.2018, com o seguinte texto: "O Código de Defesa do Consumidor é aplicável aos empreendimentos habitacionais promovidos pelas sociedades cooperativas". Decorreu a Súmula de vários julgamentos sobre a matéria relativa a empreendimentos habitacionais.

Mesmo assim, a Súmula é tópica quanto ao assunto tratado. Mas se expandiu a incidência do Código de Defesa do Consumidor às operações de crédito, como revela o seguinte aresto do STJ:

"No entanto, quando a cooperativa de crédito busca consumidores no mercado, isto é, aqueles que não são cooperados, atua como se fosse uma instituição financeira ordinária.

A jurisprudência do STJ é, há muito tempo, pacífica no sentido da aplicação do CDC às relações entre consumidores e as instituições financeiras.

No âmbito das relações de consumo, aplicando-se a teoria da causalidade adequada e do dano direto imediato, somente há responsabilidade civil por fato do produto ou serviço quando houver defeito e se isso for a causa dos danos sofridos pelo consumidor".[4]

3. INGRESSO, DEMISSÃO, ELIMINAÇÃO E EXCLUSÃO DE SÓCIOS DA COOPERATIVA

Algumas regras trazem o art. 29 e seus parágrafos da Lei n° 5.764, a respeito da admissão ou ingresso de sócios. Em princípio, é livre o direito de filiar-se, desde que verificada a plena adesão aos propósitos sociais e verificado o preenchimento das condições constantes do estatuto, e desde que presente ou comprovada a possibilidade técnica de prestação de serviços.

Naturalmente, o interessado formulará um pedido que se submeterá à apreciação da diretoria, a quem se reconhece o poder de restringir o ingresso, restringindo-o unicamente às pessoas que exercem atividades e profissões próprias ou coadunadas ao objeto da cooperativa.

---

4   REsp 1468567/ES, da Terceira Turma, relatora Ministra Nancy Andrighi, j. em 7.08.2018, *DJe* de 10.08.2018.

É óbvio que não participará da cooperativa de médicos, tanto na constituição como posteriormente, uma pessoa que não tenha a qualificação profissional de médico. Nas cooperativas de eletrificação, o pedido de filiação circunscreve-se às pessoas jurídicas que estão situadas dentro da esfera territorial onde se operam as operações.

Outrossim, parece coerente que não é autorizada a inscrição de pessoas ou entidades que operam no mesmo campo de atividade, eis que transpareceriam interesses escusos, ou dirigidos para uma finalidade injustificável.

Para tanto, o § 1º bem coloca o poder de recusar pessoas que não portarem a condição de pertinência ou vínculo: "A admissão dos associados poderá ser restrita, a critério do órgão normativo respectivo, às pessoas que exerçam determinada atividade ou profissão, ou estejam vinculadas a determinada entidade".

Disposições especiais são destinadas a categorias particulares de atividades em torno das quais se constituem as cooperativas.

Consoante o § 2º, faculta-se o ingresso nas cooperativas de pesca e nas organizadas por produtores rurais ou extrativistas as pessoas jurídicas que praticarem as mesmas atividades econômicas das pessoas físicas associadas.

Quanto às cooperativas de eletrificação, irrigação e telecomunicações, por ordem do § 3º, restringe-se o ingresso de pessoas jurídicas caso se localizarem na respectiva área de operações.

Veda o § 4º o ingresso de agentes de comércio e empresários que operem no mesmo campo econômico da cooperativa.

O ingresso de associado se dá, nos termos do art. 30, com a aprovação pela administração e com a subscrição de quotas-partes do capital social, à exceção das cooperativas de crédito e das agrícolas mistas com seção de crédito, se a legislação que trata destas entidades estabelecer forma diferente.

Manda o art. 37 que se trate igual e isonomicamente os sócios, vedando-se:

I – a remuneração a quem agencie novos associados;

II – a cobrança de prêmios ou ágio pela entrada de novos associados, ainda que a título de compensação das reservas;

III – o estabelecimento de restrições de qualquer espécie ao livre exercício dos direitos sociais.

Após disciplinar a admissão ou ingresso, disciplinam-se a demissão, a eliminação e a exclusão do sócio.

A demissão não tem caráter de sanção, sendo que o art. 32 limita-a a pedido do mesmo. Tem-se um ato bilateral e consensual, no sentido de resilição.

Todavia, está contemplada a eliminação que decorre de sanção, por infração disciplinar da lei ou dos estatutos, ou com base em outra justa causa, ordenando o art. 33 que se faça termo do ato no livro de matrícula. O ato fica a cargo da administração, após a aprovação por maioria da assembleia geral, com a colocação dos motivos determinantes. Embora a omissão da lei especial a respeito do direito de defesa e do órgão competente para a eliminação, cabe o direito de defesa perante a assembleia, a quem cabe decidir.

Incide supletivamente, na situação, a norma do art. 57 do Código Civil (que se destina à associação): "A exclusão do associado só é admissível havendo justa causa, assim reconhecida em procedimento que assegure direito de defesa e de recurso, nos termos previstos no estatuto".

Em atendimento ao art. 34 e seu parágrafo único, da Lei nº 5.764, da decisão, que se comunicará ao associado no prazo de trinta dias, assiste a formulação de recurso com efeito suspensivo à primeira assembleia geral a ser efetuada. A fim de garantir essa prerrogativa, e diante da não menção, pela lei, de prazo, comunica-se a data da realização da assembleia, com a possibilidade de apresentação do recurso até o momento de sua realização.

Como se percebe, não tem lugar a simples demissão ou eliminação, nos moldes das relações trabalhistas, por aplicação do parágrafo único do art. 442 da Consolidação das Leis Trabalhistas: "Qualquer que seja o ramo de atividade da sociedade cooperativa, não existe vínculo empregatício entre ela e seus associados, nem entre estes e os tomadores de serviço daquela".

Já a exclusão corresponde ao cancelamento da condição de sócio sem o cunho de sanção disciplinar, exceto se violadas as obrigações estatutárias, o que se dá nas hipóteses do art. 35: "A exclusão do associado será feita:

I – por dissolução da pessoa jurídica;

II – por morte da pessoa física;

III – por incapacidade civil não suprida;

IV – por deixar de atender aos requisitos estatutários de ingresso ou permanência na cooperativa".

A última hipótese envolve um descumprimento de obrigação, melhor se enquadrando na eliminação. Em atendimento ao inc. III do art. 21, os casos de demissão ou exclusão deverão constar nos estatutos sociais. Na omissão da especificação, a infringência a disposições da lei importa em afastar o associado, o que se faz em assembleia geral.

O art. 36 estende a responsabilidade do demitido, por compromissos da sociedade, do eliminado e do excluído, perante terceiros, até quando aprovadas as contas do exercício em que se deu o desligamento. Naturalmente, se constatado algum desvio de conduta, mantém-se a obrigação indenizatória.

Destaca o parágrafo único que, no caso de morte do associado, transferem-se aos herdeiros as obrigações pendentes. Se não reclamados os direitos, porém, até o decurso de um ano da data abertura da sucessão, opera-se a prescrição, ressalvados os casos que envolvem as cooperativas de eletrificação rural e habitacionais, quando a prescrição afere-se pelos prazos comuns contidos nos arts. 205 e 206 do Código Civil, regulados de acordo com o tipo de direito ressarcível.

4. DIREITOS DOS COOPERADOS QUE SÃO AFASTADOS OU SE RETIRAM DA COOPERATIVA

Aos associados demissionários da cooperativa cabe unicamente a restituição das quotas que haviam aportado, e que constam dos estatutos. Não lhes cabe buscar o recebimento de haveres, como participação em reservas, em fundos, em marcas da cooperativa, e mesmo no restante patrimônio mobiliário e imobiliário.

O § 4º do art. 24 da Lei nº 5.764/1971, em texto da Lei nº 13.097/2015, garante a restituição da quota quando do desligamento: "As quotas de que trata o *caput* deixam de integrar o patrimônio líquido da cooperativa quando se tornar exigível, na forma prevista no estatuto social e na legislação vigente, a restituição do capital integralizado pelo associado, em razão do seu desligamento, por demissão, exclusão ou eliminação".

As cooperativas são criadas e se formam em função de seus associados, para a ajuda mútua econômica, através da prática de atividades, as quais vão desde a produção de bens até a prestação de serviços. Os sujeitos integrantes se reúnem para suprir as necessidades comuns, e não para a formação de lucros acumulados, visando a posterior distribuição. Não está inerente ao espírito cooperativista a ideia do capitalismo, que é a cumulação de riquezas, como se apanha do art. 3º da Lei nº 5.764/1971: "Celebram contrato de sociedade cooperativa as pessoas que reciprocamente se obrigam a contribuir com bens ou serviços, para o exercício de uma atividade econômica, de proveito comum, sem objetivo de lucro". É própria de sua essência a prestação de serviços aos associados, baliza essa que se retira do art. 4º da citada lei.

As eventuais sobras destinam-se para a formação de fundos com finalidade específica. Não se dando a utilização, em momento oportuno se faz a distribuição, em proporção à quota de cada cooperado. Daí que não se tem uma entidade destinada basicamente ao lucro e ao investimento, como se dá com as sociedades capitalistas tradicionais, tanto que são características marcantes, no explanar de Waldírio Bulgarelli: "a) a falta de *animus lucrandi*; b) o ingresso e a saída livre dos sócios; c) a ausência de um capital fixo, como decorrência da saída e ingresso livres; d) o exercício do voto em função da pessoa e não do capital; e) a contribuição dos sócios para a manutenção e o funcionamento da sociedade; f) o retorno das sobras apuradas; e g) as finalidades sociais".[5]

Decorre das observações acima que não é fim precípuo das cooperativas a formação de fundos, de mananciais de riqueza, de reservas, sendo que eventuais sobras têm finalidade própria e destacada, importante para a sua própria subsistência e desenvolvimento.

Cada associado ingressa e sai livremente, sempre em função de uma porção específica do capital, não se concebendo que retire uma quantidade maior daquela que aportou quando da entrada. Se formadas reservas, que são guardadas ou aplicadas, desde que sem uma destinação programada, e comprovadamente formadas no período da permanência do sócio, apenas em relação ao correspondente à quota admite-se cogitar de uma retirada. Diferentemente das sociedades, em especial às de responsabilidade limitada, a quota adquirida importa em representar um fator de participação para fins de auferir vantagens, e não do montante de capital existente. Os que ingressam entregam determinado capital, que representa o valor de sua titularidade, e não a expressão da titularidade sobre todo o capital da cooperativa.

Ademais, a retirada do valor correspondente à quota não constitui um direito absoluto. Levando-se em conta o conceito de cooperativa, que envolve formação de um patrimônio comum, deve-se apurar se não ocorreram defasagens no curso do período em que o sócio fez parte de seus quadros. Se não bastaram os ingressos para fazer frente aos custos da cooperativa, evidente que a responsabilidade recai nos cooperados, por força do art. 80 da Lei nº 5.764, que encerra: "As despesas da sociedade serão cobertas pelos associados mediante rateio na proporção direta da fruição dos serviços".

O rateio das despesas é, pois, uma imposição. Daí que a restituição da quota poderá sofrer os percalços próprios da falta de criação de fundos, ou do ingressos destinados a tal finalidade. Sempre domina o princípio norteador da formação de uma entidade pertencente

---

[5] *As Sociedades Cooperativas e a sua Disciplina Jurídica*, ob. cit., p. 204.

aos que a integram, na exata proporção do capital representativo da participação. Daí a coerente conclusão de que a devolução ficará limitada ao montante do capital existente, sofrendo as repercussões negativas do passivo existente. Se não há produção suficiente da cooperativa, e, assim, ausentes ingressos, não se viabiliza o desconto de uma percentagem sobre o respectivo montante, embora a obrigação de cobrir o custeio. Por isso, vai-se consumindo o capital, com a equivalente redução das quotas.

Atinge esse desfalque a própria correção monetária do capital das quotas, cuja restituição poderá sofrer as decorrentes reduções. Desde que verificados elementos de insolvência, ou de falta de formação de fundos próprios, o resultado terá reflexos no capital dos cooperados.

5. O RATEIO DAS DESPESAS

As despesas decorrentes dos custos da cooperativa são pagas pelos cooperados, o que se faz pelo desconto de uma percentagem sobre a produção entregue ou os serviços prestados de cada associado. O montante calcula-se proporcionalmente à cifra da quota. Ao final do exercício, ultrapassando o valor das necessidades da cooperativa, ou havendo sobras, providencia-se na devolução, isto é, no retorno. Em vista do art. 24 da Lei nº 5.764, é o capital social subdividido em quotas-partes, cujo valor unitário não poderá ser superior ao maior salário mínimo vigente no País.

Não cabe retirar do capital aportado pelo associado o valor necessário para o custeio.

De conformidade com o art. 80, "as despesas da sociedade serão cobertas pelos associados mediante rateio na proporção direta da fruição dos serviços".

O parágrafo único explicita as formas adotáveis para o rateio: "A cooperativa poderá, para melhor atender à equanimidade de cobertura das despesas da sociedade, estabelecer:

>   I – rateio, em partes iguais, das despesas gerais da sociedade entre todos os associados, quer tenham ou não, no ano, usufruído dos serviços por ela prestados, conforme definição no estatuto;
>
>   II – o rateio, em razão diretamente proporcional, entre os associados que tenham usufruído dos serviços durante o ano, das sobras líquidas ou dos prejuízos verificados no balanço do exercício, excluídas as despesas gerais já atendidas na forma do item anterior".

Daí concluir-se que os valores relativos às despesas são descontados dos serviços prestados ou dos bens produzidos. Não se retiram do capital as quantias que são concernentes às despesas.

Essa retenção não se confunde com outras retenções, como a destinada ao custeio de despesas excepcionais, e diferentes das comuns, ou a que se reservará para a formação de fundos.

6. CONCORRÊNCIA DO SÓCIO COM A COOPERATIVA

A análise, aqui, diz mais à concorrência, enquanto em item anterior se enfocou a situação da incompatibilidade de exercer o associado sua atividade em duas ou mais concorrentes.

De acordo com o art. 29, § 4°, da Lei n° 5.764/1971, está proibido o ingresso de agentes de comércio e empresários que operem no mesmo campo econômico da cooperativa, com a finalidade de evitar a concorrência, ou de se aproveitar da condição de sócio para desviar clientela e encaminhar negócios ao setor que atua fora da cooperativa: "Não poderão ingressar no quadro das cooperativas os agentes de comércio e empresários que operem no mesmo campo econômico da sociedade".

A jurisprudência do Superior Tribunal de Justiça tem aplicado a norma: "Cooperativa... Prestação de serviços. Exclusividade. O médico associado à cooperativa está obrigado a obedecer ao seu estatuto. Se esse contém cláusula que prevê a exclusividade de prestação de serviços, devem os médicos associados abster-se de prestar serviços em entidade congênere".[6]

Em outra ocasião: "Previdência privada... Cooperado. Médico. Exclusividade. O cooperado que adere a uma cooperativa médica submete-se ao seu estatuto, podendo atuar livremente no atendimento de pacientes que o procure, mas vedada a vinculação a outra congênere, conforme disposição estatutária".[7]

Considerando que a Lei n° 9.656, de 04.06.1998, a qual trata dos planos de saúde, no art. 18, inc. III, proíbe que as operadoras de planos de saúde façam valer cláusulas de exclusividade, tendeu-se para uma interpretação da impossibilidade de referida condição para atuar como profissional em um plano de saúde que exige a exclusividade. O entendimento predominante se inclinou, em determinada época, para essa interpretação, a qual, entretanto, não prevaleceu, eis que a matéria é tratada por lei especial, não tendo o Código Civil trazido alguma norma que estabeleça o contrário.

---

[6]   REsp. n° 367.627-SP, 3ª Turma, j. em 04.06.2002, *DJU* de 24.06.2002.
[7]   REsp. n° 261.155-SP, da 2ª Seção, j. em 10.03.2004, *DJU* de 03.05.2004.

XLIX
Mudanças ou transformações das cooperativas

1. FUSÃO, INCORPORAÇÃO E DESMEMBRAMENTO DAS COOPERATIVAS

Como acontece em outras espécies de sociedades, são possíveis as mudanças ou metamorfoses das cooperativas, uma assumindo outra, ou juntando-se duas cooperativas e formando apenas uma, ou cedendo parte de seu capital para surgir uma segunda.

1.1. Pela fusão

Na fusão, duas ou mais cooperativas se juntam e se fundem em uma única, passando o capital e os sócios a pertencer a uma nova entidade. Surge uma personalidade jurídica diferente, desaparecendo as anteriores.

O assunto é tratado no art. 57, § 1º, da Lei nº 5.764/1971: "Deliberada a fusão, cada cooperativa interessada indicará nomes para comporem comissão mista que procederá aos estudos necessários à constituição da nova sociedade, tais como o levantamento patrimonial, balanço geral, plano de distribuição de quotas-partes, destino dos fundos de reserva e outros e o projeto de estatuto".

O procedimento é extenso, seguindo as linhas da fusão de outros tipos de sociedade, com a dispensa de alguns atos, como a justificação e o protocolo. Realizam-se as assembleias gerais extraordinárias dos sócios das cooperativas que se fundem, devendo haver a aprovação de dois terços dos sócios presentes (parágrafo único do art. 46). Indicam-se os componentes para a formação de uma comissão mista, a qual desenvolverá os trâmites da fusão, como os estudos para a constituição da nova cooperativa, o levantamento patrimonial, o balanço geral, o plano de distribuição de quotas-partes, o destino dos fundos de reserva. Apresenta-se o relatório com esses dados, e elabora-se o projeto da fusão, que representa um tipo de protocolo, com a devida justificação.

Em nova assembleia, em conjunto, das cooperativas que vão se juntar e fundir, submete-se o projeto à apreciação, que culminará em aprovação ou rejeição. Na primeira alternativa, extinguem-se as cooperativas originárias e cria-se uma nova, que as sucederá, e providenciando-se nos atos de formalização, com o registro na Junta Comercial e em outros órgãos.

Envolvendo nesse processo cooperativa que tem por objeto social atividades de crédito, sujeita-se a aprovação ao Banco Central do Brasil.

1.2. Pela incorporação

Pela incorporação, na esteira do art. 59 da Lei nº 5.764/1971, "uma sociedade cooperativa absorve o patrimônio, recebe os associados, assume as obrigações e se investe nos direitos de outra ou outras cooperativas". Constata-se, assim, a absorção do capital de outra ou mais sociedades, encampando os associados, investindo-se nos direitos e assumindo as obrigações pendentes.

O caminho é idêntico ao da fusão, com a nomeação de comissão mista em assembleia de ambas as sociedades, a qual desenvolverá as providências de avaliação, do levantamento patrimonial, do balanço, do plano de ingresso do novo capital e da distribuição das quotas-partes. Feito o relatório, sugere-se o projeto de incorporação, e, se aprovado com a alteração dos estatutos, diligencia-se nos atos de registro e arquivamento.

1.3. Pela cisão

Por último, há a cisão ou o chamado desmembramento de cooperativas, figura que aparece no art. 60 da lei especial: "As sociedades cooperativas poderão desmembrar-se em tantas quantas forem necessárias para atender aos interesses dos seus associados, podendo uma das novas entidades ser constituída como cooperativa central ou federação de cooperativas, cujas autorizações de funcionamento e os arquivamentos serão requeridos conforme o disposto nos artigos 17 e seguintes".

O art. 17 cuida da autorização para o funcionamento, medida que não mais subsiste, em face do art. 5º, inc. XVIII, da Carta Federal.

Para a cisão ou desmembramento, o caminho equivale ao das demais formas de transformação ou mudança, com a apresentação de estudos sobre a viabilidade e as razões, submetido às assembleias da cooperativa, que, dando o aval, designará comissão para seguir nas providências necessárias.

Virá, em um momento posterior, o relatório, acompanhado do balanço, do levantamento patrimonial, dos projetos ou plano de estatutos contendo a previsão do rateio do ativo e passivo entre as novas cooperativas, previsão esta que indicará a atribuição do capital social da sociedade desmembrada. Na sociedade acrescida com o capital da outra, ou na formada com o capital cindido, procede-se à distribuição das quotas aos sócios, de acordo com os pedidos de subscrição.

Decidindo-se pela formação de uma cooperativa mista, ou de uma federação, conterá o projeto o montante das quotas-partes de cada cooperativa.

O projeto envolverá os estatutos das cooperativas que surgem.

Havendo a transferência de parte do capital da cooperativa no capital de outras, dá-se a alteração dos estatutos, com a diminuição do capital da que cede, e com o aumento daquelas que são beneficiadas.

Em sequência, levam-se a termo os atos de registro e arquivamento.

2. PROCEDIMENTO NA FUSÃO, INCORPORAÇÃO E DESMEMBRAMENTO

Jefferson Nercolini Domingues apresenta o roteiro para a incorporação de cooperativas, que deve se estender para a fusão e o desmembramento, dada a semelhança de transformações:

"A cooperativa interessada em incorporar e a cooperativa interessada em ser incorporada expedirão, cada uma, edital de convocação de assembleia geral extraordinária, cuja ordem do dia deverá constar:

O da incorporadora: deliberar sobre a incorporação, pela nossa sociedade, da cooperativa...

O da incorporanda: deliberar sobre a incorporação da nossa sociedade pela cooperativa...

Nos dias, horas e locais mencionados nos respectivos editais, serão realizadas as assembleias gerais de cada cooperativa, que, pelo voto favorável de 2/3 (dois terços) dos associados presentes com direito a voto, será deliberada a incorporação.

Deliberada a incorporação, as atas lavradas nas respectivas assembleias deverão ser encaminhadas para arquivamento na Organização das Cooperativas da qual a cooperativa é filiada e na Junta Comercial do mesmo Estado.

Deliberada a incorporação, cada Assembleia indicará os nomes de 2 (dois) ou mais elementos que integrarão uma comissão mista que, objetivando efetivar o processo de incorporação, procederá na incorporada à avaliação do seu patrimônio e o levantamento de seu balanço geral.

Concluídos os trabalhos da comissão mista (não há prazo estabelecido), cada interessada convocará seus associados para se reunirem em assembleia geral conjunta, com o fim de apreciar e deliberar sobre o relatório da comissão.

Aprovado pela assembleia geral conjunta o relatório, deverá o mesmo constar da ata da assembleia, a qual deverá ser encaminhada à OCE e à Junta Comercial para os devidos arquivamentos".[1]

---

[1] "Incorporação de sociedade cooperativa", *in Aspectos Jurídicos do Cooperativismo*, Porto Alegre, Editora Sagra Luzzatto, 2002, pp. 73-74.

L

Dissolução e liquidação das cooperativas

1. DISSOLUÇÃO

A dissolução consiste no ato que declara a extinção e o encerramento da existência da cooperativa.

De modo geral, o regramento se mostra parecido com o sistema que trata da dissolução das sociedades simples ou empresárias. Além das formas administrativa e judicial, existe a que se procede por meio de intervenção.

As causas de dissolução são um tanto especiais e diferentes daquelas das demais sociedades. A relação de causas que leva à dissolução de pleno direito está no art. 63 da Lei nº 5.764/1971:

> "I – quando assim deliberar a Assembleia Geral, desde que os associados, totalizando o número mínimo exigido por esta Lei, não se disponham a assegurar a sua continuidade;
>
> II – pelo decurso do prazo de duração;
>
> III – pela consecução dos objetivos predeterminados;
>
> IV – devido à alteração de sua forma jurídica;
>
> V – pela redução do número mínimo de associados ou do capital social mínimo se, até a Assembleia Geral subsequente, realizada em prazo não inferior a 6 (seis) meses, eles não forem restabelecidos;
>
> VI – pelo cancelamento da autorização para funcionar;
>
> VII – pela paralisação de suas atividades por mais de 120 (cento e vinte) dias".

Quanto ao inciso I, o mínimo de cooperados para a formação de cooperativas singulares seria de vinte pessoas, enquanto para as cooperativas centrais ou federações, fica em três a quantidade mínima; no caso de confederações, também devem existir pelo menos três federações ou cooperativas centrais da mesma ou de diferentes modalidades (art. 6º e incisos da Lei nº 5.764/1971). No entanto, esse número mínimo foi alterado pelo art. 1.094, inc. II, do Código Civil, que passou a ser o necessário a compor a administração da sociedade, assunto já analisado acima, no item sobre as características da cooperativa.

710 • Direito de Empresa | *Arnaldo Rizzardo*

Ainda na hipótese do inc. I, o art. 65 ordena providências especiais, que consistem na nomeação de um liquidante ou mais, e de um conselho fiscal composto de três membros, com os respectivos suplentes, para proceder à liquidação.

O § 1º condiciona a liquidação, nesse caso, à audiência do respectivo órgão executivo federal, que é a Organização das Cooperativas.

À assembleia geral cabe, consoante o § 2º, a qualquer tempo, destituir os liquidantes e os membros do Conselho Fiscal, designando os seus substitutos.

Não se afastam outras causas de dissolução, como a ilicitude do objeto, o desvio de finalidade, a perda de objetivo em face de alterações dos fatos da vida, assegurando-se, então, o caminho judicial na eventualidade de não lograr-se consenso em assembleia geral. Neste particular, se negada a dissolução voluntária, sempre se reconhece aos cooperados o ingresso de pedido judicial, mesmo que formulado por um deles apenas, ou por órgão federal competente (art. 64 da Lei nº 5.764/1971), em ação ordinária, nas divergências sociais. Lembra-se que o *quorum* mínimo para a instalação da assembleia é de dois terços dos associados presentes, ou de metade mais um em segunda convocação, ou de dez sócios em terceira convocação, exigindo-se sempre, para a aprovação, a maioria de votos dos sócios presentes (arts. 40 e 38, § 3º, da Lei nº 5.764/1971).

Anota-se que não se opera a dissolução por falência, já que, na insolvência, o caminho será a liquidação extrajudicial. Ilustra Renato Lopes Becho: "Não sujeição à falência. Essa norma é importante, e não consta apenas como declaração no *caput* do art. 4º. O Capítulo XI da Lei nº 5.764/1971, artigos 63 a 78, regulam a dissolução e a liquidação das sociedades cooperativas. Como a legislação não codificada se mantém, até por expressa disposição normativa (novo Código Civil, art. 1.093), permanece a não sujeição à falência".[1]

O assunto já esteve na pauta do STJ:

"O aresto recorrido adotou tese em conformidade com a jurisprudência deste Tribunal, no sentido de que as cooperativas não estão sujeitas à falência por possuírem natureza civil e praticarem atividades não empresárias, devendo prevalecer a forma de liquidação prevista na Lei nº 5.764/1971. Esta, por sua vez, não prevê a exclusão da multa fiscal nem a limitação dos juros moratórios cobrados por meio de execução fiscal movida contra a cooperativa em liquidação judicial. Incidência da Súmula nº 83/STJ".[2]

A matéria vem explicitada no voto do relator:

"O aresto recorrido adotou tese em conformidade com a jurisprudência deste Tribunal no sentido de que as cooperativas não estão sujeitas à falência por possuírem natureza civil e praticarem atividades não empresárias, devendo prevalecer a forma de liquidação prevista na Lei nº 5.764/1971. Esta, por sua vez, não prevê a exclusão da multa fiscal nem a limitação dos juros moratórios cobrados por meio de execução fiscal movida contra a cooperativa em liquidação judicial. A propósito, confiram-se:

'(...) 1. As cooperativas são sociedades simples – nos termos do art. 982, parágrafo único, do Código Civil – que, por definição, não exercem atividade empresarial (art. 1.093 do mesmo diploma legal). Por essa razão, não se sujeitam à legislação falimentar, mas sim ao procedimento de liquidação previsto pelos arts. 63 a 78 da Lei nº 5.764/1971, que não contempla o benefício de exclusão das multas e dos juros moratórios. Precedentes do STJ.

---

[1] *Elementos de Direito Cooperativo*, ob. cit., p. 111.
[2] REsp. nº 1.202.225-SP, da 2ª Turma, j. em 14.09.2010, *DJe* de 06.10.2010, rel. Min. Mauro Campbell Marques.

Cap. L | Dissolução e liquidação das cooperativas • **711**

2. Agravo Regimental não provido' (AgRg no REsp. nº 808.241-SP, rel. Min. Herman Benjamin, 2ª Turma, *DJe* de 17.06.2009).

'(...) 1. É princípio assente que a lei especial convive com a outra da mesma natureza, porquanto a especificidade de seus dispositivos não enseja incompatibilidade.

2. As obrigações tributárias principais acessórias não podem ser sujeitas à criação ou extinção via processo analógico (artigo 112 do CTN).

3. As sociedades cooperativas não se sujeitam à falência, dada a sua natureza civil e atividade não empresária, devendo prevalecer a forma de liquidação extrajudicial prevista na Lei nº 5.764/1971, que não prevê a exclusão da multa moratória pleiteada pela recorrente, nem a limitação dos juros moratórios, posteriores à data da liquidação judicial, à hipótese de existência de saldo positivo no ativo da sociedade (...)' (Precedentes: REsp. nº 622.406-BA, 2ª Turma, *DJ* de 14.11.2005; REsp. nº 738.455-BA, 1ª Turma, rel. Min. Teori Zavascki, *DJ* de 22.08.2005; REsp. nº 757.576-PR, 1ª Turma, rel. Min. Francisco Falcão, *DJ* de 25.05.2006)".

Em outra decisão:

"Tributário e processual civil. Agravo Regimental no Recurso Especial. Cooperativa em liquidação. Caráter não empresarial. Lei de Falências. Inaplicabilidade. Aplicação da Lei 5.764/71. Entendimento pacífico do STJ.

1. A jurisprudência desta Corte Superior tem entendimento pacífico no sentido da inaplicabilidade da legislação falimentar às cooperativas em liquidação, pois estas não possuem características empresariais, sendo a elas aplicáveis as disposições previstas na Lei 5.764/71. Precedentes: AgRg no Ag 1.385.428/MG, Rel. Ministro Teori Albino Zavascki, Primeira Turma, *DJe* 13/09/2011; AgRg no REsp 999.134/PR, Rel. Ministro Luiz Fux, Primeira Turma, *DJe* 21/09/2009; REsp 1.202.225/SP, Rel. Ministro Mauro Campbell Marques, Segunda Turma, *DJe* 06/10/2010.

2. Quanto ao produto da arrecadação, 'A Lei n. 5.764/71 não autoriza a remessa, ao Juízo da liquidação, do produto de arrematação de bens penhorados nos autos da execução fiscal. Precedente' (AgRg no AgRg nos EDcl no REsp 1.129.512/SP, Rel. Ministra Eliana Calmon, Segunda Turma, *DJe* 10/12/2013).

3. Agravo regimental a que se nega provimento".[3]

2. LIQUIDAÇÃO DAS COOPERATIVAS

Uma vez declarada ou ordenada a dissolução, parte-se para a liquidação, que visa a apuração do ativo e passivo da cooperativa, usando-se, nos atos de manifestação, a expressão 'em liquidação', em seguimento à denominação da cooperativa. Se o ato de dissolução partir da assembleia geral, por deliberação da mesma iniciará, como se disse, a liquidação, com a nomeação de um liquidante e de um conselho fiscal composto de três membros e respectivos suplentes, com a finalidade de acompanhar os passos da liquidação. Se judicial a liquidação, do juiz partirá a nomeação.

A liquidação procederá o levantamento do ativo e do passivo, com a devida avaliação do patrimônio e das obrigações existentes.

---

[3] AgRg no REsp. nº 1.109.103, da 1ª Turma, rel. Min. Sérgio Kukina, j. em 25.11.2014, *DJe* de 02.12.2014.

712 • Direito de Empresa | *Arnaldo Rizzardo*

3. NOMEAÇÃO E FUNÇÕES DO LIQUIDANTE

Nomeia-se um liquidante, que comandará o processo de liquidação da cooperativa. O art. 68 da Lei nº 5.764/1971 arrola as várias funções e as obrigações do liquidante:

"I – providenciar o arquivamento, na Junta Comercial, da ata da Assembleia Geral em que foi deliberada a liquidação;

II – comunicar à administração central do respectivo órgão executivo federal e ao Banco Nacional de Crédito Cooperativo S.A., a sua nomeação, fornecendo cópia da Ata da Assembleia Geral que decidiu a matéria;

III – arrecadar os bens, livros e documentos da sociedade, onde quer que estejam;

IV – convocar os credores e devedores e promover o levantamento dos créditos e débitos da sociedade;

V – proceder nos 15 (quinze) dias seguintes ao de sua investidura e com a assistência, sempre que possível, dos administradores, ao levantamento do inventário e balanço geral do ativo e passivo;

VI – realizar o ativo social para saldar o passivo e reembolsar os associados de suas quotas-partes, destinando o remanescente, inclusive o dos fundos indivisíveis, ao Banco Nacional de Crédito Cooperativo S.A.;

VII – exigir dos associados a integralização das respectivas quotas-partes do capital social não realizadas, quando o ativo não bastar para solução do passivo;

VIII – fornecer aos credores a relação dos associados, se a sociedade for de responsabilidade ilimitada e se os recursos apurados forem insuficientes para o pagamento das dívidas;

IX – convocar a Assembleia Geral, cada 6 (seis) meses ou sempre que necessário, para apresentar relatório e balanço do estado da liquidação e prestar contas dos atos praticados durante o período anterior;

X – apresentar à Assembleia Geral, finda a liquidação, o respectivo relatório e as contas finais;

XI – averbar, no órgão competente, a Ata da Assembleia Geral que considerar encerrada a liquidação."

Não desempenhando a contento o liquidante as suas funções, é autorizada a sua destituição, seja pela assembleia ou pelo juiz, conforme a esfera administrativa ou judicial na qual corre a liquidação.

4. ATOS DEPENDENTES DE AUTORIZAÇÃO EXPRESSA DA ASSEMBLEIA OU DO JUIZ

Certos atos dependem de autorização expressa, seja da assembleia geral ou do juiz, conforme a origem da determinação de se proceder a liquidação. Assim no tocante à alienação do patrimônio, à gravação dos bens de ônus reais, à contratação de empréstimos, salvo quando indispensáveis para o atendimento de obrigações inadiáveis, como o pagamento de empregados e de dívidas tributárias.

Procedido o levantamento geral do ativo e passivo, segue-se o pagamento das obrigações, por determinação da assembleia ou do juiz, obedecendo-se sempre a prioridade determinada pela classificação dos créditos, na ordem de créditos trabalhistas, tributários, ou privilegiados pela lei, até chegar aos quirografários, e repartindo-se aos associados o montante que sobrar, em valor proporcional às respectivas quotas-partes.

Ao final, prestará o liquidante as devidas contas, em assembleia convocada para tanto. Uma vez aprovadas as contas, leva-se a efeito a averbação da extinção da cooperativa na Junta Comercial e em outros órgãos próprios, com a baixa do registro.

O art. 75 aponta para a liquidação extrajudicial, que é promovida pelo órgão de controle nacional, isto é, pela Organização das Cooperativas Brasileiras – OCB, que se justifica na omissão da dissolução e liquidação voluntária ou judicial, em hipóteses como de cassação do registro, insolvência, ou supressão da finalidade que determinou a sua criação. Reza o preceito: "A liquidação extrajudicial das cooperativas poderá ser promovida por iniciativa do respectivo órgão executivo federal, que designará o liquidante, e será processada de acordo com a legislação específica e demais disposições regulamentares, desde que a sociedade deixe de oferecer condições operacionais, principalmente por constatada insolvência".

A liquidação por imposição do órgão executivo próprio pode ser ordenada mesmo se já em andamento a liquidação voluntária ou judicial, ocorrendo com a intervenção (§ 1º do art. 75). Decretam-se, em momento concomitante ou por atos distintos, a intervenção e a liquidação, seguindo a ordem da Lei nº 6.024, /1974, cujo art. 1º expressamente contempla tais procedimentos para as cooperativas de crédito.

Em qualquer das maneiras utilizadas, desponta como ato primordial a avaliação do patrimônio. Procede-se, para a apuração do ativo líquido, a venda dos bens, com a elaboração da lista dos credores, e seguindo-se nos demais trâmites já analisados quando do estudo da liquidação das sociedades.

Suspendem-se as ações em andamento pelo lapso de tempo de um ano, tanto se decretada pela cooperativa como pelo órgão executivo, a teor do art. 76: "A publicação, no *Diário Oficial*, da ata da Assembleia Geral da sociedade, que deliberou a liquidação, ou da decisão do órgão executivo federal quando a medida for de sua iniciativa, implicará a sustação de qualquer ação judicial contra a cooperativa, pelo prazo de 1 (um) ano, sem prejuízo, entretanto, da fluência dos juros legais ou pactuados e seus acessórios".

Esse prazo é suscetível de prorrogação por mais um ano, desde que verificado motivo relevante que justifique a medida, cabendo a decisão ao órgão executivo federal.

LI
Responsabilidade das cooperativas, dos administradores e dos sócios

1. REGULAMENTAÇÃO E EXTENSÃO DA RESPONSABILIDADE DAS COOPERATIVAS E DOS ADMINISTRADORES

Evidentemente, as cooperativas são responsáveis pelos atos que pratica, seja através de seus administradores ou de seus sócios. No ponto, não se vislumbra qualquer dúvida, valendo trazer à colação, como parâmetro, o seguinte aresto do STJ:

"A jurisprudência da Casa é tranquila em reconhecer a legitimidade passiva da cooperativa médica em demanda que se discute responsabilidade civil por suposto erro médico, pois a cooperativa tem por objeto a assistência médica e celebra contrato com seus associados, regulamentando a prestação de seus serviços de maneira padronizada, por meio dos médicos e hospitais a ela filiados" (AgRg no REsp. nº 1.029.043-SP, da 4ª Turma, de 12.05.2009, *DJe* de 08.06.2009, rel. Min. Luis Felipe Salomão).

O voto, na passagem que segue, explicita a matéria:

"A jurisprudência da Casa é tranquila em reconhecer a legitimidade passiva da cooperativa médica em demanda que se discute responsabilidade civil por suposto erro médico, pois a cooperativa tem por objeto a assistência médica e celebra contrato com seus associados, regulamentando a prestação de seus serviços de maneira padronizada, por meio dos médicos e hospitais a ela filiados.

Desse modo, é a Unimed que determina·as condições do atendimento e cobertura, dando ao associado um rol de profissionais habilitados a prestar os serviços de saúde. A escolha do associado não é totalmente livre. Por conseguinte, a cooperativa também é fornecedora do serviço prestado por seu cooperado:

'Civil e processual. Ação de indenização. Erro médico. Cooperativa de assistência de saúde. Legitimidade passiva. CDC, arts. 3º e 14.

I – A Cooperativa que mantém plano de assistência à saúde é parte legitimada passivamente para ação indenizatória movida por associada em face de erro médico originário de tratamento pós-cirúrgico realizado com médico cooperativado;

II – Recurso especial não conhecido' (REsp. nº 309.760-RJ, rel. Ministro Aldir Passarinho Junior, 4ª Turma, j. em 06.11.2001, *DJ* de 18.03.2002, p. 257).

'Civil. Responsabilidade civil. Prestação de serviços médicos. Quem se compromete a prestar assistência médica por meio de profissionais que indica, é responsável pelos serviços que estes prestam. Recurso especial não conhecido' (REsp. nº 138.059-MG, rel. Ministro Ari Pargendler, 3ª Turma, j. em 13.03.2001, *DJ* de 11.06.2001, p. 197).

Com efeito, o acórdão recorrido converge para a jurisprudência desta Corte Superior, motivo por que incide o Enunciado Sumular nº 83/STJ, aplicável igualmente aos recursos fulcrados tanto na alínea *a*, quanto na alínea *c*, do permissivo constitucional, conforme reiterada jurisprudência (AgRg no Ag nº 721.804-SP, rel. Ministro Aldir Passarinho Junior, 4ª Turma, j. em 07.02.2006, *DJ* de 20.03.2006 p. 297; AgRg no Ag nº 653.123-RS, rel. Ministra Nancy Andrighi, 3ª Turma, j. em 29.03.2005, *DJ* de 18.04.2005 p. 329)".

A responsabilidade dos administradores está regulamentada no art. 49 da Lei nº 5.764/1971. Em princípio, não suportam a responsabilidade, se se mantiverem dentro das normas vigentes e do estatuto: "Ressalvada a legislação específica que rege as cooperativas agrícolas mistas e as de habitação, os administradores eleitos ou contratados não serão pessoalmente responsáveis pelas obrigações que contraírem em nome da sociedade, mas responderão solidariamente pelos prejuízos de seus atos, se procederem com culpa ou dolo".

A responsabilidade estende-se às obrigações tributárias, por aplicação do art. 135 do Código Tributário Nacional (Lei nº 5.172, de 25.10.1966), cuja redação é aconselhável venha transcrita: "São pessoalmente responsáveis pelos créditos correspondentes a obrigações tributárias resultantes de atos praticados com excesso de poderes ou infração de lei, contrato social ou estatutos:

I – as pessoas referidas no artigo anterior;

II – os mandatários, prepostos e empregados;

III – os diretores, gerentes ou representantes de pessoas jurídicas de direito privado".

Nada de excepcional contêm os cânones acima, já que a responsabilidade, nas hipóteses, é comum e geral em todas as situações de comando de sociedades, segundo comunga Renato Lopes Becho: "Mas, além desse artigo, em todas as regras jurídicas, dessa ou de qualquer outra lei, que seja descumprida pelo administrador, poderá ele vir a ser responsabilizado". Todavia, adverte, "não nos encontramos diante de uma responsabilidade objetiva, que independa da vontade, dos motivos e das circunstâncias que envolveram o caso concreto. Pelo contrário, estamos diante de uma responsabilidade subjetiva, em que os atos praticados deverão ser verificados em processo próprio e prévio à responsabilização".[1]

Desde que respaldada na lei a administração, não dissentindo do estatuto, não se imputa a responsabilidade, como acontece com qualquer sociedade.

2. RESPONSABILIDADE CONTRATUAL DOS SÓCIOS NA COOPERATIVA

Faculta-se inserir a responsabilidade limitada ou ilimitada dos associados, como bem autoriza o art. 1.095 do Código Civil: "Na sociedade cooperativa, a responsabilidade dos sócios pode ser limitada ou ilimitada".

---

[1] *Elementos de Direito Cooperativo*, ob. cit., p. 236.

Cap. LI | Responsabilidade das cooperativas, dos administradores e dos sócios • **717**

Está, pois, dentro da liberdade de cláusulas, o poder que autoriza firmar a responsabilidade limitada ou ilimitada dos que participam dos quadros da sociedade.

Os parágrafos que seguem definem uma e outra forma de responsabilidade.

Assim preceitua o § 1º, no pertinente à responsabilidade limitada: "É limitada a responsabilidade na cooperativa em que o sócio responde somente pelo valor de suas quotas e pelo prejuízo verificado nas operações sociais, guardada a proporção de sua participação nas mesmas operações".

Mede-se, pois, a responsabilidade pelo montante das quotas. Se houve a integralização, é natural que existe, na cooperativa, o montante patrimonial correspondente. Aí cessa a responsabilidade, que prevalece enquanto não integralizado a quota do capital. No caso de prejuízos da cooperativa, também não pode a responsabilidade ultrapassar a participação do cooperado. Se integralizada a quota, porém, não há porque chamar o sócio. Do contrário, perderia o sentido a escolha do regime pela responsabilidade limitada. A menos, restam evidentes, se infringidos os deveres legais, como se exorbitados os poderes na administração, se omissos os cooperativados quando lhes competia intervir.

O § 2º cuida da responsabilidade ilimitada: "É ilimitada a responsabilidade na cooperativa em que o sócio responde solidária e ilimitadamente pelas obrigações sociais".

Nessa previsão, estabelece-se a responsabilidade solidária e ilimitada, devendo vir assinalada no contrato. Não importa a integralização das quotas. Os sócios arcam com as decorrências negativas ou passivas, ou seja, com as obrigações de qualquer ordem, como as dívidas, os compromissos, os encargos, as contribuições legais, os tributos.

Não cabe interpretar o § 2º literalmente, atribuindo-se a responsabilidade ilimitada e solidária em qualquer situação. Se assim fosse, seria insustentável a condição de associado, ante o perigo que encerraria. Essa dimensão aparece com mais obviedade no art. 12 da Lei nº 5.764: "As sociedades cooperativas serão de responsabilidade ilimitada, quando a responsabilidade do associado pelos compromissos da sociedade for pessoal, solidária e não tiver limite".

Sempre quando se optar pela inexistência de capital social, a responsabilidade ilimitada e solidária pelas dívidas sociais recai nos sócios. Não havendo capital, e não se especificando, portanto, as quotas, impossível fixar limites nas obrigações pendentes.

No entanto, mister entender que essa amplitude da responsabilidade mantém-se subsidiariamente, devendo ser invocada na inexistência de capacidade econômica ou financeira da cooperativa, parecendo perfeitamente aplicável o art. 13 da Lei nº 5.764: "A responsabilidade do associado para com terceiros, como membro da sociedade, somente poderá ser invocada depois de judicialmente exigida da cooperativa".

Ademais, há a solidariedade, atingindo a totalidade dos sócios, escrevendo Arnoldo Wald a respeito: "No caso de responsabilidade ilimitada dos sócios, ela é solidária, respondendo o sócio com o seu patrimônio pela totalidade dos prejuízos sociais, com direito de regresso contra os demais sócios. Na ação regressiva, o sócio que pagou a totalidade do débito social poderá exigir dos demais o pagamento que lhes couber, considerando a participação dos mesmos nos negócios da cooperativa".[2]

---

[2] *Comentários ao Novo Código Civil*, ob. cit., Livro II, Direito de Empresa, vol. XIV, p. 626.

718 • Direito de Empresa | *Arnaldo Rizzardo*

Anota, ainda, Nilson Reis Júnior, com base no art. 36 da Lei nº 5.764/1971: "No caso de desligamento do sócio, sua responsabilidade perante terceiros, em virtude de compromissos assumidos pela sociedade, perdura até a data de aprovação das contas do exercício em que tenha se retirado.

Já para a ocorrência de falecimento do associado, as obrigações contraídas com a sociedade, bem como as oriundas de sua responsabilidade em face de terceiros, passam aos herdeiros, prescrevendo, todavia, após um ano, contado da data de abertura da sucessão".[3]

Oportuno notar que a responsabilidade já vinha contemplada nos arts. 11 e 12 da Lei nº 5.764/1971, cujas dimensões correspondem às das previsões da lei civil.

Assim, reza o art. 11: "As sociedades cooperativas serão de responsabilidade limitada, quando a responsabilidade do associado pelos compromissos da sociedade se limitar ao valor do capital por ele subscrito".

Por sua vez, o art. 12: "As sociedades cooperativas serão de responsabilidade ilimitada, quando a responsabilidade do associado pelos compromissos da sociedade for pessoal, solidária e não tiver limite".

3. RESPONSABILIDADE TRIBUTÁRIA DOS SÓCIOS DA COOPERATIVA

Respondem os sócios pelas obrigações tributárias da cooperativa?

É necessário transcrever o art. 134 do Código Tributário Nacional (Lei nº 5.172/1966): "Nos casos de impossibilidade de exigência do cumprimento da obrigação principal pelo contribuinte, respondem solidariamente com este nos atos em que intervierem ou pelas omissões de que forem responsáveis:

I – os pais, pelos tributos devidos por seus filhos menores;

II – os tutores e curadores, pelos tributos devidos por seus tutelados ou curatelados;

III – os administradores de bens de terceiros, pelos tributos devidos por estes;

IV – o inventariante, pelos tributos devidos pelo espólio;

V – o síndico e o comissário, pelos tributos devidos pela massa falida ou pelo concordatário;

VI – os tabeliães, escrivães e demais serventuários de ofício, pelos tributos devidos sobre os atos praticados por eles, ou perante eles, em razão do seu ofício;

VII – os sócios no caso de liquidação de sociedade de pessoas".

O parágrafo único: "O disposto neste artigo só se aplica, em matéria de penalidades, às de caráter moratório".

O termo "concordatário", frente à Lei nº 11.101, de 9.02.2005, corresponde ao devedor em recuperação judicial ou extrajudicial.

Transparece que a incidência mais apropriada seria do inc. VII. É que a cooperativa se constitui em sociedade de pessoas.

---

[3] "Sociedades cooperativas – linhas gerais e aspectos societários", trabalho citado, p. 382.

Diante dos conteúdos acima, indica Renato Lopes Becho os requisitos ou as condições para a responsabilização dos sócios:

"1. Que exista impossibilidade jurídica da própria sociedade responder por suas obrigações tributárias.

2. Somente em hipótese de liquidação da cooperativa. Se a empresa estiver operante, não se pode aplicar a norma.

3. Responde o sócio pelos atos que intervier ou pelas omissões de que for parte.

4. Excluir-se-ão as penalidades punitivas".[4]

É indispensável a presença de todos os elementos para imputar aos sócios a responsabilidade.

Já os administradores, além de se submeterem à responsabilidade acima, incide também a decorrente do excesso de poderes ou a exercida com infração à lei ou ao estatuto social, em atendimento ao art. 135 do mesmo Código Tributário Nacional: "São pessoalmente responsáveis pelos créditos correspondentes a obrigações tributárias resultantes de atos praticados com excesso de poderes ou infração de lei, contrato social ou estatutos:

I – as pessoas referidas no artigo anterior".

---

[4] *Elementos de Direito Cooperativo*, ob. cit., p. 231.

LII

Os tributos e contribuições incidentes nas operações das cooperativas

1. DISTINÇÕES E TRATAMENTO PRÓPRIO DISPENSADO ÀS COOPERATIVAS

Os impostos constituem pagamentos que as pessoas fazem de parcelas de valores que arrecadam no exercício de atividades, na renda líquida que auferem, na produção de bens, e em várias outras manifestações da atuação humana, sempre que a ação praticada está eleita como apta a gerar a obrigação de repassar o dinheiro aos cofres públicos. Atendendo à classificação moderna dos tributos, as possibilidades de instituição estão contidas no art. 145 da Carta Federal, sendo a competência distribuída entre a União, os Estados, o Distrito Federal e os Municípios, nos arts. 148 e 149, do mesmo diploma legal, sendo esses últimos exclusivos da União.

As contribuições, por sua vez, se enquadram como valores pagos ao Poder Público, mas o produto da arrecadação reverte-se necessariamente para o motivo da sua instituição, e que são, na classificação do art. 149 da Constituição Federal, as de intervenção no domínio econômico e as de interesse das categorias profissionais ou econômicas. E, embora não esteja prevista no dispositivo em questão, existe também a contribuição da previdência social, cuja previsão está no art. 195 do citado diploma, visando à seguridade social. A finalidade está voltada para a contrapartida de um serviço, de um benefício, de uma atuação de interesse social. Assim as contribuições para a constituição da previdência social, cuja previsão está no art. 195 do citado diploma, objetivando a seguridade social.

No entanto, algumas contribuições não passam de impostos, já que nenhum benefício particular ou específico advém como contrapartida. Apropriada a análise de Renato Lopes Becho: "As contribuições estão servindo, atualmente, como uma forma de desorganizar o sistema tributário, tão bem construído no passado recente (1988). Para tudo que o sistema clássico não permite, se cria uma contribuição e se consegue apoio parlamentar, doutrinário e jurisprudencial. O Estado precisa de dinheiro para fazer face ao brutal endividamento público (...), às demandas sociais sempre crescentes e às despesas com a máquina pública. A principal escolha do legislador federal tem sido criar contribuições".[1]

As cooperativas recebem um tratamento especial no campo tributário, por não se considerarem sociedades de fins lucrativos. Criam-se e organizam-se para atender os cooperados, não se concentrando a sua razão de ser na consecução de vantagens econômicas

---

[1] *Tributação das Cooperativas*, ob. cit., 3ª ed., 2005, p. 272.

para ela própria. Nessa visão, não se posiciona a cooperativa como sociedade empresária, no que é expresso o parágrafo único do art. 982.

A matéria mereceu exame de Américo Luís Martins da Silva: "Um outro exemplo desse tipo de organização 'sem fins lucrativos' refere-se às sociedades cooperativas. Dispõe a Lei nº 5.764, de 16.12.1971, que as cooperativas são sociedades de pessoas, com forma e natureza jurídica própria, de natureza civil, não sujeitas à falência, constituídas para prestar serviços aos associados, distinguindo-se das demais sociedades pelas diversas características relacionadas na própria lei, dentre as quais se citam: adesão voluntária, variabilidade do capital social representado por quotas-partes, incessibilidade das quotas-partes do capital a terceiros, estranhos à sociedade, retorno das sobras líquidas do exercício, proporcionalmente às operações realizadas pelos associados etc. Estabelece o art. 3º dessa lei que 'celebram contrato de sociedade cooperativa as pessoas que reciprocamente se obrigam a contribuir com bens ou serviços para o exercício de uma atividade econômica, de proveito comum, sem objetivo de lucro'. Como se vê, a sociedade cooperativa não visa o lucro".[2]

Esse também o enfoque jurisprudencial: "Descaracterizado o dissídio jurisprudencial, se as razões recursais não apontam precedente em sentido contrário ao acórdão recorrido. Ao se decidir que as sociedades cooperativas não apuram resultados qualificados como lucros, mas sobras que, em princípio, devem retornar aos associados proporcionalmente às operações realizadas, observada foi a legislação, pois o fato gerador da contribuição consiste justamente na percepção do lucro".[3]

Não se enquadra a sociedade cooperativa como empresa pelo fato de não visar ao lucro propriamente dito. O seu objetivo está voltado aos cooperados, para quem são canalizados os resultados. Daí a matéria relativa a tributos merecer um tratamento especial, como está proclamado no art. 146 da Carta da República, ao ordenar que "cabe à lei complementar (...) III – estabelecer normas gerais em matéria de legislação tributária, especialmente sobre (...) c) adequado tratamento tributário ao ato cooperativo praticado pelas sociedades cooperativas". Em abono a essa previsão, no § 2º do art. 174 da mesma Carta, é traçada a diretriz que objetivará a lei ao versar sobre assunto pertinente à cooperativa: "A lei apoiará e estimulará o cooperativismo e outras formas de associativismo". Decorre que ao legislador cabe estimular o cooperativismo, política que se alcança de várias maneiras, como a não qualificação de certas atividades como fatos geradores, a concessão de isenções, a aceitação da imunidade.

Ora, se o resultado está voltado para os cooperados, e não para a entidade em si, não pode ela ser sujeita de obrigação tributária na mesma dimensão das outras sociedades de caráter empresário, sob pena de ofensa ao princípio da igualdade. Desenvolve Renato Lopes Becho a matéria: "Pelo princípio da igualdade, bem como pelo incentivo dado ao cooperativismo pela Constituição Federal de 1988, entendemos que não pode haver uma tributação igualitária sobre esse resultado positivo com o lucro das sociedades comerciais. De fato, tributar igualmente o resultado eventual da cooperativa é tributar igualmente os desiguais. Esse resultado não é perseguido como objetivo, mas decorre de circunstâncias de mercado, ou operacionais, ou como forma de ampliar os conhecedores do sistema. Esse resultado, ressalte-se, nem vai compor, em nenhuma hipótese, o patrimônio dos associados. Por isso, falta à cooperativa a capacidade contributiva típica do imposto sobre a renda, como visto".[4]

---

[2] *Introdução ao Direito Empresarial*, ob. cit., pp. 150-151.
[3] REsp. nº 171.800-RS, da 2ª Turma do STJ, j. em 13.04.1999, *DJU* de 31.05.1999.
[4] *Tributação das Cooperativas*, ob. cit., 3ª ed., 2005, p. 256.

Cap. LII | Os tributos e contribuições incidentes nas operações das cooperativas • **723**

De modo que não é a cooperativa propriamente contribuinte, não havendo incidência tributária sobre certos resultados pela mesma auferidos, que a lei discrimina. As operações que os cooperados realizam submetem-se à exação fiscal, desde que caracterizadas como atos de indústria, de comércio, de prestação de serviços, nos termos das leis, submetendo--se ao regime próprio na relação restrita aos mesmos cooperados.

Procurar-se-á trazer algumas observações de legislação específica, de ordem constitucional, complementar e ordinária, discriminando o tratamento próprio da não incidência dos tributos e das contribuições. Justamente o fenômeno da não incidência se dá quando não existe a identificação dos elementos que ensejam a ocorrência tributária. Entra-se em um campo que se encontra fora das hipóteses de incidência, razão que leva a não se reconhecer o fato imponível.

Não há que se confundir com imunidade, verificada quando a Constituição Federal expressamente afasta a incidência de impostos, como no art. 150, inc. VI; ou de contribuições, sendo exemplo o art. 195, § 7º. Determinadas pessoas naturais ou jurídicas não são atingidas pela tributação, verifique-se ou não o fato gerador da obrigação tributária. Cuida-se de um fenômeno de origem constitucional, sem abranger os fatos, mas unicamente as pessoas.

Nem se confunde com a isenção, que ocorre nas situações de a lei ordinária, autorizada por ditames constitucionais, reconhecer ao Poder tributante a capacidade de conceder a exclusão do tributo, durante certo prazo determinado ou não, desde que obedecidas condições previamente estabelecidas. Encontra a isenção amparo no princípio de que aquele que tem a capacidade de legislar sobre o tributo, também se lhe reconhece a competência para excluir o crédito tributário.

2. O IMPOSTO DE RENDA NAS OPERAÇÕES REALIZADAS PELA COOPERATIVA E NAS RETIRADAS DE VALORES PELOS DIRIGENTES

Sabe-se que o imposto de renda incide no lucro líquido ou lucro real, que é o resultado constatado ou que sobra depois de deduzidos das receitas os custos, as despesas a elas inerentes, os prejuízos acumulados, as provisões e participações dos funcionários e administradores.

Mesmo que verificada a prática de atos que redundem em acréscimo patrimonial, ou em um lucro líquido, o que normalmente impõe a exação, não se torna exigível o imposto de renda caso as relações celebradas envolvam atos de cooperativa. O Regulamento do Imposto de Renda de 2018 (Decreto nº 9.580, de 22.11.2018), no art. 193, é claro a respeito: "As sociedades cooperativas que obedecerem ao disposto na legislação específica não terão incidência do imposto sobre suas atividades econômicas, de proveito comum, sem objetivo de lucro (Lei nº 5.764, de 16 de dezembro de 1971, art. 3º e art. 4º)".

Traz o art. 194 do mesmo Regulamento exceções a tal princípio, mandando que se pague o imposto nas seguintes modalidades de operações: "As sociedades cooperativas que obedecerem ao disposto em legislação específica pagarão o imposto sobre a renda calculado sobre os resultados positivos das operações e das atividades estranhas à sua finalidade, tais como (Lei nº 5.764, de 1971, art. 85 ao art. 88 e art. 111; e Lei nº 9.430, de 1996, art. 1º e art. 2º):

> I – de comercialização ou de industrialização, pelas cooperativas agropecuárias ou de pesca, de produtos adquiridos de não associados, agricultores, pecuaristas ou pescadores, para completar lotes destinados ao cumprimento de contratos ou para suprir capacidade ociosa de suas instalações industriais;

II – de fornecimento de bens ou serviços a não associados, para atender aos objetivos sociais; ou

III – de participação em sociedades não cooperativas, para atendimento aos próprios objetivos e de outros, de caráter acessório ou complementar".

O regramento coincide, no alcance, com a regra matriz, que se encontra no art. 111 da Lei nº 5.764/1971: "Serão considerados como renda tributável os resultados positivos obtidos pelas cooperativas nas operações de que tratam os artigos 85, 86 e 88 desta Lei".

Os mencionados arts. 85, 86 e 88 encerram as seguintes exceções de operações praticadas por cooperativas, e que impõem a incidência do imposto de renda:

- aquisição, pelas cooperativas agropecuárias e de pesca, de produtos de não associados, agricultores, pecuaristas ou pescadores, para completar lotes destinados ao cumprimento de contratos ou suprir capacidade ociosa de instalações industriais das cooperativas que as possuem;
- fornecimento de bens e serviços a não associados, desde que tal faculdade atenda aos objetivos sociais e esteja em conformidade com a lei;
- participação em sociedades não cooperativas para atendimento dos próprios objetivos e de outros de caráter acessório ou complementar.

Escreve, a respeito, Celso Marcelo de Oliveira: "No art. 111 da Lei nº 5.764/1971 – Das Disposições Gerais e Transitórias – serão considerados como renda tributável os resultados positivos obtidos pelas cooperativas nas operações que tratam os artigos 85, 86 e 88, ou seja, apenas serão levados à tributação a proporcionalmente às pessoas físicas não associadas".[5]

Nessas situações há a exigibilidade do imposto de renda, que, aliás, não se revelam as únicas. Com efeito, a Lei nº 8.541, de 23.12.1992, em seu art. 1º, impõe o imposto de renda sobre os resultados decorrentes de atividades estranhas ao objeto ou às finalidades da cooperativa, o que também é confirmado pelo art. 194 do Regulamento do Imposto de Renda (Decreto nº 9.580/2018), ao contemplar que "as sociedades cooperativas que obedecerem ao disposto em legislação específica pagarão o imposto sobre a renda calculado sobre os resultados positivos das operações e das atividades estranhas à sua finalidade, tais como (Lei nº 5.764, de 1971, art. 85 ao art. 88 e art. 111; e Lei nº 9.430, de 1996, art. 1º e art. 2º) (...)".

A não incidência é decorrência do caráter não lucrativo da cooperativa, como se colhe do art. 3º da Lei nº 5.764/1971: "Celebram contrato de sociedade cooperativa as pessoas que reciprocamente se obrigam a contribuir com bens ou serviços para o exercício de uma atividade econômica, de proveito comum, sem objetivo de lucro".

Em vista desse tratamento, pode-se pensar que a não tributação das atividades das cooperativas importa em concorrência em condições de desigualdade com outros tipos de sociedades. Todavia, Wilson Alves Polonio responde negativamente: "É que os resultados apurados pelas sociedades cooperativas (sobras) são tributadas nas pessoas dos associados cooperados, como se eles próprios tivessem produzido tais resultados. E, na verdade, o foram, pois as sociedades cooperativas, não parece demais repetir, não atuam em seu próprio nome, mas em nome dos associados.

---

[5] *Tratado de Direito Empresarial Brasileiro*, ob. cit., p. 708.

Assim, os resultados recebidos pelo cooperado devem ser submetidos à tributação pelo imposto de renda e, no caso do associado ser pessoa jurídica, também pela contribuição social, de forma segregada, ou seja, do ponto de vista tributário, para o associado não há a figura de sobra, mas de receitas e despesas realizadas e incorridas pela sociedade cooperativa em seu nome. De modo que as despesas não dedutíveis, incorridas pela cooperativa, serão indedutíveis na apuração do imposto de renda e/ou contribuição social do cooperado, quando pessoa jurídica".[6]

Com base nos mesmos arts. 85, 86 e 87 da Lei nº 5.764/1971, defende o Superior Tribunal de Justiça que não cabe exigir o imposto de renda da cooperativa quando há excesso de retirada de seus dirigentes:

"A jurisprudência torrencial deste Sodalício, no âmbito das duas Turmas da Seção de Direito Público, é uníssona ao prestigiar os termos da Súmula nº 264 do extinto Tribunal Federal de Recursos. Dessarte, é de reconhecer que as cooperativas não se sujeitam à tributação do imposto de renda por excesso de retirada de seus dirigentes. Iterativos precedentes (REsp. nº 139.154-RS, rel. Min. Franciulli Netto, *DJU* de 04.10.04). Súmula nº 83/STJ.

2. Recurso especial não conhecido.

(...)

Discute-se no presente feito se devem as cooperativas sujeitar-se à tributação do imposto de renda por excesso de retirada de seus dirigentes.

Consolidou-se a jurisprudência da 1ª Seção desta Corte no sentido de aplicar-se o enunciado de nº 264 do Tribunal Federal de Recursos: 'As cooperativas não estão sujeitas à tributação do Imposto de Renda por excesso da retirada de seus dirigentes'.

Nesse diapasão colaciono os seguintes precedentes: (...)

'Tributário. Imposto de renda. Sociedades cooperativas. Excesso de retirada dos dirigentes. Não incidência. Súmula nº 264/TFR. Precedente. STJ.

– As cooperativas não estão sujeitas à tributação do imposto de renda por excesso de retirada de seus dirigentes.

– Recurso não conhecido' (REsp. nº 193.859-RS, rel. Min. Peçanha Martins, *DJU* de 11.06.2001).

'Tributário. Imposto de renda. Não incidência. Excesso de retirada. Cooperativas.

– As cooperativas não estão sujeitas à tributação do Imposto de Renda por excesso de retirada de seus dirigentes.

– Recurso improvido' (REsp. nº 227.919-SC, rel. Min. Garcia Vieira, *DJU* de 07.02.2000).

Cabe referir que, em se tratando de sociedades cooperativas, o cálculo para incidência de tributos ocorrerá quando verificados os resultados das operações das cooperativas com não associados mencionados nos artigos 85, 86 e 87 da Lei nº 5.764/1971.

Observem-se os termos dos supracitados dispositivos infralegais:

'Art. 85. As cooperativas agropecuárias e de pesca poderão adquirir produtos de não associados, agricultores, pecuaristas ou pescadores, para completar lotes destinados ao cumprimento de contratos ou suprir capacidade ociosa de instalações industriais das cooperativas que as possuem.

Art. 86. As cooperativas poderão fornecer bens e serviços a não associados, desde que tal faculdade atenda aos objetivos sociais e estejam de conformidade com a presente lei'.

Parágrafo único. (Revogado pela Lei Complementar nº 130/2009).

---

[6] *Manual das Sociedades Cooperativas*, ob. cit., p. 118.

726 • Direito de Empresa | *Arnaldo Rizzardo*

Art. 87. Os resultados das operações das cooperativas com não associados, mencionados nos artigos 85 e 86, serão levados à conta do Fundo de Assistência Técnica, Educacional e Social e serão contabilizados em separado, de molde a permitir cálculo para incidência de tributos.

Dessarte, mostra-se perfeitamente aplicável, na espécie o enunciado da Súmula nº 264/TRF, reconhecido por inúmeros precedentes dessa Corte, o que enseja a aplicação da Súmula nº 83/STJ:

'Não se conhece de recurso especial pela divergência, quando a orientação do Tribunal se firmou no mesmo sentido da decisão recorrida'".[7]

Em mais um caso:

"A jurisprudência torrencial deste Sodalício, no âmbito das duas Turmas da Seção de Direito Público, é uníssona ao prestigiar os termos da Súmula nº 264 do extinto Tribunal Federal de Recursos. Dessarte, é de reconhecer que as cooperativas não se sujeitam à tributação do imposto de renda por excesso de retirada de seus dirigentes. Iterativos precedentes".[8]

Ao acima exposto, alia-se a disposição do art. 3º da Lei nº 5.764/1971, pelo qual "celebram contrato de sociedade cooperativa as pessoas que reciprocamente se obrigam a contribuir com bens ou serviços para o exercício de uma atividade econômica de proveito comum, sem o objetivo de lucro". O conteúdo da atividade envolve o ato cooperativo, o qual, pela definição do art. 79 da Lei nº 5.764/1971, é aquele realizado entre a cooperativa e os cooperados, ou vice-versa, ou pelas cooperativas entre si, enquanto o ato não cooperativo é o que envolve a cooperativa e as pessoas não associadas: "Denominam-se atos cooperativos os praticados entre as cooperativas e seus associados, entre estes e aquelas e pelas cooperativas entre si quando associadas, para a consecução dos objetivos sociais".

3. O IMPOSTO DE RENDA NAS APLICAÇÕES FINANCEIRAS

Nas aplicações financeiras, incide o imposto de renda, como reconheceu o Superior Tribunal de Justiça, através da Súmula nº 262, aprovada pela 1ª Seção do mesmo Tribunal, em 24.04.2002, e publicada no *DJU* de 07.05.2002, nos seguintes termos: "Incide o Imposto de Renda sobre o resultado das aplicações financeiras realizadas pelas cooperativas".

O tributarista Ênio Meinen dá os argumentos que levaram a essa exegese, colhidos das decisões que redundaram na Súmula acima:

"a) O fato de os rendimentos assim obtidos caracterizarem especulação financeira ou atividades de risco, não se coadunando com a finalidade básica do tipo societário (atividade estranha ao objeto social);

b) o fato de tais receitas não se originarem de atos cooperativos propriamente ditos, assim conceituados nos termos do art. 70 da Lei Cooperativista;

c) o fato de a lei tributária não comportar interpretação extensiva de molde a contemplar tais rendas (salvo situações excepcionais);

d) o fato de a Lei nº 7.450/1985, posterior à Lei nº 5.764/1971, sobre esta prevalecendo, em seu art. 34 prever a incidência definitiva do imposto de renda na fonte sobre os rendimentos de mencionadas operações, alcançando pessoas jurídicas sem exceção".[9]

---

[7]   REsp. nº 125.462-RS, da 2ª Turma do STJ, j. em 14.06.2005.

[8]   REsp. nº 139.154, da 2ª Turma do STJ, j. em 20.05.2004, *DJU* de 04.10.2004.

[9]   "A Súmula 262 do STJ e as Cooperativas de Crédito", *in Problemas Atuais do Direito Cooperativo*, São Paulo, Editora Dialética, 2002, pp. 62-63.

Cap. LII | Os tributos e contribuições incidentes nas operações das cooperativas • **727**

Necessário observar que o art. 34 da Lei nº 7.450/1985 restou revogado pelo Decreto-lei nº 2.394/1987. O dispositivo tratava do imposto de renda sobre os rendimentos e ganhos de capital auferidos por pessoa jurídica. O fato da revogação não importa em concluir que não seja devido o tributo, tanto que a Súmula mencionada persiste.

Em se tratando de cooperativa de crédito, entretanto, havia um entendimento que excepcionava a incidência do imposto de renda, porquanto da essência das mesmas a movimentação de dinheiro, que se executa mediante a captação de recursos, empréstimos e aplicações financeiras, realidade que levaria a afastar a aplicação da Súmula nº 262.

Procurou Ênio Meinen fornecer as razões: "Tal conclusão, por óbvio, não se aplica às cooperativas de crédito, já que, no seu caso, as aplicações financeiras constituem negócio jurídico essencial, fundamental, inserido entre as atividades básicas do ato cooperativo (relacionamento com os associados), ou, ainda, caracterizam atividades regulares, secundando terminologia inserta na ementa do acórdão decorrente do julgamento do REsp. nº 170.371/RS (*DJU* de 14.06.1999), de que foi relator o Min. Demócrito Reinaldo: '(...) Os resultados positivos obtidos em decorrência das atividades regulares das cooperativas estão isentos do pagamento de tributos, inclusive da Contribuição Social sobre o Lucro'".[10]

Quanto à incidência restritamente às cooperativas que não atuam, em face de seu objeto social, no crédito, ficou consolidada a incidência no STJ: "Tributação. Imposto de Renda. Cooperativa. Aplicação financeira. Incidência. As aplicações financeiras, por não constituírem negócios jurídicos vinculados a atividades básicas dos atos cooperativos, sujeitam-se à incidência do imposto de renda".[11]

> "Tributário. Cooperativa. Aplicação financeira. Rendimentos tributados. É considerado como renda tributável o resultado obtido pelas cooperativas decorrentes de aplicações financeiras. Recurso provido".[12]

Havia decisões que afastavam a incidência em qualquer situação: "Tributário. Aplicações financeiras. Se, entre duas interpretações, o regulamento do imposto de renda, baixado por decreto, adota aquela que favorece o contribuinte, o Fisco não pode desconsiderá-la, exigindo o tributo à base da outra; tudo porque a interpretação da lei, pelo chefe do Poder Executivo, vincula os órgãos hierarquicamente subordinados e, quando ela é manifestada por decreto, sobrepõe-se, também, formalmente às demais manifestações da Administração. Hipótese em que, muito embora a Lei nº 5.764, de 1971, também autorize o entendimento de que o resultado das aplicações financeiras feitas por cooperativas está sujeito ao imposto de renda, o Decreto nº 85.450, de 1980, que a regulamentou, e que tem caráter de norma complementar (CTN, art. 100, I), fez por excluí-lo do campo de incidência do tributo. Recurso Especial conhecido e improvido".[13]

No caso, dominaria o princípio de que o privilégio fiscal concedido às cooperativas adviria da natureza não lucrativa que é própria às cooperativas.

---

[10]   "A Súmula 262 do STJ e as Cooperativas de Crédito", trabalho citado, p. 76.
[11]   REsp. nº 78.661/95-PR, da 1ª Turma, *DJU* de 04.03.1996.
[12]   REsp. nº 58.265/94-SP, da 1ª Turma, *DJU* de 25.03.1994.
[13]   REsp. nº 88.179-PR, j. em 21.04.1998, *DJU* de 31.08.1998.

No entanto, em embargos de divergência opostos no mesmo julgado, o STJ pacificou a matéria, optando pela incidência, também na hipótese:

"Tributário. Repetição de indébito. Cooperativa. Aplicações de sobras de caixa no mercado financeiro. Negócio jurídico que extrapola a finalidade básica dos atos cooperativos. Imposto de renda. Incidência.

A atividade desenvolvida junto ao mercado de risco não é inerente à finalidade a que se destinam as cooperativas. A especulação financeira, como forma de obtenção do creditamento da entidade, não configura ato cooperativo e extrapola dos seus objetivos institucionais.

A aplicação de sobra de caixa no mercado financeiro, efetuadas pelas cooperativas, por não constituírem negócios jurídicos vinculados à finalidade básica dos atos cooperativos, sujeitam-se à incidência do imposto de renda.

Embargos de divergência recebidos, por maioria".[14]

Parece que, com a Súmula nº 262, dada a redação genérica de seus termos, sempre incide o tributo, em havendo aplicações no mercado financeiro.

4. INCIDÊNCIA DO ICMS NAS OPERAÇÕES DAS COOPERATIVAS

O ICMS é o imposto sobre operações relativas à circulação de mercadorias e sobre prestações de serviços de transporte interestadual e intermunicipal e de comunicação, ainda que as operações e as prestações se iniciem no exterior (art. 155, II, da Constituição Federal). Há o imposto pelo fato da circulação de mercadorias e pela prestação de serviços de transporte e comunicação.

O fato gerador, pois, se assenta na circulação de mercadorias, na prestação de serviços de transporte e de comunicações.

Consoante o art. 121 do Código Tributário Nacional (Lei nº 5.172, de 25.10.1966), figura como contribuinte o sujeito passivo que tenha uma relação pessoal e direta com a circulação de mercadorias e a prestação dos citados serviços.

Nos termos do art. 4º da Lei Complementar nº 87, de 13.09.1996, tratando de normas relativas ao ICMS, é contribuinte "qualquer pessoa, física ou jurídica, que realize, com habitualidade ou em volume que caracterize intuito comercial, operações de circulação de mercadoria ou prestação de serviços de transporte interestadual e intermunicipal e de comunicação, ainda que as operações se iniciem no exterior".

Quanto às cooperativas, em especial as de consumo, sustenta ponderável corrente doutrinária que não incide o imposto, eis que os bens são adquiridos, através da cooperativa, pelos próprios associados. Ou, justifica-se, a cooperativa adquire bens em nome de seus integrantes, faltando a característica de mercantis. Não está incluído nas operações o elemento 'lucro'. Somente se a venda feita pela cooperativa é para terceiros não cooperados verifica-se o fato gerador, recaindo a imposição da exigibilidade. É exemplo dessa linha o pensamento de Roque Antonio Carrazza: "Considerar circulação a transferência de mercadorias de um estabelecimento para outro do mesmo proprietário, é tanto quanto afirmar que o dinheiro circula quando Pedro o passa da mão direita para a mão esquerda. Em nenhuma dessas duas hipóteses o bem sai do poder da pessoa com quem está,

---

[14] Embargos de Divergência no REsp. nº 88.179-PR, j. em 21.05.1999, rel. Min. Demócrito Reinaldo, *DJU* de 21.02.2000.

embora os percursos sejam de diferentes extensões. E inexistindo transmissão de uma a outra pessoa, já não há circulação".[15]

O STF, no entanto, já no passado, em 1963, firmara posição de que é devido o imposto, através da Súmula nº 81: "As cooperativas não gozam de isenção de impostos locais, com fundamento na constituição e nas leis federais".

Em uma decisão que adquiriu notoriedade, reafirmou a orientação: "Inexiste, no caso, ofensa ao art. 146, inc. III, c, da Constituição, porquanto esse dispositivo constitucional não concedeu às cooperativas imunidade tributária, razão por que, enquanto não for promulgada a lei complementar a que ele alude, não se pode pretender que, com base na legislação local mencionada no aresto recorrido, não possa o Estado-membro, que tem competência concorrente em se tratando de direito tributário (art. 24, inc. I, e § 3º, da Carta Magna), dar às cooperativas o tratamento que julgar adequado, até porque tratamento adequado não significa necessariamente tratamento privilegiado. Recurso extraordinário não conhecido".[16]

A jurisprudência do STJ, desde o começo, pendeu para obrigar a incidência:

"O primeiro diploma legal que definiu como contribuintes do tributo as entidades da espécie, foi emitido, por efeito do princípio da recepção, pela EC nº 1/1969, em face do que dispunha esta, no art. 23, § 4º.

A Lei nº 5.764/1971 (art. 7º e parágrafo), sendo de caráter ordinário, era insuscetível não apenas de instituir hipótese de não incidência do tributo, mas também de modificar lei complementar, natureza jurídica que foi reconhecida pelo STF ao Decreto-Lei nº 406/1968. Ademais, a partir da EC 18/1965, a natureza da operação deixou de ser relevante para a caracterização do fato gerador, dando lugar ao fato físico da saída da mercadoria do estabelecimento comercial, industrial ou do produtor".

No voto que levou à ementa, está a razão que leva a exigir o imposto:

"Desde a EC 18/1965, o fato gerador do tributo em questão deixou de ser o contrato de compra e venda de mercadorias, de que figuravam os comerciantes, industriais e produtores e somente eles (cf. Aliomar Baleeiro, *Direito Tributário*, 2ª ed., Rio de Janeiro, Editora Forense, p. 199), para identificá-lo com o próprio fato da saída da mercadoria do estabelecimento do contribuinte.

A partir de então, deixou de ser relevante, para caracterização do fato gerador, a natureza do negócio jurídico que determinou a saída, considerando-se para isso tão somente o fato físico da saída da mercadoria do estabelecimento comercial, industrial ou do produtor.

Diante dessa constatação, é de concluir-se que a Lei nº 5.764/1971 não teve o efeito pretendido pela recorrida, de excluir da tributação do ICM os fornecimentos por ela feitos a seus associados, sendo, ademais, de acrescentar-se que, tratando-se de lei ordinária, não somente poderia revogar dispositivo do Decreto-Lei nº 406/1968, que, como se disse, tem força de lei complementar, mas também era insuscetível de estabelecer hipótese de não incidência tributária, matéria igualmente reservada à lei complementar (arts. 18, § 1º, 19, § 2º, e 23, § 6º, da CF de 1969)".[17]

Em outras decisões:

"As cooperativas estão sujeitas ao recolhimento do ICM, mesmo sobre as operações realizadas com seus cooperados".[18]

---

[15]   ICMS, 3ª ed., São Paulo, Editora Malheiros, 1997, p. 67.
[16]   Recurso Extraordinário nº 141.800-SP, da 1ª Turma, j. em 1º.04.1997, *DJU* de 03.10.1997.
[17]   REsp. nº 3.211-PR, da 2ª Turma, j. em 15.08.1990, *DJU* de 03.09.1990.
[18]   REsp. nº 38.815-SP, *DJU* de 12.05.1997, da 1ª T., j. em 29.11.1993.

730 • Direito de Empresa | *Arnaldo Rizzardo*

"Cooperativas de consumo. Depósito. Juros e correção monetária. Coisa julgada.

As cooperativas de consumo estão sujeitas ao ICM, inclusive, por suas operações realizadas com seus associados, o que caracteriza o fato gerador (Decreto-Lei nº 406/68, art. 1º, item 1). O depósito não exonera o executado do pagamento dos juros de mora, do acréscimo legal devido nos termos do art. 161 do CTN e da correção monetária, simples atualização do débito (...)"[19]

"Tributário. Cooperativas de consumo. ICM. Incidência. Acréscimo de juros e correção monetária. Firme é a jurisprudência ao admitir que as cooperativas de consumo estão sujeitas ao ICM sobre a venda de mercadorias feita aos seus associados, incluindo também os juros e correção monetária, que representa esta simples atualização do débito".[20]

"Tributário. ICM. Operações efetuadas entre cooperativa e seus associados. Incidência do imposto. Súmula nº 81/STF. Decreto-lei nº 406/68.

Incide o ICM nas operações realizadas entre as cooperativas de consumo e seus associados após a edição do Decreto-lei nº 406/68, conforme jurisprudência do STF já sumulada".[21]

No pertinente às cooperativas de consumo, existe, ainda, a Lei nº 9.532/1997, cujo art. 69 expressamente ordena a exigibilidade do tributo: "As sociedades cooperativas de consumo, que tenham por objeto a compra e fornecimento de bens aos consumidores, sujeitam-se às mesmas normas de incidência de impostos e contribuições de competência da União, aplicáveis às demais pessoas jurídicas".

5. ICMS NAS OPERAÇÕES DAS COOPERATIVAS DE PRODUTORES

A circulação de mercadorias realizadas dentro dos Estados, envolvendo a remessa pelos cooperados para as cooperativas, mereceu tratamento diferente.

A situação desenrola-se com a entrega de produtos pelos cooperados, que as cooperativas os recebe e os beneficia, ou os transforma em outros produtos, efetuando-se, num passo seguinte, a comercialização.

Não é pago o imposto no momento da saída dos estabelecimentos, isto é, das cooperativas, e sim numa etapa posterior, da responsabilidade de quem recebe as mercadorias. Há, pois, o diferimento do imposto.

Com a figura do diferimento, transfere-se a exigência do tributo para momento posterior ao momento em que se dá o fato gerador.

Trata-se, na prática, da suspensão do pagamento do imposto para momento subsequente, em obediência ao que ordena a legislação ordinária ou comum.

Este tratamento restringe-se às operações realizadas dentro da mesma Unidade Federativa da União. Não alcança a remessa de produtos para Unidades Federativas diferentes.

Havendo o pagamento de imposto pelos produtores, gera-se um crédito formado pelas aquisições das cooperativas, decorrendo o direito ao aproveitamento do mesmo pela cooperativa dos produtores quando da comercialização dos produtos, no entender de Wilson Alves Polonio: "Entendemos que, nesta situação de diferimento, os créditos de ICMS gerados pelas aquisições efetuadas pelos cooperados devem ser aproveitados pelas

---

[19]   REsp. nº 2.389-90-SP, da 1ª Turma, *DJU* de 30.11.1992.
[20]   REsp. nº 7.734-91-SP, da 2ª Turma, *DJU* de 1º.08.1994.
[21]   REsp. nº 12.523-91-PR, da 2ª Turma, *DJU* de 23.08.1993.

cooperativas de produtores, quando da comercialização dos produtos de seus associados, em prestígio ao princípio da não cumulatividade. Assinala-se, sob este aspecto, que o Estado de São Paulo possui disposição regulamentar possibilitando a transferência de créditos do ICMS entre estabelecimentos de cooperativas e seus cooperados, localizados neste Estado, conforme art. 70, inciso III, alínea *a*, do Regulamento do ICMS – Decreto nº 45.490/2000. Tal processo de transferência permite que as cooperativas possam abater do imposto estadual incidente nas operações de venda das mercadorias de seus cooperados os respectivos créditos antes detidos por estes últimos".[22]

Encontra fulcro este tratamento no Convênio ICMS nº 66/1988, que regulou o ICMS provisoriamente por imposição do art. 34, § 8º, Atos das Disposições Constitucionais Transitórias.

O STJ endossou a inteligência acima:

"Tributário. ICMS. Entrada e saída de cana-de-açúcar. Exportação. Cooperativas. Base de cálculo para recolhimento do ICMS diferido fixada em portaria. RICMS do Estado de São Paulo.

1. Não encontra amparo jurídico a pretensão do fisco em exigir a cobrança do ICMS de cana-de-açúcar aplicada em produtos industrializados (álcool e açúcar) e exportados para o exterior por cooperativas que, em razão de mercadoria lhe ter sido remetida por cooperados com diferimento do imposto, assumiram, como substituto tributário, a responsabilidade pelo recolhimento do tributo, tendo como base de cálculo o valor fixado para cada saca de açúcar ou quantidade de álcool, mediante portaria e para fins de exportação, por órgão federal.

2. A base de cálculo para a cobrança do ICMS deve ser a prevista em lei, no caso, o valor da operação mercantil ocorrida, isto é, a celebrada entre fornecedores e cooperados e devidamente registrada nos livros contábeis da empresa, nos termos do que determina o art. 2º do Decreto-Lei nº 406/68, reiterado pelo item III, do art. 4º, do Convênio 66/88.

3. A relação fisco-contribuinte deve se desenvolver sob a mais ampla proteção da segurança jurídica, o que só é alcançado com o absoluto respeito ao princípio da legalidade tributária.

4. Recurso conhecido e provido".[23]

Toda a argumentação acima tem amparo inclusive no parágrafo único do art. 79 da Lei nº 5.764/1971, pelo qual "o ato cooperativo não implica operação de mercado, nem contrato de compra e venda de produtos ou mercadoria".

6. IMPOSTO SOBRE PRODUTOS INDUSTRIALIZADOS NAS ATIVIDADES DAS COO-PERATIVAS

Em consonância com o art. 153, inc. IV, da Carta Federal, está na competência da União instituir o imposto sobre produtos industrializados. Vários os princípios que o regem, listados no § 3º do mesmo artigo, sendo eles:

> I – será seletivo, em função da essencialidade do produto;
>
> II – será não cumulativo, compensando-se o que for devido em cada operação com o montante cobrado nas anteriores;

---

[22] *Manual das Sociedades Cooperativas*, ob. cit., p. 180.
[23] REsp. nº 85.986-SP, da 1ª Turma, j. em 26.06.1997, *DJU* de 24.11.1997, *in Revista do Superior Tribunal de Justiça*, 104/108.

III – não incidirá sobre produtos industrializados destinados ao exterior;

IV – será reduzido seu impacto sobre a aquisição de bens de capital pelo contribuinte do imposto, na forma da lei.

O Código Tributário Nacional (Lei nº 5.172, de 25.10.1966) disciplina o tributo nos arts. 46 a 51. Todavia, submete-se à Lei nº 4.502/1964, ao Decreto-lei nº 34/1966, e ao regulamento instituído pelo Decreto nº 7.212, de 15.06.2010, que substituiu o Decreto nº 4.544, de 26.12.2002. Seu art. 4º caracteriza a operação que faz surgir o mencionado imposto (não se olvidando que, sob a Lei nº 4.502/1964, a denominação era 'Imposto de Consumo', passando a chamar-se 'Imposto sobre Produtos Industrializados com o Decreto-lei nº 34/1966): aquela que modifica a natureza, o funcionamento, o acabamento, a apresentação ou a finalidade de um produto ou atividade que o aperfeiçoe para o consumo. As espécies de operações referidas compreendem a transformação, o beneficiamento, a montagem, o acondicionamento, a renovação ou o recondicionamento da matéria e dos bens.

Incide o tributo sempre que verificada a saída do produto industrializado do estabelecimento industrial ou equiparado. Assim, pelo art. 24 do Decreto nº 7.212/2010, são obrigados ao pagamento do imposto como contribuinte:

I – o importador, em relação ao fato gerador decorrente do desembaraço aduaneiro de produto de procedência estrangeira (Lei nº 4.502, de 1964, art. 35, inciso I, alínea *b*);

II – o industrial, em relação ao fato gerador decorrente da saída de produto que industrializar em seu estabelecimento, bem como quanto aos demais fatos geradores decorrentes de atos que praticar (Lei nº 4.502, de 1964, art. 35, inciso I, alínea *a*);

III – o estabelecimento equiparado a industrial, quanto ao fato gerador relativo aos produtos que dele saírem, bem como quanto aos demais fatos geradores decorrentes de atos que praticar (Lei nº 4.502, de 1964, art. 35, inciso I, alínea *a*); e

IV – os que consumirem ou utilizarem em outra finalidade, ou remeterem a pessoas que não sejam empresas jornalísticas ou editoras, o papel destinado à impressão de livros, jornais e periódicos, quando alcançado pela imunidade prevista no inciso I do art. 18 (Lei nº 9.532, de 1997, art. 40).

Conforme o parágrafo único do mesmo art. 24, considera-se contribuinte autônomo qualquer estabelecimento de importador, industrial ou comerciante, em relação a cada fato gerador que decorra de ato que praticar (Lei nº 5.172, de 1966, art. 51, parágrafo único).

O art. 9º, inc. VII, do mesmo diploma, equipara ao estabelecimento industrial os estabelecimentos atacadistas e as cooperativas de produtores que derem saída a bebidas alcoólicas e outros produtos que classifica.

O art. 11, no inc. II, do Decreto nº 7.212/2010 equipara as cooperativas ao estabelecimento industrial: "Equiparam-se a estabelecimento industrial, por opção: (...) – as cooperativas constituídas nos termos da Lei nº 5.764, de 16 de dezembro de 1971, que se dedicarem à venda em comum de bens de produção, recebidos de seus associados para comercialização".

Não existe, portanto, algum diploma legal que afaste o imposto nas atividades produtivas das cooperativas.

A base de cálculo é o valor da operação de saída da mercadoria, ou, na sua falta, o seu valor corrente no mercado atacadista da praça do remetente. Acresce-se ao valor o custo do frete e outras despesas acessórias, ficando afastados os descontos ou abatimentos concedidos.

Há uma tabela dos produtos tributáveis, denominada Tabela de Incidência do Imposto sobre Produtos Industrializados – TIPI, com as respectivas alíquotas.

7. IMPOSTO SOBRE SERVIÇOS DE QUALQUER NATUREZA

Esse imposto é municipal e consta introduzido no art. 156, inc. III, da Constituição Federal, em redação da Emenda Constitucional nº 3, de 1993, tendo como fato gerador a prestação de serviços, sendo devido no local do estabelecimento prestador, ou, na ausência deste, no do domicílio do prestador. A regulamentação está na Lei Complementar nº 116, de 31.07.2003, alterada pela Lei Complementar nº 157/2016.

Todo prestador de serviços é contribuinte, excetuados, nos termos do art. 5º da citada Lei, os que prestam serviços com relação de emprego; os trabalhadores avulsos; os diretores ou membros de conselho consultivo ou de conselho fiscal de sociedades e fundações; e os sócios-gerentes e os gerentes-delegados.

Em anexo à Lei, há uma relação de quarenta itens, desdobrados em subitens, perfazendo um total de 199 atividades.

A alíquota pode variar entre dois e cinco por cento, tendo como base de cálculo o preço do serviço, que se define como o valor exigido pela sua realização.

As cooperativas tornam-se obrigadas a recolher o imposto unicamente quando prestam serviços a terceiros. Se prestados os serviços para os cooperados, ou portando a natureza de cooperativados os atos, não há a tributação. No entanto, se os associados de cooperativas de trabalho prestarem serviços na qualidade de trabalhadores autônomos, enquadram-se como obrigados tributários, devendo inscrever-se nos órgãos municipais como contribuintes. De observar, no caso, que fazem parte de cooperativa, que os congrega e defende seus interesses, ao mesmo tempo em que se estabelecem com a prestação de serviço próprio. Todavia, se a cooperativa coordena as atividades, unicamente ela se inscreverá no cadastro.

Sobre o assunto, ponderou o Superior Tribunal de Justiça:

"1. As cooperativas organizadas para fins de prestação de serviços médicos praticam, com características diferentes, dois tipos de atos: a) atos cooperados consistentes no exercício de suas atividades em benefício dos seus associados que prestam serviços médicos a terceiros; b) atos não cooperados de serviços de administração a terceiros que adquiram seus planos de saúde.

2. Os primeiros atos, por serem típicos atos cooperados, na expressão do art. 79 da Lei nº 5.764, de 16 de dezembro de 1971, estão isentos de tributação. Os segundos, por não serem atos cooperados, mas simplesmente serviços remunerados prestados a terceiros, sujeitam-se ao pagamento de tributos, conforme determinado no art. 87 da Lei nº 5.764/71.

3. As cooperativas de prestação de serviços médicos praticam, na essência, no relacionamento com terceiros, atividades empresariais de prestação de serviços remunerados.

4. Incidência do ISS sobre os valores recebidos pelas cooperativas médicas de terceiros, não associados, que optam por adesão aos seus planos de saúde. Atos não cooperados".

734 • Direito de Empresa | *Arnaldo Rizzardo*

Acontece que, na hipótese, justifica o voto, "os médicos são os reais prestadores dos serviços a terceiros, formando uma relação autônoma para a qual são remunerados pela própria cooperativa; os terceiros recebem serviços de administração praticados pela cooperativa para que a assistência médica lhe seja entregue. Em outras palavras, a cooperativa é uma aglutinadora dos serviços a serem prestados a terceiros pelos seus associados (cooperados)".[24]

Em mais decisões da mesma Corte:

"ISS. Cooperativa de serviços médicos. Essas entidades não exercem qualquer espécie de serviços ou fornecimentos de mão de obra, mercê de não visarem o fim lucrativo ensejador da incidência. A forma de associação corporativa implica impor a obrigação tributária aos médicos cooperativados pelos serviços que prestam. Acaso as cooperativas empreendam a venda de planos de saúde com o intuito de lucro devem pagar IOF, excluído, portanto, o ISS, pela ausência de tipicidade do fato gerador e pela interdição de que o mesmo fato possa sustentar duas exações. Ressalva do entendimento do relator. Entretanto, o entendimento firmado nesta 1ª Turma afirma a incidência do ISS sobre valores recebidos pelas cooperativas médicas de terceiros, não associados, que optam pela adesão aos seus planos de saúde. Recurso desprovido, com a ressalva do entendimento do relator".[25]

"ISS. Cooperativa médica sem fins lucrativos.

Não estão obrigadas ao recolhimento do ISS as cooperativas, constituídas para prestar serviços a seus associados, sem fins lucrativos. A correção monetária na repetição de indébito é calculada nos termos da Súmula nº 46 do extinto TFR. Recurso improvido".[26]

A cooperativa representa os prestadores de serviços, nada cobrando como remuneração, mas apenas se reembolsando dos custos resultantes.

De ressaltar a diferença quando os serviços são prestados a terceiros que não cooperados:

"Tributário. ISS. Cooperativa médica. Caráter empresarial (atos não cooperados). Incidência. Precedentes. As cooperativas de prestação de serviços médicos praticam atos empresariais de prestação de serviços remunerados, prestados a terceiros, sujeitos à incidência do ISS, conforme determina o art. 87 da Lei nº 5.764/71. Recurso Especial não conhecido".[27]

"Tributário. ISS. Cooperativa médica. Ato cooperado. Isenção.

1. As cooperativas podem praticar atos cooperados, ao coordenar e planejar o trabalho de seus associados, os quais recebem pelo trabalho realizado, com isenção de tributos, nos termos da Lei nº 5.764/71, art. 79.

2. Diferentemente, podem as cooperativas na captação de clientes firmar com estes ato negocial, vendendo planos de saúde, recebendo dos terceiros importância pelo serviço realizado, sem isenção alguma porque de ato cooperado não se trata.

3. Hipótese dos autos em que a cooperativa age intermediando os serviços de seus próprios associados, os médicos, reunidos em prol de um trabalho comum, exercendo verdadeiro ato cooperativo.

4. Recurso especial improvido".[28]

---

[24] REsp. nº 254.549-CE, da 1ª Turma, j. em 17.08.2000, *DJU* de 18.09.2000.
[25] REsp. nº 332.148-RR, da 1ª Turma, *DJU* de 24.06.2002.
[26] REsp. nº 33.260/93-SP, da 1ª Turma, *DJU* de 07.06.1993.
[27] REsp. nº 235.654-RR, da 2ª Turma, *DJU* de 13.05.2002.
[28] REsp. nº 487.854-SP, da 2ª Turma, *DJU* de 23.08.2004.

Oportuno o pensamento, sobre o assunto, de Betina Treiger Grupenmacher, que se bate pela não incidência:

"São, portanto, duas as razões que impedem as administrações fazendárias municipais de cobrar o ISS em relação ao ato cooperativo praticado pelas cooperativas de trabalho. A uma, não se opera, relativamente ao mesmo, o fenômeno da incidência, pois a natureza jurídica do mencionado ato que é 'representar o cooperado' não se subsume à hipótese de incidência do ISS, ficando obstada a incidência da respectiva regra de tributação. A duas, ainda que se vislumbre alguma forma de prestação de serviços na atividade desenvolvida pelas cooperativas de trabalho em relação aos seus cooperados, essa atividade é gratuita, posto que despida de base de cálculo e também por esta razão não se dará a incidência da regra de tributação".[29]

Corrobora, em idêntica linha, o pensamento de Helder Gonçalves Lima:

"Com efeito, a prestação de serviços realizada pela cooperativa aos próprios associados configura, em verdade, 'operação interna', praticada dentro do âmbito jurídico cooperativo, onde não há elemento estranho à esfera jurídica desta sociedade. Infere-se, portanto, que no cooperado não se materializa a figura de tomador, que há de ser necessariamente um terceiro, estranho à sociedade. Cooperado não é terceiro em relação à cooperativa, em absoluto".[30]

Trilha na mesma linha Walmor Franke: "O imposto sobre serviços de qualquer natureza não incide sobre a Cooperativa de Serviços Médicos (...) O fato de os médicos cooperados ou cooperadores pagarem o ISSQN, individualmente, como profissionais autônomos, afasta a pretensão de submetê-los a igual tributação na sua qualidade de sócios da Cooperativa. Seria um *bis in idem* repelido pelo direito fiscal".[31]

8. CONTRIBUIÇÃO AO PROGRAMA DE INTEGRAÇÃO SOCIAL – PIS

O Programa de Integração Social nasceu com a Lei Complementar nº 7, de 07.09.1970, tendo como finalidade a criação de um fundo para a integração do empregado na vida e no desenvolvimento da empresa. Estabelecida a contribuição no fato gerador do faturamento, ou da receita que ingressa, se agrega ao patrimônio do contribuinte.

A Lei nº 9.715, de 1998, firmou a obrigatoriedade das cooperativas na contribuição, estabelecendo alíquotas e base de cálculo. Com a Lei nº 9.718/1998, a base de cálculo passou a abranger a totalidade das receitas da pessoa jurídica para fins de incidência, alcançando também as cooperativas. Já a Medida Provisória nº 2.158-35, de 24.08.2001, introduziu como base de cálculo a folha de pagamento dos salários, na alíquota de 1%, e os atos não cooperativos, na alíquota 0,65%. Anotam Fábio Junqueira de Carvalho e Maria Inês Murgel que "a Medida Provisória nº 66/2002 trouxe também importante mudança na sistemática do PIS, instituindo a regra da não cumulatividade e alterando a alíquota de 0,65%. Entretanto, as sociedades cooperativas foram expressamente excluídas desta nova sistemática de apuração do PIS pelo inciso I, do art. 8º".[32]

---

[29] "ISS sobre Cooperativas de Trabalho", *in Problemas Atuais do Direito Cooperativo*, São Paulo, Editora Dialética, 2002, p. 43.

[30] "Atos cooperativos e sua tributação pelo ISS à luz da Teoria Geral do Direito", *in Problemas Atuais do Direito Cooperativo*, São Paulo, Editora Dialética, 2002, p. 121.

[31] "ISS e Cooperativas", *in Revista de Direito Tributário*, São Paulo, Editora Revista dos Tribunais, vols. 17-18, p. 102.

[32] "A base de cálculo do PIS e da COFINS para sociedades cooperativas", *in Problemas Atuais do Direito Cooperativo*, São Paulo, Editora Dialética, 2002, p. 83.

736 • Direito de Empresa | *Arnaldo Rizzardo*

A Medida Provisória nº 66/2002 restou convertida na Lei nº 10.637/2002, ao passo que a Medida Provisória nº 2.158-35/2001 ainda persiste.

O art. 15 da Medida Provisória nº 2.158-35/2001 excluiu, na base de cálculo, as seguintes situações:

I – Os valores repassados aos associados, decorrentes da comercialização de produto por eles entregue à cooperativa;

II – as receitas de venda de bens e mercadorias a associados;

III – as receitas decorrentes da prestação, aos associados, de serviços especializados, aplicáveis na atividade rural, relativos a assistência técnica, extensão rural, formação profissional e assemelhadas;

IV – as receitas decorrentes do beneficiamento, armazenamento e industrialização de produção do associado;

V – as receitas financeiras decorrentes de repasse de empréstimos rurais contraídos junto a instituições financeiras, até o limite dos encargos a estas devidos.

Quanto ao inc. II, por força do § 1º, restringe-se a exclusão às receitas decorrentes da venda de bens e mercadorias vinculados diretamente à atividade econômica desenvolvida pelo associado e que seja objeto da cooperativa.

As determinações acima perduram. Sobre as exclusões, anota José Eduardo Soares de Melo, tendo como base a Medida Provisória nº 66/2002: "A Medida Provisória nº 66/2002 (art. 8º, I) mantém as normas concernentes às cooperativas (regras indicadas no parágrafo anterior), que também poderão excluir da base de cálculo as sobras apuradas na Demonstração do Resultado do Exercício, antes da destinação para a constituição do Fundo de Reservas e do Fundo de Assistência Técnica, Educacional e Social; sendo que as sobras líquidas somente serão computadas na receita bruta da atividade rural do cooperado quando a este creditadas, distribuídas ou capitalizadas".

Em relação às cooperativas de crédito, há mais exclusões, conforme expõe o mesmo autor: "De modo específico, as sociedades cooperativas de crédito também poderiam excluir: a) as despesas incorridas nas operações de intermediação financeira; b) as despesas de obrigações por empréstimos; c) deságio na colocação de títulos; d) perdas com títulos de renda fixa e variável; e) perdas com ativos financeiros e mercadorias, em operações de *hedge*".[33]

No pertinente às sobras, conveniente especificar a exclusão contemplada pela Lei nº 10.676, de 22.05.2003. Estabelece seu art. 1º: "As sociedades cooperativas também poderão excluir da base de cálculo da contribuição para o PIS/PASEP e da COFINS, sem prejuízo do disposto no art. 15 da Medida Provisória nº 2.158-35, de 24 de agosto de 2001, as sobras apuradas na Demonstração do Resultado do Exercício, antes da destinação para a constituição do Fundo de Reserva e do Fundo de Assistência Técnica, Educacional e Social, previstos no art. 28 da Lei nº 5.764, de 16 de dezembro de 1971".

Ainda, o § 1º: "As sobras líquidas da destinação dos Fundos referidos no *caput* somente serão computadas na receita bruta da atividade rural do cooperado quando a este creditadas, distribuídas ou capitalizadas pela sociedade cooperativa de produção agropecuária".

---

[33] "PIS e COFINS sobre o Ato Cooperativo", *in Problemas Atuais do Direito Cooperativo*, São Paulo, Editora Dialética, 2002, p. 163.

Cap. LII | Os tributos e contribuições incidentes nas operações das cooperativas • **737**

Assim, tal exclusão beneficia as cooperativas que se dedicam à atividade rural. Quanto às demais sociedades cooperativas, o § 2º limita a exclusão "aos valores destinados à formação dos Fundos nela previstos".

Sobre a natureza das sobras, oportuna a lembrança de Fábio Junqueira de Carvalho e Maria Inês Murgel: "Importante frisar que estas sobras não têm para o cooperado a natureza de nova receita, e sim de reembolso de despesas, pois decorre necessariamente dos valores pagos a maior pelos cooperados à cooperativa, para fins de custear as despesas administrativas da cooperativa. Nesse sentido foi o entendimento do Tribunal Regional Federal da 4ª Região (Apelação em Mandado de Segurança nº 2000.70.03.002750-2/PR, j. em 13.06.2002)".[34]

A jurisprudência, em outros casos, já se manifestou sobre a obrigatoriedade do recolhimento, convindo ressaltar, no entanto, conforme se analisará no item 10 adiante, que domina o entendimento de que não cabe o recolhimento:

"Agravo regimental. Agravo de instrumento. Contribuição para o PIS. Entidades sem fins lucrativos. Cooperativas. Lei Complementar nº 7/70. Resolução nº 174/71 do Conselho Monetário Nacional. Alíquota de 1% sobre a folha de salários mensal. Ofensa ao princípio da legalidade. Entendimento prevalente em ambas as Turmas da 1ª Seção (...)

(...) Impõe-se considerar que, não obstante as resoluções impugnadas não sejam válidas em face da Lei Complementar nº 7/70, esta, por outro lado, tem plena aplicação, motivo pelo qual podem ser cobradas das cooperativas tanto a contribuição para o PIS sobre o faturamento, quando exercerem atividades lucrativas (atos não cooperativos), nos termos do artigo 3º, letra 'b', como aquela calculada com base no imposto de renda devido pelo faturamento obtido com essas atividades, como dispõe a letra 'a' do citado dispositivo, em decorrência da interpretação do artigo 111 da Lei nº 5.764/71 (...)

(...) Como se pode observar, o artigo 3º da Lei Complementar nº 7/70, inicialmente, descreve as parcelas que comporão o Fundo de Participação: a primeira, mediante dedução do Imposto de Renda devido e a segunda, com base no faturamento.

Em seguida, nos §§ 3º e 4º, esclarece a Lei Complementar a situação daquelas empresas isentas do imposto de renda (§ 3º) e daquelas cujos fins não são lucrativos, como é o caso das cooperativas (§ 4º). Estabelece, para esta última hipótese, que são sujeitos passivos da contribuição para o PIS as entidades sem fins lucrativos que tenham empregados nos termos da legislação trabalhista, *verbis*: '§ 4º As entidades de fins não lucrativos, que tenham empregados assim definidos pela legislação trabalhista, contribuirão para o Fundo na forma da lei'".[35]

"O acórdão *a quo*, reformando a sentença, concedeu a segurança pleiteada apenas em parte, ao entendimento de que o art. 111 da Lei nº 5.764/71 não assegura às cooperativas isenção tributária relativamente aos atos cooperativos, bem assim que a MP nº 1.858/99 e suas reedições, que modificaram a regra da isenção das sociedades cooperativas do recolhimento do PIS, não possuem qualquer eiva de inconstitucionalidade, rejeitando-se, ainda, a inconstitucionalidade da Lei nº 9.718/98".[36]

Havendo sociedades de cooperativas, e efetuadas as vendas em comum, aquela que efetuar a comercialização da produção responsabiliza-se pelo recolhimento da contribuição

---

[34] "A base de cálculo do PIS e da COFINS para sociedades cooperativas", *in Problemas Atuais do Direito Cooperativo*, ob. cit., pp. 90-91.

[35] AgRg no Agravo de Instrumento nº 637.312-RS, da 2ª Turma do STJ, j. em 1º.03.2005, *DJU* de 30.05.2005.

[36] AgRg no REsp. nº 704.942, j. em 05.04.2005, da 1ª Turma, *DJU* de 02.05.2005.

do PIS, e inclusive da COFINS, de acordo com art. 66 da Lei nº 9.430, de 30.12.1996, embora, quanto a esta última, domine a sua não incidência, como se verá no item seguinte.

Apesar da *ratio* acima, faz-se sentir forte corrente, defendendo a não incidência, despontando a argumentação de Jorge Eduardo Soares de Melo: "Os valores auferidos não constituem receitas não só porque não se incluem no âmbito do faturamento, mas também porque representam meros ingressos temporários em seus patrimônios, sem acréscimo nos ativos ou decréscimos nos passivos, de conformidade com os princípios de contabilidade, e que possam alterar o patrimônio líquido".

Invoca o autor a doutrina de Aires Fernando Barreto para fundamentar que os ingressos nas cooperativas não formam receita: "'Nem todos os valores que entram nos cofres das empresas são receitas. Os valores que transitam pelo caixa das empresas (ou pelos cofres públicos) podem ser de duas espécies: os que configuram receitas e os que se caracterizam como meros ingressos (que, na Ciência das Finanças, recebem a designação de movimento de fundo ou de caixa).

Ingressos envolvem tanto as receitas como as somas pertencentes a terceiros (valores que integram o patrimônio de outrem). São aqueles valores que não importam modificação no patrimônio de quem os recebe, para posterior entrega a quem pertencem. Apenas os aportes que incrementam o patrimônio, como elemento novo e produtivo são receitas' ("ISS – atividade meio e serviço fim", *in Revista Dialética de Direito Tributário*, nº 5, p. 85)".[37]

Há razoabilidade no pensamento, porquanto se os ingressos são dos associados, não se incorporam no patrimônio da cooperativa, levando a inexistir o fato gerador. Retira-se coerente a não incidência.

Decorre a eiva de inconstitucionalidade a exigência da obrigação, com ofensa ao art. 146, parágrafo único, da Carta Maior, já que maculado resta o caráter da pessoalidade dos tributos; fica, também, violada exigência de sua graduação segundo a capacidade econômica do contribuinte, visto que, se não ingressa receita, como impor o dever de contribuir?

Neste rumo de entendimento, volta-se a ver o posicionamento do STJ em subitem adiante.

9. CONTRIBUIÇÃO PARA FINANCIAMENTO DA SEGURIDADE SOCIAL – COFINS

Veio essa contribuição instituída pela Lei Complementar nº 70, de 1991, estabelecendo a incidência da contribuição na alíquota de 2% sobre o faturamento das pessoas jurídicas, assim considerado como a receita bruta das vendas de mercadorias, de mercadorias e serviços e de serviços de qualquer natureza. Todavia, o fundamento da exigibilidade está no art. 195, inc. I, letra *b*, da Carta Federal, na redação da Emenda nº 20, de 1998, que tratou da contribuição do empregador, da empresa e da entidade a ela equiparada, na forma da lei, incidente sobre a receita ou o faturamento.

Através da Lei nº 9.718, de 27.11.1998, a COFINS torna-se exigida de todas as pessoas jurídicas de direito privado, na alíquota de 3% (art. 8º), também recaindo sobre o faturamento da receita bruta, isto é, sobre todos os valores que ingressam, sem importar o tipo de atividade exercida e a classificação contábil.

---

[37] "PIS e COFINS sobre o Ato Cooperativo", *in Problemas Atuais do Direito Cooperativo*, obra citada, p. 165.

Em relação às cooperativas, a citada Lei Complementar nº 70/1991, no art. 7º, isentou-as da contribuição. Tal isenção veio revogada pela Medida Provisória nº 1.858-6, de 29.06.1999, medida provisória esta que evoluiu para a Medida Provisória nº 2.158-35/2001. Já ulteriores medidas provisórias excluíram da base de cálculo diversos valores e mercadorias, assunto que se verá no item seguinte.

O STJ repele a contribuição, dada a isenção a partir da Lei nº 5.764/1971. O teor do acórdão que segue revela, com profundidade, o tratamento que deve ser dispensado ao assunto:

"I – As cooperativas de crédito, em face de sua natureza jurídica, por praticarem somente atos tipicamente cooperativos, não estão passíveis de incidência tributária, *in casu*, PIS e COFINS, tendo em vista que ao praticar os atos inerentes à sociedade não auferem lucro porquanto as despesas e os resultados são divididos entre seus cooperados. Precedente: REsp nº 591.298-MG, rel. p/ac. Min. Castro Meira, 1ª Seção, j. em 27.10.2004.

II – É vedado a esta Corte analisar suposta violação a preceitos constitucionais, ainda que para fins de prequestionamento.

III – Agravo regimental improvido".

As seguintes razões revelam a inviabilidade da exigência:

"(...) A solução da controvérsia em exame passa por um cotejo dos artigos 79 e 87, ambos da Lei nº 5.764/1971, que instituiu o regime jurídico das sociedades cooperativas.

O artigo 79 define o conceito de atos cooperativos, *verbis*:

'Art. 79. Denominam-se atos cooperativos os praticados entre as cooperativas e seus associados, entre estes e aquelas e pelas cooperativas entre si quando associados, para a consecução dos objetivos sociais.

Parágrafo único. O ato cooperativo não implica operação de mercado, nem contrato de compra e venda de produto ou mercadoria'.

Por sua vez o artigo 87, ao expressamente apartar os resultados obtidos com as operações não abarcadas pelo conceito encimado, a fim de permitir o cálculo para incidência de tributos, excluiu de tal cálculo os resultados decorrentes dos atos descritos no artigo 79, confira-se:

'Art. 87. Os resultados das operações das cooperativas com não associados, mencionados nos artigos 85 e 86, serão levados à conta do Fundo de Assistência Técnica, Educacional e Social e serão contabilizados em separado, de molde a permitir cálculo para incidência de tributos'.

Do acima explicitado dessume-se que, sobre os atos tipicamente cooperativos, assim definidos de acordo com o artigo 79 da Lei nº 5.764/1971, não há qualquer incidência tributária.

Tal entendimento foi adotado por diversos julgados nesta Corte Superior. Para ilustrar, destaco o seguinte precedente, *verbis*:

'Tributário. Cooperativas. Contribuição Social sobre Lucro. Receitas resultantes de atos cooperados. Omissão. (...)

1. Cuidando-se de discussão acerca de atos cooperados, firmou-se orientação no sentido de que são isentos do pagamento de tributos, inclusive da Contribuição Social sobre o Lucro.

2. A finalidade da jurisdição é compor a lide e não a discussão exaustiva ao derredor de todos os pontos e dos padrões legais enunciados pelos litigantes. Incumbe ao Juiz estabelecer as normas jurídicas que incidem sobre os fatos arvorados no caso concreto (*jura novit curia et da mihi factum data tibi jus*). (...)

3. Recurso não provido' (REsp. nº 152.546-SC, rel. Min. Milton Luiz Pereira, *DJU* de 03.09.2001, p. 146).

740 • Direito de Empresa | *Arnaldo Rizzardo*

Em relação às cooperativas de crédito, recentemente a Colenda 1ª Seção, no julgamento do REsp. nº 591.298-MG, relator para acórdão o Ministro Castro Meira, na sessão do dia 27.10.2004, definiu que os atos praticados pelas cooperativas de crédito não são passíveis de incidência tributária.

Naquele julgamento ficou assentado que a Lei nº 5.764/1971, que instituiu o regime jurídico das sociedades cooperativas, foi recepcionada pela nova Carta Constitucional, mantida a definição de ato cooperativo, inserta no artigo 79 daquele diploma normativo.

No voto condutor foi estabelecida diferenciação entre ato cooperativo e o não cooperativo, explicitando-se que os atos não cooperativos são 'aqueles praticados entre as cooperativas e pessoas físicas ou jurídicas não associadas, revestindo-se, nesse caso, de nítida feição mercantil'. Neste caso tais operações, contabilizadas em separado, de acordo com o artigo 87 da Lei nº 5.764/1971, teriam a incidência de tributos, tendo em vista a existência do fato gerador, qual seja o faturamento.

Explicitou-se que a sociedade cooperativa quando pratica atos que lhe são inerentes não aufere lucro, inexistindo faturamento ou receita, porquanto os resultados são partilhados entre seus associados.

As sociedades de crédito, por sua vez, estão obstadas de praticar atos não cooperativos, uma vez que as transações ocorrem entre a cooperativa e seus associados, salvo previsão normativa em sentido contrário.

O Nobre Ministro Castro Meira, em seu voto condutor, ponderou que o BACEN, através da Resolução nº 3.106/2003 (com as modificações da Res. BACEN nº 3.256, de 16.12.2004), delimitou que as cooperativas de crédito somente podem captar depósitos de seus associados, bem assim a realização de empréstimos restringe-se, exclusivamente, a seus associados.

Bem observado que a reunião em cooperativa não pode implicar exigência superior à que estariam submetidos os cooperados se atuassem isoladamente, lembrando que os rendimentos inerentes à aplicação no mercado financeiro ou à captação de juros oriundos de empréstimos civis não são alcançados pela incidência de PIS e COFINS, para as pessoas físicas isoladamente consideradas.

Este posicionamento da colenda 1ª Seção vai ao encontro de outros julgados, talhados nesse mesmo diapasão, a destacar: REsp. nº 573.393-RS, rel. Min. Castro Meira, *DJU* de 28.06.2004, p. 282 e REsp. 523.554-MG, rel. Min. Luiz Fux, *DJ* de 25.02.2004, p. 109.

Quanto à verificação da existência de suposta violação a preceitos constitucionais, observa-se que essa análise cabe exclusivamente ao Pretório Excelso, sendo vedado a esta Corte fazê-lo, ainda que para fins de prequestionamento.

Ademais, inexistiu declaração de inconstitucionalidade de lei, a ensejar a aplicação do art. 97 da CF, o qual cuida da reserva de plenário.

Nessa esteira, destaco o seguinte precedente, *in litteris*:

'Tributário. Recurso especial. COFINS. Sociedades prestadoras de serviços. LC nº 70/1991 e Lei nº 9.430/1996. Isenção. Revogação. Impossibilidade. Princípio da hierarquia das leis. Precedentes.

1. Esta Corte já consolidou o entendimento no sentido de ser inviável a revogação da isenção da COFINS concedida às sociedades civis prestadoras de serviços profissionais, prevista na LC nº 70/1991, pela Lei nº 9.430/1996, por constituir ofensa ao princípio da hierarquia das leis.

2. Não havendo declaração de inconstitucionalidade de dispositivo legal, inviável é a observância da reserva de plenário, prevista no art. 97 da Constituição Federal.

3. Considerando o disposto no artigo 105 da Carta Magna, o Superior Tribunal de Justiça não é competente para se manifestar sobre suposta violação a dispositivos constitucionais (arts. 146, 150, § 6º, 195, I e § 4º), sequer a título de prequestionamento.

Cap. LII | Os tributos e contribuições incidentes nas operações das cooperativas • **741**

4. Agravo Regimental improvido' (AGREsp. nº 588.083-PR, rel. Min. Denise Arruda, *DJU* de 16.08.2004, p. 00145)".[38]

Ressalta-se, quanto à referida Resolução BACEN 3.106/2003, que ela foi revogada, sendo a matéria tratada pela Resolução nº 3.859/2010.

Em outro aresto, quanto à incidência, se não cooperativos os atos:

'1. O ato cooperativo não gera faturamento ou receita para a sociedade cooperativa. Inexistência de base imponível para a COFINS. Não incidência pura e simples.

2. Os atos não cooperativos se revestem de nítida feição mercantil, gerando receita à sociedade. Existência de base imponível à tributação.

3. Toda a movimentação financeira das sociedades cooperativas de crédito constitui ato cooperativo.

4. O art. 6º, I, da LC nº 70/1991, apesar de utilizar a expressão 'são isentas', veicula uma regra de cunho eminentemente explicativo e declaratório, cuja doutrina acostumou-se a chamar de norma de não incidência didática.

5. Por se tratar de norma sob referência declaratória e não constitutiva de direitos, não há que se falar em revogação.

6. Ainda que se tratasse de isenção, a regra contida no art. 6º, I, da LC nº 70/1991 não poderia ser revogada por norma de inferior hierarquia. Lei nº 9.718/1998. Inteligência do princípio da hierarquia das leis.

7. O art. 146, III, 'c', da Carta Magna, coloca sob reserva de lei complementar a regra que disponha sobre o 'adequado tratamento tributário' a ser dispensado ao ato cooperativo'.

No voto, despontam as seguintes motivações:

'Qualquer que seja a perspectiva de análise – sob a ótica da Lei nº 9.718/1998 ou da Lei nº 5.764/1971, a conclusão será a mesma: as sociedades cooperativas, relativamente aos atos cooperativos, não estão sujeitas à incidência da COFINS'. Senão vejamos.

As cooperativas praticam atos que lhe são próprios – por isso chamados de atos cooperativos, e, também, atos comuns a toda e qualquer pessoa jurídica – por essa razão denominados atos não cooperativos.

Os atos cooperativos encontram-se definidos no art. 79 da Lei nº 5.764/1971, que assim dispõe:

'Art. 79. Denominam-se atos cooperativos os praticados entre as cooperativas e seus associados, entre estes e aquelas e pelas cooperativas entre si quando associados, para a consecução dos objetivos sociais.

Parágrafo único. O ato cooperativo não implica operação de mercado, nem contrato de compra e venda de produto ou mercadoria'.

Por exclusão, chega-se ao conceito de atos não cooperativos, que seriam aqueles praticados entre as cooperativas e pessoas físicas ou jurídicas não associadas, revestindo-se, nesse caso, de nítida feição mercantil.

O ato cooperativo, ao revés, por expressa dicção do parágrafo único, do art. 79 da Lei nº 5.764/1971, não implica operação de mercado ou contrato de compra e venda de mercadoria. A sociedade cooperativa, quando pratica atos que lhe são próprios, não aufere lucro. As despesas são rateadas entre os associados, assim como o resultado positivo do exercício é partilhado, proporcionalmente, entre aqueles que fazem parte da cooperativa.

O ato cooperativo não gera faturamento ou receita para a sociedade. O resultado positivo decorrente desses atos pertence, proporcionalmente, a cada um dos cooperados. Inexiste, portanto, faturamento ou receita decorrente de atos cooperativos que possa ser titularizado pela sociedade. Dessarte, não há base imponível para a COFINS.

---

[38] AgRg no REsp. nº 650.656-RJ, da 1ª Turma, j. em 18.11.2004, *DJU* de 17.12.2004.

742 • Direito de Empresa | *Arnaldo Rizzardo*

O ato não cooperativo, entretanto, está sujeito a regime jurídico diverso. Assim dispõem os artigos 86 e 87 da Lei nº 5.764/1971:

'Art. 86. As cooperativas poderão fornecer bens e serviços a não associados, desde que tal faculdade atenda aos objetivos sociais e estejam de conformidade com a presente lei'.

'Art. 87. Os resultados das operações das cooperativas com não associados, mencionados nos artigos 85 e 86, serão levados à conta do Fundo de Assistência Técnica, Educacional e Social e serão contabilizados em separado, de molde a permitir cálculo para incidência de tributos'.

Por revestirem nítida feição mercantil, os atos não cooperativos geram receita e faturamento para a sociedade cooperativa. Esse resultado positivo, segundo a previsão do art. 87, será levado a uma conta específica, denominada 'Fundo de Assistência Técnica, Educacional e Social', de modo 'a permitir cálculo para incidência de tributos'.

Em resumo: os atos cooperativos não geram receita nem faturamento para a sociedade cooperativa. Portanto, o resultado financeiro deles decorrente não está sujeito à incidência da COFINS. Cuida-se de uma não incidência pura e simples e não de uma norma de isenção. Já os atos não cooperativos, aqueles praticados com não associados, geram receita à sociedade, devendo o resultado do exercício ser levado à conta específica para que possa servir de base à tributação.

Na hipótese dos autos, tem-se uma cooperativa de crédito, cujo objetivo é fomentar as atividades do cooperado, via assistência creditícia. É ato próprio de uma cooperativa de crédito a captação de recursos, a realização de empréstimos aos cooperados, bem como a efetivação de aplicações financeiras no mercado, o que propicia melhores condições de financiamento aos associados.

Assim, relativamente às cooperativas de crédito, toda a movimentação financeira da sociedade constitui ato cooperativo, de modo a impedir a incidência da COFINS.

Como dito, a COFINS simplesmente não incide sobre o resultado positivo decorrente da prática de atos cooperativos, justamente porque não há faturamento ou receita. Não obstante, a LC nº 70/1991, que deu vida a essa contribuição, em seu art. 6º, I, estabeleceu uma norma de isenção sobre os atos próprios das cooperativas nos seguintes termos:

'Art. 6º São isentas da contribuição:

I – as sociedades cooperativas que observarem ao disposto na legislação específica, quanto aos atos cooperativos próprios de suas finalidades'.

A regra sob referência não veicula uma isenção. Cuida-se, em verdade, do que a doutrina acostumou-se a chamar de norma de não incidência didática. Ou seja, norma que tem por objetivo deixar clara, e extreme de dúvidas, uma não incidência tributária.

Norma dessa natureza tem cunho eminentemente explicativo e declaratório. Assim ocorre, por exemplo, com um artigo de lei que declare não incidir o IR sobre os valores recebidos a título de indenização. Essa regra não tem natureza isencional, mas apenas declara uma não incidência por finalidade didática, pacificando entendimentos e evitando controvérsias.

Embora o art. 6º, *caput*, da LC nº 70/1991, tenha usado a expressão 'são isentas', entendo que a forma como redigida a norma não é capaz de modificar a natureza da não incidência ali veiculada. Utilize-se como exemplo a regra contida no art. 195, § 7º, da Constituição da República, que diz estarem 'isentas de contribuição para a seguridade social as entidades beneficentes de assistência social'. Inobstante a redação consignar que tais entidades estão isentas, ninguém duvida que a regra não é de isenção, mas de imunidade.

Sendo a norma sob referência declaratória e não constitutiva de direitos, jamais se poderia falar em sua revogação.

Ainda que se considere a regra do art. 6º, I, da LC nº 70/1991, como de isenção, a outra conclusão não se poderia chegar senão a de que a referida norma não foi revogada pela Lei nº 9.718/98, por força do princípio da hierarquia das leis.

Cap. LII | Os tributos e contribuições incidentes nas operações das cooperativas • **743**

Embora entenda que a isenção veiculada no inciso II, do art. 6º, da LC nº 70/1991, em benefício das sociedades civis, ostenta a condição de norma de natureza ordinária, o mesmo raciocínio não se estende à isenção que beneficia as sociedades cooperativas, prevista no inciso I, do mesmo dispositivo. O art. 146, III, 'c', da Constituição da República assim dispõe:

'Art. 146. Cabe à lei complementar:

III – estabelecer normas gerais em matéria de legislação tributária, especialmente sobre:

c) adequado tratamento tributário ao ato cooperativo praticado pelas sociedades cooperativas'.

A norma constitucional sob referência coloca sob reserva de lei complementar a regra que disponha sobre o *'adequado tratamento tributário'* a ser dispensado ao ato cooperativo. É bem verdade que *adequado tratamento* não é sinônimo de *tratamento privilegiado*. Não obstante, tenho a convicção de que a regra constitucional objetiva estimular o cooperativismo através do aparato legislativo, criando condições favoráveis à constituição e ao desenvolvimento das sociedades cooperativas.

Prova disso encontramos no art. 2º da Lei nº 5.764/1971, que 'define a Política Nacional de Cooperativismo, institui o regime jurídico das sociedades cooperativas, e dá outras providências', que assim dispõe:

'Art. 2º As atribuições do Governo Federal na coordenação e no estímulo às atividades de cooperativismo no território nacional serão exercidas na forma desta Lei e das normas que surgirem em sua decorrência.

Parágrafo único. A ação do Poder Público se exercerá, principalmente, mediante prestação de assistência técnica e de incentivos financeiros e creditórios especiais, necessários à criação, desenvolvimento e integração das entidades cooperativas' (sem grifos no original).

Não há dúvida, portanto, de que a isenção prevista no art. 6º, I, da LC nº 70/1991, dá adequado tratamento tributário ao ato cooperativo, ostentando não apenas na forma, mas também no conteúdo, natureza complementar. Não poderia, assim, tal isenção ser revogada por norma de inferior hierarquia (Lei nº 9.718/98), como aliás já reconheceu esta Corte em diversas oportunidades.

Em conclusão, quer sob o prisma da Lei nº 5.764/1971, quer sob a perspectiva da Lei nº 9.718/98, não incide a COFINS sobre o resultado financeiro positivo decorrente da prática de atos cooperativos pelas sociedades cooperativas".[39]

Isto porque, consta em outro julgado do STJ, "os atos cooperativos não geram faturamento ou receita para a sociedade cooperativa, o que se traduz na não-incidência pura e simples da Cofins. Já os atos não cooperativos revestem-se de nítida feição mercantil e geram receita à sociedade, razão pela qual devem ser tributados".[40]

Igual posição é adotada para o PIS, conforme se verá no item seguinte.

Apesar da robusta argumentação, esboça-se entendimento diferente, entendendo que houve revogação de dispositivos que concedem a isenção. Veja-se a seguinte ementa 1ª Seção do STJ, em uma ação rescisória de decisão de uma Turma:

"(...) Relativamente às sociedades cooperativas, o art. 6º, I, da nº LC 70/1991 concedeu isenção da COFINS quanto 'aos atos cooperativos próprios de suas finalidades'. Essa isenção foi, todavia, expressamente revogada pelo art. 23, II, *a*, da MP nº 1.858-6, de 29.06.99, dispositivo reproduzido por atos normativos subsequentes, até o art. 93, II, *a*, da MP nº 2.158-35.

---

[39] REsp. nº 543.828-MG, da 2ª Turma do STJ, j. em 19.12.2003, *DJU* de 25.02.2004.
[40] AgRg no REsp 988892/SP, da Segunda Turma, rel. Min. Castro Meira, j. em 18.02.2007, *DJ* de 10.02.2008.

O acórdão rescindendo negou aplicação a essa norma revogadora, por considerá-la ilegítima, decidindo a causa em sentido a ela oposto: afirmando a existência de isenção em relação a '(...) atos tipicamente cooperativos, isto é, aqueles correspondentes à atividade fim das cooperativas'.

Ao afastar a aplicação da norma sem a declaração formal de sua inconstitucionalidade, o acórdão ofendeu o princípio da reserva de plenário estabelecida no art. 97 da CF (Súmula Vinculante nº 10/STF). Precedentes da Seção em casos análogos.

Acolhimento do pedido de rescisão, com retorno dos autos principais ao órgão fracionário para o julgamento do recurso especial".[41]

Para bem entender a matéria, pelo menos o seguinte trecho do voto do relator necessita ser transcrito:

"Pela ordem de prejudicialidade, cumpre examinar, em primeiro lugar, a alegada ofensa ao princípio da reserva de plenário, inscrito no art. 97 da CF (e, ademais, disciplinado também nos artigos 480 a 482 do CPC). A compreensão desse princípio está atualmente explicitada também na Súmula Vinculante nº 10/STF, com o seguinte enunciado:

'Viola a cláusula de reserva de plenário (CF, artigo 97) a decisão de órgão fracionário de Tribunal que, embora não declare expressamente a inconstitucionalidade de lei ou ato normativo do Poder Público, afasta sua incidência, no todo ou em parte'.

Um juízo sobre a alegação de ofensa ao art. 97 da CF supõe resenha histórica da evolução legislativa a respeito do tratamento dado às Cooperativas em relação à matéria tributária em questão. Ao disciplinar a Contribuição para o Financiamento da Seguridade Social – COFINS a Lei Complementar nº 70, de 30.12.1991 expressamente concedeu isenção dessa contribuição, entre outras, às sociedades cooperativas, no que se refere '*aos atos cooperativos próprios de suas finalidades*'. É o que ficou previsto no seu art. 6º, I, a saber:

'São isentas da contribuição:

I – as sociedades cooperativas que observarem ao disposto na legislação específica, quanto aos atos cooperativos próprios de suas finalidades'.

Esta isenção, todavia, foi revogada pelo art. 23, II, *a*, da Medida Provisória nº 1.858-6, de 29.06.99, dispositivo esse reproduzido por atos normativos subsequentes, cristalizando-se, finalmente, no art. 93, II, *a*, da Medida Provisória nº 2.158-35, de 24.08.2001, nos seguintes termos:

'Ficam revogados:

(...)

II – a partir de 30 de junho de 1999:

(...)

a) os incisos I e III do art. 6º da Lei Complementar nº 70, de 30 de dezembro de 1991'.

Não pode haver dúvida alguma, portanto, de que a partir da vigência da citada Medida Provisória, ficou expressamente revogada a isenção da contribuição em relação aos '*atos cooperativos próprios das (...) finalidades*' das sociedades cooperativas'".

De observar que os citados arts. 480 a 482 do CPC/1973 correspondem aos arts. 948 a 950 do CPC/2015.

---

[41] AR – Ação Rescisória nº 4.202, da 1ª Seção, rel. Min. Teori Albino Zavascki, j. em 25.08.2010, *DJe* de 29.09.2010.

Cap. LII | Os tributos e contribuições incidentes nas operações das cooperativas • **745**

Persistem, porém, as decisões isentando os atos cooperativos do imposto. Traz-se o exemplo da seguinte ementa, do mesmo Tribunal:

"A jurisprudência assente do STJ é no sentido de que apenas os atos praticados nos termos encartados no art. 79 da Lei nº 5.764/1971, ou seja, os tipicamente cooperativos, é que gozam do benefício da não incidência tributária. Nos demais casos, ou seja, nas operações/intermediações realizadas por sociedades cooperativas médicas a terceiros não cooperados ou não associados, a tributação é realizada normalmente".[42]

Apesar da exegese manifestada na acima decisão da Ação Rescisória nº 4.202, não cabe afastar os dispositivos da Lei nº 5.764/72, em especial o art. 79, conforme raciocínio dos precedentes invocados. Mais que isso, inconcebível admitir que, com fulcro no princípio da hierarquia das leis, possa a lei ordinária revogar determinação de lei complementar.

10. EXCLUSÕES DE OPERAÇÕES NA INCIDÊNCIA DO PIS E DA COFINS POR EXPRESSA PREVISÃO LEGAL E POSIÇÃO DO STJ FAVORÁVEL À SIMPLES NÃO INCIDÊNCIA

Embora sopesando o entendimento acima, o Decreto nº 4.524, de 17.12.2002, ao longo do art. 32, elenca uma série de operações, algumas delas endossadas pela Lei nº 10.676, de 22.05.2003, cujo valor pode ser afastado da receita bruta para efeito de apuração da base de cálculo das contribuições. Assim, exclui-se o valor:

I – Repassado ao associado, decorrente da comercialização, no mercado interno, de produtos por eles entregues às cooperativas, observado o disposto no § 1º.

Deve-se ter em conta o citado § 1º, que manda observar o seguinte:

– na comercialização de produtos agropecuários realizada a prazo, a cooperativa poderá exigir da receita bruta mensal o valor correspondente do repasse a ser efetuado ao associado; e

– os adiantamentos efetuados aos associados, relativos à produção entregue, somente poderão ser excluídos quando da comercialização dos referidos produtos.

II – Das receitas de venda de bens e mercadorias a associados.

Nesse caso, o § 2º do art. 32, estabelece que a exclusão alcançará somente as receitas decorrentes da venda de bens e mercadorias vinculadas diretamente à atividade econômica desenvolvida pelo associado e que seja objeto da cooperativa.

III – Das receitas decorrentes da prestação, aos associados, de serviços especializados, aplicáveis na atividade rural, relativos a assistência técnica, extensão rural, formação profissional e assemelhadas.

IV – Das receitas decorrentes do beneficiamento, armazenamento e industrialização de produção do associado.

---

[42] AgRg no Ag nº 1.322.625-GO, da 2ª Turma, j. em 07.10.2010, *DJe* de 25.10.2010, rel. Min. Mauro Campbell Marques.

746 • Direito de Empresa | *Arnaldo Rizzardo*

V – Das receitas financeiras decorrentes de repasse de empréstimos rurais contraídos junto a instituições financeiras, até o limite dos encargos a estas devidos.

VI – Das sobras apuradas na Demonstração do Resultado do Exercício, antes da destinação para a constituição do Fundo de Reserva e do Fundo de Assistência Técnica, Educacional e Social, previstos no art. 28 da Lei nº 5.764, de 16.12.1971.

Essas sobras líquidas da destinação para constituição dos Fundos, referidos também no *caput* do art. 1º da Lei nº 10.676/2003, somente serão computadas na receita bruta da atividade rural do cooperado quando a este creditadas, distribuídas ou capitalizadas pela sociedade cooperativa de produção agropecuárias. Quanto às demais sociedades cooperativas, a exclusão de que trata o *caput* do mesmo dispositivo ficará limitada aos valores destinados a formação dos Fundos nele previstos.

Na previsão do § 3º do art. 32 do Decreto nº 4.524/2002, nas exclusões dos incisos I a V, as operações serão contabilizadas destacadamente, sujeitas à comprovação mediante hábil e idônea documentação, com a identificação do associado, do valor da operação, da espécie e quantidade dos bens ou mercadorias vendidos.

Uma vez aproveitadas as exclusões acima, decorre, em obediência ao § 4º, na contribuição cumulativa, para o PIS incidente sobre a folha de salários. Há uma derrogação da disposição constante no art. 13 da Medida Provisória nº 2.158-35, de 2001, que não mais sujeitava as cooperativas ao PIS sobre a folha de pagamento.

Não constitui fato gerador, por não configurar receita do associado, em respeito ao § 6º do art. 32, a entrega de produção à cooperativa, para fins de beneficiamento, armazenamento, industrialização ou comercialização.

Não terminam aí as exclusões.

De acordo com a Lei nº 10.676/2003, no art. 1º, entram igualmente as sobras apuradas na Demonstração do Resultado do Exercício, antes da destinação para a constituição do Fundo de Reserva e do Fundo de Assistência Técnica, Educacional e Social, previstos no art. 28 da Lei nº 5.764/1971.

Destaca-se, outrossim, que as cooperativas de produção agropecuária e de eletrificação rural, em vista do conteúdo do art. 17 da Lei nº 10.684/2003, ficam autorizadas a excluir da base de Cálculo do PIS e da COFINS os custos agregados ao produto agropecuário dos associados verificados quando da comercialização, e os valores dos serviços prestados pelas cooperativas de eletrificação rural aos seus associados.

Vai se firmando, entretanto, a posição no STJ de que simplesmente não incidem o PIS e a COFINS, consoante o longo aresto que vai transcrito:

"1. Mandado de Segurança impetrado por sociedade cooperativa agropecuária contra ato de Delegado da Receita Federal (...) com o escopo de que a autoridade impetrada se abstivesse de exigir-lhe o recolhimento do PIS e da COFINS, nos moldes previstos pela Medida Provisória 1.858/99 e reedições posteriores, observando-se, em relação à COFINS, a isenção conferida pelo art. 6º, I, da Lei Complementar 70/1991, e, no que é pertinente ao PIS, o disposto no inciso II do art. 2º da Lei nº 9.715/1998.

2. Cooperativa cujo objetivo social abrange o estímulo, o desenvolvimento progressivo e a defesa das atividades econômicas de seus associados, bem como a venda, em comum, da sua produção agropecuária nos mercados locais, nacionais ou internacionais.

3. No campo da exação tributária com relação às cooperativas a aferição da incidência do tributo impõe distinguir os atos cooperativos através dos quais a entidade atinge os seus fins

Cap. LII | Os tributos e contribuições incidentes nas operações das cooperativas • 747

e os atos não cooperativos; estes extrapolantes das finalidades institucionais e geradores de tributação; diferentemente do que ocorre com os primeiros. Precedentes jurisprudenciais.

4. A cooperativa prestando serviços a seus associados, sem interesse negocial, ou fim lucrativo, goza de completa isenção, porquanto o fim da mesma não é obter lucro, mas, sim, servir aos associados.

5. Os atos cooperativos não estão sujeitos à incidência do PIS e da COFINS porquanto o art. 79 da Lei nº 5.764/1971 (Lei das Sociedades Cooperativas) dispõe que o ato cooperativo não implica operação de mercado, nem contrato de compra e venda de produto ou mercadoria.

6. Não implicando o ato cooperativo em operação de mercado, nem contrato de compra e venda de produto ou mercadoria, a revogação do inciso I do art. 6º da LC 70/1991, em nada altera a não incidência da COFINS sobre os atos cooperativos. O parágrafo único do art. 79 da Lei 5.764/1971 não está revogado por ausência de qualquer antinomia legal.

7. A Lei nº 5.764/1971, ao regular a Política Nacional do Cooperativismo e instituir o regime jurídico das sociedades cooperativas, prescreve, em seu art. 79, que constituem 'atos cooperativos os praticados entre as cooperativas e seus associados, entre estes e aquelas e pelas cooperativas entre si quando associados, para a consecução dos objetivos sociais', ressalvando, todavia, em seu art. 111, as operações descritas nos arts. 85, 86 e 88 do mesmo diploma, como aquelas atividades denominadas 'não cooperativas' que visam ao lucro. Dispõe a lei das cooperativas, ainda, que os resultados dessas operações com terceiros 'serão contabilizados em separado, de molde a permitir o cálculo para incidência de tributos' (art. 87).

8. É princípio assente na jurisprudência que: 'Cuidando-se de discussão acerca dos atos cooperados, firmou-se orientação no sentido de que são isentos do pagamento de tributos, inclusive da Contribuição Social sobre o Lucro (Min. Milton Luiz Pereira, REsp. nº 152.546, *DJU* de 03.09.2001, unânime).

9. A doutrina, por seu turno, é uníssona ao assentar que pelas suas características peculiares, principalmente seu papel de representante dos associados, os valores que ingressam, como os decorrentes da conversão do produto (bens ou serviços) do associado em dinheiro ou crédito nas de alienação em comum, ou os recursos dos associados a serem convertidos em bens e serviços nas de consumo (ou, neste último caso, a reconversão em moeda após o fornecimento feito ao associado), não devem ser havidos como receitas da cooperativa.

10. Incidindo o PIS e a COFINS sobre o faturamento/receita bruta impõe-se aferir essa definição à luz do art. 110 do CTN, que veda a alteração dos conceitos do Direito Privado. Consectariamente, faturamento é o conjunto de faturas emitidas em um dado período ou, sob outro aspecto vernacular, é a soma dos contratos de venda realizados no período. Não realizando a cooperativa contrato de venda, não há incidência do PIS e da COFINS.

11. Destarte, matéria semelhante a dos autos (relacionada às sociedades civis), vem sendo discutida pelas 1ª e 2ª Turmas desta Corte Superior, que, com fulcro no Princípio da Hierarquia das Leis, têm-se posicionado no sentido de que Lei Ordinária não pode revogar determinação de Lei Complementar, pelo que ilegítima seria a revogação instituída pela Lei nº 9.430/96 da isenção conferida pela LC nº 70/1991 às sociedades civis prestadoras de serviços, entendimento, hodiernamente, sufragado pela Seção do Direito Público. Isto porque é direito do contribuinte ver revogada a suposta isenção pela mesma lei que o isentou, máxime quando a vontade política nela encartada revela quórum qualificado. Sob esse enfoque, a Eg. 1ª Seção no REsp. nº 616.219-MG.

12. Agravo regimental desprovido".[43]

---

[43] AgRg no REsp. nº 748.531-PR, da 1ª Turma, j. em 11.10.2005, *DJU* de 24.10.2005.

Como exemplo, cita-se mais uma decisão:

"A jurisprudência desta Corte é pacífica no sentido de que a isenção do recolhimento do PIS e da COFINS, quanto aos atos cooperativos próprios, concedida às sociedades cooperativas, foi imposta pela Lei Complementar n° 70/1991, sendo que a sua revogação só poderia ter sido veiculada por norma de mesma hierarquia e não pela MP n° 1.858/99 e reedições, sob pena de ofensa ao princípio da hierarquia das leis. Precedentes: REsp. n° 642.185-RS, rel. Min. Franciulli Netto, *DJ* de 01.02.2005; REsp. n° 625.282-MG, rel. Min. José Delgado, *DJ* de 17.12.2004; REsp n° 388.921/SC, rel.ª Min.ª Eliana Calmon, *DJ* de 15.03.2004 e REsp. n° 543.828-MG, rel. Min. Castro Meira, *DJ* de 25.02.2004".[44]

O seguinte acórdão revela a mudança de posição, em especial quanto ao PIS:

"Este relator, com base em vasta e pacífica jurisprudência do STJ, vinha entendendo que: 'a isenção prevista na Lei n° 5.764/1971 só alcança os negócios jurídicos diretamente vinculados à finalidade básica da associação cooperativa, não sendo atos cooperativos, na essência, as aplicações financeiras em razão das sobras de caixa.

A especulação financeira é fenômeno autônomo que não pode ser confundido com atos negociais específicos e com finalidade de fomentar transações comerciais em regime de solidariedade, como são os efetuados pelas cooperativas. A transação financeira bancária, embora praticada por uma 'cooperativa', não se caracteriza como ato cooperativo.

Este é, apenas, o concluído com os seus associados. A isenção tributária decorre expressamente de lei, não suportando interpretação extensiva, salvo situações excepcionais; a LC n° 70/1991, em seu art. 6°, I, isentou, expressamente, da contribuição da COFINS, as sociedades cooperativas, sem exigir qualquer outra condição senão as decorrentes da natureza jurídica das mencionadas entidades.

Em consequência da mensagem concessiva de isenção contida no aludido artigo, fixa-se o entendimento de que a interpretação do referido comando posto em lei complementar, consequentemente, com potencialidade hierárquica em patamar superior à legislação ordinária, revela que serão abrangidas pela isenção da COFINS as sociedades cooperativas.

Outra condição não foi considerada pela referida LC para o gozo da isenção, especialmente, o tipo de regime tributário adotado para fins de incidência ou não do tributo. A LC não faz tal exigência, não cabendo ao intérprete criá-la. A revogação da isenção pela MP n° 1.858-9 fere, frontalmente, o princípio da hierarquia das leis. Tal revogação só poderia ter sido veiculada por outra lei complementar. A isenção da COFINS é, exclusiva e unicamente, sobre os atos vinculados à atividade básica da cooperativa'.

No entanto, no julgamento dos REsps. n°s 616.219-MG e 591.298-MG, afetados à 1ª Seção, esta Corte Superior uniformizou posicionamento no sentido de que:

– 'o ato cooperativo não gera faturamento para a sociedade. O resultado positivo decorrente desses atos pertence, proporcionalmente, a cada um dos cooperados. Inexiste, portanto, receita que possa ser titularizada pela cooperativa e, por consequência, não há base imponível para o PIS. Já os atos não cooperativos geram faturamento à sociedade, devendo o resultado do exercício ser levado à conta específica para que possa servir de base à tributação (art. 87 da Lei n° 5.764/1971);

– toda a movimentação financeira das cooperativas de crédito, incluindo a captação de recursos, a realização de empréstimos aos cooperados bem como a efetivação de aplicações financeiras no mercado, constitui ato cooperativo, circunstância a impedir a incidência da contribuição ao PIS. Salvo previsão normativa em sentido contrário (art. 86, parágrafo único, da Lei n° 5.764/71), estão as cooperativas de crédito impedidas de realizar atividades com não associados;

---

[44] AgRg no REsp. n° 710.425-MG, da 1ª Turma, rel. Min. Francisco Falcão, j. em 16.06.2005, *DJU* de 05.09.2005.

Cap. LII | Os tributos e contribuições incidentes nas operações das cooperativas • **749**

– atualmente, por força do art. 23 da Resolução BACEN nº 3.106/2003, as cooperativas de crédito somente podem captar depósitos ou realizar empréstimos com associados. Assim, somente praticam atos cooperativos e, por consequência, não titularizam faturamento, afastando-se a incidência do PIS. A reunião em cooperativa não pode levar à exigência tributária superior à que estariam submetidos os cooperados caso atuassem isoladamente, sob pena de desestímulo ao cooperativismo;

– qualquer que seja o conceito de faturamento (equiparado ou não a receita bruta), tratando--se de ato cooperativo típico, não ocorrerá o fato gerador do PIS por ausência de materialidade sobre a qual possa incidir essa contribuição social'.

O objeto social de uma cooperativa de crédito consiste na movimentação financeira da cooperativa para e em benefício de seus associados, facultando-se a estes o acesso a melhores condições de crédito. Tais sociedades, atuando em prol de seus associados, objetivam se libertar do jugo do sistema bancário tradicional, que tem no lucro seu fim primeiro, com a cobrança de juros e tarifas altíssimas, aparecendo o dinheiro em todas as etapas de suas operações. O ato cooperativo da cooperativa de crédito envolve tanto a captação de recursos, quanto a realização de empréstimos efetuados aos cooperados, bem assim a movimentação financeira da cooperativa, no objetivo de viabilizar os empréstimos concedidos.

A Lei nº 11.051/2004 acabou por reconhecer a impropriedade da exigência do PIS/COFINS sobre o ato cooperativo do cooperativismo de crédito, cujo art. 30 estatui: 'As sociedades cooperativas de crédito, na apuração dos valores devidos a título de COFINS e PIS – Faturamento, poderão excluir da base de cálculo os ingressos decorrentes do ato cooperativo, aplicando-se, no que couber, o disposto no art. 15 da Medida Provisória nº 2.158-35, de 24 de agosto de 2001, e demais normas relativas às cooperativas de produção agropecuária e de infraestrutura'.

Não há incidência de PIS/COFINS sobre os atos cooperativos das cooperativas de crédito, e na real amplitude destes, ou seja, inclusive sobre rendimentos de aplicações financeiras. Agravo regimental provido para revogar a decisão de fls. 703/705. Na sequência, dá-se provimento ao recurso especial".[45]

Relativamente ao acima transcrito art. 30 da Lei nº 11.051/2004, necessário esclarecer que a Lei nº 11.196/2005, além das cooperativas de crédito, incluiu as de transporte rodoviário de cargas.

O art. 30-A da Lei nº 11.051/2004, incluído pela Lei nº 12.649/2012, e posteriormente alterado pela Lei nº 12.973/2014, permite às cooperativas de radiotáxi fazer as seguintes exclusões da base de cálculo da contribuição para PIS/PASEP e COFINS:

"I – os valores repassados aos associados pessoas físicas decorrentes de serviços por eles prestados em nome da cooperativa;

II – as receitas de vendas de bens, mercadorias e serviços a associados, quando adquiridos de pessoas físicas não associadas; e

---

[45] AgRg no Ag. nº 660.879-MG, da 1ª Turma, rel. Min. José Delgado, j. em 04.08.2005, *DJU* de 29.08.2005. Citam-se mais os seguintes julgamentos, adotando a mesma linha: REsp. nº 383.362-PR, j. em 15.12.2005, da 2ª Turma, *DJU* de 06.03.2005; Edcl no AgRg no REsp. nº 704.942-MG, da 1ª Turma, j. em 21.06.2005, *DJU* de 15.08.2005; AgRg no REsp. nº 749.345-RS, rel. Min. José Delgado, da 1ª Turma, j. em 28.06.2005, *DJ* de 08.08.2005 p. 209; EDcl no AgRg no REsp. nº 674.666-MG, rel. Min. José Delgado, 1ª Turma, j. em 02.06.2005, *DJ* de 27.06.2005 p. 252; AgRg no REsp. nº 635.800-PR, da 1ª Turma, j. em 03.05.2005, *DJU* de 06.06.2005; AgRg no REsp. nº 664.463-PR, da 1ª Turma, j. em 12.04.2005, *DJU* de 02.05.2005; REsp. nº 552.782-MG, da 1ª Turma, j. em 04.11.2004, *DJU* de 25.04.2005.

III – as receitas financeiras decorrentes de repasses de empréstimos a associados, contraídos de instituições financeiras, até o limite dos encargos a estas devidos".

11. A CONTRIBUIÇÃO SOCIAL SOBRE O LUCRO LÍQUIDO – CSLL

Essa contribuição incide sobre o lucro da pessoa jurídica, fazendo-se o cálculo antes da provisão para o imposto de renda, e destinando-se ao financiamento da seguridade social. A regulamentação encontra-se na Lei nº 7.689, de 15.12.1988, com as modificações vindas das Leis nᵒˢ 8.034/1990, 11.727/2008, 12.973/2014, 13.169/2015, estatuindo o art. 1º: "Fica instituída contribuição social sobre o lucro das pessoas jurídicas, destinado ao financiamento da seguridade social".

O art. 2º, sobre a base de cálculo: "A base de cálculo da contribuição é o valor do resultado do exercício, antes da provisão para o Imposto de Renda".

O resultado do exercício equivale ao lucro da pessoa jurídica, quando positivo, e ao prejuízo, quando negativo.

Toma-se, de modo geral, para o cálculo, o resultado do período-base encerrado em 31 de dezembro de cada ano. No caso de incorporação, fusão, cisão ou encerramento de atividades, a base de cálculo assenta-se no resultado apurado no respectivo balanço.

Outrossim, em obediência ao art. 2º, § 1º, o resultado do período-base será ajustado pela:

1. adição do resultado negativo da avaliação de investimentos pelo valor de patrimônio líquido;

2. adição do valor de reserva de reavaliação, baixada durante o período-base, cuja contrapartida não tenha sido computada no resultado do período-base;

3. adição do valor das provisões não dedutíveis da determinação do lucro real, exceto a provisão para o imposto de renda;

4. exclusão do resultado positivo da avaliação de investimentos pelo valor de patrimônio líquido;

5. exclusão dos lucros e dividendos derivados de participações societárias em pessoas jurídicas domiciliadas no Brasil que tenham sido computados como receita (redação da Lei nº 12.973/2014);

6. exclusão do valor, corrigido monetariamente, das provisões adicionadas na forma do item 3, que tenham sido baixadas no curso de período-base.

Se a pessoa jurídica está desobrigada da escrituração contábil, a base de cálculo da contribuição corresponderá a 10% da receita bruta auferida no período de 1º de janeiro a 31 de dezembro de cada ano, exceto nos casos de incorporação, fusão, cisão ou encerramento de atividades, quando a base de cálculo fulcra-se no respectivo balanço (§ 2º do art. 2º da mesma Lei).

Consoante os arts. 3º e seguintes, em redação das Leis nº 11.727/2008 e nº 13.169/2015, são fixadas as alíquotas de 20%, 17%, 15% e 9%, conforme as hipóteses que especifica, afora a hipótese de 10% acima referida, efetuando-se o pagamento em seis prestações mensais iguais e consecutivas, corrigidas monetariamente, vencíveis no último dia útil de abril a setembro de cada exercício financeiro.

Várias outras regras regem a contribuição.

Em relação às cooperativas, cumpre concluir que a exigência ocorre apenas se advir resultado positivo de atos não cooperativos, em que são envolvidas terceiras pessoas, e não dirigidas para atender interesses dos cooperados. Acontece que a sociedade cooperativa não apresenta lucro, e sim o que se denomina sobras, que não são tributadas pelo Imposto de Renda. Efetivamente, em relação às sociedades cooperativas não há incidência do imposto de renda, segundo se colhe do art. 111 da Lei nº 5.764/1971, pois nele constam como renda tributável os resultados obtidos nas operações realizadas com não associados, que envolvem os chamados atos não cooperados, a que se referem os arts. 85, 86 e 88 da mesma Lei nº 5.764/1971.

De outro lado, firma o art. 87 que os resultados das cooperativas com não associados, assinalados nos arts. 85 e 86, serão levados à conta do Fundo de Assistência Técnica, Educacional e Social, contabilizando-se os mesmos em separado, de sorte a realizar-se o cálculo para a incidência de tributos.

Daí se retira que, em relação aos atos cooperados, a cooperativa é favorecida pela não incidência do imposto de renda. É como ficou já decidido: "Tributação. Contribuição Social sobre o Lucro. Cooperativas. Receitas resultantes de atos cooperativos. Isenção. Cabimento.

Os resultados decorrentes da prática de atos com não associados das cooperativas estão sujeitos à tributação.

Os resultados positivos obtidos em decorrência das atividades regulares das cooperativas estão isentos do pagamento de tributos, inclusive da Contribuição Social sobre o Lucro.

Recurso desprovido. Decisão unânime".[46]

No pertinente às sobras formadas pelas cooperativas nas operações encetadas com os associados, a estes são distribuídas, em divisão proporcional às operações que os cooperados realizaram. Assim também acontece com os prejuízos apurados, desde que esgotado o Fundo de Reserva, por imposição da inteligência a que oportunizam os arts. 4º, inc. VIII, e 89 da Lei nº 5.764/1971.

Não se pode olvidar, por último, que os atos cooperados não se consideram como operações de mercado, nem implicam receita de venda de produtos, mercadorias ou serviços. As sobras resultantes não se incluem como lucros da cooperativa, afastando a incidência de tributo.

Auferindo a cooperativa um valor sujeito ao imposto de renda, e que se enquadram os atos que impuseram o tributo como não cooperados, aí sim há a incidência da contribuição social sobre o lucro.

Oportuno salientar, ainda, a retenção do valor da contribuição a uma série de atividades relacionadas no art. 30 da Lei nº 10.833, de 29.12.2003: "Os pagamentos efetuados pelas pessoas jurídicas de direito privado, pela prestação de serviços de limpeza, conservação, manutenção, segurança, vigilância, transporte de valores e locação de mão de obra, pela prestação de serviços de mão de obra, pela prestação de serviços de assessoria creditícia, mercadológica, gestão de crédito, seleção e riscos, administração de contas a pagar e a receber, bem como pela remuneração de serviços profissionais, estão sujeitos à retenção na fonte de Contribuição Social sobre o Lucro Líquido – CSLL, da COFINS e da contribuição para o PIS-PASEP".

---

[46] REsp. nº 170.371-RS, *DJU* de 14.06.1999.

12. CONTRIBUIÇÕES PREVIDENCIÁRIAS PELAS COOPERATIVAS E PELOS COOPE-RADOS

De acordo com o parágrafo único do art. 442 da Consolidação das Leis do Trabalho, em redação da Lei nº 8.949, de 1994, "qualquer que seja o ramo de atividade da sociedade cooperativa, não existe vínculo empregatício entre ela e seus associados, nem entre estes e os tomadores de serviços daquela". O art. 90 da Lei nº 5.764/1971 encerra a mesma previsão: "Qualquer que seja o tipo de cooperativa, não existe vínculo empregatício entre ela e seus associados".

No entanto, apesar da inexistência de relação de emprego, não se isenta a cooperativa do recolhimento das contribuições previdenciárias, por força do art. 91 da mesma Lei nº 5.764/1971: "As cooperativas igualam-se às demais empresas em relação aos seus empregados para fins da legislação trabalhista e previdenciária". Tendo, pois, a cooperativa empregados, é natural que se submeta às obrigações trabalhistas e previdenciárias.

E quanto aos seus cooperados?

Há obrigação de recolhimento das obrigações, diante do parágrafo único da art. 15 da Lei nº 8.212/1991, em redação da Lei nº 13.202/2015: "Equiparam-se a empresa, para os efeitos desta Lei, o contribuinte individual e a pessoa física na condição de proprietário ou dono de obra de construção civil, em relação a segurado que lhe presta serviço, bem como a cooperativa, a associação ou a entidade de qualquer natureza ou finalidade, a missão diplomática e a repartição consular de carreira estrangeiras".

É de se anotar que o cooperado que, por intermédio da cooperativa de trabalho, presta serviços a terceiros, é considerado contribuinte individual.

Em vista dessa equiparação, o art. 22, inc. IV, da Lei nº 8.212/1991, em texto da Lei nº 9.876/1999, ordenava que a empresa contribuísse para a Seguridade Social com quinze por cento calculado sobre o total da remuneração paga ou creditada, a qualquer título, no decorrer do mês, aos empregados, ou, no caso da cooperativa, aos cooperados.

Explicava o assunto Wagner Balera: "Em perspectiva previdenciária, interessa constatar que o trabalho é prestado por segurado integrante da cooperativa. E que, em decorrência do exercício do trabalho, o segurado terá direito à proteção da seguridade social, a ser custeada por ele, cooperado (na qualidade de contribuinte individual), e pelo tomador dos serviços da cooperativa.

Assim se acha grafada a parte final do § 5º do art. 30 da Lei nº 8.212/1991, com a redação que lhe foi dada pela Lei nº 9.876, de 1999: *prestar serviço a empresa por intermédio de cooperativa de trabalho* (...)

Estamos, pois, diante de dois sujeitos passivos da contribuição social: a) o que presta serviços e, b) o que toma serviços. O primeiro é sempre uma pessoa física que atua por intermédio da cooperativa de trabalho. O segundo pode ser pessoa jurídica ou pessoa física. Mas, neste último caso, se verá equiparado à pessoa jurídica".[47]

Todavia, o tomador dos serviços é que faz o recolhimento, o que também é ressaltado por Renato Lopes Becho: "A exação instituída pela Lei Complementar nº 84/96 voltou a ser incorporada pela Lei nº 8.212/91, em razão da redação que foi dada ao art. 22 pela Lei nº 9.876/1999. A obrigação determinada pela Lei Complementar, no inciso II, incidia sobre a *cooperativa*. Ela deveria reter 15% sobre as importâncias pagas, distribuídas ou

---

[47] "Contribuições previdenciárias incidentes sobre atividades das cooperativas", *in Problemas Atuais do Direito Cooperativo*, ob. cit., pp. 294-295.

Cap. LII | Os tributos e contribuições incidentes nas operações das cooperativas • **753**

creditadas a *seus cooperados*. Pela Lei ordinária subsequente, cabe ao tomados de serviços, que os contrata via cooperativa de trabalho, reter 15% sobre o valor bruto da nota fiscal ou fatura.

Conforme assevera Roque Antonio Carrazza (em parecer inédito para a Federação das Unimeds do Estado de São Paulo), a mudança é significativa, nela podendo ser ressaltados dois aspectos absolutamente inaceitáveis, a saber: *a)* a ausência de obrigação semelhante para outras sociedades de intermediação de mão de obra; e, *b)* a base de cálculo, sendo o total da nota fiscal ou fatura, faz com que a contribuição previdenciária incida sobre elementos que não dizem respeito ao trabalho assalariado".[48]

Necessário lembrar que o Supremo Tribunal Federal, em julgamento realizado em data de 23.04.2014, no Recurso Extraordinário nº 595.838/SP, declarou inconstitucional o inc. IV do art. 22 da Lei nº 8.212/1991. O Senado Federal, através da Resolução 10, de 30.03.2016, declarou "suspensa, nos termos do art. 52, inciso X, da Constituição Federal, a execução do inciso IV do art. 22 da Lei nº 8.212, de 24 de julho de 1991, declarado inconstitucional por decisão definitiva proferida pelo Supremo Tribunal Federal nos autos do Recurso Extraordinário nº 595.838.

Expõe, daí, Wagner Balera que "a empresa paga a contribuição em razão de tomar serviços de trabalhadores que com ela não possuem qualquer vínculo empregatício".[49]

A responsabilidade pelo recolhimento se transferiu, pois, para as empresas contratantes dos serviços das cooperativas. Com o sistema determinado pela Lei nº 9.876/1999, a contribuição previdenciária passou a incidir na alíquota de 15% sobre o valor das notas fiscais ou faturas de serviços emitidas pelas cooperativas às empresas contratantes dos seus serviços. O recolhimento desse encargo previdenciário passou a ser de caráter definitivo, não mais a título de retenção para futura compensação, como determinava o sistema anterior, sendo a responsabilidade por seu recolhimento, de acordo com a nova disposição legal, a cargo das empresas contratantes. Fica revogada, portanto, a Lei Complementar nº 84, de 18 de janeiro de 1996, e não é mais devida a contribuição de 15% que incidia sobre os pagamentos que as cooperativas fazem a seus cooperados, a título de remuneração ou retribuição pelos serviços que prestem a pessoas jurídicas, por seu intermédio.

Deve a empresa, também, contribuir para o financiamento da complementação das prestações por acidentes de trabalho (SAT) e para o Serviço Nacional de Aprendizagem do Cooperativismo – SESCOOP, imposição esta que veio com a Medida Provisória nº 2.163-41/2001.

Da mesma forma, não mais se justifica a retenção de 11%, determinada pelo art. 219 do Decreto nº 3.048/1999, pois veio a ser afastada a dita retenção pelo art. 224-A, introduzido pelo Decreto nº 3.265/1999: "O disposto nesta Seção não se aplica à contratação de serviços por intermédio de cooperativa de trabalho"

A contribuição era devida sobre serviços executados mediante cessão ou empreitada de mão de obra, inclusive em regime de trabalho temporário. Assim é que o Decreto nº 3.265, de 29 de novembro de 1999, acrescentando o art. 224-A ao Decreto nº 3.048, de 06 de maio de 1999, excluiu dessa imposição tributária os serviços prestados por intermédio de cooperativa de trabalho.[50]

---

[48] *Tributação das Cooperativas*, ob. cit., 3ª ed., 2005, p. 285.
[49] "Contribuições previdenciárias incidentes sobre atividades das cooperativas", *in Problemas Atuais do Direito Cooperativo*, ob. cit., p. 296.
[50] REsp. nº 260.282-RS, da 2ª Turma, j. em 02.08.2001, *DJU* de 17.09.2001, em *RSTJ*, 150.

754 • Direito de Empresa | *Arnaldo Rizzardo*

Relativamente às sobras não incide a contribuição:

"Não se insere dentre as características da sociedade cooperativa o intuito lucrativo, razão pela qual é correto afirmar que se não confunde com as denominadas sociedades comerciais; ao contrário, o traço marcante que a diferencia é a 'cooperação', com o objetivo de trazer para os cooperados as vantagens que terceiros obteriam se os interessados não 'se cooperassem' (cf. Milton Paulo de Carvalho, em *Enciclopédia Saraiva do Direito*, coordenação Prof. R. Limongi França, vol. 20, p. 412).

Evidenciado que, na relação que circunda a cooperativa e os cooperados não ocorre lucro, cabe à sociedade cooperativa, ao término do exercício social, elaborar o balanço com o fito de confrontar as receitas que auferiu e as despesas que experimentou, ambas decorrentes do liame existente com seus associados.

Daí poderão ser constatadas duas situações distintas: 1) resultado negativo originário de contribuições insuficientes para cobertura das despesas da cooperativa; 2) resultado positivo, tendo em vista o associado ter suportado um excesso no custeio. Da sistemática operacional que ocorre na sociedade cooperativa denota-se que esta, ao receber o produto do associado, verifica o preço corrente e estima, também, as despesas que o cooperado estará sujeito a suportar, em vista da circunstância de tornar o produto mais atrativo para a comercialização, como, por exemplo, a secagem e o empacotamento. Nesse momento são emitidas 02 (duas) notas fiscais, ou seja, uma de produtor, em vista do produto entregue com o valor corrente, descontadas as mencionadas despesas; e outra pela cooperativa, decorrente da entrada, em confirmação ao recebimento do produto.

Observa-se que preço de mercado ou corrente está ligado à comercialização, enquanto as despesas para efetivar a venda estão atreladas à prática de ato cooperativo, razão por que se não confundem. Em vista dessa relação, não resta configurada uma adequação típica autorizadora da cobrança da contribuição previdenciária das sobras líquidas, pois que o diploma normativo prevê que a única fase em que ocorre a hipótese de incidência se dá com 'base no valor creditado ou pago aos associados pelo recebimento dos seus produtos, observados na fixação desse valor os preços correntes de venda pelo produtor' (art. 77, III, do Decreto nº 83.081/1979)".[51]

A obrigatoriedade do recolhimento, nos demais casos, é reafirmada pela jurisprudência, que, no entanto, a comina a cargo da cooperativa:

"1. As cooperativas de trabalho médico, em período anterior à LC nº 84/96, são, também, equiparadas à empresa para fins de recolher contribuição previdenciária.

2. Precedente: REsp. nº 293.562/RS, 1ª Turma.

3. As cooperativas médicas, antes e depois da LC nº 84/96, por serem consideradas equiparadas à empresa, estão obrigadas ao recolhimento da contribuição social a ser calculada sobre os valores apurados mensalmente por serviços prestados e pagos aos médicos autônomos que são seus associados.

4. Embargos de declaração acolhidos para complementar o acórdão, afastando, consequentemente, a omissão, sem efeitos modificativos. Recurso especial do INSS que se mantém provido".

Insta relembrar que a acima referida Lei Complementar nº 84/96 foi revogada pela Lei nº 9.876/1999.

---

[51] *Manual das Sociedades Cooperativas*, ob. cit., p. 200.

No curso do voto, adota-se por paradigma o REsp. nº 205.383, rel. Min. Garcia Vieira, *DJU* de 28.06.1999, com a seguinte ementa:

"1. As Cooperativas são equiparadas a empresa para fins de aplicação da legislação do custeio da previdência social (art. 122 do Decreto nº 89.312/84 – Consolidação das Leis da Previdência Social).

2. Estão as Cooperativas médicas obrigadas ao recolhimento da contribuição social a ser calculada sobre os valores apurados mensalmente e pagos aos médicos, seus associados, pelos serviços prestados a terceiros.

3. Os médicos, não obstante situados como cooperados, prestam serviços a terceiros em nome da Cooperativa, como autônomos, e dela recebem diretamente os honorários fixados em tabela genérica.

4. As pessoas que mantêm vínculos de associação com as Cooperativas não efetuam pagamento de honorários aos médicos. Pagam, de modo fixo, mensalmente, determinada quantia à Cooperativa para que essa administre e ponha à disposição os serviços oferecidos.

5. A relação jurídica do serviço é firmada entre, no caso, o médico e a Cooperativa. Esta supervisiona, controla e remunera os serviços prestados pelo profissional.

6. Recurso do INSS provido para que as Cooperativas recolham as contribuições previdenciárias exigidas pelo Decreto 89.312/1984, art. 122 e parágrafos".[52]

Lembra-se que o mencionado Decreto nº 89.312/1994 foi revogado pelo Decreto nº 3.048/1999.

Em relação às cooperativas de produção rural quanto aos seus empregados, o recolhimento fica substituído pela contribuição que os cooperados deverem, nos termos do art. 201-C, do Decreto nº 3.048, em redação do Decreto nº 4.032, de 26.11.2001: "Quando a cooperativa de produção rural contratar empregados para realizarem, exclusivamente, a colheita da produção de seus cooperados, as contribuições de que tratam o art. 201, I, e o art. 202, relativas à folha de salário destes segurados, serão substituídas pela contribuição devida pelos cooperados, cujas colheitas sejam por eles realizadas, incidentes sobre a receita bruta da comercialização da produção rural, na forma prevista no art. 200, se pessoa física, no inciso IV do *caput* do art. 201 e no § 8º do art. 202, se pessoa jurídica".

Cabe à cooperativa elaborar a folha de salários, com o lançamento dos encargos, a teor do § 1º do acima citado art. 201-C: "A cooperativa deverá elaborar folha de salários distinta e apurar os encargos decorrentes da contratação de que trata o *caput* separadamente dos relativos aos seus empregados regulares, discriminadamente por cooperado, na forma definida pelo INSS".

A ela cabe proceder a arrecadação e ao recolhimento das quantias, conforme § 2º: "A cooperativa é diretamente responsável pela arrecadação e recolhimento da contribuição previdenciária dos segurados contratados na forma deste artigo".

---

[52] EDcl no REsp. nº 542.210, da 1ª Turma do STJ, j. em 14.06.2005.

13. CONTRIBUIÇÃO COOPERATIVISTA

Existe uma taxa de inscrição na Organização das Cooperativas Brasileiras, que, nos termos do parágrafo único do art. 107 da Lei nº 5.764/1971, equivalerá a dez por cento do maior salário mínimo vigente, se a soma do respectivo capital integralizado e fundos não exceder a duzentos e cinquenta salários mínimos, e a cinquenta por cento se aquele montante for superior. Na inscrição é exigida a taxa.

Há, outrossim, a contribuição cooperativista, à semelhança da contribuição sindical. A imposição está no art. 108: "Fica instituída, além do pagamento previsto no parágrafo único do artigo anterior, a Contribuição Cooperativista, que será recolhida anualmente pela cooperativa após o encerramento de seu exercício social, a favor da Organização das Cooperativas Brasileiras de que trata o artigo 105 desta Lei".

De acordo com os parágrafos que seguem, a contribuição ficará em 0,2% (dois décimos por cento) do valor do capital integralizado e fundos da sociedade cooperativa, tomando por base o montante do exercício social do ano anterior. O respectivo montante será distribuído, por metade, a suas filiadas, quanto constituídas.

Em se tratando de cooperativas centrais ou federações, calcula-se a contribuição sobre os fundos e reservas existentes, autorizando-se à Organização das Cooperativas do Brasil – OCEB estabelecer um teto.

A contribuição é recolhida em favor da organização cooperativa, e não de um possível sindicato organizado para defender as cooperativas.

LIII

Modelos de Constituição de cooperativas, de cooperativas centrais ou federações e confederações, organização, condições para o cargo de administrador e orientações

1. MODELO DE ATA DE CONSTITUIÇÃO DE COOPERATIVA

Conforme visto, constitui-se a cooperativa por deliberação da assembleia geral dos fundadores, constante da respectiva ata; ou por escritura pública.

Apresenta-se o modelo de constituição por ata anexo.

2. MODELO COMUM DE ESTATUTO DE COOPERATIVA

3. ORIENTAÇÕES PARA A CONSTITUIÇÃO DE COOPERATIVA DE CRÉDITO E OPERAÇÕES AUTORIZADAS E CONDIÇÕES PARA O CARGO DE ADMINISTRADOR

3.1. Orientações

Afigura-se relevante reproduzir as instruções constantes da Resolução BACEN nº 4.434, de 5.08.2015, que se encontram no *site* www.bcb.gov.br:

Destacam-se as matérias que seguem:

Constituição, autorização para funcionamento e demais autorizações

Para se constituir, obter a autorização da cooperativa de crédito e para a alteração estatutária, segue-se o regramento abaixo:

"Art. 2º Os pedidos envolvendo a constituição, a autorização para funcionamento, a alteração estatutária, a mudança de categoria na qual a cooperativa se enquadra e as demais autorizações e aprovações previstas na regulamentação aplicável às Cooperativas de crédito devem ser submetidos à aprovação do Banco Central do Brasil (BCB), nos termos da legislação em vigor.

Art. 3º O funcionamento de cooperativa de crédito pressupõe a constituição na forma da legislação e da regulamentação em vigor e a autorização para funcionamento.

Art. 4º Os interessados na constituição de cooperativa de crédito devem indicar responsável tecnicamente capacitado para acompanhamento do processo junto ao BCB.

Art. 5º A autorização para constituição de cooperativa de crédito singular que não pretender se filiar a cooperativa central está condicionada, previamente ao atendimento do que dispõe o art. 6º, à apresentação ao BCB de sumário executivo do plano de negócios, de que trata o inciso IV do art. 6º, cujo conteúdo mínimo será definido pelo BCB.

§ 1º O BCB poderá convocar o grupo de fundadores da cooperativa para entrevista técnica, a fim de que apresente a proposta do empreendimento contida no sumário executivo.

§ 2º Se o BCB julgar inadequada a proposta do empreendimento, comunicará essa decisão aos interessados, podendo convocá-los para uma nova entrevista técnica, caso reapresentem a proposta com os ajustes necessários.

§ 3º Se, após a segunda entrevista técnica, o BCB mantiver seu entendimento desfavorável à proposta do empreendimento, comunicará a decisão aos interessados.

§ 4º Os interessados na constituição de cooperativa de crédito singular de que trata o *caput* devem, no prazo de sessenta dias contados da manifestação favorável do BCB à proposta do empreendimento, instruir o processo de constituição na forma do art. 6º.

Art. 6º A autorização para constituição das Cooperativas de crédito está condicionada à apresentação de:

I – documentos aptos à comprovação das possibilidades de reunião dos associados, de controle, de realização de operações e de prestação de serviços na área de atuação pretendida, bem como de manifestação da respectiva cooperativa central ou confederação, na hipótese de existência de compromisso de filiação;

II – identificação dos integrantes do grupo de fundadores e, quando for o caso, das entidades fornecedoras de apoio técnico e/ou financeiro;

III – declarações e documentos que demonstrem que pelo menos um dos integrantes do grupo de fundadores detém conhecimento sobre o ramo de negócio e sobre o segmento no qual a cooperativa de crédito pretende operar, inclusive sobre os aspectos relacionados à dinâmica de mercado, às fontes de recursos operacionais, ao gerenciamento e aos riscos associados às operações;

IV – plano de negócios, abrangendo o período mínimo de cinco anos, contendo:

a) plano financeiro, que deve demonstrar a viabilidade econômico-financeira do projeto, do qual devem constar:

1. premissas econômicas;

2. premissas do projeto;

3. metodologia utilizada para avaliação do negócio; e

4. projeção, elaborada em periodicidade mensal, das demonstrações contábeis e do fluxo de caixa;

b) plano mercadológico, que deve contemplar os seguintes tópicos:

1. objetivos estratégicos do empreendimento;

2. condições estatutárias de associação e área de atuação pretendida;

3. estimativa do número de pessoas que preenchem as condições de associação e do crescimento esperado do quadro, indicando as formas de divulgação que visem a atrair novos associados;

4. medidas que visem a promover a efetiva participação dos associados nas assembleias;

5. formas de divulgação aos associados das deliberações adotadas nas assembleias, dos demonstrativos contábeis, dos relatórios de auditoria e dos atos da administração;

6. principais produtos e serviços a serem ofertados;

7. descrição das operações que pretende realizar, com vistas à classificação da cooperativa de crédito nos termos do art. 15;

8. motivações e propósitos que levaram à decisão de constituir a cooperativa;

9. demanda de serviços financeiros apresentada pelo segmento social a ser potencialmente filiado, atendimento existente por instituições concorrentes e projeção de atendimento pela cooperativa pleiteante;

10. demanda de serviços financeiros apresentada pelas Cooperativas de crédito a serem potencialmente filiadas e projeção de atendimento pela cooperativa pleiteante, no caso de Cooperativas centrais de crédito; e

11. perfil econômico dos associados, levando em conta os aspectos de exposição ao risco, capacidade de pagamento e atenção aos limites regulamentares; e

c) plano operacional, detalhando os seguintes aspectos:

1. definição dos padrões de governança corporativa a serem observados, incluindo o detalhamento da estrutura de incentivos e da política de remuneração dos administradores e a estrutura de gerenciamento do negócio;

2. organograma da instituição, com determinação das responsabilidades atribuídas aos diversos níveis da instituição, e a política de pessoal;

3. estrutura física;

4. tecnologias a serem utilizadas na operação, gerenciamento e colocação dos produtos e dimensionamento da estrutura de atendimento;

5. estrutura dos controles internos, com mecanismos que garantam adequada supervisão por parte da administração e a efetiva utilização de auditoria interna e externa como instrumentos de controle;

6. estrutura a ser utilizada no gerenciamento de riscos e os planos de contingência a serem adotados;

7. ações relacionadas com a capacitação do quadro de dirigentes;

8. indicação dos sistemas, procedimentos e controles a serem utilizados para a detecção e a prevenção de operações cujas características possam evidenciar indícios dos crimes tipificados na Lei nº 9.613, de 3 de março de 1998;

9. estrutura prevista para atender às exigências do BCB quanto ao fornecimento de informações para fins estatísticos e de supervisão e à divulgação de demonstrações contábeis nos padrões estabelecidos;

10. definição de prazo máximo para início das atividades após a concessão, pelo BCB, da autorização para funcionamento;

11. indicação da cooperativa central de crédito a que será filiada ou, na hipótese de não filiação, os motivos que determinaram essa decisão, evidenciando, nesse caso, como a cooperativa pretende suprir os serviços prestados pelas centrais; e

12. participação em fundo exclusivo do sistema a que pertença, se houver; e

V – minutas dos atos societários de constituição da cooperativa de crédito.

§ 1º O BCB pode adequar o atendimento dos requisitos estabelecidos no inciso IV à natureza e ao porte da cooperativa de crédito e à extensão do pleito apresentado a exame.

§ 2º O plano de negócios a ser apresentado com vistas à constituição de cooperativa central de crédito ou de confederação de centrais deve contemplar, ainda, em função dos objetivos da cooperativa:

I – a identificação de cada uma das Cooperativas pleiteantes, com indicação do respectivo nome, número de inscrição no Cadastro Nacional da Pessoa Jurídica (CNPJ), Município sede, área de atuação, tipos de serviços prestados, número de associados e sua variação nos últimos três anos;

II – a identificação, quando for o caso, das entidades fornecedoras de apoio técnico ou financeiro para constituição da cooperativa central ou confederação de centrais;

III – a previsão de participação societária da nova cooperativa em outras entidades;

IV – as condições estatutárias de associação, o número de Cooperativas não filiadas a Cooperativas centrais ou a confederações que preencham essas condições de associação e a previsão de eventual ampliação da área de atuação;

V – as políticas de constituição de novas Cooperativas singulares ou centrais de crédito, de reestruturação das Cooperativas existentes, inclusive por meio de fusões e incorporações, de promoção de novas filiações e estimativa do crescimento do quadro de filiadas;

VI – os requisitos exigidos dos ocupantes de cargos com funções de supervisão em filiadas;

VII – o dimensionamento e a evolução das áreas responsáveis pelo cumprimento das atribuições estabelecidas no Capítulo VIII, destacando a eventual contratação de serviços de outras centrais, confederações e de outras entidades, com os objetivos de suprir ou complementar os quadros próprios e de obter apoio para a formação de equipe técnica;

VIII – as medidas a serem adotadas para tornar efetiva a implementação dos sistemas de controles internos das filiadas, o desenvolvimento ou a adoção de manual padronizado de controles internos e a realização das auditorias internas requeridas pela regulamentação, abordando a possível contratação de serviços de outras entidades visando a esses fins;

IX – as diretrizes a serem adotadas para captação, aplicação e remuneração de recursos com vistas à prestação de serviço de aplicação centralizada de recursos de filiadas, deveres e obrigações da confederação, da central e das filiadas no tocante ao sistema de garantias recíprocas, recomposição de liquidez e operações de saneamento;

X – os serviços visando a proporcionar às filiadas acesso ao sistema de compensação de cheques e de transferência de recursos entre instituições financeiras, respectivo controle de riscos, fluxos operacionais e relacionamento com bancos conveniados;

XI – o planejamento das atividades de capacitação de administradores, gerentes e associados de Cooperativas filiadas, destacando as entidades especializadas em treinamento a serem eventualmente contratadas;

XII – a descrição de outros serviços relevantes para o funcionamento das Cooperativas filiadas, especialmente consultoria técnica e jurídica, desenvolvimento e padronização de sistemas de informática e sistemas administrativos e de atendimento a associados; e

XIII – o estudo econômico-financeiro demonstrando as economias de escala a serem obtidas pelas Cooperativas filiadas, a capacidade para arcar com os custos operacionais e o orçamento de receitas e despesas.

Art. 7º No prazo de noventa dias a contar do recebimento da manifestação favorável do BCB a respeito do processo de constituição, os interessados deverão formalizar os atos societários de constituição da cooperativa de crédito.

§ 1º O prazo de que trata o *caput* poderá ser prorrogado por até noventa dias, justificadamente, a critério do BCB.

§ 2º Os atos societários, após a aprovação do BCB, devem ser levados a arquivamento no órgão de registro competente.

Art. 8º O BCB, após a manifestação favorável sobre o projeto de constituição, poderá realizar inspeção prévia na cooperativa em constituição, a fim de avaliar a compatibilidade entre a estrutura organizacional implementada e aquela prevista no plano de negócios.

§ 1º A decisão sobre a inspeção prévia mencionada no *caput* levará em consideração o porte da instituição, a complexidade e o risco das operações pretendidas e a ausência de participação da pleiteante em sistema cooperativo organizado.

§ 2º Determinada a realização de inspeção prévia, os interessados, no prazo de 180 (cento e oitenta) dias, devem:

I – formalizar e submeter ao BCB os atos societários de constituição da cooperativa a ser objeto da autorização para funcionamento, contemplando a eleição para os cargos estatutários e a aprovação, pela assembleia geral, de estatuto social contendo cláusula estabelecendo expressamente que, até a expedição da autorização para funcionamento da instituição, é vedada a realização de qualquer atividade, especialmente as operações privativas de que trata o Capítulo IV, permitidas somente aquelas necessárias ao cumprimento do disposto neste artigo;

II – levar os atos societários, após aprovação do BCB, a arquivamento no órgão de registro competente;

III – implementar a estrutura organizacional, contemplando as estruturas de governança corporativa, de gerenciamento do negócio, de controles internos e de gerenciamento de riscos, a contratação dos sistemas eletrônicos e da mão de obra, a aquisição de equipamentos e a adoção de todas as demais providências previstas no plano de negócios necessárias às atividades da cooperativa; e

IV – apresentar ao BCB requerimento solicitando a realização de inspeção a fim de inspecionar a estrutura organizacional implementada.

§ 3º O prazo de que trata o § 2º poderá ser prorrogado por até noventa dias, justificadamente, a critério do BCB.

§ 4º Constatada incompatibilidade entre a estrutura organizacional existente e a prevista no plano de negócios, o BCB poderá determinar prazo para correção, após o qual, em caso de desatendimento, indeferirá o pedido de autorização para funcionamento.

Art. 9º O acolhimento e a aprovação de pedidos de constituição, de autorização para funcionamento, de alterações estatutárias e de mudança de categoria na qual a cooperativa de crédito se enquadra sujeitam-se às seguintes condições:

I – cumprimento da legislação e da regulamentação em vigor, inclusive quanto a limites operacionais, atribuições específicas estabelecidas por esta Resolução e obrigações perante o BCB;

II – ausência de irregularidade e de restrição em sistemas públicos ou privados de cadastro e informações que contenham dados pertinentes à autorização pretendida, por parte da cooperativa pleiteante e de seus administradores; e

III – aderência às diretrizes de atuação sistêmica estabelecidas pela respectiva confederação ou, na falta desta, pela cooperativa central de crédito, para as Cooperativas integrantes de sistemas cooperativos.

§ 1º O BCB, na análise dos processos de que trata este artigo, considerando as circunstâncias de cada caso concreto e o contexto dos fatos, especialmente o limitado impacto do pleito para o funcionamento da cooperativa requerente, poderá dispensar, excepcionalmente e diante de interesse público devidamente justificado, o cumprimento das condições especificadas nos incisos I a III do *caput*.

§ 2º O BCB, com o objetivo de adequar a análise dos pedidos à abrangência e à complexidade do pleito em exame, poderá adotar, nos termos da legislação em vigor, medidas complementares julgadas pertinentes, inclusive:

I – exigir da respectiva cooperativa central, como também da confederação, no caso de pedidos de Cooperativas integrantes de sistemas cooperativos:

a) o cumprimento das disposições dos incisos I a III do *caput*; e

b) a apresentação de relatório de conformidade com o pleito em análise;

II – considerar, para fins de análise do cumprimento dos limites operacionais de que trata o inciso I do *caput*, eventual plano de regularização apresentado na forma da regulamentação em vigor; e

III – dar continuidade ao exame do pedido nos casos em que se verifique desatendimento não considerado grave do disposto nos incisos I a III do *caput*.

Art. 10. Verificado pelo BCB o atendimento dos dispositivos previstos nos arts. 4º a 9º, será expedida autorização para funcionamento da cooperativa de crédito.

§ 1º O início de atividades da cooperativa de crédito deve observar o prazo previsto no respectivo plano de negócios, podendo o BCB conceder prorrogação do prazo, mediante requisição fundamentada, firmada pelos administradores da cooperativa, bem como solicitar novos documentos e declarações visando à atualização do processo de autorização.

§ 2º Na hipótese de existência de compromisso de filiação a cooperativa central, ou a confederação, definido em plano de negócios, o início das atividades da cooperativa de crédito fica condicionado à formalização dessa filiação.

§ 3º Expedida a autorização referida no *caput*, a instituição será considerada em funcionamento, para efeitos de aplicação e observância da regulamentação em vigor.

Art. 11. O BCB, no curso da análise dos processos de interesse de Cooperativas de crédito poderá, nos termos da legislação em vigor:

I – solicitar documentos e informações adicionais que julgar necessários à decisão do pleito;

II – convocar para entrevista os associados fundadores e administradores da cooperativa de crédito singular e administradores da cooperativa central de crédito e da confederação;

III – interromper o exame de processos de autorização ou de alteração estatutária, caso verificada a inobservância das condições de que trata o art. 9º, mantendo-se a referida interrupção até a solução das pendências ou a apresentação de fundamentadas justificativas;

IV – conceder prazo para que sejam sanadas irregularidades eventualmente verificadas ou, se for o caso, para apresentação da correspondente justificativa; e

V – indeferir os pedidos em relação aos quais for apurada falsidade nas declarações ou nos documentos apresentados na instrução do processo.

Art. 12. A cooperativa de crédito deve, durante o período estabelecido no art. 6º, inciso IV, evidenciar, no relatório de administração que acompanha as demonstrações contábeis relativas à data-base de 31 de dezembro, a adequação das operações realizadas com os objetivos estratégicos estabelecidos no plano de negócios.

Parágrafo único. Verificada, durante o período mencionado no *caput*, a inadequação das operações com o plano de negócios, a cooperativa de crédito deve apresentar razões fundamentadas, as quais serão objeto de exame por parte do BCB, que poderá estabelecer condições adicionais para o funcionamento da instituição, fixando prazo para seu atendimento.

Art. 13. A cooperativa de crédito, na constituição de entidade não financeira de qualquer natureza destinada a prestar serviços a Cooperativas de crédito, deve comunicar o fato ao BCB, nos termos da legislação em vigor, mantendo à sua disposição os respectivos estatutos ou contrato social, podendo essa autarquia requerer as alterações julgadas necessárias em vista do desempenho de suas atribuições legais, conforme art. 12, inciso V e § 1º, da Lei Complementar nº 130, de 17 de abril de 2009.

Art. 14. Os pedidos de mudança da categoria em que a cooperativa de crédito se enquadra e de alteração estatutária envolvendo modificação nas condições de admissão de associados e da área de atuação, fusão, incorporação ou desmembramento podem ser submetidos, a critério do BCB, às condições estabelecidas no art. 6º".

Classificação das cooperativas de crédito e das condições estatutárias de admissão de associados

"Art. 15. A cooperativa de crédito singular, de acordo com as operações praticadas, se classifica nas seguintes categorias:

I – cooperativa de crédito plena: a autorizada a realizar as operações previstas no art. 17;

II – cooperativa de crédito clássica: a autorizada a realizar as operações previstas no art. 17, observadas as restrições contidas no art. 18; e

III – cooperativa de crédito de capital e empréstimo: a autorizada a realizar as operações previstas no art. 17, exceto as previstas em seu inciso I, observadas as restrições contidas no art. 18".

As operações

"Art. 17. A cooperativa de crédito pode realizar as seguintes operações e atividades, além de outras estabelecidas na regulamentação em vigor:

I – captar, exclusivamente de associados, recursos e depósitos sem emissão de certificado;

II – obter empréstimos e repasses de instituições financeiras nacionais ou estrangeiras, inclusive por meio de depósitos interfinanceiros;

III – receber recursos oriundos de fundos oficiais e, em caráter eventual, recursos isentos de remuneração ou a taxas favorecidas, de qualquer entidade, na forma de doações, empréstimos ou repasses;

IV – conceder créditos e prestar garantias, somente a associados, inclusive em operações realizadas ao amparo da regulamentação do crédito rural em favor de associados produtores rurais;

V – aplicar recursos no mercado financeiro, inclusive em depósitos à vista e depósitos interfinanceiros, observadas as restrições legais e regulamentares específicas de cada aplicação;

VI – proceder à contratação de serviços com o objetivo de viabilizar a compensação de cheques e as transferências de recursos no sistema financeiro, de prover necessidades de funcionamento da instituição ou de complementar os serviços prestados pela cooperativa aos associados;

VII – prestar, no caso de cooperativa central de crédito e de confederação de centrais:

a) a Cooperativas filiadas ou não, serviços de caráter técnico, inclusive os referentes às atribuições tratadas no Capítulo VIII;

b) a Cooperativas filiadas, serviço de administração de recursos de terceiros, na realização de aplicações por conta e ordem da cooperativa titular dos recursos, observadas a legislação e as normas aplicáveis a essa atividade; e

c) a Cooperativas filiadas, serviço de aplicação centralizada de recursos, subordinado a política própria, aprovada pelo conselho de administração, contendo diretrizes relativas à captação, aplicação e remuneração dos recursos transferidos pelas filiadas, observada, na remuneração, proporcionalidade em relação à participação de cada filiada no montante total aplicado; e

VIII – prestar os seguintes serviços, visando ao atendimento a associados e a não associados:

764 • Direito de Empresa | *Arnaldo Rizzardo*

a) cobrança, custódia e serviços de recebimentos e pagamentos por conta de terceiros a pessoas físicas e entidades de qualquer natureza, inclusive as pertencentes aos poderes públicos das esferas federal, estadual e municipal e respectivas autarquias e empresas;

b) correspondente no País, nos termos da regulamentação em vigor;

c) colocação de produtos e serviços oferecidos por bancos cooperativos, inclusive os relativos a operações de câmbio, bem como por demais entidades controladas por instituições integrantes do sistema cooperativo a que pertença, em nome e por conta da entidade contratante, observada a regulamentação específica;

d) distribuição de recursos de financiamento do crédito rural e outros sujeitos a legislação ou regulamentação específicas, ou envolvendo equalização de taxas de juros pelo Tesouro Nacional, compreendendo formalização, concessão e liquidação de operações de crédito celebradas com os tomadores finais dos recursos, em operações realizadas em nome e por conta da instituição contratante; e

e) distribuição de cotas de fundos de investimento administrado por instituições autorizadas, observada a regulamentação aplicável editada pela Comissão de Valores Mobiliários (CVM).

§ 1º Os contratos celebrados com vistas à prestação dos serviços referidos nas alíneas "c" e "d" do inciso VIII do *caput* devem conter cláusulas estabelecendo:

I – assunção de responsabilidade, para todos os efeitos legais, por parte da instituição financeira contratante, pelos serviços prestados em seu nome e por sua conta pela cooperativa contratada;

II – adoção, pela contratada, de manual de operações, atendimento e controle definido pela contratante e previsão de realização de inspeções operacionais por parte dessa última;

III – manutenção, por ambas as partes, de controles segregados das operações realizadas sob contrato, imediatamente verificáveis pela fiscalização dos órgãos competentes;

IV – realização de acertos financeiros entre as partes, no máximo, a cada dois dias úteis;

V – vedação ao substabelecimento; e

VI – divulgação pela contratada, em local e forma visível ao público usuário, de sua condição de prestadora de serviços à instituição contratante, em relação aos produtos e serviços oferecidos em nome dessa última.

§ 2º A cooperativa de crédito deve manter à disposição do BCB os contratos firmados com terceiros para a prestação dos serviços de que trata o inciso VIII do *caput*, pelo prazo de cinco anos, contado a partir do término da vigência do contrato.

Art. 18. Às Cooperativas de crédito enquadradas nas categorias previstas nos incisos II e III do art. 15 é vedada a prática de:

I – operações nas quais assumam exposição vendida ou comprada em ouro, em moeda estrangeira, em operações sujeitas à variação cambial, à variação no preço de mercadorias (commodities), à variação no preço de ações, ou em instrumentos financeiros derivativos, ressalvado o investimento em ações registrado no ativo permanente;

II – aplicação em títulos de securitização de créditos, salvo os emitidos pelo Tesouro Nacional;

III – operações de empréstimo de ativos;

IV – operações compromissadas, exceto:

a) operações de venda com compromisso de recompra com ativos próprios; ou

b) operações de compra com compromisso de revenda com títulos públicos federais prefixados, indexados à taxa de juros ou a índice de preços; e

V – aplicação em cotas de fundos de investimento, exceto em fundos que atendam aos seguintes requisitos:

a) observem as restrições estabelecidas nos incisos I a IV;

Cap. LIII | Modelos de Constituição de cooperativas • 765

b) não mantenham exposições oriundas de operações de crédito; e

c) sejam classificados, nos termos da regulamentação da CVM, como Fundo de Curto Prazo, Fundo de Renda Fixa, Fundo Referenciado cujo indicador de desempenho seja a taxa de Depósitos Interfinanceiros (DI) ou Fundo de Investimento em Cotas de Fundo de Investimento classificado como uma das três modalidades mencionadas nesta alínea.

O Capital e o patrimônio das cooperativas

"Art. 19. A cooperativa de crédito deve observar os seguintes limites mínimos, em relação ao capital integralizado e ao Patrimônio Líquido (PL):

I – cooperativa central de crédito e confederação de centrais: integralização inicial de capital de R$200.000,00 (duzentos mil reais) e PL de R$1.000.000,00 (um milhão de reais);

II – cooperativa de crédito de capital e empréstimo, classificada nos termos do inciso III do art. 15: integralização inicial de capital de R$10.000,00 (dez mil reais) e PL de R$100.000,00 (cem mil reais);

III – cooperativa de crédito clássica, classificada nos termos do inciso II do art. 15, filiada a cooperativa central: integralização inicial de capital de R$10.000,00 (dez mil reais) e PL de R$300.000,00 (trezentos mil reais);

IV – cooperativa de crédito clássica, classificada nos termos do inciso II do art. 15, não filiada a cooperativa central: integralização inicial de capital de R$20.000,00 (vinte mil reais) e PL de R$500.000,00 (quinhentos mil reais);

V – cooperativa de crédito plena, classificada nos termos do inciso I do art. 15, filiada a cooperativa central: integralização inicial de capital de R$2.500.000,00 (dois milhões e quinhentos mil reais) e PL de R$25.000.000,00 (vinte e cinco milhões de reais); e

VI – cooperativa de crédito plena, classificada nos termos do inciso I do art. 15, não filiada a cooperativa central: integralização inicial de capital de R$5.000.000,00 (cinco milhões de reais) e PL de R$50.000.000,00 (cinquenta milhões de reais).

§ 1º O capital social da cooperativa de crédito deve ser integralizado exclusivamente em moeda corrente.

§ 2º Os limites de PL de que trata o *caput* devem ser observados a partir do quinto ano contado da data de autorização para funcionamento da cooperativa de crédito, sendo que, até o terceiro ano, o PL deve representar, no mínimo, 50% (cinquenta por cento) dos respectivos limites.

Art. 20. Para efeito de verificação do atendimento dos limites mínimos de capital integralizado e de PL das Cooperativas de crédito, devem ser deduzidos os valores correspondentes ao patrimônio líquido mínimo fixado para as instituições financeiras de que participe, ajustados proporcionalmente ao nível de cada participação.

Art. 21. A cooperativa de crédito deve atender aos requerimentos mínimos de Patrimônio de Referência (PR), de Nível I e de Capital Principal, de acordo com normas específicas editadas pelo Conselho Monetário Nacional (CMN) e pelo BCB.

Art. 22. São vedados à cooperativa de crédito:

I – a integralização de quotas-partes mediante a concessão de crédito ou retenção de parte do seu valor, bem como a concessão de garantia ou assunção de coobrigação em operação de crédito com essas finalidades, exceto quando realizada mediante a concessão de crédito com recursos oriundos de programas oficiais para capitalização de Cooperativas de crédito;

II – o rateio de perdas de exercícios anteriores mediante concessão de crédito ou retenção de parte do seu valor, bem como concessão de garantia ou assunção de coobrigação em operação de crédito com essas finalidades; e

766 • Direito de Empresa | *Arnaldo Rizzardo*

III – a adoção de capital rotativo, assim caracterizado o registro, em contas de patrimônio líquido, de recursos captados em condições semelhantes às de depósitos à vista ou a prazo.

Parágrafo único. O estatuto social pode estabelecer regras relativas a resgates eventuais de quotas de capital, quando de iniciativa do associado, desde que preservado, além do número mínimo de quotas, o cumprimento dos limites estabelecidos pela regulamentação em vigor e a integridade e inexigibilidade do capital e PL, cujos recursos devem permanecer por prazo suficiente para refletir a estabilidade inerente à sua natureza de capital fixo da instituição".

3.2. Condições para o cargo de administrador

Para a nomeação de cargo de administrador de cooperativas de crédito e de seus órgãos estatutários (Presidente, Diretor, Gerente), já que integram o Sistema Financeiro Nacional (art. 18, § 1º, da Lei nº 4.595, de 31.12.1964), o Banco Central do Brasil impõe várias condições, que se encontram discriminadas no Regulamento Anexo II à Resolução BACEN nº 4.122, de 2.08.2012, modificada pela Resolução BACEN nº 4.279, de 31.10.2013:

"Art. 2º São condições para o exercício dos cargos referidos no art. 1º, além de outras exigidas pela legislação e pela regulamentação em vigor:

I – ter reputação ilibada;

II – ser residente no País, nos casos de diretor, de sócio-administrador e de conselheiro fiscal;

III – não estar impedido por lei especial, nem condenado por crime falimentar, de sonegação fiscal, de prevaricação, de corrupção ativa ou passiva, de concussão, de peculato, contra a economia popular, a fé pública, a propriedade ou o Sistema Financeiro Nacional, ou condenado a pena criminal que vede, ainda que temporariamente, o acesso a cargos públicos;

IV – não estar declarado inabilitado ou suspenso para o exercício de cargos de conselheiro fiscal, de conselheiro de administração, de diretor ou de sócio-administrador nas instituições referidas no art. 1º ou em entidades de previdência complementar, sociedades seguradoras, sociedades de capitalização, companhias abertas ou entidades sujeitas à supervisão da Comissão de Valores Mobiliários;

V – não responder, nem qualquer empresa da qual seja controlador ou administrador, por protesto de títulos, cobranças judiciais, emissão de cheques sem fundos, inadimplemento de obrigações e outras ocorrências ou circunstâncias análogas;

VI – não estar declarado falido ou insolvente;

VII – não ter controlado ou administrado, nos 2 (dois) anos que antecedem a eleição ou nomeação, firma ou sociedade objeto de declaração de insolvência, liquidação, intervenção, falência ou recuperação judicial.

Parágrafo único. Nos casos de eleitos ou nomeados que não atendam ao disposto no *caput*, incisos V a VII, o Banco Central do Brasil poderá analisar a situação individual dos pretendentes, com vistas a avaliar a possibilidade de aceitar a homologação de seus nomes. A eleição e a nomeação serão submetidas à aprovação do Banco Central, no prazo máximo de quinze dias da realização do ato.

Ademais, indispensável a condição ou capacidade técnica para o cargo, verificável pela formação acadêmica, experiência profissional e através de outros requisitos julgados relevantes.

A eleição e a nomeação serão submetidas à aprovação do Banco Central, no prazo máximo de quinze dias da realização do ato, em consonância com o art. 1º e seu § 1º do acima mencionado Regulamento.

3.3. Modelo de estatuto de cooperativa

Importante apresentar um modelo de estatuto de cooperativa, que servirá para a verificação dos elementos e passos necessários para qualquer outra cooperativa do mesmo ramo.

Para visualização do referido modelo, acesse o QR Code ao lado ou, se preferir, baixe o arquivo em formato editável disponível na plataforma GEN-io, conforme instruções apresentadas no início do livro.

https://goo.gl/AjfmSt

3.4. Operações autorizadas

De acordo com a Resolução BACEN nº 4.344/2015, às cooperativas de crédito são reservadas as seguintes atribuições:

"Art. 17. A cooperativa de crédito pode realizar as seguintes operações e atividades, além de outras estabelecidas na regulamentação em vigor:

I – captar, exclusivamente de associados, recursos e depósitos sem emissão de certificado;

II – obter empréstimos e repasses de instituições financeiras nacionais ou estrangeiras, inclusive por meio de depósitos interfinanceiros;

III – receber recursos oriundos de fundos oficiais e, em caráter eventual, recursos isentos de remuneração ou a taxas favorecidas, de qualquer entidade, na forma de doações, empréstimos ou repasses;

IV – conceder créditos e prestar garantias, somente a associados, inclusive em operações realizadas ao amparo da regulamentação do crédito rural em favor de associados produtores rurais;

V – aplicar recursos no mercado financeiro, inclusive em depósitos à vista e depósitos interfinanceiros, observadas as restrições legais e regulamentares específicas de cada aplicação;

VI – proceder à contratação de serviços com o objetivo de viabilizar a compensação de cheques e as transferências de recursos no sistema financeiro, de prover necessidades de funcionamento da instituição ou de complementar os serviços prestados pela cooperativa aos associados;

VII – prestar, no caso de cooperativa central de crédito e de confederação de centrais:

a) a Cooperativas filiadas ou não, serviços de caráter técnico, inclusive os referentes às atribuições tratadas no Capítulo VIII;

b) a Cooperativas filiadas, serviço de administração de recursos de terceiros, na realização de aplicações por conta e ordem da cooperativa titular dos recursos, observadas a legislação e as normas aplicáveis a essa atividade; e

c) a Cooperativas filiadas, serviço de aplicação centralizada de recursos, subordinado a política própria, aprovada pelo conselho de administração, contendo diretrizes relativas à captação, aplicação e remuneração dos recursos transferidos pelas filiadas, observada, na remuneração, proporcionalidade em relação à participação de cada filiada no montante total aplicado; e

VIII – prestar os seguintes serviços, visando ao atendimento a associados e a não associados:

a) cobrança, custódia e serviços de recebimentos e pagamentos por conta de terceiros a pessoas físicas e entidades de qualquer natureza, inclusive as pertencentes aos poderes públicos das esferas federal, estadual e municipal e respectivas autarquias e empresas;

b) correspondente no País, nos termos da regulamentação em vigor;

c) colocação de produtos e serviços oferecidos por bancos cooperativos, inclusive os relativos a operações de câmbio, bem como por demais entidades controladas por instituições integrantes do sistema cooperativo a que pertença, em nome e por conta da entidade contratante, observada a regulamentação específica;

d) distribuição de recursos de financiamento do crédito rural e outros sujeitos a legislação ou regulamentação específicas, ou envolvendo equalização de taxas de juros pelo Tesouro Nacional, compreendendo formalização, concessão e liquidação de operações de crédito celebradas com os tomadores finais dos recursos, em operações realizadas em nome e por conta da instituição contratante; e

e) distribuição de cotas de fundos de investimento administrados por instituições autorizadas, observada a regulamentação aplicável editada pela Comissão de Valores Mobiliários (CVM).

§ 1º Os contratos celebrados com vistas à prestação dos serviços referidos nas alíneas "c" e "d" do inciso VIII do *caput* devem conter cláusulas estabelecendo:

I – assunção de responsabilidade, para todos os efeitos legais, por parte da instituição financeira contratante, pelos serviços prestados em seu nome e por sua conta pela cooperativa contratada;

II – adoção, pela contratada, de manual de operações, atendimento e controle definido pela contratante e previsão de realização de inspeções operacionais por parte dessa última;

III – manutenção, por ambas as partes, de controles segregados das operações realizadas sob contrato, imediatamente verificáveis pela fiscalização dos órgãos competentes;

IV – realização de acertos financeiros entre as partes, no máximo, a cada dois dias úteis;

V – vedação ao substabelecimento; e

VI – divulgação pela contratada, em local e forma visível ao público usuário, de sua condição de prestadora de serviços à instituição contratante, em relação aos produtos e serviços oferecidos em nome dessa última.

§ 2º A cooperativa de crédito deve manter à disposição do BCB os contratos firmados com terceiros para a prestação dos serviços de que trata o inciso VIII do *caput*, pelo prazo de cinco anos, contado a partir do término da vigência do contrato".

O art. 18 arrola as vedações

"Às Cooperativas de crédito enquadradas nas categorias previstas nos incisos II e III do art. 15 é vedada a prática de:

I – operações nas quais assumam exposição vendida ou comprada em ouro, em moeda estrangeira, em operações sujeitas à variação cambial, à variação no preço de mercadorias (commodities), à variação no preço de ações, ou em instrumentos financeiros derivativos, ressalvado o investimento em ações registrado no ativo permanente;

II – aplicação em títulos de securitização de créditos, salvo os emitidos pelo Tesouro Nacional;

III – operações de empréstimo de ativos;

IV – operações compromissadas, exceto:

a) operações de venda com compromisso de recompra com ativos próprios; ou

b) operações de compra com compromisso de revenda com títulos públicos federais prefixados, indexados à taxa de juros ou a índice de preços; e

V – aplicação em cotas de fundos de investimento, exceto em fundos que atendam aos seguintes requisitos:

a) observem as restrições estabelecidas nos incisos I a IV;

b) não mantenham exposições oriundas de operações de crédito; e

c) sejam classificados, nos termos da regulamentação da CVM, como Fundo de Curto Prazo, Fundo de Renda Fixa, Fundo Referenciado cujo indicador de desempenho seja a taxa de Depósitos Interfinanceiros (DI) ou Fundo de Investimento em Cotas de Fundo de Investimento classificado como uma das três modalidades mencionadas nesta alínea".

Os arts. 23 a 25 tratam dos limites de exposição por cliente:

"Art. 25. A cooperativa de crédito deve observar os seguintes limites de exposição por cliente:

I – nas aplicações em depósitos e títulos e valores mobiliários de responsabilidade ou de emissão de uma mesma entidade, empresas coligadas e controladora e suas controladas: 25% (vinte e cinco por cento) do PR; e

II – nas operações de crédito e de concessão de garantias em favor de um mesmo cliente, bem como nos créditos decorrentes de operações com derivativos:

a) por parte de cooperativa singular: 15% (quinze por cento) do PR, caso seja filiada a cooperativa central de crédito, e 10% (dez por cento) do PR, caso não seja filiada a central; e

b) por parte de confederação e de central: 20% (vinte por cento) do PR.

§ 1º Considera-se cliente, para os fins previstos neste artigo, qualquer pessoa natural ou jurídica, ou grupo de pessoas agindo isoladamente ou em conjunto, representando interesse econômico comum, excetuado o vínculo decorrente exclusivamente da associação a uma mesma cooperativa.

§ 2º Não estão sujeitos aos limites de exposição por cliente:

I – depósitos e aplicações efetuados na respectiva cooperativa central ou confederação de centrais, ou no banco cooperativo pertencente ao sistema cooperativo;

II – aplicações em títulos públicos federais; e

III – aplicações em quotas de fundos de investimento.

§ 3º No caso de aplicação em quotas de fundo de investimento em que a cooperativa seja a única quotista, devem ser computadas as aplicações realizadas pelo fundo para fins de cálculo dos limites referidos neste artigo.

§ 4º Para efeito de verificação dos limites de exposição por cliente, deve ser deduzido do PR o montante das participações no capital social de outras instituições financeiras, exceto de cooperativa de crédito à qual é filiada.

§ 5º Na hipótese de o associado e a entidade emitente de títulos ou valores mobiliários configurarem uma mesma pessoa jurídica, ou representarem interesse econômico comum, devem ser observados, simultaneamente, os limites referidos nos incisos I e II do *caput* e, no somatório das operações, o maior dos limites a elas aplicáveis.

Art. 24. A cooperativa central de crédito que, juntamente com a adoção de sistema de garantias recíprocas entre as Cooperativas singulares filiadas, realize a centralização financeira das disponibilidades líquidas dessas filiadas pode valer-se do limite de exposição por cliente de 10% (dez por cento) da soma do PR total das filiadas, limitado ao PR da central, nas seguintes operações:

I – depósitos e títulos e valores mobiliários de responsabilidade ou de emissão de uma mesma instituição financeira, empresas coligadas e controladora e suas controladas, observado o disposto no § 2º do art. 23; e

770 • Direito de Empresa | *Arnaldo Rizzardo*

II – concessão de créditos e garantias a filiadas, em operações previamente aprovadas pelo conselho de administração da cooperativa central, quando não forem utilizados os recursos referidos no § 1º deste artigo.

§ 1º Não estão sujeitas ao limite de exposição por cliente as operações de crédito na forma de repasses e garantias a filiadas, envolvendo recursos captados ao amparo das normas do crédito rural e outras linhas de crédito ou programas de equalização de taxas de juros sujeitos a legislação específica, destinados à concessão de financiamentos a associados, observadas, adicionalmente, as seguintes condições:

I – adoção, nos contratos firmados entre a cooperativa central e a cooperativa singular e entre a cooperativa singular e o associado, de cláusulas estabelecendo prerrogativa em favor da cooperativa central, passível de ser acionada a qualquer tempo e de forma independente, que permita realizar a cobrança, diretamente dos associados, das parcelas vincendas dos financiamentos individuais, na forma de endosso do título de crédito ou de outro ato jurídico cujos efeitos possibilitem a referida cobrança;

II – assunção de coobrigação contratual por parte das Cooperativas filiadas, na qualidade de fiadoras mutuamente solidárias, obrigando-se a cobrir imediatamente, em favor da cooperativa central, na proporção dos respectivos PRs, a falta de pagamento de parcelas relativas à liquidação do repasse devido por qualquer das coobrigadas; e

III – adoção de sistemática de pagamentos das Cooperativas singulares para a cooperativa central, relativamente à quitação dos recursos a elas repassados, que limite a cinco dias úteis a permanência, em cada singular, dos recursos pagos pelos associados a título de liquidação dos financiamentos individuais, inclusive no caso de liquidação antecipada.

§ 2º A concessão de créditos e garantias ao amparo deste artigo deve observar normas próprias, aprovadas pela assembleia geral da cooperativa central, relativas aos limites de crédito, garantias a serem observadas e outros aspectos julgados relevantes para o controle dos riscos decorrentes dessas operações.

§ 3º Para o cálculo do montante admissível de operações de crédito e de garantia em favor de determinada filiada, realizadas ao amparo do limite estabelecido no *caput*, devem ser deduzidas as operações em aberto, devidas por essa filiada, realizadas segundo o limite de exposição por cliente estabelecido no art. 23, inciso II, alínea 'b'.

Art. 25. Nos dois anos seguintes à data de início de funcionamento, a cooperativa singular filiada a central de crédito pode adotar os seguintes limites de exposição por cliente, para concessão de créditos a um mesmo associado com recursos sujeitos à legislação específica ou envolvendo equalização de taxas de juros pelo Tesouro Nacional, deduzido do limite o saldo das operações sujeitas ao limite geral estabelecido no art. 23, inciso II, alínea 'a', realizadas em favor do associado com recursos de outras fontes:

I – no primeiro ano: 25% (vinte e cinco por cento) do PR; e

II – no segundo ano: 20% (vinte por cento) do PR".

4. ORGANIZAÇÃO DE COOPERATIVA CENTRAL OU FEDERAÇÃO E DE CONFEDERAÇÃO E MODELOS

4.1. Organização

Apresenta-se um modelo de estatuto de cooperativa central e de confederação, a partir de exemplo disponibilizado pela Organização das Cooperativas do Rio Grande do Sul, e tendo em conta as diretrizes dos arts. 14 e seguintes da Lei nº 5.764/1971. Salienta-se que a diferença está em que a primeira espécie abrange três ou mais cooperativas, enquanto a segunda três ou mais cooperativas centrais ou federações de cooperativas. Uma ou outra organização tem por finalidade a orientação e coordenação das atividades de suas filiadas, o que se faz necessário quando o volume das operações ou atividades aconselha a constituição de uma administração central ou da confederação.

Para a constituição, são indicadas as seguintes orientações, colhidas junto aos órgãos próprios de controle:

a) a cooperativa singular interessada, ou a cooperativa central ou federação, interessada na constituição de uma cooperativa central ou federação, ou de uma confederação, designará alguns membros do seu órgão de administração e/ou fiscalização para entrarem em contato com os membros de outras entidades do mesmo gênero e hierarquia, que tenham a mesma espécie e tipo ou correlação de atividades, ou interesses comuns, para a finalidade da formação da entidade objetivada;

b) verificado, nos entendimentos e contatos, que há o interesse de, no mínimo, três cooperativas para a formação de uma cooperativa central ou federação, ou o interesse de, no mínimo, três cooperativas centrais ou federações para a formação de uma confederação, acertam-se as providências a serem cumpridas, e as formalidades que observarão as respectivas assembleias;

c) acertadas essas preliminares, cada cooperativa, ou central ou federação, convocará a sua assembleia para o fim de:
   – deliberar pela sua participação na fundação na nova entidade;
   – indicar os respectivos representantes.

d) realizam-se as assembleias gerais em cada cooperativa simples, ou cooperativa central ou federação, que deliberará pela constituição da entidade superior, indicando os representantes;

e) nessa assembleia, indicam-se os seguintes dados ou elementos:
   – o estabelecimento do valor ou da quota-parte do capital social da entidade que será formada;
   – o número mínimo de quota-parte que cada entidade associada subscreverá;
   – a definição dos objetivos sociais;
   – a elaboração do estatuto social.

f) realizadas tais formalidades, os promotores (que são os membros indicados pelas entidades que encaminham a constituição da cooperativa central ou federação, ou confederação), convocarão a assembleia geral dos interessados das cooperativas, das cooperativas centrais ou federações, na qual se deliberará sobre os seguintes assuntos:
   – sobre a constituição da cooperativa central ou federação, ou da confederação;
   – aprovação do estatuto social, cujo projeto virá apresentado;
   – eleição dos membros dos órgãos de administração e fiscalização.

g) os eleitos para os cargos, após empossados, designarão entre si os que exercerão a presidência e outros órgãos específicos, que constarão previstos no estatuto;

h) concluídos os trabalhos da assembleia e a organização da nova entidade, encaminha-se a registro ao órgão estadual ou federal próprio (Organização das Cooperativas

Estaduais ou Organização das Cooperativas Brasileiras), com o posterior arquivamento dos atos constitutivos na Junta Comercial do Estado sede da nova entidade;

i) para o registro no órgão estadual ou federal, em obediência aos arts. 17 e seguintes da Lei nº 5.764, são apresentados os seguintes documentos, acompanhados de requerimento:

– um exemplar do jornal que publicou o jornal de convocação da assembleia geral extraordinária de cada cooperativa, ou cooperativa central ou federação;

– uma via da ata da assembleia geral extraordinária realizada em cada entidade integrante;

– quatro vias da ata de fundação;

– quatro vias do estatuto social;

– quatro vias da lista nominativa das entidades associadas;

– declaração do presidente eleito da cooperativa central ou federação, ou da confederação, de que os eleitos para os órgãos de administração e fiscalização da sociedade não estão incursos nos preceitos dos arts. 51 e 56, § 1º, da Lei nº 5.764.

4.2. Modelo de edital de convocação de assembleia geral extraordinária

4.3. Modelo de ata da assembleia geral extraordinária que deliberou pela participação na cooperativa central ou federação, ou na confederação

Há duas situações a serem consideradas.

A primeira, a participação em cooperativa central ou federação, ou confederação, que está se formando; a segunda, a adesão a uma cooperativa central ou federação, ou confederação já formada.

Apresentam-se exemplos para caso.

4.4. Modelo de ata de assembleia geral de constituição de cooperativa central ou federação, ou de confederação

> Para visualização do referido modelo, acesse o QR Code ao lado ou, se preferir, baixe o arquivo em formato editável disponível na plataforma GEN-io, conforme instruções apresentadas no início do livro.
>
> https://goo.gl/Z1gkQA

4.5. Modelo de estatuto de cooperativa central ou federação, ou de confederação

> Para visualização do referido modelo, acesse o QR Code ao lado ou, se preferir, baixe o arquivo em formato editável disponível na plataforma GEN-io, conforme instruções apresentadas no início do livro.
>
> https://goo.gl/BvYxCU

LIV
Sociedades coligadas

1. A MÚTUA PARTICIPAÇÃO DAS SOCIEDADES UMAS NAS OUTRAS

São as sociedades ligadas entre si, na esfera das relações de capital, porque controladas, filiadas ou de simples participação. As sociedades passam a se associarem, umas participando das outras, em geral com a finalidade de ampliarem suas atividades, de alcançarem maior produtividade, de aumentar o capital, de ganhar novos mercados, de ascender a níveis tecnológicos mais avançados e de reduzirem seus custos.

Mais propriamente, a coligação expressa participação, influência, controle, ou envolve a participação de uma sociedade na outra, criando-se um vínculo ou dependência de capital, isto é, relações societárias entre elas, ou tornando-se filiadas, mas sem uma subjugação, pois o elemento que vale para as decisões internas continua a ser a maioria do capital. Nesse âmbito, há as sociedades controladoras e as controladas, ou sociedades em pé de igualdade e simplesmente filiadas, ou sociedades que participam de outras. É o que se colhe do art. 1.097 do Código Civil: "Consideram-se coligadas as sociedades que, em suas relações de capital, são controladas, filiadas ou de simples participação, na forma dos artigos que seguem".

Depreende-se que a coligação constitui o gênero, abrangendo sociedades controladas e não controladas. Todavia, no sentido estrito de controle não existe subordinação, ficando a relação no mesmo plano, e não havendo escala hierárquica.

Existem sociedades de investimentos, que atuam no setor de fundos nacionais e internacionais, como fundos de pensões, que investem na aquisição de quotas ou capital de outras sociedades, aportando recursos e financiando suas atividades. A aquisição do capital constitui um modo de investir, e, assim, de obter lucros, o que se consegue com os rendimentos da sociedade na qual se investiu. O controle, que acontece por meio da aquisição de capital, não importa em intervenção direta na administração, mas em possibilidade de intervenção. Por outras palavras, o controle não se exerce pela administração, mas pela orientação dos rumos a seguir, ou pela decisão se for necessário em determinados assuntos; significa influir nos rumos que a sociedade deve seguir. Não é preciso que o controlador figure como diretor, mas como orientador, ou agente que dita a política da empresa, ou o participante que tem influência dominante no Conselho de Administração, na orientação, na consultoria, na execução das ações que integram o objeto social, inclusive com o poder de intervenção. Constitui o que se chama controle interno, isto é, através da influência, do voto, de um comunicado, de uma orientação, e mesmo de uma ordem para que a direção não pratique determinado ato. Todavia, não se afasta o poder de participar da administração ou direção, quando o controle é externo.

776 • Direito de Empresa | *Arnaldo Rizzardo*

A matéria é regulada pelo Código Civil, abrangendo a totalidade das sociedades que o mesmo regula. No pertinente às sociedades por ações, a disciplina está na Lei nº 6.404/1976, aplicando-se supletivamente as regras do Código Civil, isto é, nos casos omissos, consoante seu art. 1.089. Idêntica é a regência das sociedades em comandita por ações, exceto no condizente com as regras especiais que se encontram no Capítulo do Código Civil a elas destinado, de acordo com seu art. 1.090.

2. A SOCIEDADE CONTROLADA

Para melhor compreensão da matéria, mostra-se útil trazer a caracterização, feita por Tullio Ascarelli, entre sociedade coligada e sociedade controlada: "No primeiro sentido, poderíamos falar em coligação de sociedade toda vez que houvesse entre elas uma conexão econômica, qualquer que fosse o instrumento jurídico usado; em sociedade controlada, toda vez que tal conexão fosse de molde a acarretar a possibilidade de uma sociedade influir decisivamente sobre a outra. Nesta acepção, o conceito é extremamente vasto e pouco preciso... Num sentido mais rigoroso, falaremos em coligação quando uma sociedade for sócia de outra; em controle, quando a participação de uma sociedade em outra for de molde a facultar legalmente o controle da primeira sobre a Segunda".[1]

Duas as hipóteses que identificam a sociedade controlada, cujo gênero é a coligação: a sociedade cujo capital representa a maioria de votos de outra sociedade, o que acarreta o poder de eleger a maioria dos administradores, e a sociedade cujas ações ou quotas se encontrem em uma sociedade controlada por outra sociedade, sendo que esta outra, então, exerce o controle. O assunto aparece desenvolvido pelo art. 1.098 da lei civil: "É controlada:

> I – a sociedade de cujo capital outra sociedade possua a maioria dos votos nas deliberações dos quotistas ou da assembleia geral e o poder de eleger a maioria dos administradores;
>
> II – a sociedade cujo controle, referido no inciso antecedente, esteja em poder de outra, mediante ações ou quotas possuídas por sociedades ou sociedades por esta já controladas".

Conclui Celso Marcelo de Oliveira: "Assim, temos a definição jurídica de controlada, dividindo em: a de controle direto de outra empresa, e a de controle interno pelo encadeamento de sociedades. Neste caso, temos o regime de *holding* como o de controladora de todo o grupo empresarial".[2]

Em contrapartida, sociedade controladora é aquela que, diretamente por meio de outras sociedades, possui quotas ou participação de modo a garantir-lhe a maioria ou preponderância nas deliberações sociais, com o que se lhe assegura a eleição da maioria dos administradores.

É bastante comum a verificação das situações acima. Há a predominância direta da controladora no capital da controlada; ou uma terceira empresa, já controlada e integrante de outra empresa, possui ações ou quotas na empresa controlada, sendo que esta outra empresa tem o controle geral. A titular das ações ou quotas da controladora denomina-se

---

[1] *Problemas das Sociedades Anônimas e Direito Comparado*, ob. cit., pp. 693-694.
[2] *Tratado de Direito Empresarial Brasileiro*, ob. cit., p. 727.

holding. Exemplifica-se no seguinte caso: a empresa "A" é titular de quotas e, assim, participa do capital da empresa "B", sendo que esta controla a empresa "C". Em síntese, quem exerce o controle é a empresa "A", embora a empresa "B" exerça o controle sobre a empresa "C". Essa conjugação de empresas forma um verdadeiro *holding*.

Nota-se o seguinte quadro, retratado por Celso Marcelo de Oliveira: "Os grupos societários inserem-se no fenômeno de concentração de empresas, sob a forma de integração (participações societárias, resultando no controle de uma ou umas sobre as outras), obedecendo todas a uma única direção econômica. Seus integrantes mantêm suas personalidades jurídicas, atuando como entidades autônomas, porém são subordinados economicamente a uma direção única. Desta forma, constituem formas mais convenientes e flexíveis que as clássicas incorporações e fusões das empresas".[3]

A Lei nº 6.404/1976, em seu art. 243, § 2º, cuida especificamente do controle nas sociedades de ações, tendo como controlada a sociedade cujo capital está no poder de outra sociedade (controladora), em quantidade tal que garante a preponderância nas deliberações da assembleia geral e o poder de eleger a maioria de seus administradores, seja diretamente ou mediante outras sociedades que ela controla.

3. SOCIEDADE COLIGADA OU FILIADA SEM CONTROLE

Não se confunde, aqui, a coligação no sentido lato do art. 1.097 do Código Civil, envolvendo relação de controle, filiação ou participação. O significado, no caso, é estrito, correspondendo à sociedade filiada, não havendo controle. A ausência de controle constitui uma exigência. Do contrário, a empresa será controlada. Ou seja, existe a participação no capital social de uma sociedade na outra, com dez por cento ou mais, sem que se verifique o controle. Uma empresa participa diretamente nos negócios de outra, mas não a ponto de exercer o controle.

Realmente, a coligação ou filiação ora tratada não admite o controle, ou o poder da empresa coligada em decidir nas deliberações sociais e de eleger a maioria dos administradores. O elemento configurador está na participação com dez por cento ou mais do capital de outra, mas sem exercer o poder de controle, ou sem que resulte o poder de decidir nas deliberações sociais e de eleger a maioria dos administradores. Assim se extrai do art. 1.099: "Diz-se coligada ou filiada a sociedade de cujo capital outra sociedade participa com 10% (dez por cento) ou mais, do capital da outra, sem controlá-la". A mesma forma de participação também aparece caracterizada no § 1º do art. 243 da Lei nº 6.404, quanto às sociedades de ações: "São coligadas as sociedades nas quais a investidora tenha influência significativa (Redação dada pela Lei nº 11.941, de 2009)".

Apresenta Modesto Carvalhosa a caracterização: "Caracteriza-se a coligação de sociedades como a participação relevante de uma sociedade no capital de outra, em ações ou quotas, sem que tal participação importe em subordinação".[4]

Portanto, não pode haver predomínio do capital. É importante esse aspecto, de preponderância quantitativa, que justifica a significação de empresa coligada ou filiada.

Para a conferência, quanto às sociedades por ações, não há a restrição às ações com o poder de voto. No cômputo, ingressam as ações sem direito a voto.

---

[3] *Tratado de Direito Empresarial Brasileiro*, ob. cit., p. 728.
[4] *Comentários ao Código Civil*, ob. cit., vol. 13, p. 428.

4. PARTICIPAÇÃO EM SOCIEDADE

Se inferior a dez por cento o capital com direito a voto que uma empresa possui do capital de outra, o modelo é de simples participação de uma sociedade em outra. O sentido aparece claro no art. 1.100: "É de simples participação a sociedade de cujo capital outra sociedade possua menos de 10% (dez por cento) do capital com direito de voto".

Obviamente, não há o controle. As sociedades são meramente vinculadas.

A participação diz respeito ao capital com direito de voto, e não ao capital social, como chama a atenção Modesto Carvalhosa: "Veja-se que, na configuração da participação simples, a presente norma fala em percentagem menor do que dez por cento do capital com direito de voto, e não dez por cento do capital social, como ocorre no art. 1.099. Essa diferenciação faz sentido, na medida em que o que se procura configurar é o controle comum, o que somente pode ocorrer via ações ou quotas votantes ou então participação no mesmo grupo societário, o que também faz pressupor o regime de controle. Reitere-se, portanto, que, mesmo com menos do que dez por cento do capital votante as sociedades envolvidas – tanto a investidora como a investida –, as participações de uma noutra ou noutras do mesmo grupo ou sob controle comum são consideradas participações relevantes no âmbito da consolidação dos respectivos balanços, o que se refletirá no caso de controle comum nas demonstrações financeiras da controladora de ambas e na hipótese de pertencerem ao mesmo grupo também na sociedade controladora desse mesmo grupo".[5]

5. LIMITES NA PARTICIPAÇÃO DE UMA SOCIEDADE EM OUTRA QUE É SUA SÓCIA

A matéria versa sobre a participação recíproca.

Não se impede que uma sociedade participe de outra que é, ao mesmo tempo, sua sócia. No entanto, há limites: não se permite essa participação, salvo autorização expressa de lei, em montante superior ao das suas reservas, excluindo-se, do cômputo, a reserva legal, ou exigida pela lei. O art. 1.101 do diploma civil cuida do assunto: "Salvo disposição especial de lei, a sociedade não pode participar de outra, que seja sua sócia, por montante superior, segundo o balanço, ao das próprias reservas, excluída a reserva legal".

Nota-se a impossibilidade de ultrapassar as reservas da sociedade, que equivalem às sobras de capital, sem que tenham sido distribuídas aos sócios. Não abrangem essas reservas as de provisão, de compensação de devedores em mora e insolventes, e de obsolescência, com a finalidade de atender a empresa em casos específicos, como as despesas de reformas, de pagamento de abonos aos empregados ou do décimo terceiro salário, das férias, das indenizações trabalhistas, o inadimplemento consumado dos adquirentes de produtos, da substituição de maquinário desgastado e de materiais depreciados.

Qual a razão de se exigir o limite até o montante das reservas? Procura evitar que se faça confusão de capitais, ou que se mascare a realidade das empresas, de modo a atribuir a outra sociedade patrimônio que lhe pertence.

Para haver a participação recíproca, pois, devem as sociedades demonstrar que há *superavit,* ou que o patrimônio líquido se revele positivo, não tendo sido repartido, mas ficando na empresa.

---

[5] *Comentários ao Código Civil,* ob. cit., vol. 13, p. 430.

Apurando-se, através de balanço, que a participação excedeu o limite das reservas da sociedade participante, a decorrência é a perda do exercício do voto no equivalente ao *quantum* que ultrapassou a participação autorizada. Ademais, o excesso deve ser alienado nos cento e oitenta dias seguintes à aprovação do balanço. O parágrafo único dita a regra a respeito: "Aprovado o balanço em que se verifique ter sido excedido esse limite, a sociedade não poderá exercer o direito de voto correspondente às ações ou quotas em excesso, as quais devem ser alienadas nos 180 (cento e oitenta) dias seguintes àquela aprovação".

Quanto ao *caput* do art. 1.101, há uma ressalva: "salvo disposição especial de lei". Ou seja, é excluída a sua própria aplicação se houver disposição especial em contrário.

6. MODELO DE ESTATUTO DE SOCIEDADE *HOLDING* OU DE SOCIEDADE QUE CONTROLARÁ AS DEMAIS SOCIEDADES

Apresentam-se unicamente as cláusulas específicas do estatuto da sociedade que é a *holding*, ou que controlará as demais, visto que as outras cláusulas são as mesmas do modelo de estatuto de sociedade anônima comum. Assim, toma-se o modelo do item nº 15 do Capítulo XX, escrevendo-se apenas as cláusulas cujo teor substituirá as cláusulas correspondentes daquele modelo. A elaboração tomou por base o modelo de estatuto apresentado por Celso Marcelo de Oliveira.[6]

> Para visualização do referido modelo, acesse o QR Code ao lado ou, se preferir, baixe o arquivo em formato editável disponível na plataforma GEN-io, conforme instruções apresentadas no início do livro.
>
> https://goo.gl/6dTZbn

---

[6] *Tratado de Direito Empresarial*, ob. cit., pp. 732-745.

LV

Liquidação, extinção das sociedades em geral e medidas cautelares

1. DISSOLUÇÃO E LIQUIDAÇÃO

Primeiramente, necessário aduzir que, para as sociedades em geral, excetuadas as anônimas, aplicam-se as disposições do Código Civil de 2002, se iniciada a dissolução ou liquidação a partir de sua vigência, de acordo com o art. 2.034: "A dissolução e a liquidação das pessoas jurídicas referidas no artigo antecedente, quando iniciadas antes da vigência deste Código, obedecerão ao disposto nas leis anteriores".

A liquidação decorre da dissolução, desenvolvendo-se num momento seguinte, e admite-se unicamente se total a dissolução. Se parcial, ou na resolução da quota de um sócio, existe apenas a apuração de haveres, seguindo a sociedade com os demais sócios. Se restritos a dois os componentes, e mesmo se vários, mas restando somente um, não se dá automaticamente a dissolução. A figura é resolução da sociedade pela retirada dos sócios. Remanescendo apenas um, deve, no prazo de cento e oitenta dias, recompor-se com o ingresso de, no mínimo, outro sócio, conforme se colhe do art. 1.033, inc. IV, do Código Civil. Do contrário, não resta outro caminho senão a dissolução.

A dissolução total da sociedade de responsabilidade limitada se dá nas hipóteses do art. 1.087, que se reporta ao art. 1.044, o qual trata da dissolução da sociedade em nome coletivo. Este dispositivo, por sua vez, adota as causas do art. 1.033, estabelecidas para a sociedade simples. Já o art. 1.051, relativo às sociedades em comandita simples, também manda aplicar o art. 1.044 para a dissolução, e, assim, as mesmas causas para a dissolução da simples.

Quanto à liquidação, a sociedade simples segue as regras do Capítulo IX do Subtítulo I do Título II do Livro II, regras que constam inseridas nos arts. 1.102 ao art. 1.112. Como nas demais sociedades citadas se obedecem ao regramento desta sociedade, conclui-se que se adotam os mesmos ditames dos arts. 1.102 a 1.112, para a liquidação.

Caracteriza Modesto Carvalhosa a dissolução: "Constitui o ato declaratório decorrente de causas supervenientes à constituição da sociedade, de natureza voluntária (deliberação dos sócios) ou coativa (judicial ou administrativa), que têm como efeito a cessação das atividades voltadas à consecução do objeto social, que são substituídas por aqueles procedimentos tendentes à liquidação do patrimônio social, gerido pelo liquidante (arts. 1.102 a 1.112)".[1]

---

[1] *Comentários ao Código Civil*, ob. cit., vol. 13, p. 438.

782 • Direito de Empresa | *Arnaldo Rizzardo*

Com a dissolução, há o término da atividade empresarial. A liquidação visa apurar o espólio deixado pela sociedade, ou o que ficou de sua existência, que, na grande maioria das vezes, não passa de dívidas, ou de um rastro de prejuízos e danos causados a terceiros.

O exame das diferentes sociedades se fez acompanhar do estudo da respectiva dissolução, o que torna desnecessária a repetição do assunto.

2. O DESENVOLVIMENTO DA LIQUIDAÇÃO ADMINISTRATIVA

Uma vez materializada a dissolução, decidida em assembleia, ou por outra forma, com a baixa no registro, parte-se para a liquidação, com a nomeação de liquidante escolhido em deliberação dos sócios, se não constar a designação no contrato social. Na escolha, acolhe-se a regra do art. 1.010 do Código Civil, contando-se os votos de conformidade com o valor das quotas de cada sócio. Havendo o empate, prevalecerá a decisão sufragada pelo maior número de sócios. Se novamente ocorrer o empate, busca-se a solução através do Judiciário, que definirá o critério, de modo a não mais se chegar a um resultado que aponte dois ou mais sócios com igual número de sócios. Não se impede que se eleja como critério a quantidade de quotas, aliada à idade do sócio, ou à antiguidade.

Faculta-se que recaia a designação em pessoa estranha aos quadros sociais, especialmente diante de controvérsias insuperáveis, e na existência de apenas dois sócios, seguindo orientação do STJ: "A divergência pessoal entre os dois únicos sócios da sociedade por si só impõe a nomeação de liquidante estranho à sociedade, nos termos do art. 657, § 2º, do CPC/1939, em vigor por força do art. 1.218 do CPC/1973.

A capitalização da empresa por um dos sócios e a maior delonga na liquidação, se feita por terceiro, não justificam a nomeação desse sócio como liquidante, em face das divergências pessoais com a sua única sócia".[2] Relativamente aos dispositivos processuais mencionados, esclarece-se que, com o CPC/2015, por força de seu art. 1.046, § 3º, o procedimento será o comum.

As regras a serem observadas aplicam-se aos diversos tipos de sociedade regidos pelo Código Civil.

Em um primeiro momento, abordam-se a dissolução e a liquidação voluntárias, modalidades de extinção da sociedade que, na opinião de Modesto Carvalhosa, "constitui um procedimento de vontade dos sócios, visando a sua desativação operacional, concomitantemente à apuração dos ativos e passivos sociais, com o cumprimento de suas obrigações de caráter legal ou convencional, com o consequente pagamento do passivo e partilha do eventual patrimônio remanescente entre os mesmos sócios. Da declaração voluntária de dissolução resulta uma série de operações de gestão, caracterizada como liquidação, em que estão envolvidos não apenas os interesses dos sócios, mas também, de modo preponderante, os interesses dos credores, de seus funcionários e do Poder Público".[3]

É possível que a forma de se proceder à liquidação venha disciplinada no contrato, incumbindo a sua obediência. Também viável que na decisão que decidiu e regulou a dissolução já conste o procedimento da liquidação, especialmente no que é pertinente à

---

[2] REsp. nº 205.271-RJ, da 4ª Turma, j. em 03.06.2003.
[3] *Comentários ao Código Civil*, ob. cit., vol. 13, p. 439.

Cap. LV | Liquidação, extinção das sociedades em geral e medidas cautelares • 783

avaliação patrimonial, com a designação de peritos e a delineação de regras para a aferição das contas, a escala de pagamentos de obrigações, e a derradeira distribuição do montante líquido que resta.

Um total de dez artigos disciplina a liquidação, traçando um procedimento e minúcias que podem ser adaptados segundo as conveniências do caso. O rigor da forma não pode suplantar o lado prático, que leva a abreviar caminhos e a olvidar certas minúcias, que em nada ajudam na solução das controvérsias. Não se pode esquecer que o objetivo está em apurar o que ficou da sociedade, de modo a atender os interesses dos terceiros (credores e devedores) que negociaram com a sociedade, e dos sócios na repartição do resíduo positivo que se apurar.

O Código inicia a regular a matéria no art. 1.102, que sintetiza as explanações acima: "Dissolvida a sociedade e nomeado o liquidante na forma do disposto neste Livro, procede-se à sua liquidação, de conformidade com os preceitos deste Capítulo, ressalvado o disposto no ato constitutivo ou no instrumento da dissolução".

Para tanto, instaura-se um novo regime, cujo primeiro passo está na nomeação e investidura do liquidante, aspecto já observado acima. Promove-se a escolha se for pessoa diversa da que vinha exercendo a administração, que passará a dirigir o monte que ficou, com a averbação junto ao registro da sociedade, em acatamento ao parágrafo único do art. 1.102: "O liquidante, que não seja administrador da sociedade, investir-se-á nas funções, averbada a sua nomeação no registro próprio".

Com a liquidação, pois, passa a vigorar um regime jurídico novo, com direitos e deveres específicos, sendo a figura de proa o liquidante. Por um determinado período de tempo, a sociedade se mantém ativa, até o esgotamento de seu patrimônio, pratica negócios, compra e vende, presta serviços, e tem personalidade jurídica. A dissolução não extingue a sociedade, mas somente declara-se que não mais prosseguirá, com algumas providências na desaceleração de suas funções. Já a liquidação compreende o conjunto de atos administrativos que se desenvolve para chegar-se ao término da existência real da sociedade. Desta sorte, somente depois de encerrada a apuração do ativo e passivo, e da conversão do capital em dinheiro, com os pagamentos e divisão do que resta, extingue-se plenamente a sociedade. Encontra-se coerência desta inteligência com o art. 51 da lei civil, que está dirigido à dissolução das pessoas jurídicas em geral: "Nos casos de dissolução da pessoa jurídica ou cassada a autorização para seu funcionamento, ela subsistirá para os fins de liquidação, até que esta se conclua".

Concluída a apuração de todo o patrimônio, isto é, do ativo e passivo, e dado o destino dos bens na satisfação das obrigações, com a divisão do excedente, e aprovadas as contas pela reunião ou assembleia, ou pelo juiz se levada a procedimento judicial a liquidação, leva-se a termo a averbação, que se procede ao lado da averbação da assembleia ou do ato que decidiu pela dissolução. O art. 1.109 bem expressa esse momento da extinção: "Aprovadas as contas, encerra-se a liquidação, e a sociedade se extingue, ao ser averbada no registro próprio a ata da assembleia".

A liquidação terá em conta o estado patrimonial no momento da dissolução.

Aprovadas as contas, faz-se a publicação da ata respectiva, já averbada, a fim de que terceiros e mesmo os sócios atingidos com o ato possam tomar ciência do mesmo e exercer a reclamação de seus direitos, no que se encontra suporte no parágrafo único: "O dissidente tem o prazo de 30 (trinta) dias, a contar da publicação da ata, devidamente averbada, para promover a ação que couber".

3. APLICAÇÃO DO PROCEDIMENTO INFORMAL À LIQUIDAÇÃO

O procedimento ditado pela lei nem sempre é próprio e aplicado na prática. Especialmente nas sociedades de menor porte ou de pequeno capital, a liquidação se processa informalmente, no próprio ato de dissolução, isto é, em reunião ou assembleia, decidindo os sócios pelo destino do capital, repartindo-o entre si, mesmo que subsistam obrigações. Decide-se pela venda do patrimônio, em especial dos imóveis e outros bens, pouco importando as dívidas existentes. Bastante frequente é a simples dissolução, procedendo-se a baixa, com a decisão da inexistência de patrimônio para a liquidação. Chega a sociedade a um estado tal de exaurimento, de inanição e ineficiência que não mais se justifica a sua existência.

Naturalmente, se os sócios embolsam o numerário existente, e entre eles dividem os bens, ou procedem à sua venda e repartem os resultados, persistindo obrigações ou compromissos, a dissolução revela-se irregular, incidindo a responsabilidade daqueles que se apropriaram indevidamente do patrimônio, na proporção do valor que os beneficiou.

Em princípio, a maneira simplificada de dissolução, com a liquidação do capital e das obrigações, é válida. Todavia, para a sua formalização perante a Junta Comercial, impende uma série de providências, como a apresentação de certidões negativas junto ao Fisco federal, estadual e municipal. Somente com essa medida cancela-se ou dá-se baixa ao CNPJ.

Sem o procedimento legal, permanece em aberto ou ativa a sociedade, e sua retirada do cadastro registral depende de ato do juiz, em processo falimentar, depois de apurado o ativo e saldado, mesmo que proporcionalmente, o passivo. Se não acompanhada a dissolução de certidões negativas de tributo, mantendo-se o registro, ou não emanado o ato de baixa de ordem judicial, para a competente baixa deve-se aguardar a decadência ou prescrição das dívidas, o que se logra conseguir em processo judicial declaratório próprio.

Não apenas os administradores, diretores e demais dirigentes são chamados à responsabilidade na dissolução irregular. Os próprios sócios não ficam de fora das obrigações pendentes, porquanto omitiram-se nas providências de destituição daqueles que exerciam o comando, destacando-se, dentre elas, a convocação de reunião ou assembleia, como assegura o art. 1.073. A menos que se demonstrar a completa ausência de culpa, como se procuraram fazer a convocação, e não conseguiram o intento por falta de adesão dos demais sócios; ou se, na assembleia, apresentadas questões que interferiam na responsabilidade, não obtiveram o apoio do número necessário de sócios para o desiderato de sanar as irregularidades.

A responsabilidade, nessas eventualidades, deve ser solidária e total.

4. MODELO DE ATA DE REUNIÃO OU ASSEMBLEIA DE DISSOLUÇÃO E/OU LIQUIDAÇÃO DE SOCIEDADE

Necessário observar que a reunião ou assembleia poderá abranger a dissolução e a liquidação concomitante, ou isoladamente cada etapa. Se em conjunto, resolve-se decretar a dissolução e já se apreciam os atos pertinentes, como balanço geral, relatórios, prestação de contas e outros dados que vierem apresentados. Se em etapas separadas, delibera-se unicamente a dissolução, com a nomeação de liquidante, e estabelecendo as determinações ou os trâmites a serem obedecidos. Posteriormente leva-se a efeito a reunião ou assembleia da liquidação, com a apreciação dos atos pertinentes, e ordenando-se os trâmites ulteriores, com a satisfação do passivo e a divisão de eventuais sobras.

O modelo abrangerá cada tipo acima.

5. DEVERES DO LIQUIDANTE

Consoante já observado, nomeia-se o liquidante por deliberação da reunião ou assembleia, se não constar designado no contrato social, e podendo recair a escolha no próprio administrador ou em estranho. No caso de judicial a liquidação, o juiz designará pessoa para exercer o cargo, processando-se de acordo com as regras processuais.

O liquidante passará a administrar a sociedade, devendo seguir nos negócios ou atividades já encetados, contratados ou em andamento. Dirigirá os atos de apuração do ativo e do passivo, com o pagamento das obrigações pendentes e a distribuição do que sobrar aos sócios, proporcionalmente à participação social de cada um. Quanto ao gerente ou administrador existente, resume José Waldecy Lucena que "continua apenas com funções administrativas. Com a dissolução, os sócios, mesmos os gerentes/administradores, não mais detêm poderes sociais".[4]

Para o perfeito desempenho da função, enumera o art. 1.103 os vários deveres do liquidante, e que são os seguintes:

"I – averbar e publicar a ata, sentença ou instrumento de dissolução da sociedade;

II – arrecadar os bens, livros e documentos da sociedade, onde quer que estejam;

III – proceder, nos 15 (quinze) dias seguintes ao da sua investidura e com a assistência, sempre que possível, dos administradores, à elaboração do inventário e do balanço geral do ativo e do passivo;

IV – ultimar os negócios da sociedade, realizar o ativo, pagar o passivo e partilhar o remanescente entre os sócios ou acionistas;

V – exigir dos quotistas, quando insuficiente o ativo à solução do passivo, a integralização de suas quotas e, se for o caso, as quantias necessárias, nos limites da responsabilidade de cada um e proporcionalmente à respectiva participação nas perdas, repartindo-se, entre os sócios solventes e na mesma proporção, o devido pelo insolvente;

VI – convocar assembleia dos quotistas, cada 6 (seis) meses, para apresentar relatório e balanço do estado da liquidação, prestando conta dos atos praticados durante o semestre, ou sempre que necessário;

VII – confessar a falência da sociedade e pedir concordata, de acordo com as formalidades prescritas para o tipo de sociedade liquidanda;

---

[4] *Das Sociedades Limitadas*, ob. cit., 6ª ed., 2005, p. 858.

786 • Direito de Empresa | *Arnaldo Rizzardo*

VIII – finda a liquidação, apresentar aos sócios o relatório da liquidação e as suas contas finais;

IX – averbar a ata da reunião, ou da assembleia, ou o instrumento firmado pelos sócios, que considerar encerrada a liquidação".

A concordata atualmente encontra-se substituída pela recuperação judicial ou extrajudicial.

Nota-se a quantidade de incumbências, salientando-se, de início, a obrigação de averbar e publicar a ata, sentença ou instrumento da dissolução, com a finalidade de dar ciência a terceiros.

O inciso V traz uma obrigação que dá o alcance da responsabilidade dos quotistas ou sócios. De um lado, lhe cabe exigir a integralização das quotas, se ainda não integralizadas. De outro, promoverá a exigência ou cobrança das quantias necessárias para saldar o passivo, sobretudo se insuficiente o patrimônio. Essa complementação será proporcional às quotas do sócio. Havendo insolventes, exige-se a satisfação junto aos demais sócios, e sempre em percentual equivalente à respectiva quota. Verifica-se a dimensão da imposição, concluindo-se que os sócios devem responder pelo passivo que o capital apurado não cobre, mas sempre na mesma proporção da titularidade das quotas. Se de responsabilidade limitada a sociedade, e integralizadas as quotas, não cabe impor a complementação pelos demais sócios. As medidas que se oferecem estão descritas no art. 1.004 e em seu parágrafo único, para a sociedade simples, e no art. 1.057, para as sociedades de responsabilidade limitada, que se estendem às demais sociedades, exceto às anônimas.

Importante incumbência é a realização do ativo, alienando todos os bens, de modo a restar somente dinheiro para os pagamentos e a divisão entre os sócios. Não se impede que a alienação se restrinja aos bens indispensáveis para apurar o indispensável ao pagamento do passivo.

Em relação ao passivo, é tarefa das mais urgentes o pagamento de salários, de fornecedores, de tributos, de empréstimos. Em situações aconselháveis e favoráveis, mostra-se viável saldar obrigações mediante a dação em pagamento.

No mais, os deveres discriminados constituem-se de condutas práticas, de evidente clareza, cuja compreensão decorre da mera leitura.

O parágrafo único do art. 1.103 indica como se externará a sua identificação, quando atua em nome da sociedade: "Em todos os atos, documentos ou publicações, o liquidante empregará a firma ou denominação social sempre seguida da cláusula 'em liquidação' e de sua assinatura individual, com a declaração de sua qualidade". Assim, ao representar a sociedade em liquidação, colocará o nome da sociedade, a sua assinatura e o cargo que exerce de liquidante, de modo a todos tomarem conhecimento do estado da mesma sociedade e de sua qualidade de representante. Não é admissível que não coloque a situação em que se encontra a empresa, exigência para a ciência e a segurança das pessoas junto às quais atua e contrata.

6. REPRESENTAÇÃO E PODERES DO LIQUIDANTE

Já se disse que o liquidante passa a exercer as funções que antes eram desempenhadas pelo administrador. Daí que as obrigações e responsabilidades dos liquidantes se assemelham àquelas dos administradores das sociedades. Além da administração da sociedade, cujas obrigações e o patrimônio líquido são apurados, investe-se do poder de representação em todos os campos, mesmo o judicial, ou atuando em nome da sociedade nos seus

Cap. LV | Liquidação, extinção das sociedades em geral e medidas cautelares • **787**

interesses e nas relações com terceiros. O administrador, ao mesmo tempo em que dirige a sociedade, resolve e atua por ela, fala em seu nome, e a representa nos negócios, nas ações em juízo, nas transações, no recebimento de deveres e nos compromissos que aceita.

Esse o entendimento que se exaure do art. 1.104: "As obrigações e a responsabilidade do liquidante regem-se pelos preceitos peculiares às dos administradores da sociedade liquidanda".

Não se tem o liquidante como um fiscal ou supervisor da liquidação. Constitui-se ele como verdadeiro representante, em idêntica quantidade e qualidade que se reconhecia ao administrador. Assume uma posição plenipotenciária de comando, como verdadeiro representante. Cabe-lhe representar a sociedade e praticar os atos comuns de liquidação. Enfatiza o art. 1.105: "Compete ao liquidante representar a sociedade e praticar todos os atos necessários à sua liquidação, inclusive alienar bens móveis ou imóveis, transigir, receber e dar quitação". Para exercer essas funções, impende a previsão no contrato, ou a autorização dos sócios. Se faltar o consentimento, e impondo a situação da sociedade, procura-se o suprimento judicial, que se concederá se efetiva e materialmente for conseguida a demonstração da necessidade ou, no mínimo, da conveniência.

Por sua vez, o parágrafo único proíbe a oneração dos imóveis ou móveis, a menos que conste a autorização no contrato social, ou que se consiga a aprovação pela maioria dos sócios; impede, também, a contratação de empréstimos, a não ser que imponham necessidades inadiáveis, e o prosseguimento das atividades: "Sem estar expressamente autorizado pelo contrato social, ou pelo voto da maioria dos sócios, não pode o liquidante gravar de ônus reais os móveis e imóveis, contrair empréstimos, salvo quando indispensáveis ao pagamento das obrigações inadiáveis, nem prosseguir, embora para facilitar a liquidação, na atividade social".

No pertinente a impedir a oneração de bens, parece que há um contrassenso em relação ao art. 1.105, que autoriza, aparentemente, a alienação pura e simples. No entanto, permite-se a alienação desde que devidamente autorizada, ou obtida a vênia do juiz. Não se atribui ao liquidante a venda por decisão sua, ou exercer um ato de disposição por conta própria. Os atos expressamente cominados a ele, sem a vênia ou chancela dos pares, estão descritos nos incisos do art. 1.103.

Dificilmente se apresentam casos que requerem o gravame do patrimônio. Tal aconteceria se assim impusesse a contratação de empréstimos, com a finalidade de fornecer uma garantia. Todavia, os financiamentos ou empréstimos tornam-se inconcebíveis se se encontrar a sociedade em estado de liquidação. Seriam uma temeridade, mesmo porque deixará de existir a sociedade. Somente encontra justificação na extrema imposição de pagamento de empregados, ou de taxas de serviços imprescindíveis, como água, luz, condomínio, e desde que dadas robustas garantias. Ainda, se imprescindível o financiamento para custear a colheita de uma lavoura, já que o resultado que advier ultrapassará os custos, trazendo, pois, e em princípio, vantagem.

Já manter a empresa em sociedade ativa, justifica-se a viabilidade com frequência, mormente se o exigir o atendimento de compromissos assumidos, ou na existência de estoque de matéria-prima, que precisa ser convertida em bens produzidos, ou até que se venda a maioria das mercadorias destinadas ao comércio. Se muito caro o custo de manutenção, e se a inativação trouxer deterioração dos aparelhos e instrumentos, parece coerente o funcionamento da empresa, até que se consiga a sua venda ou transferência.

O liquidante equipara-se ao administrador no tocante à responsabilidade, revertendo a ele todos os danos pelos prejuízos advindos do exercício de sua função.

7. O INVENTÁRIO E O BALANÇO GERAL

Dos deveres listados no art. 1.103, merece consideração especial o do inc. III, que consiste na elaboração e do balanço geral do ativo e passivo da sociedade.

O inventário é a descrição ou o levantamento do patrimônio da sociedade, abrangendo o montante ativo e do passivo, isto é, os valores e bens encontrados e as obrigações econômicas pendentes.

Em relação ao ativo, elabora-se a listagem do patrimônio, a começar com o *ativo imobilizado* ou *permanente*, indicando a espécie, a qualidade, a quantidade e o valor dos bens móveis e imóveis existentes, fornecendo o seu estado, as depreciações verificadas desde a aquisição.

Em seguida, vem o inventário do *ativo circulante*, composto dos valores mobiliários, da matéria-prima, dos bens móveis ou imóveis destinados à venda, das ações, dos títulos de renda fixa, dos créditos, fornecendo-se sempre o preço corrente ou venal, que se corresponderá ao preço médio de mercado.

Quanto ao passivo, abrange as obrigações e encargos que podem ser exigidos da sociedade, e, assim, as duplicatas, as dívidas para com os fornecedores, as instituições financeiras, os terceiros prestadores de serviços. Fazem parte as obrigações trabalhistas e as pendentes nas rescisões de contratos de trabalho. Ingressam nesse rol os encargos tributários, as taxas, as contribuições sociais, tudo devidamente corrigido e com a incidência de juros, se for o caso. Também se enquadram no passivo os *royalties* pendentes de pagamento, as debêntures, os dividendos e outros títulos contratados.

A fim de levantar o inventário e o balanço patrimonial de modo completo, o liquidante terá acesso aos livros, talonários e documentos da sociedade, que poderá arrecadá-los ou requisitá-los.

8. PAGAMENTO DAS OBRIGAÇÕES E RATEIOS DOS HAVERES SOCIAIS

É programado, pelo art. 1.106, desde que obedecida a preferencialidade de certos créditos, os critérios ou a ordem no pagamento das dívidas, dando-se prioridade às de caráter social, como as trabalhistas ou de empregados, e, em seguida aos créditos tributários e privilegiados com garantia real.

Se insuficiente o resultado encontrado na realização do patrimônio líquido, efetua-se o pagamento proporcionalmente ao crédito de cada pessoa, não fazendo distinção entre as dívidas vencidas ou a vencer. Apurado o montante líquido do acervo patrimonial, faz-se uma distribuição equivalente ao percentual dos créditos. Nesta linha, se o líquido importa em setenta por cento da totalidade dos créditos, este o percentual a que corresponderá o pagamento de cada credor.

Naturalmente, não integralizadas as quotas ou participações, cabe ao liquidante exigir o devido adimplemento. Nesta parte, o amparo está no inc. V, que autoriza, igualmente, o aporte do necessário para o devido cumprimento, mas sempre em obediência à proporção na participação. Desde que integralizada a quota, não se imputa ao sócio a obrigação de suprir o montante que falta para a satisfação das obrigações.

Não parece, para a eventualidade da insuficiência do patrimônio, a necessidade de se pedir a falência, já que a liquidação obedece à idêntica sistemática de pagamento das dívidas classificadas.

Mesmo as dívidas não vencidas, conforme referido, ingressam na sua satisfação, pois não se encontra razão para o pagamento posterior, se não mais prosseguirá a sociedade. No caso, se procede ao abatimento dos custos que se embutiram em razão do pagamento futuro. Eis os termos do art. 1.106: "Respeitados os direitos dos credores preferenciais, pagará o liquidante as dívidas sociais proporcionalmente, sem distinção entre vencidas e vincendas, mas, em relação a estas, com desconto".

Percebe-se a imposição de respeitar ou satisfazer primeiramente os credores preferenciais. Havendo a preterição, a responsabilidade incide no liquidante, podendo dele exigir-se o respectivo montante.

De acordo com as leis em vigor, gozam de preferência os créditos trabalhistas, os fiscais, os com garantia hipotecária ou pignoratícia, e aqueles créditos que os arts. 964 e 965 os enquadram como de privilégio especial e geral, citando-se, exemplificativamente, os créditos por despesas havidas sobre bens da sociedade, ou certas despesas como as de funeral e luto, que os próprios sócios ou terceiros suportaram.

Se constatar o liquidante que o ativo é superior ao passivo, autoriza-se que pague integralmente as dívidas vencidas, como está no parágrafo único do art. 1.106, mas respondendo caso algum credor não fique pago: "Se o ativo for superior ao passivo, pode o liquidante, sob sua responsabilidade pessoal, pagar integralmente as dívidas vencidas".

Está assentada a responsabilidade objetiva pela falta de observância das regras sobre os pagamentos, recaindo as consequências na pessoa do liquidante.

Unicamente depois de pagos os credores ou satisfeitas todas as obrigações é que se faz a distribuição do que sobra aos sócios, sempre na correspondência das quotas subscritas ou da participação social. Esse é o princípio imposto pelo art. 1.107, que não afasta, desde que assim decidam os sócios, a distribuição na medida da apuração dos haveres: "Os sócios podem resolver, por maioria de votos, antes de ultimada a liquidação, mas depois de pagos os credores, que o liquidante faça rateios por antecipação da partilha, à medida que se apurem os haveres sociais".

Não encontra alguma razão justificativa que se aguarde a conclusão ou o resultado da apuração, para a distribuição dos haveres. Se não inexistem pendências, sejam de ordem pública ou particular, distribuem-se os valores que vão ingressando, atendendo o direito específico de cada sócio.

9. PRESTAÇÃO DE CONTAS E ENCERRAMENTO DA LIQUIDAÇÃO

Cumpridas todas as incumbências, com a liquidação das dívidas e a distribuição do remanescente, providencia-se no encerramento da liquidação. O primeiro passo está em se convocar a assembleia dos sócios, para a prestação de contas na forma contábil, com a discriminação dos atos realizados pelo liquidante, do montante apurado, das dívidas pagas e da distribuição do que sobrou. O art. 1.108 assinala a prestação de contas que, na prática, permite-se que se faça por escrito, com a entrega de cópia a cada sócio, e podendo colher-se a sua concordância: "Pago o passivo e partilhado o remanescente, convocará o liquidante assembleia dos sócios para a prestação final de contas".

A convocação é efetuada pelos meios normais e previstos para a convocação de qualquer assembleia. No entanto, o mero comparecimento dos sócios dispensa o formalismo de publicações.

790 • Direito de Empresa | *Arnaldo Rizzardo*

Mesmo no silêncio do contrato, a prestação de contas, juntamente com o relatório e o estado da liquidação, tem lugar no curso da liquidação, a cada seis meses, por imposição do inc. VI do art. 1.103. O normal é a sua exigência na saída do liquidante e ao término da liquidação, ocasiões em que apresentará um relatório circunstanciado, com a narração e especificação de todas as etapas, os incidentes e as ocorrências dignas de nota.

Na assembleia, faculta-se aos sócios que levantem as dúvidas e peçam esclarecimentos.

A votação obedece ao procedimento do art. 1.010 e seus parágrafos.

Não aprovando os sócios as contas, parte-se para o litígio judicial. A falta de aprovação decorre de fatos danosos ou de improbidade do liquidante, que sujeita-se a ser responsabilizado, com as consequentes ações de ressarcimento ou de cobrança.

Para tornar plausível e merecer acolhimento, a impugnação virá justificada com a necessária colocação dos pontos que não mereceram a aprovação.

Aprovadas as contas, não mais se permitem controvérsias, exceto se alguma fraude ou outro vício de consentimento posteriormente aparecer.

Procede-se, então, ao encerramento da liquidação, o que automaticamente se opera, como se deve entender do art. 1.109: "Aprovadas as contas, encerra-se a liquidação, e a sociedade se extingue, ao ser averbada no registro próprio a sua assembleia".

A rigor, pois, realiza-se uma assembleia para oficializar o encerramento, nada impedindo que tudo se faça na de aprovação das contas. Os sócios expressam a conformidade com a liquidação, e ficando definitivamente extinta a sociedade. Leva-se à averbação a extinção, com cópia da ata. Lavrado o ato, dá-se por definitivamente encerrada a sociedade.

No entanto, não se retira aos sócios descontentes ou dissidentes o direito de impugnações, conforme exsurge do parágrafo único do art. 1.109: "O dissidente tem o prazo de 30 (trinta) dias, a contar da publicação da ata, devidamente averbada, para promover a ação que couber".

A ação, no caso, de rito comum, é a anulatória da decisão da assembleia que aprovou a liquidação, bem como a prestação de contas na ocasião levada a efeito.

O prazo é decadencial e restringe-se aos atos de aprovação de contas e do encerramento. Não se retira a ação quanto a outros direitos, como de indenização, ou de cobrança de dívida, cujo lapso temporal rege-se pelas regras comuns de decadência ou prescrição, como o art. 206, § 5º, inc. I, do Código Civil, que é de cinco anos para a pretensão de cobrança de dívidas líquidas constantes de instrumento público ou particular. Se o liquidante não pagar uma dívida, pois, não incide a regra do parágrafo único do art. 1.109; mas se a dívida em favor de um sócio ficou decidida na assembleia, considerando-se paga, o prazo para invalidar a decisão encurta-se para trinta dias.

Consoante se nota do mesmo parágrafo único, circunscreve-se tal período decadencial às ações que competem aos sócios, e não a terceiros, pois não se consideram estes dissidentes, já que não se encontravam presentes na assembleia.

Encerrada a liquidação, evidentemente não resta mais capital ou patrimônio à sociedade, que é apurado, distribuindo-se o resultado positivo aos sócios. E se alguma dívida, ou algum direito, remanescer em favor de terceiros? É natural que não se afigura justo ficarem prejudicados. Por isso, subsiste a obrigação dos sócios até o equivalente àquilo que se lhes distribuiu, e do liquidante pelo valor que indevidamente passou para os sócios. Entrementes, em relação a ele, subsiste a responsabilidade unicamente se estava ciente da obrigação pendente, e se fez o rateio ao arrepio das normas legais. Nessa dimensão deve entender-se a regra do art. 1.110: "Encerrada a liquidação, o credor não satisfeito só terá direito a exigir dos sócios, individualmente, o pagamento do seu crédito até o limite da soma por eles recebida em partilha, e a propor contra o liquidante ação de perdas e danos".

Tem-se, daí, que a responsabilidade pelas obrigações sociais é sempre da pessoa jurídica, não importando que se encontre em liquidação. Na falta de satisfação dos credores, reconhece-se a prerrogativa de receber dos sócios o equivalente ao valor que aos mesmos se entregou em partilha, a menos que se prove alguma situação de responsabilidade pessoal, como o descumprimento de preceitos legais, como o desvio de valores, a falta de recolhimento de tributos, a improbidade. Cabe aos titulares de direitos, ainda, a indenização contra o liquidante, desde que provem haver ele praticado alguma ilegalidade causadora de lesão.

Nas sociedades de fato, nas irregulares, naquelas em nome coletivo, e em qualquer sociedade na qual se apurar a violação da lei, do contrato, dos poderes recebidos, dos deveres tributários, os sócios ficam obrigados pelas dívidas pendentes.

10. LIQUIDAÇÃO JUDICIAL

O regramento vindo dos arts. 1.102 a 1.110 restringe-se à liquidação extrajudicial, ou seja, levada a termo quando não verificada dissonância dos sócios, ou não suscitarem eles controvérsias. O procedimento administrativo obedece aos ditames do contrato social e às orientações emitidas pela assembleia dos sócios.

Se houver litígio, ou se de alguns sócios ou mesmo de terceiros, e inclusive do Ministério Público nas sociedades onde há interesse de incapaz e naquelas em que houve derrogação da autorização para o funcionamento, partirem a iniciativa da dissolução e a liquidação, seguem-se os trâmites ditados pelo Código de Processo Civil, com o ingresso da ação em juízo. Assim reza o art. 1.111 da lei civil vigente: "No caso de liquidação judicial, será observado o disposto na lei processual".

No caso, o regramento processual é concernente ao procedimento comum. Se envolvida a dissolução parcial, e inclusive abrangendo a sociedade anônima de capital fechado em certas situações, o regramento a seguir está regido pelos arts. 599 a 609 do CPC/2015, matéria examinada no Capítulo VII, item 35.

Na dissolução total, a parte interessada ingressará em juízo, com petição acompanhada do contrato social ou dos estatutos. O juiz designará audiência de conciliação, que será o marco para o início do prazo da contestação, se não verificada a fixação de outro início de prazo, de conformidade com o art. 335 do CPC. Após o processamento do feito, o juiz proferirá sentença, declarando ou decretando a dissolução. Até a sentença, na vigência do ordenamento processual anterior, dizia-se a primeira fase da ação de dissolução: "Na primeira fase do processo, o juiz julgará em sentença, com todos os requisitos do art. 458 do CPC, quanto à pretendida dissolução; na segunda, processa-se a liquidação, se tiver transitado em julgado a sentença que dá pela procedência da ação de dissolução".[5] O art. 458 acima citado corresponde ao art. 489 do CPC/2015.

Com o CPC vigente, entende-se haver coerência em manter a fase de conhecimento do processo, na qual se definirá o direito à dissolução. É óbvio que não se inicia a liquidação sem a decisão que autoriza a dissolução. Na fase seguinte, propriamente executória da sentença, leva-se a efeito, primeiramente, a liquidação. Não mais se mantendo o disposto no CPC/1939 – arts.

---

[5] *Revista de Jurisprudência do TJ do RGS*, 56/350.

655 a 674 –, que perdurou durante a vigência do CPC/1973, por força de seu art. 1.218, inc. VII, resta evidente que haverá a fase de liquidação da sentença, atendendo-se ao ordenamento dos arts. 509 a 512 do vigente diploma processual. Seguem-se as regras da liquidação pelo procedimento comum, como evidencia o art. 511: "Na liquidação pelo procedimento comum, o juiz determinará a intimação do requerido, na pessoa de seu advogado ou da sociedade de advogados a que estiver vinculado, para, querendo, apresentar contestação no prazo de 15 (quinze) dias, observando-se, a seguir, no que couber, o disposto no Livro I da Parte Especial deste Código". Decorre que a apuração do ativo da sociedade e de cada sócio se faz através da liquidação, atendendo-se às regras do procedimento comum, isto é, no caso, em especial com a realização de perícia, cuja disciplina se encontra nos arts. 464 a 480.

De observar que, se controvertida a situação da sociedade, na própria sentença ou em momento anterior, máxime se verificados os elementos para a tutela provisória, é conveniente a nomeação de um administrador ou liquidante, a quem se poderá atribuir a incumbência de apurar o ativo e o passivo, tudo se procedendo por sua conta, inclusive se valendo de técnicos para efetuar os levantamentos.

Quanto à perícia, sendo ordenada, destina-se para apurar o ativo e o passivo da realidade patrimonial. Por outras palavras, promove-se o levantamento contábil e patrimonial, através de perito com conhecimento técnico especializado, em atendimento ao art. 465 da lei processual civil: "O juiz nomeará perito especializado no objeto da perícia e fixará de imediato o prazo para a entrega do laudo". Assistem, às partes, no prazo de 15 dias da intimaçôo, as seguintes providências, indicadas no § 1º do mesmo artigo:

"I – arguir o impedimento ou a suspeição do perito, se for o caso;

II – indicar assistente técnico;

III – apresentar quesitos".

No mais, seguem-se as regras comuns estabelecidas para qualquer perícia, que repetem, em geral, a sistemática processual anterior. Ou seja, observam-se os trâmites da perícia em geral, com a nomeação do perito e intimação das partes para manifestar a concordância ou discordância, formulação de quesitos e indicação de assistentes técnicos; sobre a intimação do perito para dizer se aceita e formular a pretensão de honorários; sobre o desenrolar da perícia; a substituição do perito e restituição do valor recebido; sobre o oferecimento de quesitos suplementares e pedidos de diligências pelas partes; sobre o indeferimento de quesitos e a formulação de questões que entender necessárias; sobre a escolha consensual de perito pelos litigantes; sobre os elementos que conterá o laudo e o prazo para a sua apresentação aos autos; sobre a intimação para a manifestação e a juntada de parecer pelos assistentes; sobre os esclarecimentos, pelo perito, de pontos cujo esclarecimento foi solicitado e a formulação de perguntas a serem respondidas pelo perito e pelos assistentes técnicos em audiência; sobre certos tipos de exames e perícias, em que o juiz determinará a realização da perícia por técnicos dos estabelecimentos oficiais especializados; sobre a apreciação da prova pericial pelo juiz e a renovação da perícia.

Há dispositivos dignos de menção, por inserirem regras relevantes à apuração do patrimônio. Assim, o art. 471 do CPC, quanto à escolha do perito pelas próprias partes: "As partes podem, de comum acordo, escolher o perito, indicando-o mediante requerimento, desde que:

I – sejam plenamente capazes;

II – a causa possa ser resolvida por autocomposição".

Trata-se, no caso, da perícia consensual, conforme o § 3º do mesmo artigo: "A perícia consensual substitui, para todos os efeitos, a que seria realizada por perito nomeado pelo juiz".

Por sua vez, o art. 473, em relação ao laudo: "O laudo pericial deverá conter:

    I – a exposição do objeto da perícia;

    II – a análise técnica ou científica realizada pelo perito;

    III – a indicação do método utilizado, esclarecendo-o e demonstrando ser predominantemente aceito pelos especialistas da área do conhecimento da qual se originou;

    IV – resposta conclusiva a todos os quesitos apresentados pelo juiz, pelas partes e pelo órgão do Ministério Público".

De primordial importância a exigência da inteligibilidade do laudo pelo § 1º: "No laudo, o perito deve apresentar sua fundamentação em linguagem simples e com coerência lógica, indicando como alcançou suas conclusões".

O § 2º dá os limites da atuação do perito: "É vedado ao perito ultrapassar os limites de sua designação, bem como emitir opiniões pessoais que excedam o exame técnico ou científico do objeto da perícia".

O § 3º orienta o perito e os assistentes para os recursos e meios que podem servir-se na elaboração do laudo: "Para o desempenho de sua função, o perito e os assistentes técnicos podem valer-se de todos os meios necessários, ouvindo testemunhas, obtendo informações, solicitando documentos que estejam em poder da parte, de terceiros ou em repartições públicas, bem como instruir o laudo com planilhas, mapas, plantas, desenhos, fotografias ou outros elementos necessários ao esclarecimento do objeto da perícia".

É admitida a substituição da perícia por levantamento contábil e patrimonial se não existir controvérsias maiores, e mormente em caso de sociedades de menor expressão econômica, como se de depreende dos seguintes parágrafos do art. 464:

§ 2º: "De ofício ou a requerimento das partes, o juiz poderá, em substituição à perícia, determinar a produção de prova técnica simplificada, quando o ponto controvertido for de menor complexidade".

§ 3º: "A prova técnica simplificada consistirá apenas na inquirição de especialista, pelo juiz, sobre ponto controvertido da causa que demande especial conhecimento científico ou técnico".

No caso de nomear o juiz um liquidante, cabe a este administrar a sociedade e levar a termo a liquidação. A nomeação não dispensa a perícia, a menos se concordarem as partes.

Ao liquidante cabe levar a termo a liquidação, saldando as dívidas existentes e realizando o ativo mobiliário e imobiliário, valendo-se da perícia, que antecederá os atos de realização do ativo e venda dos bens. Procederá ao inventário dos bens, ao balanço da sociedade, à cobrança de créditos, ao pagamento de dívidas, sempre com a ciência das partes, a quem se faculta a impugnação dos atos. Venderá os bens de fácil deterioração com autorização do juiz. Representará ativa e passivamente a sociedade. Proporá a forma de divisão ou partilha e de pagamento dos sócios. Cabe-lhe apresentar relatório dos atos ou balancete das operações mensalmente ou quando for exigido pelo juiz, e prestar contas da gestão.

Apresentará a perícia ou o liquidante (com base na perícia) o plano de partilha, intimando-se as partes, que poderão apresentar impugnações no prazo de 15 dias, e decidindo após o juiz.

Em se tratando de sociedade simples com personalidade jurídica, que promove atividade ilícita ou imoral, procede-se à dissolução por ação direta, mediante denúncia de qualquer pessoa do povo, ou do órgão do Ministério Público. Já se tratando da extinção de uma associação, não havendo previsão quanto à destinação do patrimônio, transfere-se o mesmo a um estabelecimento municipal, estadual ou federal, de fins idênticos ou semelhantes à sociedade que se extingue – art. 61 do Código Civil.

Faculta-se ao juiz, no curso da liquidação, convocar reunião ou assembleia com vistas a deliberar sobre os interesses da sociedade. Assim prevê o art. 1.112 do Código Civil: "No curso de liquidação judicial, o juiz convocará, se necessário, reunião ou assembleia para deliberar sobre os interesses da liquidação, e as presidirá, resolvendo sumariamente as questões suscitadas".

A lei procura encontrar soluções para as controvérsias que surgirem, num avanço no direito societário, com a interferência direta da autoridade judiciária, que fica investida de amplos poderes de direção e de decisão, tudo em vistas do interesse dos sócios, superando eventuais obstáculos, e evitando longas controvérsias. É concedido arbítrio ao juiz para interferir, chamando os sócios ao consenso, e investindo-o de poder para dirimir dúvidas e mesmo os atritos normais que entravam a regular sequência dos atos de liquidação. Resta óbvio que as matérias de repercussão econômica significativa devem submeter-se ao amplo contraditório, não se submetendo a um juízo de cognição e decisão sumário. O intento da lei fica visível: tornar prática a tramitação dos atos de liquidação, e cortar as arestas que aparecem com frequência em assuntos que envolvem disputas e partilha de bens, pois diretamente envolvidos os interesses pessoais.

De todo o desenrolar das assembleias faz-se um sumário relatório em ata, que será juntada ao processo de liquidação. A providência é imposta pelo parágrafo único do art. 1.112: "As atas das assembleias serão, em cópia autêntica, apensadas ao processo judicial". As matérias que ficaram decididas na assembleia, e constam relatadas na ata, não mais podem ser suscitadas como motivos de divergências.

11. PROCEDIMENTO JUDICIAL SIMPLIFICADO

Não se impede que se imprima um procedimento mais célere, com a simples apresentação dos haveres existentes e do montante que cabe a cada sócio, decidindo de imediato o juiz, mormente nas sociedades de pequeno capital. A forma simplificada é apropriada sobretudo na mera apuração de haveres, quando um sócio se retira da sociedade.

O Superior Tribunal de Justiça já adotou a simplificação:

"A simples retirada em decorrência de discórdia entre alguns sócios que, no entanto, não compromete o objetivo da sociedade, sem acarretar sua dissolução total (salvo em relação aos retirantes) não obriga a nomeação de um liquidante para apuração dos haveres e quitação dos retirantes, sendo adequada a liquidação por arbitramento, onde, em linhas gerais, o perito nomeado pelo juiz atua como vero liquidante, viabilizando a continuidade da atividade econômica.

O tema relativo à dispensa da audiência determinada pelas instâncias ordinárias, ao fundamento de que os fatos estão demonstrados e a questão a ser apreciada é unicamente de direito,

Cap. LV | Liquidação, extinção das sociedades em geral e medidas cautelares • **795**

por envolver investigação probatória encontra óbice na súmula 7 do Superior Tribunal de Justiça".[6]

Inclusive é permitida a simplificação da perícia, necessária para apurar o ativo e o passivo, segundo permite o art. 464 da lei processual civil, desde que atendidas as indicações dos §§ 2º, 3º e 4º:

"2º De ofício ou a requerimento das partes, o juiz poderá, em substituição à perícia, determinar a produção de prova técnica simplificada, quando o ponto controvertido for de menor complexidade.

§ 3º A prova técnica simplificada consistirá apenas na inquirição de especialista, pelo juiz, sobre ponto controvertido da causa que demande especial conhecimento científico ou técnico.

§ 4º Durante a arguição, o especialista, que deverá ter formação acadêmica específica na área objeto de seu depoimento, poderá valer-se de qualquer recurso tecnológico de transmissão de sons e imagens com o fim de esclarecer os pontos controvertidos da causa".

12. EXTINÇÃO DA SOCIEDADE E BAIXA NA JUNTA COMERCIAL

Uma vez dissolvida e liquidada administrativamente a sociedade, parte-se para a extinção, que é o ato de baixa ou cancelamento de sua existência e do registro na Junta Comercial.

Para tanto, há um procedimento aplicado para as sociedades em geral, cuja orientação é dada pelo Departamento de Registro Empresarial e Integração – DREI, encontrando-se os dados no *site* www.drei.smpe.gov.br. Estão as regras na Instrução Normativa DREI nº 38, de 02.03.2017. Transcrevem-se, abaixo, as orientações administrativas relativas à sociedade de responsabilidade limitada, que se encontram no Anexo 2 – Manual de Registro de Sociedade Empresária Limitada.

Os regramentos para os atos de registro, destinados aos diversos tipos de sociedades, nas Juntas Comerciais, apresentam-se semelhantes.

De observar que a extinção decorrente de dissolução e liquidação judicial obedecerá ao que na sentença estiver contido, devendo a mesma ser arquivada na Junta Comercial.

12.1. Dissolução, liquidação, extinção e regramentos especiais

No caso, as fases de dissolução e liquidação procedem-se de modo consensual, em um único documento, acompanhando o respectivo instrumento o pedido de extinção. Eis o roteiro, retirado da Instrução Normativa DREI nº 38/2017, no Anexo 2, para a sociedade empresarial limitada (Manual de Registro de Sociedade Empresária Limitada):

"9 DISTRATO / DISSOLUÇÃO / LIQUIDAÇÃO

9.1 DISTRATO

9.1.1 DOCUMENTAÇÃO EXIGIDA:

Nos termos do parágrafo único do art. 37 da Lei nº 8.934, de 18 de novembro de 1994, nenhum outro documento será exigido, além dos abaixo especificados:

---

6   REsp. nº 406.775-SP, da 4ª Turma, j. em 21.06.2005, *DJU* de 1º.07.2005.

796 • Direito de Empresa | *Arnaldo Rizzardo*

No caso de extinção em que as fases de DISSOLUÇÃO E LIQUIDAÇÃO (com seu encerramento) sejam praticadas em um único instrumento:
Requerimento assinado por administrador, sócio, procurador, com poderes gerais ou específicos, ou por terceiro interessado devidamente identificado com nome completo, identidade e CPF (art. 1.151 do Código Civil).
Distrato, assinado por todos os sócios. – Caso a Junta Comercial esteja utilizando o sistema da via única de arquivamento, seguir as orientações contidas na Instrução Normativa DREI nº 03/2013. – Fica mantido o sistema convencional de autenticação de documentos até a adequação da Junta Comercial que não estiver apta a utilizar a via única.
Original ou cópia autenticada de procuração, com poderes específicos e se por instrumento particular, com firma reconhecida, quando o requerimento ou o distrato for assinado por procurador. Se o outorgante for analfabeto, a procuração deverá ser passada por instrumento público. *Observação*: as procurações poderão, a critério do interessado, apenas instruir o requerimento ou ser arquivadas em processo separado. Nesta última hipótese, com pagamento do preço do serviço devido.
Aprovação prévia de órgão governamental, quando for o caso (1).
Comprovante de pagamento: – Guia de Recolhimento/Junta Comercial (2).
DBE – Documento Básico de Entrada da Receita Federal do Brasil (3)

Observações:

(1) Vide Instrução Normativa DREI nº 14/2013.

(2) No Distrito Federal, o recolhimento deve ser efetuado em um único DARF sob o código 6621.

(3) Caso a Junta Comercial utilize sistema de integração entre os órgãos de registro e legalização de empresas, que permita transmissão eletrônica dos dados, fica dispensada a apresentação destes documentos.

9.2 ORIENTAÇÕES E PROCEDIMENTOS

9.2.1 FORMA DO DISTRATO SOCIAL:

O distrato social poderá ser efetivado por escritura pública ou instrumento particular, independentemente da forma de que se houver revestido o ato de constituição. O arquivamento do Distrato Social de uma sociedade empresária limitada implica extinção das filiais existentes.

9.2.2 ELEMENTOS DO DISTRATO SOCIAL:

O distrato social deverá conter, no mínimo, os seguintes elementos:

a) Título (Distrato Social);

b) Preâmbulo;

c) Conteúdo do distrato:

– Cláusulas obrigatórias;

d) Fecho, seguido das assinaturas.

9.2.3 PREÂMBULO DO DISTRATO SOCIAL:

Deverá constar do preâmbulo do distrato social:

a) Qualificação completa de todos os sócios e/ou representante legal;

b) Qualificação completa da sociedade (citar nome empresarial, endereço, NIRE e CNPJ); e

c) A resolução de promover o distrato social.

9.2.4 CLÁUSULAS OBRIGATÓRIAS SE DISSOLVIDA E LIQUIDADA A SOCIE-DADE NO MESMO ATO:

Deverão constar do distrato:

a) A importância repartida entre os sócios, se for o caso;

b) Referência à pessoa ou pessoas que assumirem o ativo e passivo remanescentes, se houver; e

c) Indicação do responsável pela guarda dos livros.

9.2.5 ASSINATURA DO DISTRATO SOCIAL:

O distrato deverá ser assinado por todos os sócios, podendo ser substituído pela assinatura autenticada com certificação digital ou meio equivalente que comprove a sua autenticidade.

9.2.5.1 Representação legal de sócio

Quando o sócio for representado, deverá ser indicada a condição e qualificação deste, em seguida à qualificação do representante, no preâmbulo e no fecho, conforme o caso.

Conforme art. 1.690 do Código Civil compete aos pais, e na falta de um deles ao outro, com exclusividade, representar os sócios menores de 16 (dezesseis) anos, bem como assisti-los até completarem a maioridade. Sendo desnecessário, para fins do registro, esclarecimento quanto ao motivo da falta.

9.2.6 FALECIMENTO DE SÓCIO:

No caso de extinção, bem como nas demais hipóteses em que há responsabilidade do espólio, é indispensável a apresentação do respectivo alvará judicial ou escritura pública de partilha de bens, específico para a prática do ato.

Caso o inventário já tenha sido encerrado, deverá ser juntado ao ato a ser arquivado cópia da partilha homologada e da certidão de trânsito em julgado. Nessa hipótese, os herdeiros serão qualificados e comparecerão na condição de sucessores do sócio falecido.

Os sucessores poderão ingressar na sociedade e distratar no mesmo ato.

9.3 NO CASO DE EXTINÇÃO, EM QUE AS FASES DE DISSOLUÇÃO E LIQUI-DAÇÃO FORAM PRATICADAS EM INSTRUMENTOS ESPECÍFICOS

9.3.1 DISSOLUÇÃO:

9.3.1.1 Documentação exigida.

Nos termos do parágrafo único do art. 37 da Lei nº 8.934, de 18 de novembro de 1994, nenhum outro documento será exigido, além dos abaixo especificados:

> Requerimento assinado por administrador, sócio, procurador, com poderes gerais ou específicos, ou por terceiro interessado devidamente identificado com nome completo, identidade e CPF (art. 1.151 do Código Civil)

> Certidão/cópia da Ata de reunião ou de assembleia de sócios ou instrumento assinado por todos os sócios, com a nomeação do liquidante. (1)
>
> – Caso a Junta Comercial esteja utilizando o sistema da via única de arquivamento, seguir as orientações contidas na Instrução Normativa DREI nº 03/2013.
>
> – Fica mantido o sistema convencional de autenticação de documentos até a adequação da Junta Comercial que não estiver apta a utilizar a via única.

> Original ou cópia autenticada de procuração, com firma reconhecida e poderes especiais, quando o requerimento, a ata de reunião ou de assembleia de sócios ou o documento assinado por todos os sócios for assinado por procurador.
>
> Se o sócio for analfabeto, a procuração deverá ser passada por instrumento público.
>
> *Observação*: as procurações poderão, a critério do interessado, apenas instruir o requerimento ou ser arquivadas em processo separado. Nesta última hipótese, com pagamento do preço do serviço devido.

> Ficha de Cadastro Nacional – FCN, que poderá ser exclusivamente eletrônica. (2)

> Comprovante de pagamento:
>
> – Guia de Recolhimento/Junta Comercial (3).

Observações:

(1) Quando a ata de reunião ou de assembleia de sócios ou o instrumento assinado por todos os sócios for assinado por procurador, esse deverá ser sócio ou advogado (§ 1º do art. 1.074 do Código Civil).

Poderão ser realizadas assembleias ou reuniões intermediárias, no decorrer do processo de liquidação, cujas atas deverão ser arquivadas observando-se os mesmos procedimentos aqui descritos, no que for cabível.

(2) Caso a Junta Comercial utilize sistema de integração entre os órgãos de registro e legalização de empresas, que permita transmissão eletrônica dos dados, fica dispensada a apresentação deste documento.

(3) No Distrito Federal, o recolhimento deve ser efetuado em um único DARF sob o código 6621.

Nota: As microempresas e as empresas de pequeno porte são desobrigadas da realização de reuniões e assembleias e publicações em qualquer das situações previstas na legislação civil, as quais serão substituídas por deliberação representativa do primeiro número inteiro superior à metade do capital social, ressalvado o disposto no 1º dos arts. 70 e 71 da Lei Complementar nº 123, de 14 de dezembro de 2006.

9.3.2 ENCERRAMENTO DE LIQUIDAÇÃO/EXTINÇÃO

9.3.2.1 Documentação exigida:

Nos termos do parágrafo único do art. 37 da Lei nº 8.934, de 18 de novembro de 1994, nenhum outro documento será exigido, além dos abaixo especificados:

> Requerimento assinado por administrador, sócio, procurador, com poderes gerais ou específicos, ou por terceiro interessado devidamente identificado com nome completo, identidade e CPF (art. 1.151 do Código Civil).

Certidão/cópia da Ata de reunião ou de assembleia ou instrumento firmado por todos os sócios, deliberando pela aprovação das contas do liquidante. (1) – Caso a Junta Comercial esteja utilizando o sistema da via única de arquivamento, seguir as orientações contidas na Instrução Normativa DREI nº 03/2013. – Fica mantido o sistema convencional de autenticação de documentos até a adequação da Junta Comercial que não estiver apta a utilizar a via única.
Original ou cópia autenticada de procuração, com firma reconhecida e poderes especiais, quando o requerimento, a ata de reunião ou de assembleia ou o instrumento firmado por todos os sócios, que considerar encerrada a liquidação for assinado por procurador. Se o sócio for analfabeto, a procuração deverá ser passada por instrumento público. Observação: as procurações poderão, a critério do interessado, apenas instruir o requerimento ou ser arquivadas em processo separado. Nesta última hipótese, com pagamento do preço do serviço devido.
Comprovantes de pagamento: – Guia de Recolhimento/Junta Comercial (2).

Observações:

(1) Quando a ata de reunião ou de assembleia de sócios ou o instrumento assinado por todos os sócios for assinado por procurador, esse deverá ser sócio ou advogado (§ 1º do art. 1.074 do Código Civil).

(2) No Distrito Federal, o recolhimento deve ser efetuado em um único DARF sob o código 6621.

Nota: As microempresas e as empresas de pequeno porte são desobrigadas da realização de reuniões e assembleias e publicações em qualquer das situações previstas na legislação civil, as quais serão substituídas por deliberação representativa do primeiro número inteiro superior à metade do capital social, ressalvado o disposto no 1º dos arts. 70 e 71 da Lei Complementar nº 123, 14 de dezembro de 2006.

9.4 ORIENTAÇÕES E PROCEDIMENTOS

9.4.1 ATA DE REUNIÃO OU DE ASSEMBLEIA DE SÓCIOS – DISSOLUÇÃO:

A ata, lavrada no livro próprio, deve conter:

a) Título do documento;

b) Nome da empresa (com acréscimo da expressão "EM LIQUIDAÇÃO") e NIRE;

c) Preâmbulo: indicação do dia, mês, ano, hora e local da realização;

d) Composição da mesa: presidente e secretário dos trabalhos;

e) Disposição expressa de que a assembleia ou reunião atendeu a todas as formalidades legais;

f) Ordem do dia, no caso: dissolução da sociedade e nomeação de liquidante (que pode ser pessoa estranha à sociedade), mencionando a qualificação completa: nome, nacionalidade, estado civil, residência, profissão, números do CPF e da identidade, com a indicação do órgão emissor e da Unidade Federativa onde foi expedida, caso o liquidante não tenha sido anteriormente designado em instrumento contratual (art. 1.038 do Código Civil);

g) Deliberações tomadas; e

800 • Direito de Empresa | *Arnaldo Rizzardo*

h) Fecho: leitura e aprovação da ata lavrada no Livro de Atas de Assembleia (ou de Reunião), colhidas as assinaturas do presidente e do secretário da mesa e de quantos bastem à validade das deliberações tomadas (§ 1º do art. 1.075 do Código Civil).

Certidão/cópia da ata autenticada pelos administradores, ou pelo presidente e secretário da reunião ou assembleia deverá ser levada a arquivamento na Junta Comercial nos vinte dias subsequentes à assembleia (§ 2º do art. 1.075 do Código Civil).

A ata poderá ser substituída por documento assinado por todos os sócios.

9.4.2 ATA DE REUNIÃO OU DE ASSEMBLEIA – LIQUIDAÇÃO/EXTINÇÃO

A ata, lavrada no livro próprio, deve conter:

a) Título do documento;

b) Nome da empresa (com acréscimo da expressão "EM LIQUIDAÇÃO") e NIRE;

c) Preâmbulo: indicação do dia, mês, ano, hora e local da realização;

d) Composição da mesa: presidente e secretário dos trabalhos;

e) Disposição expressa de que a assembleia ou reunião atendeu a todas as formalidades legais;

f) Ordem do dia: prestação final de contas da liquidação;

g) Deliberação: – aprovação das contas e encerramento da liquidação (a extinção da sociedade dar-se-á com o arquivamento da ata desta assembleia); – indicação do responsável pela guarda dos livros (inciso X, art. 53, do Decreto nº 1.800 de 30 de janeiro de 1996); e

h) Fecho: encerramento dos trabalhos, leitura e aprovação da ata, colhida a assinatura do presidente e do secretário dos trabalhos e de quantos bastem à validade das deliberações tomadas.

Certidão/cópia da ata autenticada pelos administradores, ou pelos presidentes e secretário da reunião ou assembleia deverá ser levada a arquivamento na Junta Comercial nos vinte dias subsequentes à assembleia (§ 2º do art. 1.075 do Código Civil).

A ata poderá ser substituída por instrumento assinado por todos os sócios.

13. MEDIDAS CAUTELARES

É frequente a necessidade da propositura de medidas cautelares, como espécie de tutela provisória, sendo preparatórias de outras demandas, ou necessárias no curso de seu processamento.

Na ordem processual, as medidas cautelares como espécie de tutela provisória vêm disciplinadas para qualquer tipo de demanda, não carecendo que se particularizem situações.

De qualquer forma, cumpre anotar que amiúde surgem casos que ensejam a promoção de medidas cautelares, seja de suspensão de deliberação social, de afastamento de sócios, de suspensão de atos da diretoria, de indisponibilização dos bens da empresa, de arresto ou sequestro de bens, de remoção de administradores ou diretores, de proibição da realização de assembleia geral convocada viciosamente, de cancelamento de registro de ato impugnado.

Tem-se em conta a presença dos pressupostos e requisitos do art. 297 da lei processual civil: "O juiz poderá determinar as medidas que considerar adequadas para efetivação da tutela provisória". Requer-se, pois, a presença dos elementos que ensejam a concessão da tutela provisória. Sobre o assunto, doutrinava José Waldecy Lucena, sobre a possibilidade de concessão de tutela, tratando de dispositivos da lei processual anterior, sendo o art. 798 do CPC/1973 correspondente ao art. 297 do CPC/2015, e o art. 799 do Código revogado, sem correspondência na lei processual em vigor: "E, de fato, doutrinária e pretoriamente, há hoje unanimidade ao acerto de que, fundado nos arts. 798 e 799 do Código de Processo Civil de 1973, pode o magistrado, no uso do poder cautelar geral que lhe é conferido, suspender quaisquer deliberações sociais, a requerimento de qualquer pessoa que se mostre a tanto legitimada, qualquer que seja a ação principal a ser proposta, não importando se trate de medida incidental ou preparatória. Bastará tão somente ao requerente a demonstração da presença das condições da ação (legitimidade ativa e passiva, interesse de agir e possibilidade jurídica do pedido), assim como dos pressupostos específicos da cautelar: o *periculum in mora* e o *fumus boni iuris*".[7]

Em várias oportunidades o Superior Tribunal de Justiça tratou da matéria, como lembra o referido tratadista, sendo exemplos os seguintes arestos:

> "Sobrevindo no inventário controvérsia efetiva sobre a permanência dos herdeiros nos quadros societários como sucessores do autor da herança, admissível a medida cautelar de sequestro uma vez afirmado pelas instâncias ordinárias o risco de dilapidação do patrimônio pertencente às empresas questionadas".[8]

> "O juiz do inventário pode, estabelecido o litígio entre as partes, presentes os requisitos de dano de difícil reparação e do *fumus boni iuris*, determinar à Junta Comercial o cancelamento do registro de alteração de cessão de quotas sociais, ato que teria sido praticado com ofensa ao artigo 1.132, incidente sobre bens determinados do espólio, antes da partilha. Inexistência de violação do art. 152 do CC".[9].

Os arts. 1.132 e 152 citados equivalem aos arts. 496, *caput*, e 177 do CC/2002.

Parece que é propícia a cautelar, outrossim, para a nomeação de diretor ou administrador provisório, em estados de total desgoverno, de insolvência, de desvio de patrimônio, de total incompatibilidade e desacertos entre os sócios.

---

[7]   *Das Sociedades Limitadas*, ob. cit., 6ª ed., 2005, pp. 601-602.
[8]   REsp. nº 61.786-3-ES, *DJU* de 11.11.1996.
[9]   REsp. nº 86.539-SP, *DJU* de 26.08.1996.

LVI
Expansão, transformação, incorporação, fusão e cisão das sociedades

1. EXPANSÃO DA SOCIEDADE PELA CRIAÇÃO DE FILIAIS

A expansão que se observará neste espaço se dá pela criação ou abertura de filiais.

A criação ou abertura de filial pode ser efetuada através do contrato social, alteração contratual, ou, se houver autorização contratual, de instrumento de deliberação do administrador.

Para a inscrição, apresenta-se requerimento à Junta Comercial, pedindo que se incorpore ao processo de arquivamento o ato que contiver a abertura, alteração, transferência ou extinção de filial (contrato ou alteração contratual, quando revestir a forma particular; ou certidão de inteiro teor do contrato ou da alteração contratual, quando revestir a forma pública; ou instrumento de deliberação de administrador, se contratualmente prevista a hipótese).

Em qualquer hipótese de criação ou abertura, deve ser indicado o endereço completo da filial (tipo e nome do logradouro, número, complemento, bairro/distrito, município, unidade da federação e CEP) e, nos casos de alteração, transferência ou extinção, também o seu NIRE (número de identificação do registro de empresa).

A indicação de destaque de capital para a filial é facultativa. Se indicado algum valor, a soma dos destaques de capital para as filiais não ultrapassará o capital da empresa.

A indicação de objeto para filial é facultativa. Se efetuada, porém, reproduzirá os termos do texto do objeto da empresa, integral ou parcialmente.

Para cada ato de abertura, alteração ou extinção de filial, apresenta-se uma Ficha de Cadastro Nacional – FCN, assim como uma individualizada para a sede quando da alteração contratual constar, além dos atos relativos a filiais, alteração de outras cláusulas contratuais cujos dados sejam objeto de cadastramento.

Na abertura de filial em Unidade diferente da Federação, ou na alteração de nome, faz-se mister a solicitação de pesquisa prévia de nome empresarial. Isto antes de dar entrada da documentação na Junta Comercial da Unidade da Federação da sede. A medida serve para evitar a sustação do registro na Junta por colidência de nome empresarial.

Sempre se pede o arquivamento do ato na localidade da instalação, o que é da tradição de nosso direito, conforme se colhe de Trajano de Miranda Valverde: "E, criadas sucursais, filiais ou agências em Estados da Federação, no respectivo Registro do Comércio deverá

804 • Direito de Empresa | *Arnaldo Rizzardo*

ser arquivada uma certidão passada pelo Registro do Comércio da sede da sociedade anônima sobre o arquivamento e a publicação dos seus atos constitutivos. Tendo havido reforma ou alteração estatutária, o mesmo se observará".[1]

Procedido ao arquivamento de abertura de filial ou de inscrição de transferência de filial em outra Unidade da Federação, a Junta Comercial informará à Junta Comercial da Unidade da Federação onde se localiza a sede da empresa o NIRE atribuído.

2. TRANSFORMAÇÃO DAS SOCIEDADES

2.1. O conceito e as razões que levam à transformação

Trata-se a transformação da conversão de uma sociedade em outra, havendo a alteração qualitativa da pessoa jurídica. A sociedade passa, independentemente da dissolução e liquidação, de um tipo para outro, sem proceder-se previamente a extinção da sociedade que se transforma. Assim, providencia-se em mudar uma sociedade para uma modalidade mais apropriada e adaptada ao vulto de seu patrimônio, de sorte a torná-la mais produtiva, simples e econômica. Continua Modesto Carvalhosa: "Na transformação não existe dissolução ou liquidação da pessoa jurídica, mas sim extinção dos atos constitutivos. Sua substituição por outros outorga à mesma pessoa jurídica transformada direitos, obrigações e responsabilidades diversos, tanto no plano interno quanto no externo, ou seja, junto aos credores e ao Poder Público em decorrência do maior ou menor nível de comprometimento do patrimônio pessoal dos sócios, em consequência dessa alteração do tipo societário. Não é, portanto, mero passe de mágica restrito à forma de que se reveste a empresa".[2]

De sorte que a transformação envolve a mudança das sociedades de um tipo para outro, como de anônima para limitada, ou vice-versa, ou de coletiva para limitada. Não é incomum a ocorrência, encontrando-se alguns casos de sociedades limitadas se converterem em anônimas.

Em vista da Lei Complementar n° 128, de 19.12.2008, que acrescentou o § 3° ao art. 968 do Código Civil, incluiu-se a empresa individual na transformação, permitindo, também, as providências para a alteração no Registro Público de Empresas Mercantis, conforme examinado no capítulo anterior.

De outro lado, também se autoriza a transformação de uma sociedade em empresa individual, nos termos do parágrafo único do art. 1.033 do Código Civil, aportado pelo art. 10 da referida Lei Complementar n° 128/2008, com alterações da Lei n° 12.441/2011: "Não se aplica o disposto no inciso IV caso o sócio remanescente, inclusive na hipótese de concentração de todas as cotas da sociedade sob sua titularidade, requeira, no Registro Público de Empresas Mercantis, a transformação do registro da sociedade para empresário individual ou para empresa individual de responsabilidade limitada, observado, no que couber, o disposto nos arts. 1.113 a 1.115 deste Código".

Há situações que forçam essa operação, como o engrandecimento da sociedade, o aumento de seu capital, a sua expansão, a procura constante de interessados em participar de seus quadros, e a existência de campo para a sua ampliação. Procura-se atender as exigências de conveniência, a fim de conseguir maior participação social. Ou, também, não comportando o tipo antes existente, transforma-se para um tipo mais simplificado,

---

[1] *Sociedades por Ações*, ob. cit., vol. I, p. 324.
[2] *Comentários ao Código Civil*, ob. cit., vol. 13, p. 495.

Cap. LVI | Expansão, transformação, incorporação, fusão e cisão das sociedades • 805

que dispense publicações e convocações através da imprensa, como se dá na alteração de sociedade anônima para de responsabilidade limitada. Muda, na verdade, a exteriorização formal da sociedade, mas perdurando o seu objeto, a finalidade, o patrimônio imobilizado, e até, por um determinado período de tempo, os sócios.

Apropriada a explicitação dada por José Waldecy Lucena: "Transforma-se a sociedade por quotas em qualquer outro tipo societário. O mais comum, trivial mesmo, é transformar--se em sociedade anônima. Destinando-se a por quotas à média e pequena empresas, tão logo cresça, no desenvolvimento feliz de seus negócios, optam os sócios, em geral, por transformá-la em sociedade anônima".[3]

Aduz Rodrigo Ferraz P. Cunha: "Por sua maior presença e importância econômica, a mais comum das formas de transformação ocorre justamente entre as sociedades limitadas e anônimas. Em geral, a transformação de limitada em anônima ocorre em vista da necessidade de ampliação das operações comerciais, sobretudo pela maior facilidade de captação das operações comerciais, sobretudo pela maior facilidade de captação de recursos de terceiros. Em sentido oposto, observa-se por vezes a transformação de sociedades anônimas em sociedades por quotas para simplificação de procedimentos, economia de custos e garantia de sigilo dos números da empresa".[4]

2.2. Os efeitos na transformação

Não se extinguem as obrigações ou dívidas, e muito menos os direitos dos sócios e de terceiros que efetuaram negócios com a primitiva sociedade, já que não participam estes de tal fenômeno. Eis o teor do art. 1.115, sobre o assunto: "A transformação não modificará nem prejudicará, em qualquer caso, os direitos dos credores". Regra equivalente encontra-se no art. 222 da Lei nº 6.404/1976.

Pode-se dizer que não há a transformação da relação de sucessão, perdurando as obrigações e ficando garantidos os direitos ou créditos. Seguem respeitados os débitos e responsabilidades perante terceiros. Apenas no âmbito interno os direitos e obrigações entre sócios tornam-se suscetíveis de mudança, como acontece na transformação de uma sociedade em nome coletivo para outra de responsabilidade limitada.

Ou seja, com a transformação permanecem hígidos e protegidos os direitos dos credores ou terceiros, já que, quando celebraram negócios, o fizeram com base no modelo de sociedade existente. A natureza dos créditos não se altera. Se não integralizadas as quotas, a responsabilidade dos sócios se mantém no exato correspondente ao que falta completar. Nem é arredada a posição dos administradores, no referente ao compromisso de suportar os danos causados por desrespeito à lei ou por terem exorbitado dos poderes.

Em suma, perdura o direito dos credores independentemente da mudança. Continuarão eles com as garantias que possuíam ao tempo do tipo anterior, na linha do seguinte aresto: "A empresa sucessora deverá honrar os compromissos da sucedida. Não o fazendo, aos sócios, conforme a natureza jurídica da empresa, cumpre honrar as obrigações".[5] Os sócios da sociedade que perde a personalidade devem honrar as obrigações assumidas pela pessoa jurídica, caso se omita de o fazer a sucessora.

---

[3] *Das Sociedades por Quotas de Responsabilidade Limitada*, ob. cit., p. 487.

[4] "Reorganizações Societárias no Novo Código Civil", *in Direito de Empresa no Novo Código Civil*, ob. cit., p. 416.

[5] REsp. nº 95.023-SP, do STJ, j. em 27.08.1997, *DJU* de 1º.12.1997.

806 • Direito de Empresa | *Arnaldo Rizzardo*

Dando-se a falência da sociedade já transformada, os efeitos atingem os sócios anteriores à transformação, se as obrigações ficaram constituídas à época em que os mesmos dela faziam parte. Os novos sócios, ou acionistas que ingressaram, não suportarão as consequências de obrigações do passado, ou do período em que não compunham os quadros da sociedade. Outrossim, unicamente os credores da época da criação de seus créditos beneficiará a falência. Os termos do parágrafo único do preceito acima deixam claras essas restrições: "A falência da sociedade transformada somente produzirá efeitos em relação aos sócios que, no tipo anterior, a eles estariam sujeitos, se o pedirem os titulares de créditos anteriores à transformação, e somente a estes beneficiará".

Não havendo a transmissão ou circulação de bens, não se cogita da incidência de algum tributo.

Quanto ao registro dos atos constitutivos, deve haver o arquivamento do contrato da nova sociedade que surge no lugar da anterior. No lugar do antigo registro aparece o novo, com a simples averbação. Todavia, o mais seguro será a criação de um novo registro, com o arquivamento dos documentos pertinentes, e a averbação junto ao anterior registro quanto à mudança que ocorreu.

As modificações devem estender-se aos livros, com as devidas anotações sobre as mudanças e o novo tipo societário, averbando-se na Junta Comercial.

O contrato social conterá os aspectos constitutivos da transformação, o tipo ou a espécie a que passou a sociedade, as mudanças que porventura ocorrem quanto ao capital, ao objeto social e mesmo aos sócios no pertinente às participações e responsabilidades.

2.3. Sociedades transformáveis

Todas as sociedades empresárias podem mudar para tipos diferentes. As sociedades em nome coletivo, as em comandita, as de responsabilidade limitada, as anônimas e as em comandita por ações são aptas de transformação em outras.

Certas particularidades e institutos próprios de uma sociedade devem ser resolvidos antes da transformação. Nesse âmbito, é evidente que, tendo a sociedade anônima emitido debêntures, partes beneficiárias ou bônus de subscrição, antes de se transformar em limitada, cumpre resolva tais obrigações ou títulos, solvendo-os, seja pelo resgate seja pela conversão em ações.

Parece não se viabilizar na mudança algumas modalidades especiais, como as associações, as fundações, as cooperativas. Impossível a sua transmudação em sociedades empresárias. Dada a natureza totalmente peculiar das mesmas, inapropriado que se transformem numa das várias espécies de sociedades empresárias. Não parece comum que uma associação de defesa de produtores de uma raça de equinos faça tamanhas mudanças, a ponto de converter-se em uma sociedade empresária. Para tanto, reclama-se a dissolução da associação, com a implantação de um novo sistema de sociedade, que terá fundo econômico.

Ou seja, para uma mudança tão fundamental dessas entidades, o primeiro passo envolve a dissolução e a liquidação, prosseguindo-se, após, na constituição de uma nova sociedade. Não são colocados obstáculos ou óbices para a mudança de sociedades dentro da mesma categoria. Comum que uma sociedade de defesa de condôminos mude para a proteção dos proprietários de condomínios, mesmo que ausente a previsão do contrato, mas colhendo-se a aprovação da unanimidade dos sócios.

Desde que mantida a natureza, ou o objeto de proteção, mostra-se viável a transformação. Por conseguinte, se em comum a sociedade, com a sua estruturação nos moldes da

Cap. LVI | Expansão, transformação, incorporação, fusão e cisão das sociedades • **807**

lei, e implantada para a execução de atividades econômicas, não serão colocados impedimentos para a sua organização em uma sociedade personalizada. O mesmo acontece com uma sociedade em conta de participação, se explora uma atividade econômica, que pode organizar-se em algum tipo de sociedade empresária. A sua mudança para sociedade em nome coletivo ou de responsabilidade limitada parece perfeitamente viável, mas sempre se pressupondo a sua formalização em um novo tipo.

2.4. Distinções relativamente à incorporação, fusão e cisão

A transformação, tanto quanto a incorporação, a fusão e a cisão, levam a mudanças na estrutura da sociedade. Enquanto na primeira decorre um novo tipo de sociedade, nem sempre nas demais tal acontece.

Na incorporação, uma sociedade é assumida pela outra, que persiste na sua forma anterior, mas com a alteração do capital social, posto que de maior dimensão. Com a cisão, uma sociedade transfere-se, na sua totalidade ou em parte, para outra ou outras sociedades, operação que atinge maior profundidade que a transformação, eis que pressupõe a alteração de seu capital. Quanto à fusão, também é atingido o capital, que se unifica no capital de outra ou mais sociedades.

Em todas essas modificações, sempre pressupõe-se a existência de duas ou mais sociedades, sendo inviável, *v.g.*, incorporar-se uma sociedade em si mesma. Na transformação, há uma única sociedade, que muda para um tipo diferente, e não em outra sociedade com existência distinta, mantendo-se, inclusive, o balanço patrimonial anterior, sem variações, a menos que se incorpore mais capital oriundo dos próprios sócios.

Todavia, em todas as espécies acima vistas, é intrínseca a transformação. Pelo fato de ocorrer a incorporação, ou a fusão, ou a cisão, há a transformação, ou a mudança da sociedade, que assume, se junta, ou funde em outra.

2.5. O procedimento para a transformação

Cumpre esclarecer, em primeiro lugar, que incidem as regras do Código Civil na disciplina da espécie, por expressa previsão de seu art. 2.033.

Há a necessidade de novo ato constitutivo, embora fique mantida em todos os seus efeitos a personalidade jurídica. Não ocorrem a dissolução e a liquidação da pessoa jurídica, e sim apenas a extinção da forma de contrato vigente.

O consentimento de todos os sócios aparece como condição indispensável, a menos que no contrato social se imponha um *quorum* diferente, ou já fique inserida a transformação para outra sociedade. Na hipótese, é assegurada a saída ou retirada do sócio dissidente, que deverá, naturalmente, ser ressarcido do valor do capital de sua participação. O art. 1.114 bem elucida o assunto: "A transformação depende do consentimento de todos os sócios, salvo se prevista no ato constitutivo, caso em que o dissidente poderá retirar-se da sociedade, aplicando-se, no silêncio do estatuto ou do contrato social, o disposto no art. 1.031".

Segue-se, portanto, o *quorum* ordenado na lei ou aquele que consta do contrato. Embora se recomende a ouvida do conselho fiscal, não importa em concluir que se faça necessária a sua aprovação, que não vincula a decisão que deve ser levada a termo.

A unanimidade do consentimento é decorrência da adoção de uma forma diferente daquela que ensejou a manifestação da vontade quando da formação. Se os sócios escolheram um tipo que impôs um regramento específico, a mudança importa em alterar também as regras que passam a reger a nova sociedade. Daí a coerência da condição, pois, do contrário, ficaria quebrado o liame da vontade determinante do contrato de sociedade. Todavia, prevendo o estatuto um *quorum* menor, aí já se subentende a concordância, pois os sócios aceitaram participar de uma sociedade cujos atos constitutivos já assinalavam para a possibilidade de transformação para outro tipo. Nessa eventualidade, está assegurada a alternativa da retirada, que se efetiva através da apuração de haveres, a qual se processa obedecendo ao art. 1.031, com o seguinte teor: "Nos casos em que a sociedade se resolver em relação a um sócio, o valor da sua quota, considerada pelo montante efetivamente realizado, liquidar-se-á, salvo disposição contratual em contrário, com base na situação patrimonial da sociedade, à data da resolução verificada em balanço especialmente levantado".

Esclarece José Waldecy Lucena: "A unanimidade, antes como agora, somente pode ser afastada mediante previsão expressa do contrato social, estipulativa de que a transformação da sociedade em outro tipo social dar-se-á pelo voto majoritário. Claro, de conseguinte, que não basta o contrato autorizar a transformação societária. Isto já está na lei. O que o contrato haverá de dizer, com todas as letras, para excluir a unanimidade, é que a deliberação autorizando a transformação operar-se-á segundo o princípio majoritário, indicando, desde logo, já que se trata de *jus dispositivum*, qual a maioria adotada (simples, absoluta ou qualificada)".[6]

De anotar que, não exigindo o contrato a unanimidade, resulta o direito de retirada, com a apuração do valor das quotas.

Para operar-se a transformação, não se extingue propriamente a existente, e sim muda a forma da existente, fato que impõe seguirem-se as exigências estabelecidas para a constituição e a inscrição da sociedade. O primeiro passo está na aprovação da assembleia geral, convocada para essa finalidade. E para formar a nova sociedade, elabora-se um novo contrato social, com o preenchimento das formalidades impostas para a constituição de uma sociedade. É o que reza o art. 1.113: "O ato de transformação independe de dissolução ou liquidação da sociedade, e obedecerá aos preceitos reguladores da constituição e inscrição próprios do tipo em que vai converter-se". Os mesmos requisitos exigidos para a constituição devem ser atendidos, sendo eles os elencados no art. 997, exceto quanto às sociedades anônimas, cujos elementos integrantes aparecem disseminados nos arts. 2º, 3º e 4º da Lei nº 6.404, com as alterações da Lei nº 10.303/2001.

Adquirindo existência uma sociedade distinta, extinguem-se os atos constitutivos da sociedade anterior, perdendo validade o contrato então existente.

Os modelos de atas de assembleia realizadas para autorizar a transformação e traçar as linhas básicas são aqueles apresentados para as sociedades anônimas, tanto de uma sociedade anônima para limitada, como para o inverso. No respectivo estudo vêm apresentados exemplos.

2.6. O direito de recesso ou retirada dos sócios dissidentes

Desde que o contrato social garanta a aprovação da transformação por um *quorum* não total de sócios, e, assim, se já prevista no ato constitutivo, resta ao dissidente o direito de retirar-se da sociedade, garantia que se encontra no art. 1.114, acima transcrito,

---

[6] *Das Sociedades Limitadas*, ob. cit., 6ª ed., 2005, p. 618.

reeditando faculdade que já consta no art. 1.029 (nas sociedades simples em geral) e no art. 1.077 (na modificação do contrato, fusão e incorporação da sociedade).

Na omissão de previsão a respeito, não prepondera o regime da maioria, e sequer é facultada a sua introdução posterior no contrato social, pois equivale à alteração do contrato. Havendo dispositivo próprio que disciplina a matéria, nem às sociedades de responsabilidade limitada se permitem exceções, não incidindo, pois, na transformação, o *quorum* do art. 1.076, inc. I.

A transformação traz uma modificação substancial da sociedade, com graves repercussões na responsabilidade do sócio, na sua posição e perante terceiros. Mesmo, no entanto, que se mantenha o *status* antes vigorante, o novo perfil que resulta importa em modificar o ato de vontade que imperou quando da formação do contrato social. Daí a obrigatoriedade de se dar liberdade sobre a sua continuidade no quadro social.

O direito de recesso ou retirada deve exercer-se no prazo do art. 1.077, que é de trinta dias a contar da publicação na imprensa oficial da decisão pela transformação. Unicamente com a publicação eventuais sócios não convocados ou mesmo os ausentes tomarão conhecimento oficial do ato. Embora se leia no art. 1.077 que a contagem parte da reunião na qual foi decidido o ato, cumpre se interprete como iniciando a partir da reunião cuja ata é publicada, pois se trata essa forma da maneira normal e usual de se dar conhecimento das deliberações que emanam da reunião ou assembleia dos sócios.

Na transformação de sociedade limitada em outro tipo, incidem as regras daquele tipo de sociedade, consubstanciadas presentemente no art. 1.077, no que já se pronunciou a jurisprudência: "Sociedade por cotas. Transformação em anônima. Retirada de Sócio. Apuração de haveres. Dando-se a retirada exatamente em razão de o sócio discordar da transformação, incidem as normas que cuidam das sociedades por cotas e não das anônimas (...)

(...) A determinação, constante do artigo 15 do Decreto n° 3.708, de que a apuração de haveres se fará pelo último balanço aprovado não impede que, no contrato, disponham os sócios de forma diversa. Na interpretação dos contratos, são soberanas as instâncias ordinárias, não podendo a matéria ser revista no Especial".[7]

3. A DISCIPLINA PELO CÓDIGO CIVIL DA INCORPORAÇÃO, FUSÃO E CISÃO. NECESSIDADE DA JUSTIFICAÇÃO E DO PROTOCOLO. RESPONSABILIDADE E DIREITOS DA SOCIEDADE SUCESSORA

Anteriormente ao Código Civil de 2002, a matéria era disciplinada somente pela Lei n° 6.404/1976, que o fazia de modo amplo, abrangendo as sociedades anônimas e as demais sociedades. As regras alcançavam todas as sociedades econômicas.

Realmente, em texto diferente de outros dispositivos, alguns artigos que tratam dos institutos referem-se aos 'estatutos' ou 'contratos sociais' (por exemplo, art. 223), a primeira denominação própria das sociedades anônimas e a segunda às demais sociedades. Encerra, outrossim, as palavras 'sócios' e 'acionistas' (por exemplo, o § 2° do art. 223 da Lei n° 6.404/1976) – aquela apropriada para as sociedades em geral, e a última para as sociedades anônimas.

---

[7] REsp. n° 48.205-RJ, da 3ª Turma do STJ, j. em 09.08.1994, *DJU* de 19.09.1994.

810 • Direito de Empresa | *Arnaldo Rizzardo*

Por isso, os intérpretes concluíam que a Lei nº 6.404/1976 abrangia todos os tipos societários conhecidos.

Com o Código Civil vigente, vem expressa a sua aplicação no art. 2.033: "Salvo disposição em lei especial, as modificações dos atos constitutivos das pessoas jurídicas referidas no art. 44, bem como a sua transformação, incorporação, cisão ou fusão, regem-se desde logo por este Código". Insta lembrar que, no texto do citado art. 44 estão incluídas as sociedades.

Ficou a Lei nº 6.404, no particular, mais restrita às sociedades anônimas, passando a incorporação e a fusão a submeterem-se aos seus cânones. No tocante à cisão, embora o Capítulo X do Título II envolva a incorporação, a fusão e a cisão, não disciplinou a última espécie, exceto no art. 1.122 e em seus parágrafos, que versam sobre a faculdade do credor em pleitear a anulação daquelas formas se prejudicado nos seus direitos. Continua, por conseguinte, a Lei nº 6.404 a reger esta última figura, no que não for possível aplicar a regência das normas que cuidam da incorporação e da fusão.

Outro aspecto relevante diz respeito à falta de regras particulares quanto à justificação e ao protocolo. Não há, todavia, omissão completa. No art. 1.117, quanto à incorporação, consta que a deliberação deverá aprovar as bases da operação e o projeto de reforma do ato constitutivo, objetivo que se consegue com a apresentação da justificação e do protocolo da organização da sociedade incorporadora. O art. 1.120, em seu § 1º, manda que seja deliberada a fusão e aprovado o projeto, o que se viabiliza com o exame da justificação e do protocolo. Já em vista da cisão, dada a omissão de regramentos específicos no Código Civil, têm vigência as regras das sociedades anônimas (arts. 223 e seguintes da Lei nº 6.404).

José Waldecy Lucena acena para a persistência de tais atos: "O CC/2002 – já o dissemos – não se reportou especificamente, como o faz a Lei nº 6.404/1976, ao 'protocolo' e à 'justificação'. A intenção do Código, ao que parece, foi a de adotar um procedimento mais simples, para as sociedades por ele regidas. O abandono do *nomen juris*, contudo, não significa que o Código tenha também repelido *in totum* o objetivo por ambos buscado, qual o de trazer ao conhecimento dos sócios de todos os elementos relevantes na operação de incorporação, fusão ou cisão, e as razões que indicam ser a sua prática conveniente ou até mesmo necessária para todos, isto é, para os sócios majoritários, para os sócios minoritários e para os próprios entes sociais nela envolvidos. Do contrário, como votariam eles uma matéria tão importante na vida social".[8]

A sociedade que sucede as demais responde pelas obrigações das sucedidas e torna-se titular dos direitos que às mesmas cabiam. É o que se colhe do seguinte julgado:

"Se, à época da interposição da ação ordinária de declaração de inexistência de relação jurídica cumulada com ação de repetição de indébito via compensação em face de recolhimento indevido de contribuições previdenciária junto ao INSS, as empresas... já haviam sido incorporadas, havendo a recorrente apresentado nos autos as guias de recolhimento relativas, é correta a inclusão dos créditos relativos às mesmas na conta de liquidação de sentença.

'A incorporação é a operação pela qual uma sociedade absorve outra, que desaparece. A sociedade incorporada deixa de operar, sendo sucedida a direitos e obrigações pela incorporadora' (Direito Societário, Marlon Tomazette).

Se a empresa não mais existe, responde por suas obrigações e direitos a empresa incorporadora... Destarte, correta a inclusão dos créditos relativos às empresas..., em conta de liquidação

---

[8] *Das Sociedades Limitadas*, ob. cit., 6ª ed., 2005, pp. 647-648.

Cap. LVI | Expansão, transformação, incorporação, fusão e cisão das sociedades • 811

de sentença, tendo em vista que as mesmas comprovaram nos autos o recolhimento indevido da contribuição previdenciária debatida e sua incorporação antes da distribuição do processo de conhecimento, por uma das autoras, ora Recorrente, que sucedeu em todos os direitos e obrigações".[9]

4. INCORPORAÇÃO DE SOCIEDADES

4.1. O negócio de incorporação

Tem-se, na incorporação, um negócio plurilateral pelo qual se integram patrimônios societários de duas ou mais sociedades. Não é erigida uma nova sociedade, mas desconstitui-se outra pela sua absorção naquela que a agrega. O patrimônio de duas sociedades passa a formar o patrimônio de uma só. Verifica-se a transferência do patrimônio de uma sociedade em outra, a qual desaparecerá, operando-se a sua extinção.

A matéria não constava regulada no Código Comercial de 1850 e no Código Civil de 1916; e nem constou no Decreto nº 3.708, de 1919, que disciplinava as sociedades por quotas de responsabilidade limitada. Apareceu na Lei nº 2.627, de 1940, o primeiro diploma que sistematicamente regeu as sociedades anônimas, e passou para a Lei nº 6.404, de 1976, que presentemente trata da matéria.

A incorporação é uma das formas de concentração de empresas. A teor do art. 90 da Lei nº 12.529, de 30.11.2011, ocorre a concentração de empresas quando:

"I – 2 (duas) ou mais empresas anteriormente independentes se fundem;

II – 1 (uma) ou mais empresas adquirem, direta ou indiretamente, por compra ou permuta de ações, quotas, títulos ou valores mobiliários conversíveis em ações, ou ativos, tangíveis ou intangíveis, por via contratual ou por qualquer outro meio ou forma, o controle ou partes de uma ou outras empresas;

III – 1 (uma) ou mais empresas incorporam outra ou outras empresas; ou

IV – 2 (duas) ou mais empresas celebram contrato associativo, consórcio ou *joint venture*".

É necessária a autorização do CADE – Conselho Administrativo de Defesa Econômica, por força do art. 88 da mesma lei, nas concentrações de empresas em que o faturamento ou volume de capital esteja situado nos seguintes montantes:

I – pelo menos um dos grupos envolvidos na operação tenha registrado, no último balanço, faturamento bruto anual ou volume de negócios total no País, no ano anterior à operação, equivalente ou superior a R$ 400.000.000,00 (quatrocentos milhões de reais); e

II – pelo menos um outro grupo envolvido na operação tenha registrado, no último balanço, faturamento bruto anual ou volume de negócios total no País, no ano anterior à operação, equivalente ou superior a R$ 30.000.000,00 (trinta milhões de reais).

---

[9]   REsp. nº 645.455-TO, da 1ª Turma do STJ, j. em 09.11.2004, *DJU* de 09.05.2005.

No § 5º do art. 88 são elencadas as concentrações proibidas: "Serão proibidos os atos de concentração que impliquem eliminação da concorrência em parte substancial de mercado relevante, que possam criar ou reforçar uma posição dominante ou que possam resultar na dominação de mercado relevante de bens ou serviços, ressalvado o disposto no § 6º deste artigo."

Aparecem as seguintes ressalvas no § 6º: "Os atos a que se refere o § 5º deste artigo poderão ser autorizados, desde que sejam observados os limites estritamente necessários para atingir os seguintes objetivos:

I – cumulada ou alternativamente:

   a) aumentar a produtividade ou a competitividade;

   b) melhorar a qualidade de bens ou serviços; ou

   c) propiciar a eficiência e o desenvolvimento tecnológico ou econômico; e

II – sejam repassados aos consumidores parte relevante dos benefícios decorrentes."

O Código de 2002 introduziu um regramento restrito às sociedades empresárias, perdurando, no entanto, em vigor a Lei nº 6.404 quanto às sociedades anônimas.

A incorporação envolve a absorção de uma sociedade por outra, sendo por alguns sistemas considerada uma espécie de fusão, salientando José Waldecy Lucena: "A incorporação, inegavelmente, é uma fusão, tanto que também chamada 'fusão por absorção'".[10] É a significação que traz o art. 1.116 do Código Civil: "Na incorporação, uma ou várias sociedades são absorvidas por outra, que lhes sucede em todos os direitos e obrigações, devendo todas aprová-la, na forma estabelecida para os respectivos tipos".

Uma sociedade passa a fazer parte de outra que já existe, desaparecendo em sua individualidade, e devendo ser providenciada na devida baixa dos registros que possui. O seu patrimônio ativo e passivo transfere-se para a incorporadora, envolvendo os direitos e obrigações, ou os créditos e as dívidas. Não se extinguem, pois, os compromissos, nem restam prejudicados os terceiros que mantêm relações com a incorporada. Extingue-se, todavia, a sociedade incorporada, e cessam as suas responsabilidades, que se transferem para a sociedade que a assume. Há uma sucessão universal, abrangendo todos os direitos, obrigações e responsabilidades dos negócios em curso e naqueles do passado.

A sociedade incorporada adotará o modelo da sociedade incorporadora. Uma sociedade limitada que passa para uma sociedade anônima implica a mudança radical da responsabilidade, que não se estenderá aos sócios tão facilmente como acontece no primeiro tipo, exceto quanto aos administradores.

Modesto Carvalhosa explica a forma de se operar a incorporação: "O negócio de incorporação de sociedade consubstancia ato constitutivo e ao mesmo tempo desconstitutivo. Será constitutivo pela agregação de patrimônios de duas sociedades em uma só. Será desconstitutivo pelo desaparecimento da pessoa jurídica da incorporada, tendo como efeito a absorção universal de seu patrimônio pela outra. O ato declaratório da incorporação dá-se com a aprovação da subscrição em bens da incorporada no capital social da incorporadora. Tem como pressuposto de sua validade e eficácia a avaliação prévia dos bens patrimoniais da incorporada, que servirão para a subscrição do aumento de capital da incorporadora".[11]

---

[10] *Das Sociedades por Quotas de Responsabilidade Limitada*, ob. cit., p. 503.
[11] *Comentários ao Código Civil*, ob. cit., vol. 13, p. 513.

4.2. Os atos da incorporação, a justificação e o protocolo

Ocorre um negócio plurilateral que, na visão de Modesto Carvalhosa, "tem como finalidade a integração de patrimônios societários por meio da agregação do patrimônio de uma sociedade em outra com a extinção de uma delas".[12]

Precedem esse processo de encampação várias negociações, elaborando as partes justificações e protocolos de intenções ou as condições para a negociação, com a aprovação das assembleias de ambas as sociedades.

Nada impede que a justificação e o protocolo venham elaborados no mesmo documento.

São estabelecidas as etapas do procedimento, ou os momentos dos atos que se sucedem, e formalizam-se cláusulas que regem a sequência de encargos e ações. Os primeiros passos consistem na aprovação da ideia da incorporação pelas assembleias de ambas as sociedades, sendo permitido que já se apresentem e se explanem a justificação e o protocolo, atos esses facultados nas sociedades regidas pelo Código Civil, ao contrário das sociedades anônimas, quando são obrigatórios. Sobre a deliberação dos sócios da sociedade incorporadora, explicita Sérgio Campinho: "A deliberação dos sócios da sociedade incorporadora deverá aprovar tanto as bases da operação, bem como o projeto de reforma do ato constitutivo. Compreenderá, outrossim, a nomeação dos peritos para a avaliação do patrimônio líquido da sociedade ou das sociedades a serem incorporadas. Já os sócios da incorporada, após tomarem conhecimento dos termos da operação e da decisão havida no âmbito da incorporadora, os aprovando, deverão autorizar os administradores a praticar os atos necessários à incorporação".[13]

Aprovada a intenção disposição de incorporar, passa-se para a avaliação do patrimônio ativo e para o cálculo fiel do passivo.

A justificação, que acompanha o protocolo, é explicitada por Rodrigo Ferraz P. Cunha, aplicável para qualquer tipo de sociedade: "Por sua vez, deverá a justificação explicitar: (a) os motivos ou fins da operação, e o interesse da companhia na sua realização; (b) as ações que os acionistas preferenciais receberão e as razões para a modificação dos seus direitos, se prevista; (c) a composição, após a operação, segundo espécies e classes das ações ou quotas do capital das companhias que deverão emitir ações em substituição às que deverão extinguir; e (d) o valor de reembolso das ações a que terão direito os acionistas dissidentes (art. 225, da Lei das Sociedades Anônimas), além da indicação dos avaliadores".[14]

Sobre o protocolo, ilustra, ainda, Rodrigo Ferraz P. Cunha: "Do protocolo, a ser firmado pelos órgãos deliberativos responsáveis pela adoção dos procedimentos de reorganização, deverá constar, ao menos: (a) o número, espécie e classe das ações/quotas que serão atribuídas em substituição dos direitos de sócios que se extinguirão e os critérios utilizados para determinar as relações de substituição; (b) os critérios de avaliação do patrimônio líquido, a data-base da avaliação e o tratamento das variações patrimoniais posteriores; (c) a solução a ser dada quanto às ações ou quotas do capital de uma das sociedades possuídas por outra; (e) o projeto ou projetos de estatuto/contrato social, ou de alterações estatutárias ou do contrato social, que deverão ser aprovadas para se efetivar a operação; e (f) todas as demais condições a que estiver sujeita a operação".[15]

---

[12] *Comentários ao Código Civil*, ob. cit., vol. 13, p. 513.
[13] *O Direito de Empresa*, ob. cit., p. 283.
[14] "Reorganizações Societárias no Novo Código Civil", trabalho citado, p. 418.
[15] "Reorganizações Societárias no Novo Código Civil", trabalho citado, p. 418.

814 • Direito de Empresa | *Arnaldo Rizzardo*

Num primeiro momento, pois, formulam-se as bases da incorporação, as quais impendem que sejam aprovadas pelas reuniões ou assembleias de ambas as sociedades. Também constitui primeiro passo a elaboração do projeto, de modo a formar a noção ou ideia exata de como ficará a sociedade incorporadora. O art. 1.117 revela com exatidão tais imposições: "A deliberação dos sócios da sociedade incorporada deverá aprovar as bases da operação e o projeto de reforma do ato constitutivo". Desde o momento em que se estabelece o passo de aprovação das bases e a operação e o projeto de reforma importa na elaboração da justificação e do protocolo.

4.3. A aprovação da incorporação

Há a necessidade da aprovação do intento da incorporação, que depende da decisão da reunião ou assembleia, cujo melhor momento será o que aprecia a avaliação do patrimônio ativo e passivo, já tendo os sócios tomado conhecimento da justificação e do protocolo. Sobre a quantidade de votos, fornece Rodrigo Ferraz P. Cunha a quantidade de votos necessária: "Quando a incorporadora for uma companhia, haverá necessidade de aprovação da operação por maioria simples. Nesse caso, em uma primeira assembleia geral extraordinária ('AGE'), deverá a companhia aprovar a justificação e o protocolo apresentados, autorizando a emissão de novas ações e a efetivação do aumento de capital, equivalente ao patrimônio líquido da incorporada.

Na sociedade limitada, em sua nova disciplina, a incorporação dependerá do voto afirmativo de sócios representando, no mínimo, ¾ (três quartos) do capital social, em razão dos arts. 1.071, VI, e 1.076, I. Por não haver especificação, há que se entender que isso ocorre tanto no caso em que a sociedade seja incorporadora, como naquela em que seja incorporada".[16]

Já na sociedade simples, há necessidade da aprovação da totalidade dos sócios, por imposição do art. 999, porquanto a matéria diz respeito ao elenco de requisitos constitutivos, constantes do art. 997. De igual modo quanto à sociedade em nome coletivo em face do art. 1.040, que manda aplicar as regras da sociedade simples; também a em comandita simples, cujo art. 1.046 remete às disposições da sociedade em nome coletivo, que, por sua vez, tem a incidência da disciplina da simples.

Adianta-se que nas sociedades por ações requer-se a aprovação da metade, pelo menos, das ações com direito a voto, se maior não for a exigência do estatuto, por força do art. 136, inc. IV, da Lei nº 6.404 (redação da Lei nº 9.457/1997).

Conseguida esta autorização, parte-se para concretizar a incorporação. Pode-se inferir que, por decisão da assembleia, uma comissão, ou mesmo a administração, elaborará as bases da operação e o projeto da incorporação. Após, convocam-se os sócios para deliberarem, em reunião ou assembleia. Somente então pode ficar autorizada a incorporação, designando-se, desde já, os administradores para promoverem os atos de transferência da sociedade para outra empresa, inclusive com a subscrição do capital em montante que corresponda ao ativo que de sua existência se apurar. Assim contempla o § 1º do art. 1.117: "A sociedade que houver de ser incorporada tomará conhecimento desse ato, e, se o aprovar, autorizará os administradores a praticar o necessário à incorporação, inclusive a subscrição em bens pelo valor da diferença que se verificar entre o ativo e o passivo".

---

[16] "Reorganizações Societárias no Novo Código Civil", trabalho citado, p. 419.

Cap. LVI | Expansão, transformação, incorporação, fusão e cisão das sociedades • 815

Sintetizando, o ato primordial está na autorização, tanto da sociedade incorporada como da incorporadora. Quanto a esta última, o só fato de alterar a sua estrutura, isto é, o patrimônio e a composição social, conduz a ver aí mudança na sua constituição. Obviamente, com a incorporação, altera-se o capital social, o que repercute na organização empresarial e viabiliza-se trazer, inclusive, mudança no controle.

4.4. A avaliação do patrimônio da sociedade a ser incorporada

É necessária a nomeação de peritos, pela assembleia, para a avaliação do patrimônio líquido da sociedade que será incorporada, e, inclusive, apresentar as vantagens e oportunidade do negócio jurídico. A reunião ou assembleia deliberará sobre a nomeação de três pessoas para proceder a função, cuja estimativa servirá para fixar o novo capital da sociedade, ao mesmo tempo em que determinará o montante do pagamento pela incorporação. O § 2º do art. 1.117 trata dessa providência: "A deliberação dos sócios da sociedade incorporadora compreenderá a nomeação dos peritos para a avaliação do patrimônio líquido da sociedade que tenha de ser incorporada".

Não é tolerada a dispensa de avaliação. Oferece Modesto Carvalhosa a razão: "Será absolutamente indispensável, sob pena de nulidade do negócio jurídico de incorporação de sociedade respectivo, a preparação do laudo de avaliação do patrimônio líquido da incorporada, na forma e para os efeitos do § 2º do art. 1.117 e do referido art. 226 da Lei de Sociedades Anônimas, evidentemente, quando estiver envolvida uma companhia no negócio de incorporação, seja na qualidade de incorporadora, seja na de incorporada".[17]

Todavia, se houver consenso dos sócios, não se vê inconveniências na atribuição de uma estimativa comum, com a dispensa da formalização de um laudo.

A avaliação procedida não importa em obrigatória aquisição pelo montante encontrado. Não se olvida que a estimativa encerra relatividade e contingência nos pontos de vista, podendo contrariar a apreciação estabelecida pela sociedade incorporanda. Para viabilizar a absorção de uma sociedade por outra, indispensável a reciprocidade de vontades, e de abdicação de certos pontos de vista, eliminando, pois, as arestas.

Na avaliação, alguns pontos assumem grande relevância, como o faturamento da sociedade, a regularidade fiscal, o ativo e passivo contábil, o grau de possibilidade de recuperação dos créditos, a comercialização dos produtos, a credibilidade, o nome na praça, o valor da marca, os resultados anuais. Chega-se à constatação da realidade através de diligências, averiguações, exames de livros, laudos e auditorias independentes, especialmente contratadas. Com os elementos coligidos, e calculado o importe patrimonial, em reunião ou assembleia decidem-se o destino da incorporada, o preço pela compra da participação social e outras questões correlatas. Em vista da proposta, a sociedade incorporadora também definirá em reunião ou assembleia a aceitação, ou formalizará a sua estimativa e as condições, seguindo--se as negociações até chegar-se a um consenso ou denominador comum.

Importante que equivalha a avaliação ao balanço patrimonial, o que pressupõe a sua verificação e prévia elaboração. Nota-se, daí, que a aprovação passa pela assembleia de ambas as sociedades. A adoção de valores que não correspondem ao real aumento de capital pode importar em responsabilidade dos sócios, já que o capital representa a garantia dos credores. A expressão em significação superior ao real preço redundará em insuficiência de garantia no futuro, para sustentar as obrigações contraídas.

---

[17] *Comentários ao Código Civil*, ob. cit., vol. 13, p. 519.

4.5. Formalização da incorporação

Se levada a termo a incorporação, extingue-se a sociedade incorporada, e altera-se o contrato social da incorporadora, com o aporte ou aumento do capital, a forma de integralização, a subscrição de novas quotas ou ações e outras matérias atinentes. Formaliza-se, por último, o ato através da averbação na Junta Comercial da alteração e da extinção da sociedade incorporada.

Os sócios da incorporada subscreverão o capital que passou para a incorporadora, e que implicou, portanto, um aumento, autorizado pela assembleia da sociedade incorporadora. Fica assegurada a cessão das quotas, se houver expressa autorização da assembleia.

As responsabilidades da incorporada não cessam, mas se transferem para a incorporadora, que passa a arcar com os débitos pendentes.

A incorporação efetiva-se, pois, através de vários momentos, iniciando com a deliberação em assembleias, e passando para avaliação por peritos, aprovação do capital em novas assembleias e decisão final. Segue-se a extinção da sociedade incorporada, que é decidido pela assembleia da sociedade incorporadora, a qual tem autoridade para tanto posto que assumiu o seu patrimônio. Por último, providencia-se na respectiva averbação da alteração contratual por incorporação, e na baixa do registro da sociedade incorporada, que somente é possível após a solução de pendências, dívidas fiscais e outros encargos pendentes. A isso conduz o art. 1.118: "Aprovados os atos da incorporação, a incorporadora declarará extinta a incorporada, e promoverá a respectiva averbação no registro próprio". Unicamente depois da publicação dos atos de extinção da sociedade anterior e da alteração da incorporadora é que surgem efeitos em relação a terceiros, respeitando-se sempre as obrigações pendentes, como, aliás, também leva a entender o art. 1.152 do Código Civil.

4.6. Modelo de justificação e protocolo

É possível condensar a justificação e o protocolo em um mesmo instrumento, simplificando, assim, os passos do procedimento. Conforme referido, a incorporação efetua-se através de um contrato envolvendo a sociedade incorporada e a sociedade incorporadora, no qual se colocam todos os elementos de passagem de uma sociedade para a outra.

Apresenta-se no anexo um modelo de justificação e protocolo.

4.7. Modelos de deliberação da assembleia para a incorporação de sociedade

4.8. Modelo de alteração contratual por incorporação de sociedade

5. FUSÃO DE SOCIEDADES

5.1. A formação de nova sociedade no lugar de duas ou mais sociedades

Diferentemente da incorporação, quando somente uma sociedade desaparece e seu capital é acrescido ao da outra, com sua subscrição, em geral, pelos sócios da primeira, na fusão duas sociedades se fundem em nova sociedade, dando-se a subscrição pelos sócios de ambas as sociedades. A nota que distingue com clareza uma espécie da outra se encontra no modo de se proceder a junção de patrimônios: enquanto na incorporação o somatório de capital se opera a favor da sociedade incorporadora, na fusão o somatório de capitais se efetiva para a formação de uma terceira sociedade. Altera-se o capital que se jungirá ao de outra pessoa jurídica, passando ambos a corresponderem ao capital de uma nova sociedade.

Considera-se a fusão, pois, como o fenômeno de unificação de duas ou mais sociedades, que se extinguem ou desaparecem, para a formação de uma nova. Ou mais apropriadamente, a fusão leva à formação de uma personalidade jurídica nova, a qual resulta da combinação de personalidades jurídicas distintas. Daí, também, a distinção da absorção de uma sociedade pela outra, que se verifica na incorporação. Esse caráter próprio está no art. 1.119: "A fusão determina a extinção das sociedades que se unem, para formar sociedade nova, que a elas sucederá nos direitos e obrigações". Opera-se a integração dos patrimônios societários em uma sociedade distinta, que fica no lugar das outras, que são as fusionadas, e que se extinguem. Por outros termos, verificam-se concomitantemente um ato constitutivo da nova sociedade e um ato desconstitutivo das sociedades que se fusionaram. Agrega-se o patrimônio de duas sociedades para a formação de um patrimônio único da sociedade que surge. Com a desconstituição, o capital volta para os sócios, que o empregam na subscrição das quotas da sociedade que se forma. Mais propriamente, o capital distribuído torna-se meio de pagamento na subscrição das quotas ou ações da empresa que é formada.

Segue Modesto Carvalhosa na caracterização da operação de transferência de capital: "Assim, os acionistas das sociedades fusionadas praticam o ato de subscrição com patrimônio alheio, ou seja, com os patrimônios líquidos das sociedades envolvidas de que eram sócios. Tal negócio *sui generis*, não enseja, no entanto, qualquer comunicação prévia entre o patrimônio das sociedades fusionadas e o de seus respectivos sócios, que são os beneficiários diretos da subscrição. A troca de posições societárias que resulta do negócio de fusão não desnatura, em nenhum momento, a total autonomia entre o patrimônio da nova sociedade e o de seus sócios. Assim, a fusão processa-se em duas fazes: a passagem dos sócios das sociedades fusionadas para a nova sociedade e a extinção *ex facto* das sociedades transmitentes de seus patrimônios".[18]

---

[18] *Comentários ao Código Civil*, ob. cit., vol. 13, p. 529.

818 • Direito de Empresa | *Arnaldo Rizzardo*

Há, no caso, uma solução de continuidade. Deixam as sociedades de existir, extinguindo-se, e começa a ter vida distinta e própria uma nova sociedade, em geral de maiores dimensões que as anteriores, pois anexados os respectivos capitais. O fenômeno é bastante comum, sendo normal em empresas que atuam no mesmo ramo, as quais se unificam ou transformam em nova empresa, de maior potencial e influência para fazer frente a uma concorrente, ou para impor o domínio de seus produtos no mercado, como aconteceu no setor de bebidas.

As obrigações permanecem, não ficando prejudicados os créditos de terceiros e muito menos havendo solução de continuidade no exercício da produção ou das atividades.

Sociedades de espécie diferente podem se fundir em um tipo diferente. A sociedade em nome coletivo e a de responsabilidade limitada unem-se e formam uma sociedade por ações. Há plena liberdade para a deliberação, incidindo sempre a legislação correspondente, desde que mantida a natureza das sociedades. Não cabe a fusão de uma sociedade simples com uma empresária, eis que de naturezas diferentes, não se destinando a primeira a fins econômicos.

5.2. Formalidades da fusão

Para a formalização, na sociedade de responsabilidade limitada, é pressuposto básico a aprovação no correspondente a três quartos dos sócios de ambas as empresas, por tratar-se de matéria relacionada aos arts. 1.071, inc. VI, e 1.076, inc. I, do Código Civil, a menos que os contratos prevejam um *quorum* diferente. Assim está no art. 1.120: "A fusão será decidida, na forma estabelecida para os respectivos tipos, pelas sociedades que pretendam unir-se". Pelo teor do texto, a aprovação depende do regramento instituído para cada tipo de sociedade. No geral, porém, embora envolvendo a alteração de atos constitutivos da sociedade, impõe-se aquela proporção de votos dos sócios para aquele tipo de sociedade.

Nas sociedades simples, em nome coletivo e em comandita simples, por imposição do art. 999, porquanto a matéria diz respeito ao elenco de requisitos constitutivos, constantes do art. 997, e diante da conjugação dos arts. 1.040 e 1.046, é indispensável a unanimidade dos sócios.

Cada sociedade seguirá os trâmites estabelecidos para o tipo a que pertence. Na hipótese de uma sociedade ser anônima, a avaliação é procedida em consonância com a Lei nº 6.404/1976.

Naturalmente, antes de iniciar o processo de fusão, já devem existir tratativas e estudos, levados a efeito pelos administradores. Se a decisão for pela fusão, a sua aprovação se faz pelas assembleias dos sócios de ambas as sociedades, que se reunirão para estudar a proposta e delinear as providências ou o encaminhamento, como a nomeação de comissão, ou a atribuição da função aos administradores, a indicação de peritos para o levantamento e a avaliação do patrimônio.

Ou seja, as assembleias ou reuniões de cada sociedade devem aprovar previamente a fusão, estabelecendo as linhas básicas a serem obedecidas, e que serão consubstanciadas, num passo seguinte, na justificação e no protocolo. Cada sociedade deliberará a respeito.

Para a formalização desse modo de transformação, apresenta-se a justificação e elabora-se o projeto ou protocolo.

Cap. LVI | Expansão, transformação, incorporação, fusão e cisão das sociedades • **819**

A justificação corresponde a uma apresentação dos motivos e finalidades da fusão, dos interesses que estão em jogo, da descrição minuciosa sobre o capital social que ficará após a fusão, da projeção da composição que resultará.

O protocolo virá assinado pelos órgãos da administração ou dos sócios das sociedades envolvidas, onde serão lançadas as condições da operação visada, a descrição da situação das sociedades, com o número e espécie de quotas ou ações, a situação do ativo e do passivo das sociedades, os critérios de avaliação do patrimônio, o projeto ou projeção do estatuto ou alterações estatutárias, e os demais elementos pertinentes às sociedades que se transformarão.

Calculam-se o ativo e o passivo de cada sociedade, o respectivo patrimônio, o valor das quotas, tudo através de uma comissão de peritos. Importante é estabelecer o valor patrimonial de cada sociedade, dividido pelo número de quotistas ou acionistas de cada uma. Procede-se o plano de distribuição do capital, sempre levando em conta o patrimônio de cada sociedade. Parece claro que os sócios provenientes de uma sociedade com maior capital terão maior número de quotas, a menos que se disponha diferentemente, com a faculdade inserida no projeto de negociação de quotas ou da participação.

A essas providências enseja o § 1º do mesmo art. 1.120: "Em reunião ou assembleia dos sócios de cada sociedade, deliberada a fusão e aprovado o projeto do ato constitutivo da nova sociedade, bem como o plano de distribuição do capital social, serão nomeados os peritos para a avaliação do patrimônio da sociedade".

Desde o momento em que se estabelece o passo de deliberação da fusão, e a aprovação do projeto, importa na elaboração da justificação e do protocolo.

Importante que equivalha a avaliação ao balanço patrimonial, o que pressupõe a sua verificação e prévia elaboração.

5.3. A assembleia de aprovação da fusão

Assim, cumpridas todas as medidas para a formação de nova sociedade, com as estimativas do patrimônio, o projeto da sociedade que sucederá as anteriores e da participação do capital que passará a vigorar, nova reunião ou assembleia se convocará pelos administradores das sociedades, a fim de aprovar a sociedade que passará a vigorar, e declarar a extinção das anteriores. Essa reunião ou assembleia é conjunta dos sócios de ambas as sociedades. É o que prevê o § 2º do art. 1.120: "Apresentados os laudos, os administradores convocarão reunião ou assembleia dos sócios para tomar conhecimento deles, decidindo sobre a constituição definitiva da nova sociedade".

O *quorum* para a aprovação seguirá o mesmo critério estabelecido para a incorporação: na sociedade simples, na em nome coletivo e na em comandita, haverá a unanimidade dos votos; nas sociedades de responsabilidade limitada, exige-se o correspondente a três quartos do capital para a aprovação.

Na reunião ou assembleia em conjunto, a votação para aprovar a avaliação dos laudos elaborados pelos peritos é feita unicamente pelos sócios da sociedade da qual não participam. Naturalmente, do contrário, teriam os mesmos interesse comprometedor exarar a aprovação ou não do patrimônio da sociedade que integravam. O § 3º do mesmo art. 1.120 impede a votação do laudo da própria sociedade: "É vedado aos sócios votar o laudo de avaliação do patrimônio da sociedade de que façam parte".

Após a aprovação pela assembleia de ambas as sociedades, elabora-se o novo contrato social, com os elementos do art. 997 e outras estipulações, inclusive a nomeação dos administradores, obedecendo ao projeto já aprovado anteriormente. Submete-se à aprovação a redação final, lavrando-se ata, e dando-se, então, a constituição da sociedade que substituirá as anteriores. Esse ato pode já realizar-se na assembleia formada pelos sócios das sociedades que se fundem na assembleia de aprovação. Para tanto, será apresentado o estatuto, cuja redação submete-se à aprovação.

5.4. Os atos para formalizar a fusão

Depois de regularizada a nova sociedade, formaliza-se a extinção das sociedades anteriores, com a averbação no registro da Junta Comercial, e a abertura da inscrição da nova sociedade, a teor do art. 1.121: "Constituída a nova sociedade, aos administradores fazer inscrever, no registro próprio da sede, os atos relativos à fusão".

Os atos que envolvem a fusão, na Junta Comercial, compreendem a averbação da extinção das sociedades anteriores e a abertura da inscrição da sociedade que surge das fundidas.

Aos administradores cabem as providências de arquivamento e, inclusive, a publicação em jornal no Diário Oficial e em jornal local de grande circulação, em obediência aos termos do art. 1.152. Unicamente a partir da publicação surgem os efeitos relativamente a terceiros, pois a partir deste ato decorre a presunção do conhecimento *erga omnes* da formação da nova sociedade.

O encaminhamento de registro e averbação, com o arquivamento dos atos constitutivos e desconstitutivos, leva-se a termo imediatamente após a aprovação da fusão, sob pena de recair a responsabilidade na pessoa dos administradores.

Importante consignar a possibilidade de escolher a nova denominação, ou de manter aquela existente, desde que haja alguma relação com a nova sociedade.

5.5. Modelo de instrumento de justificação e protocolo

É possível condensar a justificação e o protocolo em um mesmo instrumento, simplificando, assim, os passos do procedimento. Conforme referido, a fusão efetua-se através de um contrato envolvendo as sociedades que se juntam e se fundem, no qual se colocam todos os elementos de extinção de sociedades anteriores e formação de uma nova sociedade.

Apresenta-se um modelo de instrumento de justificação e protocolo.

5.6. Modelo de deliberação que autoriza a fusão das sociedades

5.7. Modelo do novo contrato das sociedades decorrente da fusão

Conforme anteriormente abordado, da fusão das sociedades forma-se uma nova sociedade, que agregará o ativo e passivo das anteriores, as quais serão extintas. Como modelo, adota-se uma sociedade de responsabilidade limitada. É importante frisar que os sócios e o capital ingressados na sociedade advirão das sociedades fusionadas.

6. A CISÃO DE SOCIEDADES

6.1. A transferência do capital de uma sociedade para outras sociedades

Conforme se constata do título do Capítulo X, dirige-se o Código a tratar, nos dispositivos que o compõem, da transformação, da incorporação, da fusão e da cisão das sociedades. No entanto, não traz qualquer disciplina nas regras que tratam da cisão, exceto no art. 1.122 e em seus parágrafos, que versam sobre a faculdade do credor em pleitear a anulação daquelas formas se prejudicado nos seus direitos. Daí oportunizar o aproveitamento dos princípios trazidos pela Lei nº 6.404/1976, permitindo-se, também, a aplicação analógica dos dispositivos.

Não se pode deixar de lado a cisão, que se revela numa figura semelhante à fusão, mas no sentido inverso. Enquanto na fusão duas ou mais sociedades se unificam, ou se transformam em uma só, na cisão a sociedade desdobra ou divide seu patrimônio/capital em duas ou mais sociedades, ou seja, vertendo seu capital em parte ou totalmente para as mesmas.

É preciso destacar a distinção com a incorporação, porquanto nesta uma ou várias sociedades são sucedidas por outra, que lhes sucedem em todos os direitos e obrigações. Há, nesta espécie, o desaparecimento de uma sociedade, já que absorvida por outra, enquanto na cisão o patrimônio transfere-se.

Desponta, pois, na fusão e incorporação, o fenômeno concentracionista, diferentemente da cisão, quando o capital migra de uma empresa para outra ou outras, havendo a sua desconcentração, exceto no tocante à empresa que recebe parcela do patrimônio.

Não se reduz a sua divisão em outras. Viabiliza-se a redução de suas proporções, quando transfere parte de seu capital. Exemplificando, se uma empresa tem como objeto social o comércio e a prestação de serviços, nada impede que restrinja sua finalidade à comercialização de produtos. Cria-se outra sociedade, para a qual se transfere parte do patrimônio e a prestação de serviços. Parcela de seu patrimônio é passado para a outra sociedade, que deve estar já criada e que, assim, aumenta o seu capital.

O significado é dado pelo art. 229 da Lei nº 6.404, que regulamenta as sociedades anônimas: "A cisão é a operação pela qual a companhia transfere parcelas do seu patrimônio para uma ou mais sociedades, constituídas para esse fim ou já existentes, extinguindo-se a sociedade cindida, se houver versão de todo o seu patrimônio, ou dividindo-se o seu capital, se parcial a versão". Como o Código Civil revela-se omisso

822 • Direito de Empresa | *Arnaldo Rizzardo*

a respeito, parece normal que se aproveitem o conceito e as regras destinadas à sociedade anônima, inclusive quanto à justificação e ao protocolo, atos esses necessários em todas as formas de passagem de uma sociedade em outra, com a transferência ou assunção do capital.

6.2. As diretrizes para operar a cisão e as diversas fases

Nessa concepção, extraem-se as seguintes diretrizes, que também são comuns na incorporação e na fusão, colhidas dos parágrafos do mesmo art. 229, com alterações da Lei nº 9.457/1997:

a) a sucessão nos direitos e obrigações da sociedade cindida pela sociedade cindenda, mas proporcionalmente ao montante vertido; sendo total a cisão, extinguindo-se a sociedade cindida, a responsabilidade das sociedades cindendas pelas obrigações da sociedade extinta é total;

b) a deliberação pela assembleia geral na aceitação ou rejeição da cisão, à vista da justificação apresentada pelos que promovem a cisão;

c) submissão da cisão à justificativa apresentada;

d) a nomeação de peritos para efetuar o levantamento das sociedades;

e) as providências de averbações da sociedade cindida no registro da Junta Comercial.

Os passos, para se operar essa mudança, são os mesmos, ou pelo menos equivalentes, aos delineados para a incorporação ou fusão, e assim descritos por José Waldecy Lucena: "O procedimento submete-se às mesmas fases já analisadas para a incorporação e a fusão: a fase preparatória; a fase de deliberação e execução; e a fase de publicidade".[19]

A fase preparatória equivale às tratativas da cisão. A fase de deliberação e execução compreende os atos de exame, com a apresentação de justificação e protocolo, e a aprovação pelas assembleias das sociedades. A fase de publicidade abrange os atos de arquivamento na Junta Comercial e publicidade através da imprensa.

Na fase preparatória, em vista de omissão quanto ao protocolo, se tem defendido que é dispensado, devendo as informações que lhe são próprias ser embutidas na justificação. Todavia, o melhor caminho é apresentá-lo, nele se colocando as condições que ditarão a transferência de todo ou parte do capital da sociedade cindida para as cindendas.

Cabe ressaltar a necessidade da justificação e do protocolo, medidas exigíveis na incorporação e fusão.

6.3. Aprovação pelas assembleias ou reuniões das sociedades

Em termos práticos, a cisão deve receber a autorização da reunião ou assembleia, pela correspondência a três quartos dos sócios nas sociedades de responsabilidade limitada, dada a equivalência do instituto à incorporação e à fusão (arts. 1.071, inc. VI, c/c. o art. 1.076, inc. I, do Código Civil), ou pelo *quantum* constante no contrato. Já para as demais

---

[19] *Das Sociedades por Quotas de Responsabilidade Limitada*, ob. cit., p. 524.

sociedades (a simples, a em nome coletivo, e em comandita), precisa-se da unanimidade dos sócios, em razão da conjugação dos arts. 999, 997, 1.040 e 1.046.

A situação é a mesma para as demais formas de transformação, tendo a matéria merecido análise mais desenvolvida no item pertinente à incorporação.

A sociedade cindenda ou as sociedades cindendas também submeterão a cisão às suas assembleias. Havendo a autorização, encetam-se as medidas próprias para tanto. A sociedade cindida e as cindendas nomearão uma comissão para providenciar na mudança, ou na preparação e ultimação dos trâmites, com a formalização da justificação e do protocolo. Leva-se a termo o minucioso levantamento do estado econômico da sociedade cindida, que acompanha a justificação, procedendo-se à avaliação do patrimônio e o projeto de cisão.

Importante que equivalha a avaliação ao balanço patrimonial, o que pressupõe a sua verificação e prévia elaboração.

Submetem-se os resultados à assembleia da sociedade cindida e à assembleia da sociedade cindenda, com notas explicativas, as quais decidirão sobre o caminho a ser dado. Posteriormente, se não for possível na mesma assembleia, apresentam-se as alterações dos contratos sociais.

De modo geral, há um procedimento único, que parte da autorização dada pelas assembleias ou reuniões, e celebrando-se uma única assembleia, onde tudo se aprova e ratifica, nestes termos descritos por José Waldecy Lucena: "Aprovação da justificação da cisão; b) ratificação dos peritos nomeados pelos administradores; c) aprovação do laudo de avaliação; d) aprovação da cisão; e) aprovação da constituição das novas sociedades, promulgando seus estatutos se anônimas, ou assinando os contratos sociais se não anônimas, ou ambos se as novas sociedades forem de tipos diferentes; f) eleição dos administradores e membros do conselho fiscal (estes se for o caso), nas anônimas, e/ou dos gerentes (salvo se já constarem do contrato social), nas sociedades não anônimas".[20]

6.4. Arquivamento e publicidade dos atos de cisão

Aos administradores cabe levar a cabo as providências para materializar a cisão, promovendo o arquivamento dos atos próprios, isto é, da sociedade com a alteração em face do aporte ou aumento de capital.

Mesmo na cisão parcial, já que resulta na redução do capital social, não se dispensa os atos de arquivamento e registro. No caso, sobrevivendo a sociedade cindida, tanto esta como a sociedade beneficiária da versão de capital deverão promover o arquivamento das alterações. À sociedade cindida cabe mais as medidas de arquivamento da modificação de seu estatuto social, enquanto à beneficiária está afeto o arquivamento das modificações determinantes do aumento de seu capital.

Entende-se necessária a publicação na imprensa, em *Diário Oficial* e em jornal de grande circulação, conforme se depreende do art. 1.122 do Código Civil, que faz partir da publicação dos atos relativos à incorporação, fusão ou cisão o prazo de noventa dias reservado para promover judicialmente a sua anulação.

---

[20] *Das Sociedades por Quotas de Responsabilidade Limitada*, ob. cit., p. 525.

6.5. Modelo de instrumento de justificação e protocolo

6.6. Modelos de deliberação da assembleia para a cisão de sociedade

6.7. Modelo de alteração contratual por aumento de capital vertido por cisão

Aos administradores incumbe levar a cabo as providências para materializar a cisão, promovendo o arquivamento dos atos próprios, isto é, da sociedade com a alteração em face do aporte ou aumento de capital.

Mesmo na cisão parcial, já que resulta na redução do capital social, não se dispensa os atos de arquivamento e registro. No caso, sobrevivendo a sociedade cindida, tanto esta como a sociedade beneficiária da versão de capital deverão promover o arquivamento das alterações. À sociedade cindida cabe mais as medidas de arquivamento da modificação de seu estatuto social, enquanto à beneficiária está afeto o arquivamento das modificações determinantes do aumento de seu capital.

Entende-se necessária a publicação na imprensa, em *Diário Oficial* e em jornal de grande circulação, conforme se depreende do art. 1.122 do Código Civil, que faz partir da publicação dos atos relativos à incorporação, fusão ou cisão o prazo de noventa dias reservado para promover judicialmente a sua anulação.

7. ARQUIVAMENTO NA JUNTA COMERCIAL DOS ATOS DE TRANSFORMAÇÃO, INCORPORAÇÃO, CISÃO E FUSÃO

A Instrução Normativa DREI nº 35, de 03.03.2017, do Departamento de Registro Empresarial e Integração, apresenta o manual do registro das empresas nas Juntas Comer-

Cap. LVI | Expansão, transformação, incorporação, fusão e cisão das sociedades • 825

ciais, abrangendo os atos de transformação, incorporação, fusão e cisão das sociedades, dirigidas as normas para o Registro de Empresário Individual, da Sociedade Limitada, da Empresa Individual de Responsabilidade Limitada – EIRELI, da Cooperativa e da Sociedade Anônima.

Devido à extensão dos regramentos de cada espécie de ato, reproduzem-se os procedimentos dos atos que abaixo seguem, relativamente ao arquivamento na Junta Comercial, e que fazem parte do presente capítulo.

"(...)

Da Transformação Envolvendo Sociedade Empresária

Art. 2º Os sócios ou acionistas da sociedade a ser transformada deverão deliberar sobre:

I – a transformação da sociedade, podendo fazê-la por instrumento público ou particular;

II – a aprovação do estatuto ou contrato social;

III – a eleição dos administradores, dos membros do conselho fiscal, se permanente, e fixação das respectivas remunerações quando se tratar de sociedade anônima.

Art. 3º A transformação de um tipo jurídico societário para qualquer outro deverá ser aprovada pela totalidade dos sócios ou acionistas, salvo se prevista em disposição contratual ou estatutária que preveja, expressamente, que a operação possa ser aprovada mediante quórum inferior a este.

Art. 4º A deliberação de transformação da sociedade anônima em outro tipo de sociedade deverá ser formalizada por assembleia geral extraordinária, na qual será aprovado o contrato social, que poderá ser transcrito na própria ata da assembleia ou em instrumento separado.

Art. 5º A transformação de sociedades contratuais em qualquer outro tipo de sociedade deverá ser formalizada por meio de alteração contratual, na qual será aprovado o estatuto ou contrato social, que poderá ser transcrito na própria alteração ou em instrumento separado.

Art. 6º Para o arquivamento do ato de transformação, além dos documentos formalmente exigidos, conforme quadro em anexo, são necessários:

I – o instrumento que aprovou a transformação;

II – o estatuto ou contrato social;

III – a relação completa dos acionistas ou sócios, com a indicação da quantidade de ações ou cotas resultantes da transformação.

Parágrafo único. Caso o estatuto ou o contrato social esteja transcrito no instrumento de transformação, este poderá servir para registro da nova sociedade resultante da operação".

"(...)

Da Incorporação

(...)

Art. 14. A incorporação de sociedade, de qualquer tipo jurídico, deverá obedecer aos seguintes procedimentos:

I – a deliberação da sociedade incorporadora deverá:

a) No caso de sociedade anônima, aprovar o protocolo de intenções, a justificação e o laudo de avaliação do Patrimônio Líquido da sociedade incorporada, elaborado por peritos ou empresa especializada, e autorizar, quando for o caso, o aumento do capital com o valor do patrimônio líquido incorporado;

b) No caso das demais sociedades, compreender a nomeação dos peritos para a avaliação do Patrimônio Líquido da sociedade, que tenha de ser incorporada.

II – a deliberação da sociedade incorporada deverá:

a) No caso de sociedade anônima, se aprovar o protocolo da operação, autorizar seus administradores a praticarem os atos necessários à incorporação, inclusive a subscrição do aumento de capital da incorporadora;

826 • Direito de Empresa | *Arnaldo Rizzardo*

b) No caso das demais sociedades, se aprovar as bases da operação e o projeto de reforma do ato constitutivo, autorizar os administradores a praticar o necessário à incorporação, inclusive a subscrição em bens pelo valor da diferença que se verificar entre o ativo e o passivo.

III – aprovados em assembleia geral extraordinária ou por alteração contratual da sociedade incorporadora os atos de incorporação, extingue-se a incorporada, devendo os administradores da incorporadora providenciar o arquivamento dos atos e sua publicação, quando couber.

Art. 15. Para o arquivamento dos atos de incorporação, além dos documentos formalmente exigidos, conforme quadro em anexo, são necessários:

I – certidão ou cópia autêntica da ata da assembleia geral extraordinária ou a alteração contratual da sociedade incorporadora com a aprovação do protocolo de intenções, da justificação, a nomeação de peritos ou de empresa especializada, do laudo de avaliação, a versão do Patrimônio Líquido, o aumento do capital social, se for o caso, extinguindo-se a incorporada;

II – certidão ou cópia autêntica da ata da assembleia geral extraordinária ou a alteração contratual da incorporada com a aprovação do protocolo de intenções, da justificação, e autorização aos administradores para praticarem os atos necessários à incorporação.

Art. 16. O protocolo de intenções, a justificação e o laudo de avaliação, quando não transcritos na ata ou na alteração contratual, serão apresentados como anexo.

Art. 17. As sociedades envolvidas na operação de incorporação que tenham sede em outra unidade da federação, deverão arquivar a requerimento dos administradores da incorporadora na Junta Comercial da respectiva jurisdição os seus atos específicos:

I – na sede da incorporadora: o instrumento que deliberou a incorporação;

II – na sede da incorporada: o instrumento que deliberou a sua incorporação, instruído com certidão de arquivamento do ato da incorporadora, na Junta Comercial de sua sede".

"(...)

Da Fusão

(...)

Art. 19. A fusão de sociedades de qualquer tipo jurídico deverá obedecer aos seguintes procedimentos:

I – a deliberação das sociedades a serem fusionadas deverá:

a) No caso de sociedade anônima, se aprovar o protocolo de fusão, nomear os peritos que avaliarão os patrimônios líquidos das demais sociedades;

b) No caso das demais sociedades, deliberada a fusão e aprovado o projeto do ato constitutivo da nova sociedade, bem como o plano de distribuição do capital social, nomear os peritos para a avaliação do patrimônio da sociedade.

II – apresentados os laudos, os administradores convocarão os sócios ou acionistas das sociedades para reunião ou assembleia, conforme o caso, para deles tomar conhecimento e decidir sobre a constituição definitiva da nova sociedade, vedado aos sócios ou acionistas votar o laudo de avaliação do Patrimônio Líquido da sociedade de que fazem parte.

III – constituída a nova sociedade, e extintas as sociedades fusionadas, os primeiros administradores promoverão o arquivamento dos atos da fusão e sua publicação, quando couber;

IV – A fusão será decidida, na forma estabelecida para os respectivos tipos, pelas sociedades que pretendam unir-se.

Art. 20. Para o arquivamento dos atos de fusão, além dos documentos formalmente exigidos, conforme quadro em anexo, são necessários:

I – certidão ou cópia autêntica da ata da assembleia geral extraordinária ou a alteração contratual de cada sociedade envolvida, com a aprovação do protocolo de intenções, da justificação e da nomeação dos peritos ou de empresa especializada;

II – certidão ou cópia autêntica da ata da assembleia geral de constituição ou o contrato social.

Art. 21. O protocolo de intenções, a justificação e o laudo de avaliação, quando não transcritos no instrumento de fusão, serão apresentados como anexo.

Art. 22. As sociedades envolvidas na operação de fusão que tenham sede em outra unidade da federação, deverão arquivar a requerimento dos administradores da nova sociedade na Junta Comercial da respectiva jurisdição os seguintes atos:

I – na sede das fusionadas:

a) O instrumento que aprovou a operação, a justificação, o protocolo de intenções e o laudo de avaliação;

b) Após legalização da nova sociedade, deverá ser arquivada certidão ou instrumento de sua constituição;

II – na sede da nova sociedade: a ata de constituição e o estatuto social, se nela não transcrito, ou contrato social.

Art. 23. As Juntas Comerciais informarão ao DREI sobre os registros de fusão efetuados, a fim de que o mesmo possa comunicar, no prazo de cinco dias úteis, o fato ao CADE para, se for o caso, serem examinados, conforme disposição do art. 88 do § 8º da Lei nº 12.529, de 30 de novembro de 2011".

"(...)

Da Cisão

(...)

Art. 25. A cisão de sociedade empresária, de qualquer tipo jurídico, deverá obedecer aos seguintes procedimentos:

I – cisão parcial para sociedade existente:

a) A sociedade, por sua assembleia geral extraordinária ou por alteração contratual, que absorver parcela do patrimônio de outra, deverá aprovar o protocolo de intenções e a justificação, nomear peritos ou empresa especializada e autorizar o aumento do capital, se for o caso;

b) A sociedade que estiver sendo cindida, por sua assembleia geral extraordinária ou por alteração contratual, deverá aprovar o protocolo de intenções, a justificação, bem como autorizar seus administradores a praticarem os demais atos da cisão;

c) Aprovado o laudo de avaliação pela sociedade receptora, efetivar-se-á a cisão, cabendo aos administradores das sociedades envolvidas o arquivamento dos respectivos atos e a sua publicação, quando couber.

II – cisão parcial para constituição de nova sociedade:

a) A ata de assembleia geral extraordinária ou a alteração contratual da sociedade cindida, que servirá como ato de constituição da nova sociedade, aprovará o protocolo de intenções, a justificação e o laudo de avaliação elaborado por peritos ou empresa especializada, relativamente à parcela do Patrimônio Líquido a ser vertida para a sociedade em constituição;

b) Os administradores da sociedade cindida e os da resultante da cisão providenciarão o arquivamento dos respectivos atos e sua publicação, quando couber.

III – cisão total para sociedades existentes:

a) As sociedades que, por assembleia geral ou por alteração contratual, absorverem o total do Patrimônio Líquido da sociedade cindida, deverão aprovar o protocolo de intenções, a justificação e o laudo de avaliação, elaborado por peritos ou empresa especializada e autorizar o aumento do capital, quando for o caso;

b) A sociedade cindida, por assembleia geral ou por alteração contratual, deverá aprovar o protocolo de intenções, a justificação, bem como autorizar seus administradores a praticarem os demais atos da cisão;

c) Aprovado o laudo de avaliação pelas sociedades receptoras, efetivar-se-á a cisão, cabendo aos seus administradores o arquivamento dos atos de cisão e a sua publicação, quando couber.

IV – cisão total – constituição de sociedades novas:

a) A sociedade cindida, por assembleia geral ou alteração contratual, cuja ata ou instrumento de alteração contratual servirá de ato de constituição, aprovarão protocolo de intenções, a justificação e o laudo de avaliação elaborado por peritos ou empresa especializada, relativamente ao Patrimônio Líquido que irá ser vertido para as novas sociedades;

b) Os administradores das sociedades resultantes da cisão providenciarão o arquivamento dos atos da cisão e a sua publicação, quando couber.

Art. 26. Para o arquivamento dos atos de cisão, além dos documentos formalmente exigidos, conforme quadro em anexo, são necessários:

I – cisão para sociedade(s) existente(s):

a) Cisão Total

1. Certidão ou cópia autêntica da ata da assembleia geral extraordinária ou a alteração contratual da sociedade cindida que aprovou a operação, como protocolo de intenções e a justificação;

2. Certidão ou cópia autêntica da ata de assembleia geral extraordinária ou a alteração contratual de cada sociedade que absorver o patrimônio da cindida, como protocolo de intenções, a justificação e o laudo de avaliação e o aumento de capital.

b) Cisão Parcial

1. Certidão ou cópia autêntica da ata da assembleia geral extraordinária ou a alteração contratual da sociedade cindida que aprovou a operação, como protocolo de intenções e a justificação;

2. Certidão ou cópia autêntica da ata de assembleia geral extraordinária ou a alteração contratual de cada sociedade que absorver parcela do patrimônio da cindida, como protocolo de intenções, a justificação e o laudo de avaliação e o aumento de capital.

II – cisão para constituição de nova(s) sociedade(s):

a) Cisão Total

1. Certidão ou cópia autêntica data de assembleia geral extraordinária ou a alteração contratual da sociedade cindida que aprovou a operação, o protocolo de intenções, a justificação, a nomeação dos peritos ou empresa especializada, a aprovação do laudo e a constituição da(s) nova(s) sociedade(s);

2. Os atos constitutivos da(s) nova(s) sociedade(s).

b) Cisão Parcial

1. Certidão ou cópia autêntica da ata da assembleia geral extraordinária ou a alteração contratual da sociedade cindida que aprovou a operação como protocolo de intenções, a justificação e o laudo de avaliação;

2. Os atos constitutivos da nova sociedade.

Art. 27. As sociedades envolvidas na operação de cisão que tenham sede em outras unidades da federação, deverão arquivar nas respectivas Juntas Comerciais os seguintes atos:

I – cisão parcial para sociedade existente:

a) A sociedade cindida deverá arquivar, na Junta Comercial da respectiva jurisdição, o ato que aprovou o protocolo da operação e a justificação;

b) A sociedade existente, que absorver parte do patrimônio vertido, arquiva, na Junta Comercial da respectiva jurisdição, o ato que aprovou a operação, o protocolo de intenções, a justificação, a nomeação dos peritos ou empresa especializada e o laudo de avaliação.

II – cisão parcial para nova sociedade:

a) A sociedade cindida deverá arquivar, na Junta Comercial da respectiva jurisdição, o ato que aprovou o protocolo de intenções, a justificação e a nomeação dos peritos ou da empresa especializada e o laudo de avaliação;

Cap. LVI | Expansão, transformação, incorporação, fusão e cisão das sociedades • **829**

b) A sociedade nova deverá arquivar, na Junta Comercial de sua jurisdição, o ato de constituição, com o estatuto ou contrato social, acompanhado do protocolo de intenções e da justificação.

III – cisão total para novas sociedades:

a) A sociedade cindida deverá arquivar, na Junta Comercial da respectiva jurisdição, o ato que aprovou o protocolo de intenções, a justificação, a nomeação dos peritos ou de empresa especializada e o laudo de avaliação;

b) As sociedades novas deverão arquivar, na Junta Comercial da respectiva jurisdição, os atos de constituição, com o estatuto ou contrato social, acompanhado do protocolo de intenções e da justificação.

IV – cisão total para sociedades existentes:

a) A sociedade cindida deverá arquivar, na Junta Comercial da respectiva jurisdição, o ato que aprovou o protocolo de intenções e a justificação;

b) As sociedades existentes deverão arquivar, na Junta Comercial da respectiva jurisdição, os atos que aprovaram a operação, o protocolo de intenções, a justificação e o laudo de avaliação."

8. ANULAÇÃO DOS ATOS DE INCORPORAÇÃO, FUSÃO OU CISÃO

Se da incorporação, fusão ou cisão resultarem prejuízos a terceiros, como credores, empregados, e mesmo sócios não devidamente convocados para as assembleias de autorização para tais atos, reserva-se o prazo de noventa dias para exercer o direito de anulação. Veja-se a garantia do direito no art. 1.122: "Até 90 (noventa) dias depois de publicados os atos relativos à incorporação, fusão ou cisão, o credor anterior, por ela prejudicado, poderá promover judicialmente a anulação deles". Está facultada a anulação do negócio desde que decorreram prejuízos ou danos patrimoniais ao dano ou terceiro com algum direito pendente de satisfação.

Colhe-se da regra que unicamente aos estranhos ou terceiros destina-se o dispositivo, e restritivamente aos prejuízos resultantes de qualquer uma das formas de alteração ou mudança da sociedade. Assim, por exemplo, se omitida a relação dos créditos de terceiros, ou se imposta a dilatação do prazo de pagamento, ou se não preservadas as garantias, ou se alienado parte do patrimônio, ou se reduzido o capital. Com toda a evidência, não se incluem no reduzido prazo decadencial as decisões que negam o crédito, ou desconstituem a garantia dada, ou afastam a responsabilidade no pagamento. Não é válida a cláusula que ofende ou viola o direto de terceiros, ou que simplesmente os afasta. Inclusive a estimativa em cifra irreal importa em reconhecer aos credores o direito de promover a anulação judicial.

Para ensejar a ação, deve resultar um dano ao direito de crédito, decorrente do ato ilícito da sociedade devedora, que, na sucessão, ficou sem meios de saldar suas obrigações.

O prazo para eventuais reclamações e o ingresso da ação anulatória, restritamente aos pontos acima, inicia a partir da publicação da inscrição da nova sociedade, ou da averbação das alterações. Nota-se que, para efeitos de incidência da decadência, é mister a publicação do ato de inscrição ou averbação.

Naturalmente, se os sócios participaram diretamente dos atos das operações, ou foram convocados, não se lhes assegura o direito à pretensão anulatória. Não que tenha precluído para eles algum direito. Unicamente não se insere a proteção no art. 1.122. Faculta-se-lhes o ajuizamento da ação correspondente, de conformidade com os prazos comuns de decadência ou prescrição. Se verificados vícios de vontade ou fraudes, não se

830 • Direito de Empresa | *Arnaldo Rizzardo*

aplica o reduzido prazo de noventa dias, segundo anota Ezequiel de Melo Campos Neto: "Acrescente-se que dito prazo não poderá ser considerado decadencial naquelas hipóteses em que houver a prática de fraude por meio do esvaziamento do patrimônio de uma das sociedades em benefício da outra.

Resta claro que os credores das sociedades que tiverem seu patrimônio muito reduzido, verificando-se a estipulação da não solidariedade entre as resultantes, poderão, a qualquer tempo, comprovada a fraude, atingir o ativo das sociedades beneficiárias dela, objetivando o recebimento dos créditos".[21] O prazo decadencial fica, nas situações de fraude e de outros vícios de vontade, em quatro anos, por imposição do art. 178 do Código Civil.

Todavia, mesmo que não incontroverso o direito do credor, a consignação ou depósito do montante devido, ou do bem, ou a prestação do serviço, elide a anulação, conforme enseja o § 1º do art. 1.122: "A consignação em pagamento prejudicará a anulação pleiteada". Entende-se que tanto o atendimento do crédito no curso da ação, como a consignação de seu valor ou equivalente antes da demanda, importam em convalidar os atos realizados.

Se não definida ou ilíquida a dívida, mas existente, a oferta de garantias faz suspender o processo de anulação, o que assegura o § 2º do referido artigo: "Sendo ilíquida a dívida, a sociedade poderá garantir-lhe a execução, suspendendo-se o processo de anulação". No curso do processo, faz-se necessária a avaliação das garantias, com a finalidade de bem aquilatar o montante a que correspondem, e se, desta maneira, servem para a finalidade objetivada.

Se, no prazo de noventa dias, verificar-se falência da sociedade incorporadora, ou da sociedade nova, ou da cindida, aos credores prejudicados porque não respeitados seus direitos nos atos de incorporação, de fusão ou cisão, fica assegurado o direito de buscarem a separação de bens suficientes para a satisfação de seus créditos, destacando-os da massa, em respeito à regra do § 3º: "Ocorrendo, no prazo deste artigo, a falência da sociedade incorporadora, da sociedade nova ou da cindida, qualquer credor anterior terá direito a pedir a separação dos patrimônios, para o fim de serem os créditos pagos pelos bens das respectivas massas".

Justifica-se a regra da necessidade de preservar os interesses de terceiros, e evitar que as manobras de incorporação, fusão ou cisão sirvam de meio para lesar os credores, ou para eximir-se das obrigações já consolidadas anteriormente.

9. DIREITO DE RETIRADA NA INCORPORAÇÃO, FUSÃO OU CISÃO

Não constam no Código Civil regras específicas que autorizem o direito de retirada em face das transformações acima, isto é, da incorporação, fusão ou cisão, situação que difere das mesmas ocorrências nas sociedades por ações.

Consoante já abordado, nas sociedades simples, nas em nome coletivo e nas em comandita simples, torna-se imprescindível o consenso unânime dos sócios, enquanto nas sociedades de responsabilidade limitada faz-se necessário o equivalente a três quartos do capital social.

Aos sócios discordantes, o que é possível unicamente nas sociedades de responsabilidade limitada, já que nas demais sociedades a votação deve ser unânime, resta a opção permitida no art. 1.029, que, embora incluído na parte que trata da sociedade simples, se aplica em virtude do art. 1.053, ao suprir as omissões da lei na disciplina da sociedade de responsabilidade limitada pelas regras da sociedade simples: "A sociedade limitada

---

[21] *A Cisão das Sociedades Limitadas*, trabalho citado, p. 333.

rege-se, nas omissões deste Capítulo, pelas normas da sociedade simples". Assim, aos sócios discordantes assiste a retirada, na forma delineada no art. 1.029: "Além dos casos previstos na lei ou no contrato, qualquer sócio pode retirar-se da sociedade; se de prazo indeterminado, mediante notificação aos demais sócios, com antecedência mínima de sessenta dias; se de prazo determinado, provando judicialmente justa causa".

Na verdade, esse direito de retirada cabe em qualquer sociedade, inclusive na de ações, que tem regramento próprio.

O prazo de sessenta dias é para a liquidação da participação social do sócio e as providências nas mudanças estatutárias.

Se a sociedade for de responsabilidade limitada por tempo determinado, a retirada está assegurada pelo art. 1.077, que concede o prazo de trinta dias para formalizar esse direito: "Quando houver modificação do contrato, fusão da sociedade, incorporação de outra, ou dela por outra, terá o sócio que dissentiu o direito de retirar-se da sociedade, nos 30 (trinta) dias subsequentes à reunião, aplicando-se, no silêncio do contrato antes vigente, o disposto no art. 1.031".

No direito de retirada, o pagamento dos haveres ou da participação obedece ao prazo contemplado no contrato. Nada constando previsto, calculados os haveres em balanço patrimonial, efetua-se o pagamento em uma única parcela, parâmetro esse estabelecido pelo STJ.[22]

10. O REGIME DO PATRIMÔNIO E INCIDÊNCIA DE TRIBUTOS NA INCORPORAÇÃO, FUSÃO OU CISÃO

Primeiramente, cabe esclarecer que as formas incorporação, fusão e cisão constituem modalidades de transformação. Por isso, falando a lei em transformação, abrange tais modalidades, mesmo que não referida qualquer delas. A teor do art. 132 do Código Tributário Nacional, a pessoa jurídica que resultar da incorporação, ou fusão, ou cisão responde pelos tributos devidos até a data do ato da mudança: "A pessoa jurídica de direito privado que resultar de fusão, transformação ou incorporação de outra ou em outra é responsável pelos tributos devidos até à data do ato pelas pessoas jurídicas de direito privado fusionadas, transformadas ou incorporadas".

De relevância a matéria relativamente ao imposto de transmissão.

Pela incorporação, fusão ou cisão, aparentemente há a transferência do patrimônio de uma sociedade para outra. Na incorporação ou fusão, uma sociedade deixa de existir, enquanto na cisão uma parcela ou a totalidade do patrimônio é transmitido para outra ou outras sociedades.

Todavia, não cabe falar em transferência de patrimônio, posto que ocorre somente uma mudança de regime dos bens sociais. Seja absorvendo a sociedade uma outra, ou seja promovendo a sua fusão em uma nova sociedade, ou partilhando o seu capital em sociedades distintas, nota-se mais uma transformação, ou uma mudança, uma metamorfose de sociedades. Os titulares da sociedade é que mudam ou alteram, sem que se proceda a transmissão dos bens. Não existe a circulação de bens incorporados do ativo, alterando-se somente o nome do titular. De idêntico modo no pertinente aos imóveis, mudando o nome do titular. Bem resume Gladston Mamede a razão: "Não haverá transmissão do bem,

---

[22] REsp. nº 77.122-PR, 4ª Turma, *DJU* de 1º.08.1996.

832 • Direito de Empresa | *Arnaldo Rizzardo*

mas, reitero, mera alteração do titular, já que ao corpo de uma sociedade acrescentou-se o corpo de outra. Justamente por isso o art. 234 da Lei nº 6.404/1976 – ainda que reiterando no uso do termo *sucessão* – prevê que a certidão de incorporação, passada pelo Registro Civil das Pessoas Jurídicas, quando se dê entre sociedades simples, ou pelo Registro Mercantil, é documento hábil para a averbação nos registros públicos competentes das alterações nominativas decorrentes da operação, em bens, direitos e obrigações". Não haverá registro de transferência, pois transferência não houve.[23]

A ideia é que um corpo social assume outro corpo social, ambos passando a constituir uma totalidade, ou um corpo maior, que funciona sob a estrutura jurídica da sociedade incorporadora.

Diante desta realidade, não incide o Imposto de Transmissão de Bens Imóveis – ITBI, como está consagrado no art. 156, § 2º, inc. I, da Constituição Federal: "Não incide sobre a transmissão de bens ou direitos incorporados ao patrimônio de pessoa jurídica em realização de capital, nem sobre a transmissão de bens ou direitos decorrentes de fusão, incorporação, cisão ou extinção de pessoa jurídica, salvo se, nesses casos, a atividade preponderante do adquirente for a compra e venda desses bens ou direitos, locação de bens imóveis ou arrendamento mercantil".

De modo que fica afastada a tributação, a menos que a atividade principal ou preponderante gire em torno de compra e venda de bens, locação de imóveis ou arrendamento mercantil.

A matéria vem tratada com mais minúcia pelo art. 36, inc. II, do Código Tributário Nacional (Lei nº 5.172, de 25.10.1966): "Ressalvado o disposto no artigo seguinte, o imposto não incide sobre a transmissão dos bens ou direitos referidos no artigo anterior... II – quando decorrente da incorporação ou da fusão de uma pessoa jurídica por outra ou com outra".

Embora a omissão no tocante à cisão, em face da inclusão desta figura pela norma constitucional acima destacada, tem perfeita aplicação a isenção a esta espécie de modificação societária.

Todavia, o art. 37 do mesmo Código afasta o direito se a venda ou locação de imóveis ou a cessão de direitos é atividade preponderante da sociedade que recebe os bens: "O disposto no artigo anterior não se aplica quando a pessoa jurídica adquirente tenha como atividade preponderante a venda ou locação de propriedade imobiliária ou a acessão de direitos relativos à sua aquisição".

O § 1º do mesmo artigo dá a configuração da preponderância: "Considera-se caracterizada a atividade preponderante referida neste artigo quando mais de 50% (cinquenta por cento) da receita operacional da pessoa jurídica adquirente, nos 2 (dois) anos anteriores e nos 2 (dois) anos subsequentes à aquisição, decorrer de transações mencionadas neste artigo".

O § 2º dá o período do cálculo de verificação da preponderância quando a atividade iniciar após aquisição, ou menos de dois anos antes dela: "apurar-se-á a preponderância referida no parágrafo anterior levando em conta os 3 (três) primeiros anos seguintes à data da aquisição".

Constatada a preponderância, torna-se devido o imposto, como reza o § 3º: "Verificada a preponderância referida neste artigo, tornar-se-á devido o imposto, nos termos da lei vigente à data da aquisição, sobre o valor do bem ou direito nessa data".

Sobre a não incidência do imposto na cisão, há o seguinte exemplo de decisão do Tribunal de Justiça de São Paulo: "Atividade preponderantemente comercial imobiliária

---

[23] *Direito Societário: Sociedades Simples e Empresárias*, ob. cit., vol. 2, p. 219.

Cap. LVI | Expansão, transformação, incorporação, fusão e cisão das sociedades • **833**

que deve ser escondida. Sujeição da incidência à verificação da receita operacional dos três primeiros anos seguintes à data da aquisição do imóvel. Inexigibilidade do tributo sob o fundamento que em um desses exercícios apenas houve volume operacional superior ao estipulado em lei". Ou seja, não incide o imposto se a empresa apresenta volume de receitas provenientes de atividades outras que não imobiliárias inferior ao percentual de cinquenta por cento no período global da apuração. Não importa que em um dos anos abrangidos pelo cálculo seja apurado percentual superior ao permitido pela lei. Considera-se o período integral para esse fim.[24]

Mesmo para o imposto sobre circulação de mercadorias não se dá o fato gerador, pelas seguintes razões esposadas pelo Superior Tribunal de Justiça: "A incorporação não configura fato gerador do ICMS, que se caracteriza pela saída física e jurídica da mercadoria. Em caso de incorporação, não há saída física, inexistindo venda a consumidor final. Em caso de incorporação, quem responde pelos impostos devidos, depois de sua efetivação, é a sociedade incorporadora que continua a respectiva exploração".[25]

Ainda: "Transformação, incorporação, fusão e cisão constituem várias facetas de um só instituto: a transformação das sociedades. Todos eles são fenômenos de natureza civil, envolvendo apenas as sociedades objeto da metamorfose e os respectivos donos de cotas ou ações. Em todo o encadeamento da transformação não ocorre qualquer operação mercantil.

A sociedade comercial – pessoa jurídica corporativa pode ser considerada um condomínio de patrimônios ao qual a ordem jurídica confere direitos e obrigações diferentes daqueles relativos aos condôminos.

Os quotistas de sociedade comercial não são, necessariamente, comerciantes. Por igual, o relacionamento entre a sociedade e seus quotistas é de natureza civil.

A transformação em qualquer de suas facetas das sociedades não é fato gerador do ICMS".[26]

A transmissão, por qualquer das formas acima de transformação da sociedade, de bens enfitêuticos não acarreta a exigência do laudêmio em favor do Poder Público, pela razão que consta do seguinte aresto: "Não é devido o pagamento de laudêmio na cisão da sociedade".

O laudêmio é uma espécie de compensação que o senhorio ou titular do domínio direto percebe, por força de lei e de contrato, do proprietário do domínio útil, consubstanciada em certo percentual sobre o preço por quanto foi vendido este domínio útil, por não ter o senhorio direto exercitado a faculdade que a lei lhe confere de reaver o domínio pleno do bem aforado, quando o domínio útil for transferido por venda ou dação em pagamento.

A cisão é uma forma sem onerosidade de sucessão entre pessoas jurídicas, em que o patrimônio da sucedida ou cindida é vertido, total ou parcialmente, para uma ou mais sucessoras, sem contraprestação destas para aquela. Precedentes".[27]

As mesmas considerações acima incidem na incorporação, fusão e cisão das sociedades anônimas.

---

[24] Ap. Cív. nº 109.508-2, do TJ de São Paulo, j. em 11.09.1986, *in Revista de Jurisprudência do TJ de São Paulo*, 105/150.

[25] Recurso em Mandado de Segurança nº 8.874-DF, da 1ª Turma, j. em 23.02.1999, *DJU* de 03.05.1999.

[26] REsp. nº 242.721-SC, da 1ª Turma do STJ, j. em 19.06.2001.

[27] REsp. nº 312.291-PE, da 4ª Turma do STJ, j. em 05.10.2004, *DJU* de 17.12.2004.

LVII
Sociedade dependente de autorização do Poder Público

1. ABRANGÊNCIA DA NECESSIDADE DE AUTORIZAÇÃO E LEI DE REGÊNCIA

Existem empresas, diante das atividades a que se dedicam, que precisam de autorização governamental para a instalação e o funcionamento. Vinha a matéria com algum regramento constitucional estabelecido no art. 171 da Constituição Federal, o qual ficou revogado pela Emenda Constitucional nº 6, de 15.08.1995, que altera, também, outros dispositivos. Todavia, quanto à autorização, ficou na Carta Maior apenas o § 1º do art. 176, que tem relação com a pesquisa, a lavra e os potenciais de recursos minerais. Eis o dispositivo: "A pesquisa e a lavra de recursos minerais e o aproveitamento dos potenciais a que se refere o *caput* deste artigo somente poderão ser efetuados mediante autorização ou concessão da União, no interesse nacional, por brasileiros ou empresa constituída sob as leis brasileiras e que tenha sua sede e administração no País, na forma da lei, que estabelecerá as condições específicas quando essas atividades se desenvolverem em faixa de fronteira ou áreas indígenas".

A disciplina, relativamente às sociedades por ações, constava do Decreto-Lei nº 2.627, de 26.09.1940 – a anterior lei que as regulava –, pois ficaram mantidos seus artigos 59 a 73, que tratavam do assunto, pelo art. 300 da Lei nº 6.404/1976. Todavia, diante do tratamento da matéria pelo Código Civil de 2002 para todas as sociedades, restou esvaziada a legislação anterior, de sorte a não mais perdurar. Mais apropriadamente, anota Leonardo Medeiros Régnier, quanto às disposições que cuidam da nacionalidade das empresas: "Ocorre que, a partir do novo Código Civil, fica ampliado o alcance das normas sobre nacionalidade, não se restringindo mais suas imposições às sociedades anônimas, mas sim, ao contrário, fazendo por alcançar todos os tipos societários – de agora em diante regulados pelo novo Estatuto civil... Resta, contudo, e por fim, a constatação de que o novo Código Civil não revogou expressamente o Decreto-lei de 1940 – ao contrário do que fez com a Primeira Parte do Código Comercial de 1850. Se revogação houve, foi tácita, e apenas sob o argumento de que a lei nova sobrepõe-se à antiga quando versar a mesma matéria".[1]

Assim, ressalte-se que o atual disciplinamento abrange qualquer tipo de sociedade, inclusive o por ações.

---

[1] *Nacionalidade das Sociedades Comerciais*, ob. cit., p. 231.

836 • Direito de Empresa | *Arnaldo Rizzardo*

2. A EXISTÊNCIA DE LEI PARA IMPOR A NECESSIDADE DE AUTORIZAÇÃO

Deve existir lei para impor a providência da autorização. Se não se encontrar lei exigindo a autorização, qualquer empresa pode instalar-se livremente, desde que se constitua e obedeça aos requisitos impostos pela administração. Nessa visão, deve sediar-se em área apropriada e estar conforme ao Plano Diretor, obter alvará ou permissão de instalação, estar lotada nos órgãos públicos, inscrever-se junto às repartições tributárias, obtendo o CNPJ, além de, em situações reguladas por lei, inscrever-se em departamentos especiais próprios, como os de proteção ao meio ambiente, os ligados ao exército, ao Ministério da Saúde, e cadastrar-se perante a segurança pública.

Todavia, não se impõe aí a autorização, mas sim a regularização, que se torna efetiva por questões urbanísticas. Sobre a liberdade na implantação das atividades produtivas, comerciais e prestativas de serviços, a garantia aparece no parágrafo único do art. 170 da Carta constitucional: "É assegurado a todos o livre exercício de qualquer atividade econômica, independentemente de autorização de órgãos públicos, salvo nos casos previstos em lei".

3. EXTENSÃO DA NECESSIDADE DE AUTORIZAÇÃO ÀS SOCIEDADES ESTRANGEIRAS

Alguns dispositivos do Código Civil destinam-se tanto às sociedades nacionais como às estrangeiras, e assim se encontram os arts. 1.123, 1.124 e 1.125.

O art. 1.123 traça a diretriz da regulamentação das sociedades que dependem de autorização para funcionar: "A sociedade que dependa de autorização do Poder Executivo para funcionar reger-se-á por este título, sem prejuízo do disposto em lei especial". De modo que ao Código Civil e às leis especiais deve-se obediência na constituição das sociedades, sendo que estas últimas se aplicam unicamente nas omissões do Código Civil, e se não contrariarem seus ditames.

A autorização é da competência dos órgãos do Poder Executivo federal, de acordo com o parágrafo único do mesmo artigo acima por último citado: "A competência para a autorização será sempre do Poder Executivo Federal". Entende-se esta disposição com certa relatividade. Se a regulamentação da matéria na qual atua a sociedade é da competência dos Estados ou dos Municípios, a regulamentação se desloca para a respectiva esfera, não cabendo a interferência de órgãos federais. Nesse quadro está a regulamentação que cuida da vigilância sanitária, ou da segurança particular, se a regulamentação é estadual.

O art. 1.124 estipula um prazo para a sociedade iniciar a funcionar, sob pena de caducar a licença ou autorização concedida: "Na falta de prazo estipulado em lei ou ato do poder público, será considerada caduca a autorização se a sociedade não entrar em funcionamento nos 12 (doze) meses seguintes à respectiva publicação". Não é coerente a concessão da licença e não funcionar a sociedade, ou não se estabelecer, e deixando de atender as imposições exigidas.

Uma vez não iniciada a atividade no prazo de doze meses, sujeita-se ao cancelamento da autorização. No caso, para conseguir novamente a autorização, todo o procedimento administrativo deve ser renovado, não se admitindo a mera revalidação.

Mesmo que autorizada a funcionar, se desviar-se das regras impostas, ou se desbordar da regulamentação legal, ou se não cumpre os deveres inerentes, a mesma consequência permite-se. A disposição aparece no art. 1.125: "Ao Poder Executivo é facultado, a qualquer tempo, cassar a autorização concedida a sociedade nacional ou estrangeira que infringir disposição de ordem pública ou praticar atos contrários aos fins declarados no seu estatuto". Assim como ao poder público se reconhece competência para autorizar o funcionamento, por decorrência lógica advém capacidade para suspender ou cassar a autorização. Deve ampliar-se o arbítrio de cassar o funcionamento nos casos de não realizar a sociedade o objeto social ou as finalidades a que se propôs, ou da prática de abusos contra os interesses nacionais. Já vinha alargado esse poder pelo Decreto-Lei nº 2.627, de 1940, em seu art. 62: "O Governo Federal poderá recusar a autorização pedida, se a sociedade anônima ou companhia não satisfizer as condições econômicas, financeiras ou jurídicas especificadas em lei, ou quando sua criação contrariar os interesses da economia nacional".

4. ATIVIDADES RESERVADAS A EMPRESAS BRASILEIRAS

Várias atividades são reservadas unicamente às empresas brasileiras, já que vedado o seu exercício por estrangeiros.

Nessa classe está a vedação na participação de capitais estrangeiros em sociedades que explorarem atividades jornalísticas, de radiodifusão sonora e de sons e imagens, por força do art. 222 da Constituição Federal, pois privativas de brasileiros natos ou naturalizados há mais de dez anos.

Nas restrições incluem-se também as atividades de assistência à saúde, pois vedada a participação direta ou indireta de empresas de capital estrangeiro, de acordo com o art. 199, § 3º, da Carta Federal.

Encontram-se limitações legais nos investimentos estrangeiros destinados à aquisição de imóveis rurais em zonas de fronteira, consideradas como de segurança nacional, em obediência ao art. 9º da Lei nº 5.709, de 1971.

A Lei nº 6.276, de 1975 apresenta limitações aos investimentos de capital estrangeiro na indústria pesqueira, impondo o estabelecimento de empresas de capital estrangeiro à prévia autorização governamental.

5. AUTORIZAÇÃO PARA A SOCIEDADE NACIONAL

O Código Civil reserva a disciplina da autorização de sociedade nacional e de sociedade estrangeira separadamente.

Em primeiro lugar estão as regras próprias para a autorização de sociedades nacionais. Em capítulo seguinte, segue o estudo quanto às sociedades estrangeiras.

Algumas sociedades, além do ato de constituição e do registro, necessitam da autorização do Poder Público, sendo exemplos as instituições financeiras (Lei nº 4.595, de 1964), as empresas de seguro (Decreto-lei nº 73, de 1966), as de aviação (Lei nº 7.565, de 1986), as de planos assistência à saúde (Lei nº 9.656, de 1998).

Francisco Russo e Nelson de Oliveira apontam as seguintes sociedades: "a) bancos e sociedades de créditos, financiamentos e investimentos; b) sociedades de seguros e capitalização; c) empresas de navegação aérea; d) empresas de navegação e cabotagem marítima, fluvial ou lacustre; e) sociedades e firmas que participem do sistema de distribuição no mercado de capitais; f) empresas de transporte ferroviários; g) empresas de arrendamento mercantil (*leasing*); h) empresas localizadas na faixa de fronteira".[2]

---

[2] *Manual Prático de Constituição de Empresas*, ob. cit., p. 29.

838 • Direito de Empresa | *Arnaldo Rizzardo*

Quanto às instituições financeiras, ilustra Modesto Carvalhosa: "Assim, dependem de autorização para funcionar, nos termos dos §§ 1º e 3º do art. 18 da Lei nº 4.595/1964 – § 1º: 'Além dos estabelecimentos bancários oficiais ou privados, das sociedades de crédito, financiamento e investimento, das caixas econômicas e das cooperativas de crédito ou a seção de crédito das cooperativas que a tenham, também se subordinam às disposições e disciplinas desta lei no que for aplicável, as bolsas de valores, companhias de seguros e de capitalização, as sociedades que efetuam distribuição de prêmios em imóveis, mercadorias ou dinheiro, mediante sorteio de títulos de sua emissão ou por qualquer forma, e as pessoas físicas ou jurídicas que exerçam, por conta própria ou de terceiros, atividade relacionada com a compra e venda de ações e outros quaisquer títulos, realizando, nos mercados financeiros e de capitais, operações ou serviços de natureza dos executados pelas instituições financeiras'; e § 3º – 'dependerão de prévia autorização do Banco Central do Brasil as companhias destinadas à coleta de recursos do público, praticadas por pessoas físicas ou jurídicas abrangidas neste artigo, salvo para subscrição pública de ações, nos termos da lei das sociedades por ações'".[3]

Apontam-se outras sociedades que dependem de autorização. Pela Lei nº 6.385/1976, art. 15, as seguintes sociedades sujeitam-se à prévia autorização do Poder Público, através da Comissão de Valores Mobiliários:

"I – as instituições financeiras e demais sociedades que tenham por objeto distribuir emissão de valores mobiliários:

   a) como agentes da companhia emissora;

   b) por conta própria, subscrevendo ou comprando a emissão para colocar no mercado;

II – as sociedades que tenham por objeto a compra de valores mobiliários em circulação no mercado, para os revender por conta própria;

III – as sociedades e os agentes autônomos que exerçam atividades de mediação na negociação de valores mobiliários, em Bolsa de Valores ou no mercado de balcão;

IV – as Bolsas de Valores;

V – entidades de mercado de balcão organizado;

VI – as corretoras de mercadorias, os operadores especiais e as Bolsas de Mercadorias e Futuros; e

VII – as entidades de compensação e liquidação de operações com valores mobiliários".

Gladston Mamede dá a seguinte listagem de exemplos: "As instituições financeiras dependem de autorização do Banco Central para funcionar, transferir controle acionário e promover reorganização societária, por força da Lei nº 4.595/1964; o Decreto nº 58.377/1966 estabeleceu tal exigência para as sociedades de crédito imobiliário; as sociedades seguradoras devem ter seu funcionamento autorizado pela Superintendência de Seguros Privados (SUSEP), autarquia vinculada ao Ministério da Fazenda,[4] por força do art. 74 do Decreto-lei nº 73/1966; o art. 7º, II, da Lei de Diretrizes e Bases da Educação

---

[3]   *Comentários ao Código Civil*, ob. cit., vol. 13, p. 546.

[4]   O Ministério da Fazenda, com a Medida Provisória nº 870/2019, passou a denominar-se Ministério da Economia.

Cap. LVII | Sociedade dependente de autorização do Poder Público • **839**

Nacional (Lei nº 9.394/1996) prevê que o ensino é livre à iniciativa privada, desde que autorizada pelo Poder Público".[5]

Quanto às sociedades seguradoras, o apontado Decreto nº 73, de 1966, nos arts. 74 e 75, ordena que a autorização para o funcionamento seja concedido através de Portaria do Ministro da Indústria e do Comércio, mediante requerimento firmado pelos fundadores da empresa, dirigido ao Conselho Nacional de Seguros Privados – CNSP, e apresentado por meio da Superintendência dos Seguros Privados – SUSEP, que previamente examinará o preenchimento dos documentos e condições necessários. Uma vez concedida a autorização, reserva-se à empresa prazo de noventa dias para comprovar junto à SUSEP o cumprimento de todas as formalidades legais impostas quando da autorização.

A fabricação e o comércio de material bélico depende de licença do Ministério do Exército, por imposição do Decreto nº 5.751, de 12.04.2006.

As empresas de exploração de televisão a cabo submetem-se às normas da Lei nº 12.485, de 12.09.2001, ao Decreto nº 2.206, de 14.04.1997 e às normas complementares baixadas pelo Ministério das Comunicações, em especial quanto à concessão para o funcionamento.

A exploração da telefonia celular sujeita-se ao Decreto nº 2.056, de 04.11.1996, sendo que a concessão para a exploração é outorgada por ato da Presidência da República, após a seleção subordinada a várias leis, como as de nºs 8.666, de 21.06.1993; e 8.987, de 13.02.1995.

Acrescentam-se as sociedades administradoras de consórcio e as de *leasing*, já que atuam no setor de financiamento, havendo equivalência com a atividade bancária; e as cooperativas, regidas pela Lei nº 5.764/1971, cujo funcionamento depende de aprovação do órgão executivo próprio, que é Federal (Organização das Cooperativas Brasileiras – OCB, para as confederações), ou estadual (Organização das Cooperativas Estaduais – OCE, para as cooperativas e cooperativas centrais ou federações de âmbito estadual).

A relação não esgota a nomeação de sociedades dependentes de autorização. Há várias outras atividades, como as empresas de mineração. O Decreto-Lei nº 227, de 28.02.1967, trata dos regimes de concessão para o proveito da lavra e substâncias minerais. Na previsão do art. 12 do citado diploma, o regime de aproveitamento das substâncias minerais efetuam-se pelo regime de concessão, de autorização, licenciamento, de permissão de lavra garimpeira e de monopolização, conforme depender respectivamente de portaria do Ministério de Minas e Energia, de alvará do Diretor-geral do Departamento Nacional de Produção Mineral – DNPM, de licença emanada das administrações locais do mesmo Departamento, também do citado Diretor-Geral, e de autorização direta do governo federal.

No art. 1.126 fornece o Código Civil a caracterização da sociedade nacional, que se estabelece em função da constituição de acordo com a lei brasileira e com o lugar da sede: "É nacional a sociedade organizada de conformidade com a lei brasileira e que tenha no País a sede de sua administração". O dispositivo se afastou do art. 11 da Lei de Introdução às Normas do Direito Brasileiro (Decreto-Lei nº 4.657, de 04.09.1942), que adotou apenas o critério do lugar da constituição, pelo qual as organizações destinadas a fins de interesse coletivo, assim como as sociedades e as fundações, devem obedecer à lei do Estado em que sejam constituídas.

Mesmo a empresa multinacional, se constituída no Brasil, e adotando uma das formas previstas na lei brasileira, é tida como sociedade nacional. Aduz Gladston Mamede: "É

---

[5] *Direito Societário: Sociedades Simples e Empresárias*, ob. cit., vol. 2, pp. 63-64.

indiferente se as quotas são titularizadas por brasileiros natos ou nacionalizados, ou por estrangeiros, ou a origem geográfica do capital, desde que lícita".[6] Já a estrangeira tem a sede no exterior, não podendo, qualquer que seja seu objeto, funcionar no País sem autorização do Poder Executivo, ainda que por estabelecimentos subordinados, o que não impede, ressalvados casos especiais, de participar como acionista de sociedade anônima brasileira (art. 1.134).

Em síntese, importa considerar-se tal empresa uma sociedade nacional, que se proceda ao registro no Brasil e se faça a organização de acordo com a lei brasileira. Nesta visão, faz-se a constituição atendendo os elementos do art. 997, ou, se envolver sociedade anônima, em coerência com a Lei nº 6.404/1976.

O parágrafo único do art. 1.126 destina regra especial para as sociedades anônimas formadas, no todo ou em parte, por pessoas brasileiras, impondo que as ações revistam a forma nominativa, e que se arquive, na sede da sociedade, documento comprobatório da nacionalidade dos sócios: "Quando a lei exigir que todos ou alguns sócios sejam brasileiros, as ações da sociedade anônima revestirão, no silêncio da lei, a forma nominativa. Qualquer que seja o tipo de sociedade, na sua sede ficará arquivada cópia autêntica do documento comprobatório da nacionalidade dos sócios". As ações se revestirão da forma nominativa, consoante já vem desde a Lei nº 8.021, de 1990, a qual aboliu as ações ao portador, ou seja, as ações terão o nome do proprietário no certificado. Na sede da sociedade ficará arquivado documento comprobatório da nacionalidade do sócio, que é o documento de identidade ou o passaporte.

6. MUDANÇA DE NACIONALIDADE DE EMPRESA BRASILEIRA

Instalada no Brasil, considera-se brasileira a empresa. Não importa que tenha como sócios pessoas físicas ou mesmo sociedades do exterior. Para a mudança de nacionalidade, requer-se o consentimento unânime dos sócios. É claro o art. 1.127: "Não haverá mudança de nacionalidade de sociedade brasileira sem o consentimento unânime dos sócios ou acionistas". Acontece que a transformação da nacionalidade importa em perda da nacionalidade brasileira, fato de suma importância. Mesmo que se convertam em sociedades estrangeiras, as filiais ou empresas instaladas no Brasil devem constituir-se de acordo com a sistemática brasileira. Nessa ótica, as multinacionais do petróleo, a indústria automobilística, ou a que desenvolve a computação, a química e a alta tecnologia, têm matriz no exterior. Se instalam no Brasil fábricas ou unidades, antes se pressupõe a constituição de sociedade de acordo com a lei brasileira. Na composição de seu capital, constará a participação de outra empresa que tenha sede em país diferente do Brasil.

Não se reconhece aos credores o direito a oporem-se à mudança, dada a omissão da lei. No entanto, se restar afetada a solidez das garantias dos créditos, mantém-se a responsabilidade patrimonial da sociedade e inclusive dos administradores.

Nas atividades de importância para a soberania nacional, que atinjam setores particularizados da economia, das informações e da própria segurança, impõe a lei que a totalidade dos sócios ou a maioria deles tenham a nacionalidade brasileira. Nessas atividades incluem-se as empresas de jornalismo, radiodifusão sonora e de sons e imagens, cuja regulamentação encontra-se no art. 222 da Carta Federal, no texto da Emenda Constitucional nº 36, de 2002, e na Lei nº 10.610, de 2002. O § 1º do art. 222 estabelece que, em qualquer caso, pelo menos setenta por cento do capital total e do capital votante,

---

[6] *Direito Societário: Sociedades Simples e Empresárias*, ob. cit., vol. 2, p. 67.

pertencerá, direta ou indiretamente, a brasileiros natos, ou naturalizados há mais de dez anos. Tais sócios devem exercer a administração das atividades, devendo programar os conteúdos dos referidos veículos de comunicação.

7. O REQUERIMENTO E PROVIDÊNCIAS PARA A AUTORIZAÇÃO

O requerimento de autorização de sociedade nacional conterá cópia do contrato com a assinatura de todos os sócios. Se se tratar de sociedade anônima, acompanhará cópia dos documentos exigidos para a constituição autenticada pelos sócios fundadores. A exigência está no art. 1.128: "O requerimento de autorização de sociedade nacional deve ser acompanhado de cópia do contrato, assinada por todos os sócios, ou, tratando-se de sociedade anônima, de cópia, autenticada pelos fundadores, dos documentos exigidos pela lei especial". Trata-se, aqui, de autorização para o funcionamento, pressupondo-se já constituída a sociedade, tanto que exigida a apresentação de cópia do contrato.

Na hipótese de sociedade anônima, os documentos resumem-se à ata de fundação, ao documento de subscrição de ações, de prova do capital aportado, do registro, de nomeação dos diretores, e de outros atos próprios da fundação.

No entanto, se a constituição se efetivar por escritura pública, basta a anexação da competente certidão, de acordo com o parágrafo único: "Se a sociedade tiver sido constituída por escritura pública, bastará juntar-se ao requerimento a respectiva certidão".

Em qualquer caso, adota-se o procedimento de se encaminhar requerimento, após a assembleia ou ato de constituição da sociedade ou pedido, acompanhado de cópia do contrato assinado por todos os sócios e de exemplar dos documentos exigidos para a formação da sociedade, autenticados pelos fundadores, em se cuidando de sociedade anônima.

À Autoridade competente para examinar e decidir sobre a autorização reconhece-se a competência para impor alterações do contrato social ou estatuto, vindo o poder para tanto expresso no art. 1.129: "Ao poder executivo é facultado exigir que se procedam a alterações ou aditamento no contrato ou no estatuto, devendo os sócios, ou tratando-se de sociedade anônima, os fundadores, cumprir as formalidades legais para revisão dos atos constitutivos, e juntar ao processo prova regular".

As alterações dizem respeito à constituição da sociedade, ou aos documentos que importaram na possibilidade dos sócios fazerem parte da mesma. Se imposta a alteração, não é suficiente a simples mudança de termos do contrato ou da ata. Efetivam-se as providências para a alteração, e, desta sorte, a convocação dos sócios pelos meios regulares, isto é, intimação por publicações ou outros caminhos. Outrossim, não se dispensa o *quorum* próprio para a aprovação das alterações, que é a totalidade dos sócios, ou a maioria absoluta se a tanto permite o contrato, segundo se infere do art. 999.

Obviamente, se ordenadas exigências, devem as mesmas coadunar-se com a lei ou regramentos vigorantes, não se admitindo imposições arbitrárias ou inconcebíveis, advertindo Arnoldo Wald: "Assim, as exigências que vierem a ser formuladas pela autoridade administrativa que se desviem destes princípios e configurem abuso de poder, poderão ser objeto de mandado de segurança, ou outra medida judicial, pela parte interessada, de modo a preservar o seu direito à obtenção da autorização, desde que cumpridos os requisitos legais".[7]

---

[7] *Comentários ao Novo Código Civil, Livro II – do Direito de Empresa*, ob. cit., vol. XIV, p. 700.

842 • Direito de Empresa | *Arnaldo Rizzardo*

Mostra-se coerente, se for o caso, a determinação de inclusão de regra no contrato, de modificação de cláusulas inapropriadas, da apresentação das especificações detalhadas da atividade, de se realizar o exame técnico dos produtos objeto de fabricação, de apresentar a licença de certos órgãos para a execução, de demonstrar a capacidade econômica da empresa e a idoneidade dos administradores e sócios. Não encontra apoio condicionar a autorização ou licença à formação de um capital social extremamente elevado, sem que venha estabelecido em lei; de igual modo, vedar que atue como técnico profissional uma pessoa estrangeira, se na lei não está reservado o exercício da profissão unicamente a brasileiros.

Em qualquer hipótese, insta sempre se constate o atendimento de prescrição legal expressa, não obrigando se arbitrária ou desarrazoada.

Não atendidas as imposições exaradas pelo Poder Público, justifica-se a recusa de autorização para o funcionamento, no que dá amparo o art. 1.130: "Ao Poder Executivo é facultado recusar a autorização, se a sociedade não atender às condições econômicas, financeiras ou jurídicas especificadas em lei". Concede-se ao Poder Público a discricionariedade de autorizar ou não o funcionamento, no que a jurisprudência enfatiza: "A autorização para o funcionamento de sociedade seguradora condiciona-se aos critérios da conveniência e oportunidade, consubstanciando a discricionariedade, cuja observância foi entregue à administração pública (art. 43, *a* e *b*, do Decreto-lei nº 60.459/1967). O administrador é que deverá apreciar sobre os fatores de admissibilidade e funcionamento da seguradora, ficando o abuso, se demonstrado, sujeito ao crivo do Judiciário.

A comprovação para expedição de carta patente (arts. 75 e 76 do Decreto-lei nº 73/1966) refere-se ao cumprimento de formalidades legais ou exigências feitas no ato de autorização.

A autorização não espanca o exame da conveniência e oportunidade do funcionamento da sociedade, conforme prudente análise do administrador, isento do timbre ou intuito de abuso".[8]

8. A ORDEM DE AUTORIZAÇÃO

A autorização é emanada através de decreto, ou de ato ministerial, ou ato de outra autoridade, desde que presente a delegação de poderes. Uma vez expedida a autorização, providencia-se na publicação dos atos indicados nos arts. 1.128 e 1.129, o que manda o art. 1.131: "Expedido o decreto de autorização, cumprirá à sociedade publicar os atos referidos nos arts. 1.128 e 1.129, em 30 (trinta) dias, no órgão oficial da União, cujo exemplar representará prova para inscrição, no registro próprio, dos atos constitutivos da sociedade".

Mister lembrar que a autorização não advém sempre de decreto presidencial. Em várias situações, os representantes de órgãos do Poder Executivo emitem a ordem. As empresas que exploram serviços aéreos são autorizadas pelo Ministério da Aeronáutica. A Secretaria de Assuntos Estratégicos da Presidência da República expede a autorização para as empresas estabelecidas na Faixa da Fronteira, que fica dentro de cento e cinquenta quilômetros de largura paralela à linha divisória terrestre, que exploram serviços ligados à radiodifusão de sons e imagens, pesquisa, lavra, exploração e aproveitamento dos recursos minerais. Já para o funcionamento de instituições financeiras, entidades ligadas à concessão de crédito ou bancos de qualquer setor, o Banco Central é que providencia na oficialização da atividade, autorizando-a depois do cumprimento das formalidades exigidas.

---

[8] REsp. nº 12.017, da 1ª Turma do STJ, j. em 20.04.1994, *DJU* de 23.05.1994.

Para a expedição do ato que autoriza o funcionamento, deve a sociedade encaminhar os elementos que aparecem nos arts. 1.128 e 1.129, e que são os seguintes: o requerimento de autorização assinado por todos os sócios, ou, se a sociedade for anônima, a relação dos documentos necessários à sua constituição, e exigidos na lei especial; as alterações ou o aditamento que impõe a administração encarregada de autorizar o funcionamento, com a referência do cumprimento das formalidades legais necessárias para revisão dos atos constitutivos. No caso de anônima a sociedade, os documentos necessários à constituição da sociedade anônima constam relacionados nos arts. 83 e 84 da Lei nº 6.404/1976, que são o projeto e o prospecto, sendo que o art. 84 arrola uma série de elementos destacados em doze itens. O edital de publicação conterá a referência de referidos documentos.

De modo que se providencia na publicação no órgão oficial da União não de todos os elementos exigidos para o funcionamento da sociedade, mas unicamente daqueles que o citados cânones apontam. Um exemplar da publicação se arquivará no órgão próprio de registro das empresas (Junta Comercial).

Sobre o assunto, explica Sérgio Campinho: "Expedido o decreto de autorização, caberá à sociedade fazer publicar o seu contrato social ou, tratando-se de sociedade anônima, o estatuto aprovado, juntamente com os documentos exigidos para a sua constituição, em trinta dias, no órgão oficial da União, cujo exemplar servirá de cópia para a inscrição no Registro Público de Empresas Mercantis. Deverá, posteriormente, também no mesmo órgão oficial, e no prazo de trinta dias, promover a publicação do termo de inscrição".[9]

O art. 1.132 e seus parágrafos fazem depender a constituição da sociedade anônima, formada da subscrição pública para a formação do capital, da obtenção da autorização do Poder Público. Ou seja, não se formarão sem obter a autorização para funcionar. Eis a regra do art. 1.132: "As sociedades anônimas nacionais, que dependam de autorização do Poder Executivo para funcionar, não se constituirão sem obtê-la, quando seus fundadores pretenderem recorrer a subscrição pública para a formação do capital".

Para a formação dessas sociedades, são necessárias mais providências: a juntada ao requerimento de autorização de cópias autênticas do projeto do estatuto e do prospecto. É o que ordena o § 1º: "Os fundadores deverão juntar ao requerimento cópias autênticas do projeto do estatuto e do prospecto".

Uma vez emitida a autorização, providencia-se no encaminhamento da inscrição da sociedade, conforme o § 2º: "Obtida a autorização e constituída a sociedade, proceder-se-á à inscrição dos seus atos constitutivos".

De modo que se torna indispensável a inscrição do contrato perante a Junta Comercial, como se faz com a generalidade dos contratos de sociedades empresárias.

As modificações do contrato ou estatuto dependem da autorização do Poder Público, a menos que consistam em aumento do capital com a utilização de reservas ou reavaliação do ativo. É a disposição do art. 1.133: "Dependem de aprovação as modificações do contrato ou do estatuto de sociedade sujeita a autorização do Poder Executivo, salvo se decorrerem de aumento do capital social, em virtude de utilização de reservas ou reavaliação do ativo". A dispensa de necessidade de autorização é justificada pelo fato de que o aumento de capital, no caso de utilização de reservas ou de reavaliação do ativo, não importa em alteração do patrimônio da sociedade e na participação interna dos sócios, mantendo-se a proporcionalidade nessas modalidades de aumento.

---

[9] *O Direito de Empresa*, ob. cit., p. 266.

LVIII
Sociedade estrangeira

1. RESTRIÇÕES NA PARTICIPAÇÃO DE PESSOAS OU SOCIEDADES ESTRANGEIRAS

Não é possível negar a entrada de empresas estrangeiras em qualquer país. A globalização leva à expansão das formas de vida, assemelhando-as e introduzindo-as em todos os cantos da terra. Instalando-se em países diferentes daqueles da sede, as pessoas jurídicas se constituem e organizam em consonância com as leis que neles vigoram. Ou seja, submetem-se à ordem do país onde se introduzem, autorizando-se o funcionamento desde que não contrariem os interesses locais.

Por isso, existem leis que reservam certos setores das atividades unicamente às empresas nacionais, aspecto este já observado no capítulo anterior.

Por outras palavras, em várias atividades restringe-se o exercício ou a sua prática unicamente a brasileiros, vindo alguns casos sintetizados por Francisco Russo e Nelson de Oliveira.[1]

Estabelece o art. 1.134 do Código Civil, que "a sociedade estrangeira, qualquer que seja o seu objeto, não pode, sem autorização do Poder Executivo, funcionar no País, ainda que por estabelecimentos subordinados, podendo, todavia, ressalvados os casos expressos em lei, ser acionista de sociedade anônima brasileira".

A CF/1988, bem como a legislação ordinária, restringiu a atuação de empresas estrangeiras em determinadas atividades econômicas (jornalística e de radiodifusão sonora e de sons e imagens; mineração; energia hidráulica; transporte rodoviário de carga; serviço de TV a cabo; mineração, colonização e loteamentos rurais), daí por que há uma evidente discriminação. Para ilustrar, a empresa estrangeira não poderá ser enquadrada na categoria de empresa de pequeno porte, conforme disposição contida no art. 170, IX, da CF/1988.

Além das vedações e proibições existentes à atividade estrangeira em território nacional, o Poder Executivo poderá estabelecer condições convenientes à defesa dos interesses nacionais para conceder a autorização de funcionamento.

Segue a abordagem específica em alguns casos.

Assim, na *assistência à saúde*, por imposição do art. 199, § 3º, da Carta Federal, está proibida a participação direta ou indireta de empresas ou capitais estrangeiros na assistência à saúde, salvo através de doações de organismos internacionais vinculados à Organização das Nações Unidas. O art. 23 da Lei nº 8.080, de 19.09.1990, em redação da

---

[1] *Manual Prático de Constituição de Empresas*, ob. cit., pp. 294-296.

846 • Direito de Empresa | *Arnaldo Rizzardo*

Lei nº 13.097/2015, em vista da exceção acima, constante do art. 199, § 3º, relativamente à participação de empresas ou capitais estrangeiros, indica as hipóteses: "É permitida a participação direta ou indireta, inclusive controle, de empresas ou de capital estrangeiro na assistência à saúde nos seguintes casos:

I – doações de organismos internacionais vinculados à Organização das Nações Unidas, de entidades de cooperação técnica e de financiamento e empréstimos;

II – pessoas jurídicas destinadas a instalar, operacionalizar ou explorar:

    a) hospital geral, inclusive filantrópico, hospital especializado, policlínica, clínica geral e clínica especializada;

    b) ações e pesquisas de planejamento familiar;

III – serviços de saúde mantidos, sem finalidade lucrativa, por empresas, para atendimento de seus empregados e dependentes, sem qualquer ônus para a seguridade social; e

IV – demais casos previstos em legislação específica".

Em relação às *empresas de navegação de cabotagem* (modalidade de navegação que é feita somente nas águas territoriais, rios e lagos de um país), o art. 178, parágrafo único, da Constituição Federal permite, em princípio, unicamente a brasileiros estabelecerem-se como empresários individuais. Em relação às sociedades, a maioria do capital e da administração será de brasileiros. Para o transporte por empresas de navegação estrangeiras, necessário que sigam as condições estabelecidas pela lei.

O art. 222 e seus parágrafos, também da Constituição Federal, na Emenda nº 36/2006, reservam a propriedade de *empresas jornalísticas e de radiodifusão sonora e de sons e imagens*, a brasileiros natos ou naturalizados há mais de dez anos, ou a pessoas jurídicas constituídas sob as leis brasileiras e que tenham sede no País.

Sempre e em qualquer caso, pelo menos setenta por cento do capital total e do capital votante das empresas jornalísticas e de radiodifusão sonora e de sons e imagens deverá pertencer, direta ou indiretamente, a brasileiros natos ou naturalizados há mais de dez anos, que exercerão obrigatoriamente a gestão das atividades e estabelecerão o conteúdo da programação.

De salientar que a responsabilidade editorial e as atividades de seleção e direção da programação veiculada são privativas de brasileiros natos ou naturalizados há mais de dez anos, em qualquer meio de comunicação social.

Já em relação aos meios de comunicação social eletrônica, independentemente da tecnologia utilizada para a prestação do serviço, deverão observar os princípios enunciados no art. 221 da Carta Maior, na forma de lei específica, que também garantirá a prioridade de profissionais brasileiros na execução de produções nacionais.

De acordo com o *caput* do art. 9º da Lei nº 12.485/2011, as atividades de produção, programação e empacotamento de comunicação audiovisual de acesso condicionado são livres para empresas constituídas sob as leis brasileiras e com sede e administração no País.

As *empresas de mineração* e de *energia hidráulica*, que se dediquem à pesquisa e lavra de recursos naturais e ao aproveitamento da energia hidráulica, exercerão as atividades mediante autorização ou concessão da União, no interesse nacional, e desde que constituídas sob as leis brasileiras, tendo no Brasil a sede e a administração, por força do art. 176, § 1º, da Constituição Federal, que estende a autorização também a brasileiros.

O *transporte rodoviário de carga* se encontra adstrito a pessoas ou empresas com sede no Brasil, não constando na legislação, entretanto, que a composição do capital deva pertencer majoritariamente a brasileiros. O art. 178 da Carta Federal delegou à lei ordinária a disposição sobre a ordenação dos transportes aéreo, aquático e terrestre, devendo, quanto à ordenação do transporte internacional, observar os acordos firmados pela União, atendido o princípio da reciprocidade. Quanto ao transporte terrestre, a lei de regência é a de nº 11.442/2007, alterada por várias leis, entre elas a Lei nº 13.103/2015.

A *sociedade anônima* terá administrador brasileiro, admitindo-se que seja estrangeiro unicamente na existência de visto permanente. Para fazer parte do Conselho Fiscal, cumpre que resida o estrangeiro no Brasil. Na sociedade subsidiária integral, o único acionista será sociedade brasileira. Em se tratando de grupo de sociedades, a sociedade controladora ou a de comando também deve enquadrar-se como brasileira, segundo consta nos arts. 146, 162 e 251 da Lei nº 6.404/1976.

A concessão para o *transporte aéreo* é privativo às pessoas jurídicas brasileira, com sede no Brasil. Essas empresas terão pelo menos 4/5 (quatro quintos) do capital com direito a voto pertencentes a brasileiros, prevalecendo essa limitação nos eventuais aumentos do capital social, em obediência ao art. 181, incisos I a III, da Lei nº 7.565, de 19.12.1986. Pretendeu a Medida Provisória nº 714/2016 alterar essa proporção para 51% do capital, mas na conversão para a Lei nº 13.319/2016, a alteração ficou vetada pelo Presidente da República.

2. FORMAÇÃO DA SOCIEDADE E AUTORIZAÇÃO GOVERNAMENTAL PARA SE INSTALAR NO BRASIL

A sociedade estrangeira é a formada no exterior. Ela tem sede no estrangeiro e se organiza segundo as regras do país onde se encontra, sendo, no entanto, indiferente a nacionalidade do capital social, ou a nacionalidade diversa dos sócios. Sem uma nova constituição, busca implantar-se no Brasil. Monta uma estrutura própria, com a sua instalação em país distinto do qual se encontra a sede principal. Assim, constrói unidades em país diferente daquele onde está seu domicílio. Não se trata de criação de nova sociedade, mas da expansão de suas atividades em países diferentes do qual se encontra ou fica localizada a sede.

Muitas empresas, para se expandir, preferem criar uma sociedade em outro país, da qual tornam-se sócias majoritárias, sendo exemplos as montadoras de veículos, as fabricantes de microcomputadores, as instituições financeiras. Na hipótese, é nacional, e a autorização faz-se necessária unicamente nas mesmas hipóteses previstas para as sociedades nacionais.

A autorização aqui abordada diz respeito à empresa estrangeira que intenciona se instalar no Brasil com filial, sucursal ou agência. Assim orienta Sérgio Campinho: "A fim de estabelecer-se dentro das fronteiras nacionais por agências, filiais ou sucursais, deve contar com precedente autorização para o funcionamento, regularmente expedida pelo poder Executivo Federal".[2] É de se acrescentar, em vista do § 1º do art. 2º da Lei nº 12.529/2011, que se reputa "domiciliada no território nacional a empresa estrangeira

---

[2] *O Direito de Empresa*, ob. cit., p. 266.

848 • Direito de Empresa | *Arnaldo Rizzardo*

que opere ou tenha no Brasil filial, agência, sucursal, escritório, estabelecimento, agente ou representante".

A sociedade estrangeira necessita de autorização do Poder Executivo Federal para implantar-se ou funcionar, isto é, de exercer suas atividades no Brasil.

É como explica Eduardo Grebler: "Intencionando funcionar no Brasil, diretamente ou por intermédio de estabelecimentos subordinados, a sociedade estrangeira haverá de obter a indispensável autorização do Poder Executivo federal".[3]

Realmente, o primeiro requisito fundamental assenta-se na autorização governamental. Eis, a respeito, o art. 1.134 do Código Civil: "A sociedade estrangeira, qualquer que seja o seu objeto, não pode, sem autorização do Poder Executivo, funcionar no País, ainda que por estabelecimentos subordinados, podendo, todavia, ressalvados os casos expressos em lei, ser acionista de sociedade anônima brasileira".

A regulamentação se encontra na Instrução Normativa DREI nº 07, de 05.12.2013, alterada pela Instrução Normativa DREI nº 25, de 10 de setembro de 2014, rezando seu art. 1º: "A sociedade empresária estrangeira, que desejar estabelecer filial, sucursal, agência ou estabelecimento no Brasil, deverá solicitar autorização do Governo Federal para instalação e funcionamento, em requerimento dirigido ao Ministro de Estado Chefe da Secretaria da Micro e Pequena Empresa da Presidência da República, protocolizado no Departamento de Registro Empresarial e Integração – DREI, que o examinará sem prejuízo da competência de outros órgãos federais."

Sempre se faz necessária a autorização. Não importa que instale no Brasil apenas uma unidade de fabricação, ou um departamento. O próprio exercício de atividade requer a autorização.

3. REQUISITOS NECESSÁRIOS PARA A AUTORIZAÇÃO PARA SE INSTALAR NO BRASIL

Para a autorização, vários requisitos são necessários, todos relativamente à constituição, discriminados no § 1º do art. 1.134 do Código Civil:

"Ao requerimento de autorização devem juntar-se:

I – prova de se achar a sociedade constituída conforme a lei de seu país;

II – inteiro teor do contrato ou do estatuto;

III – relação dos membros de todos os órgãos da administração da sociedade, com nome, nacionalidade, profissão, domicílio e, salvo quanto a ações ao portador, o valor da participação de cada um no capital da sociedade;

IV – cópia do ato que autorizou o funcionamento no Brasil e fixou o capital destinado às operações no território nacional;

V – prova de nomeação do representante no Brasil, com poderes expressos para aceitar as condições exigidas para a autorização;

VI – último balanço".

---

[3] "O funcionamento da sociedade estrangeira no Brasil em face do Novo Código Civil", *in Direito de Empresa no Novo Código Civil*, Rio de Janeiro, Editora Forense, 2004, p. 394.

É evidente que o inc. IV não se aplica, já que o pedido é para conseguir a autorização de funcionamento no Brasil.

Tais elementos vêm mais discriminados na já acima citada Instrução Normativa do DREI nº 7, art. 2º:

> "O requerimento, de que trata o artigo anterior, deverá ser instruído com os seguintes documentos, em duas vias:
>
> I – ato de deliberação sobre a instalação de filial, sucursal, agência ou estabelecimento no Brasil;
>
> II – inteiro teor do contrato ou estatuto;
>
> III – lista de sócios ou acionistas, com os nomes, profissões, domicílios e número de cotas ou de ações, salvo quando, em decorrência da legislação aplicável no país de origem, for impossível cumprir tal exigência;
>
> IV – prova de achar-se a sociedade constituída conforme a lei do seu país;
>
> V – ato de deliberação sobre a nomeação do representante no Brasil, acompanhado da procuração que lhe dá poderes para aceitar as condições em que é dada a autorização e plenos poderes para tratar de quaisquer questões e resolvê-las definitivamente, podendo ser demandado e receber citação pela sociedade;
>
> VI – declaração do representante no Brasil de que aceita as condições em que for dada a autorização para instalação e funcionamento pelo Governo Federal;
>
> VII – último balanço; e
>
> VIII – guia de recolhimento do preço do serviço".

Os elementos descritos dizem com a própria existência da sociedade, não importando em grandes exigências, pois referem-se à sociedade em si, como o contrato social, aos membros componentes e administradores; à decisão da assembleia ou órgão equivalente que expediu a autorização para funcionar no Brasil; à nomeação de um representante com poderes para decidir as questões que surgirem; ao capital destinado às operações; ao balanço patrimonial, com o que é possível aferir a realidade econômica da sociedade. Importante a indicação de um representante no Brasil, a quem se dirigem todas as imposições, e inclusive tenha poderes para receber citação e decidir em nome da sociedade. O capital destacado para as operações no País ascenderá a um montante suficiente para imprimir segurança nas obrigações assumidas, e ficará depositado em estabelecimento bancário.

Acrescenta Eduardo Grebler que "o procedimento para a autorização tem início com o requerimento da sociedade estrangeira no Ministério de Estado do Desenvolvimento, Indústria e Comércio Exterior, como dispõe o Decreto-lei nº 3.444, de 28 de abril de 2000, ainda em vigor".[4] De observar que o citado Decreto nº 3.444/2000 foi substituído pelo Decreto nº 5.664/2006, alterado pelos Decretos nos 7.253/2010 e 8.060/2013.

Os documentos virão autenticados de acordo com a lei do país de onde é a sociedade proveniente, devendo ser traduzidos ao vernáculo e passar pelo consulado para a legalização. O § 2º do art. 1.134 manda que assim seja: "Os documentos serão autenticados, de conformidade com a lei nacional da sociedade requerente, legalizados no consulado brasileiro da respectiva sede e acompanhados de tradução ao vernáculo".

---

[4] "O funcionamento da sociedade estrangeira no Brasil em face do Novo Código Civil", trabalho citado, p. 395.

850 • Direito de Empresa | *Arnaldo Rizzardo*

O art. 1.135 dá poderes à autoridade para impor condições ou exigências na defesa dos interesses nacionais: "É facultado ao Poder Executivo, para conceder a autorização, estabelecer condições convenientes à defesa dos interesses nacionais". Na instalação de uma indústria, colocam-se os níveis de produção, o sistema de fiscalização, o controle de vendas, de modo a não prejudicar a indústria nacional no mesmo setor, a imprimir segurança nos produtos, e a preservar a sua qualidade, não prejudicando os consumidores. Concede-se razoável discricionariedade ao Poder Executivo, por seus órgãos, para impor condições e mesmo negar a autorização, mas sempre lastreada a imposição em ditames legais.

4. O ATO DE AUTORIZAÇÃO, SUA PUBLICAÇÃO E INSCRIÇÃO

Vencidas as etapas para a aprovação da sociedade e de seu funcionamento no País, formaliza-se o documento de autorização, o qual conterá o montante de capital do investimento. A sociedade promoverá a publicação dos atos correspondentes. As determinações vêm previstas no parágrafo único do art. 1.135 do Código Civil: "Aceitas as condições, expedirá o Poder Executivo decreto de autorização, do qual constará o montante de capital destinado às operações no País, cabendo à sociedade promover a publicação dos atos referidos no art. 1.131 e no § 1º do art. 1.134".

Uma vez expedido o ato de autorização, efetua-se a publicação na imprensa dos atos referidos no art. 1.131 e no § 1º do art. 1.134 do Código Civil, isto é, do requerimento de autorização assinado por todos os sócios, ou, se a sociedade for anônima, da relação dos documentos necessários à sua constituição, e exigidos na lei especial; das alterações ou do aditamento que impõe a administração encarregada de autorizar o funcionamento, com a referência do cumprimento das formalidades legais necessárias para revisão dos atos constitutivos; e dos elementos de constituição, que se referem à própria sociedade, como o contrato social, aos membros componentes e administradores, à decisão da assembleia ou órgão equivalente que expediu a autorização para funcionar no Brasil, à nomeação de um representante com poderes para decidir as questões que surgirem, ao valor depositado, ao balanço patrimonial.

A publicação, nos termos do § 2º do art. 1.152, efetua-se nos órgãos da imprensa oficial da União e do Estado, inclusive nos locais onde tiverem as sociedades sucursais, filiais ou agências. A rigor, não exige o dispositivo a publicação em jornal particular de grande circulação: "As publicações das sociedades estrangeiras serão feitas nos órgãos oficiais da União e do Estado onde tiverem sucursais, filiais ou agências".

Constitui a publicação oficial condição da eficácia do ato e meio de prova da legalidade formal e substancial. De sua realização decorre a eficácia *erga omnes* dos atos societários. Constitui prova absoluta e concludente da regularidade do ato societário.

O passo seguinte consiste na abertura de inscrição no registro próprio da Junta Comercial da sede do estabelecimento, em livro de sociedades estrangeiras, com o teor do ato de autorização governamental, medida sem a qual não se permite o início das atividades, por força do art. 1.136: "A sociedade autorizada não pode iniciar sua atividade antes de inscrita no registro próprio do lugar em que se deva estabelecer".

Realmente, concedida a autorização de instalação e funcionamento, a sociedade estrangeira deverá arquivar na Junta Comercial da unidade federativa onde se localizar o estabelecimento, que será considerada como sua sede, os seguintes documentos: a) folha do *DOU* que publicou o decreto de autorização; b) os atos constantes dos itens I a VI

Cap. LVIII | Sociedade estrangeira • **851**

citados anteriormente, devidamente autenticados pelo Departamento de Registro Empresarial e Integração – DREI – art. 5º, nº II, da Instrução Normativa nº 7/2013); c) comprovante do depósito em dinheiro, da parte do capital destinado às operações no Brasil; e d) declaração do endereço do estabelecimento, quando não constar do ato que deliberou sobre a instalação no Brasil.

Para a inscrição, apresentam-se os documentos indicados no § 1º do mesmo artigo: "O requerimento de inscrição será instruído com exemplar da publicação exigida no parágrafo único do artigo antecedente, acompanhado de documento do depósito em dinheiro, em estabelecimento bancário oficial, do capital ali mencionado".

Acompanham o pedido de registro um exemplar do jornal onde se fez a publicação contendo os elementos dos arts. 1.131 e no § 1º do art. 1.134, acima já vistos, e o comprovante do depósito em dinheiro, em banco oficial, ou para tanto escalado pela autoridade. O valor corresponderá ao capital estabelecido para a sociedade, com a finalidade de dar garantia às operações que realizar e às obrigações que forem assumidas. Sobre a necessidade de depósito, escreve Sérgio Campinho: "O requerimento de inscrição será, ainda, instruído com o documento comprobatório do depósito, em dinheiro, em estabelecimento bancário oficial, do capital constante do decreto de autorização, tido como destinado às operações no País. Vê-se, pois, que o capital deverá ser efetivamente depositado em dinheiro, não admitindo seja representado por bens, ainda que suscetíveis de avaliação pecuniária, ou crédito... O prefalado depósito poderá ser efetuado após a expedição de decreto, porquanto a lei não o exige antecipadamente, mas deverá preceder ao pedido de inscrição societária no órgão de registro competente".[5]

O depósito constitui um complicador, já que sobrecarrega excessivamente a empresa.

Lavra-se a inscrição em livro próprio de registro de sociedades estrangeiras, existente na Junta Comercial, devendo conter os seguintes elementos, enumerados no § 2º do art. 1.136: "Arquivados esses documentos, a inscrição será feita por termo em livro especial para as sociedades estrangeiras, com número de ordem contínua para todas as sociedades inscritas; no termo constarão:

    I – nome, objeto, duração e sede da sociedade no estrangeiro;

    II – lugar da sucursal, filiar ou agência, no País;

    III – data e número do decreto de autorização;

    IV – capital destinado às operações no País;

    V – individuação do seu representante permanente".

Assim lavrada a inscrição, segue-se nova publicação, agora do ato de inscrição, como manda o § 3º: "Inscrita a sociedade, promover-se-á a publicação determinada no parágrafo único do art. 1.131". Cuida-se da publicação de que a sociedade se encontra registrada, isto é, que está regularmente constituída, a fim de dar conhecimento a terceiros. Com isso, infunde-se confiança junto ao público ou aqueles que travarão relações com a mesma. Se feita a inscrição, importa concluir sobre a idoneidade, a regularidade e a legalidade da sociedade.

---

5   *O Direito de Empresa*, ob. cit., pp. 267-268.

Somente depois de todas essas providências tem início a existência legal da sociedade estrangeira como pessoa jurídica, no que, aliás, é expresso o art. 45 do Código Civil, que se refere às pessoas jurídicas em geral.

Normas especiais constam do art. 6º e seus parágrafos da já referida Instrução Normativa DREI nº 07/2013, com a seguinte redação:

"Art. 6º A sociedade empresária estrangeira, sob pena de ser-lhe cassada a autorização para instalação e funcionamento no País, reproduzir no Diário Oficial da União e do Estado ou do Distrito Federal, conforme o lugar em que esteja situada a sua filial, agência, sucursal ou estabelecimento, e em outro jornal de grande circulação editado regularmente na mesma localidade, as publicações que, segundo a sua lei nacional, sejam obrigadas a fazer, relativamente ao balanço patrimonial, resultado econômico e aos atos de sua administração.

§ 1º Sob a mesma pena, deverá a referida sociedade publicar o balanço patrimonial e o resultado econômico de sua filial, sucursal, agência ou estabelecimento existente no Brasil.

§ 2º Se no lugar em que estiver situada a filial, agência, sucursal ou estabelecimento não for editado jornal, a publicação se fará em órgão de grande circulação local.

§ 3º A prova da publicidade a que se refere o § 1º será feita mediante anotação nos registros da Junta Comercial, à vista de apresentação da folha do órgão oficial e, quando for o caso, do jornal particular onde foi feita a publicação, dispensada a juntada da mencionada folha."

5. REGÊNCIA SEGUNDO A LEI BRASILEIRA

Embora estrangeira a sociedade, passa a ser regida pelas leis brasileiras, e submete-se à jurisdição da autoridade competente do local. A instalação em território brasileiro importa em atrair a legislação nacional, em obediência ao princípio da equiparação legal das sociedades estrangeiras com as nacionais. É impertinente a nacionalidade dos sócios. Tudo quanto se realizar e desenvolver no Brasil submete-se às leis locais, na estrita dicção do art. 1.137: "A sociedade estrangeira autorizada a funcionar ficará sujeita às leis e aos tribunais brasileiros".

Está-se diante de um princípio de soberania e de prevalência da autoridade brasileira, que encontra suporte também no art. 11 da Lei de Introdução às Normas do Direito Brasileiro: "As organizações destinadas a fins de interesse coletivo, como as sociedades e as fundações, obedecem à Lei do Estado em que se constituírem".

Anota, sobre o assunto, Eduardo Grebler: "Por expressa disposição legal, a sociedade estrangeira autorizada a funcionar no Brasil estará sujeita às leis e aos tribunais brasileiros, quanto aos atos ou operações praticados no Brasil. Esta norma, que já se encontrava presente no Decreto-lei nº 2.627/1940, implica reafirmar a soberania brasileira sobre pessoa jurídica que, embora não tendo domicílio no País, estará submetida às leis e aos tribunais nacionais em tudo aquilo que disser respeito às atividades aqui empreendidas".[6]

Entrementes, as relações internas, os conflitos de interesses entre sócios estrangeiros, que apenas atuam no Brasil, submetem-se à lei do país de origem, que regeu a formação da sociedade, em cuja jurisdição foram contratados. De igual modo, observa Leonardo Medeiros Régnier, "os aspectos de funcionamento da sociedade, como formação do capital, direitos e deveres dos sócios, formação e atuação dos órgãos sociais etc."[7] Se a sociedade

---

[6]   "O funcionamento da sociedade estrangeira no Brasil em face do Novo Código Civil", trabalho citado, p. 399.

[7]   *Nacionalidade das Sociedades Comerciais*, ob. cit., p. 89.

se constituiu no exterior, com a legislação própria, tendo os sócios aportado o capital para a sociedade estabelecida em outro país, parece óbvio que predomina o estatuto pessoal, em obediência ao princípio da nacionalidade. Diferente é o caso das relações que atingem interesses nacionais, ou pessoas estabelecidas no país onde se implantou a sociedade.

Mantém-se o nome da sociedade que usa no exterior, facultando-se que se acrescente o adendo 'do Brasil', ou 'para o Brasil'. O parágrafo único do art. 1.137 do Código Civil faculta essa possibilidade: "A sociedade estrangeira funcionará no território nacional com o nome que tiver em seu país de origem, podendo acrescentar as palavras 'do Brasil' ou 'para o Brasil'". Isto porque não se cria uma nova sociedade no Brasil, continuando a mesma pessoa jurídica existente no estrangeiro. Unicamente implanta-se, aqui, a sociedade já estabelecida fora do Brasil, não se encontrando razão para autorizar ou exigir uma denominação diferente.

6. REGRAS SOBRE O FUNCIONAMENTO

Algumas outras regras de ordem prática, e que facilitam o funcionamento, são impostas. Assim quanto ao representante no Brasil, assunto já previsto em dispositivos anteriores, dá o art. 1.138 destaque aos poderes que lhe competem: "A sociedade estrangeira autorizada a funcionar é obrigada a ter, permanentemente, representante no Brasil, com poderes para resolver quaisquer questões e receber citação judicial pela sociedade".

É por meio dos administradores que a sociedade atua em todas as suas atividades, nos negócios e em qualquer setor público; que manifesta sua vontade e se relaciona com terceiros; que contrai direitos e obrigações. São eles que resolvem as questões da sociedade, que decidem o ingresso em juízo, representando a sociedade. No caso de sociedade estrangeira, pelo menos no Brasil tais funções são exercidas pelo representante.

Todas as questões, em sua generalidade, que aparecerem são tratadas, pois, com o representante, não se admitindo a escusa, ou a alegação de falta de competência. De igual modo, a citação e outros atos judiciais, como intimação pessoal, se procedem através de sua pessoa.

Esse representante não necessita ser brasileiro. Nada impede a nacionalidade de outro país.

Deve ele averbar e arquivar, na Junta Comercial, o instrumento de sua nomeação, medida exigida pelo parágrafo único. Com isso, visa-se permitir a ciência, pelos terceiros, da exata representação e da perfeita regularidade no território nacional. Explica, sobre o assunto, Eduardo Grebler: "O representante somente poderá agir perante terceiros após o arquivamento e averbação do respectivo instrumento de nomeação no registro público".[8]

As modificações do contrato social ou do estatuto dependem de antecedente aprovação governamental. O art. 1.139 impõe esse requisito: "Qualquer modificação no contrato ou no estatuto dependerá da aprovação do Poder Executivo, para produzir efeitos no território nacional". Exigência que também consta na Instrução Normativa DREI nº 7/2013, em seu art. 7º. Necessária, também, a averbação no registro da sociedade, como se exige de qualquer sociedade, pois decorrem modificações em sua estrutura.

---

[8] "O funcionamento da sociedade estrangeira no Brasil em face do Novo Código Civil", trabalho citado, p. 401.

Não ficou marcado um prazo para submeter-se a alteração à aprovação da autoridade competente. Salienta-se, no que resolve as discussões que gravitaram em torno do assunto, que não produzirá efeitos a alteração até que se consiga a sua regularização.

Encaminha-se o requerimento acompanhado da ata autenticada de aprovação pela assembleia geral, com a devida tradução e a devida legalização pelo consulado brasileiro da sede da empresa.

Os relatórios, os resultados e os balanços patrimoniais são publicados no órgão oficial da União, e do Estado nos casos de depender também de sua autorização para a constituição e funcionamento, se a lei nacional da sociedade impuser a publicação na circunscrição onde se encontra a sua sede, oportunizando, desta forma, dar ciência de sua realidade ou desempenho. Todas as empresas de capital aberto fazem as publicações. Com mais razão justifica-se a providência se estrangeira a sociedade, e se no país da sede é a mesma obrigatória. Retira-se a obrigação do art. 1.140: "A sociedade estrangeira deve, sob pena de lhe ser cassada a autorização, reproduzir no órgão oficial da União, e do Estado, se for o caso, as publicações que, segundo a sua lei nacional, seja obrigada a fazer relativamente ao balanço patrimonial e ao de resultado econômico, bem como aos atos de sua administração".

Essa publicação se estende às sucursais, às filiais e às agências, conforme obriga o parágrafo único: "Sob pena, também, de lhe ser cassada a autorização, a sociedade estrangeira deverá publicar o balanço patrimonial e o de resultado econômico das sucursais, filiais ou agências existentes no País". Normalmente, a administração, a escrituração ou contabilidade e outros atos de gerenciamento de todos os departamentos, filiais, sucursais e agências se concentram no estabelecimento principal, fazendo-se, então, a publicação conjunta, e destacando-se em seções os dados particularizados dos integrantes do grupo.

Depreende-se a gravidade da cominação, se não cumprida a exigência, que é a cassação da autorização. Evidentemente, não se chega a esse extremo sem antes oportunizar que seja sanada a omissão. Daí inferir-se a prévia notificação para atender a obrigação. Não sendo cumprida, ou nada de consistente se alegando, a consequência pode consistir na medida de cassação, com o que desativa-se a sociedade, ficando proibida de seguir em suas funções ou atividades.

7. O CANCELAMENTO DA SOCIEDADE ESTRANGEIRA

De modo geral, os princípios para o cancelamento são aqueles exigidos para qualquer sociedade.

A citada Instrução Normativa DREI nº 07/2013, em seu art. 8º, elenca os passos e documentos:

> "Na hipótese de solicitação de cancelamento de autorização para instalação e funcionamento de filial, sucursal, agência ou estabelecimento, a sociedade empresária estrangeira deverá apresentar, além dos documentos referidos nos incisos I e III do artigo anterior, os seguintes:
>
> I – ato de deliberação sobre o cancelamento;
>
> II – Certidão Conjunta Negativa de Débitos relativos a Tributos Federais e à Dívida Ativa da União, emitida pela Secretaria da Receita Federal e Procuradoria-Geral da Fazenda Nacional;

III – Certidão Negativa de Débito – CND, fornecida pelo Instituto Nacional do Seguro Social – INSS; e

IV – Certificado de Regularidade do Fundo de Garantia por Tempo de Serviço – FGTS, fornecido pela Caixa Econômica Federal."

Necessário explicar que os documentos referidos nos incisos I e III do artigo anterior, isto é, do art. 7º, correspondem ao requerimento dirigido ao órgão governamental próprio e à guia de recolhimento do preço do serviço.

8. A NACIONALIZAÇÃO DA SOCIEDADE ESTRANGEIRA

Está contemplada a nacionalização de empresa estrangeira, e, assim, de sua filial, sucursal, agência ou departamento, que depende de aprovação da autoridade estatal, e desde que se operar a transferência da sede para o Brasil. Assim permite o art. 1.141 do Código Civil: "Mediante autorização do Poder Executivo, a sociedade estrangeira admitida a funcionar no País pode nacionalizar-se, transferindo sua sede para o Brasil". No caso, é mudada a sede do exterior para o Brasil. Para tanto, várias providências são impostas, como apresentar, junto com o requerimento, os documentos exigidos para conseguir a autorização de funcionamento no Brasil de sociedade estrangeira, e que são os apontados no § 1º do art. 1.134, na seguinte ordem:

"I – prova de se achar a sociedade constituída conforme a lei de seu país;

II – inteiro teor do contrato ou do estatuto;

III – relação dos membros de todos os órgãos da administração da sociedade, com nome, nacionalidade, profissão, domicílio e, salvo quanto a ações ao portador, o valor da participação de cada um no capital da sociedade;

IV – cópia do ato que autorizou o funcionamento no Brasil e fixou o capital destinado às operações no território nacional;

V – prova de nomeação do representante no Brasil, com poderes expressos para aceitar as condições exigidas para a autorização;

VI – último balanço".

Há mais exigências no § 1º do art. 1.141: a prova da realização do capital, pela forma declarada no contrato, ou no estatuto, e do ato em que foi deliberada a nacionalização.

O art. 9º da Instrução Normativa nº 7/2013 elenca os seguintes documentos a serem apresentados, não significando que não se exija os relacionados pela lei civil, se eventualmente não indicados: "A sociedade empresária estrangeira autorizada a funcionar no País pode, mediante autorização do Governo Federal, nacionalizar-se, transferindo sua sede para o Brasil, devendo, para esse fim, apresentar os seguintes documentos:

I – requerimento ao Ministro de Estado Chefe da Secretaria da Micro e Pequena Empresa da Presidência da República, protocolizado no Departamento de Registro Empresarial e Integração;

II – ato de deliberação sobre a nacionalização;

III – estatuto social ou contrato social, conforme o caso, elaborados em obediência à lei brasileira;

IV – prova da realização do capital, na forma declarada no contrato ou estatuto;

V – declaração do representante no Brasil de que aceita as condições em que for dada a autorização de nacionalização pelo Governo Federal; e

VI – guia de recolhimento do preço do serviço".

Além disso, é de rigor trazer a prova de integralização do capital pelos sócios, e da aprovação, pela assembleia, da nacionalização. O § 1º do art. 1.141 impõe essas condições: "Para o fim previsto neste artigo, deverá a sociedade, por seus representantes, oferecer, com o requerimento, os documentos exigidos no art. 1.134, e ainda a prova da realização do capital, pela forma declarada no contrato, ou no estatuto, e do ato em que foi deliberada a nacionalização".

Outras condições poderão advir, ditadas pelo Poder Público, e que se recomendam conforme a peculiaridade do caso. É natural que as atividades que importam na segurança nacional, ou que atingem interesses sociais relevantes, sofram a intervenção ou interferência mais constante do Estado, que deve estar atento na fiel obediência a normas de sanidade pública, ou de estrita observância das exigências de segurança. É o sentido que se infere do § 2º do art. 1.141: "O Poder Executivo poderá impor as condições que julgar convenientes à defesa dos interesses nacionais".

Uma vez atendidas as imposições, adaptações ou mudanças, que naturalmente são aceitas pelo representante, emite a autoridade competente o decreto ou a ordem de autorização para a instalação da sede no Brasil e, via de consequência, a nacionalização. Em seguida, leva-se a termo a inscrição no registro da circunscrição, com a decorrente publicação, tudo nos termos do § 3º do mesmo art. 1.141: "Aceitas as condições pelo representante, proceder-se-á, após a expedição do decreto de autorização, à inscrição da sociedade e publicação do respectivo termo".

O contrato será elaborado no idioma nacional, com os elementos exigidos pela lei brasileira. Verte-se o capital em moeda nacional, e efetuam-se os registros e publicações no jornal oficial da União e do Estado onde ficará situada a sede, bem como em jornal de grande circulação no local, isto é, em jornal editado ou distribuído onde se localiza a sede do empresário ou da empresa.

A sociedade estrangeira poderá estabelecer-se em outro país através de filial, agência ou sucursal. Todavia, para a instalação no Brasil é necessária a constituição atendendo os regramentos da lei brasileira. Há uma sociedade autônoma, mas com parte de seu capital pertencente a uma sociedade estrangeira. No caso, como sintetizam Alfredo Lamy Filho e José Luiz Bulhões Pedreira, "a casa matriz é responsável por atos da filial".[9]

Fazem-se necessárias, outrossim, as providências de arquivamento e registro na Junta Comercial, o que é reforçado pelo art. 10 da Instrução Normativa do DREI nº 07/2013, acima já citada. Havendo filiais, anexa-se na Junta Comercial correspondente certidão simplificada fornecida pela Junta Comercial de sua sede.

---

[9] *A Lei das S.A.*, ob. cit., p. 451.

9. PARTICIPAÇÃO DE SOCIEDADE OU PESSOA FÍSICA ESTRANGEIRA EM SOCIE-DADE BRASILEIRA

Nada impede a participação do capital estrangeiro em sociedade brasileira, e muito menos não se coloca, como regra geral, óbice à participação de sociedade estrangeira em sociedade brasileira. O funcionamento de sociedade estrangeira no Brasil é que precisa de autorização, sem abranger a mera participação de capital estrangeiro, ou de sociedade estrangeira nos quadros da sociedade brasileira.

No curso do tempo, especialmente em décadas passadas, quando se propalava um nacionalismo ilusório, a matéria tinha conotação ideológica, suscitando vivos debates e servindo de bandeira para aspirações de políticos populistas.

Já o Decreto-lei nº 2.627, de 26.09.1940, que antecedeu a Lei nº 6.404, de 15.12.1976, no art. 64 assegurava a participação em sociedades anônimas. O Código Civil de 2002, na parte final de seu art. 1.134, deixou expressa a possibilidade, sem a prévia autorização governamental, ao firmar que pode a sociedade estrangeira, "ressalvados os casos expressos em lei, ser acionista de sociedade anônima brasileira". O mesmo deve aplicar-se quanto à participação do capital.

Existem algumas restrições, mais quanto ao montante da participação.

Assim o § 1º do art. 222 da Constituição Federal, em texto da Emenda Constitucional nº 36/2002, ao determinar que pelo menos setenta por cento do capital total e do capital votante das empresas jornalísticas e de radiodifusão sonora e de sons e imagens deverá pertencer, direta ou indiretamente, a brasileiros natos ou naturalizados há mais de dez anos, que exercerão obrigatoriamente a gestão das atividades e estabelecerão o conteúdo da programação. Já o art. 199, § 3º, da mesma Carta, veda a participação direta ou indireta de empresas ou capitais estrangeiros na assistência à saúde no País, salvo nos casos previstos em lei. A Lei nº 8.080, de 1990, em redação da Lei nº 13.097/2015, regulamentando aquele dispositivo, aponta os casos de participação, como através de doações de organismos internacionais vinculados à Organização das Nações Unidas.

No tocante às instituições financeiras, em vista da Lei nº 4.131, de 1962, caso situadas em países que imponham restrições ao funcionamento de bancos brasileiros, fica restrita a participação em até trinta por cento das ações votantes do capital de bancos brasileiros.

Enquadram-se como estrangeiros, a teor do art. 1º da mesma Lei nº 4.131/1962, os bens, máquinas, equipamentos e recursos financeiros ou monetários introduzidos no País, pertencentes a pessoas físicas ou jurídicas residentes, domiciliadas ou com sede no exterior.

De sorte que, afora as exceções referidas, à sociedade estrangeira assegura-se a participação, inclusive na qualidade de controladora.

Prepondera a interpretação que estende a participação a outras sociedades. Eduardo Grebler desenvolve o assunto: "Contudo, a questão não pode ser resolvida com interpretação exclusivamente literal e sistematicamente incompleta. O dispositivo deve ser interpretado dentro do sistema em que se encontra, mediante a comparação entre a norma contida no Código Civil de 2002 e em outras normas que possuem o mesmo objeto normativo".

Adiante, demonstra que, ao longo do tempo, o ordenamento jurídico nacional ampliou a permissão na participação em outros tipos de sociedade: "Citam-se como exemplos emblemáticos a Lei de Mercado de Capitais (Lei nº 4.728/1965, art. 22 c/c o art. 8º, § 5º. O art. 22 retromencionado emprega o termo 'empresas', com acepção correspondente), a Lei que regula a aquisição de imóveis no Brasil por estrangeiros (Lei nº 5.709/1971, art. 1º, § 1º, e Decreto nº 74.965/1974, art. 1º, § 1º. Os referidos diplomas empregam o termo 'pessoas jurídicas'), a Lei de Registro Mercantil (Lei nº 8.934/1994, e Decreto nº 1.800/1996, art. 55, I), a norma do então Departamento Nacional de Registro de Comércio que consolida as hipóteses de restrição da participação de estrangeiros às sociedades nacionais (Instrução Normativa DNRC nº 76/1998, art. 5º), a Lei de Capitais Estrangeiros (Lei nº 4.131/1962, arts. 21 e 22, e Decreto-lei nº 55.762/1965, art. 53), estes últimos fazendo referência expressa à participação de sociedade estrangeira no capital de sociedade que não se revistam da forma anônima".[10]

Anote-se que a referida Instrução Normativa DNRC nº 76/1998 foi revogada pela Instrução Normativa DREI nº 10/2013, e esta revogada pela Instrução Normativa DNRC nº 38/2017, que traz os procedimentos para o registro dos atos das sociedades nas Juntas Comerciais. Já os procedimentos para os registros das transformações das sociedades (incorporação, fusão e cisão) encontram-se na Instrução Normativa DREI nº 35/2017.

Argumento importante que leva à participação em quaisquer sociedades está no art. 997, inc. I, do Código Civil, onde se colhe, como um dos elementos do contrato social das sociedades simples, a individuação do sócio, indicando-se, entre outros dados, a sua nacionalidade, o que leva a concluir sobre a possibilidade de pessoa estrangeira estar autorizada a fazer parte da sociedade. É como analisa Adalberto Simão Filho: "Apesar de a parte final do art. 1.134 do Código Civil poder, num primeiro momento, dar a entender que sociedade estrangeira só possa ser sócia de sociedade por ações, esta interpretação não parece suficiente.

O art. 997 do Código Civil, ao tratar genericamente da forma de constituição da sociedade, esclarece que esta se dará por intermédio de contrato escrito, particular ou público, que, além das cláusulas estipuladas pelas partes, mencionará: 'I – nome, nacionalidade, estado civil, profissão e residência dos sócios, se pessoas naturais, e a firma ou a denominação, nacionalidade e sede dos sócios, se jurídicas'.

Em se tratando de sociedade limitada, o art. 1.054 afirma que o contrato terá, no que couber, as indicações do citado art. 997. Portanto, não houve restrição alguma para que a sociedade estrangeira seja sócia da sociedade limitada se operar no regime de sociedade simples ou de sociedade limitada, a julgar pelo fato de que expressamente se previu a possibilidade de colocação da nacionalidade e local da sede no contrato".[11]

Em se tratando de pessoa física, exige-se a prova da permanência legal definitiva no Brasil, ou a prova da entrada legal no País (Lei nº 6.815, de 1980). Outrossim, às sociedades em nome coletivo (art. 1.041 do Código Civil), às em comanditas simples (art. 1.046 do Código Civil) e às limitadas (art. 1.053 do Código Civil) incidem as regras da sociedade simples, levando a incluir aquelas que dizem respeito à nacionalidade, isto é, à possibilidade de participação de sócio de outro país.

10. REGULAMENTAÇÃO DA PARTICIPAÇÃO DE PESSOA FÍSICA OU JURÍDICA ESTRANGEIRA EM SOCIEDADE BRASILEIRA

Algumas regras aparecem anexas na Instrução Normativa DREI nº 34/2017, alterada pela Instrução Normativa DREI nº 40/2017, do Departamento de Registro Empresarial e Integração, sobre a participação de pessoas físicas ou jurídicas em sociedades brasileiras.

---

[10] "O funcionamento da sociedade estrangeira no Brasil em face do Novo Código Civil", trabalho citado, pp. 406-407.
[11] A Nova Sociedade Limitada, ob. cit., pp. 82-83.

Cap. LVIII | Sociedade estrangeira • **859**

São referidas algumas restrições e impedimentos para arquivamento de atos de empresa, sociedade ou cooperativa de que conste participação de estrangeiros residentes e domiciliados no Brasil, pessoas físicas, brasileiras ou estrangeiras, residentes e domiciliadas no exterior e pessoas jurídicas com sede no exterior.

RESTRIÇÕES E IMPEDIMENTOS	FUNDAMENTO LEGAL
"EMPRESA DE CAPITAIS ESTRANGEIROS DE ASSISTÊNCIA A SAÚDE É permitida a participação direta ou indireta, inclusive controle, de empresas ou de capital estrangeiro na assistência à saúde nos seguintes casos: I – doações de organismos internacionais vinculados à Organização das Nações Unidas, de entidades de cooperação técnica e de financiamento e empréstimos; II – pessoas jurídicas destinadas a instalar, operacionalizar ou explorar: a) hospital geral, inclusive filantrópico, hospital especializado, policlínica, clínica geral e clínica especializada; e b) ações e pesquisas de planejamento familiar; III – serviços de saúde mantidos, sem finalidade lucrativa, por empresas, para atendimento de seus empregados e dependentes, sem qualquer ônus para a seguridade social; e IV – demais casos previstos em legislação específica.	Constituição da República de 1988: art. 199, § 3º e Lei nº 8.080, de 19.09.1990, com redação dada pela Lei nº 13.097, de 19.01.2017, art. 142.
EMPRESA DE NAVEGAÇÃO DE CABOTAGEM Somente brasileiro poderá ser titular de firma mercantil individual de navegação de cabotagem. Tratando-se de sociedade mercantil, cinquenta por cento mais uma quota ou ação, no mínimo, deverão pertencer a brasileiros. Em qualquer caso, a administração deverá ser constituída com a maioria de brasileiros, ou a brasileiros deverão ser delegados todos os poderes de gerência.	Constituição da República de 1988: art. 178, parágrafo único; EC nº 7/1995; e Decreto-lei nº 2.784, de 20.11.1940: art. 1º, alíneas "a" e "b" e art. 2º.
EMPRESA JORNALÍSTICA E EMPRESAS DE RADIODIFUSÃO SONORA E DE SONS E IMAGENS As empresas jornalísticas e as empresas de radiodifusão sonora e de sons e imagens deverão ser de propriedade privativa de brasileiros natos ou naturalizados há mais de dez anos, aos quais caberão a responsabilidade por sua administração e orientação intelectual. É vedada a participação de pessoa jurídica no capital social, exceto a de partido político e de sociedade cujo capital pertença exclusiva e nominalmente a brasileiros. Tal participação só se efetuará através de capital sem direito a voto e não poderá exceder a 30% do capital social. Tratando-se de estrangeiro de nacionalidade portuguesa, segundo o Estatuto de Igualdade, são vedadas a responsabilidade e a orientação intelectual e administrativa, em empresas jornalísticas e de empresas de radiodifusão sonora e de sons e imagens.	Constituição da República de 1988: arts. 12, § 1º, e 222 e §§; e Lei nº 10.610, de 20.12.2002.

RESTRIÇÕES E IMPEDIMENTOS	FUNDAMENTO LEGAL
EMPRESAS DE MINERAÇÃO E DE ENERGIA HIDRÁULICA A pesquisa e a lavra de recursos minerais e o aproveitamento dos potenciais de energia hidráulica somente poderão ser efetuados mediante autorização ou concessão da União, no interesse nacional, por brasileiros ou empresa constituída sob as leis brasileiras e que tenha sua sede e administração no País.	Constituição da República de 1998: art. 176, § 1º; EC nº 6/1995.
SISTEMA FINANCEIRO NACIONAL Não havendo autorização específica do governo brasileiro, é vedada a instalação, no país, de novas agências de instituições financeiras domiciliadas no exterior. É igualmente vedado o aumento do percentual de participação de pessoas físicas ou jurídicas residentes ou domiciliadas no exterior no capital de instituições financeiras com sede no país, sem a referida autorização. O governo brasileiro poderá emitir decreto autorizando, de forma específica, as condutas descritas acima, quando resultantes de acordos internacionais, de reciprocidade, ou quando for de interesse do Governo brasileiro.	Constituição da República de 1988: art. 192 e ADCT, art. 52.
EMPRESA DE TRANSPORTES RODOVIÁRIOS DE CARGA A Empresa de Transporte Rodoviário de Carga deverá ter sede no Brasil.	Lei nº 11.442, de 05.01.2007: art. 2º, § 2º, inciso I.
SOCIEDADE ANÔNIMA – QUALQUER ATIVIDADE O estrangeiro somente poderá ser administrador, com visto permanente e membro de conselho fiscal de sociedade anônima se residir no Brasil. A subsidiária integral terá como único acionista sociedade brasileira. Tratando-se de grupo de sociedades, a sociedade controladora, ou de comando do grupo, deverá ser brasileira.	Lei nº 6.404, de 15.12.1976, com a nova redação dada pela Lei nº 9.457, de 05.05.1997: arts. 146, 162 e 251.
EMPRESA AÉREA NACIONAL A concessão somente será dada à pessoa jurídica brasileira que tiver sede no Brasil; pelo menos quatro quintos do capital com direito a voto, pertencentes a brasileiros, prevalecendo essa limitação nos eventuais aumentos do capital social; a direção confiada exclusivamente a brasileiros.	Lei nº 7.565, de 19.12.1986: art. 181, incisos I a III.
EMPRESAS EM FAIXA DE FRONTEIRA EMPRESA DE RADIODIFUSÃO SONORA E DE SONS E IMAGENS O capital da empresa de radiodifusão sonora e de sons e imagens, na faixa de fronteira, pertencerá somente a pessoas físicas brasileiras. A responsabilidade e orientação intelectual e administrativa caberão somente a brasileiros. As quotas ou ações representativas do capital social serão inalienáveis e incaucionáveis a estrangeiros ou a pessoas jurídicas.	Lei nº 6.634, de 02.05.1979: art. 3º, I e III; e Decreto nº 85.064, de 26.08.1980: arts. 10, 15, 17, 18 e 23.

RESTRIÇÕES E IMPEDIMENTOS	FUNDAMENTO LEGAL
EMPRESA DE MINERAÇÃO A sociedade mercantil de mineração deverá fazer constar expressamente de seu estatuto ou contrato social que, pelo menos, cinquenta e um por cento do seu capital pertencerá a brasileiros e que a administração ou gerência caberá sempre a maioria de brasileiros, assegurados a estes poderes predominantes. No caso de firma mercantil individual, só a brasileiro será permitido o estabelecimento ou exploração das atividades de mineração na faixa de fronteira. A administração ou gerência caberá sempre a brasileiros, sendo vedada a delegação de poderes, direção ou gerência a estrangeiros, ainda que por procuração outorgada pela sociedade ou firma mercantil individual.	Lei nº 6.634, de 02.05.1979: art. 3º, I e III; e Decreto nº 85.064, de 26.08.1980: arts. 10, 15, 17, 18 e 23.
EMPRESA DE COLONIZAÇÃO E LOTEAMENTOS RURAIS Salvo assentimento prévio do órgão competente, será vedada, na Faixa de Fronteira, a prática dos atos referentes a: colonização e loteamentos rurais. Na Faixa de Fronteira, as empresas que se dedicarem às atividades acima, deverão obrigatoriamente ter pelo menos cinquenta e um por cento pertencente a brasileiros e caber à administração ou gerência à maioria de brasileiros, assegurados a estes os poderes predominantes".	

11. CONSTITUIÇÃO DE SUBSIDIÁRIAS DE SOCIEDADES ESTRANGEIRAS

Ante a complexidade de obter a autorização para a instalação no Brasil, e mesmo de criar uma extensão da sociedade, na prática revela-se mais simples a constituição e implantação de uma nova sociedade, para funcionar no mesmo padrão de uma sociedade nacional, com as diretrizes da legislação brasileira. Não importa que o capital seja estrangeiro, desde que a administração se componha de pessoas brasileiras, ou de estrangeiras com visto permanente ou a prova da entrada legal no País (Lei nº 13.445/2017, que é o diploma da migração, tendo revogado as Leis nos 818/1949 e 6.815/1980).

Trata da matéria José Edwaldo Tavares Borba: "A empresa instituída, tendo sede no Brasil, desfruta da condição de sociedade brasileira, embora sob o controle de capitais domiciliados no exterior. Será uma empresa brasileira de capital estrangeiro.

É essa a hipótese do Banco Chase S.A., o qual é controlado pelo Chase Manhattan Bank, dos Estados Unidos da América. Várias áreas da atividade econômica nacional, inclusive quase toda a indústria automobilística, encontram-se nessa situação".[12]

Adotam-se os mesmos trâmites da sociedade nacional para a constituição da sociedade, em obediência aos parâmetros estabelecidos para as empresas brasileiras, nada impedindo que a constituição do capital seja totalmente estrangeiro.

---

[12]   *Direito Societário*, ob. cit., 9ª ed., 2004, pp. 177-178.

12. SOCIEDADE OU EMPRESA MULTINACIONAL

Cuida-se de empresas que mantêm ramificações sediadas em mais de um país, ou que se instalam em vários países, fenômeno comum, de modo especial em setores de grandes volumes patrimoniais, ou de importância e expansão internacional de seus produtos.

O sentido de 'empresa multinacional' é amplo, abrangendo não apenas aquela empresa formada de pessoas de mais de um país, ou que expandiu suas atividades para diversas localidades do continente ou dos continentes. Atinge as empresas que criam subsidiárias, representantes, agências, escritórios e sucursais em nações diferentes, bem como as que são constituídas com capital estrangeiro. Interessa a presença em diversos países daquele onde se encontra a sua sede. Não importa tanto a modalidade de constituição. Se adotada a forma brasileira de organização, nem é reclamada a autorização governamental, desde que a atividade não se encontre no rol das atividades que exigem tal providência.

Vários os fatores que levam à criação de empresas multinacionais, destacando-se os objetivos, descritos por Leonardo Medeiros Régnier: "Já do ponto de vista objetivo se destacam os fatores econômicos. De um lado pelo incremento nos sistemas de comunicação e transporte e pelo aprimoramento tecnológico, hoje mais visível com a rede mundial de computadores (*internet*); e de outro, pelos benefícios financeiros que a instalação de uma filial ou subsidiária fora do país de origem pode representar para a empresa controladora (potencialidade do mercado; vantagens concedidas para a concorrência, ou concorrência reduzida; possibilidade de retorno de capital e lucros maiores em menor prazo, dentro outros".[13]

Aborda a matéria José Edwaldo Tavares Borba: "Uma questão que se coloca é a do aspecto positivo e negativo da penetração das multinacionais em países subdesenvolvidos. Se por um lado se ganha em tecnologia e geração de empregos, por outro, corre-se o risco de desnacionalizar a economia, tornando-a inteiramente caudatária das economias desenvolvidas.

É preciso, todavia, considerar que, hoje, somente a grande empresa, de caráter multinacional, tem acesso às tecnologias mais desenvolvidas, posto que a pesquisa, no nível em que atualmente se coloca, exige investimentos elevadíssimos".[14]

---

[13] *Nacionalidade das Sociedades Comerciais*, ob. cit., p. 157.
[14] *Direito Societário*, ob. cit., 9ª ed., 2004, p. 179.

LIX
O estabelecimento de empresa

1. O ESTABELECIMENTO COMO COMPLEXO DE BENS PARA O FUNCIONAMENTO DA EMPRESA

O complexo de bens ou a organização onde se exerce a atividade de empresário denomina-se 'estabelecimento'. Equivale ao conjunto de bens, coisas, valores, ferramentas, equipamentos, formando uma universalidade de fato, que permitem a existência da empresa e o exercício de atividade profissional. Explicita amplamente Cássio Machado Cavalli: "Assim, a doutrina identifica como bens móveis corpóreos que integram o estabelecimento as instalações, maquinário, mobiliário e utensílios, matérias-primas, estoques, produtos e mercadorias, os elementos de escrituração empresarial etc. Entre os bens móveis incorpóreos encontram-se a propriedade comercial (direito ao ponto), os direitos reais sobre coisas imateriais como as marcas, expressões e sinais de propaganda, patentes, invenções, modelos de utilidade, desenhos industriais etc. Insere-se, também, entre os bens móveis incorpóreos que integram o estabelecimento, o direito à prestação do trabalho dos empregados... Pelo mesmo motivo, compõem o estabelecimento o direito a prestações decorrentes de relações de concessão, de franquia, e todas as demais necessárias à existência e funcionamento do estabelecimento".[1]

Mas não se resume apenas a esse elenco o estabelecimento. No seu conteúdo inclui--se o exercício de empresa, ou as tarefas exercidas pelo conjunto da sociedade, como administradores, gerentes, funcionários, prepostos etc.

Os clientes, ou pessoas que adquirem bens ou utilizam serviços da empresa, constituem mais um elemento.

A ideia que se extrai do art. 1.142 do Código Civil envolve o complexo de tais elementos, sem que se encontre uma previsão paralela no sistema jurídico civil do Código anterior: "Considera-se estabelecimento todo complexo de bens organizado, para exercício de empresa, por empresário, ou por sociedade empresária". Ou seja, considera-se o conjunto patrimonial empregado no exercício da empresa, ou de atividade econômica. Mais apropriadamente, tem-se a organização da universalidade de bens e valores para o exercício de uma atividade econômica, que é a empresa.

Útil a exemplificação de um tipo especial de estabelecimento apresentada por Fábio Ulhoa Coelho: "Pense-se a hipótese do empresário interessado no comércio varejista de

---

[1] "O Direito da Empresa no Novo Código Civil", trabalho citado, p. 115.

medicamentos (farmácia). Ele deve adquirir, alugar, tomar emprestado, ou, de qualquer forma, reunir determinados bens, como, por exemplo: os remédios e outros produtos normalmente comercializados em farmácia, as estantes, balcões e demais itens de mobiliários, a máquina registradora, balança e equipamentos. Além desses bens, o empresário deverá encontrar um ponto para o seu estabelecimento, isto é, um imóvel (normalmente alugado), em que exercerá o comércio".[2] Extrai-se do conjunto de bens uma articulação dos bens em função de uma atividade econômica, isto é, de uma empresa.

Conforme lembra Eduardo Goulart Pimenta, "o direito positivo brasileiro, anterior ao Código Civil de 2002, não se preocupou em definir ou regulamentar organicamente o instituto do estabelecimento comercial.

Não se pense, entretanto, que as normas então vigorantes ignorassem completamente a questão. Significa apenas que carecia a matéria da generalidade e organização que lhe trouxe o novo Código".[3] Havia diplomas legais que se referiam e disciplinavam aspectos do estabelecimento, como o Decreto nº 24.150, de 20.04.1934 (que regulamentava a renovação de contratos de locação comercial ou industrial); e o Decreto-lei nº 7.661, de 21.06.1945 (diploma que disciplinava a falência e a concordata, atualmente substituído pela Lei nº 11.101, de 09.02.2005, que regula a recuperação judicial, a extrajudicial e a falência do empresário e da sociedade empresária).

2. ESTABELECIMENTO COMO SUPORTE DA ATIVIDADE EMPRESÁRIA

Em termos claros, explica Vera Helena de Mello Franco: "O empresário necessita, para o exercício da sua empresa, de uma série de meios, que tanto podem ser materiais, quanto imateriais. E é, justamente, o conjunto destes bens, quando dinamizados pelo empresário, mediante o exercício da empresa, o que se convencionou denominar o estabelecimento comercial".[4]

Tem-se o estabelecimento como o suporte da atividade empresária, seja a exercida por uma pessoa organizada para esse fim, seja a que desenvolve uma pessoa jurídica, que passa a ser empresa.

Assim, o empresário e a empresa desempenham a atividade econômica e profissional em um estabelecimento, que é o conjunto de bens ou coisas que permite a realização da atividade.

O estabelecimento se justifica porque existe o empresário ou a empresa, cujos conceitos elucidam a compreensão de sua finalidade. O conceito de empresário está no art. 966: "Considera-se empresário quem exerce profissionalmente atividade econômica organizada". Está na estrutura do conteúdo o exercício ou a prática de atividade econômica organizada, isto é, planejada e dirigida para conseguir o proveito econômico, o lucro, a vantagem, possibilitando a subsistência e a formação de riquezas ou patrimônio. Já empresa aproveita a ideia de empresário, pois o art. 982 a conceitua como "a sociedade que tem por objeto o exercício de atividade própria de empresário sujeito a registro".

---

[2]   *Curso de Direito Comercial*, vol. 1, p. 91.
[3]   "O Estabelecimento", *in Direito de Empresa no Novo Código Civil*, Rio de Janeiro, Editora Forense, 2004, p. 96.
[4]   *Manual de Direito Comercial*, ob. cit., vol. I, p. 134.

3. ELEMENTOS INTEGRANTES DA UNIVERSALIDADE DO ESTABELECIMENTO, IN-CLUINDO A CLIENTELA, O FUNDO DE EMPRESA E O AVIAMENTO

Daí se formar a ideia de estabelecimento como a universalidade, o conjunto ou o acervo de bens organizado de modo a propiciar a realização de atividade econômica organizada, abrangendo a matéria-prima, as máquinas, os estoques, os veículos de transporte, os bens móveis como mesas, cadeiras, telefones, computadores. Também fazem parte do estabelecimento os programas de informática, o conhecimento ou *know-how*, a técnica ou especialização na atividade, o conjunto de clientes, o conceito na praça, os prêmios alcançados, os bens ou valores incorpóreos, e, portanto, os segredos profissionais, os inventos, a marca, os modelos de utilidade, os desenhos industriais, isto é, aqueles bens protegidos pela Lei nº 9.279, de 1996. Vai além do puro conteúdo do denominado fundo de comércio (mais apropriada a denominação 'fundo de empresa'), pois este se restringe a uma estimativa econômica de uma sociedade que outrora se chamava comercial, a qual se resumia mais em um montante monetário estimado de acordo com o valor que adquiria um ponto ou local onde se realizava a atividade. Fábio Ulhoa Coelho dá a exata dimensão: "Registro que não é correto tomar por sinônimos 'estabelecimento empresarial' e 'fundo de empresa'. Este é um atributo daquele; não são, portanto, a mesma coisa. Precise-se: o estabelecimento empresarial é o conjunto de bens que o empresário reúne para explorar uma atividade econômica, e o fundo de empresa é o valor agregado ao referido conjunto, em razão da mesma atividade".[5]

A extensão do significado é dimensionada pela jurisprudência: "Integra o estabelecimento empresarial não só o conjunto de bens materiais, mas, também, os de bens imateriais, entre eles o denominado *know-how*... A venda do estabelecimento pode ocorrer a pouco e pouco, e não necessariamente de uma só vez, para que se caracterize a hipótese em questão".

Compreende o estabelecimento, pois, o instrumento, ou exteriorização da atividade do empresário, mas estende-se na significação, já que abrange também o valor econômico do nome, do local, da projeção social, da difusão no meio do público consumidor. Nem sempre se mede o alcance econômico pelo patrimônio físico, pois existem empresas com pouco mobiliário, com reduzido estoque, sem a propriedade do prédio, ou com apenas alguns bens agregados. E mesmo assim, o estabelecimento alcança uma estimativa elevada em face da atividade desenvolvida, dos resultados econômicos que produz, e da relevância dos serviços que presta.

Pode-se acrescentar que ao espaço físico e às coisas materiais são agregados valores e bens imateriais, como o segredo profissional, a franquia, a patente, os inventos, a organização interna, a clientela já conquistada.

Quanto à clientela, a transferência decorre naturalmente, sem impor em obrigatoriedade, ou em repercussão no preço em havendo a alienação, se os clientes optarem em não continuar com os novos titulares do estabelecimento.

O aviamento, que é o potencial de lucratividade, ou a perspectiva de lucro líquido, entra como bem do estabelecimento, tornando-se atributo relevante para sua avaliação, especialmente para a hipótese de negociação. Vários os fatores que favorecem o seu incremento, como a localização do empreendimento, as facilidades oferecidas, o espaço para estacionamento, a qualidade dos produtos, a competência técnica na produção de

---

[5] *Curso de Direito Comercial*, vol. 1, p. 93.

bens ou prestação de serviços, a facilidade de colocação, e a penetração das mercadorias ou fama dos serviços junto ao público.

Dá Vera Helena de Mello Franco a relação de clientela e aviamento: "A clientela é uma manifestação externa do aviamento, um de seus fatores, podendo ser seu resultado principal (mas não necessariamente). Não é, porém, o seu único fator. O aviamento provém de vários outros, como a localização do negócio, a habilidade e honestidade do pessoal, a boa qualidade das mercadorias, a notoriedade das marcas etc."[6]

Em síntese, trata-se de um conjunto de bens, serviços e relações jurídicas que se integram visando o exercício de atividade empresarial, tornando mais conhecida e valorizada a empresa, e, assim, o *shopping*, a loja, o supermercado, a farmácia, o minimercado, a oficina mecânica, a padaria, a indústria de cerâmica, a fábrica de mobiliário, a banca de jornais, o escritório de advocacia, a clínica médica ou dentária, o laboratório de análises clínicas, o posto de gasolina, o cinema, o açougue, o restaurante, a livraria, a loja de materiais de construção, o banco, pois lhe foram imprimidas ou acrescidas características de especialização, de conquista de clientela, de profissionalização, de valorização na praça, de conhecimento público, e outras virtudes econômicas.

4. ESTABELECIMENTO COMO RESULTADO DA FUSÃO ENTRE BENS CORPÓREOS E INCORPÓREOS

Modesto Carvalhosa destaca em bens corpóreos e em bens incorpóreos a compreensão do estabelecimento: "Esses bens podem ser de natureza corpórea ou incorpórea. Os primeiros compreendem a matéria-prima, máquinas, mobiliários, mercadorias estocadas, veículos e demais bens corpóreos utilizados pelo empresário na exploração de sua atividade econômica. Note-se que esses bens só admitem uma enumeração genérica e exemplificativa, pois variam conforme o ramo de atividade explorado pela empresa e as singularidades da atividade organizacional empreendida por seu titular.

Já os bens incorpóreos consistem (I) nos elementos de identificação da empresa, quais sejam, o título do estabelecimento, o nome empresarial e as marcas, insígnias e outros sinais distintivos registrados; (II) nos bens industriais, que são as patentes de invenção, modelos de utilidade, registro de desenho industrial; e (III) no ponto empresarial".[7]

Apresenta-se uma conjugação de fatores, como os de produção, de capital, de trabalho, de outros participantes, tudo visando a centralização dos interesses para a sociedade.

5. NATUREZA DO ESTABELECIMENTO

Não se reconhece ao estabelecimento uma personificação, ou uma existência jurídica independente e autônoma. Não se exterioriza em um contrato, com o respectivo registro em algum órgão que lhe dá individualidade própria. É que não se concebe o mesmo sem a pessoa jurídica ou mesmo física do qual faz parte e integra. Nessa visão, não se torna sujeito de direitos e obrigações, nem pode integrar uma relação jurídica entre indivíduos ou sociedades.

---

[6] *Manual de Direito Comercial*, ob. cit., vol. I, p. 140.
[7] *Comentários ao Código Civil*, ob. cit., vol. 13, p. 617.

Considera-se um valor, ou um bem, um patrimônio, integrando a propriedade de um outro ente, afigurando-se comum atribuir-lhe o significado de local onde se expande ou desenvolve a atividade econômica da empresa. Torna-se suscetível de negócio ou transações, com a possibilidade de sua alienação, oneração e de outras formas de disposição.

O estabelecimento faz parte do patrimônio da sociedade empresária. Integra os bens que permitem o exercício das atividades próprias da empresa, ou do empresário individual, distinguindo-se do patrimônio da pessoa física, no que bem expõe Fábio Ulhoa Coelho: "Por fim, a definição de que o estabelecimento empresarial integra o patrimônio da sociedade empresária, composto pelos bens empregados na implantação e desenvolvimento da atividade econômica, importa a superação da discussão acerca da separação do patrimônio do empresário (a teoria do estabelecimento como patrimônio de afetação)". Não importa, em face da distinção, o afastamento dos bens da pessoa física em certas obrigações, quando se apura o desvio da administração, ou os excessos de mandato, ou a violação à lei através de atos abusivos ou fraudulentos.

É dada, pois, uma natureza ou um caráter patrimonial, incluindo-se na gama de valores ou componentes da empresa, com ampla faculdade de disponibilidade ou alienação.

6. DIREITOS E OBRIGAÇÕES TENDO POR OBJETO O ESTABELECIMENTO E SUA VENDA

É natural que o estabelecimento figure como objeto de direitos e obrigações, ou seja, que se realizem negócios, se prestem serviços e se contraiam deveres relativamente ao estabelecimento. Todo tipo de contratos está o empresário credenciado a efetuar, seja de cunho translativo ou constitutivo. Não se justifica a existência do estabelecimento sem realizar relações onerosas que o envolva, de cunho econômico, dirigidas para a produção de bens, ou sua comercialização, ou a prestação de serviços. Esse o entendimento de Eduardo Goulart Pimenta: "Assim, o lado das normas que protegem o direito de propriedade e uso de bens móveis, imóveis e incorpóreos, o direito positivo brasileiro passa a proteger expressamente também a universalidade em que se constitui o estabelecimento, ao qual, além dos bens que individualmente o compõem, o empresário acresce um outro elemento, representado pela organização que é dada a estes bens para o exercício da empresa".[8]

De modo que os elementos constitutivos do estabelecimento, como os bens móveis ou imóveis, os direitos e outros valores, sujeitam-se à compra e venda, à cessão, autorizando-se a sua defesa e reivindicação.

O próprio estabelecimento se sujeita à negociação, com sua transferência para terceiro.

O art. 1.143 alerta para essa gama de proteção e atividades, da qual decorrem direitos e obrigações: "Pode o estabelecimento ser objeto unitário de direitos e de obrigações, translativos ou constitutivos, que sejam compatíveis com a sua natureza".

Da regra, a par do direito constitutivo, consubstanciado na proteção da universalidade, na criação de direitos e deveres, e, assim, na penhora, hipoteca, usufruto, comodato, locação, depara-se o caráter translativo do estabelecimento, como a compra e venda, a doação, cessão, a dação em pagamento, a arrematação ou adjudicação em praça pública. Não decorre automaticamente que fique incluído o nome do estabelecimento, pois neste particular se tem como um de seus elementos, não o absorvendo.

---

[8] "O Estabelecimento", trabalho citado, pp. 99-100.

868 • Direito de Empresa | *Arnaldo Rizzardo*

Fornece Eduardo Goulart Pimenta o alcance da alienação ou trespasse: "Alienação do estabelecimento empresarial significa a troca na titularidade do conjunto patrimonial por ele representado. O sujeito de direito (empresário individual ou sociedade empresária) titular do estabelecimento o transfere (gratuita ou onerosamente) a outro sujeito de direito, seja ele uma pessoa física ou sociedade".[9]

Na alienação, inclui-se o título do estabelecimento, que é o nome de fantasia, ou o nome do estabelecimento, e tendo por finalidade a indicação ou designação do local, ou prédio, ou casa, onde é exercida e executada a atividade empresarial. Não abrange, por evidente, o nome empresarial, que corresponde à firma ou razão social da sociedade, com a inclusão do nome da pessoa física ou jurídica dos componentes.

Necessária a averbação da alienação no registro de sua inscrição, requisito este ordenado expressamente pelo art. 1.144: "O contrato que tenha por objeto a alienação, o usufruto ou arrendamento do estabelecimento, só produzirá efeito quanto a terceiros depois de averbado à margem da inscrição do empresário, ou da sociedade empresária, no Registro Público de Empresas Mercantis, e de publicação na imprensa oficial". A transferência produzirá efeito perante terceiros somente depois da competente averbação e da publicação do ato. Assim também o usufruto e o arrendamento, que só produzirão efeito quanto a terceiros depois de arquivado na Junta Comercial e de publicado, pela sociedade empresária, na imprensa oficial. A publicação poderá ser em forma de extrato, desde que expressamente autorizada no contrato.

A publicação se faz no órgão oficial onde se concentra o maior volume de negócios do empresário, que deverá ser o local em que se encontra a sede e se contraem as obrigações do estabelecimento. Não se dispensa esse ato, já que torna público o documento averbado da transferência, permitindo o seu acesso a todos quantos revelarem interesse, já que as Juntas Comerciais devem fornecer a qualquer pessoa os dados do registro, sem a necessidade de alguma justificativa.

Consoante transparece do teor do dispositivo, resume-se a publicação à divulgação pela imprensa oficial, isto é, ao jornal oficial da localidade, distintamente da publicação de outros atos, que exige se proceda na imprensa oficial e em jornal de grande circulação, por imposição do § 1º do art. 1.152. Não se confunde com a publicação de outros atos, que também se faz em jornal de grande circulação, que visa noticiar e não constituir direitos e obrigações em favor dos sócios e de terceiros, que decorrem da publicação oficial, a qual tem fé pública.

Com esse ato, firma-se a presunção do conhecimento por terceiros, não mais se tolerando a escusa de cumprimento das obrigações.

Para viabilizar a transferência, que se formaliza através de mudança de seu controle, é necessária a alteração do contrato, ato este dependente de certidões negativas de tributos e contribuições previdenciárias.

Necessário distinguir entre trespasse ou alienação e cessão de quotas ou direitos na empresa, o que faz Fábio Ulhoa Coelho: "O trespasse não se confunde com a cessão de quotas sociais de sociedade limitada ou a alienação de controle de sociedade anônima. São institutos jurídicos bastante distintos, embora com efeitos econômicos idênticos, na medida em que são meios de transferência da empresa. No trespasse, o estabelecimento empresarial deixa de integrar o patrimônio de um empresário (o alienante) e passa para o de outro (o adquirente). O objeto da venda é o complexo de bens corpóreos, envolvidos com a explora-

---

[9] "O Estabelecimento", trabalho citado, p. 102.

ção de uma atividade empresarial. Já na cessão de quotas sociais de sociedade limitada ou na alienação de controle de sociedade anônima, o estabelecimento empresarial não muda de titular. Tanto antes como após a transação, ele pertencia e continua a pertencer à sociedade empresária. Essa, contudo, tem a sua composição de sócios alterada. Na cessão de quotas ou alienação de controle, o objeto da venda é a participação societária".[10]

7. TRANSFERÊNCIA DE QUOTAS E CONSENTIMENTO DOS CREDORES NA TRANS-FERÊNCIA DO ESTABELECIMENTO

A transferência do estabelecimento se faz acompanhar da transferência de quotas. Não se compreende a venda do estabelecimento sem a cessão das quotas, com a mudança de titularidade. Não cabe pensar que se transfere o complexo de bens e valores da empresa, mantendo-se as quotas. Em última instância, pois, a venda ou transferência do estabelecimento constitui uma cessão de quotas, as quais mudam de titularidade.

Na inexistência de outros bens que suportem as obrigações, unicamente se pagas as obrigações pendentes, tanto de créditos tributários como de créditos particulares, a menos que se obtenha o consentimento expresso ou tácito do credor, permite-se a transferência do estabelecimento, no que se revela peremptório o art. 1.145: "Se ao alienante não restarem bens suficientes para solver o seu passivo, a eficácia da alienação do estabelecimento depende do pagamento de todos os credores, ou do consentimento destes, de modo expresso ou tácito, em 30 (trinta) dias a partir de sua notificação".

Desenvolve o assunto Celso Marcelo de Oliveira: "Para a validade ou eficácia do negócio relativo à negociação do estabelecimento, faz-se necessário que a transação não venha a causar prejuízo a terceiros, notadamente aos credores do detentor do estabelecimento. Portanto, se ao alienante não restarem bens suficientes para solver o seu passivo, a eficácia da alienação do estabelecimento depende do pagamento de todos os credores, ou do consentimento destes, de modo expresso ou tácito, em trinta dias de sua notificação, que pode ser feita via procedimento judicial ou extrajudicial".[11]

Já era assim na transferência de bens na falência, conforme se colhia dos arts. 2º, inc. V, e 52, incisos VII e VIII, do Decreto-lei nº 7.661, de 21.06.1945, e continua sendo no art. 94, inc. III, alínea *c*, e no art. 129, incisos VI e VII, da Lei nº 11.101, de 09.02.2005.

O consentimento tácito consiste na omissão em responder à notificação, ou na falta de manifestação em contrário. Todavia, para gerar efeito positivo à notificação, incumbe ao empresário informar o estado de pré-insolvência do estabelecimento que deseja transferir, concedendo-se um prazo razoável para a oposição.

Resta evidente que a venda do estabelecimento significa a confissão da inexistência de bens para o pagamento de obrigações. Daí que a condição para o consentimento está na finalidade de solver o passivo, não podendo o empresário reter o valor advindo.

Antes de efetuar a alienação, procede-se à notificação dos credores para se manifestarem, que se efetiva por carta ou outro instrumento, desde que devidamente comprovado o ato. A mera oposição não é suficiente para invalidar o ato. Impõe-se ao credor produzir elementos de prova da insolvência ou incapacidade de pagar resultante da alienação. Ainda, para justificar-se a recusa, imprescindível que transpareça a falta de segurança quanto à destinação do valor ao pagamento das obrigações.

---

[10] *Curso de Direito Comercial*, vol. 1, pp. 111-112.
[11] *Manual de Direito Empresarial*, ob. cit., vol. I, p. 351.

8. RESPONSABILIDADE DO ADQUIRENTE PELAS OBRIGAÇÕES DO ALIENANTE

O adquirente fica responsável pelo pagamento das dívidas pendentes, ou que aparecerem, enquanto remanesce a responsabilidade do alienante pelo prazo de um ano, a contar da publicação da alienação, pelas dívidas vencidas; e quanto às demais obrigações, da data do vencimento, mas criadas antes da venda. Assim se entende do art. 1.146: "O adquirente do estabelecimento responde pelo pagamento dos débitos anteriores à transferência, desde que regularmente contabilizados, continuando o devedor solidariamente obrigado pelo prazo de 1 (um) ano, a partir, quanto aos créditos vencidos, da publicação, e quanto aos outros, da data do vencimento".

O conteúdo revela certa complexidade. Em primeiro lugar, a responsabilidade restringe-se aos débitos devidamente contabilizados. E caso não venha escriturada a dívida, isto é, não se encontre lançada em livros ou documentos, o que pode acontecer por omissão fraudulenta, ou má-fé, do titular que procede a venda e do adquirente, não incidiria a responsabilidade. Esta isenção é inadmissível, e contraria outros princípios de direito, como o do enriquecimento indevido e o que torna anuláveis os atos cometidos em fraude contra credores, com suporte no art. 158 do Código Civil.

Em segundo lugar, parece inconveniente a limitação do prazo que assegura a responsabilidade do vendedor pelo prazo de um ano a contar da publicação da transferência no pertinente aos créditos vencidos, e do vencimento aos demais créditos, mas, por óbvio, desde que constituídos antes da alienação. Se admitida a subsistência da responsabilidade, deve manter-se até a solvência da dívida. Do contrário, se transcorrido mais um ano daqueles eventos, libera-se o anterior titular da obrigação, mesmo que venha a adquirir patrimônio e revelar capacidade econômica em pagar.

De qualquer sorte, para a validade da alienação, é indispensável o consenso de todos os credores, tenham ou não os créditos contabilizados, pois nada encerra em contrário o art. 1.145. Tenha-se em mente sempre que não deve haver prejuízo a terceiros ou credores, cumprindo que tudo gire em torno do pagamento das dívidas.

Oportuno fixar o momento da contagem do prazo constante do art. 1.146, o que faz Cássio Machado Cavalli: "Será a contar da data da alienação, vincada pela publicidade efetivamente realizada, que o negócio que recaiu sobre o estabelecimento será eficaz perante terceiros e, portanto, se iniciará a contagem do prazo prescricional mencionado nos arts. 1.146, 1.147 e 1.148".[12]

9. EFEITOS DA TRANSFERÊNCIA NO DIREITO DO TRABALHO E NO DIREITO TRIBUTÁRIO

Repercussões surgem no direito do trabalho e no direito tributário.

Em relação ao direito do trabalho, mantêm-se as relações entre empregados e empregadores com a alienação do estabelecimento. O art. 448 da Consolidação das Leis Trabalhistas assegura os efeitos dos contratos de trabalho na mudança de propriedade da empresa, respondendo o antigo proprietário e o adquirente pelas obrigações pendentes. De notar, ainda, pelo art. 10 da mesma Consolidação, que qualquer alteração na propriedade, ou na estrutura pública da empresa, não afetará os direitos adquiridos de seus empregados.

---

[12] "O Direito da Empresa no Novo Código Civil", trabalho citado, p. 121.

Em síntese, permanece o contrato de trabalho no trespasse do estabelecimento ou mesmo de seus bens, equivalendo a dizer que seguem mantidos os empregos, tudo sub-rogando-se automaticamente ao adquirente.

Já quanto às obrigações tributárias pendentes, sempre fica mantida na pessoa do alienante a obrigação tributária. No tocante ao adquirente, deve-se levar em conta o art. 133 do Código Tributário Nacional: cumpre distinguir se o alienante deixa ou continua a explorar qualquer atividade econômica, não importando se igual ou diferente daquela que era explorada no estabelecimento que foi vendido, nos seis meses seguintes à alienação. Não mantendo a exploração, incide a responsabilidade direta do adquirente. Em caso contrário, mas aí unicamente se prosseguida a mesma atividade, responde o adquirente indireta e subsidiariamente se verificada a quebra ou insolvência do alienante. Verificada a alteração da atividade pelo adquirente, não se lhe afeta a obrigação pelas dívidas anteriores à aquisição.

Daí se deduzir que, cessando o alienante suas atividades, impõe-se o pagamento prévio dos tributos, para cessar a responsabilidade do adquirente; manter-se-á subsidiariamente a responsabilidade, se o empresário que transferir prossegue nas suas atividades, ou iniciar, no prazo de seis meses a contar da transferência, nova atividade no mesmo ou em outro ramo empresarial.

Eis os termos do art. 133: "A pessoa natural ou jurídica de direito privado que adquirir de outra, por qualquer título, fundo de comércio ou estabelecimento comercial, industrial ou profissional, e continuar a respectiva exploração, sob a mesma ou outra razão social ou sob firma ou nome individual, responde pelos tributos, relativos ao fundo ou estabelecimento adquirido, devidos até a data do ato:

I – integralmente, se o alienante cessar a exploração do comércio, indústria ou atividade;

II – subsidiariamente com o alienante, se este prosseguir na exploração ou iniciar dentro de 6 (seis) meses, a contar da data da alienação, nova atividade no mesmo ou em outro ramo de comércio, indústria ou profissão".

10. VENDA DO ESTABELECIMENTO E CONCORRÊNCIA AO ADQUIRENTE

É decorrência normal que a venda importa em transferência do negócio, ou ramo de atividades. Não tem sentido a alienação do estabelecimento e continuar o alienante no desempenho da atividade ou dos serviços que realizava fazendo concorrência ao comprador. Por outras palavras, não é lícito ao alienante do estabelecimento, sem autorização do adquirente, constituir novo estabelecimento, com o que retiraria a clientela que implicitamente transferiu. Assim, visando a proteção do adquirente, e até assegurar a seriedade da transação, salvo autorização expressa, impede o art. 1.147 do Código Civil que o vendedor faça concorrência, pelo prazo de cinco anos, ao adquirente: "Não havendo autorização expressa, o alienante do estabelecimento não pode fazer concorrência ao adquirente, nos 5 (cinco) anos subsequentes à transferência".

Restabelecer-se importa em novamente estabelecer-se, vindo a concorrer com o adquirente do negócio.

Tem-se na regra um mecanismo de proteção ao adquirente, com a proibição pura e simples do alienante em restabelecer o mesmo ramo de atividade do adquirente, no mesmo local ou na região onde era desenvolvida, por um certo período de tempo, a menos que venha consignada, em contrato, a autorização expressa. A finalidade de proteção afasta a ação dos negociantes desonestos e maliciosos, que vendem o estabelecimento material e perduram com a mesma atividade em próximos.

Não importa em simples proibição no desempenho da atividade ou na produção dos bens que eram objeto do estabelecimento alienado, desde que não represente concorrência. Ou seja, a limitação está na prática na mesma localidade onde está o estabelecimento vendido, ou a venda de produtos aos clientes que antes eram atendidos por este último. Desde que não interfira na redução de clientela do adquirente, ou na atuação em região na qual explora este último, parece que não se impede o exercício da mesma prestação de serviços, ou na fabricação de idênticas mercadorias.

Inconcebível que o anterior dono abra um negócio idêntico ao que vendeu nas imediações. Assim, se possuía uma padaria em certa rua, não pode, em seguida à sua venda, instalar outro estabelecimento igual na mesma zona, de modo a continuar a atender os clientes que tinha anteriormente. Nada impede, porém, que abra a padaria em zona completamente diferente, na qual diferentes são os possíveis interessados na compra de produtos.

O prazo de cinco anos deve iniciar a partir da data da publicação. O trespasse do estabelecimento, nos termos do art. 1.144, se aperfeiçoa com o arquivamento do ato e da publicação. Se ordenada a cientificação a terceiros, é porque se trata de uma medida indispensável para a efetivação do ato.

Se arrendar ou der em usufruto o estabelecimento, a proibição vigora enquanto dura o contrato, tudo em consonância com o parágrafo único do preceito acima: "No caso de arrendamento ou usufruto do estabelecimento, a proibição prevista neste artigo persistirá durante o prazo do contrato". Revelaria total má-fé o dono de um negócio se o alugasse, e abrisse um similar, com a venda dos mesmos produtos, nas adjacências. Nessa proibição inclui-se se único o estabelecimento no país, e abrindo-se outro embora em ponto completamente oposto ao vendido. Interessa, aqui, a exclusividade que existia na venda ou distribuição de produtos.

11. TRANSFERÊNCIA DO ESTABELECIMENTO E SUB-ROGAÇÃO NOS NEGÓCIOS

Uma vez consumada a transferência, obrigatoriamente fica o adquirente sub-rogado nos negócios, nas atividades, nos contratos que tinha o vendedor, que se obriga a transferi-los, a menos que tenham o caráter pessoal, ou *intuitu personae*, o que acontece na prestação de serviços, ou na confecção de obras de arte e de certos produtos que dependam de uma capacidade especial. Aos terceiros, no entanto, fica reservado o direito de rescindir o contrato, se presente justa causa, como deficiências nos serviços ou bens fabricados, atrasos, queda de qualidade, elevação exagerada nos preços. Nos contratos já celebrados, e em andamento, se justificada a rescisão, assegura-se a competente indenização perante o alienante. É o que vem sumulado no art. 1.148: "Salvo disposição em contrário, a transferência importa a sub-rogação do adquirente nos contratos estipulados para exploração do estabelecimento, se não tiverem caráter pessoal, podendo os terceiros rescindir o contrato em 90 (noventa) dias a contar da publicação da transferência, se ocorrer justa causa, ressalvada, neste caso, a responsabilidade do alienante".

Impera a presunção de que a aquisição de um estabelecimento já existente importa na assunção da estrutura formada, da clientela criada, e dos contratos entabulados e em curso, tendo por objeto a exploração direta das atividades da empresa, como os de compra e venda de mercadorias ou de prestação de serviços necessários à realização das atividades.

Todavia, o contrato de locação não se transmite automaticamente ao adquirente, o que constitui um grave problema, caso o locador venha a pedir a restituição do imóvel, pois o local ou ponto pode ser a razão fundamental do sucesso do estabelecimento.

Há a presunção de que a totalidade dos contratos se transfere, e, assim, as encomendas já feitas, as promessas de execução de obras, as locações celebradas, as dívidas pendentes, os créditos a serem recebidos.

Incluem-se como exceções à regra os contratos de caráter pessoal, como os que envolvem a prestação de serviços artísticos ou técnicos, e assim o de pintura, o que visa a elaboração de um trabalho por profissional renomado, o de uma cirurgia que requeira alta especialização. Na confecção da obra ou na realização dos serviços, se exige um diferencial de qualidade que não se encontra na generalidade dos profissionais da área. A prestação é, pois, infungível, fazendo parte de uma contratação personalíssima.

Não existindo tal caráter, não se faculta aos terceiros a rescisão do contrato. Não se reconhece essa faculdade com amparo no livre arbítrio, ou pela mera decisão de não se aceitar caprichosamente o novo titular do estabelecimento. Impõe-se a presença de justa causa, ou de uma razão suficientemente plausível.

Quanto ao prazo para os terceiros rescindirem, cumpre se observem os noventa dias mesmo que não realizado o serviço, ou não cumprida a prestação. Esse prazo é contado a partir da data da publicação oficial da transferência do estabelecimento, por força do art. 1.144.

Como fatores que importam na justa causa, além das acima indicadas, estão a falta de idoneidade do adquirente, a venda de instrumentários, a evidente insolvência do adquirente, a dispensa de técnicos capazes na execução das encomendas. Se vier a ocorrer a prestação ou o cumprimento e, efetuada a entrega, surgirem defeitos ou imperfeições que comprometam a qualidade, a justa causa aí não tem origem na alienação feita indevidamente, e sim na execução dos serviços. Procura-se a solução judicial pela deficiente prestação, ou pelo defeito da coisa diretamente contra o adquirente, aplicando-se os prazos comuns da prescrição.

No pertinente aos devedores, a sua relação com o adquirente surge a partir da publicação do ato de transferência. Não se requer a notificação individual de cada um dos contratantes ou devedores.

Não se pode exigir a repetição de pagamento, se efetuado antes da publicação ao alienante, a menos que comprovadamente avisado da transferência. Dá-se a exoneração unicamente se cumprido o pagamento de boa-fé. Extrai-se, realmente, do art. 1.149: "A cessão dos créditos referentes ao estabelecimento transferido produzirá efeito em relação aos respectivos devedores, desde o momento da publicação da transferência, mas o devedor ficará exonerado se de boa-fé pagar ao cedente".

Há uma contradição na regra. Veja-se que a publicação faz surgirem efeitos em relação aos devedores. Tanto que o parágrafo único do art. 1.154 alerta que o terceiro não pode alegar ignorância, desde que cumpridas as formalidades, sendo uma delas a publicidade. Não mais lhes socorre qualquer escusa se procedido o pagamento ao cedente. Embora essa premissa, excepcionada ficou a hipótese se de boa-fé efetuado o pagamento, no caso, a pessoa errada, isto é, ao credor originário. No entanto, é difícil ver boa-fé depois da publicidade. Ademais, as dívidas empresariais são solvidas através de recibo, ou documento onde aparece o nome do credor, ou mediante a compensação financeira, em instituição bancária.

Por último, mister notar que a cessão dos créditos não decorre da simples alienação do estabelecimento, ou *ex lege*. Deve haver convenção das partes.

12. MODELO DE CONTRATO DE VENDA E COMPRA DE ESTABELECIMENTO

Apresenta-se no anexo um modelo de contrato de venda e compra de estabelecimento. A venda e compra, materializada por meio de um contrato próprio, não dispensa a alteração do contrato social, quando se verificará a cessão das quotas, o que se revela importante observar. Na verdade, opera-se uma alteração social, pela qual os sócios cedem suas quotas.

No caso de empresa individual, faz-se o contrato de venda e compra, para, depois, elaborar-se nova declaração de empresa individual, pelo titular que adquire o estabelecimento, providenciando-se na baixa da anterior.

O exemplo anexo evidencia a estratégia, mas não dispensando a posterior alteração do contrato, com a cessão das quotas aos adquirentes.

LX
O registro da sociedade

1. O ATO DO REGISTRO

Tanto o empresário como a empresa são obrigados a efetuar o registro junto ao Registro Público de Empresas Mercantis, a cargo das Juntas Comerciais. A obrigatoriedade está no art. 1.150 do Código Civil, vindo assinalada também em outros dispositivos, e constituindo matéria de leis especiais, ou seja, da Lei nº 6.015, de 31.12.1973, e da Lei nº 8.934, de 18.12.1994, em seu art. 32, inc. II, alínea *a*. Como as sociedades integram as pessoas jurídicas, a elas aplicam-se igualmente os arts. 45 e 46 do Código Civil, diploma este que traz, também, regras próprias nos arts. 967, 982, 983, 984, 985, 998, 999, e 1.000, dentre outros, tratando do registro, e impondo a sua efetivação para emergirem efeitos em relação a terceiros.

Eis o texto do art. 1.150: "O empresário e a sociedade empresária vinculam-se ao Registro Público de Empresas Mercantis a cargo das Juntas Comerciais, e a sociedade simples ao Registro Civil das Pessoas Jurídicas, o qual deverá obedecer às normas fixadas por aquele registro, se a sociedade simples adotar um dos tipos de sociedade empresária".

Nos termos do art. 2º da Lei nº 8.934, que se repetem no art. 2º de seu Decreto regulamentador nº 1.800, de 30.01.1996, sujeitam-se ao registro os atos e negócios jurídicos do empresário e da sociedade empresária.

No entanto, é necessário ressaltar que o registro não se arvora como elemento essencial para a constituição da sociedade, mas sim como elemento que gera a regularidade da sociedade. Tanto que existem as sociedades em comum, outrora sociedades de fato, ou irregulares. Mesmo que faltando o elemento do registro, surtem eficácia os atos que realizam tais sociedades.

Os termos 'registro' e 'inscrição' se equivalem, e correspondem à anotação, em livro próprio do órgão competente, da existência de um ato. Ao mesmo tempo em que se providencia no registro ou inscrição, se pede o arquivamento, correspondendo ao ato de entrega e depósito, para a devida guarda e conservação, de exemplar original dos documentos de constituição da sociedade ou do empresário. No entanto, registro e arquivamento se equivalem, consoante ensinamento de Roberto Barcellos de Magalhães, que se embasa em dispositivos do Código Comercial: "*Arquivamento*, no sentido dos arts. 10, nº II, e 301 do Código Comercial Brasileiro, é o ato de registro do contrato de sociedade, feito pela repartição oficial competente com o objetivo de dar publicidade e tornar a sociedade regular e para valer o instrumento contra terceiros".[1]

---

[1]   *A Nova Lei das Sociedades por Ações Comentada*, ob. cit., p. 479.

As modificações que acontecem e grande parte de eventos importantes, com repercussão junto a terceiros, devem ser averbadas na margem do registro, com a entrega dos documentos respectivos, para o devido arquivamento.

2. FUNÇÃO DO REGISTRO

Tem importante função o registro, o qual consiste em dar conhecimento ao público dos atos relevantes da vida das empresas. De igual modo essa é a finalidade, isto é, a divulgação e a publicidade, ao determinar a publicação das atas de reuniões ou de assembleias. Desta maneira, possibilita-se que terceiros, antes de negociarem, tenham conhecimento dos dados e outros fatos da sociedade. Busca-se, com o registro, conferir autenticidade, segurança e eficácia aos atos e negócios das sociedades, como decorre do art. 1º, inc. I, da Lei nº 8.934.

A mais importante das finalidades é dar publicidade aos atos e negócios jurídicos das sociedades.

Lembrava João Eunápio Borges: "A finalidade do registro do comércio, como é óbvio, é a de levar ao conhecimento do público em geral e sobretudo daqueles que tiverem relações de negócios com o comerciante todo e qualquer fato que lhes possa interessar, relativo à sua vida profissional e financeira".[2]

Celso Marcelo de Oliveira elenca várias consequências práticas:

"a) Nenhum sócio pode dispor do capital em uso próprio: se o faz, comete um furto e uma apropriação indevida, como se deitasse a mão sobre a fazenda alheia.

b) O patrimônio da sociedade é garantia dos seus credores. Os credores particulares de cada um dos sócios poderão exercer as suas ações sobre os dividendos assinados ao sócio seu devedor, mas deverão esperar que a sociedade se dissolva, para fazerem valer os seus direitos sobre a quota de capital que lhe respeita. Se a sociedade cai em falência, não serão admitidos a concorrer à massa social, mas farão valer o seu crédito sobre tudo o que reste ao seu devedor depois de satisfeitos os credores da sociedade.

c) A sociedade exerce o comércio com um nome próprio, diverso do dos sócios, e pode defendê-lo como qualquer comerciante contra quem tente usurpá-lo.

d) A sociedade tem um domicílio legal próprio, juridicamente distinto do dos sócios, em que deve ser citada quando demandada.

e) A sociedade pode estar em juízo contra os sócios: pode citá-los, por exemplo, para pagamento da sua quota, para reembolso dos danos sofridos em consequência de sua negligência; e pode por sua vez ser por eles citada para o pagamento dos dividendos, para o reembolso de despesas, de remunerações, de indenizações devidas.

f) O devedor à sociedade não pode eximir-se da obrigação de lhe pagar, opondo o crédito que tem contra um dos sócios, porque o débito do sócio não é débito da sociedade".[3]

---

[2]   *Curso de Direito Comercial Terrestre*, Rio de Janeiro, Editora Revista Forense, 1959, vol. I, p. 251.
[3]   *Tratado de Direito Empresarial Brasileiro*, ob. cit., pp. 10-11.

3. O ENCAMINHAMENTO DO REGISTRO

Os administradores encaminharão o registro. Na omissão, aos sócios e mesmo a outros interessados cabe suprir a iniciativa, não importando a ausência de poderes para tanto, em atendimento ao art. 1.151: "O registro dos atos sujeitos à formalidade exigida no artigo antecedente será requerido pela pessoa obrigada em lei, e, no caso de omissão ou demora, pelo sócio ou qualquer interessado".

O encaminhamento do registro se procede no período de trinta dias a contar da constituição, em acatamento ao § 1º do art. 1.151: "Os documentos necessários ao registro deverão se apresentados no prazo de 30 (trinta) dias, contado da lavratura dos atos respectivos".

Não que se proíba o encaminhamento posterior ao registro. Sempre se oportuniza a efetivação da medida. A diferença é que, ultrapassado esse lapso, não surtirá efeitos a sociedade quanto a terceiros, incidindo a responsabilidade pessoal dos sócios. Assim está no § 2º: "Requerido além do prazo previsto neste artigo, o registro somente produzirá efeitos a partir da data de sua concessão". Ou seja, os efeitos incidem a partir da lavratura do ato, e não do encaminhamento do pedido. Já se requerido o registro no prazo de trinta dias, os efeitos irão retroagir à data em que se fez o pedido para o ato.

Na verdade, não importando o prazo, sempre recai a responsabilidade nos sócios enquanto não levada a termo a providência. Exemplificativamente, na sociedade em comandita simples os sócios comanditários suportarão em comum todas as obrigações, não importando a existência de cláusula que faz assentar a responsabilidade unicamente no sócio comanditado.

Consoante já observado, não encaminhando os responsáveis os documentos a registro no prazo ordenado, a qualquer interessado, integrante ou não do quadro social, assegura-se a providência.

Além disso, os responsáveis incorrerão em perdas e danos, se desobedecida a exigência, na esteira do § 3º do art. 1.151: "As pessoas obrigadas a requerer o registro responderão por perdas e danos, em caso de omissão ou demora". Nessa previsão, se a falta de registro impede algum negócio, ou afasta o direito a benefícios fiscais, os administradores arcarão com as perdas decorrentes.

O registro da microempresa individual veio simplificado pela Lei nº 12.470, de 31.08.2011, já que autorizado o encaminhamento por meio eletrônico, consoante o § 4º do art. 968 do Código Civil, introduzido por referida lei: "O processo de abertura, registro, alteração e baixa do microempreendedor individual de que trata o art. 18-A da Lei Complementar nº 123, de 14 de dezembro de 2006, incluído pela Lei Complementar nº 147, de 2014, bem como qualquer exigência para o início de seu funcionamento deverão ter trâmite especial e simplificado, preferentemente eletrônico, opcional para o empreendedor, na forma a ser disciplinada pelo Comitê para Gestão da Rede Nacional para a Simplificação do Registro e da Legalização de Empresas e Negócios – CGSIM, de que trata o inciso III do art. 2º da mesma Lei".

4. AS CONSEQUÊNCIAS DA FALTA DE REGISTRO

Não levado a registro o contrato, não se abre ao sócio ou à pessoa que tem vínculo com a sociedade o direito de oposição no tocante às medidas encaminhadas por terceiros contra seus bens. Unicamente depois de efetuado o registro assegura-se a arguição de que a responsabilidade deve recair na sociedade e não na sua pessoa. Daí colhe-se a importância do registro, exigido, para a oposição de direito pessoal, pelo art. 1.154: "O ato sujeito a registro, ressalvadas disposições especiais da lei, não pode, antes do cumprimento das respectivas formalidades, ser oposto a terceiro, salvo prova de que este o conhecia".

Há uma presunção legal de conhecimento que se dá unicamente com o ato do registro. Uma vez efetuado, não se reconhece aos terceiros alegar a falta de conhecimento do teor dos documentos levados a registro.

Isto a menos que o terceiro seja conhecedor de que a obrigação pertencia à sociedade. Neste caso, não lhe assiste dirigir-se contra o sócio. Num exemplo, dirigindo-se um cliente à sede de uma sociedade, e adquirindo um bem diretamente da pessoa jurídica, que consta na nota de compra, fica ciente da existência da sociedade, tanto que dela promana a compra. Se, porém, um sócio faz uma transação e compromete a sociedade como obrigada, no caso de vir a ser demandado não se lhe garante a sua exclusão da responsabilidade, se faltar o registro.

A efetivação do registro não dá ao terceiro a prerrogativa de alegar ignorância ou desconhecimento, dada a finalidade própria do ato, que é dar ciência a todos da existência da sociedade. É claro, a respeito, o parágrafo único do art. 1.154: "O terceiro não pode alegar ignorância, desde que cumpridas as referidas formalidades".

5. A PUBLICIDADE DOS ATOS SOCIETÁRIOS E SUA VERIFICAÇÃO PELAS JUNTAS COMERCIAIS

Todas as sociedades devem ser inscritas no Registro Público de Empresas Mercantis, que se procede perante as Juntas Comerciais. A inscrição equivale ao registro, tornando do conhecimento público a sociedade, e sendo efetuada por órgãos denominados Juntas Comerciais. A estas entidades atribui o Código Civil várias incumbências, como verificar a publicação de seus estatutos, a convocação dos sócios para a aprovação e o exame da regularidade da constituição da sociedade.

De modo que não basta a mera apresentação do contrato para se efetuar o registro. É de grande importância a competência reconhecida às referidas Juntas para o correto exame e a decorrente apreciação do pedido de registro. Nesta função, cabe-lhe verificar, *v.g.*, se ficaram atendidas as publicações impostas, como as dos arts. 1.128 e 1.129, ordenadas para as sociedades que dependerem de autorização, e se estão presentes os elementos exigidos para a constituição da sociedade, que se encontram no art. 997 do diploma civil.

As matérias vêm regulamentadas nos arts. 1.152 e 1.153 e respectivos parágrafos.

No primeiro artigo e nos parágrafos se atribui a verificação da regularidade das publicações, exigidas na convocação dos sócios para a aprovação da sociedade. Eis a redação do *caput*: "Cabe ao órgão incumbido do registro verificar a regularidade das publicações determinadas em lei, de acordo com o disposto nos parágrafos deste artigo". Está assentado, pois, o dever de examinar a obediência aos ditames que tratam da publicação de editais para a convocação dos sócios tanto para a fundação da sociedade e sua aprovação, como para as modificações ou alterações. Antes de efetuar o registro, examinará o cartório se processadas regularmente as convocações, com as devidas publicações. É que a publicidade dos atos e negócios societários se aperfeiçoa com o registro e as publicações oficiais, necessariamente impondo-se a obediência.

Não se olvida, no entanto, que o mero comparecimento dos sócios dispensa a convocação, e, assim, a publicação de editais. Igualmente se dispensa a formalidade se procedida de outro modo a convocação, como por carta com aviso de recebimento ou simples lista de assinaturas. Nesse sentido, cumpre lembrar o art. 1.072, que autoriza a convocação na forma ordenada no contrato, o que permite que se faça até por fax, ou *e-mail*.

A convocação por edital se destina para as grandes sociedades, compostas de numerosos sócios.

O que se permite alterar é o procedimento destinado à divulgação dos atos societários, desde que a lei ordinária o permita, inclusive o contrato social, e não a sua dispensa, sob pena de retirar a necessária segurança nas relações jurídicas.

Citam-se como atos cuja publicação é obrigatória:

a) redução de capital, quando considerado excessivo em relação ao objeto da sociedade (§ 1º do art. 1.084 CC/2002) (publicação anterior ao arquivamento);

b) dissolução da sociedade (inciso I, art. 1.103, CC/2002) (publicação posterior ao arquivamento);

c) extinção da sociedade (parágrafo único, art. 1.109, CC/2002) (publicação posterior ao arquivamento);

d) incorporação, fusão ou cisão da sociedade (art. 1.122, CC/2002) (publicação posterior ao arquivamento).

Procedem-se às publicações em jornal oficial da União ou dos Estados, conforme ficar a sede no Distrito Federal, nos Territórios Federais, ou nos territórios dos Estados, além de em jornal particular de grande circulação, por ordem do § 1º do art. 1.152 da lei civil: "Salvo exceção expressa, as publicações ordenadas neste Livro serão feitas no órgão oficial da União ou do Estado, conforme o local da sede do empresário ou da sociedade, e em jornal de grande circulação".

Isto, consoante já se referiu, se não utilizada outra modalidade de convocação, e se lei especial não prever forma diferente.

A publicação oficial faz presumir o conhecimento por terceiros dos atos, dandolhes eficácia *erga omnes*, tornando pública a sua existência, possibilitando que qualquer interessado tome conhecimento do inteiro teor, e conferindo-lhe fé pública.

As publicações se efetuam, como regra geral, inclusive em jornal de grande circulação, para a finalidade de dar ampla divulgação ao ato, desde que a lei expressamente não contemple modo diverso, como no caso de referir a publicação somente em órgão oficial da União ou dos Estados.

Quanto às sociedades estrangeiras, tanto para se instalarem no Brasil como para se mudarem, a publicação de convocação de sócios para a aprovação e para dar conhecimento a terceiros procede-se em jornal oficial da União e do Estado onde se localizarem as sucursais, filiais ou agências, além de jornal da localidade, de acordo com o § 2º: "As publicações das sociedades estrangeiras serão feitas nos órgãos oficiais da União e do Estado onde tiverem sucursais, filiais ou agências".

Em se tratando de sociedade anônima, segue-se a Lei nº 6.404, em seu art. 86, conforme o art. 1.089 do Código Civil. Não vem, em seu texto, determinado que se faça a convocação através de editais.

Já o § 3º do art. 1.152 dispõe que se publique o edital em três ocasiões, tanto no diário oficial como em jornal particular local, numa intercalação entre a data da publicação e da assembleia de oito dias para a primeira convocação, e de cinco dias para as posteriores: "O anúncio de convocação da assembleia de sócios será publicado por 3 (três) vezes, ao menos, devendo mediar, entre a data da primeira inserção e a da realização da assembleia, o prazo mínimo de 8 (oito) dias, para a primeira convocação, e de 5 (cinco) dias, para as posteriores".

A ordem que determina a publicação em jornal oficial e em jornal de grande circulação colhe-se do § 1º, que inclui na publicação em órgão oficial da União ou do Estado e em jornal de grande circulação, levando a concluir que é concomitante.

Se de responsabilidade limitada a sociedade, a assembleia se instalará, em primeira convocação, com a presença de, no mínimo, três quartos do capital social; em segunda convocação, com qualquer número, tudo de acordo com o art. 1.074. No caso de simples, ou em nome coletivo, ou em comandita, depende da maioria absoluta de votos computados de acordo com a participação social, tudo por força dos arts. 1.010, 1.040, e 1.046 do Código Civil. Em segunda convocação, decide-se pela maioria simples.

A primeira convocação se fará no mínimo oito dias antes da data da assembleia. As publicações posteriores devem ser feitas, no mínimo, cinco dias antes da data da segunda convocação.

O art. 1.153 é expresso em orientar quanto à observância dos elementos internos do contrato social, e mais, examinar a autenticidade, a legitimidade e a legalidade do requerimento, atribuindo à autoridade da Junta o exame de seu preenchimento: "Cumpre à autoridade competente, antes de efetivar o registro, verificar autenticidade e a legitimidade do signatário do requerimento, bem como fiscalizar a observância das prescrições legais concernentes ao ato ou aos documentos apresentados".

6. DISCRIMINAÇÃO SISTEMATIZADA DE ATOS SOCIETÁRIOS PRECEDIDOS DA PRÉVIA PUBLICIDADE

A fim de melhor se sistematizar a matéria dependente de publicidade, citam-se os principais casos previstos no Código Civil:

a) Da convocação dos sócios para a assembleia, nos termos do § 3º do art. 1.152: "O anúncio de convocação da assembleia de sócios será publicado por 3 (três) vezes, ao menos, devendo mediar, entre a data da primeira inserção e a da realização da assembleia, o prazo mínimo de 8 (oito) dias, para a primeira convocação, e de 5 (cinco) dias, para as posteriores".

b) Da ata da assembleia que deliberar sobre a redução do capital da sociedade limitada, prevendo o § 1º do art. 1.084: "No prazo de 90 (noventa) dias, contado da data da publicação da ata da assembleia que aprovar a redução, o credor quirografário, por título anterior a essa data, poderá opor-se ao deliberado".

c) Da ata, da sentença ou do instrumento de dissolução da sociedade. Consoante o art. 1.103, inc. VI, cabe ao liquidante "convocar assembleia dos quotistas, cada 6 (seis) meses, para apresentar relatório e balanço do estado da liquidação, prestando conta dos atos praticados durante o semestre, ou sempre que necessário".

d) Dos atos relativos à incorporação, fusão ou cisão de sociedades, assegurando o art. 1.122 a possibilidade de anulação: "Até 90 (noventa) dias após publicados os atos relativos à incorporação, fusão ou cisão, o credor anterior, por ela prejudicado, poderá promover judicialmente a anulação deles".

e) Do decreto do Poder Público que permite o funcionamento de sociedades nacional dependente de autorização e estrangeira, em vista do art. 1.124: "Na falta de prazo estipulado em lei ou em ato do Poder Público, será considerada caduca a autorização se a sociedade não entrar em funcionamento nos 12 (doze) meses seguintes à respectiva publicação".

f) Do requerimento de autorização de funcionamento de sociedade nacional, quando for o caso, endereçado ao Poder Público, como se extrai do art. 1.131, que exige a sua apresentação para fins de inscrição, no registro próprio, dos atos constitutivos da sociedade.

g) Do balanço patrimonial e do resultado econômico da sociedade estrangeira autorizada a funcionar pelo Poder Público, a teor do § 2º do art. 1.152, que encerra: "As publicações das sociedades estrangeiras serão feitas nos órgãos oficiais da União e do Estado onde tiverem sucursais, filiais ou agências".

h) Do contrato de transferência do estabelecimento empresarial, segundo o art. 1.144: "O contrato que tenha por objeto a alienação, o usufruto ou arrendamento do estabelecimento, só produzirá efeitos quanto a terceiros depois de averbado à margem da inscrição do empresário, ou da sociedade empresária, no Registro Público de Empresas Mercantis, e de publicado na imprensa oficial".

A menos que especificada a publicação em órgãos da imprensa oficial, exige-se também que se faça em jornal de grande circulação.

7. A VERIFICAÇÃO DA REGULARIDADE DOS ATOS SOCIAIS PELAS JUNTAS COMERCIAIS

Reedita-se que o art. 1.153 é expresso em orientar quanto à observância dos elementos internos do contrato social, e mais, examinar a autenticidade, a legitimidade e a legalidade do requerimento, atribuindo à autoridade da Junta o exame de seu preenchimento: "Cumpre à autoridade competente, antes de efetivar o registro, verificar autenticidade e a legitimidade do signatário do requerimento, bem como fiscalizar a observância das prescrições legais concernentes ao ato ou aos documentos apresentados".

Ficou instituído o controle administrativo da autenticidade, legitimidade e legalidade dos atos societários, decidindo pelo registro ou pela reformulação do registro. Para tanto, verificará se os documentos atendem ou não as formalidades ordenadas pela lei, como as assinaturas das pessoas presentes na sociedade e cujos nomes constam nas atas. Não se arquivam os atos que não condizem com a regular ordem imposta pela lei. Na aprovação de uma deliberação, aferirá a presença do número necessário de sócios, nos termos do ordenamento vigente.

No entanto, não se pode levar ao extremo o formalismo, como no caso de não constar a assinatura do sócio dissidente, se verificada a maioria exigida para o caso. É que se decidiu: "A doutrina e a jurisprudência convergem para a solução tecnicamente mais correta, ou seja, a de admitir íntegro o comando da lei especial sobre a alteração do contrato social pela vontade da maioria do capital social. É essa a solução melhor

882 • Direito de Empresa | *Arnaldo Rizzardo*

para a composição dos litígios entre os sócios e, ainda, para a continuação dos negócios sociais, havendo arrufos para a convivência dos cotistas".[4]

Para se efetuar o arquivamento dos documentos, que importa no registro, há a necessidade da aferição de algumas situações, que podem impedir o registro, e constam discriminadas no art. 35 da Lei nº 8.934, de 18.11.1994, regulamentada pelo Decreto nº 1.800, de 30.01.1996, alterado, dentre outros, pelos Decretos nº 3.344/2000, nº 8.060/2013, nº 8.683/2016 e nº 8.815/2016, e que aparecem mais detalhadas em seu art. 53, sendo as seguintes:

"Art. 53. Não podem ser arquivados:

I – os documentos que não obedecerem às prescrições legais ou regulamentares ou que contiverem matéria contrária à lei, à ordem pública ou aos bons costumes, bem como os que colidirem com o respectivo estatuto ou contrato não modificado anteriormente;

II – os documentos de constituição ou alteração de empresas mercantis em que figure como titular ou administrador pessoa que esteja condenada pela prática de crime cuja pena vede o acesso à atividade mercantil;

III – os atos constitutivos e os de transformação de sociedades mercantis, se deles não constarem os seguintes requisitos, além de outros exigidos em lei:

a) o tipo de sociedade mercantil adotado;

b) a declaração precisa e detalhada do objeto social;

c) o capital da sociedade mercantil, a forma e o prazo de sua integralização, o quinhão de cada sócio, bem como a responsabilidade dos sócios;

d) o nome por extenso e qualificação dos sócios, procuradores, representantes e administradores, compreendendo para a pessoa física, a nacionalidade, estado civil, profissão, domicílio e residência, documento de identidade, seu número e órgão expedidor e número de inscrição no Cadastro de Pessoas Físicas – CPF, dispensada a indicação desse último no caso de brasileiro ou estrangeiro domiciliado no exterior, e para a pessoa jurídica o nome empresarial, endereço completo e, se sediada no País, o Número de Identificação do Registro de Empresas – NIRE ou do Cartório competente e o número de inscrição no Cadastro Geral de Contribuintes – CGC;

e) o nome empresarial, o município da sede, com endereço completo, e foro, bem como os endereços completos das filiais declaradas;

f) o prazo de duração da sociedade mercantil e a data de encerramento de seu exercício social, quando não coincidente com o ano civil;

IV – os documentos de constituição de firmas mercantis individuais e os de constituição ou alteração de sociedades mercantis, para ingresso de administrador, se deles não constar, ou não for juntada a declaração, sob as penas da lei, datada e assinada pelo titular, administrador, exceto de sociedade anônima, ou por procurador de qualquer desses, com poderes específicos, de que não está condenado por nenhum crime cuja pena vede o acesso à atividade mercantil;

---

[4] REsp. nº 67.964-SE, do STJ, *DJU* de 13.10.1997, citado no REsp. nº 151.838.

Cap. LX | O registro da sociedade • **883**

V – a prorrogação do contrato social, depois de findo o prazo nele fixado;

VI – os atos de empresas mercantis com nome idêntico ou semelhante a outro já existente ou que inclua ou reproduza em sua composição siglas ou denominações de órgãos públicos, da Administração direta ou indireta, bem como de organismos internacionais e aquelas consagradas em lei e atos regulamentares emanados do Poder Público;

VII – a alteração contratual produzida e assinada por sócios titulares de maioria do capital social, quando houver, em ato anterior, cláusula restritiva;

VIII – o contrato social, ou sua alteração, em que haja, por instrumento particular, incorporação de imóveis à sociedade, quando dele não constar:

a) a descrição e identificação do imóvel, sua área, dados relativos à sua titulação e seu número de matrícula no Registro Imobiliário;

b) a outorga uxória ou marital, quando necessária;

IX – os instrumentos, ainda não aprovados pelo Governo, nos casos em que for necessária essa prévia aprovação;

X – o distrato social sem a declaração da importância repartida entre os sócios, a referência à pessoa ou às pessoas que assumirem o ativo e passivo da sociedade mercantil, supervenientes ou não à liquidação, a guarda dos livros e os motivos da dissolução, se não for por mútuo consenso".

Esclarecem os parágrafos:

"§ 1º A Junta Comercial não dará andamento a qualquer documento de alteração ou de extinção de firma individual ou sociedade mercantil sem que dos respectivos requerimentos e instrumentos conste o Número de Identificação do Registro de Empresas – NIRE.

§ 2º Entende-se como preciso e detalhadamente declarado o objeto da empresa mercantil quando indicado o seu gênero e espécie".

Em relação ao inciso V do art. 53 transcrito acima, observa Marcelo M. Bertoldi: "Cabe ressaltar que, por conta do art. 1.033 do Código Civil, acaba por revogar o disposto no inciso IV *supra*, pois passa a ser possível o arquivamento relativo à prorrogação do prazo da sociedade empresária estabelecida por prazo determinado, mesmo depois de escoado este prazo, desde que ela não venha a ser liquidada pelos seus sócios, situação em que passa a ser considerada como sociedade por prazo indeterminado, mediante a prorrogação tácita de seu prazo de duração".[5]

De acordo com o art. 44 da Lei nº 8.934, assegura-se a reconsideração ou o recurso, no caso de se indeferir o registro: "O processo revisional pertinente ao Registro Público de Empresas Mercantis e Atividades Afins dar-se-á mediante:

I – pedido de reconsideração;

II – recurso ao plenário;

III – recurso ao Ministro da Indústria, do Comércio e do Turismo".

---

[5] *Curso Avançado de Direito Comercial*, ob. cit., vol. I, p. 80.

884 • Direito de Empresa | *Arnaldo Rizzardo*

Cabe, pois, às Juntas Comerciais examinar a regularidade dos aspectos formais da sociedade e da documentação que a constituiu, de modo a não restar ferida a lei, e a não se violar o contrato. Verificará a autenticidade dos que assinaram os documentos, isto é, se possuem representatividade e constam efetivamente nomeados. A esfera de exame restringe-se ao aspecto formal, sem entrar na análise de controvérsias mais profundas, cuja solução dever ser transferida para o Judiciário. Anote-se, aliás, que não se impede recorra a parte, desde já, ao Poder Judiciário, a fim de modificar a decisão administrativa, sem necessidade de se esgotarem as instâncias administrativas.

Se apuradas irregularidades no pedido de registro, oportuniza-se para saná-las, levando--se a efeito a notificação o requerente da inscrição. Somente depois, e de não atendidas as exigências, permite-se o indeferimento, como se colhe do parágrafo único do art. 1.153.

Adalberto Simão Filho indica os pontos sujeitos a exame pelas juntas, com amparo na legislação em vigor:

"a) Visto do advogado no contrato, com o nome e número de registro na OAB. Salvo para empresas de pequeno porte e microempresas na forma da Lei nº 9.841/1999.

b) Cópia autenticada da identidade com visto permanente ou documento probante expedito pela Polícia Federal para sócio estrangeiro administrador.

c) Procurador de sócio estrangeiro (pessoa física ou jurídica) com procuração tendo poderes para receber citação e representar em juízo ou fora dele, traduzida por tradutor juramentado, consularizada, exceto para procuração lavrada em notário francês (Dec. nº 91.207/1985), com firma reconhecida e registrada em cartório (Lei nº 6.015/73, IN 76/1998).

d) Procurador de sócio. Se particular o mandato, deve ser reconhecida firma outorgante (Dec. nº 1.800/1996, art. 39; Código Civil, art. 654, § 2º).

e) Foro. Deve constar do contrato o foro competente ou a cláusula arbitral (Dec. nº 1.800/1996, art. 53, III, *e*).

f) Capital social integralizado com quotas de outra sociedade. Deve ser apresentado no mesmo ato o instrumento de alteração do contrato social da sociedade, cujas quotas se prestaram à integralização do capital.

g) Capital integralizado com bem imóvel. Deve conter no instrumento a descrição do bem, identificação, área, dados relativos à titulação, número de matrícula no registro imobiliário e, se for o caso, a outorga uxória (Dec. nº 1.800/1996, art. 53, VIII).

h) Tipo de sociedade adotado, declaração precisa e detalhada do objeto social (com indicação de gênero e espécie conforme (Dec. nº 1.800/96, art. 53, X, § 2º); capital, forma e prazo de sua integralização, quinhão de cada sócio e responsabilidade destes (Dec. nº 1.800/1996, art. 53, III, *d*).

i) Prazo de duração da sociedade, data de encerramento do exercício social quando não coincidir com o ano civil (Dec. nº 1.800/1996, art. 53, III, *d*).

j) Nome empresarial, município da sede com endereço completo, foro e endereço completo das filiais declaradas (Dec. nº 1.800/1996, art. 53, III, *e*).

k) Declaração de desimpedimento do sócio administrador de que não está condenado por nenhum crime cuja pena vede o acesso à atividade mercantil (Dec. nº 1.800/1996, art. 53, IV)".[6]

---

[6] *A Nova Sociedade Limitada*, ob. cit., pp. 116-117.

Esclarece-se que a Lei nº 9.841, acima citada, veio a ser substituída pela Lei Complementar nº 123/2006, com alterações da Lei Complementar nº 139/2011 e da Lei Complementar nº 147/2014.

Todavia, na falta de pluralidade de sócios, o art. 10 da Lei Complementar nº 128, de 19.12.2008, introduziu o parágrafo único ao art. 1.033 do Código Civil, o qual foi alterado pela Lei nº 12.441, de 11.07.2011, viabilizando a possibilidade de o sócio remanescente requerer a transformação da sociedade em empresa individual ou empresa individual de responsabilidade limitada, com o competente registro perante a Junta Comercial, e atendendo as normas dos arts. 1.113 a 1.115 do Código Civil: "Não se aplica o disposto no inciso IV caso o sócio remanescente, inclusive na hipótese de concentração de todas as cotas da sociedade sob sua titularidade, requeira, no Registro Público de Empresas Mercantis, a transformação do registro da sociedade para empresário individual ou para empresa individual de responsabilidade limitada, observado, no que couber, o disposto nos arts. 1.113 a 1.115 deste Código".

LXI

O nome empresarial e a firma da sociedade

1. DISTINÇÕES ENTRE NOME EMPRESARIAL, FIRMA, DENOMINAÇÃO E MARCA

Adquire relevância o nome da empresa, que a identifica, a torna conhecida e a diferencia de outras sociedades. Se os produtos ou serviços conquistaram o mercado, ou se destacam pela aceitação, naturalmente importam em valorizar o nome, que passa a ter uma estimativa mais alta na avaliação.

Cumpre distinguir ou destacar o nome empresarial, da firma ou razão social, da denominação, da marca e do estabelecimento.

O nome empresarial constitui o elemento ou o atributo essencial de identificação do empresário, seja ele pessoa física ou jurídica. É o gênero de onde se formam, na sua essência, a firma ou razão social e a denominação. Quando a firma aparece com um adendo além do nome do sócio ou dos sócios, ou razão social, usa-se a expressão "denominação empresarial" ou "nome empresarial". Enquanto o nome empresarial contém mais um adendo que meramente o nome ou os nomes dos sócios, a firma ou razão social resume-se no nome ou nos nomes dos sócios da sociedade, servindo uma ou outra forma para o empresário ou a sociedade exercerem a atividade empresária e assinarem nos atos e negócios a ela relativos. Constará obrigatoriamente do contrato social, ou do pedido de inscrição como empresário individual, na forma e no modo ordenados, respectivamente, pelos arts. 997, inc. I, e 968, inc. I, do Código Civil.

Desde que insira algum outro elemento além dos nomes dos sócios, como uma referência ao objeto, a expressão que se usa é "nome empresarial". A firma, pois, circunscreve-se à expressão da sociedade através da utilização dos nomes dos sócios.

A simples denominação concerne ao título do estabelecimento, ao nome de fantasia, servindo para o destaque perante o público, não se confundindo com a marca e o nome empresarial.

Não é mais tanto utilizada a expressão "razão social", suprimida pelo Código Civil, e que tinha o sentido técnico-jurídico de firma social, da qual era sinônimo. Usual era o emprego como designando o nome, ou a denominação da sociedade. De qualquer modo, o hábito da utilização se consolidou no costume com o significado de firma social, não equivalendo a erro que perdure tal designação.

A marca incrusta-se no produto, na mercadoria, no serviço prestado, tendo a função de identificação e de destaque frente a outros produtos, mercadorias ou serviços.

O nome empresarial pode envolver a denominação externa, e sempre compreende a firma da empresa. Não é raro que a empresa tenha somente a firma, no antigo sentido de razão social, e que forma a denominação de fantasia ou o nome pelo qual é conhecida. Todavia, há empresas com a denominação e a firma ou razão social distintas. Pela denominação, torna-se conhecida, correspondendo ao nome. Já a firma ou razão social diz respeito à assinatura, ao sinal utilizado para oficializar os atos praticados, como compras, vendas, assunção de compromissos e outras contratações.

O nome empresarial, na prática, pode equivaler à denominação do estabelecimento, mas sua finalidade básica é servir de identificação da empresa. Trata-se de um atributo que adere à empresa ou ao empresário, servindo para a sua identificação perante a massa de clientes e consumidores no meio social, para a obtenção de créditos, e aparecendo no registro, nos atos que realiza, nos documentos, no estabelecimento, na propaganda, nos letreiros, enquanto a firma fica reservada à assinatura do próprio nome ou de vários sócios autorizados na representação, para fins de uso nas relações e nos atos realizados.

Eis a definição de nome empresarial pelo art. 1.155: "Considera-se nome empresarial a firma ou denominação adotada, de conformidade com este Capítulo, para o exercício da empresa".

Todas as pessoas jurídicas possuem um nome empresarial, e, assim, as sociedades simples, as associações e as fundações. É inerente à sua existência que se apresentem no exercício de suas funções com uma identificação própria. Dá-se o nome à associação, ou à fundação, caracterizando-a, e tornando-a única frente às demais entidades. É preciso o parágrafo único, sobre o assunto: "Equipara-se ao nome empresarial, para os efeitos da proteção da lei, a denominação das sociedades simples, associações e fundações". Nesta previsão, fica claro que o nome das sociedades simples, das associações e das fundações terão apenas o nome, não podendo haver o adendo de denominação diferente ou nome de fantasia. O nome corresponderá à firma ou razão social.

O nome empresarial constitui um direito da personalidade, tornando viável e percebida a presença da empresa, possibilitando a sua participação nas atividades, e tornando-a sujeita de direitos e obrigações, inclusive na esfera judicial. Encerra, também, um direito de propriedade, pois inquestionável que o nome possui valor patrimonial ou econômico, tanto que se sujeita a registro perante o Instituto Nacional de Propriedade Industrial. No entanto, está proibida a alienação do nome empresarial, por ditame que está no art. 1.164: "O nome empresarial não pode ser objeto de alienação". Diferentemente acontece com o estabelecimento, cuja venda está autorizada pelo art. 1.143. No caso de sua venda, ao adquirente faculta-se a continuação do uso do nome anterior, desde que se dê a adjunção do nome do adquirente, referindo que é sucessor. A faculdade aparece no parágrafo único do art. 1.164: "O adquirente de estabelecimento, por ato entre vivos, pode, se o contrato o permitir, usar o nome do alienante, precedido do seu próprio, com a qualificação de sucessor".

A denominação pode representar o título do estabelecimento, o nome de fantasia, servindo para o destaque perante o público, não se confundindo com a marca e o nome empresarial. Eis o significado que Modesto Carvalhosa fornece: "O título do estabelecimento é o que identifica o local em que a empresa exerce sua atividade. Pode ser formado pelos termos integrantes do nome empresarial ou da marca, mas com estes não se confunde, podendo ainda ser formado por palavras que não façam qualquer referência a estes. Como exemplo, pode-se imaginar uma empresa dedicada ao comércio de roupas femininas, cujo nome empresarial seja 'Dias & Oliveira Comércio de Roupas Ltda.', cuja atividade se exerce em uma loja denominada 'Fábrica de Roupas', e que se dedique à venda de roupas de marcas variadas, inclusive com a marca 'Fábrica', registrada pela mesma empresa. Nesse caso, pode-se distinguir claramente o nome empresarial ('Dias & Oliveira' Comércio de Roupas Ltda.') do título do estabelecimento ('Fábrica de Roupas'), e, por fim, da marca ('Fábrica')".[1]

A marca incrusta-se no produto, na mercadoria, no serviço prestado, tendo a função de identificação e de destaque frente a outros produtos, mercadorias ou serviços.

2. A FIRMA E O NOME OU DENOMINAÇÃO DO EMPRESÁRIO E DA EMPRESA

A firma ou razão social e a denominação, que compreendem o nome empresarial, consideram-se a forma de operar se manifestar ou externar o empresário ou a empresa, adotando os nomes dos sócios, ou de um deles, ou de parte do nome. Não significam a sociedade, como usualmente costuma-se chamar, querendo expressar uma determinada sociedade pelo uso da palavra "firma".

Em se tratando de empresa, é óbvio que, ao atuar por ela, não atua como pessoa física. Quem se manifesta, age e estabelece relações jurídicas é a sociedade, externando o ato de vontade pela assinatura, lançada por seus representantes.

De igual modo no tocante ao empresário enquanto tal constituído, com o registro de seu estabelecimento. Nas várias operações que realiza, se expressará pela firma ou denominação, isto é, pelo nome empresarial, que envolverá o próprio nome completo ou abreviado, com a faculdade de se inserir o designativo da atividade praticada ou exercida. O art. 1.156 contém os elementos a serem abrangidos: "O empresário opera sob firma constituída por seu nome, completo ou abreviado, aditando-lhe, se quiser, designação mais precisa da sua pessoa ou do gênero de atividade".

A norma dirige-se unicamente ao empresário individual. Impõe-se o registro na Junta Comercial, à semelhança do registro ou arquivamento de outros atos.

A utilização do nome completo ou abreviado é obrigatória, e facultativa a referência do gênero de atividade.

Colhe-se o significado de firma ainda do Decreto nº 916, de 24.10.1890, art. 2º, que também utilizava a expressão "razão social": "Firma ou razão social é o nome sob o qual o comerciante ou a sociedade exerce o comércio e assina-se nos atos a ele referentes".

Existem a firma individual (ou razão individual) para empresário individual, como visto acima, e a firma social (ou razão social) para a sociedade empresária. Merecem a transcrição as definições fornecidas por José Maria Rocha Filho: "Firma ou razão social é o nome empresarial do comerciante individual – pessoa física – que exerce sozinho, sem sócio, a atividade comercial ou empresarial, e, ao mesmo tempo, a maneira de ele se obrigar (assinar); e firma ou razão social é o nome empresarial de sociedade mercantil ou empresária – pessoa jurídica – e, ao mesmo tempo, maneira de ela se obrigar (assinar)".[2]

---

[1]   *Comentários ao Código Civil*, ob. cit., vol. 13, p. 710.

[2]   "Nome Empresarial e Registro de Empresas", trabalho citado, p. 122.

3. COMPOSIÇÃO DA FIRMA OU RAZÃO SOCIAL NA SOCIEDADE DE RESPONSABILIDADE ILIMITADA

Constitui-se a firma ou razão social, que forma o nome empresarial, consoante já observado, pelo nome patronímico do empresário, ou, nas sociedades empresárias, pelo nome de, pelo menos, um de seus sócios, explicitando-se a sua atuação por uma referência ao objeto social.

No pertinente à composição da firma ou razão social, nas sociedades constituídas por sócios com responsabilidade ilimitada, isto é, naquelas em nome coletivo e em comandita simples, a firma ou razão social ou engloba os nomes dos sócios que revistam tal qualidade, não aparecendo os dos demais sócios; ou se compõe do nome de apenas um deles, com o acréscimo da expressão "e (ou &) companhia", ou a sua abreviatura "e (ou &) cia.", tudo em vista do art. 1.157: "A sociedade em que houver sócios de responsabilidade ilimitada operará sob firma, na qual somente os nomes daqueles poderão figurar, bastando para formá-la aditar ao nome de um deles a expressão 'e companhia' ou sua abreviatura". Não está proibido que se use o nome de todos os sócios, que arcarão, então, com a responsabilidade solidária.

Forma-se a firma ou razão social deste tipo de sociedade com o nome completo ou abreviado de um ou de todos os sócios.

Daí se concluir que deve a firma ou razão social constituir o nome empresarial atribuído ao empresário individual e às sociedades de responsabilidade ilimitada e, assim, adotado pela sociedade em nome coletivo (art. 1.157) e pela sociedade em comandita simples (art. 1.157, parágrafo único), mas ficando facultativa a utilização do nome das pessoas na sociedade de responsabilidade limitada (art. 1.158) e na sociedade em comandita por ações (art. 1.161). Não se impede que, além da firma, se dê a denominação de fantasia.

Os sócios que possuem os nomes figurando na firma tornam-se responsáveis solidária e ilimitadamente. Anota-se, porém, que a responsabilidade não decorre apenas dessa circunstância. Se figurar um sócio na firma, e mesmo dois ou mais, não significa que não possa haver outros sócios com essa mesma responsabilidade, desde que se encontre previsão no contrato. O parágrafo único do art. 1.157 dispõe sobre os sócios cujos nomes compõem a firma: "Ficam solidária e ilimitadamente responsáveis pelas obrigações contraídas sob a firma social aqueles que, por seus nomes, figurarem na firma da sociedade de que trata este artigo".

Nesta ordem, respondendo solidária e ilimitadamente apenas os sócios comanditados, somente os seus nomes figurarão na firma social. Se se incluir um sócio comanditário, a ele estende-se a responsabilidade em tal forma pelas obrigações sociais, mesmo que insira disposição diferente o contrato social. Visa-se, com esta extensão, impor o princípio da veracidade, protegendo os terceiros que contratam com a sociedade e são imbuídos da impressão da garantia de seus direitos pelos sócios que aparecem na denominação ou nome. Todavia, para que os comanditários fiquem representados no nome empresarial, torna-se obrigatório o uso da expressão 'e companhia' ('& cia.'), que virá em seguida ao nome completo ou abreviado de um ou mais sócios comanditados.

Idênticos os fundamentos para estender a responsabilidade às sociedades em nome coletivo e às em comandita por ações.

4. O NOME EMPRESARIAL DA SOCIEDADE LIMITADA

Quanto à sociedade de responsabilidade limitada, algumas normas orientam a composição da firma ou da denominação empresarial, que é o nome empresarial, devendo serem especificadas. Sabe-se que, nessas sociedades, a responsabilidade do sócio fica limitada à integralização das quotas que subscreveu, ou ao montante que falta para integralizar o capital.

Para sugerir a convicção da responsabilidade, o art. 1.158 manda que se adote a firma ou a denominação com o adendo da palavra "Limitada" ("Ltda."), sob pena de gerar confusão e obrigar a todos os sócios nas relações com terceiros: "Pode a sociedade limitada adotar firma ou denominação, integradas pela palavra final 'limitada' ou a sua abreviatura". Exige-se a diferenciação, por meio de expressão apropriada, da sociedade de responsabilidade ilimitada. Sem o indicativo da limitação, ficam aqueles que contratam com ela com a perspectiva de que os sócios garantem plenamente os negócios.

Nos parágrafos que seguem são ditadas regras sobre a composição da firma ou razão social, e que se consubstancia na denominação da empresa.

A composição se dá com o nome de um ou mais sócios, se pessoas físicas. Caso formada por pessoas jurídicas, estas não participarão na formação do nome a fim de evitar a confusão na identificação da sociedade. No caso, não haverá o uso da firma, adotando-se apenas o nome empresarial. Eis o texto do § 1º: "A firma será composta com o nome de um ou mais sócios, desde que pessoas físicas, de modo indicativo da relação social". A presença, pois, do nome de um ou mais sócios na firma social não significa a incidência da responsabilidade solidária e ilimitada nas obrigações sociais. O sentido é a existência de uma relação entre as pessoas e a sociedade.

Apesar da omissão do Código, a expressão 'Companhia' ou 'Cia' tem razão de se acrescentar se vários os sócios, e não incluídos os nomes de todos eles na firma ou nome. É costume a inclusão para dar conhecimento ao público que o contrato celebrado é com uma sociedade, e não com as pessoas que aparecem no nome.

De outra parte, na denominação ou nome empresarial inclui-se a menção da atividade ou objeto da sociedade, conforme texto do § 2º do art. 1.158: "A denominação deve designar o objeto da sociedade, sendo permitido nela figurar o nome de um ou mais sócios". Decorre daí igualdade da firma e da denominação, com a possibilidade de ser integrada com o nome dos sócios. Aliás, nada impede que a firma constitua a denominação, devendo constar obrigatoriamente a indicação do objeto social. Visa-se, com isso, a sua perfeita identificação e caracterização, cientificando-se as pessoas que contratam com a sociedade, sem que se obrigue a buscar no contrato social o conhecimento.

Faculta-se que seja genérica a indicação, com a menção da atividade ou objeto social amplo, e, nesta ordem, a referência de se tratar de indústria, comércio, importação, exportação, fabricação, e outros dados mais particularizadores, desde que acompanhe um elemento diferenciador. Apõe-se, junto ao elemento de diferenciação, o ramo no qual atua, como "importação de cosméticos", "comércio de embalagens", "fabricação de tecidos", "confecção de roupas", "exportação de carnes".

A generalidade não pode ir a ponto de se confundir com a mera referência à prática de uma atividade, ou à produção de um bem. Não é admissível o registro de uma empresa que conste simplesmente como "Comércio de Tecidos Ltda.", ou "Confeitaria Ltda.", ou "Pizzaria Ltda.", porquanto não existe nome, mas sim a referência genérica de uma atividade universal.

892 • Direito de Empresa | *Arnaldo Rizzardo*

Outrossim, se vários os objetos ou fins sociais, basta que um apareça indicado, mesmo que não preponderante. Não se aceita que venha referida uma atividade que não faça parte do escopo social da sociedade, em obediência ao princípio da veracidade, e para não incutir uma falsa ideia das finalidades da empresa.

A omissão da palavra 'limitada' importa em tornar responsáveis os sócios administradores que empregam ou utilizam a firma, pelas obrigações da sociedade, no que é enfático o § 3º: "A omissão da palavra 'limitada' determina a responsabilidade solidária e ilimitada dos administradores que assim empregarem a firma ou a denominação da sociedade". É que aos terceiros se infunde a ideia de tratar-se de uma sociedade ilimitada, elemento que pode ser decisivo na emissão do ato de vontade.

5. O NOME OU DENOMINAÇÃO COM A REFERÊNCIA DA SOCIEDADE E DO OBJETIVO SOCIAL

Na denominação ou nome de algumas sociedades, indicam-se o tipo e o objetivo ou a finalidade para que foram constituídas.

Na denominação da sociedade cooperativa, constará a palavra "cooperativa". Encerra o art. 1.159: "A sociedade cooperativa funciona sob denominação integrada pelo vocábulo 'cooperativa'". A denominação não dispensará tal expressão, que pode figurar em qualquer posição, como no começo, no meio ou no final do nome.

A sociedade anônima terá incluída na denominação ou no nome a referência do objeto social, o que já estava previsto na Lei nº 2.627, de 1940, e ficara omisso na Lei nº 6.404. Ordena o art. 1.160: "A sociedade anônima opera sob a denominação designativa do objeto social, integrada pelas expressões 'sociedade anônima' ou 'companhia', por extenso ou abreviadamente".

É importante a exigência, já que fornece ao consumidor ou cliente a ciência do objeto da atividade que exerce ou do produto que fabrica, no que considerável parte das grandes empresas já observava, como acontece com as livrarias, as concessionárias de veículos, as empresas de transporte, os laboratórios, as casas de saúde, o comércio de computadores, as fabricantes de televisores, os restaurantes, os hotéis, as imobiliárias, as siderúrgicas, as distribuidoras de bens, as lojas de venda de produtos, apondo-se palavras que significam o ramo de produção ou de prestação de serviços.

Não se requer que se explicite, na denominação, a globalidade do objeto social, mas é suficiente que incuta a ideia da função ou atividade, não sendo, porém, suficiente a indicação genérica de 'indústria e comércio', ou 'importação e exportação', dentre outras.

A designação do objeto social não se constitui de uma exigência obrigatória. Entrementes, se a expressão revela-se vaga e indefinida, sem qualquer pertinência com o ramo de seu objeto social, à Junta Comercial é concedido o poder de recusar o registro.

Na falta de designação que forneça a noção da produção ou atividade, não incide a obrigatoriedade de adaptação. O art. 2.031, pelo qual as associações, sociedades e fundações, constituídas na forma das leis anteriores, teriam o prazo de um ano para a devida adaptação ao Código, prazo esse sucessivamente prorrogado, e, atualmente, pela Lei nº 11.127, de 28.06.2005, até 11.01.2007, não tem aplicação, na espécie. As adaptações se impõem desde que não firam direito consubstanciado e não repercutam prejudicialmente nas sociedades. Do contrário, decorreriam consequências econômicas catastróficas, especial-

Cap. LXI | O nome empresarial e a firma da sociedade • **893**

mente para as empresas tradicionais e consagradas no cenário nacional e até internacional, como no caso de montadoras de veículos, de fabricantes de refrigerantes, de indústrias de metais, de confecções de roupas.

A indicação das palavras 'sociedade anônima' ou 'companhia' visa à distinção da sociedade de ações de outros tipos societários, o que se obtém pelo simples exame da denominação.

O parágrafo único do art. 1.160 faculta a junção de nome do fundador, de acionista ou sócio que tenha representado forte impulso ou colaboração para a sociedade, como em considerável parcela de empresas acontece: "Pode constar da denominação o nome do fundador, acionista, ou pessoa que haja concorrido para o bom êxito da formação da empresa".

Para outros tipos de sociedades, constam normas sobre a denominação ou nome empresarial, embora o reduzido interesse, pois praticamente não se verificam controvérsias na prática. Assim quanto às sociedades em comandita por ações, autorizando-se que adotem, ao invés da firma, a denominação com o significado da atividade que exercem, com a menção de se tratar de sociedade em comandita. É o que assinala o art. 1.161: "A sociedade em comandita por ações pode, em lugar da firma, adotar denominação designativa do objeto social, aditada da expressão 'comandita por ações'".

Neste tipo de sociedade, a responsabilidade pelas obrigações sociais do sócio cujo nome se encontra incluído na firma não é solidária, mas subsidiária, arcando ele pessoalmente se exaurido o patrimônio social. Nesta situação, responde ilimitada e solidariamente, o que também se estende no caso de adotada a denominação. Não, porém, enquanto subsistir patrimônio social, eis que, do contrário, não se justificaria a atribuição de personalidade às entidades sociais.

Já a sociedade em conta de participação não terá firma ou denominação, justamente porque aparece unicamente o sócio ostensivo, firmando-se as relações em seu nome individual e sob sua própria e exclusiva responsabilidade. Por não lhe reconhecer personalidade a lei, unicamente nas relações internas entre os sócios vale a sociedade. Os sócios, afora o ostensivo, participam unicamente dos resultados. Daí, com razão, assinalar o art. 1.162: "A sociedade em conta de participação não pode ter firma ou denominação".

6. ELEMENTOS GERAIS NA COMPOSIÇÃO DO NOME OU FIRMA, INCLUSIVE DAS PEQUENAS E MÉDIAS EMPRESAS

Em regra geral, fazem parte do nome ou da firma os nomes por extenso ou abreviados dos sócios, com a indicação do objeto social. Acompanhará, em caráter obrigatório, por extenso ou resumidamente, a referência do tipo de sociedade, ou seja, se é a mesma limitada, ou ilimitada, ou de ações, ou em comandita simples, ou em comandita por ações, ou cooperativa.

Inclusive quanto aos regimes especiais é mister se faça a especificação, no que elucida Gladston Mamede: "O mesmo se dará em se tratando de microempresa (que deverá trazer tal palavra ou a abreviação 'ME') ou empresa de pequeno porte (toda a expressão ou apenas 'EPP'). A omissão da palavra final 'limitada' ou de sua abreviatura determina a responsabilidade solidária e ilimitada dos administradores que assim empregarem a firma ou a denominação da sociedade, segundo texto expresso do art. 1.158, § 3º, do Código Civil. Nas sociedades em nome coletivo, se a razão social não contiver o nome de todos os sócios, deve-se utilizar a palavra 'companhia', por extenso ou abreviada ('e Cia.' ou '& Cia.'), ao final do nome empresarial".[3]

Na redação do nome ou da firma, não basta escrever a sua composição, ou um ao lado do outro. Usam-se os elementos que os aproximam e expressam a ligação, e definem a espécie de sociedade, e, assim, coloca-se a vírgula, o conectivo "e" ou "&", a palavra que reflete a união "Companhia" ou "Cia.", ou a que define o tido de sociedade, como "Cooperativa", "Sociedade Anônima" ou "S.A.", "Sociedade Limitada" ou "Ltda.".

7. CASOS DE IMPOSSIBILIDADE DE REGISTRO DO NOME EMPRESARIAL

Não é admitida a inscrição de uma sociedade com nome empresarial que já consta no registro da Junta Comercial. Se já verificada a precedência de uma denominação empresarial, ou do nome da empresa, há obrigatoriedade em sua alteração, pois, do contrário, geraria confusão e prejuízo à sociedade anteriormente registrada. O art. 1.163 revela a proibição: "O nome do empresário deve distinguir-se de qualquer outro já inscrito no mesmo registro".

Tem-se a preponderância do princípio da novidade, que conduz a reconhecer-se a garantia da exclusividade no uso do nome dentro da esfera territorial na qual se implantou a proteção.

É que o nome empresarial tem a função de sinal que distingue ou identifica a sociedade. Ou seja, serve para distinguir as empresas que atuam no campo econômico e social. A identidade de designação, ou homonímia, gera confusão perante os consumidores ou clientes. O direito de personalidade fica lesado, por facilitar a uma invadir o campo da outra. Para evitar a irregularidade, por ocasião do primeiro arquivamento incumbe à Junta examinar em seus fichários ou arquivos se já não existe o nome empresarial.

Cabe a atenção para as semelhanças, ou para as manobras levadas a efeito para a inscrição de um nome que lembra outro nome já registrado e conhecido na praça. Possível a má-fé dos que procuram a inscrição, assim o fazendo para se favorecerem com a fama ou a notoriedade de outro nome. Com esse intuito, visam o desvio de clientela, ou gerar confusão nas pessoas e dificuldades na escolha dos produtos. Nesse aspecto, incide o direito de marca, com a proteção de sinais já registrados.

Existindo nome já inscrito, a autoridade administrativa recusará a realização do ato, afigurando-se como solução a alteração, o que se faz com o acréscimo de dizeres especificadores, de modo a afastar a homonímia e mesmo a semelhança. É o que impõe o parágrafo único do art. 1.163: "Se o empresário tiver nome idêntico ao de outros já inscritos, deverá acrescentar designação que o distinga".

O que se leva em conta, aqui, é o nome do empresário, dando a denominação à empresa, e efetuando-se o registro. No entanto, o mero adendo da designação basta se totalmente diferentes as atividades; sendo semelhantes ou do mesmo gênero, impõe-se a alteração substancial, de modo a não ensejar ou suscitar confusão com outras sociedades já registradas e operando na praça.

Pelo teor do art. 1.156, depreende-se a necessidade de inclusão do nome do empresário, completo ou abreviado, com o acréscimo de designação da pessoa ou da atividade.

---

[3] *Direito Societário: Sociedades Simples e Empresárias*, ob. cit., p. 94.

Assim, veda-se a forma do nome apenas por apelidos ou pseudônimos. Não se proíbe a sua junção a outros elementos oriundos de características do titular da empresa.

Outras impossibilidades de registros de nome existem, sintetizadas por José Maria Rocha Filho:

"– Que contenham palavras ou expressões que denotem atividade não prevista no objeto da empresa (Decreto nº 1.800, art. 62, § 1º; e Lei nº 10.406, arts. 1.156, 1.158, § 2º, 1.160 e 1.161);

– que contenham palavras ou expressões que atentam contra a moral e os bons costumes;

– que não atendam ao 'princípio da veracidade' (Lei nº 8.934, art. 34; Decreto nº 1.800, art. 62; e Lei nº 10.406, arts. 1.156, 1.157, 1.158, §§ 1º e 2º, 1.160, 1.161 e 1.165);

– que incluam ou reproduzam, em sua composição, siglas ou denominações de órgãos públicos da administração direta ou indireta e de organismos internacionais;

– que contenham patronímicos de que o requerente não possa usar legitimamente (Decreto nº 916/1890, art. 3º, e Lei nº 10.406, art. 1.156).

– requerido por pessoa física, comerciante individual (empresário), embora designe sociedade ou vice-versa (Decreto nº 916/1890, art. 3º e Lei nº 10.406, arts. 1.156, 1.157, 1.158 a 1.161)".[4]

8. EXCLUSIVIDADE E PROTEÇÃO DO NOME OU DENOMINAÇÃO EMPRESARIAL

Já ficou assentado o direito em favor do empresário ou da empresa à exclusividade no uso do nome empresarial, e mesmo da denominação como nome de fantasia. Com o registro da sociedade ou da declaração de empresa individual automaticamente ocorre o registro do nome empresarial, conforme já reconhecia a Instrução Normativa nº 05, de 16.09.1986, do Departamento Nacional de Registro do Comércio – DNRC, e veio mantido por sucessivas Instruções, até chegar à Instrução Normativa DREI nº 15/2013, alterada pelas Instruções Normativas DREI nº 40/2017 e nº 45/2018, do Departamento de Registro Empresarial e Integração. Não se tolera que um novo empresário, ou uma nova empresa, e assim, a sociedade, seja de que tipo for, adote o nome já lançado no registro feito perante a Junta Comercial ou outro órgão de inscrição, como o registro civil, se se tratar de sociedade simples. A garantia encontra-se no art. 1.166: "A inscrição do empresário, ou dos atos constitutivos das pessoas jurídicas, ou as respectivas averbações, no registro próprio, asseguram o uso exclusivo do nome nos limites do respectivo Estado".

Já a Lei nº 8.934, de 18.11.1994, no art. 33, continha tal regra: "A proteção ao nome empresarial decorre automaticamente do arquivamento dos atos constitutivos de firma individual e de sociedade, ou de suas alterações".

A exclusividade decorre do direito de personalidade, e se impõe para preservar a individualidade. Trata-se do respeito ao princípio da anterioridade, embora restritamente ao território do Estado, mesmo porque o registro é feito na Junta do Estado, não se mostrando possível um controle em todas as demais unidades da Federação. Não se mostra possível

---

4 "Nome Empresarial e Registro de Empresas", trabalho citado, pp. 134-135.

896 • Direito de Empresa | *Arnaldo Rizzardo*

que a Junta Comercial de outro Estado se obrigue a aferir todas as demais empresas ou sociedades, a fim de apurar a existência de nome igual. Assim, limita-se ao âmbito estadual a proteção, como, aliás, já ficou assentado pela jurisprudência:

"A proteção legal da denominação de sociedades empresárias, consistente na proibição de registro de nomes iguais ou análogos a outros anteriormente inscritos, restringe-se ao território do Estado em que localizada a Junta Comercial encarregada do arquivamento dos atos constitutivos da pessoa jurídica.

Não se há falar em extensão da proteção legal conferida às denominações de sociedades empresárias nacionais a todo o território pátrio, com fulcro na Convenção da União de Paris, porquanto, conforme interpretação sistemática, nos moldes da lei nacional, mesmo a tutela do nome comercial estrangeiro somente ocorre em âmbito nacional mediante registro complementar nas Juntas Comerciais de todos os Estados-membros...

A proteção de denominação social e nome civil em face do registro posterior de marca idêntica ou semelhante encontra previsão dentre as vedações legais previstas ao registro marcário".[5]

Para impor-se a exclusividade em todo o território nacional, faz-se mister a existência de lei especial, que crie um órgão próprio para esse registro. Entretanto, dada a proteção patrocinada pelo art. 5º, inc. XXIX, da Carta Federal, se a denominação constitui a marca do produto, não se afasta o direito à proteção, com a alteração pelo menos da marca, e mesmo do nome se aparece nos produtos.

O parágrafo único do art. 1.166 fez a previsão do registro nacional, ou que se impõe em todo o território do País, no que recepcionou regra que já constava no art. 61, § 1º, do Decreto nº 1.800, de 30.01.1996, diploma que regulamentou a Lei nº 8.934, de 18.11.1994. Encerra o dito parágrafo único: "O uso previsto neste artigo estender-se-á a todo o território nacional, se registrado na forma de lei especial". Todavia, com razão entende Manoel de Queiroz Pereira Calças: "Para obter a exclusividade do uso do nome empresarial em todo o território nacional, é necessário o registro especial, em cada uma das Juntas Comerciais do País".[6]

Quanto à inscrição no Registro Civil das Pessoas Jurídicas, a tutela fica confinada à comarca, no que aduz José Maria Rocha Filho: "Os cartórios, porém, a quem compete o Registro Civil das Pessoais Jurídicas não têm competência estadual. Sua competência não ultrapassa os limites da comarca. Logo, não podemos chegar à mesma conclusão quando se tratar de nome de sociedade simples, associação ou fundação. Por outras palavras, a proteção, nesses casos, será no âmbito das respectivas comarcas e a lei especial de que cogita o parágrafo único do art. 1.166 do novo Código Civil brasileiro deverá enfrentar esse problema, pena de não ser alcançado o objetivo que se pretendeu".[7]

Uma vez não obedecidas as normas de proteção ao nome, isto é, fazendo-se a inscrição de nome já existente, ou de nome que gera confusão com outro nome registrado, assiste a providência da ação de anulação do ato, cumulada com o pedido de ressarcimento se verificadas perdas e danos, o que é uma decorrência natural. Assim assegura o art. 1.167:

---

[5]   EDcl nos EDcl no AgRg no REsp. nº 653.609-RJ, da 4ª Turma do STJ, j. em 19.05.2005, *DJU* de 27.06.2005.

[6]   *Sociedade Limitada no Novo Código Civil*, ob. cit., p. 84.

[7]   "Nome Empresarial e Registro de Empresas", trabalho citado, p. 121.

Cap. LXI | O nome empresarial e a firma da sociedade • **897**

"Cabe ao prejudicado, a qualquer tempo, ação para anular a inscrição do nome empresarial feita com violação da lei ou do contrato".

Lembra-se que é atribuição das Juntas Comerciais verificar a existência de nome igual ou semelhante ao pretendido registrar. A falha dessa providência, se feito o indevido registro, acarreta a nulidade do ato, por iniciativa do prejudicado.

Não ficou previsto algum prazo para exercer a demanda. É claro o preceito em garantir a demanda judicial a qualquer tempo. Acontece que a violação e o prejuízo têm prosseguimentos constantes. Quanto às perdas e danos, no entanto, a postulação restringe-se ao período não prescrito, não podendo abranger época anterior a três anos, por força do art. 206, § 3º, inc. V, do Código Civil.

9. PROIBIÇÃO DA ALIENAÇÃO DO NOME OU DENOMINAÇÃO EMPRESARIAL

Embora já abordada a matéria, cumpre tratá-la mais delongadamente. O nome empresarial não é suscetível de avaliação para fins de alienação. Não importa o seu valor econômico, ou a estimativa patrimonial, apesar de cabível a sua inclusão entre os bens valoráveis.

Sendo o nome um atributo da personalidade jurídica, que se confere à sociedade registrada, não se torna objeto de negócio isoladamente.

A matéria tem sido objeto de controvérsias. Não foram poucos os negócios que envolveram compra do nome de grandes empreendimentos, como no setor de veículos, em que umas empresas adquiriram marcas famosas, e, decorrentemente, o nome das empresas que os fabricavam.

Com o Código Civil de 2002, ficou abolida essa forma de negócio, sendo claro o art. 1.164: "O nome empresarial não pode ser objeto de alienação". É que o nome representa a exata identidade de cada sociedade, não se mostrando coerente transferi-lo para dar o realce ou a identificação de outra sociedade, ou para dar-lhe uma falsa identidade.

É peremptória a conclusão de José Maria Rocha Filho, incluindo na impossibilidade a denominação social, se existente: "Isso significa que nem a firma ou razão – individual ou social – nem a denominação social podem, agora ser alienadas. Via de consequência, não há mais necessidade de fazer aquela distinção, quando o assunto for alienabilidade de nome empresarial".[8]

Todavia, é necessário distinguir. Havendo a cessão das quotas sociais para sócios distintos, não se verifica a alienação do nome empresarial ou da firma. Cedem-se ou transferem-se as quotas e, com elas, é possível que siga a denominação, mas não a firma ou o nome empresarial.

Os adquirentes das quotas prosseguem no uso da antiga denominação. Transferindo-se a totalidade das quotas, não importa em mudar o nome ou a firma, mas não se impedindo que se mantenha a denominação.

Se prometida a venda antes da entrada em vigor do atual Código, e se ainda não materializada a transferência, mantém-se hígido o negócio, podendo ser compelido o devedor ao cumprimento, em face da disposição do art. 2.035, que preserva os negócios e demais atos jurídicos constituídos anteriormente, excetuando apenas os efeitos que se realizam após a sua vigência.

---

[8] "Nome Empresarial e Registro de Empresas", trabalho citado, p. 136.

Se a firma envolve os nomes dos sócios, a cessão da totalidade das quotas impõe a mudança da firma por força do § 1º do art. 1.158: "A firma será composta com o nome de um ou mais sócios, desde que pessoas físicas, de modo indicativo da relação social". Nessa ótica, constando da firma 'Pereira & Filho Ltda.', a cessão das quotas ocasiona a alteração da firma e mesmo do nome comercial. Diversa é a situação se unicamente a denominação se expressa em 'Manufaturas Ciência e Artes Ltda.', com a faculdade de perdurar na cessão total das quotas, por não corresponder à firma.

Situação especial acontece com o estabelecimento, que é o complexo de bens organizado para o exercício da empresa. Do que se extrai do parágrafo único do art. 1.164, há a permissão de o adquirente agregar seu nome ao antigo, qualificando o sucessor. Eis seus termos: "O adquirente de estabelecimento, por ato entre vivos, pode, se o contrato o permitir, usar o nome do alienante, precedido do seu próprio, com a qualificação de sucessor".

Nota-se a possibilidade de, na aquisição do estabelecimento, continuar o uso do nome do alienante, mas cumprindo que venha antes o nome do titular atual, sempre devendo qualificar-se o sucessor, isto é, aquele que passa à titularidade do estabelecimento.

10. PROIBIÇÃO DE CONTINUAR O NOME DO SÓCIO FALECIDO, EXCLUÍDO OU QUE SE RETIRA

Não se mantém na razão social o nome do sócio que falece, que foi excluído ou que se afastou da sociedade, no que se mostra taxativo o art. 1.165: "O nome de sócio que vier a falecer, for excluído ou se retirar, não pode ser conservado na firma social".

O nome equivale, no caso, à firma social. Não corresponde à denominação, cuja continuação mostra-se coerente e possível. Mas se está incluído o nome do sócio no nome empresarial, é imperativo que não permaneça, em razão do princípio da veracidade, que restringe fazer parte do nome unicamente os sócios participantes da sociedade, de modo a não aparentar uma realidade que não acontece na prática.

Acontece que a firma deve representar no meio social os atuais participantes da sociedade. Apesar de assumir uma identidade própria, remanesce sempre a referência às pessoas que a constituíram. Não se justifica que perdurem na razão social ou na firma pessoas que não mais pertencem a seus quadros.

11. CANCELAMENTO DO NOME OU DENOMINAÇÃO EMPRESARIAL

O empresário e a sociedade, ao se estabelecerem, procedem ao registro do nome através do qual realizarão as atividades e negócios.

Está previsto o cancelamento do nome da sociedade no registro sempre que cessar o exercício da atividade, e mais quando se extinguir a sociedade, ou na hipótese de liquidação. A disciplina vem no art. 1.168: "A inscrição do nome empresarial será cancelada, a requerimento de qualquer interessado, quando cessar o exercício da atividade para que foi adotado, ou quando se ultimar a liquidação da sociedade que o inscreveu".

Inclusive quando morre o sócio que deu o nome à sociedade se dá o cancelamento. Não tem sentido a permanência do nome empresarial, atribuindo-se o direito a qualquer interessado para providenciar no cancelamento.

Cessando o exercício de atividade, ou concluindo-se a liquidação, o passo seguinte está em providenciar na retirada do nome empresarial, que deixa de figurar como elemento de identificação da empresa ou sociedade porque esta mesma deixa de existir.

Condição, pois, para retirar ou afastar o nome é cessação da sociedade, ou a sua extinção, que se verifica com o término regular da mesma. Dentro da sociedade, haverá um consenso, dentro de acordo com da proporção estatutária, para decidir sobre o assunto.

Todavia, na hipótese de falecimento dos sócios que emprestaram o nome, se perdurar o nome empresarial, não importa em sanções ou invalidade dos atos. A regra insere-se no contexto legal como faculdade, tanto que o parágrafo único do art. 1.160, embora restritamente à sociedade anônima, autoriza a permanência ou a inclusão do nome do fundador na denominação.

A disciplina restringe-se ao cancelamento administrativo da inscrição do nome empresarial no registro competente, o que não afasta a persecução judicial do ato, se ponderáveis os motivos, como o plágio ou a confusão que gera com outros nomes já registrados. Decorre naturalmente a perda da proteção que vinha sendo dispensada, eis que deixa de existir o nome.

LXII
Prepostos, gerentes, contabilistas e demais auxiliares

1. PREPOSTOS

Os prepostos, gerentes e outros auxiliares correspondem às pessoas que atuam em nome da empresa ou sociedade, ou que por ela agem, que realizam e cumprem atos ou atividades por sua conta, e que constituem a própria manifestação nas relações que desenvolve. Está inerente a ideia de representação, com poderes de mandato, ou de execução de atos em nome do preponente, ao mesmo tempo em que se constata uma contratação de serviços.

No regime do Código Comercial de 1850, incluíam-se como prepostos os feitores, os guarda-livros, os caixeiros, sendo considerados como agentes auxiliares do comércio.

Enquanto os prepostos representam a sociedade, a função encerra o conteúdo do art. 116 do Código Civil, que discrimina os poderes: "A manifestação de vontade pelo representante, nos limites de seus poderes, produz efeitos em relação ao representado". Todavia, atuam dentro de um campo específico, nem sempre em representação, já que, para esta finalidade, elegem-se ou nomeiam-se diretores ou administradores. Para a representação, insta a necessidade de indicação específica no contrato ou no estatuto. Em algumas situações, conferem-se poderes para o desempenho de atividades no âmbito interno da empresa, sem uma representação externa.

O sentido do instituto corresponde a toda pessoa que age e procede em nome de outrem, tendo recebido ordens ou mandato para atuar em seu nome ou substituí-la em suas relações com terceiros. Conforme o sentido da palavra, equivale a alguém posto (ou colocado) em lugar de outra pessoa, colocada diante ou antes dela, para o exercício de atividade, desde a mais importante até a simples e comum. O significado abrange a própria administração, estendendo-se para todos os atos de atuação pela sociedade, como o gerente, o contabilista, o comprador, o vendedor, o conferente de bens ou mercadorias, o telefonista. Não engloba aquele que simplesmente executa tarefas, ou cumpre obrigações e trabalhos, pois está a mando em um setor particular que não lhe permite tomar alguma decisão ou expressar a manifestação em nome da sociedade.

Aquele que coloca o preposto, sendo o dono do negócio ou da empresa, denomina--se preponente.

Em todos os campos da atividade empresarial existem os prepostos, que se conceituam como aquelas pessoas subordinadas, empregadas ou não da sociedade, que exercem funções ou atos em nome da sociedade.

902 • Direito de Empresa | *Arnaldo Rizzardo*

No amplo campo da preposição, encontram-se os encarregados de receber citações e intimações; aqueles a quem é entregue a correspondência e têm o encargo de acusar o recebimento; os escalados para efetuar as cobranças dos créditos das empresas; os funcionários destacados para conferir e aceitar as mercadorias; os agentes da segurança e porteiros com a incumbência de exame das encomendas, das mercadorias, e inclusive das pessoas que ingressam nas dependências da sociedade, fazendo a triagem, encaminhando-as para os setores próprios, averiguando a finalidade de sua presença, colhendo dados da identidade.

A função ou atividade exercida pelo preposto contém, reiterando o já observado, uma dose de mandato, dando-se a representação. Diferentemente do mandato, quando os poderes de representação vão conferidos para determinada pessoa, na preposição existem cargos que importam em representar, em agir pela empresa, em ela expressar sua vontade pela intervenção do preposto. Não interessa a pessoa do preposto. Reservam-se ou conferem-se alguns poderes para cumprir algumas atividades ou executar certos atos. Não se ostenta fundamental a escala na hierarquia de incumbências atribuídas, pois mesmo ao funcionário menos qualificado ou graduado, como o aprendiz ou o porteiro, se lhe confere algum poder de mando, de decisão, de representação da empresa enquanto desempenha uma destacada função.

Não pode o preposto fazer-se representar sem autorização expressa da sociedade, sob pena de responder pelos prejuízos e pelas obrigações contratadas. É peremptório o art. 1.169 do Código Civil quanto ao impedimento: "O preposto não pode, sem autorização escrita, fazer-se substituir no desempenho da preposição, sob pena de responder pessoalmente pelos atos do substituto e pelas obrigações por ele contraídas". A delegação de funções deve vir autorizada expressamente, a menos que o contrato ou estatuto contenha a previsão, discriminando os atos cuja atribuição pode ser conferida a outrem. Se o preposto encarrega outra pessoa para a realização, ou a execução de tarefas que lhe competiam, à revelia de previsão contratual ou autorização, assume a obrigação de ressarcir os eventuais prejuízos, não ficando invalidados os atos, e não se eximindo a sociedade de cumprir os compromissos ou encargos assumidos. É que os terceiros são alheios às relações internas da sociedade, pois contratam com a sociedade, que encarrega pessoas para agir ou atuar por sua conta. Presume-se a responsabilidade quando executada ou levada a efeito por uma pessoa que detém a aparência de possuir delegação de poderes para tanto.

A preposição em negócios ou atividades impede a prática concomitante de iguais negócios ou atividades do próprio preposto ou em favor de terceiros. Não se lhe permite que execute iguais atividades pessoais ou incumbidas por outra pessoa ou sociedade, ou por conta própria, se não está autorizado. Cabendo-lhe dirigir a venda de produtos específicos, fica impedido de vender bens iguais que ele mesmo fabrica, ou contratar o comando da venda de idênticos produtos de terceiros, isto é, realizar operações ou atividades proibidas por meio de interposta pessoa, ou proceder veladamente, às escondidas. O art. 1.170 da lei civil disciplina essa limitação: "O preposto, salvo autorização expressa, não pode negociar por conta própria ou de terceiro, nem participar, embora indiretamente, de operação do mesmo gênero da que lhe foi cometida, sob pena de responder por perdas e danos e de serem retidos pelo preponente os lucros da operação".

Haveria conflito de interesses, em face da concorrência, pois se contrapõem a prática de serviços em favor do contratante e ao mesmo tempo a realização da mesma espécie para si ou por conta de terceiro interessado. Infringe-se a norma do art. 119 da lei civil: "É anulável o negócio concluído pelo representante em conflito de interesses com o representado, se tal fato era ou devia ser do conhecimento de quem com aquele tratou".

Cap. LXII | Prepostos, gerentes, contabilistas e demais auxiliares • **903**

É necessário, portanto, impedir que o preposto se preocupe unicamente de seus interesses, descuidando-se dos interesses da empresa preponente. Não é tolerada, em franca infidelidade, a criação de uma posição de concorrência com o preponente.

Parece natural que a primeira reação do preponente conduzirá à demissão do preposto, por quebra do dever de fidelidade, atitude que não afasta a adequada ação indenizatória por perdas e danos, retirando do preposto os lucros indevidos obtidos.

O art. 1.171 trata da entrega de papéis, bens ou valores ao preposto. Se ele os aceita, não contrapondo qualquer ressalva, consideram-se recebidos: "Considera-se perfeita a entrega de papéis, bens ou valores ao preposto, encarregado pelo preponente, se os recebeu sem protesto, salvo nos casos em que haja prazo para reclamação".

Tem-se como perfeita a entrega se se efetuar para o preposto encarregado pelo preponente. Admite-se, porém, prova de que o terceiro, isto é, o entregador, estava ciente de que a pessoa que recebeu os documentos carecia de poderes para tanto, o que dificilmente acontece. Acontece que, na prática, e em respeito à teoria da aparência, quem se apresenta para receber documentos ou encomendas supõe-se que se encontrava revestido de poderes para tanto. Assim acontece com a correspondência passada para empregados pelos agentes dos correios, inclusive de intimações judiciais ou extrajudiciais.

A referência a protesto não conduz a concluir que se faz esse ato no cartório de protestos. Importa em admitir que se faça, no ato do recebimento, uma observação ou nota da não correspondência de tais coisas, se faltarem, ou se verificar que se encontram estragadas.

Visa o dispositivo a garantia e a proteção de terceiros de boa-fé nos negócios realizados em nome da empresa, sobretudo quando acarretam o recebimento de papéis, bens ou valores. Uma vez concretizada a entrega, na inexistência de ressalva ou reclamação fica a mesma aperfeiçoada, exceto na existência de prazo contratual reservado para a alegação de vícios redibitórios, a teor do art. 445 do Código Civil.

2. GERENTES

A gerência abrange funções mais relevantes para a empresa, e concentra-se na representação em decisões e no comando, em um setor ou em todos os campos de atividades que exerce. O gerente tem poderes de gestão e ocupa o primeiro lugar na escala de prepostos. Comanda ou administra alguns aspectos ou setores a sociedade, dirige um departamento, ou comanda, chefia uma filial, uma sucursal, uma agência. Há, *v.g.*, o gerente administrativo (com função destacada no departamento de pessoal), o gerente de vendas, de estoque, de fábrica, de banco, de compras, da contabilidade, da produção, do setor de qualificação, de relações públicas. Colhe-se a ideia do art. 1.172 do Código Civil: "Considera-se gerente o preposto permanente no exercício da empresa, na sede desta, ou em sucursal, filial ou agência".

Confere-se uma gama de poderes a uma pessoa, levando em conta a qualificação e capacidade de comando e de direção. São concedidos os poderes em documento ou escrito, como procuração, portaria de nomeação, carta, contratação em carteira profissional, lançamento no livro de empregados. Mesmo tacitamente se dá a designação, com a transmissão verbal das ordens.

Permite-se a restrição dos poderes conferidos para alguns setores da empresa preponente, ou para uma esfera reduzida de negócios.

904 • Direito de Empresa | *Arnaldo Rizzardo*

Diferencia-se do mandato no fato de que, neste, se concede poderes através de um instrumento, enquanto, na gerência, há mais um campo de ação na contratação. Ou seja, contrata-se uma pessoa para desempenhar a atividade de gerência, cujo âmbito se encontra normalmente discriminado no contrato, ou regulamento da sociedade. Mesmo que nada aparece, o campo de ação se desenrola no setor objeto da contratação.

Dentro do campo que lhe é destinado, subentende-se o gerente autorizado a praticar todos os atos próprios e inerentes ao setor, a menos que haja limitação, discriminação, ou imposição legal de poderes expressos. Pelos atos que efetua, compromete-se e obriga-se a sociedade, desde que praticados em nome da mesma. O art. 1.173 é enfático quanto a isso: "Quando a lei não exigir poderes especiais, considera-se o gerente autorizado a praticar todos os atos necessários ao exercício dos poderes que lhe foram outorgados". Ou seja, vale o negócio praticado pelo gerente, que se enquadra como preposto de alto cargo, seja na própria sede ou matriz, seja em filial, sucursal ou agência. Não fica o ato dependente de autorização da direção ou administração. Assim, concedendo descontos do preço nas vendas, ou dilatando o pagamento através de prestações, a sociedade está co-agida ao fiel cumprimento. Entrementes, encontra a delegação limites à área de atuação. Nessa ordem, o gerente comercial de um estabelecimento não se alça em poderes para atuar e decidir no setor de investimentos ou de contratação de empréstimos. Reconhece-se a legitimidade dos atos inerentes à função para a qual foi nomeado, ou devem manter-se os atos no âmbito da administração ordinária e própria de sua atividade.

Se dois ou mais gerentes atuarem concomitantemente, os atos realizados importam em solidariedade, exceto se o contrário se estipular. Não incide essa comunhão de responsabilidade, no caso de praticado o ato apenas por um gerente. Nessa dimensão é a previsão do parágrafo único do mesmo artigo: "Na falta de estipulação diversa, consideram-se solidários os poderes conferidos a dois ou mais gerentes". Estipula-se a solidariedade de poderes, que implica a solidariedade dos efeitos decorrentes do exercício das funções.

De outra parte, o titular da empresa ou proponente está legitimado a exigir de qualquer um dos gerentes nomeados a responsabilidade pelas consequências dos atos realizados. Qualquer dos gerentes com poderes outorgados poderá praticar isoladamente as ações que se enquadram na esfera das atribuições. Todavia, reafirmando-se o que já se observou, é geral e de todos a responsabilidade junto ao preponente ou terceiros pelos desmandos e práticas culposas ou dolosas, o que encontra também respaldo no art. 1.177, parágrafo único, do Código Civil.

Para não obrigar ou comprometer a sociedade em si ou o proponente, eventuais exceções aos poderes de autonomia nas decisões e nos atos praticados pelos prepostos devem ficar ressalvadas no contrato social, ou em ata de reunião ou assembleia, ou no instrumento de outorga, com a devida averbação no registro da Junta Comercial. A exigência consta estampada no art. 1.174: "As limitações contidas na outorga de poderes, para serem opostas a terceiros, dependem do arquivamento e averbação do instrumento no Registro Público de Empresas Mercantis, salvo se provado serem conhecidas das pessoas que tratou com o gerente".

Em princípio, a responsabilidade das sociedades perante terceiros pelos excessos praticados pelos prepostos, ou seja, pelos negócios e demais atos que extrapolam os poderes constantes do instrumento, é elidida unicamente se é procedida a averbação com o arquivamento no Registro Público de Empresas Mercantis. A publicidade no registro a cargo da Junta Comercial produz a favor do preponente a presunção absoluta de que os terceiros tinham conhecimento dos limites dos poderes e funções outorgados.

Há, ainda, a ressalva de que o terceiro era conhecedor da gama ou quantidade de poderes, mas que demanda a prova de que, malgrado não averbadas as exceções ou limitações de poderes de gerência, eram da ciência daquele que contratou com o gerente. Esse conhecimento se ostenta por meio de situações incontestáveis, como o recebimento do instrumento de nomeação de gerente, ou do contrato social onde se especificam as limitações e discriminam os poderes. Destarte, figurando no ato de nomeação que a venda se faça à vista, e demonstrado que o correspondente instrumento chegou às mãos do terceiro que efetuou a compra, não vingará a concessão de prazo para o pagamento.

Cessando a função do gerente, a fim de prevenir-se contra atos que o mesmo possa realizar e comprometer a sociedade, incumbe à mesma averbar junto ao registro a destituição do gerente, ou a sua desvinculação, por imposição do parágrafo único do art. 1.174: "Para o mesmo efeito e com idêntica ressalva, deve a modificação ou revogação do mandato ser arquivada e averbada no Registro Público de Empresas Mercantis".

Exige-se que as alterações dos poderes conferidos aos gerentes, e assim também a sua extinção, sejam arquivados e averbados no Registro Público de Empresas Mercantis.

Com a finalidade de evitarem-se subterfúgios no cumprimento das obrigações e em arcar com a responsabilidade, o preponente deve assumir os negócios e as consequências dos atos de gerência. O preponente é responsável pelos atos que realiza o gerente, inclusive se este os praticar em seu próprio nome, mas à conta daquele, o que se afigura normal, e acontece com atos emanados de qualquer agente ou funcionário da sociedade. Está-se diante de uma decorrência do instituto da representação. Interessa, no caso, a extensão da responsabilidade mesmo se realizados os atos em nome próprio, desde que envolva a sociedade no seu cumprimento, ou na entrega das mercadorias e na efetivação de serviços. A extensão dessa responsabilidade encontra-se no art. 1.175: "O preponente responde com o gerente pelos atos que este pratique em seu próprio nome, mas à conta daquele".

Fica obrigado o preponente, e, assim, a sociedade, pelos atos não apenas do gerente, mas de qualquer preposto, desde que se encontrem praticados na função do cargo exercido, não importando que os efetue em nome próprio, isto é, colocando o próprio nome na negociação, ou assumindo a responsabilidade. Todavia, se ele contrata, compromete-se e não o faz em conta da sociedade, a responsabilidade é exclusiva, como na aquisição de bens para o uso pessoal.

O gerente torna-se passível de responder pelos atos que efetua, mesmo que o seja em nome da sociedade. Acarretando sua gestão prejuízos, aos lesados assegura-se a ação contra a sociedade e mesmo contra o gerente, situação que deve estender-se para todas as situações de representação ou atuação em nome de outrem, o que é corolário dos princípios comuns de direito.

Além disso, está amparado a ingressar em juízo contra o preponente, para buscar seus direitos, ou reclamar contra a sociedade preponente.

Pode-se resumir no seguinte esquema a incidência da responsabilidade do preponente: no caso de os atos realizados pelo preposto se encontrarem dentro das limitações de poderes concedidos; na situação de constarem inscritos os poderes no instrumento de nomeação, com o devido arquivamento e a averbação na Junta Comercial; na hipótese de beneficiar ou favorecer a obrigação contraída as atividades da empresa.

Nas questões judiciais que envolvem a gestão do gerente, ou decorrentes de atos por ele praticados, naturalmente a sociedade é parte. Em tais situações, é admitida a representação por sua pessoa, desde que seja para representar nos atos atinentes às suas funções, como assinala o art. 1.176: "O gerente pode estar em juízo em nome do preponente, pelas obrigações resultantes do exercício da sua função".

Pelo dispositivo, não lhe cabe exercer a representação em setores nos quais não desempenhava a gerência. Se lhe competia o gerenciamento do departamento de pessoas ou empregados, lhe é peculiar que compareça nas audiências de processos que tratam de questões trabalhistas, ou de prestação de serviços. Já para as matérias de disputa comercial, estará presente ou atuará o gerente comercial. O gerente geral, ou o superintendente, reveste-se de poder e condições para a representação da sociedade em todas as questões, não importando a espécie, desde que se encontrem no seu conhecimento. Comparecendo para o ato uma pessoa ou gerente que não está a par do assunto, a cominação é de confissão relativamente à matéria.

Os poderes para estar em juízo não são genéricos. Não contemplam atos que a lei impõe outorga expressa para determinado fim no instrumento de preposição. O art. 661, § 1º, da lei civil arrola as hipóteses da necessidade de poderes expressos ou específicos: "Para alienar, hipotecar, transigir, ou praticar outros quaisquer atos que exorbitem da administração ordinária, depende a procuração de poderes especiais e expressos".

Aceita-se que o instrumento de preposição limite a esfera de atuação do gerente, que surtirá efeito perante terceiros desde que venha colocada a averbação nos registros da Junta Comercial. Não havendo o registro, mesmo que presente a limitação nos poderes de preposição, os atos praticados não servem para obrigar terceiros.

3. CONTABILISTAS E DEMAIS AUXILIARES

Os contabilistas e demais auxiliares abrangem todos os contratados ou empregados para a execução de tarefas específicas da escrita e anotações comuns, que se incluem no gênero de prepostos, havendo uma subordinação à gerência ou à chefia por setor. Impõe-se a sua inscrição dos profissionais da escrituração contábil no Conselho Regional de Contabilidade, para fins de regularidade do exercício da profissão.

A função do contabilista é lançar em livros próprios todas as operações que envolvem a vida econômica da sociedade. Deve ele estar habilitado, com a devida inscrição no órgão próprio, como ordena o art. 1.182: "Sem prejuízo do disposto no art. 1.174, a escrituração ficará sob a responsabilidade de contabilista legalmente habilitado, salvo se nenhum houver na localidade". A ressalva ao disposto no art. 1.174 quer expressar a possibilidade de limitações no exercício da contabilidade, constantes no instrumento de outorga de poderes ou de nomeação para a atividade. Ou seja, torna-se possível discriminar funções, com a fixação de limitações.

Cumpre ressaltar a eficácia dos assentos lançados pelos encarregados da escrituração nos livros ou fichas da sociedade.

Esclarece Vera Helena de Mello Franco, sobre os contabilistas ou técnicos de contabilidade: "A profissão foi regulamentada pelo Decreto nº 9.295, de 27.05.1956. Atualmente, a profissão está regulada pelo Dec.-lei nº 806, de 4.09.1969, e Dec. nº 66.408, de 3.04.1970. Os lançamentos feitos por estes encarregados obrigam o comerciante proprietário dos livros, independentemente da responsabilidade pessoal do técnico por incorreções, erros grosseiros ou irregularidades cometidas. Neste ponto, não é demais mencionar que a Lei nº 9.447, de 1997, que cuida da responsabilidade solidária dos controladores de instituição financeira, estabeleceu esta responsabilidade às empresas de auditoria contábil e aos auditores contábeis independentes (art. 9º)".[1]

---

[1] *Manual de Direito Comercial*, ob. cit., vol. I, p. 104.

Cap. LXII | Prepostos, gerentes, contabilistas e demais auxiliares • **907**

Os lançamentos feitos pelos contabilistas e mesmo por quaisquer prepostos marcam a responsabilidade do preponente, exceto se houve má-fé, competindo a este a sua demonstração. A má-fé do preposto importa em se lhe atribuir a responsabilidade. Somente se tal fato ocorrer libera-se da responsabilidade o preponente, com o adendo da conivência do terceiro beneficiado e que contratou com a sociedade, cuja contabilidade restou lançada. Entrementes, se não houve a participação de terceiro, e se prejuízos a ele ocorreram, o preponente também responde. A matéria está prevista no art. 1.177 do Código Civil: "Os assentos lançados nos livros ou fichas do preponente, por qualquer dos prepostos encarregados de sua escrituração, produzem, salvo se houver procedido de má-fé, os mesmos efeitos como se o fossem por aquele".

É natural que assim aconteça. Inconcebível que se procure impugnar ou invalidar dados lançados por empregados ou subordinados da sociedade, a menos que se prove deslavada má-fé, mas sem interferir nos atos celebrados junto a terceiros, cujas obrigações continuam.

Neste encaminhamento da matéria, não fica o preponente, nem mesmo se o preposto que faz a escrituração proceda com dolo, incólume à responsabilidade pelos erros em seus lançamentos contábeis. Junto a terceiros, impera o dogma da solidariedade, impondo ao preponente e ao preposto a obrigação de arcarem com as consequências.

Perante a sociedade, respondem os prepostos, não importando a espécie, pelos danos que causarem, desde que apurada culpa em sua conduta. Em relação a terceiros, podem ser demandados conjuntamente com o proponente se procederam com dolo ou má-fé, princípio que deve estender-se a qualquer preposto profissional, como engenheiros, advogados e outros técnicos. Assim está no parágrafo único do artigo citado: "No exercício de suas funções, os prepostos são pessoalmente responsáveis, perante os preponentes, pelos atos culposos; e, perante terceiros, solidariamente com o preponente, pelos atos dolosos".

Ressalta-se a responsabilidade solidária dos prepostos perante terceiros juntamente com os preponentes, quanto aos atos dolosos que forem cometidos, incumbindo que se faça a devida prova, a cargo de quem propõe a demanda. De modo que, desde que fique estampada a conduta dolosa do preposto, aos terceiros garante-se o direito de voltarem-se contra este último e o preponente, seja em conjunto, seja distintamente. Todavia, pelos lançamentos equivocados e prejudiciais por culpa, à sociedade se garante a responsabilização dos contabilistas e demais auxiliares.

O dispositivo refere-se, aparentemente, aos prepostos em geral. Todavia, está ligado ao art. 1.177, que cuida dos assentos lançados nos livros ou fichas da sociedade. Daí a restrição de sua aplicação às atividades contábeis ou de escrituração.

São os prepostos obrigados a ressarcir os preponentes pelas perdas e danos que causaram no desempenho de suas funções.

Revela-se de suma importância a contabilidade, que prova contra ou a favor da sociedade, conforme contenha ou não vícios e irregularidades, por força do art. 226 do Código Civil: "Os livros e fichas dos empresários e sociedades provam contra as pessoas a que pertencem, e, em seu favor, quando, escriturados sem vício extrínseco ou intrínseco, forem conformados por outros subsídios".

Especificamente quanto aos demais prepostos ou pessoas vinculadas à sociedade, a responsabilidade é inculcada sempre a esta última, inclusive se não autorizados por escrito os atos que a acarretam, vindo delineada no art. 1.178: "Os preponentes são responsáveis pelos atos de quaisquer prepostos, praticados nos seus estabelecimentos e relativos à atividade da empresa, ainda que não autorizados por escrito".

Deve ser a atividade na forma ordenada, pois atuam em nome e por conta da sociedade. A execução no estabelecimento faz concluir que se efetivam a favor ou em razão de ordens da sociedade. Domina o pressuposto de que, no interior ou dentro do estabelecimento, existe a fiscalização direta do preponente, devendo ter pleno conhecimento de tudo quanto ocorre, e oferecendo-se oportunidade para impedir a prática de ações ou condutas que exorbitem os poderes conferidos. Não interessa a ausência de documento especificando os poderes, ou a falta de autorização do escrito. Se operada a atividade, como vendas e fixação de preço, na própria sede da sociedade, ou em seus departamentos, em razão de haver o exercício da empresa, é implícita a conclusão de haver autorização ou delegação de poderes.

No entanto, dando-se a realização fora do compartimento da sociedade, mister que acompanhe a prova da autorização para a operação, o que se faz ou por um documento próprio contendo os poderes, ou mesmo pela entrega de talões de notas, de canais pela Internet para as operações e outras modalidades. Necessário se confira o parágrafo único do preceito acima: "Quando tais atos forem praticados fora do estabelecimento, somente obrigarão o preponente nos limites dos poderes conferidos por escrito, cujo instrumento pode ser suprido pela certidão ou cópia autêntica do seu teor". É que estende-se o conceito de estabelecimento a todos os lugares onde o preposto realiza a atividade, já que, em grande parte das vezes, deve ser executada fora do estabelecimento.

A inteligência do preceito impõe alguma temperança, especialmente em face da teoria da aparência. Se o ato de comércio ou o negócio segue uma linha e uma prática comum e própria da atividade desenvolvida pelo preposto, mesmo que ausente a autorização, prepondera a sua validade. Em relação a atos extraordinários, ou que fogem ao quotidiano das atividades ou da produção da sociedade, não se dispensa a expressa autorização, ou o documento que concede poderes para tanto. Nesta ótica, se o preposto efetua a venda de mercadorias por preço ínfimo, que se encontra muito aquém do custo, cumpre ao terceiro precaver-se, ou averiguar com redobrado cuidado, a seriedade da operação.

LXIII
Escrituração e contabilidade

1. O REGISTRO DAS OPERAÇÕES DA SOCIEDADE E DISTINÇÕES

Todas as sociedades possuem uma escrituração ou contabilidade própria de seus movimentos, do faturamento, do ativo, do passivo, das receitas, das despesas, ou seja, de vida física e dinâmica. O empresário e a empresa devem efetuar o registro de suas operações em livros próprios, previstos na lei. A sua indispensabilidade dessa obrigação é destacada por Fábio Ulhoa Coelho: "O exercício regular da atividade empresarial pressupõe a organização de uma contabilidade, a cargo de profissionais habilitados. Não há empresário regular que possa prescindir dos serviços do contador, seja contratando-o como empregado, seja como profissional autônomo".[1]

"Escriturar" tem o significado lato de "escrever", passando, no entanto, a expressar o ato de lançamento contábil, ou de transcrição em livros, ou em arquivos eletrônicos, de todas as movimentações e dados procedidos na sociedade empresária ou não. Por meio da escrituração, tem-se um registro da generalidade das operações da sociedade, isto é, dos atos e fatos relativos à atividade empresarial, o que se faz em livros próprios destinados para tanto.

Usualmente, não há diferença entre escrituração e contabilidade, pois representam, uma e outra expressão, os registros da vida econômica e patrimonial da sociedade. Todavia, para quem se preocupa com sutilezas, a distinção que se afigura é mais quanto à maneira de se desenvolver uma e outra forma. Enquanto a contabilidade concerne ao sistema de contas, a escrituração consiste na maneira ou método de se efetuarem os lançamentos, envolvendo os lançamentos, ao escrito dos atos e contratos realizados.

A contabilidade ou escrituração permite uma visão real dos movimentos e da vida da sociedade, permitindo o acompanhamento da situação a cada dia, e tornando-se indispensável, também, para finalidades fiscais. Os lançamentos é que traçam os níveis exatos de incidência.

Faz-se acompanhar a contabilidade da escrituração nos livros. Os dados lançados devendo reportar-se no documento respectivo e que importou na sua em escrituração.

Pela contabilidade se colhem os elementos que levam ao balanço patrimonial e aos resultados econômicos. Além disso, proporciona informações aos sócios da empresa que não participam diretamente de sua gestão.

O art. 1.179 dá as finalidades da escrituração: "O empresário e a sociedade empresária são obrigados a seguir um sistema de contabilidade, mecanizada ou não, com base na

---

[1] *Curso de Direito Comercial*. ob. cit., vol. 1, p. 73.

910 • Direito de Empresa | *Arnaldo Rizzardo*

escrituração uniforme de seus livros, em correspondência com a documentação respectiva, e a levantar anualmente o balanço patrimonial e o de resultado econômico".

Está facultado o emprego de um sistema de contabilidade mecanizado ou não. Todavia, não se dispensam os livros. Se restrita a contabilidade à inserção em arquivo, são sempre possíveis a alteração e até a adulteração.

O § 2º do mesmo artigo dispensa a providência do balanço patrimonial e o de resultado econômico ao empresário rural e ao pequeno empresário, nele incluído o microempresário.

2. OS LIVROS CONTÁBEIS

Há uma série de livros na contabilidade, não se dispensando o "diário", com todos os lançamentos. O art. 1.180 expressa a exigência: "Além dos demais livros exigidos por lei, é indispensável o Diário, que pode ser substituído por fichas no caso de escrituração mecanizada ou eletrônica". Completa o parágrafo único: "A adoção de fichas não dispensa o uso de livro apropriado para o lançamento do balanço patrimonial e de resultado econômico".

Ao Departamento Nacional de Registro do Comércio (atualmente substituído pelo Departamento de Registro Empresarial e Integração – DREI) o art. 3º, inc. I, da Lei nº 8.934, de 18.11.1994, atribui a competência normativa para estabelecer regras sobre a escrituração contábil. No desempenho desta função, o Departamento de Registro Empresarial e Integração – DREI emitiu a Instrução Normativa DREI nº 011/2013, indicando instrumentos de escrituração, constantes de seu art. 2º, e sendo eles os seguintes: I – livros, em papel; II – conjunto de fichas avulsas (art. 1.180 – CC/2002); III – conjunto de fichas ou folhas contínuas (art. 1.180 – CC/2002); IV – livros em microfichas geradas por meio de microfilmagem de saída direta do computador (COM), para fatos ocorridos até 31.12.2014; V – livros digitais.

Nota-se que os dados contábeis não podem ficar registrados somente na memória eletrônica de computadores. Impende que sejam lançados em livros próprios ou outros instrumentos. Mesmo que existente um sistema de computador que centralize toda a contabilidade, registrando automaticamente os dados contábeis, interligando-a com as entradas e saídas de cifras, de produtos, de insumos, de compras e vendas; e com os registros de estoques, abrangendo toda a rede de estabelecimentos, sucursais e agências, mantém-se a necessidade de livros ou fichários, que são condição para a credibilidade dos lançamentos computadorizados. Tudo o que chega na empresa será lançado em livros, tornando a empresa responsável pelas irregularidades. Assim, no caso de adoção do sistema computadorizado de escrituração, imprimem-se os relatórios contábeis gerados eletronicamente, reunindo-os ordenadamente em fichas, ou folhas soltas, ou nas outras formas discriminadas, ou encadernando-os, com a posterior autenticação na Junta Comercial. Esse é o sentido que se retira do parágrafo único do art. 1.180.

Sobre a formalidade de autenticação, o art. 12 da citada Instrução Normativa DREI nº 011/2013, dita o seguinte procedimento: "Art. 12. Lavrados os Termos de Abertura e de Encerramento, os instrumentos de escrituração dos empresários e das sociedades empresárias, de caráter obrigatório, salvo disposição especial de lei, deverão ser submetidos à autenticação pela Junta Comercial (art. 1.181 – CC/2002, excepcionadas as impossibilidades técnicas):

> I – antes ou depois de efetuada a escrituração, quando se tratar de livros em papel, conjuntos de fichas ou folhas contínuas;

II – após efetuada a escrituração, quando se tratar de microfichas geradas através de microfilmagem de saída direta do computador (COM) e de livros digitais. (...)".

Na prática, processa-se a escrituração da seguinte maneira: os lançamentos contábeis são digitados em programas de cálculo. Tem sequência a impressão em folhas soltas, ou outras formas, que são encadernadas com os termos legais de abertura e encerramento. Levam-se os livros à autenticação pela Junta Comercial.

Oferece-se a alternativa através de microfichas, produzidas mediante microfilmagem de saída direta de computador.

No pertinente ainda aos livros e demais instrumentos, a definição da quantidade e da espécie é reservada à decisão dos interessados, isto é, da sociedade, respeitada a obrigatoriedade do livro Diário e de outros indicados na lei. O § 1º do art. 1.179 introduziu essa faculdade: "Salvo o disposto no art. 1.180, o número e a espécie de livros ficam a critério dos interessados". Os livros atendem às necessidades da empresa, e constituem os assentamentos onde se fazem os lançamentos referentes às atividades empresariais. Para a comprovação de todas as operações, para o controle das movimentações, e para o registro do patrimônio, vários os livros, alguns impostos pela Receita da União e dos Estados, para a finalidade de proceder ao levantamento e à conferência na aferição dos tributos devidos, lembrando-se o livro de registro de inventário, o de registro de entradas, o livro para a apuração do lucro real, o de registro permanente de estoque, e o de movimentação de combustíveis, que aparecem no Decreto nº 3.000, de 1999; e outros exigidos pela legislação trabalhista, como o de registro de empregados e o de inspeção do trabalho, disciplinados nos arts. 41 e 628, § 1º, da Consolidação das Leis Trabalhistas.

O livro a que se refere o art. 1.180, consoante já visto, é o diário, e destina-se ao registro da própria vida da sociedade, nele se escriturando as operações realizadas diariamente. Traz Celso Marcelo de Oliveira uma explicação mais aprofundada: "O Livro Diário, ou simplesmente Diário, em que o comerciante deve tomar, distintamente, dia a dia, de todas as operações do seu comércio, bem como de tudo o que recebe ou que paga por qualquer título, ou comercial ou civil. Devem, também, aí ser apontadas as despesas que o comerciante faz com a família, bastando, porém, que as aponte numa cifra global de todos os meses. Os grandes estabelecimentos comerciais, que não podem registrar em um livro único todas as suas operações, devem dividir o Diário em tantas seções quantos sejam os ramos do estabelecimento e resumir depois os resultados em um Diário complementar. Os vários livros especiais constituirão, neste caso, no seu conjunto, o Diário prescrito pela lei, não sendo o livro de resumo o verdadeiro e próprio diário".[2]

Leis especiais obrigam a existência de livros. O art. 19 da Lei nº 5.474, de 18.07.1968, que disciplina a emissão de duplicatas, ordena a adoção do Livro de Registro de Duplicatas. A obrigação, no entender de Américo Luís Martins da Silva, "para os comerciantes que emitirem esse título de crédito obrigatório da legislação brasileira".[3]

Os arts. 41 e seguintes da Consolidação das Leis Trabalhistas – CLT, na redação da Lei nº 7.855/1989, impõem o livro de registro de empregados, que é substituível por fichas ou sistema eletrônico, como, aliás, é possível com outros livros.

---

[2] *Manual de Direito Empresarial*, ob. cit., vol. I, p. 487.
[3] *Introdução ao Direito Empresarial*, ob. cit., p. 263.

912 • Direito de Empresa | *Arnaldo Rizzardo*

2.1. Livros para o registro de operações fiscais

Para fins de apuração do imposto de renda, o art. 260 do Decreto nº 3.000, de 26.03.1999, torna obrigatórios os seguintes livros: Livro para Registro de Inventário (para o registro de movimentações e estoques de mercadorias), Livro para Registro de Entradas (compras), Livro de Apuração do Lucro Real – LALUR, Livro para Registro Permanente de Estoque (exigível das empresas de compra e venda, incorporação, loteamentos de imóveis e construção de prédios), e Livro de Movimentação de Combustíveis.

Pela legislação do Imposto Sobre Produtos Industrializados – IPI, o Decreto nº 7.212, de 15.06.2010, lista os seguintes livros, no art. 444: "Os contribuintes manterão, em cada estabelecimento, conforme a natureza das operações que realizarem, os seguintes livros fiscais:

I – Registro de Entradas, modelo 1;

II – Registro de Saídas, modelo 2;

III – Registro de Controle da Produção e do Estoque, modelo 3;

IV – Registro de Entrada e Saída do Selo de Controle, modelo 4;

V – Registro de Impressão de Documentos Fiscais, modelo 5;

VI – Registro de Utilização de Documentos Fiscais e Termos de Ocorrências, modelo 6;

VII – Registro de Inventário, modelo 7; e

VIII – Registro de Apuração do IPI, modelo 8.

Ao pequeno empresário ficam dispensadas as exigências da contabilização escriturada em livros ou sistemas de computador. Dada a série de facilidades e favores fiscais que as beneficiam, não se exige a contabilidade em livros específicos, ou seja, a prova de sua vida econômica. A exceção está no § 2º do artigo 1.179 do Código Civil: "É dispensado das exigências deste artigo o pequeno empresário a que se refere o art. 970".

O citado art. 970 ordena que dispensará "tratamento favorecido, diferenciado e simplificado ao empresário rural e ao pequeno empresário, quanto à inscrição e aos efeitos daí decorrentes".

Cumpre lembrar que a atividade da microempresa e da empresa de pequeno porte está disciplinada pela Lei Complementar nº 123, de 14.12.2006, com as modificações das Leis Complementares nº 127, de 14.08.2007; nº 128, de 19.12.2008; nº 147, de 07.08.2014; nº 155, de 27.10.2016; e da Lei nº 12.792, de 28.03.2013. No campo tributário, a micro e a pequena empresa são enquadradas, desde a Lei nº 9.317, de 1996, seguindo com a Lei Complementar nº 123 (que revogou aquela), no SIMPLES NACIONAL (Regime Especial Unificado de Arrecadação de Tributos e Contribuições devidos pelas Microempresas e Empresas de Pequeno Porte – Simples Nacional). Incluem-se como microempresas (ME) as que tenham auferido renda bruta de até R$ 360.000,00 (trezentos e sessenta mil reais). Já a receita anual das empresas de pequeno porte (EPP) vai daquele valor até a cifra de R$ 4.800.000,00 (quatro milhões e oitocentos mil reais). É o que consta no seu art. 3º, incisos I e II, em redação da Lei Complementar nº 155/2016.

Ao pedido de registro na Junta Comercial, acompanhará uma declaração de enquadramento, que se fará em um formulário padrão.

Cap. LXIII | Escrituração e contabilidade • **913**

No intuito de dar segurança aos lançamentos procedidos em livros e fichas, e para imprimir-lhe regularidade extrínseca, há a providência de sua autenticação pela Junta Comercial, em atendimento ao art. 1.181: "Salvo disposição especial de lei, os livros obrigatórios e, se for o caso, as fichas, antes de postos em uso, devem ser autenticados no Registro Público de Empresas Mercantis".

É da competência das Juntas Comerciais a autenticação dos instrumentos de escrituração das empresas mercantis registradas e dos agentes auxiliares, em obediência aos arts. 32 e 39 da Lei nº 8.934, de 1994.

Naturalmente, para conseguir-se a autenticação, pressupõe-se a inscrição do empresário ou da sociedade. Inconcebível a medida sem a antecedente inscrição, até porque a empresa, perante terceiros, passa a ter personalidade com tal providência, o que também se extrai do art. 45 do Código Civil, preceituando: "Começa a existência legal das pessoas jurídicas de direito privado com a inscrição do ato constitutivo no respectivo registro, precedida, quando necessário, de autorização ou aprovação do Poder Executivo, averbando-se no registro todas as alterações por que passar o ato constitutivo".

A imposição da sequência da autenticação à regularização da inscrição do empresário está no parágrafo único do art. 1.181: "A autenticação não se fará sem que esteja inscrito o empresário, ou a sociedade empresária, que poderá fazer autenticar livros não obrigatórios".

3. ELEMENTOS EXTERNOS DOS LIVROS

Mais normas de cunho prático vêm descritas nos dispositivos que seguem.

Na ordem, está o art. 1.183, estabelecendo os requisitos intrínsecos dos livros, determinando o procedimento a se observar, no pertinente ao idioma da escrita, à nomenclatura da moeda, e à sequência dos lançamentos: "A escrituração será feita em idioma e moeda corrente nacionais e em forma contábil, por ordem cronológica de dia, mês e ano, sem intervalos em branco, nem entrelinhas, borrões, rasuras, emendas ou transportes para as margens".

Indispensável seguir a ordem cronológica, de conformidade com o momento da realização dos atos objeto de registro nos livros. Utiliza-se unicamente o idioma nacional, obedecendo-se os padrões da ciência contábil, com a colocação dos assuntos de modo lógico, de sorte a aparecer os resultados ao final de cada mês. Evitam-se os espaços em branco, as rasuras, os borrões, as intercalações, os espaços em branco, as entrelinhas e outras irregularidades, de modo a tornar-se a escrita perfeitamente inteligível, e inviabilizar posteriores alterações.

O parágrafo único assinala para a utilização de códigos de números ou de abreviaturas, mas devendo constar no livro próprio o significado, ou a sua interpretação: "É permitido o uso de código de números ou de abreviaturas, que constem de livro próprio, regularmente autenticado".

Com base em normas próprias de legislação contábil e baixadas pelo então Departamento Nacional de Registro do Comércio, Mário Cozza aponta as seguintes formalidades externas nos instrumentos:

> "– Serem as folhas sequencialmente numeradas tipográfica ou mecanicamente, conforme o caso – livros, conjunto de fichas, folhas soltas ou folhas contínuas, exceto microfichas – e conter o termo de abertura, aposto no anverso da primeira, e o termo de encerramento, aposto no verso da última, folhas numeradas.

- Declarar no termo de abertura:
    a) o termo empresarial;
    b) o número de identificação do registro de empresas – NIRE, e a data da inscrição do empresário ou da sociedade empresária;
    c) o local da sede, sucursal, filial ou agência a que se refere o instrumento;
    d) a finalidade a que se destina o instrumento;
    e) o número de inscrição no Cadastro Nacional das Pessoas Jurídicas, do Ministério da Fazenda.[4]

- Declarar no termo de encerramento:
    a) o nome empresarial;
    b) o fim a que se destinou o instrumento;
    c) o número de ordem do instrumento e a quantidade de folhas.

- Serem os termos datados e assinados pelo empresário ou o administrador da sociedade empresária, e por um contabilista habilitado.
- Ser o instrumento autenticado no Registro Público de Empresas Mercantis".[5]

4. MODELOS DE TERMOS DE ABERTURA E ENCERRAMENTO DOS LIVROS

5. A FORMA DE ESCRITURAÇÃO NO LIVRO DIÁRIO

O próprio nome "diário" exprime a finalidade do livro, que é o lançamento de todos os dados que acontecem na sociedade, e, assim, as vendas, as compras, o fluxo de caixa, as entradas e saídas, e todas as demais movimentações que diariamente acontecem. Eis a sua caracterização, explicada por Fábio Ulhoa Coelho: "Trata-se de livro contábil, em que se devem lançar, dia a dia, diretamente ou por reprodução, os atos ou operações da atividade empresarial, bem como os atos que modificam ou podem modificar o patrimônio do empresário".[6]

Quanto ao fluxo de caixa, necessário lembrar que, com a Lei nº 11.638/2007, alterando o art. 176 da Lei nº 6.404/1976, a demonstração dos fluxos de caixa torna-se obrigatória para as sociedades anônimas, assim como para as fechadas com patrimônio líquido, na data do balanço, igual ou superior a dois milhões de reais. A companhia fechada com

---

[4] O Ministério da Fazenda, com a Medida Provisória nº 870/2019, passou a denominar-se Ministério da Economia.
[5] *Novo Código Civil do Direito de Empresa (arts. 966 a 1.195)*, Porto Alegre, Editora Síntese, 2002, p. 274.
[6] *Curso de Direito Comercial.* ob. cit., vol. 1, p. 77.

Cap. LXIII | Escrituração e contabilidade • **915**

patrimônio líquido, na data do balanço, inferior a dois milhões de reais não será obrigada à elaboração e publicação da demonstração dos fluxos de caixa.

A Lei nº 11.638/2007, alterando o art. 176 da Lei nº 6.404/1976, substitui a demonstração das origens e aplicações de recursos (DOAR), que passa a ser facultativa, pela demonstração dos fluxos de caixa (DFC), acompanhando uma tendência internacional e em atendimento aos interesses dos analistas de mercado e investidores institucionais. A demonstração dos fluxos de caixa (DFC) tem a finalidade de revelar, por meio dos fluxos de recebimentos e pagamentos, as modificações ocorridas nas disponibilidades (caixa e equivalentes de caixa) da companhia em um determinado período.

Conforme o art. 188 da Lei nº 6.404/1976, alterado pelas Leis nº 11.638/2007 e nº 11.941/2009, a demonstração dos fluxos de caixa deve indicar, pelo menos, as alterações ocorridas, durante o exercício, no saldo de caixa e equivalentes de caixa, segregando essas alterações em, no mínimo, três fluxos: a) das operações, b) dos financiamentos e c) dos investimentos.

A importância do livro diz respeito à correspondência dos lançamentos às operações realizadas. É de obrigatória obediência à ordem que está no art. 1.184, que indica os dados que constarão no livro diário, e que são as operações ativas e passivas da empresa, com reflexos de ordem patrimonial: "No Diário serão lançadas, com individuação, clareza e caracterização do documento respectivo, dia a dia, por escrita direta ou reprodução, todas as operações relativas ao exercício da empresa".

Constitui o livro o documento que reflete a realidade da sociedade. Lançam-se os dados contábeis para não mais poderem ser alterados.

O § 1º do mesmo artigo autoriza a escrituração resumida no Diário: "Admite-se a escrituração resumida no Diário, com totais que não excedam o período de 30 (trinta) dias, relativamente a contas cujas operações sejam numerosas ou realizadas fora da sede do estabelecimento, desde que utilizados livros auxiliares regularmente autenticados, para registro individualizado, e conservados os documentos que permitam a sua perfeita verificação".

Nota-se que já não se fará diariamente o lançamento. Escrevem-se os totais das movimentações que não excedam o período de trinta dias. Ou seja, somam-se, *v. g.*, as entradas e saídas no período de até trinta dias, e segue-se o lançamento. Isto caso as operações se verifiquem em grande número, em curtos espaços de tempo, e se realizem em estabelecimentos secundários, como filiais, sucursais e agências. Condição para essa liberalidade é a existência de livros auxiliares autenticados pela Junta Comercial. A rigor, porém, se faz o lançamento dia a dia.

No livro diário lançam-se o balanço patrimonial e o resultado econômico. Está clara essa obrigação consignada no § 2º: "Serão lançados no Diário o balanço patrimonial e o de resultado econômico, devendo ambos ser assinados por técnico em Ciências Contábeis legalmente habilitado e pelo empresário ou sociedade empresária".

O balanço patrimonial e o resultado econômico refletem a realidade da sociedade, assinando-os o técnico em ciências contábeis e o empresário ou representante da sociedade, exigência essa que reflete a importância do livro e a seriedade dos elementos lançados.

Quanto ao técnico em ciências contábeis, não basta a diplomação em curso especializado ou de nível superior. É necessária a inscrição e autorização do órgão de classe competente, que fornecerá o credenciamento para atuar no ramo contábil.

6. O LIVRO "BALANCETES DIÁRIOS E BALANÇOS"

O livro "balancetes diários e balanços" substitui o livro diário desde que adotado o sistema de fichas de lançamento em seu lugar, possibilidade evidenciada pelo art. 1.185: "O empresário ou sociedade empresária que adotar o sistema de fichas de lançamentos poderá substituir o livro Diário pelo livro Balancetes Diários e Balanços, observadas as mesmas formalidades extrínsecas exigidas para aquele". O balancete diário é elaborado por lançamentos contábeis, com os resultados verificados ou totalizadores diários das contas do ativo e do passivo, devendo as fichas ou folhas serem impressas e encadernadas, lavrando-se termo de abertura e encerramento, e levando-se posteriormente à autenticação perante a Junta Comercial.

O art. 1.186 trata da escrituração do livro "balancetes diários e balanços", indicando os elementos que deverá conter: "O livro Balancetes Diários e Balanços será escriturado de modo que registre:

I – a posição diária de cada uma das contas ou títulos contábeis, pelo respectivo saldo, em forma de balanços diários;

II – o balanço patrimonial e o de resultado econômico, no encerramento do exercício".

Deve, portanto, o livro "balancetes diários e balanços" conter o saldo das contas do ativo e do passivo dia a dia, o somatório do saldo dessas contas ao término do exercício social, encerrando as demonstrações financeiras o balanço patrimonial e resultado econômico.

Dá Celso Marcelo de Oliveira algumas explicações: "... Devemos analisar alguns detalhes dos balancetes diários. De acordo com o método das partidas dobradas, para cada débito temos um crédito de igual valor. Esse princípio também é observado na elaboração do balancete de verificação, pois nele a soma dos saldos credores deve ser igual à soma dos saldos devedores.

O balancete de verificação é, portanto, feito com base nos saldos de todas as contas do Livro Razão. Para a apuração desses saldos, o Livro Razão deverá estar em dia, isto é, conter todos os lançamentos correspondentes ao exercício que se pretende encerrar. Ao elaborarmos esse balancete, temos a possibilidade de detectar erros de lançamento. Encontrando algum erro, devemos proceder aos acertos necessários, conforme as técnicas de correção... As principais finalidades do balancete são: apurar o saldo total das contas do Razão, mediante a diferença entre saldo credor e saldo devedor, e verificar a exatidão dos lançamentos do Livro Razão. Para realizar um balancete de verificação, relacionam-se todas as contas do Livro Razão e seu respectivo saldo. Os balancetes podem ser sintéticos, analíticos ou complexos".[7]

7. O INVENTÁRIO DOS BENS NO BALANÇO PATRIMONIAL

Primeiramente esclareça-se que o balanço, nas palavras de Waldo Fazzio Júnior, "é uma síntese ordenada do inventário que expressa o estado econômico da sociedade empresária e os resultados de seus negócios, em determinado momento".[8] Complementa Celso

---

[7] *Manual de Direito Empresarial*, ob. cit., vol. I, p. 491.

[8] *Sociedades Limitadas*, ob. cit., p. 223.

Marcelo de Oliveira: "O balanço patrimonial é uma das demonstrações financeiras que deve exprimir, com clareza, a situação do patrimônio da empresa, num dado momento".[9]

Deverá indicar distintamente o ativo e o passivo da sociedade, efetuando-se de forma a exprimir com fidelidade a real situação da empresa.

O art. 1.187 estabelece orientações para se fazer o inventário dos bens no balanço patrimonial, com a devida avaliação, a ser lançado no livro: "Na coleta dos elementos para o inventário serão observados os critérios de avaliação a seguir determinados".

Esses critérios são discriminados em três incisos, abrangendo os bens destinados à exploração, os valores mobiliários, o valor das ações e dos títulos de renda fixa e os créditos. Assim aparece a descrição:

I – Os bens destinados à exploração da atividade serão avaliados pelo custo de aquisição, devendo, na avaliação dos que desgastam ou depreciam com o uso, pela ação do tempo ou outros fatores, atender-se à desvalorização respectiva, criando-se fundos de amortização para assegurar-lhes a substituição ou conservação do valor.

II – Os valores mobiliários, matéria-prima, bens destinados à alienação, ou que constituem produtos ou artigos da indústria ou comércio da empresa, podem ser estimados pelo custo de aquisição ou de fabricação, ou pelo preço corrente, sempre que este for inferior ao preço de custo, e quando o preço corrente ou venal estiver acima do valor do custo de aquisição, ou fabricação, e os bens forem avaliados pelo preço corrente, a diferença entre este e o preço de custo não será levada em conta para a distribuição de lucros, nem para as percentagens referentes a fundos de reserva.

III – O valor das ações e dos títulos de renda fixa pode ser determinado com base na respectiva cotação da Bolsa de Valores; os não cotados e as participações não acionárias serão considerados pelo seu valor de aquisição. Está facultada a utilização do valor de mercado, desde que verificada a pertinência.

IV – Os créditos serão considerados de conformidade com o presumível valor de realização, não se levando em conta os prescritos ou de difícil liquidação, salvo se houver, quanto aos últimos, previsão equivalente.

No lançamento dos valores dos ativos, o parágrafo único do art. 1.187 permite que figurem, desde que se proceda, anualmente, à sua amortização, os seguintes itens:

"I – as despesas de instalação da sociedade, até o limite correspondente a 10% (dez por cento) do capital social;

II – os juros pagos aos acionistas da sociedade anônima, no período antecedente ao início das operações sociais, à taxa não superior a 12% (doze por cento) ao ano, fixada no estatuto;

III – a quantia efetivamente paga a título de aviamento de estabelecimento adquirido pelo empresário ou sociedade".

---

[9] *Manual de Direito Empresarial*, ob. cit., vol. I, p. 492.

918 • Direito de Empresa | *Arnaldo Rizzardo*

Quanto ao item I do art. 1.187, os bens destinados à exploração da atividade empresarial são aqueles que fazem parte do ativo imobilizado, isto é, do ativo fixo da empresa, considerado pelo art. 179, inc. IV, da Lei nº 6.404/1976, em redação da Lei nº 11.638/2007, no que se aplica a qualquer sociedade, como o conjunto de bens destinados à manutenção e ao desenvolvimento das atividades da empresa. Exemplificam-se tais bens nos imóveis, móveis, equipamentos, máquinas, ferramentas, utensílios, veículos, computadores, aparelhos, os investimentos na aquisição de ações, as despesas de instalação da empresa, o valor pago para a aquisição do estabelecimento etc.

Colhe-se importante explicação em obra organizada por Elidie Palma Bifano e Sérgio Roberto de Oliveira Bento: "Tais bens, uma vez registrados, devem ser avaliados, para fins de balanço patrimonial, pelo custo de aquisição deduzido do correspondente fundo de amortização, se sujeitos a desgaste ou depreciação. A lei destina o fundo à substituição ou conservação do valor do correspondente bem, o que não significa que essa seja a única fonte para o empresário repor ou manter a sua atividade; a título de exemplo, cite-se a possibilidade de reter lucros para novos investimentos".[10]

Ou seja, esses bens sofrem a depreciação de conformidade com o tempo de vida, reduzindo-se gradativamente o respectivo valor em razão do desgaste e perda da utilidade, ou pela ação do tempo e obsolescência, no que a matéria está regulada no art. 183, § 2º, da mesma Lei nº 6.404/1976.

Registra-se separadamente a depreciação causada pelo desgaste efetivo sofrido pela ação do tempo. O Decreto nº 3.000, de 26.03.1999, em seus arts. 305 a 323, para fins de imposto de renda, estabelece níveis ou taxas de depreciação, que ficam entre quatro a vinte por cento, com a finalidade de abatimento na apuração dos lucros.

Em relação ao item II do mesmo art. 1.187, os valores mobiliários, a matériaprima, os créditos, os bens destinados à alienação, os que constituem produtos ou artigos de indústria ou comércio da empresa, que compõem o ativo circulante, devem ser avaliados pelo preço corrente ou valor de mercado, sempre que o mesmo revelar-se inferior ao preço de custo. Caso apurar a avaliação um valor superior ao da aquisição ou fabricação, não se leva em consideração para a distribuição de lucros e constituição de reservas.

Explicam Elidie Palma Bifano e Sérgio Roberto de Oliveira Bento: "O procedimento, aqui disposto, no que tange à avaliação pelo preço corrente de mercado, não é novidade em contabilidade, mas tem sido destinado a atividades especiais, como pecuária e bancos. As instituições financeiras, especialmente, devem avaliar seus títulos e valores mobiliários adquiridos para negociação e para venda, no mínimo, por ocasião de balanços e balancetes, computando a valorização e a desvalorização em contrapartida de conta de receita ou despesa ou de patrimônio líquido (Circular nº 3.068/2001, BACEN e alterações posteriores). Os estoques podem, por prática contábil e autorização da lei tributária, ser avaliados a mercado, gerando, em contrapartida, receita de superveniência ativa. A autorização legal e contábil, nos casos referidos, talvez se justifique pelo amplo mercado que tais bens têm, significando que o esforço de venda não seria relevante para reter o registro antecipado do valor de realização (valor de mercado, no caso). A falta de especificação, no novo Código, quanto aos destinatários do comando, parece admitir autorização irrestrita de uso, interpretação essa que implicaria deslocar a realidade sistemática das normas do

---

[10] *Aspectos Relevantes do Direito de Empresa de acordo cm o Novo Código Civil*, ob. cit., pp. 351-352.

Cap. LXIII | Escrituração e contabilidade • **919**

ordenamento, pois permitiria uma indireta manipulação de resultado contábeis, o que parece vedado pela lei".[11]

Quanto aos créditos, lançam-se pelos respectivos valores, a menos se esperado um valor diferente na sua realização, que se dá pelo ágio ou deságio, mas devendo-se estimar o montante a que corresponderão. Excluem-se os já prescritos, ou perdidos pela insolvência.

Pelo inciso III do art. 1.187, no caso de investimentos na aquisição de quotas ou ações de outras empresas, de títulos ou letras financeiras de renda fixa ou variável, bônus e debêntures e outros valores mobiliários, a avaliação terá em conta o preço de mercado, formado de conformidade com as regras da Bolsa de Valores; não sendo negociados os títulos na Bolsa de Valores, leva-se a termo a avaliação pelo valor de aquisição.

Nesse item, estão incluídos os títulos de renda fixa, que devem ser avaliados, de modo contábil, pelo custo de aquisição, com o acréscimo dos juros e da correção monetária. A cotação na Bolsa torna-se indispensável quando o valor de mercado do título se revelar inferior ao custo de aquisição.

Em vista do inciso IV do citado artigo, o critério de avaliação dos direitos de crédito, ou seja, de contas a receber, considerará a possibilidade de realização dos créditos, que equivale o valor presumível de quitação, descontados os montantes de difícil liquidação, ou que sofreram a ação do tempo pela prescrição, e impossíveis de cobrança.

Quanto aos valores que podem fazer parte do ativo, e que serão amortizados anualmente, destacados pelo parágrafo único, algumas considerações se fazem necessárias.

Em relação ao item I, as despesas de instalação da sociedade, verificadas até o início efetivo das atividades sociais, incluídas até dez por cento do capital social, englobam, *v.g.*, os custos de arquivamento dos atos constitutivos, as ocasionadas pela organização da empresa e as provenientes da aquisição de bens para a formação do estabelecimento. O limite fixado não vinha adotado pela legislação precedente, e sujeita-se a provocar controvérsias, em especial relativamente à legislação fiscal.

Fixa-se o limite em até dez por cento do capital social para evitar abusos.

No pertinente ao item II, os juros que podem ser incluídos no ativo são aqueles pagáveis como remuneração do patrimônio líquido aos sócios somente durante o tempo verificado entre a constituição da sociedade e o efetivo início de suas operações. São chamados 'juros iniciais', que não importam em benefício fiscal, e que visam incentivar a capitalização da sociedade na fase inicial de suas operações. Remuneram o capital investido pelos sócios, limitada a inclusão no ativo em até doze por cento ao ano.

Segundo o item III do mesmo parágrafo único, faculta-se a inclusão no ativo da quantia paga a título de aviamento, isto é, de potencial de lucratividade, ou de perspectiva de lucro líquido que se considerou na aquisição do estabelecimento. Desde que a empresa oferece uma margem segura de lucratividade, que se mede pelo tipo de atividade ou produção, pela localização, pelo grau de conhecimento que goza entre os consumidores, comporta no preço certa diferença, que se inclui no ativo, desde que pago e destacado.

Depreende-se do conjunto de disposições que é determinado o levantamento do inventário, que se efetua pela verificação da existência física e dos valores dos bens do empresário ou da empresa, devendo a obrigação realizar-se anualmente, quando da ocorrência do balanço patrimonial no encerramento do exercício social, ou quando da liquidação da sociedade.

---

[11] *Aspectos Relevantes do Direito de Empresa de acordo com o Novo Código Civil*, ob. cit., pp. 352-353.

8. ESCRITURAÇÃO DO BALANÇO PATRIMONIAL

O art. 1.188 da lei civil traz normas sobre o balanço, que retratará a situação da empresa, indicando o ativo, o passivo e o resultado líquido.

É importante apresentar a significação de cada um desses elementos.

O ativo compreende, na visão de Waldo Fazzio Júnior, "o complexo de recursos econômicos da sociedade. Suas contas envolvem os bens e direitos da pessoa jurídica, subdivididos em ativo circulante, ativo realizável a longo prazo, e ativo permanente" (atualmente a denominação passou a ser ativo não circulante).

O ativo circulante abrange os bens constituídos de dinheiro, ou conversíveis em moeda, ou o capital de giro. O ativo realizável a longo prazo refere-se mais aos créditos, aos direitos realizáveis no exercício seguinte, que se criam ou produzem pela venda de bens ou mercadorias e pela prestação de serviços. Por sua vez, o ativo não circulante diz respeito ao patrimônio imobilizado, que se conserva e mantém, composto dos imóveis, prédios, maquinário, instrumentos, marcas e patentes.

O passivo, retomando a lição de Waldo Fazzio Júnior, "é o complexo obrigacional da sociedade com terceiros, ordenado conforme a exigibilidade dos encargos em passivo circulante exigível a longo prazo e a conta de resultados de exercícios futuros. É o conjunto de ativos negativos ou exigibilidades contra os ativos da sociedade, compreendendo os débitos, tributos, obrigações trabalhistas, encargos tributários e previdenciários parcelados etc."

O resultado líquido, continua o mesmo autor, reúne o capital, as reservas e os lucros ou prejuízos acumulados. É, dito de forma simples, a diferença entre o ativo e o passivo.[12]

Deve-se ter uma visão real da sociedade, de sua situação econômica, de seu desempenho, o que se obtém através do balanço, orientando, para tanto, o preceito acima: "O balanço patrimonial deverá exprimir, com fidelidade e clareza, a situação real da empresa e, atendidas as peculiaridades desta, bem como as disposições das leis especiais, indicará, distintamente, o ativo e o passivo". A respeito do assunto, estabelecia o art. 10, nº 4, do Código Comercial a obrigação de todos os comerciantes formarem "anualmente um balanço geral do ativo e passivo, o qual deverá compreender todos os bens de raiz, móveis e semoventes, mercadorias, dinheiros, papéis de crédito, e outra qualquer espécie de valores, e bem assim todas as dívidas e obrigações passivas".

Os valores que serão lançados consideram-se os fornecidos pelo critério do custo de aquisição, importando que se levem em conta os valores pagos no momento da aquisição dos bens ou da contração dos serviços. Não se procede a periódica reavaliação dos ativos e passivos já apurados.

Se forem coligadas as sociedades, em lei especial se disporá sobre os elementos que acompanharão o balanço, a teor do parágrafo único: "Lei especial disporá sobre as informações que acompanharão o balanço patrimonial, em caso de sociedades coligadas".

Sabe-se que, nas sociedades coligadas, ou em sociedades que sejam sócias, o art. 1.101 proíbe as chamadas 'participações recíprocas', a menos que haja uma permissão legal, em montante aferido pelo balanço superior ao das próprias reservas, excluída a reserva legal. No caso de exceder esse limite, quando da aprovação do balanço, fica a sociedade afastada de exercer o direito de voto no correspondente às quotas ou ações que

---

[12] *Sociedades Limitadas*, ob. cit., p. 225.

ultrapassar tal limite, devendo vender o capital que ultrapassa no prazo de cento e oitenta dias a contar da aprovação do referido balanço.

Na inexistência de lei especial regulando o balanço de citadas sociedades, seguem-se as regras dos arts. 247 a 250 da Lei das Sociedades Anônimas, com alterações da Lei nº 11.941/2009, no que se revelar coerente, com a elaboração de notas explicativas, a apresentação dos valores de cada sociedade, dos investimentos, dos custos de aquisição dos bens e das participações sociais, dos lucros ou prejuízos acumulados, e dos resultados do exercício de cada sociedade.

9. BALANÇO DO RESULTADO ECONÔMICO

Junto ao balanço patrimonial acompanhará o balanço de resultado econômico, ou a demonstração de lucros e perdas, com a especificação do crédito e débito, em consonância com o art. 1.189: "O balanço de resultado econômico, ou demonstração da conta de lucros e perdas, acompanhará o balanço patrimonial e dele constarão crédito e débito, na forma da lei especial". Trata-se de uma reiteração de providência que já constava nos arts. 1.179, 1.180 e 1.184, impondo o levantamento do balanço de resultado econômico, o qual constará, com o balanço patrimonial, no livro diário. Submete-se à apreciação da assembleia geral, tal como ocorre com o balanço patrimonial, nos primeiros quatro meses subsequentes ao final do exercício.

Com esse levantamento, tem-se a visão do lucro ou do prejuízo verificado no exercício social. A esse resultado chega-se após as sucessivas operações de lançamentos de créditos e débitos, evidenciando o comportamento positivo ou negativo da sociedade, bem como os ajustes, transferências, reversões, distribuição de dividendos, apropriação de parcela dos lucros e outras manobras para superar as dificuldades que se apresentam. Em adendo, Waldo Fazzio Júnior estende-se em apontar as utilidades: "A demonstração dos lucros ou prejuízos acumulados deixa à calva o resultado (lucro, em caso positivo; prejuízo, em caso negativo) do exercício, os ajustes de exercícios precedentes, as transferências para reservas, as reversões, as parcerias de lucro incorporadas ao capital e o saldo final do período. É uma exposição oferecida pela administração da sociedade empresária sobre a destinação dos resultados".[13]

Os arts. 1.188 e 1.189 cuidam de dois balanços, ambos de grande importância, e que são o patrimonial e o econômico – aquele evidenciando a situação dos bens e o último a situação do momento em que se encontra a sociedade.

Esclarece-se que o sentido das 'resultado econômico' e 'demonstração da conta de lucros e perdas' é o mesmo. O objeto da obrigação embutida no art. 1.189 visa fornecer aos interessados informações suficientes e aptas sobre a realidade da sociedade.

10. A PRESERVAÇÃO DO EXAME DA CONTABILIDADE

Unicamente se medidas forem intentadas em juízo, fulcradas em fortes elementos de convicção, autoriza-se a determinação de diligências para a verificação das contas. Não é suficiente a mera suspeita ou desconfiança, sendo tal o intuito do art. 1.190: "Ressalvados os casos previstos em lei, nenhuma autoridade, juiz ou tribunal, sob qualquer pretexto,

---

[13] *Sociedades Limitadas*, ob. cit., p. 225.

poderá fazer ou ordenar diligência para verificar se o empresário ou a sociedade empresária observam, ou não, em seus livros e fichas, as formalidades prescritas em lei".

Já era assim no Código Comercial de 1850, cujo art. 17 impunha a regra do sigilo da escrituração, pela qual proibia-se aos juízos e tribunais impor o exame, a menos que fosse necessário para fazer prova sobre fatos alegados a favor ou contra os comerciantes nos casos de sucessão. A finalidade era, e continua sendo, preservar o empresário do risco da franquia de seus negócios, com a possibilidade de prejuízos em face do conhecimento público, embora o rigor na aplicação do princípio possa acobertar práticas ilícitas.

O Código Tributário Nacional (Lei nº 5.172, de 25.10.1966), no art. 195, atenuou a restrição, autorizando o exame da contabilidade, dos livros, arquivos, documentos e papéis dos comerciantes, industriais e produtores, com a finalidade de apurar sonegação de tributos, desvios ou irregularidades. A prerrogativa se ampliou para outros setores, como para o Instituto Nacional do Seguro Nacional – INSS (Lei nº 8.212, de 24.07.1991, art. 33, § 1º, em redação da Lei nº 11.941/2009), visando fornecer elementos para apurar a falta de recolhimento de obrigações previdenciárias, o que encontrou respaldo no Supremo Tribunal Federal, através da Súmula nº 439, nos seguintes termos: "Estão sujeitos à fiscalização tributária, ou previdenciária, quaisquer livros comerciais, limitado o exame aos pontos objeto de investigação".

A regra do art. 1.190 do Código Civil, no entanto, não merece uma interpretação fiel à letra. Sempre que razões ponderáveis se oferecerem, cabe a diligência de averiguação, franqueando a contabilidade aos interessados. Relativamente à Fazenda Pública, abre-se exceção, não incidindo as restrições, conforme o art. 1.193: "As restrições estabelecidas neste Capítulo ao exame da escrituração, em parte ou por inteiro, não se aplicam às autoridades fazendárias, no exercício da fiscalização do pagamento de impostos, nos termos estritos das respectivas leis especiais". Acontece que prepondera, no caso, o interesse público. Ademais, em geral a medida torna-se obrigatória em virtude da imputação de delitos, como o de sonegação.

Afora os casos que envolvem a Fazenda Pública, o art. 1.191, como o fazia o art. 18 do Código Comercial, coloca hipóteses restritas para a verificação ou exibição dos livros e fichas, e que consistem em imposições de ordem sucessória, societária, de comunhão, de administração, de gestão, e de falência: "O juiz só poderá autorizar a exibição integral dos livros e papéis de escrituração, quando necessária para resolver questões relativas à sucessão, comunhão ou sociedade, administração ou gestão à conta de outrem, ou em caso de falência". Extrai-se que a exibição é autorizada em situações especiais, arroladas pela lei, dependendo de um procedimento próprio, cabendo ao juiz bem sopesar a concessão de pedidos.

Visa-se, com isso, evitar ordens desarrazoadas, impostas sem maior ponderação, e que causam verdadeiros transtornos, como a apreensão de livros, fichas, programas de computador, em verdadeiros acintes contra a propriedade e o direito de sigilo. Todavia, sempre que fatos graves são apontados, mesmo que não restritamente ligados às situações discriminadas, considera-se coerente a imposição de apresentar os documentos e de permitir o exame.

Algumas considerações merecem as hipóteses que permitem a exibição.

Em primeiro lugar está a sucessão, que não se restringe à por morte, mas alcança a realizada por atos entre vivos, sendo exemplos a transferência de participações sociais ou dos estabelecimentos. As pessoas que ingressam, sucedendo outras, revestem-se do direito de conhecerem a sociedade em todas as suas áreas e especialmente na situação econômica. Assim manifesta-se Modesto Carvalhosa: "Deve-se entender por 'sucessão' não penas a *causa mortis*, mas também a sucessão *inter vivos*, como a comercial, relativa à transferência das quotas/ações da sociedade ou do estabelecimento com todos os elementos que o integram".[14]

No concernente à comunhão, justifica-se sempre que existirem interesses comuns de várias pessoas na sociedade, já que credoras de direitos, ou participantes dos lucros, ou porque possuem investimentos nos negócios e empreendimentos que são realizados.

Já no pertinente à sociedade, aparecem normas assegurando o direito de exame e exibição, como no art. 1.021 do Código Civil: "Salvo estipulação que determine época própria, o sócio pode, a qualquer tempo, examinar os livros e documentos, e o estado da caixa e da carteira da sociedade". No pertinente às sociedades por ações, tem-se o art. 105 da Lei nº 6.404: "A exibição por inteiro dos livros da companhia pode ser ordenada judicialmente sempre que, a requerimento de acionistas que representem, pelo menos, 5% (cinco por cento) do capital social, sejam apontados atos violadores da lei ou do estatuto, ou haja fundada suspeita de graves irregularidades praticadas por qualquer dos órgãos da companhia".

Em relação à administração e gestão mercantil por conta de outrem, justifica-se a permissão de exame ou vistoria porque os livros se encontravam em poder de mandatários ou gestores, cabendo a sua verificação para o conhecimento da administração, com a apuração de responsabilidades, ou para exigir a prestação de contas.

No caso de quebra da sociedade, os administradores devem depositar os livros junto ao cartório, procedendo-se a lavratura do termo de encerramento, e efetuando-se a entrega ao síndico. Possibilita-se a qualquer credor o exame dos livros e papéis do falido e da administração da massa, não se carecendo, para tanto, de autorização judicial.

Não se pode olvidar que a matéria a respeito do sigilo é complexa e extensa, havendo diplomas especiais que excepcionam mais hipóteses. A título de exemplo, lembra-se a Lei Complementar nº 105, de 10.01.2001, autorizando a quebra do sigilo sempre que necessário para a apuração de ocorrência de qualquer ilícito, em qualquer fase do inquérito ou do processo judicial, de modo especial nos seguintes crimes: I – terrorismo; II – tráfico ilícito de substâncias entorpecentes ou de drogas afins; III – contrabando ou tráfico de armas, munições ou material destinado à sua produção; IV – extorsão mediante sequestro; V – crimes contra o sistema financeiro nacional; VI – crimes contra a administração pública; VII – crimes contra a ordem tributária e a previdência social; VIII – lavagem de dinheiro ou ocultação de bens, direitos e valores; IX – crimes praticados por organizações criminosas (art. 1º, § 4º).

Ao Ministério Público, no exercício de sua função, deve dar-se acesso aos livros e demais elementos da escrituração, consoante já autorizou o STJ:

> "I – A Lei nº 8.625/93 confere ao Ministério Público autorização para a requisição de informações a entidades públicas ou privadas visando à instauração de procedimentos judiciais ou administrativos.
>
> II – O *Parquet* ao requisitar os documentos inerentes à transferência do controle acionário da empresa de telefonia celular..., está na sua função de investigar a legalidade de operação de tal vulto.

---

[14] *Comentários ao Código Civil*, ob. cit., vol. 13, p. 818.

924 • Direito de Empresa | *Arnaldo Rizzardo*

III – O artigo 155, § 1º, da Lei das Sociedades Anônimas, ao apontar como sigilosas as informações que ainda não tenham sido divulgadas para o mercado, não dirigiu esse sigilo ao Ministério Público, não havendo superposição da norma em relação à Lei nº 8.625/93.

IV – Não existindo lei que imponha sigilo em relação aos dados em tela, prevalece a determinação legal que autoriza o Ministério Público a requisitar tais informações.

V – Recurso especial provido".[15]

11. EXIBIÇÃO INTEGRAL E PARCIAL DOS LIVROS

A exibição integral é concedida em situações especiais, de extrema gravidade, impostas pelo contrato ou estatuto, como a consignada no art. 1.021 da lei civil: "Salvo estipulação que determine época própria, o sócio pode, a qualquer tempo, examinar os livros e documentos, e o estudo da caixa e da carteira da sociedade". Chama a atenção, sobre o assunto, Modesto Carvalhosa: "Na sociedade de pessoas regidas pelo Código Civil de 2002, não havendo no contrato social previsão de época própria para o exame dos livros da sociedade de que fazem parte, poderão os sócios, a qualquer momento, requerer a sua exibição, de acordo com o mencionado art. 1.021. Nas sociedades anônimas, somente podem requerer exibição dos livros os acionistas detentores de, pelo menos, 5% (cinco por cento) do capital social, nos termos do art. 105 da Lei nº 6.404/76".[16]

No tocante à exibição parcial, cuida-se da exibição para certas finalidades, abrangendo os livros que interessam para o esclarecimento e a solução de um litígio, com a possibilidade de sua determinação de ofício pelo juiz. Daí por que é conhecida como exibição parcial, que já constava no art. 19 do Código Comercial, e vem permitida também no art. 421 do Código de Processo Civil, cuja transcrição revela-se útil: "O juiz pode, de ofício, ordenar à parte a exibição parcial dos livros e dos documentos, extraindo-se deles a suma que interessar ao litígio, bem como reproduções autenticadas".

Está autorizada a exibição parcial na Súmula nº 260 do STF, que ressalta a limitação à matéria que interessa ao processo: "O exame de livros comerciais, em ação judicial, fica limitada às transações entre os litigantes".

Há, portanto, o nítido propósito de preservar os interesses da sociedade, que também aparece na redação do § 1º do art. 1.191 da lei civil: "O juiz ou tribunal que conhecer de medida cautelar ou de ação pode, a requerimento ou de ofício, ordenar que os livros de qualquer das partes, ou de ambas, sejam examinados na presença do empresário ou da sociedade empresária a que pertencerem, ou de pessoas por estes nomeadas, para deles se extrair o que interessar à questão".

Procede-se a diligência na pendência de uma lide judicial, figurando o empresário como parte no polo ativo ou passivo.

A exibição, pois, unicamente em casos excepcionais é permitida, a requerimento de uma das partes ou de ambas, ou de ofício pelo juiz, inclusive, se devidamente satisfeitos os requisitos, através de antecipação de tutela ou de medida liminar. Procura-se que se efetue em presença do empresário ou da sociedade empresária, abrangendo os livros

---

[15] REsp. nº 657.037/RJ, da 1ª Turma, j. em 02.12.2004, *DJU* de 28.03.2005.
[16] *Comentários ao Código Civil*, ob. cit., vol. 13, p. 819.

obrigatórios do empresário, incluindo-se, caso necessário, os de natureza contábil, fiscal, trabalhista e societária, além dos facultativos.

Em casos especiais, adotou-se o entendimento da permissão do exame, atendendo-se pedido de pessoa estranha à sociedade, com a decorrente exibição, desde que a lide envolva o patrimônio de algum sócio. Nas ações de alimentos, é apropriada a realização de perícia nos livros da empresa, a fim de fazer prova sobre a capacidade econômica do alimentante, com o que se colhem elementos para estabelecer o *quantum* da pensão. Mesmo em ações de natureza diferente, como de execução, de cobrança ou de reparação de danos, parece apropriado investigar o devedor ou obrigado, mediante o exame da contabilidade e outros lançamentos da sociedade da qual faz parte, a fim de apurar as fontes de renda de que dispõe, visando a penhora ou apropriação forçada do capital necessário para a satisfação de um crédito.

Se em outra jurisdição se encontrarem os livros, perante o respectivo juiz se fará a exibição, normalmente através de carta precatória expedida pelo juiz onde corre a ação. O § 2º ordena essa forma: "Achando-se os livros em outra jurisdição, nela se fará o exame, perante o respectivo juiz".

Não são, pois, os livros transportados ou removidos até a sede do juízo.

12. PRESUNÇÃO DE CONFISSÃO NA RECUSA EM APRESENTAR OS LIVROS

Normalmente, o juiz expede ordem de exibição. Cabe às partes o devido cumprimento. No caso de relutância, faz-se a apreensão compulsória, mas para a finalidade alvitrada no processo.

Decorre da negativa a confissão quanto à matéria objeto de discussão, cuja verificação dependa do exame dos livros, ou seja, há uma presunção de que a contabilidade não representa a situação real da sociedade, tudo como está no art. 1.192: "Recusada a apresentação dos livros, nos casos do artigo antecedente, serão apreendidos judicialmente e, no do seu § 1º, ter-se-á como verdadeiro o alegado pela parte contrária para se provar pelos livros".

A pena de confissão será elidida unicamente se acostada prova documental em contrário.

Os casos do artigo antecedente são aqueles que envolvem questões relativas à sucessão, comunhão ou sociedade, administração ou gestão à conta de outrem, ou falência.

A referência ao § 1º do artigo antecedente corresponde à presunção de verdadeiro o alegado quando o juiz, em medida cautelar ou ação, ordenar a apresentação de ofício ou a requerimento da parte.

Idêntica cominação consta no art. 400 do Código de Processo Civil: "Ao decidir o pedido, o juiz admitirá como verdadeiros os fatos que, por meio do documento ou da coisa, a parte pretendia provar se:

> I – o requerido não efetuar a exibição, nem fizer nenhuma declaração no prazo do art. 398;
> II – a recusa for havida por ilegítima".

A presunção da confissão, decorrente da recusa em apresentar os livros, não é absoluta, isto é, não prevalece se vier prova documental demonstrando o contrário, nos termos do parágrafo único do art. 1.192 do diploma civil: "A presunção resultante da recusa pode ser elidida por prova documental em contrário".

926 • Direito de Empresa | *Arnaldo Rizzardo*

13. EXAME DOS LIVROS E VISTORIAS PARA FINALIDADES TRIBUTÁRIAS

Havendo matéria de natureza tributária, reiterando observação feita antes, não se aplicam as restrições para o exame dos livros, documentos e arquivos da sociedade, estabelecidas pelo art. 1.190, de acordo com a regra do art. 1.193, com a seguinte redação: "As restrições estabelecidas neste Capítulo ao exame da escrituração, em parte ou por inteiro, não se aplicam às autoridades fazendárias, no exercício da fiscalização do pagamento de impostos, nos termos estritos das respectivas leis especiais".

Em assunto tributário, pois, não prevalece a regra de que nenhuma autoridade, juiz ou tribunal pode ordenar o exame dos livros e fichas do empresário ou da sociedade. Já constava essa possibilidade de franquia no art. 195 do Código Tributário Nacional, ao prever que, "para efeitos da legislação tributária, não têm aplicação quaisquer disposições legais excludentes ou limitativas do direito de examinar mercadorias, livros, arquivos, documentos, papéis e efeitos comerciais ou fiscais, dos comerciantes, industriais ou produtores, ou da obrigação destes de exibi-los". Mesmo a Constituição Federal, no art. 145, § 1º, garantiu a investigação pelo exame e vistorias, ao facultar "à administração tributária, especialmente para conferir efetividade a esses objetivos, identificar, respeitados os direitos individuais e nos termos da lei, o patrimônio, os rendimentos e as atividades econômicas do contribuinte".

Nesta abertura garantida para a apuração de créditos tributários, está o contribuinte obrigado a submeter-se às diligências necessárias para tanto, sob pena de, consoante o art. 200 da Lei nº 5.172, de 1966, se requisitar a força policial federal, estadual ou municipal, consoante o âmbito de destinação do tributo. No caso, assiste, também, o lançamento do imposto por arbitramento.

A recusa em atender as imposições de apresentação dos livros, ou o obstáculo para se efetivar a medida, importa em crime de desobediência (art. 330 do Código Penal), ou em crime contra a ordem tributária (art. 1º da Lei nº 8.137, de 1990), caso suprimido ou reduzido o tributo ou contribuição social e qualquer acessório, mediante a omissão de informação, ou a prestação de informações falsas.

Estende-se a autorização de exame ou vistoria para o fim de apurar a falta de recolhimento de contribuições previdenciárias, ficando reservada essa faculdade, nos termos do art. 33, § 1º, da Lei nº 8.212, de 24.07.1991, em redação da Lei nº 11.941/2009, ao Instituto Nacional de Previdência Social – INSS, que poderá contar com o Departamento da Receita Federal.

O Supremo Tribunal Federal, sobre o assunto, emitiu a Súmula nº 439, com a seguinte redação: "Estão sujeitos à fiscalização tributária ou previdenciária quaisquer livros comerciais, limitado o exame aos pontos objeto da investigação".

14. O PROCEDIMENTO PARA A APRESENTAÇÃO DOS LIVROS OU EXAME

O procedimento para a apresentação ou o exame, se cautelar ou antecipada a medida, em vista de uma pretensão, *v.g.*, sobre a regularidade da escrita, a existência ou não de lucros, o desvio de receitas, é o da exibição de documentos, disciplinada pelos arts. 294 a 311 do Código de Processo Civil. Em tutela provisória, normalmente de urgência – cautelar ou antecipada –, de caráter antecedente, busca-se a determinação para a apresentação dos livros.

Se antecipada a tutela provisória pretendida (que pressupõe a probabilidade do direito e o perigo de dano ou o risco ao resultado útil do processo), é de observar o art. 303 do diploma processual civil: "Nos casos em que a urgência for contemporânea à propositura da ação, a petição inicial pode limitar-se ao requerimento da tutela antecipada e à indicação do pedido de tutela final, com a exposição da lide, do direito que se busca realizar e do perigo de dano ou do risco ao resultado útil do processo".

Proferida a decisão sobre a tutela antecipada, cabe ao autor aditar a petição inicial, com a complementação de sua argumentação, a juntada de novos documentos e a confirmação do pedido de tutela final, em 15 (quinze) dias ou em outro prazo maior que o juiz fixar.

No caso de tutela cautelar (que se concede se necessário assegurar o direito em face do perigo de dano ou do risco ao resultado útil do processo), tem o autor o prazo de 30 dias para formular o pedido principal, na esteira do art. 308 do CPC: "Efetivada a tutela cautelar, o pedido principal terá de ser formulado pelo autor no prazo de 30 (trinta) dias, caso em que será apresentado nos mesmos autos em que deduzido o pedido de tutela cautelar, não dependendo do adiantamento de novas custas processuais". Conforme o § 1º, o pedido principal pode ser formalizado conjuntamente com o pedido de tutela cautelar, facultando o § 2º o aditamento da causa de pedir no momento da formulação do pedido principal.

Unicamente ao pedido de tutela cautelar reserva-se o prazo de cinco dias para contestar, conforme o art. 306 da lei processual civil. "O réu será citado para, no prazo de 5 (cinco) dias, contestar o pedido e indicar as provas que pretende produzir".

No mais, depois de formulado o pedido principal, caso não venha embutido no pedido de cautelar, haverá uma audiência de conciliação ou mediação, quando, se não houver composição da lide, inicia o prazo de 15 dias para a contestação.

Para concretizar o ato de verificação e exame dos livros, o caminho a seguir será ao de exibição de documentos, que é o mais apropriado, iniciando com a concessão liminar da tutela antecipada ou cautelar.

Está o procedimento ditado pelos arts. 396 a 404, e 420 e 421 do mesmo diploma, cujos regramentos podem ser aproveitados tanto na formulação do pedido como na prática da sua realização. Ou seja, podem ser utilizadas as mesmas regras processuais para a exibição de documento ou coisa, e para a exibição de livros comerciais e de documentos do arquivo.

Decorrendo a obrigação de necessidade probatória no curso da ação, como facultam os arts. 420 e 421 do mesmo Código, aproveita-se, tanto quanto possível, o rito estabelecido para a perícia, ditado pelos arts. 464 a 480, do mesmo estatuto processual. Se o juiz tomar a seu cargo a verificação, servir-se-á da inspeção judicial, obedecendo as regras dos arts. 481 e seguintes, também do diploma procedimental. Havendo a busca e apreensão, leva-se a termo a medida através de mandado judicial. Se intentada esta providência pela parte interessada, como preparação de outro processo, trilha-se a via do art. 301 do CPC, entendendo-se incluída a exibição na parte do dispositivo que estende a aplicação a "qualquer outra medida idônea para asseguração do direito".

15. CONSERVAÇÃO E GUARDA DOS LIVROS

É obrigação do empresário e da sociedade empresária manterem em boas condições a escrituração e os documentos concernentes à vida econômica e patrimonial da sociedade, a fim de viabilizar o exame, pelo tempo previsto para ocorrer a prescrição ou decadência,

928 • Direito de Empresa | *Arnaldo Rizzardo*

que é de cinco anos para obrigações de natureza fiscal, de acordo com a legislação que assegura o direito de buscar a satisfação de créditos. A obrigação vinha no art. 10, nº 3, do Código Comercial, ficando reafirmada no art. 195, parágrafo único, do Código Tributário Nacional, e no art. 4º do Decreto-lei nº 486, de 1969, que trata da conservação da escrituração do comerciante. Presentemente, o art. 1.194 do Código Civil dita a exigência: "O empresário e a sociedade empresária são obrigados a conservar em boa guarda toda a escrituração, correspondência e mais papéis concernentes à sua atividade, enquanto não ocorrer prescrição ou decadência no tocante aos atos neles consignados".

A matéria já mereceu o profundo exame do STJ:

"Ocorrida a prescrição, não mais sobrevive o dever de guarda de documentos, sendo legítima a recusa fundada no transcurso do prazo prescricional. Pensar diferente seria impor à parte obrigação juridicamente impossível. Ausência de ofensa aos arts. 358 e 359 do CPC. Aplicação, por analogia, do revogado art. 10, nº 3, do Código Comercial de 1850 e do atual art. 1.194 do Código Civil de 2002".[17]

Está a matéria explicitada no voto do relator:

"Sem contradita, a parte não pode se escusar de, nos termos da lei, exibir os documentos que comprov em a realização de atos e negócios jurídicos, enquanto não prescritas as pretensões deles decorrentes, sob pena de incidir na sanção do art. 359 do CPC. É nesse sentido, a jurisprudência pacífica desta Corte, como se pode ver dos seguintes acórdãos:

'Agravo regimental (...).

1. Tratando-se de documento comum às partes, não se admite a recusa de exibi-lo, notadamente quando a instituição recorrente tem a obrigação de mantê-lo enquanto não prescrita eventual ação sobre ele.

2. (...).

Agravo regimental improvido' (AgRg no Ag 554823-RS, rel. Ministro Barros Monteiro, 4ª Turma, j. em 1º.9.2005, *DJ* de 17.10.2005. (...) No mesmo sentido e da mesma Turma: AgRg no Ag nº 578.536-RS, mesmo relator, j. em 23.08.2005, *DJ* de 10.10.2005).

(...).

'1. A partir da interpretação do art. 358, II, do CPC, não se admite a recusa da CEEE quanto à exibição de documento comum às partes litigantes antes de consumado o prazo prescricional de vinte anos, incidente na hipótese, por se tratar de sociedade de economia mista, concessionária de serviço público. Precedentes.

2. Agravo regimental improvido' (AgRg no Ag nº 538.002-RS, rel. Ministro Paulo Furtado, 3ª Turma, j. em 24.03.2009, *DJe* de 14.04.2009 (...). No mesmo sentido e da mesma Turma: AgRg nº 973.081-RS, rel. Ministro Massami Uyeda, j. em 13.05.2008, *DJe* de 02.06.2008).

Vale atentar que as decisões acima vêm ao encontro do disposto no Código Civil de 2002 (...), que foi expresso ao fixar, para os empresários, o dever de conservação dos documentos concernentes à atividade empresarial enquanto não findos os prazos prescricionais ou decadenciais a eles concernentes, nos seguintes termos:

'Art. 1.194. O empresário e a sociedade empresária são obrigados a conservar em boa guarda toda a escrituração, correspondência e mais papéis concernentes à sua atividade, enquanto não ocorrer prescrição ou decadência no tocante aos atos neles consignados'.

---

[17] REsp. nº 1.046.497-RJ, da 4ª Turma, rel. Min. João Otávio de Noronha, j. em 24.08.2010, *DJe* de 09.11.2010.

Tal comando legal não é novo e já o revogado Código Comercial de 1850 (CCom) dispunha no mesmo sentido, ainda que não se referisse ao prazo decadencial:

'Art. 10. Todos os comerciantes são obrigados:

(...);

3. a conservar em boa guarda toda a escrituração, correspondências e mais papéis pertencentes ao giro do seu comércio, enquanto não prescreverem as ações que lhes possam ser relativas (Título XVII)'.

(...).

Não localizei disposição similar em relação às pessoas físicas, nem tampouco às pessoas jurídicas não empresárias. Porém, parece-me natural que, se do empresário e da sociedade empresária somente é exigido que conservem os documentos de sua atividade 'enquanto não ocorrer prescrição ou decadência no tocante aos atos neles consignados', maior rigor não pode ser imposto às pessoas físicas não empresárias. Isso porque a atividade empresarial carreia para os empresários e para as sociedades empresárias uma série de normas mais rígidas do que aquelas aplicadas aos indivíduos (e também a algumas pessoas jurídicas não empresárias), pois visam à proteção daqueles que com elas se relacionam (clientes, fornecedores, empregados, fisco etc.). Em função disso, tenho para mim que tanto o revogado art. 10, n° 3, do CCom quanto o art. 1.194 do CC/2002 exprimem regra que não se restringe às pessoas a que se referem (comerciantes, empresários e sociedades empresárias), mas princípio aplicável a todos aqueles que se encontrem na mesma situação (pessoas físicas, sociedades não empresárias, associações, fundações etc.).

Impõe-se, destarte, a aplicação analógica (Lei de Introdução às normas do Direito Brasileiro, art. 4°) dos citados dispositivos às pessoas físicas (e também às pessoas jurídicas não empresárias), de modo que elas, de igual modo, obrigam-se a conservar os documentos representativos de negócios e atos jurídicos enquanto não prescritas as pretensões ou caducos os direitos deles decorrentes.

Esse princípio comporta uma consequência lógica inafastável, que pode ser expressa pela seguinte fórmula: ocorrida a prescrição ou a decadência, não mais sobrevive o dever de guarda de documentos. De fato, se o dever de conservação de documentos sujeita-se ao limite temporal correspondente aos prazos prescricionais ou decadenciais, findo estes, extingue-se aquele, de modo que não pode ser exigida da parte sua exibição. Vou um pouco além nesse raciocínio para concluir que exigir a exibição de instrumentos originais ou outros documentos contemporâneos da feitura de atos e negócios jurídicos já prescritos ou caducos seria impor à parte obrigação juridicamente impossível, sendo legítima a recusa de exibição fundada no transcurso do prazo prescricional ou decadencial".

Os arts. 358 e 359 do CPC/1973, acima invocados, correspondem aos arts. 399 e 400 do CPC/2015.

Para a pretensão de cobrança de dívidas líquidas constantes de instrumento público ou particular, a prescrição se consuma no prazo de cinco anos, por previsão do art. 206, § 5°, inc. I, do Código Civil.

Para constituir o crédito, após verificar o fato gerador, tem a Fazenda Pública (federal, estadual ou municipal) também o prazo de cinco anos, na previsão do art. 173 do mesmo Código Tributário Nacional, contado:

"I – do primeiro dia do exercício seguinte àquele em que o lançamento poderia ter sido efetuado;

II – da data em que se tornar definitiva a decisão que houver anulado, por vício formal, o lançamento anteriormente efetuado".

930 • Direito de Empresa | *Arnaldo Rizzardo*

Na previsão do art. 168 do mesmo Código Tributário Nacional, também de cinco anos é o prazo para se pleitear a restituição do tributo pago indevidamente, contado da data que considerou a ilegalidade da exigência, seja administrativa ou judicial. Trata-se de prazo decadencial, na lição de Aliomar Baleeiro, pois envolve o direito e não a ação.[18]

Assim, a fim de viabilizar a ação de exigibilidade de crédito, ficarão conservados os livros e demais documentos pelo referido lapso temporal de cinco anos.

Cabe não esquecer que variam os prazos prescricionais, indo até o máximo de dez anos em algumas situações. Oportuno lembrar a lição de Modesto Carvalhosa: "De acordo com o Código Civil de 2002, a prescrição, como regra geral, ocorre em dez anos, a menos que a lei lhe haja fixado prazo menor (art. 205). Merece, no entanto, cuidado a verificação do prazo a partir a partir do qual o empresário poderá se desfazer de seus livros. Isso porque muitas ações relativas às atividades refletidas nos livros e demais documentos podem prescrever antes do referido prazo de dez anos, como ocorre, por exemplo, com a ação de cobrança de dívidas líquidas constantes de instrumento público ou particular, que prescreve em cinco anos (art. 206, § 5º, I). Além disso, há que observar as diversas e não sempre claras hipóteses de suspensão e interrupção dos prazos prescricionais (arts. 197 a 204).

Assim, em face das especificações inerentes a cada tipo de negócio e de atividade empresarial constantes dos livros, e tendo em vista a incerteza que podem gerar as hipóteses de suspensão e interrupção da prescrição, será necessário um exame de cada operação lançada nos livros, a fim de que se apure, para cada caso específico, a prescrição ou não da ação respectiva".[19]

Finalmente, as disposições relativas à escrituração aplicam-se às sucursais, filiais ou agências, sendo claro o art. 1.195: "As disposições deste Capítulo aplicam-se às sucursais, filiais ou agências, no Brasil, do empresário ou sociedade com sede em país estrangeiro". Não importa, pois, que a matriz ou sede da sociedade principal se localize no exterior.

Tal como ocorre com as sociedades brasileiras, as sucursais, filiais ou agências de sociedades estrangeiras estabelecidas no País submetem-se às normas de escrituração comum.

---

[18] *Direito Tributário Brasileiro*, 5ª ed., Rio de Janeiro, Editora Forense, 1973, p. 505.
[19] *Comentários ao Código Civil*, ob. cit., vol. 13, p. 831.

LXIV
Responsabilidade em geral das sociedades, dos administradores e dos sócios

1. EXTENSÃO NA APLICAÇÃO DA RESPONSABILIDADE ÀS SOCIEDADES EM GERAL

Busca-se, no presente capítulo, abordar a responsabilidade em geral de todas as sociedades, dos administradores e dos sócios.

Segundo já várias vezes anotado, as disposições das sociedades simples aplicam-se, na omissão de regras específicas, a algumas sociedades empresárias, conforme se depreende dos arts. 1.040, 1.046 e 1.053, que preveem a aplicação de suas normas à sociedade em nome coletivo, à sociedade em comandita simples e à sociedade de responsabilidade limitada. Nesta visão, a regra do art. 1.011, embora inserido no contexto que envolve as sociedades simples, tem uma extensão abrangente das demais sociedades: "O administrador da sociedade deverá ter, no exercício de suas funções, o cuidado e diligência que todo homem ativo e probo costuma empregar na administração de seus próprios negócios".

Nos casos de responsabilidade própria dos diversos tipos de sociedades, no respectivo estudo examina-se a respectiva incidência.

Afora os dispositivos acima, existem regras de aplicação a todas as pessoas jurídicas, e, assim, a todas as sociedades.

O art. 173, § 5º, da Constituição Federal, estende a responsabilidade à generalidade das sociedades ou pessoas jurídicas, sem desconsiderar a individual dos dirigentes: "A lei, sem prejuízo da responsabilidade individual dos dirigentes da pessoa jurídica, estabelecerá a responsabilidade desta, sujeitando-a às punições compatíveis com sua natureza, nos atos praticados contra a ordem econômica e financeira e contra a economia popular".

Abrange a responsabilidade os atos realizados pelos prepostos da pessoa jurídica, ou seus integrantes, enquanto por ela atuam, ou em seu nome ajam, no que se ingressa na responsabilidade extracontratual ou por culpa. O art. 47 do Código Civil, mantendo a ideia que vinha no art. 17 do Código revogado, é de clareza solar: "Obrigam a pessoa jurídica os atos dos administradores, exercidos nos limites de seus poderes definidos no ato constitutivo". Embora dirigido especificamente às sociedades simples, deve estender-se o parágrafo único do art. 1.015 às demais sociedades pelo excesso dos atos dos administradores, a menos que se comprove uma das seguintes situações:

> I – se a limitação dos poderes estiver inscrita ou averbada no registro próprio da sociedade;

II – provando-se que era conhecida do terceiro;

III – tratando-se de operação evidentemente estranha aos negócios da sociedade.

Não se esgota aí a matéria. Ficam, ainda, as sociedades obrigadas, na síntese de Waldírio Bulgarelli: "a) Quando houver tirado proveito; b) quando houver ratificado o ato; 3) quando o ato atinja terceiros de boa-fé. Nas companhias, se admitido que elas respondem diretamente perante terceiros ou acionistas (estes, se e quando considerados terceiros) terão ação regressiva contra o administrador culpado, ou então não respondem e sim, diretamente, o administrador responsável".[1]

Em igual sentido o art. 1.022: "A sociedade adquire direitos, assume obrigações e procede judicialmente, por meio de administradores com poderes especiais, ou, não os havendo, por intermédio de qualquer administrador".

Também o art. 1.023: "Se os bens da sociedade não lhe cobrirem as dívidas, respondem os sócios pelo saldo, na proporção em que participem das perdas sociais, salvo cláusula de responsabilidade solidária".

Em qualquer situação, domina a presunção, pelos danos causados, de que os administradores procederam com culpa, incumbindo a eles a prova em contrário, no que se coaduna com a Súmula nº 341 do STF, que tem aplicação à espécie: "É presumida a culpa do patrão ou comitente pelo ato culposo do empregado ou preposto".

Alarga-se a responsabilidade às pessoas jurídicas sem finalidade lucrativa, como às associações e sociedades civis beneficentes, não ficando imunes de adimplir os compromissos assumidos, e de reparar os danos que causarem, seja por atos seus ou dos prepostos, desde que vislumbrada a culpa nas condutas, no que encontra amparo no art. 186 do Código Civil, do qual decorre a obrigação de reparar a violação da lei e os prejuízos provocados por ação ou omissão voluntária, negligência ou imprudência, eis que considerada a prática ato ilícito.

Também quanto às sociedades anônimas, na mesma senda, incide o dever de indenizar pelos danos provocados, inclusive quanto à falta de conservação das ações, permitindo o acesso à sua titularidade por estranhos:

"Civil. Venda fraudulenta de ações. Terceiro de boa-fé. Venda de ações sem o conhecimento do respectivo titular, mediante fraude apurada em processo criminal. Responsabilidade da companhia e da sociedade por ela encarregada de guardar e escriturar os livros de registro e transferência de ações. Restabelecimento do patrimônio do proprietário das ações mediante a substituição por outras da mesma natureza, sem prejudicar o terceiro de boa-fé".[2]

Pode-se resumir a responsabilidade na lição de Clóvis Beviláqua: "A responsabilidade civil das pessoas jurídicas de direito privado pelos atos de seus representantes, no exercício de suas funções e dentro dos limites da especialidade das mesmas pessoas jurídicas, é princípio hoje definitivamente inscrito no direito privado moderno".[3]

---

[1] "Responsabilidade dos Administradores das Companhias", in Responsabilidade Civil, coordenação de Yussef Said Cahali, 2ª ed., São Paulo, Editora Saraiva, 1988, texto reproduzido no livro O Novo Direito Empresarial, do mesmo autor, Rio de Janeiro, Editora Renovar, 2001, p. 370.

[2] REsp. nº 499.87-SP, da 3ª Turma do STJ, j. em 07.12.2000, *DJU* de 12.03.2001, in Revista do Superior Tribunal de Justiça, 143/239.

[3] Teoria Geral do Direito Civil, Rio de Janeiro, Livraria Francisco Alves, 1908, pp. 181-182.

Os fundamentos estendem-se às pessoas jurídicas de direito público, posto que de todos se exigem o cumprimento das obrigações e o ressarcimento do dano causado. O desenvolvimento da matéria recomenda a sua apreciação sob o enfoque separado das pessoas jurídicas de direito público e de direito privado.

2. O PRINCÍPIO DA RESPONSABILIDADE DAS PESSOAS JURÍDICAS

As disposições próprias de cada tipo de sociedade proclamam a imposição de sua responsabilidade. Não fosse assim, atingir-se-ia uma situação insustentável, decorrendo o enriquecimento indevido, sendo que, então, ninguém contrataria mormente com as entidades puramente civis, como as associações, dada a insegurança que incutiriam as relações com elas travadas.

Em princípio, pois, pelos danos provocados, deve responder a pessoa jurídica, seja de que tipo for. Severa é a lição de Carvalho Santos, ao assentar que as pessoas jurídicas têm existência distinta da existência de seus membros, "como uma consequência imediata da personificação da sociedade, que passa a ser uma unidade, não obstante a pluralidade de membros; havendo, portanto, uma individualidade, de um lado, e muitas outras individualidades isoladas de outro lado, as quais congregadas formam aquela outra unidade". Frisa que "a característica fundamental da pessoa jurídica encontra-se na separação da *universitas* do particular, ou seja, de cada pessoa, *universitas distat a singuilis: quod universitati debetur, singulis non debetur; quod debet universitas, singuli non debet.* É dessa separação que resulta a constituição de um patrimônio, que não pertence aos particulares, mas à *universitas.* Vale dizer que se a sociedade tem personalidade distinta da dos seus membros, os bens dela serão da sociedade e não dos seus membros isoladamente. A personalidade da pessoa jurídica assim formada exclui, por completo, qualquer ideia de condomínio ou comunhão".[4]

Daí que, como regra geral, não se deve imiscuir os patrimônios, e muito menos as responsabilidades. Embora quem, na realidade, pratica o ato ilícito não seja a pessoa jurídica, mas o seu representante, a existência de personalidade jurídica importa em responsabilizar as sociedades, sejam de que tipo forem, tanto na órbita contratual como na extracontratual, sendo que nesta assenta-se o fundamento inclusive na culpa revelada na escolha indevida ou imprudente de administradores ou representantes incapazes e ímprobos.

3. RESPONSABILIDADE NA SUCESSÃO DAS SOCIEDADES

Comum é a extinção de uma sociedade e a criação de uma nova, com o mesmo sócio principal, idêntica ou semelhante atividade, manutenção do endereço anterior, atendimento da mesma clientela, transferência de maquinário e bens para a sociedade que surgiu, e assim por várias outras circunstâncias, que levam a presumir com segurança a existência de manobra sub-reptícia ou escusa, como fugir de obrigações, especialmente de natureza fiscal. Não se precisa de mais de um desses fatores para concluir que há sucessão.

A responsabilidade perdura, desde que percebido algum detalhe revelador do intento alvitrado com a extinção da anterior e a criação da nova sociedade.

---

[4] Código Civil Brasileiro Interpretado, 10ª ed., Rio de Janeiro, Livraria Freitas Bastos S.A., 1963, vol. I, pp. 389-390.

934 • Direito de Empresa | *Arnaldo Rizzardo*

O presente aresto bem sintetiza os contornos que podem envolver as várias maneiras de sucessão, com o escopo de fugir das responsabilidades: "A sucessão mercantil guarda como elo real entre empresa sucedida e sucessora alguns pontos que podem ou não ser conjugados, quais sejam, a composição do quadro social, isto é, se um ou mais sócios da antiga empresa faz parte da nova; aquisição, pela nova firma da antiga, do ponto, estoques, ativo imobilizado, tecnologia ou patente; também há sucessão pela manutenção do pessoal técnico; por último, se a nova empresa, explorando o mesmo ramo, adquiriu algo utilizado na exploração pelo anterior. Assevera-se a inexistência de identidade ou semelhança do quadro societário, assim como afinidade próxima ou longínqua, sendo certo que não há nada que indique a aquisição de qualquer bem da empresa anterior, nem tampouco da utilização de mão de obra especializada da empresa despejada, ou seja, ausente qualquer prova de ligação entre uma e outra, não tendo havido, o que não se nega, aquisição direta de qualquer coisa entre as duas empresas".[5]

A responsabilidade incide sempre, nos termos do seguinte julgado: "Se as circunstâncias dos autos indicam que a executada foi sucedida por outra empresa, que teve o mesmo objetivo social, funciona no mesmo endereço comercial e utiliza das mesmas instalações e mercadorias da devedora originária, a empresa sucessora torna-se responsável pelas dívidas que a sucedida contraiu no exercício de suas atividades. Evidenciado o abuso da personalidade jurídica, caracterizado pelo desvio de finalidade e fraude contra credores, as obrigações da empresa sucedida devem ser estendidas à sucessora".[6]

4. RESPONSABILIDADE DOS ADMINISTRADORES E SÓCIOS PELAS OBRIGAÇÕES EM GERAL DAS SOCIEDADES

4.1. Quanto aos administradores

No pertinente aos administradores, a situação mais comum verifica-se quando o representante age com excesso de mandato, ou com violação do contrato ou do texto legal. Nessas condições, o sócio-gerente é responsável pelas obrigações irregularmente contraídas em nome da firma, ou na dissolução irregular, o que já se consolidou na interpretação dos pretórios: "A jurisprudência tem identificado como ato contrário à lei, caracterizador da responsabilidade pessoal do sócio-gerente, a dissolução irregular da sociedade, aquela em que, não obstante a existência de débitos, os bens sociais são liquidados sem o processo próprio; a presunção aí é a de que o patrimônio social foi distribuído em benefício dos sócios, em detrimento dos credores".[7]

Em outras decisões: "Tem-se por caracterizada a responsabilidade tributária do sócio-gerente, administrador, diretor ou equivalente pelas dívidas sociais quando dissolvida irregularmente a sociedade ou comprovada infração à lei praticada pelo dirigente, resultantes de ato ou fato eivado de excesso de poderes ou com infração de lei, contrato social ou estatutos".[8]

---

[5] Ap. Cív. nº 195.361-5/4-00, da 5ª Câmara Cível do TJ de São Paulo, j. em 18.11.2004, in ADCOAS 8235282 – Jurisprudência ADCOAS, Boletim nº 10, p. 152, mar. 2005.

[6] Agravo nº 2004.00.2.009413-7, da 6ª Turma do TJ do Distrito Federal, *DJ* de 26.04.2005, in ADCOAS 8236843 – Jurisprudência ADCOAS, nº 25, p. 394, jun.-jul. 2005.

[7] REsp. nº 153.441, da 3ª Turma do STJ, *DJU* de 04.02.2002, in ADCOAS 8206490 – Boletim de Jurisprudência ADCOAS, nº 20, p. 313, maio 2002.

[8] REsp. nº 505.968-SC, da 2ª Turma, j. em 05.05.2005, *DJU* de 13.06.2005.

Cap. LXIV | Responsabilidade em geral das sociedades, dos administradores e dos sócios • 935

"A responsabilidade tributária do sócio-gerente se configura quando há dissolução irregular da sociedade, o que, por conseguinte, dá ensejo ao redirecionamento da execução fiscal. Precedentes."[9]

Não se enquadra nessa responsabilidade o simples inadimplemento de obrigações, não imputável à culpa dos administradores, como prepondera perante o STJ:

"1. Esta Corte fixou o entendimento que o simples inadimplemento da obrigação tributária não caracteriza infração legal capaz de ensejar a responsabilidade prevista no art. 135, III, do Código Tributário Nacional. Ficou positivado ainda que os sócios (diretores, gerentes ou representantes da pessoa jurídica) são responsáveis, por substituição, pelos créditos correspondentes às obrigações tributárias quando há dissolução irregular da sociedade – Art. 134, VII, do CTN.

2. A quebra da sociedade de quotas de responsabilidade limitada, ao contrário do que ocorre em outros tipos de sociedade, não importa em responsabilização automática dos sócios.

3. Ademais a autofalência não configura modo irregular de dissolução da sociedade, pois além de estar prevista legalmente, consiste numa faculdade estabelecida em favor do comerciante impossibilitado de honrar os compromissos assumidos.

4. Com a quebra da sociedade limitada, a massa falida responde pelas obrigações a cargo da pessoa jurídica até o encerramento da falência, só estando autorizado o redirecionamento da execução fiscal caso fique demonstrada a prática pelo sócio de ato ou fato eivado de excesso de poderes ou de infração de lei, contrato social ou estatutos".[10]

Restou mais solidificada a responsabilidade com o art. 50 do Código Civil de 2002, direcionado à pessoa jurídica em geral, e que destaca em dois campos o abuso de personalidade jurídica: o desvio da finalidade e a confusão patrimonial: "Em caso de abuso da personalidade jurídica, caracterizado pelo desvio de finalidade, ou pela confusão patrimonial, pode o juiz decidir, a requerimento da parte, ou do Ministério Público, quando lhe couber intervir no processo, que os efeitos de certas e determinadas relações de obrigações sejam estendidos aos bens particulares dos administradores ou sócios da pessoa jurídica". O desvio de finalidade consiste no direcionamento da sociedade para atividades ou objeto diferentes daqueles que constam dos estatutos ou do contrato social. A confusão patrimonial se dá na transferência do patrimônio social para o nome dos administradores ou sócios.

Adiante, no item 8 do presente Capítulo, a matéria virá mais desenvolvida, quanto aos pressupostos para a desconsideração.

Ainda em relação aos administradores, consoante o art. 1.016, envolvendo sociedades simples, mas que se estende às sociedades em nome coletivo, em comanditas simples e de responsabilidade limitada, por força dos arts. 1.040, 1.046 e 1.053, sempre que se desvirtuarem do contrato, ou cometerem excessos, ou errarem por culpa no desempenho de suas funções, respondem perante a sociedade e os terceiros prejudicados. A sociedade, porém, pode se opor à sua responsabilidade em alguns casos, elencados pelo parágrafo único do art. 1.015:

I – se a limitação de poderes estiver inscrita ou averbada no registro próprio da sociedade;

---

[9] AgRg no Ag. nº 655.114-SC, da 2ª Turma do STJ, j. em 04.08.2005, *DJU* de 29.08.2005.

[10] REsp. nº 212.033-SC, da 2ª Turma, j. em 28.09.2004, *DJU* de 16.11.2004.

936 • Direito de Empresa | *Arnaldo Rizzardo*

II – provando-se que era conhecida de terceiro;

III – tratando-se de operação evidentemente estranha aos negócios da sociedade.

Um adendo próprio merece a responsabilidade dos administradores das sociedades anônimas, a qual, no explanar de José Edwaldo Tavares Borba, "decorre da má gestão pura e simples, quer pela incompetência, quer pela falta da necessária dedicação ao cargo, quer pelo desentrosamento com os demais administradores ou com as diretrizes baixadas pelos órgãos superiores".[11]

Encontra supedâneo a responsabilidade em especial nos artigos 153, 154 e 158, §§ 2º e 5º, da Lei nº 6.404/1976.

Eis o art. 153: "O administrador da companhia deve empregar, no exercício de suas funções, o cuidado e diligência que todo homem ativo e probo costuma empregar na administração dos seus próprios negócios".

O art. 154: "O administrador deve exercer as atribuições que a lei e o estatuto lhe conferem para lograr os fins e no interesse da companhia, satisfeitas as exigências do bem público e da função social da empresa".

O art. 158: "O administrador não é pessoalmente responsável pelas obrigações que contrair em nome da sociedade e em virtude de ato regular de gestão; responde, porém, civilmente, pelos prejuízos que causar, quando proceder:

I – dentro de suas atribuições ou poderes, com culpa ou dolo;

II – com violação da lei ou do estatuto.

(...)

§ 2º Os administradores são solidariamente responsáveis pelos prejuízos causados em virtude do não cumprimento dos deveres impostos por lei para assegurar o funcionamento normal da companhia, ainda que, pelo estatuto, tais deveres não caibam a todos eles.

(...)

§ 5º Responderá solidariamente com o administrador quem, com o fim de obter vantagem para si ou para outrem, concorrer para a prática de ato com violação da lei ou do estatuto".

A respeito dos itens I e II do art. 158, explicita José Edwaldo Tavares Borba: "Quando o administrador atua no âmbito de seus poderes e em consequência com as normas legais e estatutárias aplicáveis, a caracterização do ilícito civil depende da comprovação de que houve culpa (negligência, imprudência ou imperícia) ou dolo (intenção deliberada de produzir o resultado danoso).

Na segunda hipótese, tendo o administrador infringido o estatuto da sociedade ou a legislação aplicável, não se indaga a respeito da efetiva ocorrência de culpa, posto que esta se presume, como consequência do fato mesmo da infração cometida".[12]

Amador Paes de Almeida expõe quando é solidária a responsabilidade dos administradores: "A responsabilidade do administrador é pessoal, tornando-se, porém, solidária com outros administradores, se conivente, negligente ou, ainda, se dos atos ilícitos tiver

---

[11] Direito Societário, ob. cit., p. 378.
[12] Direito Societário, ob. cit., p. 379.

Cap. LXIV | Responsabilidade em geral das sociedades, dos administradores e dos sócios • 937

conhecimento, nada fazendo para impedir a sua prática, ou denunciá-la. Esta última providência pode ser tomada consignando sua discordância na ata de reunião do Conselho de Administração ou da diretoria de que faça parte, ou dela dê ciência ao Conselho Fiscal, ou, ainda, à Assembleia Geral".[13]

Cataloga Tullio Ascarelli vários outros atos que responsabilizam perante terceiros, além dos administradores, os próprios sócios, se envolvidos: a distribuição de dividendos fictícios, a venda de ações abaixo de seu valor nominal, a redução do capital social sem a devida divulgação e registros públicos, a violação da indisponibilidade da reserva legal, a contratação de empréstimos perante a sociedade, a falta de veracidade dos balanços, de relatórios, de prospectos e contas; a negociação das próprias ações da sociedade.[14]

4.2. Quanto aos sócios em geral

Quanto aos sócios em geral, o normal é que o patrimônio da sociedade suporte as obrigações e os prejuízos que provoca. Em relação à responsabilidade dos sócios pelas dívidas sociais, além de subsidiária (excepcionalmente solidária), pode ser limitada, ilimitada ou mista. Nas sociedades cujos sócios assumem responsabilidade ilimitada relativamente às obrigações sociais (*v.g.* sociedade em nome coletivo), não tendo a sociedade condições financeiras para arcar com as dívidas contraídas, os sócios são responsáveis por elas até o adimplemento total, ou até exaurido seu patrimônio pessoal. Por sua vez, quanto à responsabilidade limitada, os sócios respondem pelas perdas sociais dentro de um limite, mensurado ao valor do investimento realizado na empresa ou subscrito. Em relação às sociedades que preveem responsabilidade mista, apenas parte dos sócios respondem de forma ilimitada, como na sociedade em comandita simples ou por ações, onde somente os sócios comanditados são responsáveis ilimitadamente pelas dívidas sociais, ou, excepcionalmente os sócios comanditários se emprestarem o nome pessoal para a firma social.

Afora as regras gerais de responsabilidade acima, o patrimônio dos membros da sociedade apenas em situações particulares e especificadas em lei ficará comprometido. O art. 46, inc. V, do Código Civil, assinala uma hipótese, que consiste na previsão do registro, e, em decorrência, dos estatutos. Mas outros dispositivos assinalam a responsabilidade dos membros ou sócios. Assim, quanto à sociedade não personalizada, há a regra do art. 990: "Todos os sócios respondem solidária e ilimitadamente pelas obrigações sociais, excluído do benefício de ordem, previsto no art. 1.024, aquele que contratou pela sociedade". Em vista do conteúdo do dispositivo, destaca Manoel de Queiroz Pereira Calças dois tipos de responsabilidade que atinge os sócios pelas obrigações sociais: "(1) os sócios que contratam pela sociedade em comum, que respondem solidariamente com ela pelas obrigações sociais e, por isso, não podem invocar o benefício de ordem; (2) os sócios que não contratam pela sociedade, cuja responsabilidade é subsidiária em relação à sociedade em comum e, por isso, estão amparados pelo benefício de ordem. Em suma, os sócios que não contratam pela sociedade em comum só podem ser executados em seu patrimônio especial, previsto no art. 988 da lei civil".[15]

No pertinente à sociedade em conta de participação, em princípio atribui-se a responsabilidade unicamente ao sócio ostensivo. Eis o parágrafo único do art. 991: "Obriga-se perante terceiro somente o sócio ostensivo; e, exclusivamente perante este, o sócio par-

---

13   Execução de Bens dos Sócios, ob. cit., p. 78.
14   Problemas das Sociedades Anônimas e Direito Comparado, ob. cit., p. 686.
15   Sociedade Limitada no Novo Código Civil, ob. cit., p. 65.

938 • Direito de Empresa | *Arnaldo Rizzardo*

ticipante, nos termos do contrato social". Assim orienta o STJ: "Na sociedade em conta de participação o sócio ostensivo é quem se obriga para com terceiros pelos resultados das transações e das obrigações sociais, realizadas ou empreendidas em decorrência da sociedade, nunca o sócio participante ou oculto que nem é conhecido dos terceiros nem com estes nada trata. Hipótese de exploração de flat em condomínio. Recurso conhecido e provido".[16]

Já na sociedade simples, a responsabilidade está mais presente nos sócios em geral. Encerra o art. 1.023: "Se os bens da sociedade não lhe cobrirem as dívidas, respondem os sócios pela sociedade, na proporção em que participem das perdas sociais, salvo cláusula de responsabilidade solidária". Mas ressalva o art. 1.024: "Os bens particulares dos sócios não podem ser executados por dívidas da sociedade, senão depois de executados os bens sociais". Cuida o dispositivo acima da responsabilidade subsidiária, pela qual o sócio somente pode ser instado a adimplir a dívida da pessoa jurídica depois de exaurido o patrimônio social, ou seja, se a pessoa jurídica não auferir bens suficientes à satisfação do débito. Para tanto, deve, necessariamente, o credor promover a ação em face da sociedade; somente em inexistindo patrimônio, redirecionará a pretensão em desfavor dos sócios. Ao mesmo tempo, está contemplado o benefício de ordem, assegurando ao sócio invocar a responsabilidade da sociedade antes de dele suportar a obrigação. Finalmente, na regra encontra-se um freio à interpretação ampla do art. 50 do Código Civil, definindo e delimitando as circunstâncias da aplicação do princípio da solidariedade.

A proibição não alcança os comportamentos desviados da gerência da firma, bem como os casos de fraude contra credores, de prática de atos contrários à lei, de obtenção de vantagens ilícitas e de infringência aos termos do contrato ou do estatuto social.

No tocante às sociedades estritamente mercantis, hoje empresárias, no art. 350 do Código Comercial já vinha regra de que os bens particulares dos sócios não poderiam ser executados por dívidas sociais, senão depois de executado todo o patrimônio da sociedade.

Em relação às sociedades limitadas, cada sócio responde restritamente ao valor de suas quotas, mas todos respondem solidariamente pela integralização do capital social. Por força do art. 1.053, aplicam-se a estas sociedades as regras das sociedades simples, no que se mostrar omisso o regramento específico. Nada vindo previsto especificamente quando da disciplina de outras sociedades, no tocante à responsabilidade dos sócios e administradores, as regras acima é que incidem. Assim, as deliberações dos sócios, quando infringentes do contrato social ou da lei, geram responsabilidade ilimitada daqueles que expressamente hajam ajustado tais deliberações contra os preceitos contratuais ou legais.

A deliberação que leva à dissolução porque insolvente a sociedade infringe a lei. Não se admite passivo a descoberto ou dívida não paga, como justifica Irineu Mariani: "O motivo é elementar: a dissolução, assim como a descapitalização, não pode constituir artifício para aplicar calote. Veja-se a seguinte ocorrência: uma sociedade, mediante operações ou empréstimos, contrai dívidas que ultrapassam as suas forças, até mesmo o patrimônio líquido superior ao capital social, e depois os sócios resolvem dissolvê-la. Nada obsta que o façam, mas não poderá a liquidação limitar-se a distribuir o ativo existente, se for superado pelo passivo. Neste caso, os sócios devem carrear tanto quanto

---

[16] REsp. nº 168.028-SP, da 4ª Turma, j. em 07.08.2001, *DJU* de 22.10.2001, em RSTJ 150/352 e RT 797/212.

Cap. LXIV | Responsabilidade em geral das sociedades, dos administradores e dos sócios • **939**

necessário para quitar todo o passivo. A dissolução não é artifício para obter a quitação de dívida não paga".[17]

O recebimento indevido de lucros ou quaisquer valores redunda na responsabilidade: "Em princípio, o sócio que recolhe os bônus lucrativos da sociedade; mas não verifica o adimplemento dos tributos, locupleta-se e *a fortiori* comete o ilícito que faz surgir a sua responsabilidade. Ressalva do voto com submissão à jurisprudência dominante, à luz da função precípua do E. STJ".[18]

Na linha do art. 51, § 1º do Código Civil, mantendo princípio que constava no art. 338 do Código Comercial, impõe-se o registro do distrato ou da dissolução da firma, providência a ser tomada perante o Registro Público das Empresas Mercantis.

Sem esta medida, todos os sócios suportam a responsabilidade pelas obrigações assumidas por algum deles em nome da pessoa jurídica.

Com efeito, considera-se infração ao contrato social e à letra da lei o desaparecimento da sociedade sem a prévia dissolução regular e sem o pagamento das dívidas. Atinge a responsabilidade as pessoas que se retiram sem providenciarem na alteração e no registro do contrato social. É como orienta a jurisprudência:

> "Em matéria de responsabilidade dos sócios de sociedade limitada, é necessário fazer a distinção entre empresa que se dissolve irregularmente daquela que continua a funcionar.
>
> Em se tratando de sociedade que se extingue irregularmente, cabe a responsabilidade dos sócios, os quais podem provar não terem agido com dolo, culpa, fraude ou excesso de poder.
>
> Se não há extinção da sociedade, a prova em desfavor do sócio passa a ser do exequente (inúmeros precedentes)".[19]

Bem adverte Lucila de Oliveira Carvalho: "Entende-se, ainda, que a cessação das atividades, sem a existência de bens passíveis de penhora para garantir o pagamento das dívidas, denuncia irregularidade capaz de acarretar a responsabilidade pessoal dos dirigentes. Esse entendimento é estendido, em alguns julgados, até mesmo aos sócios sem poderes de gerência, especialmente no âmbito da Justiça do Trabalho".

Nessa linha, a autora acima exemplifica a posição com a transcrição do seguinte aresto: "TRT 4, Ap. nº 43017.023/94, rel. Min. Pedro Luiz Serafini, j. em 12.04.2000, *DJ* de 19.06.2000. 'Salienta-se que, frente ao caráter alimentar do crédito trabalhista, a jurisprudência tem-se posicionado em favor da penhora de bens dos sócios pertencentes à empresa constituída sob a forma de responsabilidade limitada, não distinguindo a lei o sócio majoritário ou gerente, de qualquer outro'"[20]

Revela destacada importância o registro na Junta Comercial para as pessoas que comercializam com a firma e para terceiros. Dele nascem a confiança para contratar, a segurança quanto às obrigações futuras e a garantia do cumprimento das avenças. No entanto, mesmo que cumpridos os atos de regularização das alterações da vida societária, as práticas desonestas tornam-se possíveis. Não é incomum o desaparecimento repentino da sociedade, máxime a comercial, ficando pendentes inúmeras obrigações.

---

[17] "Responsabilidade civil dos sócios e dos administradores de sociedades empresárias (à luz do novo Código Civil)", trabalho citado, pp. 106-107.

[18] AgRg nos EDcl no Ag. nº 452.169-PR da 1ª Turma do STJ, j. em 06.03.2003, *DJU* de 24.03.2003.

[19] AgRg no REsp. nº 420.663-SC, da 2ª Turma do STJ, j. em 13.08.2002, *DJU* de 09.09.2002.

[20] "A administração da sociedade limitada e o novo Código Civil", trabalho citado, p. 241.

5. RESPONSABILIDADE E PRESTAÇÃO DO AVAL E DE GARANTE NOS CONTRATOS PELOS ADMINISTRADORES E SÓCIOS

Cuida-se do exame da possibilidade de os administradores ou sócios prestarem garantias às sociedades, em suas obrigações com terceiros, especialmente nas concessões de crédito por instituições financeiras. Com frequência verificam-se em contratos a presença das assinaturas de administradores, diretores e até sócios, dando o aval ou figurando como garantes solidários.

Quanto ao aval, sabe-se que está ligado unicamente aos títulos cambiais, devendo vir lançado na cártula. Waldírio Bulgarelli lembra a doutrina brasileira, a respeito da impossibilidade do aval fora dos títulos de crédito, de modo que não é permitida a criação de novos avais além daqueles que a lei instituiu: "A doutrina brasileira, sobretudo por influência de Withaker, sempre preponderou para uma visão rigidamente formal dos títulos de crédito, seguindo a máxima: 'o que não está no título não está no mundo'. Os fundamentos jurídicos de tal colocação são bens conhecidos, sobretudo nas cambiais, tanto com a nossa antiga Lei, o Decreto nº 2.044, de 31 de dezembro de 1908, quanto na Lei Uniforme de Genebra, adotada pelo Brasil pelo Decreto nº 57, de 24 de janeiro de 1966.

Em decorrência dessa constante posição doutrinária com os fundamentos legais justificadores, considera-se o aval uma garantia típica dos títulos de crédito, que se incorpora ao seu formalismo característico através da assinatura lançada no título, de forma simples ou conjugada a uma declaração formal.

De tal arte que o aval, entre nós, deve ser sempre lançado no título e não é admitido como tal em outro qualquer documento de natureza obrigacional, daí não ser aceitável tecnicamente, por exemplo, falar-se em 'aval em contrato'".[21]

Todavia, não raramente acompanha o contrato, geralmente celebrado com instituições financeiras, uma cártula da espécie cambial, como nota promissória, onde é lançado o aval. No contrato, apõe-se o nome do administrador ou sócio na posição de garante solidário, ou devedor solidário, ou interveniente devedor. Trata-se de uma garantia nova, que não tem amparo no direito positivo, cuja criação se deu pela força do costume, já que se generalizou o uso nos contratos bancários.

Destarte, além da fiança e do aval (este restrito aos títulos cambiais), criou-se mais uma garantia fidejussória, que é a do garante solidário, ou devedor solidário, ou interveniente devedor, mas indisfarçadamente ao arrepio da lei, e de absoluta ilegalidade.

Admitindo essa figura, adveio a Súmula nº 26, do Superior Tribunal de Justiça, vazada nos seguintes termos: "O avalista do título de crédito vinculado a contrato de mútuo também responde pelas obrigações pactuadas, quando no contrato figurar como devedor solidário".

Sem dúvida, procurou-se contornar a ausência de uma previsão legal. Tanto que se o empréstimo ou crédito destina-se à sociedade, não cabe enfileirar administradores e sócios na qualidade de devedores, que não o são. A dificuldade em qualificar juridicamente essa nova figura de garante, ou interveniente, ou seja qual for a expressão utilizada, não pode ser aceita nem sob o respaldo do costume ou do uso, já que nosso direito consagra espécie própria, como a fiança, fartamente regrada e consagrada.

---

[21] O Novo Direito Empresarial, ob. cit., pp. 367-368.

6. RESPONSABILIDADE SUBSIDIÁRIA

A responsabilidade dos administradores, diretores ou dirigentes é subsidiária, ou seja, respondem se esvaziada a sociedade de qualquer capital.

Do art. 795 e de seu § 1º do Código de Processo Civil, mantendo o sentido que constava do art. 596 do CC/1973, retira-se a subsidiariedade:

> "Os bens particulares dos sócios não respondem pelas dívidas da sociedade, senão nos casos previstos em lei.
>
> § 1º O sócio réu, quando responsável pelo pagamento da dívida da sociedade, tem o direito de exigir que primeiro sejam excutidos os bens da sociedade".

Compete ao sócio demandado indicar bens da sociedade, por imposição do § 2º do mesmo artigo (§ 1º do art. 596 do CPC/1973): "Cumpre ao sócio, que alegar o benefício deste artigo, nomear bens da sociedade, sitos na mesma comarca, livres e desembaraçados, tantos quantos bastem para pagar o débito". Conforme se depreende, sendo subsidiária a responsabilidade, o consumidor que sofreu prejuízos, diante da insuficiência de bens no patrimônio da empresa que contratou, pode voltar-se contra os demais integrantes do conglomerado. Não é suficiente a simples conveniência do credor para dirigir sua escolha, *v.g.*, contra a sociedade controlada em lugar da controladora, ou vice-versa.

Dava força Amador Paes de Almeida a essa primazia em procurar antes de tudo o patrimônio da sociedade: "A responsabilidade dos sócios, sejam eles solidários, sejam de responsabilidade limitada, é sempre secundária, já que, em princípio, a responsabilidade principal é da sociedade (pessoa jurídica).

A execução de seus bens particulares, na ausência de bens da sociedade, dispensa, a nosso ver, a sua inclusão no polo passivo da ação, não havendo, outrossim, necessidade de inserção do seu nome no título executório, não se aplicando à hipótese o enunciado nº 205 do Tribunal Superior do Trabalho, nitidamente direcionado aos grupos de empresas".[22]

A mesma orientação colhe-se do Superior Tribunal de Justiça: "Ajuizada execução fiscal contra sociedade por quotas de responsabilidade limitada, e não localizados bens desta suficientes para o adimplemento da obrigação, pode o processo ser redirecionado contra o sócio-gerente, hipótese em que este deve ser preliminarmente citado em nome próprio para se defender da responsabilidade imputada, cuja causa o credor deve traduzir em petição clara e precisa".[23]

7. RESPONSABILIDADE DOS ADMINISTRADORES E SÓCIOS PARA COM TERCEIROS PELA FALTA DE CAPITAL VERIFICADA NA FALÊNCIA OU INSOLVÊNCIA CIVIL

Ocorrendo a falência ou insolvência, não é fora de cogitação a responsabilidade dos administradores e inclusive dos sócios pelas obrigações pendentes junto a terceiros, se o capital declarado no estatuto ou contrato não corresponder ao verificado quando de sua apuração. Na verdade, a própria contratação de obrigações em nível superior à capacidade do capital importa em responsabilidade.

---

[22] Execução de Bens dos Sócios, ob. cit., p. 167.
[23] REsp. nº 7.397-MT, da 2ª Turma, j. em 04.09.1995, *DJU* de 30.10.1995.

942 • Direito de Empresa | *Arnaldo Rizzardo*

A matéria é bem desenvolvida por Tullio Ascarelli, quanto à insuficiência de capital: "Realmente, o capital social constitui quase que uma garantia de solvabilidade social, não sendo, em princípio, necessário utilizá-lo para a satisfação das dívidas sociais.

Tutelando a integridade do capital social, exige, implicitamente a lei que o patrimônio social seja não somente bastante para a satisfação das dívidas sociais, mas apresente, além disso, uma margem ulterior de solvabilidade, constituída exatamente pelo capital social. Os acionistas são livres de determinar a importância do capital social, tutela, porém, a lei, com normas inderrogáveis, a integridade deste: a responsabilidade dos diretores para com os terceiros decorre, antes de tudo, das normas que visam a tutelar a integridade do capital social. Visa esta tutela seja aos que venham a ser credores da sociedade, seja também aos que já são credores da sociedade; constitui a contrapartida da responsabilidade limitada".[24]

Se o documento constitutivo da sociedade assinala para o valor que os sócios convencionaram, esse fato leva a estabelecer as garantias dadas às obrigações com terceiros contraídas no mínimo em correspondência com o seu valor, o que impede o desfalque no curso da vida da sociedade. Vinga a responsabilidade mesmo que não entre em insolvência a sociedade. Sempre que se constatar a redução do capital social, sem a competente formalização estatutária e registro no órgão próprio, têm os terceiros ação não apenas para a reconstituição do capital, mas para o devido ressarcimento direto. Seria entrave ao direito da parte impor que, primeiramente, se recomponha o capital, medida esta, aliás, que deve partir espontaneamente dos titulares da sociedade. Esse a conclusão que leva o seguinte texto de Sérgio Campinho: "Sendo os haveres liquidados judicialmente, e, uma vez finalizada a ação correspondente, não mais dispondo a sociedade de recursos para efetivar o pagamento da importância a que foi condenada, os sócios que remanescerem na sociedade após a retirada, exclusão ou falecimento de sócio, poderão ser acionados como responsáveis subsidiários e solidários, posto que por eles não foi viabilizado o pagamento na época própria, quando os recursos se faziam presentes".[25]

8. BASE DA RESPONSABILIDADE NA DESCONSIDERAÇÃO DA PERSONALIDADE JURÍDICA

Para dar apoio à responsabilidade na pessoa dos sócios e fazer frente aos seus desmandos, o engenho jurídico procurou soluções, surgindo a teoria da desconsideração da personalidade jurídica ou do *disregard of legal entity* (desconsideração da entidade legal), ou da desestimação da personalidade jurídica, ou da superação da personalidade jurídica.

O instituto constitui meio legítimo à perquirição de bens pessoais dos sócios (ou da sociedade no caso de desconsideração inversa) para suportar dívidas sociais. Ante suspeitas fundadas de que o administrador agiu de má-fé, com fraude a interesses de credores e com prova de abuso de direito, desconsidera-se, embora momentaneamente, a personalidade jurídica da empresa, permitindo-se a apropriação de bens particulares para atender as dívidas contraídas por uma das formas acima. A crescente e desregrada banalização da pessoa jurídica, a qual era utilizada para fraudar terceiros, com a transferência de bens particulares à empresa, é que deu origem à doutrina. Já o Decreto nº 3.708, no art. 10, disciplinando as sociedades por quotas de responsabilidade limitada, preceituava que os sócios "não respondem pessoalmente pelas obrigações contraídas em nome da sociedade,

---

24 Problemas das Sociedades Anônimas e Direito Comparado, ob. cit., p. 689.
25 O Direito de Empresa, ob. cit., p. 219.

Cap. LXIV | Responsabilidade em geral das sociedades, dos administradores e dos sócios • 943

mas respondem para com esta e para terceiros, solidária e ilimitadamente, pelo excesso de mandato e pelos atos praticados com violação do contrato ou da lei". Esta norma, que regulava as sociedades de responsabilidade limitada antes do Código Civil de 2002, desconsiderava a personalidade e autorizava a comunicação dos patrimônios.

Outras leis igualmente trouxeram proibições aos sócios administradores de sociedades, como a Lei nº 4.595, de 31.12.1964, cuja infringência importa em responsabilidade.

O vigente Código Civil, no art. 50, adotou o princípio da *disregard doctrine*: "Em caso de abuso da personalidade jurídica, caracterizado pelo desvio de finalidade, ou pela confusão patrimonial, pode o juiz decidir, a requerimento da parte, ou do Ministério Público, quando lhe couber intervir no processo, que os efeitos de certas e determinadas relações de obrigações sejam estendidos aos bens particulares dos administradores ou sócios da pessoa jurídica".

Há no dispositivo, é verdade, a restrição da desconsideração ao caso de abuso de personalidade, atribuindo-se ao juiz, no entender de Lucila de Oliveira Carvalho, "o poder subjetivo de decidir em que casos isso poderá ocorrer, ao estabelecer a possibilidade de estender aos bens particulares dos administradores (e também sócios) certas e determinadas relações de obrigações".[26]

Exige-se, em uma posição bastante ortodoxa, como pressuposto para superação episódica da personalidade jurídica da pessoa jurídica, mais que o simples inadimplemento e, sim, a configuração de um dos elementos subjetivos, ou seja, o abuso de direito, a fraude, o desvio de finalidade, a confusão patrimonial. O STJ orienta nessa linha:

> "Agravo interno no agravo em recurso especial. Direito civil. Desconsideração da personalidade jurídica. Inviabilidade. Inteligência do art. 50 do CC/2002. Aplicação da teoria maior. Inexistência de comprovação de desvio de finalidade ou de confusão patrimonial. Agravo não provido.
>
> 1. Em se tratando de relações jurídicas de natureza civil-empresarial, o legislador pátrio, no art. 50 do CC de 2002, adotou a teoria maior da desconsideração, que exige a demonstração da ocorrência de elemento objetivo relativo a qualquer um dos requisitos previstos na norma, caracterizadores de abuso da personalidade jurídica, como excesso de mandato, demonstração do desvio de finalidade (ato intencional dos sócios em fraudar terceiros com o uso abusivo da personalidade jurídica) ou a demonstração de confusão patrimonial (caracterizada pela inexistência, no campo dos fatos, de separação patrimonial entre o patrimônio da pessoa jurídica e dos sócios ou, ainda, dos haveres de diversas pessoas jurídicas).
>
> 2. A mera inexistência de bens penhoráveis ou eventual encerramento irregular das atividades não ensejam a desconsideração da personalidade jurídica.
>
> 3. Manutenção da decisão monocrática que, ante a ausência dos requisitos previstos no art. 50 do CC/2002, afastou a desconsideração da personalidade jurídica.
>
> 4. Agravo interno a que se nega provimento".[27]

Quanto ao desvio de finalidade, deve a empresa ficar atrelada ao objeto social do contrato, não podendo extrapolar ao que se propôs realizar.

Em relação à confusão patrimonial, o patrimônio da sociedade é distinto do patrimônio dos sócios. Não cabe, daí, o embaralhamento de relações da sociedade com as pessoais dos sócios, provocando a mistura do capital social com o capital individual.

---

[26] "A administração da sociedade limitada e o novo Código Civil", trabalho citado, p. 246.
[27] AgInt no AREsp 120.965/SP, da 4ª Turma, rel. Min. Raul Araújo, j. em 18.05.2917, *DJe* de 1º.06.2017.

944 • Direito de Empresa | *Arnaldo Rizzardo*

Além disso, impende consignar que a desconsideração da personalidade jurídica somente é cabível se constatada a insuficiência de bens da pessoa jurídica. Sempre que existirem meios para se buscar bens da pessoa jurídica, tais como fraude à execução, a fraude contra credores, não se poderá desconsiderar a personalidade jurídica.

O STJ tem delineado os pressupostos para a desconsideração da personalidade jurídica, e para se determinar a indisponibilidade patrimonial de outras empresas de grupos de sociedades e de sócios, mormente nas dívidas tributárias. As exigências estão no art. 185-A do CTN (Lei nº 5.172/1966), com o seguinte texto:

"Na hipótese de o devedor tributário, devidamente citado, não pagar nem apresentar bens à penhora no prazo legal e não forem encontrados bens penhoráveis, o juiz determinará a indisponibilidade de seus bens e direitos, comunicando a decisão, preferencialmente por meio eletrônico, aos órgãos e entidades que promovem registros de transferência de bens, especialmente ao registro público de imóveis e às autoridades supervisoras do mercado bancário e do mercado de capitais, a fim de que, no âmbito de suas atribuições, façam cumprir a ordem judicial".

A respeito, há a Súmula nº 560, do STJ, que traça os limites para se viabilizar o pedido:

"A decretação da indisponibilidade de bens e direitos, na forma do art. 185-A do CTN, pressupõe o exaurimento das diligências na busca por bens penhoráveis, o qual fica caracterizado quando infrutíferos o pedido de constrição sobre ativos financeiros e a expedição de ofícios aos registros públicos do domicílio do executado, ao DENATRAN ou DETRAN" (STJ, 1ª Seção, Aprovada em 09.12.2015. *DJe* de 15.12.2015).

A jurisprudência da mesma Corte é firme sobre o assunto, colocando, também, os requisitos para o pedido:

"Tributário. Recurso especial representativo de controvérsia. Art. 543-C do CPC e Resolução STJ nº 8/2008. Execução fiscal. Art. 185-A do CTN. Indisponibilidade de bens e direitos do devedor. Análise razoável do esgotamento de diligências para localização de bens do devedor. Necessidade.

1. Para efeitos de aplicação do disposto no art. 543-C do CPC, e levando em consideração o entendimento consolidado por esta Corte Superior de Justiça, firma-se compreensão no sentido de que a indisponibilidade de bens e direitos autorizada pelo art. 185-A do CTN depende da observância dos seguintes requisitos: (i) citação do devedor tributário; (ii) inexistência de pagamento ou apresentação de bens à penhora no prazo legal; e (iii) a não localização de bens penhoráveis após esgotamento das diligências realizadas pela Fazenda, caracterizado quando houver nos autos (a) pedido de acionamento do BacenJud e consequente determinação pelo magistrado e (b) a expedição de ofícios aos registros públicos do domicílio do executado e ao Departamento Nacional ou Estadual de Trânsito – DENATRAN ou DETRAN.

2. O bloqueio universal de bens e de direitos previsto no art. 185-A do CTN não se confunde com a penhora de dinheiro aplicado em instituições financeiras, por meio do Sistema BacenJud, disciplinada no art. 655-A do CPC.

3. As disposições do art. 185-A do CTN abrangerão todo e qualquer bem ou direito do devedor, observado como limite o valor do crédito tributário, e dependerão do preenchimento dos seguintes requisitos: (i) citação do executado; (ii) inexistência de pagamento ou de oferecimento de bens à penhora no prazo legal; e, por fim, (iii) não forem encontrados bens penhoráveis.

Cap. LXIV | Responsabilidade em geral das sociedades, dos administradores e dos sócios • **945**

4. A aplicação da referida prerrogativa da Fazenda Pública pressupõe a comprovação de que, em relação ao último requisito, houve o esgotamento das diligências para localização de bens do devedor.

5. Resta saber, apenas, se as diligências realizadas pela exequente e infrutíferas para o que se destinavam podem ser consideradas suficientes a permitir que se afirme, com segurança, que não foram encontrados bens penhoráveis, e, por consequência, determinar a indisponibilidade de bens.

6. O deslinde de controvérsias idênticas à dos autos exige do magistrado ponderação a respeito das diligências levadas a efeito pelo exequente, para saber se elas correspondem, razoavelmente, a todas aquelas que poderiam ser realizadas antes da constrição consistente na indisponibilidade de bens.

7. A análise razoável dos instrumentos que se encontram à disposição da Fazenda permite concluir que houve o esgotamento das diligências quando demonstradas as seguintes medidas: (i) acionamento do BacenJud; e (ii) expedição de ofícios aos registros públicos do domicílio do executado e ao Departamento Nacional ou Estadual de Trânsito – DENATRAN ou DETRAN.

8. No caso concreto, o Tribunal de origem não apreciou a demanda à luz da tese repetitiva, exigindo-se, portanto, o retorno dos autos à origem para, diante dos fatos que lhe forem demonstrados, aplicar a orientação jurisprudencial que este Tribunal Superior adota neste recurso.

9. Recurso especial a que se dá provimento para anular o acórdão impugnado, no sentido de que outro seja proferido em seu lugar, observando as orientações delineadas na presente decisão".[28]

O aresto constitui um recurso repetitivo, vindo a se consolidar no Direito em Tese do STJ – Tema repetitivo nº 714, com a seguinte síntese:

"A indisponibilidade de bens e direitos autorizada pelo art. 185-A do CTN depende da observância dos seguintes requisitos: (i) citação do devedor tributário; (ii) inexistência de pagamento ou apresentação de bens à penhora no prazo legal; e (iii) a não localização de bens penhoráveis após esgotamento das diligências realizadas pela Fazenda, caracterizado quando houver nos autos (a) pedido de acionamento do BacenJud e consequente determinação pelo magistrado e (b) a expedição de ofícios aos registros públicos do domicílio do executado e ao Departamento Nacional ou Estadual de Trânsito – DENATRAN ou DETRAN.

Cinge-se o debate trazido nos autos em saber se, para que o juiz determine a indisponibilidade dos bens e direitos do devedor, na forma do art. 185-A do CTN, faz-se necessária a comprovação do exaurimento dos meios disponíveis para localização de bens penhoráveis por parte do credor. Não se trata, simplesmente, da penhora *on-line*, mas da necessidade de esgotamento das diligências para a adoção das medidas previstas no art. 185-A do CTN.

O bloqueio universal de bens e de direitos previsto no art. 185-A do CTN não se confunde com a penhora de dinheiro aplicado em instituições financeiras, por meio do Sistema Bacen-Jud, disciplinada no art. 655-A do CPC.

Não se trata, simplesmente, da penhora *on-line* – tema que foi objeto do Recurso Especial Representativo de Controvérsia n. 1.112.943/MA, da relatoria da Ministra Nancy Andrighi –, mas da necessidade de esgotamento das diligências para a adoção das medidas previstas no art. 185-A do CTN".

---

[28] REsp. 1.377.507/SP, da 1ª Seção, rel. Min. Og Fernandes, j. em 26.11.2014, *DJe* de 02.12.2014, in RSTJ vol. 236, p. 137.

946 • Direito de Empresa | *Arnaldo Rizzardo*

Outras situações se apresentam, como a desobediência à lei, a falta de diligência no exercício das finalidades, a inadimplência das obrigações contraídas, e, não raramente, a própria constituição da sociedade para fraudar terceiros: "Está correta a desconsideração da personalidade jurídica da Sociedade Anônima falida quando utilizada por sócios controladores, diretores e ex-diretores para fraudar credores. Nesse caso, o juiz falimentar pode determinar medida cautelar de indisponibilidade de bens daquelas pessoas, de ofício, na própria sentença declaratória de falência, presentes os requisitos do *fumus boni iuris* e os do *periculum in mora*".[29]

Merece atenção a desativação irregular da sociedade. Toda vez que a sociedade se desativar, deixando de formalizar a sua dissolução, assume a condição de sociedade irregular. Como tal, reproduzindo princípio que se encontrava no art. 305 do Código Comercial, o art. 990 do Código Civil estabelece que os membros da sociedade são solidária, pessoal e ilimitadamente obrigados com terceiros. Mas essa responsabilidade dos sócios e a possibilidade de penhora de seus bens particulares são extensivas a muitas outras situações fáticas. Não seria justo deixar ao desamparo o direito do credor, frente a atos contrários à lei e ao contrato, praticados pela empresa. A amplitude da exceção à impenhorabilidade engloba qualquer atitude ilícita da sociedade empresária, como a que maliciosamente não registra o seu instrumento constitutivo, definidor de suas responsabilidades; a que atua em nome de determinado sócio, ao invés da sociedade; a que coloca seus bens em nome de terceiros, para não serem atingidos por penhora; a que instrumentaliza sucessões, absorções ou mudanças outras; a que fomenta empresas fictícias e opera com firma existente só como pessoa jurídica no papel etc., tudo para prejudicar os credores. Irregularidades desse jaez levarão à responsabilização solidária todos os membros da sociedade, com a sujeição de seus haveres particulares a tantas penhoras quantas se fizerem necessárias.

Tendo hoje em conta o art. 1.052 do Código Civil, que mantém a ideia do art. 2º do Decreto nº 3.708, o qual fixa a responsabilidade dos sócios à importância total do capital social, não podendo, pois, a sociedade contrair obrigações superiores às suas forças medidas pelo capital, ainda aplicável antiga linha jurisprudencial que conduz a responsabilizar os sócios até tal limite de capital: "De acordo com a lei brasileira, nas sociedades por quotas de responsabilidade dos sócios é pelo total do capital social (art. 2º do Decreto nº 3.708, de 1919). Questão que tem preocupado os que tratam das sociedades por quotas é a de saber se, uma vez integralizado o capital social, continuam os sócios a responder pelo mesmo, em caso de ser ele desfalcado, na vida da sociedade.

Em face dos termos taxativos do art. 2º do Decreto nº 3.708, somos de opinião de que... a responsabilidade dos sócios, no Brasil, é sempre pelo total do capital social e, assim, mesmo integralizado o capital da sociedade, se, posteriormente, este for desfalcado, os sócios poderão ser compelidos, solidariamente, a completá-lo.

Assim, em qualquer circunstância, mesmo depois de integralizado o capital, os sócios respondem pela integralidade do mesmo, já que os terceiros contrataram com a sociedade baseados em que os sócios assumiriam essa responsabilidade subsidiária (Fran Martins, *Curso de Direito Comercial*, Rio de Janeiro, Editora Forense, 1981, pp. 295-296)". Arremata o julgado afirmando que o sócio, para que prevaleça o *beneficium excussionis*, "haverá de nomear bens da sociedade, sitos na mesma comarca, quantos bastarem para pagar o débito".[30]

---

[29] REsp. nº 370.068-GO, da 3ª Turma do STJ, j. em 16.12.2003, *DJU* de 14.03.2005.

[30] *Revista Forense*, 289/326 e 327.

Cap. LXIV | Responsabilidade em geral das sociedades, dos administradores e dos sócios • **947**

Nesta linha, há coerência em afirmar que a simples inexistência de bens sociais e solvência do sócio configura pressuposto a ensejar a superação da personalidade jurídica.

O entendimento acima deve revelar-se, no entanto, comedido, de sorte a não envolver um sócio de diminuta participação e que nunca exerceu cargo de chefia, em consonância com a jurisprudência: "Embora a irregularidade da dissolução da sociedade por quotas de responsabilidade limitada, não se pode aplicar a teoria da desconsideração da personalidade jurídica para quem detinha parte mínima das quotas sociais e integralizadas, não exercia atividade gerencial, enquanto o ex-marido da sócia detinha praticamente a totalidade das ações e a responsabilidade da gerência. A este poder-se-ia cogitar da aplicação da teoria. Ilegitimidade passiva evidenciada".[31]

Em outra decisão: "Desconsideração da pessoa jurídica. Sócio minoritário (0,1% do capital social) e que nunca exerceu gerência. Ausência de toda e qualquer razão para incursão em seu patrimônio. Recurso provido. Por certo, apresenta-se oportuna a desconsideração da pessoa jurídica quanto a sócios que apresentem alguma ingerência na atuação da sociedade ou, ao menos, detenham parcela representativa do capital social, o que de forma alguma é o caso do agravante".[32]

Vem a propósito a advertência de Ada Pellegrini Grinover: "Mas, se é certo, como já acenado, que a desconsideração da personalidade jurídica é expediente que se justifica essencialmente pelo combate à conduta fraudulenta e abusiva, é justamente essa mesma circunstância que imprime ao instituto um caráter excepcional: embora a patologia justifique o emprego do remédio, a patologia ainda tem caráter de exceção e não se presume. Vale dizer: do correto emprego do instituto depende sua própria valorização, de tal sorte que o uso indiscriminado da teoria e das normas jurídicas que a positivaram poderia produzir efeito muito diverso do que o sistema pretende".[33]

Não há exagero, por isso, em afirmar que a responsabilidade deve abarcar, tão somente, o patrimônio do sócio ou dos sócios que agiram irregularmente. Nem todos os membros da pessoa jurídica, em caso de seu mau uso, terão seu patrimônio atingido, devendo ser responsabilizados apenas aqueles que concorreram para a prática do ato abusivo ou fraudulento.

Ficou a responsabilidade dos sócios reforçada com o Código de Defesa do Consumidor (Lei nº 8.078, de 11.09.1990), em havendo relação de consumo, que desconsidera a personalidade jurídica da sociedade quando atingidos os direitos dos consumidores. Com efeito, encerra o art. 28: "O juiz poderá desconsiderar a personalidade jurídica da sociedade quando, em detrimento do consumidor, houver abuso de direito, excesso de poder, infração da lei, fato ou ato ilícito ou violação dos estatutos ou contrato social. A desconsideração também será efetivada quando houver falência, estado de insolvência, encerramento ou inatividade da pessoa jurídica provocados por má administração".

Em princípio, legalizou-se o direito implantado pela doutrina e pela jurisprudência.

Estende-se a responsabilidade às várias sociedades pertencentes a grupos societários, às controladas, às consorciadas e às coligadas, desde que haja culpa, de acordo com os vários parágrafos do mesmo art. 28, no que endossa a jurisprudência: "É lícita a descon-

---

[31] Acórdão unânime da 13ª Câmara Cível do TJ do RGS, de 04.06.1998, rel. Des. Jasson Torres, em *ADV Jurisprudência*, nº 17, 1999, p. 265.

[32] Agravo de Instrumento nº 70012044962, 20ª Câmara Cível, TJ do Rio Grande do Sul, j. em 17.06.2005.

[33] "Da desconsideração da pessoa jurídica (aspectos de direito material e processual)", *in Revista Forense*, nº 371, p. 7.

948 • Direito de Empresa | *Arnaldo Rizzardo*

sideração da pessoa jurídica executada para incidir a penhora sobre os bens da empresa controladora, a qual, em evidente fraude à execução, cedeu cotas da sociedade por ela comandada. Fraude à execução caracterizada. Ineficácia do ato de cessão".[34]

No próprio processo onde se constata o fato lesivo suscita-se a medida:

"A aplicação da teoria da desconsideração da personalidade jurídica dispensa a propositura de ação autônoma para tal. Verificados os pressupostos de sua incidência, poderá o Juiz, incidentemente no próprio processo de execução (singular ou coletiva), levantar o véu da personalidade jurídica para que o ato de expropriação atinja os bens particulares de seus sócios, de forma a impedir a concretização de fraude à lei ou contra terceiros.

O sócio alcançado pela desconsideração da personalidade jurídica da sociedade empresária torna-se parte no processo e assim está legitimado a interpor, perante o Juízo de origem, os recursos tidos por cabíveis, visando a defesa de seus direitos".[35]

"Havendo gestão fraudulenta e pertencendo a pessoa jurídica devedora a grupo de sociedades sob o mesmo controle e com estrutura meramente formal, o que ocorre quando as diversas pessoas jurídicas do grupo exercem suas atividades sob unidade gerencial, laboral e patrimonial, é legitima a desconsideração da personalidade jurídica da devedora para que os efeitos da execução alcancem as demais sociedades do grupo e os bens do sócio majoritário.

Impedir a desconsideração da personalidade jurídica nesta hipótese implicaria prestigiar a fraude à lei ou contra credores.

A aplicação da teoria da desconsideração da personalidade jurídica dispensa a propositura de ação autônoma para tal. Verificados os pressupostos de sua incidência, poderá o Juiz, incidentemente no próprio processo de execução (singular ou coletiva), levantar o véu da personalidade jurídica para que o ato de expropriação atinja os bens particulares de seus sócios, de forma a impedir a concretização de fraude à lei ou contra terceiros."[36]

Indaga-se quanto à possibilidade de se aplicar a desconsideração da personalidade jurídica na fase executiva ou de cumprimento da sentença, sem que o sócio atingido por tal medida tenha figurado como parte no processo de conhecimento, bem como se incorreria em violação aos preceptivos constitucionais da ampla defesa e contraditório. Consoante art. 5º, inciso LV, da Constituição Federal de 1988, o constituinte erigiu a *status* constitucional os postulados da ampla defesa e contraditório, sem olvidar que o princípio do devido processo legal, previsto no inciso LIV do mesmo dispositivo, é corolário da ampla defesa e contraditório. Para Antônio Carlos de Araújo Cintra, "por direito ao processo não se pode entender a simples ordenação de atos, através de um procedimento qualquer. O procedimento há de realizar-se em contraditório, cercando-se de todas as garantias necessárias para que as partes possam sustentar suas razões, produzir provas, influir sobre a formação do convencimento do juiz".[37]

É, também, o pensamento de Fábio Ulhoa Coelho: "Note-se que a teoria maior torna impossível a desconsideração operada por simples despacho judicial no processo de execução de sentença. ... Não é correto o juiz, na execução, simplesmente determinar a penhora

---

[34] Ap. Cível nº 857/98, da 5ª Câmara Cível do TJ do Rio de Janeiro, publ. em 10.09.1998.
[35] Recurso Ordinário em Mandado de Segurança – RMS nº 16.274-SP, da 3ª Turma, j. em 19.08.2003, *DJU* de 02.08.2004.
[36] REsp. nº 332.763, da 3ª Turma do STJ, j. em 30.04.2002, *DJU* de 24.06.2002.
[37] Antônio Carlos de Araújo Cintra; Ada Pellegrini Grinover; Cândido Rangel Dinamarco, *Teoria geral do processo*, 20ª ed. rev. e atual., São Paulo, Malheiros Editores, 2004, p. 84.

Cap. LXIV | Responsabilidade em geral das sociedades, dos administradores e dos sócios • **949**

de bens do sócios ou administrador, transferindo para eventuais embargos de terceiros a discussão sobre a fraude, porque isso significa uma inversão do ônus probatório".[38]

A efetivação do contraditório no processo ocorre com a ciência da parte contrária acerca da pretensão deduzida em juízo, a fim de que possa, por intermédio dos meios legalmente considerados pelo ordenamento jurídico, refutar a tese contra ela deduzida, ou, então se quedar inerte.

Presentemente, a matéria está regida pelos arts. 133 a 137 do CPC, sendo obrigatória a instauração do incidente, oportunizando-se a manifestação do sócio ou da pessoa jurídica. Não é mais possível a decisão sem a prévia ouvida da outra parte. Veja-se o disposto no art. 135: "Instaurado o incidente, o sócio ou a pessoa jurídica será citado para manifestar-se e requerer as provas cabíveis no prazo de 15 (quinze) dias".

Após o momento da defesa, e produzidas sumariamente as provas indicadas, decidirá o juiz, nos termos do art. 136: "Concluída a instrução, se necessária, o incidente será resolvido por decisão interlocutória".

Possível que o juízo de primeiro grau não atenda a postulação, o que enseja o recurso de agravo de instrumento. Na eventualidade da concessão pelo relator, em decisão monocrática, assegura o parágrafo único o agravo interno: "Se a decisão for proferida pelo relator, cabe agravo interno".

Enquanto se processa o incidente, suspende-se o processo, a menos que o pedido já venha na própria petição que visa a constrição de bens dos sócios ou da sociedade (§ 3º do art. 134 da lei processual civil).

9. RESPONSABILIDADE E DESCONSIDERAÇÃO DA PERSONALIDADE NAS RELAÇÕES TRABALHISTAS

Na área trabalhista, as decisões mostram-se mais incisivas no sentido de preservar os direitos ofendidos, reconhecendo-se validez à penhora de bens do sócio que não indica bens sociais da empresa executada, em forma e tempo hábeis. O mesmo ocorre com os haveres particulares do sócio-gerente, se não nomear bens a constritar, pertencentes à sociedade executada, e, ainda mais, se esta tiver sido dissolvida extralegalmente. Se não forem localizados bens da sociedade, e não havendo prova de sua regular extinção, evidencia-se a responsabilidade dos sócios "e, em especial, daqueles que detinham poderes gerenciais. Por outro lado, a prevalecer a orientação de que a configuração da insolvência ou extinção irregular da sociedade comercial somente poderia ser apreciada pela Justiça Comum, estar-se-ia castrando a competência da Justiça do Trabalho de cumprir suas próprias decisões. Em virtude desta competência é que a jurisprudência dos tribunais trabalhistas reconhece pacificamente a licitude da penhora que recai sobre bens pertencentes a sócios de sociedade por quotas cujo patrimônio desapareceu sem que tenha havido o procedimento processual adequado para os casos de insolvência".[39]

Defende-se que, se não foram encontrados bens da empresa para garantir o pagamento do débito trabalhista, a execução se volta contra os seus sócios, ainda que se trate de uma sociedade anônima. Para tanto, sustenta-se que o art. 28, § 5º, do Código de Defesa do Consumidor, ao possibilitar a desconsideração da pessoa jurídica (os sócios respondem com

---

[38] Fábio Ulhoa Coelho, *Curso de Direito Comercial. Direito de Empresa*, 10ª ed. rev. e atual., São Paulo, Saraiva, 2007, v. 2, p. 56.

[39] *Revista do Tribunal Regional do Trabalho da 4ª Região*, 16/264.

seu patrimônio pessoal pelos débitos contraídos pela sociedade, em caso de inadimplência desta), não excluiu da regra nenhum tipo de sociedade. Tem-se entendido que, de acordo com a Lei nº 8.078/90 (CDC), a regra da desconsideração pode ser aplicada sempre que a personalidade jurídica da empresa for obstáculo ao ressarcimento de prejuízos. A própria lei não faz distinção entre tipos de sociedades.

Acrescenta-se que o art. 158, § 2º, da Lei nº 6.404/76, que regulamenta as sociedades por ações, estabelece que os administradores são solidariamente responsáveis por prejuízos decorrentes do descumprimento de deveres impostos por lei, para o funcionamento normal da companhia, e, entre esses deveres, não há dúvida de que se inclui o regular pagamento dos empregados.

Não param aí os avanços. Defende-se que o sócio, mesmo detendo quantidade mínima de cotas da empresa e não possuindo poderes de administração, não se exime do pagamento do crédito trabalhista apurado no processo, principalmente se frustradas as tentativas de execução contra o sócio majoritário. Sustenta-se ser irrelevante a condição de sócio minoritário e sem poderes de administração, tendo em vista a natureza alimentar do crédito trabalhista, que, por isso, não pode ficar indefinidamente à espera de verem adimplidos os seus créditos apenas pelo devedor principal. Daí não caber limitar a responsabilidade à proporcionalidade da participação no capital social do sócio na empresa executada e, por conseguinte, não se exigindo a comprovação de atos de gestão fraudulenta ou ilícita da sócia em questão.

As decisões revelam-se radicais. Responsabilizam-se os sócios, ingressando o patrimônio particular na satisfação dos créditos. É como demonstra Amador Paes de Almeida: "Invocada, com frequência crescente, a teoria da desconsideração tem, igualmente, concorrido para uma posição definida da Justiça do Trabalho, frente à responsabilidade dos sócios pelas obrigações trabalhistas das empresas, sejam elas individuais (assim consideradas aquelas cujos titulares são pessoas físicas), sejam elas empresas coletivas (de titularidade de pessoas jurídicas), independentemente da espécie societária (se de sócios solidários ou sócios de responsabilidade limitada...).

Com efeito, ocorrendo violação da lei ou do pacto social, ou extrapolando-se os limites do mandato, a responsabilidade de cada sócio projeta-se no mundo do direito obrigacional, em toda a sua plenitude. Suas obrigações identificam-se com as dos sócios das sociedades irregularmente constituídas".[40]

Vejam-se os seguintes exemplos de arestos, que refletem o tratamento dominante:

"Partindo da premissa de que os créditos trabalhistas, ante a natureza alimentar de que são revestidos, são privilegiados e devem ser assegurados, a moderna doutrina e a jurisprudência estão excepcionando o princípio da responsabilidade limitada do sócio, com fulcro na teoria da desconsideração da personalidade jurídica de forma que o empregado possa, verificada a insuficiência do patrimônio societário, sujeitar à execução os bens dos sócios individualmente considerados...

... A teoria da desconsideração da personalidade jurídica autoriza o juiz a responsabilizar qualquer dos sócios pelo pagamento da dívida, pela falta de bens da executada".[41]

"Em sede de direito do trabalho, em que os créditos trabalhistas não podem ficar a descoberto, vem se abrindo uma exceção ao princípio da responsabilidade limitada do sócio, ao se aplicar a teoria da desconsideração da personalidade jurídica (*disregard of legal entity*) para

---

[40] *Execução de Bens dos Sócios*, ob. cit., pp. 159-160.
[41] Recurso de Revista nº 2.549/2000, da 4ª Turma do TST, j. em 19.02.2003, *DJU* de 07.03.2003.

Cap. LXIV | Responsabilidade em geral das sociedades, dos administradores e dos sócios • **951**

que o empregado possa, verificada a insuficiência do patrimônio societário, sujeitar à execução os bens dos sócios individualmente considerados, porém solidária e ilimitadamente, até o pagamento integral dos créditos dos empregados...

... A teoria da desconsideração da personalidade jurídica é o princípio segundo o qual a alteração da estrutura jurídica da empresa não afetará os direitos adquiridos por seus empregados, consagrado no art. 10 da CLT, autorizando o juiz a responsabilizar qualquer dos sócios pelo pagamento da dívida, pela falta de bens da executada, como, aliás, afirmado pelo acórdão recorrido."[42]

"Execução trabalhista. Responsabilidade objetiva dos sócios. Despersonalização do empregador. No Processo do Trabalho, a responsabilidade dos sócios é objetiva, respondendo os mesmos com seus respectivos patrimônios no caso de descumprimento de obrigações trabalhistas, de forma a obstar o locupletamento indevido do trabalho alheio. É facultado ao juiz, nesse campo, adotar a teoria da despersonalização do empregador, insculpida no *caput* do art. 2º da CLT, de modo que o crédito trabalhista persegue o patrimônio para onde quer que vá, como um direito de sequela. Se o patrimônio da empresa desaparecer, pouco importando a causa, os sócios, diretores e dirigentes respondem com seus patrimônios particulares."[43]

"Agravo de petição. Penhora de bens de sócio. Hipótese de admissibilidade. Tendo a reclamada oferecido bens à penhora insuficiente à satisfação de crédito do exequente, cabível prossiga a execução contra a pessoa do sócio, mormente se informado pela própria executante que aqueles indicados eram os únicos disponíveis."[44]

"Execução. Bens de ex-sócio. Em seara trabalhista, a execução invade o patrimônio particular do sócio e também daquele que já se retirou da sociedade, ante a aplicação do princípio da não imputação dos riscos do empreendimento ao empregado."[45]

"Penhora sobre bens particulares dos sócios. Em face da inexistência de bens da pessoa jurídica e diante do inadimplemento de suas obrigações trabalhistas, impõe-se a aplicação da teoria da desconsideração da personalidade jurídica para se atingir os bens particulares dos sócios."[46]

Essa responsabilidade irrestrita alcança a dissolução, devendo os bens dos sócios arcar com as obrigações trabalhistas pendentes, de acordo com o art. 449 da Consolidação das Leis Trabalhistas: "Os direitos oriundos da existência de contrato de trabalho subsistirão em caso de falência, concordata ou dissolução da empresa". De sorte que poderão responder pelos débitos trabalhistas os antigos sócios com o patrimônio pessoal.

Inquestionavelmente, o caminho para o qual pendeu o avanço na aplicação da teoria desandou para a generalização da responsabilidade, não dando qualquer valor aos princípios diretores do direito societário. Tem-se nada mais nada menos que uma responsabilização dos sócios, mesmo que minoritários, olvidando-se que sequer podiam mudar o rumo da administração. Ao invés de avanços, têm-se seitas que maculam a pureza e a sanidade do direito e deturpam as conquistas fundadas na coerência e no respeito a institutos jurídicos milenares.

10. RESPONSABILIDADE DOS SÓCIOS-GERENTES ESPECIFICAMENTE PELAS OBRIGAÇÕES FISCAIS E PREVIDENCIÁRIAS DAS PESSOAS JURÍDICAS PRIVADAS

Busca-se definir se os bens particulares dos sócios-gerentes de sociedade respondem ou não pelo débito fiscal da empresa, quando executada esta e não localizados bens suficientes à satisfação da dívida.

---

[42] Recurso de Revista nº 572.516/99, da 3ª Turma do TST, j. em 17.10.2001, *DJU* de 09.11.2001.

[43] Ac. nº 02970004580, da 8ª Turma do TRT de São Paulo, j. em 11.12.1996, *DJU* de 16.01.1997.

[44] Ac. nº 02970211550, da 7ª Turma do TRT de São Paulo, j. em 12.05.1997, *DJU* de 12.06.1997.

[45] Ac. nº 02980294602, da 4ª Turma do TRT de São Paulo, j. em 2.06.1998, *DJU* de 16.06.1998.

[46] Ac. nº 9392/2001, da 2ª Turma do TRT da 12ª Região, *DJ* de SC de 20.09.2001.

952 • Direito de Empresa | *Arnaldo Rizzardo*

A solução emerge da leitura dos seguintes dispositivos do Código Tributário Nacional (Lei nº 5.172, de 25.10.1966).

Art. 134: "Nos casos de impossibilidade de exigência do cumprimento da obrigação principal pelo contribuinte, respondem solidariamente com este nos atos em que intervierem ou pelas omissões de que forem responsáveis: ... III – Os administradores de bens de terceiros, pelos tributos devidos por estes".

O art. 135: "São pessoalmente responsáveis pelos créditos correspondentes a obrigações tributárias resultantes de atos praticados com excesso de poderes ou infração de lei, contrato social ou estatutos: I – As pessoas referidas no artigo anterior. II – Os mandatários, prepostos e empregados. III – Os diretores, gerentes ou representantes de pessoas jurídicas de direito privado".

E o art. 136: "Salvo disposição de lei em contrário, a responsabilidade por infrações da legislação tributária independe da intenção do agente ou do responsável e da efetividade, natureza e extensão dos efeitos do ato".

Vê-se, pois, quão ampla é a responsabilidade dos administradores, gerentes, diretores ou representantes das pessoas jurídicas de direito privado, frente ao Estado. Basta a menor culpa dos dirigentes na insolvência da sociedade para redundar em responsabilidade dos mesmos, pelas obrigações sociais decorrentes.

Daí colher-se o seguinte rol de obrigações:

a) Os sócios-gerentes ficam revestidos de uma responsabilidade subsidiária.

b) Respondem eles sempre quando se verificarem hipóteses de omissões culposas, excesso de poderes, infração à lei, ao contrato ou aos estatutos.

Pela falta de recolhimento de tributos, a responsabilidade é reconhecida por antiga jurisprudência: "Execução fiscal. Alegação de sonegação de ICM. Execução contra sócio que exerceu a gerência da sociedade em parte do exercício em que se alega ter havido a sonegação. Sócio nessas condições é sujeito passivo da obrigação tributária na qualidade de responsável tributário por substituição (art. 135, III, c/c. o art. 121, parágrafo único, item III, ambos do CTN). Não é, pois, parte legítima para apresentar embargos de terceiro à penhora de bens de sua propriedade, feita em decorrência de executivo fiscal em que figura como litisconsorte passivo".[47]

Outrossim: "O sócio-gerente é, em princípio, solidariamente responsável com a firma pelo não recolhimento do tributo, podendo, entretanto, isentar-se, caso possa comprovar que o não recolhimento foi decorrência de uma situação anômala, de um caso de força maior, de um incêndio, de um furto, de um grande desfalque e outras circunstâncias dessa ordem".[48]

Todavia, quanto à sociedade de responsabilidade limitada, procura-se incutir a ideia de que, na simples impossibilidade de cumprimento das obrigações pela sociedade (art. 134 do Código Tributário Nacional), não emerge a responsabilidade do sócio-gerente, sob o enfoque de que, ainda que doutrinariamente a sociedade por quotas de responsabilidade limitada possa ser considerada como sociedade de pessoas, não se elimina, com isso, o traço que a lei e a doutrina lhe conferem de sociedade em que a responsabilidade dos sócios é limitada à importância total do capital social.

---

[47] *Revista Trimestral de Jurisprudência*, 85/979.
[48] *Revista de Jurisprudência do TJ do RGS*, 94/417.

Ocorre, porém, que a impossibilidade de cumprimento das obrigações não significa que não houve o pagamento do tributo pelo contribuinte de fato. Se existia a obrigação de recolher aos cofres da Fazenda Pública o valor correspondente, houve infração, em dado momento, de disposições da lei.

Essa interpretação tem sido aceita no STJ: "É cabível o redirecionamento da execução fiscal para o sócio-gerente quando a sociedade tiver sido dissolvida de forma irregular. Precedentes da Corte.

A ciência por parte do sócio-gerente do inadimplemento dos tributos e contribuições, mercê do recolhimento de lucros e pró-labore, caracteriza, inequivocamente, ato ilícito, porquanto há conhecimento da lesão ao erário público".

Na fundamentação do voto, é citado um aresto que bem distingue a situação que comporta a imposição, e como se caracteriza o desrespeito à lei: "Neste sentido, o REsp. nº 332.082-RS, que recebeu a seguinte ementa: 'Tributário. Execução fiscal. Responsabilidade tributária. Sócio. Ausência de comprovação de excesso de mandato. Infração à lei ou ao regulamento.

Positivou-se no E. STJ a tese de que a responsabilidade do sócio não é objetiva. Para que surja a responsabilidade pessoal, disciplinada no art. 135 do CTN, é necessário que haja comprovação de que ele, o sócio, agiu com excesso de mandato, ou infringiu a lei, o contrato social ou o estatuto.

Não havendo tal comprovação, não há como a execução fiscal ser redirecionada para ele. Em princípio, o sócio que recolhe os bônus lucrativos da sociedade, mas não verifica o adimplemento dos tributos, locupleta-se e *a fortiori* comete o ilícito que faz surgir a sua responsabilidade... (*DJU* de 25.03.2002)'".[49]

Inegável que deixar de recolher o tributo já repassado aos consumidores na oportunidade de venda de seus produtos ou da prestação de seus serviços configura, para o contribuinte de direito, infração da lei tributária e da lei penal, recaindo a responsabilidade por tais atos na pessoa dos encarregados da administração da pessoa jurídica, ou, mais especificamente, em seus diretores e gerentes. Não se trata de mera impontualidade, ou de singelo inadimplemento.

Dá-se o que se denomina, na espécie, responsabilidade por substituição, no que é claro Aliomar Baleeiro, quando diz que o art. 135, inc. III, acima transcrito, prevê não apenas "caso de solidariedade, mas de responsabilidade por substituição, passando as pessoas ali enumeradas a serem os responsáveis ao invés de contribuintes".[50]

Dirimidora, ainda, apesar de sua antiguidade, a seguinte ementa do STF: "As pessoas referidas no inciso III do art. 135 do CTN são sujeitos passivos da obrigação tributária, na qualidade de responsáveis por substituição, e, assim sendo, aplica-se-lhes o disposto no art. 568, V, do Código de Processo Civil, apesar de seus nomes não constarem no título extrajudicial. Assim, podem ser citados – e ter seus bens penhorados – independentemente de processo judicial prévio para a verificação da ocorrência inequívoca das circunstâncias de fato aludidas no art. 135, *caput*, do CTN, matéria essa que, no entanto, poderá ser discutida, amplamente, em embargos do executado (art. 745, parte final, do CPC)".[51] Os citados arts. 745 e 568, V, correspondem aos arts. 917 e 779, VI, do CPC/2015.

A matéria, no entanto, não é pacífica.

---

[49] *Agravo Regimental no Agravo de Instrumento* nº 494.887-RS, da 1ª Turma, j. em 28.10.2003.
[50] *Direito Tributário Brasileiro*, 2ª ed., Rio de Janeiro, Editora Forense, 1970, p. 435.
[51] *Revista Trimestral de Jurisprudência*, nº 122, p. 438.

954 • Direito de Empresa | *Arnaldo Rizzardo*

Para se cogitar de isenção de responsabilidade, observa Lucila de Oliveira Carvalho, fatores externos devem impedir o cumprimento da obrigação, alheios à vontade do sócio-gerente: "Assim, é indispensável a perquirição, em cada caso concreto, dos motivos ensejadores do inadimplemento, ou seja, a falta de recolhimento do tributo, para que o sócio-gerente possa ser responsabilizado pessoalmente".[52]

Nessa linha, o Superior Tribunal de Justiça pendeu, em várias decisões, para a sustentação da necessidade de culpa na falta de pagamento, afastando a responsabilidade na falta de dolo ou fraude: "O mero descumprimento da obrigação principal, sem dolo ou fraude, constitui simples mora da empresa contribuinte, que contém nas normas tributárias pertinentes as respectivas sanções, mas não ato, que, por si só, viole a lei ou o estatuto civil, a que devem observância os sócios-cotistas".[53]

A mesma Corte enumera as hipóteses de incidência da responsabilidade, no que se estende também à obrigação previdenciária:

"Execução fiscal. Artigo 135 do CTN. Responsabilidade do sócio gerente. Limites.

Já se encontra assente na doutrina e na jurisprudência que a responsabilidade do sócio-gerente, em relação às dívidas fiscais contraídas por esta, somente se afirma se aquele, no exercício da gerência ou de outro cargo na empresa, abusou do poder ou infringiu a lei, o contrato social ou estatuto, a teor do que dispõe a lei tributária (artigo 135 do Código Tributário Nacional), ou, ainda, se a sociedade foi dissolvida irregularmente.

Para que a responsabilidade excepcional do sócio seja configurada, é necessário que lhe seja imputada a autoria do ato ilegal, porquanto, em caso contrário, "para sanar uma injustiça contra o Estado, contra o Fisco, cometer-se-ia uma outra injustiça maior: a responsabilidade do sócio (ainda que gerente de direito) que não cometeu qualquer ato ilegal. Cabe-lhe o ônus da prova, mas indiscutivelmente não pode responder por fraude cometida, praticada, realizada, gerenciada, por terceiro".[54]

Defendeu a mesma Corte que não existe responsabilidade solidária pura e simples:

"1. Os bens do sócio de uma pessoa jurídica comercial não respondem em caráter solidário, por dívidas fiscais assumidas pela sociedade. A responsabilidade tributária imposta por sócio-gerente, administrador, diretor ou equivalente só se caracteriza quando há dissolução irregular da sociedade ou se comprova infração à lei praticada pelo dirigente.

2. Em qualquer espécie de sociedade comercial é o patrimônio social que responde sempre e integralmente pelas dívidas sociais. Os diretores não são responsáveis pessoalmente pelas obrigações contraídas em nome da sociedade, mas respondem para com esta e para com terceiros solidária e limitadamente pelo excesso de mandato e pelos atos praticados com violação do estatuto ou da lei (art. 158, I e II, da Lei nº 6.404/76).

3. De acordo com o nosso ordenamento jurídico-tributário, os sócios (diretores, gerentes ou representantes da pessoa jurídica) são responsáveis, por substituição, pelos créditos correspondentes a obrigações tributárias resultantes da prática de ato ou fato eivado de excesso de poderes ou com infração de lei, contrato social ou estatutos, nos termos do art. 135, III, do CTN".[55]

---

[52] "A administração da sociedade limitada e o novo Código Civil", trabalho citado, p. 241.
[53] REsp. nº 121.021-PR, da 2ª Turma, j. em 15.08.2000, *DJU* de 11.09.2000.
[54] REsp. nº 653.076-RS, da 2ª Turma, j. em 05.10.2004, *DJU* de 14.03.2005.
[55] AgREsp. nº 276.779-SP, j. em 20.02.2001, *DJU* de 02.04.2001.

Cap. LXIV | Responsabilidade em geral das sociedades, dos administradores e dos sócios • 955

A responsabilidade incide, nos casos do art. 135, sobre o diretor, gerente ou sócio dirigente. Mas unicamente na pessoa do sócio responsável pelo ato, e, assim, que tinha poderes de administração ou gerência, na lição do seguinte aresto: "O sócio e a pessoa jurídica formada por ele são entidades distintas... Um não responde pelas obrigações da outra. Em se tratando de sociedade limitada, a responsabilidade do quotista, por dívidas da pessoa jurídica, restringe-se ao valor do capital ainda não realizado (Dec. nº 3.708/1919 – art. 9º). Ela desaparece tão logo se integralize o capital. O CTN, no inc. III do art. 135, impõe responsabilidade não ao sócio, mas ao gerente, diretor ou equivalente. Assim, sócio-gerente é responsável, não por ser sócio, mas por haver cometido ilegalidades no exercício da gerência. Quando o gerente abandona a sociedade, sem honrar-lhe o débito fiscal, ele é responsável, não pelo simples atraso de pagamento dos tributos. A ilicitude que o torna solidário é a dissolução irregular da pessoa jurídica".[56]

Em outro precedente: "Tem-se por caracterizada a responsabilidade tributária do sócio-gerente, administrador, diretor ou equivalente pelas dívidas sociais quando dissolvida irregularmente a sociedade ou comprovada infração à lei praticada pelo dirigente, resultantes de ato ou fato eivado de excesso de poderes ou com infração de lei, contrato social ou estatutos".[57]

10.1. Responsabilidade dos sócios-gerentes na dissolução irregular da sociedade

No caso de dissolvida irregularmente a sociedade, a responsabilidade incide porque os titulares não requereram a autofalência ou a dissolução legal, nem efetuaram o pagamento das dívidas fiscais: "Constitui infração da lei e do contrato com a consequente responsabilidade fiscal do sócio-gerente, o desaparecimento da sociedade sem prévia dissolução legal e sem o pagamento das dívidas tributárias".[58]

Em mais decisões o Superior Tribunal de Justiça enfatizou a linha da responsabilidade: "Tem-se por caracterizada a responsabilidade tributária do sócio gerente, administrador, diretor ou equivalente pelas dívidas sociais quando dissolvida irregularmente a sociedade ou comprovada infração à lei praticada pelo dirigente, resultantes de ato ou fato eivado de excesso de poderes ou com infração de lei, contrato social ou estatutos".[59]

"Se a empresa executada encerrou suas atividades de modo irregular, posto que sem qualquer anotação ou registro, responde o seu sócio dirigente com os seus bens particulares, pelo pagamento do ICMS declarado e não pago. CTN, art. 133, § 2º, III. Lei nº 6.404, de 15.12.1976, art. 158, II, e § 2º."[60]

---

[56] REsp. nº 149.849-SE, da 1ª Turma do STJ, *DJ* de 15.03.1999, rel. Min. Gomes de Barros, *in ADV Jurisprudência*, nº 28, p. 433, expedição de 18.07.1999.

[57] REsp. nº 335.404-SE, da 2ª Turma do STJ, j. em 17.05.2005, *DJU* de 20.06.2005.

[58] *Lex – Jurisprudência do Supremo Tribunal Federal*, 41/232. Linha de pensamento que seguiu o Superior Tribunal de Justiça, consoante inúmeras manifestações, dentre as quais o REsp. nº 69.308-SP, da 1ª Turma, de 04.12.1995, *in Jurisprudência do Superior Tribunal de Justiça*, 83/63, onde aparecem citados, em idêntico sentido, os REsps. nºs 19.648 e 1.846.

[59] REsp. nº 335.404-SE, da 2ª Turma, j. em 17.05.2005, *DJU* de 20.06.2005.

[60] REsp. nº 40.853-9-SP, j. em 15.05.1995, *DJU* de 05.06.1995.

10.2. Extensão da responsabilidade na falta de recolhimento das contribuições previdenciárias

Sobretudo em vista da Lei nº 8.620/1993, decidiu o STJ estendendo a responsabilidade na falta de recolhimento das contribuições previdenciárias:

"1. A regra no egrégio STJ, em tema de responsabilidade patrimonial secundária, é a de que o redirecionamento da execução fiscal, e seus consectários legais, para o sócio-gerente da empresa, somente é cabível quando reste demonstrado que este agiu com excesso de poderes, infração à lei ou contra o estatuto, ou na hipótese de dissolução irregular da empresa.

2. Ressalva do ponto de vista no sentido de que a ciência por parte do sócio-gerente do inadimplemento dos tributos e contribuições, mercê do recolhimento de lucros e *pro labore*, caracteriza, inequivocamente, ato ilícito, porquanto há conhecimento da lesão ao erário público.

3. Tratando-se de débitos da sociedade para com a Seguridade Social, decorrentes do descumprimento das obrigações previdenciárias, há responsabilidade solidária de todos os sócios, mesmo quando se trate de sociedade por quotas de responsabilidade limitada. Aplicação do art. 13 da Lei nº 8.620/93, que alterou as regras das Leis nºs 8.212 e 8.213, de 1991. Nestes casos, a responsabilidade atribuída pela lei ao sócio cotista tem respaldo no art. 124, II, do CTN e independe de comprovação pelo credor exequente, de que o não recolhimento da exação decorreu de ato abusivo, praticado com violação à lei, ou de que o sócio deteve a qualidade de dirigente da sociedade devedora.

4. Deveras, no campo tributário, quanto à aplicação da lei no tempo, vigora o princípio de que 'a lei aplica-se imediatamente aos fatos geradores futuros' (art. 105), de sorte que a ressalva do agravado respeita o período pretérito. Isto porque, respeitados os princípios da anterioridade, da legalidade, e demais informadores do sistema tributário, a relação do cidadão com o fisco é de trato sucessivo, por isso que não há direito adquirido em relação ao futuro, somente quanto ao passado.

5. A regra da limitação das obrigações sociais refere-se àquelas derivadas dos atos praticados pela entidade no cumprimento de seus fins contratuais, inaplicando-se às obrigações tributárias pretéritas, que serviram à satisfação das necessidades coletivas. Por essa razão é que o novel Código Civil, que convive com o Código Tributário e as leis fiscais, não se refere às obrigações fiscais, convivendo, assim, a lei especial e a lei geral.

6. Hipótese em que a execução fiscal refere-se a débitos posteriores à vigência da Lei nº 8.620/93".[61]

Sobre o recolhimento previdenciário, esclarece Sérgio Campinho: "No contexto previdenciário, a Lei nº 8.620/93 estabeleceu a responsabilidade solidária dos sócios da limitada pelos débitos junto à Seguridade Social, estando os administradores sócios aí incursos (*caput* do art. 13). Contudo, não integrando os administradores o corpo social, estes responderão solidária e subsidiariamente, com seus bens pessoais 'quanto ao inadimplemento das obrigações para com a Seguridade Social, por dolo ou culpa' (parágrafo único do art. 13)".[62]

---

[61] REsp. nº 624.380-RS, da 1ª Turma do STJ, j. em 05.08.2004, *DJU* de 30.08.2004.
[62] O *Direito de Empresa*, ob. cit., p. 233.

Cap. LXIV | Responsabilidade em geral das sociedades, dos administradores e dos sócios • **957**

Autorizava-se, daí, a penhora da quota: "Obedecida a ordem legal estabelecida (art. 11 e incs., Lei nº 6.830/80), inexistente restrição na Lei de regência, são penhoráveis as cotas de sociedade de responsabilidade limitada, cuja constrição serve de garantia para a execução. Precedentes jurisprudenciais".[63]

Entretanto é questionável a amplitude da responsabilidade ao sócio, na inteligência revelada acima. Em primeiro lugar, porque haveria uma dissintonia em relação à responsabilidade tributária comum, com interpretação diferente da que emana dos arts. 134 e 135 do Código Tributário Nacional, conforme se verá abaixo. Em segundo lugar, e justamente em vista do tratamento diferenciado para situações equivalentes, porque a Lei nº 11.941, de 27.05.2009, em seu art. 79, inc. VII, revogou o art. 13 da Lei nº 8.620/1993.

11. RESPONSABILIDADE DOS SÓCIOS NA FALTA DE RECOLHIMENTO DE TRIBUTOS E CONTRIBUIÇÕES

Quanto ao sócio em si, entende-se que deve ficar provada a participação, ou omissão ao mínimo culposa, para se lhe imputar a responsabilidade na falta de recolhimento de tributos e contribuições, no que encontra apoio em respeitável jurisprudência:

"Não comporta acolhimento a pretensão de redirecionamento da execução com vistas a atingir a responsabilidade dos sócios pela execução. Já se encontra assente na doutrina e na jurisprudência que a responsabilidade dos sócios, em relação às dívidas fiscais contraídas por esta, somente se afirma se aquele, no exercício da gerência ou de outro cargo na empresa, abusou do poder ou infringiu a lei, o contrato social ou estatutos, a teor do que dispõe a lei tributária, ou, ainda, se a sociedade foi dissolvida irregularmente.

Depreende-se do artigo 135 do Código Tributário Nacional, que a responsabilidade fiscal dos sócios restringir-se-á à prática de atos que configurem abuso de poder ou infração de lei, contrato social ou estatutos da sociedade. Perfilho o entendimento de que essa responsabilidade pessoal, em contraposição à responsabilidade societária, não se caracteriza pelo mero descumprimento da obrigação principal, desprovido de dolo ou fraude, simples mora da sociedade-devedora contribuinte, inadimplemento que encontra nas normas tributárias adequadas as respectivas sanções; não se traduz, entretanto, em ato que, de per si, viole a lei, contrato ou estatuto social, a caracterizar a responsabilidade pretendida pelo recorrido".[64]

"I – Não se pode atribuir a responsabilidade substitutiva para sócios, diretores ou gerentes, prevista no art. 135, III, do CTN, sem que seja antes apurada a prática de ato ou fato eivado de excesso de poderes ou infração de lei, contrato social ou estatutos.

II – Não ocorre a substituição tributária pela simples circunstância de a sociedade achar-se em débito para com o fisco.

III – Não é responsável tributário pelas dívidas da sociedade o sócio-gerente que transferiu regularmente suas cotas a terceiros, continuando, com estes, a empresa.

IV – A responsabilidade tributária solidária prevista nos artigos 134 e 135, III alcança o sócio-gerente que liquidou irregularmente a sociedade limitada. O

---

[63] REsp. nº 237.433-SP, da 1ª Turma do STJ, j. em 05.09.2002, *DJU* de 07.10.2002.
[64] REsp. nº 700.711-RS, da 2ª Turma do STJ, j. em 22.03.2005, *DJU* de 20.06.2005.

958 • Direito de Empresa | *Arnaldo Rizzardo*

sócio-gerente responde por ser gerente, não por ser sócio. Ele responde, não pela circunstância de a sociedade estar em débito, mas por haver dissolvido irregularmente a pessoa jurídica."[65]

"A solidariedade do sócio pela dívida da sociedade só se manifesta quando comprovado que, no exercício de sua administração, praticou os atos elencados na forma do art. 135, *caput*, do CTN. Não se pode, pois, atribuir tal responsabilidade substitutiva quando sequer estava investido das funções diretivas da sociedade (REsp. nº 100.739-SP, 1ª Seção, Min. José Delgado, *DJ* de 28.02.2000)."[66]

Em princípio, a mera posição de sócio não acarreta responsabilidade pelas obrigações pendentes e mesmo pela dissolução irregular. Assim está consolidado no STJ: "Tributário. Execução fiscal. Agravo regimental. Citação. Representante legal. CDA. Responsabilidade tributária.

O sócio e a pessoa jurídica formada por ele são pessoas distintas... Um não responde pelas obrigações da outra.

Em se tratando de sociedade limitada, a responsabilidade do cotista, por dívidas da pessoa jurídica, restringe-se ao valor do capital ainda não realizado... Ela desaparece tão logo se integralize o capital.

O CTN, no inc. III do art. 135, impõe responsabilidade não só ao sócio, mas também ao gerente, diretor ou equivalente. Assim, sócio-gerente é responsável não por ser sócio, mas por haver exercido a gerência.

Relacionar a execução para o representante legal da executada, a fim de aferir a responsabilidade tributária, exigível comprovação do ilícito praticado".

Expõe-se no voto que ensejou a ementa acima: "Os sócios da sociedade de responsabilidade por cotas não respondem objetivamente pela dívida fiscal apurada, pelo fato da sociedade não recolher a contento o tributo devido, visto que o não cumprimento da obrigação principal, sem dolo ou fraude, apenas representa mora da empresa contribuinte e não infração legal deflagradora da responsabilidade pessoal e direta do sócio da empresa".[67]

Relativamente às contribuições da seguridade social, em julgamento de recurso especial submetido ao regime do art. 543-C do CPC c/c a Res. nº 8/2008-STJ, o STJ asseverou que os sócios das empresas por cotas de responsabilidade limitada não respondem pessoalmente pelos débitos da sociedade junto à seguridade social, em conformidade com a decisão do STF que declarou a inconstitucionalidade do art. 13 da Lei nº 8.620/1993, posteriormente revogado pelo art. 79, VII, da Lei nº 11.941/2009 (Precedentes citados do STF: RE nº 562.276-PR; do STJ: REsp. nº 717.717-SP, *DJ* de 08.05.2006; REsp. nº 833.977-RS, *DJ* de 30.06.2006, e REsp. nº 796.613-RS, *DJ* de 26.05.2006).[68]

Esclarece-se que o referido art. 543-C do CPC/1973 equivale ao art. 1.036 do vigente CPC.

---

[65]   REsp. nº 260.524-RS, da 1ª Turma do STJ, j. em 14.08.2001, *DJU* de 1º.10.2001, em *RSTJ*, 153/149.
[66]   AgRg no Ag nº 653.859-MG, da 1ª Turma do STJ, j. em 28.06.2005, *DJU* de 1º.08.2005.
[67]   AgRg no AgI nº 417.942-RJ, da 1ª Turma do STJ, j. em 06.05.2003.
[68]   REsp. nº 1.153.119-MG, rel. Min. Teori Albino Zavascki, j. em 24.11.2010.

12. OBRIGAÇÕES PESSOAIS DOS SÓCIOS

Responde a quota do sócio pelas obrigações por ele assumidas, como já assentou o Superior Tribunal de Justiça: "É possível a penhora de cotas pertencentes ao sócio de sociedade de responsabilidade limitada, ainda que esta esteja em regime de concordata preventiva, em execução por dívida sua, e não da sociedade".

Consoante o art. 66 da Lei de Recuperação de Empresas e Falência (Lei nº 11.101, de 09.02.2005), as quotas sociais não podem ser alienadas ou oneradas, e, assim, penhoradas porque inalienáveis. Todavia, segue o voto do relator, não envolvendo a penhora bens da sociedade, mesmo que atualmente em recuperação judicial ou extrajudicial, "mas constrição que incide sobre quotas pertencentes ao sócio da concordatária", conclui-se que, integrando tais quotas o patrimônio do devedor, nada impede que se proceda a penhora: "Não se trata de débito da sociedade concordatária, mas sim de um de seus sócios. Daí por que inaplicável o disposto no art. 149 da Lei Falimentar, que veda a alienação de bens pela concordatária, enquanto não for cumprida a concordata, porque de débito de concordatária não se trata". De observar que o citado art. 149 equivale ao art. 66 da Lei nº 11.101, de 09.02.2005.

Sendo objeto da penhora o patrimônio particular do sócio, e não o da sociedade, nenhuma pertinência encontra-se com a penhora do ativo da pessoa jurídica.[69]

Ainda, decidira a mesma Corte: "Penhorabilidade das quotas de sociedade de responsabilidade: "Doutrina e jurisprudência dominantes são acordes em que a penhora das quotas sociais não atenta, necessariamente, contra o princípio da *affectio societatis* da empresa, eis que a sociedade de responsabilidade limitada dispõe de mecanismo de autodefesa".[70]

> "Penhorabilidade das quotas de sociedade de responsabilidade limitada por dívida particular do sócio. Doutrina. Precedentes. Recurso não conhecido.
>
> I – a penhorabilidade das quotas pertencentes ao sócio de responsabilidade limitada, por dívida particular deste, porque não vedada em lei, é de ser reconhecida;
>
> II – os efeitos da penhora incidente sobre as quotas sociais hão de ser determinadas em atenção aos princípios societários, considerando-se haver, ou não, no contrato social, proibição à livre alienação das mesmas;
>
> III – havendo restrição contratual, deve ser facultado à sociedade, na qualidade de terceira interessada, remir a execução, remir o bem ou tanto por tanto (CPC, arts. 1.117 e 1.119);
>
> IV – não havendo limitação ao ato constitutivo, nada impede que a quota seja arrematada com inclusão de todos os direitos a ela concernentes, inclusive o *status* do sócio."[71]

---

[69] REsp. nº 114.129-MG, da 4ª Turma do STJ, de 23.11.1999, *DJU* de 08.03.2000, *in Revista do Superior Tribunal de Justiça*, 132/408.

[70] REsp. nº 16.540-0, *DJU* de 08.03.1993, *in Ementário de Jurisprudência do STJ*, nº 7, 1993, Ementa nº 621, p. 245.

[71] REsp. nº 39.609-3, *DJU* de 06.02.1995, *in Ementário de Jurisprudência do STJ*, nº 11, Ementa nº 539, p. 225.

960 • Direito de Empresa | *Arnaldo Rizzardo*

É de observar que os arts. 1.117 e 1.119, acima mencionados, cuidavam da alienação judicial em leilão de bens. Com o CPC/2015, a disposição da venda em leilão está no art. 730, ordenando que se adote o procedimento da Seção I (arts. 719 a 725) do Capítulo XV (Dos Procedimentos de Jurisdição Voluntária), do Título III, Livro I da Parte Especial, incidindo também, no que couber, o disposto nos arts. 879 a 903 (alienação judicial na expropriação de bens em processo de execução).

Desenvolve o assunto Amador Paes de Almeida, sob o enfoque da lei processual civil anterior: "Ao contrário do que ocorria sob a égide do Código de Processo Civil de 1939, o atual enumera os bens absolutamente impenhoráveis, neles não havendo qualquer menção às quotas sociais (art. 649, I a X, a que se há de acrescentar o bem de família – Lei nº 8.009/90).

Com efeito, o Código de Processo Civil de 1939 continha expressa disposição legal, vedando a penhora dos fundos sociais por dívidas particulares dos sócios. O atual Código de Processo Civil, ao revés, não arrola entre os bens impenhoráveis as quotas sociais. Dispondo, no art. 591, que o devedor responde, para o cumprimento das suas obrigações, com todos os seus bens, salvo as restrições previstas em lei, ao formular a graduação de bens a serem nomeados à penhora, admite, expressamente, a constrição de 'direitos e ações', como tal admitindo a penhorabilidade das quotas-sociais".[72] Oportuno alertar que ao art. 649 do CPC foi acrescentado o inc. XI pela Lei nº 11.694/2008, sendo que a sua correspondência ao CPC/2015 está no art. 833. Já o também citado art. 591 tem o significado reproduzido pelo art. 789 do CPC/2015.

Duas as regras do Código Civil sobre o assunto.

O art. 1.026, autorizando a penhora sobre os lucros do devedor na empresa, ou sobre o que lhe couber na liquidação: "O credor particular de sócio pode, na insuficiência de outros bens do devedor, fazer recair a execução sobre o que a este couber nos lucros da sociedade, ou na parte que lhe tocar em liquidação". O parágrafo único do mesmo art. 1.026, possibilitando ao credor requerer a liquidação da quota do devedor, e o depósito do valor: "Se a sociedade não estiver dissolvida, pode o credor querer a liquidação da quota do devedor, cujo valor, apurado na forma do art. 1.031, será depositado em dinheiro, no juízo da execução, até 90 (noventa) dias após aquela liquidação".

---

[72] *Execução de Bens dos Sócios*, ob. cit., p. 115.

BIBLIOGRAFIA

ABRÃO, Nelson. *Sociedade por Quotas de Responsabilidade Limitada*, 4ª ed., São Paulo, Editora Revista dos Tribunais, 1989; 9ª ed., Editora Saraiva, 2005, com o título *Sociedades Limitadas*.

ADV INFORMATIVO.

ALMEIDA, Amador Paes de. *Execução de Bens dos Sócios*, 5ª ed., São Paulo, Editora Saraiva, 2001.

_____. *Manual das Sociedades Comerciais* (Direito de Empresa), 15ª ed., São Paulo, Editora Saraiva, 2005.

AMARAL, Francisco. *Direito Civil Brasileiro* – Introdução, Rio de Janeiro, Editora Forense, 1991.

AMORIM, Sebastião; OLIVEIRA, Euclides. *Inventários e Partilhas*, São Paulo, Editora LEUD, 2001.

ANDRADE JR., Attila de Souza Leão. *Comentários ao Novo Código Civil* – Direito das Sociedades, Rio de Janeiro, Editora Forense, 2002, vol. IV.

ARAÚJO, Rogério. *Incorporação de Sociedade com Patrimônio Líquido Negativo*. Disponível em: <http://www.migalhas.com.br/dePeso/16,MI5539,81042-Incorporacao+de+sociedade+com+patrimonio+liquido+negativo>.

ASCARELLI, Tullio. *Problemas das Sociedades Anônimas e Direito Comparado*, Campinas – São Paulo, Bookseller Editora e Distribuidora, 2001.

ASSIS DE ALMEIDA, José Gabriel. *A Sociedade em Conta de Participação*, Rio de Janeiro, Editora Forense, 1989.

AUTUORI, Luiz. *Fundo de Comércio*, 3ª ed., Rio de Janeiro, Editora Forense.

BALEEIRO, Aliomar. *Direito Tributário Brasileiro*, 2ª ed., Rio de Janeiro, Forense, 1970; 5ª ed., 1973.

BALERA, Wagner. "Contribuições previdenciárias incidentes sobre atividades das cooperativas", *in Problemas Atuais do Direito Cooperativo*, São Paulo, 2002.

BARBI, Otávio Vieira. "Pode a sociedade limitada ter capital autorizado?", *in Direito de Empresa no Novo Código Civil*, Rio de Janeiro, Editora Forense, 2004.

BARBOSA FILHO, Marcelo Fortes. *A Sociedade Anônima Atual*, São Paulo, Editora Atlas, 2004.

BARCELLOS DE MAGALHÃES, Roberto. *A Nova Lei das Sociedades por Ações Comentada*, Rio de Janeiro, Livraria Freitas Bastos S.A., 1977, vol. II.

BARROS MONTEIRO, Washington de. *Curso de Direito Civil* – Parte Geral, 3ª ed., São Paulo, Editora Saraiva, 1962.

962 • Direito de Empresa | *Arnaldo Rizzardo*

BATALHA, Wilson de Souza. *Comentários à Lei das Sociedades Anônimas*, Rio de Janeiro, Editora Forense, 1977, vol. I.

BECHO, Renato Lopes. *Elementos de Direito Cooperativo*, São Paulo, Editora Dialética, 2002.

_____. *Tributação das Cooperativas*, 2ª ed., São Paulo, Editora Dialética, 1999; 3ª ed., 2005.

BENCKE, Carlos Alberto. *Acionista Minoritário na Sociedade Anônima – Direito de Fiscalização*, Porto Alegre, Livraria do Advogado Editora, 2003.

BERTOLDI, Marcelo M. *Curso Avançado de Direito Comercial*, 2ª ed., São Paulo, Editora Revista dos Tribunais, 2003, vol. I.

BEVILÁQUA, Clóvis. *Teoria Geral do Direito Civil*, Rio de Janeiro, Livraria Francisco Alves, 1908.

BIFANO, Elidie Palma; OLIVEIRA BENTO, Sérgio Roberto de. *Aspectos Relevantes do Direito de Empresa de acordo com o Novo Código Civil*, São Paulo, Editora Quartier Latin do Brasil, 2005.

BORBA, José Edwaldo Tavares. *Direito Societário*, 5ª ed., Rio de Janeiro, Livraria e Editora Renovar Ltda., 1999; 9ª ed., 2004.

BORGES, João Eunápio. *Curso de Direito Comercial Terrestre*, Rio de Janeiro, Editora Revista Forense, 1959, vol. I.

BULGARELLI, Waldírio. *A Incorporação das Sociedades Anônimas*, Editora Universitária de Direito, 1975.

_____. *As Sociedades Cooperativas e a sua Disciplina Jurídica*, Rio de Janeiro, Livraria Editora Renovar, 1998.

_____. *Manual das Sociedades Anônimas*, 8ª ed., São Paulo, Editora Atlas S.A., 1996; e 13ª ed., 2001.

_____. *O Conselho Fiscal nas Companhias Brasileiras*, São Paulo, Editora Revista dos Tribunais, 1988.

_____. *O Novo Direito Empresarial*, Rio de Janeiro, Editora Renovar, 2001.

_____. "Responsabilidade dos Administradores das Companhias", *in Responsabilidade Civil*, coord. de Yussef Said Cahali, 2ª ed., São Paulo, Editora Saraiva, 1988, texto reproduzido no livro *O Novo Direito Empresarial*, do mesmo autor, Rio de Janeiro, Editora Renovar, 2001.

CALÇAS, Manoel de Queiroz Pereira. *Sociedade Limitada no Novo Código Civil*, São Paulo, Editora Atlas S.A., 2003.

CÂMARA LEAL, Antônio Luiz da. *Da Prescrição e da Decadência*, 1ª ed., Rio de Janeiro, Editora Forense.

CAMPINHO, Sérgio. *O Direito de Empresa*, 6ª ed., Rio de Janeiro, Editora Renovar, 2005.

CAMPOS NETO, Ezequiel de Melo. "A cisão das sociedades limitadas", *in Direito de Empresa no Novo Código Civil*, Rio de Janeiro, Editora Forense, 2004.

CARRAZZA, Roque Antônio. *ICMS*, 3ª ed., São Paulo, Malheiros Editores, 1997.

CARVALHO, Afrânio de. *Instituições de Direito Privado*, 3ª ed., Rio de Janeiro, Editora Forense, 1980.

CARVALHO, Fábio Junqueira de; e MURGEL, Maria Inês. "A base de cálculo do PIS e da COFINS para sociedades cooperativas", *in Problemas Atuais do Direito Cooperativo*, São Paulo, Editora Dialética, 2002.

CARVALHO, Lucila de Oliveira. "A administração da sociedade limitada e o novo Código Civil", *in Direito de Empresa no Novo Código Civil*, Rio de Janeiro, Editora Forense, 2004.

CARVALHO DE MENDONÇA, José Xavier. *Tratado de Direito Comercial Brasileiro*, 4ª ed., Rio de Janeiro, Editora Freitas Bastos, 1945, vols. I, II, t. III; 5ª ed., vol. IV e Campinas/SP, Bookseller Editora e Distribuidora, 2001, vol. II, t. III.

CARVALHO SANTOS, J. M. de. *Código Civil Brasileiro Interpretado*, 10ª ed., Rio de Janeiro, Livraria Freitas Bastos S.A., 1963, vol. I.

CARVALHOSA, Modesto. *Acordo de Acionistas*, São Paulo, Editora Saraiva, 1984.

_____. *Comentários à Lei de Sociedades Anônima*, São Paulo, Editora Saraiva, 1997 e 1998, vols. I, II, III, IV e V.

_____. *Comentários ao Código Civil*, São Paulo, Editora Saraiva, 2003, vol. 13.

_____; e LATORRACA, Nilton. *Comentários à Lei das Sociedades Anônimas*, 2ª ed., São Paulo, Editora Saraiva, 1988, 3º vol.

CATEB, Alexandre Bueno. "A Sociedade em Comum", *in Direito de Empresa no Novo Código Civil*, Rio de Janeiro, Editora Forense, 2004.

CATHARINO, José Martins. *Tratado Elementar de Direito Sindical*, 1ª ed., São Paulo, Ltr Editora, 1977.

CAVALLI, Cássio Machado. "O Direito da Empresa no Novo Código Civil", *in Revista AJURIS – Associação dos Juízes do Rio Grande do Sul*, Porto Alegre, nº 93, mar. 2004.

CHAVES, Antônio. "Pessoa Jurídica – Transformações: incorporação, fusão, fracionamento. Gestão de Negócios – Caracterização – efeitos de um eventual excesso de poderes", *in RT*, nº 823.

CINTRA, Antônio Carlos de Araújo; GRINOVER, Ada Pellegrini Grinover; DINAMARCO, Cândido Rangel. *Teoria Geral do Processo*, 20ª ed. rev. atual., São Paulo, Malheiros Editores, 2004, p. 84.

COELHO, Fábio Ulhoa. *Curso de Direito Comercial*, São Paulo, Editora Saraiva, 1998, vol. 1; 2001, vol. 2.

_____. *Curso de Direito Comercial. Direito de Empresa*. v. 2. 10ª ed. rev. e atual. São Paulo: Saraiva, 2007.

_____. *Manual de Direito Comercial*, 7ª ed., São Paulo, Editora Saraiva, 1996.

COMPARATO, Fábio Konder. "Correção monetária do capital social e distribuição de ações bonificadas", *in Direito Empresarial*, São Paulo, Editora Saraiva, 1990.

_____. *Ensaios e Pareceres de Direito Empresarial*, Rio de Janeiro, Editora Forense, 1978.

964 • Direito de Empresa | *Arnaldo Rizzardo*

CORRÊA-LIMA, Osmar Brina. *Sociedade Anônima*, Belo Horizonte, Livraria Del Rey Editora Ltda., 2003.

COSTA, José Raimundo dos Santos. "O Empresário Individual", *in Revista da ESMAPE – Escola Superior da Magistratura de Pernambuco*, Recife, vol. 9, nº 19, jan.-jun. 2004.

COSTA, Philomeno J. da. *Anotações às Companhias*, São Paulo, Editora Revista dos Tribunais, 1980, vol. I.

COZZA, Mário. *Novo Código Civil do Direito de Empresa (arts. 966 a 1.195)*, Porto Alegre, Editora Síntese, 2002.

CRISTIANO, Romano. *Órgãos da Sociedade Anônima*, São Paulo, Editora Revista dos Tribunais, 1982.

CUNHA, Rodrigo Ferraz P. "Reorganizações Societárias no Novo Código Civil", *in Direito de Empresa no Novo Código Civil*, Rio de Janeiro, Editora Forense, 2004.

CUNHA PEIXOTO, Carlos Fulgêncio da. *Sociedade por Ações*, São Paulo, Editora Saraiva, 1973, 5º vol.

DINIZ, Maria Helena. *Curso de Direito Civil Brasileiro* – Teoria Geral do Direito Civil, 3ª ed., São Paulo, Editora Saraiva, 1993, 1º vol.

DOMINGUES, Jefferson Nercolini. "Incorporação de sociedade cooperativa", *in Aspectos Jurídicos do Cooperativismo*, Porto Alegre, Editora Sagra Luzzatto, 2002.

EIZIRIK, Nelson. A Lei das S. A. comentada. São Paulo: Quartier Latin, 2011, vol. III.

EMENTÁRIO DE JURISPRUDÊNCIA DO STJ.

FAZZIO JÚNIOR, Waldo. *Sociedades Limitadas*, São Paulo, Editora Atlas S.A., 2003.

FÉRES, Marcelo Andrade. "Empresa e Empresário: do Código Civil Italiano ao Novo Código Civil Brasileiro", *in Direito de Empresa no Novo Código Civil*, Rio de Janeiro, Editora Forense, 2004.

FERREIRA, Waldemar. *Instituições de Direito Comercial*, São Paulo, Editora e Livraria Freitas Bastos, 1947, vol. I.

_____. *Tratado de Direito Comercial*, São Paulo, Editora Saraiva, 1961, 4º vol.

FERRI, Giuseppe. *Manuale di Diritto Commerciale*, Turim, Editora UTET, 1994.

FRANKE, Walmor. "ISS e Cooperativas", *in Revista de Direito Tributário*, São Paulo, Editora Revista dos Tribunais, vols. 17-18.

GALIZZI, Gustavo Oliva; CHAVES, Natália Cristina. "O Menor Empresário", *in Direito de Empresa no Novo Código Civil*, Rio de Janeiro, Editora Forense, 2004.

GONTIJO, Vinícius José Marques. "A Regulamentação das Sociedades Limitadas", *in Direito de Empresa no Novo Código Civil*, Rio de Janeiro, Editora Forense, 2004.

GREBLER, Eduardo. "O funcionamento da sociedade estrangeira no Brasil em face do Novo Código Civil", *in Direito de Empresa no Novo Código Civil*, Rio de Janeiro, Editora Forense, 2004.

GRINOVER, Ada Pellegrini. "Da desconsideração da pessoa jurídica (aspectos de direito material e processual)", *in Revista Forense*, nº 371.

GRUPENMACHER, Betina Treiger. "ISS sobre Cooperativas de Trabalho", *in Problemas Atuais do Direito Cooperativo*, São Paulo, Editora Dialética, 2002.

GUIMARÃES, Carlos da Rocha. *Prescrição e Decadência*, Rio de Janeiro, Editora Forense, 1980.

GUIMARÃES, Leonardo. "Exclusão de sócio em sociedades limitadas no novo Código Civil", *in Direito de Empresa no Novo Código Civil*, Rio de Janeiro, Editora Forense, 2004.

JULGADOS DO TRIBUNAL DE ALÇADA CIVIL DE SÃO PAULO.

JULGADOS DO TRIBUNAL DE ALÇADA DO RIO GRANDE DO SUL.

JURISPRUDÊNCIA ADCOAS.

KRUEGER, Guilherme. "A disciplina das cooperativas no Novo Código Civil – a ressalva da Lei nº 5.764/71", *in Problemas Atuais do Direito Cooperativo*, São Paulo, Editora Dialética, 2002.

LAMY FILHO, Alfredo; e BULHÕES PEDREIRA, José Luiz. *A Lei das S.A.*, Rio de Janeiro, Livraria e Editora Renovar Ltda., 1992.

LEVENHAGEN, Antônio José de Souza. *Código Civil (Parte Geral) – Comentários Didáticos*, São Paulo, Editora Atlas, 1978.

LIMA, Helder Gonçalves. "Atos cooperativos e sua tributação pelo ISS à luz da Teoria Geral do Direito", *in Problemas Atuais do Direito Cooperativo*, São Paulo, Editora Dialética, 2002.

LIMONGI FRANÇA, Rubens. *Manual de Direito Civil*, 4ª ed., São Paulo, Editora Revista dos Tribunais, 1980, 1º vol.

LOBO, Jorge. *Sociedades Limitadas*, Rio de Janeiro, Editora Forense, 2004, vol. I.

LUCENA, José Waldecy. *Das Sociedades Limitadas*, 6ª ed., Rio de Janeiro, Editora Renovar, 2005.

_____. *Das Sociedades por Quotas de Responsabilidade Limitada*, Rio de Janeiro, Livraria e Editora Renovar Ltda., 1996.

MACEI, Demetrius Nichele. *Tributação e Ato Cooperativo*, Curitiba, Juruá Editora, 2005.

MAMEDE, Gladston. *Direito Societário: Sociedades Simples e Empresárias*, São Paulo, Editora Atlas S.A., 2004, vol. 2.

MARIANI, Irineu. "Responsabilidade civil dos sócios e dos administradores de sociedades empresárias (à luz do novo Código Civil)", *in Revista da AJURIS* – Associação dos Juízes do Rio Grande do Sul, nº 97, mar. 2005.

MARTINS, Fran. *Comentários à Lei das Sociedades Anônimas*, Rio de Janeiro, Editora Forense, 1977, vol. 1; 1978, vol. II.

MARTINS DA SILVA, Américo Luís. *Introdução ao Direito Empresarial*, 2ª ed., Rio de Janeiro, Editora Forense, 2005.

MEINEN, Ênio. "A Súmula 262 do STJ e as Cooperativas de Crédito", *in Problemas Atuais do Direito Cooperativo*, São Paulo, Editora Dialética, 2002.

MEIRELLES, Hely Lopes. *Direito Administrativo Brasileiro*, 18ª ed., São Paulo, Malheiros Editores, 1993.

MELLO, Celso D. de Albuquerque. *Curso de Direito Internacional Público*, Biblioteca Jurídica Freitas Bastos, 1º vol.

966 • Direito de Empresa | *Arnaldo Rizzardo*

MELLO FRANCO, Vera Helena de. *Manual de Direito Comercial*, 2ª ed., São Paulo, Editora Revista dos Tribunais, 2004, vol. I.

MENDONÇA, Fernando. *Debênture*, São Paulo, Editora Saraiva, 1988.

MOREIRA, Décio. *Elementos de Direito Civil* – Parte Geral, Editora Revista dos Tribunais, 1983.

NADER, Paulo. *Curso de Direito Civil – Parte Geral*, Editora Forense, 2003.

NEVES, Rubia Carneiro. "Regime Jurídico da Sociedade Simples", *in Direito de Empresa no Novo Código Civil*, Rio de Janeiro, Editora Forense, 2004.

OLIVEIRA, Celso Marcelo de. *Manual de Direito Empresarial*, São Paulo, Editora IOB Thomson, 2005, vols. I e II.

_____. *Tratado de Direito Empresarial Brasileiro*, Campinas – São Paulo, LZN – Distribuidora Literária Comércio de Livros Ltda., 2004.

ORGANIZAÇÃO DAS COOPERATIVAS BRASILEIRAS. *Manual de Orientação para a Constituição e Registro de Cooperativas*, 8ª ed., Brasília, SESCOOP, 2003.

ORCESI DA COSTA, Carlos Celso. *Código Civil na Visão do Advogado – Direito de Empresa*, São Paulo, Revista dos Tribunais, 2003.

PAPINI, André Lemos. "A Sociedade Limitada e o Novo Código Civil", *in Direito de Empresa no Novo Código Civil*, Rio de Janeiro, Editora Forense, 2004.

PARAÍSO, Anna Luiza Prisco. *O direito de Retirada na Sociedade Anônima*, Rio de Janeiro, Editora Lumen Juris, 2000.

PENTEADO, Mauro Rodrigues. *Aumento de Capital das Sociedades Anônimas*, São Paulo, Editora Saraiva, 1988.

_____. *Dissolução e Liquidação das Sociedades*, 2ª ed., São Paulo, Editora Saraiva, 2000.

_____. "Dissolução parcial da sociedade limitada", *in Direito de Empresa no Novo Código Civil*, Rio de Janeiro, Editora Forense, 2004.

PEREIRA, Caio Mário da Silva. *Instituições de Direito Civil*, 9ª ed., Rio de Janeiro, Editora Forense, 1986, vol. I.

PERIUS, Vergílio Frederico. "As sociedades cooperativas face o Novo Código Civil", *in Problemas Atuais do Direito Cooperativo*, São Paulo, Editora Dialética, 2002.

PIMENTA, Eduardo Goulart. "O Estabelecimento*", in Direito de Empresa no Novo Código Civil*, Rio de Janeiro, Editora Forense, 2004.

PINHO, Temístocles; PEIXOTO, Álvaro. *As Empresas e o Novo Código Civil*, Rio de Janeiro, Freitas Bastos Editora S.A., 2004.

PINTO JÚNIOR, Mário Engler. "Debêntures, direito de debenturistas, comunhão de assembleia, agente fiduciário", *in RT*, nº 567.

POLONIO, Wilson Alves. *Manual das Sociedades Cooperativas*, 4ª ed., São Paulo, Editora Atlas S.A, 2004.

PONTES DE MIRANDA, Francisco Cavalcante. *Tratado de Direito Privado*, 3ª ed., Editor Borsoi, 1970, vol. I.

PORTUGAL, Bernardo Lopes. "A sociedade em conta de participação no novo Código Civil e seus aspectos tributários", *in Direito de Empresa no Novo Código Civil*, Rio de Janeiro, Editora Forense, 2004.

PRADO, Roberta Nioac. "Da obrigatoriedade por parte do adquirente do controle de sociedade por ações de capital aberto de fazer simultânea oferta pública, em iguais condições, aos acionistas minoritários – art. 254 da Lei 6.404/76 e Resolução nº 401/76 – É efetivo mecanismo de proteção aos minoritários?", *in Revista de Direito Mercantil*, São Paulo, Malheiros Editores, ano XXXVI (nova série), nº 106, abr.-jun. 1997.

REALE, Miguel. *Projeto do Código Civil*, São Paulo, Editora Saraiva, 1986.

RÉGNIER, Leonardo Medeiros. *Nacionalidade das Empresas Comerciais* Curitiba, Curitiba, Juruá Editora, 2002.

REIS JÚNIOR, Nilson. "Sociedades cooperativas – linhas gerais e aspectos societários", *in Direito de Empresa no Novo Código Civil*, Rio de Janeiro, Editora Forense, 2004, vol. II.

REQUIÃO, Rubens. *Curso de Direito Comercial*, 18ª ed., 1992; 25ª ed., São Paulo, Editora Saraiva, 2003, vol. I.

REVISTA DE DIREITO MERCANTIL, INDUSTRIAL, ECONÔMICO E FINANCEIRO.

REVISTA DE JURISPRUDÊNCIA DO TJ DO ESTADO DE SÃO PAULO.

REVISTA DE JURISPRUDÊNCIA DO TJ DO RIO GRANDE DO SUL.

REVISTA FORENSE.

REVISTA DO SUPERIOR TRIBUNAL DE JUSTIÇA.

REVISTA DO TRIBUNAL REGIONAL DO TRABALHO DA 4ª REGIÃO.

REVISTA DOS TRIBUNAIS.

REVISTA TRIMESTRAL DE JURISPRUDÊNCIA.

ROCHA FILHO, José Maria. "Nome Empresarial e Registro de Empresas", *in Direito de Empresa no Novo Código Civil*, Rio de Janeiro, Editora Forense, 2004.

RODRIGUES, Sílvio. *Direito Civil – Parte Geral*, 27ª ed., São Paulo, Editora Saraiva, 1997, vol. 1.

RUSSO, Francisco; e OLIVEIRA, Nelson de. *Manual Prático de Constituição de Empresas*, 11ª ed., São Paulo, Editora Atlas S.A., 2004.

SCLERCA JR., Mário. "Controle Judicial dos Atos Empresariais", *in RT*, 640.

SIMÃO FILHO, Adalberto. *A Nova Sociedade Limitada*, Barueri/São Paulo, Editora Manole Ltda., 2004.

SOARES DE MELO, José Eduardo. "PIS e COFINS sobre o Ato Cooperativo", *in Problemas Atuais do Direito Cooperativo*, São Paulo, Editora Dialética, 2002.

SOUZA, Hamilton Dias de. "Contribuições Especiais", *in Curso de Direito Tributário*, coord. de Ives Gandra da Silva Martins, 8ª ed., 2001.

TAVARES PAES, Paulo Roberto. *Manual das Sociedades Anônimas*, São Paulo, Editora Revista dos Tribunais, 1981.

TEIXEIRA, Egberto Lacerda. *Das Sociedades por Quotas de Responsabilidade Limitada*, São Paulo, Max Limonad Editor, 1956.

_____. *Sociedades Limitadas e Anônimas no Direito Brasileiro*, Editora Saraiva, 1987.

TEIXEIRA, João Régis F. *Introdução ao Direito Sindical*, Editora Revista dos Tribunais, 1979.

VALVERDE, Trajano Miranda. *Sociedade por Ações*, 2ª ed., Rio de Janeiro, Editora Revista Forense, 1953, vols. I e II.

VIANA RODRIGUES, Frederico. "A Autonomia do Direito de Empresa no Novo Código Civil", *in Direito de Empresa no Novo Código Civil*, Rio de Janeiro, Editora Forense, 2004.

VIO, Daniel de Avila. *Grupos Societários*. São Paulo, Editora Quartier Latin do Brasil, 2016.

VIVANTE, Cesare. *Tratado de Derecho Mercantil*, Madrid, Academia Editorial Reus, 1932, vol. I.

WALD, Arnoldo. *Comentários ao Novo Código Civil, Livro II – do Direito de Empresa*, coord. Sálvio de Figueiredo Teixeira, Rio de Janeiro, Editora Forense, 2005, vol. XIV.

_____. "Em defesa das ações preferenciais", *in RDM*, vol. 78/19-23, citação constante na Ap. Cível nº 150.494-1, da Primeira Câmara Civil de Férias B do TJSP, j. em 09.06.1992, publicado na *RJTJESP*, 137/257.

_____. "Regime de ações preferenciais na nova legislação societária", *in Revista de Direito Bancário e de Mercado de Capitais*, Editora Revista dos Tribunais, vol. I, ano I.

ZANINI, Carlos Klein. *A Dissolução Judicial da Sociedade Anônima*, Rio de Janeiro, Editora Forense, 2005.

Impressão e Acabamento

(011) 4393-2911